WIR ERZIELEN SPITZENPREISE!

Mi.Nr. 5**
Michel: 15000,- Euro
Ergebnis: 17600,- Euro

Mi.Nr. 21IIb
Michel: 7000,- Euro
Ergebnis: 10900,- Euro

Ergebnis: 61000,- Euro

Los		Ausruf	Zuschlag
5	Sammlung Großbritannien	2000,- Euro	19000,- Euro
5C	Sammlung Altdeutschland	1000,- Euro	10000,- Euro
3280-3298	Nachlassbestand	9500,- Euro	47610,- Euro

Ergebnis: Zuschlag + Aufgeld (ohne MwSt.) Auktion November 2019

Wann liefern Sie ein?

Telefon 07243-561740

DAS AUKTIONSHAUS IHRES VERTRAUENS

GERT MÜLLER
AUKTIONEN SEIT 1951

Gert Müller GmbH • Internationale Briefmarken- und Münzauktionen
Carl-Zeiss-Str. 2 • 76275 Ettlingen/Germany • Tel.: +49 (0) 7243 561740
E-Mail: info@gert-mueller-auktion.de • Internet: www.gert-mueller-auktion.de

MICHEL®

Seit über 100 Jahren

MICHEL®

Deutschland Kompakt 2021
Der neue Junior

SCHWANEBERGER VERLAG GMBH

Bewertungshinweise

Bei ungebrauchten Marken bis ca. 1914 sind die Bewertungen in aller Regel für ungebraucht mit Falz, danach bis 1934 sowohl für ungebraucht mit Falz als auch für postrisch angegeben. Ab 1935 gelten die Preise für Marken ohne Falz (postfrisch). Marken mit Falz bedingen Preisermäßigungen. Über jeder Preisspalte sind die Erhaltungen mit den bekannten Abkürzungen bezeichnet (siehe Seite 6).

Alle Bewertungen basieren auf den im obersten Preissegment des Fachhandels üblichen Verkaufspreisen und beinhalten die deutschen Steuern und Abgaben. Sie gelten für Marken in einwandfreier Qualität und geben auch das ungefähre Wertverhältnis der Briefmarken untereinander wieder. Satzpreise können niedriger sein als die Addition von Einzelpreisen. Einzelne Marken aus Sätzen können jedoch teurer sein als die angegebenen Notierungen. Gravierende Preisänderungen nach Redaktionsschluss werden in der MICHEL-Rundschau angezeigt.

Als Grundlage für die Ermittlung der Preisnotierungen dienten Verkaufspreislisten des Briefmarkenhandels und Arbeitsvorlagen von Sammlern sowie (Bundes-)Arbeitsgemeinschaften im In- und Ausland.

BPP MICHEL – vom Bund Philatelistischer Prüfer e.V. empfohlen

ISBN: 978-3-95402-324-0

E-Mail: deutschland1@michel.de
Internet: www.michel.de oder www.briefmarken.de

Satz: Gerber Media Service GmbH, Industriestr. 1, 82110 Germering

Druck: Parzeller print & media GmbH & Co. KG, Frankfurter Str. 8, 36043 Fulda

Umschlagdruck: Schleunungdruck GmbH, Eltertstraße 27, 97828 Marktheidenfeld

Vorwort

Mit dem Postwertzeichen „Kniefall von Warschau" beschließt die Deutsche Post AG das Markenausgabeprogramm des Jahres 2020. Diese Marke mahnt uns, Erinnerungen wach zu halten – an Kriege und Völkerverständigung, an soziale Errungenschaften wie Pressefreiheit, an die Botschaften der Kunstschaffenden und die Bedeutung, die eine intakte Umwelt hat. Ernst Heinrich Barlachs Nachkriegs-Bronzeskulptur „Schwebender Engel" war Thema einer Marke, die Anfang Januar 2020 erschienen ist, am 6. Februar kam ein plakatives Postwertzeichen zur nachhaltigen Entwicklung an die Schalter, im September dann ein Aufruf zu Umwelt- und Gesundheitsschutz. Aber auch unsere persönlichen Erinnerungen halten die Briefmarken des Jahres 2020 wach, an die Helden unserer Kindheit etwa, an den phantasiebegabten Münchhausen, der kein Lügner sein wollte, an das unverfrorene Krümelmonster und Oskar, der die Denkweise der Mehrheit auf den Kopf stellt, an „starke Frauen" wie die tatkräftige Mutter Geiß.

Der aktuell vorliegende MICHEL-Junior 2021 katalogisiert und erläutert die deutschen Briefmarken von 1849 bis heute in Wort, Bild und Zahl und hilft so, sie zu sammeln und zu verstehen. Bei der Lektüre erinnern wir uns nicht nur an die von uns erlebte Zeit, sondern an knapp 200 Jahre Geschichte.

Doch 2021 begegnen wir auch bedeutenden Neuerungen: Erstmals erscheint der Junior mit einem ca. 100 Seiten starken Begleitheft zur Sammlungsverwaltung, das als Bestands-, Dubletten- oder Fehlliste eingesetzt zugleich einen Wertspiegel mit farbig markierten Preisbereichen bietet. Jeder Sammler kann so aktiv und schnell erfassen, wo die Highlights seiner Sammlung liegen und wo noch Lücken zu füllen sind. Die attraktiven neuen Innenklappen bieten dem Sammler außerdem einen schnellen Blick auf die wichtigsten philatelistischen Informationen und hilfreiche Maßskalen für Längen- und Zähnungsmessung. Nicht umsonst trägt die vorliegende Neuauflage den Titel „Deutschland Kompakt. Der neue Junior".

Besonders zahlreiche Preisveränderungen weisen 2021 die traditionsreichen Sammelgebiete auf; so ergaben sich die lebhaftesten Preisbewegungen in den Gebieten Altdeutschland, Norddeutscher Bund und Weimarer Republik, Sudetenland, Besetzung im Zweiten Weltkrieg und Feldpost. Doch auch in den Sammelgebieten ab Mai 1945 bewegt sich der Markt, so etwa bei den Lokalausgaben, der SBZ, aber auch den frühen Jahren der DDR, Berlins und der BRD.

Mit dem Junior 2021 liegt eine komplette Darstellung der deutschen Briefmarken bis einschließlich der Marke zum Warschauer Kniefall vor. In wenigen Wochen freilich startet das Ausgabeprogramm des kommenden Jahres – um auch dann keine Markenneuheit zu versäumen, empfiehlt sich ein Abonnement der MICHEL-Rundschau, dem monatlich erscheinenden Fachmagazin für Briefmarken und ihre Hintergrundgeschichten. Denn auch die philatelistische Fachliteratur ist Erinnerungsträger und leistet ihren Beitrag, den Kulturträger Briefmarke zu bewahren.

Wir wünschen viel Freude bei der Lektüre.

SCHWANEBERGER VERLAG GMBH
Redaktion

Einführung in den MICHEL Deutschland Kompakt

Michel-Nummerierung

Von jeder Marke ist grundsätzlich nur die Hauptnummer aufgeführt. Zusätzlich sind jedoch Marken aufgenommen, die in den gängigen Alben zu finden sind. Weitere Unterschiede von Farbe, Zähnung, Zeichnung, Wasserzeichen, Papier, Gummi usw. finden keine Berücksichtigung; dazu siehe MICHEL-Deutschland oder MICHEL-Deutschland-Spezial.

Nummernangaben in Klammern beziehen sich bei Aufdruckmarken auf die Urmarke.

Wasserzeichen

Die Wasserzeichen, im Text abgekürzt Wz., sind von der Rückseite der Marke aus gesehen abgebildet. Fehlen Wz.-Angaben, so wurden die Marken auf Papier ohne Wasserzeichen gedruckt.

Preisnotierungen

In der linken Preisspalte sind die Bewertungen für ungebrauchte Marken, in der rechten Preisspalte die Bewertungen für gestempelte Marken aufgeführt.

Alle Preisnotierungen sind auf Euro-Basis aufgebaut.

Siehe auch Text „Bewertungshinweise“ auf Seite 4.

Aufdrucke

Die Farbe eines Aufdruckes ist immer schwarz, wenn nicht eine andere Farbe angegeben ist.

Klemmtaschenmaße

Die im MICHEL Deutschland Kompakt in eckigen Klammern angegebenen Maße sind die Bestellmaße für fertige Klemmtaschenzuschnitte (identisch mit der Markengröße). Sofern passende Zuschnitte fehlen, sind Klemmtaschen oder Blockstreifen auf das gewünschte Maß zuzuschneiden.

Zeichenerklärung und Abkürzungen

✶ = ungebraucht mit Originalgummierung (Falz)
✶✶ = ungebraucht mit Originalgummierung (postfrisch)
(✶) = ungebraucht ohne Gummierung
⊙ = mit Poststempel entwertet
◍ = Entwertung zu philatelistischen Zwecken
Ⓢ = ausgabebezogener Sonderstempel
≡ U = Ungültig-Stempel (DDR)
〰 = Federzugentwertung
gez. = gezähnt
□ = geschnitten (ungezähnt)
⬚ = durchstochen
a. = auf
Bdr. = Buchdruck
bl. = blau
br. = braun
d’, dkl’ = dunkel
ETB = Ersttagsblatt
Ⓕ = Stempel fälschungsgefährdet, Prüfung erforderlich
FDC = Ersttagsbrief (First Day Cover)
Flp. = Flugpost
Gr. = Groschen
grünl. = grünlich
h’ = hell
K = Kamm- oder Kastenzähnung
kar. = karmin
l’, lebh. = lebhaft
Kr. = Kreuzer
L = Linienzähnung
Ldr. = indirekter Hochdruck (Letterset)
M., DM = Mark (Reichs-, Renten-, D-Mark)
mfg. = mehrfarbig
Mio. = Million
Mrd. = Milliarde
Odr. = Offsetdruck
o. G. = ohne Gummierung
or. = orange
Pf = Pfennig (Reichs-, Renten-, D-Pfennig)
RaTdr. = Rastertiefdruck
s’, schw. = schwarz, schwärzlich
säm. = sämisch
smar. = smaragd
StTdr. = Stichtiefdruck
ultram. = ultramarin
vio. = violett
Wz. = Wasserzeichen

Zur besonderen Beachtung:

Die in diesem Werk abgebildeten Briefmarken mit Darstellung von Symbolen und Zeichen aus der Zeit des Dritten Reiches dienen ausschließlich
– der Berichterstattung über Vorgänge des Zeitgeschehens,
– der staatsbürgerlichen Aufklärung,
– der Einordnung in geschichtliche Zusammenhänge,
– der Wissenschaft, Forschung und Lehre
und stehen im Einklang mit § 86 Abs. 3 und § 86 a des Strafgesetzbuches.

Altdeutschland

Baden

1851, 1. Mai/1852. Ziffer im Kreis [24×24]

			(✶)	✶	⊙
1	1 Kr.	schwarz auf gelbbraun	360,–	600,–	320,–
2	3 Kr.	schwarz auf gelborange	180,–	300,–	20,–
3	6 Kr.	schwarz auf gelblichgrün	550,–	1000,–	60,–
4	9 Kr.	schwarz auf lilarosa	120,–	250,–	35,–

1853, Aug./1854, Jan. Ziffer im Kreis. Wie MiNr. 1 bis 4, jedoch geänderte Papierfarben [24×24]

5	1 Kr.	schwarz auf weiß	200,–	550,–	35,–
6	3 Kr.	schwarz auf grün	200,–	400,–	10,–
7	6 Kr.	schwarz auf gelb	340,–	700,–	35,–

1858, Dez. Ziffer im Kreis. Wie MiNr. 6, jedoch geänderte Papierfarbe [24×24]

8	3 Kr.	schwarz auf grauultramarin	850,–	1800,–	40,–

1860, Mai/1861. Wappen, (Hintergrund liniiert). Gez. K 13½ [24×24]

			✶	⊙
9	1 Kr.	schwarz	110,–	30,–
10	3 Kr.	ultramarin	120,–	30,–
11	6 Kr.	gelblichrot	130,–	100,–
12	9 Kr.	rosarot	330,–	220,–

1862, Aug. Wappen (Hintergrund liniiert). Wie MiNr. 9–12, jedoch geänderte Farben, gez. K 10 [24×24]

13	1 Kr.	schwarz bis grau	80,–	130,–
14	6 Kr.	blau	150,–	100,–
15	9 Kr.	braun	110,–	100,–

1862, 26. März. Wappen (Hintergrund weiß). Gez. K 13½ [24×24]

			✶	⊙
16	3 Kr.	rosarot	2800,–	350,–

1862, Juni/1866. Wappen (Hintergrund weiß). Gez. K 10 [24×24]

17	1 Kr.	schwarz bis grau	60,–	15,–
18	3 Kr.	hellrot	70,–	4,–
19	6 Kr.	ultramarin	13,–	30,–
20	9 Kr.	braun	20,–	40,–
21	18 Kr.	grün	500,–	700,–
22	30 Kr.	orange	40,–	3200,–

1868, 1. Okt. Wappen (Hintergrund weiß), Währungsbezeichnung jetzt abgekürzt. Gez. K 10 [24×24]

23	1 Kr.	grün	5,50	10,–
24	3 Kr	rosarot	3,50	6,–
25	7 Kr	blau	25,–	40,–

Landpost-Portomarken

1862, 1. Okt. Ziffer(n) im Rankenwerk. [24×24]

x = dünneres Papier
y = dickeres Papier

1	1 Kr.	schwarz auf		
x		grünlichgelb	6,–	400,–
y		rötlichgelb	180,–	750,–
2	3 Kr.	schwarz auf		
x		grünlichgelb	3,–	150,–
y		rötlichgelb	150,–	500,–
3 x	12 Kr.	schwarz auf grünlichgelb	40,–	25000,–

Bayern

Wz. 1X

Wz. 1Y

Wz. 2

Wz. 3

Wz. 4

1849, 1. Nov. 1850, Mai. Wertziffer im Viereck [24×24]

			(✶)	✶	~
1	1 Kr.	schwarz bis grauschwarz	600,–	1300,–	1800,–

1849, 1. Nov. Wertziffer im unterbrochenen Kreis. [24×24]

			(✶)	✶	~u.⊙
2 I	3 Kr.	preußischblau	1200,–	3500,–	65,–
4 I	6 Kr.	d'braunorange	3500,–	10000,–	200,–

1850, Sept./1858. Wertziffer im unterbrochenen Kreis. Wie MiNr. 2 I, jedoch leicht geänderte Farbe [24×24]

			✶	⊙
2 II	3 Kr.	blau	70,–	5,–

1850, 1. Juli/1858. Wertziffer(n) im geschlossenen Kreis [24×24]

3	1 Kr.	helllilarot bis rotkarmin	120,–	30,–
4 II	6 Kr.	dunkelbraunorange	80,–	10,–
5	9 Kr.	gelbgrün	100,–	20,–
6	12 Kr.	rot	160,–	180,–
7	18 Kr.	gelblichorange	160,–	240,–

1862, 1. Okt. Wertziffer(n) im unterbrochenen Kreis (MiNr. 9) bzw. geschlossenen Kreis (MiNr. 8, 10–13) Wie MiNr. 2 II und 3–7, jedoch geänderte Farben [24×24]

			✶	⊙
8	1 Kr.	orangegelb	90,–	30,–
9	3 Kr.	dunkelrosarot	50,–	10,–
10	6 Kr.	grauultramarin	80,–	15,–
11	9 Kr.	ockerbraun	140,–	20,–
12	12 Kr.	dunkelgelbgrün	110,–	100,–
13	18 Kr.	dunkelzinnober	170,–	220,–

1867, 1. Jan. Staatswappen auf Sockel. Roter Seidenfaden; □ [21×24]

14	1 Kr.	grün	75,–	15,–
15	3 Kr	rötlichkarmin	80,–	10,–
16	6 Kr	ultramarin	55,–	30,–
17	9 Kr	lebhaftockerbraun	55,–	60,–
18	12 Kr.	hellbraunviolett	420,–	130,–
19	18 Kr.	dunkelzinnoberrot	160,–	220,–

1868, 1. Okt. Staatswappen auf Sockel. Wie MiNr. 16, jedoch geänderte Farbe, sowie neue Wertstufe □.

20	6 Kr.	ockerbraun	90,–	60,–
21	7 Kr.	lilaultramarin	500,–	25,–

1870, 1. Juli. Staatswappen auf Sockel. Ohne Seidenfaden, gez. K 11½ [21×24]

Wz. 1X

Wz. 1Y

22	1 Kr.	smaragdgrün		
X		Wz. 1X (enge Rauten)	130,–	12,–
Y		Wz. 1Y (weite Rauten)	15,–	2,–
23	3 Kr	hellkarmin		
X		Wz. 1X (enge Rauten)	120,–	3,–
Y		Wz. 1Y (weite Rauten)	30,–	2,–
24	6 Kr.	ockerbraun		
X		Wz. 1X (enge Rauten)	220,–	90,–
Y		Wz. 1Y (weite Rauten)	40,–	45,–
25	7 Kr.	ultramarin		
X		Wz. 1X (enge Rauten)	170,–	40,–
Y		Wz. 1Y (weite Rauten)	6,–	8,–
26	12 Kr.	dunkelbraunpurpur		
X		Wz. 1X (enge Rauten)	450,–	1400,–
Y		Wz. 1Y (weite Rauten)	1600,–	6000,–
27	18 Kr.	orangerot		
X		Wz. 1X (enge Rauten)	380,–	240,–
Y		Wz. 1Y (weite Rauten)	25,–	25,–

1873, 1. Jan. Staatswappen auf Sockel. Wie MiNr. 22–27, jedoch neue Wertstufen [21×24]

28	9 Kr.	braunorange		
X		Wz. 1X (enge Rauten)	360,–	600,–
Y		Wz. 1Y (weite Rauten)	5,50	5,–
29	10 Kr.	dunkelchromgelb		
X		Wz. 1X (enge Rauten)	300,–	450,–
Y		Wz. 1Y (weite Rauten)	6,50	20,–

1874. ca. 15. Aug./1875, Juni. Staatswappen auf Ornament (Großformat). MiNr. 30 □, MiNr. 31 gez. K 11½ [24×28]

			✶	⊙
30	1 M	rotviolett	850,–	120,–
31	1 M	rotviolett	260,–	80,–

1875, 5. Juli. Staatswappen auf Sockel. Wie MiNr. 22, 23, 25, 27 und 29, jedoch Wz. 2 [21×24]

Wz. 2

32	1 Kr.	gelbgrün	1,50	30,–
33	3 Kr.	karmin	1,50	10,–
34	7 Kr.	dunkelultramarin	7,–	340,–
35	10 Kr.	dunkelchromgelb	36,–	320,–
36	18 Kr.	dunkelzinnoberrot	30,–	80,–
		Satz (5 W.)	75,–	760,–

1876, 1. Jan. Staatswappen auf Ornament (Kleinformat). Wz. 2 [21×24]

37	3 Pf	gelbgrün	45,–	2,–
38	5 Pf	grün	100,–	24,–
39	10 Pf	lilarot	220,–	2,–
40	20 Pf	graublau	220,–	5,–
41	25 Pf	braunocker, gelbbraun	200,–	8,–
42	50 Pf	graurot	65,–	10,–
		Satz (6 W.)	850,–	50,–

1876, Jan./1879, Mai. Staatswappen auf Ornament (Großformat). Wz. 2 [24×28]

43	1 M	braunpurpur	2500,–	110,–
44	2 M	orange	40,–	20,–

1878, Sept. Staatswappen auf Ornament (Kleinformat). Wie MiNr. 38 und 42, jedoch geänderte Farben; Wz. 2 [21×24]

45	5 Pf	braunviolett	200,–	30,–
46	50 Pf	dunkelorangebraun	1100,–	40,–

1881, Okt. Staatswappen auf Ornament (MiNr. 47 bis 52 Kleinformat, MiNr. 53 Großformat). Wie MiNr. 37, 39–41, 43, 45 und 46, jedoch Wz. 3 [21×24, 24×28]

Wz. 3

			✶	⊙
47	3 Pf	smaragdgrün	15,–	1,20
48	5 Pf	braunviolett	22,–	1,60
49	10 Pf	rotkarmin	16,–	1,–
50	20 Pf	ultramarin	18,–	1,–
51	25 Pf	gelbbraun	150,–	4,50
52	50 Pf	dunkelorangebraun	180,–	4,–
53	1 M	bräunlichlila	8,–	6,–
		Satz (7 W.)	400,–	18,–

1888, 1. Jan./1900. Staatswappen auf Ornament (Kleinformat). Wz. 4 [21×24]

Wz. 4

54	3 Pf	gelblichgrün	13,–	2,50
55	5 Pf	braunpurpur	26,–	10,–
56	10 Pf	karminrot	–,50	1,–
57	20 Pf	ultramarin	–,50	1,–
58	25 Pf	braunocker	40,–	18,–
59	50 Pf	dunkelbraun	80,–	20,–
		Satz (6 W.)	160,–	50,–

1890, 1. Jan. Staatswappen auf Ornament (Kleinformat). Wie MiNr. 54, 55, 58 und 59, jedoch geänderte Farben [21×24]

60	3 Pf	dunkelockerbraun	–,40	–,80
61	5 Pf	dunkelopalgrün	–,40	–,80
62	25 Pf	orange	–,80	1,50
63	50 Pf	lilabraun	1,–	2,20
		Satz (4 W.)	2,50	5,–

1890, 1. Dez./Anf. 1903. Staatswappen auf Ornament (Großformat). Wz. 3 [24×28]

64	2 M	(gelblich)orange	4,–	12,–

Ab MiNr. 94 gelten alle ⊙-Preise nur für geprüfte Stücke! Marken mit rückdatierten oder nicht prüfbaren Stempeln werten höchstens wie ✶!

1900, 1. Jan. Staatswappen auf Ornament (Kleinformat). Wz. 4 [21×24]

			✶	⊙
65	2 Pf	grünlichgrau	2,–	1,–
66	30 Pf	grünlicholiv	–,80	1,50
67	40 Pf	orangegelb	–,80	1,60
68	80 Pf	braunpurpur	2,50	6,–
		Satz (4 W.)	6,–	10,–

1900, 1. April. Staatswappen auf Ornament (Großformat). Wz. 3 [24×28]

69	3 M	graubraun	25,–	40,–
70	5 M	gelbgrün	25,–	40,–

MiNr. 69 und 70 wurden häufig zu Abrechnungszwecken verwendet und glasklar abgestempelt. Eine Unterscheidung zwischen diesen Massenabstempelungen und Bedarfsentwertung ist nicht mit Sicherheit möglich.

1911, Jan. Staatswappen auf Ornament (Großformat). Leicht gelbliches, dickes, hartes Papier (Postscheckpapier); Wz. 4 [24×28]

71	1 M	rötlichkarmin	10,–	15,–
72	2 M	rötlichorange	11,–	20,–
73	3 M	dunkelolivbraun	11,–	30,–
74	5 M	gelblichgrün	11,–	30,–
		Satz (4 W.)	40,–	90,–

MiNr. 71-74 wurden häufig zu Abrechnungszwecken verwendet und glasklar abgestempelt. Eine Unterscheidung zwischen diesen Massenabstempelungen und Bedarfsentwertung ist nicht mit Sicherheit möglich.

1911, 23. Jan. Staatswappen auf Ornament (Kleinformat). Leicht gelbliches, dickes, hartes Papier (Postscheckpapier); Wz. 3 [21×24]

75	5 Pf	grün	–,80	20,–

1911, 10. März/1912, Okt. 90. Geburtstag von Prinzregent Luitpold. MiNr. 76-80 Wz. 4, MiNr. 81 bis 91 Wz. 3 [21,5×26, 25×29, 40×34]

MiNr. 76-85 (Pfennigwerte):
Type I: Inschrift in Kopfleiste mager und unklar
Type II: Inschrift in Kopfleiste etwas stärker und deutlicher

MiNr. 86-91 (Markwerte):
Type I: Fußstrich der Ziffern „1“ von „1911“ fehlend oder nur angedeutet
Type II: deutliche Fußstriche an den Ziffern „1“, Ziffer „9“ fetter

			✶	⊙
76	3 Pf	orangebraun auf hellgraubraun		
I		Type I	2,20	1,–
II		Type II	–,40	1,–
77	5 Pf	schwärzl'grün auf hellgraugrün		
I		Type I	1,40	1,–
II		Type II	–,40	1,–
78	10 Pf	rot auf mittelchromgelb		
I		Type I	1,40	1,–
II		Type II	–,40	1,–
79	20 Pf	preußischblau auf hellgraublau		
I		Type I	13,–	3,50
II		Type II	2,50	1,60
80	25 Pf	schw'violettbraun auf chromgelb		
I		Type I	24,–	4,–
II		Type II	4,–	3,–
81	30 Pf	rotorange auf hellchromgelb		
I		Type I	14,–	5,–
II		Type II	3,–	3,–
82	40 Pf	bräunlicholiv auf chromgelb		
I		Type I	22,–	5,–
II		Type II	5,–	3,–
83	50 Pf	braunrot auf hellgraubraun		
I		Type I	24,–	13,–
II		Type II	4,–	4,–
84	60 Pf	schw'bläulichgrün auf chromgelb		
II		Type II	5,–	4,–
85	80 Pf	dkl'braunviolett auf hellgraubraun		
I		Type I	55,–	30,–
II		Type II	12,–	14,–
86	1 M	braun auf hellgraubraun		
I		Type I	70,–	18,–
II		Type II	4,–	8,–
87	2 M	schwärzl'grün auf hellgraugrün		
I		Type I	170,–	80,–
II		Type II	6,–	15,–
88	3 M	karminrot auf m'gelblichorange		
I		Type I	24,–	55,–
II		Type II	16,–	80,–
89	5 M	preußischblau auf chromgelb		
I		Type I	32,–	60,–
II		Type II	16,–	220,–
90	10 M	gelborange auf hellbraungelb		
I		Type I	55,–	85,–
II		Type II	35,–	400,–
91	20 M	schwarzsiena auf hellbraungelb		
I		Type I	32,–	40,–
II		Type II	30,–	450,–
		Satz Type I (15 W.)	500,–	400,–
		Satz Type II (16 W.)	130,–	1200,–

MiNr. 76–91 wurden häufig zu Abrechnungszwecken verwendet und glasklar abgestempelt. Eine Unterscheidung zwischen diesen Massenabstempelungen und Bedarfsentwertung ist nicht mit Sicherheit möglich.

1911, 10. Juni. 25 Jahre Regentschaft von Prinzregent Luitpold. [40×34]

A = gez. K 11½
B = gez. L 11½

			✶	✶✶	⊙
92 A	5 Pf	mehrfarbig	1,–	2,–	1,80
93 A	10 Pf	mehrfarbig	1,50	3,–	3,–
		Satz A (2 W.)	2,50	5,–	4,50
92 B	5 Pf	mehrfarbig	1,40	3,–	2,50
93 B	10 Pf	mehrfarbig	2,20	4,50	4,–
		Satz B (2 W.)	3,50	7,50	6,50

1914, ab 30. März/1915. König Ludwig III. Sog. „Friedensdrucke". MiNr. 94–103 und 107–109 Wz. 4, MiNr. 104–106 Wz. 3 [21,5×26, 25×29, 34×40]

I = Friedensdrucke: klarer Druck, Farben rein, fast leuchtend, hochwertiges leicht rahmfarbenes Papier, seidenartige Gummierung mit feinen Strukturen

			✶	✶✶	⊙
94 I	3 Pf	braun	2,50	6,–	5,–
95 I	5 Pf	dunkelgrün	2,–	5,–	3,20
96 I	10 Pf	rot	2,–	5,–	3,20
97 I	20 Pf	blau	9,–	18,–	3,20
98 I	25 Pf	schwarzgrau	27,–	60,–	12,–
99 I	30 Pf	orange	2,–	5,–	6,–
100 I	40 Pf	schwarzbraunoliv	5,–	12,–	12,–
101 I	50 Pf	rotbraun	3,–	8,–	8,–
102 I	60 Pf	schwarzbläulichgrün	2,–	5,–	15,–
103 I	80 Pf	schwärzlichbraunviolett	5,–	13,–	15,–
104 I	1 M	braun	80,–	160,–	8,–
105 I	2 M	schwarzgrauviolett	7,–	16,–	20,–
106 I	3 M	rot	11,–	25,–	75,–
107 I	5 M	preußischblau	14,–	30,–	100,–
108 I	10 M	schwärzlichgelblichgrün	40,–	80,–	360,–
109 I	20 M	dunkelgraubraun	40,–	80,–	280,–
		Satz I (16 W.)	250,–	500,–	900,–

1916, Jan./1920, 4. März. König Ludwig III. Sog. „Kriegsdrucke"; wie MiNr. 94 I–109 I, jedoch schlechteres Papier mit dicker Gummierung. A = gez., B = □ [21,5×26, 25×29, 34×40]

II= Kriegsdrucke: unklarer, oft verschwommener Druck, Farben stumpfer, weißes bis graues qualitativ schlechteres Papier, Gummierung glatt bis ungleichmäßig und dick aufgetragen

			✶	✶✶	⊙
94 II	3 Pf	braun			
A		gez.	–,30	1,–	3,20
B		geschnitten	–,30	1,–	18,–
97 II	20 Pf	dkl'grünlichblau			
A		gez.	–,30	1,–	3,20
B		geschnitten	–,30	1,–	18,–
98 II	25 Pf	olivschwarz			
A		gez.	–,30	1,–	3,20
B		geschnitten	–,30	1,–	18,–
99 II	30 Pf				
A		gez.	1,50	3,50	3,20
B		geschnitten	–,30	1,–	18,–
100 II	40 Pf	dunkelorange			
A		gez.	–,30	1,–	3,20
B		geschnitten	–,30	1,–	18,–
101 II	50 Pf	rötlichbraun			
A		gez.	–,30	1,–	3,20
B		geschnitten	–,30	1,–	18,–
102 II	60 Pf	schwarzbläulichgrün			
A		gez.	1,50	3,50	3,20
B		geschnitten	–,30	1,–	20,–
103 II	80 Pf	schwärzl'grauviolett			
A		gez.	–,30	1,–	3,20
B		geschnitten	–,30	1,–	20,–
104 II	1 M	braun			
A		gez.	–,30	1,–	3,20
B		geschnitten	–,40	1,–	20,–
105 II	2 M	schwarzgrauviolett			
A		gez.	–,40	1,20	3,40
B		geschnitten	–,50	1,50	25,–
106 II	3 M	rot			
A		gez.	–,50	1,20	7,–
B		geschnitten	–,60	2,–	34,–
107 II	5 M	preußischblau			
A		gez.	–,70	1,60	25,–
B		geschnitten	1,20	2,50	55,–
108 II	10 M	schwärzl'gelblichgrün			
A		gez.	2,20	5,–	70,–
B		geschnitten	2,–	4,–	85,–
109 II	20 M	dunkelgraubraun			
A		gez.	4,–	8,–	100,–
B		geschnitten	2,80	8,–	140,–

1916, 1. Aug./1920, 4. März. König Ludwig III. Neue Wertstufen und geänderte Farben. A = gez., B = □ [21,5×26]

			✶	✶✶	⊙
110	2 Pf	schwärzl'türkisgrau			
A		gez.	–,30	1,–	3,20
B		geschnitten	–,30	1,–	17,–
111	2½	auf 2 Pf schwärzl'türkisgrau			
A		gez.	–,30	1,–	3,20
112	5 Pf	dunkelgelbgrün			
A		gez.	–,30	1,–	3,20
B		geschnitten	–,30	1,–	17,–
113	7½ Pf	schwärzlichgrün			
A		gez.	–,30	1,–	3,20
B		geschnitten	–,30	1,–	17,–
114	10 Pf	karminrot			
A		gez.	–,30	1,–	3,20
B		geschnitten	–,30	1,–	17,–
115	15 Pf	rot			
A		gez.	–,30	1,–	3,20
B		geschnitten	–,30	1,–	17,–
		Satz MiNr. 94 II A bis 115 A (20 W.)	12,–	40,–	220,–
		Satz MiNr. 94 II B bis 115 B (19 W.)	12,–	40,–	500,–

1919, 1. März/1920, 4. März König Ludwig III. Marken MiNr. 104 I–109 I und Marken aus MiNr. 94 II bis 109 II sowie 112 A–115 A mit schwarzem Aufdruck [21,5×26, 25×29, 34×40]

A = gez.

			✶	✶✶	⊙
116 II A	3 Pf	(94 II A)	–,30	–,80	3,20
117 II A	5 Pf	(112 A)	–,30	–,80	3,20
118 II A	7½ Pf	(113 A)	–,30	–,80	3,20

			✶	✶✶	⊙
119 II A	10 Pf	(114 A)	–,30	–,80	3,20
120 II A	15 Pf	(115 A)	–,30	–,80	3,20
121 II A	20 Pf	(97 II A)	–,30	–,80	3,20
122 II A	25 Pf	(98 II A)	–,30	–,80	3,20
123 II A	30 Pf	(99 II A)	–,30	–,80	3,20
124 II A	40 Pf	(100 II A)	–,30	–,80	3,20
125 II A	50 Pf	(101 II A)	–,30	–,80	3,20
126 II A	60 Pf	(102 II A)	–,30	–,80	3,20
127 II A	80 Pf	(103 II A)	–,30	–,80	3,20
128	1 M				
I A		(104 I A)	25,–	45,–	40,–
II A		(104 II A)	–,30	–,80	3,20
129	2 M				
I A		(105 I A)	18,–	32,–	15,–
II A		(105 II A)	–,40	–,80	3,20
130	3 M				
I A		(106 I A)	15,–	25,–	35,–
II A		(106 II A)	–,60	1,–	6,–
131	5 M				
I A		(107 I)	70,–	120,–	140,–
II A		(107 II A)	1,20	2,–	15,–
132	10 M				
I A		(108 I A)	20,–	50,–	60,–
II A		(108 II A)	1,80	3,–	60,–
133	20 M				
I A		(109 I A)	40,–	70,–	100,–
II A		(109 II A)	3,–	5,–	65,–
		Satz I (6 W.)	180,–	340,–	420,–

Satzpreis II siehe nach MiNr. 135

B = geschnitten

116 II B	3 Pf	(94 II B)	–,30	–,80	24,–
117 II B	5 Pf	(112 B)	–,30	–,80	24,–
118 II B	7½ Pf	(113 B)	–,30	–,80	24,–
119 II B	10 Pf	(114 B)	–,30	–,80	24,–
120 II B	15 Pf	(115 B)	–,30	–,80	24,–
121 II B	20 Pf	(97 II B)	–,30	–,80	24,–
122 II B	25 Pf	(98 II B)	–,30	–,80	24,–
123 II B	30 Pf	(99 II B)	–,30	–,80	24,–
124 II B	40 Pf	(100 II B)	–,30	–,80	24,–
125 II B	50 Pf	(101 II B)	–,30	–,80	24,–
126 II B	60 Pf	(102 II B)	–,30	–,80	24,–
127 II B	80 Pf	(103 II B)	–,30	–,80	25,–
128 II B	1 M	(104 II B)	–,30	–,80	30,–
129 II B	2 M	(105 II B)	–,60	1,–	35,–
130 II B	3 M	(106 II B)	–,90	1,50	55,–
131 II B	5 M	(107 II B)	1,20	2,–	70,–
132 II B	10 M	(108 II B)	1,80	3,50	100,–
133 II B	20 M	(109 II B)	3,50	6,–	100,–

1919, 27. Juni/1920, 4. März. König Ludwig III. Ohne Aufdruck nicht ausgegebene Marken, mit schwarzem Aufdruck; Wz. 4; A = gez., B = □ [21,5×26]

134 II	35 Pf	dunkelorange			
A		gez.	–,30	–,80	4,–
B		geschnitten	–,30	–,80	25,–
135 II	75 Pf	rötlichbraun			
A		gez.	–,30	–,60	3,20
B		geschnitten	–,30	–,60	25,–
		Satz MiNr. 116 II A bis 135 II A (20 W.)	10,–	20,–	170,–
		Satz MiNr. 116 II B bis 135 II B (20 W.)	11,–	22,–	800,–

1919, 17. Mai/30. Sept. Marken des Deutschen Reiches mit Aufdruck. [21,5×26, 38×26]

A = 26:17, B = 25:17 Zähnungslöcher

				✶	✶✶	⊙
136	2½ Pf	dunkelolivgrau	(98)	–,30	–,80	3,20
137	3 Pf	braun	(84 II)	–,30	–,80	3,20
138	5 Pf	dunkelgrün	(85 II)	–,30	–,80	3,20
139	7½ Pf	rötlichorange	(99)	–,30	1,–	3,20
140	10 Pf	karminrot	(86 II)	–,30	–,80	3,20
141	15 Pf	schw'grauviol'	(101)	–,30	1,–	3,20
142	20 Pf	dkl'violettblau	(87 II)	–,30	–,80	3,20
143	25 Pf	orange/schwarz auf gelb	(88 II)	–,30	–,80	3,20
144	35 Pf	rotbraun	(103)	–,30	–,80	3,20
145	40 Pf	lilarot/schwarz	(90 II)	–,50	1,50	3,20
146	75 Pf	blaugrün/schw'	(104)	–,70	1,20	4,—
147	80 Pf	rot/schwarz auf graurot	(93 II)	–,70	1,20	4,—
148 B	1 M	karminrot	(94 B)	1,20	3,—	6,—
149	2 M	blau				
A		26:17 Zähnungslöcher	(95 A)	22,–	40,–	440,–
B		25:17 Zähnungslöcher	(95 B)	1,50	5,50	14,–
150	3 M	violettschwarz				
A		26:17 Zähnungslöcher	(96 A)	75,–	130,–	400,–
B		25:17 Zähnungslöcher	(96 B)	1,50	5,50	16,–
151	5 M	grün/rot				
A		26:17 Zähnungslöcher	(97 A)	3,50	7,–	17,–
B		25:17 Zähnungslöcher	(97 B)	1,50	5,50	16,–
		Satz (16 W.)		10,–	30,–	75,–

1919, ab 6. Aug./1920. König Ludwig III. Marken MiNr. 94 II–109 II, 112–115 sowie ohne Aufdruck nicht ausgegebener Wert mit schwarzem Aufdruck [21,5×26, 25×29, 34×40]

A = gez.

152 A	3 Pf	braun	(94 II)	–,30	1,–	3,20
153 A	5 Pf	dunkelgelbgrün	(112)	–,30	1,–	3,20
154 A	7½ Pf	schwärzlichgrün	(113)	–,30	1,–	20,–

			✶	✶✶	⊙
155 A	10 Pf	karminrot . (114)	–,30	1,–	2,50
156 A	15 Pf	rot . . . . . . (115)	–,30	1,–	2,50
157 A	20 Pf	dkl'grünlich-			
		blau . . . . . (97 II)	–,30	1,–	2,50
158 A	25 Pf	olivschwarz(98 II)	–,30	1,–	2,50
159 A	30 Pf	dkl'orange (99 II)	–,30	1,–	2,50
160 A	40 Pf	dkl'braun-			
		oliv . . . . . (100 II)	–,30	1,–	18,–
161 A	50 Pf	rötlich-			
		braun . . . (101 II)	–,30	1,–	2,50
162 A	60 Pf	schw'bläulich-			
		grün . . . . (102 II)	–,30	1,–	18,–
163 A	75 Pf	braunoliv . . . .(-)	–,50	1,–	18,–
164 A	80 Pf	schwärzl'grau-			
		violett . . (103 II)	–,30	1,–	4,50
165 A	1 M	braun . . . (104 II)	–,30	1,–	3,50
166 A	2 M	schw'grau-			
		violett . . (105 II)	–,30	1,–	7,–
167 A	3 M	rot . . . . . (106 II)	1,–	2,50	9,–
168 A	5 M	preußisch-			
		blau . . . . (107 II)	1,40	3,–	22,–
169 A	10 M	schwärzlich-			
		gelbl'grün (108 II)	2,50	5,–	45,–
170 A	20 M	dkl'grau-			
		braun . . . (109 II)	3,–	6,–	75,–
		Satz A (19 W.) . .	12,–	30,–	250,–

B = geschnitten

			✶	✶✶	⊙
152 B	3 Pf	braun . . . . (94 II)	–,30	1,–	15,–
153 B	5 Pf	dunkelgelb-			
		grün . . . . . (112)	–,30	1,–	15,–
154 B	7½ Pf	schwärzlich-			
		grün . . . . . (113)	–,30	1,–	28,–
155 B	10 Pf	karminrot . (114)	–,30	1,–	15,–
156 B	15 Pf	rot . . . . . . (115)	–,30	1,–	15,–
157 B	20 Pf	dkl'grünlich-			
		blau . . . . . (97 II)	–,30	1,–	15,–
158 B	25 Pf	olivschwarz(98 II)	–,30	1,–	15,–
159 B	30 Pf	dkl'orange (99 II)	–,30	1,–	17,–
160 B	40 Pf	dkl'braun-			
		oliv . . . . . (100 II)	–,30	1,–	18,–
161 B	50 Pf	rötlich-			
		braun . . . (101 II)	–,30	1,–	18,–
162 B	60 Pf	schw'bläulich-			
		grün . . . . (102 II)	–,30	1,–	18,–
163 B	75 Pf	braunoliv . . . . (-)	–,30	1,–	45,–
164 B	80 Pf	schwärzl'grau-			
		violett . . (103 II)	–,30	1,–	18,–
165 B	1 M	braun . . . (104 II)	–,30	1,–	28,–
166 B	2 M	schw'grau-			
		violett . . (105 II)	–,30	1,–	28,–
167 B	3 M	rot . . . . . (106 II)	1,–	2,50	35,–
168 B	5 M	preußisch-			
		blau . . . . (107 II)	1,40	3,–	50,–
169 B	10 M	schwärzl'gelblich-			
		grün . . . . (108 II)	2,50	5,–	90,–
170 B	20 M	dkl'graubr'(109 II)	3,–	6,–	140,–
		Satz B (19 W.) . .	12,–	30,–	600,–

1919, 25. Aug./22. Dez. Hilfe für bayerische Kriegsgeschädigte. MiNr. 114, 115 und 97 II mit schwarzem Aufdruck. A = gez., B = geschnitten [21,5×26]

			✶	✶✶	⊙
171	10+5 Pf	karminrot . (114)			
A		gez.	–,50	1,–	3,20
B		geschnitten	200,–	450,–	
172	15+5 Pf	rot . . . . (115)			
A		gez.	–,50	1,–	3,20
B		geschnitten	150,–	250,–	
173	20+5 Pf	gelblichgrünlich-			
		blau . . . . . (97 II)			
A		gez.	–,50	1,–	3,20
B		geschnitten	250,–	600,–	
		Satz A (3 W.) . . .	1,50	3,–	8,–
		Satz B (3 W.) . . .	600,–	1300,–	

1919, 17. Dez./1920, 4 März. König Ludwig III. Wie MiNr. 165, jedoch geänderte Farben sowie schwarzer Aufdruck der neuen Wertstufen. A = gez., B = geschnitten [21,5×26]

			✶	✶✶	⊙
174	1,25 a. 1 M	gelblichgelbgrün			
A		gez.	–,30	1,50	3,–
B		geschnitten . .	–,40	1,50	45,–
175	1,50 a. 1 M	gelblichorange			
A		gez.	–,30	1,50	4,–
B		geschnitten . .	–,40	1,50	45,–
176	2,50 a. 1 M	schw'grautürkis			
A		gez.	–,60	1,50	8,–
B		geschnitten . .	–,80	1,50	45,–
		Satz A (3 W.) .	1,20	4,–	15,–
		Satz B (3 W.) .	1,50	4,–	130,–

1920, 28. Jan. Staatswappen auf Ornament (Kleinformat). MiNr. 60 mit blauem Aufdruck [21,5×26]

			✶	✶✶	⊙
177	20 a. 3 Pf	braun	–,30	–,60	3,20

1920, 14. Febr./30. März. Abschiedsausgabe [21,5×26, 24×29, 34×40]

			✶	✶✶	⊙
178	5 Pf	Landmann	–,30	1,–	3,20
179	10 Pf	Landmann	–,30	1,–	3,20
180	15 Pf	Landmann	–,30	1,–	3,20
181	20 Pf	Allegorie	–,30	1,–	3,20
182	30 Pf	Allegorie	–,30	1,–	4,–
183	40 Pf	Allegorie	–,30	1,–	3,20
184	50 Pf	Sämann	–,30	1,–	3,20
185	60 Pf	Sämann	–,30	1,–	3,20
186	75 Pf	Sämann	–,30	1,–	3,20
187	1 M	Patrona Bavariae . .	–,40	1,–	3,20
188	1¼ M	Patrona Bavariae . .	–,30	1,–	3,20
189	1½ M	Patrona Bavariae . .	–,30	1,–	4,–
190	2½ M	Patrona Bavariae,			
		Stdr.	–,60	1,50	80,–
191	2½ M	Patrona Bavariae,			
		Bdr.	–,30	1,–	40,–
192	3 M	Bavaria	–,70	2,–	18,–
193	5 M	Bavaria	–,70	2,–	18,–
194	10 M	Bavaria	1,20	2,50	30,–
195	20 M	Bavaria	1,80	3,50	42,–
		Satz (18 W.)	8,–	22,–	250,–

Dienstmarken

1908, 1. Jan. Freimarken Staatswappen mit farbigem Aufdruck „E“ [21×24]

				✱	⊙
1	3 Pf	braun (60)		1,–	5,50
2	5 Pf	dunkelgrün (61)		–,30	–,50
3	10 Pf	karminrot (56 B)		–,30	–,50
4	20 Pf	ultramarin (57 B)		–,60	1,–
5	50 Pf	lilabraun (63)		6,–	10,–
		Satz (5 W.)		8,–	17,–

1912, 1. Juli. Freimarken Prinzregent Luitpold mit eingelochtem „E“ [21,5×26]

			✱	✱✱	⊙
6	3 Pf	braun auf graubraun (76 II)	4,–	12,–	4,–
7	5 Pf	grün auf graugrün (77 II)	1,–	3,–	–,50
8	10 Pf	rot auf gelb (78 II)	–,40	–,80	–,50
9	20 Pf	blau auf graublau (79 II)	–,70	1,50	–,50
10	25 Pf	braun auf gelb (80 II)	7,–	15,–	10,–
11	50 Pf	braunrot auf graubraun (83 II)	8,–	20,–	15,–
		Satz (6 W.)	20,–	55,–	30,–

1914/15. Freimarken König Ludwig III. mit eingelochtem „E“ [21,5×26]

12	3 Pf	braun (94 I)	30,–	100,–	140,–
13	5 Pf	grün (95 I)	1,20	8,–	1,80
14	10 Pf	rot (96 I)	1,20	8,–	1,20
15	20 Pf	blau (97 I)	4,–	15,–	6,50
		Satz (4 W.)	35,–	130,–	145,–

1916, 1. Aug./1917. Bayerisches Staatswappen. Wz. 4 [29×25]

16	3 Pf	orangebraun	–,30	–,80	1,–
17	5 Pf	gelblichgrün	–,30	–,80	1,–
18	7½ Pf	opalgrün auf grünlichblau	–,30	1,–	–,60
19	15 Pf	rot auf gelbl'orange	–,80	1,50	1,30
20	20 Pf	blau auf grünl'blau	3,–	7,–	2,80
21	25 Pf	braungrau	–,30	–,80	–,80
22	30 Pf	orange	–,30	–,80	–,80
23	60 Pf	bläulichgrün	–,30	–,80	1,50
24	1 M	pupur auf grau	1,20	2,50	4,–
		Satz (9 W.)	6,–	16,–	13,–

1916, 1. Aug./1920. Bayerisches Staatswappen. Wie MiNr. 16–24, jedoch geänderte Papiersorten und neue Wertstufe [29×25]

			✱	✱✱	⊙
25	7½ Pf	graugrün	–,30	1,–	2,–
26	10 Pf	karminrot	–,30	1,–	2,–
27	15 Pf	rot	–,30	1,–	2,–
28	20 Pf	preußischblau	–,30	1,–	2,–
29	1 M	lila	4,–	10,–	500,–
		Satz (5 W.)	5,–	14,–	500,–

Ab MiNr. 30 gelten alle ⊙-Preise nur für geprüfte Stücke!

1919, 1. März. Bayerisches Staatswappen mit Aufdruck „Volksstaat Bayern“ [29×25]

30	3 Pf	orangebraun (16)	–,50	1,–	18,–
31	5 Pf	gelbgrün (17)	–,50	1,–	3,20
32	7½ Pf	graugrün (25)	–,50	1,–	16,–
33	10 Pf	lilarot (26)	–,50	1,–	3,20
34	15 Pf	rot (27)	–,50	1,–	3,20
35	20 Pf	preußischblau (28)	–,50	1,–	3,20
36	25 Pf	braungrau (21)	–,50	1,–	3,20
37	30 Pf	orange (22)	–,50	1,–	3,20
38	35 Pf	rötlichorange (-)	–,50	1,50	3,20
39	50 Pf	braunoliv (-)	–,50	1,50	3,–
40	60 Pf	bläulichgrün (23)	–,50	2,–	18,–
41	75 Pf	braunrot (-)	–,50	2,–	5,–
42	1 M	braunpurpur (24)	2,–	4,–	18,–
43	1 M	lila (29)	6,–	16,–	450,–
		Satz (14 W.)	14,–	35,–	550,–

1920, Anf. März. Sog. Abschiedsausgabe; Wz. 3 [21×24, 24×21]

44	5 Pf	Bayer. Löwe	–,30	1,20	8,–
45	10 Pf	Bayer. Löwe	–,30	1,20	8,–
46	15 Pf	Bayer. Löwe	–,30	1,20	8,–
47	20 Pf	Bayer. Löwe	–,30	1,20	8,–
48	30 Pf	Bayer. Löwe	–,30	1,20	9,–
49	40 Pf	Bayer. Löwe	–,30	1,20	9,–
50	50 Pf	Wappen	–,30	1,20	28,–
51	60 Pf	Wappen	–,30	1,20	12,–
52	70 Pf	Wappen	–,30	1,20	36,–
53	75 Pf	Wappen	–,30	1,20	45,–
54	80 Pf	Wappen	–,30	1,20	45,–
55	90 Pf	Wappen	–,30	1,20	70,–
56	1 M	Inschrift	–,30	1,20	60,–
57	1¼ M	Inschrift	–,30	1,20	80,–
58	1½ M	Inschrift	–,30	1,20	80,–
59	2½ M	Inschrift	–,30	1,20	90,–
60	3 M	Inschrift	–,30	1,20	130,–
61	5 M	Inschrift	2,50	10,–	150,–
		Satz (18 W.)	7,50	30,–	850,–

Portomarken

1862, 1. Okt. Ziffer im Rechteck. Roter Seidenfaden; □ [21 × 24]

		(*)	*	~
1	3 Kr. schwarz	75,–	160,–	120,–

1870, 1. Juli/1871, 1. April. Ziffer im Rechteck. Ohne Seidenfaden; Wz. 1; gez. [21 × 24]

X= Wz. 1a (enge Rauten)
Y= Wz. 1b (weite Rauten)

			(*)	*	⊙
2	1 Kr.	schwarz			
X		Wz. 1X	9,–	20,–	1000,–
Y		Wz. 1Y	22,–	70,–	2200,–
3	3 Kr.	schwarz			
X		Wz. 1X	9,–	20,–	600,–
Y		Wz. 1Y	22,–	70,–	2200,–

1876, 1. Jan. Staatswappen auf Ornament (Kleinformat) mit Aufdruck. Wz. 2 [21 × 24]

			*	⊙
4	3 Pf	grüngrau	20,–	50,–
5	5 Pf	grüngrau	15–	20,–
6	10 Pf	grüngrau	5,–	2,–

1882, Jan./1885 ca. Sept. Staatswappen auf Ornament (Kleinformat) mit Aufdruck. Wz. 3 [21 × 24]

7	3 Pf	türkisgrau	110,–	130,–
8	5 Pf	türkisgrau	70,–	90,–
9	10 Pf	türkisgrau	3,–	2,–

1888, 5. März/1903. Staatswappen auf Ornament (Kleinformat) mit Aufdruck. Wz. 4 [21 × 24]

10	3 Pf	gelbgrau	1,–	3,50
11	5 Pf	gelbgrau	1,40	3,50
12	10 Pf	gelbgrau	1,–	2,–
		Satz (3 W.)	3,20	9,–

1895, Okt./1903. Staatswappen auf Ornament (Kleinformat) mit Aufdruck. Wz. 4 [21 × 24]

13	2 Pf	gelbgrau	1,–	3,–

Portofreiheitsmarken

1919, 27. Aug. König Ludwig III. mit Aufdruck und eingelochtem „K" (Kriegsbeschädigten-Ausschüsse) [21,5 × 26]

				*	**	⊙
1	5 Pf	gelbgrün . .	(153 A)	14,–	50,–	200,–
2	10 Pf	karminrot .	(155 A)	14,–	50,–	200,–
3	15 Pf	rot	(156 A)	14,–	50,–	150,–
4	20 Pf	grünl'blau .	(157 A)	14,–	50,–	150,–
5	25 Pf	olivschwarz	(158 A)	22,–	75,–	280,–
6	30 Pf	orange . . .	(159 A)	27,–	90,–	350,–
		Satz (6 W.)		100,–	360,–	1300,–

1920, 1. April. Marken des Deutschen Reichs mit Aufdruck und eingelochtem „K" (Kriegsbeschädigten-Ausschüsse) [21,5 × 26]

7	5 Pf	gelbgrün	(DR 119)	22,–	70,–	120,–
8	10 Pf	orange . .	(DR 120)	22,–	70,–	120,–
9	15 Pf	rosarot . .	(DR 121)	25,–	90,–	200,–
10	20 Pf	violett . . .	(DR 122)	25,–	90,–	200,–
11	30 Pf	blau	(DR 123)	25,–	90,–	200,–
12	40 Pf	ockerbraun	(DR 124)	25,–	90,–	200,–
13	50 Pf	rot	(DR 125)	35,–	110,–	230,–
14	60 Pf	blaugrün	(DR 126)	35,–	110,–	330,–
15	80 Pf	blau	(DR 128)	70,–	190,–	350,–
		Satz (9 W.)		280,–	900,–	1800,–

1920, 10. April. Marken des Deutschen Reichs mit Aufdruck und eingelochtem „B" (Beamtenräte der Oberpost- und Eisenbahndirektionen) [21,5 × 26]

16	5 Pf	gelbgrün	(DR 119)	25,–	80,–	170,–
17	10 Pf	orange . .	(DR 120)	25,–	80,–	170,–
18	15 Pf	rosarot . .	(DR 121)	25,–	80,–	170,–
19	20 Pf	braunviolett	(DR 122)	25,–	80,–	170,–
20	30 Pf	blau	(DR 123)	25,–	80,–	170,–
21	40 Pf	ockerbraun	(DR 124)	25,–	80,–	170,–
22	50 Pf	rot	(DR 125)	35,–	100,–	320,–
23	60 Pf	blaugrün	(DR 126)	45,–	130,–	350,–
24	80 Pf	blau	(DR 128)	50,–	140,–	350,–
		Satz (9 W.)		280,–	850,–	2000,–

1919, 6. Sept. . König Ludwig III. mit Aufdruck und eingelochtem „R" (Vorstand des Rates des Verkehrspersonals in München) [21,5 × 26]

25	3 Pf	braun	(152 A)	20,–	70,–	280,–
26	5 Pf	gelbgrün . .	(153 A)	20,–	70,–	280,–
27	10 Pf	karminrot .	(155 A)	20,–	70,–	280,–
28	15 Pf	rot	(156 A)	20,–	70,–	280,–
29	20 Pf	grünl'blau .	(157 A)	20,–	70,–	280,–
30	25 Pf	olivschwarz	(158 A)	30,–	80,–	350,–
31	30 Pf	orange . . .	(159 A)	40,–	100,–	350,–
		Satz (7 W.)		170,–	500,–	2000,–

1920, April/Mai. Marken des Deutschen Reichs mit Aufdruck und eingelochtem „R" (Vorstand des Rates des Verkehrspersonals in München) [21,5×26]

				✱	✱✱	⊙
32	10 Pf	orange	(DR 120)	28,–	90,–	240,–
33	20 Pf	braunviolett	(DR 122)	40,–	130,–	350,–
34	30 Pf	blau	(DR 123)	35,–	120,–	350,–
35	40 Pf	ockerbraun	(DR 124)	35,–	120,–	350,–
36	50 Pf	rot	(DR 125)	55,–	150,–	380,–
37	60 Pf	blaugrün	(DR 126)	45,–	130,–	400,–
		Satz (6 W.)		230,–	700,–	2000,–

1919, 4. Sept. König Ludwig III. mit Aufdruck und eingelochtem „LK" (Verwaltung der Staatlichen Lastkraftwagen-Linien) [21,5×26]

38	5 Pf	gelbgrün	(153 A)	7,–	17,–	45,–
39	10 Pf	karminrot	(155 A)	6,–	13,–	45,–
40	15 Pf	rot	(156 A)	10,–	25,–	50,–
		Satz (3 W.)		23,–	55,–	140,–

Flugpostmarke (halbamtlich)

1912, Okt. Flugpostmarke [24×28]

F I	25 Pf	Geflügelter Löwe	200,–	400,–	400,–

Bergedorf

1861, 1. Nov./1867. Vereinigte Wappen von Lübeck und Hamburg [20×20 bis 25×25]

			(✱)	✱	⊙
1	½ S	schwarz auf			
a		preußischblau	20,–	55,–	1300,–
b		blau	60,–	160,–	7000,–
2	1 S	schwarz auf weiß	20,–	55,–	500,–
3	1½ S	schwarz auf hellgelb	10,–	25,–	2000,–
4	3 S	ultramarin auf rosa	10,–	30,–	2500,–
5	4 S	schwarz auf braunorange	10,–	30,–	2800,–
		Satz (mit 1 a+1 b) (6 W.)	130,–	330,–	15500,–

Braunschweig

Wz. 1

1852, 1. Jan. Wappen im waagerechten Oval. □ [24×21]

			(✱)	⊙
1	1 Sgr	karmin	2800,–	400,–
2	2 Sgr	preußischblau	1800,–	350,–
3	3 Sgr	orangerot	1800,–	350,–

1853, 1. März/1856, 1. März. Wappen im waagerechten Oval auf farbigem Papier. Wz. 1; □ [24×21]

			(✱)	✱	⊙
4	¼ Ggr	schwarz auf hellbraun	400,–	1000,–	320,–
5	1/3 Sgr	schwarz auf weiß	90,–	170,–	450,–
6	1 Sgr	schwarz auf chromgelb	320,–	500,–	70,–
7	2 Sgr	schwarz auf blau	250,–	400,–	80,–
8	3 Sgr	schwarz auf mattrot	400,–	600,–	110,–

1857, 1. März. Vier Kronen (teilbar). Wz. 1; □ [26×26]

9	4/4 Ggr	schwarz auf graubraun	20,–	50,–	130,–

1861, 1. April/1863, 1. Jan. Wappen im waagerechten Oval. Wz. 1; □ [24×21]

10	½ Gr	schwarz auf grün	25,–	50,–	500,–
11	1 Sgr	schwarz auf gelb	300,–	550,–	70,–
12	3 Sgr	lebhaftlilarot	400,–	750,–	280,–

1864, Juli/Aug. Wappen im waagerechten Oval. Wz. 1; A = bogenförmig durchstochen 16, B = linienförmig durchstochen 12 [24×21]

13 A	1/3 Sgr	schwarz	350,–	650,–	2800,–
14	1 Sgr	gelbocker			
A		bogenförmig ⌈⌋ 16	300,–	550,–	180,–
B		linienförmig ⌈⌋ 12	400,–	800,–	380,–
15 A	2 Sgr	schwarz auf blau	300,–	550,–	420,–
16 A	3 Sgr	lilarot	600,–	1000,–	650,–

1865, 1. Okt. Wappen im senkrechten Oval. oWz.; bogenförmig ⬚ 16 [21×24]

			✶	⊙
17	1/3 Gr	schwarz	35,–	480,–
18	1 Gr	karminrot	5,–	70,–
19	2 Gr	blau	15,–	160,–
20	3 Gr	braun	12,–	200,–

Bremen

1855, 10. April. Staatswappen im Wappenschild. ☐ [24×28]

1	3 Gr	schwarz auf blaugrau	260,–	350,–

1856, 4. April. Staatswappen im Wappenschild. ☐ [24×28]

2	5 Gr	schwarz auf grau	200,–	400,–

1860, 10. Juli. Staatswappen im Wappenschild. ☐ [24×28]

3	7 Gr	schwarz auf gelb	300,–	900,–

1859, 22. Aug. 1863, Juni. Staatswappen unter Krone. ☐ [24×28]

4	5 Sgr	dunkelolivgrün	70,–	380,–

1863, 29. April. Staatswappen im Ornamentoval; ⬚ [24×28]

5	2 Gr	orange	500,–	2200,–

1864, Jan. Wie MiNr. 1, jedoch ⬚. [24×28]

6	3 Gr	schwarz auf balugrau	800,–	900,–

1862, Sept. Wie MiNr. 2, jedoch ⬚. [24×28]

7	5 Gr	schwarz auf graubraun	500,–	300,–

1861, Nov. Staatswappen im Ornamentoval; ⬚ [24×28]

			✶	⊙
8	10 Gr	schwarz	1000,–	1200,–

1863, Jan./1864. Ähnlich MiNr. 4, jedoch ⬚ [24×28]

9	5 Sgr	dunkelgrün	1000,–	250,–

1866, Sept./1867, März. Wie MiNr. 5, 1, 2, 3, 8 und 4, jedoch z.T. leicht geänderte Farben und gez. [24×28]

10	2 Gr	orange	180,–	450,–
11	3 Gr	schwarz auf blaugrau	120,–	450,–
12	5 Gr	schwarz auf graubraun	160,–	400,–
13	7 Gr	schwarz auf gelb	200,–	5500,–
14	10 Gr	schwarz	250,–	1400,–
15	5 Sgr	dunkelolivgrün	200,–	300,–

Hamburg

1859, 1. Jan. Wertangabe im Wappen. Wz. 1; ☐ [23×25]

Wz. 1

			(✶)	✶	⊙
1	½ S	schwarz	70,–	130,–	750,–
2	1 S	rotbraun	70,–	130,–	120,–
3	2 S	orangerot	70,–	130,–	130,–
4	3 S	preußischblau	70,–	130,–	160,–
5	4 S	gelblichgrün	65,–	100,–	1500,–
6	7 S	orange	70,–	130,–	60,–
7	9 S	orangegelb	160,–	250,–	2500,–

1864, 29. Febr./2. April. Wertangabe im Wappen. ☐ [23×25]

8	1¼ S	graugrün	70,–	120,–	100,–
9	2½ S	dunkelgrün	110,–	180,–	180,–

1864, 26. Aug./1867. Wie MiNr. 1–9, jedoch gez. [23×25]

			(✶)	✶	⊙
10	½ S	schwarz	6,50	15,–	18,–
11	1 S	rotbraun	8,50	18,–	22,–
12	1¼ S	braunviolett	70,–	150,–	15,–
13	2 S	orangerot	12,–	25,–	30,–
14	2½ S	dunkelgrün	80,–	150,–	45,–
15	3 S	ultramarin	30,–	50,–	50,–
16	4 S	grünoliv	12,–	20,–	30,–
17	7 S	orange	110,–	200,–	150,–
18	9 S	orangegelb	25,–	50,–	2600,–

1865, 9. Febr. Wie MiNr. 17, jedoch geänderte Farbe [23×25]

19	7 S	graulila	8,–	16,–	20,–

1866, 4. April/27. Juni. Wertangabe im Wappen, achteckiger Rahmen. oWz; durchstochen [23×25]

20	1¼ S	braunviolett	28,–	50,–	45,–
21	1½ S	karmin	9,–	16,–	160,–

1867, 5. Mai. Wertangabe im Wappen. Wz. 1; gez. [23×25]

22	2½ S	dunkelgrün	8,–	16,–	100,–

Hannover

Wz. 1

Wz. 2

1850, 30. Nov. Gemusterter Wertschild unter Wappen. Wz. 1; □ [23×25]

1	1 Ggr	schwarz auf graublau	1600,–	3500,–	80,–

1851, Juli./1855. Wie MiNr. 1, jedoch geänderte Papierfarbe, jetzt Wz. 2. □ [23×25]

			(✶)	✶	⊙
2	1 Ggr	schwarz			
a		auf olivgrau	40,–	100,–	15,–
b		auf hellgraugrün	400,–	1200,–	40,–

1851, Juli./1855, Febr. Glatter Wertschild unter Wappen, Wz. 2. □ [23×25]

3	1/30 Th	schwarz			
a		auf hellrötl'orange	50,–	70,–	65,–
b		auf lebhaftrosalila	50,–	70,–	65,–
4	1/15 Th	schwarz auf lebh'grautürkis	70,–	120,–	100,–
5	1/10 Th	schwarz auf rötlichgelb	80,–	140,–	75,–

1853, 15. April. Wertangabe und Krone im Oval, Wz. 2. □ [23×25]

6	3 Pf	mattkarmin	220,–	400,–	450,–

1855, Dez. Wie MiNr. 5, jedoch mit farbigem engmaschigem Netzwerk-Unterdruck, oWz. [23×25]

7	1/10 Th	schwarz/orangegelb	130,–	180,–	200,–

1856/57. Wie MiNr. 1 und 3–6, jedoch mit farbigem weitmaschigem Netzwerk-Unterdruck, oWz. [23×25]

8	3 Pf	karmin/grau	130,–	320,–	320,–
9	1 Ggr	schwarz/olivgrün	25,–	50,–	15,–
10	1/30 Th	schwarz/rötlichkarmin	55,–	110,–	40,–
11	1/15 Th	schwarz/ultramarin	40,–	90,–	80,–
12	1/10 Th	schwarz/orangegelb	400,–	800,–	70,–

1859, Anfang Febr. Wie MiNr. 6, jedoch Papier oWz. [23×25]

			✶	⊙
13	3 Pf	rotkarmin	80,–	110,–

1859, Anfang Febr. König Georg V., oWz. □ [23×25]

			✶	⊙
14	1 Gr	rötlichkarmin	6,–	8,–
15	2 Gr	ultramarin	20,–	50,–
16	3 Gr	orangegelb	200,–	85,–

1860, 1. April. Posthorn unter Krone, oWz. □ [23×25]

17	½ Gr	schwarz	90,–	250,–

1861, 1. März/Nov. König Georg V., oWz. □ [23×25]

18	10 Gr	grünlicholiv	360,–	1700,–
19	3 Gr	braun	35,–	70,–

1863, Nov.Wertangabe und Krone im Oval, oWz. □ [23×25]

20	3 Pf	olivgrün	450,–	1200,–

1864. Wie MiNr. 20, 17, 14, 15 und 19, jedoch jetzt ⁚⁚ [23×25]

x= rosa Gummierung
y= weiße Gummierung

21	3 Pf	olivgrün		
x		rosa Gummierung	100,–	110,–
y		weiße Gummierung	40,–	90,–
22	½ Gr	schwarz		
x		rosa Gummierung	600,–	550,–
y		weiße Gummierung	300,–	350,–
23	1 Gr	rotkarmin		
x		rosa Gummierung	50,–	30,–
y		weiße Gummierung	15,–	15,–
24 y	2 Gr	ultramarin, weiße Gummierung	140,–	80,–
25	3 Gr	hellbraun		
x		rosa Gummierung	1500,–	1500,–
y		weiße Gummierung	80,–	100,–

Für unverlangt eingesandte Briefsendungen und Markenvorlagen wird keine Haftung übernommen

Helgoland

1867, April. Königin Viktoria. [21×24]

			✶	⊙
1	½ S	grün/karmin	400,–	1300,–
2	1 S	rosakarmin/dunkelgrün	240,–	250,–
3	2 S	lilakarmin/dkl'gelblichgrün	15,–	70,–
4	6 S	graugrün/lilarosa	25,–	600,–

MiNr. 5 fällt aus.

1869, 15. Aug/1873, Sept. Wie MiNr. 1 und 2, jedoch gez. [21×24]

6	½ S	grün/karmin	150,–	200,–
7	1 S	karmin/gün	200,–	380,–

1873, 10. Aug./Dez. Königin Viktoria. [21×24]

8	¼ S	karmin/graugrün	45,–	3000,–
9	¾ S	hellgrün/rosa	40,–	2800,–
10	1½ S	hellgrün/karmin	70,–	420,–

1875, 15. Febr. Königin Viktoria, Inschrift im Oval, Wertangaben in englischer und deutscher Währung [21×24]

11	1 Pf	lilakarmin/grün	12,–	900,–
12	2 Pf	grün/lilakarmin	14,–	1100,–
13	5 Pf	lilakarmin/grün	25,–	30,–
14	10 Pf	grün/rot	12,–	35,–
15	25 Pf	lilakarmin/grün	20,–	30,–
16	50 Pf	grün/karmin	20,–	40,–

1876, 1. Juni/1890, Juni. Wappen von Helgoland. [21×24]

17	3 Pf	grün/gelb/rot	180,–	1300,–
18	20 Pf	rot/gelb/grün	15,–	40,–

1879, Aug./1889, Sept. Wertziffer im Band bzw. im Oval. [21×24]

19	1 M	grün/schwarz/karmin	280,–	280,–
20	5 M	mehrfarbig	180,–	1500,–

Lübeck

1859, 1. Jan. Wappen auf punktiertem Grund. Wz. 1; □ [21×25]

Wz. 1

			(✱)	✱	⊙
1	½ S	dunkelviolettgrau .	700,–	2800,–	2500,–
2	1 S	schwärzl'orange . .	700,–	3000,–	2500,–
3	2 S	rötlichbraun	35,–	140,–	300,–
4	2½ S	mittelmagenta . . .	60,–	260,–	1200,–
5	4 S	dunkelgrün	35,–	110,–	750,–

1862, 5. April. Wie MiNr. 1 und 2, jedoch stärkeres Papier oWz. [21×25]

6	½ S	dunkelrötlichgrau .	25,–	55,–	2000,–
7	1 S	schwärzlich gelborange	40,–	110,–	2000,–

1863, 1. Juli/1867. Wappen auf farbigem Grund im Oval. oWz.; ⬚ [21×24]

8	½ S	geblichgrün	20,–	50,–	90,–
9	1 S	orange	65,–	150,–	200,–
10	2 S	karmin	18,–	35,–	90,–
11	2½ S	ultramarin	70,–	150,–	500,–
12	4 S	olivbraun	35,–	70,–	130,–

1864, 1. April. Wappen auf punktiertem Grund im Oval. oWz; □ [21,5×24]

13	1¼ S	rötlichbraun	20,–	35,–	70,–

1865, 1. Dez. Wappen auf farbigem Grund im Oval mit achteckiger Einfassung. oWz.; durchstochen [21,5×24]

14	1½ S	braunpurpur	18,–	35,–	110,–

Mecklenburg-Schwerin

1856, 1. Juli. Vier gekrönte Stierköpfe auf punktiertem Grund (teilbar). □ [24×24]

			✱	⊙
1	4/4 S	rot	200,–	160,–

Markenteilungen:

1/4 S	20,–	15,–
2/4 S	40,–	30,–
3/4 S	80,–	80,–

1856, 1. Juli. Gekrönter Stierkopf im Schild. □ [24×24]

2	3 S	gelblichorange, gelb	100,–	80,–
3	5 S	blau	280,–	400,–

1864, Juni/Juli. Wie MiNr. 1, jedoch ⬚. [24×24]

4	4/4 S	graurot	3500,–	2400,–

Markenteilungen:

1/4 S	220,–	300,–
2/4 S	–,–	750,–

1864, Sept. Vier gekrönte Stierköpfe auf weißem Grund (teilbar); ⬚ [24×24]

5	4/4 S	bräunlichrot	90,–	75,–

Markenteilungen:

1/4 S	12,–	10,–
2/4 S	20,–	20,–

1864, 1. Okt./1867. Wie MiNr. 2 und 3, jedoch ⬚ [24×24]

6	2 S			
a		magenta	300,–	300,–
b		blaugrau	180,–	2000,–
7	3 S	orange		
I		schmaler Markenrand	200,–	150,–
II		breiter Markenrand	60,–	380,–
8	5 S	orangebraun	200,–	320,–

Mecklenburg-Strelitz

1864, 1./26. Okt. Stierkopf in gekröntem Wappen. ⬚ [21×24]

			✶	⊙
1	¼ Sgr			
a		rotorange	220,–	3000,–
b		gelborange	420,–	5000,–
2	⅓ Sgr			
a		olivgrün	110,–	1700,–
b		graugrün	180,–	3000,–
3	1 S	grauviolett	370,–	4000,–

1864, 1. Okt. Stierkopf in gekröntem Wappen im Oval. ⬚ [21×24]

4	1 Sgr	dunkelrosarot	180,–	240,–
5	2 Sgr	grauultramarin	60,–	1000,–
6	3 Sgr	braunocker	50,–	1600,–

Oldenburg

1852, 5. Jan./1859. Wappen mit Krone über Wertschild. □ [20×24, 21×25]

1	⅓ Sgr	schwarz auf grünoliv	1500,–	1300,–
2	1/30 Th	schwarz auf grauultram.	450,–	35,–
3	1/15 Th	schwarz auf bräunlichrot	1000,–	100,–
4	1/10 Th	schwarz auf gelb	1000,–	120,–

1859, 10. Juli. Staatswappen mit Herzogskrone. □ [21×25]

5	⅓ Gr	schwarz auf oliv	3200,–	3600,–
6	1 Gr	schwarz auf blau	800,–	60,–
7	2 Gr	schwarz auf karmin	1300,–	750,–
8	3 Gr	schwarz auf gelb	1300,–	750,–

1861, 1. Jan. Staatswappen mit Herzogskrone. Weißes Papier; □ [21×25]

			✶	⊙
9	¼ Gr	gelborange	380,–	5000,–
10	⅓ Gr	gelbgrün	600,–	1000,–
11	½ Gr	braunorange	550,–	650,–
12	1 Gr	blau	300,–	220,–
13	2 Gr	rotorange	550,–	550,–
14	3 Gr	graugelb	550,–	550,–

1862, Juli/1867, Jan. Hauswappen mit Herzogkrone im Oval. [22×24]

A = ⬚ 11¾

15 A	⅓ Gr	gelblichgrün	250,–	240,–
16 A	½ Gr	rotorange	250,–	140,–
17 A	1 Gr	karmin	140,–	22,–
18 A	2 Gr	ultramarin	250,–	60,–
19 A	3 Gr	ockerbraun	260,–	65,–

B = ⬚ 10

15 B	⅓ Gr	gelblichgrün	35,–	900,–
16 B	½ Gr	rotorange	35,–	450,–
17 B	1 Gr	karmin	20,–	70,–
18 B	2 Gr	ultramarin	20,–	600,–
19 B	3 Gr	ockerbraun	45,–	500,–

Preußen

1850, 15. Nov. König Friedrich Wilhelm IV. Wz. 1; □ [21×24]

Wz. 1

1	½ Sgr	rotorange	140,–	70,–
2	1 Sgr	schwarz auf graurot	100,–	20,–
3	2 Sgr	schwarz auf graublau	140,–	20,–
4	3 Sgr	schwarz auf rötlichgelb	140,–	20,–

1856, Juni. König Friedrich Wilhelm IV. Wz. 1; □ [21×24]

5	4 Pf	dunkelgrün	140,–	90,–

1857, April. König Friedrich Wilhelm IV. Markenhintergrund glatt. Weißes Papier; oWz.; □ [21 × 24]

			✶	⊙
6	1 Sgr	karminrot	400,–	35,–
7	2 Sgr	dunkelblau	1500,–	110,–
8	3 Sgr	orangegelb	200,–	50,–

1858, Juli. König Friedrich Wilhelm IV. Markenhintergrund gegittert. Weißes Papier; oWz.; □ [21 × 24]

9	4 Pf	grün	90,–	45,–
10	1 Sgr	lilarot	40,–	10,–
11	2 Sgr	dunkelblau	140,–	22,–
12	3 Sgr	orange	120,–	20,–

1859, Nov. König Friedrich Wilhelm IV. Markenhintergrund gegittert. Weißes Papier; oWz.; □ [21 × 24]

13	½ Sgr	rotorange	250,–	200,–

1861, 1. Okt. Preußischer Adler im Achteck. ⬚ [21 × 24]

14	4 Pf	grün	15,–	13,–
15	6 Pf	orange	15,–	16,–

1861, 1. Okt. Preußischer Adler im Oval. ⬚ [21 × 24]

16	1 Sgr	mittelrosa	4,50	2,–
17	2 Sgr	ultramarin	13,–	2,–
18	3 Sgr	ocker	10,–	2,50

1865, 1. April. Preußischer Adler im Achteck. ⬚ [21 × 24]

19	3 Pf	bräunlichlila	35,–	55,–

1866, 16. Dez. Innendienstmarken. ⬚ [21 × 24]

20	10 Sgr	rosarot	100,–	150,–
21	30 Sgr	dunkelgrünblau	120,–	300,–

1867, 1. Juli. Preußischer Adler im Achteck. ⬚ [21 × 24]

			✶	⊙
22	1 Kr	smaragdgrün	40,–	60,–
23	2 Kr	orange	60,–	120,–
24	3 Kr	lebhaftkarmin	30,–	30,–
25	6 Kr	ultramarin	30,–	55,–
26	9 Kr	ocker	35,–	60,–

Sachsen

1850, 1. Juli. Ziffer im Quadrat. □ [20 × 20]

			(✶)	✶	⊙
1	3 Pf	rot	4500,–	10000,–	8500,–

1851, 1. Aug./1863. Staatswappen im Oval. □ [20 × 24]

2	3 Pf	dunkelgrün	80,–	160,–	120,–

1851, 1. Aug. König Friedrich August II. Farbiges Papier; □ [21 × 26]

			✶	⊙
3	½ Ngr	schwarz auf grau	90,–	15,–
4	1 Ngr	schwarz auf graurot	120,–	15,–
5	2 Ngr	schwarz auf hellblau	320,–	90,–
6	3 Ngr	schwarz auf olivgelb	200,–	45,–
		Satz (4 W.)	700,–	160,–

1852/1855. Wie MiNr. 5, jedoch geänderte Papierfarbe.

7	2 Ngr	schwarz auf mittelblau	900,–	70,–

1855, 1. Juni/ 1863. König Johann I. Farbiges Papier; □ [21 × 26]

8	½ Ngr	schwarz auf grau	20,–	8,–
9	1 Ngr	schwarz auf graurot	20,–	8,–
10	2 Ngr	schwarz auf mittelblau	30,–	25,–
11	3 Ngr	schwarz auf mattgelb	30,–	20,–
		Satz (4 W.)	100,–	65,–

1856, Mai/1863. König Johann I. Weißes Papier; □ [21 × 26]

			✶	⊙
12	5 Ngr	braunorange	100,–	80,–
13	10 Ngr	dunkelblau	260,–	300,–

1863, 1. Juli/1867. Staatswappen im Prägedruck. Gez. [24 × 26]

14	3 Pf	grün	4,–	50,–
15	½ Ngr	orange	2,–	3,50
16	1 Ngr	lilarot	1,50	3,50
17	2 Ngr	blau	2,50	8,–
18	3 Ngr	braunorange	4,50	12,–
19	5 Ngr	grau	16,–	60,–
		Satz (6 W.)	30,–	130,–

Schleswig-Holstein und Lauenburg

1850, 15. Nov. Deutscher Adler mit Wappen. □ [21 × 24]

1	1 S	preußischblau	400,–	6000,–
2	2 S	rosa	700,–	9000,–

1864, 10. März./5. April. Ziffer(n) im Oval. ⬚ [22 × 25]

3	4 S	karminrot	120,–	600,–
4	1¼ S	grün	55,–	30,–

1851, 1. Aug.. Wertangabe im Eichenlaubkranz, magere Randinschriften mit Abkürzungspunkten. □ [21 × 21]

5	1¼ S	dunkelgrauultramarin	70,–	80,–

1864, März. Wertangabe im Eichenlaubkranz, fette Randinschriften ohne Abkürzungspunkte. □ [21 × 21]

			✶	⊙
6	1¼ S	dunkelgrauultramarin	60,–	75,–

1645, 15. Mai. Wertangabe im Viereck. ⬚ [21 × 21]

7	1¼ S	blau/weißrosa	50,–	30,–

1865, 1. Nov./1867, Juni. Ziffern im Oval; ⬚ [22 × 25]

8	½ S	rosalila	50,–	55,–
9	1¼ S	grün	25,–	30,–
10	1⅓ S	violettbraun	60,–	150,–
11	2 S	grauultramarin	60,–	300,–
12	4 S	ockerbraun	80,–	1600,–

1865, 1. Nov./1867, Juni. Ziffern im Oval. ⬚ [22 × 25], **MiNr. 14 eng** ⬚

13	½ S	grün	40,–	70,–
14	1¼ S	rosalila	80,–	30,–
15	1⅓ S	lila	36,–	80,–
16	2 S	grauultramarin	36,–	70,–
17	4 S	braunocker	40,–	100,–

1867, Juni/Okt. Ziffern im Oval. Wie MiNr., 14 jedoch weit ⬚. [22 × 25]

18	1¼ S	lila	40,–	60,–

1865, 1. Nov./1867, Juni. Ziffern im Perlenoval, Inschriften weiß auf farbigem Grund. ⬚ [22 × 25]

19	½ S	grünoliv	80,–	120,–
20	1¼ S	braunpurpur	60,–	30,–
21	2 S	blau	65,–	65,–
		Satz (3 W.)	200,–	200,–

1865, 1. Nov./1866, Juli. Ziffern im Oval, Inschriften farbig auf weißem Grund. ⬚ [22×25]

			✶	⊙
22	1¼ S	bräunlichlila	90,–	30,–
23	1⅓ S	rotkarmin	75,–	55,–
24	2 S	grauultramarin	180,–	200,–
25	4 S	braunocker	80,–	100,–
		Satz (4 W.)	420,–	380,–

Thurn und Taxis

1852, 1. Jan./1858. Ziffern im Quadrat oder Kreis. Farbiges Papier; □ [24×24]

1	¼ Gr	schwarz auf orange	220,–	35,–
2	⅓ Gr	schwarz auf ocker	100,–	150,–
3	½ Gr	schwarz auf olivgrau	650,–	20,–
4	1 Gr	schwarz auf blau	1100,–	90,–
5	2 Gr	schwarz auf graurot	700,–	20,–
6	3 Gr	schwarz auf braungelb	800,–	20,–
7	1 Kr	schwarz auf olivgrau	180,–	15,–
8	3 Kr	schwarz auf blau	800,–	35,–
9	6 Kr	schwarz auf graurot	650,–	10,–
10	9 Kr	schwarz auf braungelb	700,–	15,–

1853, Dez. Wie MiNr. 4 und 8, jedoch geänderte Farben.

11	1 Gr	schwarz auf grautürkis	700,–	18,–
12	3 Kr	schwarz auf grautürkis	700,–	18,–

1859, Aug./1861. Ziffern im Quadrat oder Kreis. Weißes Papier; □ [24×24]

			✶	⊙
13	¼ Gr	orange	70,–	45,–
14	½ Gr	grün	280,–	65,–
15	1 Gr	blau	280,–	30,–
16	2 Gr	rosarot	150,–	55,–
17	3 Gr	braunrot	150,–	75,–
18	5 Gr	braunpurpur	4,–	300,–
19	10 Gr	orange	4,–	600,–
20	1 Kr	grün	24,–	10,–
21	3 Kr	blau	450,–	15,–
22	6 Kr	rosarot	450,–	50,–
23	9 Kr	orangegelb	420,–	60,–
24	15 Kr	braunpurpur	4,–	120,–
25	30 Kr	orange	4,–	320,–

1862, Jan./1864. Wie MiNr. 13–17 und 22–23, jedoch geänderte Farben. □ [24×24]

26	¼ Gr	schwarz	25,–	50,–
27	⅓ Gr	grün	35,–	170,–
28	½ Gr	orange	75,–	30,–
29	1 Gr	karminrot	70,–	18,–
30	2 Gr	hellblau	50,–	70,–
31	3 Gr	ockerbraun	30,–	35,–
32	3 Kr	karminrot	15,–	18,–
33	6 Kr	hellblau	15,–	25,–
34	9 Kr	ockerbraun	10,–	25,–

1865, Juli. Ziffern im Quadrat oder Kreis. Farblos ⬚ [24×24]

35	¼ Gr	schwarz	10,–	500,–
36	⅓ Gr	gelblichgrün	15,–	300,–
37	½ Gr	orange	30,–	45,–
38	1 Gr	karminrot	32,–	20,–
39	2 Gr	blau	2,–	70,–
40	3 Gr	braunocker	3,50	30,–
41	1 Kr	gelblichgrün	17,–	15,–
42	3 Kr	karminrot	25,–	11,–
43	6 Kr	blau	2,50	25,–
44	9 Kr	ockerbraun	3,50	25,–

1866, Aug. Wie MiNr. 35–44, jedoch farbig ⬚ [24×24]

45	¼ Gr	schwarz	3,–	1300,–
46	⅓ Gr	gelblichgrün	3,–	750,–
47	½ Gr	gelborange	3,–	150,–
48	1 Gr	karminrot	2,50	70,–
49	2 Gr	blau	2,50	700,–
50	3 Gr	ocker	2,50	200,–
51	1 Kr	dunkelgrün	3,–	25,–
52	3 Kr	karminrot	3,–	25,–
53	6 Kr	blau	3,–	40,–
54	9 Kr	ocker	3,–	35,–

Württemberg

Wz. 1

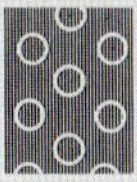
Wz. 2

1851, 15. Okt./1852. Ziffern. Farbiges Papier; □ [26×26]

			✶	⊙
1	1 Kr	schwarz auf gelbweiß	1400,–	130,–
2	3 Kr	schwarz auf hellgelb	350,–	13,–
3	6 Kr	schwarz auf grün	1800,–	40,–
4	9 Kr	schwarz auf rosaweiß	6000,–	50,–
5	18 Kr	schwarz auf violettgrau	2300,–	900,–

1857, Okt. Wappen von Württemberg. Papier mit Seidenfaden; □ [26×26]

6	1 Kr	braun	1000,–	100,–
7	3 Kr	orange	500,–	15,–
8	6 Kr	oliv	1000,–	75,–
9	9 Kr	karmin	2400,–	90,–
10	18 Kr	blau	4000,–	1600,–

1859, Aug./1860, Febr. Wie MiNr. 6–10, jedoch Papier ohne Seidenfaden; □ [26×26]

11	1 Kr	braun	800,–	120,–
12	3 Kr	orange	350,–	20,–
13	6 Kr	oliv	12000,–	140,–
14	9 Kr	karmin	1600,–	100,–
15	18 Kr	blau	4000,–	1500,–

1860, Mai/Nov. Wie MiNr. 11–15, x = dickes Papier, jedoch gez. K 13½ [26×26]

16 x	1 Kr	braun	1400,–	180,–
17 x	3 Kr	orange	400,–	12,–
18 x	6 Kr	oliv	3800,–	150,–
19 x	9 Kr	karmin	1500,–	160,–

1861, Juni/1862, Jan. Wie MiNr. 16 x–19 x, jedoch y = dünnes Papier; [26×26]

16 y	1 Kr	braun	1200,–	280,–
17 y	3 Kr	orange	250,–	80,–
18 y	6 Kr	grün	500,–	140,–
19 y	9 Kr	karmin	1600,–	320,–
20 y	18 Kr	blau	3800,–	2800,–

1862, Juli/Sept. Wie MiNr. 16 y–20 y, jedoch gez. K 10 [26×26]

			✶	⊙
21	1 Kr	braun	800,–	550,–
22	3 Kr	orange	1000,–	65,–
23	6 Kr	oliv	650,–	200,–
24	9 Kr	karmin	5000,–	900,–

1863, Jan./1864, April. Wie MiNr. 21–24, jedoch geänderte Farben und neue Wertstufe. [26×26]

25	1 Kr	grün	55,–	17,–
26	3 Kr	karmin	400,–	7,–
27	6 Kr	blau	200,–	70,–
28	9 Kr	braun	320,–	70,–
29	18 Kr	orange	1500,–	500,–

1865, Okt./1867, Mai. Wie MiNr. 25–29, jedoch ⬚ 10. [26×26]

30	1 Kr	oliv	60,–	15,–
31	3 Kr	lilarot	60,–	5,–
32	6 Kr	blau	360,–	60,–
33	9 Kr	braun	1500,–	120,–
34	18 Kr	orange	2300,–	1000,–

1868, Mai. Wie MiNr. 30–34, neue Wertstufe. [26×26]

35	7 Kr	blau	1200,–	180,–

1869, Jan./1873, Febr. Ziffern im Oval. ⬚ 10 [21×24]

36	1 Kr	gelblichgrün	40,–	3,–
37	2 Kr	orange	220,–	170,–
38	3 Kr	karmin	20,–	2,50
39	7 Kr	blau	85,–	22,–
40	9 Kr	braun	100,–	50,–
41	14 Kr	gelb	110,–	60,–

1873, Jan. Wappen von Württemberg. □ [26×26]

42	70 Kr	braun	2300,–	5000,–

1874, Okt. Ziffer im Oval. gez. [21×24]

43	1 Kr	gelbgrün	140,–	50,–

1875, 1. Juli. Weiße Ziffern im Kreis. [21×24]

			✱	⊙
44	3 Pf	grün	30,–	3,–
45	5 Pf	rotviolett	20,–	2,–
46	10 Pf	rot	4,–	1,–
47	20 Pf	grünblau	3,–	2,–
48	25 Pf	braunorange	120,–	20,–
49	50 Pf	braungrau	750,–	70,–
50	2 M	gelborange	750,–	400,–

1878/1879. Wie MiNr. 49–50, jedoch geänderte Farben. [21×24]

51	50 Pf	graugrün	80,–	6,–
52	2 M	rot auf hellgelb	2000,–	250,–

1881, 1. Nov./1883, 1. Jan. Schwarze Ziffern im Kreis. [21×24]

53	2 M	orange/schwarz	10,–	20,–
54	5 M	blau/schwarz	40,–	250,–

1890, 5. Febr. Weiße Ziffern im Kreis. [21×24]

55	3 Pf	braun	1,50	1,–
56	5 Pf	grün	2,–	1,–
57	25 Pf	orange	3,–	3,–
58	50 Pf	lebh'braunrot	450,–	80,–

1890. Wie MiNr. 58, jedoch geänderte Farbe. [21×24]

59	50 Pf	dunkelbraunrot	4,–	1,50

1894. Weiße Ziffer im Kreis. [21×24]

60	2 Pf	grautürkis	2,50	2,–

1894. Schwarze Ziffern im Kreis. [21×24]

61	30 Pf	rotorange/schwarz	5,–	8,–
62	40 Pf	karminrot/schwarz	5,–	12,–

MiNr. 63–100 fallen aus.

Dienstmarken für Gemeindebehörden

Alle ⊙-Preise gelten nur für (BPP-)geprüfte Stücke!

1875, 1. Juli. Ziffern in Raute. [21×24]

			✱	⊙
101	5 Pf	rotviolett	60,–	3,–
102	10 Pf	karminrot	12,–	3,–

1890. Wie MiNr. 101, jedoch geänderte Farbe. [21×24]

103	5 Pf	dunkelgrün	2,40	3,20

1896/1900. Ziffern in Raute. [21×24]

104	2 Pf	grautürkis	5,–	4,–
105	3 Pf	orangebraun	4,–	4,–
106	25 Pf	dunkelorange	30,–	12,–
		Satz (3 W.)	38,–	20,–

1906, Jan. 100 Jahre Königreich Württemberg. MiNr. 102–106 mit Aufdruck. [21×24]

107	2 Pf	grautürkis (104)	60,–	100,–
108	3 Pf	orangebraun (105)	20,–	15,–
109	5 Pf	dunkelgrün (103)	10,–	6,–
110	10 Pf	karminrot (102)	10,–	6,–
111	25 Pf	dunkelorange (106)	60,–	90,–
		Satz (5 W.) ▨ –,–	160,–	220,–

1906/16. Wie MiNr. 102–106, jedoch mit Wz. 1. [21×24]

Wz. 1

112	2 Pf	grautürkis	5,–	15,–
113	3 Pf	orangebraun	1,20	3,20
114	5 Pf	schwarzgrün	1,–	3,20
115	10 Pf	rosarot	1,–	3,20
116	20 Pf	lilaultramarin	2,–	3,50
117	25 Pf	orange	1,50	3,20
118	50 Pf	karmin	18,–	20,–
		Satz (7 W.) ▨ 3,–	28,–	50,–

1916, 1. Aug. Ziffern in Raute. [21×24]

119	2½ Pf	dkl'bräunlicholiv	1,–	3,20
120	7½ Pf	orange	1,–	3,20
121	15 Pf	braunocker	2,70	3,20
		Satz (3 W.) ▨ –,80	4,50	8,–

1916, 10. Sept. Ziffern in Raute mit Aufdruck. [21 × 24]

		✶	◍	⊙
122	25 Pf auf 25 Pf dunkelorange			
X	mit Wz. 1 . . (117)	5,–	1,20	25,–
Y	oWz. . . . . . (106)	50,–		

1916, 6. Okt. 25 Jahre Regentschaft von König Wilhelm II. [36 × 26]

			✶	⊙
123	2½ Pf	grautürkis	2,–	15,–
124	7½ Pf	rotorange	2,–	3,20
125	10 Pf	lebhaftrosarot	2,–	7,50
126	15 Pf	braunocker	2,–	3,20
127	20 Pf	lebhaftkobaltblau	2,–	8,–
128	25 Pf	graubraun	5,–	24,–
129	50 Pf	braunorange	10,–	100,–
		Satz (7 W.) ◍ 18,–	25,–	150,–

1917. Wie MiNr. 117, jedoch geänderte Farbe. [21 × 24]

		✶	◍	⊙
130	25 Pf braun/schwarz	1,50	–,30	3,50

1917, 1. Nov. Wie MiNr. 121, jedoch geänderte Farbe. [21 × 24]

131	15 Pf violett	1,50	–,30	3,50

1919. Ziffern in Raute. Wz. 1 [21 × 24]

		✶	✶✶	◍	⊙
132	35 Pf dkl'gelbbraun . .	2,–	4,–	1,20	80,–

1919, 1. Juli. MiNr. 119 mit Aufdruck. [21 × 24]

133	2 auf 2½ Pf dunkelbräunlicholiv . . . 1,–	2,–	–,60	6,–

1919, ab Juli. Ziffern in Raute mit Aufdruck. [21 × 24]

			✶	✶✶	⊙
134	2½ Pf	dunkelbräunlicholiv . . . . (119)	–,50	1,50	3,20
135	3 Pf	braun . . . . . (113)	13,–	25,–	30,–
136	5 Pf	schwarzgrün (114)	–,50	–,80	3,20
137	7½ Pf	orange . . . . (120)	1,30	3,50	3,20
138	10 Pf	rosarot . . . . (115)	–,40	–,80	3,20
139	15 Pf	grauviolett . . (131)	–,40	–,80	3,20
140	20 Pf	blau	–,50	1,50	3,20
141	25 Pf	braun/schwarz(130)	–,50	1,–	10,–
142	35 Pf	dkl'gelbbraun (132)	4,–	10,–	16,–
143	50 Pf	karmin . . . . . (118)	7,–	15,–	20,–
		Satz (10 W.) ◍ 8,–	25,–	55,–	90,–

1920, 19. März. Hirsch (sog. Abschiedsausgabe). Wz. 2; [28 × 24]

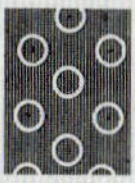

Wz. 2

144	10 Pf	dunkellilarot	1,80	3,30	10,–
145	15 Pf	dunkelbraun	1,80	3,30	6,–
146	20 Pf	ultramarin	1,80	3,30	3,20
147	30 Pf	schwarzgrün	1,80	3,30	18,–
148	50 Pf	rötlichgelb	4,50	7,–	40,–
149	75 Pf	braungelb	4,50	7,–	85,–
		Satz (6 W.) ◍ 15,–	16,–	27,–	150,–

1921, Jan./1922. Ziffern in Raute. Wz. 1; [21 × 24]

150	10 Pf	lebhaftorange	–,40	–,80	3,20
151	15 Pf	grauviolett	–,40	–,80	3,20
152	20 Pf	schwarzgrün	–,40	–,80	3,20
153	40 Pf	dunkelrosarot	–,40	–,80	3,20
154	50 Pf	dunkelbräunlichlila .	–,40	1,50	3,20
155	60 Pf	dunkeloliv	–,60	1,80	3,20
156	1.25 M	dunkelsmaragdgrün	–,40	1,50	3,20
157	2 M	grautürkis	–,40	1,50	3,20
158	3 M	dunkelgelbbraun . .	–,60	1,50	3,20
		Satz (9 W.)	3,80	10,–	25,–

1923, ab 11. Jan. MiNr. 150–158 mit neuem Wertaufdruck. [21 × 24]

159	5 M auf 10 Pf . . . (150)	–,30	–,60	3,20
160	10 M auf 15 Pf . . . (151)	–,30	–,60	3,20
161	12 M auf 40 Pf . . . (153)	–,30	–,60	3,20
162	20 M auf 10 Pf . . . (150)	1,–	2,–	9,–
163	25 M auf 20 Pf . . . (152)	–,30	–,60	3,20
164	40 M auf 20 Pf . . . (152)	–,30	–,60	7,50
165	50 M auf 60 Pf . . . (155)	–,30	–,60	3,20
166	60 M auf 1.25 M . (156)	–,30	–,60	3,20
167	100 M auf 40 Pf . . . (153)	–,30	–,60	3,20
168	200 M auf 2 M . . . .(157)	–,30	–,60	3,20
169	300 M auf 50 Pf . . . (154)	–,30	–,60	3,20
170	400 M auf 3 M . . . .(158)	–,30	–,60	4,–
	Satz (12 W.)	3,–	8,–	45,–

1923, ab 10. Aug. MiNr. 150–158 mit geändertem Wertaufdruck. [21×24]

			✶	✶✶	⊙
171	1000 M auf 60 Pf	(155)	–,50	1,–	3,20
172	2000 M auf 1.25 M	(156)	–,40	–,80	3,20
173	5 Tsd auf 10 Pf	(150)	–,40	–,80	13,–
174	20 Tsd auf 40 Pf	(153)	–,40	–,80	6,50
175	50 Tsd auf 15 Pf	.....	1,50	4,–	22,–
176	75 Tsd auf 2 M	(157)	2,–	7,–	3,20
177	100 Tsd auf 20 Pf	(152)	–,30	–,60	9,–
178	250 Tsd auf 3 M	(158)	–,30	–,60	3,20
179	1 Mio auf 60 Pf	(155)	2,–	5,–	32,–
180	2 Mio auf 50 Pf	....	–,30	–,60	3,20
181	5 Mio auf 1.25 M	(156)	–,50	1,20	8,–
182	4 Mrd auf 50 Pf	......	7,–	20,–	140,–
183	10 Mrd auf 3 M	(158)	5,–	13,–	24,–
	Satz (13 W.)		20,–	50,–	250,–

1923, Dez. MiNr. 117 mit Aufdruck der neuen Währung. [21×24]

184	3 auf 25 Pf	–,70	1,50	11,–
185	5 auf 25 Pf	–,60	1,20	3,20
186	10 auf 25 Pf	–,60	1,20	3,20
187	20 auf 25 Pf	–,70	1,50	4,–
188	50 auf 25 Pf	–,60	1,20	1100,–
	Satz (5 W.)	3,–	6,–	1100,–

MiNr. 189–200 fallen aus.

Dienstmarken für Staatsbehörden

1881, 1. April. Wertziffern in Schildern. [21×24]

			✶	⊙
201	3 Pf	grün	40,–	7,–
202	5 Pf	violett	10,–	3,20
203	10 Pf	rot	4,–	2,50
204	20 Pf	graublau	1,30	2,50
205	25 Pf	braunorange	45,–	8,–
206	50 Pf	olivgrün	8,–	14,–
207	1 M	orange	90,–	220,–

1890. Wertziffern in Schildern. [21×24]

208	3 Pf	schwarzorangebraun	2,–	3,20
209	5 Pf	schwarzgrün	3,–	3,20
210	25 Pf	orange	6,50	3,20
211	50 Pf	lebhaftbraunrot	300,–	2200,–
212	1 M	schwärzlichrotviolett	7,–	20,–

1891. Wie MiNr. 211, jedoch geänderte Farbe. [21×24]

			✶	⊙
213	50 Pf	dunkelrotbraun	3,–	7,–

1881, 1. April. Wertziffern in Schildern. [21×24]

214	2 Pf	dunkelgraugrün	2,–	3,20
215	30 Pf	dunkelorange/schwarz	2,50	4,50
216	40 Pf	dunkelrosarot/schwarz	2,50	4,50
		Satzpreis (3 W.)	7,–	12,–

1906, Jan. 100 Jahre Königreich Württemberg. MiNr. 203, 204, 208–210, 212 bis 216 mit Aufdruck [21×24]

217	2 Pf	(214)	35,–	65,–
218	3 Pf	(208)	7,–	5,–
219	5 Pf	(209)	6,–	3,20
220	10 Pf	(203)	5,50	4,–
221	20 Pf	(204)	6,–	5,50
222	25 Pf	(210)	14,–	14,–
223	30 Pf	(215)	12,–	13,–
224	40 Pf	(216)	45,–	65,–
225	50 Pf	(213)	40,–	65,–
226	1 M	(212)	80,–	110,–
	Satz (10 W.) ▨ –,–		250,–	340,–

1906. Wie MiNr. 201–207 und 214–216, jedoch mit Wz. 1 [21×24]

Wz. 1

227	2 Pf	dunkelgrautürkis	–,60	3,20
228	3 Pf	schwärzlichbraun	–,60	3,20
229	5 Pf	dunkelgraugrün	–,60	3,20
230	10 Pf	rosarot	–,60	3,20
231	20 Pf	grauultramarin	–,80	3,20
232	25 Pf	orange	1,50	3,20
233	30 Pf	orange/schwarz	–,60	3,20
234	40 Pf	rosarot/schwarz	–,60	3,20
235	50 Pf	braunrot	–,80	4,50
236	1 M	violett	3,–	6,–
		Satz (10 W.) ▨ 6,–	9,–	30,–

1916, 1. Aug. Wertziffern in Schildern. Wz. 1 [21×24]

237	2½ Pf	dunkelbräunlicholiv	–,70	3,20
238	7½ Pf	orange	–,70	3,20
239	15 Pf	dunkelbraunocker	1,20	3,20
		Satz (3 W.) ▨ 1,50	2,20	8,–

1916, 20. Sept. Wertziffern in Schildern mit Aufdruck. [21×24]

		✶	◍	⊙
240	25 Pf auf 25 Pf			
X	orange/schwarz Wz. 1 . . . . (232)	4,–	1,–	10,–
Y	orange oWz . . . .(210)	45,–		*18000,–*

1916, 6.Okt. 25 Jahre Regentschaft von König Wilhelm II. [21,5×26]

			✶	⊙
241	2½ Pf	dunkelgrautürkis	1,20	9,–
242	7½ Pf	dunkelrotorange	1,20	3,20
243	10 Pf	rosarot	1,20	3,50
244	15 Pf	dunkelbraunocker	1,20	3,20
245	20 Pf	dunkelcyanblau	1,20	4,–
246	25 Pf	dunkelgraubraun	2,–	9,–
247	30 Pf	dunkelgrün	2,–	20,–
248	40 Pf	dunkelrotkarmin	3,50	20,–
249	50 Pf	dunkelbraunorange	4,50	40,–
250	1 M	dunkelgraupurpur	4,50	60,–
		Satz (10 W.) ◍ 10,–	22,–	160,–

1917. Wie MiNr. 232, jedoch geänderte Farbe. [21×24]

		✶	◍	⊙
251	25 Pf rötlichbraun/ schwarz	–,60	–,50	3,20

1917, 1. Nov. Wie MiNr. 239, 231 und 236, jedoch geänderte Farben. [21×24]

			✶	⊙
252	15 Pf	violett	1,50	3,20
253	20 Pf	violettultramarin	15,–	16,–
254	1 M	schwarzgrün/schwarz	3,–	40,–
		Satz (3 W.) ◍ 2,50	18,–	55,–

1919, 1. Febr. MiNr. 235 mit Aufdruck [21×24]

		✶	✶✶	◍	⊙
255	50 Pf auf 50 Pf . . (235)	2,–	4,–	1,40	25,–

1919. Wertziffern in Schildern. Wz. 1 [21×24]

256	35 Pf dkl'gelbbraun . .	2,–	4,–	3,–	50,–

1919. MiNr. 237 mit Aufdruck [21×24]

257	2 auf 2½ Pf . . . . (237)	2,–	4,–	2,–	8,–

1919. Marken ab MiNr. 228 und MiNr. 208 (Y) mit Aufdruck [21×24]

			✶	✶✶	⊙
258	2½ Pf	. . . . (237)	–,70	1,40	3,20
259	3 Pf				
X		Wz. 1 . . . . (228)	9,–	18,–	32,–
Y		oWz . . . . (208)	65,–	150,–	
260	5 Pf	. . . . (229)	–,50	1,–	3,20
261	7½ Pf	. . . . (238)	–,50	1,20	4,50
262	10 Pf	. . . . (230)	–,50	1,–	3,20
263	15 Pf	. . . . (252)	–,50	1,–	3,20
264	20 Pf	. . . . (253)	–,50	1,20	3,20
265	25 Pf	. . . . (251)	–,80	2,50	3,50
266	30 Pf	. . . . (233)	1,–	2,–	3,50
267	35 Pf	. . . . (256)	–,70	1,40	9,–
268	40 Pf	. . . . (234)	–,70	1,40	4,50
269	50 Pf				
X		mit Wz. 1 . . . . (235)	1,–	2,–	10,–
Y		oWz . . . . (213)	400,–	800,–	
270	1 M	. . . . (254)	1,–	2,20	14,–
		Satz (13 W.) ◍ 7,50	17,–	35,–	80,–

1919. MiNr. 259 mit Aufdruck. [21×24]

		✶	✶✶	◍	⊙
271	75 auf 3 Pf				
X	Wz. 1 . . (259 X)	1,50	3,–	1,50	50,–
Y	oWz . . . (259 Y)	100,–	200,–	25,–	

1920, 25. März. Städteansichten (sog. Abschiedsausgabe). Wz. 2 [42×24]

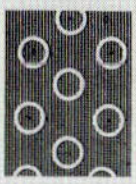

Wz. 2

			✶	✶✶	⊙
272	10 Pf	Stuttgart	–,70	1,70	12,–
273	15 Pf	Ulm	–,70	1,70	10,–
274	20 Pf	Tübingen	–,70	1,70	5,–
275	30 Pf	Ellwangen	–,70	1,70	25,–
276	50 Pf	Stuttgart	–,70	1,70	40,–
277	75 Pf	Ulm	–,70	1,70	40,–
278	1 M	Tübingen	1,–	2,–	40,–
279	1.25 M	Ellwangen	1,–	2,–	55,–
280	2.50 M	Stuttgart	3,–	6,–	55,–
281	3 M	Stuttgart	3,–	6,–	80,–
		Satz (10 W.) ◍ 15,–	12,–	25,–	350,–

Norddeutscher Bund (Norddt. Postbezirk)

1868, 1. Jan. Ziffern im Kreis. ⌷ [21×24]

			✶	⊙
1	¼ Gr	braunviolett	20,–	18,–
2	⅓ Gr	gelblichgrün	40,–	6,–
3	½ Gr	orange	40,–	5,–
4	1 Gr	karmin	30,–	3,–
5	2 Gr	blau	100,–	7,–
6	5 Gr	braun	100,–	14,–
		Satz (6 W.)	320,–	50,–

1868, 1. Jan. Ziffern im Oval. ⌷ [21×24]

7	1 Kr	gelblichgrün	45,–	12,–
8	2 Kr	orange	70,–	70,–
9	3 Kr	karmin	45,–	5,–
10	7 Kr	blau	200,–	15,–
11	18 Kr	olivbraun	45,–	80,–
		Satz (5 W.)	400,–	180,–

1868, 1. Jan. Stadtpostmarke für Hamburg ohne Wertangabe. ⌷[21×24]

12	(½ Sch)	braun	150,–	70,–

1869 ab Jan. Wie MiNr. 1–6, jedoch gez. und z.T. geänderte Farben [21×24]

13	¼ Gr	violett	16,–	20,–
14	⅓ Gr	grün	6,–	4,–
15	½ Gr	orange	6,–	5,50
16	1 Gr	karmin	4,–	3,–
17	2 Gr	graublau	8,–	3,50
18	5 Gr	braun	10,–	16,–
		Satz (6 W.)	50,–	50,–

1869, ab Febr./1871, Juli. Wie MiNr. 7–11, jedoch gez. und z.T. leicht geänderte Farben; [21×24]

19	1 Kr	grün	16,–	13,–
20	2 Kr	orange	50,–	140,–
21	3 Kr	karmin	9,–	7,–
22	7 Kr	graublau	15,–	15,–
23	18 Kr	olivbraun	190,–	2200,–
		Satz (5 W.)	270,–	2300,–

1869, Juni. Wie MiNr. 12, jedoch gez. für den Stadtzustellbezirk Hamburg. [21×24]

			✶	⊙
24	(½ Sch)	braun	7,–	12,–

1869, 1. März. Freimarken für den Innendienst [24×21]

			✶	✉	⊙
25	10 Gr	braungrau	400,–	90,–	500,–
26	30 Gr	graublau	350,–	180,–	1200,–
		Satz (2 W.)	750,–	270,–	1700,–

Dienstmarken

1870, 1. Jan. Ziffern im Achteck. [24×21]

			✶	⊙
1	¼ Gr	schwarz/mattorangerot	35,–	60,–
2	⅓ Gr	schwarz/mattorangerot	12,–	28,–
3	½ Gr	schwarz/mattornagerot	4,–	7,–
4	1 Gr	schwarz/mattorangerot	3,50	3,–
5	2 Gr	schwarz/mattorangerot	9,–	6,–
		Satz (5 W.)	60,–	100,–

1870, 1. Jan. Ziffern im Achteck. [24×21]

6	1 Kr	schwarz/mattgrau	40,–	320,–
7	2 Kr	schwarz/mattgrau	100,–	1000,–
8	3 Kr	schwarz/mattgrau	35,–	60,–
9	7 Kr	schwarz/mattgrau	55,–	350,–
		Satz (4 W.)	220,–	1700,–

Besetzte Gebiete in Frankreich, Elsass und Lothringen

1870, 10. Sept./Dez. Ziffern mit Netzunterdruck. [21 × 24]

I

II

I = Netzwerk mit Spitzen nach oben

			✶	⊙
1 I	1 C	olivgrün	70,–	130,–
2 I	2 C	rotbraun	90,–	170,–
3 I	4 C	grau	90,–	100,–
4 I	5 C	gelblichgrün	60,–	12,–
5 I	10 C	orangebraun	55,–	17,–
6 I	20 C	ultramarin	80,–	14,–
7 I	25 C	braun	130,–	100,–

II = Netzwerk mit Spitzen nach unten

1 II	1 C	olivgrün	350,–	1000,–
2 II	2 C	rotbraun	120,–	900,–
3 II	4 C	grau	120,–	120,–
4 II	5 C	gelblichgrün	3000,–	600,–
5 II	10 C	orangebraun	55,–	15,–
6 II	20 C	ultramarin	130,–	120,–
7 II	25 C	braun	260,–	260,–

Deutsches Reich

Wz. 1

Wz. 2

Wz. 3

Wz. 4

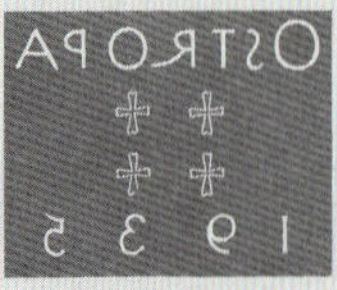
Wz. 5 (Bogen-Wz.)

1872, 1. Jan. Adler mit kleinem Brustschild. [21×24]

			✶	⊙
1	¼ Gr.	grauviolett, lebhaftgraupurpur	300,–	140,–
2	⅓ Gr.	hell- bis dunkelgelblichgrün	650,–	50,–
3	½ Gr.	rötlichorange bis zinnober	1400,–	55,–
4	1 Gr.	rotkarmin, karmin	400,–	15,–
5	2 Gr.	ultramarin, dunkelgraublau	2200,–	20,–
6	5 Gr.	mittel- bis dunkelockerbraun	1200,–	120,–
7	1 Kr.	gelblichgrün bis smaragdgrün	900,–	70,–
8	2 Kr.	rötlichorange, rotorange	800,–	400,–
9	3 Kr.	karmin, rotkarmin	2400,–	17,–
10	7 Kr.	ultramarin, dunkelgraublau	3200,–	120,–
11	18 Kr.	mittel- bis dunkelockerbraun	650,–	500,–

1872, 1. Jan. Ziffern. [24×21]

			✶	~	⊙
12	10 Gr.	hellgraubraun, dunkelbraungrau	75,–	250,–	1800,–
13	30 Gr.	ultramarin, dunkelgraublau	140,–	800,–	3400,–

1872, 1. April. Adler mit kleinem Brustschild. [21×24]

			✶	⊙
14	½ Gr.	orange (Töne)	1500,–	65,–
15	2 Kr.	orange (Töne)	55,–	250,–

1872, 1. Juni/Nov. Adler mit großem Brustschild. [21×24]

			✶	⊙
16	¼ Gr	grauviolett, lebhaftgraupurpur	110,–	130,–
17	⅓ Gr.	gelblichgrün bis gelbgrün	45,–	30,–
18	½ Gr.	orange bis gelblichorange	50,–	12,–
19	1 Gr.	rotkarmin, karmin	100,–	10,–
20	2 Gr.	ultramarin, dunkelgraublau	30,–	10,–
21	2½ Gr.	mittelrotbraun, braunorange	2600,–	100,–
22	5 Gr.	schwärzlichocker, ockerbraun	40,–	40,–
23	1 Kr.	gelblichgrün bis gelbgrün	45,–	50,–
24	2 Kr.	orange bis gelblichorange	650,–	3200,–
25	3 Kr.	rotkarmin, karmin	30,–	10,–
26	7 Kr.	ultramarin, dunkelgraublau	45,–	90,–
27	9 Kr.	mittelrötlichbraun	550,–	450,–
28	18 Kr.	schwärzlichocker, ockerbraun	50,–	2800,–

1874, 1. Jan. MiNr. 21 und 27 mit Wertaufdruck in Markenfarbe. [21×24]

			✶	⊙
29	2½ auf 2½ Gr.	braunorange (Töne)	60,–	65,–
30	9 auf 9 Kr.	braunorange (Töne)	110,–	600,–

1875, 1. Jan. Ziffer(n) bzw. Reichsadler im Oval, Wertangabe „Pfennige“. [21 × 24]

			✶	⊙
31	3 Pf	(bläulich)grün bis dunkelgelbgrün	85,–	9,–
32	5 Pf	lebhaftgraulila, graupurpur	130,–	5,–
33	10 Pf	lilarot bis rotkarmin	55,–	2,50
34	20 Pf	ultramarin bis kobaltblau	600,–	2,50
35	25 Pf	rötlichbraun bis karminbraun	650,–	24,–
36	50 Pf	dunkel(gelb)grau	2200,–	15,–
		Satz (6 W.)	3700,–	55,–

1875, 1. Jan./1900. Ziffer im Oval. [24 × 21]

37	2 M	dunkelrotkarmin (Töne)	100,–	8,–

1877, 5. März. Reichsadler im Oval. [21 × 24]

38	50 Pf	(dunkel)graugrün	2500,–	18,–

1880. Ziffer bzw. Reichsadler im Oval, Wertangabe „Pfennig“. [21 × 24]

39	3 Pf	grün bis gelbgrün	4,–	2,–
40	5 Pf	graupurpur, violettpurpur	3,–	2,–
41	10 Pf	lebhaft(rot)karmin bis rosarot	12,–	2,–
42	20 Pf	(dunkel)ultramarin	8,–	2,–
43	25 Pf	rötlichorange bis orangebraun	25,–	7,–
44	50 Pf	graugrün bis (dunkelgrün)loliv	20,–	2,–
		Satz (6 W.)	65,–	17,–

1889, 1. Okt. Ziffer(n) im Perlenoval, Reichsadler im Kreis. [21 × 24]

45	3 Pf	mittelbraun bis ockerbraun	4,–	1,80
46	5 Pf	(dunkelgelb)grün	4,–	1,80
47	10 Pf	rosarot bis lilarot	10,–	2,–
48	20 Pf	blau bis (grau)ultramarin	10,–	1,80
49	25 Pf	gelb(lich)orange	40,–	2,80
50	50 Pf	braunrot bis lebhaftrotbraun	40,–	1,80
		Satz (6 W.)	100,–	12,–

MiNr. 51 fällt aus.

1900, 29. März. Ziffer im Perlenoval. [21 × 24]

			✶	⊙
52	2 Pf	lebhaftgrau	1,20	1,20

1900, 1. Jan. Germania, Inschrift Reichspost. [21,5 × 26]

53	2 Pf	(dunkel)blaugrau	1,10	–,80
54	3 Pf	dunkelockerbraun	1,10	1,40
55	5 Pf	(dunkel)grün	2,–	1,20
56	10 Pf	dunkelkarminrot	3,–	1,–
57	20 Pf	(dunkel)violettultramarin	14,–	1,20
58	25 Pf	rötlichorange/schwarz auf hellgelb	20,–	5,50
59	30 Pf	rötlichorange/schwarz auf mattgelblichorange	30,–	1,20
60	40 Pf	(rötlich)karmin/schwarz	35,–	2,–
61	50 Pf	dunkelbräunlichlila/schwarz auf mattbraunorange	35,–	1,50
62	80 Pf	dunkelrötlichkarmin/schwarz auf mattkarmin	50,–	3,–
		Satz (10 W.)	180,–	18,–

1900, 1. April/6. Dez. Repräsentative Darstellungen des Deutschen Kaiserreichs, Inschrift Reichspost. [38 × 26]

63	1 M	Reichspostamt, Berlin	140,–	4,–
64	2 M	„Nord und Süd“	140,–	15,–
65	3 M	Denkmal Kaiser Wilhelms I.	150,–	60,–
66	5 M	Reichsgründungsgedenkfeier	480,–	500,–
		Satz (4 W.)	900,–	550,–

1901, 13. April. Vineta-Provisorium, MiNr. 55 halbiert mit violettem Handstempel-Aufdruck.

A I	3 Pf auf 5 Pf grün halbiert		13000,–	10000,–

MiNr. 67 fällt aus.

Alle Preise der Ausgaben MiNr. 53–104 über 25,– Euro sowie Friedens- und Kriegsdrucke gelten nur für geprüfte Stücke; bei geringeren Preisnotierungen (außer Friedens- und Kriegsdrucke) werden evtl. Prüfgebühren nicht berücksichtigt!
Alle Farbangaben sind vereinfacht! Genauere Farbbezeichnungen nach MICHEL-Farbenführer siehe MICHEL-Deutschland, unterteilt in verschiedene Farbtöne siehe MICHEL-Deutschland-Spezial.

1902, 1. April. Germania, Inschrift Deutsches Reich. [21,5×26]

			✶	⊙
68	2 Pf	(dunkel)graublau	2,–	–,80
69	3 Pf	(dunkel)olivbraun	1,–	1,30
70	5 Pf	(bläulich)grün	5,–	1,30
71	10 Pf	lebhaftrotkarmin	12,–	1,30
72	20 Pf	dunkel(violett)ultramarin ...	40,–	1,30
73	25 Pf	dunkelorange/schwarz auf hellgelb	60,–	2,80
74	30 Pf	dunkelorange/schwarz auf mattchromgelb	80,–	–,80
75	40 Pf	(rot)karmin/schwarz	120,–	1,40
76	50 Pf	dunkelbräunlichlila/schwarz auf mattbraunorange	90,–	1,50
77	80 Pf	dunkelrötlichkarmin/schwarz auf mattkarminrot	250,–	3,80
		Satz (10 W.)	650,–	15,–

1902, 1. April/1904, Augsut. Repräsentative Darstellungen des Deutschen Kaiserreichs, Inschrift Deutsches Reich. [38×26]

A = 26 : 17 Zähnungslöcher; B = 25 : 16 Zähnungslöcher

			A		B	
			✶	⊙	✶	⊙
78	1 M	Reichspostamt, Berlin	360,–	3,50	800,–	35,–
79	2 M	„Nord und Süd“, gotische Schrift .	130,–	130,–		
80	3 M	Denkmal Kaiser Wilhelms I.	300,–	25,–	120,–	35,–
81	5 M	Reichsgründungs-gedenkfeier	280,–	25,–	*25000,–*	*6000,–*
		Satz A (4 W.) ...	1000,–	180,–		

Übersichtstabelle der Germania-Marken

Wertangabe	Inschrift	Wz.	MiNr.
2 Pf	Reichspost	oWz.	53
2 Pf	Deutsches Reich	oWz.	68
2 Pf	Deutsches Reich	1	83
2 Pf	Deutsches Reich	1	102
2½ Pf	Deutsches Reich	1	98
3 Pf	Reichspost	oWz.	54
3 Pf	Deutsches Reich	oWz.	69
3 Pf	Deutsches Reich	1	84
5 Pf	Reichspost	oWz.	55
5 Pf	Deutsches Reich	oWz.	70
5 Pf	Deutsches Reich	1	85
5 Pf	Deutsches Reich	1	140
7½ Pf	Deutsches Reich	1	99
10 Pf	Reichspost	oWz.	56
10 Pf	Deutsches Reich	oWz.	71
10 Pf	Deutsches Reich	1	86
10 Pf	Deutsches Reich	1	141
10+5 Pf	Deutsches Reich (Kriegsgeschädigtenhilfe)	1	105
15 Pf	Deutsches Reich	1	100
15 Pf	Deutsches Reich	1	101
15 Pf	Deutsches Reich	1	142
15+5 Pf	Deutsches Reich (Kriegsgeschädigtenhilfe)	1	106
20 Pf	Reichspost	oWz.	57
20 Pf	Deutsches Reich	oWz.	72
20 Pf	Deutsches Reich	1	87
20 Pf	Deutsches Reich	1	143
25 Pf	Reichspost	oWz.	58
25 Pf	Deutsches Reich	oWz.	73
25 Pf	Deutsches Reich	1	88
30 Pf	Reichspost	oWz.	59
30 Pf	Deutsches Reich	oWz.	74
30 Pf	Deutsches Reich	1	89
30 Pf	Deutsches Reich	1	144
35 Pf	Deutsches Reich	1	103
40 Pf	Reichspost	oWz.	60
40 Pf	Deutsches Reich	oWz.	75
40 Pf	Deutsches Reich	1	90
40 Pf	Deutsches Reich	1	145
50 Pf	Reichspost	oWz.	61
50 Pf	Deutsches Reich	oWz.	76
50 Pf	Deutsches Reich	1	91
50 Pf	Deutsches Reich	1	146
60 Pf	Deutsches Reich	1	92
60 Pf	Deutsches Reich	1	147
75 Pf	Deutsches Reich	1	104
75 Pf	Deutsches Reich	1	148
75 Pf	Deutsches Reich)	2	197
80 Pf	Reichspost	oWz.	62
80 Pf	Deutsches Reich	oWz.	77
80 Pf	Deutsches Reich	1	93
80 Pf	Deutsches Reich	1	149
1 M	Deutsches Reich	1	150
1¼ M	Deutsches Reich	1	151
1¼ M	Deutsches Reich	2	198
1,60 M auf 5 Pf	Deutsches Reich	1	154
2 M	Deutsches Reich	1	152
3 M auf 1¼ M	Deutsches Reich	1	155
4 M	Deutsches Reich	1	153
5 M auf 75 Pf	Deutsches Reich	1	156
10 M auf 75 Pf	Deutsches Reich	1	157

1902, Mai. Ähnlich MiNr. 79, jedoch lateinische Inschrift „seid einig …". [38×26]

			A ✶	A ⊙	B ✶	B ⊙
82	2 M	„Nord und Süd", lateinische Schrift	160,–	6,50	1300,–	40,–

1905, Ende Oktober. Germania, Inschrift Deutsches Reich. Wz. 1. [21,5×26] **I = Friedensdruck II = Kriegsdruck (schlechte Qualität)**

Wz. 1

			I ✶	I ⊙	II ✶	II ⊙
83	2 Pf	(dunkelblau-)grau	2,20	3,50		
84	3 Pf	dunkelbraun-ocker	3,–	2,–	–,80	2,–
85	5 Pf	dunkel(opal)grün	2,20	2,–	–,80	2,–
86	10 Pf	karminrot	4,–	2,–	1,–	2,–
87	20 Pf	lilaultramarin	17,–	2,–	2,–	2,–
88	25 Pf	dunkel(rötlich) orange/schwarz auf hellgelb	50,–	3,50	–,80	2,–
89	30 Pf	(dunkel)rötlich-orange/schwarz auf hellchromgelb	45,–	2,20	1,–	2,–
90	40 Pf	dunkelrötlich-karmin/schwarz	50,–	2,80	2,–	2,–
91	50 Pf	(dunkel)graulila/schwarz auf hell-chromgelb	100,–	2,80	1,–	2,–
92	60 Pf	dunkelrötlichlila	250,–	18,–	6,–	2,–
93	80 Pf	dunkelrötlich-karmin/schwarz auf mattrosarot	25,–	4,–	1,50	2,50
		Satz (I = 11 W., II = 10 W.)	500,–	42,–	15,–	20,–

Unterscheidungsmerkmale zwischen Friedensdrucken und Kriegsdrucken:

Germania:

Friedensdruck:
Klarer, sauberer Druck, sauber abgegrenzte Linienführung, seidig glänzende Farben; satiniertes, glänzendes Papier; Wasserzeichen klar erkennbar; Gummierung weiß, mattglänzend, feinbrüchig

Kriegsdruck:
Verschwommenes unklares Druckbild, Zeichnung öfter unterbrochen, stumpfe (bei den ersten Walzendrucken stark glänzende) Farben; stumpfes, raues Papier; Wz. unklar, nicht immer erkennbar; Gummierung glänzend bis hochglänzend

Repräsentative Darstellungen des Deutschen Kaiserreichs:

Friedensdruck:
Klarer, sauberer Druck; weißes Papier; Wasserzeichen klar erkennbar; Gummierung weiß, mattglänzend, mit deutlichen Gummisprüngen

Kriegsdruck:
Verschwommenes, „aufgelöstes" Druckbild; porös wirkendes, mitunter gelbliches Papier; Wasserzeichen undeutlich; Gummierung weiß, stark glänzend oder gelblich und stumpf mit bräunlichen „Narben" (sogen. Borkengummi)

Zwischenauflagen, die nicht eindeutig dem Friedensdruck zugeordnet werden können, zählen in der Regel zum Kriegsdruck.

1905, Dez./1919, Mai. Repräsentative Darstellung des Deutschen Kaiserreichs, Inschrift Deutsches Reich. Wz. 1. [38×26]
I = Friedensdruck
II = Kriegsdruck

A = 26:17 Zähnungslöcher			I ✶	I ⊙	II ✶	II ⊙
94 A	1 M	Reichspostamt, Berlin	90,–	3,–	180,–	150,–
95 A	2 M	„Nord und Süd"	85,–	4,–	140,–	65,–
96 A	3 M	Denkmal Kaiser Wilhelms I.	70,–	50,–	300,–	650,–
97 A	5 M	Reichsgründungsgedenkfeier	60,–	28,–	85,–	130,–
		Satz (4 W.)	300,–	85,–	700,–	950,–

B = 25:17 Zähnungslöcher (Kriegsdruck)			✶	⊙
94 B	1 M	Reichspostamt, Berlin	3,50	3,–
95 B	2 M	„Nord und Süd"	7,–	6,50
96 B	3 M	Denkmal Kaiser Wilhelms I.	6,–	6,–
97 B	5 M	Reichsgründungsgedenkfeier	4,–	6,50
		Satz (4 W.)	20,–	20,–

1916, 28. Juli/1917, Mai. Germania, Inschrift Deutsches Reich. Wz. 1. [21,5×26]

			✶	✶✶	⊙
98	2½ Pf	(dunkel)olivgrau	–,30	–,80	2,50
99	7½ Pf	(dunkel)rötlichorange	–,70	2,20	3,–
100	15 Pf	hellgelbbraun bis orangebraun	4,–	18,–	3,–
101	15 Pf	schwärzlichgrauviolett bis violettschwarz	–,50	1,30	3,–
		Satz (4 W.)	5,50	22,–	11,–

1918, 1. Okt./1919, 20. Febr. Germania, Inschrift Deutsches Reich. Wz. 1. [21,5×26]

102	2 Pf	(dunkel)gelbgrau	–,40	1,–	5,–
103	35 Pf	(dunkel)braunorange	–,40	1,–	3,–
104	75 Pf	schwärzlichblaugrün/schwarz	–,40	1,–	3,–
		Satz (3 W.)	1,–	3,–	10,–

1919, 1. Mai. Kriegsbeschädigtenhilfe. Teilauflagen von MiNr. 86, 101 mit Aufdruck. [21,5×26]

105	10+5 Pf	rotkarmin (Töne)	1,–	3,50	5,50
106	15+5 Pf	schwärzlichgrauviolett	1,–	3,50	6,–
		Satz (2 W.)	2,–	7,–	11,–

1919, 1. Juli/1920, Febr. Eröffnung der Nationalversammlung Weimar. [25×31]

107	10 Pf	Stil. Baum	–,30	1,–	2,–
108	15 Pf	Baumtriebe	–,30	1,–	2,–
109	25 Pf	Maurer	–,30	1,50	2,–
110	30 Pf	Maurer	–,30	1,50	3,–
		Satz (4 W.)	1,–	5,–	9,–

1919, Okt. Flugpostmarken. Posthorn, Doppeldecker. [37×26]

Alle Preise für gestempelte Inflationsmarken nur für Infla-geprüfte Stücke! Bei ungebrauchten Marken unter 5,– Euro werden evtl. Prüfgebühren nicht berücksichtigt!

			✶	✶✶	⊙
111	10 Pf	Posthorn	–,30	–,90	3,50
112	40 Pf	Doppeldecker	–,30	–,90	4,–
		Satz (2 W.)	–,60	1,80	7,50

1920, März/Mai. Repräsentative Darstellungen des Deutschen Kaiserreichs, Inschrift Deutsches Reich. Reichspostamt jetzt mit Flaggen, Genius jetzt mit Fackel. Wz. 1. [38×26]

A113	1 M	Reichspostamt mit Flaggen ...	5,–	24,–	3,–
113	1,25 M	Reichspostamt mit Flaggen	5,–	12,–	2,40
114	1,50 M	Reichspostamt mit Flaggen	–,60	2,–	2,40
115	2,50 M	„Nord und Süd“, Genius mit Fackel	–,60	2,–	3,–
		Satz (4 W.)	10,–	40,–	10,–

1920, Juni. Wie MiNr. 94 B und 95 B, jedoch geänderte Farben und Aufdruck der neuen Wertstufen. Wz. 1. [38×26]

116	1,25 M auf 1 M	dunkelgrün	–,50	3,–	8,–
117	1,50 M auf 1 M	mittelsiena	–,50	3,–	9,–
118	2,50 M auf 2 M	rosakarmin	11,–	45,–	250,–
		Satz (3 W.)	12,–	50,–	260,–

1920, 6. April/1921, April. Teilauflagen und neue Wertstufen der Abschiedsserie Bayern mit Aufdruck. [21,5×26, 24×29, 34×40]

			✶	✶✶	⊙
119	5 Pf	Pflügender Landmann	–,20	–,80	2,–
120	10 Pf	Pflügender Landmann	–,20	–,80	2,–
121	15 Pf	Pflügender Landmann	–,20	–,80	2,–
122	20 Pf	Wasserkräfte und Bodenschätze, allegorische Darstellung ..	–,20	–,80	2,–
123	30 Pf	Wasserkräfte und Bodenschätze, allegorische Darstellung ..	–,20	–,80	2,–
124	40 Pf	Wasserkräfte und Bodenschätze, allegorische Darstellung ..	–,20	–,80	2,–
125	50 Pf	Sämann	–,20	–,80	3,–
126	60 Pf	Sämann	–,20	–,80	1,80
127	75 Pf	Sämann	–,60	2,–	6,50
128	80 Pf	Sämann	–,50	1,60	3,50
129	1 M	Patrona Bavariae .	–,60	2,–	3,50
130	1¼ M	Patrona Bavariae .	–,60	2,–	3,50
131	1½ M	Patrona Bavariae .	–,60	2,50	4,50
132	2 M	Patrona Bavariae .	1,–	4,50	5,–
133	2½ M	Patrona Bavariae			
I		Buchdruck	–,20	1,–	4,–
II		Steindruck	1,20	4,–	120,–
134	3 M	Bavaria, Staatswappen	4,–	20,–	12,–
135	4 M	Bavaria, Staatswappen	4,–	20,–	13,–
136	5 M	Bavaria, Staatswappen	4,–	20,–	12,–
137	10 M	Bavaria, Staatswappen	6,50	25,–	20,–
138	20 M	Bavaria, Staatswappen	7,50	30,–	16,–
		Satz (20 W.)	26,–	130,–	120,–

Nr. 139 fällt aus.

1920, Jan. Germania. Farbänderungen und neue Wertstufen. Wz. 1. [21,5×26]

140	5 Pf	dunkelorangebraun bis dunkelrotbraun .	–,30	1,–	2,50
141	10 Pf	gelblichorange bis rötlichorange	–,20	1,–	2,–
142	15 Pf	(dunkel)braunrot ..	–,30	1,–	2,50
143	20 Pf	(dunkelgelblich)grün	–,30	1,20	3,–
144	30 Pf	dunkelpreußischblau	–,20	1,–	2,–
145	40 Pf	rotkarmin bis lilarot	–,20	1,–	2,50
146	50 Pf	(dunkel)graulila ...	–,80	2,20	3,–
147	60 Pf	dunkelgrauoliv	–,20	1,–	2,–

MiNr.	Wert	Beschreibung	✶	✶✶	⊙
148	75 Pf	schwärzlichrosalila	–,80	3,–	2,50
149	80 Pf	lilaultramarin	–,30	1,–	3,–
150	1 M	dunkelrotviolett/dunkelgraugrün	–,20	1,–	3,–
151	1¼ M	orangerot bis dunkelrosa/dunkelkarminlila	–,20	1,–	2,50
152	2 M	dunkellilarot/grauultramarin	–,80	4,–	2,–
153	4 M	braunschwarz/lilarot	–,20	1,–	3,–
		Satz (14 W.)	5,–	20,–	35,–

1921, Aug. Germania. MiNr. 140, 148, 151 mit schwarzem, MiNr. 156 mit grünem Aufdruck. [21,5×26]

MiNr.	Wert	Beschreibung	✶	✶✶	⊙
154	1,60 M auf 5 Pf	dunkelorangebraun bis siena ..	–,20	1,30	3,–
155	3 M auf 1¼ M	orangerot bis dunkelrosa/dunkelkarminlila	–,20	1,30	3,50
156	5 M auf 75 Pf	schwärzlichrosalila	–,30	1,50	3,–
157	10 M auf 75 Pf	schwärzlichrosalila	–,50	1,80	3,–
		Satz (4 W.)	1,20	5,50	12,–

1921, Mai/Dez. Ziffer(n), Arbeiter, Posthorn (zweifarbig) und Pflüger. Wz. 1. [21,5×26, 36×26]

MiNr.	Wert	Beschreibung	✶	✶✶	⊙
158	5 Pf	Ziffer(n) im Rechteck	–,20	–,60	2,50
159	10 Pf	Ziffer(n) im Rechteck	–,20	1,20	2,50
160	15 Pf	Ziffer(n) im Rechteck	–,20	–,60	2,–
161	25 Pf	Ziffer(n) im Rechteck	–,20	–,60	2,–
162	30 Pf	Ziffer(n) im Rechteck	–,20	–,60	2,–
163	40 Pf	Ziffer(n) im Rechteck	–,20	–,60	2,–
164	50 Pf	Ziffer(n) im Rechteck	–,40	1,80	2,–
165	60 Pf	Schmied	–,20	–,60	2,–
166	80 Pf	Schmied	–,20	–,60	7,–
167	100 Pf	Bergarbeiter (nach rechts)	–,40	1,60	2,50
168	120 Pf	Bergarbeiter (nach rechts)	–,20	–,60	2,–
169	150 Pf	Schnitter	–,30	1,40	2,50
170	160 Pf	Schnitter	–,20	–,60	11,–
171	2 M	Posthorn (zweifarbig)	–,50	2,50	4,50
172	3 M	Posthorn (zweifarbig)	–,50	2,50	20,–
173	4 M	Posthorn (zweifarbig)	–,30	1,50	4,50
174	5 M	Ziffer(n) im Queroval	–,50	2,50	3,–
175	10 M	Ziffer(n) im Queroval	–,60	3,–	4,–
176	20 M	Pflüger	4,50	12,–	3,50
		Satz (19 W.)	10,–	40,–	75,–

1921, 29. Dez./1922, Aug. Freimarken wie MiNr. 158–176, jetzt jedoch mit Wz. 2 und neuer Wertstufe (MiNr. 185). [21,5×26, 36×26]

Wz. 2

MiNr.	Wert	Beschreibung	✶	✶✶	⊙
177	5 Pf	Ziffer(n) im Rechteck	1,–	3,–	260,–
178	10 Pf	Ziffer(n) im Rechteck	9,–	30,–	240,–
179	15 Pf	Ziffer(n) im Rechteck	–,60	2,–	280,–
180	25 Pf	Ziffer(n) im Rechteck	–,20	1,–	4,–
181	30 Pf	Ziffer(n) im Rechteck	1,–	3,50	420,–
182	40 Pf	Ziffer(n) im Rechteck	–,20	1,–	5,–
183	50 Pf	Ziffer(n) im Rechteck	–,30	1,30	2,–
184	60 Pf	Schmied	–,20	1,–	26,–
185	75 Pf	Ziffer(n) im Rechteck	–,20	1,–	3,60
186	80 Pf	Schmied	–,50	1,60	75,–
187	100 Pf	Bergarbeiter (nach rechts)	–,20	1,30	2,–
188	120 Pf	Bergarbeiter (nach rechts)	–,90	3,–	140,–
189	150 Pf	Schnitter	–,20	1,–	2,–
190	160 Pf	Schnitter	–,90	3,–	220,–
191	2 M	Posthorn (zweifarbig)	–,20	1,–	2,–
192	3 M	Posthorn (zweifarbig)	–,20	1,–	2,–
193	4 M	Posthorn (zweifarbig)	–,20	1,–	2,–
194	5 M	Ziffer(n) im Queroval	–,40	1,50	2,50
195	10 M	Ziffer(n) im Queroval	–,40	1,50	3,–
196	20 M	Pflüger	–,20	1,–	4,–
		Satz (20 W.)	15,–	60,–	1600,–

1922, März. Germania. Wz. 2. [21,5×26]

Nr.	Wert	Farbe	*	**	⊙
197	75 Pf	lilarot (Töne)	-,50	1,80	3,50
198	1¼ M	orangerot/ dunkelkarminlila ..	-,30	1,20	2,50
		Satz (2 W.)	-,70	3,–	5,50

1922, 2. April. Deutsche Gewerbeschau, München. MiNr. 199–202 Wz. 2, MiNr. 203–204 Wz. 1. [25×31]

Nr.	Wert	Farbe	*	**	⊙
199	1¼ M	(dunkel)karminrot bis dunkellilarot	-,40	1,60	2,50
200	2 M	schwarz(bläulich) violett	-,30	1,60	2,50
201	3 M	orangerot	-,30	-,80	2,50
202	4 M	dunkelviolett-ultramarin	-,30	-,80	2,50
203	10 M	dunkelbraun(ocker) auf hellbraunocker	-,80	3,20	3,50
204	20 M	karminrot auf hellkarminrot	5,–	18,–	17,–
		Satz (6 W.)	6,50	26,–	28,–

1922, 3. Juni/Dez. Posthorn, zweifarbig. Wz. 2. [21,5×26]

Nr.	Wert	Farbe	*	**	⊙
205	5 M	dunkelorange/ mittelorangegelb ..	-,20	-,60	2,80
206	10 M	lebhaftlilarot/ hellrötlichkarmin ...	-,20	-,60	2,–
207	20 M	schwarzbläulichviolett/ hellrötlichorange ...	-,50	1,70	2,–
208	30 M	lebhaftsiena/ hellgelbocker	-,20	-,90	2,–
209	50 M	dunkelbläulichgrün/ lebhaftbraunpurpur	-,20	-,90	2,–
		Satz (5 W.)	1,20	4,–	10,–

1922, Juli. Flugpostmarken: Holztaube. Wz. 2. [21,5×26, 23×31]

Nr.	Wert	Farbe	*	**	⊙
210	25 Pf	schwärzlichgelbbraun	-,60	3,–	24,–
211	40 Pf	lebhaftrotorange ..	-,50	3,–	32,–
212	50 Pf	schwärzlichgraulila	-,30	2,–	11,–
213	60 Pf	schwärzlichrosarot	-,70	3,50	26,–
214	80 Pf	grün	-,50	3,–	26,–
215	1 M	schwärzlichopalgrün/ hellgelblichgrün ...	-,20	1,50	5,–
216	2 M	dunkelkarmin/ mittelgrau	-,20	1,50	5,–
217	3 M	dunkelviolett-ultramarin/grau	-,30	2,–	6,–
218	5 M	zinnober/lebhaft-orangegelb	-,20	1,50	5,–
		Satz (9 W.)	3,50	20,–	140,–

1922, Okt./Dez. Ziffern im Queroval (sogen. „Queroffset"). Wz. 1. [37×26]

Nr.	Wert	Farbe	*	**	⊙
219	100 M	schwärzlich-lilabraun	-,30	1,–	1,80
220	200 M	dunkelrosarot bis lilarot	-,20	-,70	1,80
221	300 M	dunkel(oliv)grün ..	-,20	-,70	1,80
222	400 M	braunocker bis gelbbraun	-,70	2,–	3,–
223	500 M	(dunkel)rötlichorange	-,20	-,50	1,80
		Satz (5 W.)	1,50	4,50	10,–

1922, Mai/1923, Febr. Posthorn, einfarbig. Wz. 2. [21,5×26]

Nr.	Wert	Farbe	*	**	⊙
224	2 M	dunkelviolettpurpur	-,30	1,–	2,–
225	3 M	orangerot	-,20	-,70	2,–
226	4 M	schwärzlichopalgrün	-,30	1,–	2,–
227	5 M	(rötlich)orange	-,30	1,–	2,–
228	6 M	schwarzkobalt	-,30	1,–	2,–
229	8 M	schwärzlicholiv ...	-,30	1,–	2,–
230	20 M	schwärzlich-grauviolett	-,30	1,–	2,–
231	30 M	(dunkel)braun bis siena	-,30	1,–	10,–
232	40 M	(dunkel)gelblichgrün, (dunkel)olivgrün ...	-,30	1,–	2,50
		Satz (9 W.)	2,–	7,50	25,–

1922, 11. Dez. Alters- und Kinderhilfe. Wz. 2. [26×44]

Nr.	Wert	Farbe	*	**	⊙
233	6+4 M	Mädchen pflanzt Bäumchen	-,20	1,20	30,–
234	12+8 M	Mädchen pflanzt Bäumchen	-,20	1,20	30,–
		Satz (2 W.)	-,40	2,40	60,–

1923, 28. Febr./April. Flugpostmarken: Holztaube (zweifarbig). Wz. 2. [25×31]

			✶	✶✶	⊙
235	10 M	schwärzlichrotlila/ graurot	–,20	–,70	12,–
236	25 M	braun/rötlichgelb	–,20	–,70	11,–
237	100 M	(dunkel)bräunlicholiv/ mittelorangerot	–,20	–,70	9,–
		Satz (3 W.)	–,50	2,–	32,–

1922, Dez./1923, Juni. Arbeiter. Wz. 2. [21,5×26]

238	5 M	Bergarbeiter (nach links)	–,20	–,40	16,–
239	10 M	Schnitter	–,20	–,40	2,–
240	12 M	Schnitter	–,20	–,40	2,–
241	20 M	Bergarbeiter (nach links)	–,20	–,70	2,–
242	25 M	Schnitter	–,20	–,40	2,–
243	30 M	Bergarbeiter (nach links)	–,20	–,90	3,–
244	40 M	Schnitter	–,30	1,20	2,–
245	50 M	Bergarbeiter (nach links)	–,50	1,60	150,–
		Satz (8 W.)	1,50	5,–	170,–

1922, Okt./1923, Sept. Ziffern im Queroval (sogen. „Queroffset"). Wz. 2. [36×26]

246	50 M	dunkel(preußisch) blau	–,30	1,–	2,–
247	100 M	schwärzlichbraunpurpur	–,20	–,70	1,80
248	200 M	karminrot bis lilarot	–,30	1,–	2,50
249	300 M	dunkel(gelblich) grün	–,20	–,50	1,80
250	400 M	dunkelbraunocker	–,20	–,50	1,80
251	500 M	dunkelgelblichrot	–,20	–,50	1,80
252	1000 M	dunkelgrüngrau	–,20	–,50	1,80
253	2000 M	dunkel(preußisch) blau	–,40	1,20	2,50
254	3000 M	schwärzlichbraunocker bis dunkelbraun	–,30	1,–	2,–
255	4000 M	dunkel(bläulich) violett	–,20	–,70	2,–
256	5000 M	schwärzlichgraugrün	–,40	1,30	2,–
257	100 000 M	(dunkel)zinnober	–,20	–,50	1,80
		Satz (12 W.)	3,–	8,–	22,–

1923, 19. Febr. Rhein- und Ruhrhilfe. MiNr. 238, 242, 196 mit Aufdruck. [21,5×26, 36×26]

			✶	✶✶	⊙
258	5 M+ 100 M	dunkelorange	–,30	1,–	12,–
259	25 M+ 500 M	(dunkel)ockerbraun	–,30	1,–	30,–
260	20 M+1000 M	dunkellilaultramarin/hellgraugrün	2,60	8,–	110,–
		Satz (3 W.)	3,–	10,–	150,–

1923, Mai/Juli. Wartburg, Kölner Dom. Wz. 2. [36×26, 26×36]

261	5 000 M	Wartburg	–,40	1,20	4,–
262	10 000 M	Kölner Dom	–,40	1,50	5,–
		Satz (2 W.)	–,60	2,50	9,–

1923, Mai/Juni. Flugpostmarken: Holztaube. Wz. 2. [25×31]

263	5 M	dunkelzinnober	–,20	–,60	55,–
264	10 M	schwärzlichgraupurpur	–,20	–,60	13,–
265	25 M	dunkelsiena	–,20	–,60	13,–
266	100 M	schwärzlichgrauoliv	–,20	–,60	15,–
267	200 M	schwarzviolett	–,20	–,60	45,–
		Satz (5 W.)	–,80	2,50	140,–

1923, März/Aug. Ziffern im Kreis. Wz. 2. [21,5×26]

268	100 M	dunkelgraupurpur, grauviolett	–,30	1,–	2,–
269	200 M	lilarot	–,20	–,60	2,–
270	300 M	dunkelgelblichgrün	–,20	–,50	2,–
271	400 M	dunkelorangebraun	–,20	–,50	7,50

			*	**	⊙
272	500 M	dunkelzinnober .	–,20	–,50	8,–
273	1000 M	(dunkel)grauviolett	–,20	–,50	2,–
		Satz (6 W.)	1,20	3,50	22,–

1923, 15./20. Sept. Ziffer(n) im Kreis. Wz. 2. [21,5×26]

			*	**	⊙
274	5 Tsd M	grünblau	–,20	–,50	22,–
275	50 Tsd M	dunkelocker . . .	–,20	–,50	2,–
276	75 Tsd M	braunviolett . . .	–,20	–,50	14,–
		Satz (3 W.)	–,50	1,50	36,–

1923. Frühere Ausgaben mit verschiedenfarbigem Aufdruck. Wz. 2, außer MiNr. 278 (Wz. 1). [21,5×26]

				*	**	⊙
277	5 Tsd auf	40 Pf	Ziffern im Rechteck	–,10	–,50	2,20
278	8 Tsd auf	30 Pf	Ziffern im Rechteck	–,10	–,50	2,–
279	15 Tsd auf	40 M	Schnitter	–,30	1,–	2,50
280	20 Tsd auf	12 M	Schnitter	–,10	–,50	2,–
281	20 Tsd auf	25 M	Schnitter	–,10	–,50	3,–
282	20 Tsd auf	200 M	Ziffern im Kreis .	–,30	1,–	3,–
283	25 Tsd auf	25 M	Schnitter	–,10	–,50	18,–
284	30 Tsd auf	10 M	Schnitter	–,10	–,50	2,–
285	30 Tsd auf	200 M	Ziffern im Kreis .	–,10	–,50	2,–
286	75 Tsd auf	300 M	Ziffern im Kreis .	–,10	–,50	18,–
287	75 Tsd auf	400 M	Ziffern im Kreis .	–,30	1,–	2,–
288	75 Tsd auf	1000 M	Ziffern im Kreis .	–,30	1,–	2,50
289	100 Tsd auf	100 M	Ziffern im Kreis .	–,30	1,–	3,–
290	100 Tsd auf	400 M	Ziffern im Kreis .	–,10	–,50	2,–
291	125 Tsd auf	1000 M	Ziffern im Kreis .	–,20	–,80	2,50
292	250 Tsd auf	200 M	Ziffern im Kreis .	–,10	–,50	7,–
293	250 Tsd auf	300 M	Ziffern im Kreis .	–,10	–,50	22,–
294	250 Tsd auf	400 M	Ziffern im Kreis .	–,10	–,50	25,–
295	250 Tsd auf	500 M	Ziffern im Kreis .	–,10	–,50	2,–
296	250 Tsd auf	500 M	Ziffern im Kreis .	–,10	–,50	25,–
			Satz (20 W.)	2,50	11,–	140,–

1923, 1. Okt. Ziffern im Rechteck (Neuauflagen) mit dunkelbraunem Aufdruck

			*	**	⊙
297	400 Tsd auf 15 Pf	dunkel- bis schwarzgelbocker	–,20	–,50	6,–
298	400 Tsd auf 25 Pf	dunkel- bis schwarzgelbocker	–,20	–,50	6,–
299	400 Tsd auf 30 Pf	dunkel- bis schwarzgelbocker	–,20	–,50	6,–
300	400 Tsd auf 40 Pf	dunkel- bis schwarzgelbocker	–,20	–,50	6,–
		Satz (4 W.)	–,60	2,–	22,–

1923, Sept./22. Okt. Frühere Ausgaben mit verschiedenfarbigem Aufdruck. Wz. 2.

				*	**	⊙
301	800 Tsd auf	5 Pf	Ziffern im Rechteck	–,20	–,50	5,50
302	800 Tsd auf	10 Pf	Ziffern im Rechteck	–,20	–,50	6,50
303	800 Tsd auf	200 M	Ziffern im Kreis	–,20	–,70	100,–
304	800 Tsd auf	300 M	Ziffern im Kreis	–,20	–,50	6,50
305	800 Tsd auf	400 M	Ziffern im Kreis	–,20	–,50	16,–
306	800 Tsd auf	400 M	Ziffern im Kreis	–,20	–,50	5,–
307	800 Tsd auf	500 M	Ziffern im Kreis	–,20	–,70	2000,–
308	800 Tsd auf	1000 M	Ziffern im Kreis	–,30	–,90	2,–
309	2 Mio auf	200 M	Ziffern im Kreis			
			A gezähnt K 14:14¼	–,20	1,–	2,–
			B durchstochen 13	–,20	–,90	200,–
310	2 Mio auf	300 M	Ziffern im Kreis	–,20	–,50	2,80
311	2 Mio auf	500 M	Ziffern im Kreis	–,20	–,50	8,–
312	2 Mio auf	5000 M	Ziffern im Kreis			
			A gezähnt K 14:14¼	–,40	1,20	2,–
			B durchstochen 13	–,20	–,50	12,–
			Satzpreis (mit 309 B und 312 B) (14 W.)	2,50	7,50	2200,–

1923, 4. Okt./Nov. Wertangaben im Kreis mit Rosetten-(Korbdeckel-)Muster Wz. 2. [21,5×26]

			*	**	⊙
313	500 000 M	schwärzlich orangebraun	–,20	–,50	3,50
314	1 Mio M	blaugrün	–,20	–,90	2,20
315	2 Mio M	dunkelgraupurpur	–,20	1,–	26,–
316	4 Mio M	grünlicholiv	–,20	1,–	2,–
317	5 Mio M	lebhaftlilarot	–,20	–,90	2,–
318 A	10 Mio M	dunkelzinnober	–,20	–,50	2,–
319 A	20 Mio M	schwärzlichblau	–,20	–,90	2,50
320	30 Mio M	(dunkel)karminbraun	–,20	–,50	12,–
321 A	50 Mio M	dunkelgrün (oliv)	–,30	1,–	2,50
322	100 Mio M	dunkelgrüngrau	–,20	–,50	2,–
323 A	200 Mio M	(dunkel)ockerbraun	–,20	–,90	2,–
324	500 Mio M	dunkelolivgelb	–,20	–,90	2,–
325 A	1 Mrd M	dunkelsiena	–,40	1,20	2,50
326 A	2 Mrd M	mattsiena/schwarzgrün	–,20	–,90	2,50
327 A	5 Mrd M	gelblichorange/siena	–,20	–,90	2,–
328	10 Mrd M	schwärzlichgrüngelb/(dunkel)olivgrün	–,20	–,90	2,–
329 A	20 Mrd M	dunkelopalgrün/dunkelockerbraun	–,20	–,90	2,50
330 A	50 Mrd M	lebhaftkobaltblau/schwarzkobaltblau	–,30	1,20	45,–
		Satz (18 W.)	3,–	12,–	110,–

1923, Okt./Nov. Rosetten-(Korbdeckel-)Muster. Wz. 2; ⬚ [21,5×26]

			*	**	⊙
318 B	10 Mio M	dunkelzinnober	–,70	2,20	60,–
319 B	20 Mio M	dunkelviolettultramarin	–,70	2,–	400,–
321 B	50 Mio M	schwärzlicholivgrün	–,70	2,–	8,–
323 B	200 Mio M	ockerbraun	–,70	2,–	15,–
325 B	1 Mrd M	dunkelsiena	–,70	2,–	10,–
326 B	2 Mrd M	mattsiena/schwarzgrün	–,70	2,–	4,50
327 B	5 Mrd M	gelblichorange/siena	1,–	2,50	3,–
329 B	20 Mrd M	(dunkel)opalgrün/dunkelockerbraun	1,–	2,80	15,–
330 B	50 Mrd M	lebhaftkobaltblau/schwarzkobaltblau	2,50	7,–	900,–
		Satz (9 W.)	8,50	25,–	1400,–

1923, 7. Nov. MiNr. 268 mit Aufdruck. [21,5×26]

331	1 Mrd auf 100 M grauviolett	–,30	1,70	38,–

Alle Preise für gestempelte Inflationsmarken nur für Infla-geprüfte Stücke! Bei ungebrauchten Marken unter 5,– Euro werden evtl. Prüfgebühren nicht berücksichtigt!

1923, 16. Nov. MiNr. 315, 316, 318, 319, 321 und 322 mit Aufdruck; gezähnt. [21,5×26]

				*	**	⊙
332	5 Mrd auf	2 Mio M	dunkelgraupurpur	–,30	1,20	170,–
333	5 Mrd auf	4 Mio M	grünlicholiv	–,20	–,90	30,–
334 A	5 Mrd auf	10 Mio M	dunkelzinnober	–,20	–,70	3,50
335 A	10 Mrd auf	20 Mio M	schwärzlichblau	–,30	1,–	6,–
336 A	10 Mrd auf	50 Mio M	dunkelgrün(oliv)	–,20	–,90	3,50
337	10 Mrd auf	100 Mio M	dunkelgrüngrau	–,20	–,70	10,–
			Satz (6 W.)	1,30	5,–	220,–

1923, 17. Nov. Gleicher Aufdruck auf gleichen Marken, jedoch durchstochen.

334 B	5 Mrd auf	10 Mio M	dunkelzinnober	2,50	8,–	240,–
335 B	10 Mrd auf	20 Mio M	dunkelviolettultramarin	5,–	14,–	140,–
336 B	10 Mrd auf	50 Mio M	schwärzlicholivgrün	2,50	8,–	50,–
			Satz (3 W.)	10,–	30,–	420,–

1923, 1. Dez. Wertziffer(n) im Kreis mit Rosetten-(Korbdeckel-) Muster ohne Wärungsbezeichnung. Wz. 2. [21,5×26]

			✶	✶✶	⊙
338	3 Pf	dunkelorangebraun	–,50	3,–	–,30
339	5 Pf	dunkelgrün	–,50	3,–	–,30
340	10 Pf	schwärzlichrosarot	–,50	3,–	–,30
341	20 Pf	dunkellilaultramarin	1,50	7,–	–,50
342	50 Pf	dunkelrotorange .	3,50	25,–	1,30
343	100 Pf	schwärzlich-violettpurpur	11,–	70,–	1,50
		Satz (6 W.)	16,–	110,–	4,20

1924, 11. Jan. Fugpostmarken: Holztaube. Wz. 2. [21,5×26]

344	5 Pf	dunkel-smaragdgrün	1,70	5,50	3,–
345	10 Pf	karmin	1,70	5,50	3,–
346	20 Pf	schwarzviolettblau	9,–	28,–	7,–
347	50 Pf	rötlichorange	15,–	140,–	35,–
348	100 Pf	dunkelbraunviolett	40,–	260,–	75,–
349	200 Pf	lebhaft-grünlichblau	75,–	350,–	100,–
350	300 Pf	dunkeltürkisgrau .	130,–	750,–	140,–
		Satz (7 W.)	260,–	1500,–	350,–

1924, 25. Febr. Deutsche Nothilfe: Rosenwunder. Wz. 2. [26×36]

351	5+ 15 Pf	„Das Leben der hl. Elisabeth"	2,40	10,–	4,50
352	10+ 30 Pf		2,40	10,–	4,50
353	20+ 60 Pf		8,–	30,–	11,–
354	50+150 Pf		30,–	120,–	85,–
		Satz (4 W.)	40,–	170,–	100,–

1924. Neuer Reichsadler. Wz. 2. [21,5×26]

355	3 Pf	(gelb)braun	–,40	2,–	–,50
356	5 Pf	lebhaftgrün	–,40	2,60	–,50
357	10 Pf	rot	–,50	3,40	–,50
358	20 Pf	blau bis ultramarin .	2,50	34,–	–,50
359	30 Pf	braunpurpur	2,50	34,–	–,60
360	40 Pf	braunoliv	17,–	120,–	–,90
361	50 Pf	lebhaftorange	20,–	170,–	1,50
		Satz (7 W.)	40,–	350,–	5,–

1924, Mai. Heinrich von Stephan, Mitbegründer des Weltpostvereins (1831–1897). Wz. 2. [21,5×26]

			✶	✶✶	⊙
362	60 Pf	lebhaftbraunrot . . .	5,–	25,–	1,–
363	80 Pf	schwarzgrünblau .	13,–	70,–	2,–
		Satz (2 W.)	18,–	90,–	3,–

1924/1927. Bauwerke. Wz. 2. [36×26]

364	1 M	Burg Rheinstein	14,–	50,–	4,50
365	2 M	Alt-Köln	24,–	65,–	4,50
366	3 M	Marienburg	28,–	90,–	8,–
367	5 M	Dom zu Speyer	45,–	170,–	20,–
		Satz (4 W.)	100,–	370,–	35,–

1924, 9. Okt. 50 Jahre Weltpostverein. Wz. 2. [21,5×26]

368	10 Pf	Heinrich von Stephan	1,–	6,–	–,40
369	20 Pf	Heinrich von Stephan	2,–	12,–	1,–
		Satz (2 W.)	3,–	18,–	1,40

1925, 30. Mai. Deutsche Verkehrsausstellung, München. Wz. 2. [30×25]

370	5 Pf	grün	5,–	28,–	7,–
371	10 Pf	lebhaftrot	5,–	28,–	13,–
		Satz (2 W.)	10,–	55,–	20,–

1925, 30. Mai/Juli. Rheinland 1000 Jahre deutsch. Wz. 2. [21,5×26]

372	5 Pf	smaragdgrün	1,50	8,–	–,50
373	10 Pf	zinnoberrot	1,50	8,–	–,50
374	20 Pf	kobalt	7,–	45,–	1,40
		Satz (3 W.)	10,–	60,–	2,40

1925, 15. Dez. Deutsche Nothilfe: Wappen. Wz. 2. [21,5×26]

			✶	✶✶	⊙
375	5+ 5 Pf	Preußen	–,70	2,50	2,50
376	10+10 Pf	Bayern	2,50	7,50	2,50
377	20+10 Pf	Sachsen	12,–	40,–	18,–
		Satz (3 W.)	15,–	50,–	22,–

1926, 1. April/1927, April, Flugpostmarken. Reichsadler. Wz. 2. [21,5×26]

378	5 Pf	dunkelopalgrün ..	1,50	4,–	1,50
379	10 Pf	dunkelrosa	2,50	7,–	1,50
A379	15 Pf	graulila	2,50	22,–	2,50
380	20 Pf	dunkelgrau-			
		ultramarin	2,50	22,–	2,50
381	50 Pf	rötlichorange	24,–	300,–	7,–
382	1 M	schwarz/			
		mattkarminrot	24,–	150,–	8,–
383	2 M	schwarz/			
		mattkobalt	24,–	200,–	30,–
384	3 M	schwarz/			
		mittelolivbraun ...	70,–	550,–	120,–
		Satz (8 W.)	140,–	1200,–	170,–

1926, 1. Nov./19 27, Aug. Berühmte Deutsche. Wz. 2. [21,5×26]

385	3 Pf	schwärzlichocker,			
		J. W. v. Goethe			
		(1749–1832)	1,50	8,–	–,50
386	3 Pf	mittelockerbraun,			
		J. W. v. Goethe ...	1,50	10,–	–,50
387	5 Pf	dunkelopalgrün,			
		Fr. v. Schiller (1759–1805)	1,50	12,–	–,50
388	5 Pf	dunkelsmaragdgrün,			
		Fr. v. Schiller	2,–	10,–	–,50
389	8 Pf	Ludwig v. Beethoven			
		(1770–1827)	2,–	11,–	–,50
390	10 Pf	Friedrich der Große			
		(1712–1786)	2,–	10,–	–,50
391	15 Pf	Immanuel Kant			
		(1724–1804)	3,–	17,–	–,50
392	20 Pf	Ludwig v. Beethoven	14,–	180,–	1,50

			✶	✶✶	⊙
393	25 Pf	Johann Wolfgang			
		v. Goethe	4,50	45,–	1,20
394	30 Pf	Gotthold E. Lessing			
		(1729–1781)	8,50	65,–	–,80
395	40 Pf	Gottfried W. Leibniz			
		(1646–1716)	15,–	170,–	–,80
396	50 Pf	Johann Seb. Bach			
		(1685–1750)	19,–	170,–	10,–
397	80 Pf	Albrecht Dürer			
		(1471–1528)	40,–	500,–	6,50
		Satz (13 W.)	100,–	1200,–	24,–

1926, 1. Dez. Deutsche Nothilfe: Wappen. Wz. 2. [21,5×26]

398	5+ 5 Pf	Württemberg ..	2,–	8,–	3,–
399	10+10 Pf	Baden	2,40	10,–	4,–
400	25+25 Pf	Thüringen	16,–	40,–	25,–
401	50+50 Pf	Hessen	55,–	180,–	130,–
		Satz (4 W.)	70,–	230,–	160,–

MiNr. 402 fällt aus.

1927, 26. Sept. Deutsche Nothilfe: 80. Geburtstag des Reichspräsidenten Paul von Hindenburg (1847–1934). Wz. 2. [21,5×26]

403	8+ 7 Pf	schwarzopalgrün	1,50	4,–	2,–
404	15+15 Pf	orangerot	2,50	6,–	3,–
405	25+25 Pf	schwärzlich-			
		kobalt	12,–	50,–	28,–
406	50+50 Pf	dkl'orangebraun	15,–	60,–	32,–
		Satz (4 W.) ...	30,–	120,–	65,–

1927, 10. Okt. Tagung des Internationalen Arbeitsamtes. MiNr. 389, 391, 393 mit Aufdruck. [21,5×26]

407	8 Pf	Ludwig van			
		Beethoven	22,–	80,–	85,–
408	15 Pf	Immanuel Kant ...	22,–	80,–	85,–
409	25 Pf	Johann Wolfgang			
		von Goethe	22,–	80,–	85,–
		Satz (3 W.)	65,–	240,–	250,–

1928, 1. Sept. Reichspräsidenten Friedrich Ebert (1871–1925) und Paul von Hindenburg (1847–1934). Wz. 2. [21,5×26]

			✶	✶✶	⊙
410	3 Pf	Friedrich Ebert	–,30	2,80	–,80
411	5 Pf	Paul v. Hindenburg	–,50	2,–	–,80
412	8 Pf	Friedrich. Ebert ...	–,30	2,–	–,80
413	10 Pf	Friedrich Ebert	2,50	17,–	3,–
414	15 Pf	Paul v. Hindenburg	–,80	4,50	–,80
415	20 Pf	Friedrich Ebert	8,50	50,–	5,–
416	25 Pf	Paul v. Hindenburg	10,–	60,–	1,20
417	30 Pf	Friedrich Ebert	7,–	45,–	1,20
418	40 Pf	Paul v. Hindenburg	20,–	220,–	1,20
419	45 Pf	Friedrich. Ebert ...	12,–	90,–	4,–
420	50 Pf	Paul v. Hindenburg	13,–	140,–	3,50
421	60 Pf	Friedrich Ebert	15,–	140,–	4,–
422	80 Pf	Paul v. Hindenburg	30,–	340,–	9,–
		Satz (13 W.)	120,–	1100,–	35,–

1928, 20. Sept. Flugpostmarken: Luftschiff „Graf Zeppelin L.Z. 127“. Wz. 2. [36×26]

423	2 M	lilaultramarin	55,–	300,–	65,–
424	4 M	schwarzbraun	35,–	160,–	45,–
		Satz (2 W.)	90,–	460,–	110,–

1928, 15. Nov. Deutsche Nothilfe: Wappen. Wz. 2. [21,5×26]

425	5+ 5 Pf	Hamburg	1,–	2,50	5,–
426	8+ 7 Pf	Mecklenburg-Schwerin	–,70	2,–	5,–
427	15+15 Pf	Oldenburg	1,–	3,–	5,–
428	25+25 Pf	Braunschweig .	12,–	65,–	65,–
429	50+50 Pf	Anhalt	60,–	170,–	120,–
		Satz (5 W.)	70,–	240,–	200,–

Die MICHEL-Redaktion nimmt keine Markenprüfungen vor!

1929, 1. Nov. Deutsche Nothilfe: Wappen. Wz. 2. [21,5×26]

			✶	✶✶	⊙
430	5+ 2 Pf	Bremen	1,40	3,–	2,50
431	8+ 4 Pf	Lippe-Detmold	1,80	3,50	2,50
432	15+ 5 Pf	Lübeck	2,–	5,–	2,–
433	25+10 Pf	Mecklenburg-Strelitz	16,–	70,–	65,–
434	50+40 Pf	Schaumburg-Lippe	55,–	160,–	120,–
		Satz (5 W.)	75,–	240,–	190,–

1930, 8. Febr./Sept. Wie MiNr. 413, 415 und 422, jedoch Farbänderungen. Wz. 2. [21,5×26]

435	10 Pf	Friedrich Ebert	1,20	20,–	1,–
436	20 Pf	Friedrich Ebert	8,–	70,–	1,–
437	80 Pf	Paul v. Hindenburg	12,–	90,–	3,–
		Satz (3 W.)	20,–	180,–	5,–

1930, 26. April. Flugpostmarken: 1. Südamerikafahrt des Luftschiffes „Graf Zeppelin L.Z. 127“. Wz. 2. [36×26]

438	2 M	lilaultramarin	330,–	1700,–	400,–
439	4 M	schwarzbraun	330,–	1800,–	400,–
		Satz (2 W.)	650,–	3500,–	800,–

1930. MiNr. 365 mit Wertbezeichnung „Reichsmark“. Wz. 2. [36×26]

440	2 M	Alt-Köln	35,–	150,–	19,–

MiNr. 441– 443 fallen aus.

1930, 30. Juni. Abzug der Alliierten aus dem Rheinland. MiNr. 412 und 414 mit Aufdruck. [21,5×26]

444	8 Pf	Friedrich Ebert	3,–	13,–	1,20
445	15 Pf	Paul v. Hindenburg .	3,–	15,–	1,20
		Satz (2 W.)	6,–	28,–	2,40

1930, 12. Sept. Blockausgabe: Briefmarkenausstellung IPOSTA, Berlin. Wz. 3. [104×148, 26×21,5]

Wz. 3

				*	**	Ⓢ
446	8+ 4 Pf	Aachen	......	40,–	110,–	140,–
447	15+ 5 Pf	Berlin	....	40,–	110,–	140,–
448	25+10 Pf	Marienwerder	..	40,–	110,–	140,–
449	50+40 Pf	Würzburg	.....	40,–	110,–	140,–
		Block 1 (104×148 mm)	.	550,–	1600,–	2000,–

1930, 1. Nov. Deutsche Nothilfe: Bauwerke. Wz. 2. [26×21,5]

450	8+ 4 Pf	Aachen	......	1,50	5,–	2,50
451	15+ 5 Pf	Berlin	....	1,50	6,–	3,–
452	25+10 Pf	Marienwerder	.	12,–	40,–	35,–
453	50+40 Pf	Würzburg	....	28,–	100,–	110,–
		Satz (4 W.)	....	40,–	150,–	150,–

1931, 15. Febr. Reichspräsident Paul von Hindenburg. Wz. 2. [21,5×26]

454	4 Pf	türkisblau	....	1,50	8,–	1,60

1931, Mai. Flp. Luftschiff „Graf Zeppelin L.Z. 127". Wz. 2. [36×26]

				*	**	⊙
455	1 M	lilarot	....	32,–	120,–	45,–

1931, 10. Juli. Flugpostmarken: Polarfahrt des Luftschiffes „Graf Zeppelin L.Z. 127". MiNr. 455, 423, 424 mit dunkelkarminbraunem Aufdruck. [36×26]

456	1 M	lilarot	....	150,–	700,–	140,–
457	2 M	lilaultramarin	......	220,–	1400,–	260,–
458	4 M	schwarzbraun	.....	550,–	2300,–	900,–
		Satz (3 W.)	....	900,–	4400,–	1300,–

1931, 1. Nov. Deutsche Nothilfe: Bauwerke. Wz. 2. [21,5×26, 26×21,5]

459	8+ 4 Pf	Dresden	......	–,80	3,50	3,–
460	15+ 5 Pf	Breslau	....	–,80	3,50	3,–
461	25+10 Pf	Heidelberg	....	10,–	60,–	40,–
462	50+40 Pf	Lübeck	....	40,–	175,–	100,–
		Satz (4 W.)	....	50,–	240,–	140,–

1932, 2. Febr. Deutsche Nothilfe. MiNr. 459, 460 mit Aufdruck. [21,5×26]

463	6+4 Pf auf 8+4 Pf	Dresden	....	6,–	26,–	13,–
464	12+3 Pf auf 15+5 Pf	Breslau	.....	6,–	32,–	15,–
		Satz (2 W.)	..	12,–	58,–	28,–

1932, Jan. Reichspräsidenten. Wz. 2. [21,5×26]

465	6 Pf	Friedrich Ebert	....	1,–	10,–	–,90
466	12 Pf	Paul von Hindenburg	......	2,–	20,–	–,90
		Satz (2 W.)	....	3,–	30,–	1,80

1932, 1. Okt. Hindenburg-Medaillon. Wz. 2. [21,5×26]

			✶	✶✶	⊙
467	4 Pf	kobaltblau	–,80	2,50	–,80
468	5 Pf	gelbsmaragdgrün	1,–	4,–	–,80
469	12 Pf	zinnober	6,–	24,–	–,80
470	15 Pf	lilarot	5,–	14,–	13,–
471	25 Pf	violettultramarin	1,50	12,–	1,–
472	40 Pf	dkl'bläulichviolett	24,–	100,–	2,–
473	50 Pf	siena	8,–	18,–	14,–
		Satz (7 W.)	45,–	170,–	32,–

1932, 1. Nov. Deutsche Nothilfe: Burgen und Schlösser. Wz. 2. [26×21,5]

474	4+ 2 Pf	Wartburg	1,20	4,–	2,50
475	6+ 4 Pf	Schloss Stolzenfels am Rhein	1,40	5,–	2,50
476	12+ 3 Pf	Nürnberg, Burg	1,20	4,–	2,50
477	25+10 Pf	Schloss Lichtenstein	10,–	40,–	24,–
478	40+40 Pf	Marburg, Schloss	38,–	150,–	85,–
		Satz (5 W.)	50,–	200,–	110,–

1933, 12. April. Eröffnungssitzung des neuen Reichstags, Potsdam. Wz. 2. [21,5×26]

479	6 Pf	schwarzbläulichgrün	2,50	6,–	1,20
480	12 Pf	lilarot } Friedrich der Große	3,–	9,–	1,20
481	25 Pf	lilaultramarin } Friedrich der Große	50,–	310,–	28,–
		Satz (3 W.)	55,–	320,–	30,–

1933, April/Aug. Hindenburg-Medaillon. Wz. 2. [21,5×26]

			✶	✶✶	⊙
482	3 Pf	dkl'braunocker	22,–	120,–	1,–
483	4 Pf	dunkelpreußischblau	5,–	22,–	1,–
484	6 Pf	schwärzlichopalgrün	2,50	10,–	1,–
485	8 Pf	gelblichrot	8,–	20,–	1,–
486	10 Pf	dunkelrötlichbraun	5,–	30,–	1,–
487	12 Pf	dunkelrosarot	3,–	20,–	1,–
488	15 Pf	dunkelkarmin	7,–	28,–	35,–
489	20 Pf	mittelblau	9,–	70,–	2,–
490	30 Pf	dunkelbräunl'oliv	9,–	24,–	1,80
491	40 Pf	dunkellilapurpur	40,–	300,–	3,50
492	50 Pf	schwärzlichgrün/grauschwarz	20,–	140,–	3,–
493	60 Pf	dunkelkarminlila/grauschwarz	40,–	260,–	1,30
494	80 Pf	dunkelkobalt/grauschwarz	12,–	30,–	1,50
495	100 Pf	dunkelgelborange/grauschwarz	35,–	180,–	17,–
		Satz (14 W.)	200,–	1200,–	70,–

1933, 25. Sept. Flugpostmarken: Chicagofahrt des Luftschiffes „Graf Zeppelin LZ. 127". Wz. 2. [36×26]

496	1 M	schwarzrosa	1000,–	3600,–	500,–
497	2 M	violettultramarin	100,–	350,–	250,–
498	4 M	schwarzbraun	100,–	350,–	250,–
		Satz (3 W.)	1200,–	4300,–	1000,–

1933, 1. Nov. Deutsche Nothilfe: Opern von Richard Wagner. Wz. 4. [30×25]

Wz. 4

499	3+ 2 Pf	Tannhäuser	6,–	30,–	7,50
500	4+ 2 Pf	Der fliegende Holländer	2,50	20,–	3,–
501	5+ 2 Pf	Das Rheingold	8,–	50,–	9,–
502	6+ 4 Pf	Die Meistersinger von Nürnberg	2,–	20,–	3,–
503	8+ 4 Pf	Die Walküre	4,50	30,–	5,–
504	12+ 3 Pf	Siegfried	4,50	30,–	3,50
505	20+10 Pf	Tristan und Isolde	140,–	1000,–	130,–
506	25+15 Pf	Lohengrin	32,–	350,–	50,–
507	40+35 Pf	Parsifal	140,–	1000,–	170,–
		Satz (9 W.)	300,–	2500,–	380,–

1933, 29. Nov. Blockausgabe: 10 Jahre Deutsche Nothilfe. MiNr. 351–354 mit Aufdruck. Wz. 4. [209 × 148, 26 × 36]

			✶	✶✶	⊙
508	5+ 15 Pf	Das Leben der hl. Elisabeth ..	120,–	300,–	500,–
509	10+ 30 Pf	Das Leben der hl. Elisabeth ..	120,–	300,–	500,–
510	20+ 60 Pf	Das Leben der hl. Elisabeth ..	120,–	300,–	500,–
511	50+150 Pf	Das Leben der hl. Elisabeth ..	120,–	300,–	500,–
		Block 2 (209×148 mm)	1500,–	6000,–	10000,–

1933/1936. Hindenburg-Medaillon. Wz. 4. [21,5 × 26]

512	1 Pf	schwarz	–,20	–,50	–,50
513	3 Pf	dunkelockerbraun	–,20	–,50	–,50
514	4 Pf	schwärzlichgrau-ultramarin	–,20	–,50	–,50
515	5 Pf	smaragdgrün	–,20	–,50	–,50
516	6 Pf	schwarzgrün bis schwarzopalgrün .	–,20	–,50	–,50
517	8 Pf	zinnober	–,20	–,50	–,50
518	10 Pf	dunkelrötlichbraun	–,20	1,–	–,50
519	12 Pf	schwärzlich-rosa(rot)	–,20	–,50	–,50
520	15 Pf	dunkelrotlila	–,40	2,–	–,50
521	20 Pf	(lebhaft)cyanblau .	–,60	4,50	–,50
522	25 Pf	lilaultramarin	–,60	4,50	–,50
523	30 Pf	dunkel(bräunlich) oliv	1,–	9,–	–,50
524	40 Pf	dunkellilapurpur ..	2,–	13,–	–,50
525	50 Pf	schwarzgrün/ grauschwarz	4,–	19,–	–,50
526	60 Pf	dunkelkarminlila/ grauschwarz	1,–	8,–	–,50
527	80 Pf	dunkelkobalt/ grauschwarz	3,–	8,50	1,60
528	100 Pf	schwarzgelb-orange/ grauschwarz	4,–	11,–	1,50
		Satz (17 W.)	16,–	80,–	10,–

1934, 21. Jan. Flugpostmarken: Steinadler, Otto Lilienthal, Graf von Zeppelin. [21,5 × 26, 30 × 25]

			✶	✶✶	⊙
529	5 Pf	Adler	1,50	10,–	1,20
530	10 Pf	Adler	1,50	10,–	1,20
531	15 Pf	Adler	2,40	10,–	1,60
532	20 Pf	Adler	4,50	16,–	2,50
533	25 Pf	Adler	6,–	50,–	2,50
534	40 Pf	Adler	9,–	80,–	1,50
535	50 Pf	Adler	16,–	130,–	1,20
536	80 Pf	Adler	5,–	70,–	5,–
537	100 Pf	Adler	10,–	80,–	3,50
538	2 M	O. Lilienthal (1848–1896)	22,–	150,–	25,–
539	3 M	Graf von Zeppelin (1838–1917)	40,–	200,–	55,–
		Satz (11 W.)	100,–	800,–	95,–

1934, 30. Juni. Deutsche Kolonialforscher. Wz. 4. [25 × 31]

540	3 Pf	Franz A. E. Lüderitz (1834–1886)	3,–	32,–	8,–
541	6 Pf	Dr. Gustav Nachtigal (1834–1885)	1,50	12,–	2,–
542	12 Pf	Karl Peters (1856–1918)	2,50	35,–	2,–
543	25 Pf	Hermann v. Wissmann (1853–1905)	13,–	120,–	26,–
		Satz (4 W.)	20,–	190,–	38,–

1934, 26. Aug. Saarabstimmung 1935. Wz. 4. [21,5 × 26]

544	6 Pf	Kohle	4,–	40,–	–,80
545	12 Pf	Adler	5,–	50,–	–,80
		Satz (2 W.)	9,–	90,–	1,50

1934, 1. Sept. Reichsparteitag, Nürnberg. Wz. 4. [21,5 × 26]

546	6 Pf	schwärzlichgraugrün	4,–	35,–	–,80
547	12 Pf	dunkelkarminrot ..	5,–	50,–	–,80
		Satz (2 W.)	9,–	85,–	1,50

1934, 4. Sept. Tod des Reichspräsidenten Paul von Hindenburg. [21,5×26]

MiNr. 513, 515–517, 519, 522 mit Trauerrand-Aufdruck

			✶	✶✶	⊙
548	3 Pf	dunkelbraunocker .	1,–	5,–	–,60
549	5 Pf	gelbsmaragdgrün .	1,–	5,–	–,70
550	6 Pf	schwarz(opal)grün .	1,80	10,–	–,60
551	8 Pf	rotorange	3,–	25,–	–,60
552	12 Pf	dunkelrosarot	3,–	30,–	–,60
553	25 Pf	lilaultramarin	9,–	75,–	11,–
		Satz (6 W.)	18,–	150,–	14,–

1934, 5. Nov. 175. Geburtstag des Dichters Friedrich von Schiller (1759–1805). Wz. 4. [21,5×26]

554	6 Pf	schwärzlichgrün ...	3,50	30,–	–,80
555	12 Pf	dunkelrosarot	6,–	70,–	–,80
		Satz (2 W.)	9,–	100,–	1,60

1934, 5. Nov. Deutsche Nothilfe: Berufsstände. Wz. 4. [25×31]

556	3+ 2 Pf	Kaufmann	1,20	12,–	2,–
557	4+ 2 Pf	Schmied	1,20	7,–	2,–
558	5+ 2 Pf	Maurer	8,–	50,–	10,–
559	6+ 4 Pf	Bergmann	–,60	7,–	–,80
560	8+ 4 Pf	Baumeister ...	1,20	12,–	2,50
561	12+ 3 Pf	Bauer	–,60	7,–	–,80
562	20+10 Pf	Forscher	20,–	140,–	28,–
563	25+15 Pf	Künstler	20,–	150,–	28,–
564	40+35 Pf	Richter	60,–	300,–	90,–
		Satz (9 W.)	100,–	680,–	160,–

1935, 16. Jan. Saarabstimmung, 1935. Wz. 4. [23×28]

			✶✶	⊙
565	3 Pf	dunkelrötlichbraun	4,–	1,50
566	6 Pf	schwarzopalgrün	4,–	1,–
567	12 Pf	bräunlichkarmin	25,–	1,–
568	25 Pf	dunkelviolettultramarin ...	90,–	11,–
		Satz (4 W.)	120,–	14,–

1935, 15. März. Heldengedenktag für die Gefallenen des Ersten Weltkrieges. Wz. 4. [23×28]

			✶✶	⊙
569	6 Pf	schwarzgrün	10,–	2,–
570	12 Pf	dunkelbräunlichkarmin ...	11,–	2,–
		Satz (2 W.)	20,–	4,–

1935, 26. April. Reichsberufswettkampf. [23×28]

571	6 Pf	schwärzlichgrün	10,–	1,80
572	12 Pf	rot	15,–	1,80
		Satz (2 W.)	25,–	3,60

1935, 21. Juni. Komponisten. Wz. 4. [23×28]

573	6 Pf	Heinrich Schütz (1585–1672)	10,–	1,–
574	12 Pf	Johann Sebastian Bach (1685–1750)	10,–	1,–
575	25 Pf	Georg Friedrich Händel (1685–1759)	15,–	1,20
		Satz (3 W.)	35,–	3,–

1935, 23. Juni. Blockausgabe: Briefmarkenausstellung OSTROPA. Wz. 5. [148×104, 30×25]

			(✶)	ⓢ
576	3 Pf	Schloss Allenstein	45,–	50,–
577	6 Pf	Tannenberg-Denkmal	45,–	50,–
578	12 Pf	Königsberger Schloss	45,–	50,–
579	25 Pf	Schloss Heilsberg	45,–	50,–
		Block 3 (148×104 mm) ..	1300,–	1100,–

1935, 10. Juli. 100 Jahre Deutsche Eisenbahn. Wz. 4. [25×30]

				**	⊙
580	6 Pf	„Der Adler“		8,–	1,–
581	12 Pf	Schnellzug-Lokomotive		8,–	1,–
582	25 Pf	„Fliegender Hamburger“		45,–	2,40
583	40 Pf	Stromlinien-Schnellzug-lokomotive		75,–	2,40
		Satz (4 W.)		130,–	6,50

1935, 25. Juli. Welttreffen der Hitler-Jugend. Wz. 4. [28×23]

584	6 Pf	schwarzopalgrün	10,–	3,–
585	15 Pf	dunkellilakarmin	20,–	4,–
		Satz (2 W.)	30,–	7,–

1935, 30. Aug. Reichsparteitag, Nürnberg. Wz. 4. [25×30]

586	6 Pf	schwarzgrün	10,–	–,70
587	12 Pf	bräunlichkarmin	15,–	–,70
		Satz (2 W.)	25,–	1,40

1935, 4. Okt. Deutsche Nothilfe: Volkstrachten. Wz. 4. [25×30]

588	3+ 2 Pf	Ostpreußen	2,–	–,50
589	4+ 3 Pf	Oberschlesien	7,–	2,–
590	5+ 3 Pf	Rheinland	2,–	1,30
591	6+ 4 Pf	Niedersachsen	1,–	–,50
592	8+ 4 Pf	Kurmark	10,–	2,–
593	12+ 6 Pf	Schwarzwald	1,50	–,50
594	15+10 Pf	Hessen	25,–	7,50
595	25+15 Pf	Oberbayern	45–	8,–
596	30+20 Pf	Friesland	55,–	26,–
597	40+35 Pf	Oberfranken	50,–	19,–
		Satz (10 W.)	180,–	65,–

1935, 5. Nov. 12. Jahrestag des Marsches zur Feldherrnhalle. Wz. 4. [25×30]

			**	⊙
598	3 Pf	schwarzorangebraun	4,–	–,90
599	12 Pf	dunkelrot	12,–	–,90
		Satz (2 W.)	16,–	1,80

1935, 25. Nov. Olympische Winterspiele, Garmisch-Partenkirchen. Wz. 4. [30×25]

600	6+ 4 Pf	Eisschnellauf	6,–	1,80
601	12+ 6 Pf	Skispringen	12,–	1,60
602	25+15 Pf	Bobfahren	50,–	10,–
		Satz (3 W.)	65,–	13,–

1936, 6. Jan. 10 Jahre Lufthansa. Wz. 4. [25×30]

603	40 Pf	Heinkel-Flugzeug He 70	65,–	4,–

1936, 15. Febr. 50 Jahre Kraftwagen; Automobil- und Motorradausstellung, Berlin. Wz. 4. [23×28]

604	6 Pf	Gottlieb Daimler (1834–1900)	8,–	1,30
605	12 Pf	Carl Benz (1844–1929)	10,–	1,30
		Satz (2 W.)	18,–	2,50

1936, 16. März. Flugpostmarken: Nordamerikafahrten des Luftschiffes „Hindenburg L.Z. 129“. Wz. 4. [23×28]

			(*)	⊙
606	50 Pf	schwärzlichblau	24,–	1,–
607	75 Pf	dunkelgraugrün	26,–	1,40
		Satz (2 W.)	50,–	2,40

1936, 4. Mai. 250. Todestag des Physikers Otto von Guericke (1602–1686). Wz. 4. [23×28]

			**	⊙
608	6 Pf	O. v. Guericke	1,60	–,70

1936, 9. Mai. Olympische Sommerspiele, Berlin. Wz. 4. [30×25]

				★★	⊙
609	3+ 2 Pf	Reckturnen		2,50	–,60
610	4+ 3 Pf	Turmspringen		2,–	1,–
611	6+ 4 Pf	Fußball		2,–	–,60
612	8+ 4 Pf	Speerwerfen		25,–	1,70
613	12+ 6 Pf	Fackelläufer		3,–	–,60
614	15+10 Pf	Fechten		45,–	4,–
615	25+15 Pf	Rudern		24,–	5,–
616	40+35 Pf	Springreiten		45,–	10,–
		Satz (8 W.)		140,–	22,–

1936, 3. Juni. Gemeindekongress. Wz. 4. [28×23]

617	3 Pf	schwärzlichorangebraun	2,50	–,40
618	5 Pf	schwärzlichsmaragdgrün	3,50	–,40
619	12 Pf	bräunlichkarmin	4,50	–,80
620	25 Pf	schwärzlichlilaultramarin	9,50	1,40
		Satz (4 W.)	20,–	3,–

1936, 22. Juni. Blockausgabe: Galopprennen um „Das Braune Band", München-Riem. Wz. 4. [147×105, 33×27,5]

621	42+108 Pf	Reiter	15,–	12,–
		Block 4 (147×105 mm)	32,–	18,–

1936, 30. Juni. Weltkongress für Freizeit und Erholung, Hamburg. Wz. 4. [23×28]

622	6 Pf	schwarzbläulichgrün	6,–	–,70
623	15 Pf	dunkelmagenta	12,–	1,30
		Satz (2 W.)	18,–	2,–

1936, 1. Aug. Blockausgaben: Olympische Sommerspiele, Berlin. Wz. 4. [147×105, 30×25]

		★★	⊙
624–627	Block 5 (147×104 mm)	140,–	90,–
628–631	Block 6 (147×104 mm)	140,–	90,–

1936, 3. Sept. Reichsparteitag, Nürnberg. Wz. 4. [23×28]

632	6 Pf	schwarzbläulichgrün	5,50	–,80
633	12 Pf	dunkelrot	8,50	–,80
		Satz (2 W.)	14,–	1,60

1936, 21. Sept. Winterhilfswerk: Moderne Bauten. [30×25]

634	3+ 2 Pf	Reichsautobahn	1,20	–,50
635	4+ 3 Pf	Luftfahrt-Ministerium, Berlin	1,50	–,60
636	5+ 3 Pf	Ehrenmal, Nürnberg	1,20	–,50
637	6+ 4 Pf	Saalebrücke	1,20	–,50
638	8+ 4 Pf	Deutschlandhalle, Berlin	7,–	1,70
639	12+ 6 Pf	Alpenstraße am Mauthäusl	1,20	–,50
640	15+10 Pf	Führerhaus, München	25,–	4,50
641	25+15 Pf	Mangfallbrücke	17,–	5,–
642	40+35 Pf	Haus der Deutschen Kunst, München	28,–	7,50
		Satz (9 W.)	80,–	20,–

1937, 3. März. Luftschutz. [23 × 28]

			★★	⊙
643	3 Pf	schwarzockerbraun	3,–	–,50
644	6 Pf	dunkelgraugrün	4,–	–,50
645	12 Pf	dunkelrosa	8,–	1,–
		Satz (3 W.)	15,–	2,–

1937, 5. April. Blockausgabe: 48. Geburtstag von Adolf Hitler. Wz. 4. [147 × 105, 23 × 27,5]

			★★	⊙
646	6+19 Pf	A. Hitler	5,50	2,–
		Block 7 (147 × 105 mm) .	70,–	16,–

1937, 16. April. Briefmarkenausstellung, Berlin. Block 7 geschnitten.

647	6+19 Pf	A. Hitler	12,–	4,–
		Block 8 (147 × 105 mm)	220,–	30,–

1937, 10. Juni. Kulturförderung. Block 7 mit Aufdruck. [147 × 105, 23 × 27,5]

648	6+19+25 Pf	A. Hitler	20,–	9,–
		Block 9 (147 × 105 mm)	320,–	90,–

1937, 1. Aug. Galopprennen um „Das Braune Band", München-Riem. Block 4 mit rotem Aufdruck. [147 × 105, 33 × 27,5]

			★★	⊙
649	42+108 Pf	Reiter	65,–	65,–
		Block 10 (147 × 105 mm)	180,–	130,–

1937, 3. Sept. Reichsparteitag. Block 9 mit Aufdruck. [147 × 105, 23 × 27,5]

650	6+19 Pf	Adolf Hitler	18,–	7,50
		Block 11 (147 × 105 mm)	320,–	60,–

1937, 4. Nov. Winterhilfswerk: Schiffe. [30 × 25]

651	3+ 2 Pf	Rettungsboot der DGRS	–,50	–,50
652	4+ 3 Pf	Feuerschiff Elbe 1	9,–	1,50
653	5+ 3 Pf	Fischerboote	–,50	–,50

			✶✶	⊙
654	6+ 4 Pf	KdF-Schiff Wilhelm Gustloff	-,50	-,50
655	8+ 4 Pf	Viermastbark Padua	6,–	1,50
656	12+ 6 Pf	Dampfer Tannenberg	1,–	-,50
657	15+10 Pf	Fährschiff Schwerin	12,–	5,–
658	25+15 Pf	Dampfer Hamburg	28,–	5,–
659	40+35 Pf	Dampfer Europa	45,–	10,–
		Satz (9 W.)	100,–	25,–

1938, 28. Jan. 5. Jahrestag der Machtergreifung Hitlers. Wz. 4. [25×30]

660	6+4 Pf	schwarzopalgrün	10,–	2,50
661	12+8 Pf	schwärzlichrosarot	10,–	2,50
		Satz (2 W.)	20,–	5,–

1938, 8. April. Volksabstimmung in Österreich. [26×31]

662	6 Pf	schwarzgrün (Wz. 4, Bildgröße 23,5×28 mm)	2,–	-,80
663	6 Pf	schwarzblaugrün (oWz., Bildgröße 21,5×26 mm)	2,–	1,70

1938, 13. April. 49. Geburtstag von Adolf Hitler. [27,5×33]

664	12+38 Pf	A. Hitler	13,–	3,50

1938, 21. Juni. Turn- und Sportfest, Breslau. [23×27,5]

665	3 Pf	Dominsel	1,50	-,70
666	6 Pf	Sportfeld	1,50	-,70
667	12 Pf	Rathaus	4,–	-,70
668	15 Pf	Jahrhunderthalle	9,–	1,–
		Satz (4 W.)	16,–	3,–

1938, 5. Juli. Flugpostmarken: 100. Geburtstag von Graf von Zeppelin. [30×25]

669	25 Pf	Graf von Zeppelin (1838–1917)	22,–	2,–
670	50 Pf	Zeppelin-Führergondel	34,–	2,–
		Satz (2 W.)	55,–	4,–

1938, 20. Juli. Galopprennen um „Das Braune Band", München-Riem. [33×27,5]

			✶✶	⊙
671	42+108 Pf	Siegesgöttin	150,–	60,–

1938, 1. Sept. 10. Reichsparteitag. [27,5×33]

672	6+19 Pf	Adolf Hitler	24,–	5,50

1938, 9. Okt. Eröffnung des Gautheaters Saarpfalz, Saarbrücken. Wz. 4. [28×23]

673	6+4 Pf	schwarzbläulichgrün	12,–	2,50
674	12+8 Pf	karminrot	15,–	3,50
		Satz (2 W.)	26,–	6,–

1938, 18. Nov. Winterhilfswerk: Ostmarklandschaften und Alpenblumen. [27,5×33]

675	3+ 2 Pf	Burg Forchtenstein, Silberdistel	-,80	-,60
676	4+ 3 Pf	Flexenstraße, Frühlings-Küchenschelle	11,–	1,50
677	5+ 3 Pf	Zell am See, Aurikel	-,60	-,60
678	6+ 4 Pf	Großglockner, Edelweiß	-,60	-,50
679	8+ 4 Pf	Ruine Aggstein, Alpenveilchen	11,–	1,50
680	12+ 6 Pf	Denkmal Prinz Eugen, Heckenrose	-,70	-,60
681	15+10 Pf	Erzberg, Alpenrose	20,–	6,–
682	25+15 Pf	Hall, stengelloser Enzian	17,–	6,–
683	40+35 Pf	Braunau am Inn, Frühlingskrokus	40,–	10,–
		Satz (9 W.)	100,–	25,–

1938, 2. Dez. Volksabstimmung im Sudetenland. Wz. 4. [28×23]

			**	⊙
684	6+4 Pf	schwarzopalgrün	17,–	4,–
685	12+8 Pf	karmin	24,–	4,–
		Satz (2 W.)	40,–	8,–

1939, Febr. Internationale Automobilausstellung, Berlin. Wz. 4. [33×27,5]

686	6+ 4 Pf	Kraftwagen Benz und Daimler	30,–	4,50
687	12+ 8 Pf	Rennwagen Auto-Union, Mercedes-Benz	30,–	4,50
688	25+10 Pf	Volkswagen	50,–	8,–
		Satz (3 W.)	110,–	17,–

1939, 4. April. Reichsberufswettkampf. Wz. 4. [23×28]

689	6 Pf	schwarzbläulichgrün	11,–	5,–
690	12 Pf	schwarzrosa	14,–	5,–
		Satz (2 W.)	25,–	10,–

1939, 13. April. 50. Geburtstag von Adolf Hitler. [27,5×33]

691	12+38 Pf	A. Hitler in Braunau	11,–	6,–

1939, 22. April. Gartenschau, Stuttgart. [26×31]

692	6+4 Pf	schwarzgrün	8,–	4,–
693	15+5 Pf	dunkelbraunlila	12,–	5,–
		Satz (2 W.)	20,–	9,–

1939, 28. April. Tag der Arbeit. Wz. 4. [30×39]

694	6+19 Pf	A. Hitler am Pult	16,–	6,50

1939, 18. Mai. Nürburgringrennen. MiNr. 686–688 mit Aufdruck. [33×27,5]

			**	⊙
695	6+ 4 Pf	Kraftwagen	100,–	35,–
696	12+ 8 Pf	Rennwagen	100,–	35,–
697	25+10 Pf	Volkswagen	100,–	35,–
		Satz (3 W.)	300,–	100,–

1939, 18. Juni. 70 Jahre Deutsches Derby. [33×27,5]

698	25+50 Pf	Reiter	80,–	20,–

1939, 12. Juli. Galopprennen um „Das Braune Band", München-Riem. [33×27,5]

699	42+108 Pf	Rossbändiger	80,–	32,–

1939, 12. Juli. Tag der Deutschen Kunst. Wz. 4. [27,5×33]

700	6+19 Pf	Frauenbildnis (A. Dürer)	35,–	13,–

1939, 25. Aug. Reichsparteitag. MiNr. 694 mit Inschrift. Wz. 4. [30×39]

701	6+19 Pf	A. Hitler am Pult	24,–	12,–

1939, 15. Sept. Kameradschaftsblock der Deutschen Reichspost. [39×30]

Nr.	Wert	Bezeichnung	✶✶	⊙
702	3+ 2 Pf	Deutschlandhalle, Berlin	16,–	7,–
703	4+ 3 Pf	Postwoche, Wien	14,–	7,–
704	5+ 3 Pf	Reichs-Berufswettkampf	4,–	2,–
705	6+ 4 Pf	Nachwuchslager Zeesen	5,–	2,–
706	8+ 4 Pf	Leistungswettkampf	5,–	2,–
707	10+ 5 Pf	Begabtenauslese	5,–	2,60
708	12+ 6 Pf	Geländefahrten	6,–	2,60
709	15+10 Pf	Postsport	5,–	3,–
710	16+10 Pf	Postschutz	5,–	3,–
711	20+10 Pf	Segelflugwerkstätte	5,–	3,–
712	24+10 Pf	Alte Postkutsche	13,–	5,–
713	25+15 Pf	Erholungsheim, Königstein	13,–	4,–
		Satz (12 W.)	85,–	40,–

1939, 18. Sept. Wiedereingliederung Danzigs in das Deutsche Reich. Wz. 4. [27,5 × 33]

Nr.	Wert	Bezeichnung	✶✶	⊙
714	6 Pf	Marienkirche	2,–	1,–
715	12 Pf	Krantor	3,–	1,–
		Satz (2 W.)	5,–	2,–

1939, 1. Okt. Freimarken von Danzig mit Aufdruck. [21,5 × 26, 37 × 26]

Nr.	Wert		Farbe	✶✶	⊙
716	3 Rpf auf	3 Pf	rötlichbraun	2,80	2,80
717	4 Rpf auf	35 Pf	ultramarin (Töne)	2,60	3,–
718	5 Rpf auf	5 Pf	mittelgelblichrot	2,60	3,50
719	8 Rpf auf	8 Pf	grünlicholiv	4,50	5,–
720	10 Rpf auf	10 Pf	dunkelblaugrün	8,–	5,–
721	12 Rpf auf	7 Pf	gelbgrün	6,–	2,80
722	15 Rpf auf	15 Pf	lebhaftrot	24,–	14,–
723	20 Rpf auf	20 Pf	schwarztürkisgrau	12,–	10,–
724	25 Rpf auf	25 Pf	lilarot	18,–	13,–
725	30 Rpf auf	30 Pf	bläulichviolett	8,–	5,50
726	40 Rpf auf	40 Pf	dunkellila-ultramarin	9,50	7,–
727	50 Rpf auf	50 Pf	blau/zinnoberrot	15,–	8,50
728	1 RM auf	1 G.	gelblichrot/schwarz	55,–	70,–
729	2 RM auf	2 G.	magenta/grauschwarz	70,–	75,–
			Satz (14 W.)	220,–	220,–

1939, 27. Okt./9. Nov. Winterhilfswerk: Landschaften und Bauwerke. [33 × 27,5]

Nr.	Wert	Bezeichnung	✶✶	⊙
730	3+ 2 Pf	Burg Elbogen an der Eger	1,20	–,60
731	4+ 3 Pf	Drachenfels am Rhein	9,–	2,50
732	5+ 3 Pf	Kaiserpfalz Goslar	2,–	–,70
733	6+ 4 Pf	Uhrturm Graz	1,20	–,50
734	8+ 4 Pf	Römer, Frankfurt/Main	9,–	2,20
735	12+ 6 Pf	Ständehaus, Klagenfurt	4,–	2,–
736	15+10 Pf	Burgruine Schreckenstein	14,–	6,–
737	25+15 Pf	Feste Salzburg	11,–	6,–
738	40+35 Pf	Hohentwiel bei Singen	15,–	8,–
		Satz (9 W.)	60,–	26,–

1939, 1. Nov. Auslands-Zeitungsmarken. Wz. 4. [33 × 27,5]

Nr.	Wert	Farbe	✶✶	⊙
Z 738	5 Pf	dunkelsmaragdgrün	3,–	7,–
Z 739	10 Pf	lilabraun	3,–	7,–
		Satz (2 W.)	6,–	14,–

1940, 3. März. Leipziger Frühjahrsmesse. [33 × 27,5]

Nr.	Wert	Bezeichnung	✶✶	⊙
739	3 Pf	Gutenberg, Deutsche Bücherei	2,–	–,60
740	6 Pf	Uhrturmhaus am Augustusplatz	2,–	–,60
741	12 Pf	Marktplatz und Altes Rathaus	2,–	–,60
742	25 Pf	Große Technische Messe und Baumesse	4,–	1,50
		Satz (4 W.)	10,–	3,20

1940, 28. März. Nationale Briefmarkenausstellung, Berlin. [33×27,5]

			**	⊙
743	24+76 Pf	Hof der Reichskanzlei . .	36,–	22,–

1940, 10. April. 51. Geburtstag von Adolf Hitler. Wz. 4. [30×39]

744	12+38 Pf	A. Hitler mit Kind	16,–	8,–

1940, 30. April. Tag der Arbeit. [25×30]

745	6+4 Pf	Ritter	1,80	1,70

1940, 22. Juni. Großer Preis der Dreijährigen, Hamburg. Wz. 4. [33×27,5]

746	25+100 Pf	Sprung über Hindernis	26,–	15,–

1940, 20. Juli. Galopprennen um „Das Braune Band“, München-Riem. [33×27,5]

747	42+108 Pf	Kampfwagen	120,–	35,–

1940, 25. Juli. Wiedereingliederung der Gebiete Eupen, Malmedy und Moresnet. Wz. 4. [33×27,5]

748	6+4 Pf	Malmedy	6,50	3,80
749	12+8 Pf	Eupen	6,50	3,80
		Satz (2 W.)	13,–	7,50

1940, 9. Aug. Helgoland seit 50 Jahren deutsch. [33×27,5]

750	6+94 Pf	Helgoland	30,–	15,–

1940, 5. Nov. Winterhilfswerk: Bauwerke. [27,5×33]

			**	⊙
751	3+ 2 Pf	Artushof, Danzig	1,20	–,60
752	4+ 3 Pf	Rathaus Thorn	4,–	1,–
753	5+ 3 Pf	Burg Pfalz bei Kaub . . .	1,20	–,60
754	6+ 4 Pf	Theater Posen	1,40	–,60
755	8+ 4 Pf	Heidelberger Schloss . .	6,–	1,10
756	12+ 6 Pf	Porta Nigra, Trier	1,50	–,60
757	15+10 Pf	Theater Prag	6,50	3,50
758	25+15 Pf	Rathaus Bremen	8,50	3,50
759	40+35 Pf	Rathaus Münster	16,–	8,–
		Satz (9 W.)	40,–	19,–

1940, 26. Nov. 50 Jahre Diphtherieserum; Emil von Behring (1854–1917). [27,5×33]

760	6+ 4 Pf	schwarzopalgrün	6,–	3,–
761	25+10 Pf	dunkelviolettblau	9,–	3,–
		Satz (2 W.)	15,–	6,–

1941, 12. Jan. Tag der Briefmarke. [26×31]

762	6+24 Pf	Postillion	6,50	4,–

1941, 30. Jan. Deutsch-italienische Waffenbrüderschaft. Wz. 4. [39×30]

763	12+38 Pf	A. Hitler und B. Mussolini	8,50	5,50

1941, 1. März. Leipziger Frühjahrsmesse. [33×27,5]

			★★	⊙
764	3 Pf	Haus der Nationen	2,50	1,30
765	6 Pf	Gewandhaus	2,50	1,30
766	12 Pf	„Alte Waage“	2,50	1,50
767	25 Pf	Hauptbahnhof	6,–	2,–
		Satz (4 W.)	13,–	6,–

1941, 8. März. Wiener Frühjahrsmesse. [27,5×33]

768	3 Pf	Tänzerin (Statue)	2,50	–,70
769	6 Pf	Messehaus, Abzeichen der Messe	2,50	–,70
770	12 Pf	Burgtheater, Masken, Leier	2,50	–,80
771	25 Pf	Prinz-Eugen-Denkmal	7,50	2,–
		Satz (4 W.)	14,–	4,–

1941, 17. April. 52. Geburtstag von Adolf Hitler. Wz. 4. [30×39]

772	12+38 Pf	A. Hitler	10,–	4,–

1941, 19. Mai. Kameradschaftsblock der Deutschen Reichspost. [39×30]

			★★	⊙
773	6+ 9 Pf	Nachwuchslager Zeesen	5,–	3,–
774	8+12 Pf	Leistungswettkampf	7,50	2,–
775	12+18 Pf	Geländefahrten	7,50	2,50
776	16+24 Pf	Postschutz	7,50	5,–
777	20+30 Pf	Segelflugwerkstätte	10,–	5,–
778	24+36 Pf	Alte Postkutsche	25,–	15,–
		Satz (6 W.)	60,–	32,–

1941, 20. Juni. Großer Preis der Dreijährigen, Hamburg. [27,5×33]

779	25+100 Pf	Rennpferd	17,–	10,–

1941, 20. Juli. Galopprennen um „Das Braune Band“, München-Riem. [33×27,5]

780	42+108 Pf	Amazonen	12,–	6,50

1941, 1. Aug./1944. Adolf Hitler (1889–1945). (MiNr. 781–786 Bdr., MiNr. 787–802 StTdr.) [21,5×26, 25×30, 27,5×33]

781	1 Pf	schwärzlichgrau	–,40	–,40
782	3 Pf	dunkelgelbbraun	–,40	–,40
783	4 Pf	dunkel- bis schwarzpreußischblau	–,40	–,40
784	5 Pf	schwarzgelbgrün	–,40	–,40
785	6 Pf	bläulichviolett bis dunkelrotviolett	–,40	–,40
786	8 Pf	zinnober	–,40	–,40
787	10 Pf	siena	1,20	–,40
788	12 Pf	lilarot	1,20	–,40
789	15 Pf	karminbraun bis lilabraun	–,40	–,50
790	16 Pf	dunkelgrünblau	–,40	2,–
791	20 Pf	ultramarin bis kobalt	–,40	–,50
792	24 Pf	dunkelorangebraun	–,40	2,–
793	25 Pf	(dunkel)violettultramarin	–,40	–,60
794	30 Pf	schwärzlichgrünoliv	–,40	–,60
795	40 Pf	dunkellilapurpur	–,40	–,60
A 795	42 Pf	schwärzlich(gelb)-smaragdgrün (1944)	–,40	2,50
796	50 Pf	schwarzopalgrün	–,40	–,60
797	60 Pf	dunkelkarminbraun	–,40	–,60
798	80 Pf	schwarz(grau)blau	–,40	–,60
799	1 M	schwarzgrün	1,50	7,–
800	2 M	schwarzviolett	4,–	8,–
801	3 M	dunkelbräunlichrot	5,–	20,–
802	5 M	dunkelviolettultramarin	9,–	65,–
		Satz (23 W.)	28,–	110,–

1941, 9. Sept. Großer Preis der Reichshauptstadt, Berlin-Hoppegarten. [33×27,5]

			✱✱	⊙
803	25+50 Pf	Brandenburger Tor	14,–	9,–

1941, 16. Sept. Wiener Messe. [27,5×33, 33×27,5]

804	12+ 8 Pf	Blick vom unteren Belvedere	6,–	5,–
805	15+10 Pf	Unteres Belvedere	7,–	5,–
		Satz (2 W.)	13,–	10,–

1941, 29. Sept. Eingliederung von Teilgebieten der Steiermark, Kärntens und der Krain. [27,5×33]

806	3+ 7 Pf	Burg in Marburg a. d. Drau	4,50	3,–
807	6+ 9 Pf	Wallfahrtskirche Maria im See	4,50	3,–
808	12+13 Pf	Stadtturm und Theater, Pettau	4,50	3,50
809	25+15 Pf	Blick auf den Triglav	9,–	3,50
		Satz (4 W.)	20,–	13,–

1941, 28. Nov. 150. Todestag des Komponisten Wolfgang Amadeus Mozart (1756–1791). [27,5×33]

810	6+4 Pf	W. A. Mozart	1,–	1,20

1942, 11. Jan. Tag der Briefmarke. [33×27,5]

811	6+24 Pf	Sammler	4,–	3,80

1942, 10. März. Heldengedenktag. [33×27,5]

812	12+38 Pf	Soldatenkopf	2,40	2,20

1942, 13. April. 53. Geburtstag von Adolf Hitler. [30×39]

			✱✱	⊙
813	12+38 Pf	A. Hitler	15,–	8,–

1942, 16. Juni. Großer Preis der Dreijährigen, Hamburg. [33×27,5]

814	25+100 Pf	Pferd mit Jockey	22,–	15,–

1942, 14. Juli. Galopprennen um „Das Braune Band“, München-Riem. [33×27,5]

815	42+108 Pf	Pferde	10,–	7,–

1942, 8. Aug. 10 Jahre Deutsche Gesellschaft für Goldschmiedekunst. [33×27,5]

816	6+ 4 Pf	dunkelkarminrot Brautbecher, Löwe	2,–	2,–
817	12+88 Pf	schwarzsmaragdgrün Brautbecher, Löwe	2,50	3,–
		Satz (2 W.)	4,50	5,–

1942, 8. Aug. Wehrkampftage der SA. [25×30]

818	6 Pf	SA-Wehrabzeichen	1,–	1,–

1942, 29. Aug. 400. Todestag des Erfinders der Taschenuhr Peter Henlein (1480–1542). [25×30]

819	6+24 Pf	Denkmal in Nürnberg	2,20	2,–

1942, 12. Okt. Europäischer Postkongress, Wien. [39×30, 30×39]

				✱✱	⊙
820	3+ 7 Pf	Blasender Postillion	...	1,–	2,–
821	6+14 Pf	Reitender Postillion	...	1,50	2,–
822	12+38 Pf	Reitender Postillion	...	2,50	3,50
		Satz (3 W.)	....	5,–	7,50

1942, 19. Okt. MiNr. 820–822 mit Aufdruck „19. Okt. 1942“. [39×30, 30×39]

823	3+ 7 Pf	Blasender Postillion	...	3,–	3,50
824	6+14 Pf	Reitender Postillion	...	3,–	3,50
825	12+38 Pf	Reitender Postillion	...	4,–	6,–
		Satz (3 W.)	....	10,–	13,–

1942, Dez. Adolf Hitler. Wie MiNr. 787 und 788, jedoch jetzt Buchdruck. [21,5×26]

826	10 Pf	dunkelsiena bis dunkelrotbraun	–,50	–,60
827	12 Pf	rot (Töne)	–,50	–,60
		Satz (2 W.)	1,–	1,20

1943, 10. Jan. Tag der Briefmarke. [39×30]

828	6+24 Pf	Postkutsche	1,–	1,20

1943, 26. Jan. 10. Jahrestag der Machtergreifung Hitlers. [27,5×33]

829	54+96 Pf	Brandenburger Tor	3,50	3,–

1943, 26. Jan. Sonderstempel. [25×30]

830	3+2 Pf	Reichsadler, Wertziffer ...	–,90	1,20

1943, 21. März. Tag der Wehrmacht; Heldengedenktag. [33×27,5]

			✱✱	⊙
831	3+ 2 Pf	U-Boot	2,–	1,60
832	4+ 3 Pf	MG-Schützen	2,–	1,60
833	5+ 4 Pf	Kradfahrer	1,50	1,60
834	6+ 9 Pf	Nachrichtentruppe	1,50	1,60
835	8+ 7 Pf	Pioniere	1,60	1,60
836	12+ 8 Pf	Infanterie	2,50	1,60
837	15+10 Pf	Artillerie	2,50	1,60
838	20+14 Pf	Leichte Flak	2,50	1,60
839	25+15 Pf	Stuka	3,–	1,60
840	30+30 Pf	Fallschirmjäger	2,50	2,50
841	40+40 Pf	Panzer	2,50	2,50
842	50+50 Pf	Schnellboot	2,50	5,–
		Satz (12 W.)	22,–	22,–

1943, 26. März. Tag der Verpflichtung der Jugend. [33×27,5]

843	6+4 Pf	Hitlerjugend	1,40	1,70

1943, 13. April. 54. Geburtstag von Adolf Hitler. [39×30]

844	3+ 7 Pf	rotschwarz	2,50	2,–
845	6+ 14 Pf	schwärzlichgraugrün .	1,50	2,–
846	8+ 22 Pf	indigo	1,50	2,–
847	12+ 38 Pf	bräunlichkarmin	1,50	2,–
848	24+ 76 Pf	schwärzlichbraunkarmin	3,50	4,50
849	40+160 Pf	schwarzgrauoliv	3,50	4,50
		Satz (6 W.)	14,–	17,–

1943, 26. Juni. 8 Jahre Arbeitsdienst. [25×30]

Nr.	Wert	Beschreibung	✶✶	⊙
850	3+ 7 Pf	Arbeitsmänner im Dienst	1,–	1,–
851	5+10 Pf		1,–	1,–
852	6+14 Pf		–,80	1,–
853	12+18 Pf		1,50	1,80
		Satz (4 W.)	4,–	4,50

1943, 27. Juli. Galopprennen um „Das Braune Band“, München-Riem. [33×27,5]

854	42+108 Pf	Jagdreiter	1,20	1,60

1943, 27. Juli. 100. Geburtstag des Schriftstellers Peter Rosegger (1843–1918). [33×27,5, 27,5×33]

855	6+4 Pf	Geburtshaus Roseggers	1,–	1,20
856	12+8 Pf	P. Rosegger	1,–	1,20
		Satz (2 W.)	2,–	2,40

1943, 14. Aug. „Großer Preis von Wien“. [27,5×33]

857	6+ 4 Pf	rotschwarz	1,10	1,60
858	12+88 Pf	bräunlichkarmin	1,10	1,60
		Satz (2 W.)	2,20	3,20

1943, 1. Sept. 10 Jahre Winterhilfswerk. [27,5×33]

859	12+38 Pf	Mutter mit Kindern	1,10	1,60

1943, 1. Okt. Deutsche Gesellschaft für Goldschmiedekunst. [27,5×33]

Nr.	Wert	Beschreibung	✶✶	⊙
860	6+ 4 Pf	schwarzgrünoliv	–,70	1,–
861	12+88 Pf	dunkellilabraun	–,80	1,50
		Satz (2 W.)	1,50	2,50

1943, 24. Okt. 800 Jahre Hansestadt Lübeck. [27,5×33]

862	12+8 Pf	Alt-Lübeck	–,90	1,50

1943, 5. Nov. 20. Jahrestag des Marsches zur Feldherrnhalle. [33×27,5]

863	24+26 Pf	Fahnenträger	1,50	2,–

1944, 25. Jan. 100. Geburtstag des Bakteriologen Dr. Robert Koch (1843–1910). [27,5×33]

864	12+38 Pf	Dr. R. Koch	1,–	1,50

1944, 29. Jan. 11. Jahrestag der Machtergreifung Adolf Hitlers. [33×27,5]

865	54+96 Pf	A. Hitler, Adler und Fahne	2,–	3,–

1944, 11. Febr. 25 Jahre Deutscher Luftpostdienst. [33×27,5, 27,5×33]

866	6+ 4 Pf	Focke-Wulf Condor FW 200	–,70	1,50
867	12+ 8 Pf	Wasserflugzeug Blohm & Voss	–,70	1,50
868	42+108 Pf	Junkers Ju 90	1,70	3,–
		Satz (3 W.)	3,–	6,–

1944, 2. März. 10 Jahre Hilfswerk: Mutter und Kind. [27,5×33]

				★★	⊙
869	3+ 2 Pf	Kinderbett		–,50	1,–
870	6+ 4 Pf	Schwester		–,50	1,–
871	12+ 8 Pf	Untersuchung		–,50	1,–
872	15+10 Pf	Erholungsheim		–,50	1,–
		Satz (4 W.)		2,–	4,–

1944, 11. März. Heldengedenktag. [33×27,5]

873	3+ 2 Pf	Sturmboot	1,50	1,50
874	4+ 3 Pf	Kettenkrad	1,50	1,50
875	5+ 3 Pf	Fallschirmjäger	1,–	–,70
876	6+ 4 Pf	U-Boot-Kommandant am Sehrohr	1,–	–,70
877	8+ 4 Pf	Granatwerfer	1,–	–,80
878	10+ 5 Pf	Scheinwerfer	1,–	–,70
879	12+ 6 Pf	MG-Schützen	1,–	–,70
880	15+10 Pf	Jagdpanzer	1,–	1,–
881	16+10 Pf	Schnellboot S 26–29	1,30	1,60
882	20+10 Pf	Seeaufklärer Arado Ar 196	2,–	2,50
883	24+10 Pf	Eisenbahngeschütz	2,–	2,50
884	25+15 Pf	Nebelwerfer	4,–	5,–
885	30+20 Pf	Gebirgsjäger	4,–	5,–
		Satz (13 W.)	22,–	24,–

1944, 11. März. 1200 Jahre Stadt Fulda. [27,5×33]

			★★	⊙
886	12+38 Pf	Schlossgarten	–,80	1,20

1944, 14. April. 55. Geburtstag von Adolf Hitler. [30×39]

887	54+96 Pf	A. Hitler	2,40	4,–

1944, Mai. Kameradschaftsblock der Deutschen Reichspost. [33×27,5]

888	6+ 9 Pf	Postbotin	–,70	1,–
889	8+12 Pf	Alte Postkutsche	–,70	1,–
890	12+18 Pf	Feldpostbeamter	–,70	1,–
891	16+24 Pf	Geländefahrten	–,70	1,–
892	20+30 Pf	Postschutz	–,70	1,80
893	24+36 Pf	Segelflugwerkstätte	–,80	1,80
		Satz (6 W.)	4,–	7,50

1944, Juni. Ausstellung des Reichsarbeitsdienstes (RAD). [27,5×33]

894	6+4 Pf	RAD-Maid	–,50	–,90
895	12+8 Pf	RAD-Mann	–,60	–,90
		Satz (2 W.)	1,–	1,80

1944, 1. Juli. 400 Jahre Albertus-Universität, Königsberg. [27,5×33]

896	6+4 Pf	Herzog Albrecht	1,–	1,60

1944, 1. Juli. Tiroler Landesschießen. [27,5×33]

			✶✶	⊙
897	6+4 Pf	schwarzopalgrün	–,50	1,10
898	12+8 Pf	schwärzlichbräunlichrot .	–,60	1,10
		Satz (2 W.)	1,–	2,20

1944, 23. Juli. Galopprennen um „Das Braune Band", München-Riem. [33×27,5]

899	42+108 Pf	Stute, Fohlen	1,40	2,70

1944, Aug. Rennen um den „Großen Preis von Wien". [27,5×33]

900	6+ 4 Pf	schwarzbläulichgrün ..	–,70	1,40
901	12+88 Pf	dunkelrotkarmin	–,70	1,40
		Satz (2 W.)	1,40	2,80

1944, 11. Sept. Deutsche Gesellschaft für Goldschmiedekunst. [27,5×33]

902	6+ 4 Pf	schwarzgrün	–,70	1,40
903	12+88 Pf	schwarzbräunlichrot ..	–,70	1,40
		Satz (2 W.)	1,30	2,80

1944, 2. Okt. Tag der Briefmarke. [33×27,5]

904	6+24 Pf	Posthorn, Brief	–,90	1,60

MiNr. 905 fällt aus.

1944, 9. Nov. 21. Jahrestag des Hitlerputsches. [26×31]

			✶✶	⊙
906	12+8 Pf	Adler kämpft mit Schlangen	1,–	1,60

1945, 6. Jan. 600 Jahre Stadt Oldenburg. [27,5×33]

907	6+14 Pf	Graf Anton Günther	1,–	1,60

1945, Febr. Volkssturm. [33×27,5]

908	12+8 Pf	Bewaffnete, Adler	1,80	3,50

1945, 20. April. SA und SS. [27,5×33]

			✶	✶✶
909	12+38 Pf	SA-Mann	8,–	35,–
910	12+38 Pf	SS-Mann	12,–	50,–
		Satz (2 W.)	20,–	80,–

Bei MiNr. 909–910 in gebrauchter Erhaltung handelt es sich vermutlich ausschließlich um rückdatierte Abstempelungen aus den Nachkriegsjahren. Es erfolgt keine BPP-Prüfung!

Vorsicht beim Erwerb teurer Marken des Deutschen Reiches! Häufig kommen Nachzähnungen, Nachgummierungen, Entfalzungen sowie falsche oder verfälschte Abstempelungen vor. Bei teuren Marken ist (BPP-) Prüfung dringend anzuraten!

DIENSTMARKEN

1903, 1. Jan. Für Preußen, Inschrift „Frei durch Ablösung Nr. 21“. [21,5×26]

MiNr.	Wert	Farbe	✶	⊙
1	2 Pf	(dunkel)graublau	1,50	6,–
2	3 Pf	dunkelockerbraun bis dunkelolivbraun	1,50	6,–
3	5 Pf	dunkelopalgrün	–,30	–,70
4	10 Pf	(lebhaft)rotkarmin	–,30	–,70
5	20 Pf	violettultramarin	–,30	–,70
6	25 Pf	rötlich- bis dunkelorange/ schwarz auf hellgelb	1,–	2,20
7	40 Pf	(dunkelrötlich)karmin/ (braun)schwarz	1,–	2,60
8	50 Pf	bräunlichlila/braunschwarz auf mattbraunorange	1,20	2,50
		Satz (8 W.)	7,–	20,–

1905, 1. Jan. Für Baden, Inschrift „Frei durch Ablösung Nr. 16“. [21,5×26]

MiNr.	Wert	Farbe	✶	⊙
9	2 Pf	(dunkel)blaugrau	70,–	100,–
10	3 Pf	dunkelolivbraun bis dunkelockerbraun	8,–	14,–
11	5 Pf	dunkel(opal)grün	5,50	12,–
12	10 Pf	karminrot bis (lebhaft)rotkarmin	1,–	2,80
13	20 Pf	dunkelultramarin bis lebhaftviolettultramarin	2,–	4,–
14	25 Pf	dunkel(rötlich)orange/ schwarz auf hellgelb	40,–	70,–
		Satz (6 W.)	120,–	190,–

MiNr. 15 fällt aus.

Alle Preise für gestempelte Inflations-Dienstmarken nur für Infla-geprüfte Stücke!

1920, 1. April. Ziffern mit „21“ in den Ecken. Wz. 1. [21,5×26]

Wz. 1

MiNr.	Wert	Farbe	✶	✶✶	⊙
16	5 Pf	schwärzlichgrün bis schwarzopalgrün	–,30	1,20	4,–
17	10 Pf	schwärzlichrosa bis dunkelrosarot	1,–	4,–	2,–
18	15 Pf	dunkellilabraun	–,20	1,–	3,–
19	20 Pf	(schwarz)violettblau	–,20	–,70	2,50
20	30 Pf	gelblichrot (Töne) auf mattgelblichorange	–,20	–,60	2,–
21	50 Pf	schwärzlich-, grauviolett (Töne) auf mattgelblichorange	–,40	2,–	2,–
22	1 M	gelblichrot (Töne) auf mattgelblichorange	11,–	40,–	5,–
		Satz (7 W.)	13,–	48,–	18,–

1920, 1. April/Okt. Ziffern ohne „21“. Wz. 1. [21,5×26]

MiNr.	Wert	Farbe	✶	✶✶	⊙
23	5 Pf	schwärzlich(opal)-grün	1,20	5,–	18,–
24	10 Pf	lilarot (Töne)	–,20	–,60	2,20
25	15 Pf	lilabraun (Töne)	–,20	–,60	3,–
26	20 Pf	violettblau bis schwärzlichlilaultramarin	–,20	–,60	2,50
27	30 Pf	dunkel(rot)orange auf mattgelblichorange	–,20	–,60	2,50
28	40 Pf	schwärzlichrosarot bis lilarot	–,20	–,60	2,50
29	50 Pf	violett(Töne) auf mattgelblichorange	–,20	–,60	2,50
30	1 M	gelblich- bis orangerot auf mattgelblichorange	–,20	–,60	2,50
31	1,25 M	preußischblau auf hellgraugelb	–,20	–,60	5,–
32	2 M	dunkelviolettultramarin, schwarzgrau-ultramarin	5,50	30,–	4,–
33	5 M	siena bis dunkelrotbraun auf hellgraugelb	–,20	1,40	4,–
		Satz (11 W.)	8,–	42,–	40,–

1920, 1. April. Dienstmarken Bayern MiNr. 44–61 mit Aufdruck. [21,5×26, 26×21,5]

MiNr.	Wert	Farbe	✶	✶✶	⊙
34	5 Pf	dunkelgelblichgrün	–,20	–,60	4,–
35	10 Pf	dunkelgelblichorange	–,20	–,60	2,40

			✱	✱✱	⊙
36	15 Pf	dunkelrosarot	–,20	–,60	2,50
37	20 Pf	braunviolett	–,20	–,60	2,–
38	30 Pf	dunkelpreußischblau	–,20	–,60	2,–
39	40 Pf	(dunkel)ockerbraun	–,20	–,60	2,–
40	50 Pf	(orange)rot	–,20	–,60	2,50
41	60 Pf	grünblau	–,20	1,40	2,–
42	70 Pf	schwarzgrauviolett	2,50	15,–	3,50
43	75 Pf	karmin	–,40	1,70	1,80
44	80 Pf	dunkelpreußischblau	–,20	–,60	1,80
45	90 Pf	schwärzlicholiv	2,–	9,–	4,50
46	1 M	schwärzlichsiena	–,20	–,60	2,50
47	1¼ M	(dunkel)grün	–,20	–,60	2,50
48	1½ M	dunkelzinnoberrot	–,20	–,60	2,50
49	2½ M	blau	–,20	1,–	2,50
50	3 M	rotkarmin	–,20	1,–	2,50
51	5 M	grünschwarz	11,–	50,–	35,–
		Satz (18 W.)	18,–	85,–	75,–

1920, 1. April. Dienstmarken Württemberg mit Aufdruck „Deutsches Reich“. [21 × 24]

52	5 Pf	dunkelgraugrün	5,–	15,–	13,–
53	10 Pf	schwärzlichrosarot	3,–	10,–	6,–
54	15 Pf	schwarzgrauviolett	3,–	11,–	6,50
55	20 Pf	dunkelultramarin	5,–	18,–	11,–
56	50 Pf	braunkarmin	8,–	30,–	25,–
		Satz (5 W.)	24,–	80,–	60,–

1920, 1. April. Dienstmarken Württemberg „Amtlicher Verkehr“ mit Aufdruck „Deutsches Reich“. [21 × 24]

57	5 Pf	dunkelgraugrün	3,–	11,–	5,–
58	10 Pf	schwärzlichrosarot	2,–	8,–	4,–
59	15 Pf	schwarzgrauviolett	2,–	8,–	4,–
60	20 Pf	dunkelultramarin	2,–	8,–	2,–
61	30 Pf	dunkel- bis lebhaftrötlichorange/schwarz	2,–	8,–	5,–
62	40 Pf	schwärzlichrosarot/schwarz	2,–	8,–	4,–
63	50 Pf	braunkarmin	2,–	8,–	5,–
64	1 M	preußisch- bis dunkelgrünlichblau/schwarz	3,–	11,–	10,–
		Satz (8 W.)	18,–	70,–	36,–

1921, Febr. Dienstmarke wie MiNr. 24, jedoch Farbänderung. Wz. 1. [21,5 × 26]

65	10 Pf	dunkelorange	–,80	3,50	600,–

1921, 1. Mai/1922, Nov. Wertziffern. Wz. 1. [21,5 × 26]

			✱	✱✱	⊙
66	60 Pf	dunkel- bis schwärzlichkarmin	–,40	1,50	2,–
67	3 M	braunorange (Töne) auf hellrotkarmin	–,20	–,60	2,–
68	10 M	grün (Töne)/graugrün auf hellrotkarmin	–,20	1,–	2,–
		Satz (3 W.)	–,70	3,–	6,–

1922, Jan./1923, Febr. Wertziffern. Wz. 2. [21,5 × 26]

Wz. 2 

69	75 Pf	dunkelviolettultramarin	–,30	1,–	10,–
70	2 M	dunkelviolettultramarin bis schwarzblau	–,20	–,60	2,–
71	10 M	schwarzgraugrün auf mittelrötlichkarmin	–,30	1,–	12,–
72	20 M	blau (Töne) auf mittelrötlichkarmin	–,20	–,60	2,–
73	50 M	dunkelbraunviolett (Töne) auf mittelrötlichkarmin	–,20	–,60	2,–
74	100 M	lilarot auf mittelrötlichkarmin	–,20	–,60	2,–
		Satz (6 W.)	1,20	4,–	30,–

1923, ab Ende Mai. Freimarken von 1922/23 mit Aufdruck „Dienstmarke“. [21,5 × 26]

75	20 M	mittel- bis lebhaftbraunlila	–,40	1,40	10,–
76	30 M	schwärzlich- bis schwarzgrauoliv	–,20	–,60	45,–
77	40 M	schwärzlich-(gelblich)grün	–,40	1,40	4,–
78	200 M	lilarot	–,20	–,60	2,–
79	300 M	schwärzlichgelblichgrün	–,20	–,60	2,–

			✶	✶✶	⊙
80	400 M	dunkel- bis schwärzlichorange-braun	-,20	-,60	2,–
81	500 M	dunkelzinnober	-,20	-,70	2,–
82	100 Mio M	dunkel(grünlich)-grau	-,20	-,80	200,–
83	200 Mio M	dunkelockerbraun	-,40	1,40	200,–
84	2 Mrd M	mattsiena/schwarzgrün	-,20	1,20	150,–
85	5 Mrd M	lebhaftgelblich-orange/siena	-,20	2,–	110,–
86	10 Mrd M	schwärzlichgrün-gelb/olivgrün	5,–	13,–	180,–
87	20 Mrd M	opalgrün/schwärz-lichockerbraun	5,–	20,–	200,–
88	50 Mrd M	lebhaft-/schwärz-lichkobaltblau	2,50	7,50	260,–
		Satz (14 W.)	15,–	50,–	1300,–

1923, Ende Aug./Okt. Wertziffern mit Aufdruck. Wz. 1; MiNr. 94, 97 Wz. 2. [21,5×26]

89	5 Tsd auf 5 M	siena auf hellgraugelb	-,10	-,40	4,–
90	20 Tsd auf 30 Pf	rotorange auf mattgelblich-orange	-,10	-,40	4,–
91	75 Tsd auf 50 M	violettpurpur auf mittelrötlich-karmin	-,10	-,40	4,–
92	100 Tsd auf 15 Pf	karminbraun (Töne)	-,10	-,40	4,–
93	250 Tsd auf 10 Pf	lilarot	-,10	-,40	4,–
94	400 Tsd auf 15 Pf	dunkellila-braun	-,10	-,40	36,–
95	800 Tsd auf 30 Pf	dunkelrot-orange auf mattgelblich-orange	-,40	1,40	6,–
96	1 Mio auf 75 Pf	violettultra-marin (Töne)	-,10	-,40	50,–
97	2 Mio auf 10 Pf	lilarot	-,40	1,40	5,–
98	5 Mio auf 100 M	lilarot auf mittel-rötlichkamin	-,10	-,40	7,50
		Satz (10 W.)	1,–	5,–	120,–

1923, 1. Dez. Freimarken MiNr. 338–343 mit Aufdruck. [21,5×26]

99	3 Pf	dkl'orangebraun	-,30	2,–	1,–
100	5 Pf	dunkelgrün	-,30	2,–	1,–
101	10 Pf	schwärzlichrosarot	-,30	2,–	1,–
102	20 Pf	dkl'lilaultramarin	-,80	3,50	1,50
103	50 Pf	dunkelrotorange	-,80	4,50	2,–
104	100 Pf	dkl'violettpurpur	5,–	20,–	10,–
		Satz (6 W.)	7,–	30,–	16,–

1924, ab März. Freimarken MiNr. 355–363 mit Aufdruck. [21,5×26]

			✶	✶✶	⊙
105	3 Pf	lebh'ockerbraun	-,50	3,–	3,–
106	5 Pf	lebhaftgrün	-,30	2,–	1,–
107	10 Pf	rot (Töne)	-,30	1,20	1,–
108	20 Pf	blau bis dunkel-ultramarin	-,30	1,40	1,–
109	30 Pf	braunpurpur	1,–	5,–	1,–
110	40 Pf	braunoliv	1,20	5,–	1,–
111	50 Pf	lebhaftorange	9,–	25,–	5,–
112	60 Pf	lebhaftbraunrot	2,–	10,–	5,–
113	80 Pf	schwarzgrünblau	9,–	26,–	48,–
		Satz (9 W.)	22,–	75,–	65,–

1927/1928. Ziffer(n) im Oval. Wz. 2. [21,5×26]

114	3 Pf	dunkelocker	-,40	1,50	1,–
115	5 Pf	grün	-,20	-,80	1,–
116	8 Pf	schwarzgrün	-,40	1,50	1,–
117	10 Pf	karmin	10,–	35,–	8,–
118	15 Pf	zinnoberrot	1,50	8,–	1,20
119	20 Pf	schwarzbläulich-grün	10,–	40,–	4,–
120	30 Pf	schwarzgrünoliv	1,20	4,50	1,20
121	40 Pf	dunkelbraunviolett	1,–	5,–	1,20
122	60 Pf	lebhaftbraunrot	1,50	6,50	2,50

1929. Wie MiNr. 117 und 118, jedoch Farbänderung. Wz. 2. [21,5×26]

123	10 Pf	zinnober	20,–	80,–	25,–
124	15 Pf	lilarot	-,60	1,80	1,20

1930. Wie MiNr. 123 und 119, jedoch Farbänderung. Wz. 2. [21,5×26]

125	10 Pf	dunkellilapurpur	-,60	2,–	1,20
126	20 Pf	rötlichgrau	3,–	10,–	1,50

1931/1932. Ziffer(n) im Oval. Wz. 2. [21,5×26]

127	4 Pf	lebhaftgrünlichblau	-,70	2,–	1,20
128	6 Pf	lebhaftgrauoliv	1,–	3,50	1,20
129	12 Pf	orange	-,70	2,–	1,20

1933, Dez. Wie MiNr. 127 und 125, jedoch Farbänderung. Wz. 2. [21,5×26]

			*	**	⊙
130	4 Pf	schwarzgrau-ultramarin	9,–	75,–	18,–
131	10 Pf	dunkelsiena	4,–	35,–	12,–
		Satz (MiNr. 114–131, 18 W.)	70,–	280,–	80,–

1934, 18. Jan. Für Landesbehörden, Hakenkreuz im Eichenkranz. Wz. 4. [21,5×26]

Wz. 4

			*	**	⊙
132	3 Pf	ockerbraun	1,–	4,–	1,50
133	4 Pf	schwärzlich-preußischblau	–,40	1,20	1,20
134	5 Pf	smaragdgrün	–,20	–,80	1,50
135	6 Pf	schwarzopalgrün	–,20	–,80	1,20
136	8 Pf	orangerot	3,–	9,–	1,20
137	10 Pf	dunkelrötlichbraun	–,40	1,80	10,–
138	12 Pf	lilarot	3,–	15,–	2,–
139	15 Pf	schwärzlichrotlila	1,20	6,–	12,–
140	20 Pf	mittelkobaltblau	–,60	2,20	2,–
141	30 Pf	dunkelbräunlicholiv	1,20	3,50	2,–
142	40 Pf	dunkellilapurpur	1,20	3,50	2,–
143	50 Pf	dunkelgelborange	1,80	6,–	5,–
		Satz (12 W.)	13,–	50,–	40,–

1938, 26. Jan. Für Parteidienststellen, Adler auf Sockel. Wz. 4. [21,5×26]

			**	⊙
144	1 Pf	braunschwarz	7,50	4,–
145	3 Pf	dunkelbraunocker	7,50	2,50
146	4 Pf	(lebhaft)grauultramarin	9,–	2,–
147	5 Pf	lebhaftgelbsmaragdgrün	3,40	2,–
148	6 Pf	dunkelgrün	3,40	2,–
149	8 Pf	gelblichrot	30,–	2,–
150	12 Pf	lebhaftkarminrot	55,–	2,–
151	16 Pf	dunkelgrüngrau	6,50	12,–
152	24 Pf	dunkelolivgelb	14,–	6,50
153	30 Pf	dunkelbräunlicholiv	11,–	10,–
154	40 Pf	lilapurpur	13,–	15,–
		Satz (11 W.)	150,–	60,–

1942, 2. März. Für Parteidienststellen, Adler auf Sockel. Farbänderungen. [21,5×26]

			**	⊙
155	1 Pf	schwarztürkisgrau	5,–	40,–
156	3 Pf	dunkelgelblichbraun	1,20	1,50
157	4 Pf	schwarzgrünlichblau	5,–	4,–
158	5 Pf	(dunkel)grünoliv	1,20	30,–
159	6 Pf	lebhaftblauviolett bis purpurviolett	1,20	3,–
160	8 Pf	lebhaftrot	1,60	3,–
161	12 Pf	rotkarmin	1,60	1,50
162	16 Pf	(grau)blaugrün	25,–	100,–
163	24 Pf	braunorange	3,–	40,–
164	30 Pf	dunkelgrauoliv	4,–	30,–
165	40 Pf	purpur	4,–	60,–
		Satz (11 W.)	50,–	300,–

1942/1944, Juli. Für Behördendienststellen, Hakenkreuz im Eichenkranz. [21,5×26]

			**	⊙
166	3 Pf	dunkelockerbraun	–,80	1,50
167	4 Pf	schwarzgrünlichblau	–,70	4,–
168	5 Pf	schwärzlicholivgrün	1,20	20,–
169	6 Pf	dunkelbläulichviolett	–,80	1,50
170	8 Pf	dunkelgelblichrot	–,80	1,50
171	10 Pf	dunkelsiena	2,–	15,–
172	12 Pf	lebhaftkarmin	1,50	6,–
173	15 Pf	lebhaftbraunkarmin	15,–	70,–
174	20 Pf	kobalt	1,20	10,–
175	30 Pf	grauoliv	1,20	10,–
176	40 Pf	lilapurpur	2,50	25,–
177	50 Pf	schwarzblaugrün	20,–	400,–
		Satz (12 W.)	45,–	550,–

Die ⊙-Preise ab 20,– € bei MiNr. 155–177 gelten nur für BPP-geprüfte Stücke!

Zur besonderen Beachtung:

Die in diesem Werk abgebildeten Briefmarken mit Darstellung von Symbolen und Zeichen aus der Zeit des Dritten Reiches dienen ausschließlich
- der Berichterstattung über Vorgänge des Zeitgeschehens,
- der staatsbürgerlichen Aufklärung,
- der Einordnung in geschichtliche Zusammenhänge,
- der Wissenschaft, Forschung und Lehre

und stehen im Einklang mit § 86 Abs. 3 und § 86 a des Strafgesetzbuches.

Deutsche Auslandspostämter

Deutsche Post in China

1898, März/Juni. MiNr. 45–50 des Deutschen Reichs (sog. Krone/Adler) mit diagonalem Aufdruck (45°). [21 × 24]

				✶	⊙
1 I	3 Pf	braun	(45)	170,–	30000,–
2 I	5 Pf	grün	(46)	13,–	16,–
3 I	10 Pf	lilarot	(47)	40,–	13,–
4 I	20 Pf	violettultramarin	(48)	18,–	13,–
5 I	25 Pf	orange	(49)	60,–	80,–
6 I	50 Pf	rötlichbraun	(50)	26,–	22,–
		Satz (6 W.)		320,–	

1898, Dez. Wie MiNr. 1 I–6 I, jedoch mit steilem Aufdruck (56°). [21 × 24]

				✶	⊙
1 II	3 Pf	braun	(45)	7,–	7,50
2 II	5 Pf	grün	(46)	4,–	4,–
3 II	10 Pf	lilarot	(47)	7,–	8,–
4 II	20 Pf	violettultramarin	(48)	20,–	22,–
5 II	25 Pf	orange	(49)	35,–	40,–
6 II	50 Pf	rötlichbraun	(50)	18,–	18,–
		Satz (6 W.)		90,–	90,–

1900, 7. Juli/7. Nov. Ausgabe für Futschau. MiNr. 3 I und 3 II mit Handstempelaufdruck. [21 × 24]

				✶	⊙
7	5 Pf auf 10 Pf lilarot				
I		diagonaler Aufdr.	(3 I)	800,–	1200,–
II		steiler Aufdr.	(3 II)	700,–	1000,–

1900, 24. Nov./1901. Ausgabe für Tientsin. Marken des Deutschen Reichs (Germania mit Inschrift „Reichspost“ mit schrägem Handstempelaufdruck. [21,5 × 26]

				✶	⊘[1]
8	3 Pf	braun	(54)	750,–	450,–
9	5 Pf	grün	(55)	500,–	300,–
10	10 Pf	oliv	(56)	1200,–	550,–
11	20 Pf	lilautramarin	(57)	1000,–	700,–
12	30 Pf	rötlichorange/schwarz auf hellgelb	(59)	6000,–	4500,–
13	50 Pf	dkl'bräunlichlila/schwarz auf mattorange	(61)	20000,–	10000,–
14	80 Pf	dunkelrötlichkarmin auf mattkarmin	(62)	6000,–	3500,–

[1]) Die Bewertungen gelten im wesentlichen für Stempeldaten vom 1. 1., 22. 1. und 27. 1. 1901; andere Daten erheblich teurer!

1901, März/April/1904. Marken des Deutschen Reichs MiNr. 54–66 (Inschrift „Reichspost“ mit Aufdruck. [21,5 × 26, 38 × 26]

				✶	⊙
15	3 Pf	braun	(54)	1,80	2,50
16	5 Pf	grün	(55)	1,80	2,–
17	10 Pf	karmin	(56)	3,–	1,50
18	20 Pf	ultramarin	(57)	4,–	2,–
19	25 Pf	orange/schwarz auf hellgelb	(58)	12,–	20,–
20	30 Pf	orange/schwarz auf mattgelblichorange	(59)	12,–	16,–
21	40 Pf	karmin/schwarz	(60)	12,–	12,–
22	50 Pf	lila/schwarz auf braunorange	(61)	12,–	12,–
23	80 Pf	karmin/schwarz auf mattkarmin	(62)	14,–	14,–
24	1 M	rot	(63)	34,–	42,–
25	2 M	blau	(64)	34,–	36,–
26	3 M	violettschwarz	(65)	60,–	80,–
27	5 M	schwarz/karmin	(66)	260,–	400,–
		Satz (13 W.)		450,–	600,–

1901, März/April/1904. Marken des Deutschen Reichs MiNr. 54–66 (Inschrift „Deutsches Reich“ mit Aufdruck. [21,5×26, 38×26]

			✶	⊙
28	1 C auf 3 Pf	(69)	3,60	4,50
29	2 C auf 5 Pf	(70)	3,60	2,–
30	4 C auf 10 Pf	(71)	7,–	2,–
31	10 C auf 20 Pf	(72)	3,60	2,20
32	20 C auf 40 Pf	(75)	24,–	9,–
33	40 C auf 80 Pf	(77)	38,–	17,–
34	½ D auf 1 M	(78 A)	20,–	25,–
35	1 D auf 2 M	(82 A)	20,–	28,–
36	1½ D auf 3 M	(80 B)	20,–	60,–
37	2½ D auf 5 M	(81 A)	130,–	380,–
	Satz (10 W.)		260,–	500,–

1906/1919. Marken des Deutschen Reichs (Inschrift „Deutsches Reich“, Wz. 1) mit Aufdruck. [21,5×26, 38×26]

			✶	✶✶	⊙
38	1 C auf 3 Pf	(84 I)	0,80	2,–	1,60
39	2 C auf 5 Pf	(85 I)	0,40	1,–	1,60
40	4 C auf 10 Pf	(86 I)	1,–	2,–	2,–
41	10 C auf 20 Pf	(87 I)	1,–	2,40	8,50
42	20 C auf 40 P	(90 I)	2,–	4,–	4,50
43	40 C auf 80 Pf	(93 I)	1,60	3,20	65,–
44	½ D auf 1 M	(94 A I)	8,–	25,–	50,–
45	1 D auf 2 M	(95 A I)	12,–	65,–	50,–
46	1½ D auf 3 M	(96 A I)	10,–	65,–	150,–
47	2½ D auf 5 M	(97 A I)	36,–	140,–	100,–
	Satz (10 W.)		70,–	300,–	420,–

Deutsche Post in Marokko

1899, 20. Dez. MiNr. 45–50 des Deutschen Reichs (sog. Krone/Adler) mit steilem Aufdruck (56°). [21×24]

				✶	⊙
1	3 C auf 3 Pf	braun	(45)	4,50	3,–
2	5 C auf 5 Pf	grün	(46)	4,50	2,80
3	10 C auf 10 Pf	lilarot	(47)	12,–	12,–
4	25 C auf 20 Pf	violett-ultramarin	(48)	24,–	19,–
5	30 C auf 25 Pf	orange	(49)	35,–	42,–
6	60 C auf 50 Pf	rötlichbraun	(50)	30,–	50,–
		Satz (6 W.)		100,–	120,–

1901, März/April/1904. Marken des Deutschen Reichs MiNr. 54–66 (Inschrift „Reichspost“) mit Aufdruck. [21,5×26, 38×26]

7	3 C auf 3 Pf	(54)	1,60	3,–
8 I	5 C auf 5 Pf	(55)	2,–	2,–
9	10 C auf 10 Pf	(56)	3,–	2,–
10	25 C auf 20 Pf	(57)	4,–	3,60
11	30 C auf 25 Pf	(58)	12,–	19,–
12	35 C auf 30 Pf	(59)	9,–	8,–
13	50 C auf 40 Pf	(60)	9,–	8,–
14	60 C auf 50 Pf	(61)	18,–	38,–
15	1 P auf 80 Pf	(62)	16,–	14,–
16 I	1 P 25 C auf 1 M	(63)	40,–	60,–
17 I	2 P 50 C auf 2 M	(64)	45,–	70,–
18 I	3 P 75 C auf 3 M	(65)	60,–	85,–
19 I	6 P 25 C auf 5 M	(66)	220,–	400,–
	Satz (13 W.)		400,–	650,–

1903, April. Wie MiNr. 8 und 16–19, jedoch fetter Aufdruck. [21,5×26, 38×26]

8 II	5 C auf 5 Pf	(55)	95,–	15,–
16 II	1 P 25 C auf 1 M	(63)	460,–	240,–
17 II	2 P 50 C auf 2 M	(64)	650,–	140,–
18 II	3 P 75 C auf 3 M	(65)	1700,–	320,–
19 II	6 P 25 C auf 5 M	(66)	260,–	340,–

1905, 30. Sept. MiNr. 55 des Deutschen Reichs (Inschrift Reichspost) mit Aufdruck (Frakturschrift). [21,5×26]

				✶	⊙
20	5 C auf 5 Pf	grün	(55)	10,–	28,–

1905, 1. Okt. Marken des Deutschen Reichs MiNr. 69–78 und 80–82 (Inschrift „DEUTSCHES REICH“) mit Aufdruck. [21,5×26, 38×26]

Nr.			*	⊙
21	3 C auf 3 Pf	(69)	3,40	4,50
22	5 C auf 5 Pf	(70)	6,–	1,40
23	10 C auf 10 Pf	(71)	11,–	1,40
24	25 C auf 20 Pf	(72)	24,–	4,50
25	30 C auf 25 Pf	(73)	8,–	8,–
26	35 C auf 30 Pf	(74)	12,–	7,50
27	50 C auf 40 Pf	(75)	12,–	10,–
28	60 C auf 50 Pf	(76)	26,–	30,–
29	1 P auf 80 Pf	(77)	26,–	24,–
30	1 P 25 C auf 1 M	(78 B)	65,–	45,–
31	2 P 50 C auf 2 M	(82 A)	130,–	180,–
32	3 P 75 C auf 3 M	(80 B)	55,–	70,–
33	6 P 25 C auf 5 M	(81 A)	200,–	260,–
	Satz (13 W.)		500,–	600,–

1905, 1. Okt. Marken des Deutschen Reichs MiNr. 84–91, 93–95 und 97 (Inschrift „DEUTSCHES REICH", Wz. 1) mit Aufdruck. [21,5 × 26, 38 × 26]

34	3 C auf 3 Pf	(84 I)	11,–	2,60
35	5 C auf 5 Pf	(85 I)	8,50	1,50
36	10 C auf 10 Pf	(86 I)	8,50	1,50
37	25 C auf 20 Pf	(87 I)	25,–	10,–
38	30 C auf 25 Pf	(88 I)	25,–	20,–
39	35 C auf 30 Pf	(89 I)	20,–	13,–
40	50 C auf 40 Pf	(90 I)	40,–	180,–
41	60 C auf 50 Pf	(91 I)	35,–	22,–
42	1 P auf 80 Pf	(93 I)	150,–	350,–
43	1 P 25 C auf 1 M	(94 A I)	80,–	220,–
44	2 P 50 C auf 2 M	(95 A I)	80,–	220,–
45	6 P 25 C auf 5 M	(97 A I)	150,–	400,–
	Satz (12 W.)		630,–	1400,–

1905, 1. Okt. Marken des Deutschen Reichs MiNr. 84–91 und 93–97 (Inschrift „DEUTSCHES REICH", Wz. 1) mit Aufdruck „Marokko". [21,5 × 26, 38 × 26]

Nr.			*	**	⊙
46	3 C auf 3 Pf	(84 I)	–,70	1,30	1,–
47	5 C auf 5 Pf	(85 I)	–,70	1,30	1,30
48	10 C auf 10 Pf	(86 I)	–,70	1,50	1,40
49	25 C auf 20 Pf	(87 I)	–,80	1,50	1,70
50	30 C auf 25 Pf	(88)	2,–	4,50	20,–
51	35 C auf 30 Pf	(89 I)	2,–	4,50	11,–
52	50 C auf 40 Pf	(90 I)	1,60	3,50	6,50
53	60 C auf 50 Pf	(91)	1,80	5,–	45,–
54	1 P auf 80 Pf	(93 I)	2,–	6,50	30,–
55	1 P 25 C auf 1 M	(94)	3,50	8,–	80,–
56	2 P 50 C auf 2 M	(95 A I)	10,–	20,–	60,–
57	3 P 75 C auf 3 M	(96)	10,–	20,–	260,–
58	6 P 25 C auf 5 M	(97 A I)	25,–	60,–	420,–
	Satz (13 W.)		55,–	130,–	900,–

Deutsche Post in der Türkei

1884, 25. Jan. MiNr. 40–44 des Deutschen Reichs (sogen. „Pfennig") mit Aufdruck. [21 × 24]

Nr.			*	⊙
1	10 PA auf 5 Pf	(40)	70,–	40,–
2	20 PA auf 10 Pf	(41)	100,–	100,–
3	1 PIA auf 20 Pf	(42)	80,–	10,–
4	1¼ PIA auf 25 Pf	(43)	160,–	300,–
5	2½ PIA auf 50 Pf	(44)	130,–	100,–
	Satz (5 W.)		500,–	550,–

1889, 1. Okt./1900. MiNr. 46–50 des Deutschen Reichs (sogen. „Krone/Adler") mit Aufdruck. [21 × 24]

6	10 PA auf 5 Pf	(46)	4,50	5,–
7	20 PA auf 10 Pf	(47)	12,–	4,50
8	1 PIA auf 20 Pf	(48)	8,–	3,–
9	1¼ PIA auf 25 Pf	(49)	30,–	26,–
10	2½ PIA auf 50 Pf	(50)	45,–	26,–
	Satz (5 W.)		95,–	60,–

MiNr. 11 fällt aus.

1900, 10. Okt./1904. Marken des Deutschen Reichs MiNr. 55–66 (Inschrift „Reichspost") mit Aufdruck. [21,5 × 26, 38 × 26]

10 PARA 10 Aufdrucktype I

Nr.			*	⊙
12 I	10 PA auf 5 Pf	(55)	2,20	2,40
13 I	20 PA auf 10 Pf	(56)	3,50	3,–
14 I	1 PIA auf 20 Pf	(57)	6,–	2,40
15 I	1¼ PIA auf 25 Pf	(58)	8,–	6,–
16 I	1½ PIA auf 30 Pf	(59)	8,–	6,–
17 I	2 PIA auf 40 Pf	(60)	8,–	6,–
18 I	2½ PIA auf 50 Pf	(61)	16,–	17,–
19 I	4 PIA auf 80 Pf	(62)	18,–	17,–

Nr.		MiNr.	★	⊙
20 I	5 PIA auf 1 M	(63)	45,–	50,–
21 I	10 PIA auf 2 M	(64)	40,–	55,–
22 I	15 PIA auf 3 M	(65)	60,–	140,–
23 I	25 PIA auf 5 M	(66)	220,–	320,–
	Satz (12 W.)		450,–	600,–

10 PARA 10 Aufdrucktype II

12 II	10 PA auf 5 Pf	(55)	12,–	17,–
13 II	20 PA auf 10 Pf	(56)	38,–	24,–
14 II	1 PIA auf 20 Pf	(57)	11,–	9,–
20 II	5 PIA auf 1 M	(63)	180,–	130,–
21 II	10 PIA auf 2 M	(64)	200,–	340,–
23 II	25 PIA auf 5 M	(66)	240,–	700,–
	Satz (6 W.)		650,–	1200,–

1905, 1. Okt. Marken des Deutschen Reichs MiNr. 70–78 und 80–82 (Inschrift „DEUTSCHES REICH") mit Aufdruck. [21,5×26, 38×26]

24	10 Pa auf 5 Pf	(70)	4,50	3,20
25	20 Pa auf 10 Pf	(71)	12,–	4,–
26	1 PIA auf 20 Pf	(72)	24,–	2,50
27	1¼ PIA auf 25 Pf	(73)	12,–	10,–
28	1½ PIA auf 30 Pf	(74)	18,–	20,–
29	2 PIA auf 40 Pf	(75)	30,–	20,–
30	2½ PIA auf 50 Pf	(76)	12,–	30,–
31	4 PIA auf 80 Pf	(77)	35,–	22,–
32	5 PIA auf 1 M	(78 B)	60,–	50,–
33	10 PIA auf 2 M	(82 A)	50,–	60,–
34	15 PIA auf 3 M	(80 B)	60,–	70,–
35	25 PIA auf 5 M	(81 A)	300,–	700,–
	Satz (12 W.)		600,–	950,–

1905, Nov./1913. Marken des Deutschen Reichs MiNr. 85–91, 93–97 (Inschrift „DEUTSCHES REICH", Wz. 1) mit Aufdruck. [21,5×26, 38×26]

			★	⊙
36	10 Pa auf 5 Pf	(85 I)	3,–	1,20
37	20 Pa auf 10 Pf	(86 I)	6,–	1,20
38	1 PIA auf 20 Pf	(87 I)	8,–	1,20
39	1¼ PIA auf 25 Pf	(88 I)	16,–	16,–
40	1½ PIA auf 30 Pf	(89 I)	16,–	13,–
41	2 PIA auf 40 Pf	(90 I)	8,–	2,20
42	2½ PIA auf 50 Pf	(91 I)	12,–	22,–
43	4 PIA auf 80 Pf	(93 I)	20,–	28,–
44	5 PIA auf 1 M	(94 A I)	55,–	40,–
45	10 PIA auf 2 M	(95 A I)	55,–	60,–
46	15 PIA auf 3 M	(96 A I)	50,–	600,–
47	25 PIA auf 5 M	(97 A I)	40,–	100,–
	Satz (12 W.)		280,–	900,–

1908, 5. Aug. Marken des Deutschen Reichs MiNr. 85–87, 90 und 93 (Inschrift „DEUTSCHES REICH", Wz. 1) mit diagonalem Aufdruck. [21,5×26]

48	5 C auf 5 Pf	(85 I)	2,50	3,50
49	10 C auf 10 Pf	(86 I)	3,50	6,–
50	25 C auf 20 Pf	(87 I)	8,–	30,–
51	50 C auf 40 Pf	(90 I)	40,–	75,–
52	100 C auf 80 Pf	(93 I)	70,–	80,–
	Satz (5 W.)		120,–	180,–

Deutsche Kolonien

Deutsch-Neuguinea

Wz. 1

1897, Sept./99. MiNr. 45–50 des Deutschen Reichs (sog. Krone/Adler) mit Aufdruck. [21 × 24]

			✶	⊙
1	3 Pf	braun . . . . (45)	10,–	10,–
2	5 Pf	grün . . . . (46)	7,–	6,–
3	10 Pf	lilarot . . . . (47)	8,–	10,–
4	20 Pf	violettultramarin . . . . . (48)	12,–	15,–
5	25 Pf	orange . . . . (49)	30,–	65,–
6	50 Pf	rötlichbraun . . . . (50)	40,–	60,–
		Satz (6 W.)	100,–	150,–

1900, Dez./1901, März. Kaiseryacht (Landesname: „DEUTSCH-NEU-GUINEA“). oWz. [21,5×26, 38×26]

7	3 Pf	braun	1,50	1,50
8	5 Pf	grün	8,–	1,50
9	10 Pf	rot	25,–	4,–
10	20 Pf	ultramarin	2,–	4,–
11	25 Pf	orange/schwarz auf gelb .	2,–	20,–
12	30 Pf	orange/schwarz auf orange	2,–	25,–
13	40 Pf	karmin/schwarz	2,–	28,–
14	50 Pf	lila/schwarz auf orange . . .	2,50	24,–
15	80 Pf	karmin/schwarz auf hellkarmin	4,50	34,–
16	1 M	rot	12,–	65,–
17	2 M	blau	12,–	95,–
18	3 M	violettschwarz	15,–	190,–
19	5 M	grünschwarz/karmin	220,–	600,–
		Satz (13 W.)	300,–	1000,–

MiNr. 20 fällt aus.

1914, Herbst/1919. Wie MiNr. 8 ,9 und 19, jedoch Landesname jetzt „DEUTSCH-NEUGUINEA“. Wz. 1. [21,5 × 26, 38 × 26]

Wz. 1

			✶	✶✶
21	5 Pf	grün . . . . (55)	2,–	4,–
22	10 Pf	rotkarmin	2,–	4,–
23	1 M	. . . .	40,–	140,–
		Satz (3 W.)	44,–	140,–

1918. Kaiseryacht (Inschrift „DEUTSCH-NEUGUINEA“). Wz. 1. [21,5 × 26]

24	3 Pf	braun	2,–	4,–

Deutsch-Ostafrika

1893, 1. Juli. MiNr. 45–48 und 50 des Deutschen Reichs (sog. Krone/Adler) mit Aufdruck. [21 × 24]

			✶	⊙
1	2 P auf 3 Pf	braun . . . . . . (45)	60,–	60,–
2	3 P auf 5 Pf	grün . . . . (46)	70,–	60,–
3	5 P auf 10 Pf	lilarot . . . . (47)	50,–	35,–
4	10 P auf 20 Pf	violett-ultramarin . . . (48)	40,–	18,–
5	25 P auf 50 Pf	rötlichbraun . (50)	60,–	35,–
		Satz (5 W.)	280,–	200,–

1896, April/1899. MiNr. 45–48 und 50 des Deutschen Reichs (sog. Krone/Adler) mit diagonalem Aufdruck. [21 × 24]

				✶	⊙
6	2 P auf 3 Pf	braun	(45)	3,–	14,–
7	3 P auf 5 Pf	grün	(46)	4,–	5,50
8	5 P auf 10 Pf	lilarot	(47)	8,–	5,50
9	10 P auf 20 Pf	violett ultramarin	(48)	8,–	6,50
10	25 P auf 50 Pf	rötlichbraun	(50)	40,–	34,–
		Satz (5 W.)		60,–	60,–

1901, 1. Jan. Kaiseryacht. oWz. [21,5 × 26, 38 × 26]

11	2 P	braun	3,50	2,–
12	3 P	grün	3,50	2,40
13	5 P	rot	4,–	3,–
14	10 P	violettultramarin	6,50	6,–
15	15 P	orange/schwarz auf orange	6,50	8,–
16	20 P	karmin/schwarz	9,–	18,–
17	25 P	lila/schwarz auf orange	9,–	18,–
18	40 P	karmin/schwarz auf mattkarmin	12,–	28,–
19	1 R	rot	25,–	60,–
20	2 R	dunkelgrün	12,–	100,–
21	3 R	rot/grünschwarz	160,–	230,–
		Satz (11 W.)	250,–	450,–

1905, 1. April. Kaiseryacht. Wertangabe in Heller; oWz. [21 × 24]

22	2½ H	braun	7,–	2,20
23	4 H	grün	20,–	7,–
24	7½ H	rotkarmin	20,–	2,–
25	15 H	ultramari	35,–	7,50
26	20 H	orange/schwarz auf hellgelb	20,–	20,–
27	30 H	karmin/schwarz	20,–	7,50
28	45 H	violett/schwarz	40,–	45,–
29	60 H	karmin/schwarz auf mattkarmin	60,–	120,–
		Satz (8 W.)	220,–	200,–

1905/1919. Kaiseryacht. Wertangabe in Heller. Wz. 1. [21,5 × 26, 38 × 26]

Wz. 1

			✶	✶✶	⊙
30	2½ H	braun	1,20	3,50	1,20
31	4 H	grün	1,20	4,–	–,80
32	7½ H	karmin	1,40	5,50	2,–
33	15 H	ultramarin	2,80	12,–	1,80
34	20 H	orange/schwarz auf hellgelb	3,–	11,–	25,–
35	30 H	karmin/schwarz	3,20	11,–	10,–
36	45 H	violett/schwarz	7,–	24,–	70,–
37	60 H	karmin/schwarz auf mattrot	38,–	90,–	240,–
38	1 R	rot	16,–	100,–	30000,–
A 38	2 R	grün	60,–	130,–	
39	3 R	rot/schwarz	40,–	160,–	300,–
		Satz (11 W.)	170,–	550,–	

Deutsch-Südwestafrika

1897, Juli. MiNr. 45–48 des Deutschen Reichs (sog. Krone/Adler) mit Aufdruck, Landesname in drei Wörtern. [21 × 24]

				✶	⊙
1	3 Pf	braun	(45)	10,–	15,–
2	5 Pf	grün	(46)	5,50	6,–
3	10 Pf	lilarot	(47)	28,–	20,–
4	20 Pf	violettultramarin	(48)	10,–	7,–
		Satz (4 W.)		50,–	45,–
I	25 Pf	orange	(49)	280,–	*35000,–*
II	50 Pf	rötlichbraun	(50)	280,–	*35000,–*

1898, Okt./1899. MiNr. 45–50 des Deutschen Reichs (sog. Krone/Adler) mit Aufdruck, Landesname in zwei Wörtern. [21 × 24]

5	3 Pf	braun	(45)	5,–	15,–
6	5 Pf	grün	(46)	5,–	4,–

				✶	⊙
7	10 Pf	lilarot	(47)	5,–	5,–
8	20 Pf	violettultramarin	(48)	20,–	18,–
9	25 Pf	orange	(49)	420,–	500,–
10	50 Pf	rötlichbraun	(50)	25,–	15,–
		Satz (6 W.)		480,–	550,–

1901, Jan. Kaiseryacht. oWz. [21,5×26, 38×26]

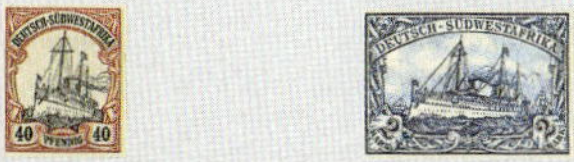

			✶	⊙
11	3 Pf	braun	5,–	2,–
12	5 Pf	grün	24,–	2,–
13	10 Pf	rot	17,–	1,–
14	20 Pf	violettultramarin	36,–	1,80
15	25 Pf	orange/schwarz auf hellgelb	2,–	7,–
16	30 Pf	orange/schwarz auf mattorange	100,–	3,40
17	40 Pf	karmin/schwarz	2,20	4,–
18	50 Pf	lila/schwarz auf mattorange	2,60	2,60
19	80 Pf	karmin/schwarz auf mattkarmin	2,60	11,–
20	1 M	rot	160,–	38,–
21	2 M	schwärzlichblau	38,–	45,–
22	3 M	violettschwarz	40,–	60,–
23	5 M	schwarz/karmin	240,–	200,–
		Satz (13 W.)	650,–	360,–

1905, 1. April. Kaiseryacht. Wie MiNr. 11–14, 16 und 20–23, jedoch mit Wz. 1. [21,5×26, 38×26]

Wz. 1

			✶	✶✶	⊙
24	3 Pf	braun	1,–	2,50	4,50
25	5 Pf	grün	1,–	2,50	1,70
26	10 Pf	rotkarmin	1,20	5,50	1,80
27	20 Pf	ultramarin	1,20	5,–	4,50
28	30 Pf	orange/schwarz	7,50	20,–	65,–
29	1 M	karminrot	15,–	65,–	95,–
30	2 M	dunkelblau	15,–	65,–	95,–
31	3 M	schwarzviolettgrau	17,–	55,–	
32	5 M	schwarz/karmin	45,–	150,–	370,–
		Satz (8 W.)	100,–	370,–	

Kamerun

1897, April/1899. MiNr. 45–50 des Deutschen Reichs (sog. Krone/Adler) mit schrägem Aufdruck. [21×24]

				✶	⊙
1	3 Pf	braun	(45)	15,–	20,–
2	5 Pf	grün	(46)	10,–	10,–
3	10 Pf	lilarot	(47)	7,–	6,–
4	20 Pf	violettultramarin	(48)	7,–	9,–
5	25 Pf	orange	(49)	25,–	50,–
6	50 Pf	rötlichbraun	(50)	20,–	32,–
		Satz (6 W.)		80,–	120,–

1900, Nov. Kaiseryacht. oWz. [21,5×26, 38×26]

			✶	⊙
7	3 Pf	braun	2,–	2,–
8	5 Pf	grün	14,–	1,60
9	10 Pf	rot	45,–	1,70
10	20 Pf	violettultramarin	30,–	2,80
11	25 Pf	orange/schwarz auf hellgelb	2,–	6,50
12	30 Pf	orange/schwarz auf mattorange	2,40	5,50
13	40 Pf	karmin/schwarz	2,40	5,–
14	50 Pf	lila/schwarz auf mattorange	2,40	7,50
15	80 Pf	karmin/schwarz auf mattkarmin	3,–	13,–
16	1 M	rot	80,–	90,–
17	2 M	schwärzlichblau	6,50	90,–
18	3 M	violettschwarz	6,50	140,–
19	5 M	schwarz/karmin	220,–	600,–
		Satz (13 W.)	400,–	950,–

1905, 1. April. Kaiseryacht. Wie MiNr. 7–10, 16 und 19, jedoch mit Wz. 1. [21,5×26, 38×26]

Wz. 1

			✶	✶✶	⊙
20	3 Pf	braun	1,–	2,60	
21	5 Pf	grün	1,–	2,60	2,–
22	10 Pf	rotkarmin	1,20	3,50	2,–
23	20 Pf	ultramarin	3,50	6,50	150,–
24	1 M	karminrot	15,–	35,–	
25	5 M	schwarz/karmin	40,–	120,–	4800,–
		Satz (6 W.)	60,–	160,–	

Karolinen

1899, 12. Okt. MiNr. 45–50 des Deutschen Reichs (sog. Krone/Adler) mit diagonalem Aufdruck (48°). [21 × 24]

				✶	◍[1])	⊙
1 I	3 Pf	braun	(45)	750,–	400,–	850,–
2 I	5 Pf	grün	(46)	750,–	350,–	750,–
3 I	10 Pf	lilarot	(47)	75,–	75,–	160,–
4 I	20 Pf	violett/ ultramarin	(48)	75,–	75,–	160,–
5 I	25 Pf	orange	(49)	1800,–	1500,–	3400,–
6 I	50 Pf	rötlichbraun	(50)	800,–	800,–	1800,–
		Satz (6 W.)		4000,–	3000,–	7000,–

[1]) Die Preise gelten für Entwertungen mit dem Stempel „Neu-Guinea-Zweiglinie / Hongkong *a 10.10.00" und vor allem für „Yap 6/11 99".

1900, Mai. Wie MiNr. 1 I–6 I, jedoch mit steilem Aufdruck (56°). [21 × 24]

				✶	◍[1])	⊙
1 II	3 Pf	braun	(45)	14,–	9,–	16,–
2 II	5 Pf	grün	(46)	20,–	10,–	20,–
3 II	10 Pf	lilarot	(47)	20,–	13,–	22,–
4 II	20 Pf	violett/ ultramarin	(48)	26,–	19,–	32,–
5 II	25 Pf	orange	(49)	60,–	45,–	70,–
6 II	50 Pf	rötlichbraun	(50)	60,–	45,–	70,–
		Satz (6 W.)		180,–	140,–	220,–

[1]) Die Preise gelten für Entwertungen mit dem Stempel „Neu-Guinea-Zweiglinie / Hongkong a 10.10.00".

1900, Dez. Kaiseryacht. oWz. [21,5 × 26, 38 × 26]

			✶	⊙
7	3 Pf	braun	1,20	2,–
8	5 Pf	grün	1,20	2,40
9	10 Pf	rot	1,20	5,50
10	20 Pf	violettultramarin	1,40	10,–
11	25 Pf	orange/schwarz auf hellgelb	1,70	16,–
12	30 Pf	orange/schwarz auf mattorange	1,70	16,–
13	40 Pf	karmin/schwarz	1,70	18,–
14	50 Pf	lila/schwarz auf mattorange	2,20	25,–
15	80 Pf	karmin/schwarz auf mattkarmin	3,40	28,–
16	1 M	rot	5,–	70,–
17	2 M	schwärzlichblau	8,–	100,–
18	3 M	violettschwarz	12,–	170,–
19	5 M	schwarz/karmin	220,–	600,–
		Satz (13 W.)	250,–	1000,–

MiNr. 20 fällt aus.

1915, Jan./1923. Kaiseryacht. Wie MiNr. 7, 8 und 19, jedoch mit Wz. 1. [21,5 × 26, 38 × 26]

Wz. 1

			✶	✶✶
21	3 Pf	braun	1,–	2,50
A 21	5 Pf	grün	14,–	38,–
22	5 M	schwarz/karmin	45,–	180,–
		Satz (3 W.)	60,–	220,–

Kiautschou

1900, 1. Mai. MiNr. 3 I und 3 II der Deutschen Post in China mit neuem Wertaufdruck. [21 × 24]

			✶	⊙
1	5 Pf auf 10 Pf	rot		
I	„China" 45°		200,–	160,–
II	"China" 56°		60,–	65,–

1900, 19.Juli. MiNr. 3 I der Deutschen Post in China mit neuem waagerechtem Wertaufdruck. [21 × 24]

	5 Pf auf 10 Pf rot (3 I)		
2	nur Aufdr. „5 Pf"	*4000,–*	*5000,–*
3	zusätzl. Handstempel „5" auf alter Wertangabe	*50000,–*	*60000,–*
4	zusätzl. Handstempel „5 Pf" in größerer Type	*10000,–*	*15000,–*

1901, Jan. Kaiseryacht. Wertangabe in Markwährung. oWz. [21,5 × 26, 38 × 26]

5	3 Pf	braun	2,40	2,40
6	5 Pf	grün	2,40	2,–
7	10 Pf	rot	3,–	2,50

			✶	⊙
8	20 Pf	violettultramarin	9,–	10,–
9	25 Pf	orange/schwarz auf hellgelb	16,–	20,–
10	30 Pf	orange/schwarz auf mattorange	16,–	20,–
11	40 Pf	karmin/schwarz	19,–	24,–
12	50 Pf	lila/schwarz auf mattorange	19,–	28,–
13	80 Pf	karmin/schwarz auf mattkarmin	35,–	65,–
14	1 M	rot	60,–	110,–
15	2 M	schwärzlichblau	100,–	130,–
16	3 M	violettschwarz	100,–	240,–
17	5 M	schwarz/karmin	280,–	800,–
		Satz (13 W.)	650,–	1400,–

1901, Jan. Kaiseryacht. Wertangabe in Dollarwährung. oWz. [21,5 × 26, 38 × 26]

18	1 C	braun	1,50	2,–
19	2 C	grün	2,20	2,–
20	4 C	rot	5,50	2,–
21	10 C	lilaultramarin	10,–	6,50
22	20 C	karmin/schwarz	40,–	24,–
23	40 C	karmin/schwarz auf mattrot	120,–	120,–
24	½ $	karminrot	85,–	100,–
25	1 $	schwärzlichblau	180,–	160,–
26	1½ $	schwarzviolett	1400,–	2000,–
27	2½ $	schwarz/karmin	1800,–	4200,–
		Satz (10 W.)	3500,–	6500,–

1905, Okt./1919. Wie MiNr. 18–27, jedoch mit Wz. 1. [21,5 × 26, 38 × 26]

Wz. 1

			✶	✶✶	⊙
28	1 C	braun	–,60	2,50	2,–
29	2 C	grün	–,60	2,50	2,50
30	4 C	rot	1,–	2,50	1,50
31	10 C	lilaultramarin	1,30	3,20	4,50
32	20 C	karmin/schwarz	2,–	5,–	20,–
33	40 C	karmin/schwarz auf mattrot	3,80	10,–	65,–
34	½ $	karminrot	10,–	30,–	80,–
35	1 $	schwärzlichblau	12,–	35,–	100,–
36	1½ $	schwarzviolett	15,–	85,–	260,–
37	2½ $	schwarz/karmin	35,–	125,–	600,–
		Satz (10 W.)	80,–	300,–	1100,–

Marianen

1899, 18. Nov. MiNr. 45–50 des Deutschen Reichs (sog. Krone/Adler) mit diagonalem Aufdruck (48°). [21 × 24]

				✶	◍[1])	⊙[2])
1 I	3 Pf	braun	(45)	2400,–	1000,–	2400,–
2 I	5 Pf	grün	(46)	3000,–	850,–	2000,–
3 I	10 Pf	lilarot	(47)	220,–	100,–	240,–
4 I	20 Pf	violett/ ultramarin	(48)	220,–	100,–	240,–
5 I	25 Pf	orange	(49)	3200,–	1300,–	3200,–
6 I	50 Pf	rötlichbraun	(50)	3200,–	1200,–	3000,–
		Satz (6 W.)		12000,–	4400,–	10000,–

[1]) Die Preise gelten für veränderte, jedoch innerhalb der Kurszeit angebrachte Abstempelungen.
[2]) Die Preise gelten nur für zeitgerechte Entwertungen; (BPP-) Prüfung unbedingt erforderlich!

1900, Mai. Wie MiNr. 1 I–6 I, jedoch mit steilem Aufdruck (56°). [21 × 24]

				✶	◍[1])	⊙[2])
1 II	3 Pf	braun	(45)	15,–	15,–	36,–
2 II	5 Pf	grün	(46)	20,–	15,–	38,–
3 II	10 Pf	lilarot	(47)	25,–	22,–	55,–
4 II	20 Pf	violett/ ultramarin	(48)	30,–	60,–	150,–
5 II	25 Pf	orange	(49)	75,–	75,–	190,–
6 II	50 Pf	rötlichbraun	(50)	75,–	100,–	250,–
		Satz (6 W.)		230,–	280,–	700,–

[1]) Die Preise gelten für veränderte, jedoch innerhalb der Kurszeit angebrachte Abstempelungen.
[2]) Die Preise gelten nur für zeitgerechte Entwertungen; (BPP-) Prüfung unbedingt erforderlich!

1901, Jan. Kaiseryacht. oWz. [21,5 × 26, 38 × 26]

			✶	⊙
7	3 Pf	braun	1,30	2,–
8	5 Pf	grün	1,30	2,20
9	10 Pf	rot	1,30	5,–
10	20 Pf	violettultramarin	1,50	8,50
11	25 Pf	orange/schwarz auf hellgelb	2,–	15,–
12	30 Pf	orange/schwarz auf mattorange	2,–	16,–
13	40 Pf	karmin/schwarz	2,–	16,–
14	50 Pf	lila/schwarz auf mattorange	2,40	18,–

			✶	⊙
15	80 Pf	karmin/schwarz auf mattkarmin	3,–	30,–
16	1 M	rot	6,–	85,–
17	2 M	schwärzlichblau	8,–	110,–
18	3 M	violettschwarz	10,–	160,–
19	5 M	schwarz/karmin	200,–	600,–
		Satz (13 W.)	240,–	1000,–

1916, 13. Juni/1919. Kaiseryacht. Wie MiNr. 7 und 19, jedoch mit Wz. 1. [21,5×26, 38×26]

Wz. 1

			✶	✶✶
20	3 Pf	braun	1,20	2,50
21	5 M	schwarz/karmin	40,–	250,–

Marshall-Inseln

1897, April/1899, 21. Juli. MiNr. 45–48 des Deutschen Reichs (sog. Krone/Adler) mit steilem Aufdruck „Marschall-Inseln"; I = sog. Jaluit-Ausgabe. [21×24]

				✶	⊙[1]
1 I	3 Pf	braun	(45)	4500,–	2600,–
2 I	5 Pf	grün	(46)	650,–	550,–
3 I	10 Pf	lilarot	(47)	75,–	110,–
4 I	20 Pf	viol'ultramarin	(48)	75,–	120,–

[1]) Preise gelten für Stempel „Jaluit Marschall-Inseln" (nur möglich bis Mai 1900)

1899, Mai. Wie MiNr. 1 I–4 I, jedoch II = sog. Berliner Ausgabe. [21×24]

				✶	◍[1])	⊙[2])
1 II	3 Pf	braun	(45)	170,–	380,–	850,–
2 II	5 Pf	grün	(46)	150,–	280,–	650,–
3 II	10 Pf	lilarot	(47)	60,–	70,–	180,–
4 II	20 Pf	violett/ ultramarin	(48)	60,–	70,–	180,–
5 II	25 Pf	orange	(49)	170,–	450,–	1100,–
6 II	50 Pf	rötlichbraun	(50)	170,–	450,–	1100,–
		Satz (6 W.)		750,–	1700,–	4000,–

MiNr. 1–6 (Jaluit-Ausgabe und Berliner Ausgabe) lassen sich nur schwer voneinander unterscheiden. (BPP-)Prüfung unerlässlich!

[1]) Die Preise gelten für rückdatierte Abstempelungen.
[2]) Die Preise gelten für Stempel „JALUIT MARSHALL-INSELN"

1899, Nov. MiNr. 45–50 des Deutschen Reichs mit Aufdruck „Marshall-Inseln". [21×24]

				✶	⊙[1])
7	3 Pf	braun	(45)	5,50	6,50
8	5 Pf	grün	(46)	11,–	15,–
9	10 Pf	lilarot	(47)	15,–	19,–
10	20 Pf	viol'ultramarin	(48)	19,–	30,–
11	25 Pf	orange	(49)	22,–	50,–
12	50 Pf	rötl'braun	(50)	35,–	55,–
		Satz (6 W.)		100,–	170,–

[1]) Preise gelten für Stempel „JALUIT MARSHALL-INSELN"

1901, Jan./März. Kaiseryacht. oWz. [21,5×26, 38×26]

			✶	⊙
13	3 Pf	braun	–,80	2,–
14	5 Pf	grün	–,80	2,–
15	10 Pf	rot	–,80	5,50
16	20 Pf	violettultramarin	1,10	11,–
17	25 Pf	orange/schwarz auf hellgelb	1,20	19,–
18	30 Pf	orange/schwarz auf mattorange	1,20	19,–
19	40 Pf	karmin/schwarz	1,20	19,–
20	50 Pf	lila/schwarz auf mattorange	2,–	28,–
21	80 Pf	karmin/schwarz auf mattkarmin	4,–	42,–
22	1 M	rot	6,–	100,–
23	2 M	schwärzlichblau	8,–	140,–
24	3 M	violettschwarz	12,–	240,–
25	5 M	schwarz/karmin	200,–	600,–
		Satz (13 W.)	240,–	1200,–

1916, Mai/1919. Kaiseryacht. Wie MiNr. 13 und 25, jedoch mit Wz. 1. [21,5×26, 38×26]

Wz. 1

			✶	✶✶
26	3 Pf	braun	1,–	2,40
27	5 M	schwarz/karmin	50,–	150,–

Samoa

1900, 17. Mai. MiNr. 45–50 des Deutschen Reichs (sog. Krone/Adler) mit schrägem Aufdruck. [21×24]

				★	⊙
1	3 Pf	braun (45)		11,–	15,–
2	5 Pf	grün (46)		14,–	20,–
3	10 Pf	lilarot (47)		11,–	20,–
4	20 Pf	violettultramarin (48)		22,–	34,–
5	25 Pf	orange (49)		45,–	90,–
6	50 Pf	rötlichbraun (50)		45,–	85,–
		Satz (6 W.)		140,–	260,–

1900, 10. Dez./1901. Kaiseryacht. oWz. [21,5×26, 38×26]

7	3 Pf	braun	1,20	1,30
8	5 Pf	grün	1,20	1,30
9	10 Pf	rot	1,20	1,30
10	20 Pf	violettultramarin	1,20	2,50
11	25 Pf	orange/schwarz auf hellgelb	1,30	14,–
12	30 Pf	orange/schwarz auf mattorange	1,60	12,–
13	40 Pf	karmin/schwarz	1,60	14,–
14	50 Pf	lila/schwarz auf mattorange	1,60	15,–
15	80 Pf	karmin/schwarz auf mattkarmin	3,20	35,–
16	1 M	rot	4,–	70,–
17	2 M	schwärzlichblau	5,50	120,–
18	3 M	violettschwarz	9,–	170,–
19	5 M	schwarz/karmin	230,–	600,–
		Satz (13 W.)	250,–	1000,–

1916, Mai/1919. Kaiseryacht. Wie MiNr. 7–9 und 19, jedoch mit Wz. 1. [21,5×26, 38×26]

Wz. 1

			★	★★
20	3 Pf	braun	1,20	3,–
21	5 Pf	grün	1,50	3,50
22	10 Pf	rot	1,50	3,80
23	5 M	schwarz/karmin	50,–	150,–
		Satz (4 W.)	50,–	160,–

Togo

1897, Aug./1899, Jan. MiNr. 45–50 des Deutschen Reichs (sog. Krone/Adler) mit schrägem Aufdruck. [21×24]

			★	⊙
1	3 Pf	braun (45)	6,50	8,50
2	5 Pf	grün (46)	6,–	3,40
3	10 Pf	lilarot (47)	7,–	3,80
4	20 Pf	violettultramarin (48)	7,–	16,–
5	25 Pf	orange (49)	45,–	70,–
6	50 Pf	rötlichbraun (50)	45,–	70,–
		Satz (6 W.)	110,–	160,–

1900, Nov. Kaiseryacht. oWz. [21,5×26, 38×26]

7	3 Pf	braun	1,20	1,50
8	5 Pf	grün	14,–	2,40
9	10 Pf	rot	26,–	2,–
10	20 Pf	violettultramarin	1,20	1,80
11	25 Pf	orange/schwarz auf hellgelb	1,20	12,–
12	30 Pf	orange/schwarz auf mattorange	1,60	12,–
13	40 Pf	karmin/schwarz	1,20	12,–
14	50 Pf	lila/schwarz auf mattorange	1,60	9,–
15	80 Pf	karmin/schwarz auf mattkarmin	3,–	20,–
16	1 M	rot	4,–	65,–
17	2 M	schwärzlichblau	6,50	100,–
18	3 M	violettschwarz	8,50	180,–
19	5 M	schwarz/karmin	200,–	600,–
		Satz (13 W.)	270,–	1000,–

1916, Mai/1919. Kaiseryacht. Wie MiNr. 7–9 und 19, jedoch mit Wz. 1. [21,5×26, 38×26]

Wz. 1

			★	★★	⊙
20	3 Pf	braun	1,–	2,50	
21	5 Pf	grün	1,50	3,20	2,60
22	10 Pf	rot	2,–	4,50	140,–
23	5 M	schwarz/karmin	40,–	120,–	
		Satz (4 W.)	44,–	130,–	

Deutsche Besetzungsausgaben 1914/1918

Landespost in Belgien

1914, 1. Okt./1916. Marken des Deutschen Reichs (Germania-Muster) mit Aufdruck. [21,5×26, 38×26]

			✶	⊙
1	3 C auf 3 Pf	(84)	–,40	–,60
2	5 C auf 5 Pf	(85)	–,40	–,60
3	10 C auf 10 Pf	(86)	–,40	–,60
4	25 C auf 20 Pf	(87)	3,–	3,–
5	50 C auf 40 Pf	(90)	5,–	2,–
6	75 C auf 60 Pf	(92)	1,20	2,50
7	1 F auf 80 Pf	(93)	2,50	3,50
8	1 F 25 C auf 1 M	(94)	25,–	20,–
9	2 F 50 C auf 2 M	(95)	25,–	20,–
	Satz (9 W.)		60,–	45,–

1916, ab Mai./1918. Marken des Deutschen Reichs (Germania-Muster), jedoch mit Aufdruck „Cent" statt „Centimes"/„C.", „F" statt „Franc"/„Fr". [21,5×26, 38×26]

10	2 C auf 2 Pf	(102)	–,30	1,40
11	3 C auf 3 Pf	(84)	–,90	2,–
12	5 C auf 5 Pf	(85)	1,–	3,–
13	8 C auf 7½ Pf	(99)	–,90	2,60
14	10 C auf 10 Pf	(86)	–,90	2,–
15	15 C auf 15 Pf	(100)	2,50	2,50
16	15 C auf 15 Pf	(101)	1,20	2,50
17	20 C auf 25 Pf	(88)	–,40	1,80
18	25 C auf 20 Pf	(87)	1,–	2,20
19	40 C auf 30 Pf	(89)	–,40	1,20
20	50 C auf 40 Pf	(90)	1,20	2,50
21	75 C auf 60 Pf	(92)	1,70	50,–
22	1 F auf 80 Pf	(93)	2,–	25,–
23	1 F 25 C auf 1 M	(94)	10,–	10,–
24	2 F 50 C auf 2 M	(95)	40,–	35,–
25	6 F 25 C auf 5 M	(97 A)	60,–	90,–
	Satz (16 W.)		110,–	220,–

Etappengebiet West

1916, 1. Dez. Marken des Deutschen Reichs (Germania-Muster) mit Aufdruck. [21,5×26, 38×26]

			✶	⊙
1	3 C auf 3 Pf	(84)	–,50	1,40
2	5 C auf 5 Pf	(85)	1,50	2,50
3	8 C auf 7½ Pf	(99)	1,–	2,80
4	10 C auf 10 Pf	(86)	4,–	4,–
5	15 C auf 15 Pf	(100)	–,50	1,40
6	25 C auf 20 Pf	(87)	1,20	4,–
7	40 C auf 30 Pf	(89)	1,20	2,50
8	50 C auf 40 Pf	(90)	1,20	3,50
9	75 C auf 60 Pf	(92)	6,50	20,–
10	1 F auf 80 Pf	(93)	4,–	30,–
11	1 F 25 C auf 1 M	(94)	40,–	30,–
12	2 F 50 C auf 2 M	(95)	50,–	40,–
	Satz (12 W.)		100,–	140,–

Postgebiet Oberbefehlshaber Ost

1916, 15. Jan./1918. Marken des Deutschen Reichs (Germania-Muster) mit Aufdruck. [21,5×26, 38×26]

1	2½ Pf grau	(98)	1,–	2,–
2	3 Pf braun	(84)	–,50	–,80
3	5 Pf grün	(85)	1,–	2,20
4	7½ Pf orange	(99)	1,–	2,50

				✶	⊙
5	10 Pf	rot	(86)	3,50	2,20
6	15 Pf	braun	(100)	5,–	5,–
7	15 Pf	violett	(101)	1,–	2,50
8	20 Pf	blau	(87)	2,20	2,50
9	25 Pf	orange/schwarz auf gelb	(88)	–,40	1,20
10	40 Pf	rot/schwarz	(90)	2,–	8,–
11	50 Pf	purpur/schwarz auf gelb	(91)	3,–	4,–
12	1 M	rosa	(94)	12,–	8,–
		Satz (12 W.)		30,–	40,–

Notausgabe Dorpat

1918, 5. März. Russische Marken mit Aufdruck der deutschen Währung. [20×25]

1	20 Pf auf 10 Kop blau	(69)	50,–	200,–
2	40 Pf auf 20 Kop mehrfarbig	(72)	50,–	200,–

Private Verbindungspost Grodno

1919, 1. Mai. Russische bzw. ukrainische Marken mit Aufdruck. [20×25]

1	40 Gr auf 1 Kop orange	(Ukr 8)	900,–	1400,–
2	40 Gr auf 1 Kop orange	(Rus 64)	900,–	1400,–
3	40 Gr auf 2 Kop grün	(Rus 65)	900,–	1400,–
4	40 Gr auf 3 Kop rot	(Rus 66)	900,–	1400,–
5	40 Gr auf 5 Kop lila	(Rus 68)	900,–	1400,–

MiNr. 1–5 werden nicht BPP-geprüft!

Notausgabe für Libau

1919, 2. Jan. Marken des Deutschen Reichs (Germania-Muster) mit Aufdruck, a = Aufdruck violettblau, b = Aufdruck rot. [21,5×26]

			a ✶	a ⊙	b ✶	b ⊙
1	5 Pf	(85)	*280,–*	*150,–*	*280,–*	*130,–*
2	10 Pf	(86)	*240,–*	*60,–*	–,–	–,–
3	15 Pf	(101)	*400,–*	*400,–*	*450,–*	*130,–*
4	20 Pf	(87)	*170,–*	*80,–*	*170,–*	*80,–*
5	25 Pf	(88)	*850,–*	*650,–*	*600,–*	*400,–*
6	50 Pf	(91)	*850,–*	*650,–*	*600,–*	*400,–*

Deutsche Post in Polen

1915, 12. Mai. Marken des Deutschen Reichs (Germania-Muster) mit Aufdruck. [21,5×26]

				✶	⊙
1	3 Pf	braunocker	(84)	1,–	–,50
2	5 Pf	dunkelgrün	(85)	1,–	–,50
3	10 Pf	karminrot	(86)	1,–	–,80
4	20 Pf	lilaultramarin	(87)	7,–	–,80
5	40 Pf	rötlichkarmin/schwarz	(90)	5,–	3,50
		Satz (5 W.)		15,–	6,–

1916, 1. Aug./1917 Marken des Deutschen Reichs (Germania-Muster) mit Aufdruck.

6	2½ Pf	olivgrau	(98)	1,–	2,–
7	3 Pf	braunocker	(84)	1,–	2,80
8	5 Pf	dunkelgrün	(85)	1,–	3,50
9	7½ Pf	orange	(99)	1,–	2,–
10	10 Pf	karminrot	(86)	4,–	2,–
11	15 Pf	gelbbraun	(100)	3,50	3,–
12	15 Pf	grauviolett	(101)	1,–	2,–
13	20 Pf	violettultramarin	(87)	4,–	2,50
14	30 Pf	rotorange/schwarz	(89)	8,–	14,–
15	40 Pf	karminrot/schwarz	(90)	3,–	2,20
16	60 Pf	graupurpur	(92)	3,–	2,80
		Satz (11 W.)		25,–	37,–

Militärverwaltung in Rumänien

1917, 1. Juni. Marken des Deutschen Reichs (Germania-Muster) mit Aufdruck. [21,5×26]

1	15 Bani auf 15 Pf	(101)	1,–	1,–
2	25 Bani auf 20 Pf	(87)	1,–	1,–
3	40 Bani auf 30 Pf	(89)	20,–	40,–
	Satz (3 W.)		22,–	40,–

1917, 2. Juli./1918. Marken des Deutschen Reichs (Germania-Muster) mit geändertem Aufdruck. [21,5×26]

4	10 Bani auf 10 Pf	(86)	2,–	2,–
5	15 Bani auf 15 Pf	(101)	7,–	8,–
6	25 Bani auf 20 Pf	(87)	4,–	6,–
7	40 Bani auf 30 Pf	(89)	2,–	2,–
	Satz (4 W.)		15,–	18,–

1918, 1. März. Marken des Deutschen Reichs (Germania-Muster) mit Aufdruck. [21,5×26]

			✶	⊙
8	5 Bani auf 5 Pf	(85)	1,–	2,–
9	10 Bani auf 10 Pf	(86)	1,–	2,–
10	15 Bani auf 15 Pf	(101)	–,30	–,60
11	25 Bani auf 20 Pf	(87)	1,–	2,–
12	40 Bani auf 30 Pf	(89)	–,30	1,–
	Satz (5 W.)		3,50	7,50

Portomarken

1918, 1. Juli. Portomarken von Rumänien, ähnlich P 32, 33, 35–37, jedoch oWz. mit Aufdruck. [24×27,5]

1	5 Bani blau auf olivgelb	20,–	18,–
2	10 Bani blau auf olivgelb	10,–	30,–
3	20 Bani blau auf olivgelb	4,–	4,–
4	30 Bani blau auf olivgelb	4,–	4,–
5	50 Bani blau auf olivgelb	4,–	4,–
	Satz (5 W.)	40,–	60,–

1918, Aug. Wie vorher, jedoch mit Wz. „PR“ in Monogrammform. [24×27,5]

6	5 Bani blau auf graugrün	24,–	120,–
7	10 Bani blau auf graugrün	24,–	120,–

1918, Sept. Rumänische Zwangszuschlagsportomarke von 1916 mit Wz. „PR“ in Monogrammform mit Aufdruck wie vorher. [24×27,5]

8	10 Bani rot auf grünlich	4,–	*60,–*

Zwangszuschlagsmarken (Kriegssteuermarken)

1917, 25. Juni. Kriegssteuermarken von Rumänien mit Aufdruck. [24×27,5]

1	5 Bani dunkelgrau	1,20	5,–
2	10 Bani braun	1,20	5,–

1917, 10. Aug. Kriegssteuermarken von Rumänien mit geändertem Aufdruck. [24×27,5]

		✶	⊙
3	10 Bani braun	30,–	25,–

1917. Wie MiNr. 3, jedoch Farbänderung. [24×27,5]

4	10 Bani grauviolett	2,50	8,–

1918, 1. Okt. Farbänderung, Aufdruck wie vorher. [24×27,5]

5	5 Bani schwarz	2,50	7,–

1917, 1. Juni. Stempelmarke von Rumänien mit senkrechtem Aufdruck. [33×35]

6	10 Bani graubraun	140,–	60,–

1917, 15. Sept. Wie MiNr. 6, jedoch Farbänderung mit Aufdruck wie MiNr. 3–5. [24×27,5]

7	10 Bani gelbbraun	12,–	16,–

Etappengebiet der 9. Armee

1918, 10. März. Marken des Deutschen Reichs (Germania-Muster) mit Aufdruck. [21,5×26]

1	10 Pf	(86)	12,–	100,–
2	15 Pf	(101)	18,–	50,–
3	20 Pf	(87)	2,50	4,–
4	30 Pf	(89)	18,–	35,–
	Satz (4 W.)		50,–	180,–

Deutsche Abstimmungsgebiete

Allenstein

1920, 12. April/1. Mai. Marken des Deutschen Reichs (Germania-Muster) mit Aufdruck. [21,5×26, 38×26]

			*	**	⊙
1	5 Pf	(85)	–,50	1,50	1,50
2	10 Pf	(86)	–,50	1,50	1,50
3	15 Pf	(101)	–,50	1,50	1,50
4	15 Pf	(142)	7,–	18,–	15,–
5	20 Pf	(87)	–,50	2,–	2,–
6	30 Pf	(89)	–,50	2,–	2,–
7	40 Pf	(90)	–,50	1,50	1,50
8	50 Pf	(91)	–,50	1,80	1,50
9	75 Pf	(104)	–,50	1,80	1,50
10	1 M	(94)	2,–	6,–	8,50
11	1,25 M	(113)	2,–	6,–	7,–
12	1,50 M	(114)	1,20	4,–	5,50
13	2,50 M	(115)	3,–	8,–	14,–
14	3 M	(96)	3,–	7,–	9,–
	Satz (14 W.)		22,–	60,–	70,–

1920, Mai/Juni. Marken des Deutschen Reichs (Germania-Muster) mit Hochoval-Aufdruck. [21,5×26, 38×26]

			*	**	⊙
15	5 Pf	(85)	–,50	1,50	1,20
16	10 Pf	(86)	–,50	1,50	1,20
17	15 Pf	(101)	–,50	1,50	1,20
18	15 Pf	(142)	25,–	60,–	50,–
19	20 Pf	(87)	–,80	2,–	2,–
20	30 Pf	(89)	–,50	1,50	1,20
21	40 Pf	(90)	–,50	1,50	1,20
22	50 Pf	(91)	–,50	1,50	1,20
23	75 Pf	(104)	–,80	2,–	2,–
24	1 M	(94)	1,80	4,50	5,–
25	1,25 M	(113)	1,80	4,50	5,–
26	1,50 M	(114)	1,20	3,–	5,–
27	2,50 M	(115)	3,–	8,–	8,–
28	3 M	(96)	2,20	5,–	4,–
	Satz (14 W.)		38,–	90,–	80,–

Marienwerder

1920, 13. März/28. Mai. 1. Mailänder Ausgabe, Inschrift oben „Commission Interalliée". [26×31]

			*	**	⊙
1	5 Pf	opalgrün	–,80	2,50	3,–
2	10 Pf	bräunlichrot bis karmin	–,80	2,50	2,50
3	15 Pf	dunkelgraugrün	–,80	2,50	3,50
4	20 Pf	braunorange	–,80	3,–	2,50
5	25 Pf	blau bis dkl'ultramarin	–,80	2,50	3,50
6	30 Pf	orange bis rötlichorange	1,10	3,–	3,50
7	40 Pf	orangebraun	–,80	2,50	3,50
8	50 Pf	braunviolett	–,80	2,50	3,–
9	60 Pf	bräunlichkarmin bis braunrot	5,–	15,–	5,–
10	75 Pf	dunkelrötlichbraun	1,10	3,–	3,–
11	1 M	dkl'grün/orangebraun	–,80	2,50	2,50
12	2 M	schwarzbraunviolett	2,50	7,–	6,–
13	3 M	dunkelzinnober bis orangerot	6,–	15,–	9,–
14	5 M	dkl'blau/dkl'rot	35,–	100,–	25,–
		Satz (14 W.)	55,–	150,–	75,–

1920, 27. März/11. Mai. Marken des Deutschen Reichs (Germania-Muster) mit Aufdruck. [21,5×26, 38×26]

			*	**	⊙
15	5 Pf	(85)	18,–	50,–	35,–
16	20 Pf	(87)	9,–	25,–	35,–
17	50 Pf	(91)	450,–	1000,–	1000,–
18	75 Pf	(104)	6,–	15,–	12,–
19	80 Pf	(93)	90,–	190,–	150,–
20	1 M	(94 B)	100,–	230,–	200,–
	Satz (6 W.)		650,–	1500,–	1400,–

1920, März. Versuchsaufdrucke: MiNr. 94 des Deutschen Reichs mit dreizeiligem Aufdruck. [38×26]

I

II

				✶	✶✶	⊙
21	1 M	dkl'karminrot . . (94 B)				
I		Blockschrift		–,–		
II		Mediävalschrift				
a		Aufdruck schwarz . . .		*3500,–*	*5000,–*	*7000,–*
b		Aufdruck rot		*5500,–*	–,–	*7000,–*

1920, 21. April/11. Mai. Marken des Deutschen Reichs (Germania-Muster) mit Aufdruck wie MiNr. 15–20 und zusätzlichem Wertaufdruck. [21,5 × 26]

22	1 Mauf 2 Pf	(102)	40,–	150,–	60,–
23	2 M auf 2 ? Pf	(98)	20,–	90,–	25,–
24	3 M auf 3 Pf	(84)	20,–	90,–	25,–
25	5 M auf 7 ? Pf	(99)	20,–	90,–	25,–
	Satz (4 W.)		100,–	400,–	130,–

1920, 9./16. Juli. MiNr. A 113–115 mit Aufdruck. [38 × 26]

26	1 M	. . . . (A 113)	3,–	9–	9,–
27	1,25 M	. . . . (113)	4,–	10,–	11,–
28	1,50 M	. . . . (114)	5,–	13,–	12,–
29	2,50 M	. . . . (115)	3,–	9,–	11,–
		Satz (4 W.)	15,–	40,–	40,–

1920, 11. Juli/3. Aug. 2. Mailänder Ausgabe, Inschrift oben „PLÉBISCITE", unten „MARIENWERDER KWIDZYN". [26 × 31]

30	5 Pf	opalgrün	6,–	15,–	2,50
31	10 Pf	bräunlichrot	6,–	15,–	2,50
32	15 Pf	dunkelgraugrün . . .	20,–	45,–	17,–
33	20 Pf	braunorange	4,–	10,–	2,50
34	25 Pf	dunkelultramarin . .	20,–	50,–	22,–
35	30 Pf	orange	4,–	10,–	2,–
36	40 Pf	orangebraun	4,–	10,–	2,–
37	50 Pf	braunviolett	3,–	8,–	2,50
38	60 Pf	braunrot	10,–	25,–	7,–
39	75 Pf	schw'rötlichbraun .	10,–	30,–	7,–
40	1 M	dkl'grün/orangebraun	4,–	10,–	2,–
41	2 M	schw'braunviolett . .	4,–	10,–	2,–
42	3 M	dunkelzinnober bis orangerot	4,–	10,–	2,50
43	5 M	blau/dunkelrosa . . .	6,–	15,–	3,50
		Satz (14 W.)	100,–	250,–	75,–

Oberschlesien

1920, 20 Febr. Ziffern. [20 × 24]

			✶	✶✶	⊙
1	2½ Pf	grünschwarz	–,50	1,50	1,–
2	3 Pf	rotbraun	–,50	1,50	1,50
3	5 Pf	dunkelgrün	–,30	1,50	1,–
4	10 Pf	dkl'rotorange	–,50	1,50	1,60
5	15 Pf	dunkelviolett	–,30	1,50	1,–
6	20 Pf	dunkelgraublau . . .	–,30	1,50	1,–
7	50 Pf	braunpurpur	6,–	18,–	10,–
8	1 M	rotkarmin	6,–	18,–	14,–
9	5 M	dunkelorange	6,–	20,–	14,–
		Satz (9 W.)	20,–	65,–	45,–

1920, März/Mai. MiNr. 6 und 9 mit Aufdruck. [20 × 24]

10	5 Pf auf 20 Pf	(6)	1,40	3,50	4,–
11	10 Pf auf 20 Pf	(6)	1,40	3,50	4,–
12	50 Pf auf 5 M	(9)	38,–	260,–	65,–
	Satz (3 W.)		40,–	260,–	70,–

1920, 26. März. Schlesische Hüttenwerke. [25 × 20, 41 × 24]

13	2½ Pf	türkisgrau	–,40	2,50	1,–
14	3 Pf	schwarzbräunlichrot	–,70	3,–	1,–
15	5 Pf	dunkelopalgrün . . .	–,40	2,50	1,–
16	10 Pf	dunkelrotorange . . .	–,70	3,–	1,–
17	15 Pf	dunkelgrauviolett . .	–,70	3,–	1,–
18	20 Pf	kobalt bis grünl'blau	1,–	4,–	2,50
19	25 Pf	dunkelbraun	1,–	3,50	1,–
20	30 Pf	gelblichorange	1,–	3,–	1,–
21	40 Pf	grünoliv	1,–	3,–	1,30
22	50 Pf	blauschwarz	1,30	4,–	1,–
23	60 Pf	cyanblau	–,70	3,–	2,–
24	75 Pf	grün	2,–	6,–	2,50
25	80 Pf	lilabraun	2,–	6,50	1,30
26	1 M	rosalila	2,–	6,50	1,–
27	2 M	mittel- bis dkl'braun	2,–	5,50	1,–
28	3 M	dunkelviolett	1,60	5,–	1,–
29	5 M	rötlichorange	5,–	20,–	5,50
		Satz (17 W.)	20,–	80,–	25,–

1921, 20. März. Volksabstimmung. MiNr. 16–26 mit Aufdruck. [25×20, 41×24]

			✶	✶✶	⊙
30	10 Pf	(16)	5,–	18,–	12,–
31	15 Pf	(17)	5,–	17,–	12,–
32	20 Pf	(18)	7,–	30,–	17,–
33	25 Pf	(19)	15,–	55,–	40,–
34	30 Pf	(20)	13,–	55,–	25,–
35	40 Pf	(21)	13,–	55,–	25,–
36	50 Pf	(22)	13,–	70,–	35,–
37	60 Pf	(23)	15,–	80,–	30,–
38	75 Pf	(24)	15,–	120,–	35,–
39	80 Pf	(25)	25,–	150,–	45,–
40	1 M	(26)	30,–	160,–	80,–
		Satz (11 W.)	150,–	800,–	350,–

1922, März. Wie MiNr. 23–25, jedoch geänderte Farben und mit neuem Wertaufdruck. [41×24]

41	4 M auf 60 Pf oliv	1,–	4,–	2,50
42	10 M auf 75 Pf dkl'zinnober	1,50	6,–	3,50
43	20 M auf 80 Pf orange	8,–	30,–	20,–
	Satz (3 W.)	10,–	40,–	24,–

Dienstmarken

Alle ⊙-Preise gelten nur für (BPP)-geprüfte Stücke!

1920, April. Dienstmarken MiNr. 16–22 des Deutschen Reichs mit Aufdruck. [21,5×26]

1	5 Pf	(D16)	–,40	1,50	4,–
2	10 Pf	(D17)	–,40	1,50	4,–
3	15 Pf	(D18)	–,40	1,50	4,–
4	20 Pf	(D19)	–,40	1,50	4,–
5	30 Pf	(D20)	–,40	1,50	4,–
6	50 Pf	(D21)	1,–	3,50	4,–
7	1 M	(D22)	8,–	40,–	16,–
		Satz (7 W.)	11,–	50,–	35,–

1920, Juli/1922. Dienstmarken MiNr. 23–29, 30–33, 66 und 70 des Deutschen Reichs mit Aufdruck. [21,5×26]

			✶	✶✶	⊙
8	5 Pf	(D23)	1,–	6,–	10,–
9	10 Pf	(D24)	–,30	2,–	4,–
10	15 Pf	(D25)	–,30	2,–	4,–
11	20 Pf	(D26)	–,30	2,–	4,–
12	30 Pf	(D27)	–,30	2,–	4,–
13	40 Pf	(D28)	–,30	2,–	4,–
14	50 Pf	(D29)	–,30	2,–	4,–
15	60 Pf	(D66)	–,30	2,–	4,–
16	1 M	(D30)	–,30	2,–	4,–
17	1,25 M	(D31)	–,30	2,–	5,–
18	2 M	(D32)	10,–	40,–	15,–
19	2 M	(D70)	–,30	2,–	4,–
20	5 M	(D33)	–,30	2,–	4,–
		Satz (13 W.)	14,–	65,–	65,–

Ausgabe der französischen Besatzungsbehörde

1920, 14.–19. Febr. Sog. Oppelner Notausgabe Marken des Deutschen Reichs mit blauem Handstempelaufdruck. [21,5×26, 38×26]

1	2 Pf	(102)	–,–	–,–	4000,–
2	2½ Pf	(98)	2200,–	3800,–	900,–
3	3 Pf	(84 II)	–,–	–,–	850,–
4	5 Pf	(85 II)	1200,–	2000,–	600,–
5	7½ Pf	(99)	2200,–	3800,–	1000,–
6	10 Pf	(86 II)	800,–	1400,–	380,–
7	15 Pf	(101)	800,–	1400,–	300,–
8	20 Pf	(87 II)	800,–	1400,–	380,–
9	25 Pf	(88 II)	–,–	–,–	*4000,–*
10	30 Pf	(89 II)	1400,–	2200,–	320,–
11	35 Pf	(103)	1400,–	2200,–	300,–
12	40 Pf	(90 II)	900,–	1500,–	300,–
13	50 Pf	(91 II)	900,–	1500,–	300,–
14	60 Pf	(92 II)	1400,–	2200,–	300,–
15	75 Pf	(104)	800,–	1400,–	300,–
16	80 Pf	(93 II)	–,–	–,–	4000,–
17	1 M	(94 B II)	2200,–	3800,–	900,–
18	2 M	(95 B II)	–,–	–,–	*4000,–*

Nationalversammlungs-Marken des Deutschen Reiches mit gleichem blauem Handstempelaufdruck.

			✶	✶✶	⊙
19	10 Pf	(107)	1500,–	2500,–	1200,–
20	15 Pf	(108)	–,–	–,–	1200,–
21	25 Pf	(109)	–,–	–,–	*11000,–*
22	30 Pf	(110)	1500,–	2500,–	1600,–

MiNr. 23–24 fallen aus.

Marken des Deutschen Reiches mit gleichem Handstempelaufdruck in Rot.

25	5 Pf	(85 II)	–,–	–,–	10000,–
26	10 Pf	(86 II)	–,–	–,–	10000,–
27	15 Pf	(101)	–,–	–,–	10000,–
28	20 Pf	(87 II)	–,–	–,–	4000,–
29	30 Pf	(89 II)	–,–	–,–	10000,–
30	35 Pf	(103)	–,–	–,–	10000,–
31	40 Pf	(90 II)	–,–	–,–	10000,–
A 31	50 Pf	(91 II)	–,–	–,–	*20000,–*
32	60 Pf	(92 II)	–,–	–,–	10000,–
33	75 Pf	(104)	–,–	–,–	10000,–
34	1 M	(94 B II)			*20000,–*

Östliches Oberschlesien

Insurgenten-Ausgabe

1921, 14. Juni. Industrielandschaft. A = gez., B = □. [21,5×26]

				✶	✶✶	⊙
1		10 F	orangerot			
	A		gez.	50,–	200,–	100,–
	B		□	10,–	45,–	30,–
2		20 F	violett			
	A		gez.	50,–	200,–	100,–
	B		□	10,–	45,–	30,–
3		30 F	orange			
	A		gez.	50,–	200,–	120,–
	B		□	30,–	110,–	100,–
4		40 F	graugrün			
	A		gez.	50,–	200,–	100,–
	B		□	10,–	45,–	30,–
5		50 F	oliv			
	A		gez.	50,–	200,–	120,–
	B		□	30,–	110,–	100,–
6		60 F	graublau			
	A		gez.	50,–	200,–	120,–
	B		□	10,–	45,–	30,–
7		1 M	orangerot			
	A		gez.	50,–	200,–	120,–
	B		□	30,–	110,–	100,–
			Satz A (7 W.)	350,–	1400,–	780,–
			Satz B (7 W.)	130,–	500,–	400,–

Reguläre Ausgabe

1922, 19. Juni, 21. Nov. Polnischer Wappenadler, Bergmann. [20×26, 30×26]

1	5 F	blau	1,20	10,–	1,50
2	10 F	violett	1,20	10,–	1,50
3	20 F	orangerot	1,20	10,–	1,50
4	40 F	braun	1,20	10,–	1,50
5	50 F	rotorange	1,20	10,–	1,50
6	75 F	grünlichblau	1,20	10,–	1,50
7	1 M	schwarz	1,20	10,–	1,50
8	1,25 M	schwarzgrün	1,20	10,–	2,50
9	2 M	karminrot	1,20	10,–	1,50
10	3 M	gelblichgrün	1,20	10,–	1,50
11	4 M	ultramarin	1,20	10,–	2,–
12	5 M	orangebraun	1,20	10,–	1,50
13	6 M	gelblichrot	1,40	15,–	7,–
14	10 M	lilabraun	1,40	15,–	1,50
15	20 M	graulila	1,40	15,–	1,50
16	50 M	grünoliv	1,40	15,–	11,–
		Satz (16 W.)	20,–	180,–	40,–

1923 März/13. April. Bergmann. [30×26]

			✶	✶✶	⊙
17	80 M	orangerot	5,–	40,–	22,–
18	100 M	grauviolett	6,–	40,–	18,–
19	200 M	orange	9,–	60,–	28,–
20	300 M	blau	15,–	100,–	100,–
		Satz (4 W.)	35,–	240,–	160,–

Saargebiet

1920, 29. Jan./1. März. Marken des Deutschen Reiches mit Aufdruck. [21,5×26, 38×26]

1	2 Pf	(102)	2,–	5,–	6,–
2	2½ Pf	(98)	2,–	5,–	7,–
3	3 Pf	(84 II)	1,30	2,50	3,50
4	5 Pf	(85 II)	–,60	1,20	1,20
5	7½ Pf	(99)	–,80	1,30	2,20
6	10 Pf	(86 II)	–,70	1,30	1,30
7	15 Pf	(101)	–,60	1,30	1,30
8	20 Pf	(87 II)	–,60	1,30	1,30
9	25 Pf	(88 II)	12,–	27,–	25,–
10	30 Pf	(89 II)	22,–	40,–	40,–
11	35 Pf	(103)	–,70	1,30	1,60
12	40 Pf	(90 II)	–,70	1,50	1,60
13	50 Pf	(91 II)	–,70	1,80	1,30
14	60 Pf	(92 II)	–,60	1,20	1,30
15	75 Pf	(104)	–,60	1,20	1,50
16	80 Pf	(93 II)	240,–	600,–	350,–
17	1 M	(94 II)	35,–	65,–	50,–
		Satz (17 W.)	300,–	750,–	450,–

A 1 2 (Pf) . . (83 I) –,– *10000,–* –,–

1920, 1. März. Marken von Bayern mit Aufdruck „SARRE“. [21,5×26, 25×29, 34×40]

18	5 Pf	(112 A)	–,90	2,–	2,–
19	10 Pf	(114 A)	–,90	2,–	2,–
20	15 Pf	(115 A)	1,20	2,–	2,40
21	20 Pf	(97 II A)	–,80	2,–	2,–
22	25 Pf	(98 II A)	14,–	28,–	20,–
23	30 Pf	(99 II A)	8,–	18,–	14,–
24	40 Pf	(100 II A)	13,–	26,–	20,–
25	50 Pf	(101 II A)	2,50	5,50	5,50
26	60 Pf	(102 II A)	4,–	8,–	10,–

			*	**	⊙
27	1 M	........(104 II A)	20,–	50,–	40,–
28	2 M	........(105 II A)	75,–	160,–	170,–
29	3 M	........(106 II A)	150,–	350,–	200,–
30	5 M	........(107 II A)	1000,–	2300,–	1100,–
31	10 M	........(108 II A)	180,–	400,–	320,–
	Satz (14 W.)	......	1400,–	3300,–	1900,–

1920, März, Marken von Bayern mit gleichem Aufdruck. [21,5×26, 34×40]

A 31	2 Pf	.....(110 A)	1100,–	2500,–	6000,–
B 31	3 Pf	.....(94 A II)	100,–	280,–	800,–
C 31	7½ Pf	.....(113 A)	40,–	90,–	350,–
D 31	20 M	....(109 II A)	*160000,–*	*250000,–*	–,–

1920, 10. April. Marken des Deutschen Reiches mit Aufdruck „SAARGEBIET“. [21,5×26, 38×26]

32	5 Pf	...........(85 II)	–,30	–,60	–,60
33	10 Pf	...........(86 II)	–,30	–,60	–,60
34	15 Pf	...........(101)	–,30	–,80	–,60
35	20 Pf	...........(87 II)	–,30	–,80	–,60
36	30 Pf	...........(89 II)	–,50	1,20	–,60
37	40 Pf	...........(90 II)	–,40	–,80	–,60
38	50 Pf	...........(91 II)	–,70	1,40	–,60
39	60 Pf	...........(92 II)	–,80	2,–	–,60
40	75 Pf	...........(104)	–,90	2,–	–,60
41	1,25 M	...........(113)	3,50	7,–	1,50
42	1,50 M	...........(114)	2,50	5,50	1,50
43	2,50 M	...........(115)	6,–	12,–	17,–
	Satz (12 W.)	......	16,–	30,–	25,–

1920. Marken des Deutschen Reiches mit Aufdruck wie MiNr. 32–40. [21,5×26]

44	5 Pf	...........(140)	–,60	1,30	1,–
45	10 Pf	...........(141)	–,60	1,30	–,60
46	20 Pf	...........(143)	1,20	2,50	–,60
47	30 Pf	...........(144)	–,70	1,70	–,90
48	40 Pf	...........(145)	1,30	2,50	–,90
49	4 M	...........(153)	11,–	24,–	28,–
	Satz (6 W.)	....	15,–	32,–	30,–

1921, 4./5. Febr. Saargebiet MiNr. 40 und Deutsches Reich MiNr. 142 mit zusätzlichem neuem Wertaufdruck. [21,5×26]

50	20	auf 75 Pf ......(40)	–,50	1,50	1,50
51	5 M	auf 15 Pf ..(DR 142)	7,–	22,–	20,–
52	10 M	auf 15 Pf ..(DR 142)	7,50	23,–	24,–
	Satz (3 W.)	....	15,–	45,–	45,–

1921, 19. Febr./21. April. Landschaftsbilder. [30×24, 24×30, 40×36]

			**	⊙
53	5 Pf	Mühle bei Mettlach	–,80	–,60
54	10 Pf	Bergmann	1,–	–,60
55	20 Pf	Förderturm	–,80	1,30
56	25 Pf	Schiffe	1,–	1,–
57	30 Pf	Saarschleife, grünoliv/rot .	5,–	28,–
58	30 Pf	Saarschleife, blaugrün/rot .	1,–	–,90
59	40 Pf	Schlackenhalde	1,–	–,60
60	50 Pf	Signalbrücke	2,50	5,–
61	60 Pf	Der „Alte Turm“	4,–	4,50
62	80 Pf	„Alte Brücke“	1,70	1,30
63	1 M	Drahtseilbahn	2,–	2,–
64	1,25 M	Förderturm	3,–	2,50
65	2 M	Neues Rathaus	7,–	5,–
66	3 M	Steingutfabrik	9,–	12,–
67	5 M	Ludwigskirche	22,–	28,–
68	10 M	Landratsamt	25,–	30,–
69	25 M	Burbacher Hütte	100,–	100,–
		Satz (17 W.) ..... * 80,–	180,–	220,–

1921, 30. April/Juli. MiNr. 55–69 mit Wertaufdruck in französischer Währung. [30×24, 24×30, 40×36]

70	3 C	auf 20 Pf ....(55)	–,90	–,60
71	5 C	auf 25 Pf ....(56)	1,–	–,60
72	10 C	auf 30 Pf ....(58)	1,–	–,60
73	15 C	auf 40 Pf ....(59)	1,40	–,60
74	20 C	auf 50 Pf ....(60)	1,–	–,60
75	25 C	auf 60 Pf ....(61)	1,30	–,60
76	30 C	auf 80 Pf ....(62)	4,50	1,30

			✱✱	⊙
77	40 C	auf 1 M .... (63)	6,–	–,60
78	50 C	auf 1,25 M .... (64)	10,–	1,30
79	75 C	auf 2 M .... (65)	18,–	2,50
80	1 Fr	auf 3 M .... (66)	18,–	3,–
81	2 Fr	auf 5 M .... (67)	40,–	8,–
82	3 Fr	auf 10 M .... (68)	60,–	32,–
83	5 Fr	auf 25 M .... (69)	60,–	45,–
		(Satz 14 W.) ... ✱ 80,–	220,–	90,–

1922, 1. März/Dez. Landschaftsbilder. [33×27,5, 27,5×33, 40×36]

84	3 C	Seilbahn Fenne	–,90	–,80
85	5 C	Bergmann	–,90	–,50
86	10 C	„Alte Brücke"	–,90	–,50
87	15 C	Seilbahn Fenne	3,50	–,50
88	20 C	Neues Rathaus	45,–	–,50
89	25 C	Neues Rathaus	18,–	2,80
90	30 C	Schlackenhalde	6,50	2,60
91	40 C	Steingutfabrik	5,–	–,50
92	50 C	Hafen, Saarbrücken	2,50	–,50
93	75 C	Steingutfabrik	45,–	30,–
94	1 Fr	Ludwigskirche	12,–	1,–
95	2 Fr	Förderturm	18,–	4,–
96	3 Fr	Der „Alte Turm"	75,–	8,–
97	5 Fr	Burbacher Hütte	75,–	55,–
		Satz (14 W.) .... ✱ 110,–	300,–	100,–

1923, Sept./Okt. Wie MiNr. 87–89 und 93, jedoch geänderte Farben. [30×24]

98	15 C	orange	8,50	–,50
99	20 C	blau/gelb	12,–	–,50
100	25 C	lila/gelb	8,50	–,50
101	75 C	graugrün/gelb	95,–	4,–
		Satz (4 W.) ...... ✱ 50,–	120,–	5,–

1925, 9. April. Madonna von Blieskastel. [27,5×33, 36×40]

			✱✱	⊙
102	45 C	karminbraun	8,50	6,50
103	10 Fr	schwarzbraun	38,–	30,–
		Satz (2 W.) ...... ✱ 22,–	45,–	35,–
		FDC		–,–

1926, 25. Okt. Volkshilfe: Pflegedienste. [24×40]

104	20+20 C	Kriegsfürsorge	25,–	25,–
105	40+40 C	Krankenpflege	25,–	25,–
106	50+50 C	Kinderfürsorge	25,–	25,–
107	1,50+1,50 Fr	Säuglingspflege ...	55,–	60,–
		Satz (4 W.) ... ✱ 50,–	130,–	130,–
		FDC		500,–

1926, 26. Dez./1927, Jan. Landschaftsbilder. [24×40, 40×24]

108	10 C	Marktbrunnen, St. Johann	1,70	–,60
109	15 C	Saartal, Güdingen	1,30	1,30
110	20 C	Kaserne, Saarlouis	1,30	–,60
111	25 C	Abtei Tholey	1,50	–,60
112	30 C	Marktbrunnen, St. Johann	2,–	–,60
113	40 C	Kaserne, Saarlouis	1,60	–,60
114	50 C	Abtei Tholey	2,50	–,60
115	75 C	Saartal, Güdingen	1,60	–,60
116	80 C	Förderanlage	6,50	11,–
117	1 Fr	Förderanlage	5,50	–,60
118	1,50 Fr	Burbacher Hütte	18,–	–,60
119	2 Fr	Burbacher Hütte	18,–	–,60
120	3 Fr	Burbacher Hütte	38,–	1,60
121	5 Fr	Burbacher Hütte	38,–	9,–
		Satz (14 W.) ..... ✱ 60,–	130,–	25,–

1927, 1. Okt. Volkshilfe: Pflegedienste. MiNr. 104 bis 107 mit Aufdruck „1927–28“. [24×40]

			✶✶	⊙
122	20+20 C	(104)	40,–	45,–
123	40+40 C	(105)	40,–	45,–
124	50+50 C	(106)	30,–	40,–
125	1,50+1,50 Fr	(107)	50,–	90,–
	Satz (4 W.)	✶ 65,–	160,–	200,–
	FDC			750,–

1928, 19. Sept. Flugpostmarken: Doppeldecker Breguet T 14. [40×24]

126	50 C	bräunlichrot	12,–	5,–
127	1 Fr	grauviolett	18,–	6,–
		Satz (2 W.) ✶ 13,–	30,–	11,–

1928, 23. Dez. Volkshilfe: Gemälde. [24×40]

128	40 C (+40 C)	Der blinde Bettler	38,–	90,–
129	50 C (+50 C)	Der blinde Bettler	38,–	90,–
130	1 F (+1 Fr)	Der blinde Bettler	38,–	90,–
131	1,50 Fr (+1,50 Fr)	Das Almosen	38,–	90,–
132	2 Fr (+2 Fr)	Das Almosen	40,–	130,–
133	3 Fr (+3 Fr)	Das Almosen	40,–	170,–
134	10 Fr (+10 Fr)	La Carità	900,–	5000,–
	Satz (7 W.)	✶ 550,–	1100,–	5500,–
	FDC			10000,–

1929, 22. Dez. Volkshilfe: Gemälde. [24×40]

135	40 C (+15 C)	Verwaiste Herzen	6,50	7,–
136	50 C (+20 C)	Verwaiste Herzen	12,–	12,–
137	1 Fr (+50 C)	Verwaiste Herzen	12,–	14,–
138	1,50 Fr (+75 C)	Hl. Odilia	12,–	14,–
139	2 Fr (+1 Fr)	Hl. Odilia	12,–	14,–
140	3 Fr (+2 Fr)	Hl. Odilia	20,–	32,–
141	10 Fr (+8 Fr)	La Madonnina	130,–	170,–
	Satz (7 W.)	✶ 90,–	200,–	260,–
	FDC			–,–

1930, 28. März. Landschaftsbilder. MiNr. 116 mit neuem Wertaufdruck. [40×24]

			✶	✶✶	⊙
142	60 C auf 80 C	(116)	2,50	6,–	3,–
	FDC				40,–

1930, 28. März. Landschaftsbilder. [40×24]

143	60 C	Förderanlage	5,–	12,–	0,70
	FDC				15,–

1931, 20. Jan. Volkshilfe: Gemälde. [24×40]

			✶✶	⊙
144	40 C (+15 C)	Der Sicherheitsmann	25,–	30,–
145	60 C (+20 C)	Der Sicherheitsmann	24,–	30,–
146	1 Fr (+50 C)	Der barmherzige Samariter	24,–	60,–
147	1,50 Fr (+75 C)	Der Sicherheitsmann	35,–	60,–
148	2 Fr (+1 Fr)	Der barmherzige Samariter	35,–	60,–
149	3 Fr (+2 Fr)	Der barmherzige Samariter	50,–	60,–
150	10 Fr (+10 Fr)	Im Fenster von F.G. Waldmüller	260,–	360,–
	Satz (7 W.)	✶ 200,–	450,–	650,–
	FDC			1500,–

1931, 23. Dez. Volkshilfe: Gemälde. [24×40]

151	40 C (+15 C)	St. Martin	45,–	45,–
152	60 C (+20 C)	St. Martin	45,–	45,–
153	1 Fr (+50 C)	St. Martin	50,–	70,–
154	1,50 Fr (+75 C)	Caritas	55,–	70,–
155	2 Fr (+1 Fr)	Caritas	70,–	70,–
156	3 Fr (+2 Fr)	Caritas	90,–	120,–
157	5 Fr (+5 Fr)	Das Scherflein der Witwe	320,–	400,–
	Satz (7 W.)	✶ 250,–	650,–	800,–
	FDC			2400,–

1932, 20. April. Flugpostmarken: Focke-Wulf A-17 Möwe. [40×24]

			✶	✶✶	⊙
158	60 C	gelblichrot		20,–	6,–
159	5 Fr	orangebraun		160,–	120,–
		Satz (2 W.)	✶ 60,–	180,–	125,–
		FDC			–,–

1932, 20. April. Landschaftsbilder. [40×24]

			✶	✶✶	⊙
160	90 C	Kaserne Saarlouis	15,–	45,–	22,–
		FDC			150,–

1932, 20. Dez. Volkshilfe: Burgen und Kirchen. [24×40, 40×24]

			✶	✶✶	⊙
161	40 C (+15 C)	Burgruine, Kirkel		40,–	28,–
162	60 C (+20 C)	Schlosskirche, Blieskastel		40,–	28,–
163	1 Fr (+50 C)	ev. Kirche, Ottweiler		50,–	50,–
164	1,50 Fr (+75 C)	St. Michael-Kirche, Saarbrücken		75,–	60,–
165	2 Fr (+1 Fr)	Wendelinusbrunnen, St. Wendel		75,–	70,–
166	3 Fr (+2 Fr)	St. Johann-Kirche, Saarbrücken		160,–	220,–
167	5 Fr (+5 Fr)	Burg Kerpen, Illingen		320,–	360,–
		Satz (7 W.)	✶ 300,–	750,–	800,–
		FDC			2000,–

1933, 1. Juni. Explosionsunglück von Neunkirchen. [40×24]

			✶	✶✶	⊙
168	60 C (+60 C)	Bergung der Opfer		50,–	25,–
169	3 Fr (+3 Fr)	Bergung der Opfer		110,–	90,–
170	5 Fr (+5 Fr)	Bergung der Opfer		110,–	90,–
		Satz (3 W.)	✶ 110,–	270,–	200,–
		FDC			750,–

1934, 15. März. Volkshilfe: Standbilder. [24×40]

			✶	✶✶	⊙
171	40 C (+15 C)	„Liebe“		18,–	20,–
172	60 C (+20 C)	„Sorge“		18,–	20,–
173	1 Fr (+50 C)	„Frieden“		24,–	25,–
174	1,50 Fr (+75 C)	„Trost“		45,–	45,–
175	2 Fr (+1 Fr)	„Wohlfahrt“		40,–	45,–
176	3 Fr (+2 Fr)	„Wahrheit“		45,–	45,–
177	5 Fr (+5 Fr)	Gräfin Elisabeth		100,–	110,–
		Satz (7 W.)	✶ 110,–	280,–	300,–
		FDC			1000,–

1934, 1. Nov. Landschaftsbilder. MiNr. 114 mit neuem Wertaufdruck. [40×24]

			✶	✶✶	⊙
178	40 C auf 50 C	(114)	2,–	5,–	2,–
		FDC			30,–

1934, 1. Nov. Volksabstimmung 1935. MiNr. 103 und „Landschaftsbilder“ mit Aufdruck. [24×40, 40×24, 36×40]

			✶	✶✶	⊙
179	10 C	(108)		1,50	–,70
180	15 C	(109)		1,50	–,70
181	20 C	(110)		2,–	1,70
182	25 C	(111)		2,–	1,70
183	30 C	(112)		1,50	–,70
184	40 C	(113)		1,30	–,90
185	50 C	(114)		2,50	1,70
186	60 C	(143)		1,30	–,70
187	75 C	(115)		2,50	1,70
188	90 C	(160)		2,50	1,80
189	1 Fr	(117)		2,50	2,–
190	1,50 Fr	(118)		4,50	4,–
191	2 Fr	(119)		6,–	6,–
192	3 Fr	(120)		13,–	12,–
193	5 Fr	(121)		55,–	40,–
194	10 Fr	(103)		65,–	75,–
		Satz (16 W.)	✶ 70,–	160,–	150,–

1934, 1. Nov. Flugpostmarken: Volksabstimmung 1935. MiNr. 126–127 und 158–159 mit Aufdruck. [40×24]

			✶✶	⊙
195	50 C	(126)	12,–	9,–
196	60 C	(158)	9,–	3,50
197	1 Fr	(127)	20,–	12,–
198	5 Fr	(159)	25,–	18,–
	Satz (4 W.) ✶ 30,–		65,–	40,–
	FDC			300,–

1934, 1. Dez. Volkshilfe: Volksabstimmung 1935. MiNr. 171–177 mit Aufdruck. [24×40]

199	40 C (+15 C)	(171)	10,–	18,–
200	60 C (+20 C)	(172)	10,–	18,–
201	1 Fr (+50 C)	(173)	26,–	32,–
202	1,50 Fr (+75 C)	(174)	22,–	32,–
203	2 Fr (+1 Fr)	(175)	32,–	45,–
204	3 Fr (+2 Fr)	(176)	30,–	40,–
205	5 Fr (+5 Fr)	(177)	48,–	50,–
	Satz (7 W.) ✶ 70,–		170,–	240,–
	FDC			–,–

Dienstmarken

1922, 1. Juni/1924. Freimarken MiNr. 84–94 mit diagonalem Aufdruck. [33×27,5, 27,5×33, 40×36]

1	3 C	(84)	3,50	45,–
2	5 C	(85)	1,30	–,50
3	10 C	(86)	1,30	–,40
4	15 C	(87)	1,30	–,40
5	20 C	(88)	1,30	–,40
6	25 C	(89)	14,–	1,50
7	30 C	(90)	1,50	–,40
8	40 C	(91)	2,–	–,40
9	50 C	(92)	2,–	–,40
10	75 C	(93)	100,–	35,–
11	1 Fr	(94)	40,–	3,–
	Satz (11 W.) ✶ 50,–		160,–	85,–

1923, Nov./1924. Freimarken MiNr. 98–101 mit diagonalem Aufdruck. [33×27,5]

			✶✶	⊙
12	15 C	(98)	7,–	–,60
13	20 C	(99)	7,–	–,60
14	25 C	(100)	7,–	–,60
15	75 C	(101)	15,–	3,–
	Satz (4 W.) ✶ 15,–		35,–	4,50

1927, Jan./1930. Freimarken MiNr. 112–115, 117 und 119 mit steilem (32°) Aufdruck. [24×40, 40×24]

16	30 C	(112)	20,–	1,–
17	40 C	(113)	20,–	1,–
18	50 C	(114)	80,–	1,–
19	75 C	(115)	25,–	1,–
20	1 Fr	(117)	20,–	1,–
21	2 Fr	(119)	60,–	2,–
	Satz (6 W.) ✶ 70,–		220,–	7,–

1929/1934. Freimarken MiNr. 108–115, 117, 119 und 143 mit diagonalem (23–25°) Aufdruck. [24×40, 40×24]

22	10 C	(108)	10,–	3,–
23	15 C	(109)	10,–	8,–
24	20 C	(110)	10,–	2,–
25	25 C	(111)	10,–	8,–
26	30 C	(112)	10,–	–,60
27	40 C	(113)	10,–	–,40
28	50 C	(114)	16,–	–,50
29	60 C	(143)	5,–	–,40
30	75 C	(115)	10,–	1,–
31	1 Fr	(117)	20,–	–,50
32	2 Fr	(119)	20,–	–,50
	Satz (11 W.) ✶ 30,–		130,–	24,–

Schleswig

1920, 25 Jan. Wappen und Landschaft. Wz. 1. [21×24, 41×24]

				✱✱	⊙
1	2½ Pf	grau		1,–	1,20
2	5 Pf	grün		1,–	1,20
3	7½ Pf	gelbbraun		1,–	1,20
4	10 Pf	rosarot		1,–	1,20
5	15 Pf	bräunlichlila		1,–	1,20
6	20 Pf	grauultramarin		2,–	1,20
7	25 Pf	orange		3,–	1,50
8	35 Pf	braun		2,–	1,20
9	40 Pf	grauviolett		3,–	1,20
10	75 Pf	blaugrün		3,–	1,20
11	1 M	dunkelbraun		3,–	1,20
12	2 M	blau		5,–	2,–
13	5 M	gelblichgrün		8,–	2,50
14	10 M	orangerot		28,–	5,–
		Satz (14 W.)	✱ 10,–	60,–	22,–

Ausgabe für die 1. Zone

1920, 20./28. Mai. Wappen und Landschaft. Wie MiNr. 1–14, jedoch in dänischer Währung mit Aufdruck. [21×24, 41×24]

				✱✱	⊙
15	1 Ø	grau		1,–	3,–
16	5 Ø	grün		1,–	2,50
17	7 Ø	gelbbraun		1,–	2,–
18	10 Ø	rosarot		1,–	2,–
19	15 Ø	bräunlichlila		2,–	3,50
20	20 Ø	dunkelblau		1,–	3,50
21	25 Ø	orange		1,60	10,–
22	35 Ø	braun		8,–	18,–
23	40 Ø	grauviolett		3,50	6,–
24	75 Ø	blaugrün		4,50	10,–
25	1 Kr	dunkelbraun		5,50	16,–
26	2 Kr	blau		55,–	60,–
27	5 Kr	gelblichgrün		40,–	60,–
28	10 Kr	orangerot		60,–	110,–
		Satz (14 W.)	✱ 24,–	180,–	300,–

Dienstmarken

C·I·S **1920, 25. Jan. Freimarken MiNr. 1–14 mit Aufdruck.** [21×24, 41×24]

				✱✱	⊙
1	2½ Pf	(1)		150,–	110,–
2	5 Pf	(2)		150,–	130,–
3	7½ Pf	(3)		150,–	110,–
4	10 Pf	(4)		150,–	150,–
5	15 Pf	(5)		100,–	75,–
6	20 Pf	(6)		150,–	80,–
7	25 Pf	(7)		340,–	220,–
8	35 Pf	(8)		340,–	220,–
9	40 Pf	(9)		250,–	130,–
10	75 Pf	(10)		300,–	320,–
11	1 M	(11)		300,–	300,–
12	2 M	(12)		450,–	320,–
13	5 M	(13)		650,–	500,–
14	10 M	(14)		1200,–	750,–
		Satz (14 W.)	✱ 2200,–	4500,–	3200,–

Freie Stadt Danzig

1920, 14. Juni/21. Dez. Marken des Deutschen Reiches (Germania-Muster) mit Aufdruck. [21,5×26, 38×26]

			*	**	⊘
1	5 Pf	.... (85 II)	–,40	1,70	–,60
2	10 Pf	.... (86 II)	–,40	1,70	–,40
3	15 Pf	.... (142)	–,40	1,70	–,40
4	20 Pf	.... (87 II)	–,40	2,–	1,30
5	30 Pf	.... (89 II)	–,40	2,–	–,40
6	40 Pf	.... (145)	–,40	2,–	–,40
7	50 Pf	.... (91 II)	–,50	1,70	–,40
8	1 M	.... (A 113)	–,50	2,50	–,70
9	1,25 M	.... (113)	–,50	2,50	–,70
10	1,50 M	.... (114)	1,–	4,20	2,–
11	2 M	.... (95 B II)	3,50	15,–	8,–
12	2,50 M	.... (115)	3,50	15,–	5,50
13	3 M	.... (96 B II)	10,–	40,–	14,–
14	4 M	.... (153)	4,80	28,–	7,–
15	5 M	.... (97 B II)	3,–	15,–	4,50
	Satz (15 W.)	......	25,–	130,–	35,–

1920, 10. Aug./20. Nov. Danzig MiNr. 4 und 5 mit zusätzlichem Wertaufdruck. [21,5×26]

			*	**	⊘
16	5 auf 30 Pf	.... (5)	–,30	1,30	–,30
17	10 auf 20 Pf	.... (4)	–,30	1,80	–,30
18	25 auf 30 Pf	.... (5)	–,30	1,80	–,30
19	60 auf 30 Pf	.... (5)	–,80	5,–	1,30
20	80 auf 30 Pf	.... (5)	–,80	5,–	1,30
	Satz (5 W.)	.....	2,50	14,–	3,50

1920, 20. Aug. Marken des Deutschen Reiches (Germania-Muster) mit schrägem Aufdruck. [21,5×26]

21	5 Pf	.... (85 II)	–,60	3,–	–,90
22	15 Pf	.... (101)	–,80	4,–	–,90
23	20 Pf	.... (87 II)	–,80	4,–	–,90
24	25 Pf	.... (88 II)	–,80	4,–	–,90
25	75 Pf	.... (104)	–,80	4,–	–,90
	Satz (5 W.)	....	3,50	18,–	4,50

1920, 20. Aug. Marke Danzig MiNr. 5 und Marken des Deutschen Reiches mit hellgrauem Netzunterdruck (I = Spitzen nach oben, II = Spitzen nach unten) und neuem Wertaufdruck. [21,5×26]

			*	**	⊘
26 I	1 M auf 30 Pf	.... (5)	1,–	7,–	1,80
27	1¼ M auf 3 Pf	..... (84 II)			
I		....	1,20	7,–	1,80
II		....	40,–	180,–	50,–
28	2 M auf 35 Pf	..... (103)			
I		....	1,80	12,–	1,80
II		....	500,–	2000,–	300,–
29	3 M auf 7½ Pf	...... (99)			
I		....	1,20	7,–	1,80
II		....	30,–	150,–	20,–
30	5 M auf 2 Pf	...... 102)			
I		....	1,20	7,–	2,50
II		....	30,–	150,–	35,–
31	10 M auf 7½ Pf	...... (99)			
I		....	3,–	40,–	9,–
II		....	6,50	32,–	15,–
		Satz I (6 W.)	8,–	80,–	18,–
		Satz II (5 W.)	600,–	2400,–	400,–

1920, 30. Aug. Sogen. „kleiner Innendienst“. Marken des Deutschen Reiches mit schrägem Aufdruck. [21,5×26]

32	2 Pf	.... (102)	120,–	450,–	240,–
33	2½ Pf	.... (98)	170,–	650,–	350,–
34	3 Pf	.... (84 II)	12,–	45,–	20,–
35	7½ Pf	.... (99)	45,–	180,–	65,–
36	10 Pf	.... (86 II)	4,–	18,–	8,–
37	30 Pf	.... (89 II)	60,–	200,–	110,–
38	40 Pf	.... (90 II)	2,50	10,–	3,–
39	50 Pf	.... (91 II)	200,–	650,–	350,–
40	80 Pf	.... (93 II)	2,80	10,–	5,–
		Satz (9 W.)	600,–	2200,–	1100,–

1920, 1. Nov. Wie MiNr. 26–31, jedoch Netzunterdruck lilagrau (I = Spitzen nach oben, II = Spitzen nach unten). [21,5×26]

41	1 M auf 30 Pf	.... (5)			
I		....	100,–	420,–	35,–
II		....	1,50	6,50	3,–
42	1¼ M auf 3 Pf	.... (84 II)			
I		....	6,–	25,–	7,50
II		....	8,–	40,–	13,–

		*	**	⊘
43	2 M auf 35 Pf . . . . . (103)			
I	. . . .	15,–	60,–	45,–
II	. . . .	35,–	160,–	60,–
44	3 M auf 7½ Pf . . . . . . (99)			
I	. . . .	2,50	12,–	3,–
II	. . . .	50,–	300,–	100,–
45	5 M auf 2 Pf . . . . . (102)			
I	. . . .	1,50	5,50	3,–
II	. . . .	10,–	50,–	10,–
46	10 M auf 7½ Pf . . . . . . (99)			
I	. . . .	1,50	10,–	2,50
II	. . . .	16,–	80,–	35,–
	Satz I (6 W.)	120,–	500,–	90,–
	Satz II (6 W.)	120,–	650,–	220,–

1920, 30. Aug. Sogen. „großer Innendienst". Marken des Deutschen Reiches mit Aufdruck. [21,5×26, 38×26]

			*	**	⊘
47	60 Pf	. . . . (92 II)	1400,–	3000,–	2500,–
48	1 M	. . . . (94 B II)	1400,–	3000,–	2500,–
49	2 M	. . . . (95 B II)	1400,–	3000,–	2500,–
		Satz (3 W.)	4000,–	9000,–	7500,–

1920, 29. Sept. Flugpostmarken: Aufnahme des Flugpostdienstes Stettin–Danzig–Königsberg am 1.10.1920. Danzig MiNr. 6 mit Aufdruck. [21,5×26]

		**	⊘
50	40 Pf auf 40 Pf . . . . (6)	6,–	3,50
51	60 Pf auf 40 Pf . . . . (6)	6,–	3,50
52	1 M auf 40 Pf . . . . (6)	6,–	3,50
	Satz (3 W.) ✶ 4,50	18,–	10,–

1921, 31. Jan. Proklamation des Staates Freie Stadt Danzig. Kogge. Wz. 2, durchstochen [21,5×26, 30×34]

53	5 Pf	braun/braunviolett	2,–	–,30
54	10 Pf	rotorange/violett	2,–	–,30
55	25 Pf	grün/lilarot	3,–	–,80
56	40 Pf	karmin	20,–	4,–
57	80 Pf	ultramarin	3,–	–,60
58	1 M	karmin/grau	10,–	2,50
59	2 M	ultramarin/schwarzgrün . .	28,–	6,–
60	3 M	schwarz/grün	10,–	3,50
61	5 M	schwarz/lilarot	10,–	3,50
62	10 M	graugrün/orange	20,–	5,50
		Satz (10 W.) . . . . .✶ 20,–	100,–	25,–

1921, 11. März. Proklamation des Staates Freie Stadt Danzig. Wie MiNr. 55–57, jedoch gez. [21,5×26]

			**	⊘
63	25 Pf	grün/lilarot	5,50	1,–
64	40 Pf	karmin	5,50	1,–
65	80 Pf	ultramarin	35,–	12,–
		Satz (3 W.) . . . . ✶ 8,–	45,–	14,–

1921, 3. Mai/1922, 15. Mai. Flugpostmarken. Eindecker über Danzig. Wz. 2 (X = stehend, Y = liegend), MiNr. 66–69 gez., MiNr. 70–71 durchstochen. [21,5×26, 40×27,5]

66	40 Pf	bläulichgrün		
X		Wz. 2 X	2,–	0,50
Y		Wz. 2 Y	130,–	100,–
67	60 Pf	violettpurpur		
X		Wz. 2 X	2,–	0,50
Y		Wz. 2 Y	850,–	160,–
68	1 M	lilarot		
X		Wz. 2 X	2,–	0,50
Y		Wz. 2 Y		27000,–
69	2 M	braunorange		
X		Wz. 2 X	2,–	0,50
Y		Wz. 2 Y	250,–	220,–
70	5 M	schwärzlichviolettblau		
X		Wz. 2 X	7,–	2,50
Y		Wz. 2 Y	3500,–	3000,–
71	10 M	schwärzlichgelbgrün		
X		Wz. 2 X	12,–	5,50
Y		Wz. 2 Y	75,–	160,–
		Satz X (6 W.) . . . . ✶ 5,–	30,–	10,–

1921, 6. Mai. Danzig MiNr. 25 mit neuem Wertaufdruck. [21,5×26]

		*	**	⊘
72	60 auf 75 Pf . . . . (25)	1,20	7,–	1,–

1921, 3. Juni. Kleines Staatswappen im Achteck. MiNr. 83–86 mit grauem Rosetten-Unterdruck. Wz. 2 X, MiNr. 86 Wz. 2 Y. [21,5×26]

			**	⊘
73	5 Pf	dunkelorange	1,20	–,20
74	10 Pf	dunkelbraun	1,–	–,20
75	15 Pf	schwärzlichgrün	1,–	–,20
76	20 Pf	dunkelgrau	1,–	–,20
77	25 Pf	schwarzgrün	1,–	–,20
78	30 Pf	violettultramarin/karminrot	1,20	–,20
79	40 Pf	gelblichgrün/karminrot . . .	1,20	–,20
80	50 Pf	schwarzgrün/karminrot . . .	1,20	–,20
81	60 Pf	lilarot	2,–	–,50
82	80 Pf	violettultramarin/karminrot	1,20	–,50

				✶✶	⊘
83	1 M	rötlichorange/karminrot . . .		1,80	–,50
84	1,20 M	schwärzlichviolettblau		7,–	1,50
85	2 M	gelbgrau/karminrot		18,–	6,50
86	3 M	braunviolett/karminrot		55,–	12,–
		Satz (14 W.)	✶ 17,–	90,–	20,–

1921, 1. Aug./1922. Großes Staatswappen. Wz. 2 (X = stehend, Y = liegend), durchstochen. [34×29]

87	5 M	mehrfarbig		
X		Wz. 2 X	8,50	3,50
Y		Wz. 2 Y	10,–	4,–
88	10 M	mehrfarbig		
X		Wz. 2 X	8,50	3,50
Y		Wz. 2 Y	10,–	4,–
89	20 M	rot/schwarz		
X		Wz. 2 X	8,50	3,50
Y		Wz. 2 Y	10,–	4,–
		Satz X (3 W.) . . . . . ✶ 4,50	25,–	10,–
		Satz Y (3 W.) . . . . . ✶ 4,50	30,–	12,–

1921, 16. Okt. Tuberkulose-Woche: Hl. Georg. Wz. 2 X, MiNr. 90–91 gez., MiNr. 92 durchstochen. [21,5×26, 30×33]

90	30 + 30 Pf	dunkelgrün/orange . .		2,–	1,20
91	60 + 60 Pf	rosakarmin/orange . .		7,–	2,–
92	1,20 + 1,20 M	ultramarin/orange . . .		11,–	2,80
		Satz (3 W.) . .	✶ 4,50	20,–	6,–

1922, 1. Febr. Kleines Staatswappen im Achteck. MiNr. 95–98 mit hellgauem Rosetten-Unterdruck; Wz. 2 X. [21,5×26]

93	75 Pf	violettpurpur		1,–	–,30
94	80 Pf	dunkelgrün		1,–	–,30
95	1,25 M	graupurpur/karminrot		1,–	–,30
96	2 M	karminrot		1,–	–,30
97	2,40 M	dunkelbraun/karminrot . . .		8,–	2,50
98	4 M	dunkelviolettultramarin . . .		8,–	2,50
		Satz (6 W.)	✶ 4,–	20,–	6,–

1922, 1. Febr./März. Großes Staatswappen. Hellgrauer Rosettenunterdruck; Wz. 2 (X = stehend, Y = liegend); durchstochen. [34×29]

			✶	✶✶	⊘
99	9 M	dkl'rötlichorange/magenta			
X		Wz. 2 X	3,50	18,–	10,–
Y		Wz. 2 Y	3,50	18,–	10,–

1922, 10. März/20. Okt. Großes Staatswappen. MiNr. 100 hellgrauer, MiNr. 101 mattoranger Rosettenunterdruck; Wz. 2 (X = stehend, Y = liegend); durchstochen. [31×35]

				✶✶	⊘
100	50 M	rot/gold			
X		Wz. 2 X		12,–	8,–
Y		Wz. 2 Y		12,–	6,50
101	100 M	zinnoberrot/grünoliv			
X		Wz. 2		60,–	15,–
Y		Wz. 2 Y		12,–	7,–
		Satz X (2 W.) . . .	✶ 12,–	60,–	22,–
		Satz Y (2 W.)	✶ 6,50	24,–	13,–

1922, 15. Mai. MiNr. 98 mit neuem Wertaufdruck. [21,5×26]

			✶	✶✶	⊘
102	8 auf 4 M	. . . . (98)	–,40	1,60	1,–

1922, 29. Juli. Kleines Staatswappen im Achteck. Hellgrauer Rosettenunterdruck; Wz. 2 X. [21,5×26]

				✶✶	⊘
103	1,50 M	dunkelgraugrün		1,–	–,50
104	3 M	lilarot		1,–	–,50
105	8 M	preußischblau		3,–	2,–
		Satz (3 W.)	✶ 1,–	5,–	3,–

1922, 2. Okt. MiNr. 104–105 mit neuem Wertaufdruck. [21,5×26]

106	6 auf 3 M	. . . . (104)	1,80	–,70
107	20 auf 8 M	. . . . (105)	1,80	–,70
		Satz (2 W.) . . . ✶ –,80	3,50	1,30

1922, 30. Okt./24. Nov. Kleines Staatswappen im Achteck. Hellgrauer Rosettenunterdruck; Wz. 2 X. [21,5×26]

108	5 M	schwärzlichopalgrün		1,–	–,40
109	6 M	karminrot		1,–	–,40
110	10 M	orange		1,–	–,40
111	20 M	braunorange		1,–	–,40
		Satz (4 W.)	✶ –,80	3,50	1,60

1923, 3./10 Jan. Flugpostmarken. Wie MiNr, 66–71, jedoch dünnes Papier mit Wz. 3 Y; MiNr. 112–115 gez., MiNr. 116–118 durchstochen. [21,5×26, 40×27,5]

			✱✱	⊘
112	40 Pf	dunkelopalgrün	3,50	2,50
113	60 Pf	dunkelviolettpurpur	3,50	2,50
114	1 M	karminrot	3,50	2,50
115	2 M	braunorange	3,50	2,50
116	5 M	schwärzlichviolettblau	3,50	1,20
117	10 M	schwarzgelblichgrün	3,50	1,20
118	20 M	dkl'braunorange	3,50	1,20
		Satz (7 W.) ✱ 4,50	24,–	13,–

1923, 24. Jan./27. Febr. Großes Staatswappen. Hellgrauer Rosettenunterdruck; Wz. 3 Y. [43×26]

119	250 M	rot/violett	3,–	–,50
120	500 M	rot/schwarzgraugrün	3,–	–,50
121	1000 M	rot/schwarzbraun	3,–	–,50
122	5000 M	rot/silber	10,–	7,50
		Satz (4 W.) ✱ 3,50	18,–	9,–

1922, 21. Nov./1923, Sept. Kleines und großes Staatswappen. Hellgrauer Rosettenunterdruck; Wz. 3 (X = stehend, Y = liegend). [21,5×26]

123 Y	4 M	schwärzlichultramarin	1,20	–,50
124	5 M	schwärzlichopalgrün		
X		Wz. 3 X	2,80	1,–
Y		Wz. 3 Y	1,20	–,50
125	10 M	rötlichorange		
X		Wz. 3 X	2,50	1,–
Y		Wz. 3 Y	1,20	–,50
126	20 M	dunkelbraunorange		
X		Wz. 3 X	2,50	1,–
Y		Wz. 3 Y	1,20	–,50
127	50 M	rot/grünlichblau		
X		Wz. 3 X	2,50	1,–
Y		Wz. 3 Y	1,20	–,50
128	100 M	rot/schwarzolivgrün		
X		Wz. 3 X	6,–	1,–
Y		Wz. 3 Y	1,20	–,50
129 Y	150 M	rot/violett	1,20	–,50
		Satz X (5 W.) ✱ 3,50	16,–	5,–
		Satz Y (7 W.) ✱ 1,40	8,–	3,50
A 124 Y	6 M	rotkarmin	*2500,–*	*5500,–*

1923, 22. März. Großes Staatswappen. Hellgrauer Rosettenunterdruck; Wz. 3 Y. [26×21,5]

			✱	✱✱	⊘
130	300 M	rot/bläulichgrün	–,30	–,90	–,50

1923, 12. März. Kleinrentnerhilfe: Rentner vor Stadtsilhouette. Hellgrauer Rosettenunterdruck; Wz. 3 X. [43×26]

			✱✱	⊘
131	50 + 20 M	rötlichkarmin	1,40	–,80
132	100 + 30 M	lilabraun	1,40	–,80
		Satz (2 W.) ✱ 0,60	2,80	1,60

1923, 5. Febr./27. April. Flugpostmarken: Eindecker über Danzig. Weißgrauer Rosettenunterdruck; Wz. 3 Y. [21,5×26, 40×27,5]

133	25 M	grünblau	2,–	–,90
134	50 M	rotorange	2,–	–,90
135	100 M	dunkelrosa	2,–	–,90
136	250 M	schwärzlichbraun	3,–	–,90
137	500 M	lilarot	3,–	–,90
		Satz (5 W.) ✱ 3,–	12,–	4,50

1923, 15. Mai/20. Juli. Kleines und großes Staatswappen. MiNr. 138–141 Wz. 3 X, MiNr. 149 Wz. 3 Y. [21,5×26]

138	40 M	grünblau	1,20	–,70
139	50 M	grünlichblau	1,20	–,70
140	80 M	rot	1,20	–,70
141	100 M	schwärzlicholivgrün	1,20	–,70
142	200 M	rotorange	1,20	–,70
		Satz (5 W.) ✱ 1,30	6,–	3,50

1923, 15. Mai/3. Aug. Großes Staatswappen. Weißgrauer Rosettenunterdruck; MiNr. 143–145 Wz. 3 Y, MiNr. 146 Wz. 3 X. [26×21,5]

143	250 M	rot/violett	1,–	–,70
144	500 M	rot/graugrün	1,–	–,70
145	1000 M	rot/schwarzbraun	1,–	–,70
146	3000 M	rot/dunkelviolettblau	1,–	–,70
		Satz (4 W.) ✱ 1,20	4,–	2,50

1923, 8./20.Aug. Großes Staatswappen. Weißgrauer Rosettenunterdruck; MiNr. 147 und 148 Wz. 3 Y, MiNr. 149 Wz. 3 X. [43×26]

			✶✶	⊘
147	10 000 M	rot/rotorange	4,–	–,80
148	20 000 M	rot/grünlichblau	6,–	1,30
149	50 000 M	rot/olivgrün	6,–	1,30
		Satz (3 W.) ... ✶ 2,40	15,–	3,30

1923, 14.Aug. Großes Staatswappen. MiNr. 148 mit neuem Wertaufdruck. [43×26]

		✶	✶✶	⊘
150	100 000 auf 20 000 M .. (148)	1,50	5,50	7,50

1923, 24. Juli/16. Sept. Großes Staatswappen. MiNr. 155–157 mit weißgrauem Netzunterdruck; Wz. 3 Y. [26×21,5]

			✶✶	⊘
151	1 000 M	dunkelorangebraun ..	–,90	–,50
152	5 000 M	rotkarmin	–,90	–,50
153	20 000 M	grünlichblau	–,90	–,50
154	50 000 M	dunkelgrün	–,90	–,50
155	100 000 M	schwärzl'ultramarin ..	–,90	–,50
156	250 000 M	schwärzl'purpurviolett	–,90	–,50
157	500 000 M	schwarzgraugrün	–,90	–,50
		Satz (7 W.) ... ✶ 1,40	6,–	3,50

1923, 1. Sept./1. Okt. MiNr. 141, 142 und 154 sowie ohne Aufdruck nicht ausgegebene Urmarken mit neuem Wertaufdruck. MiNr. 161 Wz. 3 Y, übrige Wz. 3 X. [21,5×26, 26×21,5, 43×26]

158	40 T auf 200 M	...... (142)	7,–	2,50
159	100 T auf 200 M	...... (142)	6,50	2,50
160	250 T auf 200 M	...... (142)	40,–	17,–
161	400 T auf 100 M	...... (141)	4,–	–,80
162	500 T auf 50 000 M	...... (154)	2,80	–,80
163	1 Mio auf 10 000 M rotorange	...... (–)	20,–	8,–
164	1 Mio auf 10 000 M rotkarmin	.... (–)	1,40	–,80
165	2 Mio auf 10 000 M rotkarmin	.... (–)	1,40	–,80
166	3 Mio auf 10 000 M rotkarmin	.... (–)	1,40	–,80
167	5 Mio auf 10 000 M rotkarmin	.... (–)	2,–	–,80
168	10 Mio auf 1 Mio M rotorange	...... (–)	4,–	1,50
		Satz (11 W.) ..... ✶ 17,–	90,–	35,–

1923, 15./23. Okt. Ohne Aufdruck nicht ausgegebene Urmarken mit Aufdruck. Wz. 3 Y. [26×21,5]

			✶✶	⊘
169	10 Mio auf 10 000 M	...... (–)	2,30	–,90
170	20 Mio auf 10 000 M	...... (–)	2,30	–,90
171	25 Mio auf 10 000 M	...... (–)	2,30	–,90
172	40 Mio auf 10 000 M	...... (–)	2,30	–,90
173	50 Mio auf 10 000 M	...... (–)	2,30	–,90
174	100 Mio auf 10 000 M	...... (–)	2,30	–,90
175	300 Mio auf 10 000 M	...... (–)	2,30	–,90
176	500 Mio auf 10 000 M	...... (–)	2,30	–,90
	Satz (8 W.)	.... ✶ 2,50	18,–	7,–

1923, 18. Okt. Flugpostmarken. Wz. 3 Y. [26×21,5]

177	250 000 M	....	1,50	1,50
178	500 000 M	....	1,50	1,50
179	2 Mio auf 100 000 M	....	1,50	1,50
180	5 Mio auf 50 000 M	....	1,50	1,50
	Satz (4 W.)	... ✶ 1,50	6,–	5,50

1923, 31. Okt./5. Nov. Großes Staatswappen mit neuem Wertaufdruck. Wz. 4. [21,5×26,43×26]

Wz. 4

181	5 Pf auf 50 M	....	2,80	–,50
182	10 Pf auf 50 M	....	2,80	–,50
183	20 Pf auf 100 M	....	2,80	–,50
184	25 Pf auf 50 M	....	20,–	10,–
185	30 Pf auf 50 M	....	20,–	2,50
186	40 Pf auf 100 M	....	13,–	2,50
187	50 Pf auf 100 M	....	16,–	3,50
188	75 Pf auf 100 M	....	35,–	20,–
189	1 G auf 1 Mio M	....	30,–	7,50
190	2 G auf 1 Mio M	....	45,–	20,–
191	3 G auf 1 Mio M	....	140,–	75,–
192	5 G auf 1 Mio M	....	150,–	80,–
	Satz (12 W.)	.... ✶ 100,–	450,–	220,–

Die MICHEL-Redaktion nimmt keine Markenprüfungen vor!

1924, 19. Jan./1938. Staatswappen im Oval. Wz. 3 Y. [21,5×26]

			✶✶	⊙
193	5 Pf	rotorange		
x		auf weiß	32,–	1,30
y		auf mattchromgelb	8,–	–,70
194	10 Pf	dunkelgrün		
x		auf weiß	35,–	1,30
y		auf mattchromgelb	23,–	–,60
195 x	15 Pf	dunkelgrünlichgrau	20,–	–,80
196 x	20 Pf	karminrot	50,–	–,80
197 x	25 Pf	türkisgrau/rot	130,–	4,50
198 x	30 Pf	dunkelgrün/rot	60,–	1,–
199 x	40 Pf	violettultramarin/blau	48,–	1,20
200	50 Pf	ultramarin/rot		
x		auf weiß	90,–	10,–
y		auf mattchromgelb	60,–	40,–
201	75 Pf	violettpurpur/rot		
x		auf weiß	60,–	10,–
y		auf mattchromgelb	23,–	35,–
		Satz (9 W.) ✶ 110,–	420,–	28,–

1932, Juli. Staatswappen. Wie MiNr. 193 und 194, jedoch Rollenzähnung. [21,5×26]

			✶	✶✶	⊙
193 D	5 Pf	rotorange			
x		auf weiß	30,–	150,–	12,–
y		auf mattchromgelb	14,–	40,–	11,–
194 D	10 Pf	grün			
x		auf weiß	35,–	140,–	15,–
y		auf mattchromgelb	20,–	70,–	13,–

1924, Juni. Flugpostmarken: Eindecker über Danzig. MiNr. 206 mit weißgrauem Rosettenunterdruck; WZ. 3 X. [21,5×26,26×43]

			✶✶	⊙
202	10 Pf	rot	100,–	4,50
203	20 Pf	rotlila	8,–	2,–
204	40 Pf	dunkelbraun	10,–	2,50
205	1 G	dunkelgraugrün	10,–	6,–
206	2½ G	dunkelbraunkarmin	75,–	42,–
		Satz 5 W. ✶ 55,–	200,–	55,–

1924, 22. Sept./28 Nov. Ansichten. MiNr. 207–209 Wz. 1 X, MiNr. 210–211 Wz. 1 Y. [37×26,26×37]

			✶✶	⊙
207	1 G	Kloster Oliva	130,–	55,–
208	2 G	Kran	250,–	130,–
209	3 G	Zoppot	27,–	6,–
210	5 G	Marienkirche	27,–	10,–
211	10 G	Langer Markt	130,–	130,–
		Satz (5 W.) ✶ 110,–	550,–	320,–

1925, 1. Jan. Ansichten. Wie MiNr. 207 und 208, jedoch Farbänderung. [37×26]

212	1 G	orange/schwarz	90,–	5,–
213	2 G	magenta/grauschwarz	20,–	10,–
		Satz (2 W.) ✶ 24,–	100,–	15,–

1925, 20. Aug./1935, Febr. Staatswappen im Oval. Wz. 3 Y. [21,5×26]

214	15 Pf	rot		
x		auf weiß	35,–	1,30
y		auf mattchromgelb	15,–	1,30
215	35 Pf	ultramarin	35,–	1,80
		Satz (2 W.) ✶ 8,–	50,–	3,–

1927, 10. Febr./1935, Okt. Staatswappen im Oval. Wz. 3 Y. [21,5×26]

			✶	✶✶	⊙
216	3 Pf				
x		gelbbraun auf weiß	3,–	12,–	2,50
y		rötlichbraun auf mattchromgelb	1,50	6,–	1,80

1929, 7, Juli. Internationale philatelistische Ausstellung. Neptunbrunnen. oWz. [26×36]

			✶✶	Ⓢ
217	10 (+10 Pf)	gelblichgrün/schwarz	10,–	2,–
218	15 (+15 Pf)	lilarot/schwarz	10,–	2,–
219	25 (+25 Pf)	blau/schwarz	35,–	16,–
		Satz (3 W.) ✶ 16,–	55,–	20,–
		FDC		250,–

1930, 15. Nov. 10 Jahre Freie Stadt Danzig. MiNr. 193, 194, 196–201, 212, 214 und 215 mit Aufdruck. [26×36,37×26]

			**	⊙
220	5 Pf	(193 x)	12,–	4,50
221	10 Pf	(194 x)	18,–	5,50
222	15 Pf	(214 x)	24,–	13,–
223	20 Pf	(196 x)	12,–	7,–
224	25 Pf	(197 x)	30,–	13,–
225	30 Pf	(198 x)	45,–	30,–
226	35 Pf	(215)	180,–	120,–
227	40 Pf	(199 x)	55,–	45,–
228	50 Pf	(200 x)	160,–	100,–
229	75 Pf	(201 x)	160,–	110,–
230	1 G	(212)	160,–	100,–
	Satz (11 W.)	✶ 200,–	850,–	500,–

1932, 11. Juli. Luftpostausstellung (Luposta). MiNr. 207–211 mit Aufdruck. [37×26]

			**	Ⓢ
231	10+10 Pf auf 1 G	(207)	45,–	28,–
232	15+15 Pf auf 2 G	(208)	45,–	28,–
233	20+20 Pf auf 3 G	(209)	45,–	28,–
234	25+25 Pf auf 5 G	(210)	45,–	28,–
235	30+30 Pf auf 10 G	(211)	45,–	28,–
	Satz (5 W.)	✶ 55,–	220,–	140,–
	FDC			*500,–*

1933, 27. April. Staatswappen im Oval. Wz. 3 Y. [21,5×26]

			✶	**	⊙
236	7 Pf	gelbgrün	2,–	6,50	3,50
	FDC				30,–

1934, 15. Jan. Winterhilfswerk. MiNr. 193, 194 und 214 mit Aufdruck. [21,5×26]

			**	⊙
237	5+5 Pf	(193 x)	55,–	25,–
238	10+5 Pf	(194 x)	130,–	60,–
239	15+5 Pf	(214 x)	100,–	45,–
	Satz (3 W.)	✶ 55,–	270,–	130,–
	FDC			–,–

1934, 28. Dez./1936, 23. Dez. MiNr. 215 und 236 mit neuem Wertaufdruck. [21,5×26]

			**	⊙
240	6 auf 7 Pf	(236)	5,–	2,–
241	8 auf 7 Pf Aufdr. ultramarin	(236)	10,–	2,80
A 241	8 auf 7 Pf Aufdr. rot	(236)	7,50	3,–
B 241	8 auf 7 Pf Aufdr. blaugrün	(236)	5,50	3,–
242	30 auf 35 Pf	(215)	50,–	30,–
	Satz (5 W.)	✶ 18,–	75,–	40,–

1935, 15. April. Staatswappen im Oval. Wz. 3 Y. [21,5×26]

			**	⊙	FDC
243	40 Pf	schwärzl'gelbbraun/rot	45,–	15,–	100,–
244	60 Pf	schwarzbläulichgrün/rot	45,–	22,–	100,–
		Satz (2 W.) ✶ 16,–	90,–	35,–	

1935, 5. Juni/5. Sept. Staatswappen im Oval. Wz. 3 Y. [21,5×26]

			**	⊙
245	20 Pf	schwarztürkisgrau	12,–	3,–
246	25 Pf	lilarot	70,–	2,–
247	30 Pf	dunkelgraupurpur	10,–	5,–
248	40 Pf	schwärzl'lilaultramarin	12,–	4,50
249	70 Pf	dunkelgelbgrün	20,–	9,–
250	80 Pf	braunorange/rot	20,–	9,–
		Satzpreis (6 W.) ✶ 30,–	140,–	30,–

1935, 24. Okt. Flugpostmarken: Flugzeug. MiNr. 251–254 Wz. 3 X, MiNr. 255 Wz. 3 Y. [26×21,5, 21,5×26]

251	10 Pf	lebhaftrot	10,–	1,–
252	15 Pf	dunkelgelborange	10,–	1,50
253	25 Pf	schwrzbläulichgrün	10,–	2,–
254	50 Pf	dunkelpreußischblau	30,–	12,–
255	1 G	dunkellila	20,–	17,–
		Satz (5 W.) ✶ 20,–	80,–	32,–
		FDC		75,–

1935, 16. Dez. Winterhilfswerk: Bauwerke. MiNr. 256 und 258 Wz. 3 X, MiNr. 357 Wz. 3 Y. [26×43, 43×26]

			★★	⊙
256	5 + 5 Pf	Stockturm	3,–	2,–
257	10 + 5 Pf	Leeges Tor	5,–	3,–
258	15 + 10 Pf	Georgshalle	14,–	4,50
		Satz (3 W.) . . . . ✶ 5,50	22,–	9,50
		FDC		50,–

1936, 23. Juni. 125 Jahre Ostseebad Brösen. MiNr. 259 und 260 Wz. 3 Y, MiNr. 261 Wz. 3 X. [43×26, 26×43]

			★★	⊙	FDC
259	10 Pf	Badestrand	5,–	1,50	100,–
260	25 Pf	Strand	5,–	2,80	50,–
261	40 Pf	Krieger-Ehrenmal . .	12,–	5,50	50,–
		Satz (3 W.) . ✶ 5,50	22,–	9,50	

1936, 25. Nov. Winterhilfswerk: Bauwerke. MiNr. 262–264 Wz. 3 X, MiNr. 265–266 Wz. 3 Y. [26×43, 43×26]

			★★	⊙
262	10 + 5 Pf	Milchkannenturm	15,–	6,–
263	15 + 5 Pf	Frauentor	15,–	8,–
264	25 + 10 Pf	Krantor	20,–	12,–
265	40 + 20 Pf	Langgartentor	20,–	14,–
266	50 + 20 Pf	Hohes Tor	30,–	20,–
		Satz (5 W.) . . ✶ 18,–	100,–	60,–
		FDC		450,–

1937, 27. März. Danziger Luftschutz. Wz. 3 Y. [21,5×26]

			★★	⊙
267	10 Pf	schwärzlichkobalt	3,–	1,50
268	15 Pf	dunkelbraunkarmin	8,–	3,–
		Satzpreis (2 W.) . . . ✶ 2,50	11,–	4,50
		FDC		25,–

1937, 17. April. Staatswappen im Oval. Wz. 3 Y. [21,5×26]

			✶	★★	⊙
269	55 Pf	dkl'braunkarmin/rot	10,–	30,–	18,–
		FDC			–,–

1937, 6. Juni. Blockausgabe: Danziger Lanpostwertzeichen-Ausstellung „DAPOSTA". Wz. 3 Y. [148×105]

270	50 Pf	Marienkirche	2,–	6,50	25,–
		Block 1 (148×105 mm)	5,–	16,–	180,–
		FDC			150,–
		Ⓢ			25,–
271	50 Pf	Marienkirche,			
		Junkers W 33	2,–	6,50	25,–
		Block 2	5,–	16,–	180,–
		FDC			150,–
		Ⓢ			25,–

1937, 24. Juni/24. Aug. Staatswappen im Oval. Wie MiNr. 194 y, jedoch geänderte Farbe. Wz. 3 Y; A = gez. K 14, D = Rollenzähnung. [21,5 × 26]

			✶	✶✶	⊙
272	10 Pf	bläulichgrün			
A		gez. K 14	6,–	20,–	2,–
D		Rollenzähnung	13,–	45,–	18,–
		FDC A			15,–
		FDC D			–,–

1937, 14. Aug. Staatswappen im Oval. Wz. 3 Y. [21,5 × 26]

			✶	✶✶	⊙
273	8 Pf	dunkelgelblichgrün .	2,–	10,–	7,50
		FDC			30,–

1937, 30. Okt. Errichtung eines Danziger Dorfs in Magdeburg. X = Wz. 3 X, Y = Wz. 3 Y. [21,5 × 26, 26 × 21,5]

			✶	✶✶	⊙
274	25 Pf	Danziger Dorf			
X		Wz. 3 X	13,–	45,–	50,–
Y		Wz. 3 Y	3,50	18,–	7,–
275 X	40 Pf	Wappen von Danzig und Magdeburg . . .	3,50	18,–	7,–
		Satz (2 W.)	7,–	35,–	14,–
		FDC			75,–

1937, 28. Nov. Blockausgabe: Danziger Leistungsschau. Wz. 3 X. [146 × 105]

		✶	✶✶	⊙
Block 3	mit MiNr. 274 X und 275 X	60,–	140,–	500,–
	FDC			1400,–
	Ⓢ			110,–

1937, 13. Dez. Winterhilfswerk: Denkmäler. Wz. 3 X. [26 × 43]

			✶✶	⊙
276	5 + 5 Pf	Madonna	12,–	10,–
277	10 + 5 Pf	Merkur	12,–	7,50
278	15 + 5 Pf	Der goldene Kerl	12,–	11,–
279	25 + 10 Pf	Neptunbrunnen	18,–	15,–
280	40 + 25 Pf	Hl. Georg	30,–	20,–
		Satz (5 W.) . . ✶ 20,–	80,–	60,–
		FDC		130,–

1938, 22. Febr. 150. Geburtstag des Philosophen Arthur Schopenhauers (1788–1860). [26 × 36]

			✶✶	⊙
281	15 Pf	Ölgemälde (1856)	5,–	3,–
282	25 Pf	Ölgemälde (1814/15)	15,–	10,–
283	40 Pf	Fotografie (1859)	5,–	4,–
		Satz (3 W.) . . . . ✶ 7,50	25,–	17,–
		FDC		50,–

1938, 28. Nov. Winterhilfswerk: Schiffe. [36 × 26]

			✶✶	⊙
284	5 + 5 Pf	Segelyacht	10,–	2,20
285	10 + 5 Pf	Saugbagger	10,–	4,–
286	15 + 10 Pf	Dampfer	12,–	4,–
287	25 + 10 Pf	Motorschiff	15,–	6,–
288	40 + 15 Pf	Karavelle	20,–	9,–
		Satz (5 W.) . . ✶ 12,–	65,–	25,–
		FDC		75,–

1938, Juli/1939. Staatswappen im Oval und Ansichten. Wz. 5. [21,5×26, 37×26]

			✶✶	⊙
289	3 Pf	rötlichbraun	3,80	9,–
290	5 Pf	mittelgelblichrot	3,80	2,50
291	8 Pf	grünlicholiv	22,–	40,–
292	10 Pf	dunkelbläulichgrün	3,80	2,50
293	15 Pf	lebhaftrot	7,50	10,–
294	25 Pf	lilarot	7,–	8,–
295	40 Pf	schwärzlichlilaultramarin	13,–	35,–
296	50 Pf	blau/rot	13,–	160,–
297	1 G	gelblichrot/schwarz	32,–	140,–
		Satz (9 W.) ✶ 24,–	100,–	400,–

1938, 18. Juli/1939. Staatswappen im Oval. Wie MiNr. 290 und 292, jedoch Rollenzähnung. [21,5×26]

			✶	✶✶	⊙
290 D	5 Pf	mittelgelblichrot	1,50	6,50	9,–
292 D	10 Pf	dkl'bläulichgrün	3,–	22,–	12,–
		FDC			–,–

1938, Juli/1939, 13. Febr. Flugpostmarken: Junkers W-33. Wz. 5. [26×21,5]

			✶✶	⊙
298	10 Pf	lebhaftrot	6,–	5,–
299	15 Pf	gelborange	15,–	16,–
300	25 Pf	schwarzbläulichgrün	9,–	8,50
301	50 Pf	dunkelkobalt	25,–	75,–
		Satz (4 W.) ✶ 11,–	55,–	100,–

1939, 7. Jan. Tag der Briefmarke: 125. Jahrestag der Wiedervereinigung der Hansestadt Danzig mit Preußen.

302	5 Pf	Turnierritter (1500)	2,50	2,50
303	10 Pf	Vertrag mit Schweden (1630)	3,50	3,–
304	15 Pf	Abzug der Franzosen (1814)	5,–	3,50
305	25 Pf	Schlacht von Weichselmünde (1577)	6,–	5,–
		Satz (4 W.) ✶ 5,–	17,–	14,–
		FDC		38,–

1939, 29. April. Deutsche Ärzte und Naturforscher. [33×39]

			✶✶	⊙
306	10 Pf	J. G. Mendel (1822–1884)	2,–	1,–
307	15 Pf	R. Koch (1843–1910)	3,50	2,50
308	25 Pf	W. Röntgen (1845–1923)	3,50	3,50
		Satz (3 W.) ✶ 3,–	9,–	7,–
		FDC		25,–

Dienstmarken

1921, 25. Aug. Freimarken MiNr. 73–86 mit Aufdruck. [21,5×26]

			✶✶	◍
1	5 Pf	(73)	–,80	–,30
2	10 Pf	(74)	–,80	–,30
3	15 Pf	(75)	–,80	–,30
4	20 Pf	(76)	–,80	–,30
5	25 Pf	(77)	–,80	–,30
6	30 Pf	(78)	1,80	–,70
7	40 Pf	(79)	–,80	–,30
8	50 Pf	(80)	–,80	–,30
9	60 Pf	(81)	–,80	–,30
10	80 Pf	(82)	3,80	1,50
11	1 M	(83)	–,80	–,30
12	1,20 M	(84)	5,50	1,50
13	2 M	(85)	85,–	16,–
14	3 M	(86)	50,–	14,–
		Satz (14 W.) ✶ 35,–	150,–	35,–

1922, 15. Febr. Freimarken MiNr. 93–98 mit Aufdruck. [21,5×26]

15	75 Pf	(93)	1,–	–,50
16	80 Pf	(94)	1,–	3,20
17	1,25 M	(95)	1,–	–,50
18	2 M	(96)	1,–	–,50
19	2,40 M	(97)	14,–	3,20
20	4 M	(98)	14,–	1,20
		Satz (6 W.) ✶ 3,50	30,–	9,–

1922, März. Freimarke MiNr. 87 mit Aufdruck. [34×29]

			✶	✶✶	◍
21	5 M	(87)			
X		Wz. 2 X	5,–	25,–	13,–
Y		Wz. 2 Y	4,–	20,–	8,–

1922, 29. Juli/16. Dez. Freimarken MiNr. 103–104, 106, 108–111 mit Aufdruck. [21,5×26]

				✶✶	⊘
22	1,50 M		(103)	1,20	–,60
23	3 M		(104)	1,20	–,60
24	5 M		(108)	1,20	–,60
25	6 auf 3 M		(106)	1,20	1,–
26	6 M		(109)	1,20	–,60
27	10 M		(110)	1,20	–,60
28	20 M		(111)	1,20	–,60
		Satz (7 W.)	✶ 2,50	8,–	4,–

1922, 16. Dez./1923, 2. Juli. Freimarken MiNr. 123 bis 128 und 130 mit Aufdruck. [21,5×26, 26×21,5]

29 Y	4 M		(123 Y)	1,80	–,80
30	5 M				
X		Wz. 3 X	(124 X)	4,50	3,–
Y		Wz. 3 Y	(124 Y)	1,80	1,–
31	10 M				
X		Wz. 3 X	(125 X)	4,50	3,–
Y		Wz. 3 Y	(125 Y)	1,80	–,80
32 Y	20 M		(126 Y)	1,80	–,80
33	50 M				
X		Wz. 3 X	(127 X)	4,50	3,–
Y		Wz. 3 Y	(127 Y)	1,80	–,80
34	100 M				
X		Wz. 3 X	(128 X)	4,50	3,–
Y		Wz. 3 Y	(128 Y)	1,80	–,80
35 Y	300 M		(130 Y)	1,80	–,80
		Satz X (4 W.)	✶ 4,–	18,–	12,–
		Satz Y (7 W.)	✶ 2,–	12,–	5,–

1923, 20./29. Juli. Freimarken MiNr. 139, 141, 142, 144 und 145 mit Aufdruck. [21,5×26, 26×21,5]

36	50 M		(139)	2,–	1,–
37	100 M		(141)	2,–	1,–
38	200 M		(142)	2,–	1,–
39	500 M		(144)	2,–	1,–
40	1000 M		(145)	2,–	1,–
		Satz (5 W.)	✶ 1,50	10,–	5,–

1924, 1. März/1925. Freimarken MiNr. 193–201 und 214–215 mit Aufdruck. [21,5×26]

				✶✶	⊙
41	5 Pf		(193 x)	10,–	4,–
42	10 Pf		(194 x)	10,–	4,–
43	15 Pf		(195 x)	10,–	4,–
44	20 Pf		(214 x)	80,–	12,–
45	25 Pf		(196 x)	10,–	2,50
46	30 Pf		(197 x)	70,–	32,–
47	30 Pf		(198 x)	10,–	4,50
48	35 Pf		(215)	280,–	60,–
49	40 Pf		(199 x)	25,–	10,–
50	50 Pf		(200 x)	100,–	50,–
51	75 Pf		(201 x)	220,–	140,–
		Satz (11 W.)	✶ 180,–	800,–	300,–

Portomarken

1921, 1. Okt./1922, 30. Okt. Kleines Wappen. Wz. 2 Y. [21,5×26]

			✶✶	⊘
1	10 Pf	dunkelviolettpurpur	1,50	–,60
2	20 Pf	dunkelviolettpurpur	1,50	–,60
3	40 Pf	dunkelviolettpurpur	1,50	–,60
4	60 Pf	dunkelviolettpurpur	1,50	–,60
5	75 Pf	dunkelviolettpurpur	1,50	–,60
6	80 Pf	dunkelviolettpurpur	1,50	–,60
7	120 Pf	dunkelviolettpurpur	1,50	–,60
8	200 Pf	dunkelviolettpurpur	4,50	1,30
9	240 Pf	dunkelviolettpurpur	2,50	1,30
10	300 Pf	dunkelviolettpurpur	4,50	1,30
11	400 Pf	dunkelviolettpurpur	4,50	1,30
12	500 Pf	dunkelviolettpurpur	4,50	1,30
13	800 Pf	dunkelviolettpurpur	4,50	1,30
14	20 M	dunkelviolettpurpur	4,50	1,30
		Satz (14 W.) ✶ 8,50	40,–	13,–

1923, 1. Jan./3. April. Kleines Wappen. X = Wz. 3 X (stehend), Y = Wz. 3 Y (liegend). [21,5×26]

15 Y	100 Pf	dunkelviolettpurpur	3,–	1,–
16 Y	200 Pf	dunkelviolettpurpur	10,–	5,–
17 Y	300 Pf	dunkelviolettpurpur	3,–	1,–
18 Y	400 Pf	dunkelviolettpurpur	3,–	1,–
19	500 Pf	dunkelviolettpurpur		
X		Wz. 3 X	2,80	1,30
Y		Wz. 3 Y	3,–	1,–
20 X	800 Pf	dunkelviolettpurpur	9,–	5,–

			★★	⊘
21	10 M	dunkelviolettpurpur		
X		Wz. 3 X	2,80	1,30
Y		Wz. 3 Y	3,–	1,–
22 Y	20 M	dunkelviolettpurpur	3,–	1,–
23 Y	50 M	dunkelviolettpurpur	3,–	1,–
24 X	100 M	dunkelviolettpurpur	2,80	1,30
25 X	500 M	dunkelviolettpurpur	2,80	1,30
		Satz X (5 W.) . . . ✱ 5,50	20,–	10,–
		Satz Y (8 W.) . . ✱ 10,–	30,–	12,–

1923, 1. Okt. Portomarken MiNr. 22 X, 23 X und 25 X mit neuem Wertaufdruck. [21,5×26]

26	5000 auf 50 M	. . . . (23 X)	3,–	1,–
27	10000 auf 20 M	. . . . (22 X)	3,–	1,–
28	50000 auf 500 M	. . . . (25 X)	3,–	1,–
29	100000 auf 20 M	. . . . (22 X)	5,–	2,–
		Satz 4 W.) . . ✱ 2,50	14,–	5,–

1923, 24. Nov. Großes Staatswappen. Wz. 4. [21,5×26]

			★★	⊙
30	5 Pf	dunkelkobalt/schwarz	4,–	1,–
31	10 Pf	dunkelkobalt/schwarz	4,–	1,–
32	20 Pf	dunkelkobalt/schwarz	7,–	2,50
33	30 Pf	dunkelkobalt/schwarz	35,–	2,50
34	40 Pf	dunkelkobalt/schwarz	10,–	4,–
35	50 Pf	dunkelkobalt/schwarz	10,–	3,–
36	60 Pf	dunkelkobalt/schwarz	60,–	24,–
37	100 Pf	dunkelkobalt/schwarz	100,–	13,–
		Satz (8 W.) . . . . . . ✱ 55,–	220,–	50,–

1927, 13. Dez. Großes Staatswappen. Wz. 4. [21,5×26]

			★★	⊙
38	15 Pf	dunkelkobalt/schwarz	7,–	2,–
39	3 G	dunkelkobalt/lilarot	55,–	60,–
		Satz (2 W.) . . . . . . ✱ 12,–	60,–	60,–

1932, 20. Dez. Portomarken MiNr. 34, 36 und 37 mit rotem Aufdruck der neuen Wertangaben. [21,5×26]

40	5 auf 40 Pf	. . . . (34)	25,–	10,–
41	10 auf 60 Pf	. . . . (36)	160,–	12,–
42	20 auf 100 Pf	. . . . (37)	15,–	10,–
		Satz (3 W.) . . ✱ 45,–	200,–	30,–

1938, 5. Mai/1939. Großes Staatswappen. Wie MiNr. 30–37, jedoch Wz. 5. [21,5×26]

43	10 Pf	dunkelkobalt/schwarz	7,–	90,–
44	30 Pf	dunkelkobalt/schwarz	10,–	80,–
45	40 Pf	dunkelkobalt/schwarz	35,–	150,–
46	60 Pf	dunkelkobalt/schwarz	50,–	150,–
47	100 Pf	dunkelkobalt/schwarz	50,–	100,–
		Satz (5 W.) . . . . . . ✱ 30,–	150,–	550,–

Memelgebiet

1920, ab Aug. Marken des Deutschen Reiches (Germania-Muster) mit Aufdruck. [21,5×26, 38×26]

Nr.	Wert		★★	⊙
1	5 Pf	(85 II)	12,–	20,–
2	10 Pf	(86 II)	12,–	12,–
3	15 Pf	(142)	17,–	16,–
4	20 Pf	(87 II)	8,–	7,–
5	30 Pf	(89 II)	10,–	12,–
6	40 Pf	(90 II)	1,50	4,50
7	50 Pf	(91 II)	1,80	4,50
8	75 Pf	(104)	18,–	30,–
9	1 M	(94 B II)	1,80	4,50
10	1,25 M	(113)	70,–	65,–
11	1,50 M	(114)	30,–	40,–
12	2 M	(95 B II)	70,–	18,–
13	2,50 M	(115)	70,–	80,–
14	10 Pf	(141)	1,80	4,50
15	30 Pf	(144)	2,–	4,50
16	60 Pf	(147)	7,–	8,–
17	80 Pf	(149)	10,–	13,–
	Satz (17 W.)	✶ 65,–	300,–	330,–

A 9 1 M rot (Töne)(A 113) . *10000,–18000,–*

1920, 7. Juli/1922. Freimarken von Frankreich mit Aufdruck. [20×24,41×24]

Nr.	Wert	Farbe		★★	⊙
18	5 pf auf 5 C	graugrün	(116)	6,–	4,50
19	10 pf auf 10 C	orangerot	(117)	4,–	3,50
20	20 pf auf 25 C	blau	(119)	6,–	5,–
21	30 pf auf 30 C	orange	(120)	5,–	4,50
22	40 pf auf 20 C	rotbraun	(118)	6,50	4,50
23	50 pf auf 35 C	rotviolett	(121)	2,50	4,50
24	60 pf auf 40 C	graurot/grau	(96)	3,–	5,–
25	80 pf auf 45 C	grün/grau-ultramarin	(122)	6,50	6,–
26	1 m auf 50 C	braun	(97)	4,–	5,–
27	1,25 m auf 60 C	violett/kobalt	(138)	7,–	12,–
28	2 m auf 1 Fr	karmin/gelb	(98)	4,–	4,50
29	3 m auf 2 Fr	orange/blau	(139)	100,–	90,–
30	3 m auf 5 Fr	blau/ocker	(100)	150,–	90,–
31	4 m auf 2 Fr	orange/blau	(139)	2,–	5,–
32	10 m auf 5 Fr	blau/ocker	(100)	16,–	20,–
33	20 m auf 5 Fr	blau/ocker	(100)	250,–	200,–
		Satz (16 W.)	✶ 120,–	550,–	450,–

1921, April. MiNr. 19 und 22 mit zusätzlichem Aufdruck. [20×24]

Nr.	Wert		★★	⊙
34	15 auf 10 pf auf 10 C	(19)	4,–	2,50
35	60 auf 40 pf auf 20 C	(22)	4,–	2,50
	Satz (5 W.)	✶ 1,–	8,–	5,–

1921, 14. Mai/1922. Freimarken von Frankreich mit neuem Wertaufdruck. [20×24, 41×24]

Nr.	Wert	Farbe		★★	⊙
36	60 Pf auf 40 C	graurot/grau	(96)	25,–	25,–
37	3 M auf 60 C	violett/kobalt	(138)	25,–	10,–
38	10 M auf 5 Fr	blau/ocker	(100)	25,–	11,–
39	20 M auf 45 C	grün/ultramarin	(122)	35,–	35,–
		Satz (4 W.)	✶ 18,–	110,–	80,–

1921, 6./30. Juli. Flugpostmarken. Freimarken von Memel mit Aufdruck. [41×24]

Nr.	Wert		★★	⊙
40	60 pf auf 40 C	(24)	150,–	200,–
41	60 Pf auf 40 C	(36)	20,–	25,–
42	80 pf auf 45 C	(25)	20,–	25,–
43	1 m auf 50 C	(26)	22,–	18,–
44	2 m auf 1 Fr	(28)	20,–	20,–
45	3 M auf 60 C	(37)	15,–	20,–
46	4 m auf 2 Fr	(31)	20,–	25,–
	Satz (7 W.)	✶ 65,–	260,–	330,–

1921, 15. Nov./2. Dez. MiNr. 20 und 23 mit zusätzlichem Wertaufdruck. [20×24]

Nr.	Wert		★★	⊙
47	15 auf 20 pf auf 25 C	(20)	3,–	4,–
48	15 auf 50 pf auf 35 C	(23)	3,–	4,–
	Satz (2 W.)	✶ 1,–	6,–	8,–

1922, 6. Jan. MiNr. 26, 28 und 36 mit zusätzlichem Aufdruck. [41×24]

			✶✶	⊙
49	75 auf 60 Pf auf 40 C	(36)	7,–	5,–
50	1,25 auf 1 m auf 50 C	(26)	5,–	4,–
51	5,00 auf 2 m auf 1 Fr	(28)	8,–	6,–
	Satz (3 W.) . ✶ 3,–		20,–	15,–

1922, 2. Jan./April. Freimarken von Frankreich mit Aufdruck, Landesname und Wertangabe jetzt kursiv. [20×24, 41×24]

52	5 Pf auf 5 C	orange	(140)	1,50	1,80
53	10 Pf auf 10 C	orangerot	(117)	6,–	7,–
54	10 Pf auf 10 C	dunkelopalgrün	(141)	1,50	1,80
55	15 Pf auf 10 C	dunkelopalgrün	(141)	1,50	1,80
56	20 Pf auf 20 C	lilabraun	(118)	45,–	50,–
57	20 Pf auf 25 C	dunkelblau	(119)	45,–	50,–
58	25 Pf auf 5 C	orange	(140)	1,50	1,80
59	30 Pf auf 30 C	orangerot	(142)	6,–	7,–
60	40 Pf auf 40 C	rot/grau	(96)	1,50	1,80
61	50 Pf auf 50 C	graublau	(143)	1,50	1,80
62	75 Pf auf 35 C	rotviolett	(121)	1,50	1,80
63	80 Pf auf 45 C	grün/ultramarin	(122)	1,50	1,80
64	1 M auf 40 C	rot/grau	(96)	1,50	3,–
65	1,25 M auf 60 C	violett/kobalt	(138)	1,50	3,–
66	1,50 M auf 45 C	grün(ultramarin	(122)	1,50	3,–
67	2 M auf 1 Fr	karmin/gelb	(98)	1,50	3,–
68	3 M auf 60 C	violett/kobalt	(138)	6,–	7,–
69	5 M auf 1 Fr	karmin/gelb	(98)	1,60	4,–
70	6 M auf 2 Fr	orange/blau	(139)	1,60	4,–
71	9 M auf 5 Fr	blau/ocker	(100)	3,–	4,–
		Satz (20 W.) ✶ 28,–		130,–	150,–

1922, 12. Mai. Flugpostmarken. Freimarken von Memel mit Aufdruck. [41×24]

72	40 Pf auf 40 C	(60)	7,50	5,–
73	80 Pf auf 45 C	(63)	7,50	5,–
74	1 M auf 40 C	(64)	7,50	5,–
75	1,25 M auf 60 C	(65)	12,–	8,–
76	1,50 M auf 45 C	(66)	12,–	8,–
77	2 M auf 1 Fr	(67)	12,–	8,–
78	3 M auf 60 C	(68)	12,–	8,–
79	3 M auf 60 C	(37)	500,–	1400,–
80	4 m auf 2 Fr	(31)	12,–	8,–
81	5 M auf 1 Fr	(69)	12,–	8,–
82	6 M auf 2 Fr	(70)	12,–	8,–
83	9 M auf 5 Fr	(71)	12,–	8,–
	Satz ohne MiNr. 79 (11 W.) ✶ 10,–		100,–	80,–

1922, 12. Sept. Freimarken von Frankreich mit kursivem Aufdruck. [20×24, 41×24]

				✶✶	⊙
84	35 Pf auf 35 C	rotviolett	(121)	1,30	1,–
85	75 Pf auf 15 C	graugrün	(109)	1,30	1,–
86	1 M auf 25 C	blau	(119)	1,30	1,–
87	1¼ M auf 30 C	orangerot	(142)	1,30	1,–
88	2 M auf 45 C	grün/ultramarin	(122)	4,–	3,50
89	2¼ M auf 40 C	rot/grau	(96)	1,30	1,–
90	2½ M auf 60 C	violett/kobalt	(138)	4,–	3,50
91	4 M auf 45 C	grün/ultramarin	(122)	1,30	1,–
92	6 M auf 60 C	violett/kobalt	(138)	1,30	1,–
93	9 M auf 1 Fr	karmin/gelb	(98)	1,30	1,–
94	12 M auf 40 C	rot/grau	(96)	2,50	3,–
95	20 M auf 2 Fr	orange/blau	(139)	2,50	3,–
96	30 M auf 5 Fr	blau/ocker	(100)	20,–	25,–
97	50 M auf 2 Fr	orange/blau	(139)	60,–	60,–
		Satz (14 W.) . . ✶ 16,–		100,–	100,–

1922, 17. Okt. Flugpostmarken. Freimarken von Frankreich mit Aufdruck. [41×24]

98	40 Pf auf 40 C	rot/grau	(96)	10,–	20,–
99	1 M auf 40 C	rot/grau	(96)	10,–	20,–
100	1,25 M auf 60 C	violett/kobalt	(138)	10,–	20,–
101	1,50 M auf 45 C	grün/ultramarin	(122)	10,–	20,–
102	2 M auf 1 Fr	karmin/gelb	(98)	10,–	20,–
103	3 M auf 60 C	violett/-kobalt	(138)	10,–	20,–
104	4 M auf 2 Fr	orange/blau	(139)	10,–	20,–
105	5 M auf 1 Fr	karmin/gelb	(98)	10,–	20,–
106	6 M auf 2 Fr	orange/blau	(139)	10,–	20,–
107	9 M auf 5 Fr	blau/ocker	(100)	10,–	20,–
		Satz (10 W.) . . ✶ 17,–		100,–	200,–

1922, 22. Okt. Memel MiNr. 54 und 56 mit nochmaligem Wertaufdruck. [20×24]

108	Mark auf 10 Pf auf 10 C	(54)	5,–	10,–
109	Mark auf 20 Pf auf 20 C	(56)	3,–	6,–
	Satz (2 W.) ✶ 1,50		8,–	16,–

1922, Dez. Freimarken von Frankreich mit Aufdruck. [20×24, 41×24]

			✶✶	⊙
110	3 M auf 5 C	orange . . . (140)	6,–	6,50
111	6 M auf 15 C	graugrün . (109)	7,–	6,50
112	8 M auf 30 C	orangerot (142)	8,–	17,–
113	10 M auf 45 C	grün/ultramarin . . . . (122)	8,–	6,50
114	20 M auf 40 C	rot/grau . . . (96)	8,–	6,50
115	30 M auf 60 C	violett/kobalt . . . . (138)	8,–	6,50
116	40 M auf 1 Fr	karmin/gelb (98)	8,–	8,50
117	80 M auf 2 Fr	orange/blau . . . . . (139)	8,–	8,50
118	100 M auf 5 Fr	blau/ocker (100)	10,–	16,–
		Satz (9 W.) . . ✶ 9,–	70,–	80,–

1922, Dez. Memel MiNr. 60 und 65 mit nochmaligem Aufdruck. [41×24]

119	Mark auf 40 Pf auf 40 C . . . . . (60)	6,–	6,50
120	80,– auf 1,25 M auf 60 C . . . . (65)	8,–	9,50
	Satz (2 W.) . ✶ 2,50	14,–	16,–

Litauische Besetzung

1923, 26. Jan. Memel MiNr. 88, 86 und 61 mit Aufdruck. [20×24, 41×24]

121	10 auf 2 M auf 45 C . . . .(88)	15,–	17,–
122	25 auf 1 M auf 25 C . . . . (86)	15,–	17,–
123	Mark auf 50 Pf auf 50 C . . . . . 61)	20,–	22,–
	Satz (3 W.) . . ✶ 8,–	50,–	55,–

1923, 5. Febr. Nicht ausgegebene Dienstmarken von Litauen mit Aufdruck (Schrift gerade). [22×27,5]

			✶✶	⊙
124	10 M auf 5 C	grünlichblau	20,–	9,–
125	25 M auf 5 C	grünlichblau	20,–	9,–
126	50 M auf 25 C	dunkelzinnoberrot	20,–	9,–
127	100 M auf 25 C	dunkelzinnoberrot	25,–	9,–
128	400 M auf 1 L	braun	35,–	14,–
		Satz (5 W.) . . ✶ 6,–	120,–	50,–

1923, 7. Febr. Nicht ausgegebene Dienstmarken von Litauen mit Aufdruck (Schrift gerade und kursiv). [34×29]

129	10 M auf 5 C	grünlichblau	18,–	15,–
130	25 M auf 5 C	grünlichblau	18,–	15,–
131	50 M auf 25 C	dunkelzinnoberrot	18,–	15,–
132	100 M auf 25 C	dunkelzinnoberrot	18,–	15,–
133	400 M auf 1 L	braun	25,–	20,–
134	500 M auf 1 L	braun	25,–	20,–
		Satz (6 W.) . ✶ 10,–	120,–	100,–

1923, Febr. Nicht ausgegebene Dienstmarken von Litauen mit Aufdruck (Schrift kursiv). [34×29]

135	10 M auf 5 C	grünlichblau	25,–	12,–
136	20 M auf 5 C	grünlichblau	25,–	12,–
137	25 M auf 25 C	dunkelzinnoberrot	25,–	16,–
138	50 M auf 25 C	dunkelzinnoberrot	44,–	16,–
139	100 M auf 1 L	braun	48,–	22,–
140	200 M auf 1 L	braun	65,–	25,–
		Satz (6 W.) ✶ 16,–	220,–	100,–

1923, 27. Febr./12. April. Wappenreiter. [22×27,5]

141	10 M	hellbraun	5,–	8,50
142	20 M	dunkelrötlichgelb	5,–	8,50
143	25 M	rötlichorange	5,–	10,–
144	40 M	grauviolett	5,–	8,50
145	50 M	gelbgrün	12,–	18,–
146	100 M	dunkelrosa	5,–	9,–

			**	⊙
147	300 M	oliv	90,–	180,–
148	400 M	dunkelolivbraun	6,–	9,–
149	500 M	graulila	90,–	180,–
150	1000 M	grünlichblau	10,–	15,–
		Satz (10 W.) .... ✶ 20,–	230,–	440,–

1923, 12. April. Angliederung des Memellandes an Litauen (sog. Hafenjubiläumsausgabe). [22×27,5]

			**	⊙
151	40 M	oliv	40,–	50,–
152	50 M	dunkelockerbaun	40,–	50,–
153	80 M	dunkelgelblichgrün	40,–	50,–
154	100 M	zinnoberrot	40,–	50,–
155	200 M	dunkelblau	40,–	50,–
156	300 M	dunkelockerbraun	40,–	50,–
157	400 M	braunpurpur	40,–	50,–
158	500 M	orange	40,–	50,–
159	600 M	oliv	40,–	50,–
160	800 M	blau	40,–	50,–
161	1000 M	braunpurpur	40,–	50,–
162	2000 M	zinnoberrot	40,–	50,–
163	3000 M	dunkelgelblichgrün	40,–	50,–
		Satz (13 W.) .... ✶ 70,–	500,–	650,–

1923, 13. April. Memel MiNr. 120 mit nochmaligem Wertaufdruck. [41×26]

				**	⊙
164	100 M auf 80 M auf 1,25 M auf 60 C	(120)		18,–	90,–
165	400 M auf 80 M auf 1,25 M auf 60 C	(120)		20,–	90,–
166	500 M auf 80 M auf 1,25 M auf 60 C	(120)		18,–	90,–
	Satz (2 W.)		✶ 15,–	55,–	270,–

1923, 16./20. April. Memel MiNr. 143, 147 und 149 mit Aufdruck „CENTU“. [22×27,5]

				**	⊙
167	2 C auf 300 M	(147)		45,–	20,–
168	3 C auf 300 M	(147)		50,–	25,–
169	10 C auf 25 M	(143)		50,–	20,–
170	15 C auf 25 M	(143)		50,–	20,–
171	20 C auf 500 M	(149)		65,–	40,–
172	30 C auf 500 M	(149)		50,–	20,–
173	50 C auf 500 M	(149)		100,–	40,–
	Satz (7 W.)		✶ 75,–	400,–	180,–

1923, 16. April/16. Mai. Wie MiNr. 167–173, jedoch Aufdruck „CENT“ statt „CENTU“. [22×27,5]

				**	⊙
174	5 C auf 300 M	(147)		35,–	25,–
175	30 C auf 500 M	(149)		55,–	35,–
	Satz (2 W.)		✶ 13,–	90,–	60,–

1923, 23. April/2. Mai. Memel MiNr. 142, 144–148 und 150 mit Aufdruck mit neuen größeren Wertziffern. [22×27,5]

				**	⊙
176	2 C auf 20 M	(142)		25,–	20,–
177	2 C auf 50 M	(145)		25,–	20,–
178	3 C auf 40 M	(144)		35,–	18,–
179	3 C auf 300 M	(147)		25,–	15,–
180	5 C auf 100 M	(146)		65,–	15,–
181	10 C auf 400 M	(148)		125,–	30,–
182	1 L auf 1000 M	(150)		200,–	90,–
	Satz (7 W.)		✶ 90,–	500,–	200,–

1923, Mai. Memel MiNr. 141–146 und 150 mit Aufdruck (neue einheitliche Wertziffern). [22×27,5]

				**	⊙
183	2 C auf 10 M	(141)		30,–	100,–
184	2 C auf 20 M	(142)		100,–	180,–
185	2 C auf 50 M	(145)		50,–	120,–
186	3 C auf 10 M	(141)		100,–	160,–
187	3 C auf 40 M	(144)		120,–	280,–
188	5 C auf 100 M	(146)		60,–	50,–
189	10 C auf 400 M	(148)		950,–	850,–
190	15 C auf 25 M	(143)		950,–	850,–
191	50 C auf 1000 M	(150)		30,–	15,–
192	1 L auf 1000 M	(150)		50,–	30,–
	Satz (10 W.)		✶ 500,–	2400,–	2600,–

1923, Juni. Angliederung des Memellandes an Litauen. MiNr. 151–163 mit Aufdruck. [22×27,55]

				**	⊙
193	15 C auf 40 M	(151)		30,–	40,–
194	30 C auf 50 M	(152)		30,–	30,–
195	30 C auf 80 M	(153)		30,–	50,–
196	30 C auf 100 M	(154)		30,–	20,–
197	50 C auf 200 M	(155)		30,–	40,–
198	50 C auf 300 M	(156)		30,–	20,–
199	50 C auf 400 M	(157)		30,–	35,–
200	50 C auf 500 M	(158)		30,–	20,–
201	1 L auf 600 M	(159)		30,–	45,–
202	1 L auf 800 M	(160)		35,–	45,–
203	1 L auf 1000 M	(161)		35,–	45,–
204	1 L auf 2000 M	(162)		35,–	45,–
205	1 L auf 3000 M	(163)		35,–	45,–
	Satz (13 W.)		✶ 85,–	400,–	450,–

1923, Dez. Memel MiNr. 141–146, 148 und 150 mit geändertem Aufdruck [22 × 27,5]

				✶✶	⊙
206	15 C auf 10 M	....	(141)	250,–	300,–
207	15 C auf 20 M	....	(142)	25,–	40,–
208	15 C auf 25 M	....	(143)	35,–	80,–
209	15 C auf 40 M	....	(144)	15,–	40,–
210	15 C auf 50 M	....	(145)	15,–	30,–
211	15 C auf 100 M	....	(146)	15,–	30,–
212	15 C auf 400 M	....	(148)	15,–	25,–
213	15 C auf 1000 M	....	(150)	500,–	600,–
214	25 C auf 10 M	....	(141)	70,–	150,–
215	25 C auf 20 M	....	(142)	15,–	40,–
216	25 C auf 25 M	....	(143)	35,–	60,–
217	25 C auf 40 M	....	(144)	35,–	60,–
218	25 C auf 50 M	....	(145)	20,–	30,–
219	25 C auf 100 M	....	(146)	15,–	30,–
220	25 C auf 400 M	....	(148)	15,–	30,–
221	25 C auf 1000 M	....	(150)	500,–	600,–
222	30 C auf 10 M	....	(141)	250,–	300,–
223	30 C auf 20 M	....	(142)	30,–	50,–
224	30 C auf 25 M	....	(143)	30,–	80,–
225	30 C auf 40 M	....	(144)	20,–	30,–
226	30 C auf 50 M	....	(145)	25,–	30,–
227	30 C auf 100 M	....	(146)	25,–	30,–
228	30 C auf 400 M	....	(148)	25,–	30,–
229	30 C auf 1000 M	....	(150)	500,–	600,–
			Satz (24 W.) ✶ 400,–	2400,–	3200,–

1923, Nov. Memel MiNr. 125, 127, 128 und 131 mit Aufdruck, Ziffern aus MiNr. 183–205, buchstaben neu. [22 × 27,5]

230	10 C auf 25 M auf 5 C	...	(125)	500,–	150,–
231	15 C auf 100 M auf 25 C	...	(127)	600,–	450,–
232	30 C auf 400 M auf 1 L	...	(128)	80,–	60,–
233	60 C auf 50 M auf 25 C	...	(131)	550,–	400,–
			Satz (4 W.) ✶ 150,–	1700,–	1000,–

1923, Dez. Angliederung des Memellandes an Litauen. MiNr. 152, 154, 156 und 158 mit grünem Aufdruck. [22 × 27,5]

234	15 C auf 50 M	....	(152)	2000,–	2500,–
235	25 C auf 100 M	....	(154)	*700,–*	1500,–
236	30 C auf 300 M	....	(156)	*1100,–*	1600,–
237	60 C auf 500 M	....	(158)	*700,–*	1500,–
			Satz (4 W.) ✶ 750,–	*4500,–*	7000,–

Lokalausgabe

1939, 22. März. Litauen MiNr. 425–428 mit Aufdruck [36 × 27]

				✶✶	⊙
I	15 C	dunkelrosarot		35,–	38,–
II	30 C	dunkelgrün		35,–	38,–
III	35 C	rosakarmin		25,–	28,–
IV	60 C	schwarzgraublau		28,–	32,–
			Satz (4 W.) ✶ 26,–	120,–	130,–

Sudetenland

Asch

1938, 22. Sept. Feimarken der Tschechoslowakei (Staatswappen, Masaryk, Benesch) mit Aufdruck.

			✶✶	⊙
1	50 H auf 25 H	(280)	80,–	30,–
2	1,20 Kč auf 10 H	(278)	150,–	40,–
3	1,20 Kč auf 20 H	(279)	50,–	20,–
4	1,20 Kč auf 50 H	(360)	50,–	15,–
5	1,20 Kč auf 1 Kč	(350)	120,–	20,–
	Satz (5 W.)	✶ 250,–	450,–	110,–

Karlsbad

1938, 1. Okt. Marken und Blocks der Tschechoslowakei mit verschiedenfarbigen Handstempelaufdrucken.

Freimarken: Staatswappen

			✶	✶✶	⊙
1	5 H	(277)	200,–	320,–	180,–
2	10 H	(278)	40,–	60,–	30,–
3	20 H	(279 A)	40,–	60,–	30,–
4	25 H	(280)	160,–	250,–	180,–
5	30 H	(281)	40,–	60,–	30,–

Freimarken: Kopfbilder

6	40 H	(347)	140,–	200,–	80,–
A 6	50 H	(348)			*1200,–*
7	50 H	(360)	50,–	80,–	40,–
8	60 H	(349)	100,–	160,–	80,–
9	1 Kč	(350)	50,–	80,–	40,–

Freimarken: Landschaften

			✶	✶✶	⊙
10	1,20 Kč	(351)	110,–	220,–	90,–
11	1,50 Kč	(352)	180,–	280,–	180,–
12	1,60 Kč	(386)	90,–	180,–	110,–
13	2 Kč	(353)	180,–	280,–	170,–
14	2,50 Kč	(354)	90,–	180,–	170,–
15	3 Kč	(355)	180,–	280,–	200,–
16	3,50 Kč	(356)	350,–	600,–	550,–
17	4 Kč	(357)	350,–	600,–	550,–
18	5 Kč	(358)	*700,–*	*1000,–*	*1000,–*
19	10 Kč	(359)	*1400,–*	*2000,–*	*2000,–*

Freimarken: Flugpostmarken

20	50 H	(303)	*500,–*	*800,–*	*500,–*
21	1 Kč	(304)	*500,–*	*800,–*	*500,–*
22	2 Kč	(305)	*1500,–*	*2000,–*	*1800,–*
23	3 Kč	(306)	*1800,–*	–,–	*1900,–*
24	4 Kč	(307)	*3500,–*	–,–	*3500,–*
25	5 Kč	(308)	*2000,–*	–,–	*3000,–*
26	10 Kč	(309)	*3300,–*	*6500,–*	*3300,–*
27	20 Kč	(310)	*3500,–*	–,–	*3500,–*

Freimarken: Zustellungsmarken

28	50 H	(Zu 359)	200,–	400,–	250,–
29	50 H	(Zu 360)	200,–	400,–	250,–

Freimarken: Portomarken

30	5 H	(P 55)	180,–	300,–	250,–
31	10 H	(P 56)	55,–	100,–	65,–

Nr.	Wert		Nr.	*	**	⊙
32	20 H	....	(P 57)	30,–	55,–	35,–
33	30 H	....	(P 58)	110,–	190,–	180,–
34	40 H	....	(P 59)	110,–	190,–	190,–
35	50 H	....	(P 60)	35,–	60,–	50,–
36	60 H	....	(P 61)	26,–	50,–	45,–
37	1 Kč	....	(P 62)	55,–	100,–	65,–
38	2 Kč	....	(P 63)	130,–	240,–	200,–
39	5 Kč	....	(P 64)	800,–	1200,–	1000,–
40	10 Kč	....	(P 65)	*2000,–*	*3000,–*	*2500,–*
41	20 Kč	....	(P 66)	*7500,–*	–,–	*7500,–*

Sondermarken: Tyrš, Štefánik, Gefecht bei Zborov, Purkyně, Tod von Masarik.

Nr.	Wert		Nr.	*	**	⊙
A 41	60 H	Tyrš	(318)	*2000,–*	–,–	
B 41	50 H	Štefánik ...	(338)			
42	1 Kč	Gefecht bei Zborov .	(374)	*5000,–*		
43	50 H	Purkyně ...	(377)	*2500,–*	*3000,–*	*4800,–*
44	1 Kč	Purkyně ...	(378)	*2500,–*	*3000,–*	*4800,–*
45	50 H	Tod von Masaryk ...	(379)	300,–	450,–	300,–
46	2 Kč	Tod von Masaryk ...	(380)	450,–	600,–	450,–

B 41 ist bisher nur auf Brief belegt.

Blockausgabe: Briefmarkenausstellung Preßburg.

Nr.	Wert		Nr.	*	**	⊙
47	50 H	....	(384)	*1100,–*	*1700,–*	*1300,–*
48	1 Kč	....	(385)	*1100,–*	*1700,–*	*1300,–*
Block 1 (150x100 mm)		.	(Bl. 1)	*3200,–*	*4000,–*	*2800,–*

Sondermarken: Sokol-Winterspiele, Masaryk mit Kind.

Nr.	Wert		Nr.	*	**	⊙
49	50 H	Sokol-Winterspiele .	(387)	220,–	320,–	240,–
50	1 Kč	Sokol-Winterspiele .	(388)	240,–	380,–	240,–
51	50 H+50 H	Masaryk	(389)	200,–	280,–	240,–
52	1 K+50 H	Masaryk	(390)	180,–	280,–	240,–

Blockausgabe: Masaryk mit Kind

Nr.	Wert		Nr.	*	**	⊙
53	2 Kč+3 Kč	....	(391)	*1800,–*	*2200,–*	*1500,–*
Block 2 (71x91 mm)		...	(Bl. 3)	*4000,–*	*5800,–*	*4800,–*

Sondermarken: Legionärsmarken, Fügner.

Nr.	Wert		Nr.	*	**	⊙
54	50 H	Legionärsmarken	(392)	200,–	*350,–*	300,–
55	50 H	Legionärsmarken	(393)	200,–	*350,–*	300,–
56	50 H	Legionärsmarken	(394)	200,–	*350,–*	300,–
57	50 H	Fügner	(395)	140,–	200,–	180,–
58	1 Kč	Fügner	(396)	150,–	220,–	200,–
59	2 Kč	Fügner	(397)	110,–	180,–	150,–

Blockausgabe: Briefmarkenausstellung PRAGA.

Nr.	Wert		Nr.	*	**	⊙
60	50 H	....	(398)	*1200,–*	*1800,–*	*1400,–*
61	1 Kč	....	(399)	*1200,–*	*1800,–*	*1400,–*
Block 3 (148x105 mm)		.	(Bl. 4)	*4000,–*	*5600,–*	*4000,–*

Sondermarken: Briefmarkenausstellungen Pilsen und Kaschau.

Nr.	Wert		*	**	⊙
62	50 H	Pilsen	55,–	90,–	70,–
63	50 H	Kaschau	65,–	100,–	80,–

Konstantinsbad

1938, 2. Okt. Marken der Tschechoslowakei mit Aufdruck.

Freimarken: Staatswappen.

Nr.	Wert		Nr.	*	**	⊙
1	5 H	....	(277)	*450,–*	*700,–*	*600,–*
2	10 H	....	(278)	*300,–*	*500,–*	*400,–*
3	20 H	....	(279)	*300,–*	*500,–*	*400,–*
4	25 H	....	(280)	*500,–*	*700,–*	*600,–*
5	30 H	....	(281)	*300,–*	*500,–*	*400,–*

Freimarken: Kopfbilder.

				✶	✶✶	⊙
6	40 H	Comenius	(347)	200,–	300,–	260,–
7	50 H	Beneš	(348)	360,–	500,–	450,–
8	50 H	Beneš	(360)	200,–	300,–	260,–
9	50 H	Štefánic	(338)	3200,–	5000,–	–,–
10	60 H	Štefánic	(349)	200,–	350,–	260,–
11	1 Kč	Masaryk	(350)	200,–	350,–	260,–

Freimarken: Landschaften.

12	1,20 Kč	Mukačevo-Palanok	(351)	1400,–	2000,–	2000,–
13	1,50 Kč	Neusohl	(352)	1400,–	2000,–	2000,–
14	1,60 Kč	Kuttenberg	(386)	1400,–	2000,–	2000,–
15	2 Kč	Klingenberg	(353)	1400,–	2000,–	2000,–
16	2,50 Kč	Burgruine Strečno	(354)	4500,–		3000,–
17	3 Kč	Schloss Groß-Skal	(355)	4500,–		3000,–
18	3,50 Kč	Austerlitz	(356)	4500,–		3000,–
19	4 Kč	Bad Podiebrad	(357)	16000,–		–,–
20	5 Kč	Olmütz	(358)	16000,–		–,–
21	10 Kč	Preßburg	(359)	16000,–		–,–

Sondermarken:

22	50 H	Purkyně	(377)	3000,–		2500,–
23	1 Kč	Purkyně	(378)	3500,–		2500,–
24	50 H	Tod von Masaryk	(379)	3500,–	6000,–	3000,–
25	2 Kč	Tod von Masaryk	(380)	5000,–		4500,–
26	50 H+50 H	Masaryk mit Kind	(389)	3500,–		2500,–
27	1 Kč+50 H	Masaryk mit Kind	(390)	3500,–		2500,–
28	50 H	Legionärsmarken	(392)	1500,–	2800,–	2800,–
29	50 H	Legionärsmarken	(393)	1500,–	2500,–	2500,–
30	50 H	Legionärsmarken	(394)	1500,–	2500,–	2500,–
31	50 H	Fügner	(395)	1500,–	3000,–	3000,–
32	1 Kč	Fügner	(396)	1500,–	3000,–	3000,–
33	2 Kč	Fügner	(397)	1500,–	3000,–	3000,–
34	50 H	Pilsen	(400)	500,–	750,–	750,–
35	50 H	Kaschau	(401)	500,–	750,–	750,–

Niklasdorf

1938, 28. Sept. Marken und Blocks der Tschechoslowakei mit Aufdruck.

Freimarken:

			✶	✶✶	⊙
1	1 Kč auf 5 H Staatswappen	(277)	600,–	1000,–	2000,–
2	1 Kč auf 10 H Staatswappen	(278)	600,–	1000,–	2000,–
3	1 Kč auf 20 H Staatswappen	(279)	1000,–	1400,–	1400,–
4	1 Kč auf 30 H Staatswappen	(281)	400,–	600,–	600,–
5	1 Kč auf 40 H Comenius	(347)	1200,–	1600,–	1600,–
6	1 Kč auf 50 H Beneš	(360)	1200,–	1600,–	1600,–
7	1,20 Kč auf 60 H Masaryk	(243)	1500,–	2000,–	4500,–
8	1,20 Kč auf 5 H Staatswappen	(277)	700,–	1000,–	1000,–
9	1,20 Kč auf 50 H Beneš	(348)	1200,–	1600,–	1600,–
10	1,20 Kč auf 1 Kč Masaryk	(350)	1500,–	2000,–	4500,–
11	2 Kč auf 5 H Hradschin	(2 a)	2200,–	–,–	3500,–
A11	2 Kč auf 1 Kč Masaryk	(244)			2500,–
12	2 Kč auf 5 H Staatswappen	(277)	220,–	340,–	300,–
13	2 Kč auf 20 H Staatswappen	(279)	220,–	400,–	400,–
14	2 Kč auf 25 H Staatswappen	(280)	300,–	500,–	500,–
15	2 Kč auf 30 H Staatswappen	(281)	180,–	400,–	400,–
16	2 Kč auf 40 H Staatswappen	(282 b)	300,–	550,–	500,–
17	2 Kč auf 1 Kč Masaryk	(297)	1200,–	1600,–	1600,–
A17	2 Kč auf 40 H Comenius	(347)	1200,–	1600,–	1600,–
18	2 Kč auf 50 H Beneš	(348)	180,–	320,–	280,–
19	2 Kč auf 1 Kč Masaryk	(350)	180,–	320,–	280,–
20	2 Kč auf 1,20 Kč Mucačevo-P.	(351)	700,–	1000,–	1000,–
21	2 Kč auf 1,50 Kč Neusohl	(352)	1400,–	2000,–	2000,–
22	2 Kč auf 50 H Beneš	(360)	300,–	500,–	500,–
23	4,50 Kč auf 1,20 Kč Strahov	(249)	850,–	1200,–	1200,–
24	4,50 Kč auf 1,20 Kč Mucačevo-P.	(351)	1500,–	2000,–	3000,–

Nr.	Ausgabe		*	**	⊙
25	4,50 Kč auf 1,50 Kč Neusohl	(352)	4000,–	6500,–	6500,–
26	4,50 Kč auf 2 H Klingenberg	(353)	550,–	750,–	700,–
27	4,50 Kč auf 2,50 Kč Strečno	(354)			18000,–
28	4,50 Kč auf 1,60 Kč Kuttenberg	(386)	700,–	1000,–	1000,–

Blockausgaben:

Nr.	Ausgabe		*	**	⊙
29	4,50 Kč auf 50 H	(384)	–,–	–,–	–,–
30	4,50 auf 1 Kč	(385)	–,–	–,–	–,–
Block 1 (150x100 mm)	Pressburg	(Bl. 1)	2800,–	–,–	3000,–
31	4,50 Kč auf 2+3 Kč	(391)	–,–	–,–	–,–
Block 2 (71x91 mm)	Masaryk	(Bl. 3)	2800,–	–,–	14000,–
32	4,50 Kč auf 50 H	(398)	–,–	–,–	–,–
33	4,50 Kč auf 1 Kč	(399)	–,–	–,–	–,–
Block 3 (148x105 mm)	PRAGA		2800,–	–,–	14000,–

Sondermarken:

Nr.	Ausgabe		*	**	⊙
A33	1,20 Kč auf 1 Kč Frauenberg	(271)	2400,–		
34	1,20 Kč auf 60 H Tyrš	(318)	1000,–	1300,–	1300,–
35	1,20 Kč auf 50 H Masaryk	(332)	1000,–	1300,–	1300,–
36	1,20 Kč auf 50 H Methodius	(339)	260,–	450,–	400,–
37	1,20 Kč auf 50 H Macha	(345)	1100,–	1400,–	1400,–
38	1,20 Kč auf 50 H Muttertag	(361)	3500,–	5000,–	5000,–
39	1,20 Kč auf 1 Kč Muttertag	(362)	1100,–	1400,–	1400,–
40	1,20 Kč auf 50 H Legionäre	(373)	1100,–	1400,–	1400,–
41	1,20 Kč auf 50 H Purkyně	(377)	500,–	850,–	800,–
42	1,20 Kč auf 50 H Masaryk	(379)	260,–	450,–	400,–
43	1,20 Kč auf 50 H Sokol	(387)	1000,–	1300,–	1300,–
44	1,20 Kč auf 50 H Legionäre	(392)	1000,–	1500,–	1500,–
45	1,20 Kč auf 50 H Fügner	(395)	1000,–	1500,–	1500,–
46	1,20 Kč auf 1 Kč Fügner	(396)	1800,–	2800,–	2800,–
47	1,20 Kč auf 50 H Pilsen	(400)	200,–	380,–	320,–
48	1,20 Kč auf 50 H Kaschau	(401)	1800,–	2800,–	2800,–
49	2 Kč auf 30 H Grätz	(267)	3000,–	4000,–	4000,–
A49	2 Kč auf 40 H Leutschau	(268)	550,–	850,–	800,–
50	2 Kč auf 60 H Tyrš	(318)	1200,–	2000,–	2000,–
51	2 Kč auf 50 H Smetana	(321)	4000,–	5500,–	5500,–
A51	2 Kč auf 50 H Masaryk	(332)	–,–		
52	2 Kč auf 1 Kč Masaryk	(333)	1000,–	1300,–	1300,–
53	2 Kč auf 50 H Štefánik	(338)	700,–	1100,–	1100,–
A53	2 Kč auf 50 H Methodius	(339)	700,–	1100,–	1100,–
54	2 Kč auf 1 Kč Methodius	(340)	400,–	800,–	600,–
55	2 Kč auf 2 Kč Methodius	(341)	1000,–	1300,–	1300,–
56	2 Kč auf 50 H Kinderhilfe	(342)	1000,–	2000,–	2000,–
57	2 Kč auf 1 Kč Kinderhilfe	(343)	500,–	850,–	800,–
58	2 Kč auf 1 Kč Macha	(346)	1000,–	1300,–	1300,–
59	2 Kč auf 50 H Muttertag	(361)	1000,–	1300,–	1300,–
60	2 Kč auf 50 H Legionäre	(373)	500,–	850,–	800,–
61	2 Kč auf 1 Kč Legionäre	(374)	260,–	450,–	400,–
62	2 Kč auf 50 H Purkyně	(377)	260,–	450,–	400,–
63	2 Kč auf 1 Kč Purkyně	(378)	1000,–	1500,–	1500,–
64	2 Kč auf 50 H Masaryk	(379)	1000,–	1300,–	1300,–
65	2 Kč auf 50 H Sokol	(387)	700,–	1100,–	1100,–
66	2 Kč auf 1 Kč Sokol	(388)	260,–	450,–	400,–
67	2 Kč auf 50 H Masaryk	(389)	1000,–	1500,–	1500,–
68	2 Kč auf 1 Kč Masaryk	(390)	1000,–	1500,–	1500,–
69	2 Kč auf 50 H Legionäre	(392)	900,–	1300,–	1300,–
70	2 Kč auf 50 H Legionäre	(393)	1000,–	1300,–	1300,–
71	2 Kč auf 50 H Fügner	(395)	600,–	1000,–	1000,–
72	2 Kč auf 1 Kč Fügner	(396)	400,–	600,–	600,–
73	2 Kč auf 50 H Pilsen	(400)	400,–	600,–	600,–
74	2 Kč auf 50 H Kaschau	(401)	1500,–	3000,–	3000,–
75	4,50 Kč auf 1 Kč Frauenberg	(271)	3500,–	5000,–	5000,–

Nr.			*	**	⊙
76	4,50 Kč auf 50 H Smetana	(321)	800,–	1200,–	1200,–
77	4,50 Kč auf 50 H Legionen	(322)	1100,–	1400,–	1400,–
78	4,50 Kč auf 1 Kč Legionen	(323)	1100,–	1400,–	1400,–
79	4,50 Kč auf 2 Kč Legionen	(324)	1100,–	1400,–	1400,–
80	4,50 Kč auf 3 Kč Legionen	(325)	1000,–	1400,–	1400,–
81	4,50 Kč auf 1 Kč Hymne	(330)	7000,–	8500,–	8500,–
82	4,50 Kč auf 2 Kč Hymne	(331)	4500,–	–,–	–,–
83	4,50 Kč auf 50 H Masaryk	(332)	1000,–	1300,–	1300,–
84	4,50 Kč auf 1 Kč Masaryk	(333)	1000,–	1300,–	1300,–
85	4,50 Kč auf 2 Kč Masaryk	(334)	1000,–	1300,–	1300,–
86	4,50 Kč auf 3 Kč Masaryk	(335)	1000,–	1300,–	1300,–
87	4,50 Kč auf 1 Kč Denkmal	(336)	800,–	1200,–	1200,–
88	4,50 Kč auf 2 Kč Denkmal	(337)	800,–	1200,–	1200,–
89	4,50 Kč auf 50 H Methodius	(339)	800,–	1200,–	1200,–
90	4,50 Kč auf 1 Kč Methodius	(340)	3000,–	4500,–	4500,–
91	4,50 Kč auf 2 Kč Methodius	(341)	800,–	1200,–	1200,–
92	4,50 Kč auf 50 H Kinderhilfe	(342)	1300,–	2400,–	2400,–
93	4,50 Kč auf 1 Kč Kinderhilfe	(343)	1300,–	2400,–	2400,–
94	4,50 Kč auf 2 Kč Kinderhilfe	(344)	1000,–	1600,–	1600,–
95	4,50 Kč auf 50 H Macha	(345)	200,–	320,–	320,–
96	4,50 Kč auf 1 Kč Macha	(346)	200,–	320,–	320,–
97	4,50 Kč auf 50 H Muttertag	(361)	800,–	1200,–	1200,–
98	4,50 Kč auf 1 Kč Muttertag	(362)	1200,–	2000,–	2000,–
99	4,50 Kč auf 2 Kč Muttertag	(363)	1200,–	2000,–	2000,–
100	4,50 Kč auf 50 H Legionäre	(373)	500,–	800,–	800,–
101	4,50 Kč auf 1 Kč Legionäre	(374)	320,–	500,–	500,–
102	4,50 Kč auf 2 Kč Hradschin	(375)	1100,–	1400,–	1400,–
103	4,50 Kč auf 2,50 Kč Hradschin	(376)	1100,–	1400,–	1400,–
104	4,50 Kč auf 50 H Purkyně	(377)	1100,–	1400,–	1400,–
105	4,50 Kč auf 1 Kč Purkyně	(378)	1800,–	3000,–	3000,–
106	4,50 Kč auf 50 H Masaryk	(379)	220,–	350,–	350,–
107	4,50 Kč auf 2 Kč Masaryk	(380)	2200,–	3200,–	3200,–
108	4,50 Kč auf 50 H B.I.T.	(381)	220,–	350,–	350,–
109	4,50 Kč auf 1 Kč B.I.T.	(382)	300,–	400,–	400,–
110	4,50 Kč auf 2 Kč B.I.T.	(383)	300,–	400,–	400,–
111	4,50 Kč auf 1 Kč Sokol	(388)	1200,–	2000,–	2000,–
112	4,50 Kč auf 50 H Masaryk	(389)	600,–	1000,–	1000,–
113	4,50 Kč auf 1 Kč Masaryk	(390)	600,–	1000,–	1000,–
114	4,50 Kč auf 50 H Legionäre	(392)	1200,–	1700,–	1700,–
115	4,50 Kč auf 50 H Legionäre	(393)	1100,–	1400,–	1400,–
116	4,50 Kč auf 50 H Legionäre	(394)	1100,–	1400,–	1400,–
117	4,50 Kč auf 50 H Fügner	(395)	500,–	1000,–	1000,–
118	4,50 Kč auf 1 Kč Fügner	(396)	500,–	1000,–	1000,–
119	4,50 Kč auf 2 Kč Fügner	(397)	500,–	1000,–	1000,–
120	4,50 Kč auf 50 H Pilsen	(400)	280,–	400,–	350,–
121	4,50 Kč auf 50 H Kaschau	(401)	200,–	320,–	320,–

Reichenberg und Maffersdorf

1938, 8. Okt. Freimarken, Sondermarken und Blocks der Tschechoslowakei mit Aufdruck.

Nr.				*	**	⊙
1	5 H	Taube	(162)	4000,–		8000,–
A1	10 H	Taube	(165)	4000,–		8000,–
2	15 H	Taube	(166)	2500,–		2500,–
3	20 H	Taube	(167)	2500,–		2500,–
4	100 H	Republik	(177)			2500,–
5	100 H	Allegorie	(202)	2000,–		2000,–
A5	50 H	Masaryk	(238)			6000,–
6	60 H	Masaryk	(239)			2500,–
A6	50 H	Masaryk	(240)			5000,–
7	30 H	Burg Pernstein	(246)			2500,–

				*	**	⊙
8	40 H	Burg Arwa	(248)			2500,–
9	1,20 Kč	Kloster Strahov	(249)	3500,–		6000,–
A9	30 H	Burg Pernstein	(258)			2500,–
10	1,50 Kč	Burg Karlstein	(261)			5000,–
11	5 H	Staatswappen	(277)	200,–	350,–	100,–
12	10 H	Staatswappen	(278)	40,–	60,–	40,–
13	20 H	Staatswappen	(279 A)	30,–	60,–	15,–
14	25 H	Staatswappen	(280)	180,–	350,–	80,–
15	30 H	Staatswappen	(281)	60,–	80,–	40,–
16	40 H	Staatswappen	(282 a)	3000,–		4000,–
A16	2 Kč	Schloss Pernstein	(288)			4500,–
17	3 Kč	Burg Arwa	(290)	3500,–		6500,–
A17	3 Kč	Dom, Brünn	(291)	2500,–		
18	10 Kč	Niklaskirche, Prag	(294)	4000,–	4500,–	4000,–
A18	50 H	Masaryk	(295 II)			6500,–
19	1 Kč	Masaryk	(297 A)	–,–		3000,–
20	5 Kč	Böhm. Krumau	(313)	2000,–		2000,–
21	40 H	Comenius	(347)	90,–	150,–	50,–
22	50 H	Beneš	(348)	300,–	500,–	100,–
23	60 H	Štefánik	(349)	60,–	100,–	40,–
24	1 Kč	Masaryk	(350)	45,–	80,–	15,–
25	1,20 Kč	Mukaçevo-Palanok	(351)	55,–	100,–	40,–
26	1,50 Kč	Neusohl	(352)	100,–	180,–	100,–
27	2 Kč	Klingenberg	(353)	100,–	180,–	100,–
28	2,50 Kč	Ruine Strečno	(354)	50,–	90,–	50,–
29	3 Kč	Schloss Groß-Skal	(355)	130,–	200,–	40,–
30	3,50 Kč	Austerlitz	(356)	200,–	350,–	180,–
31	4 Kč	Bad Podibrad	(357)	180,–	320,–	180,–
32	5 Kč	Olmütz	(358)	250,–	400,–	180,–
33	10 Kč	Pressburg	(359)	200,–	350,–	150,–
34	50 H	Beneš	(360)	40,–	60,–	40,–
35	1,60 Kč	Kuttenberg	(386)	55,–	90,–	60,–

Freimarken: Flugpostmarken

			*	**	⊙
36	50 H	(303)	180,–	320,–	150,–
37	1 Kč	(304)	180,–	320,–	150,–
38	2 Kč	(305)	180,–	320,–	150,–
39	3 Kč	(306)	180,–	320,–	150,–
40	4 Kč	(307)	220,–	380,–	200,–
41	5 Kč	(308 b)	220,–	380,–	200,–
42	10 Kč	(309)	400,–	750,–	300,–
43	20 Kč	(310 B)	400,–	750,–	300,–

Freimarken: Zustellungsmarken

			*	**	⊙
44	50 H	(Zu 359 B)	300,–	500,–	450,–
45	50 H	(Zu 360 B)	300,–	550,–	450,–

Freimarken: Zeitungsmarken

			*	**	⊙
A45	2 H	(13)			4500,–
46	10 H	(15)	3000,–		4500,–
47	20 H	(16)	3000,–		3500,–
48	30 H	(17)	500,–	1000,–	500,–
49	5 H	(189 b)	4000,–		4000,–
50	50 H	(190)	500,–	1000,–	500,–
51	100 H	(191)	4000,–		4500,–
52	10 H	(326)	180,–	320,–	250,–
53	20 H	(327)	180,–	320,–	250,–
54	30 H	(328)	180,–	320,–	250,–
55	2 H	(364)	60,–	100,–	50,–
56	5 H	(365)	50,–	100,–	55,–
57	7 H	(366)	140,–	250,–	130,–
58	9 H	(367)	100,–	150,–	100,–
59	10 H	(368)	50,–	100,–	55,–
60	12 H	(369)	80,–	120,–	80,–
61	20 H	(370)	120,–	200,–	120,–
62	50 H	(371)	120,–	200,–	120,–
63	1 Kč	(372)	200,–	450,–	160,–

Freimarken: Portomarken

			*	**	⊙
64	5 H	(P 55)	75,–	100,–	90,–
65	10 H	(P 56)	75,–	100,–	90,–
66	20 H	(P 57)	90,–	130,–	100,–
67	30 H	(P 58)	110,–	170,–	130,–
68	40 H	(P 59)	150,–	230,–	200,–
69	50 H	(P 60)	150,–	230,–	200,–
70	60 H	(P 61)	170,–	250,–	220,–
71	1 Kč	(P 62)	170,–	250,–	220,–
72	2 Kč	(P 63)	700,–	1000,–	1000,–
73	5 Kč	(P 64)	700,–	1000,–	1000,–
74	10 Kč	(P 65)	1500,–	2500,–	2500,–
75	20 Kč	(P 66)	2000,–	3000,–	3000,–

Blockausgaben:

Nr.	Wert		MiNr.	✶	✶✶	⊙
76	50 H		(384)	250,–	300,–	300,–
77	1 Kč		(385)	250,–	300,–	300,–
Block 1 (150×110 mm)		Pressburg	(Bl. 1)	900,–	1200,–	1200,–
78	10 H		(368)	50,–	60,–	60,–
Block 2 (150×165 mm)		Pressburg	(Bl. 2)	1700,–	2500,–	1400,–
79	2+3 Kč		(391)	–,–	–,–	–,–
Block 3 (71×91 mm)		Masaryk	(Bl. 3)	4500,–	7800,–	6500,–
80	50 H		(398)	300,–	500,–	400,–
81	1 Kč		(399)	300,–	500,–	400,–
Block 4 (148×105 mm)		PRAGA	(Bl. 4)	3500,–	5000,–	3000,–

Sondermarken:

Nr.	Wert	Bezeichnung	MiNr.	✶	✶✶	⊙
82	15 H	Löwe	(34 a)			2500,–
83	25 H	Löwe	(35 a)			2500,–
84	50 H	Löwe	(36)			2500,–
85	75 H	Mutter Republik	(37)			2500,–
86	100 H	Mutter Republik	(38 a)			2500,–
87	120 H	Mutter Republik	(39)			2500,–
88	80 H	Hussit	(181)	2200,–		3000,–
89	2 Kč	Dom, Brünn	(273)			10000,–
90	2,50 Kč	Hohe Tatra	(274)	2200,–		2200,–
91	5 Kč	Prag	(276)	2200,–		2200,–
92	1 Kč	Tyrš	(315)			5000,–
A 93	50 H	Neutra	(319)			10000,–
93	60 H	Tyrš	(318)	3000,–	5000,–	3500,–
94	50 H	Legionärsmarke	(322)			2400,–
95	2 Kč	Legionärsmarke	(324)	4000,–		6500,–
96	50 H	Dvořák	(329)	3000,–		7500,–
97	2 Kč	Nationalhymne	(331)	2200,–		6500,–
98	50 H	Masaryk	(332)	2200,–		2200,–
99	1 Kč	Masaryk	(333)	4000,–		5000,–
100	2 Kč	Masaryk	(334)	2400,–		2400,–
101	3 Kč	Masaryk	(335)	2200,–		2400,–
102	1 Kč	Denkmal	(336)	300,–	400,–	300,–
103	2 Kč	Denkmal	(337)	300,–	400,–	300,–
104	50 H	Štefánik	(338)	600,–	1000,–	1000,–
105	50 H	Hl. Methodius	(339)	2500,–		5000,–
106	1 Kč	Hl. Methodius	(340)	2500,–		5000,–
107	2 Kč	Hl. Methodius	(341)	2500,–		5000,–
108	50+50 H	Kinderhilfe	(342)			4000,–
109	1+50 H	Kinderhilfe	(343)			4000,–
110	2+50 H	Kinderhilfe	(344)			4000,–
111	50 H	Macha	(345)	200,–	300,–	300,–
112	1 Kč	Macha	(346)	200,–	300,–	300,–
113	50+50 H	Muttertag	(361)	300,–	450,–	250,–
114	1+50 H	Muttertag	(362)	300,–	450,–	250,–
115	2+1 Kč	Muttertag	(363)	300,–	450,–	250,–
116	50 H	Legionärsmarke	(373)	300,–	450,–	500,–
117	1 Kč	Legionärsmarke	(374)	300,–	450,–	500,–
118	2 Kč	Hradschin	(375)	600,–	900,–	900,–
119	2,50 Kč	Hradschin	(376)	650,–	1000,–	1000,–
120	50 H	Purkyně	(377)	220,–	450,–	220,–
121	1 Kč	Purkyně	(378)	250,–	450,–	220,–
122	50 H	Masaryk	(379)	300,–	450,–	300,–
123	2 Kč	Masaryk	(380)	600,–	1000,–	1000,–
124	50 H	B.I.T.	(381)	150,–	300,–	180,–
125	1,50 Kč	B.I.T.	(382)	150,–	300,–	180,–
126	2 Kč	B.I.T.	(383)	150,–	300,–	180,–
127	50 H	Sokol	(387)	150,–	250,–	170,–
128	1 Kč	Sokol	(388)	150,–	250,–	170,–
129	50+50 H	Masaryk	(389)	200,–	350,–	200,–
130	1+50 H	Masaryk	(390)	200,–	350,–	200,–
131	50 H	Legionärsmarke	(392)	180,–	300,–	80,–
132	50 H	Legionärsmarke	(393)	180,–	300,–	80,–
133	50 H	Legionärsmarke	(394)	110,–	200,–	55,–
134	50 H	Fügner	(395)	140,–	200,–	80,–
135	1 Kč	Fügner	(396)	140,–	200,–	80,–
136	2 Kv	Fügner	(397)	140,–	300,–	80,–
137	50 H	Pilsen	(400)	60,–	100,–	35,–
138	50 H	Kaschau	(401)	60,–	100,–	35,–

Rumburg

1938, 26. Sept. Freimarken, Zeitungsmarken und Sondermarken der Tschechoslowakei mit Aufdruck.

Freimarken:

				✶	✶✶	⊙
1	5 H	Staatswappen	(277)	50,–	100,–	90,–
2	10 H	Staatswappen	(278)	4,–	8,–	6,–
3	20 H	Staatswappen	(279)	4,–	8,–	4,50
4	25 H	Staatswappen	(280)	35,–	75,–	70,–
5	30 H	Staatswappen	(281)	6,–	12,–	5,–
6	40 H	Comenius ...	(347)	6,–	12,–	6,–
7	50 H	Beneš	(360)	6,–	12,–	4,–
8	60 H	Štefánik	(349)	6,–	12,–	6,–
9	1 Kč	Masaryk	(350)	6,–	12,–	4,–
10	1,20 Kč	Muca evo-Palanok	(351)	11,–	22,–	18,–
11	1,50 Kč	Neusohl	(352)	12,–	24,–	20,–
12	1,60 Kč	Kuttenberg ..	(386)	30,–	60,–	60,–
13	2 Kč	Klingenberg ..	(353)	30,–	60,–	60,–
14	2,50 Kč	Ruine Strãno .	(354)	10,–	20,–	20,–
15	3 Kč	Schloss Groß-Skal ...	(355)	10,–	20,–	20,–
16	3,50 Kč	Austerlitz	(356)	180,–	300,–	250,–
17	4 Kč	Bad Podiebrad	(357)	120,–	200,–	150,–
18	5 Kč	Olmütz	(358)	120,–	220,–	200,–

Freimarken: Zeitungsmarken

					✶	✶✶	⊙
19	100 H auf	10 H	.....	(15)	40,–	80,–	80,–
20	100 H auf	20 H	.....	(16)	200,–	400,–	250,–
21	100 H auf	30 H	.....	(17)	*800,–*	*1300,–*	*1300,–*
22	100 H auf	50 H	....	(190)	*700,–*	*1100,–*	*900,–*
23	100 H auf	100 H	....	(191)	*3000,–*	*4000,–*	*4000,–*
24	50 H auf	2 H	....	(364)	7,–	16,–	100,–
25	50 H auf	5 H	....	(365)	6,–	15,–	100,–
26	50 H auf	7 H	....	(366)	6,–	15,–	100,–
27	100 H auf	2 H	....	(364)	5,–	12,–	7,–
28	100 H auf	5 H	....	(365)	5,–	12,–	7,–
29	100 H auf	7 H	....	(366)	6,–	15,–	12,–
30	100 H auf	9 H	....	(367)	6,–	15,–	12,–
31	100 H auf	10 H	....	(368)	20,–	35,–	25,–
32	100 H auf	12 H	....	(369)	30,–	50,–	45,–
33	100 H auf	20 H	....	(370)	10,–	20,–	15,–
34	100 H auf	50 H	....	(371)	35,–	60,–	55,–
35	100 H auf	1 Kč	...	(372)	40,–	70,–	60,–

Freimarken: Portomarken

				✶	✶✶	⊙
36	100 H auf 5 H	......	(P 55)	45,–	90,–	35,–
37	100 H auf 10 H	......	(P 56)	45,–	90,–	40,–
38	100 H auf 20 H	......	(P 57)	50,–	100,–	50,–
39	100 H auf 30 H	......	(P 58)	22,–	45,–	22,–
40	100 H auf 40 H	......	(P 59)	22,–	45,–	22,–
41	100 H auf 50 H	......	(P 60)	14,–	28,–	18,–
42	100 H auf 60 H	......	(P 61)	28,–	45,–	35,–
43	100 H auf 1 Kč	.....	(P 62)	14,–	28,–	18,–

Sondermarken:

				✶	✶✶	⊙
44	50 H	Sokol-Spiele ...	(387)	*2000,–*	*3800,–*	*3800,–*
45	50 H+50 H	Masaryk .	(389)	160,–	220,–	200,–
46	1 Kč+50 H	Masaryk .	(390)	200,–	300,–	280,–
47	50 H	Legionäre	(392)	*1000,–*	*2000,–*	*2000,–*
48	50 H	Legionäre	(393)	*2000,–*	*4000,–*	*4000,–*
49	50 H	Legionäre	(394)	20,–	40,–	35,–
50	2 Kč	Fügner .	(397)	30,–	50,–	45,–
51	50 H	Pilsen ...	(400)	6,–	12,–	12,–
52	50 H	Kaschau .	(401)	7,–	14,–	10,–

Deutsche Besetzungs-ausgaben 1939/1945

Albanien

1943. Marken von Albanien mit Aufdruck.

				✶✶	⊙
1	1 Q auf 3 Q	schwärzlich-gelbbraun	(300)	2,–	10,–
2	2 Q	schwarz-bräunlicholiv	(229)	2,–	10,–
3	3 Q	schwärzlich-gelbbraun	(300)	2,–	10,–
4	5 Q	schwarzgrün	(301)	2,–	10,–
5	10 Q	schwarz-orangebraun	(302)	2,–	10,–
6	15 Q	dkl'rosarot	(303)	2,–	10,–
7	25 Q	dkl'ultramarin	(304)	2,–	10,–
8	30 Q	dunkelviolett	(305)	2,–	10,–
9	50 Q auf 65 Q	karminbraun	(307)	3,–	15,–
10	65 Q	karminbraun	(307)	3,–	15,–
11	1 Fr	schwarz-opalgrün	(308)	35,–	35,–
12	2 Fr	dunkel-bräunlichkarmin	(309)	45,–	100,–
13	3 Fr	schwarz-olivbraun	(310)	280,–	250,–
Eilmarke					
14	25 Q	schwärzlich-bläulichviolett	(320)	120,–	40,–
		Satz (14 W.)	✶ 200,–	500,–	500,–

1944, 22. Sept. Hilfe zugunsten der Opfer der Luftangriffe.

15	5+ 5 Q	schwarzopalgrün	15,–	20,–
16	10+ 5 Q	schwarzbraun	15,–	20,–
17	15+ 5 Q	dunkellilarot	15,–	20,–
18	25+10 Q	dunkelgrauultramarin	15,–	20,–
19	1 Fr+50 Q	schwarzgrünoliv	15,–	20,–
20	2 Fr+1 Fr	schwarzgrauviolett	15,–	20,–
21	3 Fr+1,50 Fr	schwarzorange	15,–	20,–
		Satz (7 W.) ✶ 45,–	100,–	140,–

Böhmen und Mähren

1939, 13. April. Staatspräsident Masaryk. [21,5×26]

				✶	✶✶	⊙
A 1	1 K	dunkellilarot (Töne)	Aa	1,–	3,50	–,30

MiNr. A 1 trägt noch nicht die Aufschrift „BÖHMEN UND MÄHREN", wurde aber erst nach Errichtung des Protektorates herausgegeben.

✈ 1939, 22. April. Flugzeug Fokker F VIII b, 3 m über Landschaft. [24×28]

B 1	30 H	schwärzlich-braunviolett	ba	–,80	2,50	–,40

MiNr. B 1 trägt noch nicht die Aufschrift „BÖHMEN UND MÄHREN", wurde aber erst nach Errichtung des Protektorates herausgegeben.

1939, 15. Juli. Marken der Tschechoslowakei mit Aufdruck. [21,5×26, 21×24, 28× 24, 33×27,5]

				✶✶	⊙[1]
1	5 H	schwarzkobalt	(277)	1,20	6,–
2	10 H	dunkelorangebraun	(278)	1,20	6,–
3	20 H	rot	(279)	1,50	6,–
4	25 H	schwarzbläulichgrün	(280)	1,–	10,–
5	30 H	dunkelrotlila	(281)	1,50	6,–
6	40 H	dunkelblau	(347)	12,–	24,–
7	50 H	schwarzbläulichgrün	(400)	1,–	6,–
8	60 H	schwärzl'viol'purpur	(349)	11,–	28,–
9	1 Kč	schwärzlichrosalila	(350)	2,–	10,–
10	1 K	schwärzlichrosalila	(406)	2,–	6,–
11	1,20 K	schwärzlichgraulila	(351)	8,–	24,–
12	1,50 K	karmin	(352)	9,–	32,–
13	1,60 K	dunkelbräunlicholiv	(386)	13,–	40,–
14	2 K	schwarzblaugrün	(353)	3,50	32,–

			**	⊙¹)
15	2,50 K	schwärzl'grauultram' (354)	8,–	24,–
16	3 K	dunkelsiena . . . . (355)	8,–	32,–
17	4 K	schwarzviolettpurpur (357)	15,–	36,–
18	5 K	schwarzopalgrün . . . (358)	15,–	45,–
19	10 K	schwarzkobaltblau . . (359)	17,–	70,–
		Satz (19 W.) . . . . . ✶ 45,–	130,–	400,–

¹) **Die Preise gelten nur für echte und zeitgerechte Abstempelungen.**

1939/42. Lindenzweig (Früchte) und Landschaften. [21,5×26, 24×28, 33×27,5]

20	5 H	Lindenzweig	-,40	-,40
21	10 H	Lindenzweig	-,40	-,50
22	20 H	Lindenzweig	-,40	-,40
23	25 H	Lindenzweig	-,40	-,40
24	30 H	Lindenzweig	-,40	-,40
25	40 H	Klingenberg	-,40	-,50
26	50 H	Burg Karlstein	-,40	-,40
27	60 H	Kuttenberg	-,40	-,40
28	1 K	Prag	-,40	-,40
29	1,20 K	Brünn	-,40	-,70
30	1,50 K	Brünn	-,40	-,40
31	2 K	Olmütz	-,40	-,60
32	2,50 K	Olmütz	-,40	-,40
33	3 K	Schuhfabrik Bata, Zlin	-,40	-,40
34	4 K	Industriewerke, Mährisch-Ostrau	-,40	-,50
35	5 K	Karlsbrücke und Dom, Prag	-,60	1,–
36	10 K	Karlsbrücke und Dom, Prag	-,50	1,20
37	20 K	Karlsbrücke und Dom, Prag	1,50	2,50
		Satz (18 W.) . . . . . . ✶ 2,50	8,–	10,–

1940, März/Juni. Lindenzweig (Früchte) und Landschaften. [21,5×26, 24×28]

38	40 H	Lindenzweig	-,30	-,30
39	50 H	Neuhaus	-,30	-,30
40	80 H	Burg Pernstein	-,30	-,40
41	1,20 K	Brünn	-,40	-,30
		Satz (4 W.) . . . . ✶ -,40	1,30	1,–

1939, 25. Aug. Zeitungsmarken. □. [23×23]

			**	⊙
42	2 H	lebhaftbraunocker	-,30	-,40
43	5 H	dunkelgrauultramarin	-,30	-,40
44	7 H	orangerot	-,30	-,40
45	9 H	dunkelsmaragdgrün	-,30	-,40
46	10 H	dunkelbräunlichrot	-,30	-,40
47	12 H	schwarzviolettblau	-,30	-,40
48	20 H	schwarzgrün	-,30	-,40
49	50 H	rotbraun	-,30	-,50
50	1 K	dunkelolivgrau	-,50	1,20
		Satz (9 W.) . . . . ✶ 1,–	2,50	4,50

1939, 1. Dez.. Freimarken für Massenauflieferung von Geschäftsdrucksachen. MiNr. 46 mit Aufdruck. [23×23]

			✶	**	⊙
51	10 H	. . . . (46)	-,30	-,80	1,–

1939, 1. Dez. Zustellungsmarke für Aushändigung an den Empfänger persönlich. [45×28]

52	50 H	schwarzlila-ultramarin	1,50	3,–	8,–

1940, 29. Juni. Rotes Kreuz. [24×28, 48×28]

			**	⊙
53	60 H + 40 H	Rotkreuz-Schwester	-,50	1,10
54	1,20 K + 80 H	mit Verwundetem . .	-,50	1,10
		Satz (2 W.) . . . . ✶ -,40	1,–	2,20
		Satz (2 W. mit Zf) . . ✶ 2,50	6,50	6,–

1940, Okt./Dez. Lindenzweig (Früchte) und Landschaften [21,5×26, 24×28, 33×27,5]

			✶✶	⊙
55	50 H	Lindenzweig	–,40	–,30
56	2 K	Schloss Pardubitz	–,40	–,30
57	5 K	Lainsitzbrücke	–,40	–,30
58	6 K	Samsonbrunnen, Budweis	–,40	–,70
59	8 K	Kremsier	–,40	–,40
60	10 K	Waldstein-Palais, Prag	–,80	–,40
61	20 K	Karlsbrücke, Prag	1,20	5,–
		Satz (7 W.) ✶ 1,50	4,–	7,–

1941, 20. April. Rotes Kreuz. [48×28]

			✶✶	⊙
62	60 H + 40 H	Rotkreuzschwester	–,60	2,50
63	1,20 K + 80 H	mit Verwundetem	–,60	2,50
		Satz (2 W.) ✶ –,40	1,20	5,–
		Satz (2 W. mit Zf) ✶ 2,–	5,–	14,–

1941, 1. Juni. Wie MiNr. 24, jedoch Farbänderung. [21,5×26]

			✶	✶✶	⊙
64	30 H	dunkelgelbbraun	–,10	–,30	–,30

1941, Juli. Lindenzweig (Blüten statt Früchte) und Landschaften. [21,5×26, 24×28]

1/1 Größe

			✶✶	⊙
65	60 H	Lindenzweig	–,30	–,30
66	80 H	Lindenzweig	–,30	–,30
67	1 K	Lindenzweig	–,30	–,30
68	1,20 K	Prag	–,30	–,30
69	1,50 K	Kuttenberg	–,30	–,30
70	2 K	Schloss Pardubitz	–,30	–,30
71	2,50 K	Brünn	–,30	–,30
72	3 K	Burg Pernstein	–,30	–,30
		Satz (8 W.) ✶ –,80	1,80	1,40

1941,25. Aug 100. Geburtstag des Komponisten Antonin Dvořák (1841–1904). [24×28, 48×28]

			✶✶	⊙
73	60 H	dunkelgrauviolett	–,60	1,40
74	1,20 K	schwarzviolettbraun	–,60	1,40
		Satz (2 W.) ✶ –,40	1,20	2,80
		Satz (2 W. mit Zf) ✶ 1,–	2,50	6,–

1941, 7. Sept. Prager Messe. [27,5×32]

75	30 H	Ochsengespann	–,30	1,–
76	60 H	Ochsengespann	–,30	1,–
77	1,20 K	Hochofen	–,30	1,–
78	2,50 K	Hochofen	–,30	5,–
		Satz (4 W.) ✶ –,50	1,20	8,–

1941, 26. Okt. 150. Todestag des österreichischen Komponisten Wolfgang Amadeus Mozart (1756 bis 1791). [27.5×32, 55×32]

79	30 H + 30 H	Tyl-Theater, Prag	–,40	1,–
80	60 H + 60 H	Tyl-Theater, Prag	–,40	1,–
81	1,20 K + 1,20 K	Mozart	–,40	1,–
82	2,50 K + 2,50 K	Mozart	–,80	2,–
		Satz (4 W.) ✶ 1,–	2,–	5,–
		Satz (4 W. mit Zf) ✶ 2,–	4,–	8,–

1942, 15. März. 3. Jahrestag der Errichtung des Protektorats. MiNr. 68 und 71 mit Aufdruck. [24×28]

83	1,20 K	karminrot (68)	1,30	3,–
84	2,50 K	blau (71)	1,30	3,–
		Satz (2 W.) ✶ 1,–	2,50	6,–

1942, 20. April. 53. Geburtstag von Adolf Hitler (1889–1945). [27,5×33]

85	30 + 20 H	dunkelrötlichbraun	–,30	1,–
86	60 + 40 H	schwarzgrünblau	–,30	1,–
87	1,20 K + 80 H	braunpurpur	–,30	1,–
88	2,50 K + 1,50 K	schwarzblau	–,60	3,50
		Satz (4 W.) ✶ –,50	1,50	6,50

1942, ab 1. Juli. Adolf Hitler (1889–1945) [21,5×26, 24×28, 27,5×33]

			**	⊙
89	10 H	schwarz	–,40	–,40
90	30 H	dunkelorangebraun	–,40	–,40
91	40 H	dunkelindigo	–,40	–,40
92	50 H	schwarzopalgrün	–,40	–,40
93	60 H	schwarzviolett	–,40	–,40
94	80 H	zinnoberrot	–,40	–,40
95	1 K	dunkelsiena	–,40	–,40
96	1,20 K	lilarot	–,40	–,40
97	1,50 K	(dunkel)bräunlichkarmin	–,40	–,40
98	1,60 K	schwarzgrünblau	–,40	–,40
99	2 K	blau	–,40	–,40
100	2,40 K	dunkelbraunorange	–,40	–,40
101	2,50 K	violettultramarin	–,40	–,40
102	3 K	schwarzoliv	–,40	–,40
103	4 K	dunkelpurpur	–,40	–,40
104	5 K	schwarzbläulichgrün	–,40	–,40
105	6 K	dunkelrötlichbraun	–,40	–,50
106	8 K	schwarzblau	–,40	–,50
107	10 K	schwärzlichgraugrün	–,40	1,–
108	20 K	schwarzgrauviolett	–,80	1,20
109	30 K	schwarzrosa	1,20	5,–
110	50 K	schwarzultramarin	2,40	7,–
		Satz (22 W.) ✶ 4,50	12,–	20,–

1942, 1. Sept. Rotes Kreuz. [27,5×33]

111	60 H + 40 H	Rotkreuzschwester	–,30	1,–
112	1,20 K + 80 H	mit Verwundetem	–,40	1,–
		Satz (2 W.) . ✶ –,30	–,70	2,–

1943, 10. Jan. Tag der Briefmarke 1943. [27,5×33]

			✶	**	⊙
113	60 H	Reitender Postbote	–,20	–,70	1,–

1943, 29. Jan. Winterhilfswerk. [27,5×33]

			**	⊙
114	60 H + 40 H	Kaiser Karl IV.	–,30	1,–
115	120 H + 80 H	Peter Parler	–,30	1,–
116	250 H + 150 H	König Johann der Blinde	–,30	1,–
		Satz (3 W.) ✶ –,30	–,80	3,–

1943, 15. Febr. Zeitungsmarken. Wie MiNr. 42–50, jedoch mit zusätzlicher Inschrift „Deutsches Reich". [23×23]

117	2 H	mittelbraunocker	–,30	–,30
118	5 H	lebhaftgrauultramarin	–,30	–,30
119	7 H	dunkelgelblichrot	–,30	–,30
120	9 H	dunkelsmaragdgrün	–,30	–,30
121	10 H	rot	–,30	–,30
122	12 H	dunkellilaultramarin	–,30	–,30
123	20 H	schwarzgrün	–,30	–,30
124	50 H	dunkelkarminbraun	–,30	–,30
125	1 K	olivgrau	–,30	–,30
		Satz (9 W.) ✶ –,60	1,50	1,60

1943, 20. April. 54. Geburtstag von Adolf Hitler (1889–1945). [27,5×33]

126	60 + 140 H	schwarzgraupurpur	–,40	1,–
127	120 + 380 H	karminrot	–,40	1,–
		Satz (2 W.) .. ✶ –,30	–,80	2,–

1943, 22. Mai. 130. Geburtstag des Komponisten Richard Wagner (1813–1883). [27,5×32]

128	60 H	„Meistersinger"	–,30	1,–
129	120 H	Wagner	–,30	1,–
130	250 H	„Siegfried"	–,30	1,–
		Satz (3 W.) ✶ –,40	–,80	3,–

1943, 28. Mai. 1. Todestag von Reinhard Heydrich (1904–1942). [27,5×33]

			✶	**	⊙
131	60 + 440 H	Heydrich	–,50	1,50	3,–

1943, 16. Sept. Rotes Kreuz. [27,5×32]

			*	**	⊙
132	120 + 880 H	Adler	–,30	1,–	1,50

1944, 15. März. 5. Jahrestag der Errichtung des Protektorates. [27,5×33]

			**	⊙
133	120 + 380 H	Volkstrachten	–,40	1,–
134	420 + 1080 H	Wappenadler	–,40	1,30
135	10 + 20 K	Volkstrachten	–,40	1,70
		Satz (3 W.) * –,50	1,–	4,–

1944, 20. April. 55. Geburtstag von Adolf Hitler (1889–1945). [27,5×33]

136	60 + 140 H	schwarzbraun	–,50	1,–
137	120 + 380 H	schwarzbläulichgrün	–,50	1,–
		Satz (2 W.) . * –,40	1,–	2,–

1944, 12. Mai. 60. Todestag des Komponisten Friedrich Smetana (1824 bis 1884). [27,5×33]

138	60 + 140 H	Smetana	–,40	1,–
139	120 + 380 H	Smetana	–,40	1,–
		Satz (2 W.) . . * –,30	–,70	2,–

1944, 21. Nov. 600 Jahre St.-Veits-Dom in Prag. [27,5×33]

140	150 H	St.-Veits-Dom	–,40	1,–
141	250 H	St.-Veits-Dom	–,40	1,50
		Satz (2 W.) . . . . * –,30	–,70	2,50

1945, 1. Febr. Adolf Hitler (1889–1945). Geänderte Inschrift „GROSSDEUTSCHES REICH“ [24×28]

			*	**	⊙
142	4,20 K	schwarzgelbsmaragdgrün	–,30	–,70	–,70

Dienstmarken

1941, 1. Jan. Ziffernzeichnung. [21,5×26]

			**	⊙
1	30 H	dunkelbraunocker	–,30	–,30
2	40 H	dunkelpreußischblau	–,30	–,30
3	50 H	dunkelgelbsmaragdgrün . .	–,30	–,30
4	60 H	schwarzgrün	–,30	–,30
5	80 H	orangerot	1,–	–,30
6	1 K	siena	–,50	–,30
7	1,20 K	schwarzrosa	–,50	–,30
8	1,50 K	dunkelrotlila	–,80	–,30
9	2 K	dunkelkobaltblau	–,80	–,30
10	3 K	bräunlicholiv	–,80	–,30
11	4 K	schwärzlichlilapurpur	1,–	–,60
12	5 K	dunkelgelborange	2,50	1,20
		Satz (12 W.) . . . . . . * 3,50	9,–	4,–

1943, 15. Febr. Wappenadler. [21,5×26]

13	30 H	braunocker	–,30	–,50
14	40 H	schwarzpreußischblau . . .	–,30	–,50
15	50 H	dunkelolivgrün	–,30	–,50
16	60 H	schwarzpurpurviolett	–,30	–,50
17	80 H	dunkelzinnober	–,30	–,50
18	1 K	schwärzlichbraun	–,30	–,50
19	1,20 K	schwarzrosa	–,30	–,50
20	1,50 K	rotbraun	–,30	–,50
21	2 K	mittelblau	–,30	–,50
22	3 K	dunkelbräunlicholiv	–,30	–,50
23	4 K	dunkellilapurpur	–,30	–,60
24	5 K	schwarzopalgrün	–,30	–,60
		Satz (12 W.) . . . . . . * 1,20	3,–	6,–

Portomarken

1939/40. Ziffernzeichnung. [26×21,5]

			✶✶	⊙
1	5 H	dunkelkarminrot	–,30	–,40
2	10 H	dunkelkarminrot	–,30	–,40
3	20 H	dunkelkarminrot	–,30	–,40
4	30 H	dunkelkarminrot	–,30	–,40
5	40 H	dunkelkarminrot	–,30	–,40
6	50 H	dunkelkarminrot	–,30	–,40
7	60 H	dunkelkarminrot	–,30	–,40
8	80 H	dunkelkarminrot	–,30	–,40
9	1 K	dunkellilaultramarin	–,30	–,50
10	1,20 K	dunkellilaultramarin	–,40	–,50
11	2 K	dunkellilaultramarin	1,20	1,50
12	5 K	dunkellilaultramarin	1,40	2,–
13	10 K	dunkellilaultramarin	2,–	2,50
14	20 K	dunkellilaultramarin	4,–	4,–
		Satz (14 W.) ...... ✶ 4,50	11,–	14,–

1939, 1. Dez. Portomarke für Zustellung zu eigenen Händen des Empfängers. Wie MiNr. 52, jedoch Farbänderung. [45×28]

			✶	✶✶	⊙
15	50 H	schwärzlichrosa	–,80	2,–	4,–

Zulassungsmarke

1943, 10. Juli. Zulassungsmarke für Pakete in das Ghetto Theresienstadt.

1	(-)	dunkelgraugrün	250,–	700,–	500,–

Elsass

1940. Marken des Deutschen Reiches (Hindenburg-Medaillon) mit Aufdruck. [21,5×26]

				✶✶	⊙
1	3 Pf	dunkelbraunocker ..	(513)	–,70	–,70
2	4 Pf	schw'grauultramarin	(514)	1,40	1,40
3	5 Pf	smaragdgrün	(515)	–,70	–,70
4	6 Pf	schwarzgrün bis schwarzopalgrün ...	(516)	–,70	–,70
5	8 Pf	zinnober	(517)	–,70	–,70
6	10 Pf	dunkelrötlichbraun ..	(518)	–,70	1,–
7	12 Pf	schwarzrosa	(519)	–,70	–,70
8	15 Pf	dunkel- bis schwarzrotlila	(520)	1,50	1,40
9	20 Pf	cyanblau	(521)	1,50	1,40
10	25 Pf	lilaultramarin	(522)	2,–	2,–
11	30 Pf	dunkelbräunlicholiv .	(523)	3,–	2,20
12	40 Pf	dunkellilapurpur	(524)	3,–	2,20
13	50 Pf	schwarzgrün/ grauschwarz	(525)	5,–	3,50
14	60 Pf	dunkelkarminlila/ grauschwarz	(526)	6,–	4,–
15	80 Pf	dunkelkobalt/ grauschwarz	(527)	7,50	6,–
16	100 Pf	schwarzgelborange/ grauschwarz	(528)	20,–	6,50
		Satz (16 W.) .... ✶ 20,–		55,–	35,–

Estland

1941, 7./12. Aug. Freimarken: Landespost.

			✶✶	⊙
1	15 K	rötlichbraun	20,–	20,–
2	20 K	dkl'smaragdgrün	18,–	18,–
3	30 K	schw'ultramarin	18,–	18,–
		Satz (3 W.) ..... ✶ 24,–	55,–	55,–

1941, 22. Sept. Freimarken: Wiederaufbau.

			*	**	⊙
4	15+15 K	Turm, Reval	–,30	–,80	6,–
5	20+20 K	Steinbrücke, Dorpat	–,30	–,80	6,–
6	30+30 K	Befestigung, Narva	–,30	–,80	6,–
7	50+50 K	Reval	–,30	–,80	12,–
8	60+60 K	Universität, Dorpat	–,30	–,80	10,–
9	100+100 K	Hermannsfeste, Narva	–,50	1,20	12,–
		Satz (6 W.)	2,–	5,–	50,–

Lokalausgaben

Elwa (bei Dorpat)

1941, 10. Juli. Freimarken: Frei- und Sondermarken der Sowjetunion und von Estland mit Handstempel-Aufdruck.

Freimarken:

				*	**	⊙
1	1 K	orange	(672)	90,–	160,–	160,–
2	2 K	hellgrün	(673)	120,–	200,–	200,–
3	3 K	grünl'blau	(376 B)	400,–	650,–	650,–
4	4 K	rosalila	(368 A)	700,–	1200,–	1200,–
5	5 K	bräunl'rot	(676)	140,–	220,–	220,–
6	10 K	dkl'preuß'bl.	(677)	120,–	200,–	220,–
7	15 K	graugrün	(679)	140,–	220,–	220,–
8	20 K	gelbgrün	(578)	140,–	220,–	220,–
9	30 K	vio'ultram.	(682)	140,–	220,–	220,–
10	50 K	braun	(683)	370,–	600,–	650,–
11	60 K	lilarot	(684)	320,–	500,–	550,–
A 11	1 R	zinnober	(812)	3500,–	5500,–	5500,–
B 11	2 R	braunorange	(813)	3500,–	5500,–	5500,–
12	3 R	opalgrün	(687)	1500,–	2200,–	2200,–
13	5 R	rötl'braun	(688)	1500,–	2200,–	2200,–
A 13	10 R	grünschwarz	(689)	3500,–	5500,–	5500,–

Verschiedene Sondermarken:

			*	**	⊙
B 13	5 K	(793 C)			13000,–
C 13	10 K	(794 C)			13000,–
D 13	15 K	(781 A)		13000,–	13000,–
E 13	15 K	(753 A)			15000,–
F 13	20 K	(796 A)			15000,–

			*	**	⊙
14	30 K	(751)	800,–	1200,–	1200,–
A 14	30 K	(754)	2200,–	3500,–	3500,–
B 14	30 K	(782 A)		13000,–	13000,–
C 14	30 K	(797 A)			13000,–
D 14	30 K	(802)		7000,–	7000,–
E 14	30 K	(810 A)	4000,–	7000,–	
15	45 K	(811 A)	4000,–	7000,–	7000,–
A 15	45 K	(798 C)			13000,–
16	50 K	(783 A)	800,–	1200,–	1200,–
A 16	50 K	(799 A)			13000,–
17	60 K	(747)	800,–	1200,–	1200,–
18	60 K	(756)	350,–	600,–	600,–
A 18	60 K	(784 A)	12000,–	20000,–	20000,–
19	80 K	(587)	350,–	600,–	600,–
20	1 R	(594)	350,–	600,–	600,–
21	1 R	(785 A)	350,–	600,–	800,–
22	1 R	(792 A)	700,–	1100,–	1100,–
23	1 R	(809)	700,–	1100,–	1100,–
A 23	1 R	(800 A)			13000,–

Sondermarken Landwirtschaftsausstellung, Moskau:

				*	**	⊙
24	10 K	mfg.	(763)	400,–	750,–	700,–
25	15 K	mfg.	(764)	2000,–	7000,–	3500,–
A 25	30 K	mfg.	(765)	2000,–	3500,–	3500,–
B 25	30 K	mfg.	(766)	4500,–	7000,–	7000,–
26	30 K	mfg.	(767)	450,–	800,–	800,–
27	30 K	mfg.	(768)	900,–	1500,–	1500,–
28	30 K	mfg.	(769)	2000,–	3500,–	3500,–
29	30 K	mfg.	(770)	450,–	800,–	800,–
30	30 K	mfg.	(771)	2600,–	4000,–	5000,–
31	30 K	mfg.	(772)	2500,–	4000,–	4000,–
32	30 K	mfg.	(773)	450,–	800,–	800,–
33	30 K	mfg.	(774)	4500,–	7000,–	7000,–
34	30 K	mfg.	(775)	–,–	–,–	8000,–
35	30 K	mfg.	(776)	650,–	1100,–	1100,–
36	30 K	mfg.	(777)	2000,–	3500,–	3500,–
37	50 K	mfg.	(778)	600,–	1000,–	1000,–
38	60 K	mfg.	(779)	650,–	1100,–	1000,–

Weitere verschiedene Sondermarken:

			*	**	⊙
A 38	10 K	(780 A)	–,–	4000,–	3500,–
39	10 K	(806)	5000,–	10000,–	10000,–
40	15 K	(801)	4000,–	10000,–	10000,–
41	15 K	(804 A)	3000,–	6000,–	6000,–
42	15 K	(807)	2000,–	4000,–	4000,–
43	30 K	(693 B)	3000,–	6000,–	6000,–
44	30 K	(737)	3000,–	6000,–	6000,–
45	30 K	(808)	3000,–	6000,–	6000,–
46	30 K	(789 A)	3000,–	6000,–	6000,–
A 46	50 K	(694 A)		–,–	18000,–
47	50 K	(755)	2000,–	4000,–	4000,–
A 47	50 K	(803)	4000,–	7000,–	7000,–
48	60 K	(791 A)	2000,–	4000,–	4000,–
49	15 (S)	(Estland 162)	2500,–	4000,–	5000,–

Mõisaküla

1941, 4. Aug. Freimarken: Frei- und Sondermarken der Sowjetunion bzw. von Estland mit Aufdruck.

			✶	✶✶	⊙
1	10 K	(667)	250,–	500,–	450,–
2	20 K	(578)	150,–	320,–	300,–
3	60 K	(684)	600,–	1100,–	1000,–
4	1,20 auf 1 K	(672)	300,–	550,–	500,–
5	1,20 auf 3 S	(Est 160)	*2500,–*	*4000,–*	*5500,–*
6	1,20 auf 5 K	(676)	300,–	550,–	500,–
7	2,40 auf 50 K	(778)	*14000,–*	*20000,–*	*20000,–*

Otepää

1941, 22. Juli. Wappenzeichnung. I = Wappenschild unten spitz, II = Wappenschild unten rund.

				✶	✶✶	⊙
1			20+20 K schwarz/ultram.			
	A		gez.	100,–	240,–	200,–
	B		☐	2000,–	3500,–	5000,–
2			30+30 K schwarz/ultram.			
	A		gez.			
		I	Type I	150,–	300,–	300,–
		II	Type II	220,–	400,–	450,–
	B		☐			
		I	Type I	600,–	1000,–	1200,–
		II	Type II	150,–	300,–	400,–
			Satz (2 W.)	250,–	500,–	500,–

Pärnu

1941, 16. Aug./14. Sept. Freimarken: Freimarken der Sowjetunion mit Aufdruck in zwei Typen.

				Type I ✶✶	Type I ⊙	Type II ✶✶
1	1 K	orange	(672)			4,–
2	2 K	hellgrün	(673)			4,–
3	3 K	grünl'blau				
A		gez.	(367 A)			150,–
B		☐	(367 B)			5,–
4	4 K	rosalila	(368)			4,–
5	5 K	bräunl'rot	(676)	35,–	60,–	4,–
6	10 K	preuß'blau	(677)	35,–	60,–	4,–
7	15 K	graugrün	(679)	30,–	50,–	4,–
8	20 K	gelbgrün	(578)	80,–	150,–	4,–
9	30 K	vio'ultram.	(682)	30,–	50,–	4,–
10	50 K	braun	(375)	3600,–	3600,–	4,–
		Satz I (6 W.)✶ 2100,–		3800,–	3900,–	
		Satz II (11 W.)✶ 90,–				180,–

Frankreich

Dünkirchen

1940, 1. Juli/Anfang August. Freimarken: Französische Freimarken mit dreizeiligem Handstempelaufdruck „Besetztes / Gebiet / Nordfrankreich" im Rahmen, jeweils über 2 Marken gehend. I = Aufdrucktype I: Rahmen mit abgerundeten Ecken oben, II = Aufdrucktype II: Rahmen mit spitzen Ecken.

Aufdrucktype I

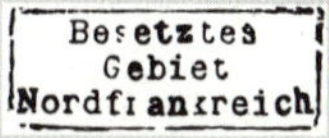

Aufdrucktype II

Alle Preise gelten nur für Paare!

			✶	✶✶	⊙
1	40 C	Merkur (382)			
I		Type I	*5500,–*	*9000,–*	*8000,–*
II		Type II	900,–	1400,–	*3000,–*
2	50 C	Frieden (276)			
I		Type I	160,–	300,–	350,–
II		Type II	750,–	1300,–	2500,–
3	50 C	Merkur (384)			
I		Type I	160,–	300,–	400,–
II		Type II	600,–	900,–	2000,–

MiNr. 1 I wurde nur mit senkrechtem Aufdruck ausgegeben; bei MiNr. 2 I und 3 I Preise für waagerechten und senkrechten Aufdruck gleich, MiNr. 1 II–3 II mit senkrechtem Aufdruck 30% Aufschlag.

Einzelmarken siehe unter MiNr. 49–88

Da die gelieferten und vorhandenen Vorräte nicht ausreichten, um einen reibungslosen Postverkehr zu gewährleisten, ließen einzelne Postvorsteher auch andere als die unter MiNr. 1–3 gelisteten Briefmarkenpaare mit dem Stempel Type I bzw. Type II versehen: siehe MiNr. 4–48.

1940, ab Juli. Freimarken: Freimarken von Frankreich (Merkurkopf, Säerin, Friedensallegorie, Iris und Ceres) mit schwarzem Handstempelaufdruck wie bei MiNr. 1–3. I = Aufdrucktype I, II = Aufdrucktype II.

Alle Preise gelten nur für Paare!

				✶	✶✶	⊙
4 II		1 C	Merkur (373)	1400,–	2500,–	–,–
5 II		2 C	Merkur (374)	1400,–	2500,–	–,–
6		5 C	Merkur (375)			
	I		Type I	1800,–	3000,–	1000,–
	II		Type II	1400,–	2500,–	–,–
7		10 C	Merkur (376)			
	I		Type I	1800,–	3000,–	1000,–
	II		Type II	1400,–	2500,–	–,–
8		15 C	Merkur (378)			
	I		Type I	1800,–	3000,–	1000,–
	II		Type II	1400,–	2500,–	–,–
9 II		20 C	Säerin . (185)	1400,–	2500,–	–,–
10		20 C	Merkur (379)			
	I		Type I	1800,–	3000,–	1500,–
	II		Type II	1400,–	2500,–	–,–
11		25 C	Merkur (380)			
	I		Type I	1200,–	2000,–	700,–
	II		Type II	1400,–	2500,–	–,–
12 I		30 C	Säerin . (363)	1800,–	3000,–	1500,–
13		30 C	Merkur (381)			
	I		Type I	1800,–	3000,–	1500,–
	II		Type II	1400,–	2500,–	
14		45 C	Merkur (383)			
	I		Type I	3000,–	5000,–	3000,–
	II		Type II	1400,–	2500,–	–,–
15 II		60 C	Frieden (367)	1400,–	2500,–	–,–
16 II		70 C	Merkur (388)	1400,–	2500,–	–,–
17 II		75 C	Frieden (278)	1400,–	2500,–	–,–
18		80 C	Frieden (390)			
	I		Type I	3500,–	5000,–	3000,–
	II		Type II	1400,–	2500,–	–,–
19 II		90 C	Frieden (393)	1400,–	2500,–	–,–
20		1 Fr	Iris, grün (394)			
	I		Type I	1200,–	2000,–	1000,–
	II		Type II	1400,–	2500,–	–,–
21 I		1 Fr	Iris, rosarot (395)	1200,–	2000,–	1000,–
22 II		1,25 Fr	Frieden (396)	*7000,–*	*12000,–*	
23		1,40 Fr	Frieden (398)			
	I		Type I	3000,–	5000,–	3000,–
	II		Type II	1400,–	2500,–	
24		1,50 Fr	Frieden (282)			
	I		Type I	3000,–	5000,–	3000,–
	II		Type II	1400,–	2500,–	
25		2 Fr	Ceres . (401)			
	I		Type I	3000,–	5000,–	3000,–
	II		Type II	1400,–	2500,–	
26 II		2,25 Fr	Ceres . (402)	1400,–	2500,–	
27		2,50 Fr	Ceres . (403)			
	I		Type I	2000,–	3500,–	2000,–
	II		Type II	1400,–	2500,–	–,–
28		3 Fr	Ceres . (405)			
	I		Type I	3000,–	5000,–	3000,–
	II		Type II	*7000,–*	*12000,–*	

MiNr. 20 I und 21 I wurden in Paaren mit senkrechtem und waagerechtem Aufdruck ausgegeben (Preise gleich). Alle übrigen Werte mit Aufdrucktype I wurden nur in Paaren mit senkrechtem Aufdruck ausgegeben. Alle Werte mit Aufdrucktype II wurden in Paaren mit waagerechtem Aufdruck ausgegeben.

Einzelmarken mit anderer Aufdrucksstellung oder -type siehe unter MiNr. 49–88

1940, ab Juli. Freimarken: Großformatige Frei- und Sondermarken von Frankreich mit schwarzem Handstempelaufdruck in Type II.

Alle Bewertungen gelten für Einzelmarken!

			✶	✶✶	⊙
29	40 C + 10 C	Chavannes . . (450)	1800,–	3000,–	–,–
30	40 C + 60 C	Postmuseum . (461)	1800,–	3000,–	–,–
31	40 C + 60 C	Soldaten . . . . (464)	1800,–	3000,–	–,–
32	70 C + 10 C	Debussy . . . . (451)	1800,–	3000,–	
33	70 C + 80 C	Geburtenrückgang . . . . (455)	1800,–	3000,–	
34	80 C + 45 C	Joffre . . . . (467)	1800,–	3000,–	–,–
35	90 (C) + 30 C	Gesundheitspflege . . . . . . (437)	1800,–	3000,–	
36	90 C + 35 C	Rotes Kreuz . . (440)	1800,–	3000,–	
37	90 (C) + 35 C	Arbeitslosenkinder . . . . . . (447)	1800,–	3000,–	
38	90 C + 10 C	Balsac . . . . . . (452)	1800,–	3000,–	
39	90 C + 60 C	Geburtenrückgang . . . . (456)	1800,–	3000,–	
40	1 Fr + 50 C	Soldaten . . . . (465)	1800,–	3000,–	–,–
41	1 Fr + 25 C	Ausstellung Übersee . . . . . (466)	1800,–	3000,–	–,–
42	1 Fr + 50 C	Foch . . . . (468)	1800,–	3000,–	–,–
43	1,50 Fr + 50 (C)	Gallieni . . . . . . (469)	1800,–	3000,–	
44	2,25 Fr + 25 C	Bernard . . . . . (453)	1800,–	3000,–	
45	2,50 Fr + 50 (C)	Bäuerin . . . . . (470)	1800,–	3000,–	
46	5 Fr	Carcassonne . . . . (413)	*10000,–*	*16000,–*	
47	10 Fr	Vincennes . (414)	*10000,–*	*16000,–*	
48	20 Fr	St. Malo . . (415)	*10000,–*	*16000,–*	
A 48	50 Fr	Ader . . . . . (425)		–,–	

Marken mit Aufdrucktype I siehe ab MiNr. 89.

1940, ab Juli. Noch im Besitz des Publikums vorhandene französische Marken mit schwarzem Handstempelaufdruck in Type I.

Kleinformatige Freimarken; die Bewertungen gelten für Einzelmarken! Zu den Preisen siehe Fußnote.

			⊙	✉
49	½ C auf 1 C	Säerin . . . . . . (284)	nur ✶	
50	5 C	Allegorie . . . . . (90)	400,–	1000,–
51	5 C	wie MiNr. 6 I, jedoch waager. Aufdruck . . . . (375)	200,–	400,–
52	10 C	wie MiNr. 7 I, jedoch waager. Aufdruck . . . . (376)	200,–	400,–
53	15 C	Säerin . . . . . . (184)	400,–	1000,–
54	15 C	Merkur . . . . . . (377)	300,–	600,–
55	15 C	wie MiNr. 8 I, jedoch waager. Aufdruck . . . . (378)	300,–	600,–
56	20 C	wie MiNr. 9, jedoch Aufdrucktype I (185)	400,–	1000,–
57	20 C	wie MiNr. 10 I, jedoch waager. Aufdruck . . . . (379)	300,–	600,–
58	25 C auf 35 C	Säerin . . . . . . (201)	400,–	1000,–
59	25 C	wie MiNr. 11 I, jedoch waager. Aufdruck . . . . (380)	200,–	400,–
60	30 C	Briand . . . . . . (287)	500,–	1000,–
61	30 C	wie MiNr. 12 I, jedoch waager. Aufdruck . . . . (363)	500,–	1000,–
62	30 C	wie MiNr. 13 I, jedoch waager. Aufdruck . . . . (381)	200,–	400,–
63	35 C	Säerin . . . . . . (364)	500,–	1200,–
64	40 C	wie MiNr. 1 I, jedoch waager. Aufdruck . . . . (382)	*1000,–*	*2500,–*
65	45 C	wie MiNr. 14 I, jedoch waager. Aufdruck . . . . (383)	300,–	600,–
66	50 C	Säerin . . . . . . (161)	*650,–*	*1200,–*
67	50 C	wie MiNr. 3 I, jedoch Einzelmarke . . (384)	200,–	400,–
68	50 C + 25 C	Säerin, zinnober . . . . (233)	*2000,–*	*4000,–*
69	50 C + 25 C	Säerin, rotorange . . . . (245)	*2000,–*	*4000,–*
70	50 C auf 60 C	Säerin . . . . . . (202)	400,–	1000,–
71	50 C auf 65 C	Säerin . . . . . . (203)	400,–	1000,–
72	50 C auf 1.05 Fr	Säerin . . . . . . (207)	400,–	1000,–
73	50 C auf 1.25 Fr	Frieden . . . . . (295)	500,–	*1200,–*

			⊙	✉
74	55 C	Frieden . . . . . (366)	400,–	800,–
75	60 C	Merkur . . . . . . (387)	400,–	800,–
76	70 C	wie MiNr. 16, jedoch Aufdruck-type I . . . . (388)	300,–	600,–
77	75 C	Doumer . . . . . (288)	*700,–*	*1500,–*
78	75 C	wie MiNr. 17, jedoch Aufdruck-type I . . . . (278)	*1000,–*	*2000,–*
79	80 C	wie MiNr. 18 I, jedoch waager. Aufdruck . . . . (390)	400,–	800,–
80	90 C	Frieden, rosa . (279)	*600,–*	*1500,–*
81	90 C	Frieden, grün . (392)	300,–	600,–
82	90 C	wie MiNr. 19, jedoch Aufdruck-type I . . . . (393)	300,–	600,–
83	1 Fr	Frieden . . . . . (369)	*600,–*	*1500,–*
84	1 Fr	wie MiNr. 20 I, jedoch Einzelmarke . . (394)	300,–	600,–
85	1 Fr	wie MiNr. 21 I, jedoch Einzelmarke . . (395)	300,–	500,–
86	1.40 Fr	wie MiNr. 23 I, jedoch waager. Aufdruck . . . . (398)	*700,–*	*1200,–*[1]
87	1.50 Fr	wie MiNr. 24 I, jedoch waager. Aufdruck . . . . (282)	*700,–*	*1200,–*[1]
88	2 Fr	wie MiNr. 25 I, jedoch waager. Aufdruck . . . . (401)	*1000,–*	*1200,–*[1]

Marken in ungebrauchter Erhaltung sind sehr selten; auf eine Bewertung wird verzichtet. Der überwiegende Teil der gebrauchten Marken liegt auf Brief ✉ vor, lose gestempelte Marken sind nur in Einzelfällen nachgewiesen. ⊙-Preise gelten für lose gestempelte Marken sowie für Marken auf ✉, wenn sie nicht die teuersten Marken auf dem Beleg sind; für die jeweils teuerste Marke auf portogerechtem ✉ gilt der ✉-Preis.

[1]) Die Preise gelten für überfrankierte Briefe (Porto > 1 Fr)

Die kleinformatigen Freimarken wurden einzeln waagerecht oder gemeinsam mit bis zu zwei anderen Marken auf Brief übergehend überdruckt. Es gibt auch Paare und größere Einheiten mit gemeinsamem, waagerechtem oder senkrechtem Aufdruck.

Sondermarken und großformatige Freimarken; die Bewertungen gelten für Einzelmarken! Zu den Preisen siehe Fußnote.

			⊙	✉
89	20 C	Rouget de Lisle . . . . (319)	*500,–*	*1000,–*
90	20 C	Weltausstellung 1937 . . . . (328)	400,–	800,–
91	20 C + 10 C	Callot . . . . (336)	400,–	800,–
92	20 C + 10 C	Freizeit-gestaltung . . . (348)	400,–	800,–
93	30 C	Weltausstellung 1937 . . . . (329)	300,–	600,–
94	30 C	Mermoz . . . (343 a)	*700,–*	*1500,–*
95	30 C	Eisenbahn-kongress . . . . (345)	*500,–*	*1000,–*
96	30 C + 10 C	France, grün . . . . (351)	400,–	800,–
97	30 C + 10 C	France, braun . . . . (416)	500,–	1000,–
98	35 C + 10 C	Callot . . . . (417)	500,–	1000,–
99	40 C	Jacquard . . . . (290)	500,–	1000,–
100	40 C	Rouget de Lisle . . . . (320)	500,–	1000,–
101	40 C	Jaurès . . . . . . (324)	400,–	800,–
102	40 C	Weltausstellung 1937 . . . . (330)	300,–	600,–
103	40 C + 10 C	Berlioz . . . . . . (337)	400,–	800,–
104	40 C + 10 C	Freizeit-gestaltung . . . (349)	400,–	800,–
105	40 C + 10 C	Puvis de Chavannes . . (450)	600,–	800,–
106	40 C + 60 C	Postmuseum . (461)	300,–	600,–
107	40 C + 60 C	Soldaten . . . . (464)	300,–	600,–
108	50 C	Orleans . . . . . (237)	*800,–*	*1600,–*
109	50 C	Algerien . . . . . (247)	*700,–*	*1400,–*
110	50 C	Arbeitsamt . . . (249)	*500,–*	*1000,–*
111	50 C	Weltausstellung 1937 . . . . (331)	300,–	600,–
112	50 C + 10 C	„La Mansarde“ (303)	400,–	1000,–
113	50 C + 10 C	Arbeitslosen-kinder . . . . . . (317)	400,–	800,–
114	50 C + 10 C	Hugo . . . . (338)	400,–	800,–
115	50 C + 10 C	Freizeit-gestaltung . . . (350)	400,–	800,–
116	50 C + 20 C	Loti . . . . (358)	400,–	1000,–
117	50 C + 25 C	Nansen-Fonds (357)	500,–	1000,–
118	50 C + 2 Fr	„Musica“ . . . . (304)	400,–	1000,–
119	50 C + 2 Fr + 20 C	„Musica“ . . . . (335)	400,–	800,–
120	55 C	Gambetta . . . (407)	500,–	1000,–
121	55 C	de la Fontaine (429)	400,–	800,–

				⊙	✉
122	55 C + 10 C	Berlioz	(418)	500,—	1000,—
123	55 C + 45 C	Sanitätsdienst	(426)	400,—	800,—
124	55 C + 70 C	Infanterie-denkmal	(423)	500,—	1000,—
125	65 C + 10 C	Hugo	(419)	500,—	1000,—
126	65 C + 25 C	Gesundheits-pflege	(361)	500,—	1000,—
127	65 C + 35 C	Meeres-forschung	(406)	500,—	1000,—
128	65 C + 35 C	Reims	(430)	500,—	1000,—
129	65 C + 35 C	Waffen-stillstand	(434)	500,—	1000,—
130	65 C + 60 C	Rückkehr aus Spanien	(432)	500,—	1000,—
131	65 C + 60 C	Soziales Hilfswerk der Studenten	(435)	500,—	1000,—
132	65 C + 1.10 Fr	Infanterie-denkmal	(424)	500,—	1000,—
133	70 C	Südfranzösin	(408)	300,—	500,—
134	70 C	Straßburger Münster	(458)	300,—	500,—
135	70 C + 10 C	Debussy	(451)	600,—	800,—
136	70 C + 30 C	Boulogne-Sur-Mer	(462)	400,—	800,—
137	70 C + 50 C	Pionier-denkmal	(441)	500,—	1000,—
138	70 C + 80 C	Mutter mit Kindern	(455)	400,—	600,—
139	75 C	Sparkassen-kongress	(299)	500,—	1000,—
140	75 C	Callot	(302)	500,—	1000,—
141	75 C	Pilatre de Rozier	(318)	600,—	1200,—
142	75 C	Vimy	(322)	500,—	1000,—
143	75 C	Corneille	(341)	500,—	1000,—
144	75 C + 50 C	Freiheitsstatue	(312)	600,—	1200,—
145	80 C + 45 C	Joffre	(467)	400,—	800,—
146	80 C + 1 Fr	Rotes Kreuz	(471)	*800,—*	*2000,—*
147	85 C	Flugzeug	(305)	*600,—*	*1200,—*
148	90 C	Berthelot	(223)	500,—	1000,—
149	90 C	Amerikanische Legion	(224)	400,—	800,—
150	90 C	Le Puy	(286)	300,—	600,—
151	90 C	Weltausstellung 1937	(332)	400,—	800,—
152	90 C	Descartes	(347)	*1300,—*	*2500,—*
153	90 C	Col de Ilseran	(372)	400,—	800,—
154	90 C	Pau	(409)	300,—	600,—
155	90 C	Schlachtschiff	(443)	300,—	600,—
156	90 C	von Tours	(454)	400,—	800,—
157	90 C	Französische Revolution	(457)	400,—	800,—
158	90 C	Sieg bei Verdun	(459)	300,—	500,—
159	90 C	Guillotiére-Brücke	(463)	300,—	500,—
160	90 C + 10 C	Rodin	(352)	500,—	1000,—
161	90 C + 10 C	de Balzac	(452)	600,—	800,—
162	90 C + 25 C	Rundfunk für Blinde	(436)	500,—	1000,—
163	90 C + 30 C	Gesellschaft für Gesundheit	(437)	400,—	700,—
164	90 C + 35 C	Trulin	(438)	400,—	900,—
165	90 C + 35 C	Rotes Kreuz	(440)	500,—	1000,—
166	90 C + 35 C	Post-ministerium	(442)	400,—	800,—
167	90 (C) + 35 C	Arbeitslosen-kinder	(447)	400,—	800,—
168	90 C + 35 C	Charcot	(460)	500,—	1000,—
169	90 C + 50 C	Eiffelturm	(448)	500,—	1000,—
170	90 C + 60 C	Mutter mit Kindern	(456)	300,—	600,—
171	1 Fr + 10 C	Rodin	(420)	500,—	1000,—
172	1 Fr + 25 C	Ausstellung „Übersee Frankreich“	(466)	500,—	1000,—
173	1 Fr + 50 C	Soldaten	(465)	500,—	1000,—
174	1 Fr + 50 C	Foch	(468)	500,—	1000,—
175	1.50 Fr	Amerikanische Legion	(225)	*800,—*	*1200,—*[1])
176	1.50 Fr	Passagier-schiff	(316)	*800,—*	*1200,—*[1])
177	1.50 Fr	Vimy	(323)	*900,—*	*1200,—*[1])
178	1.50 Fr	Jaures	(325)	*900,—*	*1200,—*[1])
179	1.50 Fr	Postflugzeuge	(326)	*900,—*	*1200,—*[1])
180	1.50 Fr	Weltausstellung 1937	(333)	*900,—*	*1200,—*[1])
181	1.50 Fr	Friedens-vereinigung	(334)	*1200,—*	*2000,—*[1])
182	1.50 Fr	Skimeister-schaften	(340)	*1200,—*	*2000,—*[1])
183	1.50 Fr	Weltaus-stellung	(342)	*600,—*	*1000,—*[1])
184	1.50 Fr	Eisenbahn-kongress	(346)	*1200,—*	*2000,—*[1])
185	1.50 Fr + 50 C	Pasteur	(339)	*1000,—*	*1500,—*[1])
186	1.50 Fr + 50 C	Galliéni	(469)	*700,—*	*1000,—*[1])
187	1.75 Fr	Amerikanische Verfassung	(362)	*1000,—*	*1500,—*[1])
188	1.75 Fr	Fußball-WM 1938	(427)	*1000,—*	*1500,—*[1])
189	1.75 Fr	Champagne	(428)	*800,—*	*1200,—*[1])
190	1.75 Fr	Königlicher Besuch	(431)	*1000,—*	*1500,—*[1])
191	1.75 Fr + 25 C	Pasteur	(421)	*1000,—*	*1500,—*[1])
192	1.75 Fr + 50 C	Radium	(433)	*1000,—*	*1500,—*[1])
193	1.75 Fr + 75 C	Kunst-geschichte	(422)	*1000,—*	*1500,—*[1])
194	2 Fr	Fluss-landschaft	(296)	*800,—*	*1000,—*[1])
195	2 Fr	Triumphbogen	(410)	*800,—*	*1000,—*[1])
196	2.15 Fr	Gruben-arbeiter	(411)	*800,—*	*1000,—*[1])
197	2.25 Fr	Cézanne	(439)	*800,—*	*1000,—*[1])
198	2.25 Fr	Weltausstellung New York	(444)	*800,—*	*1000,—*[1])
199	2.25 Fr	Photographie	(446)	*800,—*	*1000,—*[1])
200	2.25 Fr	Ausstellung „Das Wasser“	(449)	*800,—*	*1000,—*[1])
201	2.25 Fr + 25 C	Bernard	(453)	*800,—*	*1000,—*[1])
202	2.25 Fr + 50 C	Bäuerin	(470)	*800,—*	*1000,—*[1])
203	3 Fr	Flugzeug	(309)	*800,—*	*1200,—*[1])
204	3 Fr	Mermoz	(344)	*1000,—*	*1200,—*[1])
205	3 Fr	Postpalast	(412)	*1000,—*	*1200,—*[1])
206	3.50 Fr	Flugzeug	(310)	*1000,—*	*1200,—*[1])
207	5 Fr	Mont-Saint-Michel	(240)	*1000,—*	*1200,—*[1])
208	5 Fr	Carcassonne	(413)	*1500,—*	*2000,—*[1])
209	10 Fr	La Rochelle	(241)	*1500,—*	*2000,—*[1])
210	20 Fr	Saint Malo	(415)	*1500,—*	*2000,—*[1])
211	50 Fr	Ader	(425)	*1500,—*	*2000,—*[1])

Marken in ungebrauchter Erhaltung sind sehr selten; auf eine Bewertung wird verzichtet. Der überwiegende Teil der gebrauchten Marken liegt auf Brief ✉ vor, lose gestempelte Marken sind nur in Einzelfällen nachgewiesen. ⊙-Preise gelten für lose gestempelte Marken sowie für Marken auf ✉, wenn sie nicht die teuersten Marken auf dem Beleg sind; für die jeweils teuerste Marke auf portogerechtem ✉ gilt der ✉-Preis.

[1]) Die Preise gelten für überfrankierte Briefe (Porto > 1 Fr).

Hochformatige Marken weisen einen senkrechten oder waagerechten, auf Brief übergehenden, querformatige Marken einen waagerechten Handstempelaufdruck auf. Es gibt auch Paare mit gemeinsamem, waagerechtem oder senkrechtem Aufdruck und gemeinsamen Aufdruck auf zwei verschiedenen Einzelmarken.

Festung Lorient

1945, Ende Jan./Febr. Freimarken: Marken von Frankreich mit zweizeiligem Metall-Handstempel-Aufdruck „Festung Lorient“ in Schwarz, bei MiNr. B 12 in Schwarz und Dunkelrosakarmin.

Kleinformatige Freimarken in Zeichnung Merkurkopf, Pétain, Triumphbogen und Wappen:

				*	**	⊙
1	10 C	Merkur	. (557)	500,–	800,–	800,–
2	30 C	Merkur, rot	. . . . . (558)	500,–	800,–	800,–
A 2	30 C	Merkur, karmin	. (381)	600,–	900,–	900,–
3	40 C	Merkur	. (559)	900,–	1400,–	1500,–
4	50 C	Merkur	. (560)	400,–	600,–	600,–
5	60 C	Pétain	. . (516)	1200,–	1800,–	2000,–
6	70 C	Pétain	. . (518)	650,–	1100,–	1100,–
7	80 C	Pétain	. . (520)	650,–	1100,–	1100,–
8	1 Fr	Pétain	. . (521)	000,	1500,–	1600,–
9	1.20 Fr	Pétain	. . (522)	900,–	1500,–	1500,–
10	1.50 Fr	Pétain	. . (524)	400,–	600,–	600,–
11	2 Fr	Pétain	. . (525)	1000,–	1600,–	1600,–
12	4 Fr	Pétain	. . (579)	1100,–	1800,–	1800,–
A 12	4 Fr	Triumphbogen	. (646)	10000,–	15000,–	12000,–
B 12	4.50 Fr	Pétain	. . (530)	3200,–	5500,–	6000,–
13	4.50 Fr	Pétain	. . (580)	3000,–	4500,–	5000,–
14	5 Fr	Provinzwappen Flandern	(615)	3000,–	5000,–	6000,–
15	5 Fr	Triumphbogen	. (647)	10000,–	15000,–	12000,–
A 15	10 Fr	Triumphbogen	. (648)		25000,–	20000,–

Großformatige Frei- und Sondermarken

			*	**	⊙
16	50 C + 1.50 Fr Molière	. . . . . (624)	10000,–	15000,–	10000,–
17	80 C + 2.20 Fr Hardoulin-Mansart	. . . . . (625)	10000,–	15000,–	10000,–
A 17	1.20 Fr + 2.80 Fr Pascal	. . . . . . (626)	10000,–	15000,–	10000,–
18	1.50 Fr + 3.50 Fr Pétain	. . . . . . (619)	10000,–	15000,–	10000,–
19	1.50 Fr + 3.50 Fr Le Grand Condé	. . . . (627)	10000,–	15000,–	10000,–
20	2 Fr + 4 Fr Colbert	. . . . . (628)	10000,–	15000,–	10000,–
21	4 Fr + 6 Fr Louis XIV	. . . . (629)	10000,–	15000,–	10000,–
22	4 Fr Befreiung Frankreichs	(673)	nur auf ✉ bekannt		
23	10 Fr Belfried von Arras	. . . (578)	nur auf ✉ bekannt		

Saint-Nazaire

1945, 9. April. Freimarken der Handelskammer Saint-Nazaire: Galeere.

			(*)	⊙	FDC
1	50 C	schwarzopalgrün auf mittelgraugrün . . .	300,–	280,–	700,–
2	2 Fr	dunkellilabraun auf mittelgraugrün . . .	300,–	280,–	700,–
		Satz (2 W.)	600,–	550,–	

Generalgouvernement

Deutsche Post Osten

1939, 1./14. Dez. Marken des Deutschen Reichs (Hindenburg-Medaillon) mit Aufdruck. [21,5×26]

Nr.	Wert		★★	⊙
1	6 Gr auf 3 Pf	(513)	1,50	–,50
2	8 Gr auf 4 Pf	(514)	1,50	–,50
3	12 Gr auf 6 Pf	(516)	1,50	–,50
4	16 Gr auf 8 Pf	(517)	2,20	1,50
5	20 Gr auf 10 Pf	(518)	1,50	–,50
6	24 Gr auf 12 Pf	(519)	1,50	–,50
7	30 Gr auf 15 Pf	(520)	2,20	1,50
8	40 Gr auf 20 Pf	(521)	2,20	–,50
9	50 Gr auf 25 Pf	(522)	2,20	1,–
10	60 Gr auf 30 Pf	(523)	2,30	–,50
11	80 Gr auf 40 Pf	(524)	2,20	1,–
12	1 Zł auf 50 Pf	(525)	5,50	2,–
13	2 Zł auf 100 Pf	(528)	10,–	3,50
	Satz (13 W.)	✶ 10,–	36,–	14,–

Generalgouvernement

1940, 8./18 März. Marken von Polen mit Aufdruck. [26×31]

Nr.	Wert	Farbe		★★	⊙
14	24 Gr auf 25 Gr	schwärzlich-grünlichblau	(319)	4,–	3,–
15	50 Gr auf 55 Gr	dunkelviolett-ultramarin	(320)	1,–	1,–
16	40 Gr auf 30 Gr	braunpurpur	(325)	1,50	1,–
17	2 Gr auf 5 Gr	orangerot	(331)	–,50	–,40
18	4 Gr auf 5 Gr	orangerot	(331)	–,50	–,40
19	6 Gr auf 10 Gr	schwarz-gelblichgrün	(332)	–,50	–,40
20	8 Gr auf 10 Gr	schwarz-gelblichgrün	(332)	–,50	–,40
21	10 Gr auf 10 Gr	schwarz-gelblichgrün	(332)	–,50	–,40
22	24 auf 25 Gr	dunkelbraun-violett	(335)	–,50	–,40
23	30 auf 30 Gr	dunkelrosa	(336)	–,50	–,40
24	50 auf 50 Gr	dunkellila-purpur	(338)	–,70	–,70
25	60 auf 55 Gr	dunkel-ultramarin	(339)	20,–	18,–
26	80 auf 75 Gr	schwarz-opalgrün	(340)	20,–	18,–
27	1 Zł auf 1 Zł	rötlich-orange	(341)	22,–	18,–
28	2 Zł auf 2 Zł	lebhaft-magenta	(342)	8,–	7,–
29	3 Zł auf 3 Zł	dunkelblau	(343)	10,–	11,–
30	30 Gr auf 5+5 Gr	zinnoberrot	(348)	–,70	–,70
31	40 Gr auf 25+10 Gr	dunkelbraun-violett	(349)	–,70	–,70
32	1 Zł auf 55+15 Gr	dunkel-ultramarin	(350)	13,–	11,–
33	12 auf 15 Gr	schwärzlichbraun-orange	(355)	–,70	–,40
34	16 auf 15 Gr	schwärzlichbraun-orange	(355)	–,70	–,40
35	50 auf 20 Gr	schwärzlichbläulich-grün	(P 95)	3,50	4,–
36	50 auf 25 Gr	schwärzlichbläulich-grün	(P 96)	18,–	16,–
37	50 auf 30 Gr	schwärzlichbläulich-grün	(P 97)	50,–	35,–
38	50 auf 50 Gr	schwärzlichbläulich-grün	(P 98)	3,–	3,–
39	50 auf 1 Zł	schwärzlichbläulich-grün	(P 99)	5,–	4,–
		Satz (26 W.)	✶ 60,–	170,–	150,–

1940, 5. Aug./5. Sept. Bauwerke. [27,5×33]

			✶✶	⊙
40	6 Gr	Florianstor, Krakau	–,60	–,80
41	8 Gr	Sandomiersk-Bastei, Krakau	–,60	–,80
42	10 Gr	Krakauer Tor, Lublin	–,60	–,30
43	12 Gr	Universität, Krakau	6,–	–,70
44	20 Gr	Dominikanerkirche, Krakau	–,60	–,30
45	24 Gr	Burg Wawel, Krakau	–,60	–,30
46	30 Gr	Brigittenkirche, Lublin	–,60	–,30
47	40 Gr	Sukiennice-Arkaden, Krakau	–,60	–,30
48	50 Gr	Rathausturm, Krakau	–,60	–,30
49	60 Gr	Burghof, Krakau	–,60	–,30
50	80 Gr	Marienkirche, Krakau	1,60	–,50
51	1 Zł	Brühlsches Palais, Warschau	7,–	1,50
		Satz (12 W.) ✶ 6,–	20,–	6,50
		FDC (MiNr. 40–50)		70,–
		FDC (MiNr. 51)		30,–

1940, 17. Aug. Rotes Kreuz. MiNr. 43, 45, 48 und 50 in geänderten Farben mit Aufdruck [27,5×33]

				✶✶	⊙
52	12+8 Gr	schwarzbräunlicholiv	(43)	5,–	4,–
53	24+16 Gr	schwarzbräunlicholiv	(45)	5,–	4,–
54	50+50 Gr	schwarzbräunlicholiv	(48)	5,–	5,50
55	80+80 Gr	schwarzbräunlicholiv	(50)	5,–	7,50
		Satz (4 W.) ✶ 6,–		20,–	20,–
		FDC			25,–

1940, 26. Okt. 1 Jahr Generalgouvernement. [33×27,5]

			✶✶	⊙
56	12+38 Gr	Junges Mädchen	3,–	3,50
57	24+26 Gr	Bäuerin	3,–	3,50
58	30+20 Gr	Bauer	5,–	6,–
		Satz (3 W.) ✶ 3,50	11,–	13,–
		FDC		20,–

1940, 1. Dez. Winterhilfswerk: Bauer. [36×28]

			✶✶	⊙
59	12+ 8 Gr	schwarzgrün	2,–	2,–
60	24+16 Gr	schwärzlichrosarot	2,–	2,50
61	30+30 Gr	dunkelkarminbraun	3,50	3,–
62	50+50 Gr	violettultramarin	3,50	3,50
		Satz (4 W.) ✶ 3,50	11,–	11,–
		FDC		80,–

1941, 20. April/10. Juli. Bauwerke. [39×30, 43×34]

			✶✶	⊙	FDC
63	2 Zł	Barbakan, Krakau	2,20	1,–	80,–
64	4 Zł	Kloster Tyniec	2,20	2,–	80,–
65	10 Zł	Burg und Stadt Krakau	2,70	3,–	40,–
		Satz (3 W.) ✶ 2,50	7,–	6,–	

1941, 15. Aug./8. Sept. Bauwerke. Wie Nr. 41, 43, 46 und 51, jedoch geänderte Farben und neue Wertstufe. [27,5×33]

			✶✶	⊙
66	8 Gr	schwarzgraublau	2,20	–,70
67	12 Gr	schwärzlichbläulichviolett	1,20	–,40
68	30 Gr	dunkelbraunlila	1,20	–,70
69	48 Gr	Rathaus, Sandomierz, schwärzlichbraunorange	1,80	1,20
70	1 Zł	schwarzgrünblau	1,80	1,20
		Satz (5 W.) ✶ 3,–	8,–	4,–
		FDC (MiNr. 67)		5,–
		FDC (MiNr. 66, 68–70)		80,–

1941, 25. Okt. Adolf Hitler (1889 bis 1945). [27,5×33]

			✶✶	⊙
71	2 Gr	schwärzlichtürkisgrau	–,40	–,40
72	6 Gr	orangebraun	–,40	–,40
73	8 Gr	schwarzblau	–,40	–,40

			**	⊙
74	10 Gr	schwärzlichsmaragdgrün	–,40	–,40
75	12 Gr	schwarzblauviolett	–,40	–,40
76	16 Gr	schwarzrotorange	4,–	2,50
77	20 Gr	schwarzolivbraun	–,40	–,40
78	24 Gr	schwärzlichbräunlichrot	–,40	–,40
79	30 Gr	schwärzlichgraulila	–,40	–,40
80	32 Gr	schwärzlichbläulichgrün	–,50	–,50
81	40 Gr	schwärzlichkobalt	–,40	–,40
82	48 Gr	lebhaftrötlichbraun	3,50	1,–
		Satz (12 W.) ✶ 3,50	11,–	8,–
		FDC		25,–

1942, 7. April/1944. Adolf Hitler (1889 bis 1945). [27,5×33]

83	50 Gr	schwärzlichlilaultramarin	1,30	1,30
84	60 Gr	schwarzoliv	1,30	1,30
85	80 Gr	schwarzrotlila	1,30	1,30
86	1,00 Zł	schwarzgrünblau	1,30	1,30
87	1,20 Zł	schwarzsiena	2,–	2,–
88	1,60 Zł	schwarzlilaultramarin	2,–	3,–
		Satz (6 W.) ✶ 3,–	9,–	9,–
		FDC		50,–

1942, 20. April. 53. Geburtstag von Adolf Hitler (1889–1945). [27,5×33]

89	30 Gr+1 Zł	braunrot auf chromgelb	1,50	2,–
90	50 Gr+1 Zł	violettblau auf chromgelb	1,50	2,–
91	1,20 Zł +1 Zł	rötlichbraun auf chromgelb	1,50	2,–
		Satz (3 W.) ✶ 1,–	4,–	6,–
		FDC		10,–

1942, 15. Aug. 600 Jahre Stadt Lublin. [33×27,5]

92	12+ 8 Gr	Alt-Lublin	1,–	–,80
93	24+ 6 Gr	Neu-Lublin	1,–	–,80
94	50+50 Gr	Alt-Lublin	1,–	1,50
95	1+1 Zł	Neu-Lublin	2,–	2,–
		Satz (4 W.) ✶ 1,20	5,–	5,–
		FDC		12,–

1942, 20. Nov. Kulturträger; 3 Jahre Generalgouvernement. [27,5×33]

			**	⊙
96	12+18 Gr	Veit Stoß, Bildhauer	–,60	–,50
97	24+26 Gr	Gemälde von Hans Dürer	–,60	–,50
98	30+30 Gr	J. Chr. Schuch, Architekt	–,60	–,50
99	50+50 Gr	Josef Elsner, Komponist	–,60	–,80
100	1+ 1 Zł	Nik. Kopernikus, Astronom	–,60	1,–
		Satz (5 W.) ✶ –,60	3,–	3,20
		FDC		10,–

1943, 20. April. 54 Geburtstag von Adolf Hitler (1889–1945). [27,5×33]

101	12 Gr+1 Zł	dunkelgrauviolett	1,50	1,70
102	24 Gr+1 Zł	karmin	1,50	1,70
103	84 Gr+1 Zł	schwarzopalgrün	1,50	1,70
		Satz (3 W.) ✶ 1,20	4,–	5,–
		FDC		12,–

1943, 23. Mai. 400. Todestag des Astronomen Nikolaus Kopernikus (1473–1543). [27,5×33]

			✶	**	⊙
104	1+1 Zł	schwärzl'rosakarmin	–,50	1,–	2,–
		FDC			5,–

1943, 13. Aug./14. Sept. 3 Jahre NSDAP im Generalgouvernement. [27,5×33]

			**	⊙
105	12+38 Gr	Krakauer Tor, Lublin	1,–	1,20
106	24+76 Gr	Tuchhalle, Krakau	1,–	1,20
107	30+70 Gr	Verwaltungsgebäude, Radom	1,–	1,20

			✶✶	⊙
108	50 Gr+1 Zł	Brühlsches Palais, Warschau	1,–	1,20
109	1 Zł+2 Zł	Rathaus, Lemberg ...	1,–	1,20
		Satz (5 W.) ... ✶ 1,–	5–	6,–
		FDC (MiNr. 106)		4,–
		FDC (MiNr. 105, 107–109)		15,–

1943, 25. Juni/15. Juli. Adolf Hitler (1889 bis 1945) [27,5×33]

110	50 Gr	dunkellilaultramarin	1,–	1,–
111	60 Gr	schwärzlicholiv	1,–	1,–
112	80 Gr	schwärzlichbraunviolett ..	1,–	1,–
		Satz (3 W.) .... ✶ –,50	3,–	3,–
		FDC (MiNr. 110)		60,–
		FDC (MiNr. 111–112)		80,–

1943, 10. April/1944, 11. Febr. Bauwerke. [33×27,5]

113	2 Zł	Barbakan, Krakau	1,20	1,–
114	4 Zł	Kloster Tyniec	3,50	3,–
115	6 Zł	Stadt Lemberg	1,80	1,50
116	10 Zł	Burg und Stadt Krakau ...	2,–	2,–
		Satz (4 W.) .... ✶ 2,–	8,50	7,–
		FDC (MiNr. 113 und 114) .		80,–
		FDC (MiNr. 114)		80,–
		FDC (MiNr. 116)		20,–

1944, 20. April. 55. Geburtstag von Adolf Hitler (1889–1945). [27,5×33]

117	12 Gr+1 Zł	schwärzlichgrün	–,50	1,20
118	24 Gr+1 Zł	karminbraun	–,50	1,20
119	84 Gr+1 Zł	schwarzblauviolett ...	–,50	1,20
		Satz (3 W.) ... ✶ –,40	1,50	3,50
		FDC		8,–

1944, 15. Juli. Kulturträger. [27,5×33]

			✶✶	⊙
120	12+18 Gr	Konrad Celtis, Humanist	–,60	1,50
121	24+26 Gr	Andreas Schlüter, Baumeister	–,60	1,50
122	30+30 Gr	Hans Boner, Handelsherr	–,60	2,–
123	50+50 Gr	König August der Starke	–,60	2,50
124	1+1 Zł	Georg G. Pusch, Geologe	–,60	2,50
		Satz (5 W.) .... ✶ –,50	3,–	10,–
		FDC		15,–

1944, 26. Okt. 5 Jahre Generalgouvernement. [43×34]

			✶	✶✶	⊙
125	10+10 Zł	Burg von Krakau	8,–	20,–	50,–
		FDC			70,–

Dienstmarken

1940, 1./5. April. Hoheitszeichen. (Großformat). [36×27,5, 40×30]

			✶✶	⊙
1	6 Gr	braun	2,–	3,–
2	8 Gr	dunkeltürkisgrau	2,–	3,–
3	10 Gr	dunkelopalgrün	2,–	3,–
4	12 Gr	schwarzopalgrün	2,–	2,–
5	20 Gr	dunkelsiena	2,–	3,–
6	24 Gr	dunkelbräunlichrot	25,–	2,–
7	30 Gr	schwärzlichrosalila	2,–	3,–
8	40 Gr	schwärzlichblauviolett	2,–	6,–
9	48 Gr	schwärzlichbraunoliv	8,–	6,–
10	50 Gr	schwärzlichcyanblau	2,–	3,–
11	60 Gr	schwarzgrünoliv	2,–	3,–
12	80 Gr	dunkelgraupurpur	2,–	3,–
13	1 Zł	schwarzgrau/ schwärzlichbraunlila	5,–	6,–
14	3 Zł	schwarzgrau/braunrot	5,–	6,–
15	5 Zł	schwarzgrau/braunorange	7,–	8,–
		Satz (15 W.) ..... ✶ 20,–	70,–	60,–

1940, 22. Juli/5. Aug. Hoheitszeichen (Kleinformat). [25×20]

16	6 Gr	schwarzgelbbraun	1,80	1,50
17	8 Gr	schwarzpreußischblau ...	1,80	1,80
18	10 Gr	schwarzgelbsmaragdgrün	2,–	2,–
19	12 Gr	schwarzgrün	1,80	1,80
20	20 Gr	schwärzlichbraun	1,80	1,50
21	24 Gr	schwärzlichbräunlichrot ..	1,80	1,50
22	30 Gr	lilakarmin	2,–	2,–
23	40 Gr	schwarzgrauviolett	2,–	2,–
24	50 Gr	schwärzlichkobaltblau ...	2,–	2,–
		Satz (9 W.) .... ✶ 6,–	17,–	15,–

1943, Febr. Hoheitszeichen über Krakauer Burg. [27,5×23]

25	6 Gr	orangebraun	–,80	1,–
26	8 Gr	schwarzgraublau	–,80	1,–
27	10 Gr	dunkelsmaragdgrün	–,80	1,–
28	12 Gr	dunkelblauviolett	–,80	1,–
29	16 Gr	dunkelzinnober	–,80	1,–
30	20 Gr	schwärzlicholivbraun	–,80	1,–
31	24 Gr	dunkelbräunlichrot	–,80	1,–
32	30 Gr	dunkelgraulila	–,80	1,–
33	40 Gr	kobaltblau	–,80	1,–
34	60 Gr	dunkelgrauoliv	–,80	1,–
35	80 Gr	braunlila	–,80	1,–
36	100 Gr	schwärzlichgrautürkis	1,50	2,–
		Satz (12 W.) ...... ✶ 2,50	10,–	12,–

Zustellungsmarken

1940, 1. Dez. Ziffern im Zieroval. [30×25]

			✶✶	~	⊙
1	10 Gr	zinnober	2,50	1,–	1,50
2	20 Gr	zinnober	2,50	1,–	1,50
3	30 Gr	zinnober	2,50	1,50	2,–
4	50 Gr	zinnober	4,50	2,–	3,–
		Satz (4 W.) .. ✶ 5,–	12,–	5,50	8,–

Zur besonderen Beachtung:

Die in diesem Werk abgebildeten Briefmarken mit Darstellung von Symbolen und Zeichen aus der Zeit des Dritten Reiches dienen ausschließlich
– der Berichterstattung über Vorgänge des Zeitgeschehens,
– der staatsbürgerlichen Aufklärung,
– der Einordnung in geschichtliche Zusammenhänge,
– der Wissenschaft, Forschung und Lehre
und stehen im Einklang mit § 86 Abs. 3 und § 86 a des Strafgesetzbuches.

Kanal-Inseln

Guernsey

1941/1944. Wappen. [25×25]

			✶✶	⊙
1	½ P	(smaragd)grün	10–	10,–
2	1 P	dkl'zinnoberrot	15,–	15,–
3	2 ½ P	schwärzl'ultramrin	30,–	25,–
		Satz (3 W.) . . . . . . ✶ 20,–	55,–	50,–

1942. Wie MiNr. 1 und 2, jedoch auf bläulichem Banknotenpapier. Wz. Schlingen. [25×25]

4	½ P	(dunkel)grün	30,–	75,–
5	1 P	dunkelrot	30,–	75,–
		Satz (2 W.) . . . . . . ✶ 28,–	60,–	150,–

Jersey

1941/42. Wappen. [25×26]

1	½ P	lbh'gelbsmaragdgrün	10,–	10,–
2	1 P	(lebhaft)rot	10,–	10,–
		Satz (2 W.) . . . . ✶ 9,–	20,–	20,–

1943, Febr. Landschaften. [32×24]

3	½ P	Farmtor	20,–	20,–
4	1 P	Bucht von Portelet	8,–	8,–
5	1 ½ P	Leuchtturm v. La Corbiére	8,–	8,–
6	2 P	Fort Elisabeth	8,–	8,–
7	2 ½ P	Schloss Mont Orgueil	8,–	8,–
8	3 P	Sammeln von Seetang . . .	8,–	8,–
		Satz (6 W.) . . . . . . ✶ 26,–	60,–	60,–

Kotor

1944, Jan. Freimarken von Italien mit Aufdruck. [21×24]

			✶✶	⊙
1	0.50 LIT auf 10 C	schwärzlichbraun . . . . . . (301)	150,–	120,–
2	1.– LIT auf 25 C	schwarzgrün (304)	350,–	250,–
3	1.50 LIT auf 50 C	schwarzviolett . . . . . (307)	150,–	120,–
4	3.– LIT auf 30 C	dkl'braun . . . (305)	150,–	120,–
5	4.– LIT auf 20 C	rot (Töne) . . . (303)	150,–	120,–
6	10.– LIT auf 20 C	rot (Töne) . . . (303)	150,–	120,–
		Satz (6 W.) ✶ 480,–	1100,–	850,–

1944, 16. Sept. Marken von Jugoslawien mit Aufdruck in Reichsmark-Währung. [25×30]

7	0.10 RM auf 3 Din	lebh'braunrot . . . . (398)	60,–	7,–
8	0.15 RM auf 3 Din	lebh'braunrot . . . . (398)	60,–	7,–
9	0.25 RM auf 4 Din	dkl'ultramarin . . . . (399)	60,–	12,–
10	0.50 RM auf 4 Din	dkl'ultramarin . . . . (399)	60,–	20,–
		Satz (4 W.) ✶ 120,–	240,–	45,–

Kurland

1945, 20. April. Marken des Deutschen Reiches und Feldpostmarke mit Aufdruck. [21,5×26, 33×27,5]

1	6 auf 5 Pf	schw'gelbgrün . . (784)	90,–	80,–
2	6 auf 10 Pf	dunkelsiena, schw'rotbraun . . (826)	35,–	32,–
3	6 auf 20 Pf	dunkelkobalt . . . (791)	20,–	18,–
4	12 auf (–)	bräunlichrot bis lebhaftbraunrot . . .(2)		
A		gez.	100,–	90,–
B		☐	20,–	20,–
Satz MiNr. 1–4 A und B (5 W.) ✶ 130,–			250,–	240,–

Laibach

1944, 5. Jan. Marken von Italien mit Aufdruck des Krainer Wappenadlers und teilweise neuem Wertaufdruck. [21×24, 41×24]

			★★	⊙
1	5 C schwarz-ockerbraun	(299)	1,50	7,–
2	10 C dunkelsiena	(301)	1,50	7,–
3	15 C schw'graugrün	(302)	1,50	7,–
4	20 C rot	(303)	1,50	7,–
5	25 C schwarzgrün	(304)	1,50	7,–
6	30 C dunkelsiena	(305)	1,50	7,–
7	35 C schwarzkobalt	(306)	1,50	7,–
8	50 C schwarzblau-violett	(307)	1,50	10,–
9	75 C schwarzrosa	(308)	1,50	15,–
10	1 L schwarzgrau-violett	(309)	1,50	15,–
11	1,25 L schw'ultramarin	(633)	1,50	5,–
12	1,75 L gelblichrot	(310)	22,–	35,–
13	2 L schwarzrosa	(311)	1,50	10,–
14	2,55 L auf 5 C schwarz-ockerbraun	(299)	10,–	18,–
15	5 L auf 25 C schwarzgrün	(304)	10,–	30,–
16	10 L dunkelbläulich-violett	(314)	40,–	80,–
17	20 L auf 20 C rot	(303)	45,–	90,–
18	25 L auf 2 L schwarzrosa	(311)	40,–	180,–
19	50 L auf 1,75 L gelblichrot	(310)	190,–	300,–

Eilmarke

20	1,25 L grün	(414)	40,–	37,–
	Satz (20 W.)	✶ 200,–	400,–	800,–

t1944, 5. Jan. Flugpostmarken von Italien mit Aufdruck. [21×24, 41×24]

21	25 C schwarzopalgrün	(408)	40,–	60,–
22	50 C schwarzsiena	(328)	40,–	200,–
23	75 C schw'braunorange	(409)	40,–	60,–
24	1 L schwarzviolett	(330)	40,–	200,–
25	2 L dunkelblau	(331)	40,–	130,–
26	5 L schwarzgrün	(332)	40–	200,–
27	10 L schwarzrosa	(360)	40,–	130,–

Flugpost-Eilmarke

28	2 L schwarzgrautürkis	(490)	40,–	130,–
	Satz (8 W.)	✶ 150,–	320,–	1100,–

1944, Febr. Rotes Kreuz. Eilmarken von Italien mit Aufdruck. [41×24]

			★★	⊙
29	1,25 L+50 L grün	(414)	150,–	750,–
30	2,50 L+50 L rotorange	(436)	150,–	750,–
	Satz (2 W.)	✶ 130,–	300,–	1500,–

1944, Febr. Für die Obdachlosen. Eilmarken von Italien mit Aufdruck. [41×24]

31	1,25 L+50 L grün	(414)	160,–	750,–
32	2,50 L+50 L rotorange	(436)	160,–	750,–
	Satz (2 W.)	✶ 150,–	320,–	1500,–

1944, Febr. Für die Waisen. Flugpostmarken von Italien mit Aufdruck. [21×24, 41×24]

33	25 C+10 L schwarzopalgrün	(408)	55,–	500,–
34	50 C+10 L schwarzsiena	(328)	55,–	500,–
35	75 C+20 L schwarzbraun-orange	(409)	55,–	500,–
36	1 L+20 L schwarzviolett	(330)	55,–	500,–
37	2 L+20 L dunkelblau	(331)	55,–	500,–
38	5 L+20 L schwarzgrün	(332)	55,–	500,–
	Satz (6 W.)	✶ 180,–	330,–	3000,–

1944, Febr. Für die Winterhilfe. Flugpostmarken MiNr. 21–26 mit Aufdruck. [21×24, 41×24]

39	25 C+10 L schwarzopalgrün	(21)	55,–	500,–
40	50 C+10 L schwarzsiena	(22)	55,–	500,–
41	75 C+20 L schwarzbraun-orange	(23)	55,–	500,–
42	1 L+20 L schwarzviolett	(24)	55,–	500,–
43	2 L+20 L dunkelblau	(25)	55,–	500,–
44	5 L+20 L schwarzgrün	(26)	55,–	500,–
	Satz (6 W.)	✶ 180,–	330,–	3000,–

1945, März/Mai. Freimarken. RaTdr.; gez. L. 10½:11½, Hochformate ~.

			✶✶	⊙
45	5 C	Kreuzgrotte bei Laas	1,70	5,–
46	10 C	Zirknitzer See	1,70	5,–
47	20 C	Franzdorfer Viadukt	1,70	5,–
48	25 C	Bauernhaus, Laibacher Moor	1,70	5,–
49	50 C	Kapitelkirche, Rudolfswert	1,70	5,–
50	75 C	Reifnitz	1,70	5,–
51	1 L	Alte Burg, Laibach	1,70	5,–
52	1,25 L	Gottschee	1,70	10,–
53	1,50 L	Wasserfall bei Franzendorf	1,70	10,–
54	2 L	Schloss, Landstraß	1,70	12,–
55	2,50 L	Schloss Auersperg	1,70	12,–
56	3 L	Schloss Seisenberg	4,50	20,–
57	5 L	Am Fluss Gurk	5,50	20,–
58	10 L	Wasserschloss Wördl	11,–	90,–
59	20 L	Bauernhof in der Unterkrain	65,–	320,–
60	30 L	Burg und Kirche, Tabor ..	350,–	1200,–
		Satz (16 W.) ....✶ 200,–	450,–	1700,–

Portomarken

1944. Portomarken von Italien mit Aufdruck des Krainer Wappenadlers und Inschriften. [24×21]

				✶✶	⊙
1	5 C	braun bis siena	(24)	13,–	100,–
2	10 C	dunkelultramarin ...	(25)	13,–	100,–
3	20 C	dunkelrosarot	(26)	6,–	10,–
4	25 C	schw'smaragdgrün .	(27)	6,–	10,–
5	30 auf 50 C	schw'bläulichviolett .	(30)	6,–	10,–
6	40 auf 5 C	braun	(24)	6,–	10,–
7	50 C	dunkelviolett	(30)	6,–	10,–
8	1 L	rotorange	(32)	13,–	100,–
9	2 L	dunkelgrün	(33)	13,–	100,–
		Satz (9 W.) .....✶ 35,–		80,–	450,–

Lettland

1941, Juli. Freimarken der Sowjetunion mit Aufdruck. [20×26]

				✶✶	⊙
1	5 K	dunkelbräunlichrot ..	(676)	4,–	5,–
2	10 K	dkl'preußischblau ...	(677)	4,–	5,–
3	15 K	dunkelgraugrün	(679)	75,–	90,–
4	20 K	schwarzgelbgrün ...	(578)	4,–	5,–
5	30 K	dunkelviolett-ultramarin	(682)	4,–	5,–
6	50 K	braun	(683)	10,–	12,–
		Satz (6 W.) ......✶ 45,–		100,–	120,–

Litauen

Landesausgabe

1941, 5. Juli. Freimarken der Sowjetunion mit Aufdruck. [20×26, 26×37]

				✶✶	⊙
1	2 K	lebh'gelblichgrün ...	(673)	110,–	180,–
2	5 K	bräunlichrot	(676)	5,–	15,–
3	10 K	dkl'preußischblau ...	(677)	5,–	15,–
4	15 K	dkl'graugrün	(679)	5,–	15,–
5	20 K	schwarzgelbgrün ...	(578)	5,–	15,–
6	30 K	dkl'violettultramarin .	(682)	5,–	15,–
7	50 K	(lebhaft)braun	(683)	18,–	30,–
8	60 K	lilarot	(684)	35,–	60,–
9	80 K	(lebhaft)ultramarin ..	(748)	35,–	60,–
		Satz (9 W.) .....✶ 100,–		220,–	400,–

Ausgabe für das südlitauische Wilna-Gebiet

1941, 16. Juli. Freimarken der Sowjetunion mit Aufdruck. „VILNIUS“

				✶✶	⊙
10	5 K	bräunlichrot	(676)	7,–	5,–
11	10 K	dkl'preußischblau ...	(677)	7,–	5,–
12	15 K	dkl'graugrün	(679)	7,–	5,–
13	20 K	schwarzgelbgrün ...	(578)	15,–	15,–
14	30 K	dkl'violettultramarin .	(682)	15,–	10,–
15	50 K	(lebhaft)braun	(683)	15,–	10,–
16	60 K	lilarot	(684)	15,–	12,–
17	80 K	dkl' bräunlichrot	(587)	*1000,–*	300,–
18	1 R	schwarz/dkl'rot	(594)	*2750,–*	900,–
		Satz (9 W.) ....✶ *1500,–*		*3800,–*	1200,–

Lokalausgaben

Alsedžiai

1941. Marken der Sowjetunion mit Handstempelaufdruck. [20×26, 26×37, 37×26]

Freimarken und Sondermarken:

				★★	⊙
1	2 K	lebh'gelblichgrün	(673)	*3000,–*	*4000,–*
2	5 K	bräunlichrot	(676)	*450,–*	*500,–*
3	10 K	dkl'preußischblau	(677)	*450,–*	*500,–*
4	15 K	dunkelgraugrün	(679)	*450,–*	*500,–*
5	20 K	schwarzgelbgrün	(578)	*450,–*	*500,–*
6	30 K	dkl'violettultramarin	(682)	*450,–*	*500,–*
7	50 K	(lebh')braun	(683)	*450,–*	*500,–*
8	60 K	lilarot	(684)	*450,–*	*500,–*
9	80 K	bräunlichrot	(587)	*7000,–*	*7000,–*
10	1 R	schwarz/dkl'rot	(594)	*5000,–*	*5000,–*
A 10	5 R	rötlichbraun	(688)	–,–	
B 10	10 R	grünschwarz	(689)	–,–	
C 10	1 R	schwärzl'zinnober	(812)	–,–	

Allunionsausstellung für Landwirtschaft, Moskau.

11	10 K	mehrfarbig	(763)	*8000,–*	*8000,–*
12	15 K	mehrfarbig	(764)	*8000,–*	*8000,–*
13	30 K	mehrfarbig	(765)	*8000,–*	*8000,–*
14	30 K	mehrfarbig	(766)	*8000,–*	*8000,–*
15	30 K	mehrfarbig	(767)	*8000,–*	*8000,–*
16	30 K	mehrfarbig	(768)	*8000,–*	*8000,–*
17	30 K	mehrfarbig	(769)	*8000,–*	*8000,–*
18	30 K	mehrfarbig	(770)	*8000,–*	*8000,–*
19	30 K	mehrfarbig	(771)	*8000,–*	*8000,–*
20	30 K	mehrfarbig	(772)	*8000,–*	*8000,–*
21	30 K	mehrfarbig	(773)	*8000,–*	*8000,–*
22	30 K	mehrfarbig	(774)	*8000,–*	*8000,–*
23	30 K	mehrfarbig	(775)	*8000,–*	*8000,–*
24	30 K	mehrfarbig	(776)	*8000,–*	*8000,–*
25	30 K	mehrfarbig	(777)	*8000,–*	*8000,–*
26	50 K	mehrfarbig	(778)	*8000,–*	*8000,–*
27	60 K	mehrfarbig	(779)	*8000,–*	*8000,–*

Weitere Sondermarken:

28	15 K	karmin	(753)	*8000,–*	*8000,–*
29	15 K	schwarzgelbgrün	(795)	*8000,–*	*8000,–*
30	20 K	lebhaftrot	(796)	*8000,–*	*8000,–*
31	30 K	karminrot	(802)	*10000,–*	*10000,–*
32	45 K	dunkelblaugrün	(811)	*8000,–*	*8000,–*
33	50 K	rötlichbraun	(705)	*10000,–*	*10000,–*
34	50 K	dkl'violettultramarin	(799)	*8000,–*	*8000,–*
35	80 K	schwarzgraupurpur	(707)	*8000,–*	*8000,–*
36	1 R	schwärzl'grünblau	(800)	*8000,–*	*8000,–*

1941. Sondermarke von Litauen mit Handstempel-Aufdruck.

A 36	5 C	karminbraun	(437)	–,–	

Panevežys

1941. Freimarken der Sowjetunion mit Handstempelaufdruck „Laisva / Lietuva / 27 VI 41 / Panevežys. [20×26]

				★★	⊙
1	5 K	bräunlichrot	(676)	*500,–*	*600,–*
2	15 K	dunkelgraugrün	(679)	*500,–*	*600,–*
3	30 K	dkl'violettultramarin	(682)	*500,–*	*600,–*
		Satz (3 W.)	★ *900,–*	*1500,–*	*1800,–*

1941. Freimarken der Sowjetunion mit Bdr.-Aufdruck. [20×26]

4	5 K	bräunlichrot	(676)		
a		Aufdruck rot		60,–	140,–
b		Aufdruck schwarz		65,–	140,–
c		Aufdruck violett		22,–	50,–
5	10 K	dkl'preußischblau, Aufdruck grün	(677)	65,–	130,–
6	15 K	dunkelgraugrün	(679)		
a		Aufdruck rot		60,–	130,–
b		Aufdruck schwarz		65,–	140,–
c		Aufdruck violett		22,–	70,–
7	20 K	schwarzgelbgrün	(578)		
a		Aufdruck grün		100,–	140,–
b		Aufdruck violett		22,–	70,–
8	30 K	dkl'violettultramarin	(682)		
a		Aufdruck rot		70,–	140,–
b		Aufdruck schwarz		80,–	240,–
c		Aufdruck violett		22,–	50,–
9	60 K	lilarot, Aufdr. grün	(684)	70,–	150,–
		Satz (6 W.)	★ 100,–	220,–	500,–

Raseiniai

1941. Freimarken der Sowjetunion mit senkrechtem Aufdruck in 3 Typen. [20×26]

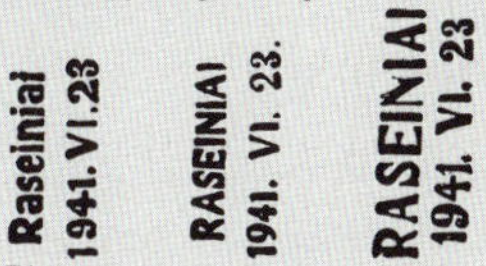

T I T II T III

Type I:

1 I	5 K	bräunlichrot	(676)	14,–	18,–
2 I	10 K	dkl'preußischblau	(677)	11,–	13,–
3 I	15 K	dunkelgraugrün	(679)	15,–	26,–
4 I	20 K	schwarzgelbgrün	(578)	15,–	26,–
5 I	30 K	dkl'violettultramarin	(682)	10,–	13,–
6 I	50 K	lebh'braun	(683)	20,–	26,–
7 I	60 K	lilarot	(684)	15,–	18,–
		Satz I (7 W.)	★ 45,–	100,–	140,–

Type II:

1 II	5 K	bräunlichrot	(676)	50,–	60,–
2 II	10 K	dkl'preußischblau	(677)	28,–	35,–

			✶✶	⊙
3 II	15 K	dkl'graugrün . . . . . . (679)	50,–	60,–
4 II	20 K	schwarzgelbgrün . . (578)	35,–	45,–
5 II	30 K	dkl'violettultramarin (682)	28,–	40,–
6 II	50 K	(lebhaft)braun . . . . . (683)	60,–	80,–
7 II	60 K	lilarot . . . . (684)	60,–	80,–
		Satz II (7 W.) . . . ✶ 160,–	300,–	380,–

Type III:

1 III	5 K	bräunlichrot . . . . . . (676)	15,–	25,–
2 III	10 K	dkl'preußischblau . (677)	15,–	25,–
3 III	15 K	dkl'graugrün . . . . . . (679)	22,–	35,–
4 III	20 K	schwarzgelbgrün . . (578)	18,–	28,–
5 III	30 K	dkl'violettultramarin (682)	12,–	24,–
6 III	50 K	(lebhaft)braun . . . . . (683)	30,–	45,–
7 III	60 K	lilarot . . . . (684)	22,–	40,–
		Satz III (7 W.) . . . . ✶ 65,–	120,–	220,–

1941. Sondermarken der Sowjetunion mit zweizeiligem waagerechten Bdr.-Aufdruck III.

8	80 K	bräunlichrot . . . . . . (587)	850,–	1100,–
9	80 K	schwarzgraupurpur (707)	60,–	110,–
10	80 K	lebh'lilaultramarin . . (748)	75,–	110,–
11	1 R	schwarz/dkl'rot . . . . (594)	60,–	110,–
		Satz (4 W.) . . . . ✶ *550,–*	1000,–	1400,–

Rokiškis

1941, 30. Juni. Freimarken der Sowjetunion mit Aufdruck. [20×26]

a = Aufdruck schwarz:

1 a	5 K	bräunlichrot . . . . . . (676)	16,–	28,–
2 a	10 K	dkl'preußischblau . . (677)	16,–	28,–
3 a	15 K	dkl'blaugrün . . . . . . (679)	14,–	25,–
4 a	20 K	schwarzgelbgrün . . (578)	16,–	30,–
5 a	30 K	dkl'violettultramarin (682)	14,–	22,–
6 a	50 K	braun . . . . (683)	260,–	550,–
7 a	60 K	lilarot . . . . (684)	35,–	55,–
		Satz a (7 W.) . . . ✶ 200,–	350,–	500,–

b = Aufdruck braunrot:

2 b	10 K	dkl'preußischblau . . (677)	20,–	40,–
3 b	15 K	dkl'blaugrün . . . . . . (679)	16,–	28,–
4 b	20 K	schwarzgelbgrün . . (578)	26,–	50,–
5 b	30 K	dkl'violettultramarin (682)	16,–	28,–
6 b	50 K	braun . . . . (683)	340,–	400,–
		Satz b (5 W.) . . . ✶ 230,–	400,–	540,–

Telšiai

1941, 30. Juni/3.Juli. Marken der Sowjetunion mit Aufdruck. [20×26, 26×37, 37×26]

Freimarken:

			✶✶	⊙
1	5 K	bräunlichrot . . . . . . (676)	22,–	30,–
2	10 K	dkl'preußischblau . . (677)	26,–	35,–
3	15 K	dkl'blaugrün . . . . . . (679)	18,–	28,–
4	20 K	schwarzgelbgrün . . (578)	22,–	30,–
5	30 K	dkl'violettultramarin (682)	50,–	80,–
6	50 K	braun . . . . (683)	32,–	60,–
7	60 K	lilarot . . . . (684)	30,–	55,–
		Satz (7 W.) . . . . ✶ 100,–	200,–	300,–

Sondermarke Nordpolflug 1938:

8	80 K	bräunlichrot (587) ✶ 160,–	300,–	400,–

Sondermarke Majakowski 1940:

9	80 K	lebh'lilaultramarin . . . (748) ✶ *1700,–*	*2800,–*	*3500,–*

Sondermarke Rote Armee 1938:

10	1 R	schwarz/dkl'rot . . . (594) ✶ 130,–	250,–	350,–

Allunionsausstellung für Landwirtschaft, Moskau.

11	10 K	mehrfarbig . . . . (763)	*500,–*	*600,–*
12	15 K	mehrfarbig . . . . (764)	*500,–*	*600,–*
13	30 K	mehrfarbig . . . . (765)	*450,–*	*500,–*
14	30 K	mehrfarbig . . . . (766)	*450,–*	*500,–*
15	30 K	mehrfarbig . . . . (767)	*700,–*	*800,–*
16	30 K	mehrfarbig . . . . (768)	*450,–*	*500,–*
17	30 K	mehrfarbig . . . . (769)	*450,–*	*500,–*
18	30 K	mehrfarbig . . . . (771)	*450,–*	*500,–*
19	30 K	mehrfarbig . . . . (772)	*450,–*	*500,–*
20	30 K	mehrfarbig . . . . (774)	*450,–*	*500,–*
21	30 K	mehrfarbig . . . . (775)	*450,–*	*500,–*
22	30 K	mehrfarbig . . . . (776)	*450,–*	*500,–*
23	30 K	mehrfarbig . . . . (777)	*450,–*	*500,–*
24	50 K	mehrfarbig . . . . (778)	*450,–*	*500,–*
25	60 K	mehrfarbig . . . . (779)	*450,–*	*500,–*
		Satz (15 W.) . . ✶ *4000,–*	*7000,–*	*8000,–*

Ukmerge

1941. Freimarken der Sowjetunion mit Aufdruck. [20×26]

1	5 K	bräunlichrot . . . . . . (676)	250,–	250,–
2	10 K	dkl'preußischblau . (677)	250,–	250,–
3	15 K	dunkelgraugrün . . . (679)	250,–	250,–
4	20 K	schwarzgelbgrün . . (578)	450,–	500,–
5	30 K	dkl'violettultramarin (682)	300,–	350,–
		Satz (5 W.) . . . . ✶ 800,–	1500,–	1600,–

Zarasai

1941. Freimarken der Sowjetunion mit Aufdruck. [20×26]

				✶✶	⊙
a = Aufdruck schwarz:					
1 a	5 K	bräunlichrot	(676)	25,–	40,–
2 a	10 K	dkl'preußischblau	(677)	25,–	40,–
3 a	15 K	dkl'graugrün	(679)	25,–	40,–
4 a	20 K	schwarzgelbgrün	(578)	25,–	40,–
5 a	30 K	dkl'violettultramarin	(682)	25,–	40,–
6 a	50 K	braun	(683)	350,–	350,–
7 a	60 K	lilarot	(684)	90,–	200,–
		Satz a (7 W.) ... ✶ 280,–		500,–	700,–
b = Aufdruck braunrot:					
1 b	5 K	bräunlichrot	(676)	2800,–	3000,–
2 b	10 K	dkl'preußischblau	(677)	45,–	90,–
3 b	15 K	dkl'graugrün	(679)	45,–	90,–
4 b	20 K	schwarzgelbgrün	(578)	50,–	70,–
5 b	30 K	dkl'violettultramarin	(682)	50,–	70,–
6 b	50 K	braun	(683)	350,–	450,–
7 b	60 K	lilarot	(684)	–,–	–,–
Satz b (ohne 7 b, 6 W.) .... ✶ 1800,–				3000,–	3500,–

Lothringen

1940, 21. Aug. Marken des Deutschen Reiches (Hindenburg-Medaillon) mit Aufdruck. [21,5×26]

1	3 Pf	dunkelbraunocker	(513)	1,70	1,20
2	4 Pf	schwarzgrau-ultramarin	(514)	1,70	1,20
3	5 Pf	smaragdgrün	(515)	1,70	1,20
4	6 Pf	schwarzgrün	(516)	1,70	–,80
5	8 Pf	zinnober	(517)	1,70	1,20
6	10 Pf	dunkelrötlichbraun	(518)	1,70	–,80
7	12 Pf	schwarzrosa	(519)	1,70	–,80
8	15 Pf	dunkelrotlila	(520)	1,70	1,20
9	20 Pf	cyanblau	(521)	2,20	1,50
10	25 Pf	lilaultramarin	(522)	2,20	1,50
11	30 Pf	dunkelbräunlicholiv	(523)	2,20	1,80
12	40 Pf	lilapurpur	(524)	2,20	1,80
13	50 Pf	schwarzgrün/grauschwarz	(525)	4,50	3,50
14	60 Pf	dunkelkarminlila/grauschwarz	(526)	4,50	4,–
15	80 Pf	dunkelkobalt/grauschwarz	(527)	7,–	4,50
16	100 Pf	schw'gelborange/grauschwarz	(528)	12,–	8,–
		Satz (16 W.) .... ✶ 18,–		50,–	35,–

Luxemburg

1943. Marken des Deutschen Reiches (Hindenburg-Medaillon) mit Aufdruck. [21,5×26]

				✶✶	⊙
1	3 Pf	dunkelbraunocker	(513)	–,70	–,60
2	4 Pf	schwarzgrau-ultramarin	(514)	–,70	–,60
3	5 Pf	smaragdgrün	(515)	–,70	–,60
4	6 Pf	schwarzgrün	(516)	–,70	–,60
5	8 Pf	zinnober	(517)	–,70	–,60
6	10 Pf	dkl'rötlichbraun	(518)	–,70	–,60
7	12 Pf	schwarzrosa	(519)	–,70	–,60
8	15 Pf	dunkelrotlila	(520)	1,50	1,20
9	20 Pf	cyanblau	(521)	1,50	1,40
10	25 Pf	lilaultramarin	(522)	1,50	2,–
11	30 Pf	dunkelbräunlicholiv	(523)	1,50	2,–
12	40 Pf	lilapurpur	(524)	2,–	2,–
13	50 Pf	schwarzgrün/grauschwarz	(525)	4,–	4,–
14	60 Pf	dunkelkarminlila/grauschwarz	(526)	4,–	4,–
15	80 Pf	dunkelkobalt/grauschwarz	(527)	8,–	8,–
16	100 Pf	schw'gelborange/grauschwarz	(528)	18,–	8,–
		Satz (16 W.) .... ✶ 15,–		45,–	35,–

1940, 5. Dez. Freimarken von Luxemburg mit neuem Wertaufdruck. [23×25, 27×42, 41×29]

17	3 Rpf auf 15 C schwarz	(221)	–,30	–,40
18	4 Rpf auf 20 C rotorange	(168)	–,30	–,40
19	5 Rpf auf 35 C schwarz-gelblichgrün	(223)	–,30	–,40
20	6 Rpf auf 10 C dunkeloliv	(167)	–,30	–,40
21	8 Rpf auf 25 C schw'braun	(187)	–,30	–,40
22	10 Rpf auf 40 C schwarz-braunoliv	(170)	–,30	–,40
23	12 Rpf auf 60 C schwarz-opalgrün	(206)	–,30	–,40
24	15 Rpf auf 1 Fr karminrot	(224)	–,30	–,40
25	20 Rpf auf 50 C rötlichbraun	(171)	–,30	–,80
26	25 Rpf auf 5 C schwarz-braunviolett	(166)	–,30	1,50
27	30 Rpf auf 70 C schwarz-blauviolett	(281)	–,30	–,80
28	40 Rpf auf 75 C dunkel-ockerbraun	(189)	1,–	1,50
29	50 Rpf auf 1¼ Fr schw'grün	(239)	–,50	–,80

Nr.	Ausgabe		★★	⊙
30	60 Rpf auf 2 Fr karminrot	(332)	5,–	12,–
31	80 Rpf auf 5 Fr schwarzblaugrün	(258)	2,–	2,50
32	100 Rpf auf 10 Fr schwarzopalgrün	(283)	3,50	3,50
	Satz (16 W.)	✶ 6,–	15,–	26,–

1941, 12. Jan. Winterhilfwerk. Marken des Deutschen Reiches MiNr. 751–759 mit Aufdruck. [27,5×33]

33	3+2 Pf dunkelbraun	(751)	–,70	–,80
34	4+3 Pf schwarzblau	(752)	–,70	–,80
35	5+3 Pf smaragdgrün	(753)	–,70	–,80
36	6+4 Pf schwarzgrün	(754)	–,70	–,80
37	8+4 Pf dunkelrotorange	(755)	–,70	–,80
38	12+6 Pf karminrot	(756)	–,70	–,80
39	15+10 Pf dunkelbraunkarmin	(757)	1,–	2,–
40	25+25 Pf violettultramarin	(758)	2,–	4,50
41	40+35 Pf schwarzrotlila	(759)	3,–	7,50
	Satz (9 W.)	✶ 3,50	10,–	18,–

Mazedonien

1944, 28. Okt. Freimarken von Bulgarien mit Aufdruck. [20×25, 36×26, 26×36]

1	1 Lew auf 10 Stot dkl'rotorange	(407)	10,–	20,–
2	3 Lew auf 15 Stot kobalt	(408)	10,–	20,–
3	6 Lew auf 10 Stot schw'violettultramarin	(413)	13,–	30,–
4	9 Lew auf 15 Stot schwarzgrünlichblau	(414)	13,–	30,–
5	9 Lew auf 15 Stot schwarzolivbraun	(415)	20,–	35,–
6	15 Lew auf 4 Lew braunschwarz	(439)	65,–	70,–
7	20 Lew auf 7 Lew schwarzblau	(440)	110,–	80,–
8	30 Lew auf 14 Lew schwarzbraunorange	(441)	110,–	130,–
	Satz (8 W.)	✶ 160,–	350,–	400,–

Montenegro

1943, 22. Nov. Freimarken von Jugoslawien mit Aufdruck. [25×30]

			★★	⊙
1	0.50 Lire auf 3 Din braunrot	(398)	25,–	35,–
2	1 Lire auf 3 Din braunrot	(398)	25,–	35,–
3	1.50 Lire auf 3 Din braunrot	(398)	25,–	35,–
4	2 Lire auf 3 Din braunrot	(398)	38,–	70,–
5	4 Lire auf 3 Din braunrot	(398)	38,–	70,–
6	5 Lire auf 4 Din lebhaftviolettultramarin	(399)	38,–	70,–
7	8 Lire auf 4 Din lebhaftviolettultramarin	(399)	90,–	140,–
8	10 Lire auf 4 Din lebhaftviolettultramarin	(399)	100,–	220,–
9	20 Lire auf 4 Din lebhaftviolettultramarin	(399)	240,–	500,–
	Satz (9 W.)	✶ 300,–	600,–	1100,–

1943, 9. Dez. Freimarken von Montenegro, italienische Regentschaft mit Aufdruck. [41×30]

10	25 Cmi dunkelgrün	(56)	70,–	240,–
11	50 Cmi rötlichlila	(57)	70,–	240,–
12	1,25 L blau	(58)	70,–	240,–
13	2 L dunkelopalgrün	(59)	70,–	240,–
14	5 L dunkellilarot auf hellbraunorange	(60)	650,–	3000,–
15	50 Cmi dunkelorangebraun	(62)	70,–	240,–
16	1 L ultramarin	(63)	70,–	240,–
17	2 L lebhaftmagenta	(64)	70,–	240,–
18	5 L olivgrün	(65)	70,–	240,–
19	10 L schw'bräunlichkarmin auf hellbraunorange	(66)	*7500,–*	*26000,–*
	Satz (10 W.)	✶ *4500,–*	*8500,–*	*30000,–*

1944, 22. Mai. Flüchtlingshilfe. Marken von Montenegro, italienische Regentschaft MiNr. 56–59, 62–64 und von Jugoslawien MiNr. 398–399 mit Aufdruck. [25×30, 41×30]

20	0.15+0.85 RM auf 3 D	(398)	100,–	240,–
21	0.15+0.85 RM auf 4 D	(399)	100,–	240,–
22	0.15+0.85 RM auf 25 C	(56)	70,–	240,–
23	0.15+1.35 RM auf 50 C	(57)	70,–	240,–
24	0.25+1.75 RM auf 1,25 L	(58)	70,–	240,–
25	0.25+1.75 RM auf 2 L	(59)	70,–	240,–
26	0.15+0.85 RM auf 50 C	(62)	70,–	240,–
27	0.25+1.25 RM auf 1 L	(63)	70,–	240,–
28	0.50+1.50 RM auf 2 L	(64)	70,–	240,–
	Satz (9 W.)	✶ 250,–	650,–	2000,–

1944, 31. Juli. Rotes Kreuz. Marken von Montenegro, italienische Regentschaft MiNr. 56 bis 57, 62–64 und von Jugoslawien MiNr. 398–399 mit Aufdruck. [25×30, 41×30]

			**	⊙
29	0.15+0.85 RM auf 25 C	(56)	60,–	220,–
30	0.15+1.35 RM auf 50 C	(57)	60,–	220,–
31	0.50+2.50 RM auf 3 Din	(398)	60,–	220,–
32	0.50+2.50 RM auf 4 Din	(399)	60,–	220,–
33	0.25+1.75 RM auf 50 C	(62)	60,–	220,–
34	0.25+2.75 RM auf 1 L	(63)	60,–	220,–
35	0.50+2.– RM auf 2 L	64)	60,–	220,–
	Satz (7 W.)	* 160,–	400,–	1500,–

Ostland

1941, 4. Nov. Marken des Deutschen Reiches mit Aufdruck. [21,5×26, 25×30]

1	1 Pf schwarzgrau	(781)	–,30	–,30
2	3 Pf dunkelgelbbraun	(782)	–,30	–,30
3	4 Pf dunkelpreußischblau	(783)	–,30	–,30
4	5 Pf schwarzgelbgrün	(784)	–,30	–,30
5	6 Pf dunkelbläulichviolett	(785)	–,30	–,30
6	8 Pf orangerot	(786)	–,30	–,30
7	10 Pf siena	(787)	1,60	1,80
8	12 Pf lilarot	(788)	1,60	1,80
9	15 Pf lilabraun	(789)	–,30	–,30
10	16 Pf dunkelgrünblau	(790)	–,30	–,30
11	20 Pf ultramarin	(791)	–,30	–,30
12	24 Pf dunkelorangebraun	(792)	–,30	–,30
13	25 Pf dkl'violettultramarin	(793)	–,30	–,30
14	30 Pf schwarzgrünoliv	(794)	–,30	–,30
15	40 Pf dunkellilapurpur	(795)	–,30	–,30
16	50 Pf schwarzopalgrün	(796)	–,30	–,30
17	60 Pf dkl'karminbraun	(797)	–,30	–,30
18	80 Pf schwarzblau	(798)	–,30	–,80
19	10 Pf dunkelsiena	(826)	1,–	4,–
20	12 Pf rot	(827)	1,–	3,50
	Satz (20 W.)	* 4,–	10,–	16,–

Russland

Pleskau

Stadtpost der deutschen Feldkommandantur

1941, 9. Aug. Freimarke MiNr. 512 des Deutschen Reiches mit Aufdruck. [26×31]

		*	**	⊙
1	20 Kop auf 1 Pf schwarz (512)			
a	Aufdr. schwarz	350,–	650,–	650,–
b	Aufdr. dkl'rosarot	280,–	550,–	500,–

1941. Freimarken der Sowjetunion (Werktätige) mit Aufdruck. [20×26]

			**	⊙
2	20 Kop auf 1 Kop gelblich-orange	(365 A)	150,–	150,–
3	20 Kop auf 3 Kop grünlich-blau	(367 B)	1400,–	1600,–
4	20 Kop auf 5 Kop bräunlichrot	(676)	80,–	90,–
5	20 Kop auf 10 Kop preußisch-blau	(677)	80,–	90,–
6	20 Kop auf 15 Kop graugrün	(679)	80,–	90,–
7	60 Kop auf 20 Kop gelbgrün	(578)	80,–	90,–
8	60 Kop auf 30 Kop violett-ultramarin	(682)	80,–	90,–
9	60 Kop auf 50 Kop braun	(683)	80,–	90,–
	Satz (8 W.)	* 1100,–	2000,–	2200,–

1941, 18. Okt./1942, 5. Jan. Freimarken. [26×31]

x = weißer Gummi, weißes Papier (18.10.1941)

		*	**	⊙
10 x	20 K Pleskauer Wappen	13,–	25,–	23,–
11 x	60 K Kathedrale, Pleskau	13,–	25,–	23,–

y = dickes graues Papier, gelblicher Gummi (5.1.1942)

10 y	20 K	13,–	25,–	23,–
11 y	60 K	13,–	25,–	23,–

1941, 18. Okt./1942, 5. Jan. Hilfe für Stadtkindergärten. [30×38]

12	60+40 K Mutter Gottes von Lebjatowo			
x	weißes Papier, weißer Gummi (18.10.41)	25,–	50,–	60,–
y	weißes Papier, gelbl. Gummi (5.1.42)	25,–	50,–	60,–

1941, 1. Dez. Blockausgabe: Hilfe für Stadtkindergärten. ☐ [30×38, ca. 121×163]

		(✶)	⊙
X = Wz. stehend			
13 X	60+40 Kop Mutter Gottes	300,–	350,–
Block 1 X (ca. 121×163 mm)		1800,–	1800,–
Y = Wz. liegend			
13 Y	60+40 Kop	500,–	600,–
Block 1 Y (ca. 121×163 mm)		2500,–	2500,–

1942, 2./16. März. Freimarken ähnlich MiNr. 10 und 11, jedoch geänderte Farben, gelbliches Papier. [26×31]

			✶	✶✶	⊙
14	20 Kop	gelbgrün			
A		gez. (16.3.)	7,–	15,–	13,–
B		☐ (2.3.)	28,–	50,–	50,–
15	60 Kop	zinnober			
A		gez. (16.3.)	7,–	15,–	13,–
B		☐ (2.3.)	28,–	50,–	50,–

1942, 27. Febr./16. März. Hilfe für Stadtkindergärten. Ähnlich MiNr. 12, jedoch gewöhnliches gelbliches Papier. [30×38]

16	60+40 Kop	rötlichbraun			
A		gez (16.3.)	15,–	30,–	30,–
B		☐ (27.2.)	75,–	140,–	150,–

1942, 28 Febr. Blockausgabe: Deutsches Rotes Kreuz. Wie Bl. 1, jedoch mit Kreuz in Markenfarbe in der oberen Umrandungslinie. ☐ [30×38, ca. 121×163]

17	60+40 Kop	dunkelrötlichbraun	100,–	200,–	220,–
Block 2 (ca. 121×163 mm)			450,–	850,–	1300,–

1942, März. Blockausgabe: Deutsches Rotes Kreuz. Wie Bl. 2, jedoch mit rotem Kreuz in der oberen Umrahmungslinie; gez. [30×38, ca. 114×160]

			✶	✶✶	⊙
18	60+40 K	dunkelrötlichbraun			
x		holzhaltiges Papier, gelblicher Gummi	70,–	150,–	150,–
y		weißes Papier, weißer Gummi	70,–	150,–	150,–
Block 3 mit MiNr. 18 x (mit Wz.) (ca. 114×152–160)			450,–	900,–	850,–
Block 4 mit MiNr. 18 y (oWz) (ca. 114×152–160)			450,–	800,–	800,–

Die Einzelmarken aus Block 2–4 sind anhand von Druck- und leichten Farbunterschieden von den jeweiligen Bogenmarken unterscheidbar. Prüfung erforderlich!

Ljady, Bez. Leningrad

1941, Dez. MiNr. 512 des Deutschen Reiches und MiNr. 1 von Ostland mit Aufdruck. [21,5×26]

1	60 Kop auf 1 Pf (512)				
a	Aufdruck schwarz		*4000,–*	*6000,–*	*8000,–*
b	Aufdruck grauviolett		*2000,–*	*3500,–*	*6000,–*
2	60 Kop auf 1 Pf (Ostl. 1)				
a	Aufdruck schwarz		160,–	300,–	1500,–
b	Aufdruck grauviolett		120,–	200,–	1200,–

Serbien

1941, 2. Juni. Freimarken von Jugoslawien in Neuauflage mit Netzüberdruck und schrägem Aufdruck. [25×30]

1	0,25 D	olivschwarz	1,50	10,–
2	0,50 D	rötlichorange	1,50	5,–
3	1 D	dkl'smaragdgrün	1,50	5,–
4	1,50 D	dunkelrosa	1,50	5,–
5	2 D	lilakarmin	1,50	5,–
6	3 D	braunrot	4,–	40,–
7	4 D	violettultramarin	3,–	8,–
8	5 D	dunkelblau	4,–	20,–
9	5,50 D	dunkelviolettbraun	4,–	20,–
10	6 D	dunkelgraublau	4,–	20,–
11	8 D	dunkelbraun	8,–	30,–
12	12 D	dkl'purpurviolett	8,–	30,–
13	16 D	dunkelbraunviolett	12,–	100,–
14	20 D	lebh'kobaltblau	48,–	350,–
15	30 D	rötlichlila	100,–	1400,–
		Satz (15 W.) ✶ 100,–	200,–	2000,–

1941, 10. Juli. Flugpostmarken: Neuauflagen in Zeichnungen von Jugoslawien MiNr. 340–347 und 426–427 mit Netzüberdruck und schrägem Aufdruck. [26×35, 35×26]

			✶✶	⊙
16	0,50 D	schwärzl'rötlichbraun ...	20,–	220,–
17	1 D	schwarzgelblichgrün	20,–	220,–
18	2 D	schwarzblaugrau	20,–	220,–
19	2,50 D	karmin	20,–	220,–
20	5 D	schwärzl'braunviolett ...	20,–	220,–
21	10 D	dkl'lbräunlichkarmin	20,–	220,–
22	20 D	schwarzopalgrün	40,–	220,–
23	30 D	schwärzl'ultramarin	40,–	220,–
24	40 D	schwarzbläulichgrün	40,–	800,–
25	50 D	schwarzgraublau	60,–	1400,–
		Satz (10 W.) ...✶ 140,–	300,–	3800,–

1941, 28. Juli. Flugpostmarken: Neuauflagen in Zeichnungen von Jugoslawien MiNr. 340–347 und 426–427 ohne Netzüberdruck und neuem Wertaufdruck. [26×35, 35×26]

26	1 D auf 10 D	dkl'lbräunlichkarmin	18,–	250,–
27	3 D auf 20 D	schwarzopalgrün ..	18,–	250,–
28	6 D auf 30 D	schwärzl'ultramarin	18,–	250,–
29	8 D auf 40 D	schwarzbläulichgrün	36,–	500,–
30	12 D auf 50 D	schwarzgraublau ..	50,–	1100,–
		Satz (5 W.) .✶ 70,–	140,–	2200,–

1941, 1. Sept. Freimarken von Jugoslawien in Neuauflage mit Netzüberdruck und schrägem Aufdruck von links unten nach rechts oben. [25×30]

			✶✶	⊙
31	0,25 D	olivschwarz	1,50	30,–
32	0,50 D	rotorange	1,50	7,–
33	1 D	dkl'smaragdgrün	1,50	7,–
34	1,50 D	dunkelrosa	1,50	7,–
35	2 D	lilakarmin	1,50	7,–
36	3 D	braunrot	2,50	26,–
37	4 D	violettultramarin	2,50	7,–
38	5 D	dunkelblau	2,50	13,–
39	5,50 D	dunkelviolettbraun	5,50	26,–
40	6 D	schwärzl'graublau	5,50	26,–
41	8 D	dunkelbraun	6,–	40,–
42	12 D	dkl'purpurviolett	6,50	40,–
43	16 D	dunkelbraunviolett	7,50	130,–
44	20 D	lebhaftkobaltblau	7,50	400,–
45	30 D	rötlichlila	70,–	1300,–
		Satz (15 W.) ....✶ 60,–	120,–	2000,–

1941, 22. Sept. Katastrophenhilfe für Semendria. [42×30, 149×109]

46	0,50+1 D	Festungswerke Semendria	4,50	2,50
47	1+2 D	Flüchtlinge	4,50	3,–
48	1,50+3 D	Festungswerke Semendria .	7,50	4,50
49	2+4 D	Flüchtlinge	7,50	7,–
		Satz (4 W.) .....✶ 11,–	24,–	17,–

Blockausgabe

50	1+49 D	karminrot	90,–	–,–
51	2+48 D	schwarzgrün	90,–	–,–
Block 1		gez. (149×109 mm) .✶ 160,–	360,–	900,–
52	1+49 D	schwarzgrün	90,–	–,–
53	2+48 D	karminrot	90,–	–,–
Block 2		□ (149×109 mm) ...✶ 160,–	360,–	900,–

1941, 5. Dez. Hilfe für serbische Kriegsgefangene. [30×40]

I = mit Netzüberdruck, ohne Buchstabe E
II = ohne Netzüberdruck
III = mit Netzüberdruck, Buchstabe E nach links
IV = mit Netzüberdruck, Buchstabe E nach rechts

			✶✶	⊙
54	0,50+1,50 D	schwärzl'rötlichbraun/ rotbraun		
I		Type I	2,–	8,–
II		Type II	5,–	25,–
III		Type III	75,–	90,–
IV		Type IV	75,–	90,–
55	1+3 D	schwarzopalgrün/ schwärzl'opalgrün		
I		Type I	2,–	8,–
II		Type II	5,–	25,–
III		Type III	75,–	90,–
IV		Type IV	75,–	90,–
56	2+6 D	dkl'bräunlichrot/ dunkelrot		
I		Type I	2,–	8,–
II		Type II	5,–	25,–
III		Type III	75,–	90,–
IV		Type IV	75,–	90,–
57	4+12 D	schwarzpreußischblau/ dunkelblau		
I		Type I	2,–	8,–
II		Type II	5,–	25,–
III		Type III	75,–	90,–
IV		Type IV	75,–	90,–
		Satz I (4 W.) . ✶ 3,–	8,–	30,–
		Satz II (4 W.) . ✶ 9,–	20,–	100,–
		Satz III (4 W.) ✶ 120,–	300,–	350,–
		Satz IV (4 W.) ✶ 120,–	300,–	350,–

1942, 1. Jan. Anti-Freimaurer-Ausstellung, Belgrad. [40×30, 30×40]

58	0,50+0,50 Din	lebh'rötlichbraun	6,–	4,50
59	1+1 Din	dkl'opalgrün	6,–	4,50
60	2+2 Din	(dkl')rosakarmin	6,–	8,–
61	4+4 Din	schwarzpreußischblau	6,–	8,–
		Satz (4 W.) ✶ 12,–	24,–	25,–

Für unverlangt eingesandte Briefsendungen und Markenvorlagen wird keine Haftung übernommen

1942, 24. März. Hilfe für die serbischen Kriegsgefangenen. Wie MiNr. 54–57, jedoch geänderte Farben, ohne Netzüberdruck. [30×40]

			✶✶	⊙
62	0,50+1,50 Din	schwärzlichsiena/ mittelbraun	7,–	5,–
63	1+3 Din	schwarzopalgrün/ dunkelblaugrün	7,–	5,–
64	2+6 Din	dunkelbraunkarmin/ dunkellilarot	7,–	5,–
65	4+12 Din	schwarzblau/ultramarin	7,–	5,–
		Satz (4 W.) . ✶ 8,–	28,–	20,–

1942, 5. Juli. Flugpostmarken. Freimarken von Jugoslawien in Neuauflage mit Netzüberdruck und neuem Wertaufdruck. [30×40]

66	2 auf 2 Din	lilakarmin	1,50	2,50
67	4 auf 4 Din	violettultramarin	1,50	2,50
68	10 auf 12 Din	dkl'purpurviolett	1,50	5,–
69	14 auf 20 Din	lebh'kobaltblau	1,50	5,–
70	20 auf 30 Din	rötlichlila	3,–	20,–
		Satz (5 W.) . ✶ 4,–	9,–	35,–

1942, 10. Jan./1943. Serbische Klöster. [30×40, 40×30]

71	0,50 Din	Lazarica	–,60	–,60
72	1 Din	Kalenić	–,60	–,60
73	1,50 Din	Ravanica, lilabraun	5,–	8,–
74	1,50 Din	Ravanica, graugrün	–,60	–,60
75	2 Din	Manasija	–,60	–,60
76	3 Din	Ljubostinja, blau	5,–	8,–
77	3 Din	Ljubostinja, rosalila	–,60	–,60
78	4 Din	Sopoćani	–,60	–,60
79	7 Din	Žića	–,60	–,60
80	12 Din	Gornjak	–,60	4,–
81	16 Din	Studenica	10,–	4,50
		Satz (11 W.) ✶ 11,–	24,–	28,–

1942, 13. Sept. Für die Armen. [30×40]

				★★	⊙
82	2+6 Din	violettschwarz/ schwärzlichviolett		25,–	20,–
83	4+8 Din	schw'lilaultramarin schwärzl'kobalt		25,–	20,–
84	7+13 Din	schwarzopalgrün/ schwärzl'bläul'grün		25,–	20,–
85	20+40 Din	schwarzbräunl'lila/ dunkelmagenta		25,–	20,–
		Satz (4 W.)	★ 40,–	100,–	80,–

1943, 16. Mai. Hilfe für die serbischen Kriegsgefangenen. [30×40, 40×30]

86	1,50+1,50 Din	Zerbrochenes Schwert		9,–	5,–
87	2+3 Din	Sterbender Krieger		9,–	5,–
88	3+5 Din	Verwundeter		16,–	7,–
89	4+10 Din	Schwester, Verwundeter		16,–	8,–
		Satz (4 W.)	★ 22,–	50,–	25,–

Blockausgabe

90	1,50+48,50 Din	Zerbrochenes Schwert		80,–	–,–
91	4+46 Din	Schwester, Verwundeter		80,–	–,–
Block 3 (ca. 148×110 mm)			★ 140,–	350,–	*8000,–*
92	2+48 Din	Sterbender Krieger		80,–	–,–
93	3+47 Din	Verwundeter		80,–	–,–
Block 4 (ca. 150×110 mm)			★ 140,–	350,–	*8000,–*

1943, 15. Okt. 100 Jahre serbische Post. [34×25]

94	3 Din	Postreiter		3,50	7,–
95	8 Din	Postkutsche		3,50	7,–
96	9 Din	Bahnpostwagen		3,50	7,–
97	30 Din	Postomnibus		3,50	7,–
98	50 Din	Postflugzeug		3,50	7,–
		Satz (5 W.)	★ 7,–	17,–	35,–

1943, 11.Dez. Hilfe für die Bombengeschädigten in Niš. Neuauflage der Serie „Serbische Klöster" mit Aufdruck. [30×40]

				★★	⊙
99	0,50+2 Din	dkl'purpurviolett		2,50	60,–
100	1+3 Din	schwärzlichrosa		2,50	60,–
101	1,50+4 Din	schwarzgelblichgrün		2,50	60,–
102	2+5 Din	schwarzviolettpurpur		2,50	60,–
103	3+7 Din	rötlichlila		2,50	60,–
104	4+9 Din	lilaultramarin		2,50	60,–
105	7+15 Din	schwarzgraugrün		4,–	60,–
106	12+25 Din	dunkelmagenta		4,–	280,–
107	16+33 Din	schwarzgraugrün		7,–	450,–
		Satz (9 W.)	★ 12,50	30,–	1100,–

Dienstmarken

1943, 1. Jan. Wappenzeichnung. [25×30]

			★	★★	⊙
1	3 Din	lebh'braunpurpur	1,50	4,–	3,–

Portomarken

1941, 24. Juni. Nicht ausgegebene Portomarken von Jugoslawien mit Aufdruck. [25×30]

				★★	⊙
1	0,50 Din	dunkelviolett		3,–	50,–
2	1 Din	schwärzl'rötlichkarmin		3,–	50,–
3	2 Din	dunkelblau		3,–	50,–
4	3 Din	rot		3,–	75,–
5	4 Din	dkl'grauultramarin		5,–	180,–
6	5 Din	rotorange		5,–	180,–
7	10 Din	dunkelviolett		8,–	450,–
8	20 Din	schwärzl'gelblichgrün		30,–	1200,–
		Satz (8 W.)	★ 30,–	60,–	2200,–

Die Notierungen gelten in der ersten Spalte für ungebrauchte (postfrische), in der zweiten für gebrauchte (gestempelte) Postwertzeichen.

1942, 10. Jan. Ähnliche Zeichnungen. Landesname farbig eingedruckt. [25×30]

			✱✱	⊙
9	1 Din	schwärzl'rosakarmin/ dkl'smaragdgrün	3,50	10,–
10	2 Din	dunkelblau/dkl'rosarot	3,50	10,–
11	3 Din	rot/dkl'ultramarin	3,50	15,–
12	4 Din	dkl'grauultramarin/ dkl'rosarot	3,50	15,–
13	5 Din	rotorange/kobalt	5,50	40,–
14	10 Din	dkl'violett/dkl'rosarot	5,50	40,–
15	20 Din	schwärzl'gelblichgrün/ dunkelrosarot	35,–	180,–
		Satz (7 W.) ✱ 25,–	60,–	300,–

1943, 1. Juli. Serbischer Doppeladler. [25×30]

16	0,50 Din	braunschwarz	4,50	10,–
17	3 Din	schwärzl'purpurviolett	4,50	10,–
18	4 Din	schwärzl'kobaltblau	4,50	10,–
19	5 Din	schwarzgelblichgrün	4,50	10,–
20	6 Din	dkl'rötlichorange	4,50	40,–
21	10 Din	schwärzlichrosa	8,50	40,–
22	20 Din	schwarzlilaultramarin	30,–	80,–
		Satz (7 W.) ✱ 30,–	60,–	200,–

Ukraine

Allgemeine Ausgabe

1941, 14. Nov./1943. Marken des Deutschen Reiches (A. Hitler) mit Aufdruck. [21,5×26, 25×30]

				✱✱	⊙
1	1 Pf	schwärzlichgrau	(781)	–,30	–,30
2	3 Pf	gelbbraun	(782)	–,30	–,30
3	4 Pf	preußischblau	(783)	–,30	–,30
4	5 Pf	gelbgrün	(784)	–,30	–,30
5	6 Pf	bläulichviolett	(785)	–,30	–,30
6	8 Pf	zinnober	(786)	–,30	–,30
7	10 Pf	siena	(787)	1,30	2,–
8	12 Pf	lilarot	(788)	1,30	2,–
9	15 Pf	karminbraun	(789)	–,30	–,30
10	16 Pf	dunkelgrünblau	(790)	–,30	–,30
11	20 Pf	kobalt	(791)	–,30	–,30
12	24 Pf	dunkelorangebraun	(792)	–,30	–,30
13	25 Pf	violettultramarin	(793)	–,30	–,30
14	30 Pf	grünoliv	(794)	–,30	–,30
15	40 Pf	lilapurpur	(795)	–,30	–,30
16	50 Pf	opalgrün	(796)	–,30	–,30
17	60 Pf	karminbraun	(797)	–,30	–,30
18	80 Pf	schwarz(grau)blau	(798)	–,30	–,30
19	10 Pf	dunkelsiena (1943)	(826)	–,70	5,–
20	12 Pf	rot (1943)	(827)	–,70	3,–
		Satz (20 W.)	✱ 3,50	8,–	15,–

Sonderausgaben der Deutschen Zivilverwaltung vor Eröffnung der Deutschen Dienstpost

Gebiet Alexanderstadt

1941, 15. Dez. Freimarke der Sowjetunion mit Handstempelaufdruck, Hakenkreuz verkehrt stehend (Type I). [20×26]

1	1,50 Rbl auf 10 K dunkelpreußischgrau	(677)	650,–	500,–

1942, Jan./März. Freimarken der Sowjetunion (Werktätige) mit Handstempelaufdruck, Hakenkreuz richtig stehend. [20×26]

Type II = Hakenkreuz 6 mm

4 II	1.50 Rbl auf 10 K dunkelpreußischgrau	(677)	100,–	300,–
5 II	1.50 Rbl auf 15 K graugrün	(679)	*7500,–*	*7000,–*
6 II	1.50 Rbl auf 20 K gelbgrün	(578)	*2000,–*	*2200,–*

Type III = Hakenkreuz 4 mm

2 III	1 Rbl auf 10 K dunkelpreußischgrau	(677)	*30000,–*	*30000,–*
3 III	1.50 Rbl auf 5 K bräunl'rot	(676)	*30000,–*	*40000,–*
4 III	1.50 Rbl auf 10 K dunkelpreußischgrau	(677)	*1300,–*	2500,–
5 III	1.50 Rbl auf 15 K graugrün	(679)	100,–	220,–
6 III	1.50 Rbl auf 20 K gelbgrün	(578)	90,–	100,–
7 III	1.50 Rbl auf 30 K vio'ultramarin	(682)	220,–	600,–
8 III	2 Rbl auf 5 K bräunl'rot	(676)	*4000,–*	*5000,–*
9 III	3 Rbl auf 20 K gelbgrün	(578)	*15000,–*	1800,–
10 III	3 Rbl auf 50 K lilarot	(655)	300,–	350,–
11 III	3 Rbl auf 60 K lilarot	(684)	280,–	550,–
12 III	3 Rbl auf 1 Rbl dunkelblau	(392 Y)	*2400,–*	*2400,–*
13 III	5 Rbl auf 10 K rotlila	(699)	15000,–	*13000,–*
14 III	5 Rbl auf 40 K dunkelbraunlila	(654)	*2000,–*	*3000,–*
15 III	10 Rbl auf 1 Rbl dunkelblau	(392 Y)	*1200,–*	*3500,–*
16 III	10 Rbl auf 1 Rbl rot/schwarz	(594)	*30000,–*	*32000,–*

Gebiet Sarny

1941, 18. Okt. Kontrollzeichen als Freimarken verwendet. o.G. [28×22]

			(✶)	⊙
1	50 Kop	schwarz auf graublau		
A		gez.	250,–	320,–
B		□	*9000,–*	*10000,–*
2	1.50 Krb	schwarz auf ockerbraun		
A		gez.	200,–	300,–
B		□	*1400,–*	*2000,–*
3 A	3.00 Krb	schwarz auf mattgrau, gez.	*1600,–*	*2200,–*

1941, 28. Okt. MiNr. 1–3 mit lilarotem Aufdruck. o.G. [28×22]

4 A	50 K	schwarz auf graublau .(1A)	120,–	160,–
5	1.50 Krb	schwarz auf ockerbraun		
A		gez. . . . .(2A)	80,–	80,–
B		□ . . . .(2B)	150,–	200,–
6 A	3.00 Krb	schwarz auf mattgrau .(3A)	350,–	450,–

Gebiet Wosnessensk

1942, Febr. Freimarken. o.G.

			(✶)	⊙
1	60 K	schwarz	200,–	350,–
2	1.20 Krb	schwarz	150,–	250,–
		Satz (2 W.)	350,–	600,–

Hilfspostausgaben der Deutschen Zivilverwaltung nach Abzug der Dienstpost

Südukraine

1944, 3. Febr. Freimarken: Bäuerin.

			(✶)	⊙
1	18 Pf	rot	*750,–*	*1500,–*
2	18 Pf	braungelb	*75,–*	*250,–*
3	18 Pf	gelblichrot	*75,–*	*250,–*
4	18 Pf	violettultramarin	*330,–*	*1000,–*
5	18 Pf	schwarzbraun	*470,–*	*1200,–*
6	18 Pf	gelbsmaragdgrün	*75,–*	*250,–*
7	18 Pf	rotbraun	*330,–*	*1000,–*
		Satz (7 W.)	*2100,–*	5200,–

Nordukraine: Luboml, Wladimir-Wolynsk und Gorochow

1944, April. Freimarken: Hakenkreuz mit Ornamenten. Gelbliches Papier; o.G.

Inschrift: Deutsche Hilfspost / Gebietskommissar Luboml

8	6+9 Pf	bläulichviolett/schwarz .	*150,–*	*150,–*
9	12+18 Pf	rosarot/schwarz	*150,–*	*150,–*
10	24+36 Pf	preußischblau/schwarz .	*150,–*	*150,–*
11	60+90 Pf	smaragdgrün/schwarz .	*550,–*	*400,–*
		Satz (4 W.)	*1000,–*	*800,–*

Inschrift: Deutsche Hilfspost / Gebietskommissar Wladimir-Wolynsk

12	6+9 Pf	bläulichviolett/schwarz .	*150,–*	*150,–*
13	12+18 Pf	rosarot/schwarz	*150,–*	*150,–*
14	24+36 Pf	preußischblau/schwarz .	*150,–*	*150,–*
15	60+90 Pf	smaragdgrün/schwarz .	*550,–*	*400,–*
		Satz (4 W.)	*1000,–*	*800,–*

1944, März. Freimarke. Umriss des Gebietskommissariats Gorochow.

			(✶)	⊙
16	12+28 Pf	braunrot/schwarz . . .		
A		gez.	*2400,–*	*8000,–*
B		□	35000,–	

1944, 15. Juni. Freimarken: Hakenkreuz mit Ornamenten wie MiNr. 8–15, jedoch auf weißem Papier.

Inschrift: Deutsche Hilfspost / Gorochow (Ukraine)

			✶	✶✶	⊙
17	6+9 Pf	violett/schwarz . . .	90,–	230,–	150,–
18	12+18 Pf	rosarot/schwarz . .	90,–	230,–	150,–
19	24+36 Pf	kobaltblau/schw. .	90,–	230,–	150,–
20	60+90 Pf	smaragdgr./schw. .	90,–	230,–	150,–
		Satz (4 W.)	350,–	900,–	600,–

1944, 15. Juni. Freimarken: Hakenkreuz mit Ornamenten wie MiNr. 8–15, jedoch auf weißem Papier.

Inschrift: Deutsche Hilfspost / Luboml (Ukraine)

			*	**	⊙
21	6+9 Pf	violett/schwarz . . .	90,–	230,–	150,–
22	12+18 Pf	rosarot/schwarz . .	90,–	230,–	150,–
23	24+36 Pf	kobaltblau/ schwarz	90,–	230,–	150,–
24	60+90 Pf	smaragdgrün/ schwarz	90,–	230,–	150,–
		Satz (4 W.)	350,–	900,–	600,–

Inschrift: Deutsche Hilfspost / Wladimir-Wolynsk (Ukr.)

			*	**	⊙
25	6+9 Pf	violett/schwarz . . .	90,–	230,–	150,–
26	12+18 Pf	rosarot/schwarz . .	90,–	230,–	150,–
27	24+36 Pf	kobaltblau/ schwarz	90,–	230,–	150,–
28	60+90 Pf	smaragdgrün/ schwarz	90,–	230,–	150,–
		Satz (4 W.)	350,–	900,–	600,–

Zante

1943, 22. Okt. Marken der Ionischen Inseln MiNr. 16, 18 und 20 mit Handstempel-Aufdruck.

			*	**	◍
I	10 C	dkl'(oliv)braun (16)			
I		Aufdruck schwarz	100,–	250,–	250,–
II		Aufdruck lilarot . . .	600,–	1000,–	1200,–
1	25 C	schwarzgrün . (18)			
I		Aufdruck schwarz	40,–	100,–	60,–
II		Aufdruck lilarot . . .	60,–	120,–	90,–
2	50 C	schwarzviolett (20)			
I		Aufdruck schwarz	40,–	100,–	60,–
II		Aufdruck lilarot . . .	60,–	120,–	90,–

MiNr I ist nicht offiziell an die Schalter gekommen, es sind jedoch Gefälligkeitsabstempelungen bekannt.

1943, 22. Okt. Flugpostmarke MiNr. 23 der Ionischen Inseln als Freimarke verwendet mit Handstempel-Aufdruck.

			*	**	◍
3	50 C	siena . . . . (23)			
I		Aufdruck schwarz	50,–	100,–	90,–
II		Aufdruck lilarot . . .	260,–	450,–	400,–

Zara

1943, 9. Okt. Freimarken von Italien („Serie Imperiale") mit Aufdruck.

				**	⊙
1	5 C	ockerbraun	(299)	160,–	180,–
2	10 C	dunkelbraun	(301)	15,–	15,–
3	15 C	graugrün	(302)	18,–	25,–
4	20 C	rot	(303)	15,–	17,–
5	25 C	schwarzgrün	(304)	15,–	17,–
6	30 C	dunkelsiena	(305)	15,–	17,–
7	35 C	schwärzl'kobalt . . .	(306)	480,–	550,–
8	75 C	schwärzl'rosa	(308)	35,–	40,–
9	1 L	grauviolett	(633)	18,–	20,–
10	1,25 L	ultramarin	(309)	18,–	25,–
11	1,75 L	gelblichrot	(310)	50,–	65,–
12	2 L	schwarzrosa	(311)	180,–	160,–
13	2,55 L	grünblau	(312)	480,–	650,–
14	3,70 L	bläulichviolett	(359)	2600,–	2800,–
15	5 L	rosarot	(313)	180,–	160,–
16	10 L	bläulichviolett	(314)	2000,–	2000,–
17	20 L	dunkelgrün	(315)	*20000,–*	*20000,–*
18	25 L	grautürkis	(316)	*65000,–*	*65000,–*
19	50 L	grauviolett	(317)	*50000,–*	*45000,–*

1943, 9. Okt. Gleicher Aufdruck auf Marken Italien MiNr. 307 mit Propaganda-Nebenfeld (P), jeweils über Marke und Nebenfeld gehend.

			*	**	⊙
20	50 C	blauviolett . . . . (307)			
1		P 3 = Flugzeuge . . .	40,–	75,–	80,–
2		P 4 = Stahlhelm	40,–	75,–	80,–
3		P 2 = Artillerie	40,–	75,–	80,–
4		P 1 = Marine	40,–	75,–	80,–

Die Preisnotierungen gelten für Marken in handelsüblicher Qualität.

1943, 9. Okt. Eilmarken von Italien mit größerem Aufdruck.

				✶	✶✶	⊙
21	1,25 L	grün	(414)	15,–	40,–	35,–
22	2,50 L	rotorange	(436)	140,–	260,–	240,–
		Satz (2 W.)		150,–	300,–	270,–

1943, 9. Okt. Flugpostmarken und Flugpost-Eilmarke (MiNr. 31) von Italien mit Aufdruck.

				✶✶	⊙
23	25 C	opalgrün	(408)	35,–	25,–
24	50 C	schwarzsiena	(328)	35,–	25,–
25	75 C	braunorange	(409)	650,–	650,–
26	80 C	orangerot	(329)	75,–	85,–
27	1 L	violett	(330)	40,–	30,–
28	2 L	blau	(331)	90,–	85,–
29	5 L	grün	(332)	*11000,–*	11000,–
30	10 L	karmin	(360)	*40000,–*	*35000,–*
31	2 L	schwarzschiefer . . .	(490)	60,–	60,–

1943, 6. Nov. Freimarken von Italien mit geändertem Aufdruck.

				✶	✶✶	⊙
32	50 C	blauviolett	(307)	12,–	25,–	25,–
33	75 C	rosa	(308)	12,–	25,–	25,–
34	1,25 L	ultramarin	(309)	60,–	110,–	160,–
		Satz (3 W.)		80,–	150,–	200,–

1943, 6. Nov. Gleicher Aufdruck auf Marken von Italien mit Propaganda-Nebenfeld.

35	25 C	grün	(304)			
1		P 3 = Flugzeug		30,–	60,–	45,–
2		P 4 = Stahlhelm		30,–	60,–	45,–
3		P 2 = Artillerie		30,–	60,–	45,–
4		P 1 = Marine		30,–	60,–	45,–
36	30 C	dunkelsiena . . .	(305)			
1		P 3 = Flugzeug		30,–	60,–	45,–
2		P 4 = Stahlhelm		30,–	60,–	45,–
3		P 2 = Artillerie		30,–	60,–	45,–
4		P 1 = Marine		30,–	60,–	45,–

1943, 6. Nov. Eilmarken von Italien mit gleichem Aufdruck, zweimal über die Marke gehend.

				✶	✶✶	⊙
37	1,25 L	grün	(414)	16,–	32,–	50,–
38	2,50 L	rotorange	(436)	180,–	300,–	350,–
		Satz (2 W.)		190,–	320,–	400,–

Portomarken

1944, 9. Okt. Portomarken von Italien mit senkrechtem Aufdruck. [24×21]

				✶✶	⊙
1	5 C	braun	(24)	75,–	120,–
2	10 C	ultramarin	(25)	75,–	120,–
3	20 C	rosarot	(26)	75,–	120,–
4	25 C	smaragdgrün	(27)	1000,–	*1200,–*
5	30 C	zinnoberrot	(28)	75,–	120,–
6	40 C	olivschwarz	(29)	75,–	120,–
7	50 C	bläulichviolett	(30)	75,–	120,–
8	60 C	schwarzgrünblau	(31)	1000,–	*1200,–*
9	1 L	rotorange	(32)	1000,–	*1200,–*
10	2 L	grün	(33)	1500,–	*1700,–*
11	5 L	blauviolett	(34)	1000,–	*1200,–*
		Satz (11 W.) . . . . ✶3500,–		5500,–	*6500,–*

Feldpostmarken

Aktuelle (BPP-)Prüfung aller Aufdruckmarken und teureren Marken ist dringend anzuraten.

Allgemeine Ausgaben

1942, 18. April/1943. Zulassungsmarke für Luftfeldpostbriefe. [31 × 26]

		✶	✶✶	⊙
1	(–) lilaultramarin			
A	gezähnt	–,40	–,90	–,60
B	durchstochen	–,30	–,60	1,–

1942, 10. Juli/1943. Zulassungsmarke für Feldpostpäckchen. [31 × 26]

		✶	✶✶	◍	⊙
2	(–) bräunlichrot				
A	gezähnt	–,40	–,90	–,40	15,–
B	durchstochen	–,30	–,60	3,50	120,–

1944, 24. Nov. Zulassungsmarke für Feldpostpäckchen bis 2 kg. Deutsches Reich MiNr. 795 mit Aufdruck. [25 × 30]

		✶	✶✶	◍	⊙[1]
3	(–) dunkellilapurpur (795)	–,70	1,50	4,–	350,–

[1]) Bewertung gilt nur für geprüfte Marken

1944, 20. Okt. Zulassungsmarke für Weihnachtspäckchen bis 1000 g.

		✶	✶✶	◍	⊙[1]
4	(–) smaragdgrün	–,80	1,70	2,50	260,–

[1]) Bewertung gilt nur für geprüfte Marken

Örtliche Ausgaben

Tunis

1943, April. Feldpostpäckchen-Zulassungsmarke für die Truppen in Nordafrika. a = dickes, hellgelbgraues Papier, b = chromgelbes, genetztes Papier.

		(✶)	✶	✶✶	⊙
5	(–) dunkelbraun				
a		200,–	400,–	700,–	800,–
b		500,–	1600,–	3000,–	3000,–

Erste allgemeine Inselpost-Ausgabe („Vukovar-Aufdruck")

1944, Okt. Zulassungsmarke für Luftfeldpostbriefe bis 20 g. MiNr. 2 B mit Aufdruck.

		✶	✶✶	◍	⊙
6	(–) bräunlichrot (2 B)	1300,–	2000,–	1500,–	–,–

Insel Kreta

1944, Nov. Zulassungsmarke für Luftfeldpostbriefe bis 20 g. MiNr. 1 mit Aufdruck.

7	(–) lilaultramarin (1)				
A	gezähnt	240,–	400,–	350,–	350,–
B	durchst.	1700,–	3000,–	*5000,–*	*7500,–*

Insel Rhodos

1944, Nov. Zulassungsmarke für Luftfeldpostbriefe bis 20 g. MiNr. 1 mit Aufdruck.

8	(–) lilaultramarin (1)				
A	gezähnt	*8500,–*	*15000,–*	*3600,–*	4000,–
B	durchst.	80,–	140,–	70,–	100,–

1944, Nov. Zulassungsmarke für Luftfeldpostbriefe bis 20 g. MiNr. 2 B mit Aufdruck.

		✱	✱✱	◍	⊙
9	(–) bräunlichrot (2 B)	300,–	550,–	300,–	400,–

Zweite allgemeine Inselpost-Ausgabe („Agramer Aufdruck")

1944, Nov. Zulassungsmarke für Luftfeldpostbriefe bis 20 g. MiNr. 2 mit Aufdruck. a = Aufdruck blauschwarz, b = dunkelblau, c = hellblau, d = schwarzblau.

10	(–) bräunlichrot (2)				
A	gezähnt				
a	....	*7000,–*	*10000,–*		
b	....	400,–	700,–	500,–	550,–
d	....	1300,–	2000,–		2000,–
B	durchstochen				
a	....	*2500,–*	*4000,–*		1200,–
b	....	28,–	45,–	35,–	70,–
c	....	80,–	140,–		170,–
d	....	400,–	700,–		500,–

Insel Leros

1945, Febr. Zulassungsmarke für Luftfeldpostbriefe bis 20 g. MiNr. 1 mit Aufdruck.

11	(–) lilaultramarin (1)				
A	gezähnt	1100,–	1800,–	800,–	1200,–
B	durchst.	400,–	650,–	500,–	500,–

Die bis MICHEL-Junior 2020 gelistete MiNr. A 11 ist ein Probedruck; siehe MICHEL-Deutschland und MICHEL-Deutschland-Spezial.

Insel Rhodos

1944, 22. Dez. Zulassungsmarke für Luftfeldpostbriefe bis 20 g. Neuauflage der Marke Ägäische Inseln MiNr. 105 mit Aufdruck „WEIHNACHTEN/1944".

		✱	✱✱	◍	⊙
12	(–) auf 5 C schwärzlichlilarot ... (105)	160,–	280,–	280,–	500,–

U-Boot Hela

1945, März. Felpostbrief-Zulassungsmarke für die auf der Halbinsel Hela vom Landweg abgeschnittenen deutschen Truppen.

		(✱)	◍	⊙
13	(–) lilaultramarin	350,–	900,–	2000,–

Kuban, Brückenkopf

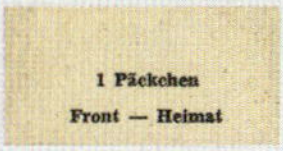

1943, 17. April. Zulassungsmarke für Feldpostpäckchen bis 1000 g.

		(✱)	⊙
14	(–) schwarz	6500,–	6000,–

Krim

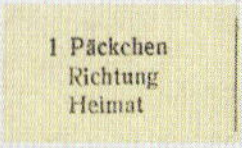

1943, Nov. Zulassungsmarke für Feldpostpäckchen bis 1000 g.

		(✱)	◍	⊙
15	(–) schwarz	1650,–	1500,–	1600,–

Kurland

Senkrecht halbierte Zulassungsmarke MiNr. 4 als Zulassungsmarke für Luftfeldpost.

		✉
16	(–) smaragdgrün .... (4)	60,–

Ruhrkessel

1945, April. Zulassungsmarke für Luftfeldpostbriefe der im Ruhrkessel eingeschlossenen deutschen Truppen. Freimarke Deutsches Reich MiNr. 782 mit Aufdruck.

		✱	✱✱	◍
17	(–) dunkelgelbbraun . (782)	30,–	70,–	55,–

Lokalausgaben ab 1945

Altdöbern

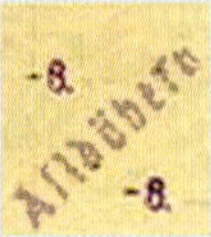

1945, 27. Dez. Gebührenzettel. Kleine Wertziffern (4 mm hoch). □

			✶	✶✶	⊙
1	6 Pf	violett	600,–	1000,–	1000,–
2	12 Pf	rot	650,–	1200,–	1000,–

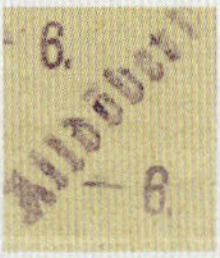

1946, Anfang Jan. Gebührenzettel wie MiNr. 1 und 2, jedoch größere Wertziffern (5 mm). □

3	6 Pf	verschiedenf.	600,–	1000,–	600,–
4	10 Pf	verschiedenf.	1400,–	2200,–	2400,–
5	12 Pf	verschiedenf.	1300,–	2000,–	1300,–

Apolda

1945, 12./17. Juli. Baumstumpf mit neuen Zweigen. Gez., Bogenrandstücke teilweise ungezähnt.

			✶✶	▨	⊙[1]
1	5 Pf	grün	40,–	9,–	40,–
2	6 Pf	violett	40,–	9,–	40,–
3	8 Pf	braunorange	60,–	9,–	50,–
		Satz (3 W.) . . ✶ 60,–	140,–	25,–	130,–

[1]) Bewertung gilt nur für geprüfte Marken!

Arnsberg

1945, 8. Juli. Gebührenzettel. □

			✶	✶✶	⊙
1	6 Pf	violett auf gelb	75,–	150,–	80,–

Cottbus

1946, 17. Jan. Wiederaufbau: Stadt- und Landkreisansichten. Farbiger Unterdruck.

			✶✶	⊙
1	1+ 1 Pf	Landgerichtsturm	2,–	3,–
2	3+ 2 Pf	Kinderheim	2,–	3,–
3	4+ 2 Pf	Mühle	2,–	3,–
4	5+ 3 Pf	Spreewald	2,–	3,–
5	6+ 3 Pf	Spremberger Turm	2,–	3,–
6	8+ 4 Pf	Altmarkt	2,–	3,–
7	10+ 5 Pf	Spreewaldtracht	2,–	3,–
8	12+ 6 Pf	Lindenpforte	2,–	3,–
9	15+ 7 Pf	Altes Stadttor	2,–	3,–
10	20+10 Pf	Altes Rathaus	2,–	3,–
11	25+12 Pf	Postkutsche	2,–	3,–
12	30+15 Pf	Grabpyramide	2,–	3,–
13	40+20 Pf	Stadtmauer	2,–	3,–
14	50+25 Pf	Wernersteg	2,–	3,–
15	60+30 Pf	Neues Rathaus	2,–	3,–
16	80+40 Pf	Spreewäldlerinnen	2,–	3,–
17	1 M+50 Pf	Alt-Cottbus	10,–	8,–
18	2 M+1 M	Alte Gerberhäuser	10,–	8,–
19	3 M+1,50 M	Volkspark	10,–	8,–
20	5 M+2,50 M	Stadttheater	10,–	8,–
		Satz (20 W.) . . ✶ 30,–	65,–	80,–

1946, 17. Jan. Wiederaufbau: Stadt- und Landkreis-Ansichten. Ohne Unterdruck.

21	1 M+50 Pf	dunkelsiena	15,–	8,–
22	2 M+1 M	lebhaftbraunorange	15,–	8,–
23	3 M+1,50 M	gelbgrün	15,–	8,–
24	5 M+2,50 M	lilabraun	15,–	11,–
		Satz (4 W.) . . . ✶ 30,–	60,–	35,–

1946, 17. Jan. Tag der Briefmarke. MiNr. 1, 2, 4, 5, 7–9 mit Aufdruck.

25	1+2 M	. . . . . . (1)	2,50	3,50
26	3+2,50 M	. . . . . . (2)	2,50	3,50
27	5+3 M	. . . . . . (4)	2,50	3,50
28	6+3,50 M	. . . . . . (5)	2,50	3,50
29	10+4 M	. . . . . . (7)	2,50	3,50
30	12+4,50 M	. . . . . . (8)	2,50	3,50
31	15+5 M	. . . . . . (9)	2,50	3,50
		Satz (7 W.) . . . . ✶ 7,–	15,–	24,–

1946, 17. Jan. Wiederaufbau: Stadt- und Landkreis-Ansichten. Wie MiNr. 11, jedoch geänderte Farben und ☐.

				★★	⊙
32	25+12 Pf	lebhaftrötlichorange . .		12,–	16,–
33	25+12 Pf	lebhaftorangegelb . . .		8,–	30,–
		Satz (2 W.)	✶ 9–	20,–	45,–

1946, 17. Jan. Tag der Briefmarke. MiNr. 32 mit Aufdruck wie bei MiNr. 25–31.

			✶	★★	⊙
34	25+10 M	lebh'rötlich-orange . . . . .(32)	4,50	10,–	15,–

Döbeln

1945, 13. Juli. Marke Deutsches Reich MiNr. 785 mit Aufdruck.

1	6 Pf	lebhaft(blau)violett .	12,–	20,–	40,–

Finsterwalde

1946, 16. Febr. Wiederaufbau. Spargummierung. ☐

				★★	⊙
1	3+ 2 Pf	orangebraun		–,50	1,20
2	4+ 3 Pf	dunkelgrüngrau		–,50	1,20
3	5+ 5 Pf	schwärzl'smaragdgrün .		–,50	1,20
4	6+ 4 Pf	schwärzlichblauviolett . .		–,50	1,20
5	8+ 7 Pf	gelblichrot		–,50	1,20
6	10+ 8 Pf	schwarzviolettbraun . . .		–,50	1,20
7	12+ 8 Pf	dunkelrosarot		–,50	1,20
8	20+10 Pf	dunkelblau		–,50	1,20
9	30+20 Pf	schwarzbläulichgrün . . .		–,50	1,20
10	40+35 Pf	dunkelkarmin		–,50	1,20
11	42+38 Pf	lebhaftsiena		–,50	1,20
12	60+40 Pf	schwärzlichviolett-purpur		–,50	1,20
		Satz (12 W.)	✶ 2,–	5,–	14,–

Blockausgabe:

13	3+17 Pf	orangebraun	–,–	–,–
14	6+24 Pf	schwärzlichblauviolett . .	–,–	–,–
15	8+32 Pf	gelblichrot	–,–	–,–
16	12+48 Pf	dunkelrosarot	–,–	–,–
Block 1 (kleines Wappen) (107x150 mm)			80,–	100,–
Block 2 (großes Wappen) (107x150 mm)			80,–	100,–

Fredersdorf

1945, ab 2. Juli. Freimarken der Hitlerkopf-Ausgabe mit Aufdruck „F.M.".

				★★	⊙
1	1 Pf	dunkelgrau	(781)		7,50
2	3 Pf	dunkelgelbbraun . . .	(782)		7,50
3	4 Pf	dkl'preußischblau . . .	(783)		7,50
4	5 Pf	schwarzgelbgrün . . .	(784)		7,50
5	6 Pf	lebhaftviolett	(785)		7,50
6	8 Pf	zinnober	(786)		7,50
7	10 Pf	dunkelsiena	(826)		7,50
8	12 Pf	rot	(827)		7,50
9	15 Pf	karminbraun	(789)		7,50
10	16 Pf	dunkelgrünblau	(790)		20,–
11	20 Pf	kobalt	(791)		8,–
12	24 Pf	dunkelorangebraun .	(792)		20,–
13	25 Pf	dkl'violettultramarin .	(793)		8,–
14	30 Pf	schwarzoliv	(794)		8,–
15	40 Pf	dunkellilapurpur	(795)		10,–
16	42 Pf	dunkel(gelb)-smaragdgrün	(A 795)		25,–
17	50 Pf	schwarzopalgrün . . .	(796)		12,–
18	60 Pf	karminbraun	(797)		12,–
19	80 Pf	schwarz(grau)blau . .	(798)		16,–
20	1 RM	schwarzgrün	(799 B)		70,–
21	2 RM	schwarzviolett	(800 B)		70,–
22	3 RM	dunkelbraunrot . . .	(801 A)		90,–
23	5 RM	dunkelviolett-ultramarin	(802 A)		100,–
		Satz (23 W.)			530,–
24	10 Pf	dunkelsiena (StTdr.) .	(787)		260,–
25	12 Pf	lilarot (StTdr.)	(788)		500,–

1945, Juli. Marke Deutsches Reich MiNr. 908 (Volkssturm) mit gleichem Aufdruck.

26	12 Pf	rosakarmin	(908)	130,–

MiNr. 27–49 entfallen. Siehe MICHEL-Deutschland bzw. Deutschland-Spezial.

1945, Juni. Behelfsmarken aus Klebe-Etiketten (ohne „F.M.").

50	5 Pf	. . . .		60,–	15,–
51	6 Pf	. . . .		60,–	15,–
52	8 Pf	. . . .		60,–	15,–
53	XII Pf	. . . .		60,–	15,–
		Satz (4 W.)	✶ 120,–	240,–	60,–

1945, ab Sept. Behelfsmarken aus Klebe-Etiketten (mit „F.M"); gez.

			✶	★★	⊙
54	5 Pf	. . . .	120,–	200,–	100,–
55	6 Pf	. . . .	120,–	200,–	100,–
56	8 Pf	. . . .	120,–	200,–	100,–
57	XII Pf	. . . .	120,–	200,–	100,–
		Satz (4 W.) . .	480,–	800,–	400,–
A 57	10 Pf	. . . .	120,–	220,–	170,–
B 57	15 Pf	. . . .	120,–	220,–	170,–
C 57	30 Pf	. . . .	120,–	220,–	130,–

1945, ab Sept. Behelfsmarken aus Klebe-Etiketten. Wie MiNr. 54–57, jedoch stehende Rechtecke.

			*	**	⊙
58	5 Pf	....	160,–	280,–	120,–
59	6 Pf	....	160,–	280,–	120,–
60	8 Pf	....	160,–	280,–	120,–
61	XII Pf	....	160,–	280,–	120,–
		Satz (4 W.) ..	640,–	1100,–	480,–
A 61	30 Pf	....	*250,–*	*450,–*	*250,–*

1945, Okt./Dez. Behelfsmarken aus Klebe-Etiketten. Wie MiNr. 54–57, jedoch geschnitten oder gestanzt.

62	5 Pf	....	24,–	40,–	20,–
63	6 Pf	....	24,–	40,–	20,–
64	8 Pf	....	24,–	40,–	20,–
65	12 Pf	....	24,–	40,–	20,–
66	30 Pf	....	24,–	40,–	20,–
		Satz (5 W.) ..	120,–	200,–	100,–
A 66	3 Pf	....	130,–	220,–	220,–
B 66	4 Pf	....	130,–	220,–	220,–
C 66	10 Pf	....	130,–	220,–	220,–

1945, Nov. Freimarken der Inflationsausgabe 1922/23 mit Handstempel-Aufdruck „F.M".

			**	⊙
67	6 Pf auf 6 M	dunkelblau . . . (228 I)		100,–
68	12 Pf auf 5 M	orange . . . . (238)		100,–

1945, 14. Dez. bis 1946, 10. Jan. Für die Fredersdorfer Kinder. Marken All. Besetzung – Berlin-Brandenburg mit Handstempel-Aufdruck.

			⊙
69	6 Pf + 4 Pf	violett . . . . (2 A)	20,–
70	12 Pf + 8 Pf	rot . . . . (5 A)	20,–

Freudenstadt

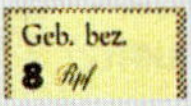

1945, ab 26. Sept. Gebührenzettel auf farbigem Papier; gez.

1. Druckauflage: Waagerechte Zwischentrennlinie schmal, aus nur 4 Punktrastern bestehend. Bei MiNr. 1 und 2 stehen die Wertziffern jeweils unter dem „G" von „Geb."

			*	**	⊙
1	6 Pf	schw. auf gelb ..	300,–	600,–	140,–
2	8 Pf	schw. a. chamois	350,–	650,–	250,–
3	12 Pf	schw. auf rosa ..	250,–	450,–	140,–

2. Druckauflage: Waagerechte Zwischentrennlinie breit, aus 8 Punktrastern bestehend. Bei MiNr. 4 und 5 stehen die Wertziffern jetzt jeweils unter dem „e" von „Geb."

			*	**	⊙
4	6 Pf	schw. auf gelb ..	300,–	500,–	150,–
5	8 Pf	schw. a. goldgelb	450,–	800,–	280,–
6	12 Pf	schw. auf rosa ..	220,–	450,–	100,–

Glauchau

1945, 2.–13. Juni. Freimarken der Hitlerkopf-Ausgabe mit Aufdruck und teilweise neuer Wertangabe.

			**	⊙
1	10 auf 3 Pf	dkl'gelbbraun . . . (782)	1,20	1,50
2	10 auf 10 Pf	dunkelsiena . . . . (826)	1,20	1,50
3	15 auf 4 Pf	dunkelpreußisch-blau . . . . (783)	1,80	1,50
4	15 auf 5 Pf	schwarzgelb-grün . . . . (784)	1,80	1,50
5	15 auf 6 Pf	lebhaft(blau) violett . . . . (785)	1,20	1,50
6	15 auf 8 Pf	zinnober . . . . (786)	1,50	2,50
7	25 auf 12 Pf	rot . . . . (827)	1,10	1,50
8	25 auf 15 Pf	karminbraun . . . . (789)	1,20	1,50
9	25 auf 16 Pf	dunkelgrünblau . (790)	50,–	50,–
10	25 auf 20 Pf	kobalt . . . . (791)	1,10	2,–
11	25 auf 24 Pf	dunkelorange-braun . . . . (792)	15,–	25,–
12	25 auf 42 Pf	dunkel(gelb)-smaragdgrün . (A 795)	1,10	1,50
13	25 Pf	dunkelviolett-ultramarin . . . . . . (793)	3,50	5,–
14	30 Pf	schwarzoliv . . . . (794)	1,10	1,50
15	40 Pf	dukellilapurpur . . (795)	1,50	2,50
16	50 Pf	schwarzopal-grün . . . .(796)	2,50	3,50
17	60 Pf	karminbraun . . . . (797)	3,–	4,–
18	80 Pf	schwarz(grau)-blau . . . . (798)	13,–	20,–
		Satz (18 W.) . . ✶ 50,–	100,–	120,–
19	10 auf 10 Pf	siena (StTdr.) . . . . (787)	60,–	70,–

1945, 15./16. Juni. Partei-Dienstmarken des Deutschen Reiches mit Aufdruck.

20	15 auf 1 Pf	. . . . (D 155)	200,–	170,–
21	15 auf 3 Pf	. . . . (D 156)	14,–	22,–
22	15 auf 4 Pf	. . . . (D 157)	22,–	35,–
23	15 auf 5 Pf	. . . . (D 158)	22,–	35,–
24	15 auf 6 Pf	. . . . (D 159)	9,–	13,–
25	15 auf 8 Pf	. . . . (D 160)	70,–	100,–
26	15 auf 12 Pf	. . . . (D 161)	13,–	18,–
27	15 auf 24 Pf	. . . . (D 163)	200,–	160,–
28	15 auf 30 Pf	. . . . (D 164)	35,–	50,–
29	15 auf 40 Pf	. . . . (D 165)	35,–	50,–
		Satz (10 W.) . ✶ 330,–	600,–	650,–

1945, 15./16. Juni. Behörden-Dienstmarken des Deutschen Reiches mit Aufdruck.

				★★	⊙
30	25 auf 3 Pf	....	(D 166)	26,–	35,–
31	25 auf 5 Pf	....	(D 168)	22,–	22,–
32	25 auf 6 Pf	....	(D 135)	55,–	70,–
33	25 auf 6 Pf	....	(D 169)	45,–	45,–
34	25 auf 8 Pf	....	(D 170)	80,–	90,–
35	25 auf 10 Pf	....	(D 137)	1100,–	1200,–
36	25 auf 12 Pf	schwärzl'rosa	(D 172)	26,–	35,–
37	25 auf 12 Pf	lilarot	(D 172)	22,–	26,–
38	25 auf 15 Pf	....	(D 139)	1100,–	1200,–
39	25 auf 20 Pf	....	(D 140)	180,–	180,–
40	25 auf 30 Pf	....	(D 141)	1100,–	1200,–
41	25 auf 40 Pf	....	(D 142)	180,–	180,–
42	25 auf 50 Pf	....	(D 143)	130,–	150,–
		Satz (13 W.)	✶ 2600,–	4000,–	4400,–

Görlitz

1945, 12. Juni. Ziffern bzw. Stadtwappen. Hellgelbgraues Papier, glatte glänzende Gummierung.

1	5 Pf	schwärzlicholivgrün	8,–	12,–
2	6 Pf	dunkelbraunviolett	15,–	12,–
3	8 Pf	rotorange	8,–	12,–
4	12 Pf	lilarot, magenta, karmin ..	30,–	12,–
		Satz (4 W.) ......✶ 26,–	60,–	45,–

1945, Mitte Aug. Wie MiNr. 1–4, jedoch Spargummierung.

5	5 Pf	schwärzlicholivgrün	12,–	50,–
6	6 Pf	dunkelviolett	12,–	50,–
7	8 Pf	rotorange	35,–	60,–
8	12 Pf	lebhaftkarminrot	12,–	50,–
		Satz (4 W.) ......✶ 35,–	70,–	200,–

1945, Mitte Aug. Wie MiNr. 1–4, jedoch weißes, gestrichenes Papier.

9	5 Pf	schwärzlicholivgrün	5,–	10,–
10	6 Pf	dunkelbraunviolett	5,–	10,–
11	8 Pf	rotorange	5,–	10,–
12	12 Pf	lilarot	5,–	10,–
		Satz (4 W.) ....✶ 7,–	20,–	40,–

1945, Ende Sept. Wie MiNr. 9–12, jedoch gelbes gestrichenes Papier mit glatter Gummierung.

13	5 Pf	dunkelgraugrün	3,–	6,–
14	6 Pf	braunviolett	3,–	6,–
15	8 Pf	rotorange	3,–	6,–
16	12 Pf	dunkelrosarot	3,–	6,–
		Satz (4 W.) ....✶ 6,–	12,–	24,–

Großräschen

1945, Sept. Freimarken. Handstempel „Post“, Gebührenhöhe handschriftlich, MiNr. 4 und 7–12 zusätzlich mit Gummi-Handstempel-Aufdruck Schlägel und Eisen. Gez., Bogenränder □

			★★	⊙
1	3 Pf	auf weiß	9,–	6,–
2	4 Pf	auf weiß	9,–	6,–
3	5 Pf	auf gelb	9,–	6,–
4	6 Pf	auf grün	9,–	6,–
5	8 Pf	auf blau	9,–	6,–
6	10 Pf	auf gelb	9,–	6,–
7	12 Pf	auf grün	9,–	6,–
8	20 Pf	auf blau	9,–	6,–
9	24 Pf	auf weiß	9,–	6,–
10	30 Pf	auf gelb	9,–	6,–
11	40 Pf	auf weiß	9,–	6,–
12	60 Pf	auf grün	9,–	6,–
		Satz (12 W.) .....✶ 45,–	90,–	70,–

1945, 26. Okt./10. Nov. Freimarken im Bdr. mit zusätzlichem Kurzschriftstempel.

13	3 Pf	schwarz auf weiß		
A		gez.	3,50	2,50
B		□	80,–	80,–
14	4 Pf	schwarz auf weiß		
A		gez.	3,50	2,50
B		□	80,–	80,–
15	5 Pf	schwarz auf gelb		
A		gez.	3,50	2,50
B		□	80,–	80,–
16	6 Pf	schwarz auf grün		
A		gez.	3,50	2,50
B		□	80,–	80,–
17	8 Pf	schwarz auf blau		
A		gez.	3,50	2,50
B		□	80,–	80,–
18	10 Pf	schwarz auf gelb		
A		gez.	3,50	2,50
B		□	80,–	80,–
19	12 Pf	schwarz auf rosalila		
A		gez.	3,50	2,50
B		?	80,–	80,–
20	20 Pf	schwarz auf blau		
A		gez.	3,50	2,50
B		□	80,–	80,–
21	24 Pf	schwarz auf rosalila		
A		gez.	3,50	2,50
B		□	80,–	80,–
22	30 Pf	schwarz auf gelb		
A		gez.	3,50	2,50
B		□	80,–	80,–
23	40 Pf	schwarz auf grün		
A		gez.	3,50	2,50
B		□	80,–	80,–
24	60 Pf	schwarz auf grün		
A		gez.	3,50	2,50
B		□	80,–	80,–
		Satz A (12 W.) ....✶ 18,–	40,–	30,–
		Satz B (12 W.) ...✶ 550,–	950,–	950,–

1945, 26. Okt. Wie MiNr. 19, 21 und 23, jedoch geänderte Farben. Nur gez. oder teilgezähnt.

				✶✶	⊙
25	12 Pf	schwarz auf grün		65,–	65,–
26	24 Pf	schwarz auf lila		65,–	65,–
27	40 Pf	schwarz auf lila		65,–	65,–
		Satz (3 W.)	✶ 100,–	190,–	190,–

1945, Mitte Nov. Wie MiNr. 6 und 10, jedoch geänderte Papierfarben, Handstempel „Post“ rot.

			✶	✶✶	⊙
28	10 Pf	auf orange ..	70,–	140,–	140,–
29	30 Pf	auf orange ..	500,–	1000,–	1000,–
30	30 Pf	auf rosa	70,–	140,–	190,–

1945, 20. Dez. Freimarken. ☐.

				✶✶	⊙
31	3 Pf	braunschwarz		1,–	1,–
32	4 Pf	braunschwarz		1,–	1,–
33	5 Pf	dunkelgelblichgrün		1,–	1,–
34	6 Pf	lebhaftcyanblau		1,–	1,–
35	8 Pf	dunkelsiena		1,–	1,–
36	10 Pf	gelborange		1,–	1,–
37	12 Pf	mittelrot		1,–	1,–
38	20 Pf	hellblau		1,–	1,–
39	24 Pf	gelblichgrün		1,–	1,–
40	30 Pf	lebhaftgelblichorange		1,–	1,–
41	40 Pf	hellrot		1,–	1,–
42	60 Pf	dunkelrotbraun		1,–	1,–
		Satz (12 W.)	✶ 5,–	12,–	12,–

1946, ab 20. Jan. Solidarität.

43	6+24 Pf	Bergmann			
A		gez.		1,–	5,–
B		☐		4,–	10,–
44	12+28 Pf	Glasbläser			
A		gez.		1,–	5,–
B		☐		4,–	10,–
45	24+36 Pf	Hausneubau			
A		gez.		1,–	5,–
B		☐		4,–	10,–
46	40+40 Pf	Brikett			
A		gez.		1,–	5,–
B		☐		4,–	10,–
		Satz A (4 W.) ...	✶ 1,70	4,–	20,–
		Satz B (4 W.) ...	✶ 7,50	16,–	40,–

Löbau

1945, 30. Mai. Freimarken der Hitlerkopf-Ausgabe mit Handstempel-Aufdruck in Blauviolett.

			✶	✶✶	⊙
1	6 Pf	lebhaftviolett . (785)	1100,–	1700,–	2500,–
2	12 Pf	rot .... (827)	–,–	–,–	–,–

1945, 30. Mai. Wie MiNr. 1–2, jedoch Aufdruck in Schwarz.

				✶✶	⊙
3	1 Pf	dunkelgrau	(781)	70,–	–,–
4	3 Pf	dunkelgelbbraun ...	(782)	20,–	–,–
5	4 Pf	dkl’preußischblau ...	(783)	20,–	–,–
6	5 Pf	dunkelolivgrün	(784)	25,–	–,–
7	6 Pf	lebhaft(blau)violett ..	(785)	8,–	50,–
8	8 Pf	zinnober	(786)	16,–	–,–
9	10 Pf	dunkelsiena	(826)	20,–	–,–
10	12 Pf	rot	(827)	8,–	50,–
11	15 Pf	karminbraun	(789)	20,–	–,–
12	16 Pf	dunkelgrünblau	(790)	60,–	–,–
13	20 Pf	kobalt	(791)	20,–	–,–
14	24 Pf	dunkelorangebraun .	(792)	50,–	–,–
15	25 Pf	dkl’violettultramarin .	(793)	20,–	–,–
16	30 Pf	schwarzoliv	(794)	20,–	–,–
17	40 Pf	dunkellilapurpur	(795)	20,–	–,–
18	42 Pf	dunkel(gelb)-smaragdgrün	(A 795)	20,–	–,–
19	50 Pf	schwarzopalgrün ...	(796)	20,–	–,–
20	60 Pf	karminbraun	(797)	20,–	–,–
21	80 Pf	schwarz(grau)blau ..	(798)	22,–	–,–
22	1 M	schwarzgrün	(799 B)	55,–	–,–
23	2 M	schwarzviolett	(800)	*600,–*	–,–
24	3 M	dunkelbraunrot	(801)	–,–	
25	5 M	dunkelviolett-ultramarin	(802)	–,–	
26	10 Pf	siena (StTdr.)	(787)	–,–	–,–
27	12 Pf	lilarot (StTdr.)	(788)	–,–	–,–

1945, ca. 30. Mai. Deutsches Reich MiNr. 908 (Volkssturm) mit Aufdruck wie bei MiNr. 3–27.

			✶	✶✶	⊙
28	12+8 Pf	rosakarmin (908)	–,–	–,–	–,–

1945, ca. 30. Mai. Deutsches Reich MiNr. 512–514 (Hindenburg-Medaillon) mit Aufdruck wie bei MiNr. 3–27.

				✶	✶✶
29	1 Pf	schwarz	(512)	110,–	200,–
30	3 Pf	dunkelbraunocker ..	(513)	120,–	220,–
31	5 Pf	(gelb)smaragdgrün ..	(514)	120,–	230,–

Löhne

1945, 24. Aug. Gebührenzettel als Briefmarken.

			(✶)	⊙
1	42 Pf	grün/rot auf gelblich	250,–	150,–
2	70 Pf	rot/schwarz auf gelblich ..	250,–	150,–
3	1 M	schwarz/rot auf gelblich ..	250,–	150,–
		Satz (3 W.)	750,–	450,–

Lübbenau

1946, 18. April. Wiederaufbau. Zum Teil auf farbigem Papier; A = gez., B = □.

			✶✶	⊙
1	5+ 5 Pf	Junger Baum		
A		gez.	2,30	6,–
B		□	10,–	15,–
2	6+ 4 Pf	Stadtwappen		
A		gez.	2,30	6,–
B		□	10,–	15,–
3	8+ 7 Pf	Junger Baum		
A		gez.	2,30	6,–
B		□	10,–	15,–
4	10+10 Pf	Fabrikanlage		
A		gez.	2,30	6,–
B		□	10,–	15,–
5	12+ 8 Pf	Stadtwappen		
A		gez.	2,30	6,–
B		□	10,–	15,–
6	16+ 9 Pf	Junger Baum		
A		gez.	2,30	6,–
B		□	10,–	15,–
7	24+16 Pf	Fabrikanlage		
A		gez.	2,30	6,–
B		□	10,–	15,–
8	30+30 Pf	Stadtwappen		
A		gez.	2,30	6,–
B		□	10,–	15,–
		Satz A (8 W.) ....✶ 8,–	15,–	45,–
		Satz B (8 W.) ...✶ 40,–	80,–	120,–

1946, 18. April. Solidarität. Farbiges Papier; A = gez., B = □.

			✶✶	⊙
9	10+20 Pf	Stadtwappen		
A		gez.	3,–	5,–
B		□	15,–	15,–
10	12+28 Pf	Stadtwappen		
A		gez.	3,–	5,–
B		□	15,–	15,–
11	16+34 Pf	Familie		
A		gez.	3,–	5,–
B		□	15,–	15,–
12	24+56 Pf	Familie		
A		gez.	3,–	5,–
B		□	15,–	15,–
		Satz A (4 W.) ...✶ 5,–	12,–	20,–
		Satz B (4 W.) ..✶ 30,–	60,–	60,–

Lütjenburg

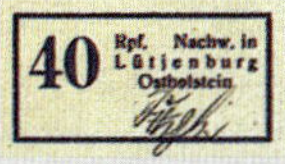

1945, Sept. Gebührenzettel. Bräunliches Papier; gez.

			✶	✶✶	⊙
1	40 Pf	schwarzblau auf bräunlich	400,–	900,–	800,–

Meißen

1945, 15. Juni. Deutsches Reich MiNr. 785 mit orangerotem Handstempel-Aufdruck.

B 1	6 Pf	lebhaft-violett . (785)	1600,–	*3000,–*	*4000,–*

1945, 15. Juni. Freimarken der Hitlerkopf-Ausgabe mit Handstempel-Aufdruck in Blauviolett.

MiNr. 2–26 werden ungebraucht (**) nicht geprüft. Soweit Fälschungen der Aufdrucke eindeutig nachweisbar sind, werden sie als „falsch" gekennzeichnet.

			✶✶	⊙
2	1 Pf	dunkelgrau ...... (781)	25,–	25,–
3	3 Pf	dunkelgelbbraun .. (782)	13,–	13,–
4	4 Pf	dkl'preußischblau . (783)	13,–	14,–
5	5 Pf	schwarzgelbgrün . (784)	13,–	13,–
6	6 Pf	lebhaft(blau)violett (785)	13,–	15,–
7	8 Pf	zinnober .... (786)	13,–	13,–
8	10 Pf	dunkelsiena ..... (826)	13,–	15,–
9	12 Pf	rot .... (827)	13,–	13,–
10	15 Pf	karminbraun ..... (789)	13,–	13,–
11	16 Pf	dunkelgrünblau ... (790)	50,–	60,–
12	20 Pf	kobalt .... (791)	13,–	13,–
13	24 Pf	dkl'orangebraun . .(792)	40,–	50,–
14	25 Pf	dunkelviolett-ultramarin .... (793)	13,–	13,–
15	30 Pf	schwarzoliv ...... (794)	13,–	13,–
16	40 Pf	dunkellilapurpur .. (795)	13,–	13,–

			**	⊙
17	42 Pf	dunkel(gelb)-smaragdgrün .... (A 795)	25,–	30,–
18	50 Pf	schwarzopalgrün ... (796)	18,–	18,–
19	60 Pf	karminbraun .... (797)	18,–	18,–
20	80 Pf	schwarz(grau)blau .. (798)	24,–	24,–
21	1 M	schwarzgrün ..... (799 B)	65,–	65,–
22	2 M	schwarzviolett .... (800 B)	120,–	140,–
23	3 M	dunkelbraunrot ... (801 A)	140,–	180,–
24	5 M	dunkelviolett-ultramarin .... (802 A)	200,–	220,–
25	10 Pf	siena (StTdr.) ...... (787)	400,–	450,–
26	12 Pf	lilarot (StTdr.) ...... (788)	500,–	750,–
A 26	3+7 Pf	rotschwarz ... (844)		800,–
B 26	6+14 Pf	schwärzlich-graugrün ..... (845)		800,–
C 26	8+22 Pf	indigo .... (846)		800,–
D 26	12+38 Pf	bräunlich-karmin ...... (847)		800,–
E 26	24+76 Pf	schwärzlich-braunkarmin ..(848)		800,–
F 26	40+160 Pf	schwarzgrau-oliv ....(849)		800,–
H 26	12+8 Pf	dunkelrosarot . (906)		1000,–
I 26	54+96 Pf	magenta ..... (887)		–,–

1945, 23. Juni. Deutsches Reich MiNr. 784 und 785 mit schrägem Aufdruck.

			**	⊙
27	5 Pf	Aufdruck gelb ...... (784)	1300,–	1300,–
28	5 Pf	Aufdruck orangerot . (784)	1300,–	1300,–
29	6 Pf	Aufdruck gelb ...... (785)	1300,–	1300,–
30	6 Pf	Aufdruck orangerot . (785)	1300,–	1300,–
		Satz (4 W.) ....✶ 2200,–	5000,–	5000,–

1945, 23. Juni. Deutsches Reich MiNr. 784–786 und 827 mit Aufdruck wie MiNr. 27–30, jedoch Aufdruckfarbe Schwarz.

			**	⊙
31	5 Pf	schwarzolivgrün .... (784)	40,–	18,–
32	6 Pf	lebhaftblauviolett ... (785)	3,–	3,50
33	8 Pf	orangerot .... (786)	8,–	10,–
34	12 Pf	rot .... (827)	3,–	4,–
		Satz (4 W.) ......✶ 25,–	50,–	35,–

1945, 31. Dez. Wiederaufbau. A = gez. L 11¾, B = ungezähnt, D = gez. L 10¾.

			**	⊙
35	5+15 Pf	Haus- und Weinbau		
A		gez. L 11¾	2,50	9,–
B		ungezähnt	300,–	150,–
36	6+24 Pf	Porzellanindustrie		
A		gez. L 11¾	4,–	9,–
B		ungezähnt	300,–	200,–
D		gez. L 10¾	2,50	5,–
37	8+32 Pf	Stahlträger		
A		gez. L 11¾	2,50	6,50
B		ungezähnt	250,–	200,–
D		gez. L 10¾	3,50	9,–
38	12+48 Pf	Brückenbau		
A		gez.L 11¾	2,50	6,50
B		ungezähnt	150,–	150,–
D		gez. L 10¾	6,–	17,–
		Satz A (4 W.) ....✶ 5,–	11,–	30,–
		Satz B (4 W.) ..✶ 650,–	1000,–	700,–
		Satz D (3 W.) ....✶ 5,–	12,–	30,–

1946, 10. Jan. Blockausgabe: Wiederaufbau. C = Liniendurchstich.

			**	⊙
35 C	5+15 Pf	Haus- und Weinbau ...	50,–	150,–
36 C	6+24 Pf	Porzellanindustrie	50,–	150,–
37 C	8+32 Pf	Stahlträger	50,–	150,–
38 C	12+48 Pf	Brückenbau	50,–	150,–
Block 1 (104×149 mm)		....	300,–	1400,–

Mindelheim

1945, Nov. Gebührenzettel. Wertangabe handschriftlich eingetragen.

			**	⊙
1	... Pf	schwarz		160,–

Netzschkau-Reichenbach

1945, 24. Juli. Marken der Hitlerkopf-Ausgabe mit schwarzem Bdr.-Aufdruck.

			**	⊙
1	1 Pf	schwärzlichgrau .... (781)	100,–	100,–
2	3 Pf	dunkelgelbbraun ... (782)	12,–	12,–
3	4 Pf	dkl'preußischblau ... (783)	15,–	15,–
4	5 Pf	dunkelolivgrün ..... (784)	22,–	22,–
5	6 Pf	lebhaft(blau)violett .. (785)	6,–	6,–
6	8 Pf	zinnober .... (786)	40,–	40,–
7	10 Pf	dunkelsiena .... (826)	150,–	150,–
8	12 Pf	rot .... (827)	6,–	6,–
9	15 Pf	karminbraun .... (789)	180,–	150,–
10	16 Pf	dunkelgrünblau .... (790)	120,–	150,–
11	20 Pf	kobalt .... (791)	200,–	250,–
		Satz (11 W.) ....✶ 500,–	850,–	850,–

Niesky

1945, 26. Juli. Wertziffer, Stadtwappen. Bildformat 19,7×22,5 mm; hellgelbgraues, holzhaltiges Papier mit glatter Gummierung.

			✶	✶✶	⊙
1	6 Pf	braunviolett .	90,–	200,–	190,–
2	12 Pf	karminrot . . .	70,–	150,–	150,–
		Satz (2 W.) . .	160,–	350,–	340,–

1945, 30. Aug. Stadtwappen. Bildformat 19,7×22,5 mm; klares Druckbild auf weißem, gestrichenem Papier mit glatter Gummierung.

			✶✶	⊙
3	6 Pf	dunkelbraunviolett	100,–	170,–
4	12 Pf	lebhaft(rot)karmin	100,–	170,–
		Satz (2 W.) . . . . . .✶ 90,–	200,–	340,–

1945, 22. Sept. Wertziffer, Stadtwappen. Bildformat 19,3×21,8 mm; gelbliches holzhaltiges Papier mit Spargummierung.

5	6 Pf	dunkelgrauviolett (Ziffer) . .	90,–	220,–
6	6 Pf	dkl'grauviolett (Wappen) . .	120,–	270,–
7	12 Pf	lebh'karminrot (Wappen) . .	40,–	120,–
		Satz (3 W.) . . . . .✶ 120,–	250,–	600,–

1945, 22. Sept. Wertziffer, Stadtwappen. Bildformat 19,3×21,8 mm; starker, deutlich durchschlagender Farbauftrag auf hellchromgelbem, gestrichenem Papier mit glatter Gummierung.

8	6 Pf	dunkelrotviolett (Ziffer) . . .	13,–	20,–
9	6 Pf	dunkelrotviolett (Wappen) .	15,–	30,–
10	12 Pf	orangerot (Wappen)	7,50	10,–
		Satz (3 W.) . . . . . .✶ 16,–	35,–	60,–

1945, 22. Sept. Wie MiNr. 8–10, jedoch auf weißem, gestrichenem Papier.

11	6 Pf	dunkelviolett (Ziffer)	13,–	25,–
12	6 Pf	dunkelviolett (Wappen) . . .	15,–	30,–
13	12 Pf	rosarot (Wappen)	7,50	15,–
		Satz (3 W.) . . . . . .✶ 16,–	35,–	70,–

1945, 16. Okt. Ziffer, Stadtwappen. Bildformat 19,5×22,2 mm; schwacher Farbauftrag auf hellchromgelbem, gestrichenem Papier mit glatter Gummierung.

			✶✶	⊙
14	6 Pf	dunkelviolettpurpur (Ziffer)	7,50	10,–
15	6 Pf	dkl'violettpurpur (Wappen)	7,50	10,–
		Satz (2 W.) . . . .✶ 5,–	15,–	20,–

1945, 16. Okt. Ziffer, Stadtwappen. Wie MiNr. 14 bis 15, jedoch auf weißem, gestrichenem Papier. MiNr. 18 schmalere Buchstaben als MiNr. 13.

16	6 Pf	violettpurpur (Ziffer)	140,–	180,–
17	6 Pf	violettpurpur (Wappen) . . .	140,–	180,–
18	12 Pf	rosarot (Wappen)	25,–	50,–
		Satz (3 W.) . . . . .✶ 120,–	300,–	400,–

Perleberg

1945, 11. Juni. Hitlerkopf-Ausgabe mit schwarzem Handstempel-Aufdruck.

Ungebrauchte Marken (✶, ✶✶) werden nicht BPP-geprüft.

1	5 Pf	dunkelolivgrün	(784)	30,–	25,–
2	6 Pf	lebhaft(blau)violett . .	(785)	25,–	25,–
3	8 Pf	zinnober	(786)	30,–	25,–
4	12 Pf	rot	(827)	55,–	25,–
5	42 Pf	dunkel(gelb)-smaragdgrün	(A 795)	130,–	100,–
		Satz (5 W.) . . . . .✶ 140,–		260,–	200,–

Plauen

1945, 15. Dez. Wiederaufbau; Volkshilfe. Verschiedene Papiersorten; glatte oder Spargummierung.

1	5+ 3 Pf	Stadtwappen	1,–	3,50
2	6+ 4 Pf	Elsterbrücke	1,–	3,50
3	6+ 4 Pf	Elsterbrücke	1,–	3,50
4	8+ 6 Pf	Rathaus	1,–	3,50
5	12+ 8 Pf	Hl. Georg	1,–	3,50
6	20+10 Pf	Plauener Spitzen	15,–	25,–
7	20+10 Pf	Stadttheater	15,–	25,–
		Satz (7 W.) . . . . . .✶ 13,–	35,–	65,–

Spremberg

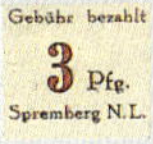

1945, 3. Dez. Freimarken. Verschiedene Papiersorten; gez. bzw. teilgez.

			**	⊙
1	3 Pf	dunkelbräunlichrot	30,–	20,–
2	4 Pf	blau	30,–	20,–
3	5 Pf	smaragdgrün	30,–	20,–
4	6 Pf	violettultramarin	30,–	20,–
5	8 Pf	orangerot	30,–	20,–
6	12 Pf	rot	30,–	20,–
		Satz (6 W.) ✶ 90,–	180,–	120,–

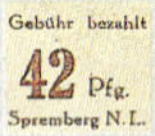

1946, 3. Jan. Freimarken. Gelbliches holzfreies Papier; A = gez. (Bogenränder □), B = □.

7	3 Pf	braunrot		
A		gez.	–,80	–,80
B		□	–,70	–,90
8	4 Pf	lebhaftblau		
A		gez.	–,80	–,80
B		□	–,70	–,90
9	5 Pf	smaragdgrün		
A		gez.	–,80	–,80
B		□	–,70	–,90
10	6 Pf	violettultramarin		
A		gez.	–,80	–,80
B		□	–,70	–,90
11	8 Pf	orangerot		
A		gez.	–,80	–,80
B		□	–,70	–,90
12	12 Pf	orangerot bis rot		
A		gez.	–,80	–,80
B		□	–,70	–,90
13	42 Pf	lebhaftlilakarmin		
A		gez.	–,80	–,80
B		□	–,70	–,90
14	54 Pf	lebhaftsmaragdgrün		
A		gez.	–,80	–,80
B		□	–,70	–,90
		Satz A (8 W.) ✶ 2,–	6,–	6,–
		Satz B (8 W.) ✶ 1,50	7,–	7,–

1946, 25. Febr. Wiederaufbau. Wie MiNr. 11 und 12, jedoch auf dunkelgelblichrotem Papier mit zusätzlichem Aufdruck.

15	8 Pf+1 M	rot/schwarz		
A		gez.	40,–	*90,–*
B		□	2500,–	3000,–
16	12 Pf+1 M	rot/schwarz		
A		gez.	40,–	*90,–*
B		□	*3500,–*	3000,–
		Satz A (2 W.) ✶ 40,–	80,–	*160,–*
		Satz B (2 W.) ✶ *4000,–*	*6000,–*	6000,–

1946, 25. Febr. Wiederaufbau. Wie MiNr. 15 und 16, jedoch geänderte Farben auf weißem Papier.

			**	⊙
17	8 Pf+1 M	gelblichorange		
A		gez.	2,–	4,–
B		□	2,–	4,–
18	12 Pf+1 M	orangerot bis rot		
A		gez.	2,–	4,–
B		□	2,–	4,–
		Satz A (2 W.) ✶ 1,60	4,–	8,–
		Satz B (2 W.) ✶ 1,60	4,–	8,–

Storkow

1946, 23. Jan. Wiederaufbau. Marken Alliierte Besetzung – Berlin und Brandenburg MiNr. 1–7 mit Aufdruck.

1	5+10 Pf	schwärzlichgelbgrün	(1 A)	2,80	4,–
2	5+10 Pf	schwärzlichgelbgrün	(1 B)	2,80	4,–
3	6+10 Pf	dunkelpurpurviolett	(2 A)	2,80	4,–
4	8+10 Pf	orangerot	(3 A)	2,80	4,–
5	10+10 Pf	mittelsiena	(4 A)	2,80	4,–
6	12+10 Pf	(karmin)rot	(5 A)	2,80	4,–
7	20+10 Pf	(dunkel)blau	(6 A)	2,80	4,–
8	30+10 Pf	bräunlicholiv	(7 A)	2,80	4,–
		Satz (8 W.)	✶ 9,–	22,–	30,–

1946, 31. Jan. Stadtwappen. A = gez., B = □.

9	3 Pf	lebhaftorangegelb		
A		gez.	3,30	6,–
B		□	350,–	–,–
10	4 Pf	dunkelgraublau		
A		gez.	3,30	6,–
B		□	110,–	–,–
11	5 Pf	schwärzlichgelblichgrün		
A		gez.	3,30	6,–
B		□	90,–	–,–
12	6 Pf	dunkelrötlichlila		
A		gez.	3,30	6,–
B		□	75,–	–,–
13	8 Pf	dunkelorange		
A		gez.	3,30	6,–
B		□	350,–	–,–
14	12 Pf	schwarz auf gelblich		
A		gez.	3,30	6,–
B		□	90,–	–,–
		Satz A (6 W.) ✶ 9,–	19,–	35,–
		Satz B (6 W.) ✶ 600,–	1000,–	–,–

1946, 31. Jan. Blockausgabe: Opfer des Faschismus. A = gez., B = □.

			*	**	⊙
15	12+38 Pf	dunkelrosarot			
A		gez. . . .	6,–	12,–	25,–
Block 1 (75×100 mm)					
A		gez. . . .	17,–	30,–	120,–
B		□	300,–	600,–	

1946, 31. Jan. Blockausgabe: Opfer des Faschismus. Wie Block 1, jedoch grünliches Papier mit Wz.

			*	**	⊙
16	12+38 Pf	dunkelrosarot			
A		gez. . . .	13,–	25,–	100,–
B		□	–,–	–,–	
Block 2 (75×100 mm)					
A		gez. . . .	25,–	50,–	200,–
B		□	400,–	850,–	–,–

Strausberg

MiNr. 1–33 siehe „Nichtamtliche Ausgaben/Privaterzeugnisse“

1946, 30. Jan. Wiederaufbau. A = gez., B = □

				**	⊙
34	5+45 Pf	rötlichkarmin			
A		gez.		2,50	3,–
B		□		2,50	3,–
35	6+44 Pf	rötlichkarmin			
A		gez.		2,50	3,–
B		□		2,50	3,–
36	8+42 Pf	rötlichkarmin			
A		gez.		2,50	3,–
B		□		2,50	3,–
37	12+38 Pf	rötlichkarmin			
A		gez.		2,50	3,–
B		□		2,50	3,–
		Satz A (4 W.) .	* 2,50	10,–	12,–
		Satz B (4 W.) .	* 2,50	10,–	12,–

1946, 30. Jan. Blockausgabe: Wiederaufbau. □.

				**	⊙
38	5+45 Pf	dunkelblauviolett		2,–	3,–
39	6+44 Pf	dunkelblauviolett		2,–	3,–
40	8+42 Pf	dunkelblauviolett		2,–	3,–
41	12+38 Pf	dunkelblauviolett		2,–	3,–
Block 1 (105×148 mm)		. . . . .	* 27,–	60,–	25,–
42	5+45 Pf	schwarz		2,–	3,–
43	6+44 Pf	schwarz		2,–	3,–
44	8+42 Pf	schwarz		2,–	3,–
45	12+38 Pf	schwarz		2,–	3,–
Block 2 (105×148 mm)		. . . . .	* 27,–	60,–	25,–
		Blockpaar	* 54,–	120,–	50,–

Titisee

Ungebrauchte Gebührenzettel (*, **) werden nicht BPP-geprüft.

1945, Nov./Dez. Gebührenzettel. □

			*	**	⊙
1	12 Pf	violett	300,–	500,–	600,–

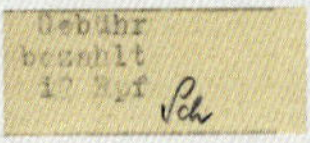

1945, Nov./Dez. Gebührenzettel. ☐.

		✶	✶✶	⊙
2	12 Pf schwarz	500,–	800,–	1100,–

1946, Mai/Juni. Gebührenzettel. Handschriftliche Eintragung der Gebührenhöhe ☐.

3	... Pf schwarz	380,–	650,–	1000,–

Unna

1945, 6. Dez. Gebührenzettel. (Hell)gelbes Papier; ein- oder mehrseitig gez.

1	3 Pf schwarz	120,–	50,–
2	6 Pf schwarz	120,–	50,–
3	12 Pf schwarz	120,–	50,–
	Satz (3 W.) ...✶ 190,–	350,–	150,–

Wittenberg-Lutherstadt

MiNr. 1–19 werden derzeit nicht BPP-geprüft.

MiNr. 20 fällt aus.

1946, 8. März. Sowjetische Zone – Provinz Sachsen MiNr. 81 mit rotem Handstempel-Aufdruck „ 4 Rpf. bez “

		✶	✶✶	⊙
21	4 Pf auf 20 Pf . hellblau ...... (81 X)	40,–	80,–	70,–

Gemeinschafts-ausgaben

für die amerikanische, britische und sowjetische Besatzungszone

Bei Ausgaben, die mit ⓔ gekennzeichnet sind, gelten die ⊙-Preise nur für (BPP-)geprüfte Stücke.

1946, Febr./Mai. I. Kontrollratsausgabe: Ziffer(n). Wz. 6. [21,5×26, 27,5×33]

Wz. 6

			★★	⊙
911	1 Pf	schwarz	-,30	4,–
912	2 Pf	violettschwarz bis schwarz	-,30	-,30
913	3 Pf	dunkelgelbbraun	-,30	5,–
914	4 Pf	graublau bis schwärzlichblau	-,30	6,–
915	5 Pf	(smaragd)grün	-,30	-,80
916	6 Pf	dunkelpurpurviolett bis dunkelblauviolett	-,30	-,30
917	8 Pf	orangerot (Töne)	-,30	-,30
918	10 Pf	dunkelorangebraun bis schwärzlichsiena	-,30	-,80
919	12 Pf	rot	-,30	-,30
920	12 Pf	dunkelgrau bis dunkeltürkisgrau	-,30	-,30
921	15 Pf	bräunlichlila	-,30	10,–
922	15 Pf	dunkelgelblichgrün (Töne)	-,30	-,50
923	16 Pf	schwärzlichopalgrün bis bläulichgrün	-,30	-,50
924	20 Pf	(grau)cyanblau (Töne)	-,30	-,50
925	24 Pf	braunorange (Töne	-,30	-,30
926	25 Pf	ultramarin bis violettultramarin	-,30	10,–
927	25 Pf	dunkelorangegelb bis dunkelgelborange	-,30	1,50
928	30 Pf	grau- bis dunkelgrauoliv	-,30	-,30
929	40 Pf	karminlila bis dunkellilapurpur	-,30	-,50
930	42 Pf	(dunkel)smaragdgrün	3,–	40,–
931	45 Pf	rot (Töne)	-,30	-,50
932	50 Pf	schwärzlichgraugrün (Töne)	-,30	-,30
933	60 Pf	rot	-,30	-,50
934	75 Pf	mittellilaultramarin	-,30	-,30
935	80 Pf	lilaultramarin (Töne)	-,30	-,50
936	84 Pf	dunkelgrün bis dunkelopalgrün	-,30	-,30
937	1 M	braunoliv (Töne)	-,30	-,50
		Satz (27 W.)	7,50	80,–

ⓔ MiNr. 930

1946, 8. Dez. Blockausgabe: Briefmarkenausstellung, Berlin. Wz. 6. [107×51]

	★★	⊙	FDC
Block 12 A gezähnt (107×51 mm)	60,–	170,–	550,–
Block 12 B geschnitten (107×51 mm)	60,–	200,–	550,–

ⓔ

MiNr. 938–940 fallen aus.

1947, 4. März/1948. Leipziger Frühjahrsmesse. Wz. 7. [45×37]

Wz. 7 Stufen

			★★	⊙	FDC
941	24+26 Pf	Verleihung des Marktrechts	1,50	6,50	
942	60+40 Pf	Schutz fremder Besucher	1,50	6,50	
		Satz (2 W.)	3,–	12,–	-,–

1947, 1. März/1948, 1. Febr. II. Kontrollratsausgabe. Wz. 6. [21,5×26, 27,5×33]

			✶✶	⊙	FDC
943	2 Pf	Pflanzer	–,30	–,50	20,–
944	6 Pf	Pflanzer	–,30	–,30	
945	8 Pf	Sämann	–,30	–,50	
946	10 Pf	Sämann	–,30	–,80	20,–
947	12 Pf	Arbeiter	–,30	–,30	20,–
948	15 Pf	Pflanzer	–,50	10,–	30,–
949	16 Pf	Maurer und Bäuerin	–,30	–,50	20,–
950	20 Pf	Sämann	–,30	2,–	20,–
951	24 Pf	Maurer und Bäuerin	–,30	–,50	20,–
952	25 Pf	Pflanzer	–,30	2,–	20,–
953	30 Pf	Arbeiter	–,50	4,–	20,–
954	40 Pf	Sämann	–,30	–,80	20,–
955	50 Pf	Maurer und Bäuerin	–,50	2,50	20,–
956	60 Pf	(hell)braunkarmin bis braunrot, Arbeiter	–,30	–,50	20,–
A956	60 Pf	lebhaftkarminbraun (Töne), Arbeiter	–,30	1,–	20,–
957	80 Pf	Arbeiter	–,30	2,–	20,–
958	84 Pf	Maurer und Bäuerin	–,50	3,–	20,–
959	1 M	Friedenstaube	–,40	–,50	25,–
960	2 M	Friedenstaube	–,40	2,–	50,–
961	3 M	Friedenstaube	–,40	25,–	100,–
962	5 M	Friedenstaube	3,50	60,–	110,–
		Satz (21 W.)	10,–	120,–	

MiNr. 961, 962

Aufdruck

Wenn die Farbe des Aufdrucks nicht angegeben ist, ist der Aufdruck immer schwarz.

1947, 15. Mai. 50. Todestag des Mitbegründers des Weltpostvereins Heinrich von Stephan (1831 bis 1897). Wz. 6. [27,5×33]

			✶✶	⊙	FDC
963	24 Pf	schwärzlichrotorange	–,50	2,–	
964	75 Pf	(dunkel)violett-ultramarin	–,50	2,–	
		Satz (2 W.)	1,–	4,–	*50,–*

1947, 2. Sept. Leipziger Herbstmesse. Wz. 6. [45×37]

			✶✶	Ⓢ	FDC
965	12 Pf	Verleihung des Messeprivilegs (1497)	–,60	2,50	–,–
966	75 Pf	Erhebung des Budenzinses (1365)	–,60	2,50	–,–
		Satz (2 W.)	1,20	5,–	18,–

1948, 2. März. Leipziger Frühjahrsmesse. Wz. 6. [45×37]

967	50 Pf	Vor den Zollschranken (1388)	–,60	2,–	
968	84 Pf	Errichtung von Stapellagern (1433)	–,60	3,–	
		Satz (2 W.)	1,20	5,–	18,–

1948, 22. Mai. Exportmesse Hannover. Wz. 6. [33×27,5]

969	24 Pf	karminrot (Töne)	–,50	2,–	
970	50 Pf	dunkelviolettblau (Töne)	–,50	3,–	
		Satz (2 W.)	1,–	5,–	20,–

Berlin und Brandenburg

Die Preise für B ⊙ gelten nur für (BPP-)geprüfte Stücke.

1945, ab 9. Juni. Berliner Bär und Eiche. [21,5×26]

			A gez. K 14				B zickzackförmig ⌷ 13½			
			✶	✶✶	⊙	FDC	✶	✶✶	⊙	FDC
1	5 Pf	schwarzgelbgrün	–,10	–,40	–,70	60,–	6,–	16,–	170,–	–,–
2	6 Pf	dunkel(grau)violett	–,10	–,40	–,50	60,–	7,–	26,–	150,–	–,–
3	8 Pf	orangerot (Töne)	–,10	–,40	–,50	60,–	6,–	16,–	130,–	–,–
4	10 Pf	lebhaftsiena (Töne)	–,10	–,40	–,70	70,–	7,–	26,–	150,–	–,–
5	12 Pf	karminrot (Töne)	–,10	–,40	–,50	60,–	8,–	32,–	170,–	–,–
6	20 Pf	(dunkel)blau (Töne)	–,10	–,40	–,70	70,–	7,–	26,–	150,–	–,–
7	30 Pf	bräunlicholiv (Töne)	–,10	–,40	1,–	70,–	10,–	38,–	180,–	–,–
		Satz (7 W.)	–,70	2,50	4,50	350,–	50,–	180,–	1100,–	–,–

MiNr. 1 A und 5 A gibt es auch sägezahnartig durchstochen 13½.

Sowjetische Zone

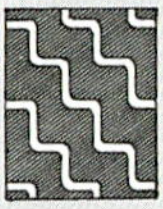
Wz. 1 X

Wz. 1 Y

Wz. 2

Wz. 3

Spargummi

Mecklenburg-Vorpommern

Alle ⊙-Preise gelten nur für (BPP-)geprüfte Stücke.

1945, ab Aug./1946, März. Wertziffer, Bauer, Getreideähren. [20×20, 21×25]

				★★	⊙	FDC
8		6 Pf	schwarz, Wertziffer			
	x		auf hellbläulichgrün .	–,50	3,–	–,–
	y		auf opalgrün	120,–	240,–	
9		6 Pf	auf weißem Papier, Wertziffer			
	a		dunkelrotviolett	20,–	5,–	–,–
	b		dunkelpurpur	4,–	6,50	–,–
10		6 Pf	grauviolett auf hellbläulichgrün, Wertziffer . .	4,–	5,–	–,–
11		8 Pf	Bauer			
	x		magenta auf lilarosa .	–,80	3,–	–,–
	y		dunkelrosarot auf lebhaftlilarosa	4,–	35,–	–,–
12		8 Pf	schwarz auf lilarosa, Bauer	6,–	13,–	–,–
13		8 Pf	dunkelgraulila auf hellbläulichgrün, Bauer .	1,50	6,–	–,–
14		8 Pf	schwarz auf hellbläulichgrün, Bauer .	15,–	16,–	–,–
15		8 Pf	(mittel)siena, Bauer .	1,20	6,–	–,–
16		12 Pf	schwarz auf lilarosa, Getreideähren	–,70	3,–	*2000,–*
17		12 Pf	lilakarmin, Getreideähren	–,90	3,–	–,–
18		12 Pf	dunkelrosa(rot), Getreideähren	7,–	16,–	–,–
19		12 Pf	dunkelrosarot auf (lebhaft) lilarosa, Getreideähren	1,–	3,20	–,–
			Satz (12 billigste W.)	42,–	75,–	

1945, 21. Okt. Opfer des Faschismus. [37×45]

			★★	⊙	FDC
20	6+14 Pf	R. Breitscheid . .	40,–	80,–	
21	8+22 Pf	Dr. E. Klausener	40,–	80,–	
22	12+28 Pf	E. Thälmann . . .	40,–	80,–	
		Satz (3 W.) . . .	120,–	240,–	350,–

1945, 8. Dez./31. Dez. Bodenreform. [21,5×26]

23		6+14 Pf	Bauer			
	a		grün	9,–	55,–	
	b		dunkelgelbgrün .	9,–	55,–	
24		8+22 Pf	Sämann			
	a		siena	9,–	55,–	
	b		mittelsiena	9,–	55,–	
25		12+28 Pf	Schnitter			
	a		rot (Töne)	9,–	55,–	
	b		lebhaftgelblichrot bis rotorange . . .	9,–	55,–	
			Satz a (3 W.)	26,–	160,–	200,–
			Satz b (3 W.)	26,–	160,–	600,–

1945, 31. Dez. Kinderhilfe. [27,5×33]

26	6+14 Pf	Kleinkind	7,50	60,–	
27	8+22 Pf	Mädchen	4,–	60,–	
28	12+28 Pf	Junge	4,–	60,–	
		Satz (3 W.)	15,–	180,–	–,–

1946, 17. Jan./25. Febr. Abschiedsserie. MiNr. 33, 36–40 gez., MiNr. 29–32, 34–35 ☐. [21,5×26]

			x I. Auflage dickes, weißes Kreidepapier			y II. Auflage dünnes, graustichiges Papier		
			★★	⊙	FDC	★★	⊙	FDC
29	3 Pf	Bauernhäuser	30,–	70,–	–,–	4,–	60,–	–,–
30	4 Pf	dunkelultramarin, Hirsche	45,–	80,–	–,–			
31	4 Pf	lebhaftbräunlichrot, Hirsche				4,–	60,–	–,–
32	5 Pf	Fischerboote	24,–	70,–	–,–	4,–	60,–	–,–
33	6 Pf	Bauer	17,–	35,–	–,–	2,–	9,–	
34	8 Pf	Windmühle	30,–	65,–	–,–	3,50	60,–	–,–
35	10 Pf	Pflügender Bauer	30,–	65,–	–,–	3,50	60,–	
36	12 Pf	Neubau	4,50	30,–	–,–	2,–	4,50	
37	15 Pf	Motorpflug				2,–	10,–	–,–
38	20 Pf	Getreidespeicher				3,–	13,–	–,–
39	30 Pf	Fabriken				2,50	15,–	–,–
40	40 Pf	Bäuerin am Spinnrad				2,50	15,–	–,–
		Satz (7 bzw. 11 W.)	150,–	400,–		30,–	300,–	

Ost-Sachsen

Alle ⊙-Preise ab 3,– Euro gelten nur für geprüfte Stücke.

Die bisher unter MiNr. 41 gelistete Marke „POST/ O TA“ wurde nach heutigem Kenntnisstand zwar zur Ausgabe vorgesehen, dann aber auf Befehl des Sowjetischen Stadtkommandanten nicht ausgegeben. Katalogisierung unter MiNr. B I siehe MICHEL-Deutschland- und MICHEL-Deutschland-Spezial.

1945, 28. Juni/4. Okt. Ziffern, ☐. [21,5×26]

			★★	⊙	FDC
42	5 Pf	orangebraun	1,–	2,60	150,–
43	6 Pf	schwarzgelbgrün			
A		geschnitten	10,–	12,–	200,–
B		durchstochen	10,–	13,–	
C		gez. L 11	240,–	250,—	
44	8 Pf	(dunkel)braunviolett (Töne)	1,30	2,60	150,–
45	10 Pf	dunkelsiena	1,50	5,50	100,–
46	12 Pf	rot bis dunkelrosarot	1,50	2,60	150,–
47	15 Pf	dunkelbraungelb (Töne)	1,20	3,50	120,–
48	20 Pf	dunkelpreußischblau (Töne)	1,60	3,50	120,–
49	25 Pf	blau (Töne)	1,20	3,50	120,–
50	40 Pf	dunkelrötlichlila	1,20	3,50	120,–
		Satz (9 W.)	18,–	35,–	

1945, 3. Nov./5. Dez. Ziffern, ☐. [21,5×26]

			x normaler Gummi			y Spargummi	
			★★	⊙	FDC	★★	⊙
51	3 Pf	schwarzbraun	1,–	3,50	25,–	4,–	450,–
52	10 Pf	(dunkel)grau	1,–	3,50	25,–	5,–	80,–
		Satz (2 W.)	2,–	7,–		9,–	500,–

1945, 3./5. Nov. Ziffern, □. [21,5×26]

			✱✱	⊙	FDC
53	4 Pf	dunkel(grau)blau	–,50	2,50	30,–
54	20 Pf	blau (Töne)	–,40	2,50	30,–
55	30 Pf	lebhaftbraungel	–,40	2,50	35,–
		Satz (3 W.)	1,20	7,–	

1945, 3. Nov./21. Dez. Ziffern. [21,5×26]

			✱✱	⊙	FDC
56	3 Pf	orangebraun (Töne)	–,50	2,50	30,–
57	5 Pf	dunkelgrün (Töne)	–,50	2,50	30,–
58	6 Pf	(dunkel)grauviolett (Töne)	–,50	2,50	20,–
59	8 Pf	dunkelgelborange (Töne)	–,50	2,50	30,–
60	12 Pf	orangerot (Töne)	–,50	2,50	25,–
		Satz (5 W.)	2,50	12,–	

1946, 15. Jan./1. Febr. Ziffern, □. [21,5×26]

			✱✱	⊙	FDC
61	4 Pf	(dunkel)grünlichgrau	–,40	1,50	90,–
62	6 Pf	dunkelrotviolett (Töne)	–,40	1,50	30,–
63	12 Pf	dunkelrosarot (Töne)	–,40	1,50	30,–
		Satz (3 W.)	1,10	4,–	

1946, 6. Febr. Wiederaufbau Dresdens. [27,5×33]

			✱✱	⊙	FDC
64	6+44 Pf	Dresdner Zwinger	1,30	8,50	60,–
65	12+88 Pf	Neues Rathaus	1,30	8,50	60,–
		Satz (2 W.)	2,60	17,–	

Provinz Sachsen

Alle ⊙-Preise gelten nur für geprüfte Stücke.

1945, ab 10. Okt. Provinzwappen, □, X = fallendes, Y = steigendes Wz. 1. [21,5×26]

			X			Y	
			✱✱	⊙	FDC	✱✱	⊙
66	1 Pf	dunkelgrünlichblau	–,80	6,–		4000,–	*10000,–*
67	3 Pf	dunkelorangebraun	–,80	4,–		5000,–	*9000,–*
68	5 Pf	dunkelolivgrün	2,–	16,–		18000,–	*28000,–*
69	6 Pf	grauviolett (Töne)	1,40	3,–	150,–		
70	8 Pf	gelblichrot (Töne)	–,80	4,–		6000,–	*9000,–*
71	12 Pf	dunkelrosarot	–,80	3,–	150,–		
		Satz (6 W.)	6,–	35,–			

1945, Dez. Provinzwappen, □, Wz. 1 X. [21,5×26]

			✱✱	⊙
72	10 Pf	(dunkel)rötlichbraun	15,–	250,–

1945, Nov./Dez. Wappenzeichnung, X = fallendes, Y = steigendes Wz. 1. [21,5×26]

			X		Y	
			★★	⊙	★★	⊙
73	1 Pf	schwärzlichgrünlichblau	–,30	3,–	–,30	12,–
74	3 Pf	dunkelgelbbraun	–,30	3,–	–,30	8,50
75	5 Pf	dunkelolivgrün	–,30	3,–	–,30	13,–
76	6 Pf	grauviolett	2,–	3,50	–,30	3,–
77	8 Pf	gelblichrot	–,30	3,50	–,30	4,–
78	10 Pf	rötlichbraun	2,–	3,50	–,30	4,–
79	12 Pf	dunkelrosarot	–,30	3,–	–,30	2,50
80	15 Pf	mittellilakarmin	280,–	700,–	–,30	30,–
81	20 Pf	hellblau	–,40	5,–	14,–	40,–
82	24 Pf	dunkelbraunorange	–,40	5,–		
83	30 Pf	dunkeloliv	–,40	5,–	14,–	40,–
84	40 Pf	dunkelbräunlichlila	2,–	10,–	18,–	110,–
		Satz (11 W., X ohne 80)	8,–	45,–	45,–	250,–

1945, 17. Dez. Bodenreform, □. [32×26]

			★★	⊙	FDC
85	6 Pf	Pflügender Bauer	–,50	3,–	25,–
86	12 Pf	Pflügender Bauer	–,50	3,–	25,–
		Satz (2 W.)	1,–	6,–	

1946, 19. Jan./21. Febr. Wiederaufbau. A = gez., B = □. [26×30]

			A			B		
			★★	⊙	FDC	★★	⊙	FDC
87	6+ 4 Pf	Wohnungsbau	–,40	3,–		–,60	*60,–*	
88	12+ 8 Pf	Brückenbau	–,40	3,–		–,60	*60,–*	
89	42+28 Pf	Maschinenbau	–,40	3,–		–,70	*60,–*	
		Satz (3 W.)	1,10	9,–	50,–	1,90	*180,–*	*360,–*

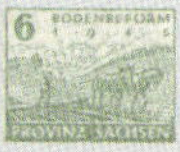

1946, 21. Febr. Bodenreform, „Zigarettenpapier", Wz. 2. [32×26]

			★★	⊙	FDC
90	6 Pf	dunkelopalgrün	–,40	8,50	–,–
91	12 Pf	rot, dunkelrosa	–,40	8,50	–,–
		Satz (2 W.)	–,70	17,–	

Thüringen

Alle ⊙-Preise gelten nur für (BPP-)geprüfte Stücke.

1945, 1. Okt./1946, 1. Jan. Freimarken. X = Vollgummierung, Y = Spargummierung. [24×27,5]

			X ★★	X ⊙	Y ★★	Y ⊙
92	3 Pf	Tannen	–,50	4,–	2,–	8,50
93	4 Pf	Tannen	–,50	4,–	4,–	24,–
94	5 Pf	Tannen	–,50	5,–	1,–	8,50
95	6 Pf	Posthorn und Brief	–,50	3,–	1,–	3,–
96	8 Pf	Posthorn und Brief	–,50	3,50	1,–	8,50
97	12 Pf	F. von Schiller	–,50	3,–	3,–	8,50
98	20 Pf	J. W. von Goethe				
A		gezähnt	–,50	3,–	3,–	20,–
B		geschnitten	–,50	4,50	3,–	25,–
99	30 Pf	J. W. von Goethe				
A		gezähnt	2,–	4,50	3,–	11,–
B		geschnitten	14,–	40,–	4,50	20,–
		Satz (mit A u. B, 10 W.)	18,–	65,–	25,–	130,–

1945, 18. Dez. Blockausgabe: Antifaschismus. t = grauweißes dünnes Papier, x = weißes Kartonpapier, Blockmarken ☐. [79×38]

	t ★★	t ⊙	x ★★	x ⊙
100–102 Block 1 (79×38 mm)	1600,–	3200,–	450,–	1100,–

1945, 18. Dez. Blockausgabe: Weihnachten. t = grauweißes dünnes Papier, x = weißes Kartonpapier, ☐. [120×120, 24×27,5]

	t ★★	t ⊙	t FDC	x ★★	x ⊙	x FDC
103–106 Block 2 (20×120 mm)	1800,–	3300,–	*5000,–*	2300,–	4000,–	5500,–

1946, 27. März. Blockausgabe: Wiederaufbau Nationaltheater Weimar. A: dünnes, weißes, ungummiertes Papier, □, Wz. 1 X, B: graubraunes, gummiertes Papier, ⬚ o.Wz. [105×105, 22×26, 32×26]

			A			B		
			(★)	⊙	FDC	★★	⊙	FDC
107	6 Pf	F. von Schiller	3,50	10,–		10,–	20,–	
108	10 Pf	J. W. von Goethe	3,50	10,–		10,–	20,–	
109	12 Pf	F. Liszt	3,50	10,–		10,–	20,–	
110	16 Pf	Ch. M. Wieland	3,50	10,–		10,–	20,–	
111	40 Pf	Nationaltheater	3,50	10,–		10,–	20,–	
		Block 3 (105×105 mm)	25,–	80,–	380,–	90,–	220,–	380,–

1946, 30. März. Wiederaufbau zerstörter Brücken, □. [33×27,5]

			★★	⊙	FDC
112	10+60 Pf	Saalburger Brücke	1,–	12,–	
113	12+68 Pf	Camsdorfer Brücke, Jena	1,–	12,–	
114	16+74 Pf	Saalebrücke, Göschwitz	1,–	12,–	
115	24+76 Pf	Ilmbrücke, Mellingen	1,–	12,–	
		Satz (4 W.)	4,–	45,–	120,–

Blockausgabe.

Block 4 (119×119 mm)	450,–	1700,–	2500,–

West-Sachsen

Alle ⊙-Preise gelten nur für (BPP-)geprüfte Stücke.

1945, 28. Sept. Ziffern, □, X fallendes, Y steigendes Wz. 1. [21,5×26]

			X			Y		
			★★	⊙	FDC	★★	⊙	FDC
116	5 Pf	schwarzolivgrün	–,30	3,–		5,–	35,–	
117	6 Pf	(lebhaft)grauviolett	–,30	3,–		20,–	25,–	
118	8 Pf	lebhaftrotorange	–,30	3,–		5,–	25,–	
119	12 Pf	lebhaftkarminrot	–,30	3,–		10,–	22,–	
		Satz (4 W.)	1,20	10,–	250,–	40,–	100,–	400,–

1945, 12. Okt. Ziffern (wie MiNr. 116–119), weit gez., X = fallendes Wz. 1. [21,5×26]

				X	
			✶✶	⊙	FDC
120	5 Pf	schwärzlicholivgrün	22,–	58,–	700,–
121	6 Pf	(lebhaft)grauviolett	22,–	45,–	700,–
122	8 Pf	lebhaftrotorange	22,–	45,–	700,–
123	12 Pf	lebhaftkarminrot	22,–	45,–	700,–
		Satz (4 W.)	80,–	190,–	

1945, 18. Okt. Musterschau Leipziger Erzeugnisse, X = fallendes, Y = steigendes Wz. 1. [21,5×26]

				X			Y	
			✶✶	⊙	FDC	✶✶	⊙	FDC
124	6 Pf	dunkelbläulichgrün	32,–	120,–		1,20	3,80	
125	12 Pf	lebhaft(karmin)rot	38,–	140,–		1,20	3,80	
		Satz (2 W.)	70,–	250,–	–,–	2,40	7,50	150,–

1945, ab 9. Nov. Ziffern, eng gez., X = fallendes, Y = steigendes Wz. 1. [21,5×26]

				X			Y	
126	3 Pf	braun (Töne)	–,30	3,–	30,–	–,30	3,–	30,–
127	4 Pf	schwarzgraublau	–,50	4,50	30,–	–,50	6,50	30,–
128	5 Pf	schwärzlicholivgrün	–,30	3,–	30,–	1,50	11,–	30,–
129	6 Pf	lebhaftgrauviolett	–,30	3,–	25,–	–,60	20,–	25,–
130	8 Pf	lebhaftrotorange	–,30	6,–	30,–	–,30	12,–	30,–
131	10 Pf	grau (Töne)	–,30	5,50	30,–	–,30	12,–	–,–
132	12 Pf	rot bis lebhaftkarminrot	–,30	2,50	25,–			
133	15 Pf	mittellilakarmin	1,–	5,50	–,–	–,50	12,–	50,–
134	20 Pf	mittel- bis lebhaftblau	–,40	20,–	50,–	1,–	5,–	40,–
135	30 Pf	bräunlicholiv (Töne)	1,–	6,–	–,–	1,–	3,–	40,–
136	40 Pf	rotlila (Töne)	2,50	6,–	40,–	2,50	16,–	–,–
137	60 Pf	lebhaftbraunkarmin	4,50	25,–	65,–	1,–	34,–	65,–
		Satz (12 bzw. 11 W.)	10,–	80,–		8,–	120,–	

1946, 7./28. Jan. Volkssolidarität. Wz. 1 Y. [21,5×26]

			✶✶	⊙	FDC
138	3+ 2 Pf	hellbraun, gelbbraun	–,80	4,–	25,–
139	4+ 3 Pf	dunkelgraublau	–,80	4,–	50,–
140	5+ 3 Pf	schwärzlicholivgrün	–,80	4,–	50,–
141	6+ 4 Pf	(lebhaft)grauviolett	–,80	4,–	25,–
142	8+ 4 Pf	orange	–,80	4,–	50,–
143	10+ 5 Pf	lebhaftgrau	–,80	4,–	50,–
144	12+ 6 Pf	(lebhaft)rot	–,80	4,–	25,–
145	15+10 Pf	karminbraun	–,80	4,–	65,–
146	20+10 Pf	blau	–,80	4,–	75,–
147	30+20 Pf	dunkelgrauoliv	–,80	5,–	–,–
148	40+30 Pf	karminlila, dunkellila	–,80	4,–	–,–
149	60+40 Pf	(schwärzlich)bräunlichlila	–,80	6,–	–,–
		Satz (12 W.)	9,–	50,–	–,–

1946, 12. Febr. Abschiedsserie, X = fallendes, Y = steigendes Wz. 1. [21,5×26]

			X			Y		
			**	⊙	FDC	**	⊙	FDC
150	3 Pf	Leipziger Stadtwappen	25,–	250,–		–,50	8,–	
151	4 Pf	Leipziger Stadtwappen	240,–	1200,–		–,50	8,–	
152	5 Pf	Nikolaikirche				–,50	8,–	
153	6 Pf	Nikolaikirche	75,–	400,–		–,50	8,–	
154	8 Pf	Neues Rathaus				–,50	7,–	
155	12 Pf	Neues Rathaus	110,–	700,–		–,50	8,–	
		Satz (4 bzw. 6 W.)	450,–	2500,–	–,–	3,–	45,–	70,–

1946, 15. März. Abschiedsserie, x = graues, y = gelbliches Papier, o.Wz. [21,5×26]

			x			y		
			**	⊙	FDC	**	⊙	FDC
156	3 Pf	dunkelgelbbraun	–,60	12,–		3,50	80,–	
157	4 Pf	schwarzgraublau	–,60	12,–		4,–	80,–	
158	5 Pf	schwärzlicholivgrün	–,60	12,–		3,50	80,–	
159	6 Pf	violett (Töne)	–,60	12,–		5,50	220,–	
160	8 Pf	lebhaftorange	–,60	12,–		5,–	380,–	
161	12 Pf	rot (Töne)	–,60	12,–		5,–	100,–	
		Satz (6 W.)	3,50	70,–	75,–	26,–	900,–	1000,–

1946, 8./20. Mai. Leipziger Messe. X = fallendes, Y = steigendes Wz. 1, weißes Papier, glatter Gummi, Z = oWz., graues Papier, Spargummi; A = gez., B = ☐. [24×31]

			A			B		
			**	⊙	FDC	**	⊙	FDC
162	6+14 Pf	schwärzlichpurpurviolett						
X			–,30	6,–		1,30	30,–	
Y			–,50	6,–		6,–	50,–	
Z			1,20	9,–				
163	12+18 Pf	dunkelgraublau						
X			1,–	10,–		1,30	30,–	
Y			–,50	20,–		15,–	60,–	
Z			1,20	10,–				
164	24+26 Pf	bräunlichorange						
X			–,30	6,–		1,30	30,–	
Y			–,50	6,–		7,50	30,–	
Z			1,20	6,–				
165	84+66 Pf	schwärzlichsmaragdgrün						
X			–,50	20,–		1,30	40,–	
Y			1,50	20,–		17,–	110,–	
		Satz X (4 W.)	2,–	30,–	45,–	5,–	130,–	100,–
		Satz Y (4 W.)	3,–	50,–	55,–	45,–	280,–	250,–
		Satz Z (3 W.)	3,60	25,–				

Blockausgabe. ☐

	X			Y		
		Ⓢ			Ⓢ	
Block 5 (105×105 mm)	230,–	350,–	–,–	230,–	350,–	–,–

Allgemeine Ausgaben

Alle Preise der Bezirksstempel-Ausgaben gelten nur für (BPP-) geprüfte Stücke.

1948, 24. Juni. Deutschland-Gemeinschaftsausgabe MiNr. 943–958 mit Aufdruck des Bezirksstempels. [21,5×26]

				Billigste Sorte ★★	⊙
166	2 Pf	Pflanzer	(943)	5,–	15,–
167	6 Pf	Pflanzer	(944)	5,–	7,–
168	8 Pf	Sämann	(945)	5,–	7,–
169	10 Pf	Sämann	(946)	5,–	7,–
170	12 Pf	Arbeiter	(947)	4,50	5,–
171	15 Pf	Pflanzer	(948)	10,–	50,–
172	16 Pf	Maurer und Bäuerin	(949)	5,–	8,–
173	20 Pf	Sämann	(950)	5,–	13,–
174	24 Pf	Maurer und Bäuerin	(951)	4,50	5,–
175	25 Pf	Pflanzer	(952)	16,–	60,–
176	30 Pf	Arbeiter	(953)	5,–	9,–
177	40 Pf	Sämannn	(954)	5,50	9,–
178	50 Pf	Maurer und Bäuerin	(955)	7,50	13,–
179	60 Pf	(hell)braunkarmin, Arbeiter	(956)	250,–	400,–
A 179	60 Pf	(hell)karminbraun, Arbeiter	(A956)	7,–	5,50
180	80 Pf	Arbeiter	(957)	6,50	5,50
181	84 Pf	Maurer und Bäuerin	(958)	16,–	50,–
		Satz (ohne Nr. 179, 16 W.)		100,–	260,–

1948, 3. Juli. Alliierte Besetzung – Gemeinschaftsausgaben MiNr. 943–958 mit Aufdruck „Sowjetische/Besatzungs/Zone“. [21,5×26]

				★★	◍	FDC
182	2 Pf	Pflanzer	(943)	–,50	–,30	40,–
183	6 Pf	Pflanzer	(944)	–,50	–,40	35,–
184	8 Pf	Sämann	(945)	–,50	–,40	40,–
185	10 Pf	Sämann	(946)	–,50	–,40	35,–
186	12 Pf	Arbeiter	(947)	–,50	–,40	35,–
187	15 Pf	Pflanzer	(948)	–,60	–,40	40,–
188	16 Pf	Maurer und Bäuerin	(949)	–,50	–,60	40,–
189	20 Pf	Sämann	(950)	–,50	–,40	35,–
190	24 Pf	Maurer und Bäuerin	(951)	–,50	–,30	35,–
191	25 Pf	Pflanzer	(952)	–,50	–,30	35,–
192	30 Pf	Arbeiter	(953)	2,50	–,40	50,–
193	40 Pf	Sämann	(954)	–,50	–,40	50,–
194	50 Pf	Maurer und Bäuerin	(955)	–,70	–,80	35,–
195	60 Pf	hellbraunkarmin, Arbeiter	(956)	80,–	–,–	–,–
A 195	60 Pf	(hell)karminbraun, Arbeiter	(A 956)	1,50	–,80	
196	80 Pf	Arbeiter	(957)	3,–	1,–	45,–
197	84 Pf	Maurer und Bäuerin	(958)	3,50	1,40	45,–
		Satz (ohne MiNr. 195, 16 W.)		16,–	8,–	

1948, 29. Aug. Leipziger Herbstmesse. Wz. 3. [45×37]

			★★	⊙	FDC
198	16+ 9 Pf	Neujahrsmarkt	–,90	–,80	
199	50+25 Pf	Tuchmacher	–,90	–,80	
		Satz (2 W.)	1,80	1,50	7,–

1948, Ende Sept. Alliierte Besetzung – Berlin und Brandenburg MiNr. 1 A–7 A mit Aufdruck „Sowjetische/Besatzungs/Zone“. [21,5×26]

				★★	◍
200	5 Pf	schwärzlichgelb(lich)grün			
A		gezähnt	(1 AA)	–,50	1,–
B		durchstochen	(1 AB)	–,50	1,–
201	6 Pf	lebhaftgrauviolett bis dunkelviolett	(2 A)	–,50	1,–
202	8 Pf	(lebhaft)orangerot	(3 A)	–,50	1,–
203	10 Pf	lebhaftsiena, (orange)braun	(4 A)	–,50	1,–
204	12 Pf	mittelkarminrot (Töne)	(5 A)	–,70	1,50
205	20 Pf	lebhaftblau bis dunkelblau	(6 A)	–,50	1,50
206	30 Pf	(dunkel)bräunlicholiv	(7 A)	–,50	1,50
		Satz (8 W.)		4,–	9,–

1948, Ende Sept. Alliierte Besetzung – Gemeinschaftsausgaben Ziffern mit Aufdruck „Sowjetische/Besatzungs/Zone“. [21,5×26]

				✱✱	⊘
207	5 Pf	gelblichgrün	(915)	1,–	–,90
208	30 Pf	braunoliv (Töne)	(928)	1,60	2,50
209	45 Pf	rot (Töne)	(931)	–,80	1,–
210	75 Pf	violettultramarin	(934)	–,80	1,–
211	84 Pf	grün	(936)	1,80	2,–
		Satz (5 W.)		6,–	7,–

1948, ab 11. Okt. Persönlichkeiten aus Politik, Kunst und Wissenschaften. Wz. 3. [21,5x26]

			✱✱	⊙
212	2 Pf	Käthe Kollwitz (1867–1945)	2,–	2,–
213	6 Pf	Gerhart Hauptmann (1862–1946)	2,–	2,–
214	8 Pf	Karl Marx (1818–1883)	2,–	2,–
215	10 Pf	August Bebel (1840–1913)	2,–	1,50
216	12 Pf	Friedrich Engels (1820–1895)	4,50	1,–
217	15 Pf	Georg Hegel (1770–1831)	1,50	3,–
218	16 Pf	Prof. Rudolf Virchow (1821–1902)	8,–	3,–
219	20 Pf	Käthe Kollwitz	2,–	2,–
220	24 Pf	Ernst Thälmann (1886–1944)	5,–	2,–
221	25 Pf	Prof. Rudolf Virchow	2,–	2,50
222	30 Pf	Friedrich Engels	5,–	3,–
223	40 Pf	Gerhart Hauptmann	20,–	3,50
224	50 Pf	Karl Marx	2,–	2,50
225	60 Pf	Georg Hegel	10,–	3,50
226	80 Pf	Ernst Thälmann	2,–	2,–
227	84 Pf	August Bebel	3,20	6,–
		Satz (16 W.)	65,–	40,–

Für MiNR. 212–227 wurden keine amtlichen Erstausgabedaten festgelegt.

1948, 23. Okt. Tag der Briefmarke. Wz. 3. [28×36]

			✱✱	⊙	FDC
228	12+3 Pf	Emblem des Instituts für Philatelie	1,–	1,30	–,–

1949, 15. Jan. 30. Todestag von Karl Liebknecht (1871–1919) und Rosa Luxemburg (1871–1919). Wz. 3. [36×28]

229	24 Pf	K. Liebknecht/ R. Luxemburg	1,–	1,30	20,–

1949, 6. März. Leipziger Frühjahrsmesse. Wz. 3. [45×37]

230	30+15 Pf	Messe 1556	4,80	5,50	
231	50+25 Pf	Messe 1536	5,50	6,–	
		Satz (2 W.)	10,–	11,–	15,–

1949, 13. Mai. Wahlen zum 3. Volkskongress. Wz. 3. [36×28]

232	24 Pf	Friedenstaube	2,–	2,80	15,–

1949, 29. Mai. Tagung des 3. Volkskongresses, MiNr. 232 mit Aufdruck. [36×28]

233	24 Pf	Friedenstaube	2,60	3,80	17,–

1949, 20. Juli. 200. Geburtstag des Dichters Johann Wolfgang von Goethe (1749–1832). Wz. 3. [27,5×33]

			**	⊙	FDC
234	6+ 4 Pf	Goethe als Student	3,–	3,50	
235	12+ 8 Pf	Goethe in der Campagna ...	3,–	3,50	
236	24+16 Pf	Goethe als Dichter und Minister ..	2,50	3,–	
237	50+25 Pf	Goethe als 68jähriger	2,50	3,–	
238	84+36 Pf	Goethe im Alter	4,–	6,–	
		Satz (5 W.)	15,–	18,–	60,–

1949, 22. Aug. Blockausgabe: Goethe-Festwochen in Weimar. Wz. 3. [106×104, 27,5×33]

			**	Ⓢ*)	Ⓢ**)	FDC
239	50 Pf	(+ 4,50 DM) J. W. von Goethe ...	150,–	280,–	180,–	
Block 6 (106×104 mm)			220,–	600,–	300,–	4000,–

Ⓢ*) „Goethes Weimar grüßt die Welt“
Ⓢ**) Namenszug Goethes

1949, 30. Aug. Leipziger Herbstmesse. Wz. 3. [43×37]

			**	Ⓢ	FDC
240	12+ 8 Pf	Russische Kaufleute auf der Messe	6,–	7,–	
241	24+16 Pf	Goethe auf der Messe	7,–	8,–	
		Satz (2 W.)	13,–	15,–	20,–

Alle ⊙-Preise MiNr. 8–241 ab 3,– Euro gelten nur für (BBP-)geprüfte Stücke!

Bei postfrischen Marken unter 5,– Euro werden evtl. Prüfgebühren nicht berücksichtigt.

Deutsche Demokratische Republik (DDR)

Die Preise gelten in der linken Spalte für postfrische (✶✶), in der mittleren, wenn nicht die Zeichen ⊙ oder Ⓢ darüber oder in der Katalogisierungszeile stehen, für Abstempelungen zu philatelistischen Zwecken.

Wz. 1

Wz. 2

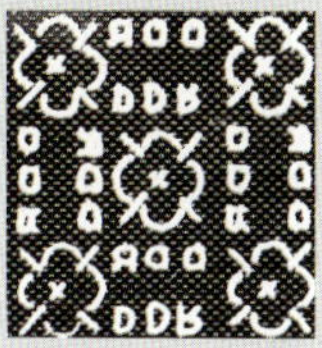

Wz. 3

1949, 9. Okt. 75 Jahre Weltpostverein (UPU). Wz. 1. [45×37]

			✶✶	◍	FDC
242	50 Pf	Taube mit Brief . . .	14,–	14,–	400,–

1949, 27. Okt. Gründung der Intern. Postgewerkschaft. Wz. 1. [21,5×26]

243	12 Pf	violettultramarin . .	10,–	10,–	200,–
244	30 Pf	rot (Töne	14,–	20,–	200,–
		Satz (2 W.)	24,–	30,–	400,–

1949, 30. Okt. Tag der Briefmarke. Wz. 1. [33×27,5]

245	12+3 Pf	Bayern MiNr. 1, Lupe	8,–	8,–	25,–

1950, 2. März. Wintersportmeisterschaften, Schierke. Wz. 1. [33×27,5]

246	12 Pf	Abfahrtslauf	7,–	6,–	–,–
247	24 Pf	Eiskunstlauf	9,–	8,–	–,–
		Satz (2 W.)	16,–	14,–	2200,–

1950, 5. März. Leipziger Frühjahrsmesse. Wz. 1. [45×37]

			✶✶	◍	FDC
248	24+12 Pf	Erstes Porzellan	10,–	12,–	–,–
249	30+14 Pf	Erste Messe . .	12,–	14,–	–,–
		Satz (2 W.)	22,–	26,–	50,–

1950, 1. Mai. 60 Jahre Feiertag 1. Mai. Wz. 1. [33×27,5]

250	30 Pf	Erdkugel mit Sonne	22,–	20,–	120,–

1950, 27. Mai/1951. Staatspräsident Wilhelm Pieck (1876–1960). Wz. 1. [21,5×26, 33×27,5]

251	12 Pf	(dunkel)violett-ultramarin	26,–	2,50	150,–
252	24 Pf	dunkel(braun)-orange bis dunkel-orangerot	36,–	1,60	200,–
253	1 DM	dunkelbräunlich-grünoliv	36,–	6,50	300,–

Nr.	Wert	Beschreibung	**	⊘	FDC
254	2 DM	lebhaftbraunrot, bräunlichrot	22,–	6,–	350,–
255	5 DM	schwarzblau	10,–	2,–	2600,–
		Satz (5 W.)	130,–	18,–	1000,–

1950, 14. Juni. 200. Todestag des Komponisten Johann Sebastian Bach (1685–1750). Wz. 1. [33×27,5]

Nr.	Wert	Beschreibung	**	⊘	FDC
256	12+ 4 Pf	Hirtenknabe mit Doppelflöte	8,–	6,–	
257	24+ 6 Pf	Mädchen mit Handorgel	8,–	6,–	
258	30+ 8 Pf	J. S. Bach (Gemälde)	12,–	12,–	
259	50+16 Pf	Singende Masken	22,–	20,–	
		Satz (4 W.)	50,–	44,–	1400,–

1950, 1. Juli. Deutsche Briefmarkenausstellung DEBRIA, Leipzig. Wz. 1. [33×27,5]

Nr.	Wert	Beschreibung	**	⊘	FDC
260	84+41 Pf	Sachsen MiNr. 1, Taube	55,–	14,–	800,–

1950, 10. Juli. 250 Jahre Deutsche Akademie der Wissenschaften, Berlin. Wz.1. [21,5×26]

Nr.	Wert	Beschreibung	**	⊘	FDC
261	1 Pf	Leonhard Euler (1707–1783)	5,–	2,–	
262	5 Pf	Alexander von Humboldt (1769–1859)	7,–	5,–	
263	6 Pf	Theodor Mommsen (1817–1903)	14,–	5,–	
264	8 Pf	Wilhelm von Humboldt (1767–1835)	16,–	10,–	
265	10 Pf	Prof. Dr. Hermann Helmholtz (1821–1894)	14,–	10,–	
266	12 Pf	Max Planck (1858–1947)	10,–	4,–	
267	16 Pf	Jacob Grimm (1785–1863)	20,–	20,–	
268	20 Pf	Walter Nernst (1864–1941)	18,–	16,–	
269	24 Pf	Gottfried Wilh. von Leibniz (1646–1716)	18,–	4,–	
270	50 Pf	Adolf von Harnack (1851–1930)	28,–	20,–	
		Satz (10 W.)	150,–	90,–	800,–

1950, 26. Aug. Briefmarkenausstellung DEBRIA, Leipzig. Marken MiNr. 245 und 260 als Block. Wz. 1, □. [92×52, 33×27,5]

Nr.	Wert	Beschreibung	**	⊘	FDC
271	12+ 3 Pf	Bayern MiNr. 1, Lupe	50,–	55,–	
272	84+41 Pf	Friedenstaube, Sachsen MiNr. 1	50,–	55,–	
		Block 7 (92×52 mm) (⊙ = Ⓢ)	160,–	140,–	200,–

1950, 1. Sept. 750 Jahre Mansfelder Kupferschieferbergbau. Wz. 1. [33×27,5]

Nr.	Wert	Beschreibung	**	⊘	FDC
273	12 Pf	Bergarbeiter im Stollen	7,–	8,–	
274	24 Pf	Arbeiter am Schmelzofen	11,–	8,–	
		Satz (2 W.)	18,–	16,–	90,–

1950, 28. Sept. Volkswahlen. Wz. 1. [33×27,5]

Nr.	Wert	Beschreibung	**	⊘	FDC
275	24 Pf	Symbole der Arbeit	18,–	5,–	1000,–

1950, 15. Dez. Frieden. Wz. 1. [27,5×33]

Nr.	Wert	Beschreibung	**	⊘	FDC
276	6 Pf	Panzer	6,–	3,50	
277	8 Pf	Bomben	4,50	2,–	
278	12 Pf	Atompilz	5,50	4,50	
279	24 Pf	Soldatenfriedhof	7,–	3,–	
		Satz (4 W.)	22,–	13,–	350,–

1951, 3. Febr. Wintersportmeisterschaften, Oberhof. Wz. 1. [33×27,5]

			✶✶	⊘	FDC
280	12 Pf	Zweierbob	9,–	8,–	
281	24 Pf	Skispringen	12,–	10,–	
		Satz (2 W.)	20,–	18,–	200,–

1951, 4. März. Leipziger Frühjahrsmesse. Wz. 1. [33×27,5]

			✶✶	⊘	FDC
282	24 Pf	lebhaftrotkarmin ..	12,–	12,–	
283	50 Pf	lebhaftlilaultramarin	13,–	12,–	
		Satz (2 W.)	25,–	24,–	100,–

1951, 22. April. Treffen der Staatspräsidenten W. Pieck und B. Bierut. Wz. 1. [45×37]

			✶✶	⊘	FDC
284	24 Pf	rot (Töne)	20,–	18,–	
285	50 Pf	blau (Töne)	20,–	18,–	
		Satz (2 W.)	40,–	35,–	2400,–

1951, 27. Juni. Deutsch-chinesische Freundschaft. Wz. 1. [45×37, 37×45]

			✶✶	⊘	FDC
286	12 Pf	Mao Zedong	90,–	25,–	
287	24 Pf	Landvermessung .	140,–	30,–	
288	50 Pf	Mao Zedong	90,–	30,–	
		Satz (3 W.)	320,–	80,–	500,–

1951, 3. Aug. Weltfestspiele der Jugend und Studenten. Wz. 1. [27,5×33]

			✶✶	⊘	FDC
289	12 Pf	Flaggenparade ...	14,–	7,–	
290	24 Pf	Volkstanzgruppe ..	14,–	4,–	
291	30 Pf	Flaggenparade ...	16,–	7,50	
292	50 Pf	Volkstanzgruppe ..	16,–	7,50	
		Satz (4 W.)	60,–	25,–	50,–

1951, 2. Sept. Erster Fünfjahrplan. Wz. 1. [21,5×26]

			✶✶	⊘	FDC
293	24 Pf	Hammer, Zirkel, Ähren	5,–	2,50	24,–

1951, 7. Okt. 80. Geburtstag des Politikers Karl Liebknecht (1871–1919). Wz. 1. [27,5×33]

			✶✶	⊘	FDC
294	24 Pf	K. Liebknecht	6,–	2,50	35,–

1951, 28. Okt. Tag der Briefmarke. Wz. 1. [33×27,5]

			✶✶	⊘	FDC
295	12 Pf	Sammler mit Album	7,–	3,–	9,–

1951, 1./15. Dez. Deutsch-sowjetische Freundschaft. Wz. 1. [45×37]

			✶✶	⊘	FDC
296	12 Pf	B. Bykow u. E. Wirth	6,–	4,–	
297	24 Pf	J. W. Stalin und W. Pieck	7,–	5,–	
		Satz (2 W.)	13,–	9,–	56,–

1952, 12. Jan. Wintersportmeisterschaften. Oberhof. Wz. 1. [27,5×33]

			✶✶	⊘	FDC
298	12 Pf	Langlauf	7,50	4,–	
299	24 Pf	Skispringen	7,50	5,–	
		Satz (2 W.)	15,–	9,–	20,–

1952, 26. März. 125. Todestag des Komponisten Ludwig van Beethoven (1770–1827). Wz. 1. [27,5×33]

Nr.	Wert	Motiv	★★	⊘	FDC
300	12 Pf	L. v. Beethoven ...	3,–	1,–	
301	24 Pf	L. v. Beethoven ...	4,–	1,50	
		Satz (2 W.)	7,–	2,50	6,–

1952, 1. Mai. Staatsbesuch des tschechoslowakischen Präsidenten Klement Gottwald (1896–1953). Wz. 1. [33×27,5]

302	24 Pf	K. Gottwald	4,50	2,50	30,–

1952, 1. Mai. Aufbauprogramm Berlin. Wz. 1. [33×27,5]

303	12+ 3 Pf	Schutt-abräumung ...	3,50	1,–	
304	24+ 6 Pf	Hausbau	2,–	1,–	
305	30+10 Pf	Dachstuhlbau .	3,50	1,–	
306	50+10 Pf	Bauplanung ...	3,50	2,–	
		Satz (4 W.)	12,–	5,–	15,–

1952, 5. Mai. Internationale Radfernfahrt für den Frieden. Wz. 1. [27,50×33]

307	12 Pf	Radrennfahrer	4,50	2,40	6,–

1952, 5. Juli. Händel-Fest, Halle. Wz. 2. [27,5×33]

308	6 Pf	Georg Friedrich Händel (1685–1759)	3,50	1,50	
309	8 Pf	Albert Lortzing (1801–1851)	3,50	2,50	
310	50 Pf	Carl Maria von Weber (1786–1826)	3,50	3,–	
		Satz (3 W.)	10,–	7,–	15,–

1952, 11. Aug. Gedenktage berühmter Männer. Wz. 1. [33×27,5]

Nr.	Wert	Motiv	★★	⊘	FDC
311	12 Pf	Victor Hugo (1802–1885)	4,–	5,–	
312	20 Pf	Leonardo da Vinci (1452–1519) .	4,–	5,–	
313	24 Pf	Nikolaj Gogol (1809–1852)	4,–	5,–	
314	35 Pf	Avicenna (980–1037)	6,–	6,–	
		Satz (4 W.)	18,–	20,–	40,–

1952, 7. Sept. Leipziger Herbstmesse. Wz. 2. [33×27,5]

315	24 Pf	lilarot	3,–	1,50	
316	35 Pf	schwärzlich-ultramarin	3,–	2,–	
		Satz (2 W.)	6,–	3,50	10,–

1952, 15. Okt. 100. Todestag des Turnvaters Friedrich L. Jahn (1778–1852). Wz. 2. [27,5×33]

317	12 Pf	F. L. Jahn	2,50	2,–	80,–

1952, 18. Okt. 450 Jahre Universität Halle-Wittenberg. Wz. 2. [33×27,5]

318	24 Pf	Universität: Augusteum	2,50	1,20	6,–

1952, 26. Okt. Tag der Briefmarke. Wz. 2. [27,5×33]

319	24 Pf	Friedenstaube	3,50	1,30	6,–

1952, 8. Dez. Völkerkongress für den Frieden, Wien. Wz. 2. [27,5 × 33]

			**	⊘	FDC
320	24 Pf	Friedenstaube, Erdkugel,	2,50	2,50	
321	35 Pf	Stephansdom	2,50	4,–	
		Satz (2 W.)	5,–	6,–	18,–

1952, Aug./1953, Staatspräsident Wilhelm Pieck (1876–1960). Wz. 2. [21,5 × 26, 33 × 27,5]

			**	⊘	FDC
322	5 Pf	(dunkelsmaragd)-grün	10,–	4,–	600,–
323	12 Pf	dunkelviolettultramarin, dunkelblau	25,–	2,–	
324	24 Pf	dunkelrot (Töne)	25,–	1,60	
325	1 DM	dunkeloliv (Töne)	35,–	20,–	
326	2 DM	bräunlichrot (Töne)	35,–	4,–	
		Satz (5 W.)	130,–	30,–	

1952/53. Persönlichkeiten. Wie SBZ MiNr. 212–227. Wz. 2. [21,5 × 26]

			**	⊘	FDC
327	2 Pf	Käthe Kollwitz	3,60	4,–	
328	6 Pf	Gerhart Hauptmann	3,60	2,50	
329	8 Pf	Karl Marx	2,40	2,50	
330	10 Pf	August Bebel	7,–	4,–	
331	15 Pf	Georg Hegel	16,–	16,–	
332	16 Pf	Prof. Rudolf Virchow	6,–	4,–	
333	20 Pf	Käthe Kollwitz	10,–	2,50	
334	25 Pf	Prof. Rudolf Virchow	200,–	280,–	
335	30 Pf	Friedrich Engels	25,–	10,–	
336	40 Pf	Gerhart Hauptmann	5,–	5,–	
337	50 Pf	Karl Marx	30,–	22,–	
338	60 Pf	Georg Hegel	6,–	4,–	
339	80 Pf	schwarzblau (Töne), Ernst Thälmann	8,–	2,50	
340	80 Pf	dunkelrosarot, Ernst Thälmann	15,–	10,–	500,–
341	84 Pf	August Bebel	80,–	100,–	
		Satz (15 W.)	400,–	450,–	

1953, 3. Jan. Staatspräsident Wilhelm Pieck. Wz. 2. [33 × 27,5]

			**	⊘	FDC
342	1 DM	schwarzoliv (Töne)	15,–	–,80	800,–
343	2 DM	braunrot	11,–	–,80	700,–
		Satz (2 W.)	25,–	1,50	

1953, 14. März/5. Mai. 70. Todestag von Karl Marx. Wz. 2. [27,5 × 33, 33 × 27,5]

			**	⊘	FDC
344	6 Pf	Eisenhüttenkombinat Ost, Fahne	1,50	1,–	
345	10 Pf	K. Marx, Friedrich Engels, kommunistisches Manifest	5,–	1,–	
346	12 Pf	Kreml, Fahne	1,50	1,–	
347	16 Pf	Aufmarsch von Werktätigen	4,–	2,50	
348	20 Pf	K. Marx liest aus „Das Kapital“	1,50	1,–	
349	24 Pf	K. Marx	4,–	1,–	
350	35 Pf	K. Marx am Rednerpult	4,–	3,50	
351	48 Pf	K. Marx und F. Engels	2,–	1,–	
352	60 Pf	Werktätige, Fahne	5,–	3,50	
353	84 Pf	K. Marx, Stalinallee	4,–	2,50	
		Satz (10 W.)	30,–	17,–	24,–

1953, 28. März. 85. Geburtstag des Schriftstellers Maksim Gorkij (1868 bis 1936). Wz. 2. [27,5×33]

				✱✱	⊘	FDC
354	35 Pf	M. Gorkij		–,80	–,60	35,–

1953, 2. Mai. Internationale Radfernfahrt für den Frieden. Wz. 2. [27,5×33]

355	24 Pf	Radrennfahrer	2,50	2,50	
356	35 Pf	auf der	1,50	1,50	
357	60 Pf	Strecke	2,–	2,–	
		Satz (3 W.)	6,–	6,–	15,–

1953, 6. Juli. 700 Jahre Stadt Frankfurt a. d. Oder. Wz. 2. [33×27,5]

358	16 Pf	Geburtshaus von Heinrich von Kleist (1777–1811)	1,70	2,50	
359	20 Pf	Marienkirche	1,20	2,50	
360	24 Pf	Altstadt	1,70	2,50	
361	35 Pf	Rathaus	2,50	3,50	
		Satz (4 W.)	7,–	11,–	25,–

1953, 10. Aug./21. Nov. Fünfjahrplan, Odr.: Wz. 2. [21,5×26]

			✱✱	⊘	N ⊘ (1957)
362	1 Pf	Steinkohlenhauer	2,–	–,70	–,20
363	5 Pf	Frau am Schaltrad	2,50	2,–	–,20
364	6 Pf	Werktätige	2,50	1,50	–,20
365	8 Pf	Jugendliche lernen	3,50	2,–	–,20
366	10 Pf	Werktätige beraten sich	2,50	1,50	–,20
367	12 Pf	3 Arbeiter	3,50	1,60	–,20
368	15 Pf	Frau am Fernschreiber	4,–	3,80	–,20
369	16 Pf	Stahlschmelzer	8,–	5,–	–,20
370	20 Pf	Werktätige vor Kurhaus	6,–	5,–	–,20
371	24 Pf	Stalinallee	12,–	1,60	–,20
372	25 Pf	Arbeiter rekonstruieren Lokomotive	8,–	7,–	–,20
373	30 Pf	Tanzgruppe	25,–	8,–	–,20
374	35 Pf	Sporthalle	20,–	8,–	–,20
375	40 Pf	Chemiker	16,–	5,–	–,20
376	48 Pf	Dresdner Zwinger	16,–	5,–	–,20
377	60 Pf	Hochseedampfer	16,–	12,–	–,20
378	80 Pf	Mähdrescher	18,–	11,–	–,20
379	84 Pf	Familie	16,–	30,–	–,20
		Satz (18 W.)	150,–	110,–	3,–
		FDC		170,–	

Der Odr. ist am punktierten Hintergrund und der unscharfen Zeichnung leicht erkennbar.

1953, 29. Aug. Leipziger Herbstmesse. Wz. 2. [33×27,5]

			✱✱	⊘	FDC
380	24 Pf	Bagger	3,50	3,50	
381	35 Pf	Kartoffelrodemaschine	3,50	3,50	
		Satz (2 W.)	7,–	7,–	16,–

1953, 16. Sept. 200. Todestag berühmter deutscher Baumeister. Wz. 2. [43×26]

382	24 Pf	Georg W. von Knobelsdorff (1699–1753)	3,–	1,20	
383	35 Pf	Balthasar Neumann (1687–1753)	3,–	2,–	
		Satz (2 W.)	5,50	3,–	8,–

1953, 16. Okt. 400. Todestag des Malers Lucas Cranach d. Ä. (1472 bis 1553). Wz. 2. [33×27,5]

			★★	⊘	FDC
384	24 Pf	L. Cranach	3,50	1,50	5,–

1953, 23. Okt. 1 Jahr Deutsches Rotes Kreuz in der DDR. Wz. 2. [27,5×33]

			★★	⊘	FDC
385	24 Pf	Erste-Hilfe-Leistung	3,–	1,60	7,–

1953, 24. Okt./Dez. Karl-Marx-Jahr. MiNr. 344–353 in 2 Blocks. Wz. 2. A gez., B ☐

			A			B		
			★★	⊙	FDC	★★	Ⓢ	FDC
386	6 Pf	EHK Ost, Fahne				15,–	20,–	
387	12 Pf	Kreml, Fahne	(Einzelpreise s. MiNr. 344, 346, 348–351)			15,–	20,–	
388	20 Pf	K. Marx liest aus „Das Kapital"				15,–	20,–	
389	24 Pf	K. Marx				15,–	20,–	
390	35 Pf	K. Marx am Rednerpult				15,–	20,–	
391	48 Pf	K. Marx und F. Engels				15,–	20,–	
Block 8 (148×104 mm)			100,–	150,–	*600,–*	100,–	150,–	*600,–*
392	10 Pf	K. Marx, F. Engels	16,–	20,–		16,–	20,–	
393	16 Pf	Werktätige	16,–	20,–		16,–	20,–	
394	60 Pf	Werktätige, Fahne	16,–	20,–		16,–	20,–	
395	84 Pf	K. Marx, Stalinallee	16,–	20,–		16,–	20,–	
Block 9 (148×105 mm)			100,–	150,–	*600,–*	100,–	150,–	*600,–*

1953, 25. Okt. Tag der Briefmarke. Wz. 2. [27,5×33]

			★★	⊘	FDC
396	24 Pf	Postübergabe	3,50	1,–	3,50

1953, 2. Nov. 75 Jahre Leipziger Zoo. Wz. 2. (33×27,2)

397	24 Pf	Löwenpaar	2,50	1,–	3,–

1953, 9./30. Nov. Deutsche Patrioten. Wz. 2. [43×26]

			★★	◎	FDC
398	12 Pf	Thomas Müntzer († 1525)	1,80	–,80	
399	16 Pf	Karl Freiherr vom Stein (1757–1831)	1,80	–,80	
400	20 Pf	Major Ferd. von Schill (1776–1809)	1,80	–,50	
401	24 Pf	Gebhard L. von Blücher (1742–1819)	1,80	–,50	
402	35 Pf	Studenten vor Wartburg 1817	3,–	2,–	
403	48 Pf	Barrikadenkampf, Revolution 1848	5,–	1,60	
		Satz (6 W.)	15,–	6,–	17,–

1953, 13. Nov. 125. Todestag des Komponisten Franz Schubert (1797 bis 1828). Wz. 2. [27,5×33]

404	48 Pf	F. Schubert	3,80	2,–	160,–

1953, 21. Nov. 1957. Fünfjahrplan, Bdr.; Wz. 2. [21,5×26]

			★★	◎	N ◎ (1957)
405	1 Pf	Steinkohlenhauer	1,–	–,20	–,20
406	5 Pf	Frau am Schaltrad	3,–	–,30	–,20
407	6 Pf	Werktätige	5,–	–,50	–,20
408	8 Pf	Jugendliche lernen	5,–	–,40	–,20
409	10 Pf	Werktätige beraten sich	45,–	–,30	–,20
410	12 Pf	3 Arbeiter	7,–	–,40	–,20
411	15 Pf	Frau am Fernschreiber	22,–	–,70	–,20
412	16 Pf	Stahlschmelzer	5,–	1,–	–,20
413	20 Pf	Werktätige vor Kurhaus	90,–	1,–	–,20
414	24 Pf	Stalinallee	8,–	–,40	–,20
415	25 Pf	Arbeiter rekonstruieren Lokomotive	5,–	1,–	–,20
416	30 Pf	Tanzgruppe	10,–	1,–	–,20
417	35 Pf	Sporthalle	6,–	1,20	–,20
418	40 Pf	Chemiker	12,–	1,20	–,20
419	48 Pf	Dresdner Zwinger	12,–	1,80	–,20
420	60 Pf	Hochseedampfer	22,–	2,–	–,20
421	80 Pf	Mähdrescher	5,–	2,–	–,20
422	84 Pf	Familie	20,–	2,–	–,20
		Satz (18 W.)	250,–	17,–	3,–
		FDC		*2000,–*	

Der Bdr. hat deutliche Zeichnung und gestrichelten bzw. rein weißen Hintergrund.

1954, 20. Jan. 225. Geburtstag des Dichters und Philosophen Gotthold E. Lessing (1729–1781). Wz. 2. [27,5×33]

			★★	◎	FDC
423	20 Pf	G. E. Lessing	2,70	1,20	3,50

1954, 25. Jan. Viermächtekonferenz, Berlin. Wz. 2. [26×43]

424	12 Pf	Demonstration, Friedenstaube	2,–	1,20	75,–

1954, 5. März. 1. Todestag des Staatsmannes Jossif W. Stalin (1879 bis 1953). Wz. 2. [27,5×33]

425	20 Pf	J. W. Stalin	3,50	1,30	3,50

1954, 30. April. Internationale Radfernfahrt für den Frieden. Wz. 2. [43×26]

426	12 Pf	Ortsdurchfahrt	2,–	1,–	
427	24 Pf	Auf der Strecke	2,50	1,50	
		Satz (2 W.)	4,50	2,50	7,–

1954, 3. Juni. Deutschlandtreffen der Jugend, Berlin. Wz. 2. [27,5×33]

			**	⊘	FDC
428	12 Pf	Tanzpaar	1,50	1,20	
429	24 Pf	Jugendliche vor Fahne	1,50	1,20	
		Satz (2 W.)	3,–	2,40	5,–

1954, 12. Juli. 80. Todestag des Schriftstellers Fritz Reuter (1810 bis 1874). Wz. 2. [27,5×33]

430	24 Pf	F. Reuter	2,–	1,40	5,–

1954, 16. Aug. Hilfe für Hochwassergeschädigte. [33×27,5]

431	24+6 Pf	Talsperre Sosa .	1,–	1,–	3,50

1954, 18. Aug. 10. Todestag des Politikers Ernst Thälmann (1886–1944). Wz. 2. [27,5×33]

432	24 Pf	E. Thälmann	1,50	1,10	2,50

1954, 4. Sept. Leipziger Herbstmesse, Messehaus „Handelshof". Wz. 2. [33×27,5]

433	24 Pf	dunkelbräunlichrot	1,–	1,–	
434	35 Pf	schwärzlichblau ..	1,–	1,–	
		Satz (2 W.)	2,–	2,–	4,–

1954, 1. Okt. Fünfjahresplan. Frühere Freimarken mit Aufdruck. [21,5×26]

				**	⊘
435	5 auf	6 Pf	blauviolett (407) ..	1,70	–,30
436	5 auf	8 Pf	dunkelbraunorange (408)	2,–	–,30
437	10 auf	12 Pf	dunkeltürkisblau (410)	2,–	–,80
438	15 auf	16 Pf	schwärzlichblauviolett (412)	1,70	–,30
439	20 auf	24 Pf	dunkelbräunlichrot		
a			Bdr. (414)	2,50	1,60
b			Odr. (ähnlich 371) .	1,70	–,60
440	40 auf	48 Pf	violettpurpur (419) .	5,50	1,–
441	50 auf	60 Pf	dunkelkobalt (420)	5,50	1,–
442	70 auf	84 Pf	siena (422)	15,–	1,–
			Satz (8 W.)	35,–	5,–
			Satz N ⊘ (8 W.) ...		1,80

1954, 6. Okt. 5 Jahre Deutsche Demokratische Republik. Wz. 2. [43×26]

			**	⊘	FDC
443	20 Pf	dunkelorangebraun, Wilhelm Pieck (1876–1960)	3,50	1,60	
444	35 Pf	schwarzpreußischblau, W. Pieck	3,50	1,80	
		Satz (2 W.)	7,–	3,40	7,–

1954, 23. Okt. Tag der Briefmarke. Wz. 2. [33×27,5]

445 A	20 Pf	Marke, Kölner Dom, Völkerschlachtdenkmal	2,–	1,–	3,–

1954, 30. Okt. Erste Zentrale Briefmarkenausstellung der Betriebsarbeitsgemeinschaften Philatelie, Berlin. MiNr. 445 als Block. Wz. 2. [60×80]

		**	⊙	FDC
445 B	Block 10 (60×80 mm ...	55,–	55,–	200,–

MiNr. 446 fällt aus.

1955, 21. Febr. Leipziger Frühjahrsmesse. Wz. 2. [33×27,5]

			✱✱	⊘	FDC
447	20 Pf	Messepavillon UdSSR	1,–	1,20	
448	35 Pf	Messepavillon China	2,–	1,20	
		Satz (2 W.)	3,–	2,40	5,–

1955, 25. Febr. MiNr. 431 mit Wertaufdruck. [33×27,5]

449	20+5 Pf auf 24+6 Pf	Talsperre Sosa	1,20	–,70	3,50

1955, 1. März. Internationaler Frauentag. Wz. 2. [33×27,5]

450	10 Pf	schwärzlichgrün	1,40	–,60	
451	20 Pf	rot	1,40	–,60	
		Satz (2 W.)	2,80	1,20	3,–

1955, 15. März. Intern. Konferenz der Werktätigen. Wz. 2. [43×26]

452	10 Pf	Demonstration	1,20	1,20	3,–

1955, 22. Jan./15. Aug. Fünfjahrplan. Wz. 2. [21,5×26]

			✱✱	⊘	N ⊘ (1957)
453	10 Pf	3 Arbeiter	2,50	–,60	–,30
454	15 Pf	Stahlschmelzer	4,50	–,60	–,30
455	20 Pf	Stalinallee	2,50	–,60	–,30
456	40 Pf	Dresdner Zwinger	7,–	–,80	–,30
457	50 Pf	Hochseedampfer	11,–	–,90	–,30
458	70 Pf	Familie	13,–	1,20	–,30
		Satz (6 W.)	40,–	4,50	1,80

1955, 9. April. Internationaler Tag der Befreiung vom Faschismus. Wz. 2. [93×99, 27,5×33]

			✱✱	⊘	FDC
459 A	10 Pf	dunkellilaultramarin	1,–	1,–	
460 A	20 Pf	dunkelkarminlila	1,40	1,60	
		Satz (2 W.)	2,40	2,60	7,–

Blockausgabe. ☐		✱✱	Ⓢ	FDC
459 B–460 B	Block 11 (73×99 mm)	22,–	30,–	170,–

MiNr. 461–462 fallen aus.

1955, 15. April. 10. Jahrestag der Befreiung vom Faschismus. Wz. 2. [26×43]

			✱✱	⊘	FDC
463	20 Pf	Ehrenmal in Berlin-Treptow	2,–	1,50	15,–

1955, 30. April. 150. Todestag des Dichters Friedrich von Schiller (1759–1805). Wz. 2. [27,5×33]

464 A	5 Pf	schwärzlichgraugrün	3,50	3,–	
465 A	10 Pf	dunkelblau	–,80	–,50	
466 A	20 Pf	schwärzlichsiena	–,80	–,50	
		Satz (3 W.)	5,–	4,–	7,–

Blockausgabe. ☐

MiNr.			✱✱	Ⓢ	FDC
464 B–466 B		Block 12 (73×100 mm) ..	26,–	30,–	140,–

MiNr. 467–469 fallen aus.

1955, 30. April. Internationale Radfernfahrt für den Frieden. Wz. 2. [27,5×33]

			✱✱	⊘	FDC
470	10 Pf	dunkelgrünblau ...	1,–	–,80	
471	20 Pf	lilarot	1,–	1,–	
		Satz (2 W.)	2,–	1,80	3,50

1955, 20. Juni. Führer der Deutschen Arbeiterbewegung. Wz. 2. [43×26]

472	5 Pf	Karl Liebknecht (1871–1919)	–,40	–,40	
473	10 Pf	August Bebel (1840–1913)	–,60	–,40	
474	15 Pf	Franz Mehring (1846–1919)	8,–	4,–	
475	20 Pf	Ernst Thälmann (1886–1944)	–,60	–,40	
476	25 Pf	Clara Zetkin (1857–1933)	–,60	–,40	
477	40 Pf	Wilhelm Liebknecht (1826–1900)	3,–	–,40	
478	60 Pf	Rosa Luxemburg (1871–1919)	–,60	–,40	
		Satz (7 W.)	12,–	6,–	23,–

1955, 29. Aug. Leipziger Herbstmesse. Wz. 2. [33×27,5]

			✱✱	⊘	FDC
479	10 Pf	Optische Erzeugnisse	1,–	–,70	
480	20 Pf	Keramik-Erzeugnisse	1,–	–,70	
		Satz (2 W.)	2,–	1,40	2,50

1955, 3. Sept. 10 Jahre Bodenreform. Wz. 2. [27,5×33, 33×27,5]

481	5 Pf	Übergabe der Besitzurkunde	7,–	6,–	
482	10 Pf	Siedlungsbau	1,–	–,50	
483	20 Pf	Mähdrescher	1,–	–,50	
		Satz (3 W.)	9,–	7,–	10,–

1955, 10. Okt. 10 Jahre Volkssolidarität. Wz. 2. [27,5×33]

484	10 Pf	Mann mit Opferschale	–,90	–,70	14,–

1955, 7. Nov. 60. Todestag von Friedrich Engels. Wz. 2. [148×105, 27,5×33]

485 A	5 Pf	1. Internationale (1864)	–,40	–,30	
486 A	10 Pf	Karl Marx und F. Engels, kommunistisches Manifest	–,80	–,30	
487 A	15 Pf	F. Engels als Redakteur	–,80	–,30	
488 A	20 Pf	F. Engels (1820–1895)	1,60	–,30	
489 A	30 Pf	F. Engels, Jugendporträt ..	10,–	10,–	
490 A	70 Pf	Märzrevolution (1848/49)	5,–	–,40	
		Satz (6 W.)	18,–	11,–	16,50

Blockausgabe, geschnitten

		✱✱	◎	FDC
485 B–490 B	Block 13 (148 × 105 mm) . .	85,–	120,–	300,–

1955, 14. Nov. Historische Bauten der DDR. Wz. 2. [27,5 × 33]

491	5 Pf	Magdeburger Dom	1,–	–,50	
492	10 Pf	Deutsche Staatsoper, Berlin	1,–	–,50	
493	15 Pf	Altes Rathaus, Leipzig	1,–	–,50	
494	20 Pf	Altes Rathaus, Berlin	1,–	1,–	
495	30 Pf	Erfurter Dom	9,–	13,–	
496	40 Pf	Dresdner Zwinger .	2,–	1,–	
		Satz (6 W.)	15,–	16,–	30,–

1955, 21. Nov. 400. Todestag des Mineralogen und Arztes Georgius Agricola (1494–1555). Wz. 2. [27,5 × 33]

497	10 Pf	G. Agricola	–,90	–,70	60,–

MiNr. 498–503 fallen aus.

1955, 15. Dez. Zurückgeführte Gemälde. Wz. 2. [27,5 × 33]

			✱✱	◎	FDC
504	5 Pf	Bildnis eines jungen Mannes (A. Dürer) .	–,80	–,30	
505	10 Pf	Das Schokoladenmädchen (J.E. Liotard)	–,80	–,30	
506	15 Pf	Bildnis eines Knaben (B. Pinturicchio) . . .	30,–	30,–	
507	20 Pf	Selbstbildnis mit Saskia (Rembrandt)	–,80	–,30	
508	40 Pf	Mädchen mit Brief (J. Vermeer)	–,80	–,50	
509	70 Pf	Die Sixtinische Madonna (Raffael) .	2,–	1,–	
		Satz (6 W.)	35,–	32,–	50,–

1956, 27. Jan. 200. Geburtstag des Komponisten W. A. Mozart (1756–1791). Wz. 2. [27,5 × 33]

510	10 Pf	schwärzlichgraugrün	15,–	12,–	
511	20 Pf	lebhaftbraunrot . . .	5,–	3,–	
		Satz (2 W.)	20,–	15,–	20,–

1956, 1. Febr. Eröffnung des zivilen Luftverkehrs. Wz. 2. [43 × 26]

512	5 Pf	Fahne der Lufthansa der DDR	17,–	12,–	
513	10 Pf	Iljuschin IL-14	1,–	–,50	
514	15 Pf	Iljuschin IL-14	1,–	–,50	
515	20 Pf	Iljuschin IL-14	1,–	–,50	
		Satz (4 W.)	20,–	13,–	20,–

1956, 17. Febr. 100. Todestag des Dichters Heinrich Heine (1797–1856). Wz. 2. [27,5 × 33]

			★★	⊘	FDC
516	10 Pf	H. Heine	14,–	7,50	
517	20 Pf	H. Heine	3,–	–,80	
		Satz (2 W.)	17,–	8,–	14,–

1956, 25. Febr. Leipziger Frühjahrsmesse. Wz. 2. [33×27,5]

518	20 Pf	dunkelbräunlichrot	1,–	–,70	
519	35 Pf	dunkellilaultramarin	1,50	1,10	
		Satz (2 W.)	2,50	1,80	2,50

1956, 16. April. 70. Geburtstag des Politikers Ernst Thälmann (1886 bis 1944). Wz. 2. [74×100, 33×27,5]

520 A	20 Pf	E. Thälmann	–,80	–,50	1,20

Blockausgabe. □

520 B	Block 14 (74×100 mm)		12,–	32,–	160,–

1956, 30. April. Internationale Radfernfahrt für den Frieden. Wz. 2. [27,5×33]

521	10 Pf	Hand	1,–	–,40	
522	20 Pf	Städtewappen	1,–	–,40	
		Satz (2 W.)	2,–	–,70	2,–

MiNr. 523 fällt aus.

1956, 1. Juni. 750 Jahre Dresden. Wz. 2. [27,5×33]

			★★	⊘	FDC
524	10 Pf	Neubauten am Altmarkt	–,50	–,30	
525	20 Pf	Dresdner Altstadt .	–,50	–,30	
526	40 Pf	TH mit Sternwarte	2,–	2,60	
		Satz (3 W.)	3,–	3,–	14,–

1956, 30. Juni. 10 Jahre volkseigene Betriebe (VEB). Wz. 2. [27,5×33]

527	20 Pf	Arbeiter, VEB-Emblem	–,60	–,30	1,20

1956, 20. Juli. 100. Todestag des Komponisten Robert Schumann (1810–1856). Wz. 2, falsche Noten. [33×27,5]

528	10 Pf	dunkelsmaragdgrün	2,50	1,80	
529	20 Pf	rot	1,50	–,30	
		Satz (2 W.)	4,–	2,–	4,–

1956, 25. Juli. Deutsches Turn- und Sportfest, Leipzig Wz. 2. [27,5×33]

530	5 Pf	Fußball	–,40	–,30	
531	10 Pf	Speerwerfen	–,40	–,30	
532	15 Pf	Hürdenlauf	2,80	2,20	
533	20 Pf	Turnen an den Ringen	–,40	–,30	
		Satz (4 W.)	4,–	3,–	5,–

1956, 13. Aug. 1. Todestag des Schriftstellers Thomas Mann (1875 bis 1955). Wz. 2. [27,5×33]

534	20 Pf	Th. Mann	1,30	–,70	1,80

1956, 20. Aug. 100. Geburtstag des Dichters Jakub Bart-Císinski (1856 bis 1909). Wz. 2. [27,5×33]

			**	⊘	FDC
535	50 Pf	J. B.-Císinski	1,30	–,70	2,–

1956, 1. Sept. Leipziger Herbstmesse. Wz. 2. [27,5×33]

536	10 Pf	Plauener Spitze ...	–,50	–,50	
537	20 Pf	Segelboot	–,50	–,50	
		Satz (2 W.)	1,–	1,–	1,50

1956, 8. Sept. Aufbau Nationaler Gedenkstätten. Wz. 2. [55×33]

538	20+80 Pf	Buchenwald ...	1,40	5,–	7,–

1956, 28. Sept. Olympische Sommerspiele, Melbourne. Wz. 2. [27,5×33]

539	20 Pf	Lorbeer, Fackel ...	–,60	–,50	
540	35 Pf	Speerwerfen	1,–	–,70	
		Satz (2 W.)	1,50	1,20	1,50

1956, 8. Okt. 100. Todestag des Komponisten Robert Schumann (1810–1856). Wz. 2, berichtigte Noten. [33×27,5]

541	10 Pf	dunkelsmaragdgrün	6,–	2,20	
542	20 Pf	rot	4,–	–,50	
		Satz (2 W.)	10,–	2,60	4,–

1956, 17. Okt. 500 Jahre Universität Greifswald. Wz. 2. [33×27,5]

543	20 Pf	Altes Universitäts-Siegel	–,80	–,50	1,20

1956, 27. Okt. Tag der Briefmarke. Wz. 2. [27,5×33]

			**	⊘	FDC
544	20 Pf	Postläufer (um 1450)	–,80	–,50	1,20

1956, 9. Nov. 110 Jahre Carl-Zeiss-Werke, Jena. Wz. 2. [26×43, 43×26]

545	10 Pf	Ernst Abbe (1840–1905)	–,40	–,30	
546	20 Pf	Zeiss-Werke, Jena	–,40	–,30	
547	25 Pf	Carl Zeiss (1816–1888)	–,60	–,40	
		Satz (3 W.)	1,40	–,80	2,–

1956, 10. Dez. Tag der Menschenrechte. Wz. 2. [27,5×33]

548	5 Pf	Asiatin	1,60	1,30	
549	10 Pf	Afrikanerin	–,30	–,30	
550	25 Pf	Europäer	–,30	–,30	
		Satz (3 W.)	2,–	1,80	70,–

1956, 14. Dez. Tierpark Berlin. Wz. 2. [43×26]

551	5 Pf	Indische Elefanten	–,30	–,20	
552	10 Pf	Rosaflamingos ...	–,30	–,20	
553	15 Pf	Spitzmaulnashorn .	5,–	4,–	
554	20 Pf	Ladakh-Wildschafe	–,30	–,20	
555	25 Pf	Wisent	–,30	–,20	
556	30 Pf	Eisbär	–,30	–,20	
		Satz (6 W.)	6,–	5,–	7,50

1956, 20. Dez. MiNr. 494 mit Aufdruck HELFT DEM / SOZIALISTISCHEN / UNGARN / +10. Wz. 3. [27,5×33]

Nr.	Wert	Bezeichnung	★★	⊘	FDC
557	20+10 Pf	Rotes Rathaus, Berlin	–,90	–,50	26,–

1956, 20. Dez. MiNr. 494 mit Aufdruck HELFT / ÄGYPTEN / +10. Wz. 3. [27,5×33]

Nr.	Wert	Bezeichnung	★★	⊘	FDC
558	20+10 Pf	Rotes Rathaus, Berlin	–,90	–,50	26,–

1957, 1. März. Leipziger Frühjahrsmesse. Wz. 3. [43×26]

Nr.	Wert	Bezeichnung	★★	⊘	FDC
559	20 Pf	Frachtschiff	–,40	–,30	
560	25 Pf	Lokomotive	–,40	–,30	
		Satz (2 W.)	–,80	–,40	1,–

1957, 12. April. Naturschutzwoche. Wz. 3. [43×26]

Nr.	Wert	Bezeichnung	★★	⊘	FDC
561	5 Pf	Silberdistel	–,30	–,20	
562	10 Pf	Smaragdeidechse .	3,–	2,80	
563	20 Pf	Frauenschuh	–,30	–,20	
		Satz (3 W.)	3,20	3,–	5,–

1957, 18. April. 175. Geburtstag des Pädagogen F. Fröbel (1782–1852). Wz. 3. [33×27,5]

Nr.	Wert	Bezeichnung	★★	⊘	FDC
564	10 Pf	Kinder	1,60	1,20	
565	20 Pf	F. Fröbel	–,30	–,20	
		Satz (2 W.)	1,80	1,30	2,–

1957, 25. April. Aufbau nationaler Gedenkstätten. Wz. 3. [33×55, 55×33]

Nr.	Wert	Bezeichnung	★★	⊘	FDC
566	5+ 5 Pf	Mahnmal Ravensbrück ..	–,40	–,30	
567	20+10 Pf	Mahnmal mit See	–,50	–,50	
		Satz (2 W.)	–,90	–,80	2,–

1957, 30. April. Internationale Radfernfahrt für den Frieden. Wz. 3. [33×27,5]

Nr.	Wert	Bezeichnung	★★	⊘	FDC
568	5 Pf	Streckenskizze	–,50	–,40	1,20

1957, 3. Mai. Kohlebergbau. Wz. 3. [43×26, 27,5×33]

Nr.	Wert	Bezeichnung	★★	⊘	FDC
569	10 Pf	Schaufelradbagger	–,30	–,30	
570	20 Pf	Förderbrücke	–,30	–,30	
571	25 Pf	Bergmann	3,–	1,80	
		Satz (3 W.)	3,50	2,40	3,50

1957, 7. Mai. Welttag des Roten Kreuzes. Wz. 3. [43×26]

Nr.	Wert	Bezeichnung	★★	⊘	FDC
572	10 Pf	Henri Dunant (1828–1910)	–,30	–,30	
573	25 Pf	H. Dunant, Mitbegründer des Roten Kreuzes	–,30	–,30	
		Satz (2 W.)	–,60	–,60	2,50

1957, 7. Juni. Berühmte Wissenschaftler. Wz. 3. [21,5×26]

			**	⊘	FDC
574	5 Pf	J. Jungius (1587–1657)	2,–	1,50	
575	10 Pf	L. Euler (1707–1783)	–,30	–,30	
576	20 Pf	H. Hertz (1857–1894)	–,30	–,30	
		Satz (3 W.)	2,50	2,–	4,–

1957, Jan. (1959, Dez. Fünfjahrplan. Bdr., jetzt Wz. 3. A = gez. K 13:12½, B = gez. K 14. [21,5×26]

A

			**	⊘
577	5 Pf	Frau am Schaltrad	1,–	–,30
578	10 Pf	3 Arbeiter	7,–	–,30
579	15 Pf	Stahlschmelzen	1,–	–,30
580	20 Pf	Stalinallee	–,40	–,30
581	25 Pf	Arbeiter, Lok	–,40	–,30
582	30 Pf	Tanzgruppe	–,70	–,30
583	40 Pf	Dresdner Zwinger	1,20	–,30
584	50 Pf	Hochseedampfer	1,50	–,30
585	70 Pf	Familie	3,–	–,30
		Satz (9 W.)	16,–	2,40

B

			**	⊘
577	5 Pf	Frau am Schaltrad	1,–	–,30
578	10 Pf	3 Arbeiter	–,30	–,30
579	15 Pf	Stahlschmelzen	1,–	–,30
580	20 Pf	Stalinallee	–,30	–,30
582	30 Pf	Tanzgruppe	–,30	–,30
583	40 Pf	Dresdner Zwinger	–,30	–,30
584	50 Pf	Hochseedampfer	–,30	–,30
585	70 Pf	Familie	–,30	–,30
		Satz (8 W.)	3,–	2,40

1957, 26. Juni. Zurückgeführte Gemälde. Wz. 3. [27,5×33]

			**	⊘	FDC
586	5 Pf	Heilige Familie (A. Mantegna)	–,40	–,30	
587	10 Pf	Die Tänzerin B. Campani (R. Carriera) ..	–,40	–,30	
588	15 Pf	Bildnis des Morette (H. Holbein d. J.) ..	–,40	–,30	
589	20 Pf	Der Zinsgroschen (Tizian)	–,40	–,30	
590	25 Pf	Saskia mit roter Blume (Rembrandt)	–,40	–,30	
591	40 Pf	Ein junger Fahnenträger (G. B. Piazzetta)	6,–	2,60	
		Satz (6 W.)	8,–	4,–	7,–

1957, 5. Juli. 100. Geburtstag der Politikerin Clara Zetkin (1857 bis 1933). Wz. 3. [33×27,5]

			**	⊘	FDC
592	10 Pf	C. Zetkin	–,90	–,40	1,20

1957, 14. Aug. 1. Todestag des Dramatikers Bertolt Brecht (1898–1956). Wz. 3. [27,5×33]

			**	⊘	FDC
593	10 Pf	dunkelgraugrün ..	–,40	–,30	
594	25 Pf	schwärzlichblau ..	–,60	–,30	
		Satz (2 W.)	1,–	–,60	1,20

1957, 23. Aug. Weltgewerkschaftskongress in Leipzig. Wz. 3. [27,5×33]

			**	⊘	FDC
595	20 Pf	Emblem	–,80	–,40	1,–

1957, 30. Aug. Leipziger Herbstmesse. Wz. 3. [27,5×33]

			**	⊘	FDC
596	20 Pf	schwärzlichrosa/mittelrötlichorange	–,40	–,30	
597	25 Pf	dunkel-/mattcyanblau	–,40	–,30	
		Satz (2 W.)	–,80	–,60	1,50

1957, 10. Okt. Sparwochen. Wz. 3. [27,5×33]

				★★	⊘	FDC
598	10 Pf	}	Sparbuch, ...	1,–	–,80	
599	20 Pf	}	Schriftband ...	–,40	–,40	
			Satz (2 W.)	1,40	1,20	2,50

1957, 25. Okt. Tag der Briefmarke. Wz. 3. [27,5×33]

600	5 Pf	Postreiter (um 1563)	–,70	–,30	1,–

1957, 7. Nov. 40. Jahrestag der Oktoberrevolution in Russland. Wz. 3. [26×43]

601	10 Pf	dunkelgrün/rot	–,30	–,30	
602	25 Pf	blau/rot	–,30	–,30	
		Satz (2 W.)	–,60	–,60	1,20

1957, 7. Nov. Internationales Geophysikalisches Jahr. Wz. 3. [26×43]

603	10 Pf	Erdsatellit Sputnik I	–,50	–,30	1,–

1957, 22. Nov. 1. Todestag des Thomaskantors Günther Ramin und des Dirigenten Hermann Abendroth. Wz. 3. [27,5×33]

604	10 Pf	Prof. Dr. Günther Ramin (1898–1956)	1,30	1,20	
605	20 Pf	Prof. Hermann Abendroth (1883–1956)	–,30	–,20	
		Satz (2 W.)	1,60	1,30	15,–

1957, 3. Dez. Aufbau Nationaler Gedenkstätten. Wz. 3. [27,5×33]

			★★	⊘	FDC
606 A	20+10 Pf	Ernst Thälmann (1886–1944) .	–,30	–,30	
607 A	25+15 Pf	Rudolf Breitscheid (1874–1944) .	–,30	–,30	
608 A	40+20 Pf	Paul Schneider (1897–1939) .	–,50	–,60	
		Satz (3 W.) ..	1,10	1,20	2,–

☐ Ungezähnte Marken stammen aus Block 15 (nach MiNr. 651).

1957, 13. Dez. Flugpostmarken. Wz. 3. [21,5×26, 33×27,5]

609	5 Pf	dunkelgrünlichgrau/schwarz	5,–	–,30	
610	20 Pf	lilarot/schwarz	–,30	–,30	
611	35 Pf	violettblau/schwarz	–,30	–,30	
612	50 Pf	dunkelbraunrot/schwarz	–,40	–,30	
613	1 M	bräunlicholiv/lebhaftgelb	1,40	–,30	
614	3 M	schwärzlichlilabraun/lebhaftgelb	2,20	–,60	
615	5 M	schwarzgraublau/lebhaftgelb	5,–	–,90	
		Satz (7 W.)	14,–	2,50	9,50

1958, 5. Febr. Intern. Geophysikalisches Jahr. Wz. 3. [26×43]

616	20 Pf	Ballon	–,70	–,30	
617	25 Pf	Echolot	2,60	1,80	
		Satz (2 W.)	3,20	2,–	20,–

1958, 27. Febr. Leipziger Frühjahrsmesse. Wz. 3. [33×27,5]

			★★	⊘	FDC
618	20 Pf	schwärzlichrosa . .	–,40	–,30	
619	25 Pf	hellviolettultramarin		–,50	–,30
		Satz (2 W.)	–,90	–,50	1,–

1958, 6. März. Konferenz der Postminister aus den sozialistischen Ländern. Wz. 3. [43×26]

620	5 Pf	Funkturm, Morsezeichen, Posthorn .	1,–	–,80	
621	20 Pf	Funkturm, Text als Funkwellen	–,50	–,30	
		Satz (2 W.)	1,50	1,–	15,–

1958. Staatspräsident Wilhelm Pieck (1876–1960). Wie MiNr. 342–343, jedoch mit Wz. 3. [33×27,5]

			★★	⊘
622	1 M	schwarzoliv	3,–	–,50
623	2 M	schwarzbraunorange	6,–	–,50
		Satz (2 W.)	9,–	1,–

1958, 20. März. 100. Geburtstag des Zeichners und Malers Heinrich Zille (1858–1929). Wz. 3. [27,5×33]

			★★	⊘	FDC
624	10 Pf	„Zillegören“	3,20	1,70	
625	20 Pf	H. Zille	–,80	–,30	
		Satz (2 W.)	4,–	2,–	3,50

1958, 23. April. 100. Geburtstag des Physikers Max Planck (1858–1947). Wz. 3. [27,5×33]

			★★	⊘	FDC
626	10 Pf	„h“, Symbol für physikal. Wirkungsquantum	1,50	1,40	
627	20 Pf	M. Planck	–,50	–,30	
		Satz (2 W.)	2,–	1,60	2,50

1958, 4. Juni. Landwirtschaftsausstellung, Markkleeberg. Wz. 3. [33×27,5, 43×26]

628	5 Pf	Zuchtkuh	3,–	1,70	
629	10 Pf	Mähhäcksler	–,50	–,30	
630	20 Pf	Rübenvollerntemaschine	–,50	–,30	
		Satz (3 W.)	4,–	2,20	4,–

1958, 19. Juni. Biologe Charles Darwin, Naturforscher C. v. Linné. Wz. 3. [33×27,5]

631	10 Pf	Ch. Darwin (1809–1882)	1,80	1,30	
632	20 Pf	C. von Linné (1707–1778)	–,30	–,30	
		Satz (2 W.)	2,–	1,60	35,–

1958, 25. Juni. Parteitag der Sozialistischen Einheitspartei Deutschlands. Wz. 3. [33×27,5]

633	10 Pf	Arm mit Fahne	–,50	–,40	10,–

1958, 5. Juli. Bau des Seehafens Rostock. Wz. 3. [27,5×33]

634	20 Pf	Türme, Hochseeschiffe	1,–	–,40	1,–

1958, 11. Juli. Aufbau Nationaler Gedenkstätten. Wz. 3. [27,5×33]

			★★	⊘	FDC
635	5+ 5 Pf	Albert Kuntz (1896–1945) . . .	–,40	1,–	
636	10+ 5 Pf	Rudi Arndt (1909–1940) . . .	–,40	1,–	
637	15+10 Pf	Dr. Kurt Adams (1889–1944) . . .	–,40	4,–	
638	20+10 Pf	Rudolf Renner (1894–1940) . . .	–,40	1,–	
639	25+15 Pf	Walter Stoecker (1891–1939) . . .	1,40	15,–	
		Satz (5 W.)	3,–	22,–	35,–

1958, 22. Juli. Großer Preis der DDR, Berlin. Wz. 3. [43×26]

640	5 Pf	Pferde auf der Weide	3,–	3,20	
641	10 Pf	Trabrennen	–,30	–,30	
642	20 Pf	Galopprennen	–,30	–,30	
		Satz (3 W.)	3,50	3,60	6,–

1958, 7. Aug. 300. Jahrestag der Ausgabe des Buches „Opera didactica omnia" von Jan Amos Komenský. Wz. 3. [33×27,5]

643	10 Pf	J. A. Komenský (1592–1670)	2,–	1,40	
644	20 Pf	Schulunterricht (17. Jh.)	–,30	–,20	
		Satz (2 W.)	2,20	1,60	35,–

1958, 7. Aug. 10 Jahre Pionierorganisation Ernst Thälmann. Wz. 3. [26×43]

645	10+ 5 Pf	Junger Hornist	–,50	–,30	
646	20+10 Pf	Junge Pioniere	–,50	–,30	
		Satz (2 W.) . . .	1,–	–,60	1,50

1958, 19. Aug. 400 Jahre F.-Schiller-Universität, Jena. Wz. 3. [43×26]

			★★	⊘	FDC
647	5 Pf	Siegel	1,80	1,40	
648	20 Pf	Univ.-Gebäude	–,40	–,30	
		Satz (2 W.)	2,20	1,60	3,–

1958, 29. Aug. Leipziger Herbstmesse. Wz. 3. [43×26]

649	10 Pf	Hauptbahnhof	–,40	–,30	
650	25 Pf	Altes Rathaus	–,40	–,30	
		Satz (2 W.)	–,80	–,60	1,–

1958, 15. Sept. Einweihung der Gedenkstätte Buchenwald. Wz. 3. [55×33]

651	20+20 Pf	Gedenkstätte . .	–,80	–,70	2,50

1958, 15. Sept. MiNr. 606–608 als Block zum gleichen Anlass. Wz. 3, □. [140×95, 27,5×33]

			★★	⊙	FDC
606 B	20+10 Pf	Ernst Thälmann (1886–1944) .	12,–	20,–	
607 B	25+15 Pf	Rudolf Breitscheid (1874–1944) .	12,–	20,–	
608 B	40+20 Pf	Paul Schneider (1897–1939) .	12,–	20,–	
			★★	Ⓢ	FDC
		Block 15 (140×95 mm)	60,–	130,–	*1000,–*

MiNr. 652–654 fallen aus.

1958, 19. Sept. Volkskampf gegen Atomtod. Wz. 3. [33×27,5]

			✱✱	⊘	FDC
655	20 Pf	lilarot	–,40	–,20	
656	25 Pf	dunkelcyanblau ..	–,60	–,30	
		Satz (2 W.)	1,–	–,50	20,–

1958, 19. Sept. Sommerspartakiade, Leipzig. Wz. 3. [27,5×33]

657	10 Pf	Soldat auf der Kletterwand	2,–	1,20	
658	20 Pf	Emblem der Spartakiade	–,40	–,30	
659	25 Pf	Sportler mit Fahne .	–,40	–,30	
		Satz (3 W.)	2,80	1,60	3,–

1958, 23. Okt. Tag der Briefmarke. Wz. 3. [43×26]

660	10 Pf	Postwagen	2,50	1,50	
661	20 Pf	Flugzeug, Postwagen	–,50	–,30	
		Satz (2 W.)	3,–	1,70	3,50

1958, 7. Nov. 40. Jahrestag der Novemberrevolution in Deutschland. Wz. 3. [26×43]

662	20 Pf	Arbeiter und Soldat	11,–	19,–	75,–

1958, 24. Nov. Bau des Seehafens Rostock. Wz. 3. [27,5×33]

			✱✱	⊘	FDC
663	10 Pf	Frachtschiff	–,30	–,30	
664	25 Pf	Schiffe	1,40	1,50	
		Satz (2 W.)	1,60	1,60	2,50

1958, 29. Nov. Brandenburger Tor, Berlin. Wz. 3. [33×27,5]

665	20 Pf	lebhaftlilarot	–,50	–,20	
666	25 Pf	schwärzlich-preußischblau	3,50	2,–	
		Satz (2 W.)	4,–	2,20	6,–

1958, 2. Dez. Zurückgeführte antike Kunstschätze. Wz. 3. [27,5×33]

667	10 Pf	Mädchenkopf	1,80	1,30	
668	20 Pf	Gigantenkopf	–,30	–,30	
		Satz (2 W.)	2,–	1,50	3,–

1958, 10. Dez. 10. Jahrestag der Verkündung der Menschenrechte. Wz. 3. [43×26]

669	10 Pf	Afrikaner und Europäer	–,30	–,30	
670	25 Pf	Asiatin und Europäer	2,50	1,40	
		Satz (2 W.)	2,80	1,50	15,–

1958, 27. Dez. 1. Todestag des Politikers Otto Nuschke (1883–1957). Wz. 3. [27,5×33]

671	20 Pf	O. Nuschke	–,40	–,40	15,–

1958, 30. Dez. 40 Jahre Kommunistische Partei Deutschlands. Wz. 3. [43×26]

672	20 Pf	Zeitung	–,50	–,40	15,–

1959, 3. Jan. 83. Geburtstag des Staatspräsidenten Wilhelm Pieck (1876–1960). Wz. 3. [27,5×33]

			★★	⊘	FDC
673	20 Pf	W. Pieck	–,60	–,30	15,–

1959, 15. Jan. 40. Todestag der Politiker Rosa Luxemburg und Karl Liebknecht. Wz. 3. [33×27,5]

674	10 Pf	R. Luxemburg (1871–1919)	2,60	1,60	
675	20 Pf	K. Liebknecht (1871–1919)	–,30	–,20	
		Satz (2 W.)	2,80	1,80	3,–

1959, 28. Febr. 150. Geburtstag des Komponisten Felix Mendelssohn-Bartholdy (1809–1847). Wz. 3. [33×27,5]

676	10 Pf	Leipziger Gewandhaus	–,50	–,40	
677	25 Pf	Noten	2,–	3,50	
		Satz (2 W.)	2,40	3,80	9,–

1959, 28. Febr. Leipziger Frühjahrsmesse. Wz. 3. [43×26]

678	20 Pf	Werk „Schwarze Pumpe"	–,40	–,30	
679	25 Pf	Fotoapparate	–,50	–,30	
		Satz (2 W.)	–,90	–,40	1,–

1959, 2. April. 5 Jahre Jugendweihe. Wz. 3. [27,5×33]

680	10 Pf	Junge u. Mädchen mit Buch ...	2,–	1,30	
681	20 Pf	Junge u. Mädchen mit Buch ...	–,30	–,30	
		Satz (2 W.)	2,20	1,50	6,–

1959, 27. April. 200. Todestag des Komponisten Georg Friedrich Händel (1685–1759). Wz. 3. [27,5×33]

			★★	⊘	FDC
682	10 Pf	Standbild	2,20	1,40	
683	20 Pf	G. F. Händel	–,30	–,30	
		Satz (2 W.)	2,40	1,60	2,50

1959, 6. Mai. 100. Todestag des Naturforschers Alexander v. Humboldt (1769–1859). Wz. 3. [27,5×33]

684	10 Pf	schwärzlichopalgrün	1,80	1,40	
685	20 Pf	bräunlichrot	–,40	–,30	
		Satz (2 W.)	2,20	1,60	2,50

1959, 30. Mai. Konferenz der Postminister sozialistischer Länder, Berlin. Wz. 3. [27,5×33]

686	20 Pf	Emblem der Konferenz, Posthorn	–,40	–,30	
687	25 Pf	Emblem der Konferenz, Posthorn	1,–	1,–	
		Satz (2 W.)	1,40	1,20	2,50

1959, 26. Juni. Naturschutz. Wz. 3. [43×26]

688	5 Pf	Graureiher, Kiefer .	–,30	–,30	
689	10 Pf	Rohrdommel, Schilfrohr	–,30	–,30	
690	20 Pf	Tagpfauenauge, Maiglöckchen	–,30	–,30	
691	25 Pf	Europäischer Biber	–,60	–,30	

			✶✶	⊘	FDC
692	40 Pf	Honigbiene, Weidenkätzchen	7,50	4,50	
		Satz (5 W.)	9,–	5,–	8,50

1959, 29. Juni. Zurückgeführte Gemälde. Wz. 3. [27,5 × 33]

693	5 Pf	Bildnis im Kostüm (A. Kauffmann) ...	–,30	–,30	
694	10 Pf	Dame mit Klöppelkissen (G. Metsu) ..	–,30	–,30	
695	20 Pf	Des Meisters Nichte (J. E. Liotard)	–,30	–,30	
696	25 Pf	Die Alte mit Kohlenbecken (P. P. Rubens)	–,60	–,30	
697	40 Pf	Jg. Mann i. schwarzen Rock (F. Hals d. Ä.)	6,50	3,50	
		Satz (5 W.)	8,–	4,–	7,50

1959, 2. Juli. Heimische Vögel. Wz. 3. [33 × 27,5]

698	5 Pf	Kormoran	–,30	–,30	
699	10 Pf	Schwarzstorch ...	–,30	–,30	
700	15 Pf	Uhu	6,50	3,20	
701	20 Pf	Birkhuhn	–,30	–,30	
702	25 Pf	Wiedehopf	–,30	–,30	
703	40 Pf	Wanderfalke	–,30	–,30	
		Satz (6 W.)	7,50	4,–	8,–

1959, Juli. Fünfjahrplan. Wz. 3. A = gez. K 13:12½, B = gez. K 14. [21,5 × 26]

			✶✶	⊘
704	10 Pf	bläulichgrün		
	A	gez. K 13:12½	–,70	–,50
	B	gez. K 14	1,50	–,50

1959, 25. Juli. Weltfestspiele der Jugend, Wien. Wz. 3. [26 × 43, 43 × 26]

			✶✶	⊘	FDC
705	20 Pf	Jugendliche versch. Rassen	–,40	–,30	
706	25 Pf	Weißes küsst schwarzes Mädchen	1,20	1,–	
		Satz (2 W.)	1,60	1,30	3,–

1959, 10. Aug. Deutsches Turn- und Sportfest, Leipzig. Wz. 3. [33 × 27,5]

707	5+ 5 Pf	Gymnastik mit Reifen	–,30	–,30	
708	10+ 5 Pf	Hochsprung ..	–,30	–,30	
709	20+10 Pf	Turnen am Seitpferd	–,30	–,30	
710	25+10 Pf	Gymnastik mit den Keulen ...	–,30	–,30	
711	40+20 Pf	Glockenturm vor Zentralstadion	2,20	–,70	
		Satz (5 W.) ...	3,40	1,60	6,–

1959, 17. Aug. Leipziger Herbstmesse. Wz. 3. [43 × 26]

712	20 Pf	Leipziger Neubauten	–,50	–,40	1,20

1959, 1. Sept. 75 Jahre Jenaer Glaswerke. Wz. 3. [43 × 26, 26 × 43]

			**	⊘	FDC
713	10 Pf	Teegeschirr aus Jenaer Glas	-,30	-,30	
714	25 Pf	Labor-Bi-Destillationsapparat	2,40	1,50	
		Satz (2 W.)	2,60	1,80	3,–

1959, 3. Sept. Aufbau der Nat. Gedenkstätte Ravensbrück. Wz. 3. [27,5 × 33]

			**	⊘	FDC
715	5+ 5 Pf	Tilde Klose (1892–1945) ..	-,30	-,30	
716	10+ 5 Pf	Käthe Niederkirchner (1909 bis1944)	-,30	-,30	
717	15+10 Pf	Charlotte Eisenblätter (1903–1944) ..	-,30	-,30	
718	20+10 Pf	Olga Benario-Prestes (1908–1942) ..	-,30	-,30	
719	25+15 Pf	Maria Grollmuss (1896–1944) ..	-,50	1,20	
		Satz (5 W.)	1,50	2,40	5,50

1959, 11. Sept. Einweihung der Nationalen Gedenkstätte Ravensbrück, wie MiNr. 567 mit zusätzlichem schwarzem Text. Wz. 3. [55 × 33]

			**	⊘	FDC
720	20+10 Pf	Mahnmal Ravensbrück ..	-,70	-,40	1,30

1959, 21. Sept. Landung von „Lunik II" auf dem Mond. Wz. 3. [55 × 33]

			**	⊘	FDC
721	20 Pf	Mond, Wappen ...	-,80	-,50	5,–

1959, 6. Okt. 10 Jahre DDR. Wz. 3. [27,5 × 33]

			**	⊘	FDC
722	5 Pf	Mähdrescher	-,20	-,30	
723	10 Pf	FDGB-Heim	-,20	-,30	
724	15 Pf	Dresdner Zwinger .	-,20	-,30	
725	20 Pf	Hüttenarbeiter vor Werk	-,20	-,30	
726	25 Pf	Chemiker vor Werk „Schwarze Pumpe"	-,20	-,30	
727	40 Pf	Zentralstadion Leipzig	-,20	-,30	
728	50 Pf	Traktoristin	-,20	-,30	
729	60 Pf	Passagierflugzeug .	-,20	-,30	
730	70 Pf	Hochseeschiff in Werft	-,20	-,30	
731	1 M	Kernreaktor	-,50	-,60	
		Satz (10 W.)	2,20	2,40	8,50

1959, 28. Okt. 1. Todestag des Schriftstellers Johannes R. Becher (1891–1958). Wz. 3. [33 × 55]

			**	⊘	FDC
732	20 Pf	J. R. Becher (mit Zierfeld)	2,40	1,–	2,80

1959, 10. Nov. 200. Geburtstag des Dichters Fr. von Schiller. Wz. 3. [33 × 27,5]

			**	⊘	FDC
733	10 Pf	Wohnhaus in Weimar	1,90	1,40	
734	20 Pf	F. Schiller (1759–1805)	-,70	-,30	
		Satz (2 W.)	2,50	1,50	2,50

1959, 17. Nov. Tag der Briefmarke. Wz. 3. [27,5×33]

				★★	⊘	FDC
735	10 Pf	Postreiter		1,70	1,30	
736	20 Pf	Postzustellerin		–,30	–,30	
		Satz (2 W.)		2,–	1,50	2,50

1959, 27. Nov. Waldtiere. Wz. 3. [43×26]

			★★	⊘	FDC
737	5 Pf	Eichhörnchen	–,50	–,30	
738	10 Pf	Europäische Feldhasen	–,60	–,30	
739	20 Pf	Rehe	–,60	–,30	
740	25 Pf	Rotwild	–,70	–,30	
741	40 Pf	Europäische Luchse	15,–	4,50	
		Satz (5 W.)	17,–	5,–	9,–

1959, 29. Dez. Zurückgeführte antike Kunstschätze. Wz. 3. [27,5×33, 55×33]

			★★	⊘	FDC
742	5 Pf	Kopf einer attischen Göttin	–,40	–,30	
743	10 Pf	Prinzessinnenkopf aus Tell el-Amarna	–,40	–,30	
744	20 Pf	Bronzefigur aus Tobrak-Kale	–,40	–,30	
745	25 Pf	Zeusaltar	1,–	1,–	
		Satz (4 W.)	2,20	1,50	5,–

1960, 27. Jan. Olympische Sommer- und Winterspiele, Rom und Squaw Valley. Wz. 3. [33×27,5]

			★★	⊘	FDC
746	5 Pf	Boxen	6,–	3,–	
747	10 Pf	Laufen	–,30	–,30	
748	20 Pf	Skispringen	–,30	–,30	
749	25 Pf	Segeln	–,30	–,30	
		Satz (4 W.)	6,50	3,50	8,–

1960, 17. Febr. Leipziger Frühjahrsmesse. Wz. 3. [43×26]

			★★	⊘	FDC
750	20 Pf	Technische Messe	–,30	–,20	
751	25 Pf	Ringmessehaus ..	–,30	–,20	
		Satz (2 W.)	–,50	–,40	1,–

1960, 25. Febr./5. Mai. Aufbau der Nationalen Gedenkstätte Sachsenhausen. Wz. 3. [27,5×33]

			★★	⊘	FDC
752	5+ 5 Pf	Lothar Erdmann (1888–1939) ..	–,30	–,30	
753	10+ 5 Pf	Ernst Schneller (1890–1944) ..	–,30	–,30	
754	20+10 Pf	Lambert Horn (1899–1939) ..	–,30	–,30	
755	25+10 Pf	Gustl Sandtner (1893–1944) ..	–,30	–,30	
756	40+20 Pf	Hans Rothbarth (1904–1944) ..	2,20	3,–	
		Satz (5 W.) ...	3,20	3,80	7,50

1960, 7. April. Heilpflanzen. Wz. 3. [26×43]

			✶✶	⊘	FDC
757	5 Pf	Roter Fingerhut . . .	–,30	–,20	
758	10 Pf	Echte Kamille	–,30	–,20	
759	15 Pf	Pfefferminze	–,30	–,20	
760	20 Pf	Schlafmohn	–,30	–,20	
761	40 Pf	Heckenrose	6,50	3,–	
		Satz (5 W.)	7,50	3,60	9,–

1960, 22. April. 90. Geburtstag von Wladimir Iljitsch Lenin (1870–1924). Wz. 3. [27,5 × 33]

762	20 Pf	W. I. Lenin	–,50	–,30	1,–

1960, 28. April. Inbetriebnahme des Hochseehafen Rostock, MiNr. 663 mit Aufdruck. Wz. 3. [27,5 × 33]

763	10 Pf	opalgrün	–,80	–,50	3,–

1960, 5. Mai. 15. Jahrestag der Befreiung vom Faschismus. Wz. 3. [33 × 55]

764	20 Pf	Sowjetsoldat mit befreitem KZ-Häftling	–,50	–,40	1,–

1960, 8. Juni. Aufbau der Nationalen Gedenkstätte Sachsenhausen. Wz. 3. [27,5 × 33]

765	10+ 5 Pf	Max Lademann (1896–1941) . .	–,30	–,20	
766	15+ 5 Pf	Lorenz Breunig (1882–1945) . .	1,–	–,70	
767	20+10 Pf	Mathias Thesen (1891–1944) . .	–,30	–,20	
		Satz (3 W.)	1,60	1,–	3,–

1960, 23. Juni. Stapellauf des FDGB-Urlauberschiffes MS „Fritz Heckert“. Wz. 3. [55 × 33]

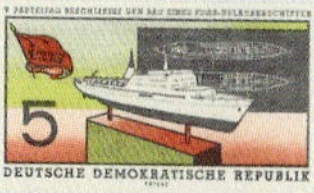

			✶✶	⊘	FDC
768	5 Pf	Modell und Plan des Schiffes . .	–,30	–,20	
769	10+ 5 Pf	FDGB-Schiff auf der Helling	–,30	–,20	
770	20+10 Pf	FDGB-Schiff vor Stubbenkammer	–,30	–,20	
771	25 Pf	FDGB-Schiff vor Leningrad	5,50	6,–	
		Satz (4 W.)	6,–	6,50	10,–

1960, 2. Juli. Lenin-/Thälmann-Denkmäler. Wz. 3. [33 × 55]

772	10 Pf	W. I. Lenin	–,30	–,30	
773	20 Pf	E. Thälmann	–,30	–,30	
		Satz (2 W.)	–,60	–,60	4,–

1960, 28. Juli. 250 Jahre Porzellanmanufaktur Meißen. Wz. 3. [26 × 43]

774	5 Pf	Maskentänzer	–,30	–,30	
775	10 Pf	Teller	–,30	–,30	
776	15 Pf	Fischotter	4,50	4,50	
777	20 Pf	Töpfer	–,30	–,30	
778	25 Pf	Kaffeekanne	–,30	–,30	
		Satz (5 W.)	5,50	5,–	9,–

1960, 3. Aug. Rad-Weltmeisterschaften. Wz. 3. [33×27,5, 43×26]

				✶✶	⊘	FDC
779	20+10 Pf	Straßenfahrer	. .	–,30	–,30	
780	25+10 Pf	Bahnfahrer	. . .	1,80	3,50	
		Satz (2 W.)	. . . .	2,–	3,80	6,50

1960, 29. Aug. Leipziger Herbstmesse. Wz. 3. [43×26]

781	20 Pf	Oper in Leipzig	. . .	–,40	–,30	
782	25 Pf	Pkw, Zelt, Segelboot		–,40	–,40	
		Satz (2 W.)	. . . .	–,80	–,50	1,–

1960, 8. Sept. Nationale Mahn- und Gedenkstätte Sachsenhausen. Wz. 3. [33×55]

783	20+10 Pf	Mahnmal	. . . . .	–,50	–,30	1,30

1960, 10. Sept. Tod des Staatspräsidenten Wilhelm Pieck (1876–1960). Wz. 3. [88×108, 27,5×33]

784 A	20 Pf	W. Pieck	. . . .	–,60	–,40	3,–

Blockausgabe. ☐

		✶✶	Ⓢ	FDC
784 B	Block 16 (88×108 mm)	1,80	2,50	*120,–*

MiNr. 785 fällt aus.

1960, 19. Sept. Schacholympiade, Leipzig. Wz. 3. [33×27,5]

				✶✶	⊘	FDC
786	10+ 5 Pf	Turm	. . . .	–,30	–,30	
787	20+10 Pf	Springer	. . . . .	–,30	–,30	
788	25+10 Pf	Figuren-Ensemble	. . . .	1,–	3,60	
		Satz (3 W.)	. . .	1,50	4,–	5,–

1960, 6. Okt. Tag der Briefmarke. Wz. 3. [43×26]

789	20 Pf	Postkraftwagen	. .	–,30	–,30	
790	25 Pf	Bahnpostwagen	. .	3,80	2,–	
		Satz (2 W.)	. . . .	4,–	2,20	10,–

1960, 20. Okt. 400 Jahre Dresdner Kunstsammlungen. Wz. 3. [26×43]

FDC = Ersttagsbrief (First Day Cover)

			✱✱	⊘	FDC
791	20 Pf	Schaumünze	–,30	–,20	
792	25 Pf	„Tanzende Bauern" (A. Dürer)	2,–	2,40	
		Satz (2 W.)	2,20	2,50	4,50

1960, 27. Okt. 200. Geburtstag des Heerführers Graf Neidhardt von Gneisenau (1760 bis 1831). Wz. 3. [43×26, 26×43]

793	20 Pf	Graf N. von Gneisenau	–,30	–,20	
794	25 Pf	Graf N. von Gneisenau	1,70	1,70	
		Satz (2 W.)	2,–	1,90	10,–

1960, 4. Nov. 150 Jahre Humboldt-Universität; 250 Jahre Charité, Berlin. Wz. 3. [43×26]

795	5 Pf	Prof. Dr. Rudolf Virchow (1821–1902)	–,30	–,20	
796	10 Pf	Prof. Dr. Robert Koch (1843–1910) .	–,30	–,20	
797	20 Pf	Humboldt-Universität	–,30	–,20	
798	25 Pf	Festplakette mit den Gebr. Humboldt ..	–,30	–,20	
799	40 Pf	Dr. Wilhelm Griesinger (1817–1868) ..	3,–	1,80	
		Satz (5 W.)	4,–	2,40	6,–

1960, 10. Nov. Tag des Chemiearbeiters. Wz. 3. [33×27,5]

800	5 Pf	Wissenschaftler ...	–,30	–,30	
801	10 Pf	Chemiearbeiter ...	–,30	–,30	
802	20 Pf	Chemiearbeiterin ..	–,30	–,30	
803	25 Pf	Laborantin	2,20	2,80	
		Satz (4 W.)	2,80	3,20	7,–

1960, 5. Dez. 125 Jahre Deutsche Eisenbahnen. Wz. 3. [33×27,5, 43×26]

			✱✱	⊘	FDC
804	10 Pf	Doppelstock-Gliederzug	–,30	–,30	
805	20 Pf	Bahnhof Saßnitz, Eisenbahnfährschiff			
A		gezähnt	–,30	–,30	
B		geschnitten	7,–	3,50	
806	25 Pf	Neue Diesellok „V 180", Dampflok „Adler"	6,–	6,–	
		Satz (3 W.)	6,50	6,50	30,–

1961, 3. Jan. 85. Geburtstag des Staatspräsidenten Wilhelm Pieck (1876–1960). Wz. 3. [33×27,5]

807	20 Pf	W. Pieck	–,50	–,40	15,–

1961, 6. Febr. Aufbau und Erhaltung Nationaler Gedenkstätten. Wz. 3. [27,5×33]

808	5+ 5 Pf	Werner Kube (1923–1945) ..	–,30	–,30	
809	10+ 5 Pf	Hanno Günther (1921–1942) ..	–,30	–,30	
810	15+ 5 Pf	Elvira Eisenschneider (1924–1944) ..	1,40	2,80	
811	20+10 Pf	Hertha Lindner (1920–1943) ..	–,30	–,30	
812	25+10 Pf	Herbert Tschäpe (1913–1944) ..	–,30	–,30	
		Satz (5 W.)	2,–	3,50	8,–

1961, 3. März. Leipziger Frühjahrsmesse. Wz. 3. [27,5×33]

813	10 Pf	380-kV-Schalter ..	–,40	–,30	
814	25 Pf	Pressezentrum ...	–,40	–,30	
		Satz (2 W.)	–,80	–,50	1,50

1961, 14. März. Landschaften, Bauten. Wz. 3. [21,5×26, 26×21,5]

			★★	⊚	FDC
815	20 Pf	Lilienstein	-,30	-,30	
816	25 Pf	Brocken/Oberharz .	-,30	-,30	
		Satz (2 W.)	-,60	-,50	2,50

1961, 10. April. Hochseefischerei. Wz. 3. [33×27,5]

817	10 Pf	Fischtrawler	-,30	-,30	
818	20 Pf	Fischer	-,30	-,30	
819	25 Pf	Fischereihilfsschiff .	-,30	-,30	
820	40 Pf	Fischverarbeitung .	2,80	2,20	
		Satz (4 W.)	3,20	2,50	8,50

1961, 20. April. 15 Jahre SED. Wz. 3. [55×33]

821	20 Pf	Demonstration ...	-,60	-,40	3,–

1961, 18./20. April. Erster bemannter Weltraumflug. Wz. 3. [43×26]

822	10 Pf	Trägerrakete	1,50	1,–	
823	20 Pf	Kosmonaut	1,50	1,–	
824	25 Pf	Bremsfallschirm ..	5,50	6,–	
		Satz (3 W.)	8,50	8,–	19,–

1961, 9. Mai. 100 Jahre Dresdner Zoo. Wz. 3. [43×26]

			★★	⊚	FDC
825	10 Pf	Grant-Zebra	6,–	6,–	
826	20 Pf	Guerezas	1,–	-,50	
		Satz (2 W.)	7,–	6,50	9,–

1961, 25. Mai. Pioniertreffen, Erfurt. Wz. 3. [43×26]

827	10+ 5 Pf	Volleyball	-,30	-,20	
828	20+10 Pf	Volkstanz	-,30	-,20	
829	25+10 Pf	Modellflugzeugbau	3,80	3,–	
		Satz (3 W.)	4,–	3,40	6,–

1961, 3. Juni. Kunstturn-Europapokal der Frauen, Leipzig. Wz. 3. [27,5×33, 33×27,5]

830	10 Pf	Bodenturnen	-,30	-,20	
831	20 Pf	Turnen am Schwebebalken ..	-,30	-,20	
832	25 Pf	Turnen am Stufenbarren	7,–	5,60	
		Satz (3 W.)	7,50	6,–	9,–

1961, 22. Juni. 1000 Jahre Stadt Halle. Wz. 3. [43×26]

833	10 Pf	Hallknechte	1,70	1,–	
834	20 Pf	Chemiker	1,70	1,–	
		Satz (2 W.)	3,40	2,–	3,–

1961, 22. Juni. Landschaften und historische Bauten. Wz. 3. [21,5×26]

835	5 Pf	Rudelsburg	-,30	-,20	
836	10 Pf	Wartburg	-,30	-,20	
837	20 Pf	Wernigerode	-,30	-,20	
		Satz (3 W.)	-,90	-,50	2,–

1961, 6. Juli. Weltmeisterschaften im Kanuslalom und Wildwasserrennen. Wz. 3. [43×26]

			★★	⊘	FDC
838	5 Pf	Kajak-Einer	3,80	3,20	
839	10 Pf	Kanadier-Einer ...	–,40	–,20	
840	20 Pf	Kanadier-Zweier ..	–,40	–,20	
		Satz (3 W.)	4,50	3,50	6,–

1961, 21. Juli. Weltmeisterschaften im Angeln. Wz. 3. [43×26]

841	10 Pf	Angler beim Zielwurf	3,80	3,80	
842	20 Pf	Sportangler am Fluss	–,40	–,40	
		Satz (2 W.)	4,–	3,50	5,–

1961, 23. Aug. Leipziger Herbstmesse. Wz. 3. [27,5×33]

843	10 Pf	Alte Waage	–,30	–,20	
844	25 Pf	Alte Börse	1,30	–,40	
		Satz (2 W.)	1,50	–,50	1,–

1961, 29. Aug. Staatsratsvors. Walter Ulbricht (1893–1973). Wz. 3. [21,5×26]

845	5 Pf	dunkelgraublau (Töne)	–,30	–,20	
846	10 Pf	(dunkel)opalgrün (Töne)	–,30	–,30	
847	15 Pf	(dunkel)lilapurpur .	–,40	–,20	
848	20 Pf	(dunkel)rot, schwärzlichrosa	–,50	–,30	
		Satz (4 W.)	1,40	–,70	5,–

1961, 7. Sept. Aufbau und Erhaltung Nationaler Gedenkstätten. Wz. 3. [27,5×33, 45×36]

			★★	⊘	FDC
849	5+ 5 Pf	Carlo Schönhaar (1924–1942) ..	–,30	–,30	
850	10+ 5 Pf	Herbert Baum (1912–1942) ..	–,30	–,30	
851	20+10 Pf	Liselotte Herrmann (1909 bis 1938)	–,30	–,30	
852	25+10 Pf	Sophie Scholl, Hans Scholl ...	–,30	–,30	
853	40+20 Pf	Hilde Coppi, Hans Coppi ...	2,40	6,50	
		Satz (5 W.)	3,–	7,50	13,50

1961, 13. Sept. Internationale Gartenbauausstellung, Erfurt. Wz. 3. [27,5×33]

854	10 Pf	Tulpen	–,50	–,30	
855	20 Pf	Dahlien	–,50	–,30	
856	40 Pf	Edelrose	11,–	11,–	
		Satz (3 W.)	12,–	11,–	15,–

1961, 19. Okt./23. Nov. 150. Geburtstag des Komponisten und Pianisten Franz Liszt (1811–1886). Wz. 3. [27,5×33]

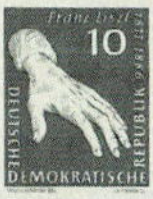

857	5 Pf	F. Liszt und Hector Berlioz (1803–1869)	–,30	–,20	
858	10 Pf	Jugendhand von F. Liszt	2,50	2,80	
859	20 Pf	F. Liszt-Relief	–,30	–,20	
860	25 Pf	F. Liszt und Frédéric Chopin (1810–1849)	3,–	3,40	
		Satz (4 W.)	6,–	6,50	12,–

1961, 25. Okt. Tag der Briefmarke. Wz. 3. [33×27,5]

			★★	⊘	FDC
861	10 Pf	Fernsehkamera . . .	2,–	3,20	
862	20 Pf	Mikrophon, Radio .	–,30	–,30	
		Satz (2 W.)	2,20	3,50	5,50

1961, 11. Dez. Besuch des sowjetischen Kosmonauten German Titow. Wz. 3. [36×45, 45×36]

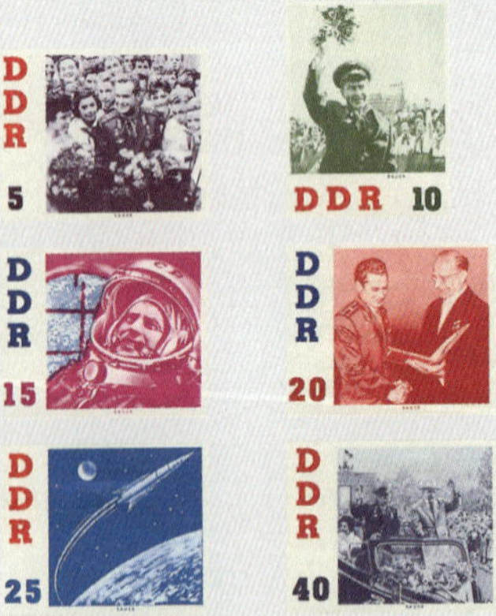

863	5 Pf	Mit jungen Pionieren	–,30	–,20	
864	10 Pf	G. Titow in Leipzig	–,30	–,20	
865	15 Pf	Im Weltraumschiff .	10,–	11,–	
866	20 Pf	W. Ulbricht/G. Titow	–,30	–,20	
867	25 Pf	„Wostok 2"	–,30	–,20	
868	40 Pf	G. Titow/W. Ulbricht	1,80	–,60	
		Satz (6 W.)	13,–	12,–	17,50

1962, 16. Febr. Geschützte Tiere. Wz. 3. [43×26]

869	5 Pf	Rote Waldameisen	5,–	7,50	
870	10 Pf	Mauswiesel	–,40	–,40	
871	20 Pf	Waldspitzmäuse . .	–,40	–,40	
872	40 Pf	Braune Langohrfledermaus	–,70	–,50	
		Satz (4 W.)	6,50	8,50	12,50

1962, 22. Febr. Leipziger Frühjahrsmesse. Wz. 3. [27,5×33]

			★★	⊘	FDC
873	10 Pf	„Zum Kaffeebaum"	–,30	–,20	
874	20 Pf	Gohliser Schlösschen	–,40	–,20	
875	25 Pf	Romanus-Haus . . .	1,–	1,–	
		Satz (3 W.)	1,50	1,40	2,–

1962, 1. März. 6 Jahre Nationale Volksarmee. Wz. 3. [43×26]

876	5 Pf	Pilot in Flugzeugkanzel	–,30	–,20	
877	10 Pf	Soldat vor Schützenpanzerwagen	–,30	–,20	
878	20 Pf	Soldat und Arbeiter vor Fabrik	–,30	–,20	
879	25 Pf	Matrose vor Kriegsschiff	–,30	–,40	
880	40 Pf	Soldat vor Panzer .	2,–	1,80	
		Satz (5 W.)	3,–	2,80	5,50

1962, 22. März. Erhaltung Nationaler Gedenkstätten. Wz. 3. [27,5×33]

881	5+ 5 Pf	Danielle Casanova (1909–1943) . .	–,30	–,20
882	10+ 5 Pf	Julius Fučik (1903–1943) . .	–,30	–,20
883	20+10 Pf	Johanna J. Schaft (1920–1945) . .	–,30	–,20

Nr.	Wert	Bezeichnung	**	⊘	FDC
884	25+10 Pf	Pawel Finder (1904–1944) . .	–,30	–,20	
885	40+20 Pf	Sonja Kosmodemjanskaja (1923–1941) . .	2,–	2,60	
		Satz (5 W.)	2,80	3,40	7,50

1962, 26. April. Int. Radfernfahrt für den Frieden. Wz. 3. [43×26]

Nr.	Wert	Bezeichnung	**	⊘	FDC
886	10 Pf	Vor Prager Burg	–,30	–,20	
887	20+10 Pf	In Warschau . . .	–,30	–,20	
888	25 Pf	Vor Rotem Rathaus	1,70	1,70	
		Satz (3 W.)	2,–	2,–	4,50

1962, 17. Mai. 200. Geburtstag des Philosophen Johann Gottlieb Fichte (1762–1814). Wz. 3. [33×27,5]

Nr.	Wert	Bezeichnung	**	⊘	FDC
889	10 Pf	Geburtshaus	1,80	2,40	
890	20 Pf	J. G. Fichte	–,30	–,30	
		Satz (2 W.)	2,–	2,60	4,–

1962, 7. Juni. 20. Jahrestag der Zerstörung Lidices. Wz. 3. [26×43]

Nr.	Wert	Bezeichnung	**	⊘	FDC
891	20 Pf	Kreuz mit Dornenkrone	–,30	–,20	
892	25 Pf	Kreuz mit Dornenkrone	1,20	1,60	
		Satz (2 W.)	1,50	1,80	2,50

1962, 18. Juni. 80. Geburtstag von Georgi Dimitroff (1882–1949). Wz. 3. [82,5×33, 27,5×33]

Nr.	Wert	Bezeichnung	**	⊘	FDC
893	5 Pf	. . . .	–,70	–,50	
894	20 Pf	. . . .	–,30	–,20	
		Satz (2 W.)	1,–	–,70	
		Dreierstreifen	7,–	50,–	75,–

1962, 26. Juni. Landwirtschaftsausstellung, Markkleeberg. Wz. 3. [43×26]

Nr.	Wert	Bezeichnung	**	⊘	FDC
895	10 Pf	Maislegemaschine	–,30	–,20	
896	20 Pf	Weidemelkstand . .	–,30	–,20	
897	40 Pf	Mähdrescher	2,–	1,80	
		Satz (3 W.)	2,40	2,20	4,–

1962, 2. Juli. Ostseewoche, Rostock. Wz. 3. [33×27,5, 27,5×33]

Nr.	Wert	Bezeichnung	**	⊘	FDC
898	10 Pf	Karte der Ostsee . .	–,30	–,20	
899	20 Pf	Hochhaus in Rostock	–,30	–,20	
900	25 Pf	Motorschiff „Frieden"	2,60	2,50	
		Satz (3 W.)	3,–	2,80	4,–

1962, 17. Juli. Weltfestspiele der Jugend und Studenten, Helsinki. Wz. 3. [55×64, 27,5×32, 55×27,5, 33×27,5]

Nr.	Wert	Bezeichnung	**	⊘	FDC
901	5 Pf	Brandenbg. Tor . . .	2,50	4,–	
902	5 Pf	Jugendliche	2,50	4,–	
903	20 Pf	Friedenstaube	2,50	4,–	
904	20 Pf	Theater Helsinki . .	2,50	4,–	
		Satz (4 W.)	10,–	15,–	
		Viererblock	13,–	40,–	70,–

Nr.	Wert	Bezeichnung	**	⊘	FDC
905	10+5 Pf	Tanzpaar	–,40	–,20	
906	15+5 Pf	Jugendliche	–,40	–,20	
		Paar	1,50	1,40	3,–

1962, 7. Aug. Schwimm-Europameisterschaften, Leipzig. Wz. 3. [33×27,5]

			★★	⊘	FDC
907	5 Pf	Freistil-schwimmen . . .	–,30	–,30	
908	10 Pf	Rücken-schwimmen . . .	–,30	–,30	
909	20+10 Pf	Wasser-springen	–,30	–,30	
910	25 Pf	Delphin-schwimmen . . .	–,30	–,30	
911	40 Pf	Brust-schwimmen . . .	1,50	1,50	
912	70 Pf	Wasserball	–,30	–,30	
		Sechserblock .	2,50	2,50	12,–

1962, 28. Aug. Leipziger Herbstmesse. Wz. 3. [27,5×33]

913	10 Pf	Städtisches Kaufhaus	–,30	–,20	
914	20 Pf	Mädler-Passage . .	–,40	–,20	
915	25 Pf	Flugzeug	1,–	1,–	
		Satz (3 W.)	1,60	1,40	2,–

1962, 3. Sept. 10 Jahre Hochschule für Verkehrswesen „Friedrich List", Dresden. Wz. 3. [38×29]

916	5 Pf	Symbole	–,40	–,20	1,80

1962, 13. Sept. Erster Gruppenflug der Raumschiffe „Wostok 3" und „Wostok 4". Wz. 3. [89×107, 32×54]

			★★	⊙	FDC
917	70 Pf	P. R. Popowitsch, A. G. Nikolajew	2,50	3,50	
		Block 17 (89×107 mm) Ⓢ	4,–	6,–	40,–

1962, 4. Okt. Erhaltung Nationaler Gedenkstätten. Wz. 3. [27,5×33, 43×26]

			★★	⊘	FDC
918	5+ 5 Pf	René Blieck (1910–1945) . .	–,30	–,30	
919	10+ 5 Pf	Dr. Alfred Klahr (1904–1944) . . .	–,30	–,30	
920	15+ 5 Pf	José Diaz (1896–1942) . .	–,30	–,30	
921	20+10 Pf	Julius Alpari (1882–1944) . . .	–,30	–,30	
922	70+30 Pf	Die sieben Brüder Cervi († 1943) .	2,20	3,20	
		Satz (5 W.)	2,80	3,80	7,–

1962, 25. Okt. 10 Jahre Deutscher Fernsehfunk; Tag der Briefmarke. Wz. 3. [38×29]

			★★	⊘	FDC
923	20 Pf	Bildschirm, Sende- und Empfangstürme	–,30	–,30	
924	40 Pf	Jugendliche Philatelisten	2,–	2,40	
		Satz (2 W.)	2,20	2,50	3,50

1962, 15. Nov. 100. Geburtstag des Dichters Gerhart Hauptmann (1862–1946). Wz. 3. [33×27,5]

925	20 Pf	G. Hauptmann . . .	–,50	–,20	–,70

1962, 28. Dez. 5 Jahre sowjetische Weltraumflüge. Wz. 3. [127×108, 26×43]

926	5 Pf	Weltraumhunde „Belka" und „Strelka"	2,–	2,80	
927	10 Pf	Kosmonaut J. Gagarin und Wostok 1	2,–	2,80	
928	15 Pf	Sputnik 1, 2 und 3 .	4,–	4,50	
929	20 Pf	Kosmonaut G. Titow und Wostok 2	4,–	4,50	
930	25 Pf	Lunik 1 und 2	4,–	4,50	
931	30 Pf	Kosmonauten A. Nikolajew und P. Popowitsch	4,–	4,50	
932	40 Pf	1. interplanetarische Station	2,–	2,80	
933	50 Pf	Lunik 3	2,–	2,80	
		Satz (8 W.)	24,–	28,–	
		Kleinbogen	40,–	60,–	90,–

1963, 2. Jan./11. Febr. Staatsratsvorsitzender Walter Ulbricht (1893–1973). Wz. 3. [21,5×26]

			★★	⊘	FDC
934	25 Pf	preußischblau (Töne)	–,40	–,20	
935	30 Pf	lilarot (Töne)	–,30	–,20	
936	40 Pf	blauviolett (Töne) . .	–,30	–,20	
937	50 Pf	dunkelultramarin, violettultramarin . .	–,30	–,20	
938	70 Pf	(dunkel)rötlichbraun	–,40	–,20	
		Satz (5 W.)	1,40	–,90	5,50

1963, 2. Jan. 100. Geburtstag von Baron Pierre de Coubertin (1863–1973). Wz. 3. [27,5×33]

939	20 Pf	P. d. Coubertin . . .	–,30	–,30	
940	25 Pf	Olympiastadion . . .	2,–	3,–	
		Satz (2 W.)	2,20	3,20	5,–

1963, 15. Jan. Parteitag der SED. Wz. 3. [33×27,5]

941	10 Pf	Emblem des Parteitages	–,40	–,20	1,–

1963, 6. Febr. Kampf gegen die Malaria. Wz. 3. [43×26]

942	20 Pf	Schädlingsbekämpfer	–,30	–,30	
943	25 Pf	Rotes Kreuz mit Äskulapstab	–,30	–,30	
944	50 Pf	Gelbes Kreuz mit Stechmücke	1,50	1,60	
		Satz (3 W.)	1,80	2,–	4,–

1963, 14. Febr. Internationale Rauchwarenauktion, Leipzig. Wz. 3. [43×26]

			★★	⊘	FDC
945	20 Pf	Silberfuchs	-,30	-,30	
946	25 Pf	Karakulschaf	1,80	2,80	
		Satz (2 W.)	2,–	3,–	4,50

1963, 26. Febr. Leipziger Frühjahrsmesse. Wz. 3. [26×43]

			★★	⊘	FDC
947	10 Pf	Barthels Hof	-,30	-,20	
948	20 Pf	Neues Rathaus	-,40	-,30	
949	25 Pf	Glockenturm	1,50	1,60	
		Satz (3 W.)	2,–	2,–	3,–

1963, 12. März. Blockausgabe: Chemie für Frieden und Sozialismus. ☐. o. G. [105×74]

			(★)	⊙	FDC
950	50 Pf	Laborantin an modernen Geräten	1,80	4,–	
951	70 Pf	Destillationskolonne der Petrolchemie	1,80	4,–	
		Block 18	(★)	Ⓢ	FDC
		(105×74 mm)	5,–	22,–	150,–

1963, 9. April. Berühmte deutsche Schriftsteller und Opernkomponisten. Wz. 3. [43×26]

			★★	⊘	FDC
952	5 Pf	Johann Gottfried Seume (1763–1810)	-,30	-,30	
953	10 Pf	Friedrich Hebbel (1813–1863)	-,30	-,30	
954	20 Pf	Georg Büchner (1813–1837)	-,30	-,30	
955	25 Pf	Richard Wagner (1813–1883)	2,–	2,50	
		Satz (4 W.)	2,50	3,–	6,–

1963, 14. Mai. 100 Jahre Internationales Rotes Kreuz. Wz. 3. [43×26]

			★★	⊘	FDC
956	10 Pf	Rot-Kreuz-Schwester	1,40	1,40	
957	20 Pf	Krankenwagen	-,30	-,30	
		Satz (2 W.)	1,60	1,60	3,–

1963, 27. Mai. Erhaltung Nationaler Gedenkstätten. Wz. 3. [55×33, 27,5×33]

			★★	⊘	FDC
958	5+ 5 Pf	W. Bohne	-,30	-,30	
959	10+ 5 Pf	W. Seelenbinder		-,30	-,30
960	15+ 5 Pf	A. Richter	-,30	-,30	
961	20+10 Pf	H. Steyer	-,30	-,30	
962	25+10 Pf	K. Schlosser	2,40	6,–	
		Satz (5 W. mit Zf)	12,–	30,–	35,–

1963, 13. Juni. Deutsches Turn- und Sportfest, Leipzig. Wz. 3. [26×43]

			★★	⊘	FDC
963	10+ 5 Pf	Turnen an Holmen	-,30	-,20	
964	20+10 Pf	Gymnastik mit Bändern	-,30	-,20	
965	25+10 Pf	Staffellauf	4,–	3,50	
		Satz (3 W.)	4,50	3,80	5,50

1963, 18. Juni. 75 Jahre „Die Internationale". Wz. 3. [33×27,5]

			✱✱	⊘	FDC
966	20 Pf	Eugène Pottier (1816–1887)	–,30	–,30	
967	25 Pf	Pierre-Chrétien Degeyter (1848–1932)	1,40	1,60	
		Satz (2 W.)	1,60	1,80	3,50

1963, 25. Juni. Staatsratsvorsitzender Walter Ulbricht (1893–1973). Wz. 3. Wertbez. DM. [27,5×33]

968	1 DM	schwarzgrünoliv ..	1,–	–,80	
969	2 DM	siena	2,–	–,80	
		Satz (2 W.)	3,–	1,60	10,–

1963, 18. Juli. Gruppenflug der Raumschiffe „Wostok 5" und „Wostok 6". Wz. 3. [55×33, 27,5×33]

970	20 Pf	W. Tereschkowa ...	1,–	–,30	
971	20 Pf	V. F. Bykowski	1,–	–,30	
		Paar	2,40	–,60	3,–

1963, 30. Juli. Motorrad-WM-Läufe. Wz. 3. [27,5×33, 43×26]

972	10 Pf	Moto-Cross	4,–	4,50	
973	20 Pf	Rennen 125-cm³-Klasse	–,30	–,30	
974	25 Pf	Rennen 250-cm³-Klasse	–,30	–,30	
		Satz (3 W.)	4,50	5,–	7,–

1963, 20. Aug. Internationale Mahn- und Gedenkstätten. Wz. 3. [33×55]

			✱✱	⊘	FDC
975	20 Pf	Gedenkstätte Treblinka	–,40	–,30	–,70

1963, 27. Aug. Leipziger Herbstmesse. Wz. 3. [55×33, 27,5×33]

976	10 Pf	Auto/Triebwagen ..	–,90	–,20	
977	10 Pf	Flugzeug/Bus	–,90	–,20	
		Paar	2,80	–,50	1,20

1963, 10. Sept. Geschützte Tiere. Wz. 3. [43×26]

978	10 Pf	Hirschkäfer	–,30	–,30	
979	20 Pf	Fleckenstreifiger Feuersalamander .	–,30	–,30	
980	30 Pf	Europäische Sumpfschildkröte .	–,30	–,30	
981	50 Pf	Wechselkröte	4,–	4,–	
982	70 Pf	Braunbrustigel	–,70	–,70	
		Satz (5 W.)	5,–	5,–	7,50

1963, 24. Sept. Erhaltung Nationaler Gedenkstätten. Wz. 3. [55×33, 27,5×33]

			✱✱	◎	FDC
983	5+ 5 Pf	H. Tops	–,30	–,30	
984	10+ 5 Pf	K. Tucholla	–,30	–,30	
985	15+ 5 Pf	R. Seiffert	–,30	–,30	
986	20+10 Pf	E. Grube	–,30	–,30	
987	40+20 Pf	K. Biedermann .	2,80	3,60	
		Satz (5 W. mit Zf)	12,–	24,–	21,–

1963, 10. Okt. 150. Jahrestag der Befreiungskriege. Wz. 3. [55×33]

988	5 Pf	Graf von Gneisenau, Fürst Blücher	–,30	–,30	
989	10 Pf	Kosaken und Landwehr in Berlin	–,30	–,30	
990	20 Pf	E. M. Arndt u. Reichsfreih. vom u. zum Stein	–,30	–,30	
991	25 Pf	A. Lützows Freischar vor dem Kampf . . .	–,30	–,30	
992	40 Pf	G. von Scharnhorst und Fürst Kutusow	2,80	1,60	
		Satz (5 W.)	3,–	2,40	5,–

1963, 17. Okt./19. Nov. Besuch sowjetischer Kosmonauten. Wz. 3. [29×29, 29×37]

993	10 Pf	W. Tereschkowa	–,30	–,30	
994	20 Pf	W. Tereschkowa bei Kundgebung	–,30	–,30	
995	20 Pf	J. Gagarin bei Kundgebung	–,30	–,30	
996	25 Pf	W. Tereschkowa in der Kapsel	5,–	3,–	
		Satz (4 W.)	5,50	3,40	6,50

1963, 8. Nov. 25. Jahrestag der Novemberpogrome („Reichskristallnacht", 9./10.11.1938). Wz. 3. [27,5×33]

			✱✱	◎	FDC
997	10 Pf	Brennende Synagoge	–,40	–,30	2,–

1963, 25. Nov. Tag der Briefmarke. Wz. 3. [43×26]

998	10 Pf	Briefverteilmaschine	2,20	2,40	
999	20 Pf	Gabelstapler	–,30	–,30	
		Satz (2 W.)	2,40	2,60	4,–

1963, 16. Dez. Olympische Winterspiele, Innsbruck. Wz. 3. [37×29]

1000	5 Pf	Skispringer im Anlauf	–,30	–,30	
1001	10 Pf	Skispringer beim Absprung . . .	–,30	–,30	
1002	20+10 Pf	Skispringer im Flug	–,30	–,30	
1003	25 Pf	Skispringer beim Aufsprung . . .	2,60	2,80	
		Satz (4 W.) . . .	3,–	3,20	5,50

1964, 15. Jan. Schmetterlinge. Wz. 3. [33×27,5]

1004	10 Pf	Admiral	–,50	–,20	
1005	15 Pf	Hochalpen-Apollo	–,50	–,20	
1006	20 Pf	Schwalbenschwanz	–,50	–,20	
1007	25 Pf	Postillon	–,50	–,20	
1008	40 Pf	Großer Fuchs . . .	7,–	3,–	
		Satz (5 W.)	9,–	3,60	7,50

1964, 6. Febr. Berühmte Künstler. Wz. 3. [43×26]

			✱✱	⊘	FDC
1009	20 Pf	Quadriga auf Brandenburger Tor	–,30	–,20	
1010	25 Pf	Schluss-Stein d. Museums f. Dt. Geschichte	–,30	–,20	
1011	40 Pf	William Shakespeare (1564–1616)	1,60	1,40	
		Satz (3 W.)	2,20	1,80	3,50

1964, 26. Febr. Leipziger Frühjahrsmesse. Wz. 3. [64×55, 32×27,5]

1012	10 Pf	Elektrotechnik ...	3,–	–,40	
1013	20 Pf	Bräunigkes Hof (1700)	3,–	–,40	
		Satz (2 W.)	6,–	–,80	
		Viererblock	25,–	2,40	8,–

1964, 24. März. Erhaltung Nationaler Gedenkstätten. Wz. 3. [34×37]

			✱✱	⊘	FDC
1014	5+ 5 Pf	Anton Saefkow (1903–1944) .	–,30	–,20	
1015	10+ 5 Pf	Franz Jacob (1906–1944) .	–,30	–,20	
1016	15+ 5 Pf	Bernhard Bästlein (1894–1944)	–,30	–,20	
1017	20+ 5 Pf	Harro Schulze-Boysen (1909–1942) ..	–,30	–,30	
1018	25+10 Pf	Dr. Adam Kuckhoff (1887–1943)	–,50	–,30	
1019	40+10 Pf	Dr. Mildred Harnack (1902–1943) und Dr. Arvid Harnack (1901–1942) .	1,50	2,–	
		Satz (6 W.) ...	3,20	3,20	7,–

1964, 15. April. 70. Geburtstag von Nikita S. Chruschtschow (1894–1971). Wz. 3. [30×37]

1020	25 Pf	Mit Werktätigen .	–,30	–,20	
1021	40 Pf	Mit Kosmonauten	3,50	2,60	
		Satz (2 W.)	3,80	2,80	5,–

1964, 13. Mai. Deutschlandtreffen der Jugend, Berlin. Wz. 3. [33×27,5]

1022	10 Pf	Jugendliche vor Fahnen	–,30	–,20	
1023	20 Pf	Jugendliche Sportler	–,30	–,20	
1024	25 Pf	Musizierende Jugendliche	2,–	1,–	
		Satz (3 W.)	2,40	1,30	2,50

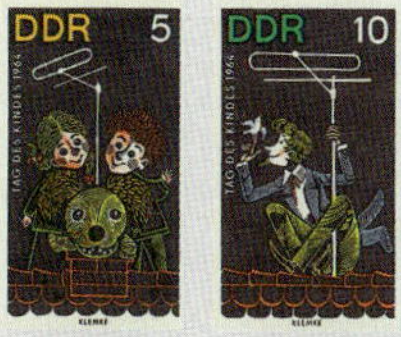

1964, 1. Juni. Tag des Kindes. Wz. 3. [33×55]

			★★	⊘	FDC
1025	5 Pf	Flax, Krümel, Struppi	–,30	–,20	
1026	10 Pf	Meister Nadelöhr	–,30	–,20	
1027	15 Pf	Pittiplatsch	–,30	–,20	
1028	20 Pf	Sandmännchen .	–,30	–,20	
1029	40 Pf	Bummi, Schnatterinchen	1,80	2,20	
		Satz (5 W.)	3,–	2,80	5,40

1964, 25. Juni. Frauenkongress der DDR. Wz. 3. [38×29]

			★★	⊘	FDC
1030	20 Pf	Frau mit Kind . . .	–,40	–,20	
1031	25 Pf	Technikerinnen . .	1,20	1,–	
1032	70 Pf	Viehzüchterinnen	–,80	–,20	
		Satz (3 W.)	2,40	1,40	2,50

1964, 15. Juli. Olympische Sommerspiele, Tokio. Wz. 3. [33×27,5, 97×55]

			★★	⊘	FDC
1033	5 Pf	Radrennfahren	–,30	–,30	
1034	10 Pf	Volleyball	–,30	–,30	
1035	20 Pf	Judo	–,30	–,30	
1036	25 Pf	Wasserspringen	–,30	–,30	
1037	40+20 Pf	Langstreckenlauf	–,30	–,30	
1038	70 Pf	Springreiten .	2,–	2,–	
		Satz (6 W.) . . .	3,50	3,50	6,–

1964, 15. Juli. Olympische Sommerspiele, Tokio (II). Ⓔ **Bengs und Skribelka; Odr. (2×5 Zd.); Wz. 3; gez. K 13:13½.**

			★★	⊘	FDC
1039	10 Pf	Kunstspringen .	3,–	3,50	
1040	10+5 Pf	Springreiten . . .	3,–	3,50	
1041	10 Pf	Volleyball	3,–	3,50	
1042	10 Pf	Radrennfahren	3,–	3,50	
1043	10+5 Pf	Langstreckenlauf	3,–	3,50	
1044	10 Pf	Judo	3,–	3,50	
		Satz (6 W.)	18,–	20,–	
		Sechserblock .	28,–	30,–	65,–

1964, 29. Juli. Pioniertreffen, Chemnitz. Wz. 3. [62×29]

			★★	⊘	FDC
1045	10+ 5 Pf	Lernen	2,50	–,50	
1046	20+10 Pf	Pflanzen	2,50	–,50	
1047	25+10 Pf	Ballspiel	5,–	5,–	
		Satz (3 W.) . . .	10,–	6,–	8,–

1964, 12. Aug. Internationale Mahn- und Gedenkstätten. Wz. 3. [33×55]

			★★	⊘	FDC
1048	25 Pf	Gedenkstätte Leningrad	1,20	–,30	–,80

1964, 1. Sept. Für den Weltfrieden. Wz. 3. [33×27,5]

			★★	⊘	FDC
1049	20 Pf	Frédéric Joliot-Curie (1900–1958)	–,30	–,20	
1050	25 Pf	Bertha von Suttner (1843–1914)	–,30	–,20	
1051	50 Pf	Carl von Ossietzky (1889–1938)	1,50	1,–	
		Satz (3 W.)	2,–	1,40	2,–

1964, 3. Sept. Leipziger Herbstmesse. Wz. 3. [82,5×33, 27,5×33]

			✶✶	⊘	FDC
1052	10 Pf	Mittelalterliche Glaswerkstatt . . .	–,70	–,20	
1053	15 Pf	Neuzeitliche Glasarmaturen . .	–,70	–,20	
		Dreierstreifen	2,80	–,70	2,50

1964, 16. Sept. 100. Jahrestag der Gründung der I. Internationale. Wz. 3. [43×26]

1054	20 Pf	rot/schwarz	–,30	–,20	
1055	25 Pf	lebhaftgrauultra marin/schwarz . . .	–,80	–,80	
		Satz (2 W.)	1,–	1,–	2,–

1964, 23. Sept. Nationale Briefmarkenausstellung, Berlin. Wz. 3. [33×55]

1056	10+ 5 Pf	DDR MiNr. 663	–,30	–,20	
1057	20+10 Pf	DDR MiNr. 278	–,40	–,30	
1058	50 Pf	DDR MiNr. 504	2,20	1,80	
		Satz (3 W.) . . .	2,80	2,20	4,–

1964, 6. Okt. 15 Jahre DDR. Wz. 3. [37×29]

			✶✶	⊘	FDC
1059 A	10 Pf	Schweißer, Schiff - am Kai	–,40	–,40	
1060 A	10 Pf	Melkerin, Kühe .	–,40	–,40	
1061 A	10 Pf	Studentin, Hörsaal	–,40	–,40	
1062 A	10 Pf	Hochofenarbeiter, Hüttenwerk . . .	–,40	–,40	
1063 A	10 Pf	Fahne, Häuserblocks . .	–,40	–,40	
1064 A	10 Pf	Wissenschaftler, Chemiewerk . . .	–,40	–,40	
1065 A	10 Pf	Ingenieur, Maschine	–,40	–,40	
1066 A	10 Pf	Kampfgruppen-angehöriger, Chemiewerk . . .	–,40	–,40	
1067 A	10 Pf	Leipziger Messe-Emblem, Altes Rathaus	–,40	–,40	
1068 A	10 Pf	Vermessungs-ingenieur, Tagebau	–,40	–,40	
1069 A	10 Pf	Skifahrerin, verschneites Dorf	–,40	–,40	
1070 A	10 Pf	Techniker, Planetarium-Gerät	–,40	–,40	
1071 A	10 Pf	Künstler, Bauwerk	–,40	–,40	
1072 A	10 Pf	Bauarbeiter, Baustelle	–,40	–,40	
1073 A	10 Pf	Weberin, Webstuhl	–,40	–,40	
		Satz (15 W.) . . .	6,–	6,–	10,–

Blockausgabe. Wz. 3. □

		(✶)	Ⓢ	FDC
1059 B–1073 B	Block 19 (210×285 mm) . .	70,–	75,–	*1500,–*

1964, 25. Nov. Volkstrachten. Wz. 3. [52×43, 26×43]

Nr.	Wert	Beschreibung	★★	◎	FDC
1074	5 Pf	Mönchgut, Rügen	8,–	6,–	
1075	5 Pf	Mönchgut, Rügen	8,–	6,–	
1076	10 Pf	Spreewald	2,50	1,40	
1077	10 Pf	Spreewald	2,50	1,40	
1078	20 Pf	Thüringen	2,50	1,40	
1079	20 Pf	Thüringen	2,50	1,40	
		Satz (3 Paare) . . .	60,–	25,–	45,–

1964, 9. Dez. Staatsratsvorsitzender Walter Ulbricht (1893–1973). Wz. 3. [21,5×26]

Nr.	Wert	Beschreibung	★★	◎	FDC
1080	60 Pf	dunkelgrünlicholiv	–,40	–,30	12,–

1964, 29. Dez. Blockausgaben: Internationale Jahre der ruhigen Sonne. Wz. 3. [54×30]

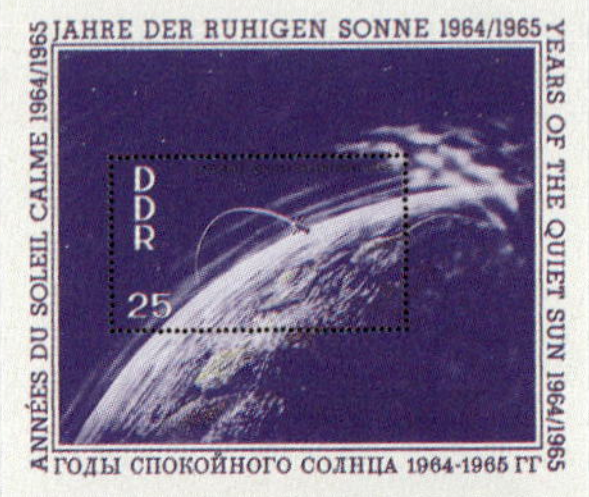

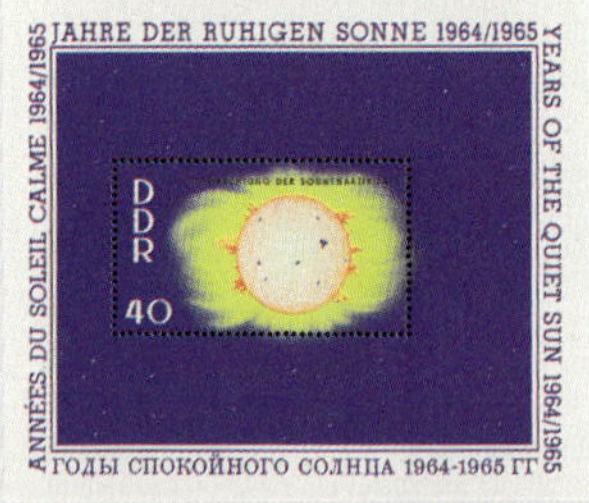

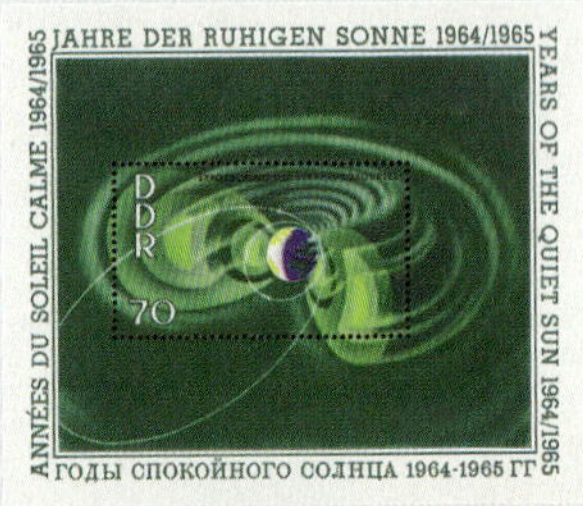

Nr.	Wert	Beschreibung	★★	◎	FDC
1081	25 Pf	Satellit über Teil der Weltkugel	4,–	6,–	8,–
		Block 20 (108×90 mm) Ⓢ . .	7,–	10,–	35,–
1082	40 Pf	Sonne mit Korona und Protuberanzen	1,80	2,–	3,–
		Block 21 (108×90 mm) Ⓢ . .	3,20	4,50	35,–
1083	70 Pf	Erde mit Raketenbahn und Strahlungsgürtel	1,30	2,40	4,–
		Block 22 (108×90 mm) Ⓢ . .	2,60	4,–	35,–

1965, 14. Jan. 90. Geburtstag von Dr. Albert Schweitzer (1875–1965). Wz. 3. [33×55]

Nr.	Wert	Beschreibung	★★	◎	FDC
1084	10 Pf	Dr. A. Schweitzer vor Urwald	–,80	–,20	
1085	20 Pf	Mit Demonstranten	–,80	–,20	
1086	25 Pf	Vor Notenhintergrund	4,50	2,60	
		Satz (3 W.)	6,–	2,80	4,50

1965, 10. Febr. Staatsratsvorsitzender Walter Ulbricht (1893–1973). Wz. 3. Wertbez. MDN. [27,5×33]

Nr.	Wert	Beschreibung	★★	◎	FDC
1087	1 M	schwarzgrünoliv		–,60	–,60
1088	2 M	siena	–,70	–,70	
		Satz (2 W.)	1,30	1,30	12,–

1965, 22. Febr. 125. Geburtstag des Parteiführers August Bebel (1840 bis 1913). Wz. 3. [26×43]

			★★	⊘	FDC
1089	20 Pf	A. Bebel	–,50	–,20	1,40

1965, 25. Febr. Leipziger Frühjahrsmesse. Wz. 3. [27,5×33]

1090	10 Pf	Medaillen-Vorderseite	–,30	–,20	
1091	15 Pf	Medaillen-Rückseite	–,30	–,20	
1092	25 Pf	Chemieanlagen . .	–,70	–,30	
		Satz (3 W.)	1,20	–,60	1,40

1965, 24. März. 10 Jahre Tierpark Berlin. Wz. 3. [26×43, 43×26]

1093	10 Pf	Angola-Giraffe . . .	–,30	–,20	
1094	25 Pf	Grüner Leguan . .	–,30	–,20	
1095	30 Pf	Weißschwanz-Gnu	2,50	1,80	
		Satz (3 W.)	3,–	2,20	3,50

1965, 24. März. 120. Geburtstag des Physikers Wilhelm Conrad Röntgen (1845–1923). Wz. 3. [26×43]

1096	10 Pf	W. Röntgen	–,60	–,20	1,40

1965, 15. April. 700. Geburtstag des Dichters Dante Alighieri (1265–1321). Wz. 3. [26×43]

			★★	⊘	FDC
1097	50 Pf	Dante Alighieri . . .	2,20	–,30	1,40

1965, 15. April. Weltraumschiff „Woschod 2". Wz. 3. [36×29]

1098	10 Pf	P. Beljajew und A. Leonow	–,40	–,20	
1099	25 Pf	Kosmonaut im Weltraum	2,60	2,–	
		Satz (2 W.)	3,–	2,20	3,50

1965, 27. April. Europameisterschaften im Boxen, Berlin. Wz. 3. [27,5×33]

1100	10+5 Pf	Boxhandschuhe	–,30	–,20	
1101	20 Pf	Boxhandschuh	1,–	1,–	
		Satz (2 W.)	1,20	1,20	2,–

1965, 5. Mai. 20. Jahrestag der Befreiung vom Faschismus. Wz. 3. [55×33]

			★★	⊘	FDC
1102	5+ 5 Pf	G. Dimitroff, Reichsgericht Leipzig	-,30	-,30	
1103	10+ 5 Pf	Ankleben des Manifestes der KPD	-,30	-,30	
1104	15+ 5 Pf	Antifaschistische Soldaten in Spanien	-,30	-,30	
1105	20+10 Pf	Demonstration für E. Thälmann	-,30	-,30	
1106	25+10 Pf	Nationalkomitee „Freies Deutschland"	-,30	-,30	
1107	40 Pf	Agitatoren an der Ostfront ..	-,30	-,30	
1108	50 Pf	Sowjetsoldat befreit KZ-Häftlinge	-,30	-,30	
1109	60 Pf	Rotarmisten hissen sowjetische Fahne ..	3,50	3,50	
1110	70 Pf	Demonstration für die SED ..	-,30	-,30	
		Satz (9 W.) ...	5,50	5,50	8,–

1965, 12. Mai. 20 Jahre Deutscher Demokratischer Rundfunk. Wz. 3. [26 × 43]

			★★	⊘	FDC
1111	20 Pf	Sendemast	-,40	-,20	
1112	40 Pf	Arbeiter	1,80	1,10	
		Satz (2 W.)	2,20	1,30	2,–

1965, 17. Mai. 100 Jahre Internationale Fernmeldeunion (UIT). Wz. 3. [26 × 43]

			★★	⊘	FDC
1113	20 Pf	Frequenzschema	-,50	-,20	
1114	25 Pf	Blockschaltbild	2,50	-,60	
		Satz (2 W.)	3,–	-,80	2,–

1965, 10. Juni. 20 Jahre Freier Deutscher Gewerkschaftsbund (FDGB); 20 Jahre Weltgewerkschaftsbund (WGB). Wz. 3. [27,5 × 33, 43 × 26]

			★★	⊘	FDC
1115	20 Pf	FDGB-Emblem ..	-,50	-,30	
1116	25 Pf	Demonstrierende Werktätige	2,–	-,70	
		Satz (2 W.)	2,50	1,–	2,–

1965, 16. Juni. 800 Jahre Chemnitz (Karl-Marx-Stadt). Wz. 3. [27,5 × 33]

			★★	⊘	FDC
1117	10 Pf	Chemieanlage ...	-,30	-,20	
1118	20 Pf	Roter Turm	-,30	-,20	
1119	25 Pf	Rathaus	1,40	-,80	
		Satz (3 W.)	2,–	1,20	2,–

1965, 21. Juni. Konferenz der Postminister der sozialistischen Länder, Peking. Wz. 3. [27,5 × 33]

			★★	⊘	FDC
1120	20 Pf	Karl Marx und W. Lenin	-,70	-,20	1,30

1965, 5. Juli. 90. Geburtstag des Politikers Dr. Wilhelm Külz (1875–1948). Wz. 3. [26 × 43]

			★★	⊘	FDC
1121	25 Pf	Dr. W. Külz	1,10	-,20	1,30

1965, 5. Juli. Weltfriedenskongress, Helsinki. Wz. 3. [30 × 36]

			★★	⊘	FDC
1122	10+5 Pf	Emblem	-,30	-,20	
1123	20+5 Pf	Emblem	-,60	-,40	
		Satz (2 W.) ...	-,90	-,50	1,50

1965, 28. Juli. 75. Geburtstag des Schriftstellers Erich Weinert (1890 bis 1953). Wz. 3. [26×43]

			★★	⊘	FDC
1124	40 Pf	E. Weinert	–,60	–,20	1,30

1965, 23. Aug. Vietnamhilfe. MiNr. 1063 A mit Aufdruck. [37×29]

1125	10+10 Pf	mehrfarbig (1063 A)	–,50	–,20	1,40

1965, 25. Aug. 800 Jahre Stadt Leipzig. [55×33]

1126	10 Pf	„Alte Waage"	–,30	–,20	
1127	25 Pf	Altes Rathaus ...	–,30	–,20	
1128	40 Pf	Opernhaus, Hauptpostamt	–,30	–,20	
1129	70 Pf	Hotel Stadt Leipzig	2,40	1,10	
		Satz (4 W.)	3,–	1,70	4,–

1965, 2. Sept. Leipziger Herbstmesse. [27,5×33]

1130	10 Pf	Fotoapparate ...	–,40	–,20	
1131	15 Pf	Musikinstrumente	–,40	–,20	
1132	25 Pf	Mikroskop	–,90	–,30	
		Satz (3 W.)	1,70	–,60	1,20

1965, 4. Sept. Briefmarkenausstellung INTERMESS, Leipzig. MiNr. 1126–1129 als Blocks

		★★	Ⓢ	FDC
Block 23	(137×99 mm)	4,–	5,–	*35,–*
Block 24	(137×99 mm)	2,50	3,–	*20,–*
	Blockpaar	6,50	8,–	

1965, 15. Sept. Weltmeisterschaften im Modernen Fünfkampf, Leipzig. [27,5×33]

			★★	⊘	FDC
1133	10 Pf	Springreiten ...	–,30	–,20	
1134	10+5 Pf	Degenfechten .	–,30	–,20	
1135	10+5 Pf	Pistolenschießen	–,30	–,20	
1136	10 Pf	Freistilschwimmen ...	–,30	–,20	
1137	10 Pf	Geländelauf ...	2,80	3,–	
		Satz (5 W.)	3,80	3,50	7,–

1965, 1. Okt. Besuch sowjetischer Kosmonauten. Wz. 3. [110×33, 27,5×33, 55×33]

			★★	⊘	FDC
1138	20 Pf	A. Leonow, Brandenburger Tor	–,60	–,70	
1139	20 Pf	P. Beljajew, Rotes Rathaus Berlin . . .	–,60	–,70	
1140	25 Pf	Rakete mit Kosmonauten	–,60	–,70	
		Satz (3 W.)	1,80	2,–	
		Dreierstreifen	3,80	5,50	9,–

1965, 19. Okt. Internationale Mahn- und Gedenkstätten. Wz. 3. [33×55]

1141	25 Pf	Mahnmal Putten, Niederlande	1,–	–,20	–,70

1965, 11. Nov. 200 Jahre Bergakademie Freiberg. [43×26]

1142	10 Pf	Treibofen	–,30	–,20	
1143	15 Pf	Erzgewinnung . . .	–,70	1,–	
1144	20 Pf	Proustit-Stufe . . .	–,30	–,20	
1145	25 Pf	Schwefel	–,30	–,20	
		Satz (4 W.)	1,50	1,50	3,–

1965, 8. Dez. 150. Geburtstag des Malers Adolph von Menzel (1815–1905). Wz. 3. [26×43]

1146	10 Pf	A. von Menzel . . .	1,–	–,20	1,30

1965, 8. Dez. Europäische Greifvögel. [27,5×33]

			★★	⊘	FDC
1147	5 Pf	Rotmilan oder Gabelweihe	–,30	–,20	
1148	10 Pf	Bart- oder Lämmergeier	–,30	–,20	
1149	20 Pf	Mäusebussard . .	–,30	–,20	
1150	25 Pf	Turmfalke	–,30	–,20	
1151	40 Pf	Hühnerhabicht . .	–,50	–,20	
1152	70 Pf	Steinadler	4,50	2,80	
		Satz (6 W.)	6,–	3,50	7,–

1965, 14. Dez. 1. Todestag des Politikers Otto Grotewohl (1894–1964). Wz. 3. [27,5×33]

1153	20 Pf	O. Grotewohl . . .	–,90	–,20	1,80

1966, 3. Jan. 50. Jahrestag der Reichskonferenz der Spartakusgruppe. [55×33, 138×99]

			★★	⊙	FDC
1154	20 Pf	Spartakusbrief . .	–,50	–,80	
1155	50 Pf	K. Liebknecht und R. Luxemburg . . .	–,50	–,80	
		Block 25 (138×99 mm) (Ⓢ)	2,50	4,–	18,–

1966, 25. Jan. Weltmeisterschaften im Rennrodeln, Friedrichroda. [36×30]

			✶✶	⊘	FDC
1156	10 Pf	Damen-Einsitzer .	–,30	–,20	
1157	20 Pf	Herren-Doppelsitzer	–,30	–,20	
1158	25 Pf	Herren-Einsitzer .	1,50	1,–	
		Satz (3 W.)	1,80	1,30	2,50

1966, 24. Febr. Leipziger Frühjahrsmesse. [43×26]

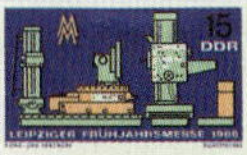

1159	10 Pf	Lochkartenrechner	–,30	–,20	
1160	15 Pf	Bohr- und Fräswerk	1,30	–,30	
		Satz (2 W.)	1,60	–,50	–,80

1966, 1. März. 10 Jahre Nationale Volksarmee. Wz. 3. [33×27,5]

1161	5 Pf	Nationalgalerie Berlin	–,30	–,20	
1162	10 Pf	Brandenburger Tor	–,30	–,20	
1163	20 Pf	Industrieanlage ..	–,30	–,20	
1164	25 Pf	Landwirtschafts-maschine	1,30	1,–	
		Satz (4 W.)	2,20	1,50	4,–

1966, 1. März. 150. Geburtstag des Wissenschaftlers Jan Ernst Schmoler (1816–1884). [30×36]

1165	20 Pf	J. E. Schmoler ..	–,30	–,20	
1166	25 Pf	Haus der Sorben	–,70	–,60	
		Satz (2 W.)	1,–	–,80	1,50

1966, 7. März. 20 Jahre Freie Deutsche Jugend (FDJ). [27,5×33]

1167	20 Pf	Abzeichen mit Karl Marx	–,70	–,20	1,20

1966, 7. März. Erste weiche Mondlandung durch Luna 9. [33×27,5]

			✶✶	⊘	FDC
1168	20 Pf	Mondsonde Luna 9	2,50	–,50	2,–

1966, 28. März. Sicherheit im Straßenverkehr. [33×27,5]

1169	10 Pf	Drei Verkehrszeichen	–,30	–,20	
1170	15 Pf	Kind mit Roller vor Pkw	–,30	–,20	
1171	25 Pf	Radfahrer gibt Handzeichen	–,30	–,20	
1172	50 Pf	Motorradfahrer, Bier, Krankenwagen	1,20	–,70	
		Satz (4 W.)	1,70	1,20	2,50

1966, 31. März. 20 Jahre Sozialistische Einheitspartei Deutschlands (SED). [33×55, 55×33]

1173	5 Pf	Abzeichen der SED	–,30	–,20	
1174	10 Pf	Fahne mit Marx und Lenin	–,30	–,20	
1175	15 Pf	K. Marx und F. Engels	–,30	–,20	

			★★	⊘	FDC
1176	20 Pf	W. Pieck und O. Grotewohl	–,30	–,20	
1177	25 Pf	W. Ulbricht mit Werktätigen	2,–	1,50	
		Satz (5 W.)	3,–	2,–	4,–

1966, 26. April. Einweihung des neuen Verwaltungsgebäudes der Weltgesundheitsorganisation. [65 × 26]

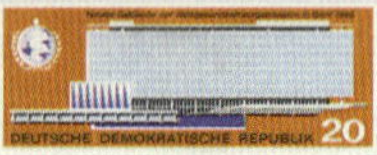

1178	20 Pf	Verwaltungsgebäude	–,50	–,40	1,–

1966, 17. Mai. Natur- und Landschaftsschutzgebiete. [43 × 26]

1179	10 Pf	Spreewald	–,30	–,20	
1180	15 Pf	Königsstuhl auf Rügen	–,30	–,20	
1181	20 Pf	Sächsische Schweiz	–,30	–,20	
1182	25 Pf	Westdarß	–,30	–,20	
1183	30 Pf	Teufelsmauer bei Thale im Harz ...	2,40	1,30	
1184	50 Pf	Feldberger Seen in Mecklenburg	–,30	–,20	
		Satz (6 W.)	3,50	2,–	4,50

1966, 26. Mai. Plauener Spitze. [30 × 36]

			★★	⊘	FDC
1185	10 Pf	Verschiedene Blütenmuster	–,30	–,20	
1186	20 Pf		–,30	–,20	
1187	25 Pf		–,30	–,20	
1188	50 Pf		2,80	1,50	
		Satz (4 W.)	3,50	2,–	3,50

1966, 28. Juni/16. Aug. Internationale Gartenbauausstellung, Erfurt. [33 × 55]

1189	20 Pf	Maiglöckchen ...	–,30	–,20	
1190	25 Pf	Azalee	–,30	–,20	
1191	40 Pf	Dahlie	–,40	–,30	
1192	50 Pf	Alpenveilchen ...	4,80	4,50	
		Satz (4 W.)	5,50	5,–	9,–

1966, 12. Juli. Weltmeisterschaften im Fallschirmspringen, Leipzig. [26 × 43]

1193	10 Pf	Einzelzielsprung ..	–,30	–,30	
1194	15 Pf	Gruppenzielsprung	–,70	–,70	
1195	20 Pf	Figurensprung ...	–,30	–,30	
		Satz (3 W.)	1,–	1,–	1,80

1966, 15. Juli. Kämpfer der Internationalen Brigaden in Spanien. [55 × 33]

			✱✱	⊘	FDC
1196	5 Pf	Hans Kahle (1899–1947) .	–,30	–,20	
1197	10+ 5 Pf	Willi Bredel (1901–1964) .	–,30	–,20	
1198	15 Pf	Hans Beimler (1895–1936) .	–,30	–,20	
1199	20+10 Pf	Heinrich Rau (1899–1961) .	–,30	–,20	
1200	25+10 Pf	Hans Marchwitza (1890–1965) .	–,30	–,20	
1201	40+10 Pf	Artur Becker (1905–1938) .	2,–	1,50	
		Satz (6 W.) . .	3,50	2,50	4,50

1966, 16. Aug. Weltmeisterschaften im Kanurennsport, Berlin. [65 × 26]

1202	10+5 Pf	Kanadier-Einer der Herren . . .	–,30	–,20	
1203	15 Pf	Kajak-Zweier der Damen . . .	1,40	1,20	
		Satz (2 W.)	1,70	1,30	2,50

1966, 29. Aug. Leipziger Herbstmesse. [43 × 26]

1204	10 Pf	Fernsehgerät . . .	–,80	–,20	
1205	15 Pf	Schreibmaschine	1,80	–,30	
		Satz (2 W.)	2,50	–,50	–,80

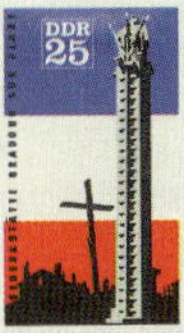

1966, 9. Sept. Internationale Mahn- und Gedenkstätten. Wz. 3. [33 × 55]

			✱✱	⊘	FDC
1206	25 Pf	Denkmal in Oradour-sur-Glane, Frankreich	–,50	–,30	–,80

1966, 13. Sept. Blutspendewesen; Internat. Zusammenarbeit; Gesundheitserziehung. Wz. 3. [43 × 26, 26 × 43]

1207	5 Pf	Blutübertragung	–,30	–,20	
1208	20+10 Pf	Int. Zusammenarbeit	–,50	–,20	
1209	40 Pf	Fackel	2,20	–,70	
		Satz (3 W.) . . .	3,–	1,–	1,80

1966, 22. Sept. Welt- und Europameisterschaften im Gewichtheben, Berlin. [36 × 29]

1210	15 Pf	Reißen	1,80	1,80	
1211	20+5 Pf	Stoßen	–,50	–,20	
		Satz (2 W.) . . .	2,20	2,–	3,40

1966, 10. Okt. Kongress der Internationalen Journalisten-Organisation, Berlin. [27,5 × 33, 33 × 27,5]

1212	10 Pf	Kongresshalle Berlin	–,60	–,50	
1213	20 Pf	Emblem	–,30	–,30	
		Satz (2 W.)	–,80	–,60	1,20

1966, 25. Okt. Volkstrachten. [52×43, 26×43]

			★★	⊘	FDC
1214	5 Pf	Altenburg	–,50	–,20	
1215	10 Pf	Altenburg	–,50	–,20	
1216	10 Pf	Mecklenburg	–,50	–,20	
1217	15 Pf	Mecklenburg	–,50	–,20	
1218	20 Pf	Magdeb. Börde ..	2,50	2,–	
1219	30 Pf	Magdeb. Börde ..	2,50	2,–	
		Satz (6 W.)	7,–	4,80	
		3 Paare	9,–	7,50	14,50

1966, 25. Okt. Unbesiegbares Vietnam. [36×30]

1220	20+5 Pf	Pflanzendes Mädchen	–,80	–,30	1,–

1966, 8. Nov. Zierfische. [43×26]

1221	5 Pf	Phantomsalmler .	–,30	–,30	
1222	10 Pf	Roter Neon	–,30	–,30	
1223	15 Pf	Perlbuntbarsch ..	3,–	2,50	
1224	20 Pf	Blauer Prachtkärpfling	–,30	–,20	
1225	25 Pf	Schmetterlingsbuntbarsch	–,30	–,20	
1226	40 Pf	Honiggurami	–,40	–,20	
		Satz (6 W.)	4,–	3,50	6,50

1966, 8. Nov. Petrochemie. [55×33]

			★★	⊘	FDC
1227	20 Pf	Bohrtürme	–,30	–,30	
1228	25 Pf	Leuna-Werke ...	1,–	–,50	
		Satz (2 W.)	1,20	–,70	2,50

1966, 23. Nov. Kunstwerke. [55×33, 33×55]

1229	10 Pf	Stier vom Ischtar-Tor	–,30	–,30	
1230	20 Pf	Drache vom Ischtar-Tor	–,30	–,30	
1231	25 Pf	Löwe aus der Prozessionsstraße	–,30	–,30	
1232	50 Pf	Löwe aus der Thronsaalfassade	–,70	1,40	
		Satz (4 W.)	1,20	2,–	3,60

1966, 23. Nov. 900 Jahre Wartburg bei Eisenach (1967). [33×55]

1233	10+5 Pf	Neue Kemenate und Bergfried .	–,50	–,20	
1234	20 Pf	Wartburg, gotische Vogtei	–,50	–,20	
1235	25 Pf	Wartburg, Landgrafenhaus ...	1,–	–,40	
		Satz (3 W.) ...	2,–	–,80	2,–

1966, 8. Dez. Märchen: Tischlein deck dich. [92×114, 36×29]

			✱✱	⊘	FDC
1236	5 Pf	. . . .	–,30	–,40	
1237	10 Pf	. . . .	–,30	–,40	
1238	20 Pf	. . . .	–,80	–,90	
1239	25 Pf	. . . .	–,80	–,90	
1240	30 Pf	. . . .	–,30	–,40	
1241	50 Pf	. . . .	–,30	–,40	
		Satz (6 W.)	2,80	3,40	
		Kleinbogen	3,50	6,–	30,–

1966, 8. Dez. Geschützte heimische Pflanzen. [26×43]

1242	10 Pf	Lungenenzian . . .	–,30	–,20	
1243	20 Pf	Waldvögelein . . .	–,30	–,20	
1244	25 Pf	Bergarnika	1,70	1,–	
		Satz (3 W.)	2,20	1,30	3,–

1967, 24. Jan. Bedeutende Bauten. [33×27,5, 27,5×33]

			✱✱	⊘	FDC
1245	5 Pf	Schloss Wörlitz . .	–,30	–,20	
1246	10 Pf	Rathaus Stralsund	–,30	–,20	
1247	15 Pf	Kloster Chorin . . .	–,30	–,20	
1248	20 Pf	Ribbeckhaus in Berlin	–,30	–,20	
1249	25 Pf	Moritzburg in Zeitz	–,30	–,20	
1250	40 Pf	Altes Rathaus Potsdam	1,80	1,–	
		Satz (6 W.)	3,–	1,60	3,50

1967, 15. Febr. Biathlon-Weltmeisterschaften, Altenberg. [65×26]

1251	10 Pf	Liegend-Schießen	–,30	–,20	
1252	20 Pf	Stehend-Schießen	–,30	–,20	
1253	25 Pf	Staffel	–,90	–,60	
		Satz (3 W.)	1,20	–,80	2,20

1967, 2. März. Leipziger Frühjahrsmesse. Wz. 3. [27,5×33]

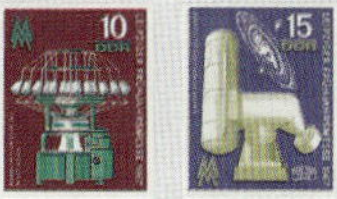

1254	10 Pf	Strickmachine	–,30	–,20	
1255	15 Pf	Teleskop	1,20	–,30	
		Satz (2 W.)	1,50	–,50	1,–

1967, 7. März. 20 Jahre Demokratischer Frauenbund Deutschlands (DFD). [33×55]

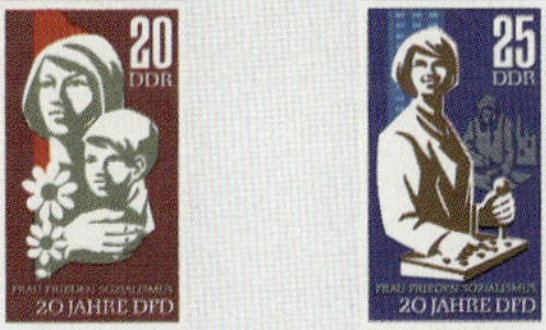

1256	20 Pf	Frau/Kind	–,30	–,20	
1257	25 Pf	Schaltpult	1,–	–,90	
		Satz (2 W.)	1,20	1,–	2,–

1967, 22. März. Parteitag der SED. [65×26]

			★★	⊘	FDC
1258	10 Pf	Regiepult einer Chemieanlage . . .	–,30	–,30	
1259	20 Pf	Walter Ulbricht und Werktätige	–,30	–,30	
1260	25 Pf	Soldaten vor Fabrikanlagen	–,30	–,30	
1261	40 Pf	Landarbeiter vor Maschinen	–,50	1,–	
		Satz (4 W.)	1,20	1,80	3,–

1967, 29. März. Gemälde. [33×55, 55×33]

			★★	⊘	FDC
1262	20 Pf	Bildnis Madame de R. (F. Hodler)	–,30	–,20	
1263	25 Pf	Peter im Tierpark (H. Hakenbeck) . .	–,30	–,20	
1264	30 Pf	Venezianische Episode (R. Bergander)	–,30	–,20	
1265	40 Pf	2 Frauen aus Tahiti (P. Gauguin)	–,30	–,20	
1266	50 Pf	Großmutter und Enkelin (J. Scholtz)	2,–	1,60	
1267	70 Pf	Hünengrab im Schnee (C. D. Friedrich)	–,40	–,30	
		Satz (6 W.)	3,–	2,50	7,–

1967, 6. April. Parteitag der SED. [26×65]

			★★	⊘	FDC
1268	5 Pf	Traktorfahrer	–,30	–,20	
1269	10 Pf	Lehrtätigkeit	–,30	–,20	
1270	15 Pf	Familie	–,50	–,60	
1271	20 Pf	Soldaten	–,30	–,20	
		Satz (4 W.)	1,–	1,20	2,60

1967, 27. April. Geschützte Vogelarten. [26×43]

			★★	⊘	FDC
1272	5 Pf	Schleiereule	–,30	–,20	
1273	10 Pf	Grauer Kranich . .	–,30	–,20	
1274	20 Pf	Wanderfalke	–,30	–,20	
1275	25 Pf	Gimpel	–,30	–,20	
1276	30 Pf	Eisvogel	5,–	2,60	
1277	40 Pf	Blauracke	–,40	–,20	
		Satz (6 W.)	6,–	3,50	6,–

1967, 10. Mai. Internationale Radfernfahrt für den Frieden. Wz. 3. [43×26]

Nr.	Wert	Bezeichnung	✶✶	⊘	FDC
1278	10 Pf	Stadtwappen . . .	–,30	–,20	
1279	25 Pf	Radrennfahrer . . .	–,60	–,50	
		Satz (2 W.)	–,80	–,70	1,20

1967, 1. Juni. Kinderzeichnungen. [43×26]

Nr.	Wert	Bezeichnung	✶✶	⊘	FDC
1280	5 Pf	Kater	–,30	–,20	
1281	10 Pf	Schneewittchen .	–,30	–,20	
1282	15 Pf	Feuerwehr	–,30	–,20	
1283	20 Pf	Hahn	–,30	–,20	
1284	25 Pf	Blumenstrauß . . .	–,30	–,20	
1285	30 Pf	Spielende Kinder	1,30	1,–	
		Satz (6 W.)	2,20	2,–	3,50

1967, 7. Juni. Vermisste Gemälde. [43×26, 26×43]

Nr.	Wert	Bezeichnung	✶✶	⊘	FDC
1286	5 Pf	Drei Reiter (P. P. Rubens) . . .	–,30	–,20	
1287	10 Pf	Traubenpflückendes Mädchen (G. Dou)	–,30	–,20	
1288	20 Pf	Frühlingsidyll (H. Thoma)	–,30	–,20	
1289	25 Pf	Bildnis der Hofopernsängerin (K. Begas)	–,30	–,20	
1290	40 Pf	Junges Mädchen mit Strohhut (S. Bray)	–,30	–,20	
1291	50 Pf	Die vier Evangelisten (J. Jordaens) .	1,90	1,20	
		Satz (6 W.)	2,80	2,–	5,–

1967, 14. Juni. Landwirtschaftsausstellung, Markkleeberg. [26×43]

Nr.	Wert	Bezeichnung	✶✶	⊘	FDC
1292	20 Pf	Emblem, DDR-Landkarte	–,40	–,30	1,50

1967, 6. Juli / 27. Sept. Berühmte Persönlichkeiten. [26×43]

Nr.	Wert	Bezeichnung	✶✶	⊘	FDC
1293	5 Pf	Georg Herwegh (1817–1875)	–,30	–,20	
1294	10 Pf	Marie Curie (1867–1934)	–,30	–,20	
1295	20 Pf	Käthe Kollwitz (1867–1945)	–,30	–,20	
1296	25 Pf	Johann J. Winckelmann (1717–1768)	–,30	–,20	
1297	40 Pf	Theodor Storm (1817–1888)	1,–	–,70	
		Satz (5 W.)	2,–	1,20	8,50

1967, 18. Juli. Deutsche Spielkarten (Unter/Bube). [33×55]

Nr.	Wert	Motiv	★★	◎	FDC
1298	5 Pf	Schellen/Karo . . .	–,30	–,20	
1299	10 Pf	Herz/Herz	–,30	–,20	
1300	20 Pf	Grün/Pik	–,30	–,20	
1301	25 Pf	Eichel/Kreuz	6,50	3,80	
		Satz (4 W.)	7,–	4,–	7,50

1967, 15. Aug. Vollblutmeeting der sozialistischen Länder, Berlin-Hoppegarten. [36×45, 45×36]

1302	5 Pf	Stute mit Fohlen .	–,30	–,20	
1303	10 Pf	Zuchthengst	–,30	–,20	
1304	20 Pf	Galopprennen . . .	–,30	–,20	
1305	50 Pf	Jährlingshengste	4,–	2,50	
		Satz (4 W.)	4,50	3,–	5,–

1967, 30. Aug. Leipziger Herbstmesse. [33×27,5]

1306	10 Pf	Elektr. Küchengeräte	–,50	–,20	
1307	15 Pf	Pelzmantel	1,10	–,50	
		Satz (2 W.)	1,60	–,70	1,20

1967, 5. Sept. 50. Jahrestag der Matrosenbewegung. [55×33]

Nr.	Wert	Motiv	★★	◎	FDC
1308	10 Pf	M. Reichpietsch .	–,30	–,20	
1309	15 Pf	Albin Köbis	1,50	–,70	
1310	20 Pf	Matrosen	–,50	–,20	
		Satz (3 W.)	2,20	1,–	3,–

1967, 20. Sept. Internationale Mahn- und Gedenkstätten. [33×55]

1311	25 Pf	Mahnmal Kragujevac	–,90	–,40	1,–

1967, 6. Okt. 50. Jahrestag der Oktoberrevolution in Russland. [43×26, 129×85]

1312	5 Pf	Arbeiter mit roter Fahne	–,30	–,20	
1313	10 Pf	Elektriker vor Stauseekraftwerk . . .	–,30	–,20	
1314	15 Pf	Russisches Soldaten-Ehrenmal . .	–,30	–,20	
1315 A	20 Pf	Russischer Soldat und Volksarmist	–,40	–,20	
1316 A	40 Pf	Lenin vor Kreuzer „Aurora“	3,–	2,50	
		Satz (5 W.)	4,–	3,–	5,50

FDC = Ersttagsbrief (First Day Cover)

1967, 6. Okt. Blockausgabe: Briefmarkenausstellung 50 Jahre Roter Oktober, Karl-Marx-Stadt. □

		★★	⊙	FDC
1315 B–1316 B	Block 26 (129×85 mm)	1,60	2,–	18,–

1967, 17. Okt. 450. Jahrestag des Thesenanschlags durch Martin Luther. [27,5×33, 33×27,5]

			★★	⊙	FDC
1317	20 Pf	M. Luther (1483–1546)	-,30	-,20	
1318	25 Pf	Lutherhaus in Wittenberg	-,30	-,20	
1319	40 Pf	Schlosskirche in Wittenberg	3,50	1,–	
		Satz (3 W.)	4,–	1,30	2,50

1967, 15. Nov. Messe der Meister von morgen, Leipzig. [110×33, 27,5×33, 55×33]

1320	20 Pf	Beratung	-,60	-,50	
1321	20 Pf	Jungarbeiter	-,60	-,50	
1322	25 Pf	Medaillenverteilung	-,60	-,50	
		Satz (3 W.)	1,80	1,50	
		Dreierstreifen ...	5,–	5,–	8,–

Bitte teilen Sie uns von Ihnen festgestellte Fehler mit, damit wir sie berichtigen können.

1967, 27. Nov. Märchen: König Drosselbart. [92×116, 36×29]

			★★	⊙	FDC
1323	5 Pf	....	-,30	-,30	
1324	10 Pf	....	-,30	-,30	
1325	15 Pf	....	1,–	1,20	
1326	20 Pf	....	1,–	1,20	
1327	25 Pf	....	-,30	-,30	
1328	30 Pf	....	-,30	-,30	
		Satz (6 W.)	2,60	3,50	
		Kleinbogen	7,–	7,–	30,–

1967, 27. Nov. Stätten des deutschen Humanismus. [43×26]

1329	20 Pf	Goethehaus	-,30	-,20	
1330	25 Pf	Schillerhaus	1,90	-,60	
		Satz (2 W.)	2,20	-,80	1,40

1967, 6. Dez. Staatsratsvorsitzender Walter Ulbricht (1893–1973). Wz. 3. [21,5×26]

1331	80 Pf	cyanblau	-,60	-,40	40,–

1967, 6. Dez. 15 Jahre landwirtschaftliche Produktionsgenossenschaften. [65×26]

1332	10 Pf	Bauern vor moderner Stallanlage ..	-,40	-,20	-,70

1967, 6. Dez. Erzgebirgische Volkskunst. [27,5×33]

			✱✱	⊘	FDC
1333	10 Pf	Nussknacker	–,80	–,50	
1334	20 Pf	Lichterengel, Bergmann	–,30	–,20	
		Satz (2 W.)	1,–	–,60	1,–

1968, 17. Jan. Olympische Winterspiele, Grenoble. [27,5×33]

1335	5 Pf	Eisschnelllauf .	–,30	–,20	
1336	10+5 Pf	Rennrodeln ..	–,30	–,20	
1337	15 Pf	Skislalom	–,30	–,20	
1338	20 Pf	Eishockey ...	–,30	–,20	
1339	25 Pf	Eiskunstlauf ..	–,30	–,20	
1340	30 Pf	Skilanglauf ...	4,–	1,40	
		Satz (6 W.) ...	5,–	2,20	4,–

1968, 24. Jan. Sowjetische Raumfahrterfolge. [43×26]

1341	20 Pf	„Venus 4“: Erste Erste weiche Venuslandung ...	–,30	–,20	
1342	25 Pf	„Kosmos 186 und 188“: Erste Kopplung	1,30	–,70	
		Satz (2 W.)	1,50	–,80	1,30

1968, 24. Jan. 75 Jahre Hauptobservatorium Potsdam; Welttag der Meteorologie. [110×33, 27,5×33, 55×33]

			✱✱	⊘	FDC
1343	10 Pf	Aktinometer (Strahlenmessgerät)	–,50	–,40	
1344	20 Pf	Erdantenne, Wettersatellitenbild	–,50	–,40	
1345	25 Pf	Einfluss des Wetters auf die Landwirtschaft	–,50	–,40	
		Satz (3 W.)	1,50	1,20	
		Dreierstreifen ...	5,50	5,50	12,–

1968, 21. Febr. Nationale Mahn- und Gedenkstätte Sachsenhausen: Glasfenster. [33×55]

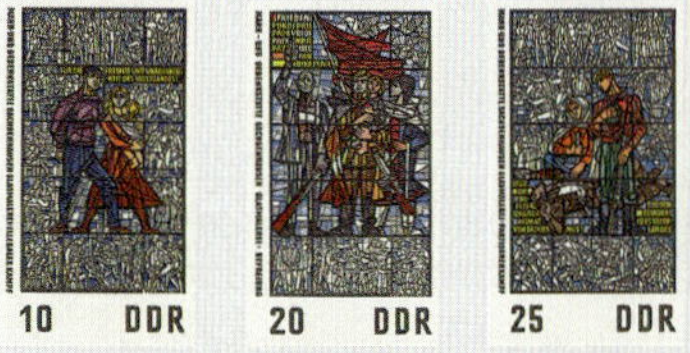

1346	10 Pf	Illegaler Kampf ..	–,30	–,20	
1347	20 Pf	Befreiung	–,30	–,20	
1348	25 Pf	Partisanenkampf .	–,50	–,30	
		Satz (3 W.)	–,80	–,60	1,80

1968, 29. Febr. Leipziger Frühjahrsmesse. [65×26]

1349	10 Pf	Diesel-Lok	–,40	–,20	
1350	15 Pf	Fangschiff	1,10	–,50	
		Satz (2 W.)	1,50	–,70	1,50

1968, 14. März. 100. Geburtstag des Schriftstellers Maxim Gorki (1868–1936). [27,5×33]

1351	20 Pf	M. Gorki	–,40	–,20	
1352	25 Pf	„Sturmvogel“ ...	–,80	–,40	
		Satz (2 W.)	1,20	–,60	1,50

1968, 14. März. Volkstrachten. [26×43]

			★★	⊘	FDC
1353	10 Pf	Hoyerswerda . . .	–,30	–,20	
1354	20 Pf	Schleife	–,30	–,20	
1355	40 Pf	Crostwitz	–,30	–,20	
1356	50 Pf	Spreewald	3,20	1,20	
		Satz (4 W.)	3,80	1,70	3,20

1968, 26. März. Niederwild. [36×29]

1357	10 Pf	Jagdfasane	–,30	–,30	
1358	15 Pf	Rebhühner	–,30	–,30	
1359	20 Pf	Stockenten	–,30	–,30	
1360	25 Pf	Graugänse	–,30	–,30	
1361	30 Pf	Ringeltauben . . .	–,30	–,30	
1362	40 Pf	Feldhasen	3,50	6,50	
		Satz (6 W.)	4,50	7,50	11,–

1968, 25. April. FDGB-Kongress, Berlin. [26×43]

1363	10 Pf	Fritz Heckert	–,30	–,20	
1364	20 Pf	Werktätige	–,30	–,30	
		Satz (2 W.)	–,50	–,50	1,–

1968, 25. April. 150. Geburtstag des Philosphen Karl Marx (1818–1883). [76×43, 25,5×43, 126×86]

1365 A	10 Pf	Parteimanifest .	–,30	–,30	
1366 A	20 Pf	K. Marx	–,30	–,30	
1367 A	25 Pf	Das Kapital	–,30	–,30	
		Satz (3 W.)	–,80	–,80	
		Dreierstreifen . .	2,–	5,–	8,–

Blockausgabe. □

		★★	Ⓢ	FDC
1365 B –1367 B	Block 27 (126×86 mm)	1,70	4,50	15,–

1968, 8. Mai. Internationales Jahr der Menschenrechte. [27,5×33]

			★★	⊘	FDC
1368	5 Pf	Hammer	–,30	–,20	
1369	10 Pf	Baum	–,30	–,20	
1370	25 Pf	Taube	1,–	–,50	
		Satz (3 W.)	1,50	–,80	2,–

1968, 8. Mai. Unbesiegbares Vietnam. [27,5×33]

1371	10+5 Pf	Bewaffnete Mutter	–,30	–,20	1,30

1968, 6. Juni. Internationale Leichtathletik-Spiele der Junioren, Leipzig; Europameisterschaften der Frauen im Rudern, Berlin; Weltmeisterschaften im Turnierangeln, Güstrow. [43×26]

			✱✱	⊘	FDC
1372	20 Pf	Hochsprung	–,40	–,30	
1373	20 Pf	Rudern	–,40	–,40	
1374	20 Pf	Turnierangeln ...	–,60	–,40	
		Satz (3 W.)	1,40	1,10	3,–

1968, 20. Juni. Kinder- und Jugendspartakiade, Berlin. [27,5×33]

1375	10 Pf	Brandenburger Tor	–,30	–,20	
1376	25 Pf	Sportstadion	1,10	–,70	
		Satz (2 W.)	1,30	–,80	2,–

1968, 20. Juni. Weltfestspiele der Jugend und Studenten, Sofia. [27,5×33]

1377	20+5 Pf	Emblem	–,40	–,20	
1378	25 Pf	Emblem	–,90	–,50	
		Satz (2 W.) ...	1,30	–,70	2,–

1968, 25. Juni. Bedeutende Bauten. [27,5×33, 55×33]

1379	10 Pf	Rathaus in Wernigerode	–,30	–,30	
1380	20 Pf	Schloss Moritzburg bei Dresden	–,30	–,30	
1381	25 Pf	Rathaus in Greifswald	–,30	–,30	
1382	30 Pf	Neues Palais, Sanssouci, Potsdam	1,–	1,–	
		Satz (4 W.)	1,50	1,50	3,50

1968, 27. Juni. 75. Geburtstag von Walter Ulbricht (1893 bis 1973). [43×26]

			✱✱	⊘	FDC
1383	20 Pf	W. Ulbricht	–,70	–,20	–,70

1968, 4. Juli. 750 Jahre Rostock. [43×26]

1384	20 Pf	Historische Stadtansicht	–,30	–,20	
1385	25 Pf	Moderne Bauten Rostocks	–,60	–,50	
		Satz (2 W.)	–,80	–,70	1,50

1968, 17. Juli. Berühmte Persönlichkeiten. [33×27,5]

1386	10 Pf	Karl Landsteiner (1868–1943)	–,30	–,30	
1387	15 Pf	Emanuel Lasker (1868–1941)	–,30	–,30	
1388	20 Pf	Hanns Eisler (1898–1962)	–,30	–,30	
1389	25 Pf	Ignaz Philipp Semmelweis (1818–1865)	–,30	–,20	
1390	40 Pf	Max von Pettenkofer (1818–1901)	–,90	–,60	
		Satz (5 W.)	1,70	1,40	3,70

1968, 13. Aug. Weltmeisterschaften im Motorkunstflug, Magdeburg. [26×43]

1391	10 Pf	Sportflugzeug „Trener“	–,30	–,20	
1392	25 Pf	Spiegelflug	–,80	–,50	
		Satz (2 W.)	1,–	–,70	1,80

1968, 20. Aug. Gemälde. [33×27,5, 27,5×33]

			★★	⊘	FDC
1393	10 Pf	Am Strand (W. Womacka) . . .	–,30	–,20	
1394	15 Pf	Mähende Bergbauern (A. Egger-Lienz)	–,30	–,20	
1395	20 Pf	Kopf einer Bäuerin (W. Leibl)	–,30	–,20	
1396	40 Pf	Bildnis der Tochter (J. Venturelli)	–,50	–,20	
1397	50 Pf	Oberschülerin (P. Michaelis)	–,50	–,20	
1398	70 Pf	Mädchen mit Gitarre (L. Castelli)	3,–	1,30	
		Satz (6 W.)	4,50	2,20	5,–

1968, 29. Aug. Leipziger Herbstmesse. [33×27,5]

1399	10 Pf	Modelleisenbahnen	–,40	–,30	–,70

1968, 11. Sept. Talsperren. [26×43, 43×26]

1400	5 Pf	Spremberg	–,30	–,30	
1401	10 Pf	Pöhl	–,30	–,30	
1402	15 Pf	Ohratal	–,50	–,50	
1403	20 Pf	Rappbodetal	–,30	–,30	
		Satz (4 W.)	1,20	1,20	2,20

Die Preisnotierungen gelten für Marken in einwandfreier Qualität.

1968, 18. Sept. Olympische Sommerspiele, Mexiko-Stadt. [26×43, 43×26]

			★★	⊘	FDC
1404	5 Pf	Sprint	–,30	–,20	
1405	10+ 5 Pf	Stabhochsprung	–,30	–,20	
1406	20+10 Pf	Fußball	–,30	–,20	
1407	25 Pf	Kunstturnen	–,30	–,20	
1408	40 Pf	Wasserball . .	–,30	–,20	
1409	70 Pf	Rudern	2,–	1,60	
		Satz (6 W.) . . .	3,–	2,50	5,–

1968, 10. Okt. Internationale Mahn- und Gedenkstätten. [33×55]

1410	25 Pf	Mahnmal Fort de Breendonk, Belgien	–,50	–,20	–,70

1968, 16. Okt. Nützliche Käfer. [27,5×33]

1411	10 Pf	Feldsandlaufkäfer	–,30	–,20
1412	15 Pf	Schaufellaufkäfer	–,20	–,20
1413	20 Pf	Zweipunkt-Marienkäfer	–,20	–,20
1414	25 Pf	Feldlaufkäfer	2,50	2,20
1415	30 Pf	Feuerfleck-Stutzkäfer	–,30	–,20

			**	⊘	FDC
1416	40 Pf	Schwarzhals-Buntkäfer	–,30	–,20	
		Satz (6 W.)	3,40	3,–	5,–

1968, 29. Okt. 50. Jahrestag der November-Revolution in Deutschland. [65 × 26]

1417	10 Pf	W. I. Lenin, Brieftext	–,30	–,30	
1418	20 Pf	Bewaffnete Revolutionäre in Berlin ..	–,30	–,30	
1419	25 Pf	Karl Liebknecht und Rosa Luxemburg	–,60	–,60	
		Satz (3 W.)	1,–	1,–	2,–

1968, 12. Nov. Orchideen. [41 × 41]

			**	⊘	FDC
1420	5 Pf	L. C. Maggie Raphaela alba rubra	–,30	–,20	
1421	10 Pf	Paphiopedilum albertianum	–,30	–,20	
1422	15 Pf	Cattleya fabia ...	–,30	–,20	
1423	20 Pf	Cattleya aclandia	–,30	–,20	
1424	40 Pf	Sobralia macrantha	–,30	–,20	
1425	50 Pf	Dendrobium alpha	2,20	1,60	
		Satz (6 W.)	3,20	2,50	5,50

1968, 27. Nov. Märchen: Der gestiefelte Kater. [92 × 116, 36 × 29]

1426	5 Pf	....	–,30	–,30	
1427	10 Pf	....	–,30	–,30	
1428	15 Pf	....	1,20	1,20	
1429	20 Pf	....	1,20	1,20	
1430	25 Pf	....	–,30	–,30	
1431	30 Pf	....	–,30	–,30	
		Satz (6 W.)	3,–	3,–	
		Kleinbogen	6,50	12,–	30,–

1968, 3. Dez. 20 Jahre Pionierorganisation Ernst Thälmann. [33 × 27,5]

1432	10 Pf	Musizierende Kinder	–,30	–,20	
1433	15 Pf	Spielende Kinder	–,80	–,40	
		Satz (2 W.)	1,–	–,60	1,–

1969, 15. Jan. Bedeutende Bauten. [27,5 × 33, 33 × 27,5]

			✱✱	⊘	FDC
1434	5 Pf	Rathaus Tangermünde	–,30	–,20	
1435	10 Pf	Deutsche Staatsoper Berlin	–,30	–,20	
1436	20 Pf	Waldpavillon des Dresdner Zwingers	–,30	–,20	
1437	25 Pf	Bürgerhaus in Luckau	1,–	–,70	
1438	30 Pf	Dornburger Rokoko-Schloss	–,30	–,20	
1439	40 Pf	Haus „Zum Stockfisch“ in Erfurt ...	–,30	–,20	
		Satz (6 W.)	2,–	1,50	3,20

1969, 5. Febr. Berühmte Persönlichkeiten. [33×27,5]

1440	10 Pf	Martin Andersen-Nexö (1869–1954)	–,30	–,20	
1441	20 Pf	Otto Nagel (1894–1967)	–,30	–,20	
1442	25 Pf	Alexander von Humboldt (1769–1859)	1,–	–,50	
1443	40 Pf	Theodor Fontane (1819–1898)	–,30	–,20	
		Satz (4 W.)	1,50	1,10	3,70

1969, 18. Febr. Verkehrssicherheit. [33×27,5]

1444	5 Pf	Fußgänger, Pkw, Verkehrsschild ..	–,30	–,20	
1445	10 Pf	Pkw, Lkw, Verkehrsampel	–,30	–,20	
1446	20 Pf	Dieselzug, Pkw, Bahnübergang ..	–,30	–,20	
1447	25 Pf	Lkw und Pkw ...	–,60	–,50	
		Satz (4 W.)	1,20	–,70	2,50

1969, 26. Febr. Leipziger Frühjahrsmesse. [43×26]

			✱✱	⊘	FDC
1448	10 Pf	Mähdrescher ...	–,30	–,20	
1449	15 Pf	Offsetdruckmaschine	–,30	–,20	
		Satz (2 W.)	–,50	–,40	–,70

1969, 18. März. Märchen: Jorinde und Joringel. [92×116, 36×29]

1450	5 Pf	....	–,30	–,30	
1451	10 Pf	....	–,30	–,30	
1452	15 Pf	....	–,60	–,70	
1453	20 Pf	....	–,60	–,70	
1454	25 Pf	....	–,30	–,30	
1455	30 Pf	....	–,30	–,30	
		Satz (6 W.)	2,–	2,50	
		Kleinbogen	3,–	3,50	30,–

1969, 15. April. Geschützte heimische Pflanzen. [26×43]

			★★	⊘	FDC
1456	5 Pf	Märzenbecher	–,30	–,20	
1457	10 Pf	Adonisröschen	–,30	–,20	
1458	15 Pf	Trollblume	–,30	–,20	
1459	20 Pf	Türkenbund	–,30	–,20	
1460	25 Pf	Stranddistel	3,20	2,–	
1461	30 Pf	Knabenkraut	–,40	–,20	
		Satz (6 W.)	4,20	2,80	5,–

1969, 23. April. Schutz des Waldes. [26 × 43]

1462	5 Pf	Aufzucht	–,30	–,20	
1463	10 Pf	Holzeinschlag	–,30	–,30	–,20
1464	20 Pf	Waldbach	–,30	–,20	
1465	25 Pf	Waldsee	2,20	1,20	
		Satz (4 W.)	3,–	1,60	2,80

1969, 23. April. 50 Jahre Liga der Rotkreuzgesellschaften. [26 × 43]

1466	10 Pf	Symbole	–,30	–,20	
1467	15 Pf	Symbole	1,70	–,60	
		Satz (2 W.)	2,–	–,80	1,–

1969, 21. Mai. Minerale. [27,5 × 33]

1468	5 Pf	Erythrin, Schneeberg	–,30	–,20	
1469	10 Pf	Fluorit, Halsbrücke	–,30	–,20	
1470	15 Pf	Galenit, Neudorf	–,30	–,20	
1471	20 Pf	Rauchquarz, Lichtenberg	–,30	–,20	
1472	25 Pf	Calcit, Niederrabenstein	1,–	–,70	
1473	50 Pf	Silber aus Freiberg	–,30	–,20	
		Satz (6 W.)	2,–	1,40	3,50

1969, 28. Mai. Frauenkongress der DDR. [43 × 26]

			★★	⊘	FDC
1474	20 Pf	Frauen, Industrie	–,30	–,20	
1475	25 Pf	Frau, Labor	1,10	–,40	
		Satz (2 W.)	1,30	–,50	1,20

1969, 4. Juni. Unbesiegbares Vietnam. [27,5 × 33]

1476	10+5 Pf	Vietnamesen	–,40	–,20	–,70

1969, 4. Juni. Nationale Briefmarkenausstellung 20 Jahre DDR, Magdeburg. [26 × 43]

1477	10 Pf	Abzeichen	–,40	–,20	1,–

1969, 4. Juni. Weltfriedenstreffen, Berlin. [110 × 33, 27,5 × 33, 55 × 33]

1478	10 Pf	Mann mit Kindern verschiedener Hautfarbe	–,70	1,–	
1479	20+5 Pf	Berliner Bauwerke	–,70	1,–	
1480	25 Pf	Arbeiter verschiedener Völker	–,70	1,–	
		Satz (3 W.)	2,–	3,–	
		Dreierstreifen	4,50	5,50	9,–

1969, 4. Juni. Staatsratsvorsitzender Walter Ulbricht (1893–1973). Wertbezeichnung M. [27,5 × 33]

1481	1 M	schwarzgrünoliv	–,50	1,40	
1482	2 M	siena	–,60	1,60	
		Satz (2 W.)	1,–	3,–	40,–

1969, 18. Juni. Deutsches Turn- und Sportfest, Leipzig. [43 × 26]

			★★	⊘	FDC
1483	5 Pf	Eröffnung am Völkerschlacht-denkmal	-,30	-,20	
1484	10+5 Pf	Kunst-turner	-,30	-,20	
1485	15 Pf	Sportschau im Stadion	-,30	-,20	
1486	20+5 Pf	Kunstausstel-lung mit Sport-motiven	-,30	-,20	
1487	25 Pf	Turnerin, Leichtathleten	2,–	-,50	
1488	30 Pf	Fahnenweihe, Altes Rathaus Leipzig	-,30	-,20	
		Satz (6 W.) ...	3,50	1,20	3,60

1969, 20. Juni. 75 Jahre olympische Bewegung der Neuzeit. [33 × 55]

1489	10 Pf	Pierre de Coubertin	-,30	-,20	
1490	25 Pf	Coubertin-Stele .	-,90	-,90	
		Satz (2 W.)	1,20	1,10	1,50

1969, 29. Juli. Weltmeisterschaften. [26 × 43]

1491	20 Pf	Schach	-,30	-,20	
1492	20 Pf	Hallenradsport .	-,30	-,20	
1493	20 Pf	Volleyball	-,30	-,20	
		Satz (3 W.)	-,80	-,40	3,–

1969, 27. Aug. Leipziger Herbstmesse. [26 × 43]

			★★	⊘	FDC
1494	10 Pf	Raumgestaltung .	-,30	-,30	-,70

1969, 23. Sept. 20 Jahre DDR. [43 × 26]

1495	10 Pf	Rostock	-,30	-,20	
1496	10 Pf	Neubrandenburg	-,30	-,20	
1497	10 Pf	Potsdam	-,30	-,20	
1498	10 Pf	Eisenhüttenstadt .	-,30	-,20	
1499	10 Pf	Hoyerswerda ...	-,30	-,20	
1500	10 Pf	Magdeburg	-,30	-,20	
1501	10 Pf	Halle-Neustadt ..	-,30	-,20	
1502	10 Pf	Suhl	-,30	-,20	
1503	10 Pf	Dresden	-,30	-,20	
1504	10 Pf	Leipzig	-,30	-,20	
1505	10 Pf	Karl-Marx-Stadt .	-,30	-,20	
1506	10 Pf	Berlin	-,30	-,20	
		Satz (12 W.)	3,–	1,80	2,80

Blockausgabe. [88 × 110, 33 × 55]

			✱✱	⊙	FDC
1507	1 M	Berlin: Rathaus, Fernsehturm	1,–	2,–	
		Block 28 (88×110 mm) (S) . .	2,20	4,–	35,–

1969, 6. Okt. Blockausgabe: 20 Jahre DDR. [110×154, 86 × 76,5]

1508	1 M	Festzug	2,20	1,60	
		Block 29 (110 × 154 mm) (S) . . .	2,50	3,50	75,–

1969, 6. Okt. 20 Jahre DDR. [27,5 × 33]

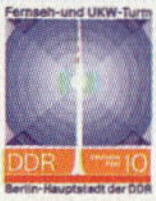

			✱✱	⊘	FDC
1509	10 Pf	Fernsehturm Berlin	–,30	–,20	
1510	20 Pf	Kugel des Fernsehturms	–,30	–,20	
		Satz (2 W.)	–,50	–,40	–,70

1969, 6. Okt. Blockausgabe: 20 Jahre DDR. [96 × 114, 26 × 64]

1511	1 M	Fernseh- und UKW-Turm, Berlin; Testbild	1,–	3,–	
		Block 30 (94 × 114 mm) (S) .	1,70	3,80	45,–

1969, 28. Okt. Internationale Mahn- und Gedenkstätten. [33 × 55]

1512	25 Pf	Mahnmal Kopenhagen/Ryvangen, Dänemark	–,80	–,20	–,60

1969, 28. Okt. Nationale Briefmarkenausstellung, Magdeburg. [65×26]

			★★	⊘	FDC
1513	20 Pf	Magdeburg: Dom, Denkmal, Hotel	-,30	-,20	
1514	40+10 Pf	„Experiment mit den Halbkugeln“	1,30	-,80	
		Satz (2 W.) ..	1,50	1,–	1,50

1969, 28. Okt. Kongress des Internationalen Messeverbandes (UFI), Leipzig. [33×27,5]

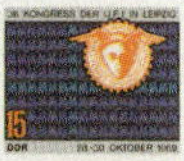

1515	10 Pf	Emblem der UFI .	-,30	-,20	
1516	15 Pf	Emblem der UFI .	2,–	-,40	
		Satz (2 W.)	2,20	-,60	1,–

1969, 12. Nov. 50 Jahre Internationale Arbeitsorganisation (IAO). [27,5×33]

1517	20 Pf	dunkelbläulichgrün/silber	-,30	-,20	
1518	25 Pf	lila/silber	2,–	-,40	
		Satz (2 W.)	2,20	-,50	1,50

1969, 12. Nov. 550 Jahre Universität Rostock. [26×43]

1519	10 Pf	Signet	-,30	-,20	
1520	15 Pf	Dampfturbine ...	1,50	-,30	
		Satz (2 W.)	1,80	-,40	1,50

1969, 25. Nov. Lausitzer Volkskunst. [55×33, 27,5×33]

			★★	⊘	FDC
1521	10 Pf	Form	1,20	1,20	
1522	20+5 Pf	Teller	-,40	-,40	
1523	50 Pf	Backwerk	2,–	2,–	
		Satz (1 Paar, 1 W.)	7,50	6,–	9,–

1969, 2. Dez. Flugzeuge. [43×26]

1524	20 Pf	Antonow AN 24 ..	-,30	-,20	
1525	25 Pf	Iljuschin IL 18	1,40	1,20	
1526	30 Pf	Tupolew TU 134 ..	-,30	-,20	
1527	50 Pf	Turbinenhubschrauber MI 8 ..	-,30	-,20	
		Satz (4 W.)	2,–	1,60	5,–

1969, 10. Dez. Russisch-sowjetische Malerei. [41×41]

1528	5 Pf	Sibirische Lehrerin (D. K. Sweschnikow)	-,30	-,20	
1529	10 Pf	Der Stahlwerker (W. A. Serow) ...	-,30	-,20	
1530	20 Pf	Stillleben (E. A. Aslamasjan)	-,30	-,20	
1531	25 Pf	Warmer Tag (J. D. Romas)	1,20	1,30	
1532	40 Pf	Wieder Frühling (L. W. Kabatschek)	-,30	-,20	
1533	50 Pf	Mann am Fluss (W. J. Makowskij)	-,30	-,20	
		Satz (6 W.)	2,40	2,20	4,50

1970, 20. Jan. Bedeutende Persönlichkeiten. [33×27,5]

			★★	⊘	FDC
1534	5 Pf	Ernst Barlach (1870–1938)	–,30	–,20	
1535	10 Pf	Johannes Gutenberg (1397–1468)	–,30	–,20	
1536	15 Pf	Kurt Tucholsky (1890–1935)	–,30	–,20	
1537	20 Pf	Ludwig van Beethoven (1770–1827)	–,40	–,20	
1538	25 Pf	Friedrich Hölderlin (1770–1843)	2,50	–,80	
1539	40 Pf	G. W. F. Hegel (1770–1831)	–,50	–,20	
		Satz (6 W.)	4,20	1,50	3,50

1970, 20. Jan. Staatsratsvorsitzender Walter Ulbricht. Wz. 3. [21,5×26]

1540	1 M	braunoliv	1,–	6,–	40,–

1970, 5. Febr. Internationale Rauchwarenauktion, Leipzig. [55×33]

1541	10 Pf	Kaninchen	–,30	–,20	
1542	20 Pf	Fuchs	–,30	–,20	
1543	25 Pf	Nerz	3,20	3,–	
1544	40 Pf	Hamster	–,40	–,20	
		Satz (4 W.)	4,–	3,50	5,50

1970, 17. Febr. Märchen: Brüderchen und Schwesterchen. [92×116, 36×29]

			★★	⊘	FDC
1545	5 Pf	. . . .	–,30	–,40	
1546	10 Pf	. . . .	–,30	–,40	
1547	15 Pf	. . . .	–,70	–,80	
1548	20 Pf	. . . .	–,70	–,80	
1549	25 Pf	. . . .	–,30	–,40	
1550	30 Pf	. . . .	–,30	–,40	
		Satz (6 W.)	2,50	3,–	
		Kleinbogen	6,–	4,50	25,–

1970, 24. Febr. Leipziger Frühjahrsmesse. [43×26, 26×43]

1551	10 Pf	Schalterzentrale .	–,30	–,20	
1552	15 Pf	Prüftransformator	–,60	–,30	
		Satz (2 W.)	–,80	–,40	–,80

1970, 10. März. Archäologische Funde. [41×41]

Nr.	Wert	Bezeichnung	✱✱	⊘	FDC
1553	10 Pf	Reiterstein	–,30	–,20	
1554	20 Pf	Spangenhelm	–,30	–,20	
1555	25 Pf	Bronzebecken	–,80	1,40	
1556	40 Pf	Tontrommel	–,30	–,20	
		Satz (4 W.)	1,60	2,–	3,–

1970, 16. April. 100. Geburtstag von W. I. Lenin (1870–1924). [55 × 33]

Nr.	Wert	Bezeichnung	✱✱	⊘	FDC
1557	10 Pf	W. I. Lenin, Druckerpresse	–,30	–,20	
1558	20 Pf	W. I. Lenin und Clara Zetkin	–,30	–,20	
1559	25 Pf	W. I. Lenin, Buchtitel	2,20	2,–	
1560	40 Pf	Lenin-Denkmal, Eisleben	–,30	–,20	
1561	70 Pf	Leninplatz in Berlin	–,40	–,20	
		Satz (5 W.)	3,–	2,80	5,–

Blockausgabe. [118 × 83, 33 × 55]

Nr.	Wert	Bezeichnung	✱✱	⊙	FDC
1562	1 M	W. I. Lenin	1,30	2,–	
		Block 31 (118 × 83 mm) (Ⓢ)	2,20	4,50	30,–

1970, 28. April. Geschützte heimische Pflanzen. [26 × 43]

Nr.	Wert	Bezeichnung	✱✱	⊘	FDC
1563	10 Pf	Seekohl	–,30	–,20	
1564	20 Pf	Küchenschelle	–,30	–,20	
1565	25 Pf	Fransen-Enzian	2,–	2,20	
1566	30 Pf	Helmknabenkraut	–,30	–,20	
1567	40 Pf	Sumpfporst	–,30	–,20	
1568	70 Pf	Wintergrün	–,40	–,20	
		Satz (6 W.)	3,20	3,–	5,–

1970, 5. Mai. 25. Jahrestag der Befreiung vom Faschismus. [33 × 55]

Nr.	Wert	Bezeichnung	✱✱	⊘	FDC
1569	10 Pf	Soldat hisst Flagge, Berlin	–,30	–,20	
1570	20 Pf	Berlin und Moskau	–,30	–,20	
1571	25 Pf	Wirtschaftsgebäude Moskau	1,50	–,80	
		Satz (3 W.)	2,–	1,20	2,–

Blockausgabe. [135 × 105, 55 × 33]

Nr.	Wert	Bezeichnung	✱✱	⊙	FDC
1572	70 Pf	Buchenwald-Gedenkstätte	1,30	3,–	
		Block 32 (135 × 105 mm) (Ⓢ)	2,–	3,80	15,–

1970, 13. Mai. 25 Jahre DDR-Rundfunk. [82,5×33, 27,5×33, 54,5×33]

			★★	⊘	FDC
1573	10 Pf		-,70	-,70	
1574	15 Pf		1,–	1,–	
		Paar	4,50	3,–	6,–

1970, 19. Mai. Getreide- und Brotkongress, Dresden. [82,5×33, 27,5×33]

			★★	⊘	FDC
1575	20 Pf		-,90	-,90	
1576	25 Pf		-,90	-,90	
		Dreierstreifen	5,–	5,–	7,–

1970, 9. Juni. 25 Jahre FDGB und WGB. [43×26]

			★★	⊘	FDC
1577	20 Pf	Fritz-Heckert-Medaille, FDGB-Abzeichen	-,30	-,20	
1578	25 Pf	Abzeichen der WGB	-,70	-,60	
		Satz (2 W.)	-,90	-,70	1,50

1970, 23. Juni. 25 Jahre Deutsche Volkspolizei. [43×26]

			★★	⊘	FDC
1579	5 Pf	Motorradstreife	-,30	-,20	
1580	10 Pf	Volkspolizistin, Kinder	-,30	-,20	
1581	15 Pf	Funkstreifenwagen	-,30	-,20	
1582	20 Pf	Transportpolizist	-,30	-,20	
1583	25 Pf	Wasserschutzpolizei	3,–	-,30	
		Satz (5 W.)	4,–	-,80	2,20

1970, 23. Juni. Archäologische Forschung. [55×33, 33×55]

			★★	⊘	FDC
1584	10 Pf	Götter Amon, Schu, Tefnut	-,30	-,20	
1585	15 Pf	König Arnekhamani	-,30	-,20	
1586	20 Pf	Rinderfries	-,30	-,20	
1587	25 Pf	Prinz Arka	-,90	-,80	
1588	30 Pf	Gott Arensnuphis	-,30	-,20	
1589	40 Pf	Kriegselefanten	-,30	-,20	
1590	50 Pf	Gott Apedemak	-,30	-,20	
		Satz (7 W.)	2,–	1,60	5,–

1970, 1. Juli. 20. Jahrestag des Görlitzer Abkommens. [65×26]

			★★	⊘	FDC
1591	20 Pf	Wappen	-,40	-,20	1,40

1970, 1. Juli. 25 Jahre DDR-Kulturbund. [76×43, 26×43]

			★★	⊘	FDC
1592	10 Pf	Abzeichen	2,20	2,40	
1593	25 Pf	Medaille	2,20	2,40	
		Dreierstreifen	11,–	13,–	15,–

1970, 14. Juli. Kinder- und Jugendspartakiade, Berlin. [33 × 27,5]

			★★	⊘	FDC
1594	10 Pf	Turner	–,30	–,20	
1595	20+5 Pf	Hürdenlauf ...	–,50	–,20	
		Satz (2 W.) ...	–,70	–,30	–,70

1970, 28. Juli. Pioniertreffen, Cottbus. [130 × 26, 65 × 26]

1596	10+5 Pf	Junge mit Pionier-Halstuch	–,30	–,40	
1597	25+5 Pf	Mädchen mit Pionier-Halstuch .	–,30	–,40	
		Paar	1,30	3,–	4,50

1970, 28. Juli. 25. Jahrestag der Unterzeichnung des Potsdamer Abkommens. [135 × 33, 27 × 33, 81 × 33]

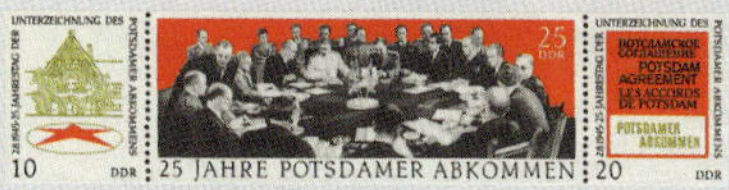

1598	10 Pf	Schloss Cecilienhof	–,30	–,30	
1599	20 Pf	Text: Potsdamer Abkommen	–,30	–,30	
1600	25 Pf	Beratung der alliierten Delegationen .	–,30	–,30	
		Satz (3 W)	–,90	–,70	
		Dreierstreifen ...	2,50	3,50	4,50

1970, 25. Aug. Leipziger Herbstmesse. [27,5 × 33]

1601	10 Pf	Uhren	–,40	–,20	–,70

1970, 2. Sept. Unbesiegbares Vietnam: 1. Todestag von Präsident Ho Chi Minh. [30 × 36]

1602	20+5 Pf	Ho Chi Minh (1890–1969) ..	–,50	–,20	1,20

1970, 2. Sept. Widerstandskämpfer; Internationale Mahn- und Gedenkstätten. [43 × 26, 26 × 43]

			★★	⊘	FDC
1603	20 Pf	Theodor Neubauer und Magnus Poser	–,30	–,30	
1604	25 Pf	Sowj. Ehrenmal, Berlin	–,30	–,30	
		Satz (2 W.)	–,50	–,50	1,–

1970, 15. Sept. WM im Orientierungslauf, Friedrichsroda. [43×26]

1605	10 Pf	Sportkompass ..	–,20	–,20	
1606	25 Pf	Läufer	1,40	–,40	
		Satz (2 W.)	1,60	–,60	1,40

1970, 22. Sept. Kunstwoche. [33×55]

1607	10 Pf	Waldarbeiter (O. Nagel)	–,30	–,20	
1608	20 Pf	Mädchenbildnis (O. Nagel)	–,30	–,20	
1609	25 Pf	Nie wieder Krieg (K. Kollwitz)	1,–	1,20	
1610	30 Pf	Mutter mit Kind (K. Kollwitz)	–,30	–,20	
1611	40 Pf	Güstrower Ehrenmal (E. Barlach) ..	–,30	–,20	
1612	50 Pf	Der Flötenspieler (E. Barlach)	–,30	–,20	
		Satz (6 W.)	2,–	2,–	5,–

1970, 1. Okt. Nationale Briefmarkenausstellung der Jugend, Chemnitz. [33×55]

			★★	⊘	FDC
1613	10 Pf		–,30	–,40	
1614	15+5 Pf		–,30	–,40	
		Satz (2 W.)	–,40	–,70	1,50

1970, 1. Okt. Waffenbrüderschaft. [65×26]

1615	10 Pf	Emblem	–,30	–,30	
1616	20 Pf	Emblem	–,30	–,30	
		Satz (2 W.)	–,50	–,50	1,–

1970, 6. Okt. Tierpark Berlin. [26×43]

1617	10 Pf	Moschusochse	–,40	–,20	
1618	15 Pf	Schuhschnabel	–,40	–,20	
1619	20 Pf	Antilope	–,70	–,40	
1620	25 Pf	Malaienbär	6,50	6,50	
		Satz (4 W.)	8,–	7,–	11,–

1970, 20. Okt. 25 Jahre Vereinte Nationen (UNO). [41×41]

1621	20 Pf	UN-Gebäude, New York	–,80	–,30	–,70

1970, 24. Nov. 150. Geburtstag des Publizisten Friedrich Engels (1820–1895). [26×43]

			★★	⊘	FDC
1622	10 Pf	F. Engels	–,30	–,20	
1623	20 Pf	F. Engels, K. Marx	–,30	–,20	
1624	25 Pf	F. Engels	1,50	–,80	
		Satz (3 W.)	2,–	1,10	1,80

1970, 2. Dez. Kakteen. [26×43]

1625	5 Pf	Blattkaktus	–,30	–,20	
1626	10 Pf	Bischofsmütze	–,30	–,20	
1627	15 Pf	Igelkaktus	–,30	–,20	
1628	20 Pf	Königin d. Nacht	–,30	–,20	
1629	25 Pf	Stachelkaktus	2,–	1,80	
1630	30 Pf	Warzenkaktus	–,30	–,20	
		Satz (6 W.)	3,–	2,60	5,–

1970, 10. Dez. Blockausgabe: 200. Geburtstag des Komponisten Ludwig van Beethoven (1770–1827). [80×55, 33×27,5]

			★★	Ⓢ	FDC
1631	1 M	L. v. Beethoven	1,–	1,–	
		Block 33 (80×55 mm)	2,–	3,50	4,–

1971, 12. Jan. Museum für Völkerkunde, Leipzig. [41 × 41]

			★★	⊘	FDC
1632	10 Pf	Tanzmaske	–,30	–,20	
1633	20 Pf	Bronzekopf	–,30	–,20	
1634	25 Pf	Teekanne	–,80	–,60	
1635	40 Pf	Tongefäß	–,30	–,20	
		Satz (4 W.)	1,50	1,–	2,40

1971, 11. Febr. 10 Jahre bemannte sowjetische Weltraumflüge. [110 × 130, 43 × 26]

			★★	⊘	FDC
1636	20 Pf	Venussonde Venus 5	–,30	–,50	
1637	20 Pf	Orbitalstationsmodell	–,30	–,50	
1638	20 Pf	Mondsonde Luna 16, Satellit	–,60	–,80	
1639	20 Pf	Sojus, Kopplung und Flüge	–,60	–,80	
1640	20 Pf	Messsatellit Proton 1	–,60	–,80	
1641	20 Pf	Satellit Molnija 1 .	–,60	–,80	
1642	20 Pf	Erstflug von J. Gagarin	–,30	–,50	
1643	20 Pf	Ausstieg von A. Leonow	–,30	–,50	
		Satz (8 W.)	3,50	5,–	
		Kleinbogen	5,50	6,–	*100,–*

1971, 23. Febr. Berühmte Persönlichkeiten. [26 × 43]

			★★	⊘	FDC
1644	5 Pf	Johannes R. Becher (1891–1958)	–,30	–,20	
1645	10 Pf	Heinrich Mann (1871–1950)	–,30	–,20	
1646	15 Pf	John Heartfield (1891–1968)	–,30	–,20	
1647	20 Pf	Willi Bredel (1901–1964)	–,30	–,20	
1648	25 Pf	Franz Mehring (1846–1919)	–,60	–,50	
1649	50 Pf	Johannes Kepler (1571–1630)	–,30	–,20	
		Satz (6 W.)	1,60	1,20	4,–

1971, 23. Febr. 100. Geburtstag der Politiker Karl Liebknecht (1871–1919) und Rosa Luxemburg (1871–1919). [52 × 43, 26 × 43]

			★★	⊘	FDC
1650	20 Pf	K. Liebknecht ...	–,50	–,50	
1651	25 Pf	R. Luxemburg ...	–,50	–,50	
		Paar	1,30	1,80	3,–

1971, 1. März. 15 Jahre Nationale Volksarmee. [55 × 33]

			★★	⊘	FDC
1652	20 Pf	Soldat	–,40	–,20	2,–

1971, 9. März. Leipziger Frühjahrsmesse. [43×26]

			✱✱	⊘	FDC
1653	10 Pf	Förderanlage ...	–,30	–,20	
1654	15 Pf	Kältebagger	–,30	–,20	
		Satz (2 W.)	–,40	–,30	–,70

1971, 9. März. 100 Jahre Pariser Kommune. [41×41]

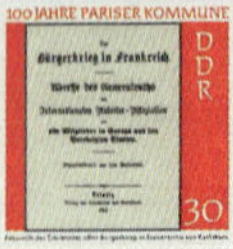

1655	10 Pf	Proklamierung ..	–,30	–,20	
1656	20 Pf	Barrikadenkampf	–,30	–,20	
1657	25 Pf	Zeitungsblatt	–,60	–,50	
1658	30 Pf	Buchtitel	–,30	–,20	
		Satz (4 W.)	1,50	1,–	2,50

1971, 30. März. Mondlabor „Lunochod 1“. [65×26]

1659	20 Pf	....	–,70	–,40	1,–

1971, 6. April. 20 Jahre Nationales Olympisches Komitee (NOK). [55×33]

1660	20 Pf	Diskuswerfer	–,90	–,30	–,70

1971, 6. April. Bauwerke in Berlin. [27,5×33, 33×27,5]

			✱✱	⊘	FDC
1661	10 Pf	Marienkirche	–,30	–,20	
1662	15 Pf	Schloss Köpenick	–,30	–,20	
1663	20 Pf	Alte Bibliothek ..	–,30	–,20	
1664	25 Pf	Ermelerhaus	3,20	2,80	
1665	50 Pf	Neue Wache	–,30	–,20	
1666	70 Pf	Nationalgalerie ..	–,40	–,20	
		Satz (6 W.)	4,50	3,50	6,–

1971, 20. April. 25 Jahre SED. [33×55]

1667	20 Pf	Händedruck	–,40	–,20	–,70

1971, 4. Mai. Sorbische Tanztrachten (Bildformat 32,5:42 mm). [36×45]

1668	10 Pf	Schleife	–,30	–,20	
1669	20 Pf	Hoyerswerda ...	–,30	–,20	
1670	25 Pf	Cottbus	–,70	1,–	
1671	40 Pf	Kamenz	–,30	–,30	
		Satz (4 W.)	1,30	1,70	3,–

1971, 18. Mai. 500. Geburtstag des Malers Albrecht Dürer (1471–1528). [26×43]

			★★	⊘	FDC
1672	10 Pf	Selbstbildnis	–,30	–,20	
1673	40 Pf	Drei Bauern	–,30	–,20	
1674	70 Pf	Melanchthon	2,–	1,–	
		Satz (3 W.)	2,50	1,20	3,50

1971, 9. Juni. Parteitag der SED. [26×43, 27,5×33]

1675	5 Pf	Bauarbeiter	–,30	–,20	
1676	10 Pf	Wissenschaftler . .	–,30	–,20	
1677	20 Pf	Bäuerin	–,30	–,20	
1678	25 Pf	Soldat	–,40	–,30	
		Satz (4 W.)	–,90	–,80	1,70

1679	20 Pf	Emblem des Parteitages	–,40	–,20	1,50

1971, 22. Juni. 20 Jahre internationale Föderation der Widerstandskämpfer (FIR). [108×45, 36×45]

1680	20 Pf	Lithographie von Fritz Cremer	–,60	–,70	
1681	25 Pf	Lithographie von Fritz Cremer	–,60	–,70	
		Dreierstreifen . . .	1,80	2,50	3,50

1971, 22. Juni. Kunstwerke. [41×41]

			★★	⊘	FDC
1682	5 Pf	Kirschkern	–,30	–,30	
1683	10 Pf	Goldenes Vlies . .	–,30	–,30	
1684	15 Pf	Prunkkanne	–,30	–,30	
1685	20 Pf	Kesselpauker . . .	–,30	–,30	
1686	25 Pf	Kästchen	–,70	–,70	
1687	30 Pf	Anhänger	–,30	–,30	
		Satz (6 W.)	1,70	1,70	3,70

1971, 6. Juli. 50. Jahrestag der mongolischen Volksrevolution. [29×36]

1688	20 Pf	Staatswappen . .	–,40	–,30	–,70

1971, 8. Juli/1972, Juli. Staatsratsvorsitzender Walter Ulbricht. Wz. 3. [21,5×26]

1689	35 Pf	(dunkel)grünblau .	–,40	–,40	40,–

1971, 13. Juli. 25 Jahre Kinderhilfsfonds der Vereinten Nationen (UNICEF). [41×41]

1690	20 Pf	Kindergesicht . . .	–,50	–,30	–,70

1971, 12. Aug. 10 Jahre Berliner Mauer. [27,5×33]

1691	20 Pf	Soldat	–,80	–,30	
1692	35 Pf	Brandenburger Tor	2,–	1,20	
		Satz (2 W.)	2,80	1,50	6,–

1971, 24. Aug. Schiffbau. [65×26]

			★★	⊘	FDC
1693	10 Pf	Seefahrgastschiff „Iwan Franko“ . . .	–,30	–,20	
1694	15 Pf	Frachtmotorschiff Typ 17	–,30	–,20	
1695	20 Pf	Frachtmotorschiff „Rostock“	–,30	–,20	
1696	25 Pf	Transportschiff „Junge Welt“	1,30	1,20	
1697	40 Pf	Frachtmotorschiff Typ 451	–,30	–,20	
1698	50 Pf	Expeditionsschiff „A. Kurtschatow“	–,30	–,20	
		Satz (6 W.)	2,40	2,–	4,50

1971, 2. Sept. Unbesiegbares Vietnam. [27,5×33]

1699	10+5 Pf	Bewaffnete Mutter	–,40	–,20	–,70

1971, 2. Sept. Leipziger Herbstmesse. [27,5×33]

1700	10 Pf	Butadien-Anlage	–,30	–,30	
1701	25 Pf	Ref.-Anlage	–,30	–,30	
		Satz (2 W.)	–,50	–,40	1,–

1971, 23. Sept. Internationales Jahr gegen Rassendiskriminierung. [41×41]

			★★	⊘	FDC
1702	35 Pf	Gestreckte Arme .	–,40	–,20	–,70

1971, 5. Okt. Tag der Philatelisten. [43×26]

1703	10+5 Pf	Postflugzeug .	–,30	–,20	
1704	25 Pf	Messwagen . .	–,50	–,50	
		Satz (2 W.) . . .	–,80	–,60	1,50

1971, 5. Okt. Internationale Mahn- und Gedenkstätten. [33×55]

1705	25 Pf	Mahnmal Wiltz, Luxemburg	–,30	–,20	–,70

1971, 5. Okt. Einweihung des Karl-Marx-Monuments, Chemnitz. [33×55]

1706	35 Pf	Karl-Marx-Monument	–,50	–,20	–,70

1971, 13. Okt. Berühmte Persönlichkeiten: 150. Geburtstag des Arztes Rudolf Virchow (1821–1902). [26×43]

1707	40 Pf	Prof. R. Virchow .	–,50	–,20	1,50

1971, 26. Okt. Musikinstrumente. [33×55]

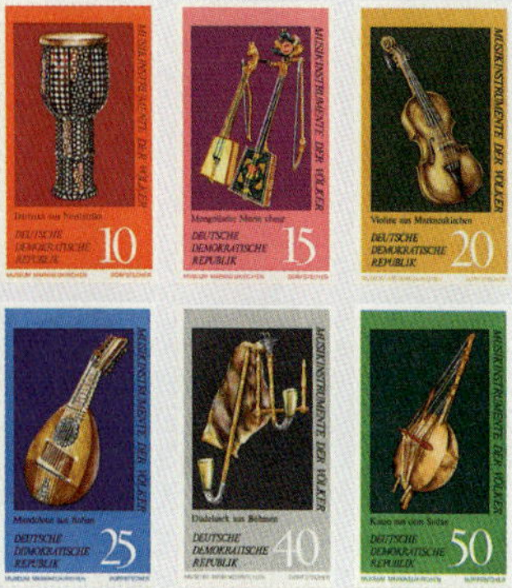

			★★	⊘	FDC
1708	10 Pf	Darbuka	–,30	–,20	
1709	15 Pf	Morin chur	–,30	–,20	
1710	20 Pf	Violine	–,30	–,20	
1711	25 Pf	Mandolone	–,30	–,20	
1712	40 Pf	Dudelsack	–,30	–,20	
1713	50 Pf	Kasso	1,10	1,–	
		Satz (6 W.)	2,–	1,80	4,20

1971, 9. Nov. 125 Jahre Carl Zeiss Jena. [110×33, 27,5×33, 55×33]

1714	10 Pf	Geodätisches Gerät „Dahlta 010 A“	–,50	–,50	
1715	20 Pf	Mikroskop „ERGAVAL“	–,50	–,50	
1716	25 Pf	Raumflugplanetarium	–,50	–,50	
		Satz (3 W.)	1,50	1,50	
		Dreierstreifen ...	4,20	4,20	5,–

1971, 23. Nov. Märchen: Die Bremer Stadtmusikanten. [92×116, 36×29]

			★★	⊘	FDC
1717	5 Pf	....	–,30	–,20	
1718	10 Pf	....	–,30	–,20	
1719	15 Pf	....	–,70	1,–	
1720	20 Pf	....	–,70	1,–	
1721	25 Pf	....	–,30	–,20	
1722	30 Pf	....	–,30	–,20	
		Satz (6 W.)	2,50	2,80	
		Kleinbogen	4,50	12,–	25,–

1971, 23. Nov. Sorbische Tanztrachten. MiNr. 1668–1669 im kleineren Format. [27,5×33]

			★★	⊙
1723	10 Pf	Schleife	–,30	–,30
1724	20 Pf	Hoyerswerda	–,70	–,50
		Satz (2 W.)	1,–	–,60

1971, 7. Dez. Olympische Winterspiele, Sapporo. [55×33]

			✱✱	⊘	FDC
1725	5 Pf	Rennrodeln ...	–,30	–,20	
1726	10+5 Pf	Eiskunstlauf ..	–,30	–,20	
1727	15+5 Pf	Eisschnelllauf .	–,30	–,20	
1728	20 Pf	Skilanglauf ...	–,30	–,20	
1729	25 Pf	Biathlon	1,70	1,40	
1730	70 Pf	Skispringen ...	–,30	–,20	
		Satz (6 W.)	2,80	2,–	7,50

1972, 25. Jan. Berühmte Persönlichkeiten. [26×43]

1731	10 Pf	J. Tralow (1882–1968)	–,30	–,30	
1732	20 Pf	L. Frank (1882–1961)	–,30	–,30	
1733	25 Pf	K. A. Kocor (1822–1904)	–,30	–,30	
1734	35 Pf	H. Schliemann (1822–1890)	–,30	–,30	
1735	50 Pf	C. Neuber (1697–1760)	1,–	1,50	
		Satz (5 W.)	1,80	2,–	4,50

1972, 22. Febr. Unbesiegbares Vietnam. [27,5×33]

1736	10+5 Pf	Vietnamesin, Bauern	–,40	–,20	–,70

1972, 22. Febr. Minerale. [41×41]

			✱✱	⊘	FDC
1737	5 Pf	Selenit	–,30	–,20	
1738	10 Pf	Zinnwaldit	–,30	–,20	
1739	20 Pf	Malachit	–,30	–,20	
1740	25 Pf	Amethyst	–,30	–,20	
1741	35 Pf	Halit	–,30	–,20	
1742	50 Pf	Proustit	1,20	1,30	
		Satz (6 W.)	2,50	2,–	4,–

1972, 7. März. Leipziger Frühjahrsmesse. [43×26]

1743	10 Pf	Ausstellungshalle der UdSSR	–,30	–,20	
1744	25 Pf	Flaggen der DDR und der UdSSR .	–,30	–,30	
		Satz (2 W.)	–,50	–,40	–,80

1972, 23. März. Blockausgabe: 100 Jahre Meteorologen-Versammlungen. [85×57, 43×26]

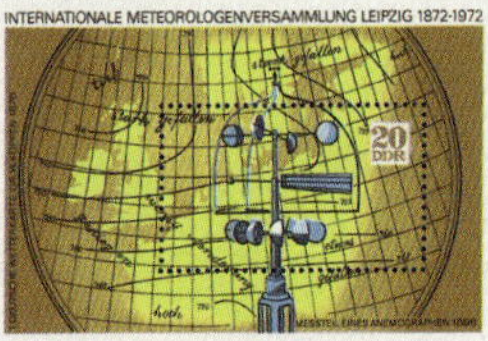

			✱✱	Ⓢ	FDC
1745	20 Pf	Windmesser, 1. deutsche Wetterkarte	–,80	–,90	
		Block 34 (85×57 mm)	–,90	1,10	3,50

			✱✱	⊘	FDC
1746	35 Pf	Kreuzdipol, Satelliten-Wolkenaufnahme	–,80	–,90	
		Block 35 (85×57 mm)	–,90	1,20	3,50

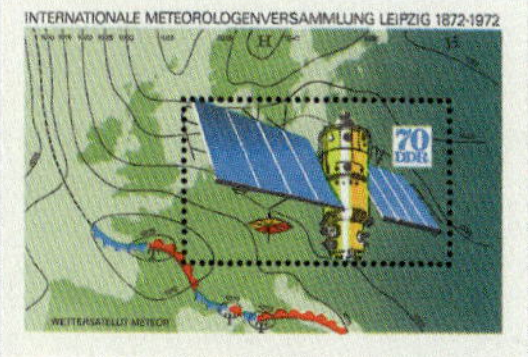

Nr.	Wert	Bezeichnung	★★	⊘	FDC
1747	70 Pf	Wettersatellit, neuzeitliche Wetterkarte	-,70	-,90	
		Block 36 (85×57 mm)	-,90	1,10	3,50

1972, 4. April. Welt-Gesundheitstag; Welt-Herzmonat. [41×41]

Nr.	Wert	Bezeichnung	★★	⊘	FDC
1748	35 Pf	Emblem der Weltgesundheits-Organisation	-,40	-,20	-,70

1972, 25. April. Flugzeuge. [43×26]

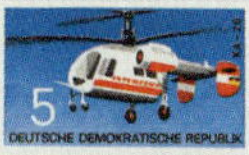

Nr.	Wert	Bezeichnung	★★	⊘	FDC
1749	5 Pf	Hubschrauber Kamow Ka 26 ...	-,30	-,30	
1750	10 Pf	Landwirtschafts-flugzeug Z 37 ...	-,30	-,30	
1751	35 Pf	Reiseverkehrs-maschine IL 62 ..	-,30	-,30	
1752	1 M	Düsenflugzeug, Leitwerk	1,70	2,–	
		Satz (4 W.)	2,40	2,50	5,–

1972, 16. Mai. Olympische Sommerspiele, München. [55×33]

Nr.	Wert	Bezeichnung	★★	⊘	FDC
1753	5 Pf	Ringen	-,30	-,20	
1754	10+ 5 Pf	Turmspringen	-,30	-,20	
1755	20 Pf	Stabhoch-springen	-,30	-,20	
1756	25+10 Pf	Rudern	-,30	-,20	
1757	35 Pf	Handball	-,30	-,20	
1758	70 Pf	Turnen	3,40	2,20	
		Satz (6 W.) ...	4,50	3,–	5,–

1972, 24. Mai. 25 Jahre Gesellschaft für Deutsch-Sowjetische Freundschaft. [55×33]

Nr.	Wert	Bezeichnung	★★	⊘	FDC
1759	10 Pf	Flaggen der UdSSR und DDR	1,30	1,–	
1760	20 Pf	Leonid Breschnev und Erich Honecker	1,30	1,–	
		Satz (2 W.)	2,50	2,–	3,–

1972, 24. Mai. Kongress des FDGB, Berlin. [82,5×33, 27,5×33]

Nr.	Wert	Bezeichnung	★★	⊘	FDC
1761	10 Pf	....	-,40	-,20	
1762	35 Pf	....	-,40	-,20	
		Dreierstreifen	1,50	1,30	2,–

1972, 13. Juni. Internationale Rosenausstellung, Erfurt. Format 36:36 mm. [41×41]

Nr.	Wert	Motiv	**	⊘	FDC
1763	5 Pf	Karneolrose	–,30	–,20	
1764	10 Pf	Bergers Rose Iga Erfurt	–,30	–,20	
1765	15 Pf	Charme	1,70	1,70	
1766	20 Pf	Izetka Spreeathen	–,30	–,20	
1767	25 Pf	Köpenicker Sommer	–,30	–,20	
1768	35 Pf	Professor Knöll ..	–,30	–,20	
		Satz (6 W.)	2,80	2,50	5,40

1972, 4. Juli. 500. Geburtstag des Malers Lucas Cranach d. Ä. (1472–1553). [33×55, 55×33]

Nr.	Wert	Motiv	**	⊘	FDC
1769	5 Pf	Junger Mann ...	–,30	–,30	
1770	20 Pf	Junge Mutter ...	–,30	–,30	
1771	35 Pf	Margarete Luther	–,30	–,30	
1772	70 Pf	Quellnymphe ...	2,40	3,60	
		Satz (4 W.)	3,–	4,20	7,–

1972, 8. Aug. 20 Jahre Gesellschaft für Sport und Technik. [43×26]

Nr.	Wert	Motiv	**	⊘	FDC
1773	5 Pf	Marschkompass, Motorradfahrer ..	–,30	–,20	
1774	10 Pf	Fallschirm, Flugzeug	–,30	–,20	
1775	20 Pf	Schießscheibe, Hindernisläufer ..	–,30	–,20	
1776	25 Pf	Amateur-Funkstation	–,70	–,70	
1777	35 Pf	Schiffsschraube, Segelschulschiff .	–,30	–,20	
		Satz (5 W.)	1,50	1,30	3,20

1972, 22. Aug. Internationale Rosenausstellung, Erfurt. MiNr. 1764, 1767–1768 in kleinerem Format. [27,5×33]

Nr.	Wert	Motiv	**	⊙
1778	10 Pf	Bergers Rose Iga Erfurt ..	–,30	–,20
1779	25 Pf	Izetka Köpenicker Sommer	1,40	–,50
1780	35 Pf	Professor Knöll	1,40	–,50
		Satz (3 W.)	3,–	1,20

1972, 22. Aug. Internationales Jahr des Buches. [55×33]

Nr.	Wert	Motiv	**	⊘	FDC
1781	50 Pf	Lesender	–,70	–,40	1,80

1972, 29. Aug. Leipziger Herbstmesse. [26×43, 43×26]

Nr.	Wert	Motiv	**	⊘	FDC
1782	10 Pf	Schreibprojektor .	–,30	–,20	
1783	25 Pf	Audiovision	–,30	–,30	
		Satz (2 W.)	–,60	–,40	–,80

1972, 19. Sept. 90. Geburtstag des Politikers Georgi Dimitrow (1882 bis 1949). [33×27,5]

Nr.	Wert	Motiv	**	⊘	FDC
1784	20 Pf	G. Dimitrow	–,50	–,30	–,70

1972, 19. Sept. Internationale Briefmarkenausstellung INTERARTES, Berlin. [33×55, 55×33]

			★★	⊘	FDC
1785	10 Pf	Vogelflugzene .	–,30	–,20	
1786	15+5 Pf	Speerträger . .	1,–	–,80	
1787	20 Pf	Tierteppich . . .	–,30	–,20	
1788	35+5 Pf	Weintrauben-verkauf	–,30	–,20	
		Satz (4 W.) . . .	1,50	1,30	3,–

1972, 3. Okt. Deutsches Rotes Kreuz der DDR. [110×33, 27,5×33, 55×33]

			★★	⊘	FDC
1789	10 Pf	Sanitätsdienst . . .	–,40	–,30	
1790	15 Pf	Rettungsboot . . .	–,40	–,30	
1791	35 Pf	Transportmittel . .	–,40	–,30	
		Satz (3 W.)	1,20	–,80	
		Dreierstreifen . . .	2,–	2,50	3,50

1972, 17. Okt. Erd- und Himmelsgloben. [33×55]

			★★	⊘	FDC
1792	5 Pf	Arabischer Himmelsglobus . .	–,30	–,20	
1793	10 Pf	Erdglobus	–,30	–,20	
1794	15 Pf	Globusuhr	2,50	3,50	
1795	20 Pf	Globusuhr	–,30	–,20	
1796	25 Pf	Armillarsphäre . . .	–,30	–,20	
1797	35 Pf	Heraldischer Himmelsglobus . .	–,30	–,20	
		Satz (6 W.)	3,50	4,50	7,–

1972, 24. Okt. Internationale Mahn- und Gedenkstätten. [26×43]

1798	25 Pf	Gedenkstätte Berlin	–,50	–,20	–,70

1972, 2. Nov. Messe der Meister von morgen, Leipzig. [138×33, 55×33]

1799	10 Pf	Lernende junge Arbeiter	–,30	–,30	
1800	25 Pf	Arbeiter an Reibschweißmaschine	–,30	–,30	
		Dreierstreifen . . .	1,20	1,80	2,–

1972, 28. Nov. Märchen: Die Schneekönigin. [116×108, 29×36]

			✶✶	⊘	FDC
1801	5 Pf		–,30	–,30	
1802	10 Pf		–,70	1,–	
1803	15 Pf	Szenen aus dem	–,30	–,30	
		Wintermärchen	–,30	–,30	
1804	20 Pf	von H. Chr. Andersen (1805–1875) . . .			
1805	25 Pf		–,70	1,–	
1806	35 Pf		–,30	–,30	
		Satz (6 W.)	2,50	3,–	
		Kleinbogen	6,–	13,–	50,–

1972, 28. Nov. Figuren des DDR-Kinderfernsehens. [108×116, 36×29]

1807	5 Pf	Mauz und Hoppel	–,30	–,30	
1808	10 Pf	Fuchs und Elster .	–,30	–,30	
1809	15 Pf	Herr Uhu	–,90	1,–	
1810	20 Pf	Frau Igel und Borstel	–,90	1,–	
1811	25 Pf	Schnuffel und Pieps	–,30	–,30	
1812	35 Pf	Paulchen	–,30	–,30	
		Satz (6 W.)	2,50	3,20	
		Kleinbogen	3,60	4,–	25,–

1972, 5. Dez. 50 Jahre UdSSR. [27,5×33]

1813	20 Pf	Staatswappen der UdSSR	–,50	–,20	–,70

1972, 5. Dez. Blockausgabe: 175. Geburtstag des Dichters Heinrich Heine (1797–1856). [61×86, 26×43]

			✶✶	⊘	FDC
1814	1 M	H. Heine	1,30	1,50	
		Block 37 (61×86 mm)	2,–	2,–	18,–

1973, 23. Jan. Bedeutende Persönlichkeiten. [27,5×33]

			✶✶	⊘	FDC
1815	5 Pf	Michelangelo da Caravaggio . . . . . (1573–1610)	–,80	–,80	
1816	10 Pf	Friedrich Wolf (1888–1953)	–,30	–,20	
1817	20 Pf	Max Reger (1873–1916)	–,30	–,20	
1818	25 Pf	Max Reinhardt (1873–1943)	–,30	–,20	
1819	35 Pf	Johannes Dieckmann (1893–1969)	–,30	–,20	
		Satz (5 W.)	1,50	1,40	3,50

1973, 23. Jan. Aufbau in der DDR, Großformat 29×24 mm (StTdr.). [33×27,5]

1820	20 Pf	Lenindenkmal, Berlin	1,–	–,30	
1821	35 Pf	Karl-Marx-Monument, Chemnitz .	1,–	–,30	
		Satz (2 W.)	2,–	–,60	3,50

1973, 6. Febr. Paläontologische Sammlungen. [41×41]

			★★	⊘	FDC
1822	10 Pf	Älteste Nadelgehölze	–,30	–,20	
1823	15 Pf	Karbonischer Farnsamer	–,30	–,20	
1824	20 Pf	Flugsaurier	–,30	–,20	
1825	25 Pf	Permischer Farn	–,30	–,20	
1826	35 Pf	Urvogel	–,30	–,20	
1827	70 Pf	Trilobit	1,80	1,80	
		Satz (6 W.)	2,80	2,50	5,–

1973, 13. Febr. 500. Geburtstag des Astronomen Nikolaus Kopernikus (1473–1543). [81×32]

1828	70 Pf	N. Kopernikus	1,–	–,50	1,50

1973, 13. Febr. Weltfestspiele der Jugend und Studenten, Berlin. [26×43]

1829	10+5 Pf	Fahnen	–,30	–,30	
1830	25+5 Pf	Jugend	–,30	–,30	
		Satz (2 W.)	–,50	–,50	1,–

1973, 13. Febr. Rennrodel-Weltmeisterschaften, Oberhof. [26×65]

			★★	⊘	FDC
1831	35 Pf	Rennrodelbahn	–,50	–,40	1,–

1973, 6. März. Leipziger Frühjahrsmesse. [43×26]

1832	10 Pf	Feldhäcksler	–,30	–,20	
1833	25 Pf	Drehmaschine	–,40	–,40	
		Satz (2 W.)	–,50	–,50	1,20

1973, 20. März. Geschützte Singvögel. [33×27,5]

1834	5 Pf	Sommergoldhähnchen	–,30	–,30	
1835	10 Pf	Bindenkreuzschnabel	–,30	–,30	
1836	15 Pf	Seidenschwanz	–,30	–,30	
1837	20 Pf	Weiß- und Rotstern-Blaukehlchen	–,30	–,30	
1838	25 Pf	Stieglitz	–,30	–,30	
1839	35 Pf	Pirol	–,30	–,30	
1840	40 Pf	Gebirgsstelze	–,30	–,30	
1841	50 Pf	Mauerläufer	3,–	3,–	
		Satz (8 W.)	4,–	4,–	6,–

1973, 10. April. Aufbau in der DDR, Großformat 29×24 mm (StTdr.). [33×27,5]

1842	5 Pf	Tierpark Berlin	–,30	–,30	
1843	10 Pf	Rathausstraße, Berlin	–,40	–,30	
		Satz (2 W.)	–,70	–,50	3,50

1973, 22. Mai. Vereinigter Schienenfahrzeugbau. [65×26]

			✱✱	⊘	FDC
1844	5 Pf	Elektrolokomotive	–,30	–,20	
1845	10 Pf	Maschinenkühlwagen	–,30	–,20	
1846	20 Pf	Personenwagen .	–,30	–,20	
1847	25 Pf	Spezialgüterwagen	–,30	–,20	
1848	35 Pf	Doppelstock-Standardwagen .	–,30	–,20	
1849	85 Pf	Reisezugwagen .	2,50	2,40	
		Satz (6 W.)	4,–	3,40	6,–

1973, 29. Mai. Theaterinszenierungen. Werke von W. Shakespeare und B. Brecht. [41×41]

1850	10 Pf	König Lear	–,30	–,20	
1851	25 Pf	Sommernachtstraum	–,30	–,20	
1852	35 Pf	Mutter Courage .	–,90	–,80	
		Satz (3 W.)	1,20	1,10	3,–

1973, 13. Juni/1977. Aufbau in der DDR, Großformat 29×24 mm (StTdr.). [33×27,5]

			✱✱	⊘	FDC
1853	15 Pf	Fischerinsel, Berlin	–,50	–,30	
1854	25 Pf	Alexanderplatz, Berlin	1,–	–,30	
		Satz (2 W.)	1,50	–,60	3,50

1973, 13. Juni. Persönlichkeiten der deutschen Arbeiterbewegung. [27,5×33]

1855	40 Pf	Hermann Matern (1893–1971)	–,50	–,30	1,50

1973, 26. Juni. Gedenkstätten in Weimar. [26×43]

1856	10 Pf	Goethehaus	–,30	–,20	
1857	15 Pf	Wielandhaus	–,30	–,20	
1858	20 Pf	Schillerhaus	–,30	–,20	
1859	25 Pf	Herderhaus	–,30	–,20	
1860	35 Pf	Cranachhaus ...	–,30	–,20	
1861	50 Pf	Liszthaus	2,50	1,20	
		Satz (6 W.)	3,50	2,–	4,20

1973, 3. Juli. Weltfestspiele der Jugend und Studenten, Berlin. [26×43]

1862	5 Pf	Berliner Bauten ..	–,30	–,20	
1863	15 Pf	Asiat u. Europäer .	–,30	–,20	
1864	20 Pf	Bauarbeiter	–,30	–,20	
1865	30 Pf	Entwicklungshilfe .	1,10	–,50	
1866	35 Pf	Embleme	–,30	–,20	
		Satz (5 W.)	1,80	1,10	3,20

1973, 26. Juli. Blockausgabe. [86×108, 26×43]

			★★	⊙	FDC
1867	50 Pf	Brandenburger Tor, Embelm	1,–	–,60	
		Block 38 (86×108 mm) Ⓢ	1,40	1,–	20,–

1973, 26. Juli. MiNr. 1820 und 1843 in kleinerem Bildformat 21,5×17,5 mm (RaTdr.). [26×21,5]

			★★	⊘	FDC
1868	10 Pf	Rathausstraße, Berlin	–,50	–,20	
1869	20 Pf	Lenindenkmal, Berlin	–,50	–,20	
		Satz (2 W.)	1,–	–,40	4,–

1973, 8. Aug. Tod des Staatsratsvorsitzenden Walter Ulbricht (1893 bis 1973). [27,5×33]

1870	20 Pf	schwarz	–,70	–,40	2,–

1973, 14. Aug. 10 Jahre Vereinigte Energiesysteme. [27,5×33]

1871	35 Pf	Hochspannungsmast	–,50	–,40	1,–

1973, 28. Aug. Leipziger Herbstmesse. [43×26]

			★★	⊘	FDC
1872	10 Pf	Camping- und Freizeitgeräte ...	–,30	–,20	
1873	25 Pf	Sport-, Spiel- und Heimwerkgeräte .	–,40	–,30	
		Satz (2 W.)	–,60	–,40	1,–

1973, 11. Sept. 20 Jahre Kampfgruppen in der DDR. [43×26]

1874	10 Pf	Kämpfer, Emblem	–,30	–,20	
1875	20 Pf	Kampfgruppen ..	–,40	–,20	
		Satz (2 W.)	–,60	–,40	1,80

Blockausgabe. [61×86, 26×43]

			★★	⊙	FDC
1876	50 Pf	Angehörige dreier bewaffneter Formationen	–,70	1,–	
		Block 39 (61×86 mm) Ⓢ .	1,30	1,20	25,–

1973, 11. Sept. 15 Jahre Zeitschrift „Probleme des Friedens und des Sozialismus“. [33×27,5]

			★★	⊘	FDC
1877	20 Pf	Erdkugel, Fahne .	–,60	–,30	–,70

1973, 18. Sept. Internationale Mahn- und Gedenkstätten. [33×55]

			★★	◎	FDC
1878	25 Pf	Mahnmal Langenstein-Zwieberge	–,60	–,30	–,70

1973, 18. Sept. Aufbau in der DDR, Großformat 29×24 mm (StTdr.). [33×27,5]

1879	40 Pf	Brandenburger Tor, Berlin	–,50	–,30	
1880	50 Pf	Neue Wache, Berlin	–,60	–,30	
1881	70 Pf	Altes Rathaus, Leipzig	–,70	–,30	
1882	1 M	Sowjetisches Ehrenmal, Berlin-Treptow ...	1,20	–,30	
		Satz (4 W.)	3,–	1,20	8,–

1973, 19. Sept. Aufnahme der DDR in die UNO. [41×41]

1883	35 Pf	UNO-Gebäude ..	–,60	–,30	1,–

1973, 4. Okt. Briefmarkenausstellung junger Philatelisten. [27,5×33]

1884	20+5 Pf	„Junges Paar“	–,40	–,20	–,70

1973, 11. Okt. Weltgewerkschaftskongress, Warna. [33×27,5]

1885	35 Pf	Emblem des WGB	–,50	–,40	1,–

1973, 11. Okt. Unbesiegbares Vietnam. [33×27,5]

			★★	◎	FDC
1886	10+5 Pf	Kindergesicht	–,40	–,20	–,70

1973, 23. Okt. Tage der sowjetischen Wissenschaft und Technik in der DDR. [26×43, 43×26]

1887	10 Pf	Rakete	–,30	–,20	
1888	20 Pf	UdSSR	–,30	–,20	
1889	25 Pf	Raffinerie	1,–	–,80	
		Satz (3 W.)	1,30	1,10	2,50

1973, 5. Nov. Solidarität mit dem chilenischen Volk. [27,5×33]

1890	10+5 Pf	L. Corvalan ...	–,30	–,30	
1891	25+5 Pf	S. Allende	–,50	–,50	
		Satz (2 W.) ...	–,70	–,70	1,70

1973, 13. Nov. Gemälde. [33×55]

1892	10 Pf	Kind mit Puppe (Ch. Leberecht Vogel)	–,30	–,20	
1893	15 Pf	Madonna mit der Rose (Parmigianino)	–,30	–,20	
1894	20 Pf	Frau mit geflochtenem Haar (P. P. Rubens) ...	–,30	–,20	

Nr.	Wert	Motiv	**	⊘	FDC
1895	25 Pf	Dame in Weiß (Tizian)	–,30	–,20	
1896	35 Pf	Archimedes (D. Fetti)	–,30	–,20	
1897	70 Pf	Blumenstrauß (J. D. de Heem)	2,80	2,–	
		Satz (6 W.)	3,50	3,–	5,–

1973, 20. Nov. 25. Jahrestag der Allgemeinen Erklärung der Menschenrechte durch die UNO. [41×41]

Nr.	Wert	Motiv	**	⊘	FDC
1898	35 Pf	Jubiläums-Emblem	–,60	–,40	1,–

1973, 20. Nov. Aufbau in der DDR, Großformat 29×24 mm (StTdr.). [33×27,5]

Nr.	Wert	Motiv	**	⊘	FDC
1899	30 Pf	Denkmal in Halle/Saale	–,50	–,30	
1900	2 M	Staatswappen	1,50	–,40	
		Satz (2 W.)	2,–	–,60	6,–

1973, 4. Dez. Märchen: Auf des Hechtes Geheiß. [116×108, 29×36]

Nr.	Wert	Motiv	**	⊘	FDC
1901	5 Pf	Szenen aus dem russischen Volks-Wintermärchen, überarbeitet von Graf A. Tolstoi (1883–1945)	–,30	–,30	
1902	10 Pf		1,–	1,50	
1903	15 Pf		–,30	–,30	
1904	20 Pf		–,30	–,30	
1905	25 Pf		1,–	1,50	
1906	35 Pf		–,30	–,30	
		Satz (6 W.)	3,–	4,–	
		Kleinbogen	3,60	9,–	25,–

1974, 8. Jan./9. Juli. Persönlichkeiten der deutschen Arbeiterbewegung. [27,5×33]

Nr.	Wert	Motiv	**	⊘	FDC
1907	10 Pf	Edwin Hörnle (1883–1952)	–,30	–,20	
1908	10 Pf	Etkar André (1894–1936)	–,30	–,20	
1909	10 Pf	Paul Merker (1894–1969)	–,30	–,20	
1910	10 Pf	Hermann Duncker (1874–1960)	–,30	–,20	
1911	10 Pf	Fritz Heckert (1884–1936)	–,30	–,20	
1912	10 Pf	Otto Grotewohl (1894–1964)	–,30	–,20	
1913	10 Pf	Wilhelm Florin (1894–1944)	–,30	–,20	
1914	10 Pf	Georg Handke (1894–1962)	–,30	–,20	
1915	10 Pf	Rudolf Breitscheid (1874–1944)	–,30	–,20	
1916	10 Pf	Kurt Bürger (1894–1951)	–,30	–,20	
1917	10 Pf	Carl Moltmann (1884–1960)	–,30	–,20	
		Satz (11 W.)	3,20	1,80	6,–

1974, 22. Jan. 25 Jahre Rat für gegenseitige Wirtschaftshilfe (RGW). [41×41]

Nr.	Wert	Motiv	**	⊘	FDC
1918	20 Pf	Flaggen	–,50	–,20	–,70

1974, 22. Jan. Aufbau in der DDR, Großformat 29×24 mm (StTdr.). [33×27,5]

Nr.	Wert	Bezeichnung	✱✱	⊘	FDC
1919	60 Pf	Dresdner Zwinger	–,80	–,30	
1920	80 Pf	Rostock und Warnemünde ...	1,–	–,30	
		Satz (2 W.)	1,80	–,60	4,–

1974, 22. Jan. Gedenken an den Dichter Pablo Neruda (1904–1973). [43×26]

1921	20 Pf	P. Neruda	–,50	–,30	–,70

1974, 12. Febr. Kakteen. [26×43]

1922	5 Pf	Echinopsis multiplex	–,30	–,20	
1923	10 Pf	Lobivia haageana	–,30	–,20	
1924	15 Pf	Porodia sanguiniflora	2,50	2,50	
1925	20 Pf	Gymnocalycium monvillei	–,30	–,20	
1926	25 Pf	Neoporteria rapifera	–,30	–,20	
1927	35 Pf	Notocactus .... concinnus Satz (6 W.)	3,50	3,20	5,–

Notocactus concinnus: –,30 / –,20

1974, 26. Febr. Hallenhandball-WM. [87×36, 29×36]

1928	5 Pf	....	–,40	–,40	
1929	10 Pf	....	–,40	–,40	
1930	35 Pf	....	–,40	–,40	
		Dreierstreifen	1,50	1,60	4,–

1974, 5. März. Leipziger Frühjahrsmesse. [26×43, 43×26]

Nr.	Wert	Bezeichnung	✱✱	⊘	FDC
1931	10 Pf	Gleichspannungsprüfanlage	–,30	–,20	
1932	25 Pf	Datenverarbeitungsanlage	–,40	–,30	
		Satz (2 W.)	–,60	–,40	1,–

1974, 19. März. Europäische Giftpilze. [29×36]

1933	5 Pf	Riesen-Rötling ..	–,30	–,20	
1934	10 Pf	Satanspilz	–,30	–,20	
1935	15 Pf	Pantherpilz	–,30	–,20	
1936	20 Pf	Fliegenpilz	–,30	–,20	
1937	25 Pf	Frühjahrslorchel .	–,30	–,20	
1938	30 Pf	Ziegelroter Risspilz	–,30	–,20	
1939	35 Pf	Grüner Knollenblätterpilz	–,30	–,20	
1940	40 Pf	Feldtrichterling ..	2,–	1,20	
		Satz (8 W.)	3,50	2,50	6,50

1974, 26. März. Bedeutende Persönlichkeiten. [27,5×33]

1941	5 Pf	Gustav Robert Kirchhoff (1824–1887)	–,30	–,20	
1942	10 Pf	Immanuel Kant (1724–1804)	–,30	–,20	
1943	20 Pf	Ehm Welk (1884–1966)	–,30	–,20	
1944	25 Pf	Johann Gottfried Herder (1744–1803)	–,30	–,20	
1945	35 Pf	Lion Feuchtwanger (1884–1958)	–,80	–,60	
		Satz (5 W.)	1,50	1,20	3,70

1974, 16. April. 25. Jahrestag des 1. Weltfriedenskongresses, Paris. [41×41]

			**	⊘	FDC
1946	35 Pf	Weltkugel	–,50	–,40	1,–

1974, 16. April. MiNr. 1842 und 1880 in kleinem Format 21,5×17,5 mm (RaTdr.). [26×21,5]

1947	5 Pf	Tierpark Berlin ..	–,30	–,20	
1948	50 Pf	Neue Wache, Berlin	–,90	–,70	
		Satz (2 W.)	1,10	–,80	4,–

1974, 30. April. 25 Jahre DDR. [41×41]

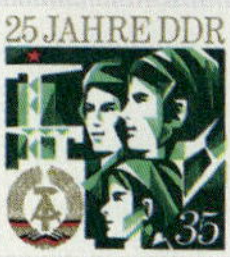

1949	10 Pf	Arbeiter	–,30	–,30	
1950	20 Pf	Jugendliche	–,30	–,30	
1951	25 Pf	Frau	–,30	–,30	
1952	35 Pf	Familie	1,10	1,–	
		Satz (4 W.)	1,50	1,50	3,20

1974, 7. Mai Leuchttürme. [27,5×33]

			**	⊘	FDC
1953	10 Pf	Leuchtturm Buk .	–,30	–,20	
1954	15 Pf	Leuchtturm Warnemünde ...	–,30	–,20	
1955	20 Pf	Leuchtturm Darßer Ort	–,30	–,20	
1956	35 Pf	Leuchtturm Arkona	–,30	–,20	
1957	40 Pf	Leuchtturm Greifswalder Oie .	1,40	1,20	
		Satz (5 W.)	2,–	1,60	4,–

1974, 21. Mai. 200. Geburtstag des Malers Caspar David Friedrich (1774–1840). [55×33]

1958	10 Pf	Zwei Männer in Betrachtung des Mondes	–,30	–,20	
1959	20 Pf	Die Lebensstufen	–,30	–,20	
1960	25 Pf	Das große Gehege bei Dresden	2,–	2,–	
1961	35 Pf	Ausblick ins Elbtal	–,30	–,20	
		Satz (4 W.)	2,50	2,40	3,70

Blockausgabe. [80×55, 33×27,5]

			**	ⓢ	FDC
1962	70 Pf	Selbstbildnis	1,–	1,–	
		Block 40 (80×55 mm)	1,60	2,20	3,–

1974, 11. Juni. Plauener Spitze. [27,5×33]

			**	⊘	FDC
1963	10 Pf	....	–,30	–,20	
1964	20 Pf	....	–,30	–,20	
1965	25 Pf	....	1,50	1,30	
1966	35 Pf	....	–,30	–,20	
		Satz (4 W.)	2,–	1,80	3,20

1974, 11. Juni. Aufbau in der DDR, Großformat 29×24 mm (StTdr.). [33×27,5]

			✱✱	⊘	FDC
1967	3 M	Staatswappen	5,–	1,20	12,–

1974, 9. Juli. MiNr. 1882 in kleinerem Format 21,5×17,5 mm (RaTdr.). [26×21,5]

1968	1 M	Sowj. Ehrenmal, Berlin-Treptow	2,–	2,–	8,–

1974, 13. Aug. Internationaler Kongress für Pferdezucht der sozialistischen Staaten, Berlin. [33×55, 55×33]

1969	10 Pf	Edles Warmblut .	–,30	–,30	
1970	20 Pf	Traber	–,30	–,30	
1971	25 Pf	Haflinger	1,70	2,20	
1972	35 Pf	Englisches Vollblut	–,30	–,30	
		Satz (4 W.)	2,40	2,60	4,–

1974, 27. Aug. Leipziger Herbstmesse. [43×26]

1973	10 Pf	Eisenbahndrehkran	–,30	–,20	
1974	25 Pf	Rübenrodelader .	–,40	–,30	
		Satz (2 W.)	–,70	–,40	2,50

1974, 10. Sept. Schlossmuseum Arnstadt: Puppenhaus „Mon plaisir". [33×55]

			✱✱	⊘	FDC
1975	5 Pf	Porzellan- und Spiegelkabinett ..	–,30	–,30	
1976	10 Pf	Schaubuden-ausrufer	–,30	–,30	
1977	15 Pf	Weinprobe im Hofkeller	–,30	–,30	
1978	20 Pf	Böttgermeister/ Geselle	–,30	–,30	
1979	25 Pf	Dudelsackspieler	1,50	1,50	
1980	35 Pf	Fleischerin/ Bettlerin	–,30	–,30	
		Satz (6 W.)	2,40	2,40	4,20

1974, 24. Sept. Internationale Mahn- und Gedenkstätten. [55×33]

1981	35 Pf	Mahnmal bei Rom	–,40	–,40	
1982	35 Pf	Mahnmal bei Châteaubriant, Frankreich	–,40	–,40	
		Satz (2 W.)	–,80	–,70	1,70

1974, 3. Okt. Blockausgabe: 25 Jahre DDR. [90×108, 33×55]

			★★	⊙	FDC
1983	1 M	Familie, Staatswappen	1,30	1,30	
		Block 41 (90×108 mm)	2,–	2,–	40,–

1974, 9. Okt. 100 Jahre Weltpostverein (UPU). [26×43]

			★★	⊙	FDC
1984	10 Pf	Schiffe	–,30	–,20	
1985	20 Pf	Lokomotiven	–,30	–,20	
1986	25 Pf	Flugzeuge	–,30	–,20	
1987	35 Pf	Postauto	1,20	1,–	
		Satz (4 W.)	1,80	1,40	2,70

1974, 24. Okt. Tag der Philatelisten; Briefmarkenausstellung „DDR '74", Chemnitz. [87×36, 29×36]

1988	10+5 Pf	Relief (E. Roßdeutscher) ...	–,30	–,20	
1989	20 Pf	Relief (J. Jastram)	–,30	–,20	
1990	25 Pf	Relief (M. Wetzel)	–,30	–,20	
		Satz (3 W.)	–,80	–,60	
		Dreierstreifen .	1,50	1,30	2,–

1974, 26. Nov. Zeichnungen Junger Pioniere. [137×95, 27,5×33]

1991	20 Pf	Über allem strahlt die Sonne	–,40	–,40	
1992	20 Pf	Carsten, bester Schwimmer	–,40	–,40	

			★★	⊙	FDC
1993	20 Pf	Mein Freund Sascha	–,40	–,40	
1994	20 Pf	Ich an der Wandtafel	–,40	–,40	
		Satz (4 W.)	1,50	1,50	
		Kleinbogen	2,–	3,–	20,–

1974, 3. Dez. Märchen: Zwitscher hin und zwitscher her. [117×108, 29×36]

1995	10 Pf		–,30	–,30	
1996	15 Pf	Szenen aus dem russischen ...	1,10	1,10	
1997	20 Pf	Volks-Wintermärchen, ...	–,30	–,30	
1998	30 Pf	überarbeitet von Graf A. Tolstoi .	–,30	–,30	
1999	35 Pf	(1883–1945) ..	1,10	1,10	
2000	40 Pf		–,30	–,30	
		Satz (6 W.)	3,–	3,–	
		Kleinbogen	3,80	6,–	30,–

1974, 10. Dez. Gemälde. [33×55, 55×33]

			★★	⊘	FDC
2001	10 Pf	Stillleben (R. Paris)	–,30	–,20	
2002	15 Pf	Mädchen (W. Lachnit)	–,30	–,20	
2003	20 Pf	Fischerhaus in Vitte (H. Hakenbeck) . .	–,30	–,20	
2004	35 Pf	Mädchenportrait in Rot (R. Bergander)	–,30	–,20	
2005	70 Pf	Meine Eltern (W. Sitte)	2,–	1,60	
		Satz (5 W.)	2,80	2,20	5,–

1974, 17. Dez. Minerale. [33×27,5]

2006	10 Pf	Bandjaspis, Gnandstein	–,20	–,20	
2007	15 Pf	Rauchquarz, Pechtelsgrün	–,30	–,20	
2008	20 Pf	Topas, Schneckenstein	–,30	–,20	
2009	25 Pf	Amethyst mit Quarz, Geyer	–,30	–,20	
2010	35 Pf	Aquamarin, Irfersgrün	–,30	–,20	
2011	70 Pf	Achat in Porphyr, St. Egidien	2,–	1,60	
		Satz (6 W.)	3,–	2,20	5,50

1975, 14. Jan. Persönlichkeiten der deutschen Arbeiterbewegung. [27,5×33]

2012	10 Pf	Martha Arendsee (1885–1963)	–,40	–,20	–,70

FDC = First Day Cover (Ersttagsbrief)
ETB = Ersttagsblatt

1975, 11. Febr. 450. Jahrestag des Deutschen Bauernkrieges. [128×113, 26×43]

			★★	⊘	FDC
2013	5 Pf	Fronarbeit	–,40	–,40	
2014	10 Pf	Abgabe des Zehnten	–,40	–,40	
2015	20 Pf	Thomas Müntzer .	–,40	–,40	
2016	25 Pf	Revolutionäre Bauern	–,70	–,70	
2017	35 Pf	Bauer mit Sturmfahne	–,70	–,70	
2018	50 Pf	Bauer vor Gericht	–,40	–,40	
		Satz (6 W.)	3,–	3,–	
		Kleinbogen	5,50	4,50	30,–

1975, 25. Febr. Internationales Jahr der Frau. [87×36, 29×36]

2019	10 Pf	. . . .	–,30	–,30	
2020	20 Pf	. . . .	–,30	–,30	
2021	25 Pf	. . . .	–,30	–,30	
		Satz (3 W.)	–,80	–,80	
		Dreierstreifen . . .	1,40	1,30	2,–

1975, 4. März. MiNr. 1854 in kleinerem Format 21,5×17,5 mm (RaTdr.). [26×21,5]

2022	25 Pf	Alexanderplatz, Berlin	–,60	–,50	7,–

1975, 4. März. Leipziger Frühjahrsmesse. [43×26]

			★★	⊘	FDC
2023	10 Pf	Mikrofilm-Aufnahmekamera	–,30	–,20	
2024	25 Pf	SKET-Zementwerk	–,30	–,30	
		Satz (2 W.)	–,60	–,40	–,70

1975, 18. März. Bedeutende Persönlichkeiten. [27,5 × 33]

			★★	⊘	FDC
2025	5 Pf	Hans Otto (1900–1933)	–,30	–,20	
2026	10 Pf	Thomas Mann (1875–1955)	–,30	–,20	
2027	20 Pf	Dr. Albert Schweitzer (1875–1965)	–,30	–,20	
2028	25 Pf	Michelangelo Buonarroti (1475–1564)	–,30	–,20	
2029	35 Pf	André-Marie Ampère (1775–1836)	1,–	–,60	
		Satz (5 W.)	1,80	1,30	4,–

1975, 25. März. Zootiere. [27,5 × 33, 33 × 27,5]

			★★	⊘	FDC
2030	5 Pf	Ararauna	–,30	–,20	
2031	10 Pf	Orang-Utan	–,30	–,20	
2032	15 Pf	Steinbock	–,30	–,20	
2033	20 Pf	Panzernashorn ..	–,30	–,20	
2034	25 Pf	Zwergflusspferd .	–,30	–,20	
2035	30 Pf	Kegelrobbe	–,30	–,20	
2036	35 Pf	Tiger	–,30	–,20	
2037	50 Pf	Böhm-Zebra	1,80	2,–	
		Satz (8 W.)	3,50	3,–	6,–

1975, 6. Mai. 30. Jahrestag der Befreiung vom Faschismus. [33 × 55]

			★★	⊘	FDC
2038	10 Pf	Ehrenmal Berlin-Treptow	–,30	–,30	
2039	20 Pf	Buchenwald-Denkmal	–,30	–,30	
2040	25 Pf	Aufbauhelferin ..	–,30	–,30	
2041	35 Pf	Arbeiter und Soldaten	–,80	–,60	
		Satz (4 W.)	1,30	1,10	2,70

Blockausgabe. ☐ [107 × 89]

			★★	Ⓢ	FDC
2042	50 Pf	Rotarmist auf dem Reichstagsgebäude	–,70	1,–	
		Block 42 (107 × 89 mm) ...	1,20	1,60	60,–

1975, 6. Mai. 20 Jahre Warschauer Vertrag. [55 × 33]

			★★	⊘	FDC
2043	20 Pf	Soldaten, Industrieanl.	1,30	–,40	2,–

1975, 13. Mai. Festival der Freundschaft der Jugend der UdSSR und der DDR, Halle/Saale. [26×43]

			✶✶	⊘	FDC
2044	10 Pf	Fahnenbänder . .	-,50	-,20	-,50

1975, 13. Mai. Leucht-, Leit- und Molenfeuer. [27,5×33]

2045	5 Pf	Leitfeuer Timmendorf	-,30	-,20	
2046	10 Pf	Leuchtfeuer Gellen	-,30	-,20	
2047	20 Pf	Molenfeuer Saßnitz	-,30	-,20	
2048	25 Pf	Leuchtturm Dornbusch	-,30	-,20	
2049	35 Pf	Leitfeuer Peenemünde	1,–	-,80	
		Satz (5 W.)	2,–	1,40	4,–

1975, 21. Mai. 100. Jahrestag der Marxschen Programmkritik und des Gothaer Vereinigungskongresses. [83×33, 27,5×33]

2050	10 Pf	Wilhelm Liebknecht und August Bebel	-,30	-,20	
2051	20 Pf	Tagungsstätte Tivoli in Gotha . . .	-,30	-,20	
2052	25 Pf	Karl Marx und Friedrich Engels .	-,30	-,20	
		Satz (3 W.)	-,90	-,60	
		Dreierstreifen . . .	1,30	1,30	2,50

1975, 10. Juni. 25 Jahre Eisenhüttenstadt. [33×55]

2053	20 Pf	Mosaik von Walter Womacka .	-,40	-,20	-,50

1975, 10. Juni. 30 Jahre Freier Deutscher Gewerkschaftsbund (FDGB). [33×55]

			✶✶	⊘	FDC
2054	20 Pf	Arbeiter vor Neubauten	-,40	-,20	-,60

1975, 24. Juni. Alte Uhren. [33×55]

2055	5 Pf	Automatenuhr . . .	-,30	-,20	
2056	10 Pf	Stutzuhr	-,30	-,20	
2057	15 Pf	Automatenuhr . . .	1,50	1,50	
2058	20 Pf	Stutzuhr	-,30	-,20	
2059	25 Pf	Stutzuhr	-,30	-,20	
2060	35 Pf	Kunstuhr	-,30	-,20	
		Satz (6 W.)	2,50	2,40	5,50

1975, 2. Juli. 275 Jahre Akademie der Wissenschaften, Berlin. [55×33]

2061	10 Pf	Deutsches Wörterbuch der Brüder Grimm	-,30	-,20	
2062	20 Pf	Karl-Schwarzschild-Observatorium . .	-,30	-,20	

			✱✱	◎	FDC
2063	25 Pf	Elektronenmikroskop, Chemieanlage	–,30	–,20	
2064	35 Pf	Satellit Interkosmos 10	1,–	–,90	
		Satz (4 W.)	1,50	1,40	3,50

1975, 15. Juli. Kinder- und Jugendspartakiade, Berlin. [27,5×33]

			✱✱	◎	FDC
2065	10 Pf	Fackellauf	–,30	–,20	
2066	20 Pf	Hürdenlauf	–,30	–,20	
2067	25 Pf	Schwimmen	–,30	–,20	
2068	35 Pf	Turnen am Schwebebalken	1,–	–,90	
		Satz (4 W.)	1,50	1,40	3,70

1975, 30. Juli. Unterzeichnung der Schlussakte der Konferenz über Sicherheit und Zusammenarbeit in Europa (KSZE), Helsinki. [41×41]

			✱✱	◎	FDC
2069	20 Pf	Landkarte Europas	–,50	–,30	–,70

1975, 19. Aug. Blumenzüchtungen. [27,5×33]

			✱✱	◎	FDC
2070	5 Pf	Sommeraster	–,30	–,20	
2071	10 Pf	Pelargonie	–,30	–,20	
2072	20 Pf	Gerbera	–,30	–,20	
2073	25 Pf	Gartennelke	–,30	–,20	
2074	35 Pf	Chrysantheme	–,30	–,20	
2075	70 Pf	Gartenstiefmütterchen	2,80	2,40	
		Satz (6 W.)	3,80	3,–	5,50

1975, 28. Aug. Leipziger Herbstmesse. [26×43, 43×26]

			✱✱	◎	FDC
2076	10 Pf	Universalnarkoseeinheit	–,30	–,20	
2077	25 Pf	Motorrad IFA MZ TS 250	–,50	–,30	
		Satz (2 W.)	–,70	–,40	1,–

1975, 9. Sept. Sicherheit im Straßenverkehr. [43×26]

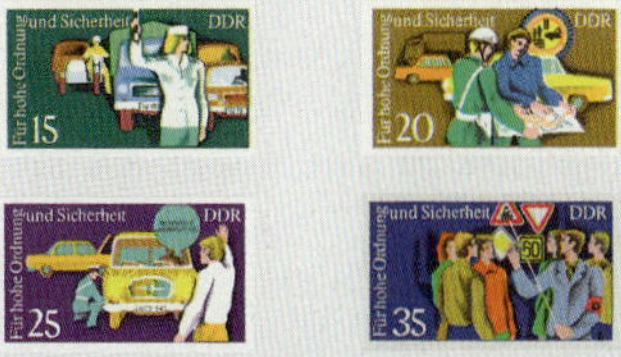

			✱✱	◎	FDC
2078	10 Pf	Schülerlotse	–,30	–,20	
2079	15 Pf	Verkehrsregelung durch die Volkspolizei	1,60	–,80	
2080	20 Pf	Verkehrspolizist	–,30	–,20	
2081	25 Pf	Technische Kfz-Überprüfung	–,30	–,20	
2082	35 Pf	Verkehrsunterricht	–,30	–,20	
		Satz (5 W.)	2,40	1,50	4,50

1975, 15. Sept. Sowjetisch-amerikanisches Raumfahrtunternehmen Sojus-Apollo. [33×55, 83×33]

			✱✱	◎	FDC
2083	10 Pf	Start Sojus	–,30	–,20	
2084	20 Pf	Annäherungsmanöver	–,30	–,20	

			**	⊘	FDC
2085	70 Pf	Kopplung Sojus-Apollo	2,–	1,80	
		Satz (3 W.)	2,20	2,–	4,–

1975, 23. Sept. 1000 Jahre Weimar. [33×55, 55×33]

2086	10 Pf	Stadtansicht (1650)	–,30	–,20	
2087	20 Pf	KZ Buchenwald	–,30	–,20	
2088	35 Pf	Gebäude	–,60	–,50	
		Satz (3 W.)	1,–	–,80	2,50

1975, 23. Sept. Internationale Solidarität. [29×36]

2089	10+5 Pf	Erhobene Faust	–,40	–,20	–,70

1975, 14. Okt. 150 Jahre Braille-Blindenschrift. [33×27,5]

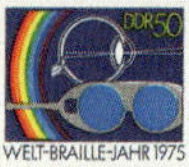

2090	20 Pf	Louis Braille (1809–1852)	–,30	–,20	
2091	35 Pf	Braillepunkte, Hände	–,30	–,20	
2092	50 Pf	Auge, Schutzbrille	1,60	1,50	
		Satz (3 W.)	2,–	1,80	3,50

1975, 14. Okt. Internationale Mahn- und Gedenkstätten. [33×55]

2093	35 Pf	Mahnmal in Wien	–,50	–,20	–,70

1975, 21. Okt. Tag der Philatelisten. [33×27,5]

			**	⊘	FDC
2094	10+5 Pf	Posttor in Wurzen	–,50	–,50	
2095	20 Pf	Postamt in Bärenfels	–,30	–,20	
		Satz (2 W.)	–,70	–,70	1,40

1975, 18. Nov. Märchen: Des Kaisers neue Kleider. [108×116, 72×29]

2096	20 Pf	Szenen aus dem Märchen	–,50	–,50	
2097	35 Pf	von H. Ch. Andersen	–,80	–,80	
2098	50 Pf	(1805–1875)	–,50	–,50	
		Satz (3 W.)	1,80	1,80	
		Kleinbogen	2,50	2,50	20,–

1975, 2. Dez. Olympische Winterspiele 1976, Innsbruck. [55×33]

			★★	⊘	FDC
2099	5 Pf	Rodeln	–,30	–,20	
2100	10+5 Pf	Rennrodelbahn, Oberhof	–,30	–,20	
2101	20 Pf	Eisschnelllaufbahn, Berlin ..	–,30	–,20	
2102	25+5 Pf	Schanze am Rennsteig, Oberhof	–,30	–,20	
2103	35 Pf	Eissporthalle Karl-Marx-Stadt	–,30	–,20	
2104	70 Pf	Skilanglauf ...	2,20	1,80	
		Satz (6 W.)	3,40	2,50	5,50

Blockausgabe. [80 × 55, 33 × 27,5]

			★★	Ⓢ	FDC
2105	1 M	Innsbruck	1,50	1,50	
		Block 43 (80×55 mm)	2,50	2,–	15,–

1975, 30. Dez. Persönlichkeiten der deutschen Arbeiterbewegung (1876 bis 1960). [27,5 × 33]

			★★	⊘	FDC
2106	10 Pf	Wilhelm Pieck (1876–1960)	–,30	–,20	1,20

1976, 13. Jan. Persönlichkeiten der deutschen Arbeiterbewegung. [27,5 × 33]

2107	10 Pf	Ernst Thälmann (1886–1944)	–,30	–,20	
2108	10 Pf	Georg Schumann (1886 –1945)	–,30	–,20	
2109	10 Pf	Wilhelm Koenen (1886 –1963)	–,30	–,20	
2110	10 Pf	John Schehr (1896 –1934)	–,30	–,20	
		Satz (4 W.)	–,80	–,60	3,–

1976, 27. Jan. Silbermann-Orgeln. [26 × 43]

			★★	⊘	FDC
2111	10 Pf	....	–,30	–,20	
2112	20 Pf	....	–,30	–,20	
2113	35 Pf	....	–,30	–,20	
2114	50 Pf	....	1,50	1,–	
		Satz (4 W.)	2,–	1,50	3,50

1976, 3. Febr. Blockausgabe: Dr. Richard Sorge (1895–1944), ☐. [81 × 64]

			★★	Ⓢ	FDC
2115	1 M	Dr. R. Sorge	1,80	1,80	
		Block 44 (81 × 64 mm)	2,20	2,20	15,–

1976, 24. Febr. 20 Jahre Nationale Volksarmee. [55 × 33]

			★★	⊘	FDC
2116	10 Pf	Soldaten	–,30	–,20	
2117	20 Pf	Streitkräfte	–,40	–,30	
		Satz (2 W.)	–,60	–,50	1,–

1976, 2. März. 100 Jahre Telefon. [27,5 × 33]

2118	20 Pf	Telefonapparat ..	–,40	–,20	1,30

1976, 9. März. Leipziger Frühjahrsmesse. [26×43, 43×26]

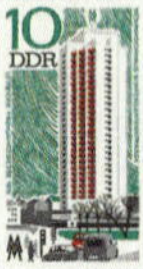

			★★	⊘	FDC
2119	10 Pf	Wohnhochhaus . .	–,30	–,20	
2120	25 Pf	Atlantik-Supertrawler	–,50	–,30	
		Satz (2 W.)	–,70	–,50	1,–

1976, 22. April. Eröffnung des Palastes der Republik, Berlin. [55×33]

2121	10 Pf	Palast d. Republik	–,90	–,20	1,80

1976, 27. April. Bodenfunkstelle Intersputnik, Berlin. [27,5×33]

2122	20 Pf	Bodenfunkstelle .	–,40	–,20	1,30

1976, 11. Mai. Parteitag der SED. [33×55, 55×33]

2123	10 Pf	K. Marx, F. Engels, W. I. Lenin	–,30	–,20	
2124	20 Pf	Industrieanlagen, Wohnungsneubauten	–,30	–,20	
		Satz (2 W.)	–,60	–,40	1,–

Klemmtaschenmaße

Die in eckigen Klammern angegebenen Maße sind die Bestellmaße für fertige Klemmtaschenzuschnitte und identisch mit der Markengröße.

Blockausgabe. [110×90, 55×33]

			★★	Ⓢ	FDC
2125	1 M	Palast der Republik	1,40	1,30	
		Block 45 (110×90 mm) . . .	1,70	1,60	40,–

1976, 18. Mai. Olympische Sommerspiele, Montreal. [55×33]

			★★	⊘	FDC
2126	5 Pf	Radrennfahrer	–,30	–,20	
2127	10+ 5 Pf	Schwimmhalle in Leipzig . . .	–,30	–,20	
2128	20 Pf	Stadt- und Sporthalle in Suhl	–,30	–,20	
2129	25 Pf	Regattastrecke in Brandenburg	–,30	–,20	
2130	35+10 Pf	Schießsportanlage in Suhl	–,30	–,20	
2131	70 Pf	Meilenlauf . . .	2,50	2,20	
		Satz (6 W.) . . .	3,50	3,–	5,–

Blockausgabe. [80×55, 33×27,5]

			★★	⊙	FDC
2132	1 M	Zentralstadion in Leipzig	1,50	1,50	
		Block 46 (80×55 mm)	1,90	1,90	20,–

1976, 25. Mai. Parlament der FDJ, Berlin. [43×26]

			★★	⊙	FDC
2133	10 Pf	Fahnenbänder ..	–,30	–,20	
2134	20 Pf	FDJ-Mitglieder ...	–,30	–,30	
		Satz (2 W.)	–,50	–,40	1,–

1976, 15. Juni. Heimische Orchideen. [26×43]

			★★	⊙	FDC
2135	10 Pf	Bocks-Riemenzunge	–,30	–,20	
2136	20 Pf	Knabenkraut	–,30	–,20	
2137	25 Pf	Rote Spitzorchis .	–,30	–,20	
2138	35 Pf	Holunder-Knabenkraut	–,30	–,20	
2139	40 Pf	Wanzen-Knabenkraut	–,30	–,20	
2140	50 Pf	Frauenschuh	2,80	2,–	
		Satz (6 W.)	3,80	2,80	6,–

1976, 22. Juni. Bronzeplastiken. [55×33, 33×55]

			★★	⊙	FDC
2141	10 Pf	Shetland-Pony (H. Drake)	–,30	–,20	
2142	20 Pf	Tanzpause (W. Arnold)	–,30	–,20	
2143	25 Pf	Am Strand (L. Engelhardt) ...	–,30	–,20	
2144	35 Pf	H. Duncker (W. Howard)	–,30	–,20	
2145	50 Pf	Das Gespräch (G. Weidanz)	2,–	1,70	
		Satz (5 W.)	2,80	2,40	6,–

1976, 29. Juni. Konferenz der kommunistischen Parteien und Arbeiterparteien Europas, Berlin. [33×55]

			★★	⊙	FDC
2146	20 Pf	K. Marx, F. Engels, W. I. Lenin	–,50	–,20	–,70

1976, 27. Juli. Historische Kutschen. [43×26]

			★★	⊘	FDC
2147	10 Pf	Staatswagen (1790)	–,30	–,20	
2148	20 Pf	Russischer Einspänner (1800) . .	–,30	–,20	
2149	25 Pf	Einzugswagen (1840)	–,30	–,20	
2150	35 Pf	Galawagen (1860)	–,30	–,20	
2151	40 Pf	Postwagen (um 1850)	–,30	–,20	
2152	50 Pf	Stadtwagen (1889)	3,–	2,80	
		Satz (6 W.)	3,50	3,50	6,50

1976, 5. Aug. Tag der Philatelisten; Jugend-Briefmarkenausstellung, Gera. [108×26, 43×26]

2153	10+5 Pf	Gera (um 1652)	–,30	–,20	
2154	20 Pf	Historische und moderne Gebäude	–,30	–,20	
		Dreierstreifen .	1,20	1,–	1,50

1976, 17. Aug. Hunderassen. [33×27,5]

2155	5 Pf	Deutscher Boxer .	–,30	–,20	
2156	10 Pf	Airedale-Terrier . .	–,30	–,20	
2157	20 Pf	Deutscher Schäferhund	–,30	–,20	
2158	25 Pf	Collie oder Schottischer Schäferhund	–,30	–,20	
2159	35 Pf	Riesenschnauzer	–,30	–,20	
2160	70 Pf	Deutsche Dogge .	2,60	2,60	
		Satz (6 W.)	3,60	3,60	6,–

1976, 1. Sept. Leipziger Herbstmesse. [43×26]

2161	10 Pf	Erdöl-Destillationsanlage	–,30	–,20	
2162	25 Pf	Deutsche Bücherei, Leipzig	–,40	–,20	
		Satz (2 W.)	–,60	–,40	1,–

1976, 21. Sept. Brücken. [65×26]

			★★	⊘	FDC
2163	10 Pf	Brücke über den Templiner See . . .	–,30	–,30	
2164	15 Pf	Brücke Berlin-Adlergestell	–,30	–,30	
2165	20 Pf	Elbbrücke bei Roßlau	–,30	–,30	
2166	25 Pf	Göltzschtal-Viadukt	–,30	–,30	
2167	35 Pf	Elbbrücke, Magdeburg	–,30	–,30	
2168	50 Pf	Brücke am Großen Dreesch, Schwerin	2,–	2,–	
		Satz (6 W.)	3,–	2,80	5,50

1976, 5. Okt. Internationale Mahn- und Gedenkstätten. [55×33]

2169	35 Pf	Mahnmal Budapest	–,50	–,40	1,–

1976, 19. Okt. Internationale Briefmarkenausstellung. SOZPHILEX '77, Berlin. [30×36]

2170	10+5 Pf	Fernsehturm . .	–,40	–,20	–,60

1976, 19. Okt. Historisches Kunsthandwerk. [26×43]

			★★	◎	FDC
2171	10 Pf	Kanne	–,30	–,20	
2172	20 Pf	Deckelvase	–,30	–,20	
2173	25 Pf	Tafelaufsatz	–,30	–,20	
2174	35 Pf	Lastenträger	–,30	–,20	
2175	70 Pf	Vase	2,20	2,20	
		Satz (5 W.)	3,–	2,80	5,–

1976, 9. Nov. Zierfische. [36×29]

			★★	◎	FDC
2176	10 Pf	Spitzschwanz-Guppy	–,30	–,20	
2177	15 Pf	Doppelschwert-Guppy	–,30	–,20	
2178	20 Pf	Fahnenschwanz-Guppy	–,30	–,20	
2179	25 Pf	Untenschwert-Guppy	–,30	–,20	
2180	35 Pf	Triangel-Guppy ..	–,30	–,20	
2181	70 Pf	Rundschwanz-Guppy	2,40	2,–	
		Satz (6 W.)	3,40	2,80	6,50

1976, 23. Nov. Archäologische Funde in der DDR. [41×41]

			★★	◎	FDC
2182	10 Pf	Tongefäße	–,30	–,20	
2183	20 Pf	Bronz. Kultwagen	–,30	–,20	
2184	25 Pf	Röm. Goldmünze	–,30	–,20	
2185	35 Pf	Gold. Anhänger .	–,30	–,20	
2186	70 Pf	Röm. Glasbecher	2,20	2,20	
		Satz (5 W.)	3,–	2,80	6,–

1976, 14. Dez. Märchen: Rumpelstilzchen. [116×108, 29×36]

			★★	◎	FDC
2187	5 Pf	Szenen aus dem Märchen der Brüder Grimm	–,30	–,20	
2188	10 Pf		–,70	–,70	
2189	15 Pf		–,30	–,20	
2190	20 Pf		–,30	–,20	
2191	25 Pf		–,70	–,70	
2192	30 Pf		–,30	–,20	
		Satz (6 W.)	2,50	2,20	
		Kleinbogen	3,20	3,20	25,–

1976, 14. Dez. Gemälde. [27,5 × 33]

			✱✱	⊘	FDC
2193	10 Pf	Die Luft (R. Carriera)	–,30	–,20	
2194	15 Pf	Maria mit dem Kinde (B. E. Murillo)	–,30	–,20	
2195	20 Pf	Eine Gambenspielerin (B. Strozzi)	–,30	–,20	
2196	25 Pf	Die verlassene Ariadne (A. Kauffmann) ..	–,30	–,20	
2197	35 Pf	Alter Mann mit Kappe (B. Nazzari)	–,30	–,20	
2198	70 Pf	Der brieflesende Offizier (G. Terborch)	2,50	1,80	
		Satz (6 W.)	3,50	2,50	5,50

1977, 8. Febr. Bedeutende Persönlichkeiten. [43 × 26]

2199	10 Pf	Arnold Zweig (1887–1968)	–,30	–,20	
2200	20 Pf	Otto von Guericke (1602–1686)	–,30	–,20	
2201	35 Pf	Albrecht Daniel Thaer (1752–1828)	–,30	–,20	
2202	40 Pf	Gustav Hertz (1887–1975)	1,–	1,–	
		Satz (4 W.)	1,60	1,30	4,–

1977, 24. Febr. Naturdenkmäler. [26 × 43]

			✱✱	⊘	FDC
2203	10 Pf	Karstquelle	–,30	–,20	
2204	20 Pf	„Kleine Orgel“ ...	–,30	–,20	
2205	25 Pf	„Ivenacker Eichen“	–,30	–,20	
2206	35 Pf	„Steinerne Rose“	–,30	–,20	
2207	50 Pf	„Rauenscher Stein“	1,60	1,50	
		Satz (5 W.)	2,40	2,20	5,–

1977, 8. März. Leipziger Frühjahrsmesse. [43 × 26]

2208	10 Pf	Messehaus am Markt	–,30	–,20	
2209	25 Pf	Leichtmetallwerk	–,30	–,20	
		Satz (2 W.)	–,50	–,30	–,80

1977, 22. März. Sorbische Trachten. [26 × 43]

2210	10 Pf	Senftenberg	–,30	–,20	
2211	20 Pf	Bautzen	–,30	–,20	
2212	25 Pf	Klitten	–,30	–,20	
2213	35 Pf	Nochten	–,30	–,20	
2214	70 Pf	Muskau	2,60	2,–	
		Satz (5 W.)	3,40	2,60	4,50

1977, 19. April. 200. Geburtstag des Mathematikers C. F. Gauß (1777–1855). [43 × 26]

2215	20 Pf	C. F. Gauß	–,70	–,30	–,70

1977, 19. April. Internationale Radfernfahrt für den Frieden. [82,5 × 33, 27,5 × 33]

			★★	⊘	FDC
2216	10 Pf	Start nach Radwechsel	–,30	–,30	
2217	20 Pf	Spurt	–,30	–,30	
2218	35 Pf	Zielankunft	–,30	–,30	
		Dreierstreifen	1,60	1,60	3,–

1977, 3. Mai. Kongress des Freien Deutschen Gewerkschaftsbundes, Berlin. [41 × 41]

2219	20 Pf	Fahnen	–,40	–,20	–,60

1977, 17. Mai. 25 Jahre Gesellschaft für Sport und Technik. [43 × 26]

2220	10 Pf	Schießen	–,30	–,20	
2221	20 Pf	Tauchen	–,30	–,20	
2222	35 Pf	Modellbau	–,90	–,90	
		Satz (3 W.)	1,30	1,20	2,50

1977, 17. Mai. Weltfernmeldetag. [27,5 × 33]

2223	20 Pf	Kanalumsetzer	–,60	–,20	–,60

1977, 14. Juni. Alte Musikinstrumente aus dem Vogtland. [33 × 55]

			★★	⊘	FDC
2224	10 Pf	Akkordeon	–,30	–,20	
2225	20 Pf	Diskant-Gambe	–,30	–,20	
2226	25 Pf	Blasinstrumente	–,30	–,20	
2227	35 Pf	Konzertzither	–,30	–,20	
2228	70 Pf	Trompete	2,60	2,40	
		Satz (5 W.)	3,20	3,–	5,–

1977, 28. Juni. 400. Geburtstag des flämischen Malers Peter Paul Rubens (1577–1640). [33 × 55, 55 × 33]

2229	10 Pf	Bathseba am Springbrunnen	–,30	–,20	
2230	15 Pf	Merkur und Argus	–,30	–,20	
2231	20 Pf	Der trunkene Herkules	–,30	–,20	
2232	25 Pf	Dianas Heimkehr	–,30	–,20	
2233	35 Pf	Alte m. d. Kohlenbecken	–,30	–,20	
2234	50 Pf	Leda mit dem Schwan	4,–	2,60	
		Satz (6 W.)	5,50	3,50	5,50

1977, 28. Juni. Blockausgabe: 30 Jahre Gesellschaft für Deutsch-Sowjetische Freundschaft. [80×55, 33×27,5]

			★★	ⓢ	FDC
2235	50 Pf	Goldene Ehrennadel	1,–	1,–	
		Block 47 (80×55 mm)	2,–	2,–	5,–

1977, 12. Juli. Moderne Technik in der Landwirtschaft. [65×26]

			★★	⊘	FDC
2236	10 Pf	Traktor mit Pflug .	–,30	–,20	
2237	20 Pf	Düngerstreuer auf Lkw	–,30	–,20	
2238	25 Pf	Kartoffel-Rodelader	–,30	–,20	
2239	35 Pf	Hochdruck-Sammelpresse ..	–,30	–,20	
2240	50 Pf	Melkkarussell ...	2,20	2,–	
		Satz (5 W.)	3,–	2,80	5,50

1977, 19. Juli. Turn- und Sportfest, Leipzig. [43×26]

			★★	⊘	FDC
2241	5 Pf	Hochsprung ..	–,30	–,20	
2242	10+5 Pf	Meilenlauf	–,30	–,20	
2243	20 Pf	Hürdenlauf ...	–,30	–,20	
2244	25+5 Pf	Rhythmische Sportgymnastik	–,30	–,20	
2245	35 Pf	Tanz	–,30	–,20	
2246	40 Pf	Fackellauf	2,–	2,–	
		Satz (6 W.)	3,–	2,80	5,–

1977, 16. Aug. Briefmarkenausstellung SOZPHILEX '77, Berlin. [26×43]

2247	10 Pf	Gemälde von W. Schubert	–,30	–,20	
2248	25 Pf	Gemälde von W. Womacka	–,60	–,50	
		Satz (2 W.)	–,80	–,70	1,50
		Kleinbogensatz (2 Klb.)	4,–	3,60	25,–

Blockausgabe. [85×54, 43×26]

			★★	ⓢ	FDC
2249	50+20 Pf	Gemälde von L. Zitzmann ..	1,50	1,40	
		Block 48 (85×54 mm) .	1,70	1,50	15,–

1977, 30. Aug. Leipziger Herbstmesse. [26×43]

			★★	⊘	FDC
2250	10 Pf	Warenhaus	–,40	–,20	
2251	25 Pf	Exponate	–,40	–,30	
		Satz (2 W.)	–,80	–,40	–,90

1977, 6. Sept. Blockausgabe: 100. Geburtstag des sowjetischen Staatsmannes F. E. Dserschinskij (1877–1926). [127 × 69, 26 × 43]

			★★	ⓢ	FDC
2252	20 Pf	F. E. Dserschinskij, Pioniere	–,60	–,50	
2253	35 Pf	F. E. Dserschinskij	–,60	–,60	
		Block 49 (127 × 69 mm) ...	1,60	2,–	20,–

1977, 13. Sept. Verkehrsmuseum Dresden. [43×26]

			★★	⊘	FDC
2254	5 Pf	Dampflok „Muldenthal“ 1861	–,30	–,20	
2255	10 Pf	Elektrischer Straßenbahn-Triebwagen 1896	–,30	–,20	
2256	20 Pf	Motorflugzeug 1909	–,30	–,20	
2257	25 Pf	Phänomobil-Dreiradwagen 1924 ..	–,30	–,20	
2258	35 Pf	Personendampfschiff 1837	3,–	2,40	
		Satz (5 W.)	4,–	3,–	5,–

1977, 20. Sept. 60. Jahrestag der Oktoberrevolution in Russland. [43 × 26]

2259	10 Pf	Panzerkreuzer „Aurora“	–,40	–,20	
2260	25 Pf	Sturm auf das Winterpalais .	–,60	–,50	
		Satz (2 W.)	1,–	–,70	1,20

Blockausgabe. [55 × 86, 26 × 43]

			★★	ⓢ	FDC
2261	1 M	W. I. Lenin	2,–	1,70	
		Block 50 (55 × 86 mm)	2,40	2,–	15,–

1977, 20. Sept. Internationale Mahn- und Gedenkstätten. [33 × 55]

			★★	⊘	FDC
2262	35 Pf	Sowjetisches Ehrenmal Berlin-Schönholz	–,50	–,20	–,80

1977, 18. Okt. Internationale Solidarität. [27,5 × 33]

2263	10+5 Pf	Flammenschale	–,40	–,20	–,60

1977, 18. Okt. Persönlichkeiten der deutschen Arbeiterbewegung. [27,5 × 33]

2264	10 Pf	Ernst Meyer (1887–1930)	–,30	–,30	
2265	10 Pf	August Frölich (1877–1966)	–,30	–,30	
2266	10 Pf	Gerhart Eisler (1897–1968)	–,30	–,30	
		Satz (3 W.)	–,60	–,60	2,50

1977, 18. Okt. Blockausgabe: 200. Geburtstag des Dichters Heinrich von Kleist (1777–1811). [82×55, 27,5×33]

			★★	⊘	FDC
2267	1 M	H. v. Kleist	2,20	2,–	
		Block 51 (82×55 mm)	3,20	2,50	5,–

1977, 8. Nov. Messe der Meister von morgen. [108×26, 43×26]

2268	10 Pf	Rakete nach rechts	–,30	–,20	
2269	20 Pf	Rakete nach links	–,30	–,20	
		Dreierstreifen ...	1,10	1,10	2,–

1977, 15. Nov. Jagdwesen. [26×43]

2270	10 Pf	Mufflon	–,30	–,20	
2271	15 Pf	Rotwild	2,50	2,50	
2272	20 Pf	Jagdhund mit Fasan	–,30	–,20	
2273	25 Pf	Stockente, Fuchs	–,30	–,20	
2274	35 Pf	Jungwild	–,30	–,20	
2275	70 Pf	Wildschwein	–,40	–,20	
		Satz (6 W.)	3,50	3,–	6,–

1977, 22. Nov. Feuerwehr. [33×27,5, 27,5×33]

			★★	⊘	FDC
2276	10 Pf	Wettkampf mit Sturmleitern	–,30	–,20	
2277	20 Pf	Kinder besichtigen Feuerwehrfahrzeug	–,30	–,20	
2278	25 Pf	Löschfahrzeuge .	–,30	–,20	
2279	35 Pf	Künstliche Beatmung	–,30	–,20	
2280	50 Pf	Feuerlöschboot ..	2,40	2,20	
		Satz (5 W.)	3,–	2,80	4,50

1977, 22. Nov. Märchen: Sechse kommen durch die ganze Welt. [116×108, 29×36]

2281	5 Pf	Szenen aus dem Märchen der Brüder Grimm	–,30	–,20	
2282	10 Pf		–,90	–,90	
2283	20 Pf		–,30	–,20	
2284	25 Pf		–,30	–,20	
2285	35 Pf		–,90	–,90	
2286	60 Pf		–,30	–,20	
		Satz (6 W.) ...	2,50	2,50	
		Kleinbogen ...	4,50	4,–	25,–

1978, 10. Jan. Arzneipflanzen. [43×26]

			✶✶	⊘	FDC
2287	10 Pf	Heckenrose	–,30	–,20	
2288	15 Pf	Hängebirke	–,30	–,20	
2289	20 Pf	Echte Kamille ...	–,30	–,20	
2290	25 Pf	Huflattich	–,30	–,20	
2291	35 Pf	Sommerlinde ...	–,30	–,20	
2292	50 Pf	Holunder	2,60	2,50	
		Satz (6 W.)	3,50	3,–	6,–

1978, 17. Jan. 5. Todestag des Freiheitskämpfers Amilcar Cabral (1924 bis 1973). [27,5 × 33]

2293	20 Pf	A. Cabral	–,50	–,40	1,–

1978, 24. Jan. Fachwerkbauten. [27,5 × 33]

2294	10 Pf	Rathaus, Suhl-Heinrichs	–,30	–,20	
2295	20 Pf	Bauernhaus, Niederoderwitz ..	–,30	–,20	
2296	25 Pf	Bauernhaus, Strassen	–,30	–,20	
2297	35 Pf	Bürgerhaus, Quedlinburg	–,30	–,20	
2298	40 Pf	Bürgerhaus, Eisenach	2,40	2,20	
		Satz (5 W.)	3,–	2,80	5,–

1978, 9. Febr. Posttransport früher und heute. [86 × 52, 43 × 26]

			✶✶	⊘	FDC
2299	10 Pf	....	–,30	–,30	
2300	20 Pf	....	–,50	–,50	
2301	25 Pf	....	–,60	–,60	
2302	35 Pf	....	–,80	–,80	
		Satz (4 W.)	2,–	2,–	
		Viererblock	3,50	3,50	7,–

1978, 21. Febr. Kostbarkeiten von slawischen Stätten. [27,5 × 33]

2303	10 Pf	Silbernes Ohrgehänge	–,30	–,20	
2304	20 Pf	Silberner Ohrring	–,30	–,20	
2305	25 Pf	Bronzebeschlag einer Schwertscheide	–,30	–,20	
2306	35 Pf	Bronzepferd	–,30	–,20	
2307	70 Pf	Arabische Silbermünze	2,–	2,–	
		Satz (5 W.)	2,80	2,50	5,–

1978, 7. März. Leipziger Frühjahrsmesse. [27,5 × 33]

2308	10 Pf	Königshaus	–,30	–,20	
2309	25 Pf	Messgerät	–,50	–,40	
		Satz (2 W.)	–,70	–,50	–,70

1978, 21. März. Interkosmosprogramm. [33 × 55]

2310	10 Pf	Rakete	–,30	–,30	
2311	20 Pf	Satellit	–,30	–,30	
2312	35 Pf	Satellit	1,20	1,20	
		Satz (3 W.)	1,50	1,50	2,50

Blockausgabe. [90×109, 33×55]

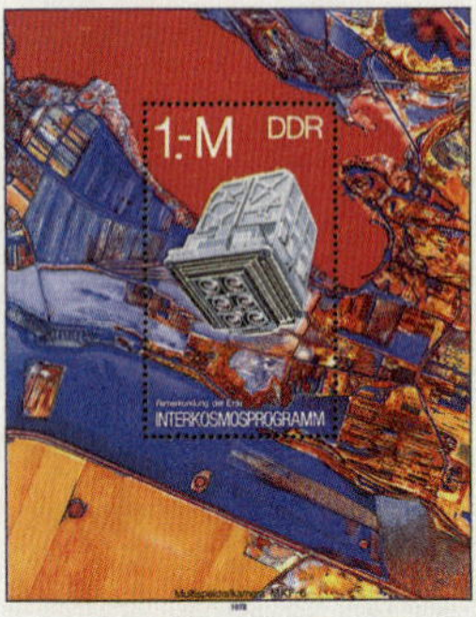

			✱✱	Ⓢ	FDC
2313	1 M	Multispektralkamera	2,20	2,–	
		Block 52 (90×109 mm)	3,–	2,40	40,–

1978, 4. April. 200 Jahre Bildungseinrichtung für Gehörlose. [43×26]

			✱✱	⊘	FDC
2314	20 Pf	Samuel Heinicke (1727–1790)	–,30	–,30	
2315	25 Pf	Schüler mit Hörhilfe	–,80	–,80	
		Satz (2 W.)	1,–	1,–	1,80

1978, 25. April. Weltfernmeldetag. [33×27,5, 27,5×33]

2316	10 Pf	Funkturm	–,30	–,20	
2317	20 Pf	Fernsehturm	–,30	–,30	
		Satz (2 W.)	–,60	–,50	1,20

1978, 9. Mai. Trachten aus Bergbau und Hüttenwesen. [26×43]

			✱✱	⊘	FDC
2318	10 Pf	Sächsischer Bergmann	–,30	–,20	
2319	20 Pf	Freiberger Hüttenmann	–,30	–,20	
2320	25 Pf	Bergakademist	–,30	–,20	
2321	35 Pf	Oberberghauptmann	1,50	1,–	
		Satz (4 W.)	2,–	1,50	3,–

1978, 23. Mai. 100 Jahre Leipziger Zoo: Junge Raubkatzen. [33×27,5]

2322	10 Pf	Löwe	–,30	–,20	
2323	20 Pf	Leopard	–,30	–,20	
2324	35 Pf	Tiger	–,30	–,20	
2325	50 Pf	Irbis	1,60	1,50	
		Satz (4 W.)	2,50	2,–	4,50

1978, 13. Juni. Containertransport. [26×43]

2326	10 Pf	Beladen	–,30	–,20	
2327	20 Pf	Umsetzen	–,30	–,20	
2328	35 Pf	Umschlagbahnhof	–,30	–,20	
2329	70 Pf	Laden auf Schiff	2,20	1,70	
		Satz (4 W.)	2,80	2,20	4,50

1978, 20. Juni. Altafrikanische Kunstschätze. [33×55, 55×33]

			✶✶	⊘	FDC
2330	5 Pf	Rinderfigur	–,30	–,20	
2331	10 Pf	Frauenkopf	–,30	–,20	
2332	20 Pf	Oberarmreif	–,30	–,20	
2333	25 Pf	Schildring	–,30	–,20	
2334	35 Pf	Siegelring	–,30	–,20	
2335	40 Pf	Halsschmuck ...	1,50	1,30	
		Satz (6 W.)	2,50	2,20	4,50

1978, 18. Juli. Bedeutende Persönlichkeiten. [43×26]

2336	5 Pf	Justus von Liebig (1803–1873)	–,30	–,20	
2337	10 Pf	Joseph Dietzgen (1828–1888)	–,30	–,20	
2338	15 Pf	Alfred Döblin (1878–1957)	–,30	–,20	
2339	20 Pf	Hans Loch (1898–1960)	–,30	–,20	
2340	25 Pf	Theodor Brugsch (1878–1963)	–,30	–,20	
2341	35 Pf	Friedrich L. Jahn (1778–1852)	–,30	–,20	
2342	70 Pf	Albrecht von Graefe (1828–1870)	1,70	1,50	
		Satz (7 W.)	2,80	2,50	6,–

Die Preisnotierungen gelten für Marken in einwandfreier Qualität.

1978, 18. Juli. Briefmarkenausstellung der Jugend, Cottbus. [108×26, 43×26]

			✶✶	⊘	FDC
2343	10+5 Pf	Cottbus (um 1730)	–,30	–,30	
2344	20 Pf	Historische und moderne Gebäude	–,30	–,30	
		Dreierstreifen .	–,80	–,80	1,50

1978, 25. Juli. Weltfestspiele der Jugend und Studenten, Havanna. [108×26, 43×26]

2345	20 Pf	Festivalblume, Havanna	–,40	–,40	
2346	35 Pf	Festivalblume, Berlin	–,40	–,40	
		Dreierstreifen ...	1,40	1,40	2,50

1978, 25. Juli. Zeichnungen aus dem Kupferstichkabinett der Berliner Museen. [110×98, 27,5×33]

2347	10 Pf	Landsknecht (H. Schäufelein) ..	–,30	–,30	
2348	20 Pf	Briefleserin (J.-A. Watteau) ...	1,–	1,–	
2349	25 Pf	Knabe (G. Metsú) .	–,30	–,30	
2350	30 Pf	Junger Mann (C. Saftleven)	–,30	–,30	
2351	35 Pf	Hl. Antonius (M. Grünewald) ..	1,–	1,–	
2352	50 Pf	Sitzender Mann (A. v. Diepenbeek)	–,30	–,30	
		Satz (6 W.)	2,80	2,80	
		Kleinbogen	3,60	3,60	25,–

1978, 29. Aug. Leipziger Herbstmesse. [33×27,5, 27,5×33]

			✱✱	⊘	FDC
2353	10 Pf	Kleintransporter .	–,30	–,20	
2354	25 Pf	Messehaus „Drei Könige“	–,50	–,40	
		Satz (2 W.)	–,70	–,50	–,70

1978, 4. Sept. Gemeinsamer Weltraumflug UdSSR–DDR. [55×33]

2355	20 Pf	Raumschiff „Sojus“	–,50	–,30	–,70

1978, 5. Sept. Internationale Mahn- und Gedenkstätten. [55×33]

2356	35 Pf	Mahnmal Mauthausen	–,50	–,30	1,–

1978, 19. Sept. 25 Jahre Kampfgruppen in der DDR. [108×26, 43×26]

2357	20 Pf	Kampfgruppenformation	–,50	–,40	
2358	35 Pf	Soldaten und Kampfgruppenmitglieder	–,50	–,40	
		Dreierstreifen ...	1,60	1,60	2,50

1978, 21. Sept. Gemeinsamer Weltraumflug UdSSR–DDR. [36×29, 29×36]

			✱✱	⊘	FDC
2359	5 Pf	Sojus 22, Orbitalkomplex, Kamera	–,30	–,30	
2360	10 Pf	Albert Einstein ..	–,30	–,30	
2361	20 Pf	Sigmund Jähn ..	–,30	–,30	
2362	35 Pf	Orbitalkomplex, Lilienthal-Gleiter .	1,–	1,–	
		Satz (4 W.)	1,60	1,50	3,50

Blockausgabe. [110×90, 55×33]

			✱✱	Ⓢ	FDC
2363	1 M	Kosmonauten W. Bykowski und S. Jähn	1,80	1,80	
		Block 53 (110×90 mm)	2,40	2,40	25,–

1978, 26. Sept. Zirkuskunst. [66×110, 33×55]

			✱✱	⊘	FDC
2364	5 Pf	Pyramide mit 7 Artisten	–,40	–,70	
2365	10 Pf	Elefant auf Dreirad	–,70	1,–	
2366	20 Pf	Pferdedressur ...	1,20	1,80	
2367	35 Pf	Eisbärenkuss ...	2,–	3,50	
		Satz (4 W.)	4,–	7,–	
		Viererblock	8,–	16,–	20,–

1978, 3. Okt. Bau der Erdgasleitung von Orenburg zur Westgrenze der UdSSR, DDR-Abschnitt Drushba-Trasse. [43×26]

			✶✶	⊘	FDC
2368	20 Pf	Verlegung eines Rohrstückes	-,50	-,20	-,60

1978, 3. Okt. Internationales Jahr gegen Rassismus. [26×43]

			✶✶	⊘	FDC
2369	20 Pf	Afrikaner hinter Stacheldraht	-,50	-,20	-,50

1978, 24. Okt. 250 Jahre Staatliche Wissenschaftliche Museen in Dresden. [27,5×33]

			✶✶	⊘	FDC
2370	10 Pf	Segelfalter	-,30	-,20	
2371	20 Pf	Turkestan-Agame	-,30	-,20	
2372	25 Pf	Achat	-,30	-,20	
2373	35 Pf	Fossiler Froschlurch	-,30	-,20	
2374	40 Pf	Augsburger Stutzuhr	-,30	-,20	
2375	50 Pf	Tisch-Spiegelteleskop (um 1750)	2,50	2,20	
		Satz (6 W.)	3,50	3,–	6,–

1978, 21. Nov. Jagdwaffen aus Suhl. [65×78, 65×26]

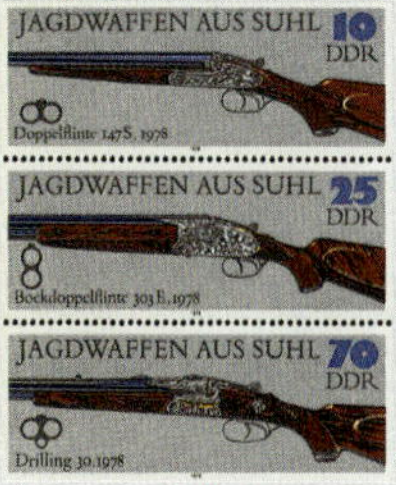

			✶✶	⊘	FDC
2376	5 Pf	Radschlossgewehr (1630)	-,30	-,20	
2377	10 Pf	Doppelflinte 147 S (1978)	-,30	-,20	
2378	20 Pf	Schnapphahngewehr (1780) ...	-,30	-,30	
2379	25 Pf	Bockdoppelflinte 303 E (1978)	-,40	-,40	
2380	35 Pf	Perkussionsbüchse (1850)	-,60	-,60	
2381	70 Pf	Drilling 30 (1978) .	1,20	1,20	
		Satz (6 W.)	3,–	2,80	
		2 Dreierstreifen ..	5,–	4,50	7,–

1978, 21. Nov. Märchen: Rapunzel. [116×108, 29×36]

			✶✶	⊘	FDC
2382	10 Pf	Szenen aus dem Märchen der Brüder Grimm	-,30	-,20	
2383	15 Pf	Szenen aus dem Märchen der Brüder Grimm	1,10	1,10	
2384	20 Pf	Szenen aus dem Märchen der Brüder Grimm	-,30	-,20	
2385	25 Pf	Szenen aus dem Märchen der Brüder Grimm	-,30	-,20	
2386	35 Pf	Szenen aus dem Märchen der Brüder Grimm	1,10	1,10	
2387	50 Pf	Szenen aus dem Märchen der Brüder Grimm	-,30	-,20	
		Satz (6 W.)	3,40	3,–	
		Kleinbogen	3,80	3,80	22,–

1979, 9. Jan. Heimische Singvögel. [27,5×33]

			★★	⊙	FDC
2388	5 Pf	Buchfinken	–,30	–,20	
2389	10 Pf	Kleiber	–,30	–,20	
2390	20 Pf	Rotkehlchen	–,30	–,20	
2391	25 Pf	Karmingimpel ...	–,30	–,20	
2392	35 Pf	Blaumeise	–,30	–,20	
2393	50 Pf	Bluthänflinge	2,80	1,40	
		Satz (6 W.)	4,–	2,40	5,–

1979, 23. Jan. Geflügelrassen. [33×27,5]

2394	10 Pf	Chapo Siro	–,30	–,20	
2395	15 Pf	Kraienkopp	–,30	–,20	
2396	20 Pf	Porzellanfarbiger, federfüßiger Zwerg	–,30	–,20	
2397	25 Pf	Sachsenhuhn ...	–,30	–,20	
2398	35 Pf	Phönix	–,30	–,20	
2399	50 Pf	Gestreifter Italiener	2,50	2,–	
		Satz (6 W.)	3,50	2,80	5,–

1979, 6. Febr. Fernsprechvermittlung und Telegrammübermittlung früher und heute. [55×33]

2400	20 Pf	Fernsprech-vermittlung	–,30	–,20	
2401	35 Pf	Telegramm-übermittlung	–,90	–,80	
		Satz (2 W.)	1,10	–,90	2,–

1979, 20. Febr. Blockausgabe: 100. Geburtstag des Physikers Albert Einstein (1879–1955). [55×86, 27,5×33]

			★★	⊙	FDC
2402	1 M	A. Einstein	1,80	1,80	
		Block 54 (55×86 mm)	2,60	2,40	15,–

1979, 6. März. Leipziger Frühjahrsmesse. [27,5×33, 33×27,5]

			★★	⊙	FDC
2403	10 Pf	Max-Klinger-Haus, Leipzig	–,30	–,20	
2404	25 Pf	Waagrecht-Bohr- und -Fräsmaschine	–,40	–,30	
		Satz (2 W.)	–,60	–,40	1,–

1979, 20. März. Weltschiffahrtstag. [55×33]

2405	20 Pf	Containerschiff, Schlepper	–,80	–,30	–,80

1979, 20. März. Bedeutende Persönlichkeiten. [43×26]

			★★	⊘	FDC
2406	5 Pf	Otto Hahn (1879–1968)	–,30	–,20	
2407	10 Pf	Max von Laue (1879–1960)	–,30	–,20	
2408	20 Pf	Arthur Scheunert (1879–1957)	–,30	–,20	
2409	25 Pf	Friedrich August Kekulé (1829–1896)	–,30	–,20	
2410	35 Pf	Georg Forster (1754–1794)	–,30	–,20	
2411	70 Pf	Gotthold Ephraim Lessing (1729–1781)	2,50	1,50	
		Satz (6 W.)	3,50	2,40	6,50

1979, 3. April. Automobilbau in Zwickau. [131×56, 33×27,5]

2412	20 Pf	Horch 8 (1911) ..	–,40	–,40	
2413	35 Pf	Trabant 601 S de luxe (1978) ...	–,70	–,70	
		Satz (2 W.)	1,–	1,–	
		Kleinbogen	2,50	2,–	5,–

1979, 17. April. Schienenfahrzeuge. [41×41]

2414	5 Pf	Triebzug MXA ...	–,30	–,20	
2415	10 Pf	Selbstentladewagen Us-y	–,30	–,20	
2416	20 Pf	Diesellok BR 110	–,30	–,20	
2417	35 Pf	Autotransportwagen Typ Laaes	1,–	–,80	
		Satz (4 W.)	1,80	1,30	3,–

1979, 8. Mai. Indische Miniaturen. [33×55]

			★★	⊘	FDC
2418	20 Pf	Durga (18. Jh.) ..	–,30	–,20	
2419	35 Pf	Mahavira (15./16. Jh.)	–,30	–,20	
2420	50 Pf	Todi Ragini (17. Jh.)	–,30	–,20	
2421	70 Pf	Asavari Ragini (17. Jh.)	2,80	2,60	
		Satz (4 W.)	3,50	3,–	5,50

1979, 22. Mai. Internationales Jahr des Kindes. [26×43]

2422	10 Pf	Spielende Kinder	–,30	–,30	
2423	20 Pf	Arzt, Kinder	–,50	–,50	
		Satz (2 W.)	–,70	–,70	1,80

1979, 22. Mai. FDJ-Initiative Berlin. [43×26]

2424	10 Pf	Wohnkomplex Leipziger Straße .	–,30	–,30	
2425	20 Pf	Großbaustelle der Jugend, Berlin-Marzahn	–,40	–,40	
		Satz (2 W.)	–,60	–,50	1,–

1979, 22. Mai. Nationales Jugendfestival, Berlin. [108×26, 43×26]

			**	⊘	FDC
2426	10+5 Pf	Fackelzug der FDJ, 1949 . . .	-,30	-,30	
2427	20 Pf	Kundgebung .	-,30	-,30	
		Dreierstreifen .	1,–	1,–	2,–

1979, 5. Juni. Landwirtschaftsausstellung „agra", Markkleeberg. [26×43]

			**	⊘	FDC
2428	10 Pf	Ausstellungsemblem	-,50	-,20	-,80

1979, 26. Juni. 70 Jahre Eisenbahnfährverbindung Saßnitz-Trelleborg. [108×26, 43×26]

			**	⊘	FDC
2429	20 Pf	Eisenbahnfährschiff „Rostock"	-,40	-,40	
2430	35 Pf	Eisenbahnfährschiff „Rügen"	-,40	-,40	
		Dreierstreifen . . .	1,80	1,40	2,50

1979, 26. Juni. Rehabilitation von Schwerbehinderten in der DDR. [43×26]

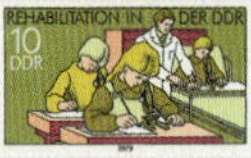

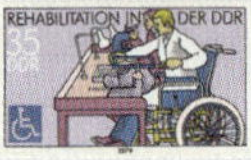

			**	⊘	FDC
2431	10 Pf	Unterricht im Krankenhaus	-,30	-,20	
2432	35 Pf	Arbeitstätigkeit im Betrieb	-,60	-,50	
		Satz (2 W.)	-,70	-,60	1,80

1979, 3. Juli. Kinder- und Jugendspartakiade, Berlin. [43×26]

			**	⊘	FDC
2433	10 Pf	Radrennen	-,30	-,20	
2434	20 Pf	Rollschuhschnelllauf	-,60	-,50	
		Satz (2 W.)	-,70	-,60	2,–

1979, 17. Juli. Dahlien auf der Internationalen Gartenbauausstellung (IGA), Erfurt. [41×41]

			**	⊘	FDC
2435	10 Pf	Semikaktus-Dahlie „Rubens"	-,30	-,20	
2436	20 Pf	Ball-Dahlie „Rosalie"	-,30	-,20	
2437	25 Pf	Hirschgeweih-Dahlie „Corinna" .	-,30	-,20	
2438	35 Pf	Schmuck-Dahlie „Dolli"	-,30	-,20	
2439	50 Pf	Kaktus-Dahlie „Carola"	-,30	-,20	
2440	70 Pf	Halskrausen-Dahlie „Don Lorenzo" . .	3,–	2,80	
		Satz (6 W.)	4,–	3,60	7,–

1979, 7. Aug. Nationale Briefmarkenausstellung DDR '79, Dresden. [26×43]

			**	⊘	FDC
2441	10+5 Pf	Gänsediebbrunnen	-,60	-,50	
2442	20 Pf	Pusteblumenbrunnen	-,30	-,20	
		Satz (2 W.)	-,70	-,60	1,50

Blockausgabe. [86×55, 43×26]

			✱✱	Ⓢ	FDC
2443	1 M	Bauwerke in Dresden		1,80	1,50
		Block 55 (86×55 mm)	2,50	2,20	15,–

1979, 7. Aug. Internationaler Kongress der Lehrkräfte für russische Sprache und Literatur, Berlin. [41×41]

			✱✱	⊙	FDC
2444	20 Pf	Russisches Alphabet, Weltkarte	–,40	–,20	–,70

1979, 21. Aug. 50 Jahre Musikinstrumenten-Museum, Leipzig. [33×55]

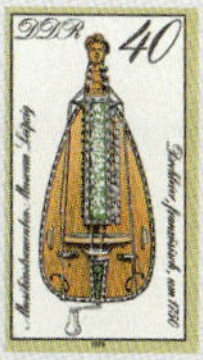

2445	20 Pf	Lira da Gamba (1592)	–,30	–,20	
2446	25 Pf	Serpent (17./18. Jh.)	–,30	–,20	
2447	40 Pf	Drehleier (um 1750)	–,30	–,20	
2448	85 Pf	Tenor-Flügelhorn (vor 1850)	2,80	2,20	
		Satz (4 W.)	3,40	2,60	6,–

1979, 21. Aug. Internationaler Kongress für Pferdezucht der sozialistischen Staaten, Berlin; Internationales Vollblutmeeting. [55×33]

2449	10 Pf	Galopprennen ...	–,30	–,20	
2450	25 Pf	Dressur (Pas de deux)	1,–	–,90	
		Satz (2 W.)	1,20	1,–	2,–

1979, 28. Aug. Internationale Mahn- und Gedenkstätten. [33×55]

			✱✱	⊙	FDC
2451	35 Pf	Figurengruppe im ehem. KZ Mittelbau-Dora, Nordhausen	–,60	–,40	–,70

1979, 28. Aug. Leipziger Herbstmesse. [26×43, 43×26]

2452	10 Pf	Teddybär	–,30	–,20	
2453	25 Pf	Wohngebäude „Großer Blumenberg"	–,30	–,20	
		Satz (2 W.)	–,50	–,30	1,–

1979, 11. Sept. Persönlichkeiten der deutschen Arbeiterbewegung. [27,5×33]

2454	10 Pf	Philipp Dengel (1888–1948)	–,30	–,20	
2455	10 Pf	Otto Buchwitz (1879–1964)	–,30	–,20	
2456	10 Pf	Bernhard Koenen (1889–1964)	–,30	–,20	
2457	10 Pf	Heinrich Rau (1899–1961)	–,30	–,20	
		Satz (4 W.)	–,80	–,60	2,40

1979, 2. Okt. 30 Jahre DDR. [41×41]

			✱✱	◍	FDC
2458	5 Pf	Arbeiter vor Hochhaus	–,30	–,20	
2459	10 Pf	Jugendliche	–,30	–,20	
2460	15 Pf	Soldaten	–,50	–,30	
2461	20 Pf	Arbeiter und Sowjetsoldat	–,30	–,20	
		Satz (4 W.)	1,–	–,80	2,–

Blockausgabe. [90×110, 33×55]

			✱✱	Ⓢ	FDC
2462	1 M	Familie vor Wohnblock	1,60	1,20	
		Block 56 (90×110 mm)	2,–	1,80	20,–

1979, 6. Nov. Unbesiegbares Vietnam. [27,5×33]

			✱✱	◍	FDC
2463	10+5 Pf	Vietnamesen	–,50	–,30	–,70

Bitte teilen Sie uns von Ihnen festgestellte Fehler mit, damit wir sie berichtigen können.

1979, 6. Nov. Meissener Porzellan. [66×110, 33×55]

			✱✱	◍	FDC
2464	5 Pf	Mädchen	–,30	–,30	
2465	10 Pf	Kaffekanne	–,30	–,30	
2466	15 Pf	Kaffekanne	–,30	–,30	
2467	20 Pf	Deckelvase	–,40	–,40	
2468	25 Pf	Papagei	–,50	–,50	
2469	35 Pf	Harlekin	–,80	–,80	
2470	50 Pf	Blumenverkäuferin	1,10	1,10	
2471	70 Pf	Sakeflasche	1,50	1,50	
		Satz (8 W.)	5,–	5,–	
		2 Viererblocks	12,–	10,–	19,–

1979, 20. Nov. Historische Puppen. [110×98, 27,5×33]

2472	10 Pf	Stoffpuppe (um 1800)	–,30	–,30	
2473	15 Pf	Keramikfigürchen (um 1960)	1,20	1,20	
2474	20 Pf	Kronendöckchen (um 1780)	–,30	–,30	
2475	35 Pf	Strohpuppe (um 1900)	–,30	–,30	
2476	50 Pf	Gliederpuppe (um 1800)	1,20	1,20	
2477	70 Pf	Stehaufpuppe (um 1820)	–,30	–,30	
		Satz (6 W.)	3,–	3,–	
		Kleinbogen	4,40	4,50	24,–

1980, 15. Jan. Olympische Winterspiele, Lake Placid. [55×33, 33×55]

			✶✶	⊘	FDC
2478	10 Pf	Bobstart (G. Rechn) . . .	–,30	–,20	
2479	20 Pf	Balance auf dem Eis (J. Starke) . . .	–,30	–,20	
2480	25+10 Pf	Spezialspringer (G. Schütz) . .	–,30	–,20	
2481	35 Pf	Startvorbereitung (A. Wunsch) .	1,80	1,30	
		Satz (4 W.) . . .	2,40	1,80	3,50

Blockausgabe. [80×55, 33×27,5 mm]

			✶✶	Ⓢ	FDC
2482	1 M	„Skiläuferinnen" (L. Zitzmann)	1,80	1,80	
		Block 57 (80×55 mm)	2,50	2,20	16,–

1980, 29. Jan. Aufbau in der DDR in kleinerem Format 21,5×17,5 mm (StTdr.). [26×21,5]

			✶✶	⊘	FDC
2483	5 Pf	Tierpark, Berlin . .	–,30	–,20	
2484	10 Pf	Palast der Republik, Berlin .	–,30	–,20	
2485	20 Pf	Leninplatz, Berlin	–,60	–,30	
		Satz (3 W.)	1,10	–,60	4,–

1980, 29. Jan. Barockgärten in der DDR. [55×33]

			✶✶	⊘	FDC
2486	10 Pf	Stille Musik, Großsedlitz	–,30	–,20	
2487	20 Pf	Orangerie, Weimar	–,30	–,20	
2488	50 Pf	Parterre, Dornburg	–,30	–,20	
2489	70 Pf	Schlosspark, Rheinsberg	1,80	1,80	
		Satz (4 W.)	2,50	2,40	5,–

1980, 5. Febr. Nachrichtenübertragungsmittel der Deutschen Post. [55×33]

2490	10 Pf	Kabelverlegung, Erdfunkstelle	–,30	–,20	
2491	20 Pf	Fernsehturm, Bildschirme	–,30	–,20	
		Satz (2 W.)	–,50	–,30	–,80

1980, 26. Febr. Bedeutende Persönlichkeiten. [43×26]

2492	5 Pf	J. W. Döbereiner (1780–1849)	–,30	–,20
2493	10 Pf	F. Joliot-Curie (1900–1958)	–,30	–,20
2494	20 Pf	J. F. Naumann (1780–1857)	–,30	–,20
2495	25 Pf	A. Wegener (1880–1930)	–,30	–,20

			★★	⊘	FDC
2496	35 Pf	C. Ph. G. v. Clausewitz (1780–1831) .	–,30	–,20	
2497	70 Pf	H. Weigel (1900–1971)	1,60	1,30	
		Satz (6 W.)	2,50	2,–	6,–

1980, 4. März. Leipziger Frühjahrsmesse. [26×43, 43×26]

2498	10 Pf	Karl-Marx-Universität, Leipzig	–,30	–,20	
2499	25 Pf	Traktor ZT 303 . .	–,40	–,30	
		Satz (2 W.)	–,60	–,40	1,–

1980, 18. März. Persönlichkeiten der deutschen Arbeiterbewegung. [27,5×33]

2500	10 Pf	W. Eggerath (1900–1977)	–,60	–,40	1,20

1980, 18. März. Aufbau in der DDR, MiNr. 1853 in kleinerem Format 21,5×17,5 mm (StTdr.). [26×21,5]

2501	15 Pf	Fischerinsel, Berlin	–,50	–,30	2,20

1980, 11. April. Blockausgabe: Interkosmosprogramm. [110×90, 55×33]

2502	1 M	Kosmonauten	1,80	1,60	
		Block 58 (110×90 mm)	2,40	2,20	25,–

1980, 22. April. Olympische Sommerspiele, Moskau. [55×33]

			★★	⊘	FDC
2503	10 Pf	Am Schwebebalken (E. Wurzer) . . .	–,30	–,20	
2504	20+5 Pf	Läufer vor dem Ziel (L. Zitzmann) .	–,30	–,20	
2505	50 Pf	Vierer ohne (W. Falkenthal)	1,60	1,40	
		Satz (3 W.) . . .	2,20	1,80	3,–

1980, 13. Mai. Aufbau in der DDR, MiNr. 1821 in kleinerem Format 21,5×17,5 mm (StTdr.). [26×21,5]

2506	35 Pf	Karl-Marx-Monument, Chemnitz .	–,60	–,40	2,50

1980, 13. Mai. 25 Jahre Warschauer Vertrag. [26×43]

2507	20 Pf	Flaggen der Vertragsstaaten	–,60	–,20	–,70

1980, 27. Mai. Bauwerke im bauhaus-Stil. [27,5×33, 33×27,5]

2508	5 Pf	Konsum-Gebäude, Dessau-Törten . .	–,30	–,20	
2509	10 Pf	Gedenkstätte der Sozialisten, Berlin	–,30	–,20	
2510	15 Pf	Denkmal für die Märzgefallenen, Weimar	–,30	–,20	

			★★	⊘	FDC
2511	20 Pf	Stahlhaus, Dessau-Törten	–,30	–,20	
2512	50 Pf	Gewerkschaftsschule, Bernau	–,40	–,20	
2513	70 Pf	bauhaus-Gebäude, Dessau	2,40	2,20	
		Satz (6 W.)	4,–	3,–	5,50

1980, 10. Juni. 18. Arbeiterfestspiele der DDR, Bezirk Rostock. [43×26]

			★★	⊘	FDC
2514	10 Pf	Gebäude, Bezirk Rostock	–,30	–,20	
2515	20 Pf	Trachtenpaar, Insel Rügen	–,40	–,30	
		Satz (2 W.)	–,60	–,40	–,80

1980, 10. Juni. 25 Jahre INTERFLUG. [86×52]

			★★	⊘	FDC
2516	20 P	Flugsicherung	–,40	–,40	
2517	25 Pf	Flughafen	–,40	–,40	
2518	35 Pf	Agrarflug	–,60	–,60	
2519	70 Pf	Bildflug	1,20	1,20	
		Satz (4 W.)	2,50	2,50	
		Viererblock	3,50	3,50	7,–

Blockausgabe. [65×95, 43×26]

			★★	Ⓢ	FDC
2520	1 M+10 Pf	Verkehrsflugzeug IL-62	1,80	1,80	
		Block 59 (65×95 mm)	2,80	2,50	25,–

1980, 10. Juli. Aufbau in der DDR, MiNr. 1854 in kleinerem Format 21,5×17,5 mm (StTdr.). [26×21,5]

			★★	⊘	FDC
2521	25 Pf	Alexanderplatz, Berlin	–,50	–,40	2,50

1980, 24. Juni. Vom Aussterben bedrohte Tiere. [33×27,5]

			★★	⊘	FDC
2522	5 Pf	Okapi	–,30	–,20	
2523	10 Pf	Katzenbären	–,30	–,20	
2524	15 Pf	Mähnenwolf	–,30	–,20	
2525	20 Pf	Arabische Oryx-Antilope	–,30	–,20	
2526	25 Pf	Weißer Ohrfasan	–,30	–,20	
2527	35 Pf	Moschusochsen	2,20	1,60	
		Satz (6 W.)	3,–	2,40	5,–

1980, 8. Juli. Olympische Sommerspiele, Moskau. [55×33, 33×55]

			★★	⊘	FDC
2528	10 Pf	Judo (E. Schmidt)	–,30	–,20	
2529	20+10 Pf	Schwimmer (W. Sitte)	–,30	–,20	
2530	50 Pf	Spurt (S. Schreiber)	1,70	1,30	
		Satz (3 W.)	2,–	1,60	4,–

Blockausgabe. [80×55, 33×27,5]

			✱✱	Ⓢ	FDC
2531	1 M	„Spinnaker" (K. Raetsch)	1,80	1,80	
		Block 60 (80×55 mm)	2,80	2,40	12,–

1980, 22. Juli. Briefmarkenausstellung der Jugend, Zella-Mehlis. [108×26, 43×26]

			✱✱	⊘	FDC
2532	10+5 Pf	Suhl um 1700	–,40	–,40	
2533	20 Pf	Historische und moderne Gebäude	–,40	–,40	
		Dreierstreifen .	1,50	1,30	1,80

1980, 12. Aug. Optisches Museum, Jena. [52×87, 26×43]

			✱✱	⊘	FDC
2534	20 Pf	Huntley-Mikroskop (1740)	–,40	–,40	
2535	25 Pf	Magny-Mikroskop (1751)	–,40	–,40	
2536	35 Pf	Amici-Mikroskop . (1845)	–,70	–,70	
2537	70 Pf	Zeiss-Mikroskop (1873)	1,–	1,–	
		Satz (4 W.)	2,50	2,50	
		Viererblock	3,60	3,60	5,50

1980, 26. Aug. Internationale Mahn- und Gedenkstätten. [55×33]

			✱✱	⊘	FDC
2538	35 Pf	Mahnmal Majdanek, Polen .	–,60	–,40	–,80

1980, 26. Aug. Leipziger Herbstmesse. [43×26]

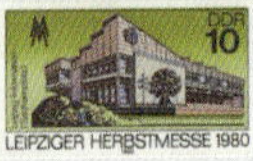

			✱✱	⊘	FDC
2539	10 Pf	Leipzig-Information, Sachsenplatz . . .	–,30	–,20	
2540	25 Pf	Textima-Teppichwirkmaschine „Licoflor"	–,60	–,30	
		Satz (2 W.)	–,80	–,40	1,–

1980, 26. Aug. Aufbau in der DDR, MiNr. 1879 in kleinerem Format 21,5×17,5 mm (StTdr.). [26×22]

			✱✱	⊘	FDC
2541	40 Pf	Brandenburger Tor, Berlin	1,–	–,40	4,–

1980, 9. Sept. Interparlamentarische Konferenz, Berlin. [43×26]

			✱✱	⊘	FDC
2542	20 Pf	Palast der Republik	–,90	–,30	–,60

1980, 23. Sept. 400. Geburtstag von Frans Hals (ca. 1581–1666). [33×55]

			★★	⊘	FDC
2543	10 Pf	Lachender Knabe mit einer Flöte . . .	–,30	–,20	
2544	20 Pf	Bildnis eines jungen Mannes im gelbgrauen Rock	–,30	–,20	
2545	25 Pf	Der Mulatte	–,30	–,20	
2546	35 Pf	Bildnis eines jungen Mannes im schwarzen Rock .	1,20	1,–	
		Satz (4 W.)	1,70	1,50	4,–

Blockausgabe. [80 × 55, 33 × 27,5]

			★★	Ⓢ	FDC
2547	1 M	Selbstbildnis	1,80	1,80	
		Block 61 (80 × 55 mm)	2,50	2,–	*20,–*

1980, 14. Okt. Internationale Solidarität. [27,5 × 33]

			★★	⊘	FDC
2548	10+5 Pf	Erhobene Faust	–,70	–,20	–,70

1980, 14. Okt. Aufbau in der DDR, MiNr. 1948 und 1900 in kleinerem Format 21,5 × 17,5 mm (StTdr.). [26 × 22]

2549	50 Pf	Neue Wache, Berlin	–,70	–,40	
2550	2 M	Staatswappen . . .	2,20	–,80	
		Satz (2 W.)	2,80	1,20	7,–

1980, 28. Okt. Europäische Speisepilze. [29 × 36]

			★★	⊘	FDC
2551	5 Pf	Rotkappe	–,30	–,20	
2552	10 Pf	Flockenstieliger Hexenröhrling . . .	–,30	–,20	
2553	15 Pf	Wiesenchampignon	–,30	–,20	
2554	20 Pf	Maronenröhrling .	–,30	–,20	
2555	35 Pf	Steinpilz	–,30	–,20	
2556	70 Pf	Pfifferling	2,20	2,–	
		Satz (6 W.)	3,20	2,80	6,50

1980, 11. Nov. Geophysik. [86 × 52, 43 × 26]

2557	20 Pf	Gravimetrie	–,40	–,20	
2558	25 Pf	Bohrlochmessung	–,50	–,40	
2559	35 Pf	Seismik	–,60	–,60	
2560	50 Pf	Seismologie	1,–	1,–	
		Satz (4 W.)	2,50	2,20	
		Viererblock	3,50	3,–	5,–

1980, 11. Nov. Aufbau in der DDR, MiNr. 1968 in kleinerem Format 21,5 × 17,5 mm (StTdr.). [26 × 22]

2561	1 M	Sowjetisches Ehrenmal, Berlin-Treptow	1,20	–,70	6,–

1980, 25. Nov. Schmalspurbahnen in der DDR. [108 × 26, 43 × 26]

2562	20 Pf	Radebeul Ost–Radeburg	–,40	–,40	
2563	20 Pf	Bad Doberan–Kühlungsborn . . .	–,40	–,40	
2564	25 Pf	Radebeul Ost–Radeburg	–,40	–,40	
2565	35 Pf	Bad Doberan–Kühlungsborn . . .	–,40	–,40	
		Satz (4 W.)	1,60	1,60	
		2 Dreierstreifen . .	4,–	4,–	6,–

1980, 9. Dez. Historisches Spielzeug. [110×99, 27,5×33]

			★★	⊘	FDC
2566	10 Pf	Lokomotive (um 1850)	–,30	–,30	
2567	20 Pf	Flugzeug (vor 1914)	1,20	1,20	
2568	25 Pf	Dampfwalze (um 1920)	–,30	–,30	
2569	35 Pf	Schiff (um 1825) .	–,30	–,30	
2570	40 Pf	Auto (um 1900) . .	1,20	1,20	
2571	50 Pf	Ballon (um 1920) .	–,30	–,30	
		Satz (6 W.)	3,50	3,50	
		Kleinbogen	4,–	3,80	*25,–*

1981, 13. Jan. Blockausgabe: 225. Geburtstag des Komponisten Wolfgang Amadeus Mozart (1756–1791). [55×80, 27,5×33]

			★★	⊘	FDC
2572	1 M	W. A. Mozart	2,–	1,80	
		Block 62 (55×80 mm)	3,–	2,40	*40,–*

1981, 13. Jan. Seltene Gehölze. [26×43, 43×26]

			★★	⊘	FDC
2573	5 Pf	Johannis-Apfel . .	–,30	–,20	
2574	10 Pf	Schneeglöckchenbaum	–,30	–,20	
2575	20 Pf	Blasenstrauch . . .	–,30	–,20	
2576	25 Pf	Paulownie	–,30	–,20	
2577	35 Pf	Deutsches Geißblatt	–,30	–,20	
2578	50 Pf	Echter Gewürzstrauch	2,50	2,20	
		Satz (6 W.)	3,60	3,–	5,50

1981, 20. Jan. 150. Geburtstag von Heinrich von Stephan (1831–1897), Mitbegründer des Weltpostvereines. [29×36]

2579	10 Pf	H. von Stephan . .	–,70	–,30	1,40

1981, 27. Jan. 25 Jahre Nationale Volksarmee. [43×26]

2580	10 Pf	Vereidigung	–,30	–,20	
2581	20 Pf	Wachaufzug	–,40	–,20	
		Satz (2 W.)	–,70	–,40	3,–

1981, 10. Febr. 10. Parteitag der SED, Berlin. [55×33]

2582	10 Pf	K. Marx, W. I. Lenin	–,70	–,20	–,70

1981, 10. Febr. Bildungseinrichtungen der Deutschen Post. [55×33]

			★★	⊘	FDC
2583	5 Pf	Lehrlingsausbildung (Post- und Zeitungswesen)	–,30	–,20	
2584	10 Pf	Lehrlingsausbildung (Fernschreib- und Fernsprechwesen)	–,30	–,20	
2585	15 Pf	Lehrlingsausbildung (Funkwesen)	–,30	–,20	
2586	20 Pf	Ingenieurschule „Rosa Luxemburg“	–,30	–,20	
2587	25 Pf	Hochschule für Verkehrswesen „Friedrich List“ . .	1,40	1,–	
		Satz (5 W.)	2,20	1,60	3,70

1981, 10. Febr. Aufbau in der DDR, MiNr. 1899 in kleinerem Format 21,5×17,5 mm (StTdr.). [26×23]

2588	30 Pf	Denkmal in Halle/Saale	–,60	–,40	3,–

1981, 24. Febr. Persönlichkeiten der deutschen Arbeiterbewegung. [27,5×33]

2589	10 Pf	Erich Baron (1881–1933)	–,30	–,20	
2590	10 Pf	Conrad Blenkle (1901–1943)	–,30	–,20	
2591	10 Pf	Arthur Ewert (1890–1959)	–,30	–,20	
2592	10 Pf	Walter Stoecker (1891–1939)	–,30	–,20	
		Satz (4 W.)	1,–	–,50	1,40

1981, 10. März. Leipziger Frühjahrsmesse. [26×43, 43×26]

2593	10 Pf	Hotel Merkur, Leipzig	–,30	–,20	
2594	25 Pf	Bandabsetzer „TAKRAF“	–,50	–,30	
		Satz (2 W.)	–,70	–,40	1,–

1981, 24. März. 10. Parteitag der SED, Berlin. [33×55]

			★★	⊘	FDC
2595	10 Pf	Ernst Thälmann (W. Sitte)	–,30	–,20	
2596	20 Pf	Brigadier (B. Heisig)	–,30	–,20	
2597	25 Pf	Festtag (R. Bergander) . . .	1,–	–,80	
2598	35 Pf	Waffenbrüder (P. Michaelis)	–,30	–,20	
		Satz (4 W.)	1,60	1,30	3,20

Blockausgabe. [108×83, 33×55]

			★★	Ⓢ	FDC
2599	1 M	„Wenn Kommunisten träumen“ . . . . (W. Womacka)	1,50	1,–	
		Block 63 (108×83) .	2,–	1,70	25,–

FDC = First Day Cover (Ersttagsbrief)
ETB = Ersttagsblatt

1981, 24. März. Blockausgabe: Sport- und Erholungszentrum Berlin. [110×90, 55×33]

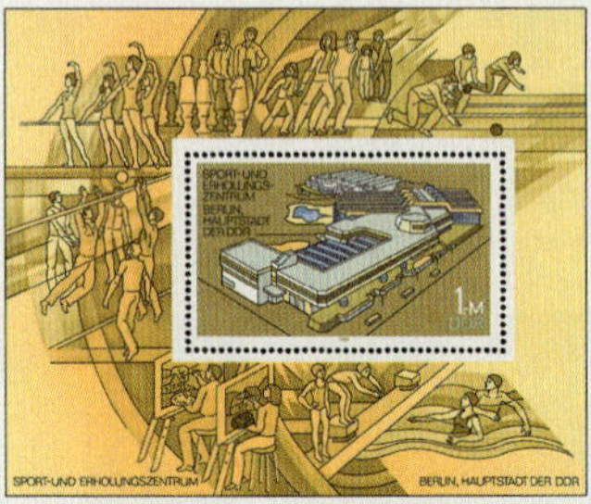

			★★	Ⓢ	FDC
2600	1 M	Gebäudekomplex .	1,80	1,80	
		Block 64 (110×90 mm)	2,80	2,50	25,–

1981, 21. April. Rationelle Energieanwendung. [154×108, 26×43]

			★★	⊙	FDC
2601	10 Pf	Braunkohlebrikett mit Steckdose ...	–,30	–,20	–,70
		Kleinbogen	3,–	2,50	*60,–*

1981, 21. April. Aufbau in der DDR, MiNr. 1881 in kleinerem Format 21,5×17,5 mm (StTdr.). [26×22]

2602	70 Pf	Altes Rathaus, Leipzig	–,90	–,50	4,–

1981, 5. Mai. Bedeutende Persönlichkeiten. [43×26]

			★★	⊙	FDC
2603	10 Pf	Heinrich Barkhausen (1881–1956)	–,30	–,20	
2604	20 Pf	Johannes R. Becher (1891–1958)	–,30	–,20	
2605	25 Pf	Richard Dedekind (1831–1916)	2,80	2,–	
2606	35 Pf	Georg Philipp Telemann (1681–1767)	–,30	–,20	
2607	50 Pf	Adelbert von Chamisso (1781–1838)	–,40	–,20	
2608	70 Pf	Wilhelm Raabe (1831–1910)	–,60	–,20	
		Satz (6 W.)	4,20	2,60	5,–

1981, 19. Mai. 11. Parlament der FDJ, Berlin. [108×26, 43×26]

2609	10 Pf	FDJ-Mitglieder, Ehrenbanner	–,30	–,30	
2610	20 Pf	Berufsausbildung	–,30	–,30	
		Dreierstreifen ...	1,10	1,–	1,50

1981, 9. Juni. Landschaftsparks in der DDR. [26×43]

2611	5 Pf	Wörlitzer Park ..	–,30	–,20	
2612	10 Pf	Tiefurter Park, Weimar	–,30	–,20	
2613	15 Pf	Marxwalde	–,30	–,20	
2614	20 Pf	Branitzer Park ...	–,30	–,20	
2615	25 Pf	Treptower Park, Berlin	2,–	1,50	
2616	35 Pf	Wiesenburger Park	–,30	–,20	
		Satz (6 W.)	3,–	2,50	5,–

1981, 23. Juni. Kinder- und Jugendspartakiade, Berlin. [43×26]

2617	10+5 Pf	Spiel und Sport	–,70	–,50	
2618	20 Pf	Künstlerische Gymnastik ...	–,30	–,20	
		Satz (2 W.)	1,–	–,70	1,30

1981, 23. Juni. 200. Geburtstag des Architekten Karl Friedrich Schinkel (1781–1841). [43×26]

			★★	⊘	FDC
2619	10 Pf	Schauspielhaus, Berlin	1,10	–,20	
2620	25 Pf	Altes Museum, Berlin	2,50	1,10	
		Satz (2 W.)	3,50	1,20	3,50

1981, 23. Juni. Internationales Jahr der Behinderten. [108×26, 43×26]

2621	5 Pf	Rollstuhlfahrer beim Speerwurf	–,30	–,20	
2622	15 Pf	Behinderte beim Museumsbesuch	–,30	–,20	
		Dreierstreifen	–,90	–,70	1,50

1981, 7. Juli. Fachwerkbauten in der DDR. [27,5×33, 33×27,5]

2623	10 Pf	Umgebindehaus, Zaulsdorf	–,30	–,20	
2624	20 Pf	„Zuckerhut", Groß Zicker	–,30	–,20	
2625	25 Pf	Wohnstallhaus, Weckersdorf	–,30	–,20	
2626	35 Pf	„Löwinghuus", Pilgram	–,30	–,20	
2627	50 Pf	Bauernhaus, Eschenbach	–,40	–,20	
2628	70 Pf	Giebellaubenhaus, Lüdersdorf	3,40	2,60	
		Satz (6 W.)	4,50	3,50	6,50

1981, 21. Juli. Schmalspurbahnen in der DDR. [108×26, 43×26]

			★★	⊘	FDC
2629	5 Pf	Freital-Kipsdorf	–,30	–,20	
2630	5 Pf	Putbus-Göhren	–,30	–,20	
2631	15 Pf	Freital-Kipsdorf	–,30	–,20	
2632	20 Pf	Putbus-Göhren	–,30	–,20	
		Satz (4 W.)	1,20	–,80	
		2 Dreierstreifen	2,20	2,–	3,50

1981, 21. Juli. Aufbau in der DDR, MiNr. 1967 in kleinerem Format 21,5×17,5 mm (StTdr.). [26×22]

2633	3 M	Staatswappen	3,50	1,–	13,–

1981, 18. Aug. Leipziger Herbstmesse. [26×43, 43×26]

2634	10 Pf	Erdölanlage Leipzig-Grimma	–,30	–,20	
2635	25 Pf	Neues Gewandhaus	–,50	–,40	
		Satz (2 W.)	–,70	–,50	1,–

1981, 18. Aug. Kostbarkeiten in Bibliotheken der DDR. [26×43]

2636	20 Pf	Papyros Ebers	–,30	–,20	
2637	35 Pf	Maya-Handschrift	–,30	–,20	
2638	50 Pf	Miniatur zu Petrarca	1,80	1,80	
		Satz (3 W.)	2,20	2,–	3,40

1981, 8. Sept. Internationale Mahn- und Gedenkstätten. [33×55]

			★★	◎	FDC
2639	35 Pf	Widerstandskämpfer-Ehrenmal, Sassnitz	–,60	–,40	1,–

1981, 22. Sept. Medizinhistorische Sammlung des Karl-Sudhoff-Instituts, Leipzig. [33×27,5, 27,5×33]

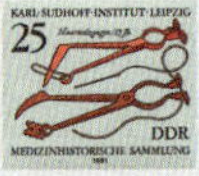
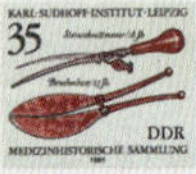

2640	10 Pf	Bilsenkraut, Räucherpfanne . .	–,30	–,20	
2641	20 Pf	Pelikan, Geißfüße, Zahnzange	–,30	–,20	
2642	25 Pf	Haarseilzangen . .	–,30	–,20	
2643	35 Pf	Steinschnittmesser, Bruchschere	–,30	–,20	
2644	50 Pf	Geburtszange, Speculum	3,–	3,–	
2645	85 Pf	Elevatoren	–,60	–,40	
		Satz (6 W.)	4,40	4,–	6,50

1981, 6. Okt. Tag der Philatelisten. [43×26]

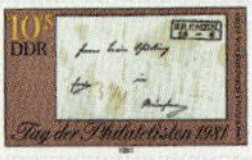

2646	10+5 Pf	Brief von F. Engels	1,–	–,70	
2647	20 Pf	Postkarte von K. Marx	–,30	–,20	
		Satz (2 W.)	1,30	–,80	2,–

1981, 6. Okt. Internationale Solidarität. [27,5×33]

2648	10+5 Pf	Afrikaner sprengt Ketten	–,60	–,20	–,70

1981, 6. Okt. Aufbau in der DDR, MiNr. 1919 und 1920 in kleinerem Format 21,5×17,5 mm (StTdr.). [26×22]

			★★	◎	FDC
2649	60 Pf	Dresdner Zwinger	–,90	–,40	
2650	80 Pf	Rostock/Warnemünde	1,10	–,50	
		Satz (2 W.)	2,–	–,90	5,–

1981, 20. Okt. Binnenschiffe. [43×26]

2651	10 Pf	Schubschiff	–,30	–,20	
2652	20 Pf	Schubverband . .	–,30	–,20	
2653	25 Pf	Seitenrad-Fahrgastschiff	–,30	–,20	
2654	35 Pf	Eisbrecher	–,30	–,20	
2655	50 Pf	Motorgüterschiff .	–,40	–,20	
2656	85 Pf	Schwimmbagger	3,20	3,–	
		Satz (6 W.)	4,50	3,80	7,–

1981, 10. Nov. Technische Denkmale: Windmühlen. [27,5×33]

2657	10 Pf	Mühle in Dabel . .	–,30	–,20	
2658	20 Pf	Mühle in Pahrenz	–,30	–,20	
2659	25 Pf	Mühle in Dresden-Gohlis	–,30	–,20	
2660	70 Pf	Mühle in Ballstedt	2,–	1,80	
		Satz (4 W.)	2,50	2,20	4,20

★★ = ungebraucht mit Originalgummierung (postfrisch)

◎ = Entwertung zu philatelistischen Zwecken

Ⓢ = ausgabebezogener Sonderstempel

FDC = Ersttagsbrief (First Day Cover)

1981, 24. Nov. Historisches Spielzeug. [108×128, 36×28]

			✶✶	⊘	FDC
2661	10 Pf	Gliederschlange . .	–,30	–,30	
2662	20 Pf	Teddybär	–,30	–,30	
2663	25 Pf	Badefisch	1,20	1,20	
2664	35 Pf	Steckenpferd	1,20	1,20	
2665	40 Pf	Kuckuck	–,30	–,30	
2666	70 Pf	Springfrosch	–,30	–,30	
		Satz (6 W.)	3,50	3,50	
		Kleinbogen	4,40	5,–	25,–

1982, 26. Jan. Meissener Porzellan. [55×66, 27,5×33]

			✶✶	⊘	FDC
2667	10 Pf	Kanne	–,30	–,30	
2668	20 Pf	Vase	–,40	–,40	
2669	25 Pf	Figur „Oberon" . .	–,60	–,60	
2670	35 Pf	Vase	–,80	–,80	
		Satz (4 W.)	2,–	2,–	
		Viererblock	2,80	2,40	5,–

Blockausgabe: 300. Geburtstag des Alchimisten Johann Friedrich Böttger (1682–1719). [90×110, 27,5×33]

			✶✶	Ⓢ	FDC
2671	50 Pf	Böttger-Steinzeug-medaille	1,–	1,–	
2672	50 Pf	Petschaft	1,–	1,–	
		Block 65 (90×110 mm) . . .	3,20	2,50	15,–

1982, 9. Febr. Bauten der Deutschen Post. [55×33]

			✶✶	⊘	FDC
2673	20 Pf	Postamt Bad Liebenstein	–,30	–,20	
2674	25 Pf	Techn. Fernmelde-dienstgebäude, Berlin	–,30	–,20	
2675	35 Pf	Hauptpostamt Erfurt	–,30	–,20	
2676	50 Pf	Hauptpostamt Dresden 6	2,40	1,70	
		Satz (4 W.)	3,–	2,20	4,–

Die MICHEL-Redaktion nimmt keine Markenprüfungen vor!

1982, 23. Febr. Internationale Leipziger Rauchwarenauktion. [26×43, 43×26]

			★★	⊘	FDC
2677	10 Pf	Murmeltier	–,30	–,20	
2678	20 Pf	Iltis	–,30	–,20	
2679	25 Pf	Nerz	–,30	–,20	
2680	35 Pf	Steinmarder	1,50	1,30	
		Satz (4 W.)	2,20	1,80	3,50

1982, 9. März. Blockausgabe: Goethe- und Schiller-Ehrungen. [110×90, 27,5×33]

			★★	Ⓢ	FDC
2681	50 Pf	J. W. von Goethe	1,30	1,30	
2682	50 Pf	F. von Schiller ...	1,30	1,30	
		Block 66 (110×90 mm) ...	3,50	2,80	15,–

1982, 9. März. Leipziger Frühjahrsmesse. [43×26]

			★★	⊘	FDC
2683	10 Pf	Westeingang Messegelände ..	–,30	–,20	
2684	25 Pf	Rohrstoßbankanlage	–,40	–,30	
		Satz (2 W.)	–,60	–,40	1,–

1982, 23. März. Blockausgabe: 100. Jahrestag der Entdeckung des Tuberkulose-Erregers durch Robert Koch. [80×55, 33×27,5]

			★★	Ⓢ	FDC
2685	1 M	R. Koch	1,80	2,–	
		Block 67 (80×55 mm)	2,50	2,20	7,–

1982, 23. März. Persönlichkeiten der deutschen Arbeiterbewegung. [27,5×33]

			★★	⊘	FDC
2686	10 Pf	Max Fechner (1892–1973)	–,30	–,20	
2687	10 Pf	Ottomar Geschke (1882–1957)	–,30	–,20	
2688	10 Pf	Helmut Lehmann (1882–1959)	–,30	–,20	
2689	10 Pf	Herbert Warnke (1902–1975)	–,30	–,20	
2690	10 Pf	Otto Winzer (1902–1975)	–,30	–,20	
		Satz (5 W.)	1,–	–,60	2,50

1982, 6. April. Giftpflanzen. [27,5×33]

2691	10 Pf	Herbstzeitlose ...	–,30	–,20
2692	15 Pf	Sumpf-Schweinsohr	–,30	–,20
2693	20 Pf	Sumpf-Porst	–,30	–,20
2694	25 Pf	Rotbeerige Zaunrübe	–,30	–,20

			★★	⊘	FDC
2695	35 Pf	Blauer Eisenhut .	–,30	–,20	
2696	50 Pf	Schwarzes Bilsenkraut	2,–	1,70	
		Satz (6 W.)	3,–	2,50	5,–

1982, 20. April. Internationale Buchausstellung IBA '82, Leipzig. [78×43, 26×43]

2697	15 Pf	Initiale „I"	–,50	–,50	
2698	35 Pf	Emblem	–,50	–,50	
		Dreierstreifen	1,70	1,50	4,–

1982, 20. April. 10. Kongress des Freien Deutschen Gewerkschaftsbundes (FDGB), Berlin: Gemälde. [33×55, 55×33]

2699	10 Pf	Mutter mit Kind (W. Womacka) ...	–,30	–,20	
2700	20 Pf	Diskussion im Neuererkollektiv (W. Neubert)	–,30	–,20	
2701	25 Pf	Junges Paar (K.-H. Jakob)	–,70	–,60	
		Satz (3 W.)	1,30	1,–	2,50

1982, 18. Mai. Geschützte Greifvögel. [27,5×33, 33×27,5]

2702	10 Pf	Fischadler	–,30	–,20	
2703	20 Pf	Seeadler	–,30	–,20	
2704	25 Pf	Steinkauz	–,30	–,20	
2705	35 Pf	Uhu	1,70	1,50	
		Satz (4 W.)	2,60	2,–	3,70

1982, 8. Juni. Arbeiterfestspiele der DDR, Bezirk Neubrandenburg. [43×26]

			★★	⊘	FDC
2706	10 Pf	Bauten im Bezirk Neubrandenburg	–,30	–,20	
2707	20 Pf	Trachtenpaar, Landwirtschafts-anlage	–,50	–,40	
		Satz (2 W.)	–,70	–,60	1,20

1982, 8. Juni. Blockausgabe: 100. Geburtstag des bulgarischen Politikers Georgi Dimitroff (1882 bis 1949). [80×55, 33×27,5]

			★★	⊘	FDC
2708	1M	Gedenkmedaille ...	2,–	1,80	
		Block 68 (80×55 mm)	3,40	3,40	7,–

1982, 22. Juni. Hochseeschiffe. [65×26]

			**	⊘	FDC
2709	5 Pf	Stückgutschiff „Frieden“	–,30	–,20	
2710	10 Pf	Ro-Ro-Schiff „Fichtelberg“	–,30	–,20	
2711	15 Pf	Spezial-Schwergutschiff „Brocken“	–,30	–,20	
2712	20 Pf	OBC-Frachtschiff „Weimar“	–,30	–,20	
2713	25 Pf	Dampfschiff „Vorwärts“	–,30	–,20	
2714	35 Pf	Semicontainerschiff „Berlin – Hauptstadt der DDR“	1,60	1,40	
		Satz (6 W.)	2,50	2,20	4,–

1982, 22. Juni. 30 Jahre Gesellschaft für Sport und Technik (GST). [43×26]

2715	20 Pf	Wehrsportdisziplinen der GST	–,50	–,20	–,70

1982, 6. Juli. Sorbische Volksbräuche. [130×52, 43×26]

2716	10 Pf	Vogelhochzeit	–,30	–,20	
2717	20 Pf	Zampern	–,30	–,20	
2718	25 Pf	Waleien	–,40	–,40	
2719	35 Pf	Ostereiermalen	–,70	–,70	
2720	40 Pf	Johannisreiter	–,80	–,80	
2721	50 Pf	Bescherkind	1,–	1,–	
		Satz (6 W.)	3,40	3,–	
		Sechserblock	5,–	4,50	25,–

1982, 6. Juli. Briefmarkenausstellung der Jugend, Schwerin. [108×26, 43×26]

2722	10+5 Pf	Schwerin um 1640	–,40	–,40	
2723	20 Pf	Schwerin heute	–,40	–,40	
		Dreierstreifen	2,–	1,50	2,50

1982, 20. Juli. Pioniertreffen, Dresden. [33×27,5]

			**	⊘	FDC
2724	10+5 Pf	Pioniere, Ehrenbanner	–,60	–,50	
2725	20 Pf	Trommel, Fanfare, Nelken	–,30	–,20	
		Satz (2 W.)	–,80	–,70	1,20

1982, 10. Aug. Gemälde aus dem Staatlichen Museum Schwerin. [55×33, 33×55]

2726	5 Pf	Bewegte See (L. Backhuysen)	–,30	–,20	
2727	10 Pf	Das Hauskonzert (F. v. Mieris)	–,30	–,20	
2728	20 Pf	Die Torwache (C. Fabritius)	–,30	–,20	
2729	25 Pf	Bauerngesellschaft (A. Brouwer)	–,30	–,20	
2730	35 Pf	Frühstückstisch mit Schinken (W. C. Heda)	–,30	–,20	
2731	70 Pf	Flusslandschaft (J. v. Goyen)	2,40	1,80	
		Satz (6 W.)	3,50	2,60	5,–

1982, 24. Aug. Ministerkonferenz der Organisation für die Zusammenarbeit der sozialistischen Länder auf dem Gebiet des Post- und Fernmeldewesens (OSS), Chemnitz. [65×26, 43×26]

2732	10 Pf	Bauwerke in Karl-Marx-Stadt (mit Zf)	–,60	–,40	1,50

1982, 24. Aug. Leipziger Herbstmesse. [43×26]

			✶✶	⊘	FDC
2733	10 Pf	Messehaus „Stentzlers Hof“ .	–,30	–,20	
2734	25 Pf	Erzeugnisse des VEB Ostseeschmuck	–,30	–,30	
		Satz (2 W.)	–,50	–,40	1,–

1982, 7. Sept. Internationale Mahn- und Gedenkstätten. [33×55]

2735	35 Pf	Mahnmal Auschwitz-Birkenau	–,50	–,40	1,–

1982, 7. Sept. Kongress der Internationalen Föderation der Widerstandskämpfer (FIR), Berlin. [27,5×33]

2736	10 Pf	FIR-Emblem	–,50	–,30	–,60

1982, 21. Sept. Herbstblumen. [33×27,5]

2737	5 Pf	Herbstanemone .	–,30	–,20	
2738	10 Pf	Studentenblume .	–,30	–,20	
2739	15 Pf	Mittagsgold	–,30	–,20	
2740	20 Pf	Sonnenblume ...	–,30	–,20	
2741	25 Pf	Wucherblume ...	–,30	–,20	
2742	35 Pf	Schmuckkörbchen	2,40	1,80	
		Satz (6 W.)	3,40	2,60	5,–

1982, 21. Sept. Solidarität mit dem palästinensischen Volk. [27,5×33]

			✶✶	⊘	FDC
2743	10+5 Pf	Palästinensische Familie mit Lebensbaum ..	–,50	–,30	–,70

1982, 5. Okt. IFA: Nutzfahrzeuge. [43×26]

2744	5 Pf	Krankenfahrzeug B 1000	–,30	–,20	
2745	10 Pf	Wasch- und Sprühfahrzeug M 25 ...	–,30	–,20	
2746	20 Pf	Reiseomnibus LD 3000	–,30	–,20	
2747	25 Pf	Pritschenfahrzeug LD 3000	–,30	–,20	
2748	35 Pf	Pritschenfahrzeug W 50	–,30	–,20	
2749	85 Pf	Milchtank-Sattelzug W 50	2,80	2,20	
		Satz (6 W.)	4,–	3,–	6,–

1982, 19. Okt. Zentrale Messe der Meister von morgen, Leipzig. [27,5×33]

2750	20 Pf	Messe-Emblem ..	–,40	–,20	–,70

1982, 26. Okt. Flugpostmarken. [21,5×26]

2751	30 Pf	bläulichgrün/ schwarz	–,30	–,20	
2752	40 Pf	schwarzgrün/ schwarz	–,40	–,20	
2753	1 M	ultramarin/ schwarz	1,20	–,60	
		Satz (3 W.)	1,80	1,–	3,50

1982, 9. Nov. 500. Geburtstag des Reformators Martin Luther (1483–1546). [33×55]

			★★	⊘	FDC
2754	10 Pf	Stadtsiegel von Eisleben	–,30	–,20	
2755	20 Pf	M. Luther als Junker Jörg	–,30	–,20	
2756	35 Pf	Stadtsiegel von Wittenberg ..	–,50	–,20	
2757	85 Pf	M. Luther	4,–	2,50	
		Satz (4 W.)	5,–	3,–	5,–
		Kleinbogen mit MiNr. 2755	10,–	10,–	120,–

1982, 23. Nov. Historisches Spielzeug. [110×99, 27,5×33]

2758	10 Pf	Zimmermann ...	–,30	–,20	
2759	20 Pf	Schuhmacher ...	1,40	1,40	
2760	25 Pf	Bäcker	–,30	–,20	
2761	35 Pf	Büttner	–,30	–,20	
2762	40 Pf	Gerber	1,40	1,40	
2763	70 Pf	Wagner	–,30	–,20	
		Satz (6 W.)	3,50	3,50	
		Kleinbogen	4,40	4,40	25,–

1983, 11. Jan. Blockausgabe: 150. Geburtstag des Komponisten Johannes Brahms (1833 bis 1897). [55×80, 27,5×33]

			★★	⊙	FDC
2764	1,15 M	J. Brahms	2,–	2,–	
		Block 69 (55×80 mm) ...	3,50	2,80	35,–

1983, 25. Jan. Persönlichkeiten der deutschen Arbeiterbewegung. [27,5×33]

			★★	⊘	FDC
2765	10 Pf	Franz Dahlem (1892–1981)	–,30	–,20	
2766	10 Pf	Karl Maron (1903–1975)	–,30	–,20	
2767	10 Pf	Josef Miller (1883–1964)	–,30	–,20	
2768	10 Pf	Fred Oelßner (1903–1977)	–,30	–,20	
2769	10 Pf	Siegfried Rädel (1893–1943)	–,30	–,20	
		Satz (5 W.)	–,80	–,60	2,50

1983, 8. Febr. Weltkommunikationsjahr. [43×26]

2770	5 Pf	Telefonhörer, Tastwahl	–,30	–,20	
2771	10 Pf	Radiosender Rügen, Schiffe ..	–,30	–,20	
2772	20 Pf	Postbeförderung auf See- und Luftweg	–,30	–,20	
2773	35 Pf	Lichtleiterkabel ..	1,70	1,–	
		Satz (4 W.)	2,50	1,50	2,50

1983, 8. Febr. 100. Geburtstag des Politikers Otto Nuschke. [33×27,5]

			✱✱	⊘	FDC
2774	20 Pf	O. Nuschke	–,60	–,20	–,70

1983, 22. Febr. Historische Rathäuser. [33×27,5, 27,5×33]

			✱✱	⊘	FDC
2775	10 Pf	Rathaus Stolberg/ Harz (erb. 1482) .	–,30	–,20	
2776	20 Pf	Rathaus Gera (erb. 1573–1576) .	–,30	–,20	
2777	25 Pf	Rathaus Pößneck (erb. 1478–1486) .	–,30	–,20	
2778	35 Pf	Rotes Rathaus Berlin (erb. 1861 bis 1869)	1,70	1,30	
		Satz (4 W.)	2,50	1,80	3,70

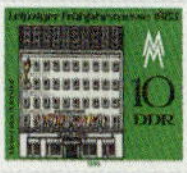

1983, 8. März. Leipziger Frühjahrsmesse. [33×27,5]

			✱✱	⊘	FDC
2779	10 Pf	Messehaus „Petershof"	–,30	–,20	
2780	25 Pf	Robotron-Mikrorechner	–,50	–,30	
		Satz (2 W.)	–,80	–,40	1,–

1983, 22. März. Ehrung des afroamerikanischen Schauspielers und Sängers Paul Robeson (1898–1976). [43×26]

			✱✱	⊘	FDC
2781	20 Pf	P. Robeson	–,40	–,30	–,70

1983, 22. März. Blockausgabe: Schulze-Boysen/ Harnack-Widerstandsorganisation. [80×55, 43×26]

			✱✱	Ⓢ	FDC
2782	85 Pf	Arvid Harnack (1901–1942), Harro Schulze-Boysen (1909–1942), John Sieg (1903–1942)	1,40	1,40	
		Block 70 (80×55 mm)	1,80	1,80	12,–

1983, 11. April. 100. Todestag des Philosophen und Nationalökonomen Karl Marx (1818–1883). [43×26]

			✱✱	⊘	FDC
2783	10 Pf	K. Marx, Neue Rheinische Zeitung	–,30	–,20	
2784	20 Pf	K. Marx, Aufstand der Seidenweber	–,30	–,20	
2785	35 Pf	K. Marx und Engels, Manifest	–,30	–,20	
2786	50 Pf	K. Marx, Das Kapital	–,30	–,20	
2787	70 Pf	K. Marx, Glosse .	–,50	–,30	
2788	85 Pf	Erdkugel, rote Fahne	3,–	3,–	
		Satz (6 W.)	4,50	4,–	7,–

Blockausgabe. [83×55, 27,5×33]

			✱✱	Ⓢ	FDC
2789	1.15 M	K. Marx	2,–	1,80	
		Block 71 (83×85 mm) ..	3,–	2,40	15,–

1983, 19. April. Kunstwerke aus den Staatlichen Museen, Berlin. [26 × 43]

			✶✶	⊘	FDC
2790	10 Pf	Athene-Statue	–,30	–,20	
2791	20 Pf	Amazonen-Statue	–,50	–,30	
		Satz (2 W.)	–,80	–,40	–,80

1983, 17. Mai. Schmalspurbahnen in der DDR. [108 × 26, 43 × 26]

			✶✶	⊘	FDC
2792	15 Pf	Wernigerode – Nordhausen	–,50	–,50	
2793	20 Pf	Wernigerode – Nordhausen	–,50	–,50	
2794	20 Pf	Zittau – Kurort Oybin/Kurort Jonsdorf	–,50	–,50	
2795	50 Pf	Zittau – Kurort Oybin/Kurort Jonsdorf	–,50	–,50	
		Satz (4 W.)	2,–	2,–	6,50
		2 Dreierstreifen	4,–	3,–	9,–

1983, 7. Juni. Sand- und Sonnenuhren aus dem Staatlichen Mathematisch-Physikalischen Salon, Dresden. [26 × 43]

			✶✶	⊘	FDC
2796	5 Pf	Kanzelsanduhr (1674)	–,30	–,20	
2797	10 Pf	Kanzelsanduhr (um 1700)	–,30	–,20	
2798	20 Pf	Tischsonnenuhr (1611)	–,30	–,20	
2799	30 Pf	Tischsonnenuhr (um 1750)	–,30	–,20	
2800	50 Pf	Tischsonnenuhr (um 1760)	–,50	–,30	
2801	85 Pf	Tischsonnenuhr (um 1800)	3,20	3,–	
		Satz (6 W.)	4,50	4,–	6,50
		Kleinbogen mit MiNr. 2798	3,–	3,–	40,–

1983, 21. Juni. Kakteen. [27,5 × 33]

			✶✶	⊘	FDC
2802	5 Pf	Coryphanta elephantidens	–,30	–,20	
2803	10 Pf	Thelocactus schwarzii	–,30	–,20	
2804	20 Pf	Leuchtenbergia principis	–,30	–,20	
2805	25 Pf	Submatucana madisoniarum	–,30	–,20	
2806	35 Pf	Oroya peruviana	–,30	–,20	
2807	50 Pf	Copiapoa cinerea	2,–	1,80	
		Satz (6 W.)	3,–	2,50	5,–

1983, 5. Juli. Stifterfiguren des Naumburger Doms. [80 × 80, 40 × 40]

			✶✶	⊘	FDC
2808	20 Pf		–,50	–,50	
2809	25 Pf		–,60	–,60	
2810	35 Pf		–,70	–,70	
2811	85 Pf		1,70	1,70	
		Satz (4 W.)	3,50	3,50	
		Viererblock	4,50	3,80	30,–

1983, 5. Juli. Internationale Briefmarkenausstellung der Jugend JUNIOR-SOZPHILEX, Berlin. [26×43, 43×26]

			✶✶	⊘	FDC
2812	10+5 Pf	Glasewaldt und Zinna verteidigen die Barrikade (Th. Hosemann)	–,80	–,70	
2813	20 Pf	Polytechnischer Unterricht (H. Metzkes) . . .	–,30	–,20	
		Satz (2 W.)	1,10	–,80	1,50

1983, 19. Juli. Turn- und Sportfest; Kinder- und Jugendspartakiade, Leipzig. [33×27,5]

2814	10+5 Pf	Ballübung	–,70	–,50	
2815	20 Pf	Volleyball	–,30	–,20	
		Satz (2 W.)	–,90	–,60	1,20

1983, 19. Juli. 200. Geburtstag des Freiheitskämpfers Simón de Bolívar (1783–1830). [43×26]

2816	35 Pf	A. von Humboldt, S. de Bolívar	–,70	–,40	1,–

1983, 9. Aug. Stadtwappen. [26×43, 22×26]

2817	50 Pf	Berlin	1,–	–,80	
2818	50 Pf	Cottbus	1,–	–,80	
2819	50 Pf	Dresden	1,–	–,80	
2820	50 Pf	Erfurt	1,–	–,80	
2821	50 Pf	Frankfurt/Oder . .	1,–	–,80	
		Satz (5 W.)	5,–	4,–	7,50

1983, 30. Aug. Leipziger Herbstmesse. [33×27,5]

			✶✶	⊘	FDC
2822	10 Pf	Zentral-Messepalast	–,30	–,20	
2823	25 Pf	Mikrorechner-Schaltkreis	–,60	–,30	
		Satz (2 W.)	–,80	–,40	–,80

1983, 6. Sept. Blockausgabe: 30 Jahre Kampfgruppen. [63×86, 26×43]

			✶✶	Ⓢ	FDC
2824	1 M	Angehöriger der Kampfgruppen . . .	1,50	1,50	
		Block 72 (63×86 mm)	2,80	2,–	4,–

1983, 6. Sept. 200. Todestag des Mathematikers Leonhard Euler (1707–1783). [43×26]

			✶✶	⊘	FDC
2825	20 Pf	L. Euler, Ikosaeder	–,60	–,30	–,70

1983, 20. Sept. Staatliche Schlösser und Gärten: Potsdam-Sanssouci. [43×26]

2826	10 Pf	Schloss Sanssouci	–,30	–,20	
2827	20 Pf	Chinesisches Teehaus	–,30	–,20	
2828	40 Pf	Schloss Charlottenhof	–,50	–,30	
2829	50 Pf	Marstall / Filmmuseum	3,–	3,–	
		Satz (4 W.)	4,–	3,50	5,–

1983, 4. Okt. Internationale Mahn- und Gedenkstätten. [33×55]

			✱✱	⊘	FDC
2830	35 Pf	Ehrenmal „Mutter Heimat“ Wolgograd	-,60	-,30	1,–

1983, 4. Okt. Flugpostmarken. [21,5×26]

			✱✱	⊘	FDC
2831	5 Pf	hellkobaltblau/ schwarz	-,30	-,20	
2832	20 Pf	gelblichorange/ schwarz	-,30	-,20	
		Satz (2 W.)	-,50	-,40	2,–

1983, 18. Okt. Blockausgabe: 500. Geburtstag des Reformators Martin Luther (1483–1546). [108×83, 33×55]

			✱✱	Ⓢ	FDC
2833	1 M	Initialen M. Luthers	2,60	2,60	
		Block 73 (108×83 mm)	3,50	3,–	15,–

1983, 8. Nov. Solidarität mit Nicaragua. [33×27,5]

			✱✱	⊘	FDC
2834	10+5 Pf	Familie, Soldat, Flaggen	-,40	-,20	-,70

1983, 8. Nov. Thüringer Glas. [27,5×33]

			✱✱	⊘	FDC
2835	10 Pf	Hahn	-,30	-,20	
2836	20 Pf	Glasbecher	-,30	-,20	
2837	25 Pf	Glasvase	-,30	-,20	
2838	70 Pf	Zierglas	2,60	2,–	
		Satz (4 W.)	3,50	2,50	5,–

1983, 22. Nov. Olympische Winterspiele 1984, Sarajevo. [43×26, 82×57]

2839	10+ 5 Pf	Rennrodeln .	-,30	-,20	
2840	20+10 Pf	Nordische Kombination .	-,30	-,20	
2841	25 Pf	Skilanglauf ..	-,30	-,20	
2842	35 Pf	Biathlon	2,–	1,30	
		Satz (4 W.) ..	2,80	1,80	3,70

Blockausgabe.

			✱✱	Ⓢ	FDC
2843	85 Pf	Olympisches Zentrum	1,50	1,50	
		Block 74 (82×57 mm)	2,20	2,–	15,–

✱✱ = ungebraucht mit Originalgummierung (postfrisch)

⊘ = Entwertung zu philatelistischen Zwecken

Ⓢ = ausgabebezogener Sonderstempel

FDC = Ersttagsbrief (First Day Cover)

1983, 22. Nov. Blockausgabe: Neujahr 1984. [93×83, 33×27,5]

			★★	⊘	FDC
2844	10 Pf	Glückwünsche, Friedenstaube, Kleeblatt	–,30	–,20	
2845	20 Pf		–,30	–,20	
2846	25 Pf		–,50	–,40	
2847	35 Pf		–,70	–,60	
		Block 75 (93×83 mm)	2,20	2,20	20,–

1984, 10. Jan. 100 Jahre Jenaer Glas. [26×43]

			★★	⊘	FDC
2848	20 Pf	Dr. Otto Schott (1851–1935)	–,50	–,30	3,–

1984, 24. Jan. Persönlichkeiten der deutschen Arbeiterbewegung. [27,5×33]

			★★	⊘	FDC
2849	10 Pf	Friedrich Ebert (1894–1979)	–,30	–,20	
2850	10 Pf	Fritz Große (1904–1957)	–,30	–,20	
2851	10 Pf	Albert Norden (1904–1982)	–,30	–,20	
		Satz (3 W.)	–,60	–,50	1,50

1984, 24. Jan. Blockausgabe: 175. Geburtstag des Komponisten Felix Mendelssohn Bartholdy (1809 bis 1847). [83×57, 27,5×33]

			★★	ⓢ	FDC
2852	85 Pf	F. Mendelssohn Bartholdy	1,20	1,20	
		Block 76 (83×57 mm)	1,40	1,40	15,–

1984, 7. Febr. Postmeilensäulen. [26×43]

			★★	⊘	FDC
2853	10 Pf	....	–,30	–,20	
2854	20 Pf	....	–,40	–,30	
2855	35 Pf	....	–,50	–,40	
2856	85 Pf	....	1,–	1,–	
		Satz (4 W.)	2,–	1,80	4,80

1984, 21. Febr. Stadtwappen. [22×26]

			★★	⊘	FDC
2857	50 Pf	Gera	–,60	–,50	
2858	50 Pf	Halle	–,60	–,50	
2859	50 Pf	Chemnitz (Karl-Marx-Stadt)	–,60	–,50	
2860	50 Pf	Leipzig	–,60	–,50	
2861	50 Pf	Magdeburg	1,–	1,–	
		Satz (5 W.)	3,40	3,–	6,–

1984, 6. März. Leipziger Frühjahrsmesse. [43×26]

			★★	⊘	FDC
2862	10 Pf	Altes Rathaus, Leipzig	–,30	–,20	
2863	25 Pf	Fertigungslinie für Karosserieblechteile	–,40	–,30	
		Satz (2 W.)	–,60	–,40	1,50

1984, 20. März. Schmalspurbahnen in der DDR. [108×26, 43×26]

			✶✶	⊘	FDC
2864	30 Pf	Cranzahl-Kurort Oberwiesenthal . .	–,30	–,30	
2865	40 Pf	Selketalbahn	–,40	–,40	
2866	60 Pf	Selketalbahn	–,50	–,50	
2867	80 Pf	Cranzahl-Kurort Oberwiesenthal . .	–,80	–,80	
		Satz (4 W.)	2,–	2,–	
		2 Dreierstreifen . .	4,–	3,–	8,–

1984, 10. April. Flugpostmarken. [22×26]

2868	3 M	schwärzl'gelbbraun/ schwarz	3,50	2,–	8,–

1984, 24. April. Generalversammlung der Internationalen Gesellschaft für Denkmalpflege (ICOMOS), Rostock und Dresden. [43×26, 26×43]

2869	10 Pf	Rathaus, Rostock	–,30	–,20	
2870	15 Pf	Albrechtsburg, Meißen	–,30	–,20	
2871	40 Pf	Steintor, Rostock	–,60	–,40	
2872	85 Pf	Stallhof, Dresden	1,50	1,30	
		Satz (4 W.)	2,50	2,–	4,80

1984, 8. Mai. Tagung der Ständigen Kommission des Rates für gegenseitige Wirtschaftshilfe für das Post- und Fernmeldewesen, Krakau. [26×43]

2873	70 Pf	Kommunikations- mittel	–,90	–,40	2,50

1984, 22. Mai. Kunstguss aus Lauchhammer. [26×43]

			✶✶	⊘	FDC
2874	20 Pf	Durchbrochene Schale (19. Jh.) . .	–,30	–,20	
2875	85 Pf	Aufsteigender (Fr. Cremer)	1,10	1,10	
		Satz (2 W.)	1,40	1,30	2,50

1984, 5. Juni. Theaterpuppen. [26×43]

2876	50 Pf	Marionettenkasper	–,70	–,70	
2877	80 Pf	Handpuppenkasper	1,20	1,20	
		Satz (2 W.)	1,80	1,80	3,50

1984, 5. Juni. Nationales Jugendfestival, Berlin. [108×26, 43×26]

2878	10+5 Pf	Demonstrations- zug	–,30	–,20	
2879	20 Pf	Jugendliche Bauarbeiter . . .	–,30	–,30	
		Dreierstreifen .	1,50	–,80	2,–

1984, 19. Juni. Arbeiterfestspiele der DDR, Bezirk Gera. [108×26, 43×26]

2880	10 Pf	Gebäude, Bezirk Gera	–,30	–,20	
2881	20 Pf	Trachtenpaar, Industriebauten . .	–,30	–,30	
		Dreierstreifen . . .	1,20	–,80	1,30

1984, 3. Juli. Nationale Briefmarkenausstellung DDR '84, Halle. [27,5×33]

			★★	⊘	FDC
2882	10+5 Pf	Salzträger	-,30	-,20	
2883	20 Pf	Hallore mit Braut	-,40	-,30	
		Satz (2 W.)	-,60	-,40	1,50

1984, 7. Aug. Historische Zunftsiegel. [55×66, 27,5×33]

2884	5 Pf	Bäcker, Berlin ...	-,40	-,20	
2885	10 Pf	Wollweber, Berlin	-,70	-,40	
2886	20 Pf	Wollweber, Cölln .	1,30	-,50	
2887	35 Pf	Schuster, Cölln ..	2,20	2,–	
		Satz (4 W.)	4,50	3,–	
		Viererblock	6,–	4,–	7,–

1984, 21. Aug. 35 Jahre Deutsche Demokratische Republik (I). [80×55, 33×27,5]

2888	10 Pf	Wohngebäude ..	-,30	-,20	
2889	20 Pf	Braunkohlenbagger, Mikrochip	-,40	-,40	
		Satz (2 W.)	-,60	-,50	1,20

Blockausgabe.

			★★	Ⓢ	FDC
2890	1 M	Staatsratsgebäude, Berlin	1,–	1,–	
		Block 77 (80×55 mm)	1,50	1,40	12,–

1984, 28. Aug. Leipziger Herbstmesse. [26×43]

			★★	⊘	FDC
2891	10 Pf	Fregehaus	-,30	-,20	
2892	25 Pf	Bleikristalldose ..	-,40	-,30	
		Satz (2 W.)	-,60	-,40	1,–

1984, 11. Sept. 35 Jahre Deutsche Demokratische Republik (II). [65×26, 110×90, 55×33]

2893	10 Pf	Eisenhüttenkombinat Ost ...	-,30	-,20	
2894	20 Pf	Waffenbrüderschaft	-,30	-,30	
2895	25 Pf	Petrolchemisches Kombinat Schwedt	-,40	-,30	
		Satz (3 W.)	-,90	-,80	1,80

Blockausgabe.

			★★	Ⓢ	FDC
2896	1 M	Wohnungsneubauten, Familie ..	1,–	1,–	
		Block 78 (110×90 mm) ...	1,80	1,80	12,–

1984, 18. Sept. Internationale Mahn- und Gedenkstätten. [55×33]

			✱✱	⊘	FDC
2897	35 Pf	Widerstandskämpfer (Plastik), Dresden .	–,90	–,40	2,–

1984, 4. Okt. 35 Jahre Deutsche Demokratische Republik (III). [55×33, 108×88, 33×55]

			✱✱	⊘	FDC
2898	10 Pf	Bauwesen	–,30	–,20	
2899	20 Pf	Landesverteidigung	–,30	–,20	
2900	25 Pf	Industrie	–,40	–,30	
2901	35 Pf	Landwirtschaft ..	–,50	–,50	
		Satz (4 W.)	1,40	1,20	2,80

Blockausgabe.

			✱✱	Ⓢ	FDC
2902	1 M	Friedenstaube, Staatswappen ...	1,–	1,10	
		Block 79 (108×88 mm) ...	1,40	1,40	12,–

1984, 4. Okt. Briefmarkenausstellung der Jugend, Magdeburg. [108×26, 43×26]

			✱✱	⊘	FDC
2903	10+5 Pf	Magdeburg (um 1551)	–,30	–,30	
2904	20 Pf	Historische u. moderne Gebäude	–,30	–,30	
		Dreierstreifen .	1,40	1,–	1,80

1984, 23. Okt. Grünes Gewölbe Dresden: Kunstwerke von B. Permoser (1651–1732). [26×43, 145×115]

			✱✱	⊘	FDC
2905	10 Pf	Der Frühling	–,30	–,20	
2906	20 Pf	Der Sommer			
I		RaTdr.	–,30	–,20	
II		Odr.	–,40	–,40	
2907	35 Pf	Der Herbst	–,50	–,50	
2908	70 Pf	Der Winter	1,–	1,–	
		Satz (4 W.)	2,–	1,80	4,–
		Kleinbogen mit MiNr. 2906 II ...	3,20	3,20	25,–

1984, 23. Okt. Internationale Solidarität. [27,5×33]

			✱✱	⊘	FDC
2909	10+5 Pf	Verschlungene Seile	–,50	–,30	–,70

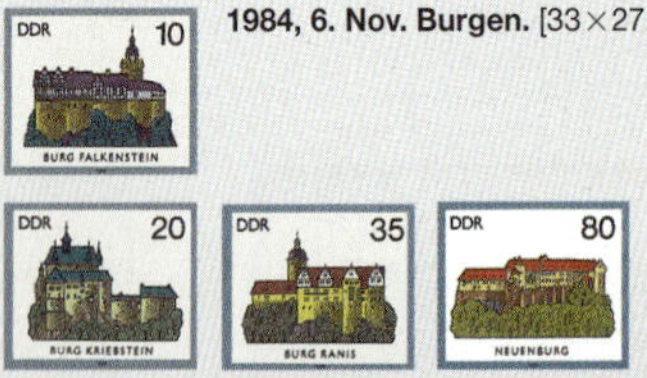

1984, 6. Nov. Burgen. [33×27,5]

			✱✱	⊘	FDC
2910	10 Pf	Falkenstein (12. Jh.)	–,30	–,20	
2911	20 Pf	Kriebstein (12. Jh.)	–,30	–,20	
2912	35 Pf	Ranis (11. Jh.) ...	–,80	–,60	
2913	80 Pf	Neuenburg (11. Jh.)	1,20	1,–	
		Satz (4 W.)	2,50	2,–	4,50

1984, 27. Nov. Märchen: Von der toten Zarentochter und den 7 Recken. [108×116, 36×29]

			★★	⊘	FDC
2914	5 Pf		–,50	–,30	
2915	10 Pf		–,50	–,30	
2916	15 Pf	Szenen aus dem Märchen von . .	3,50	2,–	
2917	20 Pf	A. S. Puschkin (1799–1837) . .	3,50	2,–	
2918	35 Pf		–,50	–,30	
2919	50 Pf		–,50	–,30	
		Satz (6 W.)	9,–	5,–	
		Kleinbogen	13,–	6,–	25,–

1985, 8. Jan. Persönlichkeiten der deutschen Arbeiterbewegung. [27,5×33]

			★★	⊘	FDC
2920	10 Pf	Anton Ackermann (1905–1973)	–,30	–,20	
2921	10 Pf	Alfred Kurella (1895–1975)	–,30	–,20	
2922	10 Pf	Otto Schön (1905–1968)	–,30	–,20	
		Satz (3 W.)	–,50	–,40	1,50

1985, 22. Jan. Rennrodel-Weltmeisterschaften, Oberhof. [43×26]

			★★	⊘	FDC
2923	10 Pf	Einsitzer	–,40	–,20	–,60

1985, 5. Febr. Historische Briefkästen. [55×66, 27,5×33]

			★★	⊘	FDC
2924	10 Pf	(um 1850)	–,30	–,30	
2925	20 Pf	(um 1860)	–,30	–,30	
2926	35 Pf	(um 1900)	–,40	–,40	
2927	50 Pf	(um 1920)	–,60	–,60	
		Satz (4 W.)	1,40	1,40	2,50
		Viererblock	1,80	2,50	4,–

1985, 12. Febr. Blockausgabe: Wiedereröffnung der Semperoper, Dresden. [57×80, 43×26]

			★★	ⓢ	FDC
2928	85 Pf	Semperoper	1,10	1,10	
		Block 80 (57×80 mm)	1,30	1,60	15,–

1985, 5. März. Leipziger Frühjahrsmesse. [27,5×33]

			★★	⊘	FDC
2929	10 Pf	Bach-Denkmal, Leipzig	–,20	–,20	
2930	25 Pf	Kanne (Meissener Porzellan)	–,40	–,30	
		Satz (2 W.)	–,60	–,40	–,80

1985, 19. März. Blockausgabe: 300. Geburtstag von Johann Sebastian Bach und Georg Friedrich Händel; 400. Geburtstag von Heinrich Schütz. [90×115, 22×26, 65×26]

			✶✶	Ⓢ	FDC
2931	10 Pf	J. S. Bach (1685–1750)	–,80	–,70	
2932	20 Pf	G. F. Händel (1685–1759)	–,80	–,70	
2933	85 Pf	H. Schütz (1585–1672)	1,–	1,–	
		Block 81 (90×115 mm) ...	2,80	3,–	15,–

1985, 9. April. Stadtwappen. [22×26]

			✶✶	⊘	FDC
2934	50 Pf	Neubrandenburg	–,60	–,50	
2935	50 Pf	Potsdam	–,60	–,50	
2936	50 Pf	Rostock	–,60	–,50	
2937	50 Pf	Schwerin	–,60	–,50	
2938	50 Pf	Suhl	1,–	1,–	
		Satz (5 W.)	3,20	3,–	5,–

1985, 16. April. Internationale Mahn- und Gedenkstätten. [26×43]

2939	35 Pf	Ehrenmal auf den Seelower Höhen .	–,60	–,40	–,80

1985, 23. April. 100. Geburtstag des Journalisten und Schriftstellers Egon Erwin Kisch (1885–1948). [65×26, 43×26]

			✶✶	⊘	FDC
2940	35 Pf	E. E. Kisch	–,40	–,30	
		Zusammendruck	–,60	–,50	1,20

1985, 7. Mai. 40. Jahrestag der Befreiung vom Faschismus. [33×55]

2941	10 Pf	Weltraumflug UdSSR–DDR ...	–,30	–,30	
2942	20 Pf	Kohle und Energie	–,30	–,30	
2943	25 Pf	Sozialistische Landwirtschaft ..	–,30	–,30	
2944	50 Pf	Wissenschaft und Technik	–,60	–,70	
		Satz (4 W.)	1,40	1,50	2,20

Blockausgabe [55×80, 26×43]

			✶✶	Ⓢ	FDC
2945	1 M	Ehrenmal Berlin-Treptow	1,20	1,20	
		Block 82 (55×80 mm)	1,50	1,50	12,–

1985, 14. Mai. 30 Jahre Warschauer Vertrag. [65×26]

		✱✱	⊘	FDC
2946	20 Pf Wort FRIEDEN aus Flaggen gebildet .	–,50	–,30	–,80

1985, 21. Mai. Parlament der Freien Deutschen Jugend (FDJ), Berlin. [108×26, 43×26]

2947	10+5 Pf Historische und moderne Bauten in Berlin	–,30	–,20	
2948	20 Pf Ernst Thälmann, Fahnen	–,30	–,20	
	Satz (2 W.)	–,60	–,40	
	Dreierstreifen .	–,80	–,80	1,–

1985, 28. Mai. Session des Internationalen Olympischen Komitees (IOC), Berlin. [55×33, 27,5×33]

2949	35 Pf Olympia-Flagge .	–,70	–,30	
	Zusammendruck .	1,30	1,–	2,50
	ETB 1/1985		9,–	

1985, 28. Mai. Internationale Solidarität. [33×27,5]

2950	10+5 Pf Weltkarte, Friedenstaube	–,40	–,20	–,60

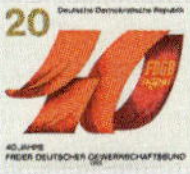

1985, 11. Juni. 40 Jahre Freier Deutscher Gewerkschaftsbund (FDGB). [33×27,5]

2951	20 Pf Zahl 40	–,40	–,20	–,60

1985, 25. Juni. Vom Aussterben bedrohte Tiere. [27,5×33]

		✱✱	⊘	FDC
2952	5 Pf Harpyie	–,30	–,20	
2953	10 Pf Rothalsgans	–,30	–,20	
2954	20 Pf Brillenbär	–,30	–,20	
2955	50 Pf Banteng	–,60	–,50	
2956	85 Pf Sunda-Gavial . . .	1,20	1,20	
	Satz (5 W.)	2,50	2,20	3,20

1985, 9. Juli. Technische Denkmale: Dampfmaschinen. [26×43, 43×26]

2957	10 Pf Bock-Dampfmaschine (1833) .	–,30	–,20	
2958	85 Pf Balancier-Dampfmaschine (1848) .	1,10	1,–	
	Satz (2 W.)	1,30	1,20	2,–

1985, 23. Juli. Weltfestspiele der Jugend und Studenten, Moskau. [108×26, 43×26]

2959	20+5 Pf FDJ-Mitglied und asiatische Studenten	–,30	–,30	
2960	50 Pf Demonstrierende Jugendliche . .	–,50	–,50	
	Satz (2 W.)	–,80	–,80	
	Dreierstreifen .	1,30	1,20	2,50

1985, 13. Aug. Weltmeisterschaft im Orientierungstauchen, Neuglobsow. [65×26]

2961	10 Pf Taucher an Boje .	–,30	–,30	
2962	70 Pf Streckentaucher .	1,–	1,–	
	Satz (2 W.)	1,20	1,20	1,80

1985, 27. Aug. Leipziger Herbstmesse. [26×43]

			★★	⊘	FDC
2963	10 Pf	Bosehaus	–,30	–,20	
2964	25 Pf	Bachtrompete ...	–,50	–,30	
		Satz (2 W.)	–,70	–,40	–,60

1985, 10. Sept. Internationale Briefmarkenausstellung SOZPHILEX '85, Berlin. [43×26, 21,5×26]

2965	5 Pf	Personenpostwagen	–,30	–,30	
2966	20+5 Pf	Pferdegespann	–,30	–,30	
		Satz (2 W.) ...	–,50	–,50	
		Zusammendruck	–,70	–,70	1,–

1985, 10. Sept. Flugpostmarken. [22×26]

2967	5 M	rot/schwarz	5,–	1,80	8,–

1985, 24. Sept. Eisenbahnwesen. [26×43]

2968	20 Pf	Stellwerk	–,30	–,20	
2969	25 Pf	Lokomotiven	–,40	–,30	
2970	50 Pf	Bau einer Oberleitung	–,80	–,70	
2971	85 Pf	Hauptbahnhof Leipzig	1,20	1,20	
		Satz (4 W.)	2,60	2,40	3,40

1985, 8. Okt. Historische Brücken in Berlin. [43×26]

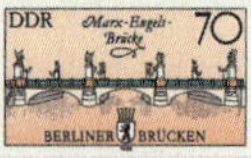

			★★	⊘	FDC
2972	10 Pf	Gertraudenbrücke	–,30	–,30	
2973	20 Pf	Jungfernbrücke			
I		RaTdr.	–,30	–,30	
II		Odr.	–,50	–,50	
2974	35 Pf	Weidendammer Brücke	–,50	–,50	
2975	70 Pf	Marx-Engels-Brücke	–,80	–,80	
		Satz (4 W.)	1,80	1,80	23,–
		Kleinbogen mit MiNr. 2973 II ...	4,–	4,–	25,–

1985, 15. Okt. Burgen. [33×27,5]

2976	10 Pf	Hohnstein	–,30	–,30	
2977	20 Pf	Rochsburg	–,30	–,30	
2978	35 Pf	Schwarzenberg ..	–,40	–,40	
2979	80 Pf	Stein	1,20	1,20	
		Satz (4 W.)	2,–	2,–	2,70

1985, 22. Okt. 175 Jahre Humboldt-Universität, Berlin; 275 Jahre Charité, Berlin. [27,5×33]

2980	20 Pf	Humboldt-Universität	–,30	–,20	
2981	85 Pf	Charité-Gebäude	1,20	1,20	
		Satz (2 W.)	1,50	1,40	2,–
		ETB 2/1985		10,–	

1985, 22. Okt. 40 Jahre Vereinte Nationen (UNO). [40×40]

2982	85 Pf	UNO-Emblem ...	1,20	–,60	1,50

1985, 12. Nov. Zirkuskunst in der DDR. [66 × 110, 33 × 55]

			★★	⊘	FDC
2983	10 Pf	Elefantendressur .	–,40	–,40	
2984	20 Pf	Luftakrobatik	–,60	–,60	
2985	35 Pf	Radäquilibristik . .	1,20	1,20	
2986	50 Pf	Tigerdressur	1,80	1,80	
		Satz (4 W.)	4,–	4,–	
		Viererblock	7,50	17,–	50,–

1985, 26. Nov. 200. Geburtstag der Germanisten und Märchenforscher Brüder Grimm. [108 × 116, 36 × 29]

			★★	⊘	FDC
2987	5 Pf	W. und J. Grimm .	–,30	–,20	
2988	10 Pf	„Das tapfere Schneiderlein“ . . .	–,30	–,20	
2989	20 Pf	„Hans im Glück“ .	–,70	1,70	
2990	25 Pf	„Der gestiefelte Kater“	–,70	1,70	
2991	35 Pf	„Die sieben Raben“	–,30	–,20	
2992	85 Pf	„Der süße Brei“ . .	–,30	–,20	
		Satz (6 W.)	2,50	4,–	
		Kleinbogen	3,60	9,–	20,–
		ETB 3/1985		11,–	

1986, 21. Jan. Denkmale der Wasserwirtschaft. [27,5 × 33]

			★★	⊘	FDC
2993	10 Pf	Pumpe, Berlin (um 1900)	–,30	–,20	
2994	35 Pf	Wasserturm, Berlin (1906)	–,40	–,30	
2995	50 Pf	Wasserwerk, Berlin (1893)	–,70	–,70	
2996	70 Pf	Rappbodetalsperre (1959)	–,90	–,90	
		Satz (4 W.)	2,20	2,–	4,–
		ETB 1/1986		11,–	

1986, 4. Febr. Historische Postuniformen. [52 × 86, 26 × 43]

			★★	⊘	FDC
2997 I	10 Pf	RaTdr.	–,30	–,20	
2998 I	20 Pf	RaTdr.	–,50	–,30	
2999 I	85 Pf	RaTdr.	1,40	1,30	
3000 I	1 M	RaTdr.	1,80	1,80	
		Satz (4 W.)	4,–	3,50	6,–
2997 II	10 Pf	Odr.	–,30	–,20	
2998 II	20 Pf	Odr.	–,40	–,30	
2999 II	85 Pf	Odr.	1,40	1,30	
3000 II	1 M	Odr.	1,80	1,80	
		Satz (4 W.)	3,80	3,50	
		Viererblock	4,50	4,–	6,–

1986, 18. Febr. 30 Jahre Nationale Volksarmee. [65 × 26, 43 × 26]

			★★	⊘	FDC
3001	20 Pf	Truppenfahne . . .	–,70	–,40	
		Zusammendruck .	1,–	–,60	1,50

1986, 18. Febr. 40 Jahre Freie Deutsche Jugend. [33×27,5]

			✱✱	⊘	FDC
3002	20 Pf	FDJ-Fahne	–,50	–,40	–,70

1986, 11. März. Leipziger Frühjahrsmesse. [43×26]

3003	35 Pf	Ausstellungshallen, Messeemblem ..	–,40	–,30	
3004	50 Pf	Fabriktrawler „Atlantik 488"	–,60	–,50	
		Satz (2 W.)	1,–	–,80	1,20

1986, 25. März. 25 Jahre bemannter Weltraumflug. [110×66, 55×33]

3005	40 Pf	J. Gagarin	–,40	–,60	
3006	50 Pf	W. Bykowski, S. Jähn	–,50	–,60	
3007	70 Pf	Raumsonde „Venera"	–,70	–,80	
3008	85 Pf	Kamera, Orbitalstation, Erdaufnahme	–,90	1,–	
		Satz (4 W.)	2,50	3,–	
		Viererblock	4,–	5,50	40,–

1986, 8. April. Parteitag der SED. [36×29, 80×55, 29×36]

			✱✱	⊘	FDC
3009	10 Pf	K. Marx, F. Engels, W. I. Lenin	–,30	–,30	
3010	20 Pf	E. Thälmann	–,30	–,30	
3011	50 Pf	W. Pieck, O. Grotewohl	–,60	–,60	
3012	85 Pf	Junge Familie ...	1,20	1,20	
		Satz (4 W.)	2,20	2,20	3,20

Blockausgabe.

			✱✱	Ⓢ	FDC
3013	1 M	Bauarbeiter	1,20	1,30	
		Block 83 (80×55 mm)	1,40	1,60	10,–

1986, 15. April. Übergabe des Ernst-Thälmann-Parks, Berlin. [27,5×33]

			✱✱	⊘	FDC
3014	20 Pf	Ernst-Thälmann-Denkmal	–,50	–,40	–,70

1986, 20. Mai. Technische Denkmale: Historische Straßenbahnen. [43×26]

3015	10 Pf	Dresdner Pferdebahn (1886)	–,30	–,30	
3016	20 Pf	Leipziger Straßenbahn (1896)	–,30	–,30	
3017	40 Pf	Berliner Straßenbahn (1910)	–,70	–,80	
3018	70 Pf	Hallesche Straßenbahn (1928)	1,–	1,–	
		Satz (4 W.)	2,–	2,20	2,80

1986, 27. Mai. 125 Jahre Dresdner Zoo. [27,5×33]

			✱✱	⊘	FDC
3019	10 Pf	Orang-Utan	–,30	–,20	
3020	20 Pf	Guereza	–,50	–,40	
3021	50 Pf	Mandrill	1,–	1,–	
3022	70 Pf	Katta	1,20	1,20	
		Satz (4 W.)	3,–	2,80	4,–

1986, 3. Juni. 750 Jahre Berlin. [26×43, 43×26, 55×80]

			✱✱	⊘	FDC
3023	10 Pf	Ältestes Stadtsiegel (1253)	–,30	–,20	
3024	20 Pf	Ältester Stadtplan (um 1648)	–,60	–,30	
3025	50 Pf	Ältestes Stadtwappen (um 1280)	1,20	–,80	
3026	70 Pf	Nicolaikirche (um 1832)	2,–	1,30	
		Satz (4 W.)	4,–	2,50	4,–

Blockausgabe.

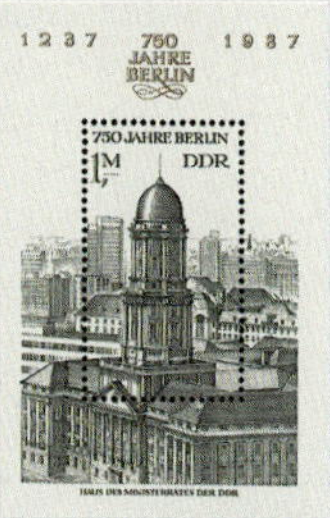

			✱✱	Ⓢ	FDC
3027	1 M	Haus des Ministerrates der DDR	1,50	1,50	
		Block 84 (55×80 mm)	1,60	1,80	10,–
		ETB 2/1986		25,–	

1986, 17. Juni. Arbeiterfestspiele der DDR, Bezirk Magdeburg. [108×26, 43×26]

			✱✱	⊘	FDC
3028	20 Pf	Trachtenpaar	–,40	–,40	
3029	50 Pf	Elbhafen, Magdeburg	–,40	–,40	
		Satz (2 W.)	–,80	–,80	
		Dreierstreifen ...	1,30	1,30	2,50

1986, 22. Juli. Briefmarkenausstellung der Jugend, Berlin. [108×26, 43×26]

3030	10+5 Pf	Berlin (um 1652)	–,30	–,30	
3031	20 Pf	Historische und moderne Gebäude in Berlin	–,30	–,30	
		Satz (2 W.)	–,60	–,60	
		Dreierstreifen .	–,80	1,–	2,–

1986, 29. Juli. Schlösser. [43×26]

 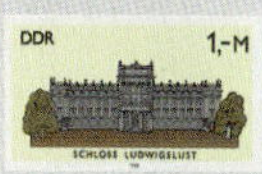

3032	10 Pf	Schloss Schwerin	–,30	–,20	
3033	20 Pf	Schloss Güstrow	–,30	–,20	
3034	85 Pf	Schloss Rheinsberg	1,10	1,10	
3035	1 M	Schloss Ludwigslust	1,50	1,50	
		Satz (4 W.)	3,–	2,80	5,–
		Kleinbogen mit MiNr. 3032	–,80	–,80	11,–
		Kleinbogen mit MiNr. 3033	1,40	1,40	11,–
		Satz (2 Klb.)	2,20	2,20	

1986, 5. Aug. Internationales Jahr des Friedens. [40×40]

3036	35 Pf	Friedenstauben ..	–,70	–,50	1,30
		ETB 3/1986		10,–	

1986, 5. Aug. 25 Jahre Berliner Mauer. [51×21,5]

			★★	⊘	FDC
3037	20 Pf	Kampfgruppenmitglieder, Brandenburger Tor	1,20	–,70	5,–

1986, 19. Aug. Blockausgabe: Leipziger Herbstmesse. [82×57, 27,5×33]

			★★	Ⓢ	FDC
3038	25 Pf	Ring-Messehaus .	–,30	–,30	
3039	85 Pf	Marktszene	1,–	1,–	
		Block 85 (82×57 mm)	1,60	1,60	8,–

1986, 2. Sept. Historische Münzen: Städtetaler. [40×40]

			★★	⊘	FDC
3040	10 Pf	Stadttaler Rostock (1637)	–,30	–,20	
3041	35 Pf	Stadttaler Nordhausen (1660) . . .	–,40	–,30	
3042	50 Pf	Stadttaler Erfurt (1633)	–,60	–,50	
3043	85 Pf	Stadttaler Magdeburg (1638)	1,–	1,–	
3044	1 M	Stadttaler Stralsund (1622)	1,40	1,40	
		Satz (5 W.)	3,50	3,40	6,–

1986, 2. Sept. Weltmeisterschaften im Sportschießen, Suhl. [27,5×33]

			★★	⊘	FDC
3045	20 Pf	Gewehrschießen .	–,30	–,20	
3046	70 Pf	Pistolenschießen	1,–	–,90	
3047	85 Pf	Skeetschießen . .	1,20	1,10	
		Satz (3 W.)	2,50	2,20	3,–

1986, 9. Sept. 40 Jahre Grenztruppen der DDR. [26×43]

3048	20 Pf	Soldat, Grenzpfahl	1,–	–,70	2,–

1986, 9. Sept. Weltgewerkschaftskongress, Berlin. [52×43, 26×43]

3049	70 Pf	Weltkugeln	–,70	–,70	
		Zusammendruck	1,20	1,–	2,–

1986, 11. Sept. 50. Jahrestag der Formierung der Internationalen Brigaden in Spanien. [33×27,5]

3050	20 Pf	Interbrigadisten-Denkmal	–,50	–,30	–,70

1986, 23. Sept. Internationale Mahn- und Gedenkstätten: 25 Jahre Mahn- und Gedenkstätte Sachsenhausen. [33×55]

3051	35 Pf	Figurengruppe . .	–,60	–,40	1,20

1986, 23. Sept. Eröffnung der Eisenbahnfährverbindung Mukran (DDR)–Klaipeda (UdSSR). [86×26, 43×26]

			★★	⊘	FDC
3052	50 Pf	Fährbrücke	–,50	–,50	
3053	50 Pf	Fährschiff	–,50	–,50	
		Satz (2 W.)	1,–	1,–	
		Zusammendruck	1,70	1,70	2,50

1986, 4. Nov. Internationale Solidarität. [43×26]

			★★	⊘	FDC
3054	10+5 Pf	Entwicklungshilfe	–,40	–,30	–,70

1986, 4. Nov. Blockausgabe: 200. Geburtstag des Komponisten Carl Maria von Weber (1786–1826). [83×57, 27,5×33]

			★★	Ⓢ	FDC
3055	85 Pf	C. M. von Weber .	1,10	1,10	
		Block 86 (83×57 mm)	1,50	1,40	12,–

1986, 18. Nov. 69. Geburtstag der indischen Politikerin Indira Gandhi (1917–1984). [33×27,5]

			★★	⊘	FDC
3056	10 Pf	I. Gandhi	–,40	–,20	–,60

1986, 18. Nov. Erzgebirgische Schwibbogen. [99×110, 33×27,5]

			★★	⊘	FDC
3057	10 Pf	....	–,30	–,20	
3058	20 Pf	....	–,30	–,20	
3059	25 Pf	....	–,70	–,70	
3060	35 Pf	....	–,70	–,70	
3061	40 Pf	....	–,30	–,20	
3062	85 Pf	....	–,30	–,20	
		Satz (6 W.)	2,50	2,20	
		Kleinbogen	3,–	3,60	15,–

1987, 20. Jan. Historische Denkmale: Rolandsäulen. [26×43]

			★★	⊘	FDC
3063	10 Pf	Stendal (1525) ...	–,30	–,20	
3064	20 Pf	Halle (1719)	–,30	–,20	
3065	35 Pf	Brandenburg (1474)	–,40	–,30	
3066	50 Pf	Quedlinburg (1460)	–,70	–,70	
		Satz (4 W.)	1,50	1,40	2,20

1987, 3. Febr. Historische Postgebäude. [86×52, 43×26]

			★★	⊘	FDC
3067	10 Pf	Postamt Freiberg	–,30	–,30	
3068	20 Pf	Postamt Perleberg 1	–,30	–,30	
3069	70 Pf	Postamt Weimar	–,70	–,70	
3070	1,20 M	Postamt Kirschau	1,40	1,40	
		Satz (4 W.)	2,50	2,50	4,20
		Viererblock	3,–	3,–	5,–

1987, 17. Febr. 750 Jahre Berlin. [26×43, 43×26, 76×108, 109×78]

			★★	⊘	FDC
3071	20 Pf	Palais Ephraim ..	–,30	–,20	
3072	35 Pf	Alt-Marzahn, Neubauten	–,50	–,30	
3073	70 Pf	Marx-Engels-Forum	1,–	–,90	
3074	85 Pf	Friedrichstadtpalast	1,50	1,30	
		Satz (4 W.)	3,20	2,50	5,–
3075	10 Pf	Palais Ephraim ...	–,30	–,40	
3076	10 Pf	Alt-Marzahn, Neubauten	–,30	–,40	
3077	20 Pf	Marx-Engels-Forum	–,30	–,40	
3078	20 Pf	Friedrichstadtpalast	–,30	–,40	
		Satz (4 W.)	1,–	1,50	
		Kleinbogen mit MiNr. 3075	1,20	1,60	*10,–*
		Kleinbogen mit MiNr. 3076	1,20	1,60	*10,–*
		Kleinbogen mit MiNr. 3077	1,50	1,80	*10,–*
		Kleinbogen mit MiNr. 3078	1,50	1,80	*10,–*
		Satz (4 Kleinbogen)	5,–	6,50	

1987, 3. März. 40 Jahre Demokratischer Frauenbund Deutschlands (DFD); Bundeskongress, Berlin. [29×29]

			★★	⊘	FDC
3079	10 Pf	Frauenkopf	–,40	–,40	1,–

1987, 10. März. Leipziger Frühjahrsmesse. [43×26]

			★★	⊘	FDC
3080	35 Pf	Messehalle 20 ...	–,40	–,30	
3081	50 Pf	Händler am Markt (um 1804)	–,80	–,80	
		Satz (2 W.)	1,20	1,10	1,60

1987, 24. März. Persönlichkeiten der deutschen Arbeiterbewegung. [27,5×33]

			★★	⊘	FDC
3082	10 Pf	Fritz Gäbler (1897–1974)	–,30	–,20	
3083	10 Pf	Robert Siewert (1887–1973)	–,30	–,20	
3084	10 Pf	Walter Vesper (1897–1978)	–,30	–,20	
3085	10 Pf	Clara Zetkin (1857–1933)	–,30	–,20	
		Satz (4 W.)	1,–	–,60	1,40

1987, 7. April. Kongress des Freien Deutschen Gewerkschaftsbundes (FDGB), Berlin. [108×26, 43×26]

			★★	⊘	FDC
3086	20 Pf	Wohnungsbau ..	–,30	–,30	
3087	50 Pf	Technologie	–,60	–,60	
		Satz (2 W.)	–,80	–,80	
		Dreierstreifen ...	1,20	1,80	3,–

1987, 7. April. Kongress des Deutschen Roten Kreuzes der DDR, Dresden. [43×26]

			★★	⊘	FDC
3088	35 Pf	DRK-Fahne, Friedenstaube ...	–,60	–,40	–,60

1987, 7. April. 75 Jahre Deutsches Hygiene-Museum, Dresden. [33×27,5]

			★★	⊘	FDC
3089	85 Pf	K. A. Lingner (1861–1916), Museum	1,10	1,–	1,50

1987, 21. April. 35 Jahre Landwirtschaftliche Produktionsgenossenschaften (LPG). [43×26]

			★★	⊘	FDC
3090	20 Pf	Maschinen, Pflug	–,50	–,40	–,70

1987, 5. Mai. Bedeutende Persönlichkeiten. [43×26]

			★★	⊘	FDC
3091	10 Pf	Ludwig Uhland (1787–1862)	–,30	–,30	
3092	20 Pf	Arnold Zweig (1887–1968)	–,30	–,30	
3093	35 Pf	Gerhart Hauptmann (1862–1946)	–,50	–,50	
3094	50 Pf	Gustav Hertz (1887–1975)	–,80	–,80	
		Satz (4 W.)	1,80	1,80	3,–

1987, 19. Mai/1988, 29. Nov. Süßwasserfische. [43×26]

			★★	⊘	FDC
3095	5 Pf	Blei	–,30	–,20	
3096	10 Pf	Bachforelle			
I		mit Jahreszahl 1987	–,30	–,30	
II		ohne Jahreszahl (MH) (1988)	–,30	–,30	
3097	20 Pf	Wels	–,30	–,20	
3098	35 Pf	Äsche	–,50	–,50	
3099	50 Pf	Barbe	–,70	–,50	
3100	70 Pf	Hecht	1,–	1,–	
		Satz (6 W., ohne 3096 II)	3,–	2,50	4,–
		Kleinbogen mit MiNr. 3096 I	1,20	1,20	6,50
		Kleinbogen mit MiNr. 3097 I	1,20	1,20	6,50

1987, 16. Juni. Feuerwehren: Löschfahrzeuge. [86×52, 43×26]

			★★	⊘	FDC
3101	10 Pf	Handdruckspritze (1756)	–,30	–,30	
3102	25 Pf	Dampfspritze (1903)	–,30	–,30	
3103	40 Pf	Löschfahrzeug Lf 15 (1919)	–,60	–,60	
3104	70 Pf	Löschfahrzeug Lf 16-TS 8 (1971) .	1,–	1,–	
		Satz (4 W.)	2,–	2,–	3,50
		Viererblock	2,80	2,80	4,50

1987, 16. Juni. Internationale Solidarität: Kampf gegen Apartheid. [33×27,5]

			★★	⊘	FDC
3105	10+5 Pf	Afrikanerin mit Kind	–,40	–,30	–,70

1987, 7. Juli. Blockausgabe: 100 Jahre Esperanto. [55×80, 27,5×33]

			★★	Ⓢ	FDC
3106	85 Pf	Ludwig Lazarus Zamenhof (1859–1917)	1,–	1,50	
		Block 87 (55×80 mm)	1,20	1,60	10,–

1987, 7. Juli. Weltweiter Naturschutz: Fischotter. [43×26]

			★★	⊘	FDC
3107	10 Pf	Fischotter, WWF-Emblem	–,30	–,20	
3108	25 Pf		–,30	–,20	
3109	35 Pf		–,50	–,40	
3110	60 Pf		1,20	1,20	
		Satz (4 W.)	2,20	2,–	3,50

1987, 21. Juli. Turn- und Sportfest; Kinder- und Jugendspartakiade, Leipzig. [43×26]

3111	5 Pf	Tauziehen	–,30	–,20	
3112	10 Pf	Handball	–,30	–,20	
3113	20+5 Pf	Weitsprung	–,30	–,20	
3114	35 Pf	Tischtennis	–,40	–,30	
3115	40 Pf	Kegeln	–,60	–,50	
3116	70 Pf	Meilenlauf	–,90	–,90	
		Satz (6 W.)	2,50	2,20	3,50

1987, 4. Aug. 35 Jahre Gesellschaft für Sport und Technik (GST). [43×26]

3117	10 Pf	Ausbildung	–,40	–,20	–,60

1987, 11. Aug. Tag der Philatelisten. [108×26, 43×26]

3118	10+5 Pf	Ehem. Hof-Postamt, Berlin (1760)	–,30	–,30	
3119	20 Pf	Wartenberg-Palais	–,30	–,30	
		Satz (2 W.)	–,40	–,60	
		Dreierstreifen	–,70	1,60	2,50

1987, 25. August. Blockausgabe: Leipziger Herbstmesse. [81×57, 27,5×33]

			★★	Ⓢ	FDC
3120	40 Pf	Historische	–,50	–,50	
3121	50 Pf	Messeszene (1804)	–,70	–,70	
		Block 88 (81×57 mm)	1,60	1,60	7,–

1987, 8. Sept. Internationale Mahn- und Gedenkstätten.

			★★	⊘	FDC
3122	35 Pf	Mahn- und Gedenkstätte Budapest	–,50	–,30	–,70

1987, 8. Sept. Blockausgabe: 750 Jahre Berlin. [80×56, 27,5×33]

			★★	Ⓢ	FDC
3123	1,35 M	Ernst-Thälmann-Denkmal	1,80	1,80	
		Block 89 80×56 mm)	2,–	2,–	11,–
		ETB 2/1987		25,–	

Die Preisnotierungen gelten für Marken in einwandfreier Qualität.

1987, 22. Sept. 10. Kunstausstellung der DDR, Dresden. [33×55]

			★★	⊘	FDC
3124	10 Pf	Weidendammbrücke (A. Mohr)	-,30	-,30	
3125	50 Pf	Sie wollten nur Lesen und Schreiben lehren (W. Sitte) ..	-,60	-,70	
3126	70 Pf	Großer trauernder Mann (W. Forster)	-,80	-,90	
3127	1 M	Schale (G. Lucke)	1,20	1,40	
		Satz (4 W.)	2,80	3,20	6,–

1987, 6. Okt. Flugpostmarken. [21,5×26]

3128	15 Pf	lebhaftviolettpurpur/ schwarz	-,30	-,20	
3129	25 Pf	dunkelolivgelb/ schwarz	-,40	-,30	
		Satz (2 W.)	-,60	-,50	1,50

1987, 27. Okt. 70. Jahrestag der Oktoberrevolution in Russland. [43×26]

3130	10 Pf	W. I. Lenin, Gebäude, Kreuzer	-,30	-,20	
3131	20 Pf	Kremlpalast, Roter Stern	-,30	-,20	
		Satz (2 W.)	-,60	-,40	-,70

1987, 3. Nov. 30 Jahre Messe der Meister von morgen. [43×26]

			★★	⊘	FDC
3132	10 Pf	Jugendlicher am Personalcomputer	-,30	-,20	
3133	20 Pf	Schweißroboter .	-,30	-,20	
		Satz (2 W.)	-,60	-,40	-,70

1987, 24. Nov. Weihnachtspyramiden aus dem Erzgebirge. [102×112, 25×43]

3134	10 Pf	Annaberg (um 1810)	-,30	-,40	
3135	20 Pf	Freiberg (um 1830)	-,70	-,80	
3136	25 Pf	Neustädtel (um 1870)	-,30	-,40	
3137	35 Pf	Schneeberg (um 1870)	-,30	-,40	
3138	40 Pf	Lößnitz (um 1880)	-,70	-,80	
3139	85 Pf	Seiffen (um 1910) .	-,30	-,40	
		Satz (6 W.)	2,50	3,–	
		Kleinbogen	3,40	4,–	15,–

1988, 19. Jan. Olympische Winterspiele, Calgary. [26×43]

3140	5 Pf	Skispringen .	-,30	-,20	
3141	10 Pf	Eisschnelllauf	-,30	-,20	
3142	20+10 Pf	Viererbob ...	-,50	-,40	
3143	35 Pf	Biathlon	-,60	-,50	
		Satz (4 W.) ...	1,70	1,30	2,–

Blockausgabe. [80×55]

			★★	ⓢ	FDC
3144	1,20 M	Rennrodeln . . .	1,80	1,50	
		Block 90 (80×55 mm) . .	2,–	1,70	12,–

1988, 2. Febr. Gebäude der Deutschen Post. [43×26]

			★★	⊘	FDC
3145	15 Pf	Postamt Berlin-Buch	–,30	–,20	
3146	20 Pf	Postmuseum der DDR, Berlin	–,50	–,20	
3147	50 Pf	Hauptpostamt Berlin-Marzahn . .	1,20	–,80	
		Satz (3 W.)	2,–	1,20	2,50

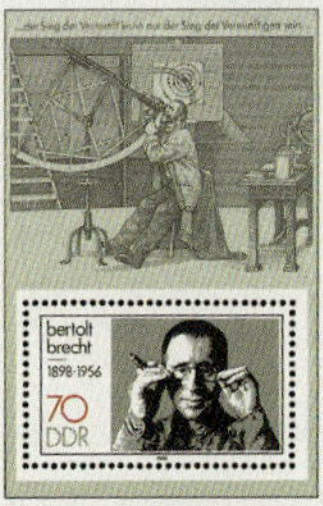

1988, 2. Febr. Blockausgabe: 90. Geburtstag von Bertolt Brecht. [57×82, 43×26]

3148	70 Pf	B. Brecht	1,10	1,–	
		Block 91 (57×82 mm)	1,30	1,80	12,–

1988, 16. Febr. Bromelien. [27,5×33]

			★★	⊘	FDC
3149	10 Pf	Tillandsia macrochlamys	–,30	–,20	
3150	25 Pf	Tillandsia bulbosa	–,30	–,20	
3151	40 Pf	Tillandsia kalmbacheri	–,50	–,50	
3152	70 Pf	Guzmania blassii	–,80	–,80	
		Satz (4 W.)	1,80	1,70	3,50

1988, 8. März. Leipziger Frühjahrsmesse: „Mädler-Passage". [26×43]

3153	20 Pf	Auerbachs Keller	–,30	–,20	
3154	70 Pf	Mephisto und Faust	1,20	–,80	
		Satz (2 W.)	1,50	1,–	2,–

1988, 8. März. Blockausgabe: 200. Geburtstag des Dichters Joseph von Eichendorff (1788–1857). [82×57, 27,5×33]

			★★	ⓢ
3155	70 Pf	J. v. Eichendorff	1,30	1,20
		Block 92 (82×57 mm)	1,60	1,40
		FDC		10,–

1988, 22. März. Historische Siegel. [55×66, 27,5×33]

			★★	⊘	FDC
3156	10 Pf	Sattler, Mühlhausen	–,30	–,30	
3157	25 Pf	Fleischer, Dresden	–,30	–,30	
3158	35 Pf	Schmiede, Nauen	–,40	–,40	
3159	50 Pf	Tuchmacher, Frankfurt/Oder 16. Jh.	–,50	–,50	
		Satz (4 W.)	1,40	1,40	2,60
		Viererblock	2,–	2,–	3,–

1988, 22. März. Antarktisforschungsstation „Georg Forster“. [43×26]

			✱✱	⊘	FDC
3160	35 Pf	Forschungsstation	–,60	–,40	1,20

1988, 5. April. Kreisstädte im Norden der DDR. [43×26]

3161	5 Pf	Wismar	–,30	–,20	
3162	10 Pf	Anklam	–,30	–,20	
3163	25 Pf	Ribnitz-Damgarten	–,30	–,20	
3164	60 Pf	Stralsund	–,70	–,60	
3165	90 Pf	Bergen	1,–	1,–	
3166	1,20 M	Greifswald	1,30	1,30	
		Satz (6 W.)	3,50	3,40	5,–

1988, 5. April. Blockausgabe: 500. Geburtstag des Humanisten Ulrich von Hutten (1488–1523). [55×80, 26×43]

			✱✱	ⓢ
3167	70 Pf	U. v. Hutten	–,90	–,90
		Block 93 (55×80 mm) ...	1,40	1,20
		FDC		10,–

1988, 7. Juni. Arbeiterfestspiele der DDR, Bezirk Frankfurt/Oder. [108×26, 43×26]

			✱✱	⊘	FDC
3168	20 Pf	Bauwerke, ...	–,30	–,30	
3169	50 Pf	Tanzgruppen	–,60	–,70	
		Satz (2 W.)	–,80	1,–	
		Dreierstreifen ...	1,40	1,20	3,–

1988, 21. Juni. 10. Jahrestag des gemeinsamen Weltraumfluges UdSSR-DDR. [55×33]

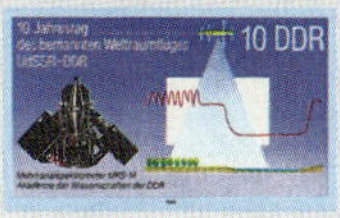

3170	5 Pf	Kosmonauten S. Jähn und W. Bykowski	–,30	–,20	
3171	10 Pf	Mehrkanalspektrometer	–,30	–,20	
3172	20 Pf	Orbitalkomplex MIR	–,30	–,30	
		Satz (3 W.)	–,80	–,70	1,80
		ETB 1/1988		10,–	

1988, 21. Juni. Briefmarkenausstellung der Jugend, Erfurt und Chemnitz. [108×26, 43×26]

3173	10+5 Pf	Erfurt um 1520	–,30	–,40	
3174	20+5 Pf	Chemnitz um 1620	–,30	–,40	
3175	25 Pf	Modernes Erfurt	–,30	–,40	
3176	50 Pf	Modernes Chemnitz	–,70	–,90	
		Satz (4 W.) ...	1,50	2,–	
		2 Dreierstreifen	2,–	4,–	5,–

1988, 5. Juli. 35 Jahre Kampfgruppen. [33×27,5]

3177	5 Pf	Vereidigung	–,30	–,20
3178	10 Pf	Ernst-Thälmann-Ehrung	–,30	–,20

			★★	⊘	FDC
3179	15 Pf	Appell	–,30	–,20	
3180	20 Pf	Waffenübergabe	–,30	–,20	
		Satz (4 W.)	1,10	–,80	1,40

1988, 19. Juli. Pioniertreffen, Chemnitz (Karl-Marx-Stadt). [108×26, 43×26]

3181	10 Pf	Gebäude, Luftballons, Friedenstauben	–,30	–,30	
3182	10+5 Pf	Pioniere, Luftballons, Friedenstauben	–,30	–,30	
		Satz (2 W.)	–,50	–,50	
		Dreierstreifen	1,50	1,50	2,50

1988, 9. Aug. Olympische Sommerspiele, Seoul. [43×26, 54×80]

3183	5 Pf	Schwimmen	–,30	–,30	
3184	10 Pf	Hallenhandball	–,30	–,30	
3185	20+10 Pf	Hürdenlauf	–,40	–,40	
3186	25 Pf	Rudern	–,40	–,40	
3187	35 Pf	Boxen	–,40	–,40	
3188	50+20 Pf	Radfahren	–,90	–,90	
		Satz (6 W.)	2,40	2,40	3,20

Blockausgabe.

			★★	⊙
3189	85 Pf	Staffellauf	1,50	1,60
		Block 94 (54×80 mm)	2,40	2,50
		FDC		12,–

1988, 30. Aug. 10. Jahrestag des gemeinsamen Weltraumfluges UdSSR-DDR. [55×33, 145×99]

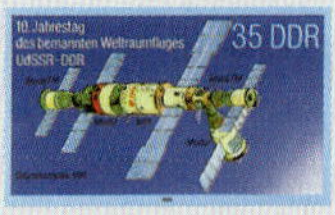

			★★	⊘	FDC
3190	10 Pf	Kosmonauten S. Jähn und W. Bykowski	–,30	–,30	
3191	20 Pf	Mehrkanalspektrometer MKS-M	–,40	–,40	
3192	35 Pf	Orbitalkomplex MIR	–,80	–,80	
		Satz (3 W.)	1,50	1,50	
		Kleinbogen mit MiNr. 3190	1,30	1,30	7,–
		Kleinbogen mit MiNr. 3191	1,70	1,70	7,–
		Kleinbogen mit MiNr. 3192	3,50	3,50	8,–
		Satz (3 Klb.)	6,50	6,50	

1988, 30. Aug. Blockausgabe: Leipziger Herbstmesse. [110×90, 27,5×33]

			✱✱	◎	FDC
3193	5 Pf	Warenkontrolle (um 1810)	-,30	-,30	
3194	15 Pf	Völkerschlacht-denkmal, Leipzig	-,30	-,40	
3195	100 Pf	Messeszene (um 1820)	1,–	1,20	
		Block 95 (110×90 mm) ..	2,50	2,20	12,–

1988, 13. Sept. Internationale Mahn- und Gedenkstätten. [55×33]

			✱✱	◎	FDC
3196	35 Pf	Denkmal in Como	-,50	-,40	-,80

1988, 13. Sept. Internationale Mahn- und Gedenkstätten: 30 Jahre Buchenwald. [55×33]

			✱✱	◎	FDC
3197	10 Pf	Denkmal	-,30	-,20	-,60

1988, 20. Sept. 500 Jahre Schiffer-Compagnie, Stralsund. [35,5×35,5]

			✱✱	◎	FDC
3198	5 Pf	Brigg „Adolph Friedrich“ (1863)	-,40	-,30	
3199	10 Pf	Bark „Gartenlaube“ (1872)	-,40	-,30	
3200	70 Pf	Brigantina „Auguste Mathilde“ (1830)	1,–	1,–	
3201	1,20 M	Brigg „Hoffnung“ (1844)	1,50	1,50	
		Satz (4 W.)	3,20	3,–	4,50
		ETB 2/1988		11,–	

1988, 4. Okt. Internationale Solidarität. [65×26, 43×26]

			✱✱	◎	FDC
3202	10+5 Pf	Farbiges Kind .	-,60	-,60	
		Zusammendruck a (Zierfeld schwarz)	1,–	1,–	2,–
		Zusammendruck b (Zierfeld rot) ..	1,–	1,–	2,–

1988, 18. Okt. Technische Denkmale: Schiffshebewerke, Hub- und Zugbrücken. [43×26]

			✱✱	◎	FDC
3203	5 Pf	Hubbrücke, Magdeburg	-,30	-,20	
3204	10 Pf	Schiffshebewerk, Magdeburg-Rothensee	-,30	-,20	
3205	35 Pf	Schiffshebewerk, Niederfinow	-,40	-,30	
3206	70 Pf	Klappbrücke mit Schleuse, Altfriesack	-,80	-,80	
3207	90 Pf	Klappbrücke, Rügendamm	1,–	1,–	
		Satz (5 W.)	2,50	2,40	4,–

1988, 8. Nov. 50. Jahrestag der Novemberpogrome („Reichskristallnacht“, 9./10. 11. 1938). [26×43]

			✱✱	◎	FDC
3208	35 Pf	Leuchter (Menora)	-,60	-,40	-,80

1988, 8. Nov. 100. Geburtstag des Malers Max Lingner (1888–1959). [33 × 55]

			★★	⊘	FDC
3209	5 Pf	Im Boot	–,40	–,30	
3210	10 Pf	Mademoiselle Yvonne	–,40	–,30	
3211	20 Pf	Frei, stark und glücklich	–,40	–,30	
3212	85 Pf	Neue Ernte	1,30	1,10	
		Satz (4 W.)	2,50	2,–	3,–

1988, 22. Nov. Blockausgabe: 100. Geburtstag des Dramatikers und Filmautors Friedrich Wolf (1888 bis 1953). [87 × 59, 27,5 × 33]

			★★	Ⓢ	FDC
3213	110 Pf	Dr. F. Wolf	1,30	2,80	
		Block 96 (87 × 59 mm) . . .	1,50	3,–	10,–

1988, 22. Nov. 40 Jahre Weltgesundheitsorganisation (WHO). [46 × 23]

			★★	⊘	FDC
3214	85 Pf	WHO-Emblem . .	1,20	–,60	1,20

1988, 22. Nov. Erzgebirgische Klöppelspitze. [102 × 112, 26 × 43]

			★★	⊘	FDC
3215	20 Pf	Exponate der Bezirksausstellung „Erzgebirgische Klöppelspitze“	–,30	–,30	
3216	25 Pf		–,70	–,70	
3217	35 Pf		–,30	–,30	
3218	40 Pf		–,30	–,30	
3219	50 Pf		–,70	–,70	
3220	85 Pf		–,30	–,30	
		Satz (6 W.) . . .	2,50	2,50	
		Kleinbogen . . .	3,–	3,–	20,–

1989, 10. Jan. 40 Jahre Rat für gegenseitige Wirtschaftshilfe (RGW). [40 × 40]

3221	20 Pf	Flaggen	–,60	–,30	–,70

1989, 24. Jan. Persönlichkeiten der deutschen Arbeiterbewegung. [27,5 × 33]

3222	10 Pf	Edith Baumann (1909–1973)	–,30	–,20	
3223	10 Pf	Otto Meier (1889–1962)	–,30	–,20	
3224	10 Pf	Alfred Oelßner (1879–1962)	–,30	–,20	
3225	10 Pf	Fritz Selbmann (1899–1975)	–,30	–,20	
		Satz (4 W.)	–,70	–,50	1,40

1989, 7. Febr. Fernsprechapparate im Wandel der Zeiten. [66×55, 33×27,5]

			✶✶	⊘	FDC
3226	10 Pf	Telefonapparat von Ph. Reis (1861) . .	-,30	-,30	
3227	20 Pf	Wandapparat von Siemens & Halske (1882)	-,30	-,30	
3228	50 Pf	Wandapparat OB 03 (1903)	-,60	-,60	
3229	85 Pf	Tischapparat OB 05 (1905)	1,–	1,–	
		Satz (4 W.)	2,–	2,–	2,80
		Viererblock	2,50	2,80	3,50

1989, 28. Febr. Bedeutende Persönlichkeiten. [43×26]

			✶✶	⊘	FDC
3230	10 Pf	Ludwig Renn (1889–1979)	-,30	-,20	
3231	10 Pf	Carl von Ossietzky (1889–1938)	-,30	-,20	
3232	10 Pf	Adam Scharrer (1889–1948)	-,30	-,20	
3233	10 Pf	Rudolf Mauersberger (1889–1971)	-,30	-,20	
3234	10 Pf	Johann Beckmann (1739–1811)	-,20	-,20	
		Satz (5 W.)	1,–	-,70	2,–

1989, 7. März. Leipziger Frühjahrsmesse. [33×27,5]

			✶✶	⊘	FDC
3235	70 Pf	Messehaus „Handelshof" . . .	-,90	-,80	
3236	85 Pf	Alte Börse am Leipziger Naschmarkt	1,10	1,10	
		Satz (2 W.)	2,–	1,90	3,–

1989, 21. März. Blockausgabe: 500. Geburtstag von Thomas Müntzer. [86×66, 21,5×26]

			✶✶	ⓢ	FDC
3237	110 Pf	Th. Müntzer (um 1489–1525)	1,30	1,80	
		Block 97 (86×66 mm) . . .	1,60	2,60	10,–

1989, 4. April. 150. Jahrestag der Inbetriebnahme der ersten deutschen Ferneisenbahn Leipzig–Dresden; 200. Geburtstag des Wirtschaftswissenschaftlers Friedrich List. [33×27,5]

			✶✶	⊘	FDC
3238	15 Pf	F. List (1789–1846)	-,40	-,30	
3239	20 Pf	Dresdner Bahnhof in Leipzig (1839) .	-,40	-,20	
3240	50 Pf	Leipziger Bahnhof in Dresden (um 1839)	-,70	-,70	
		Satz (3 W.)	1,50	1,20	2,–
		ETB 1/1989		17,–	

1989, 18. April. 250 Jahre Zwiebelmuster als Dekor auf Meißener Porzellan. [26×43, 66×110, 33×55]

			✶✶	⊘	FDC
3241 I	10 Pf	Format . . . . . 25,5×43 mm	-,30	-,30	
3242 I	20 Pf		-,30	-,40	
3243 I	35 Pf		-,50	-,70	
3244 I	70 Pf		1,–	1,20	
		Satz (4 W.)	2,–	2,50	4,–

			**	⊘	FDC
3241 II	10 Pf	Format	–,40	–,20	
3242 II	20 Pf	32,5×55 mm	–,40	–,30	
3243 II	35 Pf		–,60	–,50	
3244 II	70 Pf		1,20	1,20	
		Satz (4 W.)	2,50	2,20	
		Viererblock	2,80	2,80	4,–

1989, 2. Mai. Internationale Buchkunstausstellung (IBA), Leipzig. [260×43]

3245	20 Pf	Initiale „I"	–,30	–,20	
3246	50 Pf	Initiale „B"	–,60	–,50	
3247	1,35 M	Initiale „A"	1,70	1,70	
		Satz (3 W.)	2,50	2,40	3,50

1989, 9. Mai. Pfingsttreffen der Freien Deutschen Jugend (FDJ), Berlin; Weltfestspiele der Jugend und Studenten, Pjöngjang. [108×26, 43×26]

3248	20 Pf	Bauwerke im Zentrum Berlins	–,40	–,50	
3249	20+5 Pf	Bauwerke in Pjöngjang ...	–,40	–,50	
		Satz (2 W.) ...	–,80	1,–	
		Dreierstreifen .	–,90	1,30	2,–

1989, 16. Mai. 225. Geburtstag des Bildhauers Johann Gottfried Schadow (1764–1850). [26×43]

3250	50 Pf	Prinzessin Luise (Detail)	–,80	–,60	
3251	85 Pf	Prinzessin Friederike (Detail)	1,40	1,20	
		Satz (2 W.)	2,20	1,80	3,–

1989, 16. Mai. 100 Jahre Carl-Zeiss-Stiftung, Jena. [78×43, 26×43]

			**	⊘	FDC
3252	50 Pf	Interferenzmikroskop	–,50	–,50	
3253	85 Pf	Zweikoordinatenmessgerät	1,–	1,–	
		Satz (2 W.)	1,50	1,50	
		Dreierstreifen ...	2,–	1,80	2,50

1989, 23. Mai. 200. Jahrestag der Antrittsrede Friedrich Schillers an der Universität Jena. [78×43, 26×43]

3254	25 Pf	Titelseite der Antrittsrede	–,30	–,40	
3255	85 Pf	Ausschnitt aus der Antrittsrede	–,90	1,–	
		Satz (2 W.)	1,20	1,40	
		Dreierstreifen ...	1,40	2,50	3,50

1989, 13. Juni. Blockausgabe: Alfred Edmund Brehm (1829–1884) und Christian Ludwig Brehm (1787–1864). [110×80, 27,5×33]

			**	⊙	FDC
3256	50 Pf	A. E. Brehm	–,60	3,50	
3257	85 Pf	Chr. L. Brehm ...	1,20	5,50	
		Block 98 (110×80 mm) ...	2,50	12,–	20,–

1989, 4. Juli. 200. Jahrestag der Französischen Revolution. [40×40]

			✱✱	⊘	FDC
3258	5 Pf	Sturm auf die Bastille	–,20	–,40	
3259	20 Pf	Sansculotten mit Fahnenträger ...	–,30	–,40	
3260	90 Pf	Erstürmung der Tuilerien	1,–	1,60	
		Satz (3 W.)	1,50	2,40	4,–

1989, 18. Juli. Internationaler Kongress für Pferdezucht der sozialistischen Staaten, Berlin. [46×37]

3261	10 Pf	Haflinger	–,30	–,30	
3262	20 Pf	Englisches Vollblut	–,30	–,30	
3263	70 Pf	Kaltblut	–,80	–,80	
3264	110 Pf	Edles Warmblut	1,30	1,30	
		Satz (4 W.)	2,40	2,40	5,–

1989, 8. August. Nationale Briefmarkenausstellung, Magdeburg. [43×26]

3265	20 Pf	Eulenspiegelbrunnen	–,30	–,20	
3266	70+5 Pf	Teufelsbrunnen	1,–	–,90	
		Satz (2 W.) ...	1,20	1,10	2,–

1989, 22. Aug. Blockausgabe: Leipziger Herbstmesse. [105×75, 33×27,5]

			✱✱	Ⓢ	FDC
3267	50 Pf	Neubauten am Westeingang .	–,70	1,–	
3268	85 Pf	des Messegeländes	1,–	1,60	
		Block 99 (105×75 mm)	1,90	3,–	12,–

1989, 22. Aug. 500. Geburtstag von Thomas Müntzer. [33×55, 99×142]

			✱✱	⊘	FDC
3269	5 Pf	Frühbürgerliche	–,30	–,30	
3270	10 Pf	Revolution	–,30	–,30	
3271	20 Pf	in Deutschland	–,30	–,30	
3272	50 Pf	1525 (Details)	–,60	–,80	
3273	85 Pf		1,30	1,50	
		Satz (5 W.)	2,60	3,–	4,–
		ETB 2/1989		9,–	
		Kleinbogen mit MiNr. 3271	2,50	2,50	15,–

1989, 5. Sept. Internationale Mahn- und Gedenkstätten: 30 Jahre Nationale Mahn- und Gedenkstätte Ravensbrück. [33 × 55]

			★★	⊘	FDC
3274	35 Pf	Müttergruppe . . .	–,50	–,50	1,30

1989, 5. Sept. Internationale Solidarität. [26 × 43]

3275	10+5 Pf	Afrikanische Kinder	–,30	–,30	–,80

1989, 19. Sept. Blattkakteenzüchtungen. [35,5 × 35,5]

3276	10 Pf	Epiphyllum-Hybride „Adriana"	–,30	–,20	
3277	35 Pf	Epiphyllum-Hybride „Feuerzauber" . . .	–,50	–,40	
3278	50 Pf	Epiphyllum-Hybride „Franzisko"	–,80	–,80	
		Satz (3 W.)	1,50	1,40	1,80

1989, 3. Okt. 40 Jahre Deutsche Demokratische Republik. [55 × 33, 113 × 96]

			★★	⊘	FDC
3279	5 Pf	Lernende Jugend	–,30	–,30	
3280	10 Pf	Sozialistische Landwirtschaft	–,30	–,30	
3281	20 Pf	Bebauungsmodell	–,40	–,50	
3282	25 Pf	Moderner Maschinenbau . .	–,40	–,50	
		Satz (4 W.)	1,40	1,60	7,50

Blockausgabe.

			★★	Ⓢ	FDC
3283	135 Pf	Bauarbeiter	3,80	2,50	
		Block 100 (113 × 96 mm) . .	6,–	4,50	20,–
		ETB 3/1989		8,–	

1989, 7. Nov. 100. Geburtstag des indischen Staatsmannes Jawaharlal Nehru (1889–1964). [33 × 27,5]

			★★	⊘	FDC
3284	35 Pf	J. Nehru	–,50	–,50	1,–

1989, 7. Nov. Historische Denkmale: Rolandsäulen. [26 × 43]

3285	5 Pf	Zerbst (1445) . . .	–,30	–,20	
3286	10 Pf	Halberstadt (1433)	–,30	–,20	
3287	20 Pf	Buch/Altmarkt (1611)	–,30	–,20	
3288	50 Pf	Perleberg (1546) .	–,60	–,60	
		Satz (4 W.)	1,30	1,20	2,–

1989, 28. Nov. Erzgebirgische Leuchterspinnen. [110×98, 27,5×33]

			★★	⊘	FDC
3289	10 Pf	Schneeberg (um 1860)	–,30	–,30	
3290	20 Pf	Laufleuchter, Schwarzenberg (um 1850)	–,70	–,70	
3291	25 Pf	Annaberg (um 1800)	–,30	–,30	
3292	35 Pf	Seiffen (um 1900)	–,30	–,30	
3293	50 Pf	Seiffen (um 1930)	–,70	–,70	
3294	70 Pf	Annaberg (um 1925)	–,30	–,30	
		Satz (6 W.)	2,50	2,50	
		Kleinbogen	3,–	3,50	20,–

1990, 9. Jan. Die Biene. [33×27,5]

3295	5 Pf	auf Apfelblüte ...	–,30	–,30	
3296	10 Pf	auf blühendem Heidekraut	–,30	–,30	
3297	20 Pf	auf Rapsblüte ...	–,30	–,30	
3298	50 Pf	auf Rotkleeblüte .	–,80	–,80	
		Satz (4 W.) ...	1,50	1,50	3,20

1990, 12. Jan. 500 Jahre internationale Postverbindungen in Europa (I). [29×36]

3299	35 Pf	Der kleine Postreiter (A. Dürer)	–,60	–,80	1,30

1990, 16. Jan. Persönlichkeiten der deutschen Arbeiterbewegung. [27,5×33]

			★★	⊘	FDC
3300	10 Pf	Bruno Leuschner (1910–1965)	–,30	–,30	
3301	10 Pf	Erich Weinert (1890–1953)	–,30	–,30	
		Satz (2 W.)	–,60	–,60	1,20

1990, 6. Febr. Tag der Werktätigen des Post- und Fernmeldewesens: Historische Posthausschilder. [27,5×33, 72×90, 36×45]

3302	10 Pf	Format 27,5×33 mm	–,30	–,20	
3303	20 Pf		–,30	–,20	
3304	50 Pf		1,–	–,80	
3305	110 Pf		2,–	1,80	
		Satz (4 W.)	3,50	2,80	5,50
3306	10 Pf	Format 36×45 mm ..	–,50	–,20	
3307	20 Pf		–,50	–,30	
3308	50 Pf		1,–	–,80	
3309	110 Pf		2,–	1,80	
		Satz (4 W.)	3,80	3,–	
		Viererblock	4,–	4,–	15,–

1990, 20. Febr. 150. Geburtstag des Mitbegründers und Führers der deutschen Sozialdemokratie August Bebel (1840 bis 1913). [33×27,5]

3310	20 Pf	A. Bebel	–,60	–,60	1,–

1990, 20. Febr. Historische Flugmodelle; Europäische Luftpostausstellung „Lilienthal '91". [35×35]

			✱✱	⊘	FDC
3311	20 Pf	Schwingflügel-Flugzeug-Entwürfe . . .	–,30	–,20	
3312	35+5 Pf	von L. da Vinci, M. Bauer . . .	–,60	–,60	
3313	50 Pf	und A.-L. Berblinger . .	–,80	–,70	
3314	90 Pf	Segelapparat von O. Lilienthal	1,40	1,40	
		Satz (4 W.) .	3,–	2,80	4,50
		ETB 1/1990	8,–		

1990, 28. Febr. „Wir sind das Volk“. [40×40]

3315	35+15 Pf	Nikolaikirche, Leipzig	1,20	–,90	2,20

1990, 6. März. Leipziger Frühjahrsmesse. [26×43]

3316	70 Pf	Siegel des Messeprivilegs von 1268	1,70	–,90	
3317	85 Pf	Siegel des Messeprivilegs von 1497	1,80	1,10	
		Satz (2 W.)	3,50	2,–	3,50

1990, 6. März. Museum für Deutsche Geschichte im Zeughaus Berlin. [27,5×33]

3318	40 Pf	Köpfe sterbender Krieger	–,70	1,–	
3319	70 Pf	Reliefs von Andreas Schlüter	1,–	1,20	
		Satz (2 W.) . . .	1,70	2,20	3,–

1990, 20. März. Bedeutende Persönlichkeiten. [43×26]

			✱✱	⊘	FDC
3320	10 Pf	Fr. Adolph Wilhelm Diesterweg (1790–1866)	–,40	–,40	
3321	10 Pf	Kurt Tucholsky (1890–1935)	–,40	–,40	
		Satz (2 W.)	–,70	–,70	1,50

1990, 3. April. 100 Jahre Tag der Arbeit (1. Mai). [27,5×33]

3322	10 Pf	Mai-Schmuckblatt (um 1890)	–,60	–,60	
3323	20 Pf	Rote Nelke	–,90	1,–	
		Satz (2 W.)	1,20	1,50	2,50

1990, 17. April. 100 Jahre Museum für Naturkunde der Humboldt-Universität Berlin. [43×26, 26×43, 112×76]

3324	10 Pf	Dicraeosaurus . . .	–,30	–,20	
3325	25 Pf	Kentrurosaurus . .	–,30	–,20	
3326	35 Pf	Dysalotosaurus . .	–,40	–,40	
3327	50 Pf	Brachiosaurus . . .	–,60	–,60	
3328	85 Pf	Brachiosaurus-Schädel	1,30	1,30	
		Satz (5 W.)	2,80	2,60	4,50
		Kleinbogen mit MiNr. 3325	2,–	2,–	15,–

1990, 8. Mai. 150 Jahre Briefmarken. [27,5×33]

			★★	⊘	FDC
3329	20 Pf	Marke Groß-britannien MiNr. 1	–,50	–,50	
3330	35+15 Pf	Marke Sachsen MiNr. 1	–,90	–,90	
3331	110 Pf	Marke DDR MiNr. 242 ...	2,40	2,40	
		Satz (3 W.) ...	3,60	3,60	6,–

1990, 15. Mai. 125 Jahre Internationale Fernmeldeunion (UIT). [27,5×33]

3332	10 Pf	Typendruck-Telegraph von D. E. Hughes	–,40	–,40	
3333	20 Pf	Verteilergestänge, Postamt Köpenick	–,40	–,40	
3334	25 Pf	Fernsehturm, Senderegie	–,40	–,40	
3335	50 Pf	Nachrichtensatellit Typ Molnija	2,–	2,–	
		Satz (4 W.)	3,–	3,–	3,50

Blockausgabe. [82×57, 27,5×33]

			★★	Ⓢ	FDC
3336	70 Pf	Philipp Reis (1834–1874)	2,40	2,–	
		Block 101 (82×57 mm)	2,60	2,50	12,–
		ETB 3/1990		8,–	

1990, 15. Mai. 70. Geburtstag von Papst Johannes Paul II. [27,5×33]

			★★	⊘	FDC
3337	35 Pf	Papst Johannes Paul II.	1,20	1,50	2,–

1990, 5. Juni. Briefmarkenausstellung der Jugend, Halle. [108×26, 43×26]

			★★	⊘	FDC
3338	10+5 Pf	Halle (Anfang 18. Jh.)	–,40	–,60	
3339	20 Pf	Historische und moderne Gebäude in Halle	–,40	–,60	
		Satz (2 W.)	–,80	1,10	
		Dreierstreifen .	1,–	1,30	2,–

1990, 19. Juni. Kostbarkeiten in Bibliotheken der DDR. [43×26]

3340	20 Pf	Ordensregeln (1264)	–,60	–,30	
3341	25 Pf	Rudimentum novitiorum (1475)	–,60	–,30	
3342	50 Pf	Chosrou wa Schirin (18. Jh.) .	1,60	–,90	
3343	110 Pf	Einband aus der Amalienbibliothek (18. Jh.)	2,80	2,20	
		Satz (4 W.)	5,50	3,50	6,50

1990, 2. Juli. Bauwerke und Denkmäler. [26×21,5]

			★★	⊙	FDC
3344	10 Pf	Albrechtsburg und Dom, Meißen ..	–,50	–,40	
3345	30 Pf	Goethe-Schiller-Denkmal, Weimar	1,–	–,40	
3346	50 Pf	Brandenburger Tor, Berlin	1,–	–,70	

			**	⊙	FDC
3347	60 Pf	Kyffhäuser-Denkmal	1,–	1,–	
3348	70 Pf	Semper-Oper, Dresden	1,–	1,–	
3349	80 Pf	Schloss Sanssouci, Potsdam	1,–	1,30	
3350	100 Pf	Wartburg, Eisenach	1,50	1,–	
3351	200 Pf	Dom, Magdeburg	3,–	2,50	
3352	500 Pf	Schloss, Schwerin	6,–	6,–	
		Satz (9 W.)	16,–	14,–	30,–

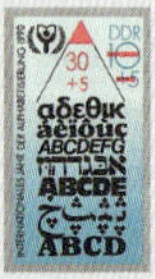

1990, 24. Juli. Internationales Jahr der Alphabetisierung. Neuer Wertaufdruck aufgrund der Währungsumstellung. [26×43]

			**	⊘	FDC
3353	30+5 Pf	auf 10+5 Pf Alphabete	1,20	1,20	13,–

1990, 28. Aug. 500 Jahre internationale Postverbindungen in Europa (II). [43×26]

3354	30 Pf	Briefboten (um 1486)	–,50	–,50	
3355	50 Pf	Der kleine Postreiter (A. Dürer, 16. Jh.), Postreiter (um 1590)	–,70	–,70	
3356	70 Pf	Kutschwagen (um 1595), Postwagen (1750)	–,90	–,90	
3357	100 Pf	Bahnpostwagen (1872 und um 1900)	1,50	1,50	
		Satz (4 W.)	3,50	3,50	10,–
		ETB 4/1990		12,–	

1990, 18. Sept. Wiederaufbau der Neuen Synagoge Berlin. [27,5×33]

3358	30 Pf	L. Lewandowski (1821–1894), Komponist ..	–,40	–,40	
3359	50+15 Pf	Neue Synagoge Berlin	–,80	–,80	
		Satz (2 W.) ..	1,20	1,20	2,80

1990, 2. Okt. Kongress der Internationalen Astronautischen Föderation, Dresden. [33×27,5]

			**	⊘	FDC
3360	30 Pf	Bauwerke in Dresden	–,30	–,30	
3361	50 Pf	Erde	–,60	–,60	
3362	70 Pf	Mond	1,–	1,30	
3363	100 Pf	Mars	1,40	1,40	
		Satz (4 W.)	3,20	3,20	5,50

1990, 2. Okt. 100. Todestag von Heinrich Schliemann. 27,5×33, 33×27,5]

3364	30 Pf	H. Schliemann, Doppelhenkelbecher	–,50	–,50	
3365	50 Pf	H. Schliemann, Doppelgefäß	1,–	1,–	
		Satz (2 W.)	1,50	1,50	2,50

Jahrgangswerttabelle

Die Aufstellung folgt der numerischen Reihenfolge der Katalogisierung ohne Rücksicht auf die Chronologie eventueller Ergänzungswerte. Einzelmarken aus Blocks sind nicht berechnet. Bei Zusammendrucken verschiedener Werte und bei Zusammendruck-Kleinbogen (nicht bei „normalen“ Kleinbogen) sind deren Preise zur Berechnung herangezogen; wurden sowohl Einzelmarken als auch Zusammendrucke ausgegeben, werden nur die Zusammendrucke berechnet. **Die Preise für gebrauchte Marken und Blocks gelten für die jeweils billigere Art von ◍, Ⓢ oder ⊙. Nach- oder Neudrucke werden nicht berücksichtigt.**

Die Preise unter „Summe der Einzelausgaben“ sind die Addition der MICHEL-Preisnotierungen eines Jahrganges. Die Bewertungen unter „kompletter Jahrgang“ basieren auf den im Fachhandel üblichen Jahrgangspreisen.

Jahr	MiNr.	Nominalwert (inkl. Zuschlag) M, ab Juli 1990 DM	Summe der Einzelausgaben ✱✱	Summe der Einzelausgaben ◍, Ⓢ, ⊙	Kompletter Jahrgang ✱✱	Kompletter Jahrgang ◍, Ⓢ, ⊙
1949	242–245	1,07	46,—	52,—	40,—	45,—
1950	246–279	16,50	663,—	400,—	600,—	380,—
1951	280–297	4,94	496,—	199,—	450,—	180,—
1952	298–341	14,53	620,50	542,50	580,—	500,—
1953	342–422 (mit Block 8/9 A und B)	33,19	913,20	786,20	820,—	750,—
1954	423–Block 10	6,21	121,20	78,50	100,—	65,—
1955	447–509	13,90	285,40	274,70	250,—	250,—
1956	510–558	10,10	115,20	100,10	100,—	80,—
1957	559–615 (mit 577–585 A und B)	22,60	64,20	29,10	55,—	20,—
1958	616–672	13,85	130,70	203,80	120,—	180,—
1959	673–745 (mit 704 A und B)	16,55	81,—	47,50	65,—	40,—
1960	746–806 (mit 805 A und B) (ohne Zd. MiNr. 783)	12,50	68,90	55,80	60,—	50,—
1961	807–868	11,35	86,60	83,30	64,—	60,—
1962	869–933	15,15	100,20	207,50	75,—	150,—
1963	934–1003	19,45	81,40	122,40	60,—	90,—
1964	1004–Block 22	18,95	251,50	189,20	190,—	150,—
1965	1084–1153	20,85	67,20	47,—	50,—	40,—
1966	1154–1244	19,35	69,90	53,20	50,—	45,—
1967	1245–1334	19,85	67,30	48,—	50,—	40,—
1968	1335–1433	21,70	63,70	63,20	50,—	50,—
1969	1434–1533	23,80	63,10	52,20	50,—	45,—
1970	1534–Block 33	23,90	83,50	80,50	65,—	65,—
1971	1632–1730	22,70	52,—	51,10	35,—	40,—
1972	1731–Block 37	20,70	52,10	56,80	35,—	45,—
1973	1815–1906	26,30	49,90	41,50	35,—	30,—
1974	1907–2011	28,20	58,—	49,90	40,—	40,—
1975	2012–2106	22,75	49,60	40,20	35,—	35,—
1976	2107–2198	25,45	52,20	44,60	40,—	35,—
1977	2199–2286	23,85	58,40	48,70	45,—	40,—
1978	2287–2387	26,70	67,10	68,60	50,—	50,—
1979	2388–2477	24,85	63,90	51,80	45,—	35,—
1980	2478–2571	33,30	70,20	56,90	50,—	40,—
1981	Block 62–2666	29,80	68,60	50,60	50,—	35,—
1982	2667–2763	26,75	67,10	53,60	45,—	35,—
1983	2764, Block 69–Block 75	27,25	69,—	53,90	45,—	35,—
1984	2848–2919 (mit 2906 I + II)	27,35	60,70	43,30	40,—	30,—
1985	2920–2992 (mit 2973 I + II)	29,90	51,70	60,40	35,—	45,—
1986	2993–3062 (mit 2997–3000 I + II)	33,—	56,80	53,40	40,—	38,—
1987	3063–3139 (mit 3096 I + II)	26,75	42,10	41,50	30,—	35,—
1988	3140–3220	30,15	51,30	49,60	35,—	35,—
1989	3221–3294 (mit 3241–44 I + II)	30,55	50,30	61,40	35,—	45,—
1990	3295–3343	19,40	42,10	38,10	35,—	27,—
Summe alte Währung		**892,79 M**				
1990	3344–3365	18,10	26,60	25,60	20,—	20,—
Summe neue Währung		**18,10 DM**				
Gesamtsumme			**5699,40**	**4757,20**		
Komplette Sammlung					**3200,—**	**3000,—**

DIENSTMARKEN

A. Verwaltungspost B

Alle Preise gelten für die jeweils billigste Ausgabeform (oft Nach- und Neudrucke)!

1954, 15. Aug./1. Okt. Zirkelbogen nach links, Odr., Wz. 2. [21,5×26]

Nr.	Wert	Farbe	**	⊘
1	5 Pf	dunkelgelbsmaragdgrün ...	15,–	–,10
2	6 Pf	dunkelbläulichviolett	8,–	–,10
3	8 Pf	(dunkel)braunorange	10,–	–,10
4	10 Pf	(dunkel)bläulichgrün	22,–	–,10
5	12 Pf	(dunkel)kobaltblau	38,–	–,10
6	15 Pf	schwärzlich(rot)violett	38,–	–,10
7	16 Pf	schwärzlich(rot)violett	8,–	–,10
8	20 Pf	schwärzlicholiv bis schwarzgelboliv	15,–	–,10
9	24 Pf	schwärzlichrosa	8,–	–,10
10	25 Pf	schwarzopalgrün	8,–	–,10
11	30 Pf	lebhaftbräunlichrot	8,–	–,10
12	40 Pf	dunkelrosarot	11,–	–,10
13	48 Pf	(lebhaft)violettpurpur	5,–	1,–
14	50 Pf	(lebhaft)violettpurpur	5,–	–,10
15	60 Pf	ultramarin	5,–	–,10
16	70 Pf	lebhaftrötlichbraun	5,–	–,10
17	84 Pf	lebhaftrötlichbraun	11,–	3,–
		Satz (17 W.)	220,–	5,–

1954, ab Ende Aug./Nachdruck 1957. Zirkelbogen nach rechts, Bdr. Wz. 2. [21,5×26]

Nr.	Wert	Farbe	**	⊘
18	5 Pf	(dunkel)smaragdgrün	5,–	–,10
19	10 Pf	lebhaft- bis dunkelbläulichgrün	4,–	–,10
20	12 Pf	schwärzlichpreußischblau ..	4,–	–,10
21	15 Pf	schwarzgrauviolett	4,–	–,10
22	20 Pf	schwarzgelboliv	320,–	–,10
23	25 Pf	schwärzlichopalgrün	3,–	–,10
24	30 Pf	lebhaftbräunlichrot	6,–	–,10
25	40 Pf	rot	8,–	–,10
26	50 Pf	dunkel- bis schwärzlichpurpur	3,–	–,10
27	70 Pf	(lebhaft)siena	3,–	–,10

1955, Dez. Zirkelbogen nach links, Bdr. Wz. 2. [21,5×26]

Nr.	Wert	Farbe	**	⊘
28	20 Pf	schwarzgelboliv	50,–	–,10
		Satz (ohne MiNr. 22, 10 W.) .	90,–	1,–

1956. Zirkelbogen nach rechts, auf gefasertem Papier, Wz. 2. [21,5×26]

Nr.	Wert	Farbe	**	⊘
29	5 Pf	(dunkel)smaragdgrün	*700,–*	1,–
30	10 Pf	bläulichgrün (Töne)	70,–	1,–
31	15 Pf	schwarzgrauviolet	280,–	1,–
32	20 Pf	schwarzgelboliv	*300,–*	1,–
33	40 Pf	rot (Töne)	80,–	1,–
		Satz (5 W.)	*1400,–*	4,50

1957/1960/Nachdruck 1958. Zirkelbogen nach rechts, auf gefasertem Papier. Wz. 3. [21,5×26]

Nr.	Wert	Farbe	**	⊘
34	5 Pf	(dunkel)smaragdgrün	–,50	–,30
35	10 Pf	bläulichgrün	–,50	–,30
36	15 Pf	schwarzgrauviolett	–,50	–,30
37	20 Pf	schwarzgelboliv	–,50	–,30
38	30 Pf	bräunlichrot	–,80	–,50
39	40 Pf	rot (Töne)	–,50	–,30
40	50 Pf	dunkelpurpur	1,60	–,30
41	70 Pf	rötlichbraun	1,60	–,50
		Satz (8 W.)	6,50	2,50

B. Verwaltungspost A

Alle Preise gelten für die jeweils billigste Ausgabeform (oft Nach- und Neudrucke)!

1956, 1. April. Ziffer(n) im Viereck. Wz. 2. [21,5×26]

Nr.	Wert	Farbe	**	⊘
1	5 Pf	gelbschwarz	–,30	–,20
2	10 Pf	gelbschwarz	–,30	–,20
3	20 Pf	gelbschwarz	–,40	–,20
4	40 Pf	gelbschwarz	–,50	–,20
5	70 Pf	gelbschwarz	–,60	–,20
		Satz (5 W.)	2,–	–,80

1956, 1. Okt. Zentraler Kurierdienst. Wz. 2. [44×18]

Nr.	Wert	Farbe	**	⊘
6	10 Pf	mittelviolettpurpur/schwarz ..	1,20	1,–
7	20 Pf	mittelviolettpurpur/schwarz (** = Nachdruck)	180,–	1,–
8	40 Pf	mittelviolettpurpur/schwarz ..	2,–	1,–
9	70 Pf	mittelviolettpurpur/schwarz ..	3,–	3,50
		Satz (4 W.)	180,–	6,50

1957, 1. April. Zentraler Kurierdienst, MiNr. 6–9 mit Aufdruck vierstelliger Kontrollzahlen. Wz. 2. [44×18]

Nr.	Wert	Farbe	**	⊘
10	10 Pf	mittelviolettpurpur/schwarz .	–,70	–,50
11	20 Pf	mittelviolettpurpur/schwarz .	2,–	–,50

			★★	◍
12	40 Pf	mittelviolettpurpur/schwarz	–,70	1,–
13	70 Pf	mittelviolettpurpur/schwarz	3,50	5,–
		Satz (4 W.)	6,50	7,–

1957, 15. April. Zentraler Kurierdienst, ohne Aufdruck nicht ausgegebene Marken mit Aufdruck. [44×18]

14	10 Pf	mittelviolettpurpur/schwarz	2,50	3,–
15	20 Pf	mittelviolettpurpur/schwarz	2,–	2,50
		Satz (2 W.)	4,50	5,50

1958, 2. Jan. Zentraler Kurierdienst, Wertstriche dünn. [44×18]

			★★	⊙
16	(10 Pf)	orangegelb/orangerot (ein Wertstrich)	10,–	6,50
17	(20 Pf)	orangegelb/orangerot (zwei Wertstriche)	20,–	4,–

1958, März bis Dez. Zentraler Kurierdienst, Wertstriche dick. [44×18]

18	(10 Pf)	mittelbraungelb/dkl'gelblichrot auf hellolivgrau	15,–	8,–
19	(20 Pf)	mittelbraungelb/dkl'gelblichrot auf hellolivgrau	22,–	5,–
20	(10 Pf)	mittelviolettultramarin/dunkelbraunrot	15,–	6,–
21	(20 Pf)	mittelviolettultramarin/dunkelbraunrot	60,–	5,–
22	(10 Pf)	orange/dunkelbraunviolett	20,–	10,–
23	(20 Pf)	orange/dunkelbraunviolett	35,–	8,–

1959, März bis Nov. Zentraler Kurierdienst. [44×22]

24	(10 Pf)	smaragdgrün/dkl'braunviolett/rot	10,–	8,–
25	(20 Pf)	lebhaftor'gelb/rotbraun/lilaultramarin	15,–	7,–
26	(10 Pf)	lebhaftgraublau/schwarz	12,–	25,–
27	(20 Pf)	dkl'zinnober/lilaultramarin/smaragdgrün	12,–	10,–
28	(10 Pf)	lebhaftgraublau/dkl'bräunl'rot/schwarz	45,–	35,–

			★★	⊙
29	(20 Pf)	braunorange/schwarz/dkl'rotviolett	18,–	7,–

1959, Dez. Zentaler Kurierdienst, MiNr. 18–19 in geänderten Farben. [44×22]

30	(10 Pf)	(dunkel)smaragdgrün/dunkelgraurot	10,–	10,–
31	(20 Pf)	(dunkel)smaragdgrün/dunkelgraurot	12,–	5,50

C. Laufkontrollzettel des ZKD

1963, 10. Aug. Laufkontrollzettel für die Behörden der Volkspolizei und für die Volkseigenen Betriebe. Wz. [44×26]

		★★	≡U
1–15	Satz (15 W)	40,–	40,–

1964, 17. Febr. Laufkontrollzettel für Vereinigung Volkseigener Betriebe (VVB), MiNr. 1–15 mit vierstelligen Kontrollnummernaufdrucken mehrfach in Rot. Wz. 1. [44×26]

16–30	Satz mit allen Aufdr. (17 W.)	380,–	280,–

1964, 1. Juni. Laufkontrollzettel für VVB, MiNr. 1–15 mit durch Schrägstriche getrennten Kontrollnummernaufdrucken in Lilarot. Wz. 1. [44×26]

31–45	Satz mit allen Aufdr. (84 W.)	2600,–	1400,–

1964, 24. Juni. Laufkontrollzettel für VVB, bei MiNr. 32–45 mit durch Schrägstriche getrennten Kontrollnummernaufdrucken in Schwarz, bei MiNr. 46, 52, 53 und 54 Städtenamenabkürzungen durchbalkt und neue eingedruckt. Wz. [44×26]

46–60	mit allen Aufdrucken (84 W.)	2700,–	1800,–

D. Für Vertrauliche Dienstsachen

1965, 1. April. VD, Bdr. [65 × 26]

			★★	⊙
1	20 Pf	bräunlichrot/schwarz	250,–	35,–

1965, VD, wie MiNr. 1, jedoch geänderte Farbe. [65×26]

2	20 Pf	schwarz auf lilarosa	2800,–	350,–

1965, VD, wie MiNr. 1, jedoch Odr. [65×26]

			★★	⊘
3	20 Pf	rot/schwarz	2,40	2,–

E. Für Sendungen mit Zustellungsurkunde

1965, 1. April. ZU, Bdr. [65 × 26]

			★★	⊙
1	65 Pf	blaugrün	300,–	80,–

1965, ZU. [65 × 26]

			★★	⊘
2	65 Pf	gelbgrün/schwarz	2,60	5,–

EINSCHREIBEMARKEN FÜR SbPÄ

1967, 13. April. Einschreibe-Gebührenzettel für Selbstbedienungspostämter, Dienstleistungs- und Quittungsteil in gleicher Zeichnung. [86 × 20]

			Paar ★★
1	50 Pf	rotlila/schwarz	10,–

1968, März. Einschreibe-Gebührenzettel für SbPÄ, Dienstleistungs- und Quittungsteil in unterschiedlicher Zeichnung. [87 × 20]

			Paar ★★
2	50 Pf	karminlila	2,–

1983, Juli. Einschreibe-Gebührenzettel für Selbstbedienungspostämter, Dienstleistungs- und Quittungsteil in unterschiedlicher Zeichnung. [86 × 20]

			Paar ★★
3	50 Pf	karminlila	2,–

PAKETNUMMERNZETTEL FÜR SbPÄ

1968, 6. Mai. Paketnummernzettel. [86 × 20]

			★★
1	50 Pf	schwarz	8,–

Berlin

⊛ Vorsicht vor Falschstempeln! Alle ⊙-Preise ab 25,– Euro von MiNr. 1–134 gelten nur für geprüfte Stücke, alle ⊙-Preise gelten für Abstempelungen aus dem Bundesgebiet; Abstempelungen aus Berlin rechtfertigen Preisaufschläge bis zu 25%.

Vorsicht auch beim Erwerb von teuren postfrischen Marken, häufig kommen Nachgummierungen und Entfalzungen vor!

Wz. 1

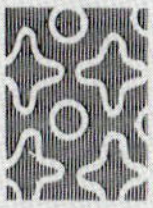

Wz. 2

Wz. 3

1948, 3./6. Sept. MiNr. 943–962 der Gemeinschaftsausgaben mit schwarzem Aufdruck. [21,5×26, 27,5×33]

			✱✱	⊙	FDC
1	2 Pf	braunschwarz, Pflanzer ...... (943)	3,–	6,–	–,–
2	6 Pf	schwärzlichpurpurviolett, Pflanzer (944)	4,–	6,–	–,–
3	8 Pf	orangerot bis rotorange, Sämann (945)	2,50	6,–	–,–
4	10 Pf	gelbgrün (Töne), Sämann ...... (946)	3,–	1,80	–,–
5	12 Pf	dunkelblaugrau, Arbeiter ...... (947)	2,50	1,80	–,–
6	15 Pf	mittel- bis dunkelsiena, Pflanzer . (948)	14,–	80,–	–,–
7	16 Pf	dunkelopalgrün, Maurer u. Bäuerin (949)	3,–	2,50	–,–
8	20 Pf	preußischblau (Töne), Sämann ...... (950)	7,50	9,–	–,–
9	24 Pf	braunorange (Töne), Maurer u. Bäuerin (951)	2,20	–,60	–,–
10	25 Pf	hellgelblichorange (Töne), Pflanzer (952)	20,–	60,–	–,–
11	30 Pf	mittelrot bis (rosa)rot (Töne), Arbeiter (953)	6,–	10,–	–,–
12	40 Pf	dunkelrosalila, Sämann ...... (954)	8,–	10,–	–,–
13	50 Pf	lilaultramarin (Töne), Maurer u. Bäuerin (955)	10,–	30,–	–,–
14	60 Pf	lebhaftrotbraun (Töne), Arbeiter ..... (A 956)	4,–	–,60	–,–
15	80 Pf	dunkellilaultramarin (Töne), Arbeiter (957)	13,–	30,–	–,–
16	84 Pf	smaragdgrün, Maurer u. Bäuerin (958)	18,–	100,–	–,–
17	1 M	braunoliv (Töne), Friedenstaube . (959)	50,–	160,–	–,–
18	2 M	violettbraun (Töne), Friedenstaube . (960)	60,–	500,–	–,–
19	3 M	bräunlichrot (Töne, Friedenstaube . . (961)	70,–	700,–	–,–
20	5 M	schwarzlilaultramarin, Friedenstaube . . (962)	80,–	750,–	
		Satz (20 W.)	380,–	2400,–	

⊛

1949, 20. Jan./21. März. Marken der Gemeinschaftsausgaben mit rotem Aufdruck. [21,5×26, 27,5×33]

			✱✱	⊙	FDC
21	2 Pf	braunschwarz, Pflanzer ..... (943)	3,50	3,–	–,–

Nr.	Wert	Beschreibung	**	⊙	FDC
22	6 Pf	schwärzlichpurpurviolett, Pflanzer ..... (944)	25,–	3,–	–,–
23	8 Pf	orangerot bis rotorange, Sämann ..... (945)	45,–	6,–	–,–
24	10 Pf	gelbgrün (Töne), Sämann ..... (946)	6,–	1,80	–,–
25	15 Pf	mittel- bis dunkelsiena, Pflanzer ..... (948)	13,–	2,50	–,–
26	20 Pf	preußischblau (Töne), Sämann ..... (950)	4,50	1,50	–,–
27	25 Pf	hellgelblichorange (Töne), Pflanzer (952)	100,–	55,–	–,–
28	30 Pf	mittelrot bis (rosa)rot (Töne), Arbeiter (953)	90,–	6,50	–,–
29	40 Pf	dunkelrosalila, Sämann ..... (954)	90,–	18,–	–,–
30	50 Pf	lilaultramarin (Töne), Maurer u. Bäuerin (955)	90,–	10,–	–,–
31	60 Pf	lebhaftrotbraun (Töne), Arbeiter .... (A 956)	13,–	–,80	–,–
32	80 Pf	dunkellilaultramarin (Töne), Arbeiter (957)	130,–	10,–	–,–
33	1 DM	hellbraunoliv, Friedenstaube (959)	550,–	550,–	
34	2 DM	violettbraun (Töne), Friedenstaube (960)	300,–	280,–	
		Satz (14 W.)	1400,–	900,–	

1949, 9. April. 75 Jahre Weltpostverein (UPU); Heinrich von Stephan (1831–1897). Wz. 1. [21,5×26, 27,5×33]

Nr.	Wert	Beschreibung	**	⊙	FDC
35	12 Pf	dunkelgrautürkis ...	30,–	10,–	
36	16 Pf	bläulichgrün	50,–	20,–	
37	24 Pf	dunkelrötlichorange	40,–	1,–	
38	50 Pf	dunkelgrauoliv	180,–	50,–	
39	60 Pf	lebhaftbräunlich-karmin	220,–	40,–	
40	1 DM	dunkelgrauoliv	150,–	120,–	
41	2 DM	schwarzgraupurpur	150,–	80,–	
		Satz (7 W.)	750,–	320,–	8000,–

1949, 25. März/25. Okt. Berliner Bauten. Wz. 1. [26×21,5, 33×27,5]

Nr.	Wert	Beschreibung	**	⊙	FDC
42	1 Pf	Brandenburger Tor	–,50	–,50	–,–
43	4 Pf	Schöneberger Rathaus	1,–	–,50	–,–
44	5 Pf	Schloss Tegel	1,20	–,50	–,–
45	6 Pf	Reichstagsgebäude	2,–	1,50	–,–
46	8 Pf	Schöneberger Rathaus	2,–	1,50	–,–
47	10 Pf	Kleistpark	1,–	–,50	–,–
48	15 Pf	Flugzeug über Tempelhof	16,–	1,20	–,–
49	20 Pf	Technische Hochschule	6,–	–,50	–,–
50	25 Pf	Schloss Tegel	30,–	1,20	–,–
51	30 Pf	Kleistpark	14,–	1,–	–,–
52	40 Pf	Schöneberger Rathaus	22,–	1,–	–,–
53	50 Pf	Reichstagsgebäude	22,–	–,50	–,–
54	60 Pf	Nationalgalerie ...	70,–	–,50	–,–
55	80 Pf	Technische Hochschule	18,–	1,–	–,–
56	90 Pf	Technische Hochschule	20,–	1,20	–,–
57	1 DM	Flugzeug über Tempelhof	30,–	1,50	–,–
58	2 DM	Gendarmenmarkt .	80,–	2,–	–,–
59	3 DM	Brandenburger Tor	300,–	20,–	–,–
60	5 DM	Schloss Tegel	160,–	20,–	–,–
		Satz (19 W.)	750,–	50,–	

1949, 29. Juli. Goethejahr 1949: 200. Geburtstag des Dichters Johann Wolfgang von Goethe (1749 bis 1832). Wz. 1. [33×27,5]

Nr.	Wert	Beschreibung	**	⊙	FDC
61	10 Pf	grün	140,–	70,–	
62	20 Pf	dunkelrosarot	150,–	70,–	
63	30 Pf	dunkelultramarin ...	40,–	50,–	
		Satz (3 W.)	320,–	180,–	700,–

Die Preisnotierungen gelten für Marken in einwandfreier Qualität.

1949, 1. Aug. Marken der Gemeinschaftsausgaben mit dunkelgrünem Aufdruck. [21,5×26, 27,5×33]

			★★	⊙	FDC
64	5 auf 45 Pf	Ziffer . . (931)	5,–	–,50	–,–
65	10 auf 24 Pf	Maurer/ Bäuerin (951)	20,–	–,50	–,–
66	20 auf 80 Pf	Arbeiter (957)	75,–	17,–	–,–
67	1 auf 3 M	Friedenstaube . . (961)	160,–	22,–	
		Satz (4 W.) . .	260,–	40,–	6500,–

1949, 1. Dez. Berliner Währungsgeschädigte. Wz. 1. [27,5×33]

68	10+5 Pf	grün	110,–	190,–	
69	20+5 Pf	lebhaftrotkarmin	120,–	190,–	
70	30+5 Pf	dunkelgrauultramarin	130,–	230,–	
		Satz (3 W.)	360,–	600,–	*30000,–*

1949, 17. Dez. Blockausgabe. Wz. 1. [110×65]

Block 1 (110×65 mm) 950,– 2200,– 4500,–

1950, 1. Okt. Industrieausstellung (ERP-Hilfe). Wz. 2. [27,5×33]

71	20 Pf	Riese Atlas trägt Weltkugel	100,–	40,–	140,–

1950, 29. Okt. Berliner Philharmonie. Wz. 2. [27,5×33]

			★★	⊙	FDC
72	10+5 Pf	Harfe, Lorbeer . .	50,–	40,–	
73	30+5 Pf	Singende Engel .	90,–	90,–	
		Satz (2 W.)	140,–	130,–	300,–

1951, 22. April. 100. Todestag des Komponisten Albert Lortzing (1801 bis 1851). Wz. 2. [27,5×33]

74	20 Pf	A. Lortzing	60,–	55,–	160,–

1951, 1. Mai. Freiheitsglocke, Klöppel links. Wz. 2. [27,5×33]

75	5 Pf	dunkelbraun	2,50	8,–	
76	10 Pf	schwarzblaugrün . .	18,–	25,–	
77	20 Pf	karminrot	10,–	25,–	
78	30 Pf	preußischblau	60,–	90,–	
79	40 Pf	schwärzlichlilapurpur	15,–	60,–	
		Satz (5 W.)	100,–	200,–	2700,–

1951, 7. Okt. Tag der Briefmarke. Wz. 2. [27,5×33]

80	10+3 Pf	schwärzlichgrün .	26,–	30,–	
81	20+2 Pf	bräunlichrot	30,–	40,–	
		Satz (2 W.)	55,–	70,–	130,–

1951, 23. Dez./1952, 27. Jan. Freiheitsglocke, Klöppel rechts. Wz. 2. [27,5×33]

			✶✶	⊙	FDC
82	5 Pf	schwärzlichbraunoliv	2,50	2,50	250,–
83	10 Pf	dunkelolivgrün	6,50	5,–	120,–
84	20 Pf	rot	22,–	20,–	120,–
85	30 Pf	schwärzlichviolett-ultramarin	60,–	50,–	250,–
86	40 Pf	dunkellilarot	22,–	20,–	250,–
		Satz (5 W.)	110,–	90,–	

1952, 26. März. 125. Todestag des Komponisten Ludwig van Beethoven (1770–1827). [27,5×33]

87	30 Pf	Gesichtsmaske	45,–	30,–	120,–

1952, 20. Juni. Vorolympische Festtage. Wz. 2. [27,5×33]

88	4 Pf	mittelbraunorange .	1,–	2,50	
89	10 Pf	smaragdgrün (Töne)	12,–	17,–	
90	20 Pf	zinnoberrot	18,–	26,–	
		Satz (3 W.)	30,–	45,–	100,–

1952, 12. Okt./1953, 24. Juni. Berühmte Männer. Wz. 1. [27,5×33]

			✶✶	⊙	FDC
91	4 Pf	Carl Friedrich Zelter (1758–1832)	–,70	–,70	120,–
92	5 Pf	Otto Lilienthal (1848–1896)	1,20	–,70	35,–
93	6 Pf	Walther Rathenau (1867–1922)	7,–	10,–	60,–
94	8 Pf	Theodor Fontane (1819–1898)	2,50	3,–	50,–
95	10 Pf	Adolph von Menzel (1815–1905)	3,50	–,70	70,–
96	15 Pf	Dr. Rudolf Virchow (1821–1902)	18,–	18,–	50,–
97	20 Pf	Werner von Siemens (1816–1892)	3,–	1,–	30,–
98	25 Pf	Karl Friedrich Schinkel (1781–1841) .	50,–	8,–	30,–
99	30 Pf	Max Planck (1858–1947)	20,–	10,–	50,–
100	40 Pf	Wilhelm von Humboldt (1767–1835)	30,–	3,–	30,–
		Satz (10 W.)	130,–	50,–	

1953, 28. Juli/9. Okt. Freiheitsglocke, Klöppel Mitte. Wz. 1. [27,5×33]

101	5 Pf	dunkelockerbraun .	1,30	1,30	55,–
102	10 Pf	schwärzlichopalgrün	2,50	2,–	65,–
103	20 Pf	zinnoberrot	7,–	4,–	100,–
104	30 Pf	dunkelkobalt	15,–	15,–	100,–
105	40 Pf	schwärzlichpurpurviolett	65,–	35,–	150,–
		Satz (5 W.)	90,–	55,–	

1953, 9. Aug. Kaiser-Wilhelm-Gedächtniskirche. Wz. 1. [27,5×33]

Vor der Zerstörung

106	4+ 1 Pf	dunkelsiena ..	–,50	20,–	60,–
107	10+ 5 Pf	schwarzgelblichgrün ...	1,50	55,–	150,–

Nach der Zerstörung

			✱✱	⊙	FDC
108	20+10 Pf	lebhaft-lilakarmin	4,–	55,–	150,–
109	30+15 Pf	schwarzkobalt	20,–	100,–	180,–
		Satz (4 W.)	26,–	230,–	400,–

1953, 17. Aug. Volksaufstand am 17. Juni. Wz. 1. [27,5×33]

110	20 Pf	Kettensprengende Hände	10,–	2,–	
111	30 Pf	Brandenburger Tor	40,–	38,–	
		Satz (2 W.)	50,–	40,–	70,–

1953, 29. Aug./1954, 22. Jan. Berliner Bauten. Wz. 1. [26×21,5]

112	4 Pf	Ausstellungshallen	6,–	5,–	25,–
113	20 Pf	Olympiastadion ...	65,–	3,–	35,–
		Satz (2 W.)	70,–	8,–	

MiNr. 114 fällt aus.

1954, 18. Jan. Tod des Regierenden Bürgermeisters Dr. Ernst Reuter (1889–1953). Wz. 1. [33×27,5]

115	20 Pf	Dr. E. Reuter	15,–	2,–	15,–

1954, 25. Jan. Viermächtekonferenz. Wz. 1. [33×27,5]

116	20 Pf	Kleistpark	10,–	5,50	24,–

1954, 11. Mai. 100. Geburtstag des Erfinders der Linotype-Setzmaschine Ottmar Mergenthaler (1854–1899). Wz. 1. [33×27,5]

117	10 Pf	O. Mergenthaler ..	4,–	3,–	18,–

1954, 17. Juli. Wahl des Bundespräsidenten, MiNr. 103 mit Aufdruck. [27,5×33]

118	20 Pf	Freiheitsglocke ...	6,–	6,–	60,–

1954, 20. Juli. 10. Jahrestag der Erhebung gegen Hitler. Wz. 1. [27,5×33]

			✱✱	⊙	FDC
119	20 Pf	Denkmalausschnitt	7,–	5,–	20,–

1954, 4. Aug. Briefmarkenausstellung. Wz. 1. [27,5×33]

120	20+10 Pf	Preußischer Postillion	18,–	35,–	60,–

1954, 10. Aug. Berliner Bauten. Wz. 1. [26×21,5]

121	7 Pf	Ausstellungshallen	7,50	2,–	400,–
122	40 Pf	Amerika-Bibliothek	13,–	4,–	50,–
123	70 Pf	Jagdschloss Grunewald	120,–	25,–	1700,–
		Satz (3 W.)	130,–	30,–	

1954, 18. Sept. 5. Todestag des Komponisten Richard Strauss (1864 bis 1949). Wz. 1. [27,5×33]

124	40 Pf	R. Strauss	12,–	4,50	30,–

1954, 25. Sept. August Borsig; Industrieausstellung. Wz. 1. [33×27,5]

125	20 Pf	Schmiedegruppe .	9,–	2,20	15,–

1955, 12. März. Motorschiff BERLIN. Wz. 1. [33×27,5]

126	10 Pf	dkl'grünlichblau ..	1,50	1,–	
127	25 Pf	violettultramarin ..	9,–	4,50	
		Satz (2 W.)	10,–	5,50	15,–

1955, 17. Sept. 1. Todestag des Dirigenten Wilhelm Furtwängler (1886–1954). [27,5×33]

Nr.			✱✱	⊙	FDC
128	40 Pf	W. Furtwängler . . .	25,–	25,–	35,–

1955, 17. Okt. Bundestag in Berlin. Wz. 3. [27,5×33]

Nr.			✱✱	⊙	FDC
129	10 Pf	Bundesadler mit . .	1,–	1,–	
130	20 Pf	Wappen von Berlin	6,–	11,–	
		Satz (2 W.)	7,–	12,–	20,–

1955, 27. Okt. Tag der Briefmarke. Wz. 3. [27,5×33]

Nr.			✱✱	⊙	FDC
131	25+10 Pf	Preuß. Postillion	7,50	18,–	26,–

1955, 26. Nov. 25 Jahre Bistum Berlin. Wz. 3. [26×43]

Nr.			✱✱	⊙	FDC
132	7+ 3 Pf	Hl. Otto (1062–1139) . .	1,–	3,–	
133	10+ 5 Pf	Hl. Hedwig (1174–1243) . .	1,50	3,50	
134	20+10 Pf	Hl. Petrus	2,–	4,–	
		Satz (3 W.) . . .	4,50	10,–	20,–

1956, 1. März. Berliner Stadtbilder. Wz. 3. [21,5×26]

Nr.			✱✱	⊙	FDC
135	7 Pf	Funkturm	10,–	3,–	120,–
		ETB		50,–	

1956, 16. März. Bundesrat in Berlin. Wz. 3. [27,5×33]

Nr.			✱✱	⊙	FDC
136	10 Pf	Bundesadler mit . .	1,50	1,–	
137	25 Pf	Wappen von Berlin	5,–	5,–	
		Satz (2 W.)	6,50	6,–	30,–
		ETB		32,–	

1956, 12. Mai. 100 Jahre Verein Deutscher Ingenieure. Wz. 3. [27,5×33]

Nr.			✱✱	⊙	FDC
138	10 Pf	schwarzgrün	2,50	2,–	
139	20 Pf	dunkelbräunlichrot	4,50	6,–	
		Satz (2 W.)	7,–	8,–	30,–
		ETB		32,–	

1956, 22. Juni/1962, 8. März. Berliner Stadtbilder. Wz. 3. [26×21,5, 21,5×26, 27,5×33, 33×27,5]

			✶✶	⊙	FDC	ETB
140	1 Pf	Brandenburger Tor				
w		normales Papier	–,30	–,30	12,–	5,50
y		fluoresz. Papier	–,30	–,30	6,50	
141	5 Pf	Landespostdirektion	–,30	–,30	12,–	6,50
142	7 Pf	Funkturm, Ausstellungshallen	–,30	–,30	17,–	12,–
143	8 Pf	Rathaus Neukölln	–,60	–,50	24,–	14,–
144	10 Pf	Kaiser-Wilhelm-Gedächtniskirche	–,30	–,30	24,–	18,–
145	15 Pf	Luftbrückendenkmal	–,60	–,30	34,–	18,–
146	20 Pf	Freie Universität	–,60	–,30	24,–	17,–
147	25 Pf	Lilienthaldenkmal	–,60	–,60	55,–	20,–
148	30 Pf	Schloss Pfaueninsel	1,20	1,20	50,–	14,–
149	40 Pf	Schloss Charlottenburg	12,–	10,–	70,–	30,–
150	50 Pf	Kraftwerk Reuter	1,20	1,20	250,–	30,–
151	60 Pf	IHK, Börse	1,20	1,20	200,–	16,–
152	70 Pf	Schillertheater	25,–	16,–	450,–	44,–
153	1 DM	Standbild Großer Kurfürst	2,50	3,–	600,–	360,–
154	3 DM	Kongresshalle	6,–	22,–	600,–	50,–
		Satz (15 W.)	50,–	55,–		

1956, 9. Aug. Hilfe für Hochwassergeschädigte. Aufdruck. [27,5×33]

			✶✶	⊙	FDC
155	20+10 Pf	Freiheitsglocke	5,–	5,50	30,–
		ETB		20,–	

1956, 3. Sept. 10. Todestag des Komponisten Paul Lincke (1866 bis 1946). Wz. 3. [33×27,5]

156	20 Pf	P. Lincke	3,–	3,60	15,–
		ETB		15,–	

1956, 15. Sept. Industrieausstellung. Wz. 3. [26×43]

157	25 Pf	Antennenmasten	9,–	12,–	24,–
		ETB		19,–	

1956, 26. Okt. Tag der Briefmarke. Wz. 3. [27,5×33]

			✶✶	⊙	FDC
158	25+10 Pf	Brandenburgischer Postreiter	4,–	4,50	16,–
		ETB		10,–	

1957, 7. März. 725 Jahre Stadt Spandau. Wz. 3. [33×27,5]

159	20 Pf	Spandau (um 1850)	–,80	1,–	8,50
		ETB		5,50	

1957, 27. April/6. Juli. Bauausstellung INTERBAU. Wz. 3. [33×27,5]

160	7 Pf	Hansaviertel	–,50	–,50	5,–
161	20 Pf	Ausstellungsgelände	1,–	1,–	6,–
162	40 Pf	Kongresshalle	2,50	3,–	9,–
		Satz (3 W.)	4,–	4,50	
		ETB (mit MiNr. 160, 162)		7,–	
		ETB (mit MiNr. 161)		3,80	

1957, 22. Juni/1959, 6. Mai. Berühmte Männer. Wz. 3. [27,5×33]

			✶✶	⊙	FDC	ETB
163	7 Pf	Theodor Mommsen (1817–1903)	–,30	–,30	5,–	–,90
164	8 Pf	Heinrich Zille (1858–1929)	–,30	–,30	6,–	–,90
165	10 Pf	Dr. Ernst Reuter (1889–1953)	–,30	–,30	8,–	–,70
166	15 Pf	Fritz Haber (1868–1934)	–,50	1,–	9,–	3,40
167	20 Pf	Friedr. Schleiermacher (1768–1834)	–,30	–,30	10,–	–,90
168	20+10 Pf	Dr. Ludwig Heck (1860–1951)	1,–	1,20	7,50	3,40
169	25 Pf	Max Reinhardt (1873–1943)	1,20	1,40	10,–	3,40
170	30 Pf	Friedr. K. von Savigny (1779–1861)	3,–	3,50	15,–	8,50
171	40 Pf	Alex. von Humboldt (1769–1859)	1,20	1,40	8,–	2,50
172	50 Pf	Christian D. Rauch (1777–1857)	6,–	9,–	15,–	8,50
		Satz (10 W.)	14,–	18,–		

1957, 6. Aug. Ostdeutscher Kulturrat. Wz. 3. [26×43]

			✶✶	⊙	FDC
173	25 Pf	Uta von Naumburg	1,20	1,50	9,–
		ETB		4,20	

1957, 15. Okt. Bundestag in Berlin. Wz. 3. [27,5×33]

174	10 Pf	Inschrift,	1,50	1,50	
175	20 Pf	Bundesadler	4,50	4,50	
		Satz (2 W.)	6,–	6,–	13,–
		ETB		6,–	

1957, 23. Okt. Tag der Briefmarke. Wz. 3. [27,5×33]

176	20 Pf	Postillion der Reichspost	1,40	1,50	5,50
		ETB		3,20	

1957, 28. Okt. Weltfrontkämpferkongress. Wz. 3. [33×27,5]

			✶✶	⊙	FDC
177	20 Pf	Emblem	1,50	1,–	5,50
		ETB		2,–	

1957, 30. Nov. Müttergenesungswerk. Wz. 3. [33×27,5]

178	20+10 Pf	Elly Heuss-Knapp (1881–1952)	2,–	3,40	5,50
		ETB		3,40	

1958, 13. Aug. Katholikentag. Wz. 3. [27,5×33]

179	10 Pf	Werbeplakat	–,70	–,80	1,60
180	20 Pf	Werbeplakat	1,30	2,–	2,40
		Satz (2 W.)	2,–	2,80	4,50
		ETB		3,40	

1958, 30. Aug. 1. Todestag des Berliner Bürgermeisters Dr. Otto Suhr (1894–1957). Wz. 3. [33×27,5]

181	20 Pf	Dr. O. Suhr	1,50	2,20	4,50
		ETB		2,50	

1959, 31. Jan./22. Mai. 1. Bundespräsident Prof. Dr. Theodor Heuss (1884–1963). Wz. 3. [21,5×26]

			★★	⊙	FDC
182	7 Pf	bläulichgrün	–,40	–,50	22,–
183	10 Pf	smaragdgrün	–,40	–,50	7,50
184	20 Pf	rötlichkarmin	–,70	–,50	7,50
185	40 Pf	blau	3,–	6,–	40,–
186	70 Pf	dunkelblauviolett .	11,–	14,–	60,–
		Satz (5 W.)	15,–	20,–	

1959, 14. Febr. Berliner Bauten. MiNr.∫143 in Farbänderung. Wz. 3. [21,5×26]

187	8 Pf	dunkelzinnober	–,40	–,50	16,–

1959, 12. Mai. Luftbrücke Berlin. Wz. 3. [27,5×33]

188	25 Pf	Luftkorridor	–,80	–,60	16,–

1959, 18. Juni. Kommunaler Weltkongress. Wz. 3. [33×27,5]

189	20 Pf	Brandenburger Tor	1,10	–,60	4,50

1959, 10. Nov. 200. Geburtstag des Dichters Friedrich von Schiller (1759–1805). Wz. 3. [33×27,5]

190	20 Pf	F. von Schiller	–,50	–,60	5,50

1960, 27. Mai. 50. Todestag des Bakteriologen Robert Koch (1843 bis 1910). Wz. 3. [33×27,5]

191	20 Pf	R. Koch	–,50	–,60	4,50

1960, 30. Juni. 2. Todestag des Berliner Bürgermeisters Walther Schreiber (1884–1958). Wz. 3. [33×27,5]

192	20 Pf	W. Schreiber	–,70	–,90	4,50

1960, 15. Sept. Ferienplätze für Berliner Kinder. Wz. 3. [27,5×33]

			★★	⊙	FDC
193	7+ 3 Pf	Junge am Fenster	–,30	–,40	
194	10+ 5 Pf	Schulmädchen	–,30	–,40	
195	20+10 Pf	Mädchen mit Blume	–,70	–,70	
196	40+20 Pf	Junge am Strand	1,70	4,50	
		Satz (4 W.) ...	2,80	6,–	12,–

1961, 16. Febr. 10. Todestag des Gewerkschaftsführers Hans Böckler (1875–1951). Wz. 3. [27,5×33]

197	20 Pf	H. Böckler	–,40	–,50	3,50

1961, 3. Juni. 4. Todestag der Berliner Bürgermeisterin Louise Schroeder (1887–1957). Wz. 3. [33×27,5]

198	20 Pf	L. Schroeder	–,50	–,50	3,50

1961, 15. Juni/1962, 12. April. Bedeutende Deutsche. Wz. 3. [21,5×26]

199	5 Pf	Albertus Magnus (1193–1280)	–,30	–,30	1,30
200	7 Pf	Hl. Elisabeth v. Thür. (1207–1231)	–,30	–,50	1,30
201	8 Pf	Johannes Gutenberg (1400–1468)	–,30	–,50	1,30
202	10 Pf	Albrecht Dürer (1471–1528)	–,30	–,30	1,30
203	15 Pf	Martin Luther (1483–1546)	–,30	–,50	1,30
204	20 Pf	Johann Sebastian Bach (1685–1750) .	–,30	–,30	2,—
205	25 Pf	Joh. Balthasar Neumann (1687–1753)	–,30	–,50	2,20

			★★	⊙	FDC
206	30 Pf	Immanuel Kant (1724–1804)	–,40	–,70	2,20
207	40 Pf	Gotthold Ephraim Lessing (1729–1781)	–,70	1,30	3,–
208	50 Pf	Joh. Wolfgang von Goethe (1749–1832)	–,50	1,30	3,50
209	60 Pf	Friedrich v. Schiller (1759–1805)	–,50	1,50	4,–
210	70 Pf	Ludwig van Beethoven (1770–1827)	–,70	1,50	4,–
211	80 Pf	Heinrich von Kleist (1777–1811)	6,–	10,–	18,–
212	1 DM	Annette v. Droste-Hülshoff (1797–1848)	5,–	5,50	10,–
213	2 DM	Gerhart Hauptmann (1862–1946)	5,–	6,50	11,–
		Satz (15 W.)	20,–	30,–	

MiNr. 214 fällt aus.

1961, 19. Juli. Evangelischer Kirchentag. Wz. 3. [33×27,5]

215	10 Pf	Marienkirche	–,30	–,30	
216	20 Pf	Kaiser-Wilhelm-Gedächtniskirche .	–,30	–,30	
		Satz (2 W.)	–,50	–,50	2,50

1961, 3. Aug. Rundfunk-, Fernseh- und Phonoausstellung. Wz. 3. [26×43]

217	20 Pf	Bär mit Fernsehschirm und Schallplatte ..	–,40	–,50	5,–

1962, 27. Juni/1963, 6. Dez. Alt-Berlin. Wz. 3. [33×27,5]

			★★	⊙	FDC
218	7 Pf	Die Linden (um 1650)	–,30	–,30	5,50
219	10 Pf	Waisenbrücke (1783)	–,30	–,30	5,50
220	15 Pf	Mauerstraße (um 1780)	–,30	–,30	5,50
221	20 Pf	Berliner Schloss (1703)	–,30	–,30	5,50
222	25 Pf	Potsdamer Platz (um 1825)	–,30	–,30	5,50
223	40 Pf	Schloss Bellevue (um 1800)	–,30	–,50	5,50
224	50 Pf	Fischerbrücke (um 1830)	–,50	–,50	5,50
225	60 Pf	Hallesches Tor (1880)	–,60	–,60	5,50
226	70 Pf	Parochialkirche (um 1780)	–,60	–,60	8,–
227	80 Pf	Universität (um 1825)	–,70	–,90	8,–
228	90 Pf	Opernhaus (um 1780)	1,–	1,–	8,–
229	1 DM	Grunewaldsee (1790)	1,10	1,50	11,–
		Satz (12 W.)	6,–	6,50	

1962, 12. Sept. 50 Jahre Luftpostbeförderung. Wz. 3. [33×27,5]

230	60 Pf	Euler-Flugzeug „Gelber Hund“ und Boeing 707	1,–	–,70	3,–

1963, 1. März. Berliner Stadtbilder. Wz. 3. [26×21,5]

231	3 Pf	Brandenburger Tor	–,40	–,40	1,50

1963, 24. Juli. Funkausstellung. [27,5×33]

232	20 Pf	Berliner Bär mit Funkturm	–,40	–,40	1,30

1964, 30. Mai. 700 Jahre Schöneberg. Wz. 3. [27,5×33]

233	20 Pf	Rathaus	–,40	–,40	1,50

1964, 1. Juli. Wiederwahl von Dr. h. c. Heinrich Lübke zum Bundespräsidenten (1894–1972). [27,5×33]

			✶✶	⊙	FDC
234	20 Pf	lebhaftlilarot	-,30	-,30	
235	40 Pf	(lebhaft)blau	-,50	-,50	
		Satz (2 W.)	-,70	-,70	2,40

1964, 19. Sept. Hauptstadt Berlin. [33×27,5]

236	20 Pf	Reichstags-gebäude	-,50	-,50	1,—

1964, 6. Okt. Wohlfahrt: Märchen. [33×27,5]

237	10+ 5 Pf	Szenen aus dem Märchen „Dornröschen“	-,30	-,30	
238	15+ 5 Pf		-,30	-,30	
239	20+10 Pf		-,50	-,40	
240	40+20 Pf		-,70	1,20	
		Satz (4 W.)	1,60	2,20	5,—

1964, 21. Nov. 1. Todestag des amerikanischen Präsidenten John F. Kennedy (1917–1963). Wz. 3. [27,5×33]

241	40 Pf	John F. Kennedy	-,60	-,70	1,60

1964, 15. Dez./1965, 29. Mai. Bauwerke. [21,5×26]

			✶✶	⊙	FDC
242	10 Pf	Zwinger, Dresden	-,30	-,30	1,20
243	15 Pf	Schloss Tegel, Berlin	-,30	-,30	1,60
244	20 Pf	Torhalle Lorsch, Hessen	-,30	-,30	1,20
245	40 Pf	Burg Trifels, Pfalz	-,70	1,50	4,—
246	50 Pf	Schloss Ellwangen, Jagst	1,50	2,—	9,—
247	60 Pf	Treptower Tor, Neubrandenburg	1,—	1,50	4,20
248	70 Pf	Osthofentor, Soest	2,—	4,50	13,—
249	80 Pf	Ellinger Tor, Weißenburg	2,—	2,—	13,—
		Satz (8 W.)	8,—	12,—	

1965, 1. April. Jugend: Niederwild. [33×27,5]

250	10+ 5 Pf	Waldschnepfe	-,20	-,30	
251	15+ 5 Pf	Jagdfasan	-,20	-,30	
252	20+10 Pf	Birkhahn	-,20	-,30	
253	40+20 Pf	Auerhahn	-,40	1,—	
		Satz (4 W.)	1,—	1,80	4,—

1965, 28. Aug./1966, 18. Nov. Das neue Berlin. [27,5×33, 33×27,5]

254	10 Pf	Kaiser-Wilhelm-Gedächtniskirche	-,30	-,30	1,—
255	15 Pf	Deutsche Oper	-,30	-,30	1,—
256	20 Pf	Philharmonie	-,30	-,30	1,—
257	30 Pf	Jüdisches Gemeindehaus	-,30	-,30	1,—
258	40 Pf	Gedenkstätte Regina Martyrum	-,30	-,30	1,—

			**	⊙	FDC
259	50 Pf	Ernst-Reuter-Platz	–,30	–,40	1,60
260	60 Pf	Europa-Center . . .	–,40	–,50	1,60
261	70 Pf	Technische Universität	–,60	–,60	2,–
262	80 Pf	Stadtautobahn . . .	–,60	–,60	2,—
263	90 Pf	Planetarium und Sternwarte	–,70	1,—	2,60
264	1 DM	Fernmeldeturm Schäferberg	–,70	1,20	3,50
265	1,10 DM	Universitätsklinikum Steglitz .	–,70	1,30	5,–
		Satz (12 W.) . .	5,–	7,–	

1965, 6. Okt. Wohlfahrt: Märchen. [33×27,5]

			**	⊙	FDC
266	10+ 5 Pf	Szenen aus dem Märchen „Aschenputtel"	–,20	–,30	
267	15+ 5 Pf		–,20	–,30	
268	20+10 Pf		–,20	–,30	
269	40+20 Pf		–,40	1,–	
		Satz (4 W.) . . .	1,–	1,80	4,–

1966, 7. Jan./1969, 26. März. Bauwerke. [23×27,5]

			**	⊙	FDC
270	5 Pf	Berliner Tor, Stettin	–,30	–,30	1,–
271	8 Pf	Pfalzgrafenstein im Rhein bei Kaub . . .	–,30	–,30	1,80
272	10 Pf	Zwinger, Dresden .	–,30	–,30	1,–
273	20 Pf	Torhalle Lorsch, Hessen	–,30	–,30	1,–
274	30 Pf	dunkelolivgrün, Nordertor, Flensburg	–,30	–,30	1,70
275	30 Pf	rot, Nordertor, Flensburg	–,30	–,30	2,40
276	40 Pf	Burg Trifels, Pfalz .	–,70	1,—	2,–
277	50 Pf	Schloss Ellwangen, Jagst	–,50	–,60	1,80
278	60 Pf	Treptower Tor, Neubrandenburg .	2,–	2,50	5,–
279	70 Pf	Osthofentor, Soest	1,—	1,—	2,–
280	80 Pf	Ellinger Tor, Weißenburg	1,30	2,50	3,—
281	90 Pf	Damenstift, Königsberg	–,70	1,—	5,–
282	1 DM	Melanchthonhaus, Wittenberg	–,70	1,—	2,50
283	1,10 DM	Trinitatishospital, Hildesheim . .	1,80	1,80	3,—
284	1,30 DM	Schloss Tegel, Berlin	3,–	3,–	5,–
285	2 DM	Bürgerhalle Rathaus Löwenberg, Schlesien	3,–	2,50	6,–
		Satz (16 W.)	16,–	18,–	

1966, April/1967, 14. April. Brandenburger Tor Berlin. [21,5×26]

			**	⊙	FDC
286	10 Pf	schwarzsiena . . .	–,30	–,30	1,20
287	20 Pf	schwarzsmaragdgrün	–,30	–,30	1,20
288	30 Pf	dunkelrosa	–,30	–,30	
289	50 Pf	indigo	–,70	–,50	4,–
290	100 Pf	dunkelpreußischblau	6,–	6,50	10,–
		Satz (5 W.)	7,50	7,50	

1966, 22. April. Jugend: Hochwild. [33×27,5]

			**	⊙	FDC
291	10+ 5 Pf	Rehbock	–,30	–,30	
292	20+10 Pf	Gemse	–,30	–,30	
293	30+15 Pf	Damhirsch . . .	–,30	–,40	
294	50+25 Pf	Rothirsch	–,60	1,—	
		Satz (4 W.) . . .	1,30	2,—	5,50

1966, 5. Okt. Wohlfahrt: Märchen. [33×27,5]

			✶✶	⊙	FDC
295	10+ 5 Pf	Szenen aus dem Märchen „Der Froschkönig“	–,30	–,30	
296	20+10 Pf		–,30	–,30	
297	30+15 Pf		–,50	–,30	
298	50+25 Pf		–,50	1,–	
		Satz (4 W.) . . .	1,40	1,80	4,–

1967, 4. April. Jugend: Pelztiere. [33×27,5]

299	10+ 5 Pf	Wildkaninchen	–,30	–,30	
300	20+10 Pf	Wiesel	–,30	–,30	
301	30+15 Pf	Hamster	–,50	–,40	
302	50+25 Pf	Rotfuchs	1,20	1,80	
		Satz (4 W.) . . .	2,20	2,80	6,50

1967, 21. Juni/17. Nov. Berliner Kunstschätze. [27,5×33, 26×43]

303	10 Pf	Männerbüste (Meit)	–,30	–,30	–,60
304	20 Pf	Der große Kurfürst (Schlüter)	–,30	–,30	1,–
305	30 Pf	Evangelist Markus (Riemenschneider)	–,30	–,30	1,–
306	50 Pf	Kopf der Viktoria (Schadow)	–,50	–,50	1,40
307	1 DM	Madonna (Feuchtmeyer) . . .	1,–	1,–	2,40
308	1,10 DM	Christus und Johannes	1,50	2,–	4,–
		Satz (6 W.) . . .	3,50	4,–	

1967, 19. Juli. Funkausstellung. [27,5×33]

309	30 Pf	Funkturm, Bildschirm	–,40	–,50	1,20

1967, 3. Okt. Wohlfahrt: Märchen. [33×27,5]

			✶✶	⊙	FDC
310	10+ 5 Pf	Szenen aus dem Märchen „Frau Holle“	–,30	–,30	
311	20+10 Pf		–,30	–,30	
312	30+15 Pf		–,30	–,50	
313	50+25 Pf		–,70	1,–	
		Satz (4 W.) . . .	1,50	2,–	6,–

1967, 14. Okt. 2. Wiederwahl von Dr. h.c. Heinrich Lübke zum Bundespräsidenten (1894–1972). [27,5×33]

314	30 Pf	lebhaftlilarot	–,30	–,30	
315	50 Pf	blau	–,50	–,60	
		Satz (2 W.)	–,70	–,80	2,–

1968, 2. Febr. Jugend: Vom Aussterben bedrohte Tiere. [33×27,5]

316	10+ 5 Pf	Wildkatze	–,30	–,60	
317	20+10 Pf	Fischotter	–,40	–,60	
318	30+15 Pf	Dachs	–,70	1,20	
319	50+25 Pf	Biber	2,20	2,60	
		Satz (4 W.) . . .	3,60	5,–	8,–

1968, 16. März. 500 Jahre Kammergericht Berlin. [27,5×33]

320	30 Pf	Altes Kammergericht	–,40	–,50	1,20

1968, 29. April. Deutsches Turnfest. [27,5×33]

321	20 Pf	Emblem	–,40	–,50	1,–

1968, 3. Okt. Wohlfahrt: Puppen. [27,5×33]

			★★	⊙	FDC
322	10+ 5 Pf	Puppe (um 1878)	–,30	–,30	
323	20+10 Pf	Puppe (um 1850)	–,30	–,30	
324	30+15 Pf	Puppe (um 1870)	–,30	–,30	
325	50+25 Pf	Puppe (um 1885)	–,50	1,–	
		Satz (4 W.) . . .	1,30	1,80	4,50

1969, 6. Febr. Jugend: Pferde. [33×27,5]

326	10+ 5 Pf	Pony	–,30	–,40	
327	20+10 Pf	Kaltblut	–,40	–,70	
328	30+15 Pf	Warmblut	–,60	1,–	
329	50+25 Pf	Vollblut	1,60	2,–	
		Satz (4 W.) . . .	2,80	4,–	5,–

1969, 6. Febr./24. Okt. Berliner des 19. Jahrhunderts. [33×27,5, 27,5×33]

330	5 Pf	Droschken-kutscher	–,30	–,30	1,–
331	10 Pf	Zeitungsverkäufer .	–,30	–,30	1,–
332	10 Pf	Pferdeomnibus . . .	–,30	–,30	1,–
333	20 Pf	Schusterjunge	–,30	–,30	1,–
334	20 Pf	Schuster	–,30	–,30	1,–
335	30 Pf	Borsigschmiede . .	–,70	–,50	1,50
336	30 Pf	Berlinerinnen	–,70	–,50	1,50
337	50 Pf	Am Brandenburger Tor	2,–	2,40	4,50
		Satz (8 W.)	4,50	4,50	

1969, 4. Juni. 125 Jahre Berliner Zoo. [99×74, 33×27,5]

			★★	⊙	FDC
338	10 Pf	Orang-Utan-Familie	–,60	–,60	
339	20 Pf	Krauskopf-Pelikane	–,60	–,60	
340	30 Pf	Gaur mit Kalb	–,60	–,60	
341	50 Pf	Zebra mit Fohlen .	–,60	–,60	
		Block 2 (99×74 mm)	2,50	2,50	4,50

1969, 21. Juli. Weltkongress des Postpersonals. [27,5×33]

342	10 Pf	Briefträger	–,30	–,30	
343	20 Pf	Telefonistin	–,30	–,30	
344	30 Pf	Fernmelde-techniker	–,70	–,80	
345	50 Pf	Luftpostverladung	1,40	1,60	
		Satz (4 W.)	2,50	3,–	3,–

1969, 12. Sept. 200. Geburtstag des Naturforschers Alexander von Humboldt (1769–1859). [27,5×33]

346	50 Pf	A. von Humboldt .	1,20	1,60	3,–

1969, 12. Sept. 100 Jahre Hochschule für Musik. [27,5×33]

347	30 Pf	Joseph Joachim, Violinvirtuose (1831–1907)	–,70	–,60	1,30

1969, 2. Okt. Wohlfahrt: Zinnfiguren. [27,5×33]

			★★	⊙	FDC
348	10+ 5 Pf	Postwagen . . .	–,30	–,30	
349	20+10 Pf	Bäuerin	–,30	–,30	
350	30+15 Pf	Marktfrau	–,50	–,50	
351	50+25 Pf	Postreiter	1,30	1,30	
		Satz (4 W.) . . .	2,–	2,20	4,–

1969, 13. Nov. Weihnachten. [27,5×33]

352	10+5 Pf	Hl. Drei Könige .	–,50	–,40	1,30

1970, 7. Jan. 150. Geburtstag des Dichters Theodor Fontane (1819 bis 1898). [27,5×33]

353	20 Pf	Th. Fontane	–,50	–,40	1,30

1970, 5. Febr. Jugend: Minnesänger. [27,5×33]

354	10+ 5 Pf	Heinrich von Stretlingen . . .	–,30	–,30	
355	20+10 Pf	Meinloh von Sevelingen . . .	–,50	–,60	
356	30+15 Pf	Burkhart von Hohenfels	–,70	–,80	
357	50+25 Pf	Albrecht von Johannesdorf .	1,60	1,90	
		Satz (4 W.) . . .	3,—	3,50	5,–

1970, 18. Juni. Internationale Filmfestspiele. [27,5×33]

358	30 Pf	Filmstreifen	–,60	–,70	1,20

1970, 23. Juli/1971, 8. April. Bundespräsident Dr. h. c. Gustav Heinemann (1899–1976). [23×27,5]

			★★	⊙	FDC
359	5 Pf	schwarzgrau	–,30	–,30	1,20
360	8 Pf	olivbraun	–,80	1,–	1,70
361	10 Pf	rötlichbraun	–,30	–,30	1,50
362	20 Pf	schwärzlichgrün .	–,30	–,30	1,50
363	30 Pf	dunkelbräunlich-rot	1,–	–,50	1,50
364	40 Pf	dunkelrotorange .	–,70	–,30	1,50
365	50 Pf	dunkelblau	–,70	–,30	1,50
366	70 Pf	schwärzlichviolett-braun	–,80	–,60	2,20
367	80 Pf	schwarzgrünblau	1,–	1,–	2,20
368	90 Pf	dunkelmagenta . .	2,–	2,20	5,–
369	1 DM	bräunlicholiv	1,–	–,70	8,–
370	2 DM	dunkelblauviolett	2,20	1,50	7,–
		Satz (12 W.)	10,–	8,–	

MiNr. 371 fällt aus.

1970, 4. Sept. Berliner Festwochen. [27,5×33]

372	30 Pf	Farbgrafik	–,70	–,70	1,20

1970, 6. Okt. Wohlfahrt: Marionetten. [27,5×33]

373	10+ 5 Pf	Kasperl	–,30	–,30	
374	20+10 Pf	Polichinelle . . .	–,30	–,30	
375	30+15 Pf	Punch	–,70	–,60	
376	50+25 Pf	Pulcinella	1,20	1,40	
		Satz (4 W.) . . .	2,50	2,50	4,–

1970, 23. Okt. 175. Geburtstag des Historikers Leopold von Ranke (1795–1886). [27,5×33]

			✶✶	⊙	FDC
377	30 Pf	L. von Ranke	–,60	–,50	1,20

1970, 12. Nov. Weihnachten. [27,5×33]

378	10+5 Pf	Engel	–,40	–,40	1,20

1971, 18. Jan./3. Mai. Berliner Verkehrsmittel. [43×26]

379	5 Pf	Vorortbahn (1925) .	–,30	–,30	1,–
380	10 Pf	Straßenbahn (1890)	–,30	–,30	1,–
381	20 Pf	Pferdebahn (1880)	–,30	–,30	1,20
382	30 Pf	Stadtbahn (1932) .	–,50	–,50	1,20
383	50 Pf	Straßenbahn (1950)	2,–	1,80	3,–
384	1 DM	U-Bahn (1971) ..	2,50	2,50	4,–
		Satz (6 W.)	5,50	5,50	

1971, 18. Jan. 100. Jahrestag der Reichsgründung. [27,5×33]

385	30 Pf	Reichsadler	–,70	–,70	1,50

1971, 5. Febr. Jugend: Kinderzeichnungen. [33×27,5]

			✶✶	⊙	FDC
386	10+ 5 Pf	Fliege	–,40	–,40	
387	20+10 Pf	Fisch	–,40	–,40	
388	30+15 Pf	Stacheltier ...	–,60	–,70	
389	50+25 Pf	Hahn	1,60	1,70	
		Satz (4 W.) ...	3,–	3,20	5,–

1971, 21. Mai. 500. Geburtstag des Malers Albrecht Dürer (1471–1528). [27,5×33]

390	10 Pf	„Der Dudelsackpfeifer"	–,60	–,40	1,40

1971, 14. Juli. Internationale Funkausstellung. [27,5×33]

391	30 Pf	Fernmeldeturm ...	1,—	–,80	1,70

1971, 14. Juli. 250 Jahre Brandenburgische Konzerte. [43×26]

392	30 Pf	Musiknoten, J. S. Bach	1,–	–,80	1,70

1971, 25. Juni/1972, 8. März. Bundespräsident Dr. h. c. Gustav Heinemann (1899–1976). [23×27,5]

393	25 Pf	schwärzlicholivgrün	1,–	–,70	1,70
394	60 Pf	schwärzlichlilaultramarin	1,–	–,70	1,70
395	120 Pf	lebhaftbraunocker	1,50	1,20	2,50
396	160 Pf	lebhaftrötlichorange	2,50	2,50	4,–
		Satz (4 W.)	6,–	5,–	

1971, 27. Aug. 50 Jahre AVUS-Rennen. [99×74, 33×27,5]

			★★	⊙	FDC
397	10 Pf	Opel-Rennwagen (1921)	–,30	–,30	
398	25 Pf	Auto-Union-Rennwagen (1936)	–,30	–,30	
399	30 Pf	Mercedes-Benz-Rennwagen (1931)	–,50	–,30	
400	60 Pf	Mercedes-Benz- und Auto-Union-Rennwagen in der Nordkurve	–,80	–,80	
		Block 3 (99×74 mm)	2,—	1,80	4,—

1971, 27. Aug. 150. Geburtstag des Physikers Hermann von Helmholtz (1821–1894). [27,5×33]

			★★	⊙	FDC
401	25 Pf	H. von Helmholtz .	–,70	–,50	1,30

1971, 10. Sept./1974. Unfallverhütung. [21,5×26]

				★★	⊙	FDC
402	A	5 Pf	Brand durch Streichholz	–,30	–,40	1,30
403		10 Pf	Defekte Leiter			
	A		vierseitig gez. ...	–,30	–,30	1,30
	C		oben geschnitten	2,50	3,50	
	D		unten geschnitten	2,50	3,50	
404		20 Pf	Kreissäge			
	A		vierseitig gez. ...	–,30	–,30	1,30
	C		oben geschnitten	3,50	5,—	
	D		unten geschnitten	3,50	5,—	
405	A	25 Pf	Alkohol am Steuer	–,50	–,80	2,60
406		30 Pf	Schutzhelm			
	A		vierseitig gez. ...	–,50	–,60	1,90
	C		oben geschnitten	2,50	3,50	
	D		unten geschnitten	2,50	3,50	
407		40 Pf	Defekter Stecker			
	A		vierseitig gez. ...	–,50	–,70	2,20
	C		oben geschnitten	3,50	5,—	
	D		unten geschnitten	3,50	5,—	
408	A	50 Pf	Nagel im Brett ..	2,50	1,50	3,40
409	A	60 Pf	Ball vor Auto ...	2,50	3,—	4,50
410	A	100 Pf	Schwebende Last	2,50	1,50	4,50
411	A	150 Pf	Absicherung ...	7,50	9,—	13,—
			Satz A (10 W.) ..	17,—	18,—	

1971, 5. Okt. Wohlfahrt: Holzspielzeug. [27,5×33]

			★★	⊙	FDC
412	10+ 5 Pf	Kurbelmännchen	–,30	–,30	
413	25+10 Pf	Ritter zu Pferd	–,30	–,50	
414	30+15 Pf	Hampelmann .	–,70	–,70	
415	60+30 Pf	Fahrbare Schaukelamme	1,30	1,50	
		Satz (4 W.) ...	2,50	3,—	4,—

1971, 26. Okt. 100 Jahre Materialprüfung in Berlin. [27,5×33]

			★★	⊙	FDC
416	30 Pf	Mikroskop, Bruchgefüge	–,60	–,50	1,30

1971, 11. Nov. Weihnachten. [27,5×33]

			★★	⊙	FDC
417	10+5 Pf	Weihnachtsengel	–,50	–,40	1,—

1972, 4. Febr. Jugend: Tierschutz. [33×27,5]

			★★	⊙	FDC
418	10+ 5 Pf	Junge will Vogeleier nehmen ..	–,30	–,30	
419	25+10 Pf	Katzen sollen ertränkt werden	–,40	–,40	
420	30+15 Pf	Schäferhund wird geschlagen	–,70	–,70	
421	60+30 Pf	Nachts auf Tiere achten! .	1,50	1,70	
		Satz (4 W.) ...	2,80	3,—	7,—

1972, 4. Febr. 200. Geburtstag des Baumeisters Friedrich Gilly (1772 bis 1800). [27,5×33]

			✶✶	⊙	FDC
422	30 Pf	F. Gilly	–,70	–,50	1,30

1972, 14. April. Gemälde: Berliner Landschaften. [46×27,5]

423	10 Pf	Am Grunewaldsee	–,30	–,30	1,20
424	25 Pf	Am Wannsee	–,60	–,70	1,50
425	30 Pf	Am Schlachtensee	1,–	–,80	2,–
		Satz (3 W.)	1,80	1,60	2,50

1972, 18. Mai. 150. Todestag des Dichters Ernst Theodor Wilhelm Hoffmann (1776–1822). [27,5×33]

426	60 Pf	E. Th. W. Hoffmann	1,40	1,40	1,90

1972, 20. Juni/1973, 16. Jan. Bundespräsident Dr. h. c. G. Heinemann. [23×27,5]

427	15 Pf	olivbraun	–,30	–,40	1,30
428	110 Pf	olivschwarz	1,50	1,50	2,50
429	130 Pf	dunkelocker	2,–	2,—	3,50
430	140 Pf	schwärzlich-blaugrün	2,–	2,–	3,50
431	150 Pf	schwärzlichrosa-karmin	2,–	1,50	3,–
432	170 Pf	dunkelorange	2,–	2,20	3,50
433	190 Pf	dunkelbraun-karmin	2,50	2,40	3,80
		Satz (7 W.)	12,–	11,–	

1972, 18. Juli. 125. Geburtstag des Malers Max Liebermann (1847–1935). [27,5×33]

			✶✶	⊙	FDC
434	40 Pf	Max Liebermann	–,90	–,60	1,30

1972, 5. Okt. Wohlfahrt: Schachfiguren. [27,5×33]

435	20+10 Pf	Springer	–,50	–,50	
436	30+15 Pf	Turm	–,80	–,80	
437	40+20 Pf	Dame	2,50	2,50	
438	70+35 Pf	König	3,–	3,–	
		Satz (4 W.)	6,50	6,50	7,–

1972, 20. Okt. Tag der Briefmarke. [27,5×33]

439	20 Pf	Tiefdruckmaschine	–,80	–,40	1,10

1972, 10. Nov. 150. Todestag des Staatskanzlers Fürst von Hardenberg (1750–1822). [27,5×33]

440	40 Pf	Fürst v. Hardenberg	–,80	–,60	1,30

1972, 10. Nov. Weihnachten. [33×27,5]

441	20+10 Pf	Die Hl. Familie	–,70	–,60	1,30

1973, 6. Febr. Jugend: Greifvögel. [27,5×33]

442	20+10 Pf	Habicht	–,60	–,60	
443	30+15 Pf	Wanderfalke	–,80	–,90	
444	40+20 Pf	Sperber	1,20	1,30	
445	70+35 Pf	Steinadler	2,–	2,20	
		Satz (4 W.)	4,50	5,–	15,–

1973, 30. April/14. Sept. Berliner Straßenverkehrsmittel. [43×26]

			★★	⊙	FDC
446	20 Pf	Pferdeomnibus (1907)	–,50	–,40	1,20
447	20 Pf	Obus (1933)	–,50	–,40	1,20
448	30 Pf	Decksitzautobus (1919)	1,–	–,60	1,50
449	30 Pf	Doppeldeckautobus (1970)	1,50	–,60	1,50
450	40 Pf	Doppeldeckautobus (1925)	1,50	–,90	2,–
451	40 Pf	Standardautobus (1973)	1,50	–,90	2,–
		Satz (6 W.)	6,–	3,50	

1973, 25. Mai. 200. Geburtstag des Schriftstellers Ludwig Tieck (1773 bis 1853). [27,5×33]

452	40 Pf	L. Tieck	–,90	–,60	1,30

1973, 5. Juni. Unfallverhütung. [21,5×26]

453	70 Pf	Ball vor Auto	1,80	1,40	2,50

1973, 12. Juni. 200. Todestag des Komponisten und Flötisten Johann J. Quantz (1697–1773). [27,5×33]

454	40 Pf	Johann Quantz ...	1,–	–,80	1,50

1973, 23. Aug. 50 Jahre Deutscher Rundfunk. [148×105, 33×27,5]

			★★	⊙	FDC
455	20 Pf	Lautspr. (1924), Batterieempfänger (1926)	1,–	–,80	
456	30 Pf	Hans Bredow, Mikrophon (1924) .	1,–	1,–	
457	40 Pf	Fernsehgerät, Video-Kassetten-recorder	1,–	1,–	
458	70 Pf	Fernsehkamera ...	1,–	1,50	
		Block 4 (148×105 mm) ...	4,50	4,50	8,–

1973, 5. Okt. Wohlfahrt: Musikinstrumente. [27,5×33]

459	20+10 Pf	Drehleier (17. Jh.)	–,50	–,50	
460	30+15 Pf	Trommel (16. Jh.)	1,–	1,–	
461	40+20 Pf	Laute (18. Jh.) .	1,–	1,20	
462	70+35 Pf	Orgel (16. Jh.) .	1,60	1,80	
		Satz (4 W.) ...	4,–	4,50	5,–

1973, 9. Nov. Weihnachten. [27,5×33]

463	20+10 Pf	Weihnachtsstern	–,70	–,70	1,30

1974, 15. Febr. 275. Geburtstag des Baumeisters Georg W. von Knobelsdorff (1699–1753). [27,5×33]

464	20 Pf	G. W. von Knobelsdorff	–,50	–,40	1,30

1974, 15. Febr. 150. Geburtstag des Physikers Gustav Robert Kirchhoff (1824–1887). [33×27,5]

			✱✱	⊙	FDC
465	30 Pf	G. R. Kirchhoff . . .	–,50	–,50	1,30

1974, 17. April. 25. Jahrestag der Beendigung der Luftbrücke Berlin. [26×43]

466	90 Pf	Luftbrückendenkmal	3,–	2,–	2,80

1974, 17. April. 125. Geburtstag des Funktechnikers Adolf Slaby (1849–1913). [33×27,5]

467	40 Pf	A. Slaby	–,70	–,60	1,30

1974, 17. April. Jugend: Elemente internationaler Jugendarbeit. [27,5×33]

468	20+10 Pf	Jugend fotografiert . . .	–,50	–,60	
469	30+15 Pf	Jugendsport . .	–,50	–,60	
470	40+20 Pf	Jugend musiziert	1,–	1,30	
471	70+35 Pf	Jugend hilft . . .	1,60	1,80	
		Satz (4 W.) . . .	3,50	4,–	11,–

1974, 16. Juli. 400 Jahre Gymnasium zum Grauen Kloster. [27,5×33]

472	50 Pf	Siegel des Klosters	–,90	–,60	1,50

1974, 15. Okt. 25 Jahre Wohlfahrtsmarken: Blumensträuße. [33×27,5]

			✱✱	⊙	FDC
473	30+15 Pf	Frühlingsstrauß	–,50	–,50	
474	40+20 Pf	Herbststrauß . .	1,–	1,–	
475	50+25 Pf	Rosenstrauß . .	1,–	1,–	
476	70+35 Pf	Winterlicher Strauß	2,50	2,50	
		Satz (4 W.) . . .	5,–	5,–	5,50

1974, 15. Okt. Inbetriebnahme des neuen Flughafens Berlin-Tegel. [43×26]

477	50 Pf	Flughafen	1,40	–,80	1,70

1974, 29. Okt. Berliner Porzellan. [26×43]

478	30 Pf	Venus (F. E. Meyer)	–,60	–,60	
479	40 Pf	Die Astronomie (W. C. Meyer)	–,70	–,70	
480	50 Pf	Die Gerechtigkeit (J. G. Müller)	–,90	–,90	
		Satz (3 W.)	2,20	2,20	3,–

1974, 29. Okt. Weihnachten. [33×27,5]

481	30+15 Pf	Weihnachtlicher Strauß	1,–	1,20	1,60

1975, 15. Jan. 125. Todestag des Bildhauers Gottfried Schadow (1764–1850). [27,5×33]

482	50 Pf	Selbstbildnis	1,–	–,70	1,50
		ETB		1,–	

1975, 14. Febr. Berliner Personenschiffahrt. [43×26]

MiNr.	Wert		★★	⊙	FDC
483	30 Pf	Dampfschiff „Prinzeß Charlotte“	–,80	–,40	1,50
484	40 Pf	Dampfer „Siegfried“	–,80	–,40	1,50
485	50 Pf	Dampfer „Sperber“	1,20	1,–	2,–
486	60 Pf	Motorschiff „Vaterland“	1,30	1,–	3,–
487	70 Pf	Motorschiff „Moby Dick“	1,80	1,80	3,50
		Satz (5 W.)	6,–	4,50	8,50
		ETB		4,–	

1975, 15. April. Jugend: Lokomotiven. [43×26]

MiNr.	Wert		★★	⊙
488	30+15 Pf	Dampflok „Drache“	1,—	–,80
489	40+20 Pf	Dampflok, Baureihe 89 . .	1,—	1,—
490	50+25 Pf	Dampflok, Baureihe 050 .	2,–	1,70
491	70+35 Pf	Dampflok, Baureihe 10 . .	2,50	3,—
		Satz (4 W.) . . .	6,50	6,50	8,50
		ETB		5,–

1975, 15. Mai. 100. Geburtstag des Chirurgen Ferdinand Sauerbruch (1875–1951). [27,5×33]

MiNr.	Wert		★★	⊙	FDC
492	50 Pf	F. Sauerbruch	1,–	–,70	1,50
		ETB		–,70	

1975, 15. Mai. Gymnaestrada. [33×27,5]

MiNr.	Wert		★★	⊙	FDC
493	40 Pf	Gymnastikabzeichen	–,70	–,50	1,30
		ETB		–,70	

1975, 15. Mai/1976, 17. Febr. Industrie und Technik. [23×27,5]

MiNr.	Wert		★★	⊙	FDC
494	5 Pf	Nachrichtensatellit	–,30	–,30	–,70
495	10 Pf	Nahverkehrstriebzug	–,30	–,30	–,70
496	20 Pf	Leuchtturm	–,30	–,30	1,–
497	30 Pf	Rettungs-Hubschrauber . . .	–,40	–,30	1,50
498	40 Pf	Weltraumlabor . .	–,60	–,30	2,–
499	50 Pf	Erdefunkstelle . . .	–,60	–,30	2,50
500	70 Pf	Schiffbau	1,10	–,60	3,–
501	80 Pf	Traktor	1,10	–,30	3,–
502	100 Pf	Braunkohlenförderbagger	1,10	–,60	3,50
503	120 Pf	Chemieanlage . . .	1,50	1,20	3,50
504	140 Pf	Heizkraftwerk . . .	1,50	1,70	3,50
505	160 Pf	Großhochofen . . .	3,–	1,70	4,–
506	200 Pf	Bohrinsel	2,–	1,–	6,–
507	500 Pf	Radioteleskop . . .	7,–	5,–	11,–
		Satz (14 W.)	20,–	13,–	
		ETB (mit MiNr. 498, 499, 502)		1,50	
		ETB (mit MiNr. 495, 497, 500)		1,90	
		ETB (mit MiNr. 501, 503, 505)		2,80	
		ETB (mit MiNr. 494, 504, 506)		1,90	
		ETB (mit MiNr. 496, 507)		4,–	

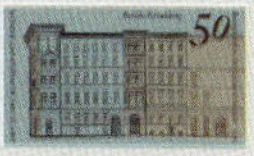

1975, 15. Juli. Europäisches Denkmalschutzjahr. [43×26]

MiNr.	Wert		★★	⊙	FDC
508	50 Pf	Berlin-Kreuzberg . .	1,–	–,80	1,50
		ETB		1,–	

1975, 15. Juli. 50. Todestag des Malers Lovis Corinth (1858–1925). [27,5×33]

MiNr.	Wert		★★	⊙	FDC
509	50 Pf	Selbstbildnis	1,–	–,70	1,50
		ETB		1,–	

1975, 15. Okt. Wohlfahrt: Alpenblumen. [26×43]

			★★	⊙	FDC
510	30+15 Pf	Gelber Enzian .	–,70	–,70	
511	40+20 Pf	Arnika	–,60	–,60	
512	50+25 Pf	Alpenveilchen .	–,80	–,80	
513	70+35 Pf	Stengelloser Enzian	1,40	1,40	
		Satz (4 W.) ...	3,50	3,50	5,–
		ETB		2,40	

1975, 14. Nov. Weihnachten. [26×43]

514	30+15 Pf	Schneeheide ..	1,–	1,–	1,70
		ETB		–,70	

1975, 14. Nov. 100. Geburtstag des Politikers Paul Löbe (1875 bis 1967). [43×26]

515	50 Pf	P. Löbe	1,–	–,70	1,30
		ETB		–,70	

1976, 5. Jan. 50 Jahre Internationale Grüne Woche. [26×43]

516	70 Pf	Ähren mit Inschrift	1,–	1,–	1,80
		ETB		1,–	

1976, 6. April. Jugend: Jugend trainiert für Olympia. [27,5×33]

517	30+15 Pf	Kugelstoßen ..	–,80	–,90	
518	40+20 Pf	Hockey	–,80	–,90	
519	50+25 Pf	Handball	–,80	1,–	
520	70+35 Pf	Schwimmen (Startsprung) ..	1,80	2,–	
		Satz (4 W.) ...	4,–	4,50	10,–
		ETB		3,–	

1976, 13. Mai. Hockey-Weltmeisterschaft der Damen. [43×26]

			★★	⊙	FDC
521	30 Pf	Spielszene	1,–	–,50	1,30
		ETB		–,50	

1976, 13. Mai. Chorfest des Deutschen Sängerbundes. [27,5×33]

522	40 Pf	Violinschlüssel ...	1,–	–,70	1,30
		ETB		–,70	

1976, 13. Mai. 125 Jahre Berliner Feuerwehr. [27,5×33]

523	50 Pf	Emblem	1,50	1,–	1,70
		ETB		1,–	

1976, 14. Okt. Wohlfahrt: Gartenblumen. [26×43]

524	30+15 Pf	Iris	–,50	–,50	
525	40+20 Pf	Goldlack	–,50	–,50	
526	50+25 Pf	Dahlie	–,80	1,–	
527	70+35 Pf	Rittersporn ...	1,20	1,40	
		Satz (4 W.) ...	3,–	3,40	4,50
		ETB		2,40	

1976, 16. Nov. Weihnachten. [70×100, 26×43]

			★★	⊙	FDC
528	30+15 Pf	Marienfenster, Kirche Esslingen	–,90	–,80	
		Block 5 (70×100 mm) .	1,–	–,90	1,50
		ETB		–,90	

1976, 16. Nov. Berlin-Ansichten. [33×27,5]

			★★	⊙	FDC
529	30 Pf	An der Havel	–,70	–,50	
530	40 Pf	Zitadelle Spandau	1,–	–,50	
531	50 Pf	Tiergarten	1,10	–,50	
		Satz (3 W.)	2,80	1,40	3,40
		ETB		1,50	

Neue Abkürzung beachten: Ldr. = Letterset-Druck (indirekter Hochdruck)

1977, 13. Jan./1987. Burgen und Schlösser. [21,5×26]

				★★	⊙	FDC
532 I		10 Pf	Bdr., Schloss Glücksburg			
	A		vierseitig gez.	–,30	–,30	1,–
	C		oben geschnitten	–,30	–,40	
	D		unten geschnitten	–,30	–,40	
532 II	A	10 Pf	Ldr., Schloss Glücksburg	1,80	4,–	
533 I	A	20 Pf	Bdr., Schloss Pfaueninsel	–,30	–,30	1,20
534 I		30 Pf	Bdr., Burg Ludwigstein			
	A		vierseitig gez.	–,30	–,30	1,20
	C		oben geschnitten	1,–	1,30	
	D		unten geschnitten	1,–	1,30	
534 II	A	30 Pf	Ldr., Burg Ludwigstein	1,80	5,–	
535 I	A	40 Pf	Bdr., Burg Eltz	–,40	–,30	1,50
536 I		50 Pf	Bdr., Schloss Neuschwanstein			
	A		vierseitig gez.	–,70	–,30	2,–
	C		oben geschnitten	3,20	4,50	
	D		unten geschnitten	3,20	4,50	
537 I	A	60 Pf	Bdr., Marksburg	1,30	–,60	3,–
538 I	A	70 Pf	Bdr., Schloss Mespelbrunn	1,30	–,60	2,50
539 I	A	190 Pf	Bdr., Schloss Pfaueninsel	1,80	1,80	6,–
540 I	A	200 Pf	Bdr., Schloss Bürresheim	1,80	1,80	6,–
			Satz (9 W.)	7,–	6,–	
			ETB (mit MiNr. 537 I A, 540 I A)		2,–	
			ETB (mit MiNr. 535 I A, 539 I A)		3,50	
			ETB (mit MiNr. 532 I A, 533 I A, 534 I A)		–,80	
			ETB (mit MiNr. 536 I A, 538 I A)		1,–	

1977, 13. Jan. 200. Geburtstag des Bildhauers Christian Daniel Rauch (1777–1857). [27,5 × 33]

			★★	⊙	FDC
541	50 Pf	Kinderbüste	1,–	–,70	1,30
		ETB		–,70	

1977, 16. Febr. 100. Todestag des Malers Eduard Gaertner (1801–1877). [27,5 × 33]

			★★	⊙	FDC
542	40 Pf	E. Gaertner	–,90	–,50	1,30
		ETB		–,50	

1977, 14. April. 100. Geburtstag des Bildhauers Georg Kolbe (1877–1947). [26 × 43]

			★★	⊙	FDC
543	30 Pf	Brunnenfigur	–,70	–,50	1,30
		ETB		–,70	

1977, 14. April. Jugend: Deutsche Schiffe. [43 × 26]

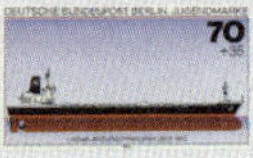

			★★	⊙	FDC
544	30+15 Pf	Hanseschiff „Bremer Kogge“	–,50	–,60	
545	40+20 Pf	Dampfschiff „Helena Sloman“	–,60	–,70	
546	50+25 Pf	Passagierschiff „Cap Polonio“ .	1,–	1,20	
547	70+35 Pf	Massengutfrachter „Widar“	1,40	1,50	
		Satz (4 W.) ...	3,50	4,–	6,–
		ETB		2,80	

1977, 17. Mai. Evangelischer Kirchentag. [33 × 27,5]

			★★	⊙	FDC
548	40 Pf	Kirchentagskreuz .	–,70	–,50	1,30
		ETB		–,50	

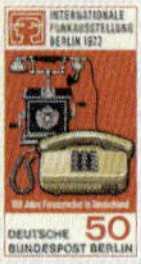

1977, 13. Juli. Internationale Funkausstellung. [26 × 43]

			★★	⊙	FDC
549	50 Pf	Altes und modernes Telefon	2,20	1,30	1,70
		ETB		1,–	

1977, 13. Juli. 100 Jahre Deutsches Patentgesetz. [43 × 26]

			★★	⊙	FDC
550	60 Pf	Reichspatentamt .	2,—	–,90	1,50
		ETB		–,70	

1977, 13. Juli. 15. Europäische Kunstausstellung. [26 × 43]

			★★	⊙	FDC
551	70 Pf	Ohne Titel (George Grosz) ...	1,20	1,30	1,70
		ETB		1,–	

1977, 16. Aug. 25. Jahrestag der Wiedereröffnung des Berliner Aquariums. [43 × 26]

			★★	⊙	FDC
552	20 Pf	Picassofisch	–,60	–,60	
553	30 Pf	Löffelstör	–,90	–,80	
554	40 Pf	Strahlenschildkröte	1,20	1,—	
555	50 Pf	Nashornleguan ...	1,60	1,20	
		Satz (4 W.)	4,–	3,50	4,–
		ETB		2,40	

1977, 13. Okt. Wohlfahrt: Wiesenblumen. [26 × 43]

			**	⊙	FDC
556	30+15 Pf	Margerite	–,40	–,40	
557	40+20 Pf	Sumpfdotterblume	–,70	–,70	
558	50+25 Pf	Esparsette ...	–,80	1,–	
559	70+35 Pf	Vergissmeinnicht	1,20	1,50	
		Satz (4 W.) ...	3,–	3,50	5,–
		ETB		2,40	

1977, 10. Nov. Weihnachten. [70 × 105, 26 × 43]

560	30+15 Pf	Kirchenfenster, St. Gereon, Köln	–,90	–,90	
		Block 6 (70 × 105 mm) .	1,–	1,–	2,–
		ETB		–,70	

1978, 12. Jan. 100. Geburtstag des Komponisten Walter Kollo (1878 bis 1940). [27,5 × 33]

561	50 Pf	W. Kollo	1,20	1,–	1,50
		ETB		1,–	

1978, 13. April. 75 Jahre Amerikanische Handelskammer in Deutschland. [43 × 26]

562	90 Pf	Emblem	1,40	1,30	2,–
		ETB		1,–	

1978, 13. April. Jugend: Luftfahrt. [43 × 26]

			**	⊙	FDC
563	30+15 Pf	Montgolfiere (1783)	–,50	–,60	
564	40+20 Pf	Lilienthal-Gleiter (1891)	–,70	–,80	
565	50+25 Pf	Wright-Doppeldecker (1909) .	–,90	1,–	
566	70+35 Pf	Etrich/Rumpler-Taube (1910) ..	1,50	1,70	
		Satz (4 W.) ...	3,50	4,–	5,50
		ETB		2,80	

1978, 13. April. Sporthilfe. [43 × 26]

567	50+25 Pf	Radrennen ...	1,–	–,80	
568	70+35 Pf	Fechten	1,50	1,40	
		Satz (2 W.) ...	2,50	2,20	4,40
		ETB		1,80	

1978, 22. Mai. 150. Geburtstag des Augenarztes Albrecht von Graefe (1828–1870). [26 × 43]

569	30 Pf	A. von Graefe	–,70	–,50	1,30
		ETB		–,50	

1978, 13. Juli. 200. Geburtstag des Turnvaters Friedrich L. Jahn (1778–1852). [33 × 27,5]

570	50 Pf	F. Jahn	1,–	–,70	1,30
		ETB		–,70	

1978, 17. Aug. Weltmeisterschaften im Schwimmen. [43 × 26]

571	40 Pf	Freistilschwimmen	1,40	1,–	1,70
		ETB		–,70	

1978, 12. Okt. 100. Geburtstag des Malers Karl Hofer (1878–1955). [55×33]

			✶✶	⊙	FDC
572	50 Pf	Das Boot	1,–	–,80	1,30
		ETB		–,50	

1978, 12. Okt. Wohlfahrt: Waldblumen. [26×43]

573	30+15 Pf	Salomonssiegel	–,60	–,60	
574	40+20 Pf	Waldschlüsselblume	–,70	–,70	
575	50+25 Pf	Rotes Waldvögelein	1,–	1,10	
576	70+35 Pf	Günsel	1,50	1,60	
		Satz (4 W.) ...	3,50	4,–	5,–
		ETB		2,40	

1978, 16. Nov. Eröffnung der Staatsbibliothek Preußischer Kulturbesitz. [43×26]

577	90 Pf	Neubau	1,80	1,40	2,50
		ETB		1,–	

1978, 16. Nov. Berlin-Ansichten. [33×27,5]

578	40 Pf	Belvedere, Schlosspark Charlottenburg	–,80	–,50	
579	50 Pf	Ehem. Shellhaus am Landwehrkanal ...	1,–	–,80	
580	60 Pf	Dorfkirche in Alt-Lichtenrade ...	1,20	–,90	
		Satz (3 W.)	3,–	2,–	3,–
		ETB		1,50	

1978, 16. Nov. Weihnachten. [65×93, 26×43]

			✶✶	⊙	FDC
581	30+15 Pf	Kirchenfenster, Frauenkirche München	–,90	–,90	
		Block 7 (65×93 mm) ..	1,–	1,–	1,50
		ETB		–,70	

1978, 16. Nov./1979, 12. Juli. Industrie und Technik. [23×27,5]

582	60 Pf	Röntgenapparat .	1,–	–,50	1,50
584	150 Pf	Löffelbagger	3,–	1,50	3,50
585	180 Pf	Radlader	3,50	2,50	4,50
586	230 Pf	Flughafen Frankfurt	3,–	2,50	4,20
		Satz (4 W.)	10,–	7,–	
		ETB (mit MiNr. 582)		–,50	
		ETB (mit MiNr. 586)		1,70	
		ETB (mit MiNr. 584, 585)		3,20	

MiNr. 583 fällt aus.

1978, 16. Nov./1979, 14. Febr. Burgen und Schlösser. [21,5×26]

587	25 Pf	Burg Gemen	–,80	–,50	1,50
588	90 Pf	Burg Vischering .	1,20	1,–	4,–
589	210 Pf	Schwanenburg Kleve	2,60	2,–	5,50
590	230 Pf	Burg Lichtenberg	2,60	2,–	7,50
		Satz (4 W.)	7,–	5,50	
		ETB (mit MiNr. 590		2,–	
		ETB (mit MiNr. 587, 588)		1,–	
		ETB (mit MiNr. 589)		1,50	

1979, 14. Febr. Eröffnung des Internationalen Congress-Centrums Berlin (ICC). [33×27,5]

			★★	⊙	FDC
591	60 Pf	Internationales Congress Centrum	1,40	–,90	1,50
		ETB		1,–	

1979, 5. April. Jugend: Luftfahrt. [43×26]

			★★	⊙	FDC
592	40+20 Pf	„Vampyr"	1,–	1,–	
593	50+25 Pf	Junkers Ju 52/3 m	1,50	1,50	
594	60+30 Pf	Messerschmitt Bf/Me 108 „Taifun"	1,50	1,50	
595	90+45 Pf	Douglas DC-3 .	2,–	2,–	
		Satz (4 W.) ...	6,–	6,–	7,50
		ETB		3,50	

1979, 5. April. Sporthilfe. [43×26]

			★★	⊙	FDC
596	60+30 Pf	Staffellauf	1,20	1,30	
597	90+45 Pf	Bogenschießen	1,60	1,70	
		Satz (2 W.) ...	2,80	3,–	5,50
		ETB		1,80	

1979, 17. Mai. 100 Jahre Bundesdruckerei Berlin. [26×43]

			★★	⊙	FDC
598	60 Pf	Reichsadler und Bundesadler	1,80	1,40	2,20
		ETB		1,–	

1979, 12. Juli. Weltmeisterschaften im Bogenschießen. [43×26]

			★★	⊙	FDC
599	50 Pf	Zielscheibe, Pfeile .	1,–	–,70	1,30
		ETB		–,70	

1979, 12. Juli. Internationale Funkausstellung. [27,5×33]

			★★	⊙	FDC
600	60 Pf	Fernsehschirm, Emblem	1,40	1,–	1,70
		ETB		–,70	

1979, 9. Aug. 250. Geburtstag des Philosophen Moses Mendelssohn (1729–1786). [33×27,5]

			★★	⊙	FDC
601	90 Pf	M. Mendelssohn ..	1,40	1,–	2,20
		ETB		1,–	

1979, 9. Aug. 300 Jahre Botanischer Garten Berlin. [46×27,5]

			★★	⊙	FDC
602	50 Pf	Venusschuh, Tropenhaus	1,–	–,70	1,50
		ETB		–,70	

1979, 9. Aug. 300 Jahre Straßenbeleuchtung in Berlin: Historische Straßenlaternen. [35×35]

			★★	⊙	FDC
603	10 Pf	Gasbetriebene Modell-Leuchte ..	–,50	–,30	
604	40 Pf	Elektrische Kohlenbogenleuchte	1,–	–,80	
605	50 Pf	Gas-Hängeleuchte	1,50	1,–	
606	60 Pf	Fünfarmiger Kandelaber	1,50	1,50	
		Satz (4 W.)	4,50	3,50	5,–
		ETB		2,50	

1979, 11. Okt. Wohlfahrt: Blätter, Blüten und Früchte des Waldes. [43×26]

Nr.	Wert	Bezeichnung	★★	⊙	FDC
607	40+20 Pf	Lärche	–,60	–,60	
608	50+25 Pf	Haselnuss	–,90	–,90	
609	60+30 Pf	Rosskastanie .	1,30	1,30	
610	90+45 Pf	Schlehe	1,70	1,70	
		Satz (4 W.) ...	4,50	4,50	6,–
		ETB		3,–	

1979, 14. Nov./1980, Okt. Burgen und Schlösser. [21,5×26]

Nr.	Wert	Bezeichnung	★★	⊙	FDC
611	60 Pf	Schloss Rheydt			
A		vierseitig gez. ...	1,20	–,60	1,30
C		oben geschnitten	5,50	11,–	
D		unten geschnitten	5,50	11,–	
		ETB		1,–	

1979, 14. Nov. 125 Jahre Litfaßsäulen in Berlin. [27,5×33]

Nr.	Wert	Bezeichnung	★★	⊙	FDC
612	50 Pf	Litfaßsäule	1,90	1,–	1,70
		ETB		–,70	

1979, 14. Nov. Weihnachten. [35×35]

Nr.	Wert	Bezeichnung	★★	⊙	FDC
613	40+20 Pf	Die Geburt Christi	1,20	1,–	1,70
		ETB		–,70	

1980, 14. Febr./April. Burgen und Schlösser. [21,5×26]

Nr.	Wert	Bezeichnung	★★	⊙	FDC
614 A	40 Pf	Schloss Wolfsburg	–,70	–,40	1,50
615	50 Pf	Schloss Inzlingen			
A		vierseitig gez. ...	–,80	–,40	1,50
C		oben geschnitten	–,80	2,50	
D		unten geschnitten	–,80	2,50	
		Satz A (2 W.) ...	1,50	–,80	2,20
		ETB		1,20	

1980, 14. Febr. 100. Geburtstag des Geophysikers Alfred Wegener (1880–1930). [35×35]

Nr.	Wert	Bezeichnung	★★	⊙	FDC
616	60 Pf	Kontinentalverschiebung	1,60	1,30	2,20
		ETB		1,–	

1980, 10. April. Jugend: Luftfahrt. [43×26]

Nr.	Wert	Bezeichnung	★★	⊙	FDC
617	40+20 Pf	Vickers „Viscount“	–,90	–,90	
618	50+25 Pf	Fokker F 27 „Friendship“ ...	1,–	1,–	
619	60+30 Pf	Sud Aviation „Caravelle“	1,20	1,30	
620	90+45 Pf	Sikorsky S-55 .	1,60	1,80	
		Satz (4 W.) ...	4,50	5,–	6,50
		ETB		3,50	

1980, 8. Mai. Sporthilfe. [43×26]

Nr.	Wert	Bezeichnung	★★	⊙	FDC
621	50+25 Pf	Speerwerfen ..	1,–	1,–	
622	60+30 Pf	Gewichtheben	1,–	1,–	
623	90+45 Pf	Wasserball ...	1,20	1,20	
		Satz (3 W.) ...	3,–	3,–	6,–
		ETB		2,50	

1980, 8. Mai. Deutscher Katholikentag. [27,5×33]

Nr.	Wert	Bezeichnung	★★	⊙	FDC
624	50 Pf	Kardinal Graf von Preysing (1880–1950)	1,–	–,70	1,50
		ETB		–,70	

1980, 10. Juli. 150 Jahre Preußische Museen in Berlin. [35×35]

Nr.	Wert	Bezeichnung	★★	⊙	FDC
625	40 Pf	Emaille-Medaillon .	–,80	–,60	
626	60 Pf	Lesende Mönche (Barlach)	1,30	–,80	
		Satz (2 W.)	2,–	1,40	2,20
		ETB		1,40	

1980, 14. Aug. 100. Geburtstag des Komponisten Robert Stolz (1880 bis 1975). [33×27,5]

			✶✶	⊙	FDC
627	60 Pf	R. Stolz	1,40	1,–	2,50
		ETB		1,–	

1980, 14. Aug. 250. Geburtstag des amerikanischen Generals Friedrich Wilhelm von Steuben (1730–1794). [27,5×33]

628	40 Pf	F. W. von Steuben .	1,40	–,70	1,50
		ETB		1,20	

1980, 9. Okt. Wohlfahrt: Gefährdete Ackerwildkräuter. [35×35]

629	40+20 Pf	Breitsame	–,90	–,90	
630	50+25 Pf	Acker-Goldstern	1,10	1,10	
631	60+30 Pf	Sommer-Adonisröschen	1,10	1,10	
632	90+45 Pf	Kleiner Frauenspiegel .	1,90	1,90	
		Satz (4 W.) ...	5,–	5,–	6,50
		ETB		3,50	

1980, 13. Nov. Weihnachten. [35×35]

633	40+20 Pf	Verkündigung der Hirten	1,20	1,20	1,60
		ETB		1,–	

ETB = Ersttagsblatt

1980, 13. Nov. Berlin-Ansichten. [27,5×33]

			✶✶	⊙	FDC
634	40 Pf	Lilienthal-Gedenkstätte	1,–	–,50	
635	50 Pf	„Große Neugierde“	1,10	1,–	
636	60 Pf	Grunewaldturm ...	1,50	1,–	
		Satz (3 W.)	3,50	2,50	3,20
		ETB		1,80	

1981, 15. Jan. 200. Geburtstag des Dichters Achim von Arnim (1781 bis 1831). [27,5×33]

637	60 Pf	A. von Arnim	1,20	–,80	1,50
		ETB		–,70	

1981, 15. Jan. 200. Geburtstag des Dichters und Naturforschers Adelbert von Chamisso (1781–1838). [27,5×33]

638	60 Pf	A. von Chamisso .	1,20	–,80	1,50
		ETB		–,70	

1981, 15. Jan. 250. Geburtstag des Architekten Karl Philipp von Gontard (1731–1791). [43×26]

639	50 Pf	K. Ph. von Gontard	1,20	–,80	1,50
		ETB		–,70	

1981, 12. Febr. 200. Geburtstag des Baumeisters Karl Friedrich Schinkel (1781–1841). [27,5×33]

640	40 Pf	Nationaldenkmal ..	1,40	1,–	1,70
		ETB		–,70	

1981, 10. April. Jugend: Optische Instrumente. [35×35]

			★★	⊙	FDC
641	40+20 Pf	Theodolit (um 1810)	–,60	–,70	
642	50+25 Pf	Äquatoreal (um 1820)	–,90	1,—	
643	60+30 Pf	Mikroskop (1790)	1,20	1,30	
644	90+45 Pf	Sextant (um 1830)	1,80	2,–	
		Satz (4 W.) ...	4,50	5,–	7,–
		ETB		3,–	

1981, 10. April. Sporthilfe. [43×26]

645	60+30 Pf	Frauen-Gruppengymnastik	1,20	1,10	
646	90+45 Pf	Volkslauf	1,80	1,70	
		Satz (2 W.) ...	3,–	2,80	5,50
		ETB		1,80	

1981, 16. Juli. 150. Geburtstag des Bildhauers Reinhold Begas (1831 bis 1911). [33×27,5]

647	50 Pf	Amor und Psyche .	1,–	–,70	1,30
		ETB		–,70	

1981, 16. Juli. Preußen-Ausstellung. [27,5×33]

648	40 Pf	Orden „Pour le mérite" für Kunst und Wissenschaft .	1,–	–,70	1,30
		ETB		–,70	

1981, 16. Juli. Internationale Funkausstellung. [33×27,5]

649	60 Pf	Haus des Rundfunks	1,60	1,–	1,60
		ETB		1,–	

1981, 8. Okt. Wohlfahrt: Gefährdete Moor-, Sumpfwiesen- und Wasserpflanzen. [35×35]

			★★	⊙	FDC
650	40+20 Pf	Schlangenwurz	1,–	1,–	
651	50+25 Pf	Karlsszepter ..	1,–	1,—	
652	60+30 Pf	Sumpfgladiole	1,–	1,—	
653	90+45 Pf	Sibirische Schwertlilie ...	2,–	2,—	
		Satz (4 W.) ...	5,–	5,–	6,–
		ETB		3,50	

1981, 12. Nov. 200. Geburtstag des Verwaltungsfachmanns Peter Beuth (1781–1853). [27,5×33]

654	60 Pf	P. Beuth	1,–	–,90	1,50
		ETB		–,70	

1981, 12. Nov. Skulpturen des 20. Jahrhunderts. [27,5×33]

655	40 Pf	Tänzer Nijinsky (Kolbe)	–,70	–,50	
656	60 Pf	Mutter Erde II (Barlach)	1,20	–,80	
657	90 Pf	Kniende Flora (Scheibe)	1,60	1,40	
		Satz (3 W.)	3,50	2,60	3,50
		ETB		1,90	

1981, 12. Nov. Weihnachten. [35×35]

658	40+20 Pf	Hl. Drei Könige	1,20	1,–	1,50
		ETB		1,–	

1982, 18. Febr. 750 Jahre Stadt Spandau. [43×26]

			★★	⊙	FDC
659	60 Pf	Spandau (um 1232)	1,50	1,20	1,90
		ETB		1,–	

1982, 15. April. Jugend: Historische Kraftfahrzeuge. [43×26]

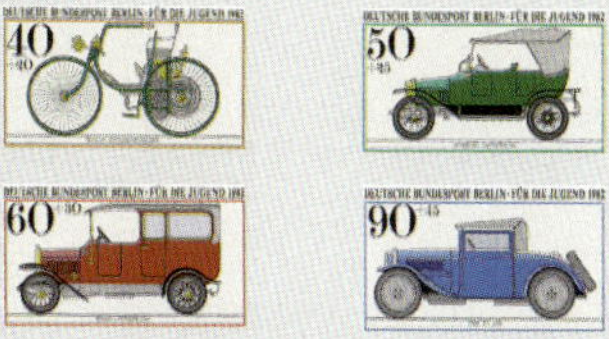

			★★	⊙	FDC
660	40+20 Pf	Daimler-Stahlradwagen	–,80	–,90	
661	50+25 Pf	Wanderer-Puppchen	–,90	1,—	
662	60+30 Pf	Adler-Limousine	1,–	1,20	
663	90+45 Pf	DKW F 1	1,80	2,–	
		Satz (4 W.) ...	4,50	5,–	8,50
		ETB		3,50	

1982, 15. April. Sporthilfe: Leistungssport, Jugendsport. [43×26]

664	60+30 Pf	Kurzstreckenlauf	1,20	1,—	
665	90+45 Pf	Volleyball	1,80	1,40	
		Satz (2 W.) ...	3,–	2,40	4,20
		ETB		1,80	

1982, 15. April. 100 Jahre Berliner Philharmonisches Orchester. [27,5×33]

666	60 Pf	Harfe (Prägedruck)	1,50	1,–	1,50
		ETB		–,70	

1982, 5. Mai. Aufnahme Salzburger Emigranten in Preußen vor 250 Jahren. [33×27,5]

667	50 Pf	Emigranten	1,–	–,70	1,30
		ETB		–,70	

1982, 16. Juni/15. Juli. Industrie und Technik. [23×27,5]

			★★	⊙	FDC
668	110 Pf	Farbfernsehkamera	1,70	1,50	3,—
669	130 Pf	Brauanlage	2,80	1,80	3,50
670	190 Pf	Löffelbagger	3,50	3,–	5,–
671	250 Pf	Flughafen	5,–	3,–	6,–
672	300 Pf	Magnetbahn	5,–	3,–	10,–
		Satz (5 W.)	18,–	12,–	
		ETB (mit MiNr. 668, 669, 672)		4,–	
		ETB (mit MiNr. 670, 671)		3,50	

1982, 16. Juni/15. Juli. Burgen und Schlösser. [21,5×26]

673	35 Pf	Schloss Lichtenstein	–,40	–,40	2,20
674	80 Pf	Schloss Wilhelmsthal			
A		vierseitig gez. ...	–,80	–,40	2,60
C		oben geschnitten	6,–	9,–	
D		unten geschnitten	6,–	9,–	
675	120 Pf	Schloss Charlottenburg	1,30	1,20	4,–
676	280 Pf	Schloss Ahrensburg	4,50	3,–	6,–
677	300 Pf	Schloss Herrenhausen	4,50	3,–	9,–
		Satz (5 W.)	11,–	8,–	
		ETB (mit MiNr. 673, 674 A, 677)		1,80	
		ETB (mit MiNr. 675, 676)		2,40	

1982, 15. Juli Moderne Gemälde aus Berliner Sammlungen. [46×27,5]

678	50 Pf	Italienische Steinträger (Pechstein) ..	1,20	–,90	
679	80 Pf	Zwei badende Mädchen (Mueller) .	1,80	1,40	
		Satz (2 W.)	3,–	2,20	3,50
		ETB		1,80	

1982, 14. Okt. Wohlfahrt: Gartenrosen. [27,5×33]

			✶✶	⊙	FDC
680	50+20 Pf	Floribunda-Grandiflora ..	1,20	1,20	
681	60+30 Pf	Teehybride ..	1,20	1,20	
682	80+40 Pf	Floribunda ..	2,—	2,—	
683	120+60 Pf	Miniaturrose .	3,20	3,20	
		Satz (4 W.) ..	7,50	7,50	8,–
		ETB		5,50	

1982, 10. Nov. 250. Geburtstag des Baumeisters Carl Gotthard Langhans (1732–1808). [43×26]

684	80 Pf	Schlosstheater Charlottenburg ...	2,–	1,60	2,40
		ETB		1,20	

1982, 10. Nov. Berlin-Ansichten. [27,5×33]

685	50 Pf	Villa Borsig	1,20	–,90	
686	60 Pf	Kirche St. Peter und Paul	1,40	1,10	
687	80 Pf	Villa von der Heydt	2,–	1,20	
		Satz (3 W.)	4,50	3,–	3,50
		ETB		2,50	

1982, 10. Nov. Weihnachten. [27,5×33]

688	50+20 Pf	Hl. Drei Könige	1,20	1,–	1,90
		ETB		1,–	

1983, 13. Jan. Historische Straßenpumpen in Berlin. [27,5×33]

			✶✶	⊙	FDC
689	50 Pf	Lauchhammer-pumpe (um 1900)	1,50	1,–	
690	60 Pf	Ventilbrunnen (um 1900)	1,70	1,–	
691	80 Pf	Lauchhammer-pumpe (um 1900)	2,–	1,60	
692	120 Pf	Krausepumpe (um 1900)	3,—	2,60	
		Satz (4 W.)	8,–	6,–	7,–
		ETB		4,50	

1983, 8. Febr. 150 Jahre Telegraphenlinie Berlin–Koblenz. [27,5×33]

693	80 Pf	Telegraphen-Inspektoren	2,20	2,–	2,60
		ETB		1,50	

1983, 12. April. Jugend: Historische Motorräder. [43×26]

694	50+20 Pf	Hildebrand & Wolfmüller (1894)	1,—	–,70	
695	60+30 Pf	Wanderer (1908)	1,50	1,30	
696	80+40 Pf	DKW-Lomos (1922)	1,70	1,30	
697	120+60 Pf	Mars (1925) ..	3,80	3,40	
		Satz (4 W.) ..	8,–	6,50	7,50
		ETB		4,50	

1983, 12. April. Sporthilfe. [43×26]

698	80+40 Pf	Tanzsport ...	1,80	1,50	
699	120+60 Pf	Eishockey ...	2,70	2,50	
		Satz (2 W.) ..	4,50	4,—	6,–
		ETB		3,–	

1983, 5. Mai. 300. Geburtstag des Malers Antoine Pesne (1683–1757). [27,5×33]

700	50 Pf	„La Barbarina“ ...	1,20	1,–	1,50
		ETB		–,70	

1983, 14. Juli. 100. Geburtstag des Malers und Schriftstellers Joachim Ringelnatz (1883–1934). [27,5×33]

			✱✱	⊙	FDC
701	50 Pf	J. Ringelnatz (Scherenschnitt) ..	1,40	1,–	1,50
		ETB		1,–	

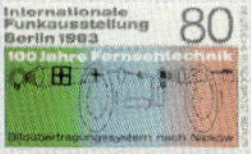

1983, 14. Juli. Internationale Funkausstellung, Berlin. [43×26]

702	80 Pf	Elektrisches Bildübertragungssystem ..	2,–	1,70	2,20
		ETB		1,10	

1983, 13. Okt. Wohlfahrt: Gefährdete Alpenblumen. [27,5×33]

703	50+20 Pf	Berghähnlein	–,80	–,80	
704	60+30 Pf	Alpenaurikel .	1,20	1,20	
705	80+40 Pf	Zwerg-Primel	2,20	2,20	
706	120+60 Pf	Einseles Akelei	3,–	3,40	
		Satz (4 W.) ..	7,–	7,50	9,–
		ETB		5,50	

1983, 10. Nov. Weihnachten. [27,5×33]

707	50+20 Pf	Afrikanische Krippe	1,20	1,20	2,–
		ETB		1,–	

1984, 12. Jan. Kunstschätze in Berliner Museen. [35×35]

			✱✱	⊙	FDC
708	30 Pf	Königin Kleopatra VII.	1,20	1,–	
709	50 Pf	Altägyptisches Ehepaar	1,60	1,40	
710	60 Pf	Göttin mit dem Perlenturban	2,–	1,80	
711	80 Pf	Majolika-Schale ..	2,80	2,50	
		Satz (4 W.)	7,50	6,50	7,–
		ETB		4,50	

1984, 12. April. Jugend: Bestäuberinsekten. [27,5×33]

712	50+20 Pf	Pinselkäfer ..	1,30	–,80	
713	60+30 Pf	Esparsetten-Widderchen .	1,30	1,–	
714	80+40 Pf	Erdhummel ..	2,–	1,80	
715	120+60 Pf	Schwebfliege	3,–	3,–	
		Satz (4 W.) ..	7,50	6,50	7,50
		ETB		4,50	

1984, 12. April. Sporthilfe: Olympische Sommerspiele, Los Angeles. [43×26]

716	60+30 Pf	Hürdenlauf, Frauen	2,–	1,40	
717	80+40 Pf	Straßenradfahren, Frauen ..	2,–	1,40	
718	120+60 Pf	Viererkajak, Frauen	3,50	3,50	
		Satz (3 W.) ..	7,50	6,–	8,50
		ETB		4,50	

1984, 8. Mai. 50. Todestag des katholischen Kirchenpolitikers Dr. Erich Klausener (1885–1934). [33×27,5]

719	80 Pf	Dr. E. Klausener ..	1,40	1,–	1,70
		ETB		1,–	

1984, 8. Mai. 100 Jahre Strom für Berlin. [27,5×33]

720	50 Pf	Allegorie (Sütterlin)	1,20	1,–	1,70
		ETB		–,70	

1984, 8. Mai. Konferenz der Europäischen Kulturminister, Berlin. [27,5×33]

			**	⊙	FDC
721	60 Pf	Konferenzemblem	1,50	1,–	1,70
		ETB		1,–	

1984, 19. Juni. 100. Todestag des Zoologen Alfred Edmund Brehm (1829–1884). [43×26]

			**	⊙	FDC
722	80 Pf	A. E. Brehm, Weißstorch	2,20	1,70	2,20
		ETB		1,50	

1984, 21. Aug. 150. Todestag des Arztes Ernst Ludwig Heim (1747–1834). [27,5×33]

			**	⊙	FDC
723	50 Pf	E. L. Heim	1,40	1,–	1,60
		ETB		1,–	

1984, 18. Okt. Wohlfahrt: Orchideen. [33×27,5]

			**	⊙	FDC
724	50+20 Pf	Kleines Zweiblatt	1,80	1,–	
725	60+30 Pf	Fliegenragwurz	1,80	1,–	
726	80+40 Pf	Echte Sumpfwurz	2,50	2,–	
727	120+60 Pf	Wanzen-Knabenkraut .	4,50	4,–	
		Satz (4 W.) . .	10,–	8,–	11,–
		ETB		6,50	

1984, 8. Nov. 100. Geburtstag des Malers Karl Schmidt-Rottluff (1884–1976). [27,5×33]

			**	⊙	FDC
728	60 Pf	Sonnenblumen auf grauem Grund .	1,40	1,–	1,70
		ETB		1,–	

1984, 8. Nov. Weihnachten. [33×27,5]

			**	⊙	FDC
729	50+20 Pf	Hl. Nikolaus . .	1,40	1,40	1,70
		ETB		1,–	

1985, 21. Febr. 200. Geburtstag der Schriftstellerin Bettina von Arnim (1785–1859). [27,5×33]

			**	⊙	FDC
730	50 Pf	B. von Arnim	1,20	1,10	1,70
		ETB		1,30	

1985, 21. Febr. 150. Todestag des Gelehrten und Staatsmannes Wilhelm Freiherr von Humboldt (1767–1835). [33×27,5]

			**	⊙	FDC
731	80 Pf	W. Frh. von Humboldt	2,40	2,–	2,60
		ETB		1,30	

1985, 21. Febr. Sporthilfe: Basketball-Europameisterschaft der Männer, Stuttgart, Leverkusen und Karlsruhe; 60 Jahre Deutscher Tischtennis-Bund (DTTB). [43×26]

			**	⊙	FDC
732	80+40 Pf	Basketball . . .	1,80	1,80	
733	120+60 Pf	Tischtennis . .	3,–	3,–	
		Satz (2 W.) . .	4,80	4,80	5,50
		ETB		3,–	

1985, 16. April. Bundesgartenschau, Berlin. [35×35]

			**	⊙	FDC
734	80 Pf	Emblem	1,70	1,40	1,60
		ETB		1,30	

1985, 16. April. Jugend: Historische Fahrräder; Internationales Jahr der Jugend. [33×27,5]

			★★	⊙	FDC
735	50+20 Pf	Büssing-Rad (1868)	1,50	1,50	
736	60+30 Pf	Kinderdreirad (1885)	1,50	1,50	
737	80+40 Pf	Jaray-Rad (1925)	2,–	2,20	
738	120+60 Pf	Opel-Renn-rad (1925) . . .	4,50	4,80	
		Satz (4 W.) . .	9,50	10,–	12,–
		ETB		6,50	

1985, 7. Mai. 100. Geburtstag des Dirigenten Otto Klemperer (1885–1973). [43×26]

739	60 Pf	O. Klemperer	1,70	1,40	1,80
		ETB		1,30	

1985, 7. Mai. 300 Jahre Berliner Börse. [43×26]

740	50 Pf	Börsengebäude . .	1,40	1,10	1,70
		ETB		1,–	

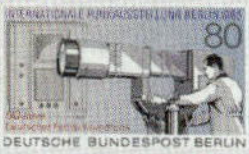

1985, 16. Juli. Internationale Funkausstellung Berlin; 50 Jahre Deutscher Fernsehrundfunk. [43×26]

741	80 Pf	Kamera und Empfänger	2,40	2,–	2,50
		ETB		1,30	

1985, 16. Juli. Weltkongress der Internationalen Gesellschaft für Gynäkologie und Geburtshilfe (FIGO), Berlin. [27,5×33]

742	60 Pf	FIGO-Emblem	1,40	1,10	3,–
		ETB		1,–	

1985, 15. Okt. 300. Jahrestag des Edikts von Potsdam. [43×26]

743	50 Pf	Siegel	1,20	–,90	1,50
		ETB		1,–	

1985, 15. Okt. Wohlfahrt: Miniaturen. [43×26]

			★★	⊙	FDC
744	50+20 Pf	Streublumen, Beeren, Vögel	1,50	1,50	
745	60+30 Pf	und Insekten nach Motiven aus den Bordüren	2,—	2,—	
746	80+40 Pf	eines mittelalterlichen	2,–	2,–	
747	120+60 Pf	Gebetbuches	2,50	3,–	
		Satz (4 W.) . .	8,–	8,50	10,–
		ETB		6,–	

1985, 12. Nov. 50. Todestag des Schriftstellers Kurt Tucholsky (1890 bis 1935). [27,5×33]

748	80 Pf	K. Tucholsky	2,–	1,40	2,20
		ETB		1,50	

1985, 12. Nov. Weihnachten: 500. Geburtstag des Malers, Zeichners und Kupferstechers Hans Baldung, genannt Grien (um 1485 bis 1545). [35×35]

749	50+20 Pf	Anbetung der Könige	1,50	1,40	2,50
		ETB		1,30	

1986, 16. Jan. 100. Geburtstag des Dirigenten und Komponisten Wilhelm Furtwängler (1886–1954). [43×26]

750	80 Pf	W. Furtwängler . . .	2,40	2,20	2,50
		ETB		1,80	

1986, 13. Febr. Sporthilfe: Jugend-Europameisterschaften im Schwimmen, Berlin; Weltmeisterschaften im Springreiten, Aachen. [43×26]

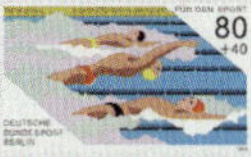

751	80+40 Pf	Rückenschwimmen .	2,20	2,50	
752	120+55 Pf	Springreiten .	2,80	3,–	
		Satz (2 W.) . .	5,–	5,50	6,–
		ETB		4,–	

1986, 13. Febr. 100. Geburtstag des Architekten Ludwig Mies van der Rohe (1886–1969). [43×26]

			✱✱	⊙	FDC
753	50 Pf	Mies van der Rohe	1,40	1,50	1,70
		ETB		1,30	

1986, 10. April. Jugend: Handwerksberufe. [43×26]

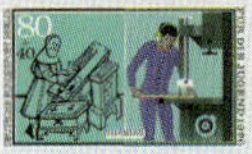

754	50+25 Pf	Glaser	1,50	1,70	
755	60+30 Pf	Schlosser	2,–	2,40	
756	70+35 Pf	Schneider	2,—	2,40	
757	80+40 Pf	Tischler	2,50	2,80	
		Satz (4 W.) ...	8,–	9,–	10,–
		ETB		5,50	

1986, 10. April. Europatag der Gemeinden und Regionen, Berlin. [43×26]

758	60 Pf	Stadtsilhouette, Flaggen	1,20	1,30	1,50
		ETB		1,–	

1986, 5. Mai. 100. Todestag des Historikers Leopold von Ranke (1795 bis 1886). [27,5×33]

759	80 Pf	L. von Ranke	2,–	1,70	2,20
		ETB		1,60	

1986, 5. Mai. 100. Geburtstag des Dichters Gottfried Benn (1886–1956). [27,5×33]

760	80 Pf	G. Benn	2,–	1,70	2,20
		ETB		1,60	

1986, 20. Juni. Portale und Tore in Berlin. [33×27,5]

			✱✱	⊙	FDC
761	50 Pf	Charlottenburger Tor	1,80	1,80	
762	60 Pf	Greifentor	1,80	1,80	
763	80 Pf	Elefantentor	2,–	2,–	
		Satz (3 W.)	5,50	5,50	6,50
		ETB		4,–	

1986, 14. Aug. 200. Todestag von König Friedrich dem Großen von Preußen (1712–1786). [33×27,5]

764	80 Pf	Das Flötenkonzert (von Menzel)	2,–	1,70	3,–
		ETB		1,60	

1986, 16. Okt. Wohlfahrt: Kostbare Gläser. [27,5×33]

765	50+25 Pf	Kantharos (1. Jh.)	1,50	1,50	
766	60+30 Pf	Becher (um 200)	2,–	2,–	
767	70+35 Pf	Kännchen (3. Jh.)	2,—	2,—	
768	80+40 Pf	Diatretbecher (4. Jh.)	2,–	2,50	
		Satz (4 W.) ...	7,50	8,–	10,–
		ETB		5,50	

1986, 13. Nov. Weihnachten. [35×35]

769	50+25 Pf	Hl. Drei Könige	1,20	1,30	1,70
		ETB		1,–	

1986, 13. Nov. Frauen der deutschen Geschichte. [23×27,5]

			✶✶	⊙	FDC
770	50 Pf	Christine Teusch (1888–1968)	2,50	3,50	4,–
771	80 Pf	Clara Schumann (1819–1896)	1,50	3,50	4,50
		Satz (2 W.)	4,—	7,–	8,–
		ETB		4,–	

1987, 15. Jan. 750 Jahre Berlin. [130×100, 43×26]

			✶✶	⊙	FDC
772	40 Pf	Stadtansicht (1650)	1,20	1,–	
773	50 Pf	Schloss Charlottenburg (um 1830) ...	1,20	1,–	
774	60 Pf	Turbinenhalle der Fa. AEG (1909) ...	1,20	1,20	
775	80 Pf	Philharmonie und Kammermusiksaal (1987)	1,40	1,60	
		Block 8 (130×100 mm) ...	6,–	6,–	8,–
		ETB		4,–	

1987, 15. Jan. 750 Jahre Berlin. [55×33]

			✶✶	⊙	FDC
776	80 Pf	Sehenswürdigkeiten	2,40	2,–	2,60
		ETB		1,80	

1987, 12. Febr. Sporthilfe: Deutsches Turnfest, Berlin; Judo-Weltmeisterschaften, Essen. [43×26]

			✶✶	⊙	FDC
777	80+40 Pf	Gymnastikgruppe	2,–	2,–	
778	120+55 Pf	Judo-Kampfszene	2,50	3,–	
		Satz (2 W.) ..	4,50	5,–	7,–
		ETB		3,50	

1987, 12. Febr. 100. Geburtstag der Politikerin und Oberbürgermeisterin von Berlin Louise Schroeder (1887 bis 1957). [27,5×33]

			✶✶	⊙	FDC
779	50 Pf	L. Schroeder	1,40	1,40	1,90
		ETB		1,30	

1987, 9. April. Jugend: Handwerksberufe. [43×26]

			✶✶	⊙	FDC
780	50+25 Pf	Böttcher	1,20	1,50	
781	60+30 Pf	Steinmetz	1,20	1,50	
782	70+35 Pf	Kürschner	2,—	2,50	
783	80+40 Pf	Maler/Lackierer	2,—	2,—	
		Satz (4 W.) ...	6,–	7,50	9,–
		ETB		5,–	

1987, 5. Mai. Ansiedlung der Böhmen in Rixdorf vor 250 Jahren. [33×27,5]

			✶✶	⊙	FDC
784	50 Pf	Relief	1,–	1,20	1,50
		ETB		-,70	

1987, 5. Mai. Internationale Bauausstellung, Berlin. [43×26]

			✶✶	⊙	FDC
785	80 Pf	Neubau	1,70	1,50	1,90
		ETB		1,–	

1987, 16. Juli. Internationaler Botanischer Kongress, Berlin. [27,5×33]

			✶✶	⊙	FDC
786	60 Pf	Kongressemblem .	1,20	1,30	1,80
		ETB		1,–	

1987, 20. August. Internationale Funkausstellung, Berlin. [43×26]

			✶✶	⊙	FDC
787	80 Pf	Schallplatten, Grammophon	1,60	1,50	1,90
		ETB		1,30	

1987, 17. Sept. Frauen der deutschen Geschichte. [23×27,5]

			✱✱	⊙	FDC
788	40 Pf	Maria Sibylla Merian (1647–1717)	1,60	5,–	5,50
		ETB		3,50	

1987, 15. Okt. Wohlfahrt: Gold- und Silberschmiedekunst. [43×26]

789	50+25 Pf	Haubenschmuck (5. Jh.)	1,—	1,30	
790	60+30 Pf	Athenaschale (1. Jh. v. Chr.) ..	1,50	1,70	
791	70+35 Pf	Oberarmschmuck (um 1180)	1,80	2,20	
792	80+40 Pf	Schlangenarmreif (um 300 v. Chr.)	2,20	2,60	
		Satz (4 W.) ...	6,50	7,50	8,–
		ETB		5,–	

1987, 6. Nov./1989, Juni. Sehenswürdigkeiten. [21,5×26]

793 A	30 Pf	Schloss Celle ...	1,30	1,30	2,50
794	50 Pf	Münster Freiburg			
A		vierseitig gez. ...	2,–	1,50	2,50
C		oben geschnitten	6,50	11,–	
D		unten geschnitten	6,50	11,–	
795	60 Pf	Bavaria, München			
A		vierseitig gez. ...	2,–	1,50	2,50
C		oben geschnitten	12,–	22,–	
D		unten geschnitten	12,–	22,–	
796	80 Pf	Zeche Zollern II, Dortmund			
A		vierseitig gez. ...	2,–	1,50	2,50
C		oben geschnitten	5,–	14,–	
D		unten geschnitten	5,–	14,–	
		Satz A (4 W.) ...	7,–	5,50	9,–
		ETB		2,40	

1987, 6. Nov. Weihnachten. [35×35]

			✱✱	⊙	FDC
797	50+25 Pf	Anbetung der Könige ...	1,20	1,20	2,–
		ETB		1,–	

1988, 14. Jan./1989, Juni. Sehenswürdigkeiten. [21,5×26]

798	10 Pf	Flughafen Frankfurt			
A		vierseitig gez. ...	–,50	–,50	1,20
C		oben geschnitten	1,50	3,50	
D		unten geschnitten	1,50	3,50	
799 A	300 Pf	Hambacher Schloss	6,–	6,–	14,–
		Satz A (2 W.) ...	6,50	6,50	15,–
		ETB		4,–	

1988, 14. Jan. Berlin – Kulturhauptstadt Europas 1988. [27,5×33]

800	80 Pf	Berliner Bär	2,50	2,50	3,–
		ETB		1,80	

1988, 18. Febr. Sporthilfe: Olympische Winterspiele, Calgary; Olympische Sommerspiele, Seoul. [43×26]

801	60+30 Pf	Tontaubenschießen	1,80	1,80	
802	80+40 Pf	Eiskunstlauf .	1,80	1,80	
803	120+55 Pf	Hammerwerfen	2,50	2,50	
		Satz (3 W.) ..	6,–	6,–	6,50
		ETB		4,50	

1988, 18. Febr. 100 Jahre Urania Berlin. [43×26]

804	50 Pf	Urania-Gebäude .	1,80	1,70	1,90
		ETB		1,60	

1988, 18. Febr. 100. Geburtstag der Bildhauerin Renée Sintenis (1888–1965). [33×27,5]

			✱✱	⊙	FDC
805	60 Pf	Vollblutfohlen	1,20	1,20	1,50
		ETB		1,–	

1988, 14. April. Frauen der deutschen Geschichte. [23×27,5]

806	10 Pf	Paula Modersohn-Becker (1876–1907)	–,50	2,–	2,40
		ETB		1,50	

1988, 14. April. Jugend: 25 Jahre Wettbewerb „Jugend musiziert“. [43×26]

807	50+25 Pf	Klaviertrio	1,50	1,50	
808	60+30 Pf	Bläserquintett .	2,–	2,20	
809	70+35 Pf	Gitarre, Mandoline, Blockflöte	2,–	2,20	
810	80+40 Pf	Kinderchor ...	3,–	3,20	
		Satz (4 W.) ...	8,50	9,–	9,–
		ETB		5,50	

1988, 5. Mai. Frauen der deutschen Geschichte. [23×27,5]

811	20 Pf	Cilly Aussem (1909–1963)	2,–	5,–	
812	130 Pf	Lise Meitner (1878–1968)	4,50	15,–	
		Satz (2 W.)	6,50	20,–	22,–
		ETB		13,–	

1988, 5. Mai. 300. Todestag des Großen Kurfürsten Friedrich Wilhelm (1620–1688). [27,5×33]

813	50 Pf	Kurfürst mit Familie	1,40	1,40	1,70
		ETB		1,–	

1988, 14. Juli. Sehenswürdigkeiten. [21,5×26]

			✱✱	⊙	FDC
814	70 Pf	Nofretete-Büste, Berlin	2,–	3,50	
815	120 Pf	St.-Petri-Dom, Schleswig	3,–	4,50	
		Satz (2 W.)	5,–	8,–	9,–
		ETB		4,50	

1988, 11. Aug. Sehenswürdigkeiten. [21,5×26]

816	40 Pf	Chilehaus, Hamburg	2,50	2,80	3,–
		ETB		1,–	

1988, 11. Aug. Jahresversammlungen des Internationalen Währungsfonds und der Weltbankgruppe. [35×35]

817	70 Pf	Weltkarte	1,50	1,30	1,50
		ETB		1,–	

1988, 13. Okt. Wohlfahrt: Gold- und Silberschmiedekunst. [35×35]

818	50+25 Pf	Brustschmuck (um 1700)	1,20	1,20	
819	60+30 Pf	Großer Gießlöwe (1540)	1,40	1,40	
820	70+35 Pf	Münzpokal (1536)	1,60	1,60	
821	80+40 Pf	Chormantelschließe (um 1400)	2,–	2,–	
		Satz (4 W.) ...	6,–	6,–	7,–
		ETB		5,–	

1988, 13. Okt. 150 Jahre Eisenbahn Berlin–Potsdam. [43×26]

822	10 Pf	Potsdamer Bahnhof, Berlin (1838)	–,70	–,60	1,40
		ETB		–,50	

1988, 13. Okt. 50. Todestag des Bildhauers, Grafikers und Dichters Ernst Barlach (1870–1938). [35×35]

			✶✶	⊙	FDC
823	40 Pf	Der Sammler (Bronzeplastik) . . .	–,90	–,70	1,10
		ETB		–,50	

1988, 10. Nov. Frauen der deutschen Geschichte. [23×27,5]

824	60 Pf	Dorothea Erxleben (1715–1762)	1,50	5,–	
825	100 Pf	Therese Giehse (1898–1975)	2,50	2,–	
826	170 Pf	Hannah Arendt (1906–1975)	3,—	12,–	
827	240 Pf	Mathilde Franziska Anneke (1817–1884)	4,–	17,–	
828	350 Pf	Hedwig Dransfeld (1871–1925)	7,–	20,–	
		Satz (5 W.)	18,–	55,–	55,–
		ETB		38,–	

1988, 10. Nov. Weihnachten. [35×35]

829	50+25 Pf	Verkündigung der Hirten	1,60	1,60	1,90
		ETB		1,30	

1989, 12. Jan. Frauen der deutschen Geschichte. [23×27,5]

830	500 Pf	Alice Salomon (1872–1948)	11,–	45,–	50,–
		ETB		30,–	

1989, 12. Jan. Sehenswürdigkeiten. [21,5×26]

831	20 Pf	Nofretete-Büste, Berlin	–,50	1,—	
832	140 Pf	Bronzekanne, Reinheim	3,–	5,50	
		Satz (2 W.)	3,50	6,50	7,–
		ETB		4,–	

1989, 9. Febr. Frauen der deutschen Geschichte. [23×27,5]

			✶✶	⊙	FDC
833	5 Pf	Emma Ihrer (1857–1911)	–,50	2,80	3,50
		ETB		1,80	

1989, 9. Febr./Juni. Sehenswürdigkeiten. [21,5×26]

834	100 Pf	Wallfahrtskirche Altötting			
A		vierseitig gez. . . .	1,50	2,—	
C		oben geschnitten	9,–	14,–	
D		unten geschnitten	9,–	14,–	
835 A	350 Pf	Externsteine	5,50	10,–	
		Satz A (2 W.) . . .	7,–	12,–	17,–
		ETB		5,–	

1989, 9. Febr. Sporthilfe: Volleyball-Europameisterschaft der Damen, Hamburg, Karlsruhe und Stuttgart; Hockey Champions Trophy, Berlin. [43×26]

836	100+50 Pf	Volleyball . . .	3,—	3,—	
837	140+60 Pf	Feldhockey . .	4,—	4,50	
		Satz (2 W.) . .	7,–	7,50	8,–
		ETB		5,–	

1989, 20. April. Jugend: Zirkus. [43×26]

838	60+30 Pf	Dompteur mit Raubtiergruppe	1,60	2,–	
839	70+30 Pf	Trapezkünstler	2,–	2,50	
840	80+35 Pf	Jonglierende Seelöwen	3,–	4,–	
841	100+50 Pf	Jongleur	3,50	4,50	
		Satz (4 W.) . .	10,—	13,—	14,–
		ETB		9,–	

1989, 5. Mai. 40. Jahrestag der Beendigung der Blockade von Berlin. [27,5 × 33]

			✶✶	⊙	FDC
842	60 Pf	Luftbrückendenkmal, „Rosinenbomber“ mit Flaggen der Westalliierten	1,40	1,60	1,90
		ETB		1,–	

1989, 5. Mai. Kongress der Internationalen Organisation der Obersten Rechnungskontrollbehörden. [43 × 26]

843	80 Pf	Kongressemblem .	2,20	2,–	2,20
		ETB		1,50	

1989, 13. Juli. Frauen der deutschen Geschichte. [23 × 27,5]

844	180 Pf	Lotte Lehmann (1888–1976)	4,50	17,–	
845	250 Pf	Luise von Preußen (1776–1810)	9,50	28,–	
		Satz (2 W.)	14,–	45,–	45,–
		ETB		28,–	

1989, 13. Juli. 100. Geburtstag des Politikers und Oberbürgermeisters von Berlin Ernst Reuter (1889–1953). [43 × 26]

846	100 Pf	E. Reuter	2,40	2,20	2,80
		ETB		1,80	

1989, 13. Juli. Internationale Funkausstellung. [43 × 26]

847	100 Pf	Satellit, Parabolspiegel (Detail), Emblem	2,–	2,–	2,50
		ETB		1,80	

1989, 10. Aug. Frauen der deutschen Geschichte. [23 × 27,5]

848	140 Pf	Cécile Vogt (1875–1962)	6,–	15,–	
849	300 Pf	Fanny Hensel (1805–1847)	10,–	25,–	
		Satz (2 W.)	16,–	40,–	45,–
		ETB		28,–	

1989, 10. Aug. 200. Geburtstag des Gartenarchitekten Peter Joseph Lenné (1789–1866). [43 × 26]

			✶✶	⊙	FDC
850	60 Pf	Plan des Berliner Zoos	1,90	1,70	2,20
		ETB		1,30	

1989, 10. Aug. 100. Geburtstag des Publizisten Carl von Ossietzky (1889–1938). [43 × 26]

851	100 Pf	C. von Ossietzky, Zeitschrifttitel ...	2,20	2,20	2,50
		ETB		1,50	

1989, 12. Okt. Wohlfahrt: Postbeförderung im Laufe der Jahrhunderte. [35 × 35]

852	60+30 Pf	Briefbote (15. Jh.)	2,50	2,50	
853	80+35 Pf	Brandenburgischer Postwagen (um 1700)	3,50	3,50	
854	100+50 Pf	Preußische Postbeamte (19. Jh.)	4,50	4,50	
		Satz (3 W.) ...	10,–	10,–	12,–
		ETB		8,–	

1989, 12. Okt. 450. Jahrestag der Reformation im Kurfürstentum Brandenburg. [27,5 × 33]

855	60 Pf	St.-Nikolai-Kirche, Berlin-Spandau ...	1,50	1,10	1,80
		ETB		1,–	

1989, 12. Okt. 300 Jahre Französisches Gymnasium. [43 × 26]

856	40 Pf	Schulgebäude (1701 bis 1873), Titelblatt der Schulordnung (1689) ...	1,20	1,10	1,80
		ETB		1,–	

1989, 12. Okt. 100. Geburtstag der Malerin Hannah Höch (1889–1978). [35×35]

		✱✱	⊙	FDC
857	100 Pf Die Journalisten .	2,40	2,–	2,50
	ETB		1,50	

1989, 16. Nov. Weihnachten. [35×35]

858	40+20 Pf Engel	1,50	1,50	
859	60+30 Pf Anbetung der Könige	2,50	2,50	
	Satz (2 W.) . . .	4,—	4,–	5,–
	ETB		3,50	

1990, 12. Jan. 500 Jahre internationale Postverbindungen in Europa. [27,5×33]

860	100 Pf Der kleine Postreiter	3,–	2,80	3,20
	ETB		3,50	

1990, 12. Jan. 250 Jahre öffentlicher Personenverkehr in Berlin. [43×26]

861	60 Pf Pferdekutsche	2,40	2,–	2,50
	ETB		3,50	

1990, 12. Jan. 150. Geburtstag des Musiklehrers Ernst Rudorff (1840–1916). [43×26]

862	60 Pf E. Rudorff	2,40	2,–	2,50
	ETB		3,50	

1990, 15. Febr. Sehenswürdigkeiten. [21,5×26]

863	5 Pf Löwenstandbild, Braunschweig	–,40	–,60	1,50
	ETB		3,50	

1990, 15. Febr. Sporthilfe: Beliebte Sportarten. [43×26]

		✱✱	⊙	FDC
864	100+50 Pf Wasserball . .	4,–	4,80	
865	140+60 Pf Rollstuhl-Basketball	7,–	8,50	
	Satz (2 W.) . .	11,–	13,–	14,–
	ETB		8,50	

1990, 15. Febr. 100 Jahre Freie Volksbühne. [35×35]

866	100 Pf Theater, stilis. Vorhang	2,50	2,60	3,–
	ETB		3,50	

1990, 15. Febr. 40 Jahre Bundeshaus in Berlin. [43×26]

867	100 Pf Bundeshaus	3,50	2,60	3,80
	ETB		3,50	

1990, 19. April. Jugend: 125 Jahre „Max und Moritz". [43×26]

868	60+30 Pf	Illustrationen aus der Bildgeschichte	2,20	2,60	
869	70+30 Pf	„Max und	3,40	3,50	
870	80+35 Pf	Moritz" von	3,40	3,50	
871	100+50 Pf	Wilhelm Busch	3,40	3,50	
		Satz (4 W.)	12,–	13,–	15,–
		ETB		9,50	

1990, 3. Mai. 200 Jahre Drehorgel. [35×35]

872	100 Pf Straßensänger . .	2,50	2,40	3,–
	ETB		3,50	

1990, 3. Mai. Deutscher Katholikentag, Berlin. [35×35]

			**	⊙	FDC
873	60 Pf	Plakat	2,20	2,20	2,80
		ETB		3,50	

1990, 21. Juni. Sehenswürdigkeiten. [21,5×26]

			**	⊙	FDC
874	70 Pf	Helgoland	2,80	6,–	8,50
		ETB		3,50	

1990, 9. Aug. 100 Jahre Deutsche Pharmazeutische Gesellschaft (DPhG). [43×26]

			**	⊙	FDC
875	100 Pf	Mörser, Formel, Emblem	5,–	4,–	4,50
		ETB		3,50	

1990, 27. Sept. Wohlfahrt: Geschichte der Post und der Telekommunikation. [35×35]

			**	⊙	FDC
876	60+30 Pf	Bahnpost (um 1900) ...	2,50	2,50	
877	80+35 Pf	Telefonarbeiten (um 1900) ...	3,50	3,50	
878	100+50 Pf	Elektro-Paketzustellwagen (um 1930) ...	4,50	4,50	
		Satz (3 W.) ..	10,–	10,–	14,–
		ETB		10,–	

1990, 27. Sept. 200. Geburtstag des Pädagogen Adolph Diesterweg (1790–1866). [27,5×33]

			**	⊙	FDC
879	60 Pf	A. Diesterweg	3,50	3,80	4,50
		ETB		3,50	

Automatenmarken

1987, 4. Mai. Automatenmarken in Rollen mit Werteindruck vom Verkaufsautomaten, geschnitten. [43×26]

			**	⊙	FDC
1	5 Pf bis 9995 Pf	Schloss Charlottenburg (in Stufen von 5 Pf) 5–100 Pf, je Wert ...	2,–	3,–	5,–
		Höhere Werte (100 Pf = 1,75)	+2,–	+3,–	+5,–

Jahrgangswerttabelle

Die Aufstellung folgt der numerischen Reihenfolge der Katalogisierung ohne Rücksicht auf die Chronologie eventueller Ergänzungswerte. Einzelmarken aus Blocks sind nicht berücksichtigt.

Die Preise unter „Summe der Einzelausgaben“ sind die Addition der MICHEL-Preisnotierungen eines Jahrganges. Die Bewertungen unter „kompletter Jahrgang“ basieren auf den im Fachhandel üblichen Jahrgangspreisen.

Jahr	MiNr.	Nominalwert (inkl. Zuschlag) DM	Summe der Einzelausgaben ★★	Summe der Einzelausgaben ⊙	Kompletter Jahrgang ★★	Kompletter Jahrgang ⊙
1948	1–20	15,82	380,—	2400,—	360,—	2400,—
1949	21–70, Block 1	30,22	4790,—	4290,—	4500,—	4000,—
1950	71–73	–,70	240,—	170,—	240,—	170,—
1951	74–86	2,65	325,—	415,—	330,—	400,—
1952	87–100	2,27	205,—	125,—	200,—	120,—
1953	101–113	2,74	236,—	333,—	220,—	320,—
1954	115–125	2,97	211,—	93,20	200,—	90,—
1955	126–134	1,95	54,—	70,50	50,—	60,—
1956	135–158 (mit 140 w+y)	9,24	88,80	97,90	80,—	90,—
1957	159–178	4,47	31,—	36,90	22,—	28,—
1958	179–181	–,50	3,50	5,—	3,50	5,—
1959	182–190	2,20	17,80	22,30	15,—	22,—
1960	191–196	1,55	4,—	7,50	4,—	5,—
1961	197–217	8,10	21,80	32,—	12,—	20,—
1962	218–230	6,27	7,—	7,20	5,—	5,—
1963	231–232	–,23	–,80	–,80	–,80	–,80
1964	233–249	6,10	11,80	16,50	8,—	11,—
1965	250–269	9,25	7,—	10,60	5,—	7,—
1966	270–298	15,73	26,20	29,30	15,—	19,—
1967	299–315	7,60	8,30	10,10	5,—	6,50
1968	316–325	3,80	5,70	7,80	5,—	6,—
1969	326–352	8,40	16,70	18,80	10,—	11,—
1970	353–378	11,58	18,30	16,70	12,—	11,—
1971	379–417 (mit 403–404 A, C, D, 406–407 A, C, D)	19,15	65,10	74,60	35,—	40,—
1972	418–441	16,15	28,40	26,20	15,—	14,—
1973	442–463	10,20	23,40	21,—	13,—	13,—
1974	464–481	9,70	18,70	17,30	9,—	9,—
1975	482–515	26,80	42,70	32,60	25,—	18,—
1976	516–531	9,25	15,30	13,40	8,50	7,—
1977	532–Block 6 (mit 532 und 534 A, C, D, I und II, 536 A, C und D)	19,85	39,80	45,10	24,—	25,—
1978	561–590	25,20	39,—	32,40	24,—	18,—
1979	591–613 (mit 611 A, C und D)	17,65	41,10	47,30	24,—	25,—
1980	614–636 (mit 615 A, C und D)	17,30	27,70	27,60	14,—	14,—
1981	637–658	16,15	26,80	23,10	14,—	13,—
1982	659–688 (mit 674 A, C und D)	36,40	70,70	63,60	40,—	35,—
1983	689–707	18,60	35,50	30,90	20,—	17,—
1984	708–729	19,80	43,—	35,10	25,—	20,—
1985	730–749	18,80	39,20	37,10	22,—	20,—
1986	750–771	19,—	42,20	46,40	25,—	28,—
1987	772–797 (mit 794–796 A, C, D)	24,20	89,10	140,60	50,—	70,—
1988	798–829 (mit 798 A, C, D)	32,40	74,10	133,30	45,—	70,—
1989	830–859 (mit 834 A, C, D)	41,95	118,20	229,70	65,—	120,—
1990	860–879	19,75	63,20	67,—	35,—	35,—
Gesamtsumme		**572,64**	**7652,90**	**9360,40**		
Komplette Sammlung					**5500,—**	**7500,—**

Saarland (ab 1947)

Wz. 1

Wz. 2

1947, 20. Jan./7. März. Berufe und Ansichten aus dem Saarland. oWz., ausgenommen MiNr. 211, 219 und 222. Gelbes Papier, Wz. 1. [21,5×26, 26×43, 43×26]

			✶✶	⊙	FDC
206	2 Pf	Hauer vor Ort	–,40	–,50	500,–
207	3 Pf	Hauer vor Ort	–,40	–,60	500,–
208	6 Pf	Hauer vor Ort	–,40	–,50	35,–
209	8 Pf	Hauer vor Ort	–,40	–,40	35,–
210	10 Pf	Hauer vor Ort	–,40	–,50	35,–
211	12 Pf	Hauer vor Ort	–,40	–,50	12,–
212	15 Pf	Hochofenabstich ..	–,40	8,–	35,–
213	16 Pf	Hochofenabstich ..	–,40	–,50	35,–
214	20 Pf	Hochofenabstich ..	–,40	–,50	35,–
215	24 Pf	Hochofenabstich ..	–,40	–,50	20,–
216	25 Pf	Erntearbeiterinnen .	–,80	28,–	180,–
217	30 Pf	Erntearbeiterinnen .	–,40	1,–	35,–
218	40 Pf	Erntearbeiterinnen .	–,40	1,50	35,–
219	45 Pf	Erntearbeiterinnen .	–,80	20,–	150,–
220	50 Pf	Erntearbeiterinnen .	–,80	28,–	180,–
221	60 Pf	Benediktiner-Abtei .	–,80	28,–	180,–
222	75 Pf	Benediktiner-Abtei .	–,40	–,50	40,–
223	80 Pf	Benediktiner-Abtei	–,40	–,50	35,–
224	84 Pf	Marschall-Ney-Denkmal	–,40	–,50	60,–
225	1 M	Saarschleife bei Mettlach	–,40	–,60	60,–
		Satz (20 W.)	8,–	120,–	

Ab 20. 11. 1947: 1 Franc (französisch) = 100 Centimes

1947, 20./27. Nov./6. Dez. Aufdrucke der Franc-Währung auf Neuauflage aus MiNr. 206–225 auf weißem Papier. [21,5×26, 43×26, 26×43]

			✶✶	⊙	FDC
226 II	10 C	auf 2 Pf	–,30	–,70	75,–
227 II	60 C	auf 3 Pf	–,30	1,40	75,–
228 II	1 Fr	auf 10 Pf	–,30	–,70	50,–
229 II	2 Fr	auf 12 Pf	1,50	3,–	25,–
230 II	3 Fr	auf 15 Pf	–,40	1,80	50,–
231 II	4 Fr	auf 16 Pf	–,40	10,–	100,–
232 II	5 Fr	auf 20 Pf	–,40	1,30	30,–
233 II	6 Fr	auf 24 Pf	–,40	–,80	25,–
234 II	9 Fr	auf 30 Pf	–,50	17,–	150,–
235 II	10 Fr	auf 50 Pf	–,50	27,–	150,–
236 II	14 Fr	auf 60 Pf	–,80	17,–	150,–
237 II	20 Fr	auf 84 Pf	3,–	28,–	100,–
238 II	50 Fr	auf 1 SM	1,80	28,–	300,–
		Satz (13 W.)	8,–	130,–	

1948, 1. April. Wiederaufbau des Saarlandes. [21,5×26, 26×40]

			✶✶	⊙	FDC
239	10 C	Hände	–,90	2,50	150,–
240	60 C	Hände	–,90	2,50	150,–
241	1 Fr	Hände	–,40	–,40	100,–
242	2 Fr	Arbeiter	–,50	–,40	100,–
243	3 Fr	Arbeiter	–,50	–,40	100,–
244	4 Fr	Erntearbeiterin	–,50	–,40	100,–
245	5 Fr	Erntearbeiterin	–,50	–,40	100,–
246	6 Fr	Bergmann	–,90	–,40	100,–
247	9 Fr	Bergmann	6,–	–,60	180,–
248	10 Fr	Hochofen	3,50	1,–	100,–
249	14 Fr	Gießerei	5,–	1,40	200,–
250	20 Fr	Wiederaufbau	10,–	1,40	300,–
251	50 Fr	Benediktiner-Abtei, Mettlach	17,–	3,50	450,–
		Satz (13 W.)	45,–	15,–	1400,–

1948, 1. April. Flugpostmarken: Flugzeugschatten über Saarschleife. [40×26]

			✱✱	⊙	FDC
252	25 Fr	lebhaftrot	7,–	4,–	200,–
253	50 Fr	dunkelgrünlichblau	4,–	3,–	200,–
254	200 Fr	lilarot	36,–	45,–	300,–
		Satz (3 W.)	47,–	50,–	500,–

1948, 12. Okt. Hochwasserhilfe. [40×26, 26×40]

255	5+ 5 Fr	Überschwemmter Hafen	6,–	45,–
256	6+ 4 Fr	Straße und Kirche in Saarbrücken	6,–	40,–
257	12+ 8 Fr	Landtagsgebäude, Saarbrücken ...	9,–	60,–
258	18+12 Fr	Straße in Saarbrücken ...	12,–	60,–

Flugpostmarke. [40×26]

259	25+25 Fr	Saarlouis	30,–	300,–	
		Satz (5 W.)	60,–	500,–	1200,–

Blockausgabe □. [147×104]

Block 1 (147×104 mm) 1100,–3400,–6000,–

Flugpost – Blockausgabe. [90×59]

	✱✱	⊙	FDC
Block 2 (90×59 mm)	600,–	2400,–	6000,–

1948, 15. Dez. 1 Jahr Saar-Verfassung. [40×24]

260	10 Fr	dunkelrot	3,–	5,–	
261	25 Fr	schwärzlichgrau-ultramarin	4–	10,–	
		Satz (2 W.)	7,–	15,–	50,–

1949, 11. Jan. Jugendherbergswerk. [40×24]

262	8+5 Fr	Jugendherberge Ludweiler	4,50	130,–	
263	10+7 Fr	Jugendherberge Weißkirchen	5,50	130,–	
		Satz (2 W.)	10,–	260,–	1500,–

1949, 2. April. 1 Jahr Universität des Saarlandes, Saarbrücken. [20×24]

264	15 Fr	Symbole der Universität	10,–	–,60	*3000,–*

1949, 25. Sept. Tag des Pferdes. [40×26]

265	15+ 5 Fr	Pferd mit Fohlen	16,–	40,–	
266	25+15 Fr	Rennpferde ...	22,–	45,–	
		Satz (2 W.)	38,–	85,–	200,–

1949, 20. Dez. Volkshilfe: Gemälde. [26×40]

			★★	⊙	FDC
267	8+ 2 Fr	Moses am Felsenquell (B. E. Murillo) ...	10,–	50,–	
268	12+ 3 Fr	Heilung des Lahmen (B. E. Murillo) ...	12,–	60,–	
269	15+ 5 Fr	Das kranke Kind (G. Metsu)	18,–	100,–	
270	25+10 Fr	Spende des hl. Thomas (B. E. Murillo) ...	30,–	160,–	
271	50+20 Fr	Madonna von Blieskastel	50,–	280,–	
		Satz (5 W.)	120,–	650,–	1200,–

1949, 1. Dez./1951, 16. Juni. Bilder aus Industrie, Handel, Landwirtschaft und Kultur. [20×24, 26×40, 40×26]

			★★	⊙	FDC
272	10 C	Bauhandwerk	–,40	2,50	120,–
273	60 C	Ludwig von Beethoven	–,40	2,50	120,–
274	1 Fr	Schwerindustrie ...	1,50	–,40	40,–
275	3 Fr	Schwerindustrie ..	10,–	–,50	45,–
276	5 Fr	Arbeit auf der Halde	2,50	–,40	45,–
277	6 Fr	Steinkohlenindustrie	13,–	–,50	45,–
278	8 Fr	Posthorn, Telefonapparat ...	1,50	–,80	50,–
279	10 Fr	Druck und Presse .	6,–	–,40	45,–
280	12 Fr	Keramikindustrie ..	18,–	–,40	45,–
281	15 Fr	Steinkohlenindustrie	9,–	–,40	20,–
282	18 Fr	Keramikindustrie ..	3,50	6,50	40,–
283	20 Fr	Landwirtschaft	2,50	–,40	60,–
284	25 Fr	Eisen- und Stahlindustrie	25,–	–,40	75,–
285	30 Fr	St. Arnual	22,–	–,60	100,–
286	45 Fr	„Der große Stiefel“ bei Rentrisch	6,–	–,70	100,–
287	60 Fr	Grube Reden mit Umgebung	10,–	2,50	120,–
288	100 Fr	Bliestal	13,–	3,–	150,–
		Satz (17 W.)	140,–	20,–	900,–

1950, 3. April. 85. Todestag von Adolf Kolping (1813–1865). [25×30]

289	15+5 Fr	A. Kolping	34,–	100,–	300,–

1950, 3. April. 10. Todestag des Philosophen Peter Wust (1884–1940). [26×40]

290	15 Fr	P. Wust	18,–	10,–	180,–

1950, 23. April. Internationale Briefmarkenausstellung IBASA, Saarbrücken; Tag der Briefmarke. [52×40]

291	15+5 Fr	Postkutsche ...	100,–	140,–	350,–
		Kleinbogen	2000,–	6000,–	

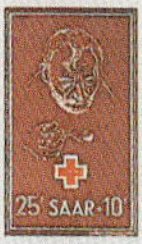

1950, 28. April. Rotes Kreuz. [26×40]

292	25+10 Fr	Armenspeisung	35,–	80,–	140,–

1950, 29. Juni. Heiliges Jahr. [26×40]

			✶✶	⊙	FDC
293	12 Fr	schwärzlichgrünoliv	4,–	13,–	
294	15 Fr	dunkelkarminbraun	6,50	12,–	
295	25 Fr	schwarzkobalt	12,–	26,–	
		Satz (3 W.)	22,–	50,–	180,–

1950, 8. Juli. 400 Jahre Stadt Ottweiler. [26×40]

296	10 Fr	Rathausplatz	9,–	10,–	100,–

1950, 8. Aug. Aufnahme des Saarlandes in den Europarat. [40×26]

297	25 Fr	Buch, Weltkugel ..	50,–	15,–	

Flugpostmarke.

298	200 Fr	Buch, Weltkugel, Friedenstaube ...	180,–	310,–	
		Satz (2 W.)	230,–	320,–	1900,–

1950, 10. Nov. Volkshilfe: Bilder aus der Lutwinus-Legende. [40×24]

299	8+ 2 Fr	Aufnahme ins Kloster	12,–	40,–	
300	12+ 3 Fr	Bau der Abtei Mettlach	11,–	40,–	
301	15+ 5 Fr	Lutwinus als Abt	15,–	65,–	
302	25+10 Fr	Firmung in Reims	16,–	90,–	
303	50+20 Fr	Armenhilfe und Krankenpflege .	24,–	150,–	
		Satz (5 W.)	75,–	380,–	750,–

1951, 28. April. Rotes Kreuz. [26×40]

			✶✶	⊙	FDC
304	25+10 Fr	Mutter mit Kind	26,–	80,–	200,–

1951, 29. April. Tag der Briefmarke. [52×40]

305	15 Fr	Postboten (1760) ..	12,–	24,–	50,–
		Kleinbogen	150,–	380,–	

1951, 12. Mai. Saarmesse, Saarbrücken. [24×40]

306	15 Fr	Zahnrad, Ähre, Hammer	4,–	9,–	65,–

1951, 16. Juni. Ausstellung „Garten und Blumen im sozialen Wohnungsbau des Saarlandes“, Mittelbexbach. [26×40]

307	15 Fr	Turm von Bexbach .	4,–	2,20	55,–

1951, 31. Okt. 375. Jahrestag der Reformation an der Saar. [26×40]

308	15+5 Fr	Johannes Calvin (1509–1564), Martin Luther (1483–1546)	5,–	10,–	30,–

1951, 3. Nov. Volkshilfe: Gemälde. [26×40]

			✶✶	⊙	FDC
309	12+ 3 Fr	Die gute Mutter (N. Lépicié) ...	8,–	24,–	
310	15+ 5 Fr	Vor dem Theater (A. Kampf)	10,–	24,–	
311	18+ 7 Fr	Barmherzige Schwester (H. Browne) ...	9,–	24,–	
312	30+10 Fr	Barmherziger Samariter (I. Bassano) ...	15,–	45,–	
313	50+20 Fr	Hl. Martin teilt seinen Mantel (A. v. Dyck)	25,–	90,–	
		Satz (5 W.)	65,–	200,–	400,–

1952, 29. März. Olympische Sommerspiele, Helsinki. [26×40]

314	15+5 Fr	Fackelträger	7,50	15,–	
315	30+5 Fr	Hand mit Lorbeerzweig ...	7,50	17,–	
		Satz (2 W.)	15,–	32,–	85,–

1952, 30. März. Internationale Motivbriefmarken-Ausstellung IMOSA, Saarbrücken; Tag der Briefmarke. [40×52]

316	30+10 Fr	Postbote	15,–	35,–	50,–
		Kleinbogen	200,–	550,–	

1952, 26. April. Saarmesse, Saarbrücken. [26×40]

			✶✶	⊙	FDC
317	15 Fr	Messezeichen	3,–	1,70	60,–

1952, 2. Mai. Woche des Roten Kreuzes. [26×40]

318	15 Fr	Flüchtlingsgruppe .	4,50	1,70	60,–

1952, 1. Okt./1955, 18. März. Ansichten aus dem Saarland. [40×26, 26×40]

319	1 Fr	Schachtanlage ...	–,30	–,30	110,–
320	2 Fr	Ludwigsgymnasium, Saarbrücken	–,30	–,30	110,–
321	3 Fr	Brücke in Gersweiler	–,30	–,30	220,–
322	5 Fr	Hauptpostamt Saarbrücken (ohne Inschrift)	6,–	–,30	120,–
323	5 Fr	Hauptpostamt Saarbrücken (mit Inschrift)	–,30	–,30	
324	6 Fr	Hängebrücke in Mettlach	–,50	–,30	240,–
325	10 Fr	Ludwigsgymnasium	–,50	–,30	120,–
326	12 Fr	Hauptpostamt Saarbrücken	–,90	–,30	120,–
327	15 Fr	Schachtanlage (ohne Inschrift)	10,–	–,30	150,–
328	15 Fr	Schachtanlage (mit Inschrift)	4,50	–,30	
329	15 Fr	dunkelrosarot, Schachtanlage ...	–,40	–,30	280,–
330	18 Fr	Brücke in Gersweiler	3,50	6,–	160,–
332	30 Fr	Universitäts-bibliothek	1,20	1,20	450,–
337	500 Fr	Ludwigskirche, Saarbrücken	20,–	80,–	600,–
		Satz (14 W.)	48,–	85,–	2000,–

MiNr. 331 und 333–336 fallen aus.

1952, 3. Nov. Volkshilfe: Gemälde. [26×40]

			✱✱	⊙	FDC
338	15+ 5 Fr	Graf Stroganoff (J. B. Greuze) . .	4,–	14,–	
339	18+ 7 Fr	Göttlicher Schäfer (B. E. Murillo) . .	6,–	18,–	
340	30+10 Fr	Knabenbildnis (G. M. Kraus) . .	8,–	20,–	
		Satz (3 W.)	18,–	50,–	75,–

1953, 23. März. Internationale Saarmesse, Saarbrücken. [26×40]

341	15 Fr	Messezeichen	3,50	2,–	30,–

1953, 3. Mai. Tag der Briefmarke. [40×52]

342	15 Fr	Preußischer und bayerischer Postillion	8,50	16,–	25,–
		Kleinbogen	90,–	280,–	

1953, 3. Mai. Rotes Kreuz; 125. Geburtstag von Henri Dunant (1828 bis 1910), Mitbegründer des Roten Kreuzes. [26×40]

343	15+5 Fr	H. Dunant	3,50	10,–	25,–

1953, 16. Nov. Volkshilfe: Gemälde. [26×40, 40×26]

			✱✱	⊙	FDC
344	15+ 5 Fr	Clarice Strozzi (Tizian)	4,–	7,–	
345	18+ 7 Fr	Caritas (P. P. Rubens) . .	4,–	7,50	
346	30+10 Fr	Clara Serena mit Vogel (P. P. Rubens) . .	6,–	12,–	
		Satz (3 W.)	14,–	26,–	70,–

1953, 18. Dez. Benediktiner-Abtei Tholey. [26×40]

347	30+10 Fr	Hl. Benedikt und hl. Maurus (Fresko)	3,20	10,–	25,–

1954, 10. April. Internationale Saarmesse, Saarbrücken. [26×40]

348	15 Fr	Messegelände	2,60	1,20	7,50

1954, 9. Mai. Tag der Briefmarke. [52×40]

349	15 Fr	Postkutsche und Postbus	12,–	17,–	20,–
		Kleinbogen	130,–	250,–	

1954, 10. Mai. Rotes Kreuz. [26×40]

350	15+5 Fr	Kind, Rotes Kreuz	4,–	9,–	22,–

1954, 14. Aug. Marianisches Jahr: Gemälde. [40×52]

Nr.	Wert	Bezeichnung	✱✱	⊙	FDC
351	5 Fr	Madonna (H. Holbein d. J.) ..	3,–	4,–	
352	10 Fr	Sixtinische Madonna (Raffael)	3,–	4,–	
353	15 Fr	Madonna mit Kind (A. Dürer)	4,–	7,–	
		Satz (3 W.)	10,–	15,–	50,–
		Kleinbogensatz (3 Klb.)	120,–	240,–	

1954, 15. Nov. Volkshilfe: Gemälde. [26×40]

Nr.	Wert	Bezeichnung	✱✱	⊙	FDC
354	5+3 Fr	Trauben- und Melonenesser (B. E. Murillo) ...	1,20	1,80	
355	10+5 Fr	Maria de Medici (A. Bronzino) ...	1,20	1,80	
356	15+7 Fr	Baron Maucler (J. F. Dieterich) ..	1,20	2,50	
		Satz (3 W.)	3,50	6,–	25,–

1955, 28. Febr. Querfeldein-Radweltmeisterschaft, Saarbrücken. [24×40]

Nr.	Wert	Bezeichnung	✱✱	⊙	FDC
357	15 Fr	Radrennfahrer	-,50	-,90	7,–

1955, 28. Febr. 50 Jahre Internationaler Rotary-Club. [24×40]

Nr.	Wert	Bezeichnung	✱✱	⊙	FDC
358	15 Fr	Hüttenwerk, Emblem	-,50	1,20	7,–

1955, 18. April. Internationale Saarmesse, Saarbrücken. [24×40]

Nr.	Wert	Bezeichnung	✱✱	⊙	FDC
359	15 Fr	Flaggen	-,50	-,90	7,–

1955, 5. Mai. Rotes Kreuz. [24×40]

Nr.	Wert	Bezeichnung	✱✱	⊙	FDC
360	15+5 Fr	Krankenschwester mit Kind	-,70	1,30	9,–

1955, 8. Mai. Tag der Briefmarke. [40×52]

Nr.	Wert	Bezeichnung	✱✱	⊙	FDC
361	15 Fr	Landbriefträger ...	3,–	3,50	10,–
		Kleinbogen	30,–	65,–	

1955, 22. Okt. Volksbefragung, MiNr. 329, 330 und 332 mit Aufdruck „VOLKSBEFRAGUNG/ 1955". [40×26]

Nr.	Wert	Bezeichnung	✱✱	⊙	FDC
362	15 Fr	(329)	-,60	1,10	
363	18 Fr	(330)	-,60	-,80	
364	30 Fr	(332)	-,80	1,10	
		Satz (3 W.)	2,–	3,–	15,–

1955, 10. Dez. Volkshilfe: Dürer-Zeichnungen. [26×40]

Nr.	Wert	Bezeichnung	✱✱	⊙	FDC
365	5+3 Fr	Dürers Mutter ...	-,80	1,80	
366	10+5 Fr	Hände eines Apostels	1,20	2,40	
367	15+7 Fr	Alter Mann von Antwerpen	1,60	2,80	
		Satz (3 W.)	3,50	7,–	20,–

1956, 14. April. Internationale Saarmesse, Saarbrücken. [26×40]

			✶✶	⊙	FDC
368	15 Fr	Industrie-Symbole .	–,50	1,20	4,50

1956, 6. Mai. Tag der Briefmarke. [26×40]

369	15 Fr	Fernmeldeturm, Saarbrücken	–,50	1,20	5,–

1956, 7. Mai. Rotes Kreuz. [40×26]

370	15+5 Fr	Historischer Verbandsplatz bei Saarbrücken	–,50	1,20	4,50

1956, 25. Juli. Olympische Sommerspiele, Melbourne. [26×40]

371	12+3 Fr	graugrün/dunkelblaugrün	–,70	–,90	
372	15+5 Fr	dunkelbraunpurpur/schwärzlichockerbraun	–,70	–,90	
		Satz (2 W.)	1,40	1,80	7,50

1956, 29. Okt. Wiederaufbau saarländischer Denkmäler: Winterbergdenkmal, Saarbrücken. [26×40]

373	5+2 Fr	dunkelgrün	–,40	–,60	
374	12+3 Fr	dunkellila	–,40	–,60	
375	15+5 Fr	schwarzockerbraun	–,40	–,80	
		Satz (3 W.)	1,20	2,–	10,–

1956, 10. Dez. Volkshilfe: Gemälde. [26×40]

			✶✶	⊙	FDC
376	5+3 Fr	La belle ferronière (G. A. Boltraffio) .	–,40	–,40	
377	10+5 Fr	Saskia (Rembrandt)	–,40	–,60	
378	15+7 Fr	Familie von Berchem (F. Floris)	–,40	1,–	
		Satz (3 W.)	1,20	2,–	12,–

OPD Saarbrücken (1957–1959)

1957, 1. Jan. Eingliederung des Saarlandes in die Bundesrepublik Deutschland. Wz. 2. [27,5 × 33]

Wz. 2

			✶✶	⊙	FDC
379	15 Fr	Wappen	–,70	–,50	2,–

1957, 1. Jan./25. Mai. 1. Bundespräsident Prof. Dr. Theodor Heuss (1884–1963), Wz. 2, ohne Währungsangabe. [21,5×26, 27,5 × 33]

380	1 Fr	(lebhaft)grün	–,30	–,30	8,–
381	2 Fr	violett	–,30	–,30	8,–
382	3 Fr	mittel- bis lebhaft-orangebraun	–,30	–,30	8,–
383	4 Fr	lilapurpur	–,40	1,–	12,–
384	5 Fr	gelboliv	–,30	–,30	8,–
385	6 Fr	schwärzlichrosa . .	–,30	–,60	10,–
386	10 Fr	(dunkel)türkisgrau . .	–,30	–,40	10,–
387	12 Fr	lebhaftgelblichrot . .	–,30	–,30	8,–
388	15 Fr	lebhaftbläulichgrün	–,30	–,30	8,–
389	18 Fr	lebhaftrotkarmin . . .	–,80	3,–	15,–
390	25 Fr	purpurviolett	–,60	1,–	12,–
391	30 Fr	graupurpur bis rotviolett	–,60	1,–	12,–
392	45 Fr	dunkelgrauoliv	1,40	3,50	25,–
393	50 Fr	rotbraun	1,40	1,60	25,–
394	60 Fr	schwärzlichrosarot	2,–	4,–	25,–
395	70 Fr	dunkelzinnoberrot .	3,60	6,–	35,–
396	80 Fr	oliv	1,20	4,60	40,–
397	90 Fr	grünlichschwarz . .	3,50	8,–	75,–
398	100 Fr	dunkelbräunlichrot	3,–	10,–	100,–
399	200 Fr	dunkelbräunlich-violett	8,–	32,–	150,–
		Satz (20 W.)	25,–	75,–	

1957, 20. April. Internationale Saarmesse, Saarbrücken. Wz. 2. [27,5 × 33]

400	15 Fr	Stahlarbeiter, Hochofen	–,70	–,50	2,–

1957, 25. Mai. 100 Jahre Stadt Merzig. Wz. 2. [33 × 27,5]

			✶✶	⊙	FDC
401	15 Fr	Pfarrkirche St. Peter, Stadtwappen	–,50	–,50	2,–

1957, 16. Sept. Europa. [33 × 27,5]

402	20 Fr	dkl'orange/mittel-orangegelb	–,80	1,30	
403	35 Fr	dkl'bläulichviolett/hellrosa	1,20	1,80	
		Satz (2 W.)	2,–	3,–	8,–

1957, 1. Okt. Wohlfahrt: Kohlebergbau. Wz. 2. [33 × 27,5]

404	6+ 4 Fr	Bergmann mit Lampe	–,30	–,30	
405	12+ 6 Fr	Bergmann mit Abbauhammer	–,30	–,40	
406	15+ 7 Fr	Bergmann am Kohlenhobel . . .	–,40	–,50	
407	30+10 Fr	Anschläger am Förderschacht .	–,50	–,90	
		Satz (4 W.)	1,50	2,–	9,–

1957, 5. Okt. Internationale Briefwoche. Wz 2. [33 × 27,5]

408	15 Fr	Tauben mit Briefen	–,50	–,50	2,–

1957, 2. Nov./20. Dez. 1. Bundespräsident Prof. Dr. Theodor Heuss (1884–1963). Wz. 2, mit Währungsangabe „F". [21,5 × 26, 27,5 × 33]

409	1 Fr	dunkelgrüngrau . .	–,50	–,30	10,–
410	3 Fr	blau	–,50	–,30	10,–

			★★	⊙	FDC
411	5 Fr	braunoliv	–,50	–,20	5,–
412	6 Fr	dunkelorangebraun	–,50	–,60	8,–
413	10 Fr	dunkel(bläulich) violett	–,50	–,30	10,–
414	12 Fr	dunkel- bis schwärzlichrotorange	–,50	–,30	5,–
415	15 Fr	graugrün	–,50	–,30	5,–
416	18 Fr	schwärzlichtürkisgrau	2,50	6,–	35,–
417	20 Fr	gelboliv	1,50	4,–	20,–
418	25 Fr	bräunlichorange ..	–,50	–,50	18,–
419	30 Fr	graulila (Töne) ...	1,20	–,50	18,–
420	35 Fr	mittelsiena	3,–	4,–	40,–
421	45 Fr	(lebhaft)bläulichgrün	2,50	5,–	50,–
422	50 Fr	(lebhaft)lilabraun ..	1,20	2,50	30,–
423	70 Fr	lebhaftgrün bis smaragdgrün	6,–	7,–	70,–
424	80 Fr	graublau	3,–	6,50	70,–
425	90 Fr	rötlichkarmin	7,–	8,–	120,–
426	100 Fr	gelblichorange ...	7,–	9,–	120,–
427	200 Fr	dunkelsmaragdgrün	11,–	32,–	250,–
428	300 Fr	dunkelkobalt	12,–	36,–	400,–
		Satz (20 W.)	60,–	120,–	

1958, 9. Jan. 50. Todestag des Zeichners und Dichters Wilhelm Busch (1832–1908). Wz. 2. [33 × 27,5]

			★★	⊙	FDC
429	12 Fr	Max und Moritz ...	–,30	–,30	
430	15 Fr	W. Busch	–,30	–,50	
		Satz (2 W.)	–,60	–,80	4,–

1958, 5. März. Waldbrandverhütung. Wz. 2. [33 × 27,5]

			★★	⊙	FDC
431	15 Fr	Ausgebranntes Waldstück	–,60	–,60	2,–

1958, 18. März. 100. Geburtstag des Ingenieurs Rudolf Diesel (1858–1913). Wz. 2. [43 × 26]

			★★	⊙	FDC
432	12 Fr	R. Diesel	–,60	–,60	2,–

1958, 1. April. Jugend: Volkslieder. Wz. 2. [27,5 × 33]

			★★	⊙	FDC
433	12+6 Fr	„Fuchs, du hast die Gans gestohlen"	–,40	–,40	
434	15+7 Fr	„Ein Jäger aus Kurpfalz"	–,40	–,50	
		Satz (2 W.)	–,80	–,90	4,–

1958, 10. April. Internationale Saarmesse, Saarbrücken. Wz. 2. [27,5 × 33]

			★★	⊙	FDC
435	15 Fr	Rathaus Saarbrücken	–,50	–,50	2,–

1958, 14. Juni. 400 Jahre Stadt Homburg. Wz. 2. [33 × 27,5]

			★★	⊙	FDC
436	15 Fr	Altstadt	–,50	–,50	2,–

1958, 21. Juli. 150 Jahre Deutsche Turnbewegung. Wz. 2. [27,5 × 33]

			★★	⊙	FDC
437	12 Fr	Turnerkreuz	–,50	–,50	2,–

1958, 29. Aug. 150. Geburtstag des Genossenschaftsführers Hermann Schulze-Delitzsch (1808–1883). Wz. 2. [27,5 × 33]

			★★	⊙	FDC
438	12 Fr	H. Schulze-Delitzsch	–,50	–,50	2,–

1958, 13. Sept. Europa. Wz. 2. [27,5×33]

			✶✶	⊙	FDC
439	12 Fr	dunkelgelblichgrün/ hellkobalt	–,70	1,20	
440	30 Fr	lebhaftkobalt/ mittelrot	–,90	1,80	
		Satz (2 W.)	1,60	3,–	7,–

1958, 1. Okt. Wohlfahrt: Landwirtschaft. Wz. 2. [27,5×33]

			✶✶	⊙	FDC
441	6+ 4 Fr	Friedrich Raiffeisen (1818–1888)	–,30	–,40	
442	12+ 6 Fr	Sennerin mit Butterfass	–,30	–,40	
443	15+ 7 Fr	Winzerin mit Weinrebe	–,60	–,80	
444	30+10 Fr	Bauer mit Heugabel	–,60	1,–	
		Satz (4 W.)	1,80	2,50	6,–

1959, 6. März. 500. Geburtstag des Großunternehmers Jakob Fugger (1459–1525). Wz. 2. [27,5×33]

			✶✶	⊙	FDC
445	15 Fr	J. Fugger	–,50	–,50	2,–

1959, 1. April. 50 Jahre Großstadt Saarbrücken. Wz. 2. [33×27,5]

			✶✶	⊙	FDC
446	15 Fr	Altes Rathaus, Burbacher Hütte	–,50	–,50	2,–

1959, 1. April. Internationale Saarmesse, Saarbrücken. Wz. 2. [33×27,5]

			✶✶	⊙	FDC
447	15 Fr	Hände mit Messegut	–,50	–,50	2,–

1959, 6. Mai. 100. Todestag des Naturforschers Alexander Freiherr von Humboldt (1769–1859). Wz. 2. [27,5×33]

			✶✶	⊙	FDC
448	15 Fr	A. Frh. von Humboldt	–,50	–,60	2,50

DIENSTMARKEN

1949, 1. Okt. Wappen des Saarlandes. [21,5×26]

			✶✶	⊙	FDC
33	10 C	(dunkel)karminrot	–,60	24,–	
34	30 C	grünlichschwarz	–,60	28,–	
35	1 Fr	schwärzlich-grünblau	–,60	1,30	
36	2 Fr	orangerot	2,50	1,50	
37	5 Fr	dunkelkobalt	3,–	1,30	
38	10 Fr	gelbschwarz	1,30	1,30	
39	12 Fr	purpur	11,–	14,–	
40	15 Fr	schwarzviolett-ultramarin	1,30	1,30	
41	20 Fr	schwärzlich-smaragdgrün	4,–	1,50	
42	30 Fr	lilakarmin	12,–	6,–	
43	50 Fr	dunkelgrauviolett	3,50	5,–	
44	100 Fr	dunkelbräunlich-karmin	120,–	380,–	
		Satz (12 W.)	150,–	450,–	2500,–

Französische Zone

Die meisten teueren gestempelten Ausgaben kommen mit falschen oder verfälschten Abstempelungen vor. Bei teuren Marken oder Blocks ist (BPP-)Prüfung dringend anzuraten.

Allgemeine Ausgabe

1945, 17. Dez./1946, 1. April. Landeswappen; Deutsche Dichter. [20×24, 26×40]

			★★	⊙
1	1 Pf	Rheinland	–,30	–,30
2	3 Pf	Pfalz	–,30	–,30
3	5 Pf	Württemberg	–,30	–,30
4	8 Pf	Baden	–,30	–,30
5	10 Pf	Rheinland	15,–	75,–
6	12 Pf	Pfalz	–,30	–,30
7	15 Pf	Saargebiet	–,30	–,30
8	20 Pf	Württemberg	–,30	–,30
9	24 Pf	Saargebiet	–,30	–,30
10	30 Pf	Baden	–,30	–,30
11	1 M	Johann W. von Goethe (1749–1832)	4,50	24,–
12	2 M	Friedrich von Schiller (1759–1805)	4,50	70,–
13	5 M	Heinrich Heine (1797–1856)	5,–	90,–
		Satz (13 W.)	30,–	250,–

MiNr. 5, 11, 12, 13

Baden

1947, 1. Mai. Persönlichkeiten und Ansichten aus Baden. Wertangaben PF. und M. [21,5×26, 43×26, 26×43]

			★★	⊙
1	2 Pf	J. P. Hebel (1760–1826)	–,30	–,50
2	3 Pf	Trachtenmädchen	–,30	–,50
3	10 Pf	Hans Baldung (um 1485–1545)	–,30	–,50
4	12 Pf	J. P. Hebel	–,30	–,50
5	15 Pf	Trachtenmädchen	–,30	–,50
6	16 Pf	Schloss Rastatt	–,30	2,–
7	20 Pf	Hans Baldung	–,30	–,50
8	24 Pf	Schloss Rastatt	–,30	–,50
9	45 Pf	Trachtenmädchen	–,30	1,20
10	60 Pf	J. P. Hebel	–,30	–,50
11	75 Pf	Hans Baldung	–,30	2,50
12	84 Pf	Höllental	–,30	2,50
13	1 M	Freiburger Münster	–,40	1,–
		Satz (13 W.)	4,–	13,–

1948, 21. Juni/Aug. Ähnlich MiNr. 1–13, Wertangaben D.PF., PF., D.M.

14	2 Pf	J. P. Hebel	–,50	–,40
15	6 Pf	Trachtenmädchen	–,50	–,40
16	8 Pf	Schwarzwaldmädel	–,70	1,50
17	10 Pf	Hans Baldung	–,50	–,40
18	12 Pf	J. P. Hebel	–,50	–,40
19	15 Pf	Trachtenmädchen	–,80	–,80
20	16 Pf	Schloss Rastatt	2,–	2,50
21	20 Pf	Hans Baldung	7,–	1,30
22	24 Pf	Schloss Rastatt	1,50	–,40
23	30 Pf	Schwarzwaldmädel	2,–	1,50
24	50 Pf	Großherzogin Stephanie (1789–1860)	2,–	–,40
25	60 Pf	J. P. Hebel	8,–	–,80
26	84 Pf	Höllental	12,–	6,–
27	1 M	Freiburger Münster	10,–	6,–
		Satz (14 W.)	48,–	22,–

1948, Nov./1949, Jan. Ähnlich MiNr. 1–3, ohne Währungsangaben. [21,5×26, 43×26]

			✶✶	⊙
28	2 Pf	J. P. Hebel	1,50	–,70
29	4 Pf	Schloss Rastatt	1,–	–,60
30	5 Pf	Trachtenmädchen	1,20	–,80
31	6 Pf	Trachtenmädchen	35,–	18,–
32	8 Pf	Schwarzwaldmädel	1,20	1,40
33	10 Pf	Hans Baldung	4,50	–,70
34	20 Pf	Hans Baldung	2,–	–,50
35	40 Pf	Schloss Rastatt	75,–	100,–
36	80 Pf	J. P. Hebel	12,–	8,–
37	90 Pf	Höllental	75,–	100,–
		Satz (10 W.)	200,–	220,–

1949, 24. März. Wiederaufbau von Freiburg. [21,5×26]

			✶✶	⊙	FDC
38	4+16 Pf	Kornhaus	18,–	50,–	
39	10+20 Pf	Münsterturm	18,–	50,–	
40	20+30 Pf	Posaunenengel	18,–	50,–	
41	30+50 Pf	Fischbrunnen	20,–	60,–	
		Satz (4 W.)	70,–	200,–	400,–

1949, 24. März. Blockausgabe. [64×75]

Block 1 A gezähnt (64×75 mm)	75,–	280,–	1000,–
Block 1 B geschnitten (64×75 mm)	75,–	280,–	1000,–

1949, 25. Febr. Deutsches Rotes Kreuz. [21,5×26]

			✶✶	⊙	FDC
42	10+20 Pf	dunkelopalgrün/rot	28,–	100,–	
43	20+40 Pf	dunkelgrauviolett/rot	28,–	100,–	
44	30+60 Pf	lebhaftkobaltblau/rot	28,–	100,–	
45	40+80 Pf	dunkelgrünlichgrau/rot	28,–	100,–	
		Satz (4 W.)	110,–	400,–	1000,–

1949, 25. Febr. Blockausgabe ☐ (ohne Gummi). [90×100]

Block 2 (90×100 mm)	110,–	1500,–	2800,–

1949, 22. Juni. Europäischer Ingenieurkongress, Konstanz. [43×26]

46	30 Pf	Konstanz	26,–	85,–	250,–

1949, 12. Aug. 200. Geburtstag des Dichters Johann Wolfgang von Goethe (1749–1832). [21,5×26]

47	10+ 5 Pf	Relief (J. P. Melchior)	15,–	25,–	
48	20+10 Pf	Zeichnung (J. H. Lips)	15,–	25,–	
49	30+15 Pf	Relief (A. Facius)	19,–	60,–	
		Satz (3 W.)	48,–	110,–	300,–

1949, 24. Aug. 100. Jahrestag der Badischen Revolution. [26×43]

			★★	⊙	FDC
50	10+ 5 Pf	Carl Schurz, deutscher ...	14,–	38,–	
51	20+10 Pf	Freiheitskämpfer,	14,–	38,–	
52	30+15 Pf	amerik. Minister	18,–	38,–	
		Satz (3 W.) ...	45,–	110,–	200,–

1949, 27. Aug. 100. Todestag des Komponisten Conradin Kreutzer (1780 bis 1849). [21,5×26]

53	10 Pf	C. Kreutzer	4,50	15,–	60,–

1949, 17. Sept. 100 Jahre deutsche Briefmarken. [43×26]

54	10 Pf	Vierspänner-Postkutsche	9,–	14,–	
55	20 Pf	Postomnibus und Flugzeug	9,–	14,–	
		Satz (2 W.)	18,–	28,–	*500,–*

1949, 4. Okt. 75 Jahre Weltpostverein. [21,5×26]

56	20 Pf	schwarzrosa	9,–	14,–	
57	30 Pf	schwarzultramarin .	9,–	12,–	
		Satz (2 W.)	18,–	25,–	*300,–*

Rheinland-Pfalz

1947, April/1948, Febr. Persönlichkeiten und Ansichten aus Rheinland-Pfalz. Wertangaben PF. und M. [21,5×26, 43×26, 26×43]

			★★	⊙
1	2 Pf	L. van Beethoven (1770–1827)	–,30	–,40
2	3 Pf	W. E. von Ketteler (1811–1877)	–,30	–,40
3	10 Pf	Winzerin	–,30	–,40
4	12 Pf	Porta Nigra	–,30	–,40
5	15 Pf	Karl Marx (1818–1883)	–,30	–,40
6	16 Pf	Teufelstisch	–,30	1,40
7	20 Pf	St. Martin	–,30	–,40
8	24 Pf	Dom zu Worms	–,30	–,40
9	30 Pf	Gutenbergdenkmal	–,30	3,–
10	45 Pf	Dom zu Mainz	–,30	–,80
11	50 Pf	Dom zu Mainz	–,30	3,–
12	60 Pf	L. van Beethoven	–,30	–,40
13	75 Pf	Gutenbergdenkmal	–,30	–,80
14	84 Pf	Rhein bei Kaub	–,40	1,80
15	1 M	Karl der Große (742–814) ...	–,40	1,–
		Satz (15 W.)	4,50	14,–

1948, 21. Juni/Aug. Ähnlich MiNr. 1–15; Wertangaben D.PF., PF., D.M.

16	2 Pf	L. van Beethoven	–,40	–,40
17	6 Pf	W. E. von Ketteler	–,40	–,40
18	8 Pf	Porta Nigra	–,60	1,50
19	10 Pf	Winzerin	–,60	–,40
20	12 Pf	Porta Nigra	–,60	–,40
21	15 Pf	Karl Marx	1,50	–,80
22	16 Pf	Teufelstisch	1,–	1,80
23	20 Pf	St. Martin	4,–	–,80
24	24 Pf	Dom zu Worms	–,60	–,40
25	30 Pf	Dom zu Mainz	1,50	–,50
26	50 Pf	Gutenbergdenkmal	2,–	–,50
27	60 Pf	L. van Beethoven	15,–	–,50
28	84 Pf	Rhein bei Kaub	8,–	10,–
29	1 M	Karl der Große	9,–	10,–
		Satz (14 W.)	45,–	25,–

1948, 18. Okt. Hilfswerk Ludwigshafen. [26×43]

			✶✶	⊙	FDC
30	20+30 Pf	Hl. Martin	2,50	75,–	200,–
31	30+50 Pf	Hl. Christoph ...	2,50	75,–	250,–
		Satz (2 W.)	5,–	150,–	300,–

1948, Nov./1949, Juli. Ähnlich MiNr. 1–15; ohne Währungsangaben. [21,5×26, 43×26]

			✶✶	⊙
32	2 Pf	L. van Beethoven	1,–	–,50
33	4 Pf	Teufelstisch	1,–	–,50
34	5 Pf	Karl Marx	1,–	–,80
35	6 Pf	W. E. von Ketteler	35,–	20,–
36	8 Pf	Porta Nigra	90,–	500,–
37	10 Pf	Winzerin	1,30	–,50
38	20 Pf	St. Martin	1,30	–,50
39	40 Pf	Dom zu Worms	5,–	5,–
40	80 Pf	Porta Nigra	6,–	6,50
41	90 Pf	Rhein bei Kaub	10,–	20,–
		Satz (10 W.)	150,–	550,–

1949. 25. Febr. Deutsches Rotes Kreuz. [21,5×26]

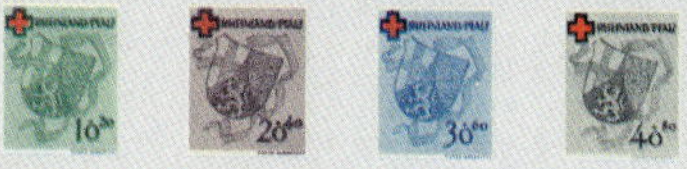

42	10+20 Pf	dunkelopalgrün/rot	22,–	110,–
43	20+40 Pf	dunkelgrauviolett/rot ...	22,–	110,–
44	30+60 Pf	lebhaftkobaltblau/rot ...	22,–	110,–
45	40+80 Pf	dunkelgrünlichgrau/rot .	22,–	110,–
		Satz (4 W.)	85,–	440,–
		FDC		1000,–

1949, 25. Febr. Blockausgabe geschnitten (ohne Gummi). [90×100]

	(✶)	⊙	FDC
Block 1 (90×100 mm)	110,–	1400,–	3200,–

1949, 12. Aug. 200. Geburtstag des Dichters Johann Wolfgang von Goethe (1749–1832). [21,5×26]

			✶✶	⊙	FDC
46	10+ 5 Pf	Relief (J. P. Melchior) ..	10,–	24,–	
47	20+10 Pf	Zeichnung (J. H. Lips)	10,–	24,–	
48	30+15 Pf	Relief (A. Facius)	15,–	55,–	
		Satz (3 W.)	35,–	100,–	300,–

1949, 17. Sept. 100 Jahre deutsche Briefmarken. [43×26]

49	10 Pf	Vierspänner-Postkutsche	13,–	25,–	
50	20 Pf	Postomnibus und Flugzeug	13,–	25,–	
		Satz (2 W.)	25,–	50,–	300,–

1949, 4. Okt. 75 Jahre Weltpostverein. [21,5×26]

51	20 Pf	schwarzrosa	10,–	15,–	
52	30 Pf	schwarzultramarin .	10,–	13,–	
		Satz (2 W.)	20,–	28,–	300,–

Württemberg-Hohenzollern

1947, 15. Juni/1948, Febr. Persönlichkeiten und Ansichten aus Württemberg-Hohenzollern. Währungsangaben PF. und M. [21,5×26, 26×43]

			★★	⊙
1	2 Pf	Friedrich von Schiller (1759–1805)	–,30	–,80
2	3 Pf	Friedrich Hölderlin (1770–1843)	–,30	–,40
3	10 Pf	Stadttor Wangen	–,30	–,50
4	12 Pf	F. von Schiller	–,30	–,40
5	15 Pf	Friedrich Hölderlin	–,30	–,60
6	16 Pf	Kloster Bebenhausen	–,30	1,60
7	20 Pf	Stadttor Wangen	–,30	1,60
8	24 Pf	Kloster Bebenhausen	–,30	–,40
9	45 Pf	Friedrich Hölderlin	–,30	1,60
10	60 Pf	F. von Schiller	–,30	1,–
11	75 Pf	Stadttor Wangen	–,50	1,80
12	84 Pf	Schloss Lichtenstein	–,50	1,80
13	1 M	Kirche Zwiefalten	–,50	1,80
		Satz (13 W.)	4,50	14,–

1948, 21. Juni/Aug. Ähnlich MiNr. 1–13; Währungsangaben D.PF., PF., D.M.

			★★	⊙
14	2 Pf	F. von Schiller	–,40	–,50
15	6 Pf	Friedrich Hölderlin	–,40	–,40
16	8 Pf	Rathaus Waldsee	1,50	3,–
17	10 Pf	Stadttor Wangen	–,40	–,50
18	12 Pf	F. von Schiller	–,40	–,40
19	15 Pf	Friedrich Hölderlin	1,–	–,50
20	16 Pf	Kloster Bebenhausen	1,20	2,–
21	20 Pf	Stadttor Wangen	3,–	1,50
22	24 Pf	Kloster Bebenhausen	1,50	–,80
23	30 Pf	Rathaus Waldsee	2,–	–,80
24	50 Pf	Ludwig Uhland (1787–1862)	4,–	–,80
25	60 Pf	F. von Schiller	15,–	–,80
26	84 Pf	Schloss Lichtenstein	5,–	6,–
27	1 M	Kirche Zwiefalten	5,–	6,–
		Satz (14 W.)	40,–	22,–

1948, Nov./1949, 18. Juli. Ähnlich MiNr. 1–13; ohne Währungsangaben. [21,5×26, 26×43]

			★★	⊙
28	2 Pf	Friedrich von Schiller	1,30	–,80
29	4 Pf	Kloster Bebenhausen	3,–	–,50
30	5 Pf	F. Hölderlin	7,50	3,–
31	6 Pf	F. Hölderlin	10,–	7,50
32	8 Pf	Rathaus Waldsee	10,–	3,–
33	10 Pf	Stadttor Wangen	9,–	–,50
34	20 Pf	Stadttor Wangen	10,–	–,50
35	40 Pf	Kloster Bebenhausen	25,–	50,–
36	80 Pf	F. von Schiller	50,–	50,–
37	90 Pf	Schloss Lichtenstein	75,–	130,–
		Satz (10 W.)	200,–	240,–

1949, 11. Febr. Deutsche Skimeisterschaften, Isny. Wz. 1: Kreuze und Ringe. [43×26]

			★★	⊙	FDC
38	10+4 Pf	Isny im Schnee	10,–	30,–	
39	20+6 Pf	Skifahrer, Stadtansicht	10,–	30,–	
		Satz (2 W.)	20,–	60,–	110,–

1949, 25. Febr. Deutsches Rotes Kreuz. [21,5×26]

			★★	⊙	FDC
40	10+20 Pf	dunkelopalgrün/rot	40,–	120,–	
41	20+40 Pf	dunkelgrauviolett/rot	40,–	120,–	
42	30+60 Pf	lebhaftkobaltblau/rot	40,–	120,–	
43	40+80 Pf	dunkelgrünlichgrau/rot	40,–	120,–	
		Satz (4 W.)	160,–	480,–	2800,–

1949, 25. Febr. Blockausgabe ☐ (ohne Gummi). [90×100]

		(✱)	⊙	FDC
Block 1 (90×100 mm)	....	160,–	1800,–	3500,–

1949, 12. Aug. 200. Geburtstag des Dichters Johann Wolfgang von Goethe (1749–1832). [21,5×26]

			✱✱	⊙	FDC
44	10+ 5 Pf	Relief (J. P. Melchior) ..	9,–	25,–	
45	20+10 Pf	Zeichnung (J. H. Lips)	13,–	35,–	
46	30+15 Pf	Relief (A. Facius)	13,–	50,–	
		Satz (3 W.)	35,–	110,–	300,–

1949, 3. Sept. 100 Jahre Gustav-Werner-Stiftung. [21,5×26]

47	10+ 5 Pf	schwärzlichblaugrün	7,50	17,–	
48	20+10 Pf	bräunlichlila ...	7,50	17,–	
		Satz (2 W.)	15,–	34,–	100,–

1949, 17. Sept. 100 Jahre deutsche Briefmarken. [43×26]

49	10 Pf	Vierspänner-Postkutsche	10,–	16,–	
50	20 Pf	Postomnibus und Flugzeug	10,–	16,–	
		Satz (2 W.)	20,–	32,–	300,–

1949, 4. Okt. 75 Jahre Weltpostverein. [21,5×26]

			✱✱	⊙	FDC
51	20 Pf	schwarzrosa	8,–	13,–	
52	30 Pf	schwarzultramarin .	8,–	12,–	
		Satz (2 W.)	16,–	25,–	300,–

Zwangszuschlagsmarken

1949, 1./22. Juli. Für den Wohnungsbau, „Notopfer Berlin“ mit rotem Aufdruck „Wohnungsbau-/abgabe“. [21×13]

			✱✱	⊙	FDC
1	2 Pf	blau bis schwarzblau (geschnitten)	750,–	550,–	1300,–
2	2 Pf	blau bis schwarzblau (gezähnt)	15,–	5,–	180,–

1949, Aug./Okt. Für den Wohnungsbau. Wz. 3 der Bundesrepublik Deutschland. [21×13]

			✱✱	⊙
3	2 Pf	hellrötlichgelb bis gelblichorange	4,–	5,–

Amerikanische und britische Zone

Gemeinsame Ausgaben für beide Zonen

Preise ab 5,– Euro gelten nur für (BPP-)geprüfte Stücke; bei geringeren Preisnotierungen werden eventuelle Prüfgebühren nicht berücksichtigt!

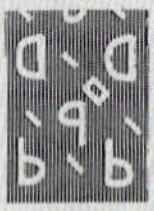
Wz. 1

Wz. 2

1945, März/Juli. Alliierte Militärpost, amerikanischer Druck, weit gezähnt. [21,5×26]

			✶✶	⊙
1	3 Pf	lebhaftblauviolett bis purpurviolett	–,30	2,50
2	4 Pf	dunkelbraungrau (Töne)	–,30	2,–
3	5 Pf	gelbsmaragdgrün (Töne)	–,30	–,50
4	6 Pf	(dunkel)gelborange bis orangegelb	–,30	–,50
5	8 Pf	rötlichorange bis rotorange	–,30	–,50
6	10 Pf	dunkelorangebraun bis siena	–,30	–,50
7	12 Pf	dunkel(lila)purpur	1,–	–,50
8	15 Pf	lebhaftkarminrot bis lebhaftrotkarmin	–,30	2,–
9	25 Pf	lilaultramarin (Töne)	–,30	2,–
		Satz (9 W.)	2,60	10,–

1945, Aug./Sept. Alliierte Militärpost, englischer Druck, eng gezähnt. [21,5×26]

10	3 Pf	dunkelbläulichviolett bis blauviolett	–,30	–,80
11	4 Pf	dunkelgelbgrau (Töne)	–,30	–,80
12	5 Pf	gelbsmaragdgrün (Töne)	–,80	18,–
13	6 Pf	gelborange (Töne)	–,30	–,80
14	8 Pf	rötlichorange bis rotorange	–,80	4,–
15	12 Pf	dunkelrotviolett bis dunkelviolettpurpur	–,50	–,80
		Satz (6 W.)	3,–	25,–

1945, Juli/1946, Jan. Alliierte Militärpost, deutscher Druck, weit gezähnt. [21,5×26, 25×30, 27,5×33]

			✶✶	⊙
16	1 Pf	schwarzolivgrau bis olivschwarz	–,50	5,–
17	3 Pf	grauviolett bis blauviolett	–,50	1,20
18	4 Pf	dunkelbraungrau bis dunkelbräunlicholiv	–,50	1,50
19	5 Pf	gelbsmaragdgrün (Töne)	–,50	5,–
20	6 Pf	dunkelgelborange bis orangegelb	–,50	1,20
21	8 Pf	rötlichorange bis rotorange	8,–	40,–
22	10 Pf	lebhaftorangebraun bis dunkelorangebraun	–,50	3,–
23	12 Pf	dunkelpurpur bis dunkelviolettpurpur	–,50	1,–
24	15 Pf	karminrot bis lebhaftrotkarmin	–,50	5,–
25	16 Pf	dunkelgrünblau bis schwarzblaugrün	–,50	15,–
26	20 Pf	cyanblau bis lebhaftblau, preußischblau	–,50	5,–
27	24 Pf	dunkelsiena bis dunkelbraun	–,50	14,–
28	25 Pf	lilaultramarin (Töne)	–,50	15,–
29	30 Pf	dunkelgrauoliv bis dunkelolivgrün	–,50	2,–
30	40 Pf	magenta bis dunkelrotlila	–,50	5,–
31	42 Pf	(dunkel)grün bis dunkelgelbsmaragdgrün	–,50	2,–
32	50 Pf	schwarzgrün, schwarzolivgrün	–,50	18,–
33	60 Pf	dunkelkarminbraun bis braunkarmin	1,–	20,–
34	80 Pf	schwarzviolettultramarin, schwarzblau	40,–	300,–
35	1 M	dunkelgraugrün (Töne)	8,–	550,–
		Satz (20 W.)	55,–	1000,–

1948, 21. Juni. MiNr. 943–958 mit Überdruck „Posthörnchen“. I = bandförmig, II = netzartig. [21,5×26]

			I ✶✶	I ⊙	I FDC	II ✶✶	II ⊙	II FDC
36	2 Pf	(943)	–,60	–,80	70,–	1,50	4,–	75,–
37	6 Pf	(944)	–,60	–,60	70,–	1,20	2,–	75,–
38	8 Pf	(945)	–,60	–,60	70,–	1,50	2,50	80,–
39	10 Pf	(946)	–,60	–,60	70,–	1,–	1,–	70,–
40	12 Pf	(947)	–,60	–,60	70,–	2,–	2,50	75,–
41	15 Pf	(948)	13,–	20,–	240,–	1,–	1,50	70,–
42	16 Pf	(949)	3,–	4,–	100,–	2,–	3,50	80,–
43	20 Pf	(950)	–,80	1,50	100,–	1,–	1,–	75,–
44	24 Pf	(951)	–,60	–,60	70,–	1,50	2,50	80,–
45	25 Pf	(952)	–,60	–,60	90,–	10,–	20,–	240,–
46	30 Pf	(953)	4,50	6,–	110,–	1,50	2,50	80,–
47	40 Pf	(954)	1,50	3,–	100,–	1,–	1,–	90,–
48	50 Pf	(955)	1,50	2,50	100,–	1,–	1,–	110,–
49	60 Pf	(956)	110,–	300,–	1200,–	5,–	6,–	90,–
A 49	60 Pf	(A 956)	1,20	1,20	75,–	1,–	1,50	–,–
50	80 Pf	(957)	1,60	3,–	120,–	1,–	1,50	80,–
51	84 Pf	(958)	7,–	8,–	120,–	2,–	2,–	100,–
	Satz (16 W., ohne Nr. 49)		38,–	50,–	–,–	30,–	50,–	–,–

1948, Juli/Aug. Ziffernserie mit Überdruck „Posthörnchen“. I = bandförmig, II = netzartig. [21,5×26]

			I ✶✶	I ⊙	I FDC	II ✶✶	II ⊙	II FDC
52	2 Pf	(912)	8,–	42,–		30,–	90,–	
53	8 Pf	(917)	16,–	85,–		50,–	250,–	
54	10 Pf	(918)	1,20	6,50		50,–	250,–	
55	12 Pf	(919)	12,–	70,–		16,–	90,–	
56	12 Pf	(920)	190,–	750,–		380,–	1400,–	
57	15 Pf	(921)	12,–	70,–		16,–	70,–	
58	15 Pf	(922)	3,50	22,–		2,–	11,–	
59	16 Pf	(923)	20,–	260,–		55,–	220,–	
60	24 Pf	(925)	110,–	280,–		60,–	280,–	
61	25 Pf	(926)	22,–	85,–		16,–	85,–	
62	25 Pf	(927)	1,80	15,–		55,–	260,–	
63	30 Pf	(928)	3,–	15,–		2,50	9,–	–,–
64	40 Pf	(929)	85,–	280,–		80,–	330,–	
65	45 Pf	(931)	4,–	15,–		5,–	16,–	
66	50 Pf	(932)	2,50	10,–		5,–	16,–	
67	75 Pf	(934)	7,–	32,–		3,50	16,–	
68	84 Pf	(936)	8,–	32,–		3,50	17,–	–,–
	Satz (17 W.)		500,–	2000,–		800,–	3000,–	

1948, 8. Aug. 700 Jahre Kölner Dom. Wz. 1. [21,5×26, 26×43]

Wz. 1

			✶✶	⊙	FDC
69	6+ 4 Pf	Marienbild	1,–	1,–	
70	12+ 8 Pf	Hl. 3 Könige	2,–	2,50	
71	24+16 Pf	Kölner Dom	5,50	5,–	
72	50+50 Pf	Kölner Dom, Westansicht	8,–	12,–	
		Satz (4 W.)	16,–	20,–	

1948, 1. Sept./1951. Historische Bauten. Wz. 1. [21,5×26]

		weit gezähnt (um 11)			eng gezähnt (um 14)	
		✶✶	⊙	FDC	✶✶	⊙
73	2 Pf Römer Frankfurt	–,50	–,60	50,–	3,50	6,50
74	4 Pf Frauenkirche München	–,50	–,60	25,–	1,80	–,60
75	5 Pf Kölner Dom	–,50	–,60	50,–	2,20	–,60
76	6 Pf braunorg., Frauenkirche	–,50	–,80	75,–		
77	6 Pf orange, Frauenkirche	–,60	–,60	60,–	17,–	6,–
78	8 Pf Römer	–,60	–,60	100,–		
79	8 Pf Frauenkirch	–,50	–,60	350,–		
80	10 Pf Kölner Dom	–,60	–,60	25,–	2,–	–,60
81	15 Pf Frauenkirche	2,50	6,–	120,–		
82	15 Pf Römer	1,40	–,60	–,–	13,–	–,60
83	16 Pf Römer	–,80	–,80	150,–		
84	20 Pf Römer	1,20	4,–	50,–		
85	20 Pf Brandenburger Tor	–,90	–,60	25,–	5,–	–,60
86	24 Pf Brandenburger Tor	–,60	–,60	100,–		
87	25 Pf Kölner Dom	1,40	–,60	–,–	22,–	40,–
88	30 Pf Frauenkirche	3,50	7,–	150,–		
89	30 Pf Brandenburger Tor	1,50	–,60		26,–	–,60
90	40 Pf Kölner Dom	2,—	–,60	75,–	20,–	–,60
91	50 Pf Brandenburger Tor	1,50	2,50	65,–		
92	50 Pf Frauenkirche	2,–	–,60		170,–	–,60
93	60 Pf Kölner Dom	100,–	–,60		3,–	–,60
94	80 Pf Brandenburger Tor	3,50	–,60	250,–	120,–	–,60
95	84 Pf Frauenkirche	2,20	8,–	150,–		
96	90 Pf Kölner Dom	3,50	–,60	120,–	170,–	–,60
97	1 M Holstentor	40,–	–,60	250,–	160,–	–,60
98	2 M Holstentor	35,–	–,60	–,–		
99	3 M Holstentor	40,–	1,40	–,–		
100	5 M Holstentor	60,–	4,50	–,–		
	Satz (28 W., weit gezähnt)	300,–	45,–			
	Satz (15 W., eng gezähnt)				730,–	55,–

Qualitätshinweis: Mit Ausnahme der Französischen Zone, deren Markenausgaben im allgemeinen keinerlei herstellungsbedingte Erhaltungsmängel aufweisen, müssen bei den meisten Ausgaben zwischen 1945 und 1948 Einschränkungen hinsichtlich der sonst üblichen philatelistischen Qualitätsansprüche gemacht werden. Typisch sind schlechte Zähnung (siehe „Briemarken-Qualitätsstufen" im Anhang, Abb. 13 oder 14), mangelhafte Zentrierung (Abb. 18), mangelhafte Gummierung, Fremdkörpereinschlüsse in Papier oder Gummi sowie ölige, schlechte Stempelfarben (Abb. 25).

1948, 9. Dez. Berlin-Hilfe. [27,5×33]

			✱✱	⊙	FDC
101	10+ 5 Pf	grün	8,50	9,–	400,–
102	20+10 Pf	lebhaftlilarot . . .	8,50	9,–	400,–
		Satz (2 W.)	16,–	18,–	750,–

1949, 22. April. Exportmesse, Hannover. Wz. 2. [27,5×33]

103	10 Pf	H. H. Wedigh	4,–	3,50	
104	20 Pf	H. H. Wedigh	4,–	3,–	
105	30 Pf	H. H. Wedigh	6,–	4,50	
		Satz (3 W.) . .	14,–	11,–	75,–

1949, 22. April. Blockausgabe. Wz. 2. [110×65]

Wz. 2

Block 1 (110×65 mm) 140,– 250,– 500,–

1949, 15. Mai. Radrennen „Quer durch Deutschland". Wz. 2. [21,5×26]

106	10+ 5 Pf	dunkelopalgrün	7,–	8,–	
107	20+10 Pf	bräunlichrot . . .	15,–	20,–	
		Satz (2 W.)	22,–	28,–	1000,–

1949, 15. Aug. 200. Geburtstag des Dichters Johann Wolfgang von Goethe (1749–1823). [33×27,5, 27,5×33]

			✱✱	⊙	FDC
108	10+ 5 Pf	dunkelopalgrün	5,–	5,50	
109	20+10 Pf	rot	7,–	9,–	
110	30+15 Pf	schwarzkobalt .	30,–	30,–	
		Satz (3 W.)	42,–	44,–	1000,–

Flugpost-Zulassungsmarke

1948, 1. Mai. Für Geschäftsbriefe. [38×26]

1 -- ultramarin 1,20 8,– 120,–

Zwangszuschlagsmarken

(Nur billigste Werte)

1948, 1. Dez. Notopfer Berlin. Geschnitten. Wz. 1. [21×13]

1 2 Pf blau bis schwarzblau . 1,– –,30 10,–

1948, Dez. Notopfer Berlin. Wz. 3, Bdr. [21×13]

2 2 Pf blau bis blauschwarz . 2,– –,30 22,–

1950. Notopfer Berlin. Wz. 3, Odr. [21×13]

6 2 Pf blau . . . . 1,50 –,30

1954. Notopfer Berlin. Wz. 4, Odr. [21×13]

8 2 Pf blau . . . . –,50 –,30

Notizen:

Bundesrepublik Deutschland

©: Bei Ausgaben, die mit © gekennzeichnet sind, gelten die ⊙-Preise nur für (Stempel-)geprüfte Stücke! Alle teueren Ausgaben sollten nur (BPP-)geprüft erworben werden!

Wz. 1

Wz. 3

Wz. 4

Wz. 5

1949, 7. Sept. Eröffnung des ersten Deutschen Bundestages in Bonn. Wz. 1. [27,5×33]

			✱✱	⊙	FDC
111	10 Pf	dunkelbläulichgrün	50,–	20,–	
112	20 Pf	rosarot	55,–	25,–	
		Satz (2 W.)	100,–	45,–	150,–

1949, 30. Sept. 100 Jahre deutsche Briefmarken. Wz. 3. [27,5×33]

113	10+2 Pf	Bayern MiNr. 1 .	17,–	30,–	
114	20 Pf	Bayern MiNr. 2 .	40,–	45,–	
115	30 Pf	Bayern MiNr. 4 .	50,–	70,–	
		Satz (3 W.)	100,–	140,–	200,–

©

1949, 9. Okt. 75 Jahre Weltpostverein (UPU). Wz. 1. [43×26]

116	30 Pf	Heinrich von Stephan	70,–	48,–	*1400,–*

1949, 14. Dez. Wohlfahrt: Helfer der Menschheit. Wz. 1. [27,5×33]

			✱✱	⊙	FDC
117	8+ 2 Pf	Hl. Elisabeth v. Thüringen (1207–1231) ...	16,–	25,–	
118	10+ 5 Pf	Paracelsus (1493–1541) ..	13,–	14,–	
119	20+10 Pf	Friedrich Fröbel (1782–1852) ..	13,–	14,–	
120	30+15 Pf	Johann H. Wichern (1808–1881) ..	70,–	120,–	
		Satz (4 W.)	110,–	170,–	1700,–

©

1950, 28. Juli. 200. Todestag des Komponisten Johann Sebastian Bach (1685–1750). Wz. 1. [27,5×33]

121	10+2 Pf	schwarzolivgrün	55,–	50,–	
122	20+3 Pf	dunkelkarmin ..	60,–	55,–	
		Satz (2 W.)	110,–	100,–	600,–

©

1951, 20. Juni/1952, 16. April. Posthorn. Wz. 4. [21,5×26, 23×27,5]

Wz. 4

123	2 Pf	gelbgrün	6,–	1,30	28,–
124	4 Pf	lebhaftgelbbraun .	7,–	–,40	22,–
125	5 Pf	dunkellilapurpur ..	18,–	–,40	28,–

			★★	⊙	FDC
126	6 Pf	orange	22,–	4,–	45,–
127	8 Pf	dunkelgrünlichgrau, grau	22,–	8,–	50,–
128	10 Pf	dunkelgrün	14,–	–,40	28,–
129	15 Pf	dunkelbläulich-violett	45,–	1,30	95,–
130	20 Pf	karminrot	11,–	–,40	28,–
131	25 Pf	dunkelbraunkarmin	100,–	7,–	200,–
132	30 Pf	schwärzlichultra-marin	60,–	–,80	200,–
133	40 Pf	dunkelgraulila	140,–	–,80	350,–
134	50 Pf	grautürkis	200,–	–,80	1500,–
135	60 Pf	siena	150,–	–,80	500,–
136	70 Pf	gelborange	500,–	19,–	1700,–
137	80 Pf	rosarot	500,–	3,–	1800,–
138	90 Pf	grünlicholiv	550,–	3,50	1800,–
		Satz (16 W.)	2200,–	50,–	

1951, 30. Aug. 700 Jahre Marienkirche Lübeck. Wz. 1. [37×45]

139	10+5 Pf	dunkelolivgrün/schwarzgrau	110,–	80,–	
140	20+5 Pf	lilakarmin/schwarzgrau	110,–	85,–	
		Satz (2 W.)	220,–	160,–	1800,–

1951, 14. Sept. Briefmarkenausstellung NBA. Wz. 4. [27,5×33]

141	10+2 Pf	Altd. Marken unter der Lupe	45,–	50,–	
142	20+3 Pf	Altd. Marken unter der Lupe	50,–	55,–	
		Satz (2 W.)	90,–	100,–	300,–

1951, 23. Okt. Wohlfahrt: Helfer der Menschheit. Wz. 4. [27,5×33]

143	4+ 2 Pf	Vinzenz v. Paul (1581–1660)	10,–	10,–	
144	10+ 3 Pf	Friedr. v. Bodelschwingh (1831–1910)	13,–	8,–	
145	20+ 5 Pf	Elsa Brändström (1888–1948)	13,–	8,–	
146	30+10 Pf	Heinrich Pestalozzi (1746–1827)	110,–	120,–	
		Satz (4 W.)	140,–	140,–	1400,–

1951, 10. Dez. 50. Jahrestag der Verleihung des Nobelpreises an den Physiker Wilhelm Röntgen (1845–1923). Wz. 4. [23×27,5]

			★★	⊙	FDC
147	30 Pf	W. Röntgen	80,–	20,–	500,–

1952, 15. April. 500. Geburtstag des italienischen Malers Leonardo da Vinci (1452–1519). Wz. 3. [27,5×33]

148	5 Pf	Mona Lisa	1,60	1,80	200,–

1952, 25. Juli. Tagung des Lutherischen Weltbundes, Hannover. Wz. 4. [27,5×33]

149	10 Pf	Martin Luther (1483–1546)	15,–	6,–	50,–

1952, 25. Juli. 75 Jahre Otto-Viertakt-Gasmotor. Wz. 4. [27,5×23]

150	30 Pf	Nikolaus Otto (1832–1891)	32,–	16,–	90,–

1952, 9. Aug. 100 Jahre Germanisches Nationalmuseum Nürnberg. Wz. 4. [27,5×33]

151	10+5 Pf	Nürnb. Madonna	17,–	20,–	70,–

1952, 6. Sept. Rückgabe der Insel Helgoland. Wz. 4. [27,5×23]

152	20 Pf	Fischdampfer	15,–	7,–	55,–

1952, 17. Sept. Bundesjugendplan. Wz. 4. [27,5×33]

153	10+2 Pf	Wandernde Jungen	23,–	23,–	
154	20+3 Pf	Wandernde Mädchen	23,–	23,–	
		Satz (2 W.)	45,–	45,–	130,–

1952, 17. pt. 100. Jahrestag der Landung von Carl Schurz in Amerika. Wz. 3. [27,5×33]

			✱✱	⊙	FDC
155	20 Pf	C. Schurz (1829–1906)	21,–	10,–	45,–

1952, 1. Okt. Wohlfahrt: Helfer der Menschheit. Wz. 4. [27,5×33]

156	4+ 2 Pf	Elisabeth Fry (1780–1845)	12,–	8,–	
157	10+ 5 Pf	Dr. Carl Sonnenschein (1876–1929)	12,–	8,–	
158	20+10 Pf	Theodor Fliedner (1800–1864)	16,–	12,–	
159	30+10 Pf	Henri Dunant (1828–1910)	90,–	80,–	
		Satz (4 W.)	130,–	100,–	320,–

1952, 25. Okt. 100. Jahrestag der Erstausgabe der Briefmarken von Thurn und Taxis; Tag der Briefmarke. Wz. 3. [33×27,5]

160	10 Pf	Postbeförderung (1846)	6,–	3,50	130,–

1952, 27. Okt. 75 Jahre Telefon in Deutschland. Wz. 3. [27,5×33]

161	30 Pf	Philipp Reis (1834–1874)	55,–	18,–	90,–

1953, 30. März. Verkehrsunfall-Verhütung. Wz. 3. [27,5×33]

162	20 Pf	Mutter mit Kind	20,–	6,–	90,–

1953, 7. Mai. 50 Jahre Deutsches Museum München. Wz. 4. [27,5×33]

			✱✱	⊙	FDC
163	10+5 Pf	Signum	31,–	32,–	65,–

1953, 8. Mai. 125. Geburtstag des Gründers des Roten Kreuzes Henri Dunant (1828–1910). Wz. 3. [27,5×33]

164	10 Pf	Windrose	22,–	7,50	45,–

1953, 9. Mai. Deutsche Kriegsgefangene. [27,5×33]

165	10 Pf	Sinnbild	7,–	–,50	40,–

1953, 12. Mai. 150. Geburtstag des Chemikers Justus von Liebig (1803 bis 1873). Wz. 4. [23×27,5]

166	30 Pf	J. von Liebig	35,–	25,–	60,–

1953, 20. Juni. Deutsche Verkehrsausstellung, München. Wz. 4. [23×27,5]

167	4 Pf	Bahn	7,–	5,–	
168	10 Pf	Luftpost	13,–	8,–	
169	20 Pf	Straße	15,–	10,–	
170	30 Pf	Wasserstraße	45,–	20,–	
		Satz (4 W.)	80,–	40,–	120,–

1953, 29. Juli. Briefmarkenausstellung IFRABA, Frankfurt. Wz. 3. [27,5×33]

171	10+2 Pf	Palaisportal Thurn und Taxis	25,–	28,–	
172	20+3 Pf	Fernmeldebauten	25,–	28,–	
		Satz (2 W.)	50,–	55,–	110,–

1953, 2. Nov. Wohlfahrt: Helfer der Menschheit. Wz. 4. [27,5×33]

			★★	⊙	FDC
173	4+ 2 Pf	August H. Francke (1663–1727)	7,–	10,–	
174	10+ 5 Pf	Sebastian Kneipp (1821–1897)	10,–	10,–	
175	20+10 Pf	Dr. J. C. Senckenberg (1707–1772)	18,–	10,–	
176	30+10 Pf	Fridtjof Nansen (1861–1930)	65,–	75,–	
		Satz (4 W.)	100,–	100,–	250,–

1954, 31. Jan./1961, 15. Juli. Bundespräsident Prof. Dr. Theodor Heuss (1884–1963). Wz. 4. [21,5×26, 23×27,5, 27,5×33]

x = normales Papier

y = fluoreszierendes Papier

			★★	⊙ x	FDC	★★	⊙ y	FDC
177	2 Pf	(dunkel)gelboliv	–,30	–,30	120,–			
178	4 Pf	(lebhaft)braunorange	–,30	–,30	40,–			
179	5 Pf	(lebhaft)rosalila	–,30	–,30	120,–	11,–	50,–	
180	6 Pf	lebhaftbraun	–,80	1,–	120,–			
181	7 Pf	lebhaftbläulich	–,30	–,40	120,–	–,80	5,–	
182	8 Pf	grau (Töne)	–,30	–,80	120,–			
183	10 Pf	smaragdgrün	–,30	–,30	40,–	1,–	1,20	–,–
184	15 Pf	dunkelblau (Töne)	–,80	–,60	120,–	9,–	48,–	
185	20 Pf	rotkarmin	–,30	–,30	40,–	2,–	4,50	
186	25 Pf	lilabraun	–,80	–,70	450,–	17,–	140,–	
187	30 Pf	(lebhaft)kobalt	15,–	6,–	60,–			
188	40 Pf	schwärzlichpurpur	6,–	–,40	240,–			
189	50 Pf	grünlichschwarz	200,–	–,60	600,–			
190	60 Pf	braunrot	45,–	–,80	600,–			
191	70 Pf	lebhaftbraunoliv	18,–	2,50	600,–			
192	80 Pf	bräunlichrot	3,–	6,–	600,–			
193	90 Pf	schwärzlichgrün	15,–	3,–	600,–			
194	1 DM	dunkelgelboliv	1,70	–,40	650,–			
195	2 DM	violettblau	3,–	1,50	3000,–			
196	3 DM	dunkelrosalila	8,–	3,–	2500,–			
		Satz (20 bzw. 6 W.)	300,–	28,–		40,–	240,–	

1954, 13. März. 100. Geburtstag der Serologen Paul Ehrlich (1854–1915) und Emil Behring (1854–1917). Wz. 3. [33×27,5]

			★★	⊙	FDC
197	10 Pf	P. Ehrlich und E. Behring	12,–	4,50	45,–

1954, 5. Mai. 500 Jahre Gutenberg-Bibel. Wz. 4. [27,5×33]

			★★	⊙	FDC
198	4 Pf	Drucker (15. Jh.)	1,80	–,80	25,–

1954, 5. Juni. 1200. Todestag des hl. Bonifatius. [27,5×33]

			✱✱	⊙	FDC
199	20 Pf	Mitra, Schwert	9,–	5,–	36,–

1954, 28. Dez. Wohlfahrt: Helfer der Menschheit. Wz. 4. [27,5×33]

200	7+ 3 Pf	Käthe Kollwitz (1867–1945) ..	4,–	4,–	
201	10+ 5 Pf	Lorenz Werthmann (1858–1921) ..	2,–	2,–	
202	20+10 Pf	Johann F. Oberlin (1740–1826) ..	12,–	6,–	
203	40+10 Pf	Bertha Pappenheim (1859–1936) ..	37,–	45,–	
		Satz (4 W.) ...	55,–	55,–	170,–

1955, 23. Febr. 100. Todestag des Mathematikers Carl Friedrich Gauß (1777–1855). Wz. 4. [27,5×33]

204	10 Pf	C. F. Gauß	6,–	–,80	35,–

1955. 31. März. Flugpostmarken: Flugdienstbeginn der Deutschen Lufthansa. Wz. 4. [33×27,5]

205	5 Pf	rosalila/schwarz ..	1,30	1,–	
206	10 Pf	dunkelopalgrün/schwarz.	1,60	1,50	
207	15 Pf	grünlichblau/schwarz.	8,–	7,–	
208	20 Pf	lebhaftrot/schwarz	22,–	8,–	
		Satz (4 W.)	30,–	17,–	120,–

1955, 7. Mai. 100. Geburtstag des Ingenieurs Oskar v. Miller (1855–1934). Wz. 5. [23×27,5]

Wz. 5

209	10 Pf	O. von Miller	6,–	1,80	36,–

1955, 9. Mai. 150. Todestag des Dichters Friedrich von Schiller (1759 bis 1805). [27,5×33]

			✱✱	⊙	FDC
210	40 Pf	F. von Schiller (Prägedruck)	18,–	6,50	36,–

1955, 1. Juni. 50 Jahre Kraftpost. Wz. 5. [33×27,5]

211	20 Pf	Omnibus (1906) ...	12,–	5,50	36,–

1955, 15. Juni. Landesausstellung Baden-Württemberg. Wz. 4. [27,5×33]

212	7 Pf	Wappen	5,–	4,–	
213	10 Pf	Wappen	6,–	3,–	
		Satz (2 W.)	11,–	7,–	26,–

1955, 24. Juni. Forschungsförderung. Wz. 4. [27,5×33]

214	20 Pf	Erdkugel, Atommodell	12,–	1,30	28,–

1955, 2. Aug. 10 Jahre Vertreibung. Wz. 5. [33×27,5]

215	20 Pf	Sinnbild	4,50	–,70	28,–

1955, 10. Aug. 1000. Jahrestag der Schlacht auf dem Lechfeld. [33×27,5]

216	20 Pf	Wappen Augsburgs	10,–	4,–	25,–

1955, 14. Sept. Briefmarkenausstellung Westropa, Düsseldorf. Wz. 5. [27,5×33]

			✶✶	⊙	FDC
217	10+2 Pf	Stil. Taube und Lupe	5,50	7,–	
218	20+3 Pf	Stil. Posthorn und Pinzette ...	12,–	13,–	
		Satz (2 W.) .	17,–	20,–	45,–

1955, 5. Okt. Europäische Fahrplankonferenz, Wiesbaden. Wz. 5. [27,5×33]

219	20 Pf	Stil. Signal, Schienen	10,–	3,–	80,–

1955, 22. Okt. 150. Geburtstag des österreichischen Schriftstellers und Malers Adalbert Stifter (1805–1868). Wz. 5. [27,5×33]

220	10 Pf	Stifterdenkmal ...	4,50	3,–	20,–

1955, 24. Okt. 10 Jahre Vereinte Nationen (UNO). [33×27,5]

221	10 Pf	UNO-Emblem	4,50	5,–	30,–

1955, 15. Nov. Wohlfahrt: Helfer der Menschheit. Wz. 5. [27,5×33]

222	7+ 3 Pf	Amalie Sieveking (1794–1859) ...	4,–	4,–	
223	10+ 5 Pf	Adolf Kolping (1813–1865) ...	3,–	2,–	
224	20+10 Pf	Dr. Samuel Hahnemann (1755–1843) ...	3,–	2,–	
225	40+10 Pf	Florence Nightingale (1820–1910) ...	30,–	40,–	
		Satz (4 W.)	40,–	45,–	120,–

1955, 1. Dez./1963. Ziffer. Wz. 5. [21,5×26]

x = normales Papier			✶✶	⊙	FDC
226 x	1 Pf	dunkelgrüngrau ..	–,30	–,50	70,–
y = fluoreszierendes Papier					
226 y	1 Pf	dunkelgrüngrau ..	–,30	–,70	

1956, 7. Jan. 125. Geburtstag des Mitbegründers des Weltpostvereins Heinrich von Stephan (1831 bis 1897). Wz. 5. [33×27,5]

227	20 Pf	Ziffer, Namenszug .	8,–	3,–	30,–

1956, 27. Jan. 200. Geburtstag des Komponisten Wolfgang Amadeus Mozart (1756–1791). [33×27,5]

228	10 Pf	Klavichord	1,20	–,50	32,–

1956, 17. Febr. 100. Todestag des Dichters Heinrich Heine (1797 bis 1856). Wz. 4. [33×27,5]

229	10 Pf	H. Heine	3,50	4,–	20,–

1956, 2. Mai. 1000 Jahre Lüneburg. Wz. 5. [33×27,5]

230	20 Pf	Häuserfront	8,50	10,–	25,–

1956, 9. Juni. Olympisches Jahr. Wz. 5. [27,5×33]

231	10 Pf	Symbole	1,–	–,80	20,–

1956, 21. Juli. Jugend. [33×27,5]

Nr.	Wert	Beschreibung	✱✱	⊙	FDC
232	7+3 Pf	Junge, Taube, geometrische Zeichen	2,70	4,–	
233	10+5 Pf	Mädchen mit Flöte, Sonne, Blumen	7,50	10,–	
		Satz (2 W.)	10,–	14,–	40,–

1956, 28. Juli. 100. Todestag des Komponisten Robert Schumann (1810–1856). [27,5×33]

234	10 Pf	Silhouette	1,–	–,60	15,–

1956, 8. Aug. Evangelischer Kirchentag, Frankfurt/Main. Wz. 5. [27,5×33]

235	10 Pf	dunkelgrün	4,–	4,50	
236	20 Pf	dunkelbräunlichkarmin	5,–	6,–	
		Satz (2 W.)	9,–	10,–	18,–

1956, 11. Aug. 1. Todestag des Schriftstellers Thomas Mann (1875 bis 1955). Wz. 5. [27,5×33]

237	20 Pf	Th. Mann	3,50	2,80	14,–

1956, 24. Aug. 800 Jahre Abteikirche Maria Laach. Wz. 5. [27,5×33]

238	20 Pf	Westfassade	2,80	2,60	14,–

1956, 29. Aug. Katholikentag, Köln. Wz. 5. [27,5×33]

239	10 Pf	Schwurhand	3,50	3,40	11,–

1956, 1. Sept. Polizeiausstellung, Essen. Wz. 5. [33×27,5]

Nr.	Wert	Beschreibung	✱✱	⊙	FDC
240	20 Pf	Hand, Weltkarte ...	3,50	3,50	16,–

1956, 15. Sept. Europa. Wz. 5. [26×43]

241	10 Pf	schwärzlichgrün ..	1,–	–,30	
242	40 Pf	dunkelblau	9,–	1,30	
		Satz (2 W.)	10,–	1,50	45,–

1956, 1. Oktober. Wohlfahrt: Kinderpflege. [33×27,5]

243	7+ 3 Pf	Hebamme wiegt Kind	2,–	3,–	
244	10+ 5 Pf	Ignaz Semmelweis (1818–1865) ..	1,50	1,–	
245	20+10 Pf	Mutter mit Wiege und Kind	1,50	1,–	
246	40+10 Pf	Kinderschwester mit Kindern ...	15,–	17,–	
		Satz (4 W.) ...	20,–	22,–	65,–

1956, 27. Okt. Tag der Briefmarke. Wz. 5. [27,5×33]

247	10 Pf	Taube mit Brief ...	2,–	–,90	9,–

1956, 17. Nov. Kriegsgräberfürsorge. Wz. 5. [33×27,5]

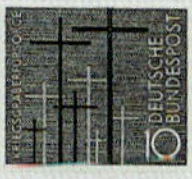

248	10 Pf	Kreuze	2,–	–,90	9,–

1957, 2. Jan. Eingliederung des Saarlandes. Wz. 5. [27,5×33]

				✶✶	⊙	FDC
249	10 Pf	Wappen		–,70	–,60	9,–

1957, 1. Febr. Erholungsplätze für Berliner Kinder. [33×27,5]

250	10+ 5 Pf	Kinder mit Reisegepäck . .	1,50	2,50	
251	20+10 Pf	Kinder und Frau	3,50	5,–	
		Satz (2 W.) . . .	5,–	7,50	28,–

1957, 22. Febr. 100. Geburtstag des Physikers Heinrich Hertz (1857 bis 1894). Wz. 5. [27,5×33]

252	10 Pf	H. Hertz	1,70	–,80	7,–

1957, 18. Mai. 350. Geburtstag des Liederdichters Paul Gerhardt (1607 bis 1676). Wz. 5. [27,5×33]

253	20 Pf	P. Gerhardt	–,80	–,70	9,–

1957, 8. Juni. Briefmarkenausstellung Flora und Philatelie, Köln. Wz. 5. [33×27,5]

254	20 Pf	Posthorn und Tulpe	–,80	–,70	9,–

1957, 15. Juni. 1000 Jahre Stift und Stadt Aschaffenburg. Wz. 5. [27,5×33]

255	20 Pf	Stadtsiegel (1332) .	–,80	–,70	9,–

1957, 24. Juni. 500 Jahre Universität Freiburg. Wz. 5. [33×27,5]

			✶✶	⊙	FDC
256	10 Pf	Dozent vor Studenten	–,60	–,50	8,–

1957, 25. Juni. Tag der deutschen Seeschiffahrt. Wz. 5. [43×26]

257	15 Pf	Fracht- und Fahrgastschiff	1,40	1,40	13,–

1957, 3. Juli. 350 Jahre Ludwigs-Universität/Justus-von-Liebig-Hochschule, Gießen. [33×27,5]

258	10 Pf	Liebig-Laboratorium	–,60	–,60	7,–

1956, Nov./1960. Bundespräsident Prof. Dr. Theodor Heuss (1884–1963). Wz. 5. [21,5×26]

x = normales Papier

			✶✶	⊙
259 x	30 Pf	schwarzgrün	–,50	–,80
260 x	40 Pf	blau (Töne)	2,–	–,40
261 x	50 Pf	dunkelbraunoliv	1,30	–,40
262 x	60 Pf	dunkelgelbbraun	3,80	–,60
263 x	70 Pf	dunkelviolett	11,–	–,60
264 x	80 Pf	dunkelgelblichrot	7,–	2,50
265 x	90 Pf	dunkelopalgrün	18,–	1,30
		Satz (7 W.)	40,–	6,–

y = fluoreszierendes Papier

259 y	30 Pf	schwarzgrün	25,–	200,–
260 y	40 Pf	blau (Töne)	3,40	20,–

1957, 15. Aug. 100. Geburtstag des Reeders Albert Ballin (1857–1918). Wz. 5. [27,5×33]

266	20 Pf	A. Ballin	1,70	–,60	9,–

1957, 23. Aug. Fernsehen. Wz. 5. [33×27,5]

267	10 Pf	Sinnbild	–,60	–,60	9,–

1957, 16. Sept. Europa (Nr. 268 mit Wz. 5 = Nr. 294). [33×27,5]

			✶✶	⊙	FDC
268	10 Pf	schwärzlicholivgrün/ helltürkisblau	–,50	–,30	
269	40 Pf	violettultramarin/ helltürkisblau	6,–	–,50	
		Satz (2 W.)	6,50	–,70	17,–

1957, 1. Okt. Wohlfahrt: Kohlebergbau. Wz. 5. [33×27,5]

270	7+ 3 Pf	Bergmann mit Lampe	1,50	2,–	
271	10+ 5 Pf	Bergmann mit Abbauhammer	1,–	1,–	
272	20+10 Pf	Bergmann am Kohlenhobel ..	1,50	1,–	
273	40+10 Pf	Anschläger am Förderschacht	18,–	22,–	
		Satz (4 W.) ...	22,–	25,–	65,–

1957, 4. Okt. Naturschutz. Wz. 5. [33×27,5, 27,5×33]

274	10 Pf	Seerosen	–,70	–,60	
275	20 Pf	Rotkehlchen	–,70	–,60	
		Satz (2 W.)	1,40	1,20	22,–

1957, 5. Okt. Internationale Briefwoche. Wz. 5. [33×27,5]

276	20 Pf	Tauben mit Briefen .	1,10	–,70	10,–

1957, 26. Okt. 200. Geburtstag des Freiherrn vom und zum Stein (1757 bis 1831). [27,5×33]

277	20 Pf	Frh. vom und zum Stein	1,80	–,80	7,–

1957, 2. Nov. 1. Todestag des Rabbiners Dr. Leo Baeck (1873–1956). Wz. 5. [27,5×33]

			✶✶	⊙	FDC
278	20 Pf	Dr. L. Baeck	1,80	–,80	9,–

1957, 16. Nov. 500 Jahre Landtag Württemberg. Wz. 5. [27,5×33]

279	10 Pf	Haus in Stuttgart .	1,10	–,70	7,–

1957, 26. Nov. 100. Todestag des Dichters Joseph von Eichendorff (1788–1857). Wz. 5. [27,5×33]

280	10 Pf	Postkutsche	1,–	–,70	7,–

1958, 9. Jan. 50. Todestag des Zeichners und Dichters Wilhelm Busch. Wz. 5. [33×27,5]

281	10 Pf	Max und Moritz ...	–,30	–,30	
282	20 Pf	W. Busch (1832–1908)	1,–	–,80	
		Satz (2 W.)	1,30	1,–	25,–

1958, 5. März. Waldbrandverhütung. Wz. 5. [33×27,5]

283	20 Pf	Ausgebr. Waldstück	–,90	–,70	19,–

1958, 18. März. 100. Geburtstag des Ingenieurs Rudolf Diesel (1858–1913). Wz. 5. [43×26]

284	10 Pf	R. Diesel	–,50	–,50	7,–

1958, 26. März/1960, Juli. Ziffer. Wz. 4. [21,5×26]

285	1 Pf	dunkelblaugrau	10,–	20,–	–,–

©

1958, 1. April. Jugend: Volkslieder. Wz. 5. [27,5×33]

			✱✱	⊙	FDC
286	10+ 5 Pf	„Fuchs du hast die Gans gestohlen“	2,–	2,50	
287	20+10 Pf	„Ein Jäger aus Kurpfalz“	3,50	4,50	
		Satz (2 W.) ...	5,50	7,–	25,–

1958, 7. Mai. 100 Jahre Zoologischer Garten Frankfurt. Wz. 5. [27,5×33]

			✱✱	⊙	FDC
288	10 Pf	Giraffe und Löwe ..	–,70	–,50	7,–

1958, 22. Mai. 800 Jahre München. Wz. 5. [33×27,5]

			✱✱	⊙	FDC
289	20 Pf	Stadtansicht	–,70	–,50	7,–

1958, 3. Juni. 1000 Jahre Trierer Hauptmarkt. Wz. 5. [33×27,5]

			✱✱	⊙	FDC
290	20 Pf	Gebäude, Marktkreuz	–,70	–,50	7,50

1958, 20. Juni. 10 Jahre Deutsche Mark. Wz. 5. [27,5×33]

			✱✱	⊙	FDC
291	20 Pf	Münz-Wappenseite	–,90	–,90	11,–

1958, 21. Juli. 150 Jahre Deutsches Turnen. Wz. 5. [27,5×33]

			✱✱	⊙	FDC
292	10 Pf	Turnerkreuz	–,50	–,60	7,–

1958, 29. Aug. 150. Geburtstag des Genossenschaftsführers Hermann Schulze-Delitzsch (1808–1883). Wz. 5. [27,5×33]

			✱✱	⊙	FDC
293	10 Pf	H. Schulze-Delitzsch	–,60	–,50	7,–

1958, Aug. Europa. Nr. 268 jetzt mit Wz. 5. [33×27,5]

			✱✱	⊙
294	10 Pf	Stilisierter Baum ..	8,50	14,–

1958, 13. Sept. Europa. Wz. 5. [27,5×33]

			✱✱	⊙	FDC
295	10 Pf	dunkelgelbgrün/kobalt	–,50	–,30	
296	40 Pf	kobalt/rot	4,–	–,50	
		Satz (2 W.)	4,50	–,80	16,–

1958, 1. Okt. Wohlfahrt: Landwirtschaft. Wz. 5. [27,5×33]

			✱✱	⊙	FDC
297	7+ 3 Pf	Friedr. Raiffeisen (1818–1888) ..	–,60	–,60	
298	10+ 5 Pf	Sennerin mit Butterfass	–,60	–,60	
299	20+10 Pf	Winzerin mit Weinrebe	–,60	–,60	
300	40+10 Pf	Bauer mit Heugabel	7,–	9,50	
		Satz (4 W.) ...	8,50	11,–	40,–

1958, 3. Dez. 500 Jahre Cusanusstift. Wz. 5. [33×27,5]

			✱✱	⊙	FDC
301	20 Pf	N. v. Kues (Cusanus) (1401–1464)	–,60	–,50	7,–

1959, 31. Jan./22. Mai. Bundespräsident Prof. Dr. Theodor Heuss (1884 bis 1963). Wz. 5. [21,5×26]

			✶✶	⊙	FDC
302	7 Pf	bläulichgrün	–,30	–,30	50,–
303	10 Pf	smaragdgrün	–,50	–,30	–,–
304	20 Pf	rötlichkarmin	–,50	–,30	–,–
305	40 Pf	blau	14,–	1,20	–,–
306	70 Pf	dunkelblauviolett .	5,–	1,–	–,–
		Satz (5 W.)	20,–	3,–	

1959, 6. März. 500. Geburtstag des Großunternehmers Jakob Fugger (1459–1525). Wz. 5. [27,5×33]

307	20 Pf	J. Fugger	–,50	–,60	7,–

1959, 28. März. 400. Todestag des Rechenmeisters Adam Riese (1492–1559). Wz. 5. [33×27,5]

308	10 Pf	A. Riese	–,50	–,60	6,50

1959, 6. Mai. 100. Todestag des Naturforschers Alexander von Humboldt (1769–1859). Wz. 5. [27,5×33]

309	40 Pf	A. von Humboldt .	2,20	1,70	7,–

1959, 22. Mai/22. Aug. Postwertzeichen-Ausstellung INTERPOSTA, Hamburg. Wz. 5. [27,5×33]

310	10+ 5 Pf	Hamburg MiNr. 2			
a		dunkelopalgrün/ siena	1,–	2,80	
b		dunkelgrün/ siena	–,30	1,–	
311	20+10 Pf	Lübeck MiNr. 3 F			
a		karminrot/rötlichbraun	1,50	2,80	
b		dunkelrotorange/ rötlichbraun ...	–,30	1,–	
		Satz a (2 W.) ...	2,50	5,50	6,–
		Satz b (2 W.) ...	–,50	2,–	4,50

1959, 20. Juni. 1000 Jahre Buxtehude. Wz. 5. [33×27,5]

			✶✶	⊙	FDC
312	20 Pf	Gebäude	–,60	–,60	8,50

1959, 18. Juli. Ausstellung des hl. Rocks in Trier. Wz. 5. [33×27,5]

313	20 Pf	Hl. Rock in Kreuz .	–,50	–,50	5,50

1959, 12. Aug. Evangelischer Kirchentag, München. Wz. 5. [27,5×33]

314	10 Pf	Zeichen des Kirchentages	–,50	–,50	5,50

1959, 8. Sept. Blockausgabe: Einweihung der Beethovenhalle. Wz. 5. [148×104, 33×27,5]

315	10 Pf	Georg F. Händel (1685–1759)	4,–	7,50	
316	15 Pf	Louis Spohr (1784–1859)	4,–	7,50	
317	20 Pf	Ludwig van Beethoven (1770–1827)	4,–	5,–	
318	25 Pf	Joseph Haydn (1732–1809)	4,–	10,–	
319	40 Pf	F. Mendelssohn-Bartholdy (1809–1847)	4,–	7,50	
		Block 2 (148×104 mm) ...	28,–	50,–	140,–

1959, 19. Sept. Europa. Wz. 5. [27,5×33]

			✶✶	⊙	FDC
320	10 Pf	(dunkel)grünoliv . .	–,40	–,30	
321	40 Pf	indigo	1,60	–,50	
		Satz (2 W.)	2,–	–,70	7,–

1959, 1. Okt. Wohlfahrt: Märchen. Wz. 5. [33×27,5]

322	7+ 3 Pf	Szenen aus	–,30	–,50	
323	10+ 5 Pf	dem Märchen	–,30	–,50	
324	20+10 Pf	„Die Sterntaler"	–,40	–,50	
325	40+10 Pf	Wilhelm und Jacob Grimm	4,–	6,–	
		Satz (4 W.) . .	5,–	7,50	40,–

1960, 7. April. Weltflüchtlingsjahr. Wz. 5. [33×27,5]

326	10 Pf	Baum	–,30	–,30	
327	40 Pf	Weltkugel	2,80	2,80	
		Satz (2 W.)	3,–	3,–	10,–

1960, 19. April. 400. Todestag des Reformators Philipp Schwarzerd, genannt Melanchthon (1497–1560). Wz. 5. [27,5×33]

328	20 Pf	Melanchthon	1,50	1,50	10,–

1960, 17. Mai. Passionsspiele Oberammergau. Wz. 5. [33×27,5]

329	10 Pf	Kreuz, Ornamente	–,40	–,40	4,50

1960, 30. Juli. Eucharistischer Weltkongress, München. Wz. 5. [33×27,5]

330	10 Pf	schwärzlichopalgrün	–,70	–,50	
331	20 Pf	braunkarmin	1,–	1,–	
		Satz (2 W.)	1,70	1,50	8,50

1960, 8. Aug. Olympische Sommerspiele, Rom. Wz. 5. [33×27,5]

			✶✶	⊙	FDC
332	7 Pf	Ringer, olympische Ringe	–,30	–,30	
333	10 Pf	Läufer, olympische Ringe	–,40	–,30	
334	20 Pf	Werfer, olympische Ringe	–,40	–,30	
335	40 Pf	Wagenrennen, olympische Ringe	1,50	1,50	
		Satz (4 W.)	2,50	2,–	22,–

1960, 6. Sept. 1000. Geburtstag der Bischöfe hl. Bernward (960–1022) und hl. Godehard (960–1038). Wz. 5. [27,5×33]

336	20 Pf	Michaeliskirche . . .	1,–	–,60	5,50

1960, 19. Sept. Europa. Wz. 5. [33×27,5]

337	10 Pf	Symb. Wagenrad .	–,30	–,30	
338	20 Pf	Symb. Wagenrad .	1,–	–,30	
339	40 Pf	Symb. Wagenrad .	1,50	1,30	
		Satz (3 W.)	2,80	1,80	15,–

1960, 1. Okt. Wohlfahrt: Märchen. Wz. 5. [33×27,5]

340	7+ 3 Pf	Szenen	–,60	–,60	
341	10+ 5 Pf	aus dem	–,60	–,50	
342	20+10 Pf	Märchen	–,60	–,50	
343	40+20 Pf	„Rotkäppchen"	2,50	5,–	
		Satz (4 W.) . .	4,–	6,50	65,–

1960, 15. Okt. 1. Todestag des amerikanischen Generals George C. Marshall (1880–1959). Wz. 5. [27,5×33]

344	40 Pf	G. C. Marshall	3,40	2,80	8,–

1960, 7. Dez. 125 Jahre deutsche Eisenbahnen. Wz. 5. [27,5×33]

			★★	⊙	FDC
345	10 Pf	Dampflok (1835) . .	–,40	–,50	10,–

1961, 22. April. 50 Jahre deutsche Pfadfinderbewegung. Wz. 5. [33×27,5]

			★★	⊙	FDC
346	10 Pf	Hl. Georg	–,30	–,40	6,50

1961, 15. Juni/1965, 6. Juli. Bedeutende Deutsche. Wz. 5. [21,5×26]

x = normales Papier
y = fluoreszierendes Papier

			★★	⊙ x	FDC	★★	⊙ y	FDC
347	5 Pf	Albertus Magnus						
a		schwärzlich- bis schwarzolivgelb . . .	–,30	–,30	2,20	–,30	–,30	2,20
b		bräunlicholiv				–,30	–,30	–,–
348	7 Pf	Heilige Elisabeth	–,30	–,30	2,20	–,30	–,30	2,20
349	8 Pf	Johannes Gutenberg	–,30	–,50	2,20	–,30	–,30	2,20
350	10 Pf	Albrecht Dürer	–,30	–,30	2,20	–,30	–,30	2,20
351	15 Pf	Martin Luther	–,50	1,—	4,50	–,30	–,30	3,50
352	20 Pf	Johann S. Bach	–,50	–,40	8,50	–,30	–,30	4,50
353	25 Pf	Johann B. Neumann				–,30	–,30	4,50
354	30 Pf	Immanuel Kant				–,30	–,30	4,50
355	40 Pf	Gotthold E. Lessing	–,60	–,90	11,–	–,30	–,30	9,–
356	50 Pf	Johann W. von Goethe				–,40	–,30	7,–
357	60 Pf	Friedrich von Schiller				–,40	–,30	4,50
358	70 Pf	Ludwig van Beethoven						
a		schwärzlichgrün				–,30	–,30	4,50
b		schwarzblaugrün				–,80	–,30	
359	80 Pf	Heinrich von Kleist				–,50	–,50	12,–
360	90 Pf	Franz Oppenheimer				–,40	–,30	22,–
361	1 DM	A. von Droste-Hülshoff				–,70	–,30	14,–
362	2 DM	Gerhart Hauptmann				3,50	–,70	26,–
		Satz x (7 W.)	2,50	3,50				
		Satz y . . . . (18 W. mit a und b)				9,–	5,–	

1961, 3. Juli. 75 Jahre Motorisierung. Wz. 5. [33×27,5]

			★★	⊙	FDC
363	10 Pf	1. Motorwagen von G. Daimler	–,30	–,30	
364	20 Pf	1. Motorwagen von C. Benz	–,40	–,40	
		Satz (2 W.)	–,70	–,60	7,–

1961, 31. Aug. Briefmarkenausstellung, Nürnberg. Wz. 5. [27,5×33]

			★★	⊙	FDC
365	7 Pf	Nürnb. Bote (18. Jh.)	–,40	–,40	3,60

1961, 2. Sept. 900 Jahre Kaiserdom zu Speyer. Wz. 5. [27,5×33]

			✱✱	⊙	FDC
366	20 Pf	Kaiserdom	–,40	–,60	4,40

1961, 18. Sept./1962, 15. Febr. Europa. Wz. 5. [33×27,5]

367	10 Pf	dunkelgrünoliv			
x		normales Papier .	–,30	–,30	
y		fluoresz. Papier .	–,40	–,60	
368	40 Pf	violettultramarin .	–,50	–,70	
		Satz (2 W.)	–,80	1,–	4,–

1961, 2. Okt. Wohlfahrt: Märchen. Wz. 5. [33×27,5]

369	7+ 3 Pf	Szenen aus	–,30	–,40	
370	10+ 5 Pf	dem Märchen	–,30	–,40	
371	20+10 Pf	„Hänsel und	–,30	–,40	
372	40+20 Pf	Gretel“	1,20	2,40	
		Satz (4 W.)	2,–	3,50	17,–

1961, 26. Okt. 100 Jahre Telefon. Wz. 5. [33×27,5]

373	10 Pf	Reis-Telefon (1861)	–,40	–,50	4,40

1961, 22. Dez. 150. Geburtstag des Bischofs Freiherr von Ketteler (1811–1877). Wz. 5. [33×27,5]

374	10 Pf	W. E. von Ketteler .	–,40	–,50	4,40

1962, 10. Mai. 2000 Jahre Mainz. Wz. 5. [33×27,5]

375	20 Pf	Stadtbild	–,40	–,50	4,40

1962, 25. Mai. Jugend: Schmetterlinge. Wz. 5. [33×27,5]

			✱✱	⊙	FDC
376	7+ 3 Pf	Apollo	–,50	–,80	
377	10+ 5 Pf	Trauermantel . .	–,50	–,80	
378	20+10 Pf	Kleiner Fuchs .	1,–	1,50	
379	40+20 Pf	Segelfalter . . .	1,50	2,50	
		Satz (4 W.) . . .	3,50	5,50	26,–

1962, 12. Juli. Lied und Chor. Wz. 5. [27,5×33]

380	20 Pf	Stimmgabel, Noten	–,40	–,60	3,50

1962, 22. Aug. Katholikentag, Hannover. [33×27,5]

381	20 Pf	Gläubige, Kreuz . .	–,40	–,60	3,50

1962, 11. Sept. 150 Jahre Württembergische Bibelanstalt. Wz. 5. [33×27,5]

382	20 Pf	Aufgeschlagene Bibel	–,40	–,60	2,60

1962, 17. Sept. Europa. Wz. 5. [33×27,5]

383	10 Pf	schwärzlich-smaragdgrün	–,30	–,30	
384	40 Pf	dunkelblau	–,60	–,70	
		Satz (2 W.)	–,90	1,–	3,50

1962, 10. Okt. Wohlfahrt: Märchen. Wz. 5. [33×27,5]

Nr.	Wert	Bezeichnung	✱✱	⊙	FDC
385	7+ 3 Pf	Szenen aus . .	-,30	-,30	
386	10+ 5 Pf	dem Märchen	-,30	-,30	
387	20+10 Pf	„Schnee- . . .	-,30	-,30	
388	40+20 Pf	wittchen“ . . .	1,–	1,60	
		Satz (4 W.) . .	1,70	2,50	18,–

1962, 23. Nov. Brot für die Welt. Wz. 5. [33×27,5]

389	20 Pf	Inschrift	-,40	-,60	5,50

1963, 9. Febr. Organisationen CRALOG und CARE. Wz. 5. [33×27,5]

390	20 Pf	Geschenkpaket . .	-,40	-,50	2,60

1963, 27. Febr. Misereor: Kampf gegen Hunger und Krankheit. Wz. 5. [33×27,5]

391	20 Pf	Sinnbild	-,40	-,50	3,50

1963, 26. April. Briefmarkenausst. Flora und Philatelie, Hamburg. [27,5×33]

392	10 Pf	Schachbrettblume	-,30	-,30	
393	15 Pf	Frauenschuh	-,30	-,30	
394	20 Pf	Akelei	-,30	-,30	
395	40 Pf	Stranddistel	-,30	-,30	
		Satz (4 W.)	1,10	1,20	4,20

1963, 2. Mai. 400 Jahre Heidelberger Katechismus. [33×27,5]

396	20 Pf	Inschrift	-,40	-,50	2,20

1963, 4. Mai. Gedenkstätte Regina Martyrum. Wz. 5. [33×27,5]

Nr.	Wert	Bezeichnung	✱✱	⊙	FDC
397	10 Pf	Kreuz, stilisierte Sonne	-,30	-,40	2,60

1963, 7. Mai. 100. Jahrestag der 1. Postkonferenz, Paris. Wz. 5. [33×27,5]

398	40 Pf	Wappen der beteiligten Länder .	-,50	-,70	5,50

1963, 14. Mai. Einweihung der „Vogelfluglinie“. [27,5×33]

399	20 Pf	Stilis. Vogel, Flaggen	-,40	-,40	11,–

1963, 24. Mai. 100 Jahre Internationales Rotes Kreuz. [27,5×33]

400	20 Pf	Rotes Kreuz	-,40	-,40	3,50

1963, 12. Juni. Jugend: Einheimische Vögel. [27,5×33]

401	10+ 5 Pf	Wiedehopf . . .	-,60	-,80	
402	15+ 5 Pf	Pirol	-,50	-,80	
403	20+10 Pf	Gimpel	-,50	-,80	
404	40+20 Pf	Eisvogel	2,20	3,20	
		Satz (4 W.) . . .	3,80	5,50	26,–

1963, 24. Juli. Evangelischer Kirchentag, Dortmund. Wz. 5. [33×27,5]

405	20 Pf	Jerusalemkreuz . .	-,40	-,50	1,80

1963, 14. Sept. Europa. Wz. 5. [33×27,5]

			✱✱	⊙	FDC
406	15 Pf	schwärzlich-smaragdgrün	–,30	–,40	
407	20 Pf	dunkelrosa	–,30	–,30	
		Satz (2 W.)	–,50	–,70	1,50

1963, 23. Sept. Wohlfahrt: Märchen. [33×27,5]

			✱✱	⊙	FDC
408	10+ 5 Pf	Szenen aus	–,30	–,30	
409	15+ 5 Pf	dem Märchen	–,30	–,30	
410	20+10 Pf	„Der Wolf u. die	–,30	–,30	
411	40+20 Pf	sieben Geißlein“	–,60	1,50	
		Satz (4 W.) ..	1,40	2,40	13,–

1964, 10. April. Jugend: Fische. [33×27,5]

			✱✱	⊙	FDC
412	10+ 5 Pf	Hering	–,30	–,40	
413	15+ 5 Pf	Rotbarsch	–,30	–,40	
414	20+10 Pf	Karpfen	–,40	–,60	
415	40+20 Pf	Kabeljau	1,20	2,50	
		Satz (4 W.) ...	2,20	4,–	22,–

1964, 29. April/1965, 23. Okt. Landeshauptstädte. [33×27,5]

			✱✱	⊙	FDC
416	20 Pf	Hannover (Niedersachsen) ..	–,30	–,40	2,20
417	20 Pf	Hamburg (Hamburg)	–,30	–,40	2,20
418	20 Pf	Kiel (Schleswig-Holstein)	–,30	–,40	2,20
419	20 Pf	München (Bayern)	–,30	–,40	2,20
420	20 Pf	Wiesbaden (Hessen)	–,30	–,40	2,20
421	20 Pf	Berlin (Berlin)	–,30	–,40	1,80
422	20 Pf	Mainz (Rheinland-Pfalz) ..	–,30	–,40	1,80
423	20 Pf	Düsseldorf (Nordrhein-Westfalen) ..	–,30	–,40	1,80
424	20 Pf	Bonn (Bundesrepublik Deutschland) .	–,30	–,40	1,80
425	20 Pf	Bremen (Bremen) .	–,30	–,40	1,80
426	20 Pf	Stuttgart (Baden-Württemberg)	–,30	–,40	1,80
427	20 Pf	Saarbrücken (Saarland)	–,30	–,40	1,80
		Satz (12 W.)	3,50	4,50	

1964, 29. Mai. 1200 Jahre Benediktinerabtei Ottobeuren. [33×27,5]

			✱✱	⊙	FDC
428	20 Pf	Ottobeuren	–,30	–,40	2,60

1964, 1. Juli. Wiederwahl des Bundespräsidenten Dr. h.c. Heinrich Lübke (1894–1972). [27,5×33]

			✱✱	⊙	FDC
429	20 Pf	lilarot	–,30	–,30	
430	40 Pf	blau	–,30	–,40	
		Satz (2 W.)	–,50	–,70	3,–

1964, 20. Juli. Blockausgabe: 20. Jahrestag des Attentats vom 20. Juli 1944. [148×105, 33×27,5]

			✱✱	⊙	FDC
431	20 Pf	Sophie Scholl (1921–1943)	–,80	1,50	
432	20 Pf	Ludwig Beck (1880–1944)	–,80	1,50	
433	20 Pf	Dietrich Bonhoeffer (1906–1945)	–,80	1,50	
434	20 Pf	Alfred Delp (1907–1945)	–,80	1,50	
435	20 Pf	Karl Friedrich Goerdeler (1884–1945) .	–,80	1,50	
436	20 Pf	Wilhelm Leuschner (1888–1944)	–,80	1,50	
437	20 Pf	Graf von Moltke (1907–1945)	–,80	1,50	
438	20 Pf	Graf von Stauffenberg (1907–1944) .	–,80	1,50	
		Block 3 (148×105 mm) . . .	8,–	15,–	100,–

1964, 3. Aug. Tagung des Reformierten Weltbundes, Frankfurt/M. [27,5×33]

439	20 Pf	Johannes Calvin (1509–1564)	–,30	–,40	3,–

1964, 14. Aug. Fortschritt in Technik und Wissenschaft. [27,5×33]

440	10 Pf	Benzolformel	–,30	–,30	
441	15 Pf	Atomreaktor	–,30	–,30	
442	20 Pf	1. Gasmotor von Otto	–,30	–,30	
		Satz (3 W.)	–,60	–,60	2,60

1964, 31. Aug. 100. Todestag des Arbeiterführers Ferdinand Lassalle (1825–1864). [33×27,5]

443	20 Pf	F. Lassalle	–,30	–,40	1,60

1964, 2. Sept. Katholikentag, Stuttgart. Wz. 5. [27,5×33]

444	20 Pf	Stilisierte Sonne . .	–,30	–,40	1,60

1964, 14. Sept. Europa. [27,5×33]

			✱✱	⊙	FDC
445	15 Pf	Symb. Blume	–,30	–,30	
446	20 Pf	Symb. Blume	–,30	–,30	
		Satz (2 W.)	–,40	–,40	1,70

1964, 6. Okt. Wohlfahrt: Märchen. [33×27,5]

447	10+ 5 Pf	Szenen aus	–,30	–,30	
448	15+ 5 Pf	dem Märchen	–,30	–,30	
449	20+10 Pf	„Dorn-	–,30	–,30	
450	40+20 Pf	röschen“	–,30	1,20	
		Satz (4 W.) . . .	1,—	2,—	6,50

1964, 10. Okt. Olympische Sommerspiele, Tokio. [27,5×33]

451	20 Pf	Judokämpfer	–,30	–,40	1,80

1964, 30. Okt. 250 Jahre Rechnungshof in Deutschland. [33×27,5]

452	20 Pf	Preußischer Adler .	–,30	–,40	1,80

1964, 21. Nov. 1. Todestag des amerikanischen Präsidenten John F. Kennedy (1917–1963). [27,5×33]

453	40 Pf	J. F. Kennedy	–,40	–,40	1,80

1964, 15. Dez./1965, 29. Mai. Bauwerke. [21,5×26]

			★★	⊙	FDC
454	10 Pf	Zwinger, Dresden	–,50	–,30	1,80
455	15 Pf	Schloss Tegel, Berlin	–,50	–,30	1,80
456	20 Pf	Torhalle Lorsch, Hessen	–,50	–,30	1,80
457	40 Pf	Burg Trifels, Pfalz	–,50	–,30	1,80
458	50 Pf	Schloss Ellwangen, Jagst	1,–	–,30	4,40
459	60 Pf	Treptower Tor, Neubrandenburg	1,50	–,50	4,40
460	70 Pf	Osthofentor, Soest	1,50	–,50	4,40
461	80 Pf	Ellinger Tor, Weißenburg	1,50	–,50	5,–
		Satz (8 W.)	7,–	2,80	

1965, 21. Jan. 150. Todestag des Dichters Matthias Claudius (1740 bis 1815). [33×27,5]

462	20 Pf	Eule, Stock, Hut	–,30	–,40	2,20

1965, 1. April. 150. Geburtstag des Reichskanzlers Otto von Bismarck (1815–1898). [27,5×33]

463	20 Pf	O. von Bismarck	–,30	–,40	2,–

1965, 1. April. Jugend: Niederwild. [33×27,5]

464	10+ 5 Pf	Waldschnepfe	–,30	–,40	
465	15+ 5 Pf	Jagdfasan	–,30	–,40	
466	20+10 Pf	Birkhahn	–,30	–,40	
467	40+20 Pf	Auerhahn	–,30	1,20	
		Satz (4 W.)	1,–	2,40	6,50

1965, 1. April/25. Jan. Verkehrsausstellung, München. [33×27,5]

			★★	⊙	FDC
468	5 Pf	Verkehrsschilder, Ampel	–,30	–,40	1,30
469	10 Pf	Nachrichtensatellit, Empfangsstation	–,30	–,40	1,30
470	15 Pf	Moderner und alter Postomnibus	–,30	–,40	1,30
471	20 Pf	Zeigertelegraph, Fernmeldeturm	–,30	–,40	1,30
472	40 Pf	Moderne Elektro- und alte Dampflok	–,30	–,40	1,80
473	60 Pf	Weltraumkapsel, Düsenflugzeug	–,30	–,40	2,20
474	70 Pf	Passagierdampfer, Segelschiff	–,40	–,40	2,60
		Satz (7 W.)	2,–	2,80	

1965, 30. April. 75 Jahre Tag der Arbeit (1. Mai). [27,5×33]

475	15 Pf	Stil. Blumenstrauß	–,30	–,30	1,30

1965, 17. Mai. 100 Jahre Internationale Fernmeldeunion (UIT). [27,5×33]

476	40 Pf	Emblem der UIT	–,40	–,50	1,70

1965, 26. Mai. 100. Todestag des Gesellenvaters Adolf Kolping (1813–1865). [33×27,5]

477	20 Pf	A. Kolping	–,30	–,40	1,30

1965, 29. Mai. 100 Jahre Gesellschaft zur Rettung Schiffbrüchiger. [33×27,5]

478	20 Pf	Rettungskreuzer	–,30	–,40	1,30

1965, 28. Juli. 20 Jahre Vertreibung. Wz. 5. [33×27,5]

479	20 Pf	Vertriebenengruppe	–,30	–,40	2,–

1965, 28. Juli. Evangelischer Kirchentag, Köln. [27,5×33]

			✶✶	⊙	FDC
480	20 Pf	Labyrinth, Zeichen	–,30	–,40	1,30

1965, 28. Juli. Funkausstellung, Stuttgart. [33×27,5]

481	20 Pf	Stil. Funkturm	–,30	–,40	1,30

1965, 28. Aug. 125 Jahre Briefmarken. [43×26]

482	20 Pf	Thurn u. Taxis MiNr. 5, 7, 18	–,30	–,40	1,20

1965, 27. Sept. Europa. [33×27,5]

483	15 Pf	dunkelgrün	–,30	–,30	
484	20 Pf	karminrot	–,30	–,30	
		Satz (2 W.)	–,60	–,60	1,30

1965, 6. Okt. Wohlfahrt: Märchen. [33×27,5]

485	10+ 5 Pf	Szenen aus	–,30	–,30	
486	15+ 5 Pf	dem Märchen	–,30	–,30	
487	20+10 Pf	„Aschen-	–,30	–,30	
488	40+20 Pf	puttel“	–,40	–,90	
		Satz (4 W.)	1,20	1,80	5,–

1966, 7. Jan./1969, 26. März. Bauwerke. [23×27,5]

			✶✶	⊙	FDC
489	5 Pf	Berliner Tor, Stettin	–,30	–,30	1,30
490	10 Pf	Zwinger, Dresden	–,30	–,30	1,30
491	20 Pf	Torhalle Lorsch, Hessen	–,30	–,30	1,80
492	30 Pf	dunkelolivgrün, Nordertor, Flensburg	–,30	–,30	1,80
493	30 Pf	rot, Nordertor, Flensburg	–,30	–,30	4,40
494	40 Pf	Burg Trifels, Pfalz	–,40	–,30	1,80
495	50 Pf	Schloss Ellwangen, Jagst	–,50	–,30	2,20
496	60 Pf	Treptower Tor, Neubrandenburg	3,80	2,–	4,50
497	70 Pf	Osthofentor, Soest	1,60	–,30	2,60
498	80 Pf	Ellinger Tor, Weißenburg ...	3,–	2,–	3,50
499	90 Pf	Damenstift, Königsberg ...	1,10	–,40	4,50
500	1 DM	Melanchthonhaus, Wittenberg	1,10	–,30	3,20
501	1,10 DM	Trinitatishospital, Hildesheim ...	1,10	–,50	3,20
502	1,30 DM	Schloss Tegel, Berlin	3,–	1,80	6,50
503	2 DM	Bürgerhalle Rathaus Löwenberg, Schlesien	3,–	–,80	6,50
		Satz (15 W.) ...	20,–	9,–	

1966, 15. Jan. 100. Geburtstag des schwedischen Erzbischofs Nathan Söderblom (1866–1931). [27,5×33]

504	20 Pf	N. Söderblom	–,30	–,40	1,70

1966, 22. März. 20. Todestag des Kardinals Clemens August Graf von Galen (1878–1946). [27,5×33]

505	20 Pf	A. von Galen	–,30	–,40	1,30

1966, April/1967, 14. April. Brandenburger Tor, Berlin. [21,5×26]

			✱✱	⊙	FDC
506	10 Pf	schwarzsiena	-,40	-,30	1,80
507	20 Pf	schwarzsmaragdgrün	-,40	-,30	1,80
508	30 Pf	dunkelrosa	-,40	-,30	
509	50 Pf	indigo	1,60	-,50	4,50
510	100 Pf	preußischblau	13,—	-,80	10,—
		Satz (5 W.)	15,—	2,—	

1966, 22. April. Jugend: Hochwild. [33×27,5]

511	10+ 5 Pf	Rehbock	-,30	-,40	
512	20+10 Pf	Gemse	-,30	-,40	
513	30+15 Pf	Damhirsch ...	-,30	-,40	
514	50+25 Pf	Rothirsch	-,80	1,20	
		Satz (4 W.) ...	1,50	2,40	6,50

1966, 13. Juli. Katholikentag, Bamberg. [27,5×33]

515	30 Pf	„Der Fischzug" ...	-,30	-,40	1,30

1966, 13. Juli/24. Sept. FIP-Kongress, München. [27,5×33]

516	30+15 Pf	Bayerische Postkutsche (1900) .	-,50	-,90	3,—
517	50+25 Pf	Preußischer Postbote (1830) ...	-,70	-,90	3,—
		Satz (2 W.) ...	1,20	1,80	

1966, 24. Aug. 250. Todestag des Philosophen Gottfried Wilhelm Leibniz (1646–1716). [27,5×33]

518	30 Pf	G. W. Leibniz	-,30	-,40	1,30

1966, 25. Sept. Europa. [27,5×33]

			✱✱	⊙	FDC
519	20 Pf	Stilisiertes Boot ...	-,30	-,40	
520	30 Pf	Stilisiertes Boot ...	-,30	-,30	
		Satz (2 W.)	-,60	-,60	1,30

1966, 28. Sept. Fortschritt in Technik und Wissenschaft. [27,5×33]

521	20 Pf	Stromübertragung	-,30	-,30	
522	30 Pf	Dynamo	-,30	-,30	
		Satz (2 W.)	-,50	-,50	1,30

1966, 5. Okt. Wohlfahrt: Märchen. [33×27,5]

523	10+ 5 Pf	Szenen aus dem Märchen „Der Froschkönig"	-,30	-,30	
524	20+10 Pf		-,30	-,30	
525	30+15 Pf		-,30	-,30	
526	50+25 Pf		-,40	1,20	
		Satz (4 W.)	1,20	2,—	5,—

1966, 24. Okt. 20 Jahre UNICEF. [27,5×33]

527	30 Pf	Emblem	-,30	-,40	1,20

1966, 13. Dez. 150. Geburtstag des Erfinders Werner von Siemens (1816–1892). [33×27,5]

528	30 Pf	W. von Siemens ...	-,30	-,40	1,20

1967, 4. April. Jugend: Pelztiere. [33×27,5]

			✱✱	⊙	FDC
529	10+ 5 Pf	Wildkaninchen	–,30	–,50	
530	20+10 Pf	Hermelin oder Großwiesel . . .	–,30	–,50	
531	30+15 Pf	Feldhamster . .	–,60	1,–	
532	50+25 Pf	Rotfuchs	1,30	2,–	
		Satz (4 W.) . . .	2,40	4,–	8,–

1967, 2. Mai. Europa. [27,5×33]

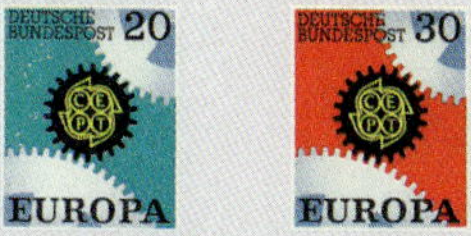

533	20 Pf	Zahnräder	–,40	–,40	
534	30 Pf	Zahnräder	–,30	–,30	
		Satz (2 W.)	–,70	–,70	1,30

1967, 3. Juni. 450. Todestag von Franz von Taxis (1460–1517), Begründer des Taxisschen Postwesens. [27,5×33]

535	30 Pf	F. von Taxis	–,30	–,40	1,50

1967, 21. Juni. Evangelischer Kirchentag, Hannover. [27,5×33]

536	30 Pf	Jerusalemer Kreuz	–,30	–,40	1,30

1967, 1. Juli. 100 Jahre Anstalt Bethel. [33×27,5]

537	30 Pf	F. v. Bodelschwingh (1877–1946)	–,30	–,40	1,30

1967, 3. Okt. Wohlfahrt: Märchen. [33×27,5]

			✱✱	⊙	FDC
538	10+ 5 Pf	Szenen	–,30	–,30	
539	20+10 Pf	aus dem	–,30	–,30	
540	30+15 Pf	Märchen	–,30	–,30	
541	50+25 Pf	„Frau Holle"	–,60	1,50	
		Satz (4 W.)	1,40	2,40	5,–

1967, 14. Okt. Wiederwahl des Bundespräsidenten Dr. h. c. Heinrich Lübke (1894–1972). [27,5×33]

542	30 Pf	lilarot	–,30	–,40	
543	50 Pf	blau	–,50	–,50	
		Satz (2 W.)	–,70	–,90	2,50

1967, 31. Okt. 450. Jahrestag des Thesenanschlages durch Martin Luther. [33×27,5]

544	30 Pf	Wartburg	–,40	–,50	1,50

1967, 17. Nov. Katholische Hilfsaktion ADVENIAT. [27,5×33]

545	30 Pf	Kreuz vor Weltkugel	–,30	–,40	1,30

1968, 12. Jan. Fortschritt in Technik und Wissenschaft. [27,5×33]

546	10 Pf	1. Buchdruck-Zylinder-Schnellpresse	–,30	–,30	
547	20 Pf	Erzkristalle	–,30	–,30	
548	30 Pf	Strahlenführung durch Mikroskop . .	–,30	–,30	
		Satz (3 W.)	–,60	–,60	2,50

1968, 2. Febr. Jugend: Vom Aussterben bedrohte Tiere. [33×27,5]

			✱✱	⊙	FDC
549	10+ 5 Pf	Wildkatze	–,30	–,60	
550	20+10 Pf	Fischotter	–,50	1,–	
551	30+15 Pf	Dachs	–,70	1,40	
552	50+25 Pf	Biber	2,–	4,–	
		Satz (4 W.) ...	3,50	7,–	10,–

1968, 8. März. Handwerk. [43×26]

553	30 Pf	Handwerkssymbole	–,40	–,50	2,20

1968, 19. April. Blockausgabe: 1. Todestag von Konrad Adenauer. [148×105, 33×27,5]

554	10 Pf	Sir Winston Churchill (1874–1965) ..	–,70	–,50	
555	20 Pf	Alcide de Gasperi (1881–1954)	–,70	–,60	
556	30 Pf	Robert Schuman (1886–1963)	–,70	–,70	
557	50 Pf	Dr. h.c. Konrad Adenauer (1876–1967)	–,70	1,—	
		Block 4 (148×105 mm) ...	3,–	3,—	11,–

1968, 29. April. 150. Geburtstag des Philosophen Karl Marx (1818 bis 1883). [33×27,5]

558	30 Pf	K. Marx	–,30	–,40	3,–

1968, 29. April. Europa. [33×27,5]

			✱✱	⊙	FDC
559	20 Pf	Kreuzbartschlüssel	–,30	–,40	
560	30 Pf	Kreuzbartschlüssel	–,30	–,30	
		Satz (2 W.)	–,60	–,60	2,–

1968, 6. Juni. Olympische Sommerspiele, Mexiko. [26×43]

561	10+ 5 Pf	Freiherr von Langen (1887–1934) ..	–,80	–,50	
562	20+10 Pf	Rudolf Harbig (1913–1944) ..	–,80	–,50	
563	30 Pf	Baron P. de Coubertin (1862–1937) ..	–,80	–,50	
564	30+15 Pf	Helene Mayer (1910–1953) ..	1,50	1,–	
565	50+25 Pf	Carl Diem (1882–1962) ..	1,50	1,50	
		Satz (5 W.) ...	5,–	4,–	11,–

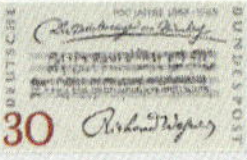

1968, 21. Juni. 100. Jahrestag der Uraufführung von „Die Meistersinger von Nürnberg". [43×26]

566	30 Pf	Musiknoten	–,30	–,40	2,50

1968, 19. Juli. 1. Todestag des Bundeskanzlers Konrad Adenauer. [27,5×33]

567	30 Pf	Dr. h.c. K. Adenauer	–,40	–,40	1,70

1968, 19. Juli. Katholikentag, Essen. [43×26]

568	20 Pf	Kreuz und Taube ..	–,40	–,40	1,70

1968, 5. Sept. 100. Gründungstag des Norddeutschen Postbezirks. [26×43]

			✶✶	⊙	FDC
569	30 Pf	MiNr. 4 und 10	–,30	–,40	1,70

1968, 26. Sept. 100 Jahre Gewerkschaften in Deutschland. [27,5×33]

570	30 Pf	Sinnbild	–,30	–,40	1,30

1968, 3. Okt. Wohlfahrt: Puppen. [27,5×33]

571	10+ 5 Pf	Puppe (um 1878)	–,30	–,30	
572	20+10 Pf	Puppe (um 1850)	–,30	–,30	
573	30+15 Pf	Puppe (um 1870)	–,30	–,30	
574	50+25 Pf	Puppe (um 1885)	–,70	1,20	
		Satz (4 W.) . . .	1,50	2,—	5,—

1968, 10. Dez. Jahr der Menschenrechte. [27,5×33]

575	30 Pf	Sinnbild	–,30	–,40	1,30

1969, 6. Febr. 50 Jahre deutscher Luftpostverkehr. [43×26]

576	20 Pf	Junkers Ju 52	–,50	–,30	
577	30 Pf	Boeing 707	–,80	–,30	
		Satz (2 W.)	1,30	–,50	3,60

1969, 6. Febr. Jugend: Pferde. [33×27,5]

			✶✶	⊙	FDC
578	10+ 5 Pf	Pony	–,40	–,60	
579	20+10 Pf	Kaltblut	–,40	–,60	
580	30+15 Pf	Warmblut	–,70	1,—	
581	50+25 Pf	Vollblut	2,20	2,—	
		Satz (4 W.) . . .	3,60	4,—	9,—

1969, 28. April. 50 Jahre Internationale Arbeitsorganisation (IAO). 33×27,5]

582	30 Pf	Fünfstrahliger Stern	–,60	–,40	1,30

1969, 28. April. Europa. [33×27,5]

583	20 Pf	Europa, CEPT	–,50	–,30	
584	30 Pf	Europa, CEPT	–,50	–,30	
		Satz (2 W.)	1,—	–,60	2,—

1969, 23. Mai. 20 Jahre Bundesrepublik Deutschland. [33×55]

585	30 Pf	Bundes- und Reichsadler	1,50	–,60	1,80

1969, 4. Juni. 50 Jahre Volksbund Deutsche Kriegsgräberfürsorge. [33×27,5]

586	30 Pf	Grabkreuze	–,60	–,40	1,30

1969, 4. Juni. Olympische Sommerspiele 1972, München. [26 × 43]

			✶✶	⊙	FDC
587	10+ 5 Pf	Leichtathletik .	1,–	–,80	
588	20+10 Pf	Feldhockey . . .	1,–	–,80	
589	30+15 Pf	Bogenschießen	1,50	1,–	
590	50+25 Pf	Segeln	2,50	2,–	
		Satz (4 W.)	6,–	4,50	8,—

1969, 4. Juni. Europäisches Naturschutzjahr 1970. [33 × 27,5]

591	10 Pf	Seeniederung	–,30	–,30	
592	20 Pf	Mittelgebirge	–,80	–,50	
593	30 Pf	Hochgebirge	–,30	–,30	
594	50 Pf	Flusslandschaft . . .	1,–	–,70	
		Satz (4 W.)	2,40	1,80	6,50

1969, 7. Juli. Evangelischer Kirchentag, Stuttgart. [33 × 27,5]

595	30 Pf	Konzentrische Kreise	–,60	–,40	1,30

1969, 11. Aug. Blockausgabe: 50 Jahre Frauenwahlrecht in Deutschland. [100 × 60, 27,5 × 35]

596	10 Pf	Marie Juchacz (1879–1956)	–,40	–,30	
597	20 Pf	Marie-Elisabeth Lüders (1878–1966)	–,40	–,30	
598	30 Pf	Helene Weber (1881–1962)	–,40	–,30	
		Block 5 (100 × 60 mm)	1,80	1,20	2,60

1969, 11. Aug. Funkausstellung, Stuttgart. [27,5 × 33]

			✶✶	⊙	FDC
599	30 Pf	Sinnbild	–,60	–,40	1,30

1969, 11. Aug. Malteser Hilfsdienst. [27,5 × 33]

600	30 Pf	Malteserkreuz	–,60	–,40	1,30

1969, 4. Sept. Philatelistentag, Garmisch-Partenkirchen. [27,5 × 33]

601	30 Pf	Bayern MiNr. 15 . .	–,60	–,40	1,30

1969, 4. Sept. 350 Jahre Soleleitung. [33 × 27,5]

602	20 Pf	Reliefkarte	–,60	–,40	1,30

1969, 4. Sept. Fremdenverkehr. [43 × 26]

603	30 Pf	Rothenburg ob der Tauber	–,60	–,40	1,80

1969, 2. Okt. Wohlfahrt: Zinnfiguren. [27,5 × 33]

604	10+ 5 Pf	Eisenbahn (um 1835)	–,30	–,30	
605	20+10 Pf	Gärtner (um 1780)	–,30	–,30	
606	30+15 Pf	Vogelhändler (um 1850)	–,40	–,40	
607	50+25 Pf	Reiter (um 1840)	1,10	1,50	
		Satz (4 W.) . . .	2,–	2,40	4,50

1969, 2. Okt. 100. Geburtstag des indischen Politikers Mahatma Gandhi (1869–1948). [27,5×33]

		✱✱	⊙	FDC
608	20 Pf Mahatma Gandhi .	–,40	–,40	1,30

1969, 2. Okt. Papst Johannes XXIII. (1881–1963). [27,5×33]

609	30 Pf Papst Johannes XXIII.	–,50	–,40	1,30

1969, 13. Nov. Weihnachten. [27,5×33]

610	10+5 Pf Zinnfigur (um 1850)	–,50	–,40	1,30

1969, 13. Nov. 200. Geburtstag des Dichters Ernst Moritz Arndt (1769 bis 1860). [27,5×33]

611	30 Pf E. M. Arndt	–,50	–,40	1,20

1970, 5. Febr. Jugend: Minnesänger. [27,5×33]

612	10+ 5 Pf Heinrich von Rugge	–,50	–,40	
613	20+10 Pf Wolfram von Eschenbach . .	–,80	–,50	
614	30+15 Pf Walther von Metz	1,–	–,80	
615	50+25 Pf Walther von der Vogelweide . . .	2,20	2,–	
	Satz (4 W.) . . .	4,50	3,60	12,–

1970, 20. März. 200. Geburtstag von Beethoven, Hegel und Hölderlin. [27,5×33]

		✱✱	⊙	FDC
616	10 Pf Ludwig van Beethoven (1770–1827)	1,–	–,30	
617	20 Pf Georg W. Hegel (1770–1831)	–,60	–,30	
618	30 Pf Friedrich Hölderlin (1770–1843)	–,60	–,30	
	Satz (3 W.)	2,20	–,80	3,50

1970, 29. April. Briefmarken-Ausstellung SABRIA, Saarbrücken. [33×27,5]

619	30 Pf Saarland MiNr. 225	–,50	–,40	1,80

1970, 4. Mai. Europa. [33×27,5]

620	20 Pf schwärzlich-smaragdgrün	–,40	–,30	
621	30 Pf rot	–,40	–,30	
	Satz (2 W.)	–,80	–,50	1,30

1970, 11. Mai. Fremdenverkehr. [43×26]

622	30 Pf Oberammergau . . .	–,50	–,40	1,30

1970, 11. Mai. 250. Geburtstag des Freiherrn von Münchhausen (1720 bis 1797). [33×27,5]

623	20 Pf „Das durchtrennte Pferd"	–,50	–,40	1,–

1970, 5. Juni. Olympische Sommerspiele 1972, München. [43×26]

624	10+ 5 Pf Residenz	–,90	–,50	
625	20+10 Pf Propyläen	–,90	–,50	
626	30+15 Pf Glyptothek . . .	1,60	1,50	
627	50+25 Pf Bavaria mit Ruhmeshalle . .	2,20	2,–	
	Satz (4 W.) . . .	5,50	4,50	6,–

1970, 18. Juni. 75 Jahre Nord-Ostsee-Kanal. [33×27,5]

			✱✱	⊙	FDC
628	20 Pf	Schiff auf Kanal ..	–,50	–,40	1,20

1970, 18. Juni/21. September. Freiwillige Hilfsdienste. [27,5×33]

629	5 Pf	Technisches Hilfswerk	–,30	–,30	1,–
630	10 Pf	Bergwacht	–,30	–,30	1,–
631	20 Pf	Pflegehilfe	–,40	–,30	1,50
632	30 Pf	Feuerwehr	1,–	–,30	1,50
633	50 Pf	Unfallschutz	1,–	–,50	2,–
634	70 Pf	DLRG	1,20	1,–	2,50
		Satz (6 W.)	4,–	2,50	

1970, 23. Juli/1971. Bundespräsident Dr. h.c. Gustav Heinemann (1898 bis 1976). [23×27,5]

635	5 Pf	schwarzgrau	–,40	–,30	1,30
636	10 Pf	rotbraun	–,40	–,30	1,60
637	20 Pf	schwärzlichgrün ..	–,40	–,30	1,60
638	30 Pf	dunkelbräunlichrot	–,50	–,30	1,60
639	40 Pf	dunkelrotorange ..	–,50	–,30	1,60
640	50 Pf	dunkelblau	2,–	–,30	2,60
641	70 Pf	schwärzlichviolettbraun	1,–	–,40	2,–
642	80 Pf	schwarzgrünblau .	1,–	–,40	2,60
643	90 Pf	dunkelmagenta ...	2,–	1,50	5,50
644	1 DM	bräunlicholiv	1,50	–,40	8,–
645	2 DM	dunkelblauviolett ..	3,50	–,40	8,–
		Satz (11 W.)	13,–	4,50	

MiNr. 646 fällt aus.

1970, 25. Aug. Katholische Weltmission. [27,5×33]

647	20 Pf	Aufgelöstes Kreuz	–,40	–,30	1,–

1970, 4. Sept. Katholikentag, Trier. [27,5×33]

			✱✱	⊙	FDC
648	20 Pf	Punkte, Kreuz	–,40	–,30	1,20

1970, 21. Sept. Fremdenverkehr. [43×26]

649	20 Pf	Cochem	–,60	–,40	1,–

1970, 6. Okt. Wohlfahrt: Marionetten. [27,5×33]

650	10+ 5 Pf	Narr	–,30	–,30	
651	20+10 Pf	Hanswurst ...	–,30	–,40	
652	30+15 Pf	Clown	–,50	–,50	
653	50+25 Pf	Harlekin	1,30	1,30	
		Satz (4 W.) ...	2,40	2,50	4,50

1970, 4. Nov. Fremdenverkehr. [43×26]

654	20 Pf	Freiburg im Breisgau	–,60	–,40	1,20

1970, 12. Nov. Weihnachten. [27,5×33]

655	10+5 Pf	Engel (Puppe) ..	–,50	–,40	1,20

1970, 12. Nov. Erziehungsjahr; 300. Todestag des Pädagogen Amos Comenius (1592–1670). [27,5×33]

656	30 Pf	A. Comenius	–,60	–,40	1,20

1970, 27. Nov. 150. Geburtstag des Publizisten Friedrich Engels (1820 bis 1895). [33×27,5]

657	50 Pf	F. Engels	1,80	1,–	1,80

1971, 18. Jan. 100. Jahrestag der Reichsgründung. [27,5×33]

			✱✱	⊙	FDC
658	30 Pf	Reichsadler	1,80	–,40	1,20

1971, 18. Jan. 100. Geburtstag des 1. Reichspräsidenten Friedrich Ebert (1871–1925). [27,5×33]

659	30 Pf	F. Ebert	1,80	–,40	1,20

1971, 5. Febr. Jugend: Kinderzeichnungen. [27,5×33]

660	10+ 5 Pf	Mohrenkönig ..	–,40	–,40	
661	20+10 Pf	Floh	–,50	–,50	
662	30+15 Pf	Gestiefelter Kater	–,80	–,80	
663	50+25 Pf	Schlange	1,40	1,40	
		Satz (4 W.)	3,–	3,–	7,–

1971, 18. Febr. 125 Jahre Chemiefaserforschung. [33×27,5]

664	20 Pf	Moleküle	–,40	–,30	1,20

1971, 18. Febr. Neue Regeln im Straßenverkehr. [27,5×33]

665	10 Pf	Schülerlotse	–,30	–,30	1,–
666	20 Pf	Vorfahrt	–,40	–,30	1,–
667	30 Pf	Stop	–,60	–,30	1,50
668	50 Pf	Fußgängerüberweg	1,–	–,60	2,–
		Satz (4 W.)	2,20	1,50	4,50

1971, 18. März. 450. Jahrestag des Wormser Reichstages. [33×27,5]

669	30 Pf	Martin Luther und Karl V.	–,80	–,40	1,20

1971, 16. April. Neue Regeln im Straßenverkehr. [33×27,5]

			✱✱	⊙	FDC
670	5 Pf	Überholen	–,40	–,30	–,80
671	10 Pf	Warnzeichen	–,40	–,30	–,80
672	20 Pf	Einscheren	–,50	–,30	1,–
673	30 Pf	Fußgängerüberweg	–,90	–,30	1,–
		Satz (4 W.)	2,20	1,–	3,–

1971, 3. Mai. 500. Todestag des Mystikers Thomas von Kempen (1379–1471). [27,5×33]

674	30 Pf	T. von Kempen	–,70	–,40	1,20

1971, 3. Mai. Europa. [33×27,5]

675	20 Pf	Kette	–,40	–,30	
676	30 Pf	Kette	–,40	–,30	
		Satz (2 W.)	–,80	–,50	2,–

1971, 21. Mai. 500. Geburtstag des Malers Albrecht Dürer (1471–1528). [33×27,5]

677	30 Pf	Signum Dürers	1,60	–,40	1,30

1971, 21. Mai. Fremdenverkehr. [43×26]

678	30 Pf	Nürnberg	–,60	–,40	1,30

1971, 28. Mai. Ökumenisches Pfingsttreffen, Augsburg. [33×27,5]

679	30 Pf	Sinnbild	–,60	–,40	1,30

1971, 4. Juni. Olympische Spiele 1972, Sapporo und München. (Mit Jahreszahl.) [26×43]

			✶✶	⊙	FDC
680	10+ 5 Pf	Skispringen . . .	–,40	–,40	
681	20+10 Pf	Eiskunstlauf . . .	–,80	–,60	
682	30+15 Pf	Abfahrtslauf . . .	1,20	1,–	
683	50+25 Pf	Eishockey	2,20	2,–	
		Satz (4 W.)	4,50	4,–	8,–

1971, 4. Juni. Blockausgabe: Olympische Spiele 1972, Sapporo und München. (Ohne Jahreszahl.) [111×66, 26×43]

684	10+ 5 Pf	Skispringen . . .	–,40	–,40	
685	20+10 Pf	Eiskunstlauf . . .	–,80	–,60	
686	30+15 Pf	Abfahrtslauf . . .	1,20	1,–	
687	50+25 Pf	Eishockey	2,20	1,80	
		Block 6 (111×66 mm) .	4,50	4,–	12,–

1971, 25. Juni. 400. Geburtstag des Astronomen Johannes Kepler (1571 bis 1630). [26×43]

688	30 Pf	Astronom. Darstellung	–,70	–,40	1,30

1971/1972. Bundespräsident Dr. h.c. Gustav Heinemann (1898–1976). [23×27,5]

			✶✶	⊙	FDC
689	25 Pf	schwärzlicholivgrün	–,60	–,30	2,–
690	60 Pf	schwärzlichultramarin	1,10	–,30	2,–
691	120 Pf	lebhaftbraunocker	2,20	1,–	3,50
692	160 Pf	lebhaftrötlichorange	3,20	1,40	4,50
		Satz (4 W.)	7,–	3,–	

1971, 3. Sept. 650. Todestag des italienischen Dichters Dante Alighieri (1265–1321). [27,5×33]

693	10 Pf	Dante Alighieri	–,30	–,30	1,–

1971, 10. Sept./1974. Unfallverhütung. [21,5×26]

694	A	5 Pf	Brand durch Streichholz	–,40	–,30	1,60
695		10 Pf	Defekte Leiter			
	A		vierseitig gez. . . .	–,40	–,30	1,60
	C		oben geschnitten	2,–	2,–	
	D		unten geschnitten	2,–	2,–	
696		20 Pf	Kreissäge			
	A		vierseitig gez. . . .	–,50	–,30	1,60
	C		oben geschnitten	2,50	2,50	
	D		unten geschnitten	2,50	2,50	
697	A	25 Pf	Alkohol am Steuer	–,60	–,30	1,60
698		30 Pf	Schutzhelm			
	A		vierseitig gez. . . .	–,60	–,30	1,60
	C		oben geschnitten	2,50	2,50	
	D		unten geschnitten	2,50	2,50	
699		40 Pf	Defekter Stecker			
	A		vierseitig gez. . . .	–,60	–,30	2,40
	C		oben geschnitten	2,–	2,–	
	D		unten geschnitten	2,–	2,–	
700	A	50 Pf	Nagel im Brett . . .	2,50	–,30	5,–
701	A	60 Pf	Ball vor Auto	1,50	–,60	5,–
702	A	100 Pf	Schwebende Last	2,50	–,30	5,–
703	A	150 Pf	Absicherung	6,50	1,50	8,–
			Satz A (10 W.) . . .	16,–	3,50	

1971, 15. Sept. Fremdenverkehr. [43×26]

704	20 Pf	Goslar	–,60	–,50	1,20

1971, 5. Okt. Wohlfahrt: Altes Holzspielzeug. [27,5×33]

			★★	⊙	FDC
705	20+10 Pf	Butterfrauen ..	–,30	–,30	
706	25+10 Pf	Reiter	–,30	–,30	
707	30+15 Pf	Nussknacker ..	–,60	–,60	
708	60+30 Pf	Taubenhaus ...	1,60	1,60	
		Satz (4 W.)	2,60	2,60	4,50

1971, 11. Nov. Weihnachten. [27,5×33]

709	20+10 Pf	Weihnachtsengel	–,80	–,50	1,30

1972, 20. Jan. 100. Todestag des Pfarrers Wilhelm Löhe (1808–1872). [27,5×33]

710	25 Pf	Diakonissen	–,60	–,40	1,20

1972, 4. Febr. Jugend: Tierschutz. [33×27,5]

711	20+10 Pf	Junge schützt Enten auf der Straße .	–,70	–,60	
712	25+10 Pf	Unruhestifter im Wald	–,70	–,60	
713	30+15 Pf	Mädchen schützt Vögel	1,–	1,–	
714	60+30 Pf	Junge reizt Schwäne	1,80	1,80	
		Satz (4 W.)	4,–	4,–	9,–

1972, 14. April. 175 Jahre Flachdruckverfahren. [33×27,5]

715	25 Pf	Steindruckpresse .	–,60	–,40	1,20

1972, 2. Mai. Europa. [27,5×33]

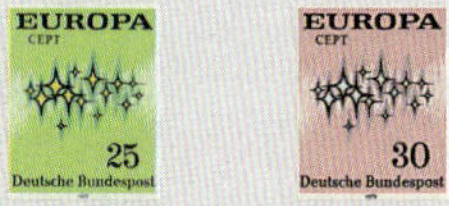

			★★	⊙	FDC
716	25 Pf	Sternenband	–,80	–,30	
717	30 Pf	Sternenband	–,80	–,30	
		Satz (2 W.)	1,50	–,50	1,50

1972, 18. Mai. 500. Geburtstag des Malers Lucas Cranach d. Ä. (1472 bis 1553). [27,5×33]

718	25 Pf	L. Cranach d. Ä. ..	–,70	–,40	1,20

1972, 5. Juni. Olympische Sommerspiele, München. [26×43]

719	20+10 Pf	Ringen	2,–	1,–	
720	25+10 Pf	Segeln	2,–	1,–	
721	30+15 Pf	Bodenturnen ..	2,–	1,–	
722	60+30 Pf	Schwimmen ..	3,30	3,–	
		Satz (4 W.)	9,–	6,–	8,–

1972, 5. Juli. Blockausgabe: Olympische Sommerspiele, München. [148×105, 46×27,5]

723	25+10 Pf	Radrennbahn .	1,50	1,50	
724	30+15 Pf	Olympiastadion	1,50	1,50	
725	40+20 Pf	Mehrzweckhalle und Schwimmstadion	1,50	1,50	
726	70+35 Pf	Fernsehturm ..	1,50	1,50	
		Block 7 (148×105 mm)	6,50	6,50	20,–

1972, 20. Juni/1973, 16. Jan. Bundespräsident Dr. h.c. Gustav Heinemann. [23×27,5]

			★★	⊙	FDC
727	110 Pf	olivschwarz	1,80	1,–	4,–
728	130 Pf	dunkelocker	2,30	1,–	4,50
729	140 Pf	schwärzlichblaugrün	2,30	1,20	4,50
730	150 Pf	schwärzl'rosakarmin	2,30	1,–	5,50
731	170 Pf	dunkelorange ...	2,80	1,–	5,50
732	190 Pf	dunkelbraunkarmin	3,50	1,–	6,50
		Satz (6 W.)	15,–	6,–	

1972, 18. Juli. Weltspiele der Gelähmten, Heidelberg. [26×43]

733	40 Pf	Bogenschütze im Rollstuhl	–,80	–,40	1,30

1972, 18. Aug. Markenheftchen und Blockausgabe: Olympische Sommerspiele, München. [111×66, 26×43]

734	25+ 5 Pf	Weitsprung ...	–,60	–,60	
735	30+10 Pf	Basketball	1,60	1,60	
736	40+10 Pf	Diskuswerfen ..	2,20	2,20	
737	70+10 Pf	Kanu	1,10	1,10	
		Satz (4 W.)	5,50	5,50	
		Block 8 (111×66 mm) .	6,–	6,–	18,–

1972, 18. Aug. 20. Todestag des Politikers Kurt Schumacher (1895–1952). [33×27,5]

738	40 Pf	K. Schumacher ...	1,40	–,40	1,30

1972, 18. Aug. 100 Jahre Postmuseum Frankfurt a. M./ Berlin. [27,5×33]

			★★	⊙	FDC
739	40 Pf	Posthorn	1,–	–,40	1,30

1972, 11. Sept. Internationales Jahr des Buches. [27,5×33]

740	40 Pf	Stilisiertes Buch ..	–,80	–,40	1,30

1972, 29. Sept. 300. Todestag des Komponisten Heinrich Schütz (1585–1672). [33×27,5]

741	40 Pf	Musiknoten	1,–	–,40	1,30

1972, 5. Okt. Wohlfahrt: Schachfiguren. [27,5×33]

742	25+10 Pf	Springer	–,40	–,40	
743	30+15 Pf	Turm	–,40	–,30	
744	40+20 Pf	Dame	–,70	–,30	
745	70+35 Pf	König	2,50	2,40	
		Satz (4 W.) ...	4,–	3,40	6,50

1972, 20. Okt. Fremdenverkehr. [43×26]

746	30 Pf	Helgoland	–,60	–,30	1,50
747	40 Pf	Heidelberg	–,70	–,30	1,80
		Satz (2 W.)	1,30	–,50	2,50

1972, 10. Nov. 150 Jahre Kölner Karneval. [43×26]

748	40 Pf	Maskierte	1,20	–,40	1,80

1972, 10. Nov. Weihnachten. [33×27,5]

			✶✶	⊙	FDC
749	30+15 Pf	Hl. 3 Könige . .	1,20	–,70	1,80

1972, 13. Dez. 175. Geburtstag des Dichters Heinrich Heine (1797–1856). [43×26]

750	40 Pf	H. Heine	1,20	–,40	1,30

1972, 13. Dez. Brot für die Welt. [43×26]

751	30 Pf	Inschriften	–,60	–,60	2,40

1972, 13. Dez. Synode '72, Würzburg. [27,5×33]

752	40 Pf	Würzburger Dom . .	–,70	–,40	1,30

1973, 22. Jan. 10 Jahre deutsch-französischer Vertrag. [55×33]

753	40 Pf	Nationalfarben	1,40	–,50	4,50

1973, 6. Febr. Jugend: Greifvögel. [27,5×33]

754	25+10 Pf	Fischadler	1,–	1,–	
755	30+15 Pf	Mäusebussard	1,20	1,20	
756	40+20 Pf	Rotmilan	1,80	1,80	
757	70+35 Pf	Wiesenweihe .	4,50	4,50	
		Satz (4 W.) . . .	8,–	8,–	45,–

1973, 19. Febr. 500. Geburtstag des Astronomen Nikolaus Kopernikus (1473–1543). [43×26]

758	40 Pf	N. Kopernikus	1,40	–,40	1,50

1973, 19. Febr. 50 Jahre Interpol. [33×27,5]

			✶✶	⊙	FDC
759	40 Pf	Funksendemast, Interpolzeichen . . .	–,60	–,40	1,50

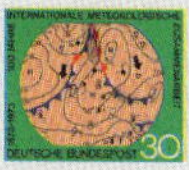

1973, 19. Febr. 100 Jahre internationale meteorologische Zusammenarbeit. [33×27,5]

760	30 Pf	Wetterkarte	–,60	–,40	1,30

1973, 15. März. Fremdenverkehr. [43×26]

761	40 Pf	Hamburg	1,–	–,30	1,80
762	40 Pf	Rüdesheim	1,–	–,30	1,80
		Satz (2 W.)	2,–	–,50	2,50

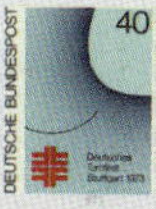

1973, 15. März. Deutsches Turnfest, Stuttgart. [27,5×33]

763	40 Pf	Festplakat	–,60	–,40	1,30

1973, 5. April. Philatelistenkongress; IBRA München. [26×43]

764	40+20 Pf	Posthausschild, Hessen-Kassel	–,90	–,90	
765	70+35 Pf	Posthausschild, Preußen	1,60	1,60	
		Satz (2 W.)	2,50	2,50	12,–

1973, 5. April. Blockausgabe: Philatelisten-Kongress; IBRA München. [74×105, 26×43]

			✶✶	⊙	FDC
766	40+20 Pf	Posthausschild, Württemberg . .	1,20	1,20	
767	70+35 Pf	Posthausschild, Kurpfalz Bayern	2,–	2,–	
		Block 9 (74×105 mm) .	4,60	5,50	24,–

1973, 30. April. Europa. [43×26]

768	30 Pf	Posthorn	–,50	–,30	
769	40 Pf	Posthorn	–,70	–,30	
		Satz (2 W.)	1,20	–,50	2,–

1973, 25. Mai. 1000. Todestag der Dichterin Roswitha von Gandersheim (935–973). [27,5×33]

770	40 Pf	Letter R (romanisch)	–,70	–,40	1,80

1973, 25. Mai. Pater Maximilian Kolbe (1894–1941). [33×27,5]

771	40 Pf	M. Kolbe	–,70	–,40	1,30

1973, 25. Mai. Evangelischer Kirchentag, Düsseldorf. [27,5×33]

772	30 Pf	Profil	–,50	–,40	1,10

1973, 5. Juni. Unfallverhütung. [21,5×26]

			✶✶	⊙	FDC
773	70 Pf	Ball vor Auto	1,50	–,40	2,20

1973, 5. Juni. Umweltschutz. [43×26]

774	25 Pf	Abfallbeseitigung .	–,50	–,30	
775	30 Pf	Wasserhaushalt . .	–,50	–,30	
776	40 Pf	Lärmbekämpfung .	1,20	–,30	
777	70 Pf	Luftreinhaltung . . .	1,80	–,90	
		Satz (4 W.)	4,–	1,60	6,50

1973, 12. Juni. 350 Jahre Rechenmaschine. [33×27,5]

778	40 Pf	Rechenmaschine (1623) . .	–,80	–,50	1,80

1973, 14. Sept. 800 Jahre Dom zu Lübeck. [46×27,5]

779	40 Pf	Lübecker Dom	1,20	–,40	1,30

1973, 14. Sept. 100. Geburtstag des Politikers Otto Wels (1873–1939). [33×27,5]

780	40 Pf	O. Wels	–,90	–,40	1,30

1973, 21. Sept. Bundesrepublik Deutschland Mitglied der UNO. [43×26]

781	40 Pf	UNO-Emblem, Flagge und Adler der BRD	1,50	–,40	2,20

1973, 5. Okt. Wohlfahrt: Musikinstrumente. [27,5 × 33]

			★★	⊙	FDC
782	25+10 Pf	Waldhorn (19. Jh.)	-,70	-,50	
783	30+15 Pf	Pedalflügel (18. Jh.)	-,80	-,50	
784	40+20 Pf	Geige (18. Jh.)	1,–	-,60	
785	70+35 Pf	Pedalharfe (18. Jh.)	2,–	2,–	
		Satz (4 W.)	4,50	3,50	6,50

1973, 19. Okt. 50 Jahre Deutscher Rundfunk. [33 × 27,5]

786	30 Pf	Gerät von 1923 ...	-,50	-,30	1,30

1973, 19. Okt. Fremdenverkehr. [43 × 26]

787	30 Pf	Saarbrücken	-,70	-,30	1,30
788	40 Pf	Aachen	-,70	-,30	1,80
789	40 Pf	Bremen	-,70	-,30	1,80
		Satz (3 W.)	2,–	-,70	5,–

1973, 9. Nov. Weihnachten. [27,5×33]

790	30+15 Pf	Weihnachtsstern	1,20	-,70	1,80

1974, 15. Jan. Bedeutende deutsche Frauen: Frauenrechtlerinnen. [33 × 27,5]

			★★	⊙	FDC
791	40 Pf	Luise Otto-Peters (1819–1895)	-,80	-,60	
792	40 Pf	Helene Lange (1848–1930)	-,80	-,60	
793	40 Pf	Gertrud Bäumer (1873–1954)	-,80	-,60	
794	40 Pf	Rosa Luxemburg (1871–1919)	-,80	-,60	
		Satz (4 W.)	3,20	2,40	8,–

1974, 15. Febr. 700. Todestag des Kirchenlehrers Thomas von Aquin (1225–1274). [33 × 27,5]

795	40 Pf	Hl. Thomas mit Schülern	-,70	-,40	1,30

1974, 15. Febr. Rehabilitation Behinderter. [43 × 26]

796	40 Pf	Behinderter zwischen Gesunden	1,–	-,40	1,80

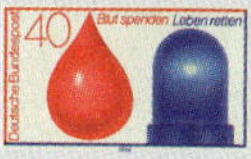

1974, 15. Febr. Blutspendedienst/Unfallrettung. [43 × 26]

797	40 Pf	Blutstropfen, Blaulicht	1,–	-,40	1,80

1974, 15. Febr. Deutscher Expressionismus. [55 × 33, 33 × 55]

798	30 Pf	Die roten Rehe (Franz Marc)	-,60	-,30	2,50
799	40 Pf	Kopf in Blau (Alexej von Jawlensky) ...	-,70	-,30	4,–
		Satz (2 W.)	1,30	-,60	4,50

1974, 17. April. Jugend: Elemente internationaler Jugendarbeit. [27,5 × 33]

			✶✶	⊙	FDC
800	25+10 Pf	Jugend baut auf	–,70	–,60	
801	30+15 Pf	Jugend-Folklore	1,20	1,–	
802	40+20 Pf	Jugend lernt . .	2,–	1,80	
803	70+35 Pf	Jugend forscht	3,60	3,60	
		Satz (4 W.)	7,–	7,–	22,–

1974, 17. April. Europa: Skulpturen. [26 × 43]

804	30 Pf	Jüngling (Wilhelm Lehmbruck)	–,70	–,30	
805	40 Pf	Kniende (Wilhelm Lehmbruck)	–,70	–,30	
		Satz (2 W.)	1,40	–,60	2,20

1974, 17. April. 250. Geburtstag des Philosophen Immanuel Kant (1724 bis 1804). [27,5 × 33]

806	90 Pf	I. Kant	2,50	–,60	2,20

1974, 15. Mai. Blockausgabe: 25 Jahre Bundesrepublik Deutschland. [100 × 70, 55 × 33]

807	40 Pf	Bundesadler, Bundesfarben	1,50	1,50	
		Block 10 (100×70 mm)	1,70	1,70	6,–

1974, 15. Mai. Wandern. [26 × 43]

			✶✶	⊙	FDC
808	30 Pf	Landschaftsbild . . .	–,50	–,40	1,80

1974, 15. Mai. 250. Geburtstag des Dichters Friedrich Gottlieb Klopstock (1724–1803). [27,5 × 33]

809	40 Pf	F. G. Klopstock . . .	–,70	–,40	1,80

1974, 15. Mai. 125 Jahre Diakonie. [26 × 43]

810	40 Pf	Kronenkreuz	–,70	–,40	1,80

1974, 15. Mai. Fußball-Weltmeisterschaft, Deutschland. [43 × 26]

811	30 Pf	Torwartparade	1,20	–,30	
812	40 Pf	Spielszene	2,40	–,30	
		Satz (2 W.)	3,50	–,60	2,50

1974, 16. Juli. 450. Todestag des Malers Hans Holbein d. Ä. (1470–1524). [27,5 × 33]

813	50 Pf	Selbstbildnis	1,–	–,40	1,80

1974, 16. Juli. Organisation „amnesty international". [33 × 27,5]

814	70 Pf	Geborstenes Gefängnisfenster-Gitter	1,30	–,60	1,80

1974, 16. Aug. 200. Geburtstag des Malers Caspar David Friedrich (1774 bis 1840). [55×33]

			✱✱	⊙	FDC
815	50 Pf	Mann und Frau, den Mond betrachtend .	1,30	-,40	3,–
		ETB		1,80	

1974, 16. Aug. Deutscher Expressionismus. [56×33, 33×56]

816	30 Pf	Mädchen unter Bäumen (A. Macke) ...	1,–	-,30	1,50
817	50 Pf	Schlafender Pechstein (E. Heckel) ..	1,–	-,40	2,50
		Satz (2 W.)	1,80	-,70	3,–

1974, 15. Okt. 25 Jahre Wohlfahrtsmarken: Blumen. [27,5×33]

818	30+15 Pf	Prachtnelke ..	-,40	-,40	
819	40+20 Pf	Roter Fingerhut	-,50	-,40	
820	50+25 Pf	Malve	-,60	-,50	
821	70+35 Pf	Glockenblume	1,70	1,70	
		Satz (4 W.)	3,20	3,–	6,50

1974, 29. Okt. Deutscher Expressionismus. [55×33, 33×55]

822	70 Pf	Stilleben (Max Beckmann)	1,20	1,–	2,50
823	120 Pf	Alter Bauer (Ernst L. Kirchner)	2,40	2,–	4,–
		Satz (2 W.)	3,50	3,–	6,–

1974, 29. Okt. Weihnachten. [27,5×33]

			✱✱	⊙	FDC
824	40+20 Pf	Weihnachtsstern	1,20	-,70	2,–

1974, 29. Okt. 100 Jahre Weltpostverein (UPU). [27,5×33]

825	50 Pf	Briefkästen	1,40	-,50	1,30

1975, 15. Jan. Bedeutende deutsche Frauen: Schriftstellerinnen. [33×27,5]

826	30 Pf	Annette Kolb (1875–1967)	-,80	-,40	
827	40 Pf	Ricarda Huch (1864–1947)	-,70	-,40	
828	50 Pf	Else Lasker-Schüler (1869–1945)	-,70	-,40	
829	70 Pf	Gertrud Freiin von Le Fort (1876–1971)	1,20	1,20	
		Satz (4 W.)	3,40	2,40	3,50
		ETB		2,50	

1975, 15. Jan. 100. Geburtstag des Missionsarztes Dr. Albert Schweitzer (1875–1965). [43×26]

830	70 Pf	Dr. A. Schweitzer ..	2,30	1,–	1,80
		ETB		2,50	

1975, 15. Jan. 25 Jahre Müttergenesungswerk. [27,5×33]

831	50 Pf	Mutter mit Kind, Mutter mit Emblem	1,–	-,40	1,30
		ETB		2,20	

1975, 14. Febr. 100. Geburtstag des Gewerkschaftsführers Hans Böckler (1875–1951). [43×26]

			✱✱	⊙	FDC
832	40 Pf	H. Böckler	1,–	–,40	1,30
		ETB		2,50	

1975, 14. Febr. 500. Geburtstag des italienischen Malers und Bildhauers Michelangelo Buonarroti (1475–1564). [27,5×33]

833	70 Pf	Jünglingskopf	2,–	1,80	3,20
		ETB		1,50	

1975, 14. Febr. Heiliges Jahr. [26×43]

834	50 Pf	Grundriss des Petersdoms in Rom	1,–	–,40	2,–
		ETB		2,20	

1975, 14. Febr. Eishockey-Weltmeisterschaft. [43×26]

835	50 Pf	Spielszene	1,30	–,40	2,50
		ETB		2,20	

1975, 15. April. Jugend: Lokomotiven. [43×26]

836	30+15 Pf	Diesellok, Baureihe 218 . .	–,60	–,50	
837	40+20 Pf	E-Lok, Baureihe 103 . .	–,90	–,80	
838	50+25 Pf	E-Triebzug, Baureihe 403 . .	1,30	1,20	
839	70+35 Pf	Magnetschwebezug „Transrapid" . . .	2,20	2,–	
		Satz (4 W.) . . .	5,–	4,50	11,–
		ETB		3,50	

1975, 15. April. Europa: Gemälde. [26×43]

			✱✱	⊙	FDC
840	40 Pf	Konzentrische Gruppe (O. Schlemmer) . . .	–,60	–,30	
841	50 Pf	Bauhaus-Treppe (Oskar Schlemmer)	–,90	–,30	
		Satz (2 W.)	1,50	–,60	2,50
		ETB		1,–	

1975, 15. Mai. 100. Todestag des Dichters Eduard Mörike (1804–1875). [43×26]

842	40 Pf	E. Mörike, Hahn, Tintenfass	–,50	–,40	1,30
		ETB		1,–	

1975, 15. Mai. 500. Jahrestag der Belagerung der Stadt Neuß. [26×43]

843	50 Pf	Nuis, Holzschnitt . .	–,80	–,40	1,30
		ETB		1,–	

1975, 15. Mai. 500 Jahre Landshuter Fürstenhochzeit. [43×26]

844	50 Pf	Stechturnier	1,20	–,40	1,30
		ETB		1,–	

1975, 15. Mai. 1000 Jahre Mainzer Dom. [43×26]

845	40 Pf	Mainzer Dom	1,20	–,40	1,30
		ETB		1,–	

1975, 15. Mai/1976, 17. Febr. Industrie und Technik. [23×27,5]

			✱✱	⊙	FDC
846	5 Pf	Nachrichtensatellit	–,30	–,30	1,–
847	10 Pf	Nahverkehrstriebzug	–,30	–,30	1,–
848	20 Pf	Leuchtturm	–,30	–,30	1,–
849	30 Pf	Rettungs-Hubschrauber ...	–,30	–,30	1,50
850	40 Pf	Weltraumlabor ...	–,40	–,30	2,–
851	50 Pf	Erdfunkstelle	–,50	–,30	2,50
852	70 Pf	Schiffbau	–,80	–,30	2,50
853	80 Pf	Traktor	–,80	–,30	2,50
854	100 Pf	Braunkohle-förderbagger	–,80	–,30	2,50
855	120 Pf	Chemieanlage ...	1,–	–,40	2,50
856	140 Pf	Heizkraftwerk ...	1,20	–,50	3,–
857	160 Pf	Großhochofen ...	1,60	–,80	4,–
858	200 Pf	Bohrinsel	2,–	–,40	6,–
859	500 Pf	Radioteleskop ...	5,–	1,50	10,–
		Satz (14 W.)	15,–	5,–	
		ETB (mit MiNr. 850, 851, 854)		1,60	
		ETB (mit MiNr. 847, 849, 852)		10,–	
		ETB (mit MiNr. 853, 855, 857)		1,60	
		ETB (mit MiNr. 846, 856, 858)		1,60	
		ETB (mit MiNr. 848, 859)		1,60	

1975, 15. Juli. Europäisches Denkmalschutzjahr. [43×26]

			✱✱	⊙	FDC
860	50 Pf	Alsfeld	1,–	–,70	1,50
861	50 Pf	Rothenburg ob der Tauber	1,–	–,70	1,50
862	50 Pf	Trier	1,–	–,70	1,50
863	50 Pf	Xanten	1,–	–,70	1,50
		Satz (4 W.)	3,80	2,80	5,50
		ETB		2,–	

1975, 14. Aug. Kampf dem Drogenmissbrauch. [43×26]

864	40 Pf	Süchtige	–,50	–,40	1,80
		ETB		2,20	

1975, 14. Aug. 100. Geburtstag des Politikers Matthias Erzberger (1875–1921). [43×26]

865	50 Pf	M. Erzberger	–,80	–,40	1,30
		ETB		2,20	

1975, 14. Aug. Tag der Briefmarke. [26×43]

866	10 Pf	Posthausschild, Königlich-Preußische Posthalterei	–,50	–,30	1,30
		ETB		–,40	

1975, 15. Okt. Wohlfahrt: Alpenblumen. [26×43]

			✱✱	⊙	FDC
867	30+15 Pf	Edelweiß	–,50	–,40	
868	40+20 Pf	Trollblume	–,50	–,40	
869	50+25 Pf	Rostblättrige Alpenrose	–,80	–,60	
870	70+35 Pf	Frühlings-Kuhschelle	1,80	1,80	
		Satz (4 W.)	3,60	3,20	5,50
		ETB		2,20	

1975, 14. Nov. Blockausgabe: Deutsche Friedensnobelpreisträger. [100×70, 27,5×33]

			✱✱	Ⓢ	FDC
871	50 Pf	Gustav Stresemann (1878–1929)	–,90	–,70	
872	50 Pf	Ludwig Quidde (1858–1941)	–,90	–,70	
873	50 Pf	Carl von Ossietzky (1889–1938)	–,90	–,70	
		Block 11 (100×70 mm)	3,–	2,20	4,—
		ETB		2,–	

1975, 14. Nov. Weihnachten. [26×43]

			✱✱	⊙	FDC
874	40+20 Pf	Schneerose ..	1,70	1,20	1,80
		ETB		1,–	

1976, 5. Jan. Olympische Winterspiele, Innsbruck. [33×27,5]

875	50 Pf	Berge	2,–	1,–	1,40
		ETB		1,20	

1976, 5. Jan. 100. Geburtstag des Bundeskanzlers Dr. h.c. Konrad Adenauer (1876–1967). [27,5×33]

876	50 Pf	Dr. h.c. K. Adenauer	2,80	–,40	1,30
		ETB		–,80	

Die MICHEL-Redaktion nimmt keine Markenprüfungen vor!

1976, 5. Jan. 400. Todestag des Dichters Hans Sachs (1494–1576). [26×43]

			✱✱	⊙	FDC
877	40 Pf	Titelillustrationen ..	–,80	–,40	1,30
		ETB		1,30	

1976, 5. Jan. 50 Jahre Deutsche Lufthansa. [33×27,5]

878	50 Pf	Junkers F 13 (1926)	1,20	–,40	2,50
		ETB		1,50	

1976, 17. Febr. 25 Jahre Bundesverfassungsgericht, Karlsruhe. [26×43]

879	50 Pf	Bundesadler	1,–	–,40	1,30
		ETB		1,50	

1976, 6. April. 25 Jahre Europäische Gemeinschaft für Kohle und Stahl. [43×26]

880	40 Pf	Buchstaben EG ...	1,–	–,40	1,50
		ETB		–,70	

1976, 6. April. 75 Jahre Wuppertaler Schwebebahn. [33×27,5]

881	50 Pf	Schwebebahnzug .	1,–	–,40	1,30
		ETB		–,70	

1976, 6. April. Jugend: Jugend trainiert für Olympia. [27,5×33]

882	30+15 Pf	Basketball	–,60	–,40
883	40+20 Pf	Rudern	1,10	–,80
884	50+25 Pf	Bodenturnen ..	1,40	1,20

Nr.	Wert	Motiv	★★	⊙	FDC
885	70+35 Pf	Volleyball	1,90	1,70	
		Satz (4 W.)	5,–	4,–	11,–
		ETB		3,50	

1976, 6. April. Olympische Sommerspiele, Montreal. [46 × 27,5]

886	40+20 Pf	Schwimmen ...	1,50	1,–	
887	50+25 Pf	Hochsprung ...	2,–	1,50	
		Satz (2 W.)	3,50	2,50	4,50

1976, 6. April. Blockausgabe: Olympische Sommerspiele, Montreal. [110 × 70, 46 × 27,5]

888	30+15 Pf	Feldhockey ...	1,20	1,–	
889	70+35 Pf	Rudern	1,60	1,50	
		Block 12 (110 × 70 mm) .	3,–	2,50	6,50
		ETB (mit MiNr. 886–887, Bl. 12)		2,40	

1976, 13. Mai. Europa: Kunsthandwerk. [26 × 43]

890	40 Pf	Straßenhändlerin ..	–,70	–,30	
891	50 Pf	Straßenhändler ...	–,70	–,30	
		Satz (2 W.)	1,40	–,50	1,80
		ETB		–,70	

1976, 13. Mai. 100. Geburtstag des Sozialpolitikers Dr. Carl Sonnenschein (1876–1929). [33 × 27,5]

892	50 Pf	Dr. C. Sonnenschein	–,80	–,40	1,30
		ETB		–,40	

1976, 13. Mai. 300. Todestag des Kirchenliederdichters Paul Gerhardt (1607–1676). [33 × 27,5]

Nr.	Wert	Motiv	★★	⊙	FDC
893	40 Pf	Musiknoten	–,60	–,40	1,30
		ETB		1,–	

1976, 13. Mai. 150. Todestag des Komponisten Carl Maria von Weber (1786–1826). [43 × 26]

894	50 Pf	C. von Weber als Dirigent	1,–	–,40	1,30
		ETB		–,70	

1976, 13. Mai. 200 Jahre Unabhängigkeit der Vereinigten Staaten von Amerika. [43 × 26]

895	70 Pf	Carl Schurz (1829–1906)	1,30	–,50	1,80
		ETB		1,50	

1976, 14. Juli. 100 Jahre Bayreuther Festspiele. [43 × 26]

896	50 Pf	Theaterbühne	1,60	–,40	1,30
		ETB		1,–	

1976, 14. Juli. Archäologisches Kulturgut. [43 × 26]

897	30 Pf	Bronzekultwagen	–,50	–,40	
898	40 Pf	Goldverzierte Schale	–,70	–,40	
899	50 Pf	Silberner Halsring	1,–	–,60	
900	120 Pf	Maskenbecher ...	2,20	2,20	
		Satz (4 W.)	4,40	3,50	6,50
		ETB		2,50	

1976, 17. Aug. Vogelschutz. [27,5 × 33]

901	50 Pf	Goldregenpfeifer ..	1,40	–,40	1,30
		ETB		–,40	

1976, 17. Aug. 300. Todestag des Erzählers H. J. C. von Grimmelshausen. [26×43]

			✱✱	⊙	FDC
902	40 Pf	Fabelwesen	1,40	–,40	1,30
		ETB		–,40	

1976, 14. Okt. Tag der Briefmarke. [26×43]

903	10 Pf	Posthausschild, Kaiserliche R.-P.-Expedition Höchst am Main ..	–,40	–,30	1,10
		ETB		–,40	

1976, 14. Okt. Wohlfahrt: Gartenblumen. [43×26]

904	30+15 Pf	Phlox-Strauß ..	–,60	–,50	
905	40+20 Pf	Ringelblumen-Strauß	–,80	–,70	
906	50+25 Pf	Zinnien-Strauß	–,90	–,80	
907	70+35 Pf	Stiefmütterchen-Strauß	1,50	1,50	
		Satz (4 W.)	3,80	3,50	5,50
		ETB		2,40	

1976, 16. Nov. Bedeutende deutsche Frauen: Schauspielerinnen und Theaterleiterinnen. 26×43]

			✱✱	⊙	FDC
908	30 Pf	Friederike Caroline Neuber (1697–1760)	–,80	–,30	
909	40 Pf	Sophie Schröder (1781–1868)	–,80	–,30	
910	50 Pf	Louise Dumont (1862–1932)	–,80	–,40	
911	70 Pf	Hermine Körner (1882–1960)	1,40	1,20	
		Satz (4 W.)	4,–	2,20	3,50
		ETB		1,50	

1976, 16. Nov. Blockausgabe: Weihnachten. [70×100, 26×43]

			✱✱	Ⓢ	FDC
912	50+25 Pf	Marienfenster, Kirche Esslingen	1,–	–,90	
		Block 13 (70×100 mm) .	1,20	1,–	2,20
		ETB		1,–	

1977, 13. Jan./1990. Burgen und Schlösser. [21,5×26]

				✱✱	⊙	FDC
913		10 Pf	Glücksburg			
	A I		vierseitig gez., Bdr.	–,30	–,30	1,–
	A II		vierseitig gez., Ldr.	–,30	1,20	
	C I		oben geschnitten, Bdr.	–,30	–,30	
	C II		oben geschnitten, Ldr.	–,30	1,–	
	D I		unte geschnitten, Bdr.	–,30	–,30	
	D II		unten geschnitten, Ldr.	–,30	1,–	
914		30 Pf	Ludwigstein			
	A I		vierseitig gez., Bdr.	–,40	–,30	1,50
	A II		vierseitig gez., Ldr.	–,80	2,50	
	C I		oben geschnitten, Bdr.	–,50	–,50	
	C II		oben geschnitten, Ldr.	–,50	1,–	

			**	⊙	FDC
914 D I		unten geschnitten, Bdr.	–,50	–,50	
D II		unten geschnitten, Ldr.	–,50	1,–	
915	40 Pf	Eltz	–,60	–,30	2,—
916	50 Pf	Neuschwanstein			
A		vierseitig gez. ...	–,70	–,30	3,–
C		oben geschnitten	1,60	1,60	
D		unten geschnitten	1,60	1,60	
917	60 Pf	Marksburg	1,–	–,30	3,–
918	70 Pf	Mespelbrunn ...	1,–	–,30	3,50
919	190 Pf	Pfaueninsel	2,50	1,–	6,–
920	200 Pf	Bürresheim	3,–	1,–	6,–
		Satz (8 W.)	9,–	3,–	
		ETB (mit MiNr. 917, 920)		2,40	
		ETB (mit MiNr. 915, 919)		2,40	
		ETB (mit MiNr. 913 A I, 914 A I) .		1,–	
		ETB (mit MiNr. 916 A, 918)		2,40	

1977, 13. Jan. Einweihung des Palais de l'Europe des Europarats in Straßburg. [43×26]

921	140 Pf	Palais de l'Europe .	2,20	–,70	3,20
		ETB		1,–	

1977, 13. Jan. Till Eulenspiegel. [26×43]

922	50 Pf	Szenen der Streiche des Schalksnarren .	–,70	–,40	1,80
		ETB		1,10	

1977, 16. Febr. Blockausgabe: 75 Jahre Jugendstil in Deutschland. [115×85, 26×43]

923	30 Pf	Blumenornament .	1,–	–,30	
924	70 Pf	Athenahaupt mit Helm	1,–	–,60	

			**	⊙	FDC
925	90 Pf	Stuhl, Ornament ..	1,10	1,—	
		Block 14 (115×85 mm)	3,20	2,—	4,50
		ETB		2,–	

1977, 16. Febr. Jean Monnet, Ehrenbürger von Europa (1888–1979). [43×26]

926	50 Pf	J. Monnet	–,80	–,40	1,30
		ETB		1,30	

1977, 14. April. 25 Jahre Bundesgartenschau. [26×43]

927	50 Pf	Signet	1,–	–,40	1,30
		ETB		–,70	

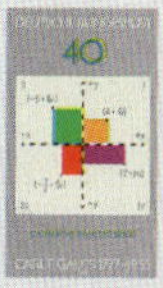

1977, 14. April. 200. Geburtstag des Mathematikers Carl Friedrich Gauß (1777–1855). [26×43]

928	40 Pf	Gaußsche Zahlenebene	1,60	–,40	1,30
		ETB		–,40	

1977, 14. April. Jugend: Deutsche Schiffe. [43×26]

929	30+15 Pf	Konvoischiff „Wapen von Hamburg“	–,70	–,70	
930	40+20 Pf	Fünfmast-Vollschiff „Preußen“	–,90	–,80	
931	50+25 Pf	Passagierdampfer „Bremen“	1,20	1,10	
932	70+35 Pf	Schwergutfrachter „Sturmfels“ ...	1,70	1,70	
		Satz (4 W.)	4,50	4,20	10,–
		ETB		3,50	

1977, 14. April. Stauferjahr in Baden-Württemberg. [26×43]

			★★	⊙	FDC
933	40 Pf	Barbarossakopf ..	1,50	–,40	1,30
		ETB		–,40	

1977, 17. Mai. Europa: Landschaften. [43×26]

934	40 Pf	Autobahnabschnitt der Rhönstrecke ..	–,80	–,30	
935	50 Pf	Rheinlandschaft mit Siebengebirge	–,80	–,30	
		Satz (2 W.)	1,60	–,60	2,20
		ETB		–,70	

1977, 17. Mai. 400. Geburtstag des flämischen Malers Peter Paul Rubens (1577–1640). [26×43]

936	30 Pf	Selbstporträt	1,–	–,40	1,50
		ETB		–,40	

1977, 17. Mai. 600 Jahre Ulmer Münster. [26×43]

937	40 Pf	Ulmer Münster	–,80	–,40	1,30
		ETB		–,40	

1977, 17. Mai. 500 Jahre Universität Mainz. [27,5×33]

938	50 Pf	Universitätssiegel .	1,–	–,40	1,30
		ETB		–,40	

1977, 17. Mai. 450 Jahre Universität Marburg. [27,5×33]

			★★	⊙	FDC
939	50 Pf	Universitätssiegel .	1,–	–,40	1,30
		ETB		–,40	

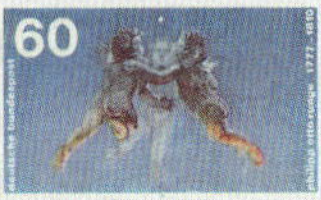

1977, 13. Juli. 200. Geburtstag des Malers Philipp Otto Runge (1777 bis 1810). [55×33]

940	60 Pf	Der Morgen, Detail	1,50	–,50	2,–
		ETB		–,70	

1977, 13. Juli. 100. Todestag des Bischofs und Sozialreformers Wilhelm Emmanuel Freiherr von Ketteler (1811–1877). [26×43]

941	50 Pf	Wappen	–,80	–,40	1,30
		ETB		–,40	

1977, 13. Juli. 100. Geburtstag des Theologen Friedrich von Bodelschwingh (1877–1946). [33×27,5]

942	50 Pf	F. von Bodelschwingh	1,–	–,40	1,30
		ETB		–,40	

1977, 16. Aug. Archäologisches Kulturgut. [26×43]

943	30 Pf	Goldener Hut	–,50	–,40	
944	120 Pf	Vergoldeter Spangenhelm ...	2,–	1,50	
945	200 Pf	Bronzener Kentaurenkopf ...	2,60	2,20	
		Satz (3 W.)	5,–	4,–	9,–
		ETB		3,50	

1977, 16. Aug. 500 Jahre Universität Tübingen. [27,5×33]

			✱✱	⊙	FDC
946	50 Pf	Universitätssiegel .	1,20	–,40	1,30
		ETB		–,40	

1977, 13. Okt. 100 Jahre Telefon in Deutschland. [43×26]

947	50 Pf	Vermittlungsstelle (nach 1881)	1,40	–,40	1,30
		ETB		–,40	

1977, 13. Okt. Tag der Briefmarke. [26×43]

948	10 Pf	Posthausschild, Postexpedition Hamburg	–,50	–,40	1,10
		ETB		–,40	

1977, 13. Okt. Wohlfahrt: Wiesenblumen. [26×43]

949	30+15 Pf	Kümmel	–,90	–,40	
950	40+20 Pf	Löwenzahn . . .	–,90	–,50	
951	50+25 Pf	Roter Klee	–,90	–,60	
952	70+35 Pf	Wiesensalbei . .	1,80	1,50	
		Satz (4 W.)	4,50	3,–	5,50
		ETB		2,20	

1977, 10. Nov. 250. Todestag von Dr. Johann Andreas Eisenbarth (1663 bis 1727). [26×43]

953	50 Pf	Fahrender Wundarzt (17. Jh.)	1,–	–,40	1,30
		ETB		–,40	

1977, 10. Nov. 150. Todestag des Schriftstellers Wilhelm Hauff (1802 bis 1827). [27,5×33]

			✱✱	⊙	FDC
954	40 Pf	W. Hauff	–,60	–,40	1,30
		ETB		–,40	

1977, 10. Nov. Blockausgabe: Weihnachten. [70×105, 26×43]

955	50+25 Pf	Kirchenfenster, St. Gereon (Köln)	1,–	1,–	
		Block 15 (70×105 mm) .	1,20	1,10	2,20
		ETB		1,–	

1978, 12. Jan. 100. Geburtstag des Schriftstellers Rudolf A. Schröder (1878–1962). [26×43]

956	50 Pf	Buchumschlag	–,80	–,40	1,30
		ETB		1,30	

1978, 12. Jan. 20 Jahre Friedlandhilfe. [43×26]

957	50 Pf	Aussiedler	–,80	–,40	1,30
		ETB		1,–	

1978, 12. Jan. Sporthilfe. [43×26]

958	50+25 Pf	Abfahrtslauf . . .	1,80	1,50	4,50
		ETB		1,50	

1978, 16. Febr. Blockausgabe: Nobelpreisträger deutschsprachiger Literatur. [120×70, 33×27,5]

			✶✶	Ⓢ	FDC
959	30 Pf	Gerhart Hauptmann (1862–1946)	-,90	-,40	
960	50 Pf	Hermann Hesse (1877–1962)	-,90	-,40	
961	70 Pf	Thomas Mann (1875–1955)	1,–	-,70	
		Block 16 (120×70 mm)	3,20	1,70	3,50
		ETB		1,60	

1978, 16. Febr. 100. Geburtstag des Religionsphilosophen Martin Buber (1878–1965). [33×27,5]

			✶✶	⊙	FDC
962	50 Pf	M. Buber	-,90	-,40	1,30
		ETB		-,40	

1978, 13. April. 75 Jahre Deutsches Museum München. [26×43]

963	50 Pf	Sternwarte und Aussichtsturm	-,90	-,40	1,30
		ETB		-,40	

1978, 13. April. Jugend: Luftfahrt. [43×26]

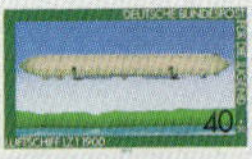

964	30+15 Pf	Ballonfahrt (1820)	-,60	-,60	
965	40+20 Pf	Luftschiff LZ 1 (1900)	-,80	-,80	
966	50+25 Pf	Blériot-Eindecker (1909)	1,10	1,10	

			✶✶	⊙	FDC
967	70+35 Pf	Grade-Eindecker (1909)	1,50	1,50	
		Satz (4 W.)	4,–	4,–	8,–
		ETB		3,20	

1978, 13. April. Sporthilfe. [43×26]

968	70+35 Pf	Springreiten ...	4,–	3,50	10,–
		ETB		3,20	

1978, 22. Mai. Europa: Baudenkmäler. [43×26]

969	40 Pf	Altes Rathaus, Bamberg	-,80	-,40	2,50
970	50 Pf	Altes Rathaus, Regensburg	1,20	-,40	2,50
971	70 Pf	Altes Rathaus, Esslingen am Neckar	1,50	-,80	2,50
		Satz (3 W.)	3,50	1,50	5,–
		ETB		1,20	

1978, 22. Mai. Der Rattenfänger von Hameln. [43×26]

972	50 Pf	Kinder und Rattenfänger	1,–	-,40	1,30
		ETB		-,40	

1978, 13. Juli. 100. Geburtstag des Kinderarztes Janusz Korczak. [26×43]

973	90 Pf	J. Korczak	1,40	-,70	1,80
		ETB		-,70	

1978, 13. Juli. Fossilienfunde. [26×43, 43×26]

			✱✱	⊙	FDC
974	80 Pf	Fledermaus	2,20	1,80	
975	200 Pf	Urpferdchen	2,20	2,–	
		Satz (2 W.)	4,40	3,80	10,—
		ETB		2,50	

1978, 17. Aug. Interparlamentarische Konferenz, Bonn. [43×26]

976	70 Pf	Bundeshaus	1,40	–,50	1,30
		ETB		–,40	

1978, 17. Aug. Katholikentag, Freiburg im Breisgau. [27,5×33]

977	40 Pf	Rosette	–,60	–,40	1,30
		ETB		–,40	

1978, 17. Aug. 200. Geburtstag des Dichters Clemens Brentano (1778 bis 1842). [27,5×33]

978	30 Pf	C. Brentano (Scherenschnitt)	–,60	–,40	1,30
		ETB		–,40	

1978, 17. Aug. 25 Jahre Europäische Konvention zum Schutz der Menschenrechte. [43×26]

979	50 Pf	Inschrift	1,–	–,40	1,30
		ETB		–,40	

1978, 12. Okt. Tag der Briefmarke: Weltbewegung Philatelie. [26×43, 52×43]

980	40 Pf	Posthausschild, Baden	–,60	–,30	
981	50 Pf	Sachsen MiNr. 1 ..	–,60	–,30	
		Paar	1,50	1,60	2,50
		ETB		1,20	

1978, 12. Okt. Wohlfahrt: Waldblumen. [26×43]

			✱✱	⊙	FDC
982	30+15 Pf	Aronstab	–,50	–,40	
983	40+20 Pf	Goldnessel ...	–,70	–,60	
984	50+25 Pf	Türkenbund ...	1,–	–,90	
985	70+35 Pf	Leberblümchen	1,30	1,30	
		Satz (4 W.)	3,50	3,20	5,–
		ETB		2,20	

1978, 16. Nov. Deutsche Impressionisten. [55×33, 33×55]

986	50 Pf	Ostern am Walchensee (Lovis Corinth) .	1,–	–,60	2,–
987	70 Pf	Reiter nach links am Strand (Max Liebermann) .	1,50	–,80	2,50
988	120 Pf	Dame mit Katze (Max Slevogt)	2,—	1,80	3,–
		Satz (3 W.)	4,50	3,20	5,–
		ETB		2,20	

1978, 16. Nov. Blockausgabe: Weihnachten. [65×93, 26×43]

989	50+25 Pf	Kirchenfenster, Frauenkirche München	–,90	–,90	
		Block 17 (65×93 mm) ..	1,40	1,–	2,—
		ETB		1,–	

1978, 16. Nov./1979, 12. Juli. Industrie und Technik. [23×27,5]

			✱✱	⊙	FDC
990	60 Pf	Röntgengerät . . .	1,–	–,30	2,—
992	150 Pf	Löffelbagger	3,–	1,–	3,50
993	180 Pf	Radlader	3,–	1,–	6,–
994	230 Pf	Flughafen Frankfurt	4,–	1,20	8,–
		Satz (4 W.)	11,–	3,40	
		ETB (mit MiNr. 990)		–,50	
		ETB (mit MiNr. 994)		–,70	
		ETB (mit MiNr. 992, 993)		1,60	

MiNr. 991 entfällt.

1978, 16. Nov./1979, 14. Febr. Burgen und Schlösser. [21,5×26]

			✱✱	⊙	FDC
995	20 Pf	Schloss Pfaueninsel, Berlin	–,30	–,30	1,50
996	25 Pf	Burg Gemen	–,50	–,30	1,50
997	90 Pf	Burg Vischering . .	1,50	–,50	3,–
998	210 Pf	Schwanenburg, Kleve	4,–	1,50	7,–
999	230 Pf	Burg Lichtenberg	4,–	1,50	7,–
		Satz (5 W.)	10,–	3,50	
		ETB (mit MiNr. 999)		1,–	
		ETB (mit MiNr. 996, 997)		1,–	
		ETB (mit MiNr. 995, 998)		1,–	

1979, 11. Jan. Internationales Jahr des Kindes. [43×26]

1000	60 Pf	Kind, Wohnhaus .	1,20	–,40	1,70
		ETB		–,40	

1979, 14. Febr. 100. Geburtstag der Dichterin Agnes Miegel (1879–1964). [26×43]

1001	60 Pf	A. Miegel	–,80	–,40	1,80
		ETB		–,40	

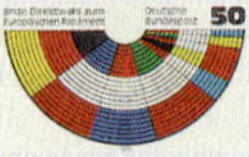

1979, 14. Febr. Erste Direktwahl zum Europäischen Parlament. [43×26]

			✱✱	⊙	FDC
1002	50 Pf	Parlamentsränge .	1,20	–,40	1,80
		ETB		–,70	

1979, 14. Febr. 25 Jahre Westdeutsche Kurzfilmtage. [27,5×33]

1003	50 Pf	Filmstreifen	1,–	–,40	1,80
		ETB		–,40	

1979, 14. Febr. Straßenrettungsdienste. [43×26]

1004	50 Pf	Embleme	1,–	–,40	1,80
		ETB		–,40	

1979, 5. April. Jugend: Luftfahrt. [43×26]

1005	40+20 Pf	Dornier „Wal“	–,70	–,70	
1006	50+25 Pf	Heinkel He 70	1,–	1,–	
1007	60+30 Pf	Junkers W 33 „Bremen“	1,20	1,20	
1008	90+45 Pf	Focke-Wulf Fw 61	1,60	1,60	
		Satz (4 W.) . . .	4,50	4,50	8,–
		ETB		3,–	

1979, 5. April. Sporthilfe. [43×26]

1009	60+30 Pf	Handball	1,20	1,10	
1010	90+45 Pf	Zweier-Canadier	1,80	1,60	
		Satz (2 W.) . . .	3,–	2,60	7,–
		ETB		2,20	

1979, 17. Mai. Europa: Geschichte des Post- und Fernmeldewesens. [33×27,5]

			✱✱	⊙	FDC
1011	50 Pf	Telegrafenbüro (1863)	-,80	-,30	
1012	60 Pf	Postschalter (1854)	1,–	-,30	
		Satz (2 W.)	1,80	-,50	2,40
		ETB		-,70	

1979, 17. Mai. 50. Geburtstag von Anne Frank (1929–1945). [27,5×33]

			✱✱	⊙	FDC
1013	60 Pf	A. Frank	1,20	-,40	1,30
		ETB		-,40	

1979, 17. Mai. Internationale Verkehrsausstellung, Hamburg. [43×26]

			✱✱	⊙	FDC
1014	60 Pf	Erste elektrische Bahn (1879)	1,20	-,40	1,80
		ETB		-,40	

1979, 12. Juli. Weltweite Funkverwaltungskonferenz, Genf. [43×26]

			✱✱	⊙	FDC
1015	60 Pf	Hand am Funkgerät	1,20	-,40	1,80
		ETB		-,40	

1979, 12. Juli. 450 Jahre Katechismen von Martin Luther. [27,5×33]

			✱✱	⊙	FDC
1016	50 Pf	Moses empfängt Gesetzestafeln ..	1,20	-,40	1,80
		ETB		-,40	

1979, 12. Juli. Heiligtumsfahrt Aachen. [27,5×33]

			✱✱	⊙	FDC
1017	50 Pf	Kreuz mit Zeichen Karls des Großen	-,80	-,40	1,80
		ETB		-,40	

1979, 9. Aug. 800. Todestag der Benediktinerin Hildegard von Bingen (1098–1179). [33×27,5]

			✱✱	⊙	FDC
1018	110 Pf	H. von Bingen ..	1,40	-,70	2,80
		ETB		-,70	

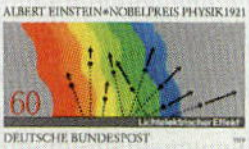

1979, 9. Aug. Nobelpreisträger für Physik und Chemie. [43×26]

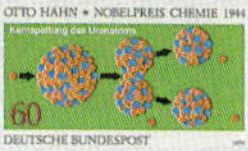

			✱✱	⊙	FDC
1019	60 Pf	Lichtelektrischer Effekt (Albert Einstein) ..	1,–	-,50	1,50
1020	60 Pf	Uranatomspaltung (Otto Hahn)	2,–	-,50	1,50
1021	60 Pf	Röntgenstrahlbeugung (Max von Laue) ..	1,–	-,50	1,50
		Satz (3 W.)	4,–	1,40	8,–
		ETB		1,40	

1979, 11. Okt. 300 Jahre Lotsen-Reglements. [33×27,5]

			✱✱	⊙	FDC
1022	60 Pf	Lotse und Steuermann	-,80	-,40	1,30
		ETB		-,70	

1979, 11. Okt. Tag der Briefmarke. [35×35]

			✱✱	⊙	FDC
1023	60+30 Pf	Posthausschild, Altheim/Saar .	1,40	1,40	3,–
		ETB		1,40	
		Kleinbogen ..	14,–	14,–	22,–

1979, 11. Okt. Wohlfahrt: Blätter, Blüten und Früchte des Waldes. [43×26]

			✶✶	⊙	FDC
1024	40+20 Pf	Rotbuche . . .	1,–	–,60	
1025	50+25 Pf	Stieleiche . . .	1,–	–,80	
1026	60+30 Pf	Weißdorn . . .	1,–	–,90	
1027	90+45 Pf	Bergkiefer . . .	1,50	1,50	
		Satz (4 W.) . . .	4,50	3,80	6,–
		ETB		2,40	

1979, 14. Nov./1987. Burgen und Schlösser. [21,5×26]

1028	60 Pf	Schloss Rheydt			
A I		vierseitig gez., Bdr.	–,90	–,40	1,80
A II		vierseitig gez., Ldr.	2,–	1,50	
C		oben geschnitten	4,50	6,–	
D		unten geschnitten	4,50	6,–	
		ETB (A I)		–,50	

1979, 14. Nov. 100. Geburtstag des Malers Paul Klee (1879–1940). [55×33]

1029	90 Pf	Vogelgarten	1,30	–,70	2,—
		ETB		–,70	

1979, 14. Nov. Doctor Johannes Faust. [33×27,5]

1030	60 Pf	Mephistopheles und Dr. Faust	1,50	–,40	1,80
		ETB		–,40	

1979, 14. Nov. Energie sparen. [27,5×33]

1031	40 Pf	Glühlampe	–,80	–,40	1,30
		ETB		–,40	

1979, 14. Nov. Weihnachten. [35×35]

1032	60+30 Pf	Geburt Christi	1,20	1,20	2,20
		ETB		1,–	

1980, 10. Jan. 100. Todestag des Malers Anselm Feuerbach (1829–1880). [43×26]

			✶✶	⊙	FDC
1033	50 Pf	Iphigenie (Detail) .	1,40	–,40	2,20
		ETB		1,10	

1980, 10. Jan. 25 Jahre Zugehörigkeit zur NATO. [43×26]

1034	100 Pf	Flaggen	2,–	1,–	3,50
		ETB		1,50	

1980, 10. Jan. 1200 Jahre Stadt und Bistum Osnabrück. [43×26]

1035	60 Pf	Rathaus, St. Peter, St. Marien	1,–	–,40	1,80
		ETB		–,70	

1980, 10. Jan. 500. Geburtstag des Reichsritters Götz von Berlichingen (1480–1562). [27,5×33]

1036	60 Pf	Götz von Berlichingen	1,–	–,40	1,80
		ETB		–,70	

1980, 14. Febr./1987. Burgen und Schlösser. [21,5×26]

1037 A I	40 Pf	Wolfsburg	–,80	–,30	2,–
1038	50 Pf	Inzlingen			
A I		vierseitig gez., Bdr.	–,90	–,30	2,–
A II		vierseitig gez., Ldr.	1,60	1,60	
C I		oben geschnitten, Bdr.	–,90	–,70	
C II		oben geschnitten, Ldr.	1,50	2,50	
D I		unten geschnitten, Bdr.	–,90	–,70	
D II		unten geschnitten, Ldr.	1,50	2,50	
		Satz (A I, 2 W.) . .	1,60	–,60	3,50
		ETB (A I)		–,80	

1980, 14. Febr. 100 Jahre Rechtschreibelexikon von Dr. Konrad Duden (1829–1911). [43×26]

			✶✶	⊙	FDC
1039	60 Pf	Duden von 1880 und 1980	1,–	–,40	1,80
		ETB		–,70	

1980, 10. April. Jugend: Luftfahrt. [43×26]

1040	40+20 Pf	fs 24 Phönix ..	–,50	–,50	
1041	50+25 Pf	Lockheed Super Constellation .	–,80	–,80	
1042	60+30 Pf	Airbus A300 ..	1,10	1,10	
1043	90+45 Pf	Boeing 747 Jumbo-Jet ...	1,60	1,60	
		Satz (4 W.) ...	4,–	4,–	9,–
		ETB		3,50	

1980, 10. April. 100 Jahre Deutscher Verein für öffentliche und private Fürsorge. [43×26]

1044	60 Pf	Inschrift, Signets .	1,–	–,40	1,80
		ETB		–,70	

1980, 10. April. 800. Jahrestag des Reichstages zu Gelnhausen. [27,5×33]

1045	60 Pf	Kaiser Friedrich I.	1,30	–,40	1,80
		ETB		–,70	

1980, 8. Mai. Sporthilfe. [43×26]

1046	50+25 Pf	Fußball	–,70	–,60	
1047	60+30 Pf	Dressurreiten	1,–	–,80	
1048	90+45 Pf	Skilanglauf ...	1,80	1,80	
		Satz (3 W.) ...	3,50	3,20	7,–
		ETB (mit MiNr. 1046, 1048) ..		1,60	
		ETB (mit MiNr. 1047)		1,20	

1980, 8. Mai. Europa – Bedeutende Persönlichkeiten. [27,5×33]

			✶✶	⊙	FDC
1049	50 Pf	Albertus Magnus (1193–1280)	1,10	–,30	
1050	60 Pf	Gottfried Wilhelm Leibniz (1646–1716)	1,10	–,30	
		Satz (2 W.)	2,20	–,60	2,50
		ETB		–,70	

1980, 8. Mai. 450 Jahre Confessio Augustana. [27,5×33]

1051	50 Pf	Verlesung der Confessio Augustana	–,90	–,40	1,30
		ETB		–,40	

1980, 8. Mai. Naturschutzgebiete. [43×26]

1052	40 Pf	Naturschutzgebiet	1,30	–,40	1,30
		ETB		–,40	

1980, 10. Juli. Internationaler Kongress für Erziehung und Bildung Hörgeschädigter, Hamburg. [43×26]

1053	90 Pf	Ohr, Oszillogramm	1,50	–,50	1,80
		ETB		–,70	

1980, 10. Juli. 250. Ausgabe des Losungsbuches der Brüdergemeine. [43×26]

1054	50 Pf	Losungsbuch (1731)	–,90	–,40	1,30
		ETB		–,40	

1980, 10. Juli. 1500. Geburtstag des hl. Benedikt von Nursia (480–547). [27,5×33]

1055	50 Pf	Hl. Benedikt	–,80	–,40	1,30
		ETB		–,40	

1980, 14. Aug. 200. Geburtstag des Arztes Dr. Friedrich Joseph Haass (1780–1853). [33×27,5]

			★★	⊙	FDC
1056	60 Pf	Helfende Hand . . .	1,–	–,40	1,30
		ETB		–,40	

1980, 14. Aug. 150. Geburtstag der Schriftstellerin Marie von Ebner-Eschenbach (1830–1916). [27,5×33]

1057	60 Pf	M. v. Ebner-Eschenbach	1,–	–,40	1,30
		ETB		–,40	

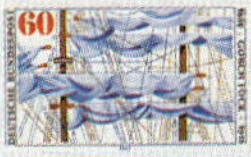

1980, 14. Aug. 100. Geburtstag des Dichters „Gorch Fock" (1880–1916). [43×26]

1058	60 Pf	Segel u. Takelage	2,–	–,40	1,50
		ETB		–,40	

1980, 9. Okt. Wohlfahrt: Gefährdete Ackerwildkräuter. [35×35]

1059	40+20 Pf	Hornköpfchen	–,70	–,60	
1060	50+25 Pf	Ranken-Platterbse	–,90	–,80	
1061	60+30 Pf	Kornrade	1,–	1,–	
1062	90+45 Pf	Träubelhyazinthe	1,60	1,60	
		Satz (4 W.) . . .	4,20	4,–	7,–
		ETB		3,50	

1980, 9. Okt. Zwei Jahrtausende Weinbau in Mitteleuropa. [43×26]

1063	50 Pf	Anbau, Ernte und Weinveredelung . .	1,–	–,40	1,30
		ETB		–,40	

1980, 9. Okt. 100. Jahrestag der Vollendung des Kölner Doms. [27,5×33]

			★★	⊙	FDC
1064	60 Pf	Südturm-Kreuzblume	2,–	–,40	1,30
		ETB		–,40	

1980, 13. Nov. FIP-Kongress, Essen. [35×35]

1065	60+30 Pf	Posthausschild, Altheim/Saar .	1,–	–,90	1,60
		ETB		–,90	
		Kleinbogen . .	10,–	10,–	12,–

1980, 13. Nov. Weihnachten. [35×35]

1066	60+30 Pf	Geburt Christi	1,30	1,20	2,20
		ETB		–,90	

1980, 13. Nov. 500. Geburtstag des Malers Albrecht Altdorfer (1480–1538). [43×26]

1067	40 Pf	Landschaft mit den zwei Fichten	–,80	–,40	1,30
		ETB		–,40	

MiNr. 1068–1081 fallen aus. Katalogisierung siehe unter Abschnitt „Automatenmarken".

1981, 15. Jan. 100. Geburtstag von Elly Heuss-Knapp (1881–1952), Gründerin des Deutschen Mütter-Genesungswerks. [27,5×33]

1082	60 Pf	E. Heuss-Knapp .	1,–	–,40	1,30
		ETB		–,70	

1981, 15. Jan. Internationales Jahr der Behinderten. [43×26]

1083	60 Pf	Menschengruppe	1,–	–,40	1,30
		ETB		–,40	

1981, 15. Jan. Europäische Denkmalschutzkampagne „Renaissance der Städte“. [43×26]

			✶✶	⊙	FDC
1084	60 Pf	Stadtansicht	1,10	–,40	1,50
		ETB		–,40	

1981, 12. Febr. 300. Geburtstag des Komponisten Georg Philipp Telemann (1681–1767). [33×27,5]

1085	60 Pf	G. Ph. Telemann .	1,–	–,40	1,30
		ETB		–,40	

1981, 12. Febr. Integration ausländischer Arbeitnehmerfamilien. [43×26]

1086	50 Pf	Deutsche Familie besucht Ausländerfamilie	1,–	–,40	1,30
		ETB		–,40	

1981, 12. Febr. Umweltschutz. [35×35]

1087	60 Pf	Schmetterling, Fisch, Zweig	1,60	–,40	1,30
		ETB		–,40	

1981, 12. Febr. Europäisches Patentamt, München. [43×26]

1088	60 Pf	Emblem	1,–	–,40	1,50
		ETB		–,40	

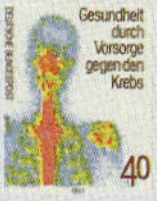

1981, 12. Febr. Gesundheit durch Vorsorge gegen Krebs. [27,5×33]

1089	40 Pf	Szintigramm	–,80	–,40	1,50
		ETB		–,40	

1981, 10. April. Jugend: Optische Instrumente. [35×35]

			✶✶	⊙	FDC
1090	40+20 Pf	Borda-Kreis (um 1800) ...	–,70	–,50	
1091	50+25 Pf	Spiegelfernrohr (um 1770)	1,20	1,–	
1092	60+30 Pf	Binokularmikroskop (um 1860)	1,20	1,–	
1093	90+45 Pf	Oktant (1775)	1,70	1,70	
		Satz (4 W.) ...	4,80	4,20	7,–
		ETB		3,50	

1981, 10. April. Sporthilfe. [43×26]

1094	60+30 Pf	Rudern – Doppelvierer .	1,–	1,–	
1095	90+45 Pf	Segelfliegen .	1,60	1,60	
		Satz (2 W.) ..	2,60	2,60	7,–
		ETB		1,80	

1981, 7. Mai. Europa: Folklore. [27,5×33]

1096	50 Pf	Schwarzwälder Tanzpaar	–,80	–,30	
1097	60 Pf	Friesisches Tanzpaar	1,–	–,30	
		Satz (2 W.)	1,80	–,50	2,–
		ETB		–,70	

1981, 7. Mai. Deutscher Evangelischer Kirchentag, Hamburg. [43×26]

1098	50 Pf	Emblem	1,–	–,40	1,30
		ETB		–,40	

1981, 7. Mai. 450. Todestag des Bildschnitzers Tilman Riemenschneider (1460–1531). [27,5 × 33]

			✶✶	⊙	FDC
1099	60 Pf	Kreuzigungsgruppe	1,–	–,40	3,–
		ETB		–,40	

1981, 16. Juli. Polarforschung. [27,5 × 33]

1100	110 Pf	Deutsche Antarktisstation	2,20	–,60	2,50
		ETB		–,70	

1981, 16. Juli. Energieforschung. [43 × 26]

1101	50 Pf	Solargenerator . . .	1,30	–,40	1,30
		ETB		–,40	

1981, 16. Juli. Tierschutz. [33 × 27,5]

1102	60 Pf	Blässhuhn-Küken	1,40	–,40	1,30
		ETB		–,40	

1981, 16. Juli. Entwicklungszusammenarbeit. [43 × 26]

1103	90 Pf	Hände	1,40	–,60	2,–
		ETB		–,70	

1981, 13. Aug. 150. Geburtstag des Dichters Wilhelm Raabe (1831 bis 1910). [33 × 27,5]

1104	50 Pf	W. Raabe	1,–	–,40	1,30
		ETB		–,40	

1981, 13. Aug. Grundgedanken der Demokratie. [43 × 26]

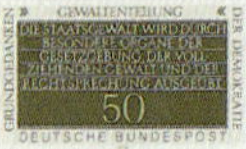

			✶✶	⊙	FDC
1105	40 Pf	} Artikel 20 Grundgesetz . .	1,10	–,30	
1106	50 Pf		1,10	–,30	
1107	60 Pf		1,40	–,30	
		Satz (3 W.)	3,50	–,80	3,–
		ETB		–,70	

1981, 8. Okt. Wohlfahrt: Gefährdete Moor-, Sumpfwiesen- und Wasserpflanzen. [35 × 35]

1108	40+20 Pf	Wassernuss . .	–,60	–,50	
1109	50+25 Pf	Seekanne . . .	–,80	–,70	
1110	60+30 Pf	Wasserfeder .	1,–	1,–	
1111	90+45 Pf	Wasserlobelie	1,80	1,80	
		Satz (4 W.) . . .	4,–	4,–	7,–
		ETB		3,50	

1981, 8. Okt. Tag der Briefmarke. [35 × 35]

1112	60 Pf	Poststation (um 1855)	1,40	–,40	2,–
		ETB		–,40	

1981, 12. Nov. Weihnachten. [35 × 35]

1113	60+30 Pf	Geburt Christi	1,30	1,10	2,–
		ETB		1,–	

1981, 12. Nov. 750. Todestag der hl. Elisabeth von Thüringen (1207 bis 1231). [35×35]

			✶✶	⊙	FDC
1114	50 Pf	Hl. Elisabeth	1,30	–,40	1,30
		ETB		–,40	

1981, 12. Nov. 150. Todestag des Generals Carl von Clausewitz (1780 bis 1831). [27,5×33]

1115	60 Pf	C. von Clausewitz	1,30	–,40	1,50
		ETB		–,40	

1981, 12. Nov. 100 Jahre Sozialversicherung. [43×26]

1116	60 Pf	Zahl 100	1,–	–,40	1,30
		ETB		–,40	

1981, 12. Nov. 20 Jahre Antarktis-Vertrag. [27,5×33]

1117	100 Pf	Emblem	1,80	–,60	2,20
		ETB		–,70	

1982, 13. Jan. 300. Geburtstag des Alchimisten Johann Friedrich Böttger (1682–1719). [27,5×33]

1118	60 Pf	Porzellantopf	1,–	–,40	1,80
		ETB		–,40	

1982, 13. Jan. Energiesparen. [43×26]

1119	60 Pf	Isolierte Wand . . .	1,–	–,40	1,80
		ETB		–,40	

1982, 13. Jan. Die Bremer Stadtmusikanten. [27,5×33]

1120	40 Pf	Scherenschnitt . .	–,80	–,40	2,–
		ETB		–,40	

1982, 18. Febr. 150. Todestag des Dichters Johann Wolfgang von Goethe (1749–1832). [33×27,5]

			✶✶	⊙	FDC
1121	60 Pf	J. W. von Goethe .	2,80	–,40	3,–
		ETB		–,40	

1982, 18. Febr. 100. Jahrestag der Entdeckung des Tuberkulose-Erregers durch Robert Koch. [43×26]

1122	50 Pf	R. Koch	3,20	–,40	1,80
		ETB		–,40	

1982, 15. April. Jugend: Historische Kraftfahrzeuge. [43×26]

1123	40+20 Pf	Benz-Patent-Motorwagen (1886)	–,70	–,60	
1124	50+25 Pf	Mercedes-Tourenwagen (1924)	–,90	–,80	
1125	60+30 Pf	Hanomag-Kommißbrot (1925)	1,20	1,–	
1126	90+45 Pf	Opel-Olympia (1937)	2,20	2,20	
		Satz (4 W.) . . .	5,–	4,50	10,–
		ETB		3,50	

1982, 15. April. Breitensport, Behindertensport. [43×26]

1127	60+30 Pf	Dauerlauf	1,10	1,10	
1128	90+45 Pf	Bogenschießen	1,70	1,70	
		Satz (2 W.) . . .	2,80	2,80	5,50
		ETB		2,–	

1982, 15. April. 150. Geburtstag des Malers und Dichters Wilhelm Busch (1832–1908). [27,5×33]

1129	50 Pf	Die fromme Helene	1,30	–,40	2,60
		ETB		–,40	

1982, 5. Mai. Europa: Historische Ereignisse. [43×26]

			✱✱	⊙	FDC
1130	50 Pf	150 Jahre Hambacher Fest .	1,30	–,30	
1131	60 Pf	25 Jahre Römische Verträge	1,70	–,30	
		Satz (2 W.)	3,–	–,60	2,50
		ETB		–,40	

1982, 5. Mai. 100 Jahre Kieler Woche. [43×26]

			✱✱	⊙	FDC
1132	60 Pf	Segelregatta	1,30	–,40	1,30
		ETB		–,40	

1982, 5. Mai. 100 Jahre CVJM-Gesamtverband. [43×26]

			✱✱	⊙	FDC
1133	50 Pf	Junges Paar	1,–	–,40	1,30
		ETB		–,40	

1982, 16. Juni/15. Juli. Industrie und Technik. [23×27,5]

			✱✱	⊙	FDC
1134	110 Pf	Farbfernseh-kamera	2,–	–,80	3,–
1135	130 Pf	Brauanlage	2,50	–,80	3,–
1136	190 Pf	Löffelbagger . . .	3,–	–,80	4,50
1137	250 Pf	Flughafen Frankfurt	4,50	1,90	6,–
1138	300 Pf	Magnetbahn . . .	5,–	1,90	8,–
		Satz (5 W.)	17,–	6,–	
		ETB (mit MiNr. 1134, 1135, 1138)		2,40	
		ETB (mit MiNr. 1136, 1137)		2,–	

1982, 16. Juni/15. Juli. Burgen und Schlösser. [21,5×26]

			I. Bdr.			II. Ldr.	
			✱✱	⊙	FDC	✱✱	⊙
1139	35 Pf	Schloss Lichtenstein	–,70	–,50	2,–		
1140	80 Pf	Schloss Wilhelmsthal					
A		vierseitig gez.	1,30	–,40	3,–	2,50	2,50
C		oben □	2,20	3,–			
D		unten □	2,20	3,–			
1141	120 Pf	Schloss Charlottenburg	2,–	–,70	3,–		
1142	280 Pf	Schloss Ahrensburg	4,20	1,20	7,–		
1143	300 Pf	Schloss Herrenhausen	4,80	1,–	9,–	10,–	26,–
		Satz (5 W.)	13,–	3,50			
		ETB (mit MiNr. 1139 I, 1140 A I, 1143 I)		2,–			
		ETB (mit MiNr. 1141 I, 1142 I)		1,50			

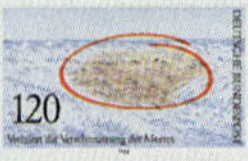

1982, 15. Juli. Verhütet die Verschmutzung des Meeres. [43×26]

			✱✱	⊙	FDC
1144	120 Pf	Schmutzfleck . . .	3,40	–,60	2,50
		ETB		–,40	

1982, 15. Juli. Kein Alkohol im Straßenverkehr. [43×26]

			✱✱	⊙	FDC
1145	80 Pf	Verbeultes Nummernschild . .	1,30	–,40	1,80
		ETB		–,40	

1982, 15. Juli. 25 Jahre Deutsches Aussätzigen-Hilfswerk. [33×27,5]

			✱✱	⊙	FDC
1146	80 Pf	Arzt, Leprakranker	1,30	–,40	1,80
		ETB		–,40	

1982, 12. Aug. 100. Geburtstag der Physiker James Franck (1882 bis 1964) und Max Born (1882–1970). [33×27,5]

			✱✱	⊙	FDC
1147	80 Pf	J. Franck u. M. Born	1,60	–,40	1,80
		ETB		–,40	

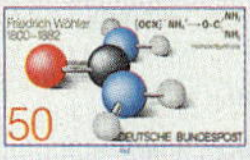

1982, 12. Aug. 100. Todestag des Chemikers Friedrich Wöhler (1800–1882). [43 × 26]

			✱✱	⊙	FDC
1148	50 Pf	Modell des Harnstoffmoleküls	1,20	–,40	1,30
		ETB		–,40	

1982, 12. Aug. 800. Geburtstag des hl. Franz von Assisi; Deutscher Katholikentag, Düsseldorf. [27,5 × 33]

1149	60 Pf	Vogelpredigt	1,20	–,40	1,50
		ETB		–,40	

1982, 14. Okt. Wohlfahrt: Gartenrosen. [27,5 × 33]

1150	50+20 Pf	Teehybride ..	–,70	–,60	
1151	60+30 Pf	Floribunda ..	–,90	–,80	
1152	80+40 Pf	Bourbonrose	1,40	1,30	
1153	120+60 Pf	Polyantha-Hybride	2,–	1,80	
		Satz (4 W.) ..	5,–	4,50	11,–
		ETB		3,50	

1982, 14. Okt. Tag der Briefmarke. [43 × 26]

1154	80 Pf	Schreibutensilien .	1,80	–,40	1,80
		ETB		–,40	

1982, 14. Okt. 400 Jahre Gregorianischer Kalender. [27,5 × 33]

1155	60 Pf	Erläuterung des Kalenders	1,20	–,40	1,30
		ETB		–,40	

Bei Anfragen bitte Rückporto nicht vergessen!

1982, 10. Nov. Blockausgabe: Grundgedanken der Demokratie: Bundespräsidenten der Bundesrepublik Deutschland [130 × 100, 33 × 27,5]

			✱✱	Ⓢ	FDC
1156	80 Pf	Prof. Dr. Theodor Heuss (1884–1963)	1,–	1,–	
1157	80 Pf	Dr. h.c. Heinrich Lübke (1894–1972)	1,–	1,–	
1158	80 Pf	Dr. h.c. Gustav Heinemann (1899–1976)	1,–	1,–	
1159	80 Pf	Walter Scheel (1919–2016)	1,–	1,–	
1160	80 Pf	Karl Carstens (1914–1992)	1,–	1,–	
		Block 18 (130 × 100 mm) ..	6,50	5,50	9,–
		ETB		5,–	

1982, 10. Nov. Weihnachten. [27,5 × 33]

			✱✱	⊙	FDC
1161	80+40 Pf	Geburt Christi	2,–	1,40	2,50
		ETB		1,–	

1983, 13. Jan. Karmeliterin Edith Stein (1891–1942). [27,5 × 33]

1162	80 Pf	Edith Stein	2,–	–,60	2,50
		ETB		–,40	

1983, 13. Jan. Verfolgung und Widerstand 1933–1945. [43 × 26]

1163	80 Pf	Weiße Rose, Stacheldraht	2,–	–,60	1,80
		ETB		–,40	

1983, 8. Febr. 100. Geburtstag des Architekten Walter Gropius, Gründer der Kunstakademie Bauhaus. [55×33]

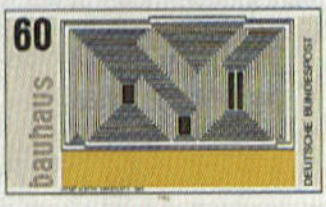

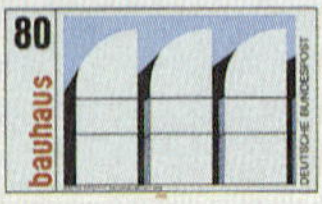

			✱✱	⊙	FDC
1164	50 Pf	Licht-Raum-Modulator (1930) .	1,–	–,40	1,50
1165	60 Pf	Sanctuary, Zink-Lithografie (1942)	1,20	–,40	1,50
1166	80 Pf	Oberlichtfenster des Bauhaus-Archivs (1979)	1,40	–,40	2,–
		Satz (3 W.)	3,50	1,20	8,–
		ETB		1,–	

1983, 8. Febr. Schwäbisch-alemannische Fastnacht. [27,5×33]

1167	60 Pf	Federahannes . . .	1,30	–,40	1,50
		ETB		–,40	

1983, 12. April. Jugend: Historische Motorräder. [43×26]

1168	50+20 Pf	Daimler-Maybach (1885)	–,70	–,60	
1169	60+30 Pf	NSU (1901) .	–,90	–,80	
1170	80+40 Pf	Megola-Sport (1922)	1,60	1,50	
1171	120+60 Pf	BMW (1936)	2,40	2,20	
		Satz (4 W.) . .	5,50	5,–	8,–
		ETB		3,50	

1983, 12. April. Sporthilfe: Sportereignisse. [43×26]

			✱✱	⊙	FDC
1172	80+40 Pf	Deutsches Turnfest	1,50	1,30	
1173	120+60 Pf	WM im Modernen Fünfkampf .	2,40	2,20	
		Satz (2 W.) . .	3,80	3,50	5,–
		ETB		2,40	

1983, 12. April. Internationale Gartenbauausstellung IGA ’83, München. [43×26]

1174	60 Pf	Pflanze	1,30	–,40	1,30
		ETB		–,40	

1983, 5. Mai. Europa: Große Werke des menschlichen Geistes. [43×26]

1175	60 Pf	Moderne Schrifttype, Gutenberglettern	2,50	–,50	1,–
1176	80 Pf	Schwingungskreis, Feldlinien	1,50	–,50	1,–
		Satz (2 W.)	4,–	1,–	2,50
		ETB		–,70	

1983, 5. Mai. 150. Geburtstag des Komponisten Johannes Brahms (1833–1897). [33×27,5]

1177	80 Pf	J. Brahms	2,–	–,60	1,80
		ETB		–,40	

1983, 5. Mai. 100. Geburtstag des Dichters Franz Kafka (1883–1924). [43×26]

1178	80 Pf	Teynkirche, Prag .	2,–	–,60	1,80
		ETB		–,40	

1983, 5. Mai. Über 450 Jahre deutsches Reinheitsgebot für Bier. [43×26]

1179	80 Pf	Sudkessel	2,–	–,60	1,80
		ETB		–,40	

1983, 5. Mai. 300. Jahrestag der Einwanderung der ersten Deutschen in Amerika. [43×26]

Nr.	Wert	Bezeichnung	★★	⊙	FDC
1180	80 Pf	Segelschiff „Concord“	2,–	–,60	2,20
		ETB		–,40	

1983, 14. Juli. Kind und Straßenverkehr. [43 × 26]

1181	80 Pf	Kinder überqueren Straße	2,–	–,60	1,80
		ETB		–,40	

1983, 14. Juli. Internationale Automobil-Ausstellung, Frankfurt/Main. [43 × 26]

1182	60 Pf	Auto	1,–	–,40	1,80
		ETB		–,40	

1983, 11. Aug. 250. Geburtstag des Dichters Christoph Martin Wieland (1733–1813). [27,5 × 33]

1183	80 Pf	Ch. M. Wieland ..	1,60	–,60	1,80
		ETB		–,40	

1983, 11. Aug. 100. Geburtstag des Biochemikers und Nobelpreisträgers Otto Warburg (1883–1970). [27,5 × 33]

1184	50 Pf	O. Warburg	1,20	–,60	1,30
		ETB		–,40	

1983, 11. Aug. Bundesrepublik Deutschland 10 Jahre Mitglied der Vereinten Nationen. [43 × 26]

1185	80 Pf	Rosette	2,20	–,60	1,80
		ETB		–,40	

1983, 11. Aug. 150 Jahre „Das Rauhe Haus“, Hamburg. [43 × 26]

1186	80 Pf	Das Rauhe Haus .	1,70	–,60	1,80
		ETB		–,40	

1983, 11. Aug. Generalversammlung der Internationalen Union für Geodäsie und Geophysik (IUGG), Hamburg. [43 × 26]

Nr.	Wert	Bezeichnung	★★	⊙	FDC
1187	120 Pf	Messkarten	2,–	–,70	2,50
		ETB		–,70	

1983, 13. Okt. Wohlfahrt: Gefährdete Alpenblumen. [27,5 × 33]

1188	50+20 Pf	Schweizer Mannsschild	–,60	–,60	
1189	60+30 Pf	Krainer Greiskraut ..	–,80	–,80	
1190	80+40 Pf	Fleischers Weidenröschen	1,50	1,50	
1191	120+60 Pf	Alpen-Milchlattich	2,20	2,20	
		Satz (4 W.) ..	5,–	5,–	7,–
		ETB		3,50	

1983, 13. Okt. Tag der Briefmarke. [35 × 35]

1192	80 Pf	Postreiter	1,80	–,60	1,80
		ETB		–,40	

1983, 13. Okt. 500. Geburtstag des Reformators Martin Luther (1483 bis 1546). [33 × 27,5]

1193	80 Pf	M. Luther	3,–	–,60	3,–
		ETB		–,40	

1983, 10. Nov. Grundgedanken der Demokratie: Bund, Länder und Gemeinden. [43 × 26]

1194	80 Pf	Flechtwerk	2,–	–,60	1,80
		ETB		–,40	

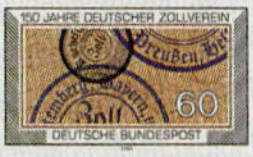

1983, 10. Nov. 150 Jahre Deutscher Zollverein. [43 × 26]

1195	60 Pf	Zollstempel	2,–	–,40	1,50
		ETB		–,40	

1983, 10. Nov. Weihnachten. [27,5×33]

			✶✶	⊙	FDC
1196	80+40 Pf	Sternsinger . .	2,–	1,60	2,50
		ETB		1,50	

1984, 12. Jan. 2000 Jahre Stadt Trier. [43×26]

1197	80 Pf	Porta Nigra	2,20	–,60	2,20
		ETB		–,40	

1984, 12. Jan. 150. Geburtstag des Physikers Philipp Reis (1834–1874). [27,5×33]

1198	80 Pf	Ph. Reis	2,20	–,60	1,80
		ETB		–,40	

1984, 12. Jan. 100. Todestag des Vererbungsforschers Gregor Johann Mendel (1822 bis 1884). [43×26]

1199	50 Pf	G. J. Mendel, 1. Mendelsche Regel	1,30	–,40	1,30
		ETB		–,40	

1984, 16. Febr. 500 Jahre Rathaus Michelstadt. [27,5×33]

1200	60 Pf	Rathaus	1,30	–,40	2,50
		ETB		–,40	

1984, 16. Febr. 350 Jahre Passionsspiele Oberammergau. [43×26]

1201	60 Pf	Kreuzigungssymbole	1,30	–,40	1,80
		ETB		–,40	

1984, 12. April. Jugend: Bestäuberinsekten. [27,5×33]

			✶✶	⊙	FDC
1202	50+20 Pf	Bienenwolf .	–,70	–,70	
1203	60+30 Pf	Admiral	1,30	1,30	
1204	80+40 Pf	Honigbiene .	1,70	1,70	
1205	120+60 Pf	Schwebfliege	2,80	2,80	
		Satz (4 W.) . .	6,50	6,50	9,–
		ETB		4,50	

1984, 12. April. Sporthilfe: Olympische Sommerspiele, Los Angeles; Olympische Sommerspiele der Behinderten, New York. [43×26]

1206	60+30 Pf	Diskuswerfen, Frauen	2,–	1,50	
1207	80+40 Pf	Rhythmische Sportgymnastik – Band	3,–	2,50	
1208	120+60 Pf	Segelsurfen .	5,–	4,–	
		Satz (3 W.) . .	10,–	8,–	8,–
		ETB		4,–	

1984, 12. April. Zweite Direktwahlen zum Europäischen Parlament. [35×35]

1209	80 Pf	Emblem	2,80	–,70	1,80
		ETB		–,40	

1984, 8. Mai. Europa: 25 Jahre Europäische Konferenz der Verwaltungen für das Post- und Fernmeldewesen (CEPT). [33×27,5]

1210	60 Pf	Brücke	1,60	–,50	
1211	80 Pf	Brücke	1,60	–,50	
		Satz (2 W.)	3,20	–,90	4,–
		ETB		–,70	

1984, 8. Mai. 850. Todestag des Hl. Norbert von Xanten (um 1080–1134). [27,5×33]

1212	80 Pf	Hl. Norbert	1,60	–,60	1,80
		ETB		–,40	

1984, 8. Mai. 100. Todestag des Malers Ludwig Richter (1803–1884). [33×27,5]

			✶✶	⊙	FDC
1213	60 Pf	Buchillustration . .	1,–	–,40	1,50
		ETB		–,40	

1984, 8. Mai. 50 Jahre Barmer Theologische Erklärung. [43×26]

1214	80 Pf	Kreuz	1,60	–,60	1,80
		ETB		–,40	

1984, 19. Juni. Blockausgabe: Weltpostkongress (UPU), Hamburg. [138×105, 35×35]

1215	60 Pf	Briefsortierung (um 1880)	1,20	1,–	
1216	80 Pf	Autom. Briefverteileranlage	1,20	1,–	
1217	120 Pf	Heinrich v. Stephan (1831–1897)	2,–	1,80	
		Block 19 (138×105 mm) .	4,50	3,80	7,–
		ETB		3,80	

1984, 19. Juni. 2000 Jahre Neuss. [33×27,5]

1218	80 Pf	Römische Grabstele	1,60	–,60	1,80
		ETB		–,40	

1984, 19. Juni. 200. Geburtstag des Mathematikers Friedrich Wilhelm Bessel (1784–1846). [33×27,5]

1219	80 Pf	F. W. Bessel	1,60	–,60	1,80
		ETB		–,40	

1984, 19. Juni. Deutscher Katholikentag, München. [33×27,5]

			✶✶	⊙	FDC
1220	60 Pf	Eugenio Pacelli (1876–1958)	1,30	–,40	1,30
		ETB		–,40	

1984, 21. Aug. 25 Jahre Deutsches Elektronen-Synchroton (DESY), Hamburg. [43×26]

1221	80 Pf	DESY-Forschungszentrum	2,–	–,60	1,80
		ETB		–,40	

1984, 21. Aug. 750 Jahre Rathaus Duderstadt. [27,5×33]

1222	60 Pf	Rathaus	1,20	–,40	1,50
		ETB		–,40	

1984, 21. Aug. 200. Jahrestag der Eröffnung des Schleswig-Holsteinischen Canals. [43×26]

1223	80 Pf	Schleuse Knoop .	1,80	–,60	1,80
		ETB		–,40	

1984, 21. Aug. Internationaler Archivkongress, Bonn. [27,5×33]

1224	70 Pf	Alte Urkunde, Datensichtgerät . .	1,50	–,60	1,50
		ETB		–,40	

1984, 18. Okt. Wohlfahrt: Orchideen. [33×27,5]

1225	50+20 Pf	Ohnhorn . . .	–,90	–,90
1226	60+30 Pf	Brand-Knabenkraut	–,90	–,90
1227	80+40 Pf	Violetter Dingel	1,40	1,40

			★★	⊙	FDC
1228	120+60 Pf	Holunder-Knabenkraut	3,–	3,–	
		Satz (4 W.) . .	6,–	6,–	8,–
		ETB		4,–	

1984, 18. Okt. Tag der Briefmarke. [43 × 26]

1229	80 Pf	Taxissches Posthaus, Augsburg (16. Jh.)	2,–	–,60	1,80
		ETB		–,40	

1984, 8. Nov. Grundgedanken der Demokratie: Gleichberechtigung von Mann und Frau. [33 × 27,5]

1230	80 Pf	Paragraph, Geschlechtssymbole	1,80	–,60	1,80
		ETB		–,40	

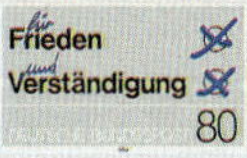

1984, 8. Nov. Für Frieden und Verständigung. [43 × 26]

1231	80 Pf	Symbolischer Stimmzettel	1,40	–,60	1,80
		ETB		–,40	

1984, 8. Nov. Anti-Raucher-Kampagne. [43 × 26]

1232	60 Pf	Abbrennendes Zündholz	1,40	–,40	1,40
		ETB		–,40	

1984, 8. Nov. Weihnachten. [33 × 27,5]

1233	80+40 Pf	Hl. Martin	1,60	1,60	2,20
		ETB		1,20	

1985, 10. Jan. 2000 Jahre Augsburg. [43 × 26]

1234	80 Pf	Kaiser Augustus, Bauwerke	1,80	–,50	1,80
		ETB		3,50	

1985, 10. Jan. 350. Geburtstag des Theologen Philipp Jakob Spener (1635–1705). [27,5 × 33]

			★★	⊙	FDC
1235	80 Pf	Ph. J. Spener . . .	1,60	–,60	1,80
		ETB		–,40	

1985, 10. Jan. 200. Geburtstag der Germanisten und Märchenforscher Wilhelm (1786–1859) und Jacob (1785–1863) Grimm. [43 × 26]

1236	80 Pf	W. und J. Grimm .	2,–	–,60	2,20
		ETB		–,40	

1985, 10. Jan. 100. Geburtstag des Religionsphilosophen Romano Guardini (1885–1968). [33×27,5]

1237	80 Pf	R. Guardini	1,60	–,60	1,80
		ETB		–,40	

1985, 21. Febr. Sporthilfe: 100 Jahre Deutscher Keglerbund (DKB); Weltmeisterschaften im Wildwasserrennsport, Garmisch-Partenkirchen und im Kanuslalom, Augsburg. [43 × 26]

1238	80+40 Pf	Kegeln	1,60	1,40	
1239	120+60 Pf	Kanuslalom .	2,60	2,40	
		Satz (2 W.) . .	4,20	3,80	6,–
		ETB		4,50	

1985, 21. Febr. 1000 Jahre Markt- und Münzrechte in Verden. [43 × 26]

1240	60 Pf	Stadtansicht	2,20	–,40	1,50
		ETB		–,40	

1985, 21. Febr. 30 Jahre Bonn–Kopenhagener Erklärungen. [43 × 26]

1241	80 Pf	Landkarte	2,40	–,80	2,20
		ETB		–,40	

1985, 16. April. Jugend: Historische Fahrräder; Internationales Jahr der Jugend. [33×27,5]

			★★	⊙	FDC
1242	50+20 Pf	Laufrad (1817)	1,–	1,–	
1243	60+30 Pf	Hochrad (1886	1,20	1,20	
1244	80+40 Pf	Niederrad (1887)	1,60	1,60	
1245	120+60 Pf	Dreirad (1888)	3,20	3,20	
		Satz (4 W.) . .	7,–	7,–	10,–
		ETB		4,–	

1985, 16. April. 225. Geburtstag des Heimatdichters Johann Peter Hebel (1760–1826). [33×27,5]

1246	80 Pf	J. P. Hebel und Markgräflerin	1,40	–,60	1,80
		ETB		–,40	

1985, 16. April. 100. Geburtstag des Journalisten und Schriftstellers Egon Erwin Kisch (1885–1948). [33×27,5]

1247	60 Pf	E. E. Kisch	1,30	–,40	1,60
		ETB		–,40	

1985, 7. Mai. Europa: Europäisches Jahr der Musik. [27,5×33]

1248	60 Pf	Georg Friedrich Händel (1685–1759)	2,30	–,50	
1249	80 Pf	Johann Sebastian Bach (1685–1750)	2,30	–,50	
		Satz (2 W.)	4,50	1,–	5,–
		ETB		–,70	

1985, 7. Mai. 750 Jahre Limburger Dom. [33×27,5]

1250	60 Pf	St.-Georgs-Dom .	1,20	–,60	1,50
		ETB		–,40	

1985, 7. Mai. 300. Geburtstag des Baumeisters und Stukkateurs Domenikus Zimmermann (1685–1766). [27,5×33]

			★★	⊙	FDC
1251	70 Pf	Säulenkapitell (Wieskirche)	1,40	–,60	1,50
		ETB		–,40	

1985, 7. Mai. 100. Geburtstag des Paters Josef Kentenich (1885–1968). [43×26]

1252	80 Pf	J. Kentenich	1,40	–,60	1,50
		ETB		–,40	

1985, 16. Juli. Umweltschutzkampagne „Rettet den Wald". [27,5×33]

1253	80 Pf	Uhr, Wald	2,30	–,60	3,50
		ETB		–,40	

1985, 16. Juli. Weltpfadfinderkonferenz, München. [43×26]

1254	60 Pf	Pfadfinder	1,40	–,60	1,50
		ETB		–,40	

1985, 13. Aug. Internationale Briefmarkenausstellung MOPHILA '85, Hamburg. [43×26, 86×26]

1255	60+20 Pf	Postillion, Zugpferde . . .	3,–	2,50	
1256	80+20 Pf	Postkutsche .	3,–	2,50	
		Zusammendruck	9,–	7,50	10,–
		ETB		4,50	

1985, 13. Aug. 400 Jahre Frankfurter Börse. [43×26]

1257	80 Pf	Gebäude, Emblem	1,80	–,60	1,80
		ETB		–,40	

1985, 13. Aug. 100. Todestag des Malers Carl Spitzweg (1808–1885). [43×26]

			✱✱	⊙	FDC
1258	60 Pf	Sonntagsspaziergang	2,–	–,60	1,80
		ETB		–,40	

1985, 15. Okt. Wohlfahrt: Miniaturen. [43×26]

1259	50+20 Pf	Streublumen, Beeren, Vögel	1,20	–,80	
1260	60+30 Pf	und Insekten nach Motiven aus	1,20	1,–	
1261	80+40 Pf	den Bordüren eines mittelalterlichen . .	1,40	1,30	
1262	120+60 Pf	Gebetbuches	2,40	2,40	
		Satz (4 W.) .	6,–	5,50	7,–
		ETB		4,–	

1985, 15. Okt. 175. Geburtstag des niederdeutschen Mundart-Schriftstellers Fritz Reuter (1810–1874). [27,5×33]

1263	80 Pf	F. Reuter	2,40	–,60	1,80
		ETB		–,40	

1985, 12. Nov. 150 Jahre deutsche Eisenbahnen; 200. Geburtstag von Johannes Scharrer (1785–1844). [43×26]

1264	80 Pf	Ludwigsbahn	2,40	–,60	3,–
		ETB		–,40	

1985, 12. Nov. 40 Jahre Eingliederung heimatvertriebener Deutscher. [27,5×33]

1265	80 Pf	Symbol	2,30	–,60	2,20
		ETB		–,40	

1985, 12. Nov. Grundgedanken der Demokratie: 30 Jahre Bundeswehr. [43×26]

			✱✱	⊙	FDC
1266	80 Pf	Hoheitszeichen . .	3,50	–,60	2,20
		ETB		–,40	

1985, 12. Nov. Weihnachten: 500. Geburtstag des Malers, Zeichners und Kupferstechers Hans Baldung, genannt Grien (um 1485 bis 1545). [35×35]

1267	80+40 Pf	Geburt Christi	1,90	1,90	2,20
		ETB		1,20	

1986, 16. Jan. 100 Jahre Automobil. [43×26]

1268	80 Pf	Automobile	2,40	–,60	1,80
		ETB		–,40	

1986, 13. Febr. Sporthilfe: Leichtathletik-Europameisterschaften, Stuttgart; Bob-Weltmeisterschaften, Königssee. [43×26]

1269	80+40 Pf	Kurzstreckenlauf	2,–	2,–	
1270	120+55 Pf	Viererbob . . .	3,–	3,–	
		Satz (2 W.) . .	5,–	5,–	7,–
		ETB		2,80	

1986, 13. Febr. 1250 Jahre Bad Hersfeld. [43×26]

1271	60 Pf	Stadtansicht	1,40	–,60	1,80
		ETB		–,40	

1986, 13. Febr. 100. Geburtstag des österreichischen Malers, Grafikers und Dichters Oskar Kokoschka (1886–1980). [27,5×33]

1272	80 Pf	O. Kokoschka . . .	1,40	–,60	1,80
		ETB		–,40	

1986, 13. Febr. Halleyscher Komet; GIOTTO-Mission der ESA. [43×26]

			★★	⊙	FDC
1273	80 Pf	Raumsonde, Komet	2,40	–,70	1,80
		ETB		–,40	

1986, 10. April. Jugend: Handwerksberufe. [43×26]

1274	50+25 Pf	Augenoptiker .	1,30	1,30	
1275	60+30 Pf	Maurer	1,50	1,50	
1276	70+35 Pf	Friseur	1,70	1,70	
1277	80+40 Pf	Bäcker	2,20	2,20	
		Satz (4 W.) . . .	6,50	6,50	9,–
		ETB		4,–	

1986, 5. Mai. Europa: Natur- und Umweltschutz. [43×26]

1278	60 Pf	David (Details), Skulptur	1,50	–,50	
1279	80 Pf	von Michelangelo	1,50	–,50	
		Satz (2 W.)	3,–	–,90	3,–
		ETB		–,70	

1986, 5. Mai. 1000 Jahre Walsrode und Kloster Walsrode. [43×26]

1280	60 Pf	Walsrode mit Kloster	1,60	–,60	1,30
		ETB		–,40	

1986, 5. Mai. 100. Todestag von König Ludwig II. von Bayern. [43×26]

1281	60 Pf	Ludwig II.	2,80	–,60	3,80
		ETB		–,40	

1986, 5. Mai. 100. Geburtstag des schweizerischen reformierten Theologen Karl Barth. [33×27,5]

1282	80 Pf	K. Barth	1,80	–,60	1,80
		ETB		–,40	

1986, 5. Mai. Cartellversammlung des Cartellverbandes der Katholischen Deutschen Studentenverbindungen. [43×26]

			★★	⊙	FDC
1283	80 Pf	Bänder mit Grundprinzipien	1,80	–,60	1,80
		ETB		–,40	

1986, 20. Juni. 200. Geburtstag des Komponisten Carl Maria von Weber (1786–1826). [33×27,5]

1284	80 Pf	C. M. von Weber .	2,40	–,60	1,80
		ETB		–,40	

1986, 20. Juni. 100. Todestag des österreichisch-ungarischen Komponisten Franz Liszt (1811–1886). [43×26]

1285	80 Pf	F. Liszt	2,30	–,60	1,80
		ETB		–,40	

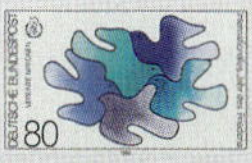

1986, 20. Juni. Internationales Jahr des Friedens. [43×26]

1286	80 Pf	Friedenstauben . .	2,20	–,60	1,80
		ETB		–,40	

1986, 20. Juni. Blockausgabe: Grundgedanken der Demokratie – Bedeutende Gebäude der Geschichte der Bundesrepublik Deutschland. [100×130, 43×26]

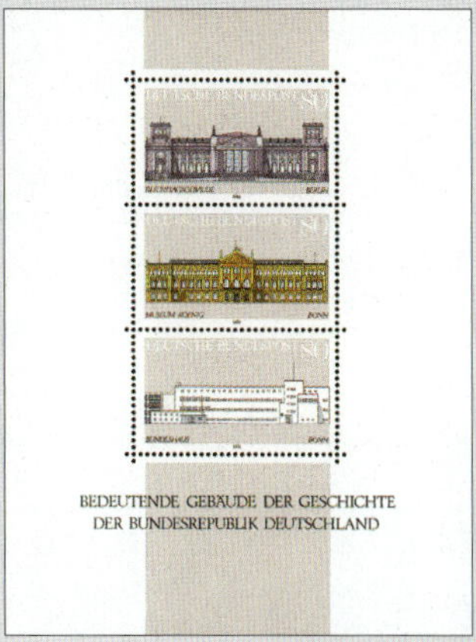

			★★	Ⓢ	FDC
1287	80 Pf	Reichstagsgebäude, Berlin	1,40	1,40	
1288	80 Pf	Museum Koenig, Bonn	1,40	1,40	
1289	80 Pf	Bundeshaus, Bonn	1,40	1,40	
		Block 20 (100×130 mm) ..	5,–	4,50	8,–
		ETB		3,50	

1986, 20. Juni. Europäische Satellitentechnik. [43×26]

			★★	⊙	FDC
1290	80 Pf	TV-SAT/TDF-1 ...	2,50	–,70	1,80
		ETB		–,40	

1986, 14. Aug. Denkmalschutz. [43×26]

1291	80 Pf	Glasmalerei	2,50	–,60	1,80
		ETB		–,40	

1986, 14. Aug. 200. Todestag von König Friedrich dem Großen von Preußen (1712–1786). [33×27,5]

1292	80 Pf	Friedrich der Große	3,40	–,60	3,50
		ETB		–,40	

1986, 14. Aug. 100 Jahre Deutsche Skatkongresse. [27,5×33]

1293	80 Pf	Herz-Dame / -Ober	2,40	–,60	1,80
		ETB		–,40	

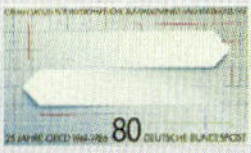

1986, 14. Aug. 25 Jahre Organisation für wirtschaftliche Zusammenarbeit und Entwicklung (OECD). [43×26]

1294	80 Pf	Symbolische Darstellung	1,80	–,60	1,80
		ETB		–,40	

1986, 16. Okt. Wohlfahrt: Kostbare Gläser. [27,5×33]

			★★	⊙	FDC
1295	50+25 Pf	Zierflasche (um 300)	–,90	–,80	
1296	60+30 Pf	Flügelglas (um 1650)	1,20	1,10	
1297	70+35 Pf	Humpen (1662)	1,40	1,20	
1298	80+40 Pf	Pokal (um 1720)	1,60	1,50	
		Satz (4 W.) ...	5,–	4,50	7,–
		ETB		3,50	

1986, 16. Okt. 600 Jahre Universität Heidelberg. [43×26]

1299	80 Pf	„Alte Universität" .	2,–	–,60	1,80
		ETB		–,40	

1986, 16. Okt. 50 Jahre Tag der Briefmarke. [55×33]

1300	80 Pf	Postkutsche, Marken	2,–	–,60	2,–
		ETB		–,40	

1986, 13. Nov. 100. Geburtstag der Tänzerin, Choreographin und Tanzpädagogin Mary Wigman (1886–1973). [27,5×33]

1301	70 Pf	M. Wigman	1,30	–,60	1,80
		ETB		–,40	

1986, 13. Nov. 25 Jahre Adveniat. [43×26]

1302	80 Pf	Südamerika, Kreuz	1,30	–,60	1,80
		ETB		–,40	

1986, 13. Nov. Weihnachten. [35×35]

1303	80+40 Pf	Geburt Christi	1,80	1,70	2,40
		ETB		1,20	

1986, 13. Nov. Frauen der deutschen Geschichte. [23×27,5]

			✶✶	⊙	FDC
1304	50 Pf	Christine Teusch (1888–1968)	1,–	–,30	1,50
1305	80 Pf	Clara Schumann (1819–1896)	1,20	–,30	2,–
		Satz (2 W.)	2,20	–,60	3,–
		ETB		–,70	

1987, 15. Jan. 750 Jahre Berlin. [55×33]

1306	80 Pf	Sehenswürdigkeiten	2,40	–,80	2,–
		ETB		–,70	

1987, 15. Jan. 300. Geburtstag des Baumeisters Balthasar Neumann (1687–1753). [33×27,5]

1307	80 Pf	Treppenhaus der Würzburger Residenz	2,–	–,60	1,80
		ETB		–,40	

1987, 15. Jan. 90. Geburtstag des Wirtschaftspolitikers und Bundeskanzlers Ludwig Erhard (1897 bis 1977). [33×27,5]

1308	80 Pf	L. Erhard	2,40	–,50	1,80
		ETB		–,40	

1987, 15. Jan. Volkszählung. [33×27,5]

1309	80 Pf	Bundesadler	2,20	–,60	1,80
		ETB		–,40	

1987, 12. Febr. Sporthilfe: Segel-Weltmeisterschaften, Kiel; Nordische Ski-Weltmeisterschaften, Oberstdorf. [43×26]

1310	80+40 Pf	Segelregatta	1,70	1,70	
1311	120+55 Pf	Skilanglauf	2,80	2,80	
		Satz (2 W.)	4,50	4,50	5,50
		ETB		2,80	

1987, 12. Febr. 250 Jahre Schloss Clemenswerth. [43×26]

			✶✶	⊙	FDC
1312	60 Pf	Schloss	1,70	–,60	1,50
		ETB		–,40	

1987, 12. Febr. 200. Geburtstag des Optikers und Physikers Joseph von Fraunhofer (1787 bis 1826). [43×26]

1313	80 Pf	Spektrum	1,70	–,60	1,80
		ETB		–,40	

1987, 12. Febr. 75. Todestag des Schriftstellers Karl May (1842 bis 1912). [27,5×33]

1314	80 Pf	Winnetou	1,90	–,60	1,80
		ETB		–,40	

1987, 9. April. Jugend: Handwerksberufe. [43×26]

1315	50+25 Pf	Installateur	1,50	1,40	
1316	60+30 Pf	Zahntechniker		1,80	1,70
1317	70+35 Pf	Fleischer	2,–	1,80	
1318	80+40 Pf	Buchbinder	2,80	2,60	
		Satz (4 W.)	8,–	7,50	9,–
		ETB		5,–	

1987, 9. April. 125 Jahre Deutscher Sängerbund. [43×26]

1319	80 Pf	Notenblatt	1,70	–,60	1,50
		ETB		–,40	

1987, 9. April. Besuch von Papst Johannes Paul II. in der Bundesrepublik Deutschland; Marianischer und Mariologischer Kongress, Kevelaer. [55×33]

1320	80 Pf	Stadtansicht, Madonna, Papst-Wappen	2,20	–,60	1,50
		ETB		–,40	

1987, 5. Mai. Europa: Moderne Architektur. [43×26]

			★★	⊙	FDC
1321	60 Pf	Deutscher Pavillon, Barcelona	1,60	–,50	
1322	80 Pf	Köhlbrandbrücke, Hamburg	2,–	–,50	
		Satz (2 W.)	3,50	1,–	2,50
		ETB		1,–	

1987, 5. Mai. 350. Geburtstag des Komponisten und Organisten Dietrich Buxtehude (um 1637–1707). [33×27,5]

1323	80 Pf	Orgel	1,30	–,60	1,50
		ETB		–,40	

1987, 5. Mai. 300. Geburtstag des evangelischen Theologen Johann Albrecht Bengel (1687–1752). [27,5×33]

1324	80 Pf	J. A. Bengel	1,50	–,60	1,50
		ETB		–,40	

1987, 5. Mai. 100. Geburtstag des Politikers und Bürgermeisters von Bremen Wilhelm Kaisen (1887–1979). [43×26]

1325	80 Pf	W. Kaisen	1,60	–,60	1,50
		ETB		–,40	

1987, 5. Mai. 100. Geburtstag des Malers und Schriftstellers Kurt Schwitters (1887–1948). [35×35]

1326	80 Pf	Ohne Namen, Collage	1,60	–,60	1,60
		ETB		–,40	

1987, 5. Mai. Weltkongress des Internationalen Rotary-Clubs, München. [43×26]

1327	70 Pf	Rotary-Emblem, Weltkugel	1,60	–,60	1,80
		ETB		–,40	

1987, 5. Mai. Natur- und Umweltschutz. [43×26]

			★★	⊙	FDC
1328	60 Pf	Wildpferde	2,20	–,60	1,80
		ETB		–,40	

1987, 16. Juli. 1200. Jahrestag der Erhebung Bremens zum Bischofssitz. [43×26]

1329	80 Pf	Karl der Große, Bischof Willehad .	1,50	–,60	1,80
		ETB		–,40	

1987, 20. Aug. Europa-Schützenfest, Lippstadt. [43×26]

1330	80 Pf	Schießscheibe, Gewehre	1,50	–,60	1,80
		ETB		–,40	

1987, 17. Sept. Frauen der deutschen Geschichte. [23×27,5]

1331	40 Pf	Maria Sibylla Merian (1647–1717)	1,–	–,30	1,50
1332	60 Pf	Dorothea Erxleben (1715 –1762)	1,20	–,30	1,50
		Satz (2 W.)	2,20	–,60	3,20
		ETB		–,50	

1987, 15. Okt. Wohlfahrt: Gold- und Silberschmiedekunst. [43×26]

1333	50+25 Pf	Römisches Armband (4. Jh.)	1,50	1,50	
1334	60+30 Pf	Ostgotische Prunkschnalle (6. Jh.)	1,50	1,50	
1335	70+35 Pf	Merowing. Scheibenfibel (7. Jh.)	1,50	1,50	
1336	80+40 Pf	Bursenreliquiar (8. Jh.)	2,–	2,–	
		Satz (4 W.) ..	6,50	6,50	7,–
		ETB		4,–	

1987, 15. Okt. Tag der Briefmarke. [35×35]

			★★	⊙	FDC
1337	80 Pf	Bahnpostverladung (1897)	1,40	1,10	1,80
		ETB		1,–	

1987, 6. Nov. Frauen der deutschen Geschichte. [23×27,5]

1338	120 Pf	Elisabeth Selbert (1896–1986) ...	2,–	1,20	2,20
		ETB		–,70	

1987, 6. Nov./1989, Juni. Sehenswürdigkeiten. [21,5×26]

1339 A	30 Pf	Schloss Celle ..	1,–	–,30	2,–
1340	50 Pf	Münster Freiburg			
A		vierseitig gez. ..	1,–	–,30	2,–
C		oben geschnitten	1,–	–,80	
D		unten geschnitten	1,–	–,80	
1341	60 Pf	Bavaria, München			
A		vierseitig gez. ..	1,–	–,30	2,–
C		oben geschnitten	1,–	1,–	
D		unten geschnitten	1,–	1,–	
1342	80 Pf	Zollern II, Dortmund			
A		vierseitig gez. ..	1,–	–,30	2,–
C		oben geschnitten	1,20	1,20	
D		unten geschnitten	1,20	1,20	
		Satz A (4 W.) ...	4,–	1,20	10,–
		ETB (A)		1,70	

1987, 6. Nov. 200. Todestag des Komponisten Christoph Willibald Ritter von Gluck (1714–1787). [33×27,5]

1343	60 Pf	Ch. W. Gluck	1,20	–,50	1,60
		ETB		–,40	

1987, 6. Nov. 125. Geburtstag des Dramatikers und Nobelpreisträgers Gerhart Hauptmann (1862–1946). [43×26]

1344	80 Pf	Plakat	1,80	–,60	1,60
		ETB		–,40	

1987, 6. Nov. 25 Jahre Deutsche Welthungerhilfe. [43×26]

			★★	⊙	FDC
1345	80 Pf	Reisfeld, Emblem .	1,80	–,60	1,60
		ETB		–,40	

1987, 6. Nov. Weihnachten. [35×35]

1346	80+40 Pf	Geburt Christi	1,80	1,80	2,20
		ETB		1,30	

1988, 14. Jan./1989, Juni. Sehenswürdigkeiten. [21,5×26]

1347	10 Pf	Flughafen Frankfurt			
A		vierseitig gez. ..	–,50	–,30	1,50
C		oben geschnitten	–,50	–,50	
D		unten geschnitten	–,50	–,50	
1348 A	300 Pf	Hambacher Schloss	3,50	–,60	6,–
		Satz (2 W.)	4,–	–,80	7,–
		ETB (A)		1,70	

1988, 14. Jan. 150 Jahre Mainzer Carneval. [27,5×33]

1349	60 Pf	Der „Bajass“	1,40	–,60	1,30
		ETB		–,40	

1988, 14. Jan. 100. Geburtstag des Politikers Jakob Kaiser (1888 bis 1961). [33×27,5]

1350	80 Pf	J. Kaiser	1,30	–,60	1,50
		ETB		–,40	

1988, 14. Jan. 25 Jahre Vertrag über die deutsch-französische Zusammenarbeit. [55×33]

1351	80 Pf	Dr. h.c. K. Adenauer u. Ch. de Gaulle ..	2,–	–,80	2,–
		ETB		3,50	

1988, 14. Jan. Seligsprechung der Karmeliterin Edith Stein (1891–1942) und des Jesuiten Rupert Mayer (1876–1945) durch Papst Johannes Paul II. [43×26]

			✱✱	⊙	FDC
1352	80 Pf	E. Stein und R. Mayer	1,40	–,60	1,50
		ETB		–,40	

1988, 18. Febr. Sporthilfe: Fußball-Europameisterschaft; Olympische Sommerspiele, Seoul. [43×26]

1353	60+30 Pf	Fußball	3,50	2,50	
1354	80+40 Pf	Tennis	3,50	3,–	
1355	120+55 Pf	Kunstspringen	5,–	4,50	
		Satz (3 W.) ..	12,–	10,–	7,–
		ETB		3,50	

1988, 18. Febr. 200. Geburtstag des Dichters Joseph von Eichendorff (1788–1857). [33×27,5]

1356	60 Pf	Waldeinsamkeit ..	1,40	–,60	1,30
		ETB		–,40	

1988, 18. Febr. 200. Geburtstag des Philosophen Arthur Schopenhauer (1788–1860). [27,5×33]

1357	80 Pf	A. Schopenhauer .	1,80	–,60	1,50
		ETB		–,40	

1988, 18. Febr. 100. Todestag des Sozialreformers und Genossenschaftsgründers Friedrich Wilhelm Raiffeisen (1818 bis 1888). [43×26]

1358	80 Pf	F. W. Raiffeisen ..	2,–	–,60	1,50
		ETB		–,40	

1988, 14. April. Frauen der deutschen Geschichte. [23×27,5]

1359	10 Pf	Paula Modersohn-Becker (1876–1907)	–,60	–,50	1,20
		ETB		–,40	

1988, 14. April. Jugend: Idole der Rock- und Popmusik. [43×26]

			✱✱	⊙	FDC
1360	50+25 Pf	Buddy Holly (1936–1959) ..	1,50	1,80	
1361	60+30 Pf	Elvis Presley (1935–1977) ..	3,50	3,–	
1362	70+35 Pf	Jim Morrison (1943–1971) ..	1,80	2,–	
1363	80+40 Pf	John Lennon (1940–1980) ..	3,20	2,80	
		Satz (4 W.) ...	10,–	9,50	10,–
		ETB		6,–	

1988, 14. April. 500. Geburtstag des Humanisten und Publizisten Ulrich von Hutten (1488–1523). [27,5×33]

1364	80 Pf	U. von Hutten (Holzschnitt)	1,40	–,70	1,50
		ETB		–,70	

1988, 5. Mai. Frauen der deutschen Geschichte. [23×27,5]

1365	20 Pf	Cilly Aussem (1909 –1963) ...	1,–	–,50	1,–
1366	130 Pf	Lise Meitner (1878–1968)	3,–	1,–	3,50
		Satz (2 W.)	4,–	1,50	4,–
		ETB		1,–	

1988, 5. Mai. Europa: Transport- und Kommunikationsmittel. [43×26]

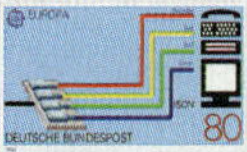

1367	60 Pf	Airbus A320, Flaggen	1,40	–,60	
1368	80 Pf	ISDN-Projekt	1,40	–,60	
		Satz (2 W.)	2,80	1,20	2,80
		ETB		1,–	

1988, 5. Mai. 700 Jahre Stadt Düsseldorf. [43×26]

			★★	⊙	FDC
1369	60 Pf	Stadtansicht	1,60	–,60	1,30
		ETB		–,40	

1988, 5. Mai. 600 Jahre Kölner Universität. [35×35]

1370	80 Pf	Uni-Gebäude	1,40	–,60	1,50
		ETB		–,40	

1988, 5. Mai. 100. Todestag des Dichters Theodor Storm (1817 bis 1888). [43×26]

1371	80 Pf	Th. Storm	1,40	–,60	1,50
		ETB		–,40	

1988, 5. Mai. 100. Geburtstag des französischen Wirtschaftspolitikers Jean Monnet (1888–1979). [35×35]

1372	80 Pf	J. Monnet	1,40	–,60	1,50
		ETB		–,40	

1988, 5. Mai. 25 Jahre Deutscher Entwicklungsdienst (DED). [27,5×33]

1373	80 Pf	Junger Baum	1,40	–,60	1,50
		ETB		–,40	

1988, 14. Juli. Sehenswürdigkeiten. [21,5×26]

1374	70 Pf	Nofretete-Büste, Berlin	1,10	–,30	1,50
1375	120 Pf	St.-Petri-Dom, Schleswig	2,–	–,90	2,–
		Satz (2 W.)	3,–	1,20	3,20
		ETB		1,80	

1988, 14. Juli. 1000 Jahre Meersburg. [43×26]

			★★	⊙	FDC
1376	60 Pf	Stadtansicht	1,20	–,60	1,50
		ETB		–,40	

1988, 14. Juli. 200. Geburtstag des Chemikers Leopold Gmelin (1788 bis 1853). [33×27,5]

1377	80 Pf	L. Gmelin	1,30	–,60	1,50
		ETB		–,40	

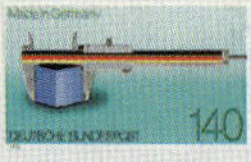

1988, 14. Juli. 100 Jahre Herkunftsbezeichnung „Made in Germany“. [43×26]

1378	140 Pf	Schublehre, Sechskantmutter	2,40	1,20	2,60
		ETB		1,–	

1988, 11. Aug. Sehenswürdigkeiten. [21,5×26]

1379	40 Pf	Chilehaus, Hamburg	–,60	–,60	2,–
1380	90 Pf	Bronzekanne, Reinheim	1,80	2,50	3,50
1381	280 Pf	Rolandsäule, Bremen	5,–	5,–	6,50
		Satz (3 W.)	7,–	8,–	8,–
		ETB		3,–	

1988, 11. Aug. 75. Todestag des Mitbegründers und Führers der deutschen Sozialdemokratie August Bebel (1840–1913). [43×26]

1382	80 Pf	A. Bebel	1,80	–,60	1,50
		ETB		–,40	

1988, 13. Okt. Wohlfahrt: Gold- und Silberschmiedekunst. [35×35]

			★★	⊙	FDC
1383	50+25 Pf	Bergkristallreliquiar (um 1200)	–,80	–,80	
1384	60+30 Pf	Karlsbüste (nach 1349) ..	1,20	1,20	
1385	70+35 Pf	Krone von Otto III. (vor 983)	1,20	1,20	
1386	80+40 Pf	Blütenstrauß (um 1620)	1,80	1,80	
		Satz (4 W.) ...	5,–	5,–	7,–
		ETB		3,50	

1988, 13. Okt. 125 Jahre Internationales Rotes Kreuz. [27,5×33]

1387	80 Pf	Rotes Kreuz	1,80	–,60	1,80
		ETB		–,40	

1988, 13. Okt. Tag der Briefmarke. [35×35]

1388	20 Pf	Brieftaube	–,80	–,50	1,–
		ETB		–,40	

1988, 13. Okt. 50. Jahrestag der Novemberpogrome („Reichskristallnacht", 9./10.11.1938). [43×26]

1389	80 Pf	Synagoge, Davidstern	1,30	–,60	1,50
		ETB		–,40	

1988, 10. Nov. Frauen der deutschen Geschichte. [23×27,5]

1390	100 Pf	Therese Giehse (1898 –1975) ...	1,50	–,50	2,–
1391	170 Pf	Hannah Arendt (1906 –1975) ...	2,50	1,50	3,–
1392	240 Pf	Mathilde Franziska Anneke (1817–1884)	3,50	2,50	5,–
1393	350 Pf	Hedwig Dransfeld (1871 –1925) ...	5,50	3,–	7,–
		Satz (4 W.)	13,–	7,50	15,–
		ETB		5,–	

1988, 10. Nov. 100 Jahre Arbeiter-Samariter-Bund. [43×26]

			★★	⊙	FDC
1394	80 Pf	Hände	1,40	–,60	1,50
		ETB		–,40	

1988, 10. Nov. 100 Jahre Briefmarkenspendeaktion für Bethel. [43×26]

1395	60 Pf	Briefstücke	1,40	–,60	1,50
		ETB		–,40	

1988, 10. Nov. Weihnachten. [35×35]

1396	80+40 Pf	Geburt Christi	1,80	1,60	2,40
		ETB		1,30	

1989, 12. Jan. Frauen der deutschen Geschichte. [23×27,5]

1397	500 Pf	Alice Salomon (1872–1948)	6,50	4,–	9,–
		ETB		3,50	

1989, 12. Jan./1993. Sehenswürdigkeiten. [21,5×26]

1398	20 Pf	Nofretete-Büste, Berlin			
A		vierseitig gez. .	–,60	–,40	1,50
C		oben geschnitten	1,50	2,50	
D		unten geschnitten	1,50	2,50	
1399 A	33 Pf	St.-Petri-Dom, Schleswig	–,60	–,40	2,–
1400 A	38 Pf	Rolandsäule, Bremen	1,–	–,60	2,–
1401 A	140 Pf	Bronzekanne, Reinheim	2,40	–,80	2,50
		Satz (4 W.) ...	4,50	2,20	7,–
		ETB (A)		1,80	

1989, 12. Jan. 2000 Jahre Bonn. [55×33]

			✶✶	⊙	FDC
1402	80 Pf	Bauwerke	2,–	–,90	2,–
		ETB		–,70	

1989, 12. Jan. 100. Geburtstag des Malers Willi Baumeister (1889–1955). [55×33]

1403	60 Pf	Bluxao I.	1,30	–,60	1,40
		ETB		–,40	

1989, 12. Jan. 30 Jahre „Misereor“ und „Brot für die Welt“. [43×26]

1404	80 Pf	Aufgebrochene Erde	1,50	–,60	1,50
		ETB		–,40	

1989, 9. Febr. Frauen der deutschen Geschichte. [23×27,5]

1405	5 Pf	Emma Ihrer (1857–1911)	–,40	–,40	1,–
		ETB		–,50	

1989, 9. Febr./Juni. Sehenswürdigkeiten. [21,5×26]

1406	100 Pf	Altötting			
A		vierseitig gez. .	2,50	–,40	2,50
C		oben geschnitten	2,50	2,–	
D		unten geschnitten	2,50	2,–	
1407 A	350 Pf	Externsteine ..	4,–	–,80	6,–
		Satz A (2 W.) ..	6,50	1,20	8,50
		ETB (A)		1,80	

1989, 9. Febr. Sporthilfe: Tischtennis-Weltmeisterschaften, Dortmund; Kunstturn-Weltmeisterschaften, Stuttgart. [43×26]

1408	100+50 Pf	Tischtennis .	2,20	2,20	
1409	140+60 Pf	Kunstturnen	3,40	3,40	
		Satz (2 W.) ..	5,50	5,50	6,–
		ETB		3,50	

1989, 9. Febr. 100. Geburtstag des Bildhauers und Grafikers Gerhard Marcks (1889–1981). [43×26]

			✶✶	⊙	FDC
1410	60 Pf	Katzen im Dachboden ..	1,30	–,60	1,30
		ETB		–,40	

1989, 20. April. Jugend: Zirkus. [43×26]

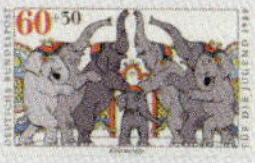 

1411	60+30 Pf	Elefantengruppe	2,–	2,–	
1412	70+30 Pf	Ballerina auf dem Pferd ..	2,50	2,50	
1413	80+35 Pf	Clown	3,50	3,–	
1414	100+50 Pf	Zirkuszelt ..	5,–	3,50	
		Satz (4 W.) .	13,–	11,–	13,–
		ETB		6,–	

1989, 20. April. Weltausstellung für philatelistische Literatur IPHLA ’89, Frankfurt am Main. [43×26]

1415	100+50 Pf	Buch, Posthorn ...	3,50	3,20	4,–
		ETB		1,80	

1989, 20. April. Dritte Direktwahlen zum Europäischen Parlament. [43×26]

1416	100 Pf	Europaratfahne, Staatsflaggen ..	2,60	1,20	2,20
		ETB		1,–	

1989, 5. Mai. Europa: Kinderspiele. [43×26]

1417	60 Pf	Drachensteigen	1,50	–,40	
1418	100 Pf	Puppentheater ..	2,–	–,50	
		Satz (2 W.)	3,50	–,90	2,50
		ETB		1,–	

1989, 5. Mai. 800 Jahre Hamburger Hafen. [43 × 26]

			✱✱	⊙	FDC
1419	60 Pf	Schiffe im Hafen .	1,80	–,60	1,60
		ETB		–,40	

1989, 5. Mai. 250. Todestag des Malers und Baumeisters Cosmas Damian Asam (1686–1739). [33 × 27,5]

1420	60 Pf	Kuppelfresko (Detail) im Kloster Weltenburg	1,–	–,60	1,30
		ETB		–,40	

1989, 5. Mai. 40 Jahre Bundesrepublik Deutschland. [55 × 33]

1421	100 Pf	Nationalfarben, Unterschriften . .	2,40	–,90	2,20
		ETB		–,70	

1989, 5. Mai. 40 Jahre Europarat. [55 × 33]

1422	100 Pf	Parlament. Versammlung . . .	2,20	1,–	1,80
		ETB		–,70	

1989, 5. Mai. 200. Geburtstag des Stenographen Franz Xaver Gabelsberger (1789–1849). [27,5 × 33]

1423	100 Pf	F. Gabelsberger	2,20	–,70	1,50
		ETB		–,70	

1989, 15. Juni. 1300. Todestag der Frankenapostel Kilian, Kolonat und Totnan († 689). [43 × 26]

1424	100 Pf	Die Heiligen Kilian, Kolonat und Totnan	2,–	–,80	1,80
		ETB		1,50	

1989, 15. Juni. 200. Geburtstag des Komponisten Friedrich Silcher (1789–1860). [43 × 26]

			✱✱	⊙	FDC
1425	80 Pf	F. Silcher	1,30	–,60	1,60
		ETB		–,40	

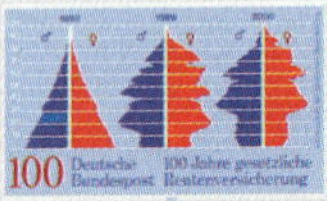

1989, 15. Juni. 100 Jahre gesetzliche Rentenversicherung. [55 × 33]

1426	100 Pf	Alterspyramiden	1,80	–,70	1,60
		ETB		–,70	

1989, 13. Juli. Frauen der deutschen Geschichte. [23 × 27,5]

1427	180 Pf	Lotte Lehmann (1888–1976) . . .	3,–	1,50	4,–
1428	250 Pf	Luise von Preußen (1776–1810) . . .	5,–	2,50	6,–
		Satz (2 W.)	8,–	4,–	9,–
		ETB		3,–	

1989, 13. Juli. 200. Geburtstag des Nationalökonomen und Wirtschaftspolitikers Friedrich List (1789–1846). [43 × 26]

1429	170 Pf	F. List	3,–	1,20	2,80
		ETB		1,30	

1989, 13. Juli. 100 Jahre Künstlerdorf Worpswede. [55 × 33]

1430	60 Pf	Sommerabend . .	1,10	–,60	1,30
		ETB		–,40	

1989, 13. Juli. 50. Todestag des evang. Pfarrers Paul Schneider (1897–1939). [27,5 × 33]

1431	100 Pf	P. Schneider . . .	1,50	–,70	1,60
		ETB		–,60	

1989, 10. Aug. Frauen der deutschen Geschichte. [23 × 27,5]

			★★	⊙	FDC
1432	140 Pf	Cécile Vogt (1875–1962) . . .	3,50	1,80	3,50
1433	300 Pf	Fanny Hensel (1805–1847) . . .	3,–	1,50	6,50
		Satz (2 W.)	6,50	3,20	9,–
		ETB		2,40	

1989, 10. Aug. 750 Jahre Frankfurter Dom. [27,5 × 33]

1434	60 Pf	Dom, Kaiserkrone	1,40	–,60	1,30
		ETB		–,40	

1989, 10. Aug. „Kinder gehören dazu“. [43 × 26]

1435	100 Pf	Kinder bauen ein Haus	1,70	–,70	1,80
		ETB		–,70	

1989, 10. Aug. 100 Jahre Industriegewerkschaft Bergbau und Energie. [43 × 26]

1436	100 Pf	Ammonit, Emblem	1,40	–,70	1,40
		ETB		–,70	

1989, 12. Okt. Wohlfahrt: Postbeförderung im Laufe der Jahrhunderte. [35 × 35]

1437	60+30 Pf	Thurn u. Taxisscher Postreiter (18. Jh.)	1,50	1,40	
1438	80+35 Pf	Bote der Hamburger Fußpost (1808)	2,50	2,–	
1439	100+50 Pf	Bayerischer Postomnibus (um 1900) . .	4,–	3,20	
		Satz (3 W.) .	8,–	6,50	7,–
		ETB		4,–	

1989, 12. Okt. 100. Geburtstag des Politikers Reinhold Maier (1889 bis 1971). [33 × 27,5]

			★★	⊙	FDC
1440	100 Pf	R. Maier	1,70	–,70	1,80
		ETB		–,70	

1989, 16. Nov. 300 Jahre Arp-Schnitger-Orgel in der Kirche St. Jacobi, Hamburg. [43 × 26]

1441	60 Pf	Orgelprospekt . . .	1,40	–,60	1,50
		ETB		–,40	

1989, 16. Nov. Weihnachten. [35 × 35]

1442	60+30 Pf	Engel	1,60	1,40	
1443	100+50 Pf	Geburt Christi	2,–	1,80	
		Satz (2 W.) .	3,60	3,20	4,50
		ETB		2,20	

1990, 12. Jan. 2000 Jahre Speyer. [43 × 26]

1444	60 Pf	Dom und bedeutende Bauwerke .	1,40	–,60	1,30
		ETB		2,50	

1990, 12. Jan. 500 Jahre internationale Postverbindungen in Europa. [27,5 × 33]

1445	100 Pf	Der kleine Postreiter	2,60	–,80	2,–
		ETB		2,50	

1990, 12. Jan. 500 Jahre Rieslinganbau. [33 × 27,5]

1446	100 Pf	Von Reben umrankte Initiale „R“	1,40	–,80	1,80
		ETB		2,50	

1990, 12. Jan. UNESCO-Welterbe: Altstadt Lübeck. [43×26]

			✱✱	⊙	FDC
1447	100 Pf	Stadtansicht ...	1,80	–,80	1,80
		ETB		2,50	

1990, 15. Febr. Sehenswürdigkeiten. [21,5×26]

1448	5 Pf	Löwenstandbild, Braunschweig	–,50	–,40	1,20
		ETB		–,70	

1990, 15. Febr. Sporthilfe: Beliebte Sportarten. [43×26]

1449	100+50 Pf	Hallenhandball	3,20	2,–	
1450	140+60 Pf	20 Jahre Trimm-Dich-Aktion .	3,80	3,–	
		Satz (2 W.) .	7,–	5,–	7,–
		ETB		4,–	

1990, 15. Febr. 800 Jahre Deutscher Orden. [35×35]

1451	100 Pf	Siegel, Amtswappen ...	2,–	–,80	2,–
		ETB		2,–	

1990, 15. Febr. 750 Jahre Privileg für Messen in Frankfurt am Main. [43×26]

1452	100 Pf	Siegel Friedrichs II.	2,–	–,80	2,–
		ETB		2,–	

1990, 15. Febr. 25 Jahre Wettbewerb „Jugend forscht". [43×26]

1453	100 Pf	Labyrinth	2,–	–,80	2,–
		ETB		2,–	

1990, 15. Febr. Internationale Nordseeschutz-Konferenz, Den Haag. [55×33]

			✱✱	⊙	FDC
1454	100 Pf	Fauna der Nordsee	2,40	–,80	2,–
		ETB		3,–	

1990, 19. April. Jugend: 125 Jahre „Max und Moritz". [43×26]

1455	60+30 Pf	Illustrationen aus der ...	1,10	1,10	
1456	70+30 Pf	Bildgeschichte	1,60	1,60	
1457	80+35 Pf	„Max und Moritz" ...	2,20	2,–	
1458	100+50 Pf	von Wilhelm Busch	2,60	2,50	
		Satz (4 W.)	7,50	7,–	8,–
		ETB		4,50	

1990, 19. April. 100 Jahre Tag der Arbeit (1. Mai). [43×26]

1459	100 Pf	Stilis. Fabrikdach	1,40	–,80	1,60
		ETB		1,60	

1990, 19. April. 75 Jahre Deutscher Hausfrauen-Bund (DHB). [43×26]

1460	100 Pf	Hausfrau, Emblem	1,60	–,80	1,60
		ETB		1,60	

1990, 3. Mai. Europa: Postalische Einrichtungen. [43×26]

			✶✶	⊙	FDC
1461	60 Pf	Palais Thurn und Taxis, Frankfurt am Main	1,80	–,60	
1462	100 Pf	Postgiroamt Frankfurt am Main	1,80	–,60	
		Satz (2 W.)	3,50	1,20	3,–
		ETB		1,20	

1990, 3. Mai. 175 Jahre Nationalfarben Schwarz-Rot-Gold und Deutsche Burschenschaft. [43×26]

1463	100 Pf	Nationalfarben, Studentengruppe	2,–	–,80	2,–
		ETB		2,50	

1990, 3. Mai. 125 Jahre Internationale Fernmeldeunion (UIT). [33×27,5]

			✶✶	⊙	FDC
1464	100 Pf	Stilisierte Weltkugel	1,60	–,80	1,80
		ETB		1,60	

1990, 3. Mai. 125 Jahre Deutsche Gesellschaft zur Rettung Schiffbrüchiger (DGzRS). [43×26]

1465	60 Pf	Sammelschiffchen	1,40	–,70	1,40
		ETB		1,60	

1990, 3. Mai. 100. Geburtstag des Gewerkschaftsführers Wilhelm Leuschner (1890–1944). [33×27,5]

1466	100 Pf	W. Leuschner ..	2,–	–,80	1,80
		ETB		1,60	

1990, 3. Mai. 100 Jahre Diakonenanstalt Rummelsberg. [43×26]

1467	100 Pf	Philippuskirche, Fahne	1,40	–,80	1,80
		ETB		1,60	

1990, 21. Juni. Sehenswürdigkeiten. [21,5×26]

			✶✶	⊙	FDC
1468	45 Pf	Schloss Rastatt .	–,60	–,50	1,50
1469	70 Pf	Helgoland	–,60	–,40	2,–
		Satz (2 W.)	1,20	–,90	3,–
		ETB		1,60	

1990, 21. Juni. 40 Jahre Charta der deutschen Heimatvertriebenen. [55×33]

1470	100 Pf	Schlusssatz der Charta	1,80	–,70	2,–
		ETB		1,60	

1990, 21. Juni. Weltkongress der Internationalen Handelskammer, Hamburg. [43×26]

1471	80 Pf	Hände	1,40	1,–	1,40
		ETB		1,–	

1990, 21. Juni. Blockausgabe: 10. Internationale Briefmarkenausstellung der Jugend, Düsseldorf. [165×101, 43×26]

			✶✶	Ⓢ	FDC
1472	100+50 Pf	Kinderköpfe	3,50	3,50	
		Block 21 (165×101 mm)	22,–	22,–	30,–
		ETB		22,–	

1990, 9. Aug. 250. Geburtstag des Dichters und Schriftstellers Matthias Claudius (1740–1815). [35×35]

			✶✶	⊙	FDC
1473	100 Pf	M. Claudius	1,80	–,60	1,80
		ETB		1,60	

1990, 27. Sept. Wohlfahrt: Geschichte der Post und der Telekommunikation. [35 × 35]

			✶✶	⊙	FDC
1474	60+30 Pf	Motorpostwagen (um 1900) ..	1,10	1,10	
1475	80+35 Pf	Fernsprechvermittlungsstelle (um 1890) ...	1,80	1,80	
1476	100+50 Pf	Paketpostamt (um 1900) ..	2,60	2,60	
		Satz (3 W.) .	5,50	5,50	6,50
		ETB		4,–	

1990, 3. Okt. Deutsche Einheit. [43 × 26]

1477	50 Pf	Inschrift; Farben der Staatsflagge	1,50	–,50	
1478	100 Pf	Inschrift; Farben der Staatsflagge	2,–	–,70	
		Satz (2 W.)	3,50	1,20	3,50
		ETB		4,–	

1990, 11. Okt. 150 Jahre Briefmarken. [43 × 26]

1479	100 Pf	Marke Großbritannien Nr. 1, Bayern Nr. 1, Bundesrepublik Deutschland Nr. 1416	1,80	–,60	1,80
		ETB		2,–	

1990, 11. Okt. 100. Todestag des Altertumsforschers Heinrich Schliemann (1822–1890). [43 × 26]

1480	60 Pf	H. Schliemann, Löwentor, Mykene	1,60	–,60	1,40
		ETB		1,–	

1990, 6. Nov. 1. Jahrestag der Öffnung der innerdeutschen Grenzen und der Berliner Mauer: Friedlicher Aufbruch zur deutschen Einheit. [27,5 × 33, 145 × 100]

			✶✶	⊙	FDC
1481 I	50 Pf	RaTdr.	1,50	–,90	
1482 I	100 Pf	RaTdr.	2,50	–,90	
		Satz (2 W.) ...	4,–	1,80	3,50

Blockausgabe.

			✶✶	Ⓢ	FDC
1481 II	50 Pf	Odr.	1,50	1,50	
1482 II	100 Pf	Odr.	2,50	2,–	
		Block 22 (145 × 100 mm)	4,50	3,80	5,–
		ETB (mit MiNr. 1481 I, 1482 I, Bl. 22)		4,–	

1990, 6. Nov. 100. Geburtstag der Schauspielerin Käthe Dorsch (1890–1957). [33 × 27,5]

			✶✶	⊙	FDC
1483	100 Pf	K. Dorsch	1,80	–,80	1,80
		ETB		1,–	

1990, 6. Nov. Weihnachten: Weihnachtliches Kunsthandwerk. [35 × 35]

Nr.	Wert		★★	⊙	FDC
1484	50+20 Pf	Engel	1,–	1,–	
1485	60+30 Pf	Räuchermännchen	1,20	1,20	
1486	70+30 Pf	Nussknacker	1,60	1,60	
1487	100+50 Pf	Rauschgoldengel	2,50	2,50	
		Satz (4 W.) .	6,–	6,–	7,–
		ETB		4,50	

1991, 8. Jan. Frauen der deutschen Geschichte. [23×27,5]

Nr.	Wert		★★	⊙	FDC
1488	30 Pf	Käthe Kollwitz (1867–1945)	–,50	–,40	1,30
1489	70 Pf	Elisabet Boehm (1859–1943)	1,50	–,80	1,30
		Satz (2 W.)	2,–	1,20	2,40
		ETB		1,–	

1991, 8. Jan. 750 Jahre Apothekerberuf. [33×27,5]

Nr.	Wert		★★	⊙	FDC
1490	100 Pf	Apotheker	2,–	–,80	1,80
		ETB		1,–	

1991, 8. Jan. 750 Jahre Hannover. [35×35]

Nr.	Wert		★★	⊙	FDC
1491	60 Pf	Stadtansicht	1,40	–,60	1,40
		ETB		1,–	

1991, 8. Jan. 200 Jahre Brandenburger Tor, Berlin. [43×26]

Nr.	Wert		★★	⊙	FDC
1492	100 Pf	Brandenburger Tor	2,20	–,60	2,–
		ETB		1,50	

1991, 8. Jan. 100. Geburtstag des Malers, Bildhauers und Architekten Erich Buchholz (1891–1972). [27,5×33]

Nr.	Wert		★★	⊙	FDC
1493	60 Pf	Holzreliefplatte . .	1,20	–,60	1,40
		ETB		–,70	

1991, 8. Jan. 100. Geburtstag des Volkswirtschaftlers Walter Eucken (1891–1950). [33×27,5]

Nr.	Wert		★★	⊙	FDC
1494	100 Pf	W. Eucken	1,70	–,80	1,80
		ETB		–,70	

1991, 8. Jan. Internationale Tourismusbörse (ITB), Berlin. [35×35]

Nr.	Wert		★★	⊙	FDC
1495	100 Pf	Plakat	1,80	–,60	1,80
		ETB		–,70	

1991, 8. Jan. Blockausgabe: Weltmeisterschaften im Bobsport, Altenberg. [55×80, 26×22]

Nr.	Wert		★★	Ⓢ	FDC
1496	100 Pf	Zweierbob	2,20	2,60	
		Block 23 (55×80 mm) . . .	2,40	2,80	3,50
		ETB		3,–	

1991, 14. Febr. Frauen der deutschen Geschichte. [23×27,5]

Nr.	Wert		★★	⊙	FDC
1497	150 Pf	Sophie Scholl (1921–1943) . . .	3,50	1,80	2,50
1498	200 Pf	Bertha v. Suttner (1843–1914) . . .	2,50	1,–	3,–
		Satz (2 W.)	6,–	2,80	5,–
		ETB		2,50	

1991, 14. Febr. Sporthilfe: WM im Gewichtheben, Donaueschingen; Bahn- und Straßen-Rad-WM, Stuttgart; 100 Jahre Basketballspiel; EM im Freistilringen, Stuttgart, und im griechisch-römischen Stil, Aschaffenburg. [35×35]

			★★	⊙	FDC
1499	70+30 Pf	Gewichtheben	2,–	2,–	
1500	100+50 Pf	Radfahren . .	2,–	2,–	
1501	140+60 Pf	Basketball . .	3,–	3,–	
1502	170+80 Pf	Ringen	3,–	3,–	
		Satz (4 W.) .	10,–	10,–	12,–
		ETB		6,50	

1991, 14. Febr. 400. Geburtstag des Jesuitenpaters und Schriftstellers Friedrich Spee von Langenfeld (1591 bis 1635). [43×26]

1503	100 Pf	F. Spee von Langenfeld	1,80	–,60	1,80
		ETB		–,70	

1991, 12. März. 400. Geburtstag des Heerführers Jan von Werth (1591 bis 1652). [27,5×33]

1504	60 Pf	J. von Werth	1,20	–,60	1,40
		ETB		–,70	

1991, 12. März. Natur- und Umweltschutz: Pflanzen aus dem Rennsteiggarten, Oberhof. [35×35]

1505	30 Pf	Schweizer Mannsschild	–,50	–,50	
1506	50 Pf	Wulfens Primel .	–,70	–,70	
1507	80 Pf	Sommerenzian .	1,20	–,50	
1508	100 Pf	Preiselbeere . . .	1,70	–,50	
1509	350 Pf	Alpenedelweiß .	5,–	4,–	
		Satz (5 W.)	9,–	6,–	9,–
		ETB		4,50	

1991, 12. März. 100. Todestag des Politikers Ludwig Windthorst (1812–1891). [33×27,5]

			★★	⊙	FDC
1510	100 Pf	L. Windthorst . .	1,80	–,60	1,80
		ETB		–,70	

1991, 9. April. 750. Jahrestag der Schlacht bei Liegnitz. [43×26]

1511	100 Pf	Schlachtszene .	2,–	1,20	1,80
		ETB		1,–	

1991, 9. April. Jugend: Gefährdete Schmetterlinge. [35×35]

1512	30+15 Pf	Alpen-Gelbling	–,50	–,50	
1513	50+25 Pf	Großer Eisvogel	–,60	–,60	
1514	60+30 Pf	Großer Schillerfalter	1,20	1,20	
1515	70+30 Pf	Blauschillernder Feuerfalter .	1,30	1,30	
1516	80+35 Pf	Schwalbenschwanz . . .	1,60	1,60	
1517	90+45 Pf	Alpen-Apollo	2,–	2,–	
1518	100+50 Pf	Hochmoor-Gelbling . . .	2,50	2,50	
1519	140+60 Pf	Großer Feuerfalter	3,–	3,50	
		Satz (8 W.) .	12,–	13,–	15,–
		ETB		9,–	

1991, 9. April. 200 Jahre Sing-Akademie, Berlin. [43×26]

Nr.	Wert	Bezeichnung	✶✶	⊙	FDC
1520	100 Pf	Akademie-Gebäude (um 1830)	1,80	–,80	1,80
		ETB		–,70	

1991, 9. April. 125 Jahre Lette-Verein, Berlin. [43×26]

Nr.	Wert	Bezeichnung	✶✶	⊙	FDC
1521	100 Pf	Setzerinnenschule (um 1875)	1,80	–,60	1,80
		ETB		–,70	

1991, 9. April. Historische Luftpostbeförderung. [43×26]

Nr.	Wert	Bezeichnung	✶✶	⊙	FDC
1522	30 Pf	Flugzeug Junkers F 13 (1930)	–,50	–,50	
1523	50 Pf	Grade-Eindecker (1909)	–,70	–,40	
1524	100 Pf	Flugzeug Fokker F III (1922)	2,–	–,50	
1525	165 Pf	Luftschiff LZ 127 (1928)	3,–	2,80	
		Satz (4 W.)	6,–	4,–	6,–
		ETB		3,–	

1991, 2. Mai. Europa: Europäische Weltraumfahrt. [35×35]

Nr.	Wert	Bezeichnung	✶✶	⊙	FDC
1526	60 Pf	Erdbeobachtungs-satellit ERS 1 ..	1,50	–,50	
1527	100 Pf	Fernmeldesatellit Kopernikus	2,50	–,50	
		Satz (2 W.)	4,–	1,–	3,–
		ETB		1,–	

1991, 2. Mai. 700 Jahre Stadtrechte für Mayen, Welschbillig, Bernkastel, Montabaur, Wittich und Saarburg. [35×35]

Nr.	Wert	Bezeichnung	✶✶	⊙	FDC
1528	60 Pf	Stadtwappen ...	1,20	–,60	1,60
		ETB		–,70	

1991, 2. Mai. 75. Todestag des Komponisten Max Reger (1873–1916). [43×26]

Nr.	Wert	Bezeichnung	✶✶	⊙	FDC
1529	100 Pf	M. Reger	2,–	–,60	1,80
		ETB		–,70	

1991, 2. Mai. Start des Hochgeschwindigeitsverkehrs der Deutschen Bundesbahn. [43×26]

Nr.	Wert	Bezeichnung	✶✶	⊙	FDC
1530	60 Pf	ICE-Zug	1,20	–,60	1,60
		ETB		–,70	

1991, Juni. Sehenswürdigkeiten. Selbstklebende Papierfolie, geschnitten (aus Markenheftchen). [21,5×26]

Nr.	Wert	Bezeichnung	✶✶	⊙	FDC
1531	10 Pf	Flughafen Frankfurt	3,–	3,–	
1532	60 Pf	Bavaria, München	3,–	3,–	
1533	80 Pf	Zeche Zollern II, Dortmund	3,–	3,–	
1534	100 Pf	Wallfahrtskapelle Altötting	3,–	3,–	
		Satz (4 W.)	12,–	12,–	

1991, 4. Juni. Sehenswürdigkeiten. [21,5×26]

Nr.	Wert	Bezeichnung	✶✶	⊙	FDC
1535	170 Pf	Russ. Kirche, Wiesbaden	2,40	1,–	3,20
		ETB		1,–	

1991, 4. Juni. 150. Geburtstag des Architekten Paul Wallot (1841–1912). [43×26]

Nr.	Wert	Bezeichnung	✶✶	⊙	FDC
1536	100 Pf	P. Wallot, Reichstagsgebäude ...	2,–	–,60	1,80
		ETB		–,70	

1991, 4. Juni. Weltgaskongress, Berlin. [108×29, 43×26]

			★★	⊙	FDC
1537	60 Pf	W. A. Lampadius (1772–1842) . . .	1,30	–,60	
1538	100 Pf	Gaskandelaber in Berlin	1,50	–,60	
		Satz (2 W.)	2,80	1,20	
		Dreierstreifen . .	3,20	3,50	6,–
		ETB		2,50	

1991, 4. Juni. Tierschutz: Bedrohte Seevögel. [27,5×33]

1539	60 Pf	Kampfläufer . . .	1,–	–,60	
1540	80 Pf	Zwergseeschwalbe	1,50	1,–	
1541	100 Pf	Ringelgans	1,50	1,–	
1542	140 Pf	Seeadler	2,80	2,50	
		Satz (4 W.)	6,50	5,–	6,50
		ETB		3,20	

1991, 9. Juli. Blockausgabe: Europ. Luftpostausstellung LILIENTHAL '91; 100. Jahrestag des 1. Flugversuchs von Otto Lilienthal. [57×83, 33×27,5]

			★★	Ⓢ	FDC
1543	100+50 Pf	O. Lilienthal .	4,20	3,60	
		Block 24 (57×83 mm)	4,50	3,80	5,–
		ETB		3,50	

1991, 9. Juli. 40 Jahre Genfer Flüchtlingskonvention. [27,5×33]

			★★	⊙	FDC
1544	100 Pf	Hand mit Umhang	1,80	–,60	1,80
		ETB		–,70	

1991, 9. Juli. Libellen. [33×27,5, 66×55]

			★★	⊙	FDC
1545	50 Pf	Plattbauch	–,80	–,40	
1546	60 Pf	Plattbauch	1,50	–,80	
1547	60 Pf	Blutrote Heidelibelle	1,50	–,80	
1548	60 Pf	Zweigestreifte Quelljungfer . . .	1,50	–,80	
1549	60 Pf	Grüne Mosaikjungfer	1,50	–,80	
1550	70 Pf	Blutrote Heidelibelle	1,20	1,–	
1551	80 Pf	Zweigestreifte Quelljungfer . . .	1,30	1,–	
1552	100 Pf	Grüne Mosaikjungfer . .	1,40	1,–	
		Satz (8 W.)	10,–	6,50	9,–
		ETB		5,–	
		Zd-Viererblock (mit MiNr. 1546–1549)	6,50	5,50	

1991, 9. Juli. Internationale Funkausstellung (IFA), Berlin. [43×26]

1553	100 Pf	Symbole	2,–	–,60	1,80
		ETB		–,70	

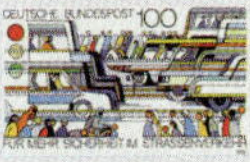

1991, 9. Juli. Verkehrssicherheit. [43×26]

1554	100 Pf	Verkehrsszene . .	2,–	–,80	1,80
		ETB		–,70	

1991, 8. Aug. 150 Jahre Deutschlandlied. [43×26]

1555	100 Pf	A. H. Hoffmann von Fallersleben, Text	1,80	–,60	1,80
		ETB		–,70	

1991, 8. Aug. 100. Geburtstag des Juristen und Gründers des Deutschen Ev. Kirchentages Reinold von Thadden-Trieglaff (1891–1976). [43×26]

			**	⊙	FDC
1556	100 Pf	R. von Thadden-Trieglaff	1,80	–,60	1,80
		ETB		–,70	

1991, 8. Aug. 100 Jahre Energieübertragung durch Drehstrom. [43×26]

1557	170 Pf	Drehstromübertragung	3,–	1,50	3,–
		ETB		1,20	

1991, 12. Sept. 275 Jahre Rhein-Ruhr-Hafen Duisburg. [43×26]

1558	100 Pf	Hafenanlagen ..	1,80	–,60	1,80
		ETB		–,70	

1991, 12. Sept. Blockausgabe: 200. Geburtstag des Schriftstellers Theodor Körner (1791 bis 1813). [55×80, 22×26]

			**	Ⓢ	FDC
1559	60 Pf	Feder, Säbelgriff, Eichenblatt	1,50	1,60	
1560	100 Pf	Th. Körner	1,50	1,60	
		Block 25 (55×80 mm) ...	3,–	3,50	4,50
		ETB		3,20	

1991, 12. Sept. 100. Geburtstag des Schauspielers Hans Albers (1891 bis 1960). [33×27,5]

			**	⊙	FDC
1561	100 Pf	H. Albers	2,40	–,60	2,40
		ETB		–,70	

1991, 10. Okt. Sehenswürdigkeiten. [21,5×26]

			**	⊙	FDC
1562	400 Pf	Semperoper, Dresden	4,50	–,80	5,50
		ETB		1,70	

1991, 10. Okt. Wohlfahrt: Historische Posthäuser in Deutschland. [35×35]

1563	30+15 Pf	Postamt Bethel	–,80	–,80	
1564	60+30 Pf	Poststation Büdingen ..	1,20	1,20	
1565	70+30 Pf	Postamt Stralsund ..	1,50	1,50	
1566	80+35 Pf	Postamt Lauscha ...	1,80	1,80	
1567	100+50 Pf	Postamt Bonn	2,50	2,40	
1568	140+60 Pf	Postamt Weilburg ...	3,50	3,–	
		Satz (6 W.) .	11,–	10,–	14,–
		ETB		8,–	

1991, 10. Okt. 100. Geburtstag des Malers und Bildhauers Max Ernst (1891–1976). [35×35]

1569	100 Pf	Vogeldenkmal ..	1,80	–,60	1,80
		ETB		1,20	

1991, 10. Okt. Tag der Briefmarke. [35×35]

1570	100 Pf	Briefträger im Spreewald	1,80	–,60	1,80
		ETB		–,70	

1991, 5. Nov. Blockausgabe: 200. Todestag des österreichischen Komponisten Wolfgang Amadeus Mozart (1756–1791). [82,5×57, 27,5×33]

			**	Ⓢ	FDC
1571	100 Pf	W. A. Mozart . . .	2,80	2,40	
		Block 26 (82,5×57 mm) . .	3,–	3,–	4,–
		ETB		3,–	

1991, 5. Nov. 100. Geburtstag des Malers und Graphikers Otto Dix (1891–1969). [27,5×33]

			**	⊙	FDC
1572	60 Pf	Tänzerin Anita Berber . . .	1,–	–,60	
1573	100 Pf	Selbstbildnis . . .	2,–	–,60	
		Satz (2 W.)	3,–	1,20	2,60
		ETB		1,–	

1991, 5. Nov. 100. Geburtstag des Politikers Julius Leber (1891 bis 1945). [35×35]

1574	100 Pf	J. Leber	1,80	–,60	1,80
		ETB		–,70	

1991, 5. Nov. 100. Geburtstag der Dichterin und Schriftstellerin Nelly Sachs (1891–1970). [27,5×33]

1575	100 Pf	N. Sachs	1,80	–,70	1,80
		ETB		–,70	

1991, 5. Nov. Sorbische Sagen. [35×35]

			**	⊙	FDC
1576	60 Pf	Geiger und Wassermann . . .	1,20	–,60	
1577	100 Pf	Mittagsfrau und Nochtenerin . . .	1,80	–,60	
		Satz (2 W.)	3,–	1,20	3,–
		ETB		1,–	

1991, 5. Nov. Weihnachten: 500. Todestag des Malers und Kupferstechers Martin Schongauer (1450–1491). [35×35]

1578	60+30 Pf	Engel der Verkündigung	1,30	1,20	
1579	70+30 Pf	Mariä Verkündigung	1,60	1,50	
1580	80+35 Pf	Maria im Rosenhag (Detail) .	3,20	2,80	
1581	100+50 Pf	Geburt Christi	4,–	3,50	
		Satz (4 W.) .	10,–	9,–	11,–
		ETB		6,–	

1992, 9. Jan. Frauen der deutschen Geschichte. [23×27,5]

1582	400 Pf	Charlotte von Stein (1742–1827)	6,–	4,50	6,–
		ETB		2,50	

1992, 9. Jan. 2000 Jahre Koblenz. [43×26]

1583	60 Pf	Deutsches Eck, Stadtsilhouette			
x		Papier ohne Fluoreszenz	35,–	35,–	65,–
y		Papier fl.	2,20	–,70	1,50
		ETB (y)		–,70	

1992, 9. Jan. 100. Geburtstag des evangelischen Theologen Martin Niemöller (1892–1964). [33×27,5]

1584	100 Pf	M. Niemöller . . .	1,40	–,60	1,80
		ETB		–,50	

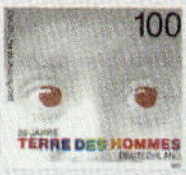

1992, 9. Jan. 25 Jahre Kinderhilfsorganisation „Terre des Hommes Deutschland“. [33×27,5]

				★★	⊙	FDC
1585	100 Pf	Kinderaugen . . .		2,–	–,80	1,80
		ETB			–,70	

1992, 9. Jan./10. Sept. Wappen der Länder der Bundesrepublik Deutschland. [35×35]

			★★	⊙	FDC	ETB
1586	100 Pf	Baden-Württemberg .	2,20	–,90	1,80	1,80
1587	100 Pf	Bayern . .	2,20	–,90	1,80	1,80
1588	100 Pf	Berlin . . .	2,20	–,90	1,80	1,80
1589	100 Pf	Brandenburg	2,20	–,90	1,80	1,80
1590	100 Pf	Bremen .	2,20	–,90	1,80	1,80
1591	100 Pf	Hamburg	2,20	–,90	1,80	1,80
		Satz (6 W.)	13,–	5,–		

1992, 6. Febr. Sporthilfe: Olympische Winterspiele, Albertville; Olympische Sommerspiele, Barcelona. [35×35]

			★★	⊙	FDC
1592	60+30 Pf	Fechten	1,50	1,50	
1593	80+40 Pf	Rudern	1,80	1,80	
1594	100+50 Pf	Dressurreiten	3,80	3,80	
1595	170+80 Pf	Ski alpin	6,–	6,–	
		Satz (4 W.) . .	13,–	13,–	14,–
		ETB		7,–	

1992, 6. Febr. 100. Geburtstag des Komponisten Arthur Honegger (1892–1955). [33×27,5]

			★★	⊙	FDC
1596	100 Pf	A. Honegger	2,–	–,90	1,80
		ETB		–,70	

1992, 6. Febr. 75. Todestag des Luftschiffkonstrukteurs Ferdinand Graf von Zeppelin. [43×26]

			★★	⊙	FDC
1597	165 Pf	F. Graf von Zeppelin, LZ 127	3,–	1,60	3,–
		ETB		1,–	

1992, 12. März. 750 Jahre Stadt Kiel. [43×26]

1598	60 Pf	Stadtansicht	1,40	–,70	1,80
		ETB		–,70	

1992, 12. März. 125. Jahrestag der Gründung des Zuckerinstituts Berlin. [43×26]

1599	100 Pf	Zuckerrübe, Scherenschnitte .	1,90	–,90	1,90
		ETB		–,70	

1992, 12. März. 100. Todestag des Zirkusdirektors Ernst Jakob Renz (1815–1892). [33×27,5]

1600	100 Pf	Pferdedressur . .	1,90	–,70	1,90
		ETB		–,70	

1992, 12. März. 25. Todestag des Bundeskanzlers Konrad Adenauer (1876–1967). [35×35]

1601	100 Pf	Dr. h.c. K. Adenauer	2,40	–,70	1,80
		ETB		–,70	

1992, 9. April. Jugend: Gefährdete Nachtfalter. [35×35]

			✱✱	⊙	FDC
1602	60+30 Pf	Purpurbär . .	1,80	1,80	
1603	70+30 Pf	Labkraut-schwärmer . .	2,–	2,–	
1604	80+40 Pf	Silbermönch	2,60	2,60	
1605	100+50 Pf	Schwarzer Bär	2,80	2,80	
1606	170+80 Pf	Rauschbeeren-Fleckenspanner	3,20	3,20	
		Satz (5 W.) . .	12,–	12,–	14,–
		ETB		9,–	

1992, 9. April. 400. Geburtstag des Missionars und Astronomen Johann Adam Schall von Bell (1592–1666). [43×26]

1607	140 Pf	J. A. Schall von Bell	2,60	1,30	2,50
		ETB		1,–	

1992, 7. Mai. Europa: 500. Jahrestag der Entdekkung von Amerika. [35×35]

1608	60 Pf	Landung	1,–	–,50	
1609	100 Pf	R. A. Laudonnière, Häuptling Athore	2,–	–,50	
		Satz (2 W.)	3,–	1,–	3,–
		ETB		1,–	

1992, 7. Mai. 1250. Geburtstag des hl. Ludgerus. [27,5×33]

1610	100 Pf	Bischofsweihe . .	1,80	–,80	2,–
		ETB		–,70	

1992, 7. Mai. 1250 Jahre Erfurt. [33×27,5]

1611	60 Pf	Dom, Severikirche, Altstadt	1,40	–,70	1,40
		ETB		–,50	

1992, 7. Mai. 500. Geburtstag des Rechenmeisters Adam Riese (1492–1559). [43×26]

1612	100 Pf	Autograph	2,–	–,70	1,80
		ETB		–,70	

1992, 7. Mai. 150 Jahre Orden „Pour le mérite". [35×35]

			✱✱	⊙	FDC
1613	100 Pf	Orden	1,80	–,70	2,–
		ETB		–,70	

1992, 11. Juni. Frauen der deutschen Geschichte. [23×27,5]

1614	450 Pf	Hedwig Courths-Mahler (1867–1950)	6,50	5,–	6,50
		ETB		3,–	

1992, 11. Juni. Umweltschutz: Rettet den tropischen Regenwald. [35×35]

1615	100+50 Pf	Regenwald .	2,40	2,60	3,50
		ETB		1,80	

1992, 11. Juni. 250. Geburtstag des Physikers und Schriftstellers Georg Christoph Lichtenberg (1742–1799). [33×27,5]

1616	100 Pf	G. Chr. Lichtenberg	1,80	–,80	1,80
		ETB		–,70	

1992, 11. Juni. Deutsche Malerei des 20. Jahrhunderts. [55×33]

1617	60 Pf	Pferd in der Landschaft (Franz Marc)	1,–	–,80	
1618	100 Pf	Modegeschäft (August Macke) .	1,50	–,80	
1619	170 Pf	Murnau mit Regenbogen (W. Kandinsky) . .	2,50	2,20	
		Satz (3 W.)	5,–	3,80	6,–
		ETB		2,80	

1992, 16. Juli. Welthauswirtschaftskongress, Hannover. [43×26]

			✶✶	⊙	FDC
1620	100 Pf	Haus, Weltkugel .	1,80	–,80	2,–
		ETB		–,70	

1992, 16. Juli. Familie schafft Zukunft. [35×35]

1621	100 Pf	Familie	2,–	–,70	2,–
		ETB		–,70	

1992, 16. Juli. Natur- und Umweltschutz: Botanischer Garten, Leipzig. [43×26]

1622	60 Pf	Botanischer Garten	1,20	–,70	1,40
		ETB		–,50	

1992, 13. Aug. Sehenswürdigkeiten. [21,5×26]

1623	450 Pf	Neues Tor, Neubrandenburg ...	5,–	1,50	6,50
		ETB		2,50	

1992, 13. Aug. 300. Geburtstag des Stukkateurs und Baumeisters Egid Quirin Asam (1692–1750). [27,5×33]

1624	60 Pf	Mariä Himmelfahrt	1,50	–,70	1,60
		ETB		–,50	

1992, 13. Aug. 250 Jahre Deutsche Staatsoper Berlin. [43×26]

1625	80 Pf	Staatsoper	1,70	–,70	1,80
		ETB		–,50	

1992, 13. Aug. 100 Jahre Bund Deutscher Amateurtheater. [27,5×33]

1626	100 Pf	Theaterfiguren ..	1,80	–,70	1,80
		ETB		–,70	

1992, 10. Sept. 500 Jahre Erdglobus. [35×35]

			✶✶	⊙	FDC
1627	60 Pf	Globus von M. Behaim	1,40	–,70	1,60
		ETB		–,50	

1992, 10. Sept. 225 Jahre Schmuck- und Uhrenindustrie in Pforzheim. [27,5×33]

1628	100 Pf	Anhänger, Uhr ..	1,60	–,70	1,80
		ETB		–,70	

1992, 10. Sept. 100. Geburtstag des Schriftstellers Werner Bergengruen (1892–1964). [27,5×33]

1629	100 Pf	W. Bergengruen .	1,60	–,70	1,80
		ETB		–,70	

1992, 10. Sept. Eröffnung des Main-Donau-Kanals. [43×26]

1630	100 Pf	Kanalbrücke	1,60	–,70	1,80
		ETB		–,70	

1992, 15. Okt. Wohlfahrt: Kostbare alte Uhren aus deutschen Sammlungen. [35×35]

1631	60+30 Pf	Turmuhr (um 1400) ...	1,40	1,40
1632	70+30 Pf	Stutzuhr (1738)	1,80	1,80
1633	80+40 Pf	Flötenuhr (um 1790) ...	1,80	1,80

			✱✱	⊙	FDC
1634	100+50 Pf	Figurenuhr (um 1580) . . .	2,20	2,20	
1635	170+80 Pf	Tischuhr (um 1550) . . .	3,–	3,–	
		Satz (5 W.) . .	10,–	10,–	12,–
		ETB		8,–	

1992, 15. Okt. 100 Jahre Verband Deutscher Maschinen- und Anlagebau (VDMA). [43×26]

1636	170 Pf	Otto-Motor	2,40	1,40	3,–
		ETB		1,–	

1992, 15. Okt. 50. Todestag des Komponisten und Organisten Hugo Distler (1908–1942). [33×27,5]

1637	100 Pf	H. Distler, Noten .	1,80	–,70	1,80
		ETB		–,70	

1992, 15. Okt. Tag der Briefmarke. [35×35]

1638	100 Pf	Ballonpost	1,80	–,80	1,90
		ETB		–,70	

1992, 5. Nov. Weihnachten. [35×35]

1639	60+30 Pf	Anbetung der Weisen . .	1,40	1,40	
1640	100+50 Pf	Christi Geburt	1,80	1,80	
		Satz (2 W.) . .	3,20	3,20	4,–
		ETB		3,–	

1992, 5. Nov. 250. Geburtstag des Generalfeldmarschalls Gebhard Leberecht Fürst Blücher von Wahlstatt (1742–1819). [33×27,5]

1641	100 Pf	Fürst Blücher . . .	1,80	–,70	2,–
		ETB		–,70	

1992, 5. Nov. 100. Todestag des Ingenieurs und Industriellen Werner von Siemens (1816–1892). [27,5×33]

			✱✱	⊙	FDC
1642	100 Pf	W. v. Siemens . .	1,80	–,70	1,80
		ETB		–,70	

1992, 5. Nov. 50. Todestag des Schriftstellers Jochen Klepper (1903–1942). [33×27,5]

1643	100 Pf	J. Klepper	1,80	–,70	1,80
		ETB		–,70	

1992, 5. Nov. Europäischer Binnenmarkt. [43×26]

1644	100 Pf	Stern, Emblem . .	2,40	–,80	2,–
		ETB		–,70	

1993, 14. Jan. 1200 Jahre Münster. [33×27,5]

1645	60 Pf	Altstadt, Dom . . .	1,20	–,70	1,20
		ETB		–,80	

1993, 14. Jan. 350. Geburtstag des englischen Mathematikers und Physikers Sir Isaac Newton (1643–1727). [43×26]

1646	100 Pf	I. Newton, Formel, Skizze	1,70	–,70	1,80
		ETB		–,80	

1993, 14. Jan. 125 Jahre Norddeutsche Seewarte, Hamburg. [43×26]

1647	100 Pf	Weltkarte, Emblem	1,40	–,70	1,80
		ETB		–,80	

1993, 14. Jan. 100 Jahre Verband Deutscher Elektrotechniker (VDE). [33 × 27,5]

			★★	⊙	FDC
1648	170 Pf	Steckdose, Stromkabel	2,40	1,40	2,80
		ETB		1,–	

1993, 14. Jan. Europäisches Jahr für Sicherheit und Gesundheitsschutz am Arbeitsplatz. [27,5 × 33]

1649	100 Pf	Emblem, Sicherheitsstreifen	1,50	–,70	1,80
		ETB		2,–	

1993, 11. Febr. Sporthilfe: Olympische Sportstätten in Deutschland. [35 × 35]

1650	60+30 Pf	Olympiaschanze, Garmisch-Partenkirchen	3,–	2,50	
1651	80+40 Pf	Olympiapark, München ...	3,50	2,50	
1652	100+50 Pf	Olympiastadion, Berlin	4,50	4,–	
1653	170+80 Pf	Olympiahafen, Kiel	6,–	6,–	
		Satz (4 W.) ...	17,–	15,–	16,–
		ETB		8,–	

1993, 11. Febr. 250 Jahre Gewandhausorchester, Leipzig. [43 × 26]

1654	100 Pf	Stil. Tonschwingung ...	1,40	–,70	1,80
		ETB		–,80	

1993, 11. März. 600. Todestag des Hl. Johannes von Nepomuk (1350–1393). [43 × 26]

1655	100 Pf	Statue in Prag ..	1,60	–,70	1,80
		ETB		–,80	

1993, 11. März. Deutsche Malerei des 20. Jahrhunderts. [55 × 33]

			★★	⊙	FDC
1656	100 Pf	Café (George Grosz)	1,70	1,–	
1657	100 Pf	Meer und Sonne (Otto Pankok) ..	1,70	1,–	
1658	100 Pf	Publikum (Andreas Paul Weber) ...	1,70	1,–	
		Satz (3 W.)	5,–	3,–	5,50
		ETB		2,60	

1993, 11. März. Neue Postleitzahlen. [43 × 26]

1659	100 Pf	Postleitzahlen ..	2,–	–,70	2,–
		ETB		–,80	

1993, 11. März./16. Sept. Wappen der Länder der Bundesrepublik Deutschland. [35 × 35]

			★★	⊙	FDC	ETB
1660	100 Pf	Hessen .	1,60	–,90	1,80	–,80
1661	100 Pf	Mecklenburg-Vorpommern	1,60	–,90	2,80	–,80
1662	100 Pf	Niedersachsen	1,60	–,90	1,80	–,80
1663	100 Pf	Nordrhein-Westfalen	1,60	–,90	1,80	–,80
1664	100 Pf	Rheinland-Pfalz ...	1,60	–,90	1,80	–,80
		Satz (5 W.)	8,–	4,50		

1993, 15. April. Sehenswürdigkeiten. [21,5 × 26]

			★★	⊙	FDC
1665	200 Pf	Magdeburger Dom	2,80	–,90	3,–
		ETB		3,–	

1993, 15. April. Jugend: Gefährdete Käfer. [35×35]

			✶✶	⊙	FDC
1666	80+40 Pf	Alpenbock .	2,–	2,–	
1667	80+40 Pf	Gold-Rosenkäfer	2,–	2,–	
1668	100+50 Pf	Hirschkäfer .	2,40	2,40	
1669	100+50 Pf	Feld-Sandlaufkäfer	2,40	2,40	
1670	200+50 Pf	Feld-Maikäfer	3,80	3,80	
		Satz (5 W.) .	12,–	12,–	15,–
		ETB		10,–	

1993, 15. April. 900 Jahre Benediktinerabteien Maria Laach und Bursfelde. [43×26]

1671	80 Pf	Maria Laach, Bursfelde	1,70	–,70	1,60
		ETB		–,80	

1993, 15. April. Internationale Gartenbauausstellung IGA '93, Stuttgart. [43×26]

1672	100 Pf	Pflanzen	1,40	–,70	1,80
		ETB		–,80	

1993, 5. Mai. Europa: Zeitgenössische Kunst. [55×33]

1673	80 Pf	Lagerplatz (Joseph Beuys) .	1,50	–,90	
1674	100 Pf	Ehrung des Quadrates (Josef Albers)	1,50	–,90	
		Satz (2 W.)	3,–	1,80	3,–
		ETB		1,50	

1993, 5. Mai. 450 Jahre Schulpforta. [27,5×33]

			✶✶	⊙	FDC
1675	100 Pf	Kirche	1,40	–,70	1,80
		ETB		–,80	

1993, 5. Mai. 125 Jahre Coburger Convent. [43×26]

1676	100 Pf	Studentengruppe, Stadthaus und Veste Coburg ..	1,40	–,70	1,80
		ETB		–,80	

1993, 5. Mai. 125 Jahre Galopprennbahn Hoppegarten bei Berlin. [55×33]

1677	80 Pf	Galopprennen ...	1,40	–,80	1,40
		ETB		–,80	

1993, 5. Mai. Euregio Bodensee. [43×26]

1678	100 Pf	Dampfer, Flaggen der Anrainerstaaten	1,70	–,70	1,80
		ETB		1,–	

1993, 17. Juni. Sehenswürdigkeiten. [21,5×26]

1679	500 Pf	Stadttheater Cottbus	5,50	1,80	7,–
		ETB		3,–	

1993, 17. Juni. 1000 Jahre Potsdam. [43×26]

1680	80 Pf	Alter Markt, Nikolaikirche	1,70	–,70	1,60
		ETB		–,80	

1993, 17. Juni. 150. Todestag des Dichters Friedrich Hölderlin (1770 bis 1843). [27,5 × 33]

			✶✶	⊙	FDC
1681	100 Pf	F. Hölderlin	1,70	–,70	1,80
		ETB		–,80	

1993, 17. Juni. 40 Jahre Deutsches Komitee für UNICEF. [43 × 26]

1682	100 Pf	Kinder, Inschrift .	1,40	–,70	1,80
		ETB		–,80	

1993, 15. Juli. 100. Geburtstag des Schriftstellers Hans Fallada (1893 bis 1947). [27,5 × 33]

1683	100 Pf	H. Fallada	1,80	–,70	1,80
		ETB		–,80	

1993, 15. Juli. Bilder aus Deutschland. [55 × 33]

1684	100 Pf	Rügen	1,70	–,90	
1685	100 Pf	Harz	1,70	–,90	
1686	100 Pf	Hohe Rhön	1,70	–,90	
		Satz (3 W.)	5,–	2,60	5,50
		ETB		2,50	

1993, 12. Aug. Sehenswürdigkeiten. [21,5 × 26]

1687	41 Pf	Russische Kirche, Wiesbaden	1,–	–,50	1,–
		ETB		–,60	

1993, 12. Aug. 250. Todestag des Geigenbauers Mathias Klotz (1653–1743). [43 × 26]

			✶✶	⊙	FDC
1688	80 Pf	Entstehungsphasen der Schnecke einer Geige	1,40	–,60	1,60
		ETB		–,60	

1993, 12. Aug. 100. Geburtstag des Schauspielers Heinrich George (1893–1946). [33 × 27,5]

1689	100 Pf	H. George	1,40	–,70	1,80
		ETB		–,80	

1993, 12. Aug. Internationale Funkausstellung, Berlin. [43 × 26]

1690	100 Pf	Auge, Ohr	1,60	–,70	1,80
		ETB		–,80	

1993, 16. Sept. Sehenswürdigkeiten. [21,5 × 26]

1691	700 Pf	Deutsches Theater, Berlin	8,–	3,–	10,–
		ETB		4,50	

1993, 16. Sept. Tag der Briefmarke. [35 × 35]

1692	100+50 Pf	Postbote bei Briefzustellung	2,–	2,20	3,–
		ETB		1,50	

1993, 16. Sept. 100. Geburtstag des schwedischen evangelischen Theologen Birger Forell (1893 bis 1958). [33 × 27,5]

1693	100 Pf	Christliche Symbole	2,–	–,70	1,80
		ETB		–,80	

1993, 16. Sept. 100. Geburtstag des Schriftstellers und Grafikers Hans Leip (1893–1983). [35×35]

Nr.	Wert	Ausgabe	★★	⊙	FDC
1694	100 Pf	Die Brücke Tuledu (H. Leip)	2,–	–,70	1,80
		ETB		–,80	

1993, 16. Sept. Blockausgabe: Für uns Kinder. [50×83, 27,5×33]

Nr.	Wert	Ausgabe	★★	Ⓢ	FDC
1695	100 Pf	Musikclown	2,–	2,–	
		Block 27 (50×83)	2,20	2,–	3,–
		ETB		2,–	

1993, 14. Okt. Wohlfahrt: Deutsche Trachten. [35×35]

Nr.	Wert	Ausgabe	★★	⊙	FDC
1696	80+40 Pf	Rügen	2,–	2,–	
1697	80+40 Pf	Föhr	2,–	2,–	
1698	100+50 Pf	Schwalm ...	2,–	2,–	
1699	100+50 Pf	Oberndorf ..	2,–	2,–	
1700	200+40 Pf	Ernstroda ..	2,50	2,50	
		Satz (5 W.) .	10,–	10,–	13,–
		ETB		8,–	

1993, 14. Okt. 750. Todestag der Hl. Hedwig von Schlesien (1174 bis 1243). [33×27,5]

Nr.	Wert	Ausgabe	★★	⊙	FDC
1701	100 Pf	Hl. Hedwig mit Ordensleuten ..	2,–	–,70	2,–
		ETB		1,–	

1993, 14. Okt. 100. Todestag des russischen Komponisten Peter Iljitsch Tschaikowski (1840–1893). [43×26]

Nr.	Wert	Ausgabe	★★	⊙	FDC
1702	80 Pf	Szene aus „Schwanensee“ .	1,70	–,70	1,50
		ETB		–,70	

1993, 14. Okt. 50. Todestag des Schauspielers und Regisseurs Max Reinhardt (1873–1943). [27,5×33]

Nr.	Wert	Ausgabe	★★	⊙	FDC
1703	100 Pf	M. Reinhardt ...	1,80	–,70	1,80
		ETB		–,80	

1993, 10. Nov. 500. Geburtstag des Arztes und Naturforschers Paracelsus (1493–1541). [27,5×33]

Nr.	Wert	Ausgabe	★★	⊙	FDC
1704	100 Pf	Paracelsus	1,80	–,70	1,80
		ETB		–,80	

1993, 10. Nov. 350. Todestag des italienischen Komponisten Claudio Monteverdi (1567 bis 1643). [43×26]

Nr.	Wert	Ausgabe	★★	⊙	FDC
1705	100 Pf	C. Monteverdi ..	1,80	–,70	1,80
		ETB		–,80	

1993, 10. Nov. 80. Geburtstag des Politikers Willy Brandt (1913 bis 1992). [35×35]

Nr.	Wert	Ausgabe	★★	⊙	FDC
1706	100 Pf	W. Brandt	2,60	1,20	2,40
		ETB		–,80	

1993, 10. Nov. Weihnachten. [35×35]

Nr.	Wert	Ausgabe	★★	⊙	FDC
1707	80+40 Pf	Anbetung der Hl. Drei Könige	1,20	1,20	
1708	100+50 Pf	Christi Geburt	2,20	2,–	
		Satz (2 W.) .	3,40	3,20	5,50
		ETB		3,–	

1994, 13. Jan. 1000 Jahre Stade. [43×26]

			✱✱	⊙	FDC
1709	80 Pf	Altstadt	1,40	-,70	1,60
		ETB		-,80	

1994, 13. Jan. 100. Todestag des Physikers Heinrich Hertz (1857–1894). [43×26]

1710	200 Pf	H. Hertz	3,20	1,40	3,–
		ETB		1,50	

1994, 13. Jan. Internationales Jahr der Familie. [43×26]

1711	100 Pf	Wort „FAMILIE" .	1,80	-,90	1,80
		ETB		1,–	

1994, 13. Jan./8. Sept. Wappen der Länder der Bundesrepublik Deutschland. [35×35]

			✱✱	⊙	FDC	ETB
1712	100 Pf	Saarland	1,70	-,90	1,80	1,80
1713	100 Pf	Sachsen	1,70	-,90	1,80	1,40
1714	100 Pf	Sachsen-Anhalt ..	1,70	-,90	1,80	1,40
1715	100 Pf	Schleswig-Holstein	1,70	-,90	1,80	1,40
1716	100 Pf	Thüringen	1,70	-,90	1,80	1,40
		Satz (5 W.)	8,–	4,50		

ETB = Ersttagsblatt

FDC = Ersttagsbrief (First Day Cover)

1994, 10. Febr. Sporthilfe: Olympische Winterspiele, Lillehammer; Fußball-Weltmeisterschaft, USA; 100 Jahre Internationales Olympisches Komitee (IOC); Winterparalympics, Lillehammer. [35×35]

			✱✱	⊙	FDC
1717	80+40 Pf	Eiskunstlauf	3,50	2,–	
1718	100+50 Pf	Fußball, Pokal	3,50	2,–	
1719	100+50 Pf	Olympische Flamme	3,50	2,–	
1720	200+80 Pf	Abfahrtslauf	5,–	4,–	
		Satz (4 W.) ..	15,–	10,–	11,–
		ETB		7,–	

1994, 10. Febr. 1200 Jahre Frankfurt am Main. [43×26]

1721	80 Pf	Stadtbild	1,40	-,70	1,40
		ETB		-,80	

1994, 10. März. 1250 Jahre Fulda. [43×26]

1722	80 Pf	Dom Michaelis-kirche, Schloss ..	1,60	-,70	1,90
		ETB		-,80	

1994, 10. März. 100 Jahre Bund Deutscher Frauenvereine/ Deutscher Frauenrat. [43×26]

1723	100 Pf	Emblem	1,80	-,80	1,90
		ETB		1,20	

1994, 10. März. Vierte Direktwahlen zum Europäischen Parlament. [43×26]

1724	100 Pf	Sterne mit Flaggen der EU-Staaten .	2,–	-,90	1,90
		ETB		1,20	

1994, 10. März. Ausländer in Deutschland: Miteinander leben. [43×26]

			✱✱	⊙	FDC
1725	100 Pf	Menschengruppe mit Spruchband .	1,40	–,90	1,90
		ETB		1,20	

1994, 14. April. Jugend: 100. Todestag des Arztes und Schriftstellers Dr. Heinrich Hoffmann (1809 bis 1894). [35×35]

1726	80+40 Pf	Bildausschnitte ..	2,80	2,50	
1727	80+40 Pf	aus dem Kinderbuch	2,80	2,50	
1728	100+50 Pf	„Der Struwwelpeter“	2,80	2,50	
1729	100+50 Pf	von Dr. H. Hoffmann .	2,80	2,50	
1730	200+80 Pf		3,80	3,20	
		Satz (5 W.)	15,–	13,–	15,–
		ETB		8,–	

1994, 14. April. 500 Jahre Frauenkirche, München. [43×26]

1731	100 Pf	Alter Peter, Frauenkirche ...	2,40	1,–	1,90
		ETB		1,20	

1994, 5. Mai. Europa: Entdeckungen und Erfindungen. [43×26]

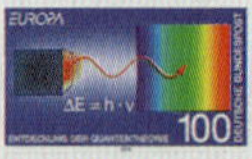

1732	80 Pf	Ohmsches Gesetz	1,30	–,60	
1733	100 Pf	Quantentheorie .	1,30	–,60	
		Satz (2 W.)	2,50	1,20	3,–
		ETB		1,40	

1994, 5. Mai. Blockausgabe: 150. Geburtstag des Tierhändlers Carl Hagenbeck (1844–1913); 150 Jahre Berliner Zoo. [76,5×107,5, 43×26]

			✱✱	Ⓢ	FDC
1734	100 Pf	C. Hagenbeck ..	2,–	2,–	
1735	200 Pf	Eingang zum Berliner Zoo	2,50	2,50	
		Block 28 (76,5×107,5 mm)	4,50	5,–	6,–
		ETB		5,–	

1994, 5. Mai. 125. Geburtstag des Komponisten Hans Pfitzner (1869 bis 1949). [27,5×33]

			✱✱	⊙	FDC
1736	100 Pf	H. Pfitzner, Notenhandschrift	1,80	–,80	2,–
		ETB		1,20	

1994, 16. Juni. Umweltschutz. [35×35]

1737	100+50 Pf	Grünes Herz	2,–	2,–	3,–
		ETB		2,–	

1994, 16. Juni. 800. Geburtstag von Kaiser Friedrich II. (1194–1250). [27,5×33]

1738	400 Pf	Friedrich II.	5,50	5,–	6,50
		ETB		3,50	

1994, 16. Juni. 400 Jahre Zitadelle Spandau. [43×26]

			✱✱	⊙	FDC
1739	80 Pf	Zitadelle Spandau	1,50	–,70	1,60
		ETB		–,80	

1994, 16. Juni. 100 Jahre diakonische Einrichtung Herzogsägmühle. [43×26]

1740	100 Pf	Ortsschild, Emblem	1,50	–,80	2,–
		ETB		1,20	

1994, 14. Juli. Blockausgabe: 50. Jahrestag des Attentats auf Adolf Hitler vom 20. Juli 1944. [105×70, 35×35]

			✱✱	Ⓢ	FDC
1741	100 Pf	Gitterstäbe, Schrifttafel	2,–	2,–	
		Block 29 (105×70 mm) ..	2,50	3,–	4,50
		ETB		2,–	

1994, 14. Juli. Bilder aus Deutschland. [55×33]

			✱✱	⊙	FDC
1742	100 Pf	Alpen	1,40	1,–	
1743	100 Pf	Erzgebirge	1,40	1,–	
1744	100 Pf	Maintal	1,40	1,–	
1745	100 Pf	Mecklenburgische Seenplatte	1,40	1,–	
		Satz (4 W.)	5,50	4,–	6,50
		ETB		3,50	

1994, 11. Aug. Sehenswürdigkeiten. [21,5×26]

			✱✱	⊙	FDC
1746	550 Pf	Rathaus Suhl-Heinrichs ..	6,50	3,–	7,–
		ETB		4,50	

1994, 11. Aug. 250. Geburtstag des Schriftstellers Johann Gottfried Herder (1744–1803). [33×27,5]

1747	80 Pf	J. G. Herder	1,20	–,70	1,60
		ETB		–,80	

1994, 11. Aug. Deutsche Malerei des 20. Jahrhunderts. [55×33]

1748	100 Pf	Maika (Christian Schad)	1,20	–,80	
1749	200 Pf	Landschaft bei Dresden (Erich Heckel)	2,20	2,–	
1750	300 Pf	A. von Jawlensky und M. von Werefkin auf einer Wiese bei Murnau (Gabriele Münter)	3,20	3,20	
		Satz (3 W.)	6,50	6,–	7,50
		ETB		4,50	

1994, 8. Sept. 125 Jahre Museum für Völkerkunde, Leipzig. [43×26]

1751	80 Pf	Bantu-Maske	1,50	–,70	1,60
		ETB		–,80	

1994, 8. Sept. 100. Todestag des Naturforschers Hermann von Helmholtz (1821–1894). [43×26]

1752	100 Pf	H. v. Helmholtz .	1,80	–,70	2,–
		ETB		1,20	

1994, 8. Sept. 100. Geburtstag des Gewerkschafters Willi Richter (1894 bis 1972). [27,5×33]

			✱✱	⊙	FDC
1753	100 Pf	W. Richter	1,50	–,70	2,–
		ETB		1,20	

1994, 8. Sept. Blockausgabe: Für uns Kinder. [106×62, 55×33]

			✱✱	Ⓢ	FDC
1754	100 Pf	Fabelwesen ...	2,–	2,–	
		Block 30 (106×62 mm) ..	2,50	2,50	3,50
		ETB		2,–	

Seit dem 13. Oktober 1994 umfassen die Bogen der Bundesrepublik Deutschland 10 Briefmarken

1994, 13. Okt. Frauen der deutschen Geschichte. [23×27,5]

			✱✱	⊙	FDC
1755	80 Pf	Rahel Varnhagen von Ense (1771–1833)	1,10	–,60	
1756	100 Pf	Luise Henriette von Oranien (1627–1667)	1,10	–,60	
		Satz (2 W.)	2,20	1,20	3,80
		ETB		1,40	

1994, 13. Okt. Wohlfahrt: Deutsche Trachten. [35×35]

			✱✱	⊙	FDC
1757	80+40 Pf	Bückeburg .	1,50	1,50	
1758	80+40 Pf	Halle an der Saale	1,50	1,50	
1759	100+50 Pf	Minden	2,–	2,–	
1760	100+50 Pf	Hoyerswerda	2,–	2,–	
1761	200+70 Pf	Betzingen ..	3,20	3,20	
		Satz (5 W.) ..	10,–	10,–	13,–
		ETB		9,–	

1994, 13. Okt. 1000. Todestag des hl. Wolfgang (um 924–994). [27,5×33]

1762	100 Pf	Bischof Wolfgang	1,50	–,80	2,–
		ETB		1,20	

1994, 13. Okt. 500. Geburtstag des Schriftstellers und Meistersingers Hans Sachs (1494–1576). [27,5×33]

1763	100 Pf	Hans Sachs ...	1,50	–,80	1,90
		ETB		1,20	

1994, 13. Okt. Tag der Briefmarke. [35×35]

1764	100 Pf	Postzusteller (um 1900)	1,50	–,80	1,90
		ETB		1,–	

1994, 9. Nov. 1000 Jahre Quedlinburg. [33×27,5]

1765	80 Pf	Stadtansicht, Stadtwappen ...	1,20	–,70	1,60
		ETB		–,80	

1994, 9. Nov. 200. Todestag des Generals Friedrich Wilhelm von Steuben (1730–1794). [43×26]

1766	100 Pf	F. W. v. Steuben .	1,50	–,80	1,90
		ETB		1,20	

1994, 9. Nov. 175. Geburtstag des Dichters Theodor Fontane (1819 bis 1898). [27,5×33]

			✶✶	⊙	FDC
1767	100 Pf	Th. Fontane	1,50	-,80	1,90
		ETB		1,20	

1994, 9. Nov. 75 Jahre Volksbund Deutscher Kriegsgräberfürsorge. [43×26]

1768	100 Pf	Soldatengräber .	1,50	-,80	1,90
		ETB		1,20	

1994, 9. Nov. 5. Jahrestag der Öffnung der innerdeutschen Grenzen. [43×26]

1769	100 Pf	Grenzübergang Obersuhl	1,50	-,80	1,90
		ETB		1,20	

1994, 9. Nov. Weihnachten. [35×35]

1770	80+40 Pf	Anbetung der Hl. Drei Könige	1,60	1,80	
1771	100+50 Pf	Christi Geburt	2,–	2,–	
		Satz (2 W.) ..	3,50	3,80	5,–
		ETB		3,50	

1995, 12. Jan. 1000 Jahre Gera. [33×27,5]

1772	80 Pf	Stadtansicht	1,50	-,70	1,60
		ETB		-,80	

1995, 12. Jan. 500. Jahrestag der Einberufung des Wormser Reichstages. [43×26]

1773	100 Pf	Kaiser Friedrich III., „Zur Münze“, Worms	1,50	-,80	2,–
		ETB		1,20	

1995, 12. Jan. Deutsche Malerei des 20. Jahrhunderts. [55×33]

			✶✶	⊙	FDC
1774	100 Pf	Der Wasserturm in Bremen (F. Radziwill)	1,50	-,70	
1775	200 Pf	Stillleben mit Katze (Georg Schrimpf)	2,40	2,–	
1776	300 Pf	Gutshof in Dangast (K. Schmidt-Rottluff)	3,60	3,–	
		Satz (3 W.)	7,50	5,50	9,–
		ETB		4,50	

1995, 9. Febr. Sporthilfe: Kanu-Weltmeisterschaften, Duisburg; 10. Weltgymnaestrada, Berlin; Box-Weltmeisterschaften der Amateure, Berlin; 100 Jahre Volleyball. [35×35]

1777	80+40 Pf	Zweier-Kajak	1,50	1,80	
1778	100+50 Pf	Reifenübung	1,50	1,80	
1779	100+50 Pf	Boxen	1,50	1,80	
1780	200+80 Pf	Volleyball ...	3,–	4,–	
		Satz (4 W.) ..	7,50	9,–	11,–
		ETB		6,–	

Wichtiger Hinweis: Bei MiNr. 302– 306, 454–457, 459 –461, 506–510, 694–703, 773, 913– 920, 995 bis 999, 1028, 1037–1038, 1339–1342, 1347–1348, 1374–1375, 1379–1381, 1398– 1401, 1406–1407, 1448, 1468–1469, 1535, 1562, 1623, 1665, 1679, 1687, 1691, 1746, 1811, 1860, 1932, 1934–1938, 2009, 2139–2141, 2156–2157 und 2176–2177 gelten die angegebenen Bewertungen für Marken von Rollen. Marken aus Bogen – erkennbar an Bogenrändern oder waagerechten Paaren – sind teils teurer. Bewertung siehe MICHEL-Deutschland oder MICHEL-Deutschland-Spezial Band 2.

1995, 9. Febr. 375. Geburtstag des Großen Kurfürsten (1620–1688). [33 × 27,5]

			✱✱	⊙	FDC
1781	300 Pf	Kurfürst Friedrich Wilhelm	4,–	3,20	5,–
		ETB		2,20	

1995, 9. März. 1000 Jahre Mecklenburg. [43 × 26]

1782	100 Pf	Urkunde, Flagge, Wappen	1,20	–,80	1,80
		ETB		1,20	

1995, 9. März. 250 Jahre Technische Universität Carolo-Wilhelmina, Braunschweig. [43 × 26]

1783	100 Pf	Digitalisierter Burglöwe	1,40	–,80	1,80
		ETB		1,20	

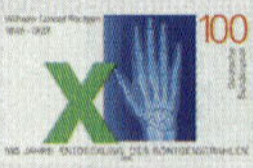

1995, 9. März. 150. Geburtstag des Physikers Wilhelm Conrad Röntgen (1845–1923); 100. Jahrestag der Entdeckung der Röntgenstrahlen. [43 × 26]

1784	100 Pf	Buchstabe „X“, Hand	1,20	–,80	2,–
		ETB		1,20	

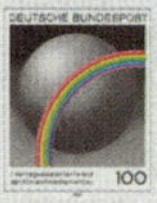

1995, 9. März. Erste Vertragsstaatenkonferenz der Klimarahmenkonvention, Berlin, [27,5 × 33]

1785	100 Pf	Regenbogen vor grauer Weltkugel	1,20	–,80	2,–
		ETB		1,10	

1995, 6. April. 750 Jahre Freie Reichsstadt Regensburg. [43 × 26]

1786	80 Pf	Teile des Reliefs am Alten Rathaus ...	1,10	–,70	1,60
		ETB		–,80	

1995, 6. April. 300. Geburtstag des Baumeisters Johann Conrad Schlaun (1695–1773). [35 × 35]

			✱✱	⊙	FDC
1787	200 Pf	Clemenskirche in Münster (Querschnitt) ...	2,50	2,20	3,–
		ETB		2,–	

1995, 6. April. 50. Todestag des Theologen Dietrich Bonhoeffer (1906–1945). [43 × 26]

1788	100 Pf	D. Bonhoeffer ..	1,20	–,80	2,–
		ETB		1,10	

1995, 6. April. Grundgedanken der Demokratie: Freiheit der Meinungsäußerung. [35 × 35]

1789	100 Pf	Symbole für Wort, Schrift, Bild	1,20	–,80	2,–
		ETB		1,10	

1995, 5. Mai. Europa: Frieden und Freiheit. [35 × 35]

1790	100 Pf	Soldaten (1945) .	1,50	1,–	
1791	200 Pf	Europafahne ...	2,20	2,–	
		Satz (2 W.)	3,50	3,–	4,50
		ETB		2,20	

1995, 5. Mai. 100 Jahre Deutsche Schiller-Gesellschaft. [35 × 35]

1792	100 Pf	F. v. Schiller (1759–1805)	1,20	–,80	1,60
		ETB		1,10	

1995, 5. Mai. 150 Jahre Vinzenz-Konferenzen in Deutschland. [33 × 27,5]

1793	100 Pf	Hl. Vinzenz von Paul (1581–1660)	1,20	–,90	1,60
		ETB		1,10	

1995, 5. Mai. Blockausgabe: 50. Jahrestag der Beendigung des Zweiten Weltkrieges. [105×70, 35×35]

			★★	Ⓢ	FDC
1794	100 Pf	Zerstörte Gebäude	1,70	1,70	
1795	100 Pf	Heimatvertriebene	1,70	1,70	
		Block 31 (105×70 mm) . .	3,50	3,50	5,–
		ETB		2,80	

1995, 5. Mai. Blockausgabe: 50. Jahrestag der Befreiung der Gefangenen aus den Konzentrationslagern. [105×70, 35×35]

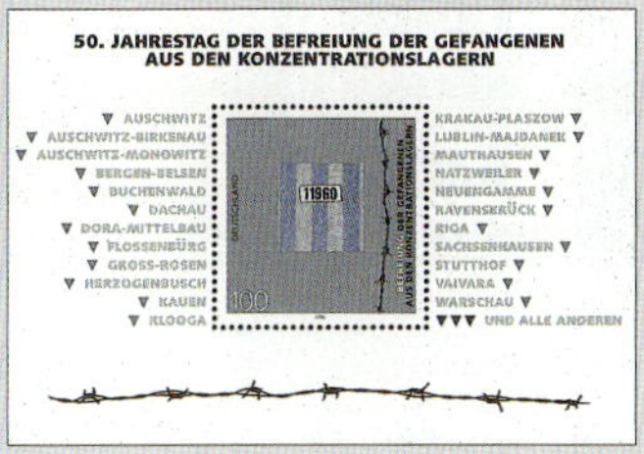

			★★	⊙	FDC
1796	100 Pf	Sträflingskleidung mit Nummer	1,80	1,80	
		Block 32 (105×70 mm) . .	2,–	2,–	2,60
		ETB		1,60	

1995, 8. Juni. Jugend: Hunderassen. [35×35]

			★★	⊙	FDC
1797	80+40 Pf	Kleiner Münsterländer	1,50	1,70	
1798	80+40 Pf	Mittelschnauzer	1,50	1,70	
1799	100+50 Pf	Deutscher Schäferhund	1,50	1,70	
1800	100+50 Pf	Rauhhaardackel	1,50	1,70	
1801	200+80 Pf	Wolfsspitz . .	3,–	3,50	
		Satz (5 W.) . .	9,–	10,–	12,–
		ETB (mit MiNr. 1797–1799) .		3,–	
		ETB (mit MiNr. 1800–1801) .		3,50	

1995, 8. Juni. 100 Jahre Nord-Ostsee-Kanal. [27,5×33]

1802	80 Pf	Landkarte mit Schiffahrtslinien . .	1,50	–,70	1,80
		ETB		–,80	

1995, 8. Juni. 100 Jahre Radio. [43×26]

1803	100 Pf	G. Marconi (1874–1937)	1,60	1,10	1,90
		ETB		1,20	

1995, 8. Juni. 50 Jahre Vereinte Nationen. [35×35]

1804	100 Pf	UNO-Emblem . .	1,20	–,80	1,60
		ETB		1,10	

1995, 6. Juli. 800. Todestag von Heinrich dem Löwen (um 1129 bis 1195), Herzog von Bayern und Sachsen. [33×27,5]

1805	400 Pf	Löwe (Münze, 12. Jh.)	4,–	4,–	5,–
		ETB		3,50	

1995, 6. Juli. 100. Geburtstag des Komponisten Carl Orff (1895–1982). [27,5×33]

			✶✶	⊙	FDC
1806	100 Pf	Figuren aus Werken von C. Orff	1,20	–,80	1,80
		ETB		1,10	

1995, 6. Juli. Bilder aus Deutschland. [55×33]

1807	100 Pf	Fränkische Schweiz	1,–	1,–	
1808	100 Pf	Havellandschaft bei Berlin	1,–	1,–	
1809	100 Pf	Oberlausitz	1,–	1,–	
1810	100 Pf	Sauerland	1,–	1,–	
		Satz (4 W.)	4,–	4,–	5,50
		ETB		3,–	

1995, 10. Aug. Sehenswürdigkeiten. [21,5×26]

1811	640 Pf	Dom zu Speyer .	8,50	5,–	8,50
		ETB		4,50	

1995, 10. Aug. 100 Jahre Kaiser-Wilhelm-Gedächtniskirche, Berlin. [27,5×33]

1812	100 Pf	Kaiser-Wilhelm-Gedächtniskirche	1,40	–,80	1,80
		ETB		1,10	

1995, 10. Aug. 50. Todestag des Schriftstellers Franz Werfel (1890–1945). [43×26]

1813	100 Pf	F. Werfel	1,20	–,80	1,80
		ETB		1,10	

1995, 6. Sept. Tag der Briefmarke. [35×35]

			✶✶	⊙	FDC
1814	200+100 Pf	Postzustellerin auf Fahrrad	3,20	3,50	4,50
		ETB		2,50	

1995, 6. Sept. Blockausgabe: 100 Jahre deutscher Film: Filmszenen. [100×130, 43×26]

			✶✶	Ⓢ	FDC
1815	80 Pf	Metropolis; von Fritz Lang	1,50	2,–	
1816	100 Pf	Der Untertan; von Wolfgang Staudte	1,50	2,–	
1817	200 Pf	Der Himmel über Berlin; von Wim Wenders	2,80	4,–	
		Block 33 (100×130 mm) .	6,–	8,–	12,–
		ETB		6,–	

1995, 6. Sept. 80. Geburtstag des Politikers Franz Josef Strauß (1915–1988). [35×35]

			✶✶	⊙	FDC
1818	100 Pf	F. J. Strauß	1,50	1,–	1,80
		ETB		1,20	

1995, 12. Okt. Wohlfahrt: Bauernhäuser in Deutschland. [43×26]

			★★	⊙	FDC
1819	80+40 Pf	Eifel	1,50	1,50	
1820	80+40 Pf	Sachsen	1,50	1,50	
1821	100+50 Pf	Niederdeutsch-land	1,50	1,50	
1822	100+50 Pf	Oberbayern .	1,50	1,50	
1823	200+70 Pf	Mecklenburg	2,50	2,50	
		Satz (5 W.) ..	8,50	8,50	10,–
		ETB (mit MiNr. 1819–1821) .		3,–	
		ETB (mit MiNr. 1822–1823) .		3,50	

1995, 12. Okt. 100. Geburtstag des Politikers Kurt Schumacher (1895 bis 1952). [35×35]

1824	100 Pf	K. Schumacher .	1,20	–,80	1,80
		ETB		1,20	

1995, 12. Okt. Blockausgabe: Für uns Kinder. [110×64, 55×33]

			★★	Ⓢ	FDC
1825	100 Pf	Tierversammlung	2,20	3,–	
		Block 34 (110×64 mm) ..	2,50	4,–	4,50
		ETB		2,–	

1995, 9. Nov. 200. Geburtstag des Historikers Leopold von Ranke (1795–1886). [33×27,5]

			★★	⊙	FDC
1826	80 Pf	L. von Ranke	1,–	–,70	1,20
		ETB		–,80	

1995, 9. Nov. 100. Geburtstag des Komponisten Paul Hindemith (1895–1963). [33×27,5]

			★★	⊙	FDC
1827	100 Pf	P. Hindemith	1,20	–,80	1,80
		ETB		1,20	

1995, 9. Nov. 100 Jahre Alfred-Nobel-Testament. [43×26]

1828	100 Pf	A. Nobel (1833–1896)	1,60	1,20	1,80
		ETB		1,70	

1995, 9. Nov. 50 Jahre Hilfsorganisation CARE. [43×26]

1829	100 Pf	Inschrift „CARE“	1,20	–,80	1,60
		ETB		1,10	

1995, 9. Nov. Den Opfern von Teilung und Gewalt (1945–1989). [35×35]

1830	100 Pf	Berliner Mauer ..	1,30	–,80	1,60
		ETB		1,20	

1995, 9. Nov. Weihnachten. [35×35]

1831	80+40 Pf	Mariä Verkündigung	1,50	1,50	
1832	100+50 Pf	Christi Geburt	2,–	2,–	
		Satz (2 W.) ..	3,50	3,50	4,–
		ETB		2,50	

1995, 6. Dez. Deutscher Fußballmeister 1995: Borussia Dortmund. [43×26]

1833	100 Pf	Spielszene	1,70	1,–	2,–
		ETB		1,40	

1996, 11. Jan. 150 Jahre Kindermissionswerk in Deutschland. [43×26]

			★★	⊙	FDC
1834	100 Pf	A. von Sartorius (1830–1895)	1,20	–,90	1,60
		ETB		1,10	

1996, 11. Jan. 50. Todestag des evangelischen Theologen Friedrich von Bodelschwingh (1877 bis 1946). [35×35]

1835	100 Pf	F. von Bodelschwingh	1,20	–,90	1,60
		ETB		1,10	

1996, 8. Febr. Jugend: Hunderassen. [35×35]

1836	80+40 Pf	Barsoi	1,60	2,–	
1837	80+40 Pf	Chow-Chow	1,60	2,–	
1838	100+50 Pf	Bernhardiner	2,–	2,–	
1839	100+50 Pf	Collie	2,–	2,–	
1840	200+80 Pf	Briard	3,–	3,–	
		Satz (5 W.) . .	10,–	11,–	13,–
		ETB (mit MiNr. 1836–1838) .		4,–	
		ETB (mit MiNr. 1839–1840) .		4,50	

1996, 8. Febr. 450. Todestag des Reformators Martin Luther (1483–1546). [35×35]

1841	100 Pf	M. Luther	1,30	1,10	1,60
		ETB		1,10	

1996, 17. Febr. 200. Geburtstag von Philipp Franz von Siebold (1796–1866), Japanforscher. [43×26]

1842	100 Pf	Ph. F. von Siebold	1,30	1,10	1,60
		ETB		1,10	

1996, 7. März. Deutsche Malerei des 20. Jahrhunderts. [55×33]

			★★	⊙	FDC
1843	100 Pf	Sitzender weiblicher Akt (Max Pechstein)	1,20	1,–	
1844	200 Pf	Für Wilhelm Runge (Georg Muche) . .	2,40	2,–	
1845	300 Pf	Stilleben mit Gitarre, Buch und Vase (Helmut Kolle) . .	3,–	3,–	
		Satz (3 W.)	6,50	6,–	7,–
		ETB		4,50	

1996, 7. März. 1000 Jahre Domplatz zu Halberstadt. [35×35]

1846	80 Pf	Domplatz	1,–	–,60	1,30
		ETB		–,80	

1996, 7. März. 300. Geburtstag von Giovanni Battista Tiepolo (1696–1770), italienischer Maler. [43×26]

1847	200 Pf	Deckenfresko, Würzburg	2,20	1,90	2,50
		ETB		1,50	

1996, 7. März. 50. Todestag von Clemens August Graf von Galen (1878–1946), katholischer Bischof. [35×35]

1848	100 Pf	C. A. Graf von Galen	1,20	–,80	1,60
		ETB		1,10	

1996, 11. April. Bilder aus Deutschland. [55×33]

			★★	⊙	FDC
1849	100 Pf	Holsteinische Schweiz	1,20	1,–	
1850	100 Pf	Saalelandschaft in Thüringen	1,20	1,–	
1851	100 Pf	Spreewald	1,20	1,–	
1852	100 Pf	Eifel	1,20	1,–	
		Satz (4 W.)	4,80	3,80	6,–
		ETB		3,–	

1996, 11. April. Blockausgabe: Für uns Kinder. [82,5×65,5, 27,5×33]

			★★	Ⓢ	FDC
1853	100 Pf	Reitender Postbote	1,70	1,70	
		Block 35 (82,5×65,5 mm)	2,20	2,–	2,50
		ETB		1,60	

1996, 3. Mai. Europa: Berühmte Frauen. [33×27,5]

			★★	⊙	FDC
1854	80 Pf	Paula Modersohn-Becker (1876–1907)	1,30	–,50	
1855	100 Pf	Käthe Kollwitz (1867–1945)	1,30	1,–	
		Satz (2 W.)	2,50	1,50	2,50
		ETB		1,50	

1996, 3. Mai. 1000 Jahre Marktrecht für Freising. [43×26]

1856	100 Pf	Stadtansicht	1,–	–,90	1,60
		ETB		1,10	

1996, 3. Mai. 150 Jahre Deutscher Bühnenverein. [35×35]

			★★	⊙	FDC
1857	200 Pf	Vorhang, Billett	2,–	1,50	2,50
		ETB		1,60	

1996, 3. Mai. 75. Geburtstag des Schriftstellers Wolfgang Borchert (1921–1947). [43×26]

1858	100 Pf	W. Borchert	1,–	–,90	1,60
		ETB		1,10	

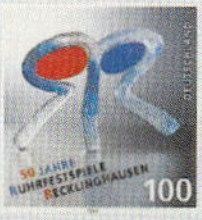

1996, 3. Mai. 50 Jahre Ruhrfestspiele, Recklinghausen. [35×35]

1859	100 Pf	Emblem	1,–	–,90	1,60
		ETB		1,10	

1996, 13. Juni. Sehenswürdigkeiten. [21,5×26]

1860	690 Pf	St.-Michaelis-Kirche, Hamburg	7,–	4,–	8,–
		ETB		4,50	

1996, 13. Juni. Sporthilfe: 100 Jahre Olympische Spiele der Neuzeit – Deutsche Olympiasieger. [35×35]

1861	80+40 Pf	C. Schuhmann (Ringen/Turnen)	3,–	2,–	
1862	100+50 Pf	J. Neckermann (Dressurreiten)	4,–	3,–	
1863	100+50 Pf	A. Hübler-Horn (Eiskunstlauf)	4,–	3,–	
1864	200+80 Pf	A. und G. F. Flatow (Kunstturnen)	5,–	4,–	
		Satz (4 W.)	16,–	12,–	12,–
		ETB		8,–	

1996, 13. Juni. 350. Geburtstag von Gottfried Wilhelm Leibniz (1646–1716), Mathematiker und Philosoph. [43×26]

			✶✶	⊙	FDC
1865	100 Pf	G. W. Leibniz . . .	1,–	–,90	1,60
		ETB		1,10	

1996, 13. Juni. 300 Jahre Akademie der Künste, Berlin. [35×35]

1866	100 Pf	Symbolik	1,–	–,90	1,60
		ETB		1,10	

1996, 18. Juli. Umweltschutz. [55×33]

1867	100+50 Pf	Tropische Lebensräume	2,–	2,–	3,–
		ETB		1,50	

1996, 18. Juli. 800 Jahre Heidelberg. [35×35]

1868	100 Pf	Altstadt, Schloss	1,–	–,90	1,60
		ETB		1,10	

1996, 18. Juli. 50 Jahre Kinderhilfswerk der Vereinten Nationen (UNICEF). [43×26]

1869	100 Pf	Kinderhände . . .	1,–	–,90	1,60
		ETB		1,10	

1996, 18. Juli. 75. Todestag des Schriftstellers Ludwig Thoma (1867–1921). [35×35]

1870	100 Pf	Buchillustration .	1,–	–,90	1,60
		ETB		1,10	

1996, 18. Juli. Blockausgabe: Deutsche National- und Naturparks – Vorpommersche Boddenlandschaft. [165×111, 43×26]

			✶✶	⊙	FDC
1871	100 Pf	Küste	2,–	2,–	
1872	200 Pf	Windwatt	2,–	2,–	
1873	300 Pf	Bodden	3,50	3,50	
		Block 36 (165×111 mm) .	8,–	8,–	10,–
		ETB		6,–	

1996, 14. Aug. 100 Jahre Bürgerliches Gesetzbuch. [35×35]

1874	300 Pf	Gesetzbuch	3,20	3,–	4,–
		ETB		2,–	

1996, 14. Aug. UNESCO-Welterbe. [35×35]

1875	100 Pf	Alte Völklinger Hütte	1,–	–,90	1,60
		ETB		1,10	

1996, 14. Aug. 50. Todestag des Komponisten Paul Lincke (1866 bis 1946). [35×35]

1876	100 Pf	Paul Lincke	1,–	–,90	1,60
		ETB		1,10	

1996, 14. Aug. Bilder aus deutschen Städten. [55×33]

1877	100 Pf	Gendarmenmarkt, Berlin	1,–	–,90	1,60
		ETB		1,10	

1996, 14. Aug. Tag der Briefmarke; 50 Jahre Bund Deutscher Philatelisten e.V. (BDPh). [43×26]

			✶✶	⊙	FDC
1878	100 Pf	Zahl, Lupe	1,–	-,90	1,60
		ETB		1,10	

1996, 27. Aug. Deutscher Fußballmeister 1996: Borussia Dortmund. [35×35]

1879	100 Pf	Spielszene	1,30	-,90	2,–
		ETB		1,20	

1996, 12. Sept. 200 Jahre Homöopathie. [27,5×33]

1880	400 Pf	Samuel Hahnemann (1755–1843)	4,–	4,20	5,–
		ETB		3,50	

1996, 12. Sept. UNESCO-Welterbe. [43×26]

1881	100 Pf	Altstadt Bamberg	1,10	-,90	1,60
		ETB		1,10	

1996, 12. Sept. Kampagne gegen Drogenmissbrauch. [43×26]

1882	100 Pf	Augenpartie	1,10	-,90	1,60
		ETB		1,10	

1996, 9. Okt. Wohlfahrt: Bauernhäuser in Deutschland. [43×26]

			✶✶	⊙	FDC
1883	80+40 Pf	Spreewald . .	1,20	1,–	
1884	80+40 Pf	Thüringen . .	1,20	1,–	
1885	100+50 Pf	Schwarzwald	1,50	1,20	
1886	100+50 Pf	Westfalen . . .	1,50	1,20	
1887	200+70 Pf	Schleswig-Holstein	2,60	2,60	
		Satz (5 W.) . .	8,–	7,–	10,–
		ETB (mit MiNr. 1883–1885) .		3,–	
		ETB (mit MiNr. 1886–1887) .		3,50	

1996, 9. Okt. 100. Todestag des Komponisten Anton Bruckner (1824–1896). [35×35]

1888	100 Pf	A. Bruckner	1,10	-,90	1,60
		ETB		1,10	

1996, 9. Okt. 100. Todestag des Botanikers und Australienforschers Freiherr Sir Ferdinand von Mueller (1825 bis 1896). [43×26]

1889	100 Pf	Frh. Sir F. von Mueller	1,10	-,90	1,60
		ETB		2,–	

1996, 18. Okt. 75 Jahre Donaueschinger Musiktage. [35×35]

1890	100 Pf	Notenzeilen	1,10	-,90	1,60
		ETB		1,10	

1996, 14. Nov. Weihnachten. [35×35]

1891	80+40 Pf	Heilige Drei Könige	1,40	1,60	
1892	100+50 Pf	Christi Geburt	1,60	2,–	
		Satz (2 W.) . .	3,–	3,50	4,–
		ETB		3,50	

1996, 14. Nov. 100. Geburtstag des Schriftstellers Carl Zuckmayer (1896–1977). [35 × 35]

			★★	⊙	FDC
1893	100 Pf	C. Zuckmayer . .	1,10	–,90	1,60
		ETB		1,30	

1996, 3. Dez. 100. Geburtstag des Politikers Carlo Schmid (1896–1979). [43 × 26]

1894	100 Pf	C. Schmid	1,–	–,90	1,60
		ETB		1,30	

1997, 16. Jan. 200. Geburtstag des österreichischen Komponisten Franz Schubert (1797–1828). [35 × 35]

1895	100 Pf	Schubertianer in Atzenbrugg	1,10	–,90	1,60
		ETB		2,–	

1997, 16. Jan. 100. Geburtstag des Fußballtrainers Sepp Herberger (1897–1977). [27,5 × 33]

1896	100 Pf	Sepp Herberger	1,20	–,90	1,60
		ETB		2,–	

1997, 16. Jan. Mehr Sicherheit für Kinder im Straßenverkehr. [35 × 35]

1897	100 Pf	Verkehrsszene .	1,10	–,90	1,60
		ETB		2,–	

ETB = Ersttagsblatt

FDC = Ersttagsbrief (First Day Cover)

1997, 4. Febr. Sporthilfe: Fun-Sport. [35 × 35]

			★★	⊙	FDC
1898	80+40 Pf	Aerobic	1,40	2,40	
1899	100+50 Pf	Inline Skating	1,80	2,40	
1900	100+50 Pf	Streetball . .	1,80	2,40	
1901	200+80 Pf	Freeclimbing	3,–	4,80	
		Satz (4 W.) .	8,–	12,–	12,–
		ETB		7,50	

1997, 4. Febr. 500. Geburtstag des Humanisten Philipp Melanchthon (1497–1560). [35 × 35]

1902	100 Pf	P. Melanchthon .	1,10	–,90	1,60
		ETB		1,80	

1997, 4. Febr. 175 Jahre Kölner Karneval. [27,5 × 33]

1903	100 Pf	Karnevalisten . .	1,10	–,90	1,60
		ETB		1,80	

1997, 4. Febr. 100. Geburtstag des Politikers Ludwig Erhard (1897 bis 1977). [35 × 35]

1904	100 Pf	L. Erhard	1,20	–,90	1,60
		ETB		1,80	

1997, 6. März. 500 Jahre Messeprivileg für Leipzig. [43 × 26]

1905	100 Pf	Messehalle	1,10	–,90	1,40
		ETB		1,80	

1997, 6. März. Blockausgabe: Deutsche Architektur nach 1945. [137 × 101, 35 × 35]

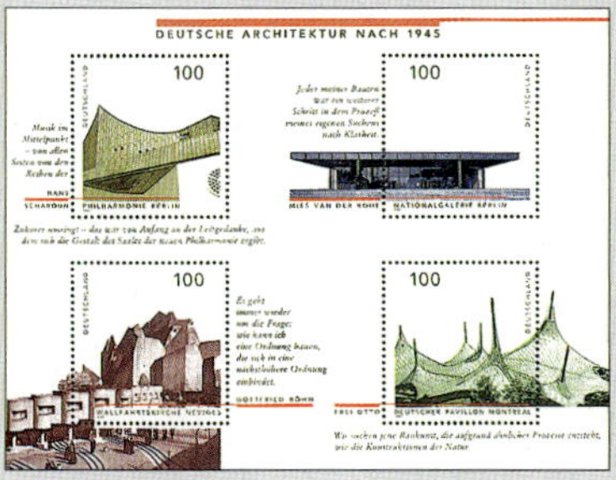

			★★	Ⓢ	FDC
1906	100 Pf	Philharmonie, Berlin	1,40	1,60	
1907	100 Pf	Neue Nationalgalerie, Berlin ..	1,40	1,60	
1908	100 Pf	Wallfahrtskirche, Neviges	1,40	1,60	
1909	100 Pf	Deutscher Pavillon, Montreal	1,40	1,60	
		Block 37 (137 × 101 mm) .	6,–	7,–	8,–
		ETB		4,50	

1997, 10. März. 1100 Jahre Straubing. [43 × 26]

			★★	⊙	FDC
1910	100 Pf	Stadtansicht ...	1,20	–,90	1,50
		ETB		1,50	

1997, 8. April. 500 Jahre Edelsteinregion Idar-Oberstein. [35 × 35]

1911	300 Pf	Edelsteinschliff .	3,40	3,40	5,–
		ETB		3,50	

1997, 8. April. 100. Todestag des Postfachmanns Heinrich von Stephan (1831–1897). [55 × 33]

1912	100 Pf	H. v. Stephan	1,30	–,90	1,50
		ETB		1,50	

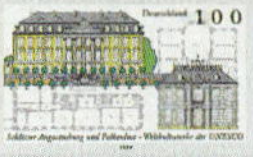

1997, 8. April. UNESCO-Welterbe. [43 × 26]

			★★	⊙	FDC
1913	100 Pf	Schlösser Augustusburg u. Falkenlust	1,10	–,90	1,50
		ETB		1,50	

1997, 23. April. 1000. Todestag des hl. Adalbert. [27,5 × 47]

1914	100 Pf	Hl. Adalbert	1,10	–,90	1,60
		ETB		1,50	

1997, 5. Mai. Europa: Sagen und Legenden. [35×35]

1915	80 Pf	„Vom Fischer und seiner Frau“	1,40	–,80	
1916	100 Pf	„Rübezahl“	1,40	1,–	
		Satz (2 W.)	2,80	1,80	2,50
		ETB		3,–	

1997, 5. Mai. 50 Jahre Städtepartnerschaften. [35 × 35]

1917	100 Pf	Bänder	1,20	–,90	1,40
		ETB		1,50	

1997, 5. Mai. Blockausgabe: 50 Jahre Schutzgemeinschaft Deutscher Wald (SDW). [105 × 70, 35 × 35]

			★★	Ⓢ	FDC
1918	100 Pf	Waldgebiet	2,–	2,–	
1919	200 Pf	Waldgebiet	2,–	2,–	
		Block 38 (105×70 mm) ..	4,20	4,20	5,–
		ETB		4,–	

1997, 9. Juni. Jugend: Pferderassen. [35×35]

			★★	⊙	FDC
1920	80+40 Pf	Rheinisch-Deutsches Kaltblut	2,50	2,–	
1921	80+40 Pf	Shetlandpony	2,50	2,–	
1922	100+50 Pf	Friese	2,50	2,–	
1923	100+50 Pf	Haflinger ...	2,50	2,–	
1924	200+80 Pf	Hannoveraner	5,–	4,–	
		Satz (5 W.) .	15,–	12,–	13,–
		ETB (mit MiNr. 1920–1922) .		3,50	
		ETB (mit MiNr. 1923–1924) .		4,50	

1997, 9. Juni. 100. Todestag des Naturheilkundigen Sebastian Kneipp (1821–1897). [35×35]

1925	100 Pf	S. Kneipp	1,30	–,90	2,–
		ETB		1,50	

ETB = Ersttagsblatt

FDC = Ersttagsbrief (First Day Cover)

1997, 9. Juni. 50 Jahre Marshallplan. [43×26]

			★★	⊙	FDC
1926	100 Pf	George C. Marshall (1880–1959) ...	1,20	–,90	1,80
		ETB		1,50	

1997, 20. Juni. Blockausgabe: 10. documenta, Kassel. [137×97, 55×33]

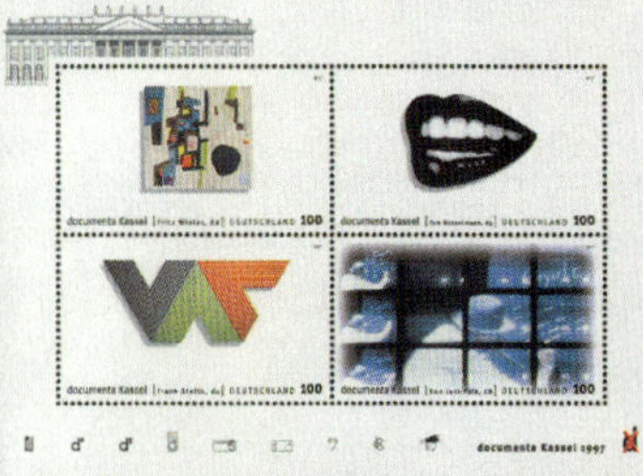

			★★	Ⓢ	FDC
1927	100 Pf	Komposition (Fritz Winter) ...	1,50	1,50	
1928	100 Pf	Mouth No. 15 (Tom Wesselmann)	1,50	1,50	
1929	100 Pf	Quath Lamba (Frank Stella) ...	1,50	1,50	
1930	100 Pf	Beuys-Boice (Nam June Paik)	1,50	1,50	
		Block 39 (137×97 mm) ..	6,–	7,–	8,–
		ETB		5,–	

1997, 20. Juni. 100 Jahre Müngstener Brücke. [35×35]

			★★	⊙	FDC
1931	100 Pf	Müngstener Brücke	1,10	–,90	1,40
		ETB		1,50	

1997, 17. Juli. Sehenswürdigkeiten. [21,5×26]

1932	47 Pf	Europäer-Denkmal Berus	–,60	–,60	1,30
		ETB		–,80	

1997, 17. Juli. Blockausgabe: Für uns Kinder. [70×105, 35×35]

			★★	ⓢ	FDC
1933	100 Pf	Kinder in einer Gondel	2,–	2,–	
		Block 40 (70×105 mm) . . .	2,20	2,20	3,–
		ETB		1,60	

1997, 14./28. Aug. Sehenswürdigkeiten. [21,5×26]

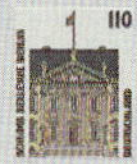

			★★	⊙	ETB
1934	100 Pf	Goethe-Schiller-Denkmal, Weimar			
A		vierseitig gez. . .	1,–	1,–	1,50
C		oben geschnitten . . .	1,–	1,–	
D		unten geschnitten . . .	1,–	1,–	
1935	110 Pf	Schloss Bellevue, Berlin			
A		vierseitig gez. . .	1,10	–,50	1,50
C		oben geschnitten . . .	1,10	1,–	
D		unten geschnitten . . .	1,10	1,–	
1936 A	220 Pf	Brühlsche Terrasse, Dresden	2,–	1,–	2,50
1937 A	440 Pf	Rathaus, Bremen	5,–	4,50	4,50
1938 A	510 Pf	Holstentor, Lübeck	5,–	5,–	5,–
		Satz (5 W.)	14,–	12,–	
		FDC (mit MiNr. 1935 A bis 1937 A)		10,–	
		FDC (mit MiNr. 1934 A, 1938 A)		8,–	

1997, 14./28. Aug. Frauen der deutschen Geschichte. [23×27,5]

			★★	⊙	FDC	ETB
1939	110 Pf	Marlene Dietrich (1901–1992)	1,30	–,80	2,–	1,50
1940	220 Pf	Marie-Elisabeth Lüders (1878–1966)	2,50	2,40	3,–	2,50
		Satz (2 W.)	3,80	3,20		

1997, 19. Aug. Hochwasserhilfe Brandenburg. [35×35]

			★★	⊙	FDC
1941	110+90 Pf	Karte, Wappen, Inschrift	2,40	3,50	4,50
		ETB		2,50	

1997, 28. Aug. 100 Jahre Dieselmotor. [35×35]

			★★	⊙	FDC
1942	300 Pf	Rudolf Diesel (1858–1913), erster Dieselmotor	3,50	3,–	5,–
		ETB		3,–	

1997, 28. Aug. Bilder aus Deutschland. [55×33]

			★★	⊙	FDC
1943	110 Pf	Bayerischer Wald	1,30	1,–	
1944	110 Pf	Lüneburger Heide	1,30	1,–	
1945	110 Pf	Norddeutsche Moorlandschaft .	1,30	1,–	
		Satz (3 W.)	3,80	3,–	4,50
		ETB		3,50	

Im MICHEL-Junior sind meistens nur die billigsten Hauptarten (ohne Unternummern) katalogisiert. Die MICHEL-Nachschlagewerke Deutschland und Deutschland-Spezial sind ausführlicher gehalten.

1997, 17. Sept. 350 Jahre Kartoffelanbau in Deutschland. [43×26]

			★★	⊙	FDC
1946	300 Pf	Kartoffelpflanze, Erntearbeit	3,–	3,–	3,50
		ETB		3,–	

1997, 17. Sept. Blockausgabe: Tag der Briefmarke. [70×105, 35×35]

			★★	Ⓢ	FDC
1947	440+220 Pf	Flugzeug, Motorwagen	6,50	7,50	
		Block 41 (70×105 mm)	7,–	8,–	10,–
		ETB		6,50	

1997, 9. Okt. Wasser- und Windmühlen in Deutschland. [35×35]

			★★	⊙	FDC
1948	100+50 Pf	Schwarzwälder Wassermühle	2,40	2,40	
1949	110+50 Pf	Hessische Wassermühlen	2,60	2,60	
1950	110+50 Pf	Niederrheinische Bockwindmühle	2,60	2,60	
1951	110+50 Pf	Schleswig-Holsteinische Schöpfwindmühle	2,60	2,60	
1952	220+80 Pf	Galerieholländer-Windmühle .	3,50	4,–	
		Satz (5 W.) . .	13,–	14,–	17,–
		ETB (mit MiNr. 1948–1950) .		4,50	
		ETB (mit MiNr. 1951–1952) .		4,50	

1997, 9. Okt. 150. Todestag des Komponisten Felix Mendelssohn Bartholdy (1809–1847). [43×26]

			★★	⊙	FDC
1953	110 Pf	F. Mendelssohn Bartholdy	1,20	1,–	1,60
		ETB		1,40	

1997, 9. Okt. Mehr Sicherheit für Kinder im Straßenverkehr. [35×35]

			★★	⊙	FDC
1954	10 Pf	Verkehrsszene ...	–,40	–,30	–,70
		ETB		–,50	

1997, 16. Okt. Frauen der deutschen Geschichte. [23×27,5]

			★★	⊙	FDC
1955	100 Pf	Elisabeth Schwarzhaupt (1901–1986)	1,30	1,–	2,–
1956	300 Pf	Maria Probst (1902–1967)	3,–	2,50	3,50
		Satz (2 W.)	4,20	3,50	
		ETB (mit MiNr. 1955)		1,50	
		ETB (mit MiNr. 1956)		3,–	

1997, 16. Okt. Europäische Region Saar–Lor–Lux. [43×26]

			★★	⊙	FDC
1957	110 Pf	Grafik	1,30	1,–	1,60
		ETB		2,–	

1997, 16. Okt. Deutscher Fußballmeister 1997: FC Bayern München. [43×26]

			★★	⊙	FDC
1958	110 Pf	Spieler, Fans	1,30	1,–	3,–
		ETB		1,50	

1997, 6. Nov. Weihnachten. [35 × 35]

			**	⊙	FDC
1959	100+50 Pf	Heilige Drei Könige	1,60	1,60	
1960	110+50 Pf	Christi Geburt	1,90	1,90	
		Satz (2 W.) ..	3,50	3,50	4,50
		ETB		3,–	

1997, 6. Nov. 300. Geburtstag des Dichters Gerhard Tersteegen (1697–1769). [35 × 35]

1961	110 Pf	Anfang eines Kirchenliedtextes	1,20	1,–	1,90
		ETB		1,50	

1997, 6. Nov. 200. Geburtstag des Dichters Heinrich Heine (1797 bis 1856). [35 × 35]

1962	110 Pf	H. Heine	1,20	1,–	1,80
		ETB		1,50	

1997, 6. Nov. 100. Geburtstag des Politikers Thomas Dehler (1897–1967). [43 × 26]

1963	110 Pf	Th. Dehler	1,20	1,–	1,60
		ETB		1,50	

1997, 6. Nov. 100 Jahre Deutscher Caritasverband. [43 × 26]

1964	110 Pf	Emblem	1,20	1,–	1,80
		ETB		1,50	

1998, 22. Jan. 1100 Jahre Nördlingen. [35 × 35]

1965	110 Pf	Altstadt	1,20	1,–	1,60
		ETB		1,50	

1998, 22. Jan. UNESCO-Welterbe: Kloster Maulbronn. [35 × 35]

			**	⊙	FDC
1966	100 Pf	Klosterkirche, Lageplan	1,20	1,–	1,70
		ETB		1,50	

1998, 22. Jan. Brücken. [33×27,5]

1967	110 Pf	Glienicker Brücke	1,20	1,–	1,60
		ETB		1,50	

1998, 5. Febr. Sporthilfe: Sportereignisse. [43 × 26]

1968	100+ 50 Pf	Fußball	3,50	2,50	
1969	110+ 50 Pf	Skispringen	3,50	2,50	
1970	110+ 50 Pf	Rudern	3,50	2,50	
1971	300+100 Pf	Riesenslalom	8,–	8,–	
		Satz (4 W.)	18,–	15,–	15,–
		ETB		8,50	

1998, 5. Febr. 100. Geburtstag des Schriftstellers und Regisseurs Bertolt Brecht. [35 × 35]

1972	110 Pf	B. Brecht	1,20	1,–	1,60
		ETB		1,50	

1998, 5. Febr. 50 Jahre Max-Planck-Gesellschaft zur Förderung der Wissenschaften. [55 × 33]

1973	110 Pf	Gründungsversammlung	1,20	1,–	1,70
		ETB		1,50	

1998, 12. März. Landesparlamente in Deutschland. [55×33]

			★★	⊙	FDC
1974	110 Pf	Landtag von Baden-Württemberg	1,30	1,–	
1975	110 Pf	Bayerischer Landtag	1,30	1,–	
1976	110 Pf	Abgeordnetenhaus von Berlin	1,30	1,–	
1977	110 Pf	Landtag Brandenburg	1,30	1,–	
		Satz (4 W.)	5,–	4,–	5,50
		ETB		4,50	

1998, 12. März. 1000 Jahre Bad Frankenhausen. [35×35]

1978	110 Pf	Stadtansicht	1,20	1,–	1,60
		ETB		1,50	

1998, 12. März. 350 Jahre Westfälischer Friede. [55×33]

1979	110 Pf	Gesandte	1,20	1,–	1,60
		ETB		1,50	

1998, 16. April. Blockausgabe: Für uns Kinder. [110×65, 55×33]

			★★	⊙	FDC
1980	110 Pf	Meerestiere, Dinosaurier	1,80	2,–	
		Block 42 (110×65 mm)	2,20	2,20	3,–
		ETB		1,80	

1998, 16. April. 900. Geburtstag von Hildegard von Bingen. [35×35]

1981	100 Pf	Hildegards Vision	1,20	1,–	1,60
		ETB		1,50	

1998, 16. April. 750 Jahre Zisterzienserinnen-Abtei Sankt Marienstern. [43×26]

1982	110 Pf	Klosteranlage	1,20	1,–	1,60
		ETB		1,50	

1998, 16. April. 250 Jahre Markgräfliches Opernhaus Bayreuth. [69×41]

1983	300 Pf	Zuschauerraum	3,20	3,20	4,–
		ETB		3,50	

1998, 22. April. Tod des Schriftstellers Ernst Jünger (1895 bis 1998). [35×35]

1984	110 Pf	E. Jünger	1,20	1,–	1,80
		ETB		1,50	

1998, 7. Mai. Europa: Nationale Feste und Feiertage. [26×43]

1985	110 Pf	Tag der Deutschen Einheit	1,50	1,–	1,60
		ETB		1,50	

1998, 7. Mai. Blockausgabe: 50 Jahre Parlamentarischer Rat, 150 Jahre Paulskirchenverfassung. [105×70, 35×35]

			✶✶	Ⓢ	FDC
1986	110 Pf	Parlamentarischer Rat 1948	2,20	3,–	
1987	220 Pf	Nationalversammlung 1848	2,20	3,–	
		Block 43 (105×70 mm) . . .	4,50	6,50	7,50
		ETB		4,–	

1998, 7. Mai. 50 Jahre Deutscher Landfrauenverband. [35×35]

1988	110 Pf	Ziele des Verbandes	1,20	1,–	1,60
		ETB		1,50	

1998, 7. Mai. Umweltschutz: Schützt die Küsten und Meere. [55×33]

1989	110+50 Pf	Meereswellen	2,50	4,–	5,–
		ETB		2,–	

1998, 10. Juni. Jugend: Trickfilmfiguren. [35×35]

			✶✶	⊙	FDC
1990	100+50 Pf	Die Sendung mit der Maus	2,–	2,–	
1991	100+50 Pf	Der Sandmann	2,–	2,–	
1992	110+50 Pf	Die Biene Maja	2,–	2,–	
1993	110+50 Pf	Käpt'n Blaubär	2,–	2,–	
1994	220+80 Pf	Pumuckl . . .	3,20	3,20	
		Satz (5 W.) . .	11,–	11,–	13,–
		ETB (mit MiNr. 1990, 1993) .		4,–	
		ETB (mit MiNr. 1991, 1992, 1994)		6,–	

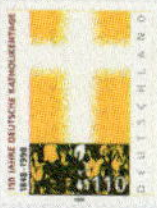

1998, 10. Juni. 150 Jahre Deutsche Katholikentage. [27,5×33]

1995	110 Pf	Kreuz, Menschenmenge	1,20	–,90	1,80
		ETB		1,50	

1998, 19. Juni. 50 Jahre Deutsche Mark. [35×35]

1996	110 Pf	1-DM-Münze . . .	2,–	1,20	1,80
		ETB		1,50	

1998, 16. Juli. Blockausgabe: Deutsche National- und Naturparks – Nationalpark Sächsische Schweiz. [105×70, 35×35]

			✶✶	Ⓢ	FDC
1997	110 Pf	Elbsandstein-Gebirgslandschaft	2,–	2,–	
1998	220 Pf	in der Sächsischen Schweiz	2,40	2,50	
		Block 44 (105×70 mm)	4,50	5,–	6,–
		ETB		4,–	

1998, 16. Juli. Über 1100 Jahre Hopfenanbau in Deutschland. [35×35]

			★★	⊙	FDC
1999	110 Pf	Hopfenernte	1,20	1,–	1,60
		ETB		1,50	

1998, 16. Juli. Gründung der Europäischen Zentralbank in Frankfurt/Main. [55×33]

2000	110 Pf	„EZB“ in Euro-Banknoten	2,–	1,40	2,–
		ETB		1,50	

1998, 20. Aug. Blockausgabe: Design in Deutschland. [137,5×97, 55×33]

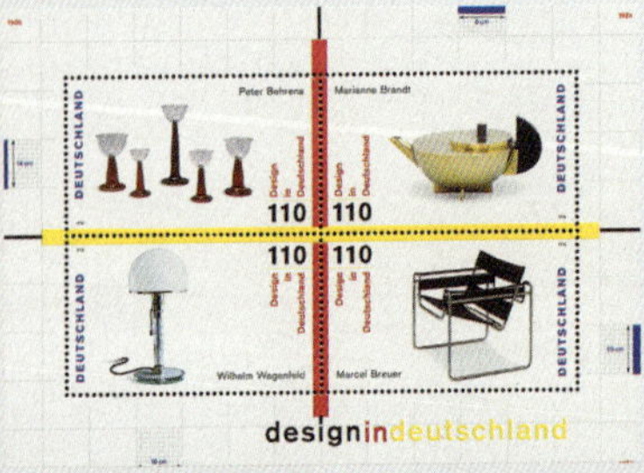

			★★	Ⓢ	FDC
2001	110 Pf	Gläsersatz (P. Behrens)	1,60	2,–	
2002	110 Pf	Tee-Extrakt-Kännchen (M. Brandt)	1,60	2,–	
2003	110 Pf	Tischleuchte (W. Wagenfeld) ..	1,60	2,–	
2004	110 Pf	Sessel „Wassily“ (M. Breuer)	1,60	2,–	
		Block 45 (137,5×97 mm) .	7,–	8,–	10,–
		ETB		6,–	

1998, 20. Aug. Internationaler Mathematiker-Kongress, Berlin. [35×35]

			★★	⊙	FDC
2005	110 Pf	Kongressemblem	1,20	1,–	2,–
		ETB		1,50	

1998, 20. Aug. UNESCO-Welterbe: Grube Messel. [43×26]

			★★	⊙	FDC
2006	100 Pf	Fossiles Krokodil	1,20	–,90	2,–
		ETB		1,50	

1998, 20. Aug. UNESCO-Welterbe: Würzburger Residenz und Puning-Tempel in Chengde. [30×50]

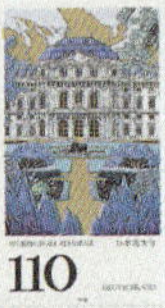

2007	110 Pf	Würzburger Residenz	1,50	–,90	5,–
2008	110 Pf	Puning-Tempel, Chengde	1,50	–,90	5,–
		Satz (2 W.)	3,–	1,80	10,–
		ETB (mit MiNr. 2007 und bildgleicher chinesischer Marke MiNr. 2934)		2,–	
		ETB (mit MiNr. 2008 und bildgleicher chinesischer Marke MiNr. 2935)		2,–	

1998, 10. Sept./1999, 10. Juni. Freimarke: Sehenswürdigkeiten. [21,5×26]

2009	110 Pf	Emblem der EXPO 2000, Hannover			
A		vierseitig gez. ...	1,30	–,80	1,80
C		oben geschnitten	1,30	1,–	
D		unten geschnitten	1,30	1,–	
		ETB (A)		1,50	

1998, 10. Sept. Deutscher Fußballmeister 1998: 1. FC Kaiserslautern. [35×35]

2010	110 Pf	Spielszene, Fußballfeld	1,40	1,–	2,–
		ETB		1,50	

1998, 10. Sept. 300 Jahre Franckesche Stiftungen, Halle. [35×35]

			✶✶	⊙	FDC
2011	110 Pf	Hauptgebäude . .	1,20	1,–	2,–
		ETB		1,50	

1998, 10. Sept. 100. Geburtstag des Schriftstellers Manfred Hausmann (1898–1986). [27,5×33]

2012	110 Pf	M. Hausmann . .	1,20	1,–	2,–
		ETB		1,50	

1998, 10. Sept. Keine Gewalt gegen Kinder. [27,5×33]

2013	110 Pf	Hände auf Kinder-T-Shirt	1,20	1,–	2,–
		ETB		1,50	

1998, 8. Okt. Freimarke: Frauen der deutschen Geschichte. [23×27,5]

2014	440 Pf	Gret Palucca (1902–1993)	6,50	6,50	7,–
		ETB		5,–	

1998, 8. Okt. Wohlfahrt: Bedrohte Vogelarten. [35×35]

			✶✶	⊙	FDC
2015	100+50 Pf	Kornweihe . .	2,–	2,–	
2016	110+50 Pf	Großtrappe .	2,–	2,–	
2017	110+50 Pf	Moorente . . .	2,–	2,–	
2018	110+50 Pf	Seggenrohrsänger	2,–	2,–	
2019	220+80 Pf	Rotkopfwürger	3,–	3,50	
		Satz (5 W.) . .	11,–	11,–	14,–
		ETB (mit MiNr. 2015, 2016) .		4,–	
		ETB (mit MiNr. 2017–2019) .		6,–	

1998, 8. Okt. 100. Geburtstag des Organisten Günther Ramin (1898–1956). [43×26]

2020	300 Pf	G. Ramin	3,20	3,–	4,–
		ETB		3,50	

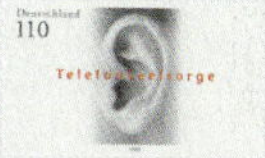

1998, 8. Okt. Telefonseelsorge. [43×26]

2021	110 Pf	Ohr	1,20	1,–	2,–
		ETB		1,50	

1998, 8. Okt. Tag der Briefmarke. [35×35]

2022	110 Pf	Postjacht „Hiorten“, Karte	1,20	1,–	2,–
		ETB		1,50	

1998, 12. Nov. Weihnachten. [35×35]

2023	100+50 Pf	Besuch der Hirten	1,60	1,60	
2024	110+50 Pf	Geburt Christi	1,60	1,60	
		Satz (2 W.) .	3,20	3,20	5,–
		ETB		3,50	

1998, 12. Nov. 450 Jahre Sächsische Staatskapelle, Dresden. [35×35]

2025	300 Pf	Hände eines Dirigenten	3,50	3,–	4,50
		ETB		3,50	

1998, 12. Nov. 50. Jahrestag der Allgemeinen Erklärung der Menschenrechte. [43×26]

			**	⊙	FDC
2026	110 Pf	Augen, Friedenstaube	1,20	1,–	2,–
		ETB		1,50	

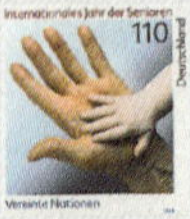

1999, 14. Jan. Internationales Jahr der Senioren. [35×35]

2027	110 Pf	Hand eines Kindes und eines Senioren ..	1,30	1,10	1,80
		ETB		1,50	

1999, 14. Jan. 1100 Jahre Weimar. [35×35]

2028	100 Pf	F. von Schiller, J. W. von Goethe, Ch. M. Wieland und J. G. von Herder; Deutsches Nationaltheater, Weimar	1,20	1,10	1,80
		ETB		1,50	

1999, 14. Jan. 500. Geburtstag von Katharina von Bora. [35×35]

2029	110 Pf	K. v. Bora (1499–1552); Gemälde (L. Cranach d. Ä.)	1,30	1,10	1,80
		ETB		1,50	

1999, 14. Jan. Länderparlamente in Deutschland. [55×33]

2030	110 Pf	Hessischer Landtag	1,30	1,10	1,80
		ETB		1,50	

1999, 18. Febr. Sporthilfe: Rennsport. [43×26]

			**	⊙	FDC
2031	100+ 50 Pf	Radrennsport	2,–	2,50	
2032	110+ 50 Pf	Automobilrennsport ..	2,–	2,50	
2033	110+ 50 Pf	Pferderennsport	2,–	2,50	
2034	300+100 Pf	Motorradrennsport	4,–	4,50	
		Satz (4 W.) .	10,–	11,–	14,–
		ETB		9,–	

1999, 18. Febr. 100. Geburtstag des Schriftstellers Erich Kästner. [35×35]

2035	300 Pf	Titelbild zu „Emil und die Detektive"	3,20	3,20	3,50
		ETB		3,50	

1999, 11. März. Länderparlamente in Deutschland. [55×33]

2036	110 Pf	Hamburger Bürgerschaft ...	1,30	1,10	
2037	110 Pf	Landtag von Mecklenburg-Vorpommern ...	1,30	1,10	
		Satz (2 W.)	2,60	2,20	3,40
		ETB		2,50	

1999, 11. März. 50 Jahre Fraunhofer-Gesellschaft. [35×35]

2038	110 Pf	Entwicklung der Leuchtdiode	1,30	1,10	1,80
		ETB		1,50	

1999, 11. März. 50 Jahre Nordatlantikpakt (NATO). [35×35]

			★★	⊙	FDC
2039	110 Pf	NATO-Emblem . .	1,30	1,10	1,80
		ETB		1,50	

1999, 27. April. Landesparlamente in Deutschland. [55×33]

2040	110 Pf	Bremische Bürgerschaft . . .	1,30	1,10	1,80
		ETB		1,30	

1999, 27. April. Blockausgabe: Internationale Briefmarkenausstellung IBRA '99, Nürnberg; 150 Jahre deutsche Briefmarken. [140×100, 68×40]

			★★	Ⓢ	FDC
2041	300+110 Pf	Marken Bayern MiNr. 1 und Sachsen MiNr. 1	5,50	7,50	
		Block 46 (140×100 mm)	6,–	8,–	9,50
		ETB		5,–	

1999, 27. April. Weltausstellung EXPO 2000, Hannover. [35×35]

2042	110 Pf	Mensch, Natur und Technik	1,30	1,10	1,80
		ETB		1,30	

1999, 27. April. 100 Jahre Automobilclub von Deutschland (AvD). [35×35]

			★★	⊙	FDC
2043	110 Pf	AvD-Emblem, Maybach-Cabriolet (1936)	1,30	1,10	1,80
		ETB		1,30	

1999, 27. April. 25 Jahre Deutsche Krebshilfe. [35×35]

2044	110 Pf	Emblem der Deutschen Krebshilfe	1,30	1,10	1,80
		ETB		1,30	

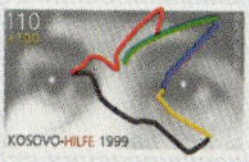

1999, 27. April. Kosovo-Hilfe. [43×26]

2045	110+100 Pf	Augen, Friedenstaube	2,40	2,40	3,50
		ETB		2,50	

1999, 4. Mai. Blockausgabe: Europa – Natur- und Nationalparks. [110×65,5, 55×33]

			★★	Ⓢ	FDC
2046	110 Pf	Nationalpark Berchtesgaden .	2,80	2,80	
		Block 47 (110×65,5 mm) .	3,–	3,–	4,–
		ETB		2,60	

FDC = Ersttagsbrief (First Day Cover)

1999, 4. Mai. 900 Jahre Johanniter- und Malteserorden. [35×35]

			✱✱	⊙	FDC
2047	110 Pf	Johanniter- und Malteserkreuz . .	1,30	1,10	1,80
		ETB		1,30	

1999, 4. Mai. 50. Jahrestag der Beendigung der Berlin-Blockade. [35×35]

2048	110 Pf	Kinder, Flaggen der westlichen Alliierten	1,30	1,10	1,80
		ETB		1,30	

1999, 4. Mai. 50 Jahre Europarat. [35×35]

2049	110 Pf	Emblem des Europarates	1,50	1,10	1,80
		ETB		1,30	

1999, 21. Mai. Blockausgabe: 50 Jahre Grundgesetz. [110×65,5, 55×33]

			✱✱	Ⓢ	FDC
2050	110 Pf	Artikel 1 des Grundgesetzes	1,80	3,50	
		Block 48 (110×65,5 mm) .	2,–	4,–	5,–
		ETB		2,50	

1999, 21. Mai. Blockausgabe: 50 Jahre Bundesrepublik Deutschland. [137×97, 55×33]

			✱✱	⊙	FDC
2051	110 Pf	Neuer Parlamentssaal	1,50	2,–	
2052	110 Pf	Kindheit einst und jetzt	1,50	2,–	
2053	110 Pf	Mauerbau und Mauerfall	1,50	2,–	
2054	110 Pf	Besatzungsmacht und Parlamentarismus	1,50	2,–	
		Block 49 (137×97 mm) . .	6,50	8,50	9,50
		ETB		5,50	

1999, 10. Juni. Jugend: Trickfilmfiguren. [35×35]

2055	100+50 Pf	Der kleine Eisbär Lars	2,–	2,30	
2056	100+50 Pf	Rabe Rudi . .	2,–	2,30	
2057	110+50 Pf	Mecki	2,–	2,30	
2058	110+50 Pf	Twipsy	2,–	2,30	
2059	220+80 Pf	Tabaluga . . .	3,–	4,80	
		Satz (5 W.) . .	11,–	14,–	13,–
		ETB (mit MiNr. 2055–2057) .		6,–	
		ETB (mit MiNr. 2058–2059) .		6,–	

1999, 10. Juni. 1200 Jahre Bistum Paderborn. [43×26]

			✶✶	⊙	FDC
2060	110 Pf	Kreuzfibel, Tragaltar, Domspitze, Zeitschiene	1,30	1,–	1,80
		ETB		1,30	

1999, 10. Juni. 100. Todestag des Komponisten Johann Strauß (Sohn). [35×35]

			✶✶	⊙	FDC
2061	300 Pf	Ball in der Wiener Hofburg; Notenschrift von J. Strauß (Sohn) (1825–1899)	3,40	3,–	4,–
		ETB		3,–	

1999, 10. Juni. 50 Jahre SOS-Kinderdörfer. [27,5×33]

			✶✶	⊙	FDC
2062	110 Pf	Mutter und Kind vor dem Haus ..	1,30	1,–	1,80
		ETB		1,30	

1999, 15. Juli. Kulturstiftung der Länder: Kunstwerke. [43×26]

			✶✶	⊙	FDC
2063	110 Pf	Lachende Alte ..	1,30	1,–	
2064	220 Pf	Kopf eines Denkers	2,20	2,–	
		Satz (2 W.)	3,50	3,–	4,50
		ETB		3,–	

1999, 15. Juli. Dienst am Nächsten: 115 Jahre Dominikus-Ringeisen-Werk, Ursberg. [35×35]

			✶✶	⊙	FDC
2065	110 Pf	Behinderte bei der Arbeit	1,30	1,–	1,80
		ETB		1,30	

1999, 15. Juli. 100. Jahrestag der Ersten Haager Friedenskonferenz. [35×35]

			✶✶	⊙	FDC
2066	300 Pf	Friedenstaube, Liste der Teilnehmerstaaten	3,40	2,80	4,–
		ETB		3,–	

1999, 15. Juli. 100. Geburtstag des Politikers Gustav Heinemann. [35×35]

			✶✶	⊙	FDC
2067	110 Pf	Dr. h.c. G. Heinemann (1899–1976)	1,30	1,–	1,80
		ETB		1,30	

1999, 12. August. Blockausgabe: Design in Deutschland. [137,5×97, 55×33]

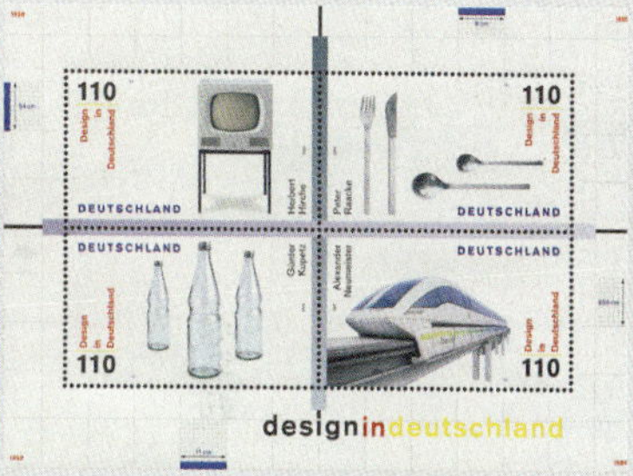

			✶✶	Ⓢ	FDC
2068	110 Pf	Fernsehgerät HF 1 (H. Hirche)	1,60	1,80	
2069	110 Pf	Essbesteck „mono-a“ (P. Raacke)	1,60	1,80	
2070	110 Pf	Perlenflaschen (G. Kupetz)	1,60	1,80	
2071	110 Pf	Magnetschwebebahn (A. Neumeister) .	1,60	1,80	
		Block 50 (137,5×97 mm) .	6,50	7,50	8,50
		ETB		6,–	

Im MICHEL-Junior sind meistens nur die billigsten Hauptarten (ohne Unternummern) katalogisiert. Die MICHEL-Nachschlagewerke Deutschland und Deutschland-Spezial sind ausführlicher gehalten.

1999, 12. August. Blockausgabe: Für uns Kinder. [105×70, 35×35]

			**	ⓢ	FDC
2072	110 Pf	Maus mit Briefumschlag	1,80	2,80	
		Block 51 (105×70 mm) ...	2,–	3,–	3,50
		ETB		1,60	

1999, 12. August. 250. Geburtstag des Dichters Johann Wolfgang von Goethe. [35×35]

			**	⊙	FDC
2073	110 Pf	J. W. von Goethe (1749–1832)	1,30	1,10	1,80
		ETB		1,30	

1999, 16. Sept. Deutscher Fußballmeister 1999: FC Bayern München. [43×26]

2074	110 Pf	Fußballspieler ..	1,30	1,10	1,80
		ETB		1,30	

1999, 16. Sept. 50. Verleihung des Friedenspreises des Deutschen Buchhandels. [35×35]

2075	110 Pf	Buch mit Lesezeichen	1,20	1,10	1,80
		ETB		1,30	

1999, 16. Sept. 50. Todestag des Komponisten Richard Strauss. [35×35]

			**	⊙	FDC
2076	300 Pf	R. Strauss (1864–1949), Tanzszene aus „Salome" ...	3,40	3,20	4,–
		ETB		3,–	

1999, 14. Okt. Wohlfahrt: Der Kosmos. [55×33]

2077	100+ 50 Pf	Andromedanebel	1,60	1,60	
2078	100+ 50 Pf	Sternbild Schwan ...	1,60	1,60	
2079	110+ 50 Pf	Explodierender Stern	1,80	1,80	
2080	110+ 50 Pf	Kometen-Kollision mit Jupiter	1,80	1,80	
2081	300+100 Pf	Satellitenbild der kosmischen Gammastrahlung ..	4,20	4,20	
		Satzpreis (5 W.)	11,–	11,–	12,–
		ETB (mit MiNr. 2077–2078)		3,50	
		ETB (mit MiNr. 2079–2081)		7,–	

1999, 14. Okt. Brücken. [43×26]

2082	110 Pf	Göltzschtalbrücke	1,20	1,10	1,80
		ETB		1,30	

1999, 14. Okt. 50 Jahre Deutscher Gewerkschaftsbund. [43×26]

2083	110 Pf	Schriftzug	1,20	1,10	1,80
		ETB		1,30	

1999, 4. Nov. Weihnachten. [35×35]

			★★	⊙	FDC
2084	100+50 Pf	Die Verkündigung	1,60	1,80	
2085	110+50 Pf	Die Geburt Christi	1,70	1,80	
		Satz (2 W.) ..	3,20	3,50	4,50
		ETB		3,–	

1999, 4. Nov. Bedrohte Tierarten. [35×35]

			★★	⊙	FDC
2086	100 Pf	Große Hufeisennase	1,20	1,10	1,80
		ETB		1,30	

2000, 13. Jan. Jubiläum „Anno Domini 2000“. [35×35]

			★★	⊙	FDC
2087	110 Pf	Jubiläumsemblem	1,30	1,10	1,80
		ETB		1,30	

2000, 13. Jan. 1200 Jahre Aachener Dom. [35×35]

			★★	⊙	FDC
2088	110 Pf	Karl der Große (747–814)	1,30	1,10	1,80
		ETB		1,30	

2000, 13. Jan. Weltausstellung EXPO 2000, Hannover. [43×26]

			★★	⊙	FDC
2089	100 Pf	Auge, EXPO-Emblem	1,20	1,10	2,–
		ETB		1,30	

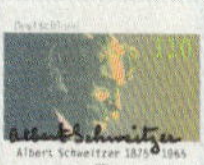

2000, 13. Jan. 125. Geburtstag des Theologen und Arztes Dr. Albert Schweitzer. [33×27,5]

			★★	⊙	FDC
2090	110 Pf	Dr. A. Schweitzer (1875–1965)	1,30	1,10	2,–
		ETB		1,30	

2000, 13. Jan. 100 Jahre DFB. [35×35]

			★★	⊙	FDC
2091	110 Pf	Fußball, DFB-Emblem ...	1,60	1,10	2,–
		ETB		1,30	

2000, 13. Jan. 10. Todestag des Politikers Herbert Wehner. [35×35]

			★★	⊙	FDC
2092	110 Pf	H. Wehner (1906–1990)	1,30	1,10	1,80
		ETB		1,30	

2000, 13. Jan. Keine Gewalt gegen Frauen. [46,5×28]

			★★	⊙	FDC
2093	110 Pf	Frauenkopf	1,30	1,10	1,80
		ETB		1,30	

2000, 17. Febr. Sporthilfe. [55×37]

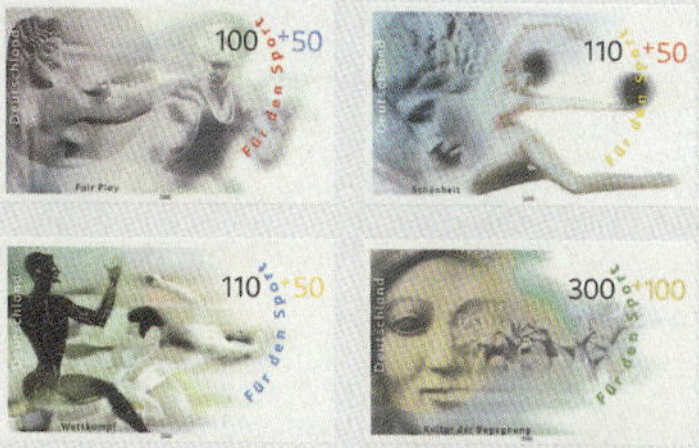

			★★	⊙	FDC
2094	100+ 50 Pf	Fair Play ...	2,60	2,40	
2095	110+ 50 Pf	Schönheit .	2,60	2,40	
2096	110+ 50 Pf	Wettkampf .	2,60	2,40	
2097	300+100 Pf	Kultur der Begegnung	4,40	4,–	
		Satz (4 W.) .	12,–	11,–	13,–
		ETB		10,–	

2000, 17. Febr. 600. Geburtstag des Erfinders des Buchdrucks Johannes Gutenberg. [35×35]

			★★	⊙	FDC
2098	110 Pf	J. Gutenberg (1400–1468)	1,30	1,10	1,80
		ETB		1,30	

2000, 17. Febr. 175 Jahre Düsseldorfer Karneval. [27,5×33]

2099	110 Pf	Radschlagender Narr	1,40	1,10	1,80
		ETB		1,30	

2000, 17. Febr. 100. Geburtstag des Komponisten Kurt Weill. [43×26]

2100	300 Pf	K. Weill (1900–1950)	3,40	3,20	4,–
		ETB		3,–	

2000, 17. Febr. 75. Todestag des Politikers Friedrich Ebert. [35×35]

2101	110 Pf	F. Ebert (1871–1925)	1,30	1,10	1,80
		ETB		1,30	

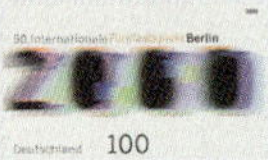

2000, 17. Febr. 50. Internationale Filmfestspiele, Berlin. [43×26]

2102	100 Pf	Zahl „2000“ als Filmsequenz . . .	1,20	1,10	1,60
		ETB		1,10	

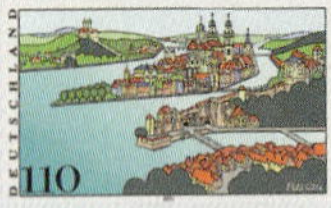

2000, 16. März. Bilder aus Deutschland. [55×33]

2103	110 Pf	Dreiflüssestadt Passau	1,30	1,10	2,–
		ETB		1,30	

2000, 16. März. Landesparlamente in Deutschland. [55×33]

			★★	⊙	FDC
2104	110 Pf	Niedersächsischer Landtag	1,30	1,10	1,80
		ETB		1,30	

2000, 16. März. Blockausgabe: Nationalpark Hainich. [105×70, 35×35]

			★★	Ⓢ	FDC
2105	110 Pf	Nationalpark Hainich	1,80	2,60	3,50
		Block 52 (105×70 mm) . .	2,–	3,–	3,50
		ETB		1,50	

2000, 16. März. Post! [35×35]

			★★	⊙	FDC
2106	110 Pf	Windrad	1,60	1,60	2,50
		ETB		1,30	

2000, 13. April. Kulturstiftung der Länder: Kunstwerke. [43×26]

2107	110 Pf	Vertreibung aus dem Paradies . .	1,50	1,40	
2108	220 Pf	Silberner Tafelbrunnen	2,30	2,20	
		Satz (2 W.)	3,80	3,50	4,50
		ETB		3,20	

2000, 13. April. Brücken. [35×35]

			★★	⊙	FDC
2109	100 Pf	„Blaues Wunder", Dresden	1,20	1,–	1,60
		ETB		1,10	

2000, 13. April. Landesparlamente in Deutschland. [55×33]

2110	110 Pf	Landtag von Nordrhein-Westfalen	1,40	1,10	1,80
		ETB		1,20	

2000, 13. April. 750 Jahre Greifswald. [43×26]

2111	110 Pf	Stadtansicht ...	1,30	1,10	1,70
		ETB		1,20	

2000, 13. April. Weltausstellung EXPO 2000, Hannover. Selbstklebend, wellenförmig gestanzt (aus Markenheftchen). [35×35]

2112	110 Pf	Mensch, Natur und Technik	6,50	5,–	6,–

2000, 12. Mai. Europa. [35×35]

2113	110 Pf/0.56 €	Kinder bauen Sternenturm	1,70	1,20	1,70
		ETB		1,20	

2000, 12. Mai. Europa. Selbstklebend, wellenförmig gestanzt (aus Markenheftchen). [35×35]

2114	110 Pf/0.56 €	Kinder bauen Sternenturm	2,60	1,60	2,50

Die Ungebraucht-Preise bei MiNr. 2112 und 2114 gelten auch für Marken mit abgelöster Gummierung!

2000, 12. Mai. 300. Geburtstag des Begründers der Herrnhüter Brüdergemeinde Nikolaus Ludwig Graf von Zinzendorf. [35×35]

			★★	⊙	FDC
2115	110 Pf	Treffen mit Irokesen-Häuptlingen (1742)	1,30	1,–	1,80
		ETB		1,20	

2000, 12. Mai. Naturschutz: Der Boden lebt. [55×33]

2116	110+50 Pf	Der Boden als Lebensraum	2,50	3,–	4,–
		ETB		2,–	

2000, 8. Juni. Jugend: Weltausstellung EXPO 2000 – Treffpunkt der Weltjugend. [55×33]

2117	100+ 50 Pf	Jugendfestival	2,–	2,–	
2118	100+ 50 Pf	Rucksacktourismus ..	2,–	2,–	
2119	110+ 50 Pf	Afrika	2,–	2,–	
2120	110+ 50 Pf	Auge des Buddha ...	2,–	2,–	
2121	110+ 50 Pf	Chinesische Kalligraphie	2,–	2,–	
2122	300+100 Pf	Melange ...	3,–	3,–	
		Satzpreis (6 W.)	13,–	13,–	17,–
		ETB (mit MiNr. 2117–2119)		5,–	
		ETB (mit MiNr. 2120–2122)		7,–	

2000, 8. Juni. 350 Jahre Tageszeitungen. [55×33]

			✱✱	⊙	FDC
2123	110 Pf	Titelseite der „Einkommenden Zeitungen“ (1650) und „Süddeutsche Zeitung“ (2000) .	1,40	1,10	1,80
		ETB		1,20	

2000, 8. Juni. 100 Jahre Handwerkskammern. [43×26]

			✱✱	⊙	FDC
2124	300 Pf	Logo „Das Handwerk“	3,40	3,20	4,50
		ETB		3,–	

2000, 13. Juni. Dienst am Nächsten: 50 Jahre Technisches Hilfswerk (THW). [43×26]

			✱✱	⊙	FDC
2125	110 Pf	Blaulicht, Warndreieck, THW-Emblem	1,50	1,10	1,80
		ETB		1,30	

2000, 13. Juli. 250. Todestag des Komponisten Johann Sebastian Bach. [35×35]

			✱✱	⊙	FDC
2126	110 Pf	J. S. Bach (1685–1750)	1,50	1,10	1,80
		ETB		1,20	

2000, 13. Juli. 100 Jahre Wetterstation auf der Zugspitze. [55×33]

			✱✱	⊙	FDC
2127	100 Pf	Wetterstation, Wetterkarte	1,50	1,10	2,–
		ETB		1,10	

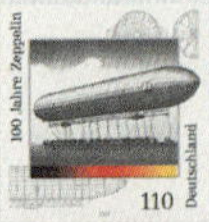

2000, 13. Juli. 100 Jahre Zeppelin-Luftschiffe. [35×35]

			✱✱	⊙	FDC
2128	110 Pf	Luftschiff LZ 1 (1900)	1,50	1,10	1,80
		ETB		1,20	

2000, 14. Aug. Landesparlamente in Deutschland. [55×33]

			✱✱	⊙	FDC
2129	110 Pf	Landtag Rheinland-Pfalz	1,40	1,20	2,–
		ETB		1,20	

2000, 14. Aug. Weltausstellung EXPO 2000, Hannover. [43×26]

			✱✱	⊙	FDC
2130	110 Pf	Erde, Fingerabdruck, EXPO-Emblem	1,50	1,10	1,80
		ETB		1,20	

2000, 14. Aug. 100. Todestag des Philosophen Friedrich Nietzsche. [35×35]

			✱✱	⊙	FDC
2131	110 Pf	F. Nietzsche (1844–1900)	1,50	1,10	1,80
		ETB		1,20	

2000, 14. Aug. 50. Todestag des Schriftstellers Ernst Wiechert. [35×35]

			✱✱	⊙	FDC
2132	110 Pf	E. Wiechert (1887–1950)	1,60	1,10	1,80
		ETB		1,20	

2000, 14. Sept. Bilder aus Deutschland. [55×33]

			✱✱	⊙	FDC
2133	110 Pf	Saarschleife bei Mettlach	1,30	1,10	1,80
		ETB		1,20	

2000, 14. Sept. Blockausgabe: Für uns Kinder. [55×82, 27,5×33]

			★★	⊙	FDC
2134	110 Pf	Clowngesicht . . .	1,80	2,50	
		Block 53 (55×82 mm) . . .	2,–	3,–	4,–
		ETB		2,–	

2000, 14. Sept. 150 Jahre Kolpingwerk. [35×35]

2135	110 Pf	A. Kolping (1813–1865), kath. Theologe . .	1,30	1,10	1,80
		ETB		1,20	

2000, 14. Sept. 100 Jahre Institut für Tropenmedizin, Hamburg. [55×33]

2136	300 Pf	B. Nocht, Weltkarte, Krankheitserreger	3,50	3,50	4,50
		ETB		3,–	

2000, 14. Sept. 50 Jahre Bundesgerichtshof. [43×26]

2137	110 Pf	Bundesgerichtshof, Karlsruhe	1,20	1,10	1,80
		ETB		1,20	

2000, 14. Sept. Grußmarke. [55×33]

2138	100 Pf	Herz, Inschrift „Für Dich“	1,20	1,10	1,60
		ETB		1,10	

2000, 28. Sept. Sehenswürdigkeiten. [21,5×26]

			★★	⊙
2139 A	10 Pf/0.05 €	Rathaus, Wernigerode . .	–,60	–,50
2140	110 Pf/0.56 €	Steinerne Brücke, Regensburg		
A		vierseitig gezähnt	1,40	1,50
C		oben geschnitten	1,50	1,50
D		unten geschnitten	1,50	1,50
2141 A	300 Pf/1.53 €	Rathaus, Grimma	3,–	3,–
		Satz (3 W.)	5,–	5,–

	FDC	ETB
2139 A	–,90	–,50
2140 A	1,80	1,30
2140 C	1,80	
2140 D	1,80	
2141 A	3,50	3,–

2000, 28. Sept. 10 Jahre Deutsche Einheit. [35×35]

			★★	⊙	FDC
2142	110 Pf	Verzahnung der Nationalfarben . .	1,30	1,10	1,80
		ETB		1,20	

2000, 12. Okt. Wohlfahrt: Deutschsprachige Fimschauspieler. [46,5×28]

2143	100+ 50 Pf	Lilli Palmer (1914–1986)	2,30	2,30	
2144	100+ 50 Pf	Curd Jürgens (1915–1982)	2,30	2,30	
2145	110+ 50 Pf	Romy Schneider (1938–1982)	2,30	2,30	
2146	110+ 50 Pf	Heinz Rühmann (1902–1994)	2,30	2,30	
2147	300+100 Pf	Gert Fröbe (1913–1988)	4,–	4,–	
		Satzpreis (5 W.)	13,–	13,–	15,–
		ETB (mit MiNr. 2143–2145)		5,–	
		ETB (mit MiNr. 2146–2147)		7,–	

2000, 12. Okt. Für die Briefmarke. [35×35]

			★★	⊙	FDC
2148	110 Pf	Schreibutensilien	1,20	1,10	1,80
		ETB		1,20	

2000, 9. Nov. Frauen der deutschen Geschichte. [23×27,5]

2149	100 Pf/0.51 €	Grethe Weiser (1903–1970)	1,10	1,–	1,60
2150	110 Pf/0.56 €	Käte Strobel (1907–1996)	1,20	1,–	1,80
		Satz (2 W.)	2,20	2,–	
		ETB (mit MiNr. 2149)		1,10	
		ETB (mit MiNr. 2150)		1,20	

2000, 9. Nov. Weihnachten. [35×35]

2151	100+50 Pf/0.51+0.26 €	Christi Geburt ..	1,60	1,60	3,50
2152	110+50 Pf/0.56+0.26 €	Krippendarstellung	1,60	1,60	3,50
		Satz (2 W.)	3,20	3,20	
		ETB		3,–	

2000, 9. Nov. Landesparlamente in Deutschland. [55×33]

2153	110 Pf	Saarländischer Landtag	1,20	1,20	2,–
		ETB		1,20	

2000, 9. Nov. 125. Geburtstag des Schriftstellers Rainer Maria Rilke. [27,5×33]

2154	110 Pf	Buchumschlag ..	1,20	1,20	2,–
		ETB		1,20	

2000, 9. Nov. 100. Geburtstag des Malers und Graphikers Arnold Bode. [35×35]

			★★	⊙	FDC
2155	110 Pf	A. Bode (1900–1977)	1,20	1,50	2,50
		ETB		1,20	

2001, 11. Jan. Sehenswürdigkeiten. [21,5×26]

2156	100 Pf/0.51 €	Schloss Schwerin	1,50	1,50	2,–
2157	220 Pf/1.12 €	Dom St. Nikolai, Greifswald	2,50	2,50	3,–
		Satz (2 W.)	4,–	4,–	4,50
		ETB		3,40	

2001, 11. Jan. Frauen der deutschen Geschichte. [23×27,5]

2158	220 Pf/1.12 €	Marieluise Fleißer (1901–1974)	2,–	2,–	
2159	300 Pf/1.53 €	Nelly Sachs (1891–1970)	3,–	3,–	
		Satz (2 W.)	5,–	5,–	6,50
		ETB		5,–	

2001, 11. Jan. Dienst am Nächsten: Sozialverband VdK. [43×26]

2160	110 Pf/0.56 €	Schriftzug „VdK“, Menschen	1,10	1,–	1,80
		ETB		1,30	

2001, 11. Jan. 500. Geburtstag des Mediziners und Botanikers Leonhart Fuchs (1501–1566). [35×35]

2161	100 Pf/0.51 €	Indianischer Pfeffer ..	1,10	1,–	1,70
		ETB		1,20	

2001, 11. Jan. 300. Jahrestag der Gründung des Königreichs Preußen. [43 × 26]

			**	⊙	FDC
2162	110 Pf/0.56 €	Wappenadler	1,10	1,–	2,–
		ETB		1,20	

2001, 11. Jan. 200. Geburtstag des Komponisten Albert Lortzing. [35 × 35]

			**	⊙	FDC
2163	110 Pf/0.56 €	A. Lortzing (1801–1851)	1,10	1,–	1,70
		ETB		1,20	

2001, 11. Jan. Bundesarbeitsgemeinschaft Kinder- und Jugendtelefon. [55 × 33]

			**	⊙	FDC
2164	110 Pf/0.56 €	Telefonhörer, Rufnummer	1,10	1,–	1,70
		ETB		1,20	

2001, 8. Febr. Sporthilfe. [55 × 33]

			**	⊙	FDC
2165	100+ 50 Pf/0.51+0.26 €	Schulsport . . .	1,80	1,80	
2166	110+ 50 Pf/0.56+0.26 €	Behindertensport	1,80	1,80	
2167	110+ 50 Pf/0.56+0.26 €	Freizeitsport . .	1,80	1,80	
2168	300+100 Pf/1.53+0.51 €	Seniorensport .	4,50	4,50	
		Satz (4 W.)	9,50	9,50	12,–
		ETB		9,–	

2001, 8. Febr. 450. Todestag des Reformators Martin Bucer. [35 × 35]

			**	⊙	FDC
2169	110 Pf/0.56 €	M. Bucer (1491–1551)	1,20	1,20	2,–
		ETB		1,20	

2001, 8. Febr. 250. Geburtstag des Schriftstellers Johann Heinrich Voß. [35 × 35]

			**	⊙	FDC
2170	300 Pf/1.53 €	Buchtitel, Hand mit Feder . . .	3,40	3,40	4,50
		ETB		3,–	

2001, 8. März. Für die Briefmarke: 100 Jahre Wuppertaler Schwebebahn. [55 × 33]

			**	⊙	FDC
2171	110+50 Pf/0.56+0.26 €	Hochbahngerüst über die Wupper (um 1903)	2,20	2,–	2,80
		ETB		1,80	

2001, 8. März. Landesparlamente in Deutschland. [55 × 33]

			**	⊙	FDC
2172	110 Pf/0.56 €	Sächsischer Landtag .	1,10	1,–	2,–
		ETB		1,30	

2001, 8. März. 100. Geburtstag des Politikers Karl Arnold. [35 × 35]

			**	⊙	FDC
2173	110 Pf/0.56 €	K. Arnold (1901–1958)	1,10	1,–	1,80
		ETB		1,30	

2001, 8. März. 100. Geburtstag des Politikers Erich Ollenhauer. [43×26]

			★★	⊙	FDC
2174	110 Pf/0.56 €	E. Ollenhauer (1901–1963)	1,10	1,–	1,80
		ETB		1,30	

2001, 8. März. 50 Jahre Bundesgrenzschutz. [35×35]

2175	110 Pf/0.56 €	BGS-Emblem .	1,10	1,–	1,80
		ETB		1,30	

2001, 5. April. Sehenswürdigkeiten. [21,5×26]

2176	47 Pf/0.24 €	Bergpark Wilhelmshöhe, Kassel ...	–,60	–,60	1,20
2177	80 Pf/0.41 €	Kirche St. Reinoldi, Dortmund	–,90	–,80	1,50
		Satz (2 W.)	1,50	1,40	2,50
		ETB		1,50	

2001, 5. April. Brücken. [55×33]

2178	100 Pf/0.51 €	Eisenbahnhochbrücke, Rendsburg	1,30	1,–	1,80
		ETB		1,20	

2001, 5. April. Post! [43×26]

2179	110 Pf/0.56 €	Inschrift .	1,10	1,–	1,80
		ETB		1,30	

2001, 5. April. Volksmusik. [55×33]

2180	110 Pf/0.56 €	Akkordeon	1,10	1,–	2,–
		ETB		1,30	

2001, 5. April. 50. Jahrestag der Neugründung des Goethe-Instituts. [46,5×28]

			★★	⊙	FDC
2181	300 Pf/1.53 €	Weltkarte, Lautschrift	3,–	3,–	4,50
		ETB		3,20	

2001, 10. Mai. Bedrohte Tierarten. [43×26]

2182	110 Pf/0.56 €	Berggorilla	1,20	1,20	
2183	110 Pf/0.56 €	Indisches Panzernashorn .	1,20	1,20	
		Satz (2 W.)	2,40	2,40	3,50
		ETB		2,40	

2001, 10. Mai. Landesparlamente in Deutschland. [55×33]

2184	110 Pf/0.56 €	Landtag von Sachsen-Anhalt ..	1,10	1,–	2,–
		ETB		1,30	

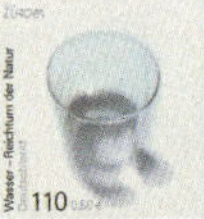

2001, 10. Mai. Europa. [35×35]

2185	110 Pf/0.56 €	Wasserglas	1,50	1,10	1,80
		ETB		1,30	

2001, 10. Mai. 100. Geburtstag des Komponisten Werner Egk. [43×26]

2186	110 Pf/0.56 €	W. Egk (1901–1983)	1,30	1,–	1,80
		ETB		1,30	

2001, 25. Mai. Sehenswürdigkeiten. Selbstklebende Papierfolie, dreiseitig wellenförmig, eine Seite gerade gestanzt (aus Markenheftchen). [21,5×26]

			✱✱	⊙	FDC
2187	10 Pf/0.05 €	Rathaus Wernigerode			
BC		oben gerade gestanzt	4,–	3,50	5,–
BD		unten gerade gestanzt	4,–	3,50	5,–
2188	100 Pf/0.51 €	Schloss Schwerin			
BC		oben gerade gestanzt	4,–	4,–	5,–
BD		unten gerade gestanzt	4,–	4,–	5,–
2189	110 Pf/0.56 €	Steinerne Brücke, Regensburg			
BC		oben gerade gestanzt	2,–	2,–	4,–
BD		unten gerade gestanzt	2,–	2,–	4,–
		Satz (3 W.)	9,–	8,50	9,–

2001, 13. Juni. Jugend: Figuren aus Kinder- und Jugendbüchern. [35×35]

2190	100+ 50	Pf/0.51+0.26 € Pinocchio	2,–	2,–	
2191	100+ 50	Pf/0.51+0.26 € Pippi Langstrumpf	2,–	2,–	
2192	110+ 50	Pf/0.56+0.26 € Heidi und Geißenpeter ..	2,–	2,–	
2193	110+ 50	Pf/0.56+0.26 € Jim Knopf und Lukas	2,–	2,–	
2194	300+100	Pf/1.53+0.51 € Tom Sawyer und Huckleberry Finn	4,50	4,50	
		Satz (5 W.)	12,–	12,–	13,–
		ETB (mit MiNr. 2190–2192) ...		5,–	
		ETB (mit MiNr. 2193–2194) ...		6,–	

2001, 13. Juni. 750 Jahre Katharinenkloster und 50 Jahre Deutsches Meeresmuseum, Stralsund. [55×33]

			✱✱	⊙	FDC
2195	110 Pf/0.56 €	Giebelfassade, Seekarte	1,10	1,–	1,80
		ETB		1,30	

2001, 13. Juni. 250 Jahre Katholische Hofkirche Dresden. [35×35]

2196	110 Pf/0.56 €	Hofkirche	1,10	1,–	1,80
		ETB		1,30	

2001, 2. Juli. Sehenswürdigkeiten. [21,5×26]

2197	720 Pf/3.68 €	Rathaus Hildesheim	8,–	8,–	8,50
		ETB		6,80	

2001, 12. Juli. Landesparlamente in Deutschland. [55×33]

2198	110 Pf/0.56 €	Landtag von Schleswig-Holstein .	1,10	1,–	1,80
		ETB		1,30	

2001, 12. Juli. Bewahrung kirchlicher Baudenkmäler. [43×26]

2199	110 Pf/0.56 €	Glockenturm der Dorfkirche von Canzow	1,10	1,–	1,80
		ETB		1,30	

2001, 12. Juli. Blockausgabe: Für die Gesundheit. [138×110, 55×33]

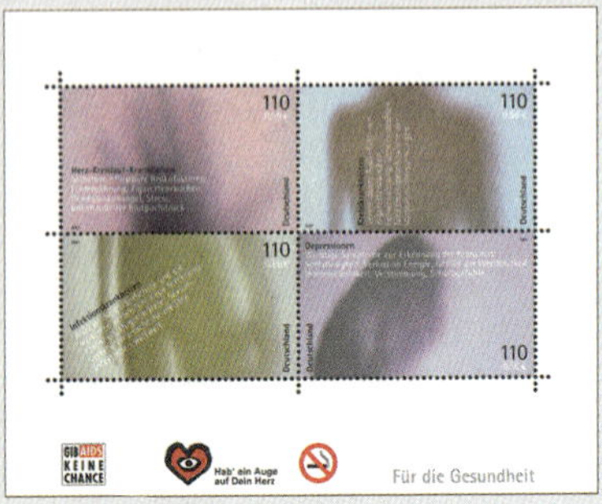

			★★	Ⓢ	FDC
2200	110 Pf/0.56 €	Herz-Kreislauf-Krankheiten	1,50	1,50	
2201	110 Pf/0.56 €	Krebserkrankungen . .	1,50	1,50	
2202	110 Pf/0.56 €	Infektionen	1,50	1,50	
2203	110 Pf/0.56 €	Depressionen	1,50	1,50	
		Block 54 (138×110 mm)	6,50	6,–	8,–
		ETB		4,50	

2001, 12. Juli. Bedrohte Tierarten. Selbstklebende Papierfolie, wellenförmig gestanzt (aus Markenheftchen). [43×26]

			★★	⊙	FDC
2204	110 Pf/0.56 €	Berggorilla	1,80	1,70	
2205	110 Pf/0.56 €	Indisches Panzernashorn	1,80	1,70	
		Satz (2 W.)	3,60	3,40	4,50

Die Ungebraucht-Preise gelten auch für Marken mit abgelöster Gummierung!

2001, 9. Aug. Sehenswürdigkeiten. [21,5×26]

2206	440 Pf/2.25 €	Kölner Dom	5,–	5,–	6,–
		ETB		4,50	

2001, 9. Aug. Brauchtum und Tradition: Drachenstich in Furth im Wald. [35×35]

2207	100 Pf/0.51 €	Drache, Schwert .	1,–	–,90	1,60
		ETB		1,20	

2001, 9. Aug. Naturdenkmäler in Deutschland. [55×33]

			★★	⊙	FDC
2208	110 Pf/0.56 €	Linde von Himmelsberg	1,10	1,–	1,80
		ETB		1,30	

2001, 9. Aug. Lebenslanges Lernen. [43×26]

2209	110 Pf/0.56 €	Lehrer Lämpel . .	1,10	1,–	1,70
		ETB		1,30	

2001, 5. Sept. Sehenswürdigkeiten. [21,5×26]

2210	50 Pf/0.26 €	Fuggerschloss Kirchheim	1,–	1,–	2,–
2211	400 Pf/2.05 €	Wartburg bei Eisenach	4,–	4,–	5,–
		Satz (2 W.)	5,–	5,–	6,–
		ETB		4,50	

2001, 5. Sept. Blockausgabe: Für uns Kinder. [110×66, 55×33]

			★★	Ⓢ	FDC
2212	110 Pf/0.56 €	Kinder und Tiere	1,30	1,30	2,–
		Block 55 (110×66 mm)	1,50	1,50	2,–
		ETB		1,30	

2001, 5. Sept. Landesparlamente in Deutschland. [55 × 33]

			✶✶	⊙	FDC
2213	110 Pf/0.56 €	Thüringer Landtag .	1,10	1,–	1,80
		ETB		1,30	

2001, 5. Sept. 50 Jahre Bundesverfassungsgericht, Karlsruhe. [55 × 33]

2214	110 Pf/0.56 €	Plastik, Inschrift .	1,10	1,–	1,80
		ETB		1,30	

2001, 5. Sept. 1. Weltkongress der Gewerkschaftsorganisation Union Network International. [55 × 33]

2215	110 Pf/0.56 €	Flaggen .	1,10	1,–	1,80
		ETB		1,30	

2001, 5. Sept. Eröffnung des Jüdischen Museums, Berlin. [35 × 35]

2216	110 Pf/0.56 €	Lichtschein	1,10	1,–	1,80
		ETB		1,30	

2001, 13. Sept. Naturdenkmäler in Deutschland. Selbstklebende Papierfolie, wellenförmig gestanzt (aus Markenheftchen). [55 × 33]

2217	110 Pf/0.56 €	Linde von Himmelsberg	3,–	2,–	5,–

2001, 11. Okt./13. Nov. Wohlfahrt: Internationale Filmschauspieler. A = gez. K 14 aus Bogen, C = gez. Ks 13–13½:13 aus Markenheftchen. [46,5 × 28]

				✶✶	⊙
2218		100+50	Pf/0.51+0.26 € Charlie Chaplin (1889–1977)		
	A		gez. K 14 (B)	2,–	2,–
	C		gez. Ks 13½:13 (MH)	4,–	4,–
2219		100+50	Pf/0.51+0.26 € Marilyn Monroe (1926–1962)		
	A		gez. K 14 (B)	2,–	2,–
	C		gez. Ks 13:13:13½:13 (MH)	4,–	4,–
2220		110+50	Pf/0.56+0.26 € Filmrolle		
	A		gez. K 14 (B)	2,–	2,–
	C		gez. Ks 13½:13 (MH)	4,–	4,–
2221		110+50	Pf/0.56+0.26 € Greta Garbo (1905–1990)		
	A		gez. K 14 (B)	2,–	2,–
	C		gez. Ks 13½:13:13:13 (MH)	4,–	4,–
2222		300+100	Pf/1.53+0.51 € Jean Gabin (1904–1976)		
	A		gez. K 14 (B)	4,50	4,50
	C		gez. Ks 13 (MH)	9,–	9,–
			Satz (5 W.)	12,–	12,–
			FDC		14,–
			ETB (mit MiNr. 2218 A, 2219 A, 2221 A)		5,–
			ETB (mit MiNr. 2220 A, 2222 A)		6,–

2001, 11. Okt. Grußmarke. [55 × 33]

			✶✶	⊙	FDC
2223	100 Pf/0.56 €	Geschenkband . . .	1,10	1,–	1,80
		ETB		1,10	

2001, 8. Nov. Sehenswürdigkeiten. [21,5×26]

			✱✱	⊙	FDC
2224	20 Pf/0.10 €	Böttcherstraße, Bremen .	1,–	1,–	1,50
2225	510 Pf/2.61 €	Heidelberger Schloss .	5,50	5,50	6,50
		Satz (2 W.)	6,50	6,50	8,–
		ETB		5,50	

2001, 8. Nov. Weihnachten. [35×35]

2226	100+50 Pf/0.51+0.26 €	Jungfrau mit Kind	1,60	1,60	
2227	110+50 Pf/0.56+0.26 €	Anbetung der Hirten	1,60	1,60	
		Satz (2 W.)	3,20	3,20	4,–
		ETB		3,–	

Blockausgabe. [106×133, 35×35]

	✱✱	Ⓢ	FDC
Block 56 (106×133 mm)	5,50	5,–	6,50
ETB		4,50	

Die in Block 56 enthaltenen spanischen Marken sind in Deutschland nicht frankaturgültig.

2001, 8. Nov. 100. Geburtstag des Physikers Werner Heisenberg. [35×35]

			✱✱	⊙	FDC
2228	300 Pf/1.53 €	W. Heisenberg (1901–1976)	3,60	3,20	4,–
		ETB		3,20	

2001, 8. Nov. Blockausgabe: 100 Jahre deutsche Antarktisforschung. [134×104, 55×33]

2229	110 Pf/0.56 €	Forschungsschiff „Gauß" . .	1,50	1,50	
2230	220 Pf/1.12 €	Forschungsschiff „Polarstern" . . .	2,50	2,50	
		Block 57 (134×104 mm)	4,20	4,20	5,–
		ETB		3,50	

2002, 10. Jan. Internationales Jahr der Berge. [46,5×28]

2231	56+26 C	Berglandschaft	1,70	1,60	2,50
		ETB		1,80	

2002, 10. Jan. 1000 Jahre Bautzen. [35×35]

2232	56 C	Stadtbild	1,10	1,–	1,80
		ETB		1,30	

2002, 10. Jan. 100. Geburtstag des Widerstandskämpfers Hans von Dohnanyi. [35 × 35]

			✶✶	⊙	FDC
2233	56 C	H. v. Dohnanyi (1902–1945)	1,10	1,–	1,70
		ETB		1,30	

2002, 10. Jan. Einführung des Euro. [35 × 35]

2234	56 C	Euro-Zeichen	1,70	1,70	2,40
		ETB		1,50	

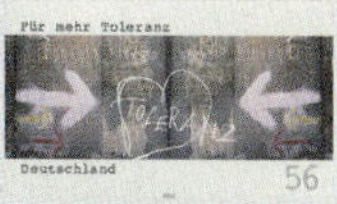

2002, 10. Jan. Für Toleranz. [55 × 33]

2235	56 C	Bretterzaun mit Logo	1,10	1,–	1,80
		ETB		1,30	

2002, 10. Jan. Einführung des Euro. Selbstklebende Papierfolie, wellenförmig gestanzt (von Folienstreifen und Rollen). [35 × 35]

2236	56 C	Euro-Zeichen	4,–	3,–	4,–

2002, 7. Febr. Olympische Winterspiele, Salt Lake City. [55 × 33]

			✶✶	⊙	FDC
2237	51+26 C	Biathlon	1,70	1,70	
2238	56+26 C	Eisschnelllauf	1,70	1,70	
2239	56+26 C	Skispringen .	1,70	1,70	
2240	153+51 C	Rodeln	4,–	4,–	
		Satz (4 W.) . .	9,–	9,–	10,–
		ETB		9,–	

2002, 7. Febr. 250. Geburtstag des Schriftstellers Adolph Freiherr von Knigge. [35 × 35]

2241	56 C	A. Frhr. v. Knigge (1752–1796)	1,20	1,10	1,80
		ETB		1,30	

2002, 7. Febr. 100 Jahre Berliner U-Bahn. [35 × 35]

2242	56 C	U-Bahn-Triebwagen	1,50	1,10	2,40
		ETB		1,30	

2002, 7. März. Kulturstiftung der Länder. [43 × 26]

2243	56 C	Rechenmaschine von Chr. Schuster .	1,20	1,10	1,80
		ETB		1,30	

2002, 7. März. 1000 Jahre Deggendorf. [43×26]

2244	56 C	Stadtansicht	1,10	1,–	1,80
		ETB		1,30	

2002, 7. März. 1000 Jahre Bautzen. Selbstklebende Papierfolie, wellenförmig gestanzt (aus Markenheftchen). [35 × 35]

2245	56 C	Stadtansicht	5,–	4,–	5,–

2002, 4. April. 150 Jahre Stiftung Ecksberg. [33×28]

			✱✱	⊙	FDC
2246	56 C	Wallfahrtskirche Ecksberg	1,10	1,–	1,80
		ETB		1,30	

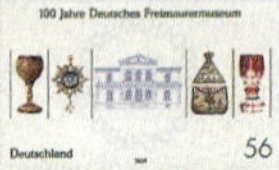

2002, 4. April. 100 Jahre Deutsches Freimaurermuseum, Bayreuth. [46,5×28]

2247	56 C	Museumsgebäude, Ausstellungsstücke	1,20	1,10	1,80
		ETB		1,30	

2002, 4. April. 50 Jahre Baden-Württemberg. [35×35]

2248	56 C	Wappentiere	1,20	1,10	1,80
		ETB		1,30	

2002, 4. April. 50 Jahre Bundesanstalt für Arbeit. [43×26]

2249	153 C	Emblem	3,20	3,–	4,–
		ETB		3,20	

2002, 4. April. Post. [55×33]

2250	56 C	Flugzeug schreibt „post“ . . .	1,10	1,–	1,80
		ETB		1,30	

2002, 4. April. 250. Geburtstag von Johann Heinrich Voß. Selbstklebende Papierfolie, wellenförmig gestanzt (von Folienstreifen und Rollen). [35×35]

2251	300 Pf/1.53 €	J. H. Voß (1751–1826), Hand mit Feder, Titel „ILIAS“	5,–	4,50	7,–

2002, 2. Mai. Europa: Zirkus. [35×35]

			✱✱	⊙	FDC
2252	56 C	Lachender Clown .	1,10	1,–	1,80
		ETB		1,30	

2002, 2. Mai. UNESCO-Welterbe. [55×33]

2253	56 C	Gartenreich Dessau-Wörlitz . . .	1,20	1,10	1,80
		ETB		1,30	

2002, 2. Mai. 500 Jahre Universität Halle-Wittenberg. [43×26]

2254	56 C	Student, Friedrich III. von Sachsen (1463–1525)	1,10	1,–	1,80
		ETB		1,30	

2002, 2. Mai. 250. Geburtstag des Agronomen Albrecht Daniel Thaer. [55×33]

2255	225 C	A. D. Thaer (1752–1828)	5,–	5,–	6,50
		ETB		4,40	

2002, 2. Mai. 150 Jahre Kindergottesdienste. [35×35]

2256	56 C	Inschrift „KINDERGOTTESDIENST“ .	1,20	1,10	1,80
		ETB		1,30	

2002, 2. Mai. Blockausgabe: 11. documenta, Kassel. [101×71, 55×33]

			★★	Ⓢ	FDC
2257	56 C	Schriftzug „Dokumenta 11" . .	1,80	1,80	
		Block 58 (101×71 mm)	2,–	1,90	2,50
		ETB		1,80	

2002, 2. Mai. Fußballweltmeister im 20. Jahrhundert. [70×35]

			★★	⊙	FDC
2258	56 C	Flaggen, Spielfeld, Fußball	1,20	1,20	
2259	56 C	Spielszene	1,20	1,20	
		Satz (2 W.)	2,40	2,40	
		Paar	2,80	2,80	4,50
		ETB		2,30	

2002, 6. Juni. Jugend: Kinderspielzeug. [35×35]

			★★	⊙	FDC
2260	51+26 C	Schachfiguren	1,80	1,80	
2261	51+26 C	Kranwagen . .	1,80	1,80	
2262	56+26 C	Puppe	1,80	1,80	
2263	56+26 C	Teddybär . . .	1,80	1,80	
2264	153+51 C	Elektrische Eisenbahn . .	4,–	4,–	
		Satz (5 W.) . .	11,–	11,–	12,–
		ETB (mit MiNr. 2260–2262) . .		5,–	
		ETB (mit MiNr. 2263–2264) . .		5,50	

2002, 6. Juni. Bedrohte Tierarten. [43×26]

2265	51 C	Bauchige Windelschnecke	1,20	1,–	
2266	56 C	Flussperlmuschel .	1,20	1,–	
		Satz (2 W.)	2,40	2,–	3,–
		ETB		2,20	

2002, 6. Juni. 100. Geburtstag des Malers Ernst Wilhelm Nay (1902–1968). [55×33]

2267	56 C	Gelbfeder in Rot . .	1,10	1,–	1,80
		ETB		1,30	

2002, 4. Juli. Blockausgabe: Nationalpark Hochharz. [110×66, 55×33]

			★★	Ⓢ	FDC
2268	56 C	Berglandschaft, Brocken	1,40	1,30	
		Block 59 (110×66 mm)	1,50	1,40	2,–
		ETB		1,30	

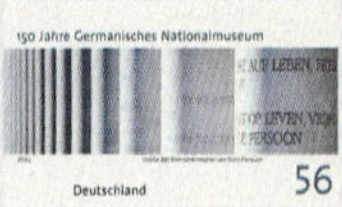

2002, 4. Juli. 150 Jahre Germanisches Nationalmuseum, Nürnberg. [55×33]

			✶✶	⊙	FDC
2269	56 C	Straße der Menschenrechte (D. Karavan)	1,10	1,–	2,20
		ETB		1,30	

2002, 4. Juli. 125. Geburtstag des Schriftstellers Hermann Hesse. [46,5×28]

2270	56 C	H. Hesse (1877–1962)	1,10	1,–	2,20
		ETB		1,30	

2002, 4. Juli. Deutsche Welthungerhilfe. [55×33]

2271	51 C	Pflanzen und Menschen ...	1,–	1,–	2,–
		ETB		1,20	

2002, 4. Juli. Europa: Zirkus. Selbstklebende Papierfolie, wellenförmig gestanzt (von Folienstreifen und Rollen). [35×35]

2272	56 C	Lachender Clown .	3,–	3,–	4,50

2002, 8. Aug. Aufrechte Demokraten. [35×35]

2273	56 C	Josef Felder (1900–2000)	1,20	1,10	2,20
		ETB		1,30	

2002, 8. Aug. UNESCO-Welterbe. [43×26]

2274	56 C	Museumsinsel, Berlin	1,20	1,10	2,20
		ETB		1,30	

2002, 8. Aug. Dienst am Nächsten: Freiwillige Feuerwehr. [43×26]

			✶✶	⊙	FDC
2275	56 C	Brandbekämpfung	1,20	1,10	2,20
		ETB		1,30	

2002, 8. Aug. Museum für Kommunikation, Berlin. [46,5×28]

2276	153 C	Museumsgebäude	3,–	3,–	4,20
		ETB		3,20	

2002, 8. Aug. UNESCO-Welterbe. Selbstklebende Papierfolie, wellenförmig gestanzt (aus Markenheftchen). [55×33]

2277	56 C	Gartenreich Dessau-Wörlitz	2,–	1,40	4,–

2002, 30. Aug. Hochwasserhilfe. [55×33]

2278	56+44 C	Wellen			
A		gez. K 13:13½	2,50	2,20	3,–
C		gez. K 13:14 ..	10,–	10,–	12,–
		ETB		2,20	

2002, 5. Sept. Deutsche Malerei des 20. Jahrhunderts. [55×33]

2279	112 C	Rotes Elisabeth-Ufer, Gemälde von Ernst Ludwig Kirchner (1880–1938)	2,20	2,–	3,20
		ETB		2,40	

2002, 5. Sept. Blockausgabe: Für uns Kinder. [110 × 65, 55 × 33]

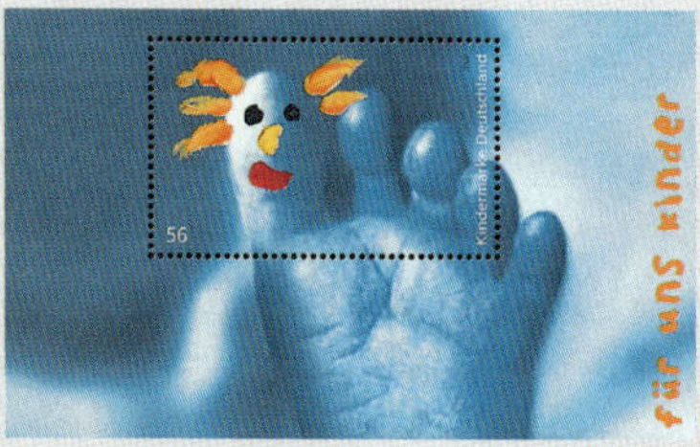

			✶✶	Ⓢ	FDC
2280	56 C	Fuß mit „Zehfigur“	1,40	1,30	
		Block 60			
		(110 × 65 mm)	1,50	1,40	2,50
		ETB		1,30	

2002, 5. Sept. Archäologie in Deutschland. [55 × 33]

			✶✶	⊙	FDC
2281	51 C	Ausgrabungsstätte,			
		Wurmlingen	1,–	1,–	2,–
		ETB		1,20	

2002, 10. Okt. 400. Geburtstag von Otto Guericke. [46,5 × 28]

2282	153 C	Kopernikanisches			
		Weltbild, Halbkugel-			
		experiment	3,50	3,20	4,50
		ETB		3,50	

2002, 10. Okt. 225. Geburtstag des Schriftstellers Heinrich von Kleist. [35 × 35]

2283	56 C	H. v. Kleist			
		(1777–1811)	1,10	1,–	2,20
		ETB		1,30	

2002, 10. Okt. 100. Geburtstag des Dirigenten Eugen Jochum. [43 × 26]

2284	56 C	Orchesterprobe zu			
		„Parsifal“	1,10	1,–	2,20
		ETB		1,30	

2002, 7. Nov. Weihnachten. [35 × 35]

			✶✶	⊙	FDC
2285	51+26 C	Die Verkündigung	1,60	1,50	
2286	56+26 C	Die Heilige Familie	1,60	1,50	
		Satz (2 W.) . . .	3,20	3,–	4,–
		ETB		3,20	

2002, 7. Nov. 50 Jahre Bundeszentrale für politische Bildung. [35 × 35]

2287	56 C	Pfeile	1,10	1,–	2,20
		ETB		1,30	

2002, 7. Nov. 50 Jahre Deutsches Fernsehen. [46,5 × 28]

2288	56 C	Uhr, menschliches			
		Auge	1,20	1,–	2,20
		ETB		1,30	

2002, 5. Dez. Wohlfahrt: Oldtimer. [55 × 33]

2289	45+20 C	BMW			
		„Isetta 300“ .	1,60	1,60	
2290	55+25 C	„Trabant P 50“	1,70	1,70	
2291	55+25 C	Mercedes			
		„300 SL“	1,70	1,70	
2292	55+25 C	VW „Käfer“ . .	1,70	1,70	
2293	144+56 C	Borgward			
		„Isabella-Coupé“	4,50	4,50	
		Satzpreis (5 W.)	11,–	11,–	13,–
		ETB (mit MiNr.			
		2289–2291) . .		4,50	
		ETB (mit MiNr.			
		2292–2293) . .		5,50	

2002, 5. Dez. Deutsche Malerei des 20. Jahrhunderts. [55×33]

			★★	⊙	FDC
2294	55 C	Hallenser Marktplatz (L. Feininger)	1,10	1,–	1,80
		ETB		1,40	

2002, 27. Dez. Frauen der deutschen Geschichte. [23×27,5]

2295	0.45 €	Anette von Droste-Hülshoff (1797–1848) . . .	1,–	1,–	2,–
2296	0.55 €	Hildegard Knef (1925–2002) . . .	1,–	1,–	2,–
2297	1.44 €	Esther von Kirchbach (1894–1946) . . .	2,60	2,60	
		Satz (3 W.)	4,60	4,60	6,–
		ETB (mit MiNr. 2295–2296)		2,20	
		ETB (mit MiNr. 2297)		2,80	

2002, 27. Dez. Sehenswürdigkeiten. [21,5×26]

2298	0.44 €	Berliner Philharmonie	1,–	–,80	1,50
2299	0.45 €	Tönninger Packhaus	1,–	–,80	1,50
2300	0.55 €	Alte Oper, Frankfurt	1,–	1,–	1,70
2301	1.00 €	Porta Nigra, Trier	2,–	1,80	2,50
2302	1.60 €	Bauhaus, Dessau	3,–	3,–	3,50
		Satz (5 W.)	8,–	7,50	9,–
		ETB (mit MiNr. 2298–2299)		2,–	
		ETB (mit MiNr. 2300–2301)		3,20	
		ETB (mit MiNr. 2302) .		3,20	

ETB = Ersttagsblatt

FDC = Ersttagsbrief (First Day Cover)

2002, 27. Dez. Sehenswürdigkeiten. Selbstklebende Papierfolie; BA = vierseitig wellenförmig gestanzt (von Folienstreifen und Rollen), BC und BD = dreiseitig wellenförmig, eine Seite gerade gestanzt (aus Markenheftchen). [21,5×26]

			★★	⊙	FDC
2303	0.45 €	Tönninger Packhaus			
BC		oben gerade gestanzt	2,50	2,50	3,–
BD		unten gerade gestanzt	2,50	2,50	3,–
2304	0.55 €	Alte Oper, Frankfurt			
BA		vierseitig wellenförmig gestanzt	1,20	1,20	2,–
BC		oben gerade gestanzt	1,50	1,20	2,–
BD		unten gerade gestanzt	1,50	1,20	2,–
		Satz (2 W.) . . .	3,50	3,50	

2003, 16. Jan. Frauen der deutschen Geschichte. [23×27,5]

2305	1.00 €	Marie Juchacz (1879–1956) . . .	2,–	1,80	2,50
		ETB		2,20	

2003, 16. Jan. Sehenswürdigkeiten. [21,5×26]

2306	1.44 €	Beethovenhaus, Bonn	3,50	3,50	5,–
2307	2.20 €	Fontane-Denkmal, Neuruppin	5,–	5,–	6,–
		Satz (2 W.)	8,50	8,50	10,–
		ETB		7,50	

2003, 16. Jan. Kulturstiftung der Länder. [43×26]

2308	144 C	Proun 30t (El Lissitzki)	3,–	2,60	3,50
		ETB		3,–	

2003, 16. Jan. 1000 Jahre Kronach. [46,5×28]

2309	45 C	Stadtansicht	1,–	–,90	1,50
		ETB		1,20	

2003, 16. Jan. 100. Geburtstag des Widerstandskämpfers Georg Elser. [35×35]

			★★	⊙	FDC
2310	55 C	G. Elser (1903–1945)	1,20	1,10	1,80
		ETB		1,40	

2003, 16. Jan. 40 Jahre deutsch-französischer Vertrag. [35×35]

2311	55 C	Brücke, Nationalflaggen	1,20	1,10	1,80
		ETB		1,40	

2003, 16. Jan. Jahr der Bibel. [43×26]

2312	55 C	Hand, Bibel	1,20	1,10	1,80
		ETB		1,40	

2003, 13. Febr. Sehenswürdigkeiten. [21,5×26]

2313	1.80 €	Saatsgalerie, Stuttgart	4,–	3,50	4,50
2314	2.00 €	Bamberger Reiter	4,–	4,–	4,50
		Satz (2 W.)	8,–	7,50	9,–
		ETB		7,50	

2003, 13. Febr. Deutsche Malerei des 20. Jahrhunderts. [55×33]

2315	55 C	Junger Argentinier (Max Beckmann)	1,20	1,–	
2316	100 C	Komposition (Adolf Hölzel) . . .	1,80	1,80	
		Satz (2 W.)	3,–	2,80	4,–
		ETB		3,20	

2003, 13. Febr. Post! [46,5×28]

			★★	⊙	FDC
2317	55 C	Rosengruß	1,10	1,–	1,70
		ETB		1,30	

2003, 13. Febr. Blockausgabe: Berühmte Knabenchöre. [172×77, 43×26]

			★★	Ⓢ	FDC
2318	45 C	Thomanerchor Leipzig	1,30	1,30	
2319	55 C	Dresdner Kreuzchor	1,30	1,30	
2320	100 C	Regensburger Domspatzen . . .	1,80	1,80	
		Block 61 (172×77 mm) . . .	4,50	4,50	5,50
		ETB		4,–	

2003, 13. Febr. Post! Selbstklebende Papierfolie, wellenförmig gestanzt (aus Markenheftchen). [46,5×28]

			★★	⊙	FDC
2321	55 C	Rosengruß	1,40	1,10	1,70

2003, 6. März. Sehenswürdigkeiten. [21,5×26]

2322	2.60 €	Viermastbark „Seute Deern“ . .	6,–	5,–	5,50
2323	4.10 €	Giebelhäuser, Wismar	9,–	8,–	8,–
		Satz (2 W.)	15,–	13,–	14,–
		ETB		12,50	

2003, 6. März. Sporthilfe: Fußballweltmeisterschaft 2006, Deutschland. [55×33]

			✶✶	⊙	FDC
2324	45+20 C	Volleyschuss	1,80	1,80	
2325	55+25 C	Torjubel	1,80	1,80	
2326	55+25 C	Bolzplatz ...	1,80	1,80	
2327	55+25 C	Kopfball	1,80	1,80	
2328	144+56 C	Jung und Alt	4,–	4,–	
		Satz (5 W.) ..	11,–	11,–	13,–
		ETB (mit MiNr. 2324–2326) ..		4,50	
		ETB (mit MiNr. 2327–2328) ..		5,50	

2003, 6. März. UNESCO-Welterbe. [35×35]

2329	55 C	Kölner Dom	1,20	1,10	1,80
		ETB		1,40	

2003, 6. März. UNESCO-Welterbe. Selbstklebende Papierfolie, wellenförmig gestanzt (aus Rollen). [35×35]

2330	55 C	Kölner Dom	1,40	1,10	1,80

2003, 10. April. Für die Briefmarke: 75. Jahrestag des ersten Nordatlantikflugs in Ost-West-Richtung. [35×35]

2331	144+56 C	Flugzeug Junkers W 33 „Bremen", Piloten	4,50	4,20	5,–
		ETB		4,–	

2003, 10. April. 100 Jahre Deutsches Museum, München. [43×26]

			✶✶	⊙	FDC
2332	55 C	Oskar von Miller (1855–1934)	1,20	1,10	2,–
		ETB		1,30	

2003, 10. April. 50 Jahre Deutscher Kinderschutzbund. [35×35]

2333	55 C	Kind, Erwachsene	1,20	1,10	1,80
		ETB		1,30	

2003, 10. April. 50 Jahre „Deutsche Welle". [46,5×28]

2334	55 C	Rundfunkwellen, Weltkarte	1,20	1,10	2,–
		ETB		1,30	

2003, 10. April. Internationale Gartenbauausstellung IGA '03, Rostock. [35×35]

2335	45 C	Blüte	1,10	1,–	1,70
		ETB		1,20	

2003, 8. Mai. Europa: Plakatkunst. [55×33]

2336	55 C	Plakate von K. O. Blase, M. Engelmann, H. Hillmann und G. Kieser	1,20	1,10	2,–
		ETB		1,30	

2003, 8. Mai. 200. Geburtstag des Chemikers Justus Freiherr von Liebig (1803–1873). [46,5×28]

2337	55 C	J. Frhr. von Liebig	1,20	1,10	1,80
		ETB		1,30	

2003, 8. Mai. 100. Geburtstag des Philosophen Hans Jonas (1903–1993). [55×33]

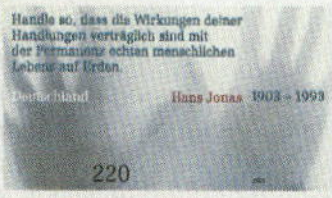

			✶✶	⊙	FDC
2338	220 C	Zitat, Hände	4,50	4,20	5,50
		ETB		4,30	

2003, 8. Mai. 100. Geburtstag des Schriftstellers Reinhold Schneider. [35×35]

2339	55 C	R. Schneider (1903–1958), Autograph	1,10	1,10	1,80
		ETB		1,30	

2003, 8. Mai. 100 Jahre ADAC. [55×33]

2340	55 C	Hubschrauber, Straßendienstfahrzeug	1,20	1,10	1,80
		ETB		1,30	

2003, 8. Mai. Erster Ökumenischer Kirchentag, Berlin. [43×26]

2341	55 C	Motto, Regenbogen	1,20	1,10	2,–
		ETB		1,30	

2003, 12. Juni. 50. Jahrestag des Volksaufstandes in der DDR am 17. Juni 1953. [43×26]

2342	55+25 C	Arbeiter, sowjetische Panzer	1,80	1,80	2,60
		ETB		1,80	

2003, 12. Juni. Blockausgabe: Nationalpark Unteres Odertal. [110×66, 55×33]

			✶✶	Ⓢ	FDC
2343	55 C	Auenlandschaft ..	1,20	1,20	
		Block 62 (110×66 mm) ...	1,30	1,30	2,50
		ETB		1,30	

2003, 12. Juni. 10 Jahre fünfstellige Postleitzahlen. [46,5×28]

			✶✶	⊙	FDC
2344	55 C	Maskottchen Rolf	1,20	1,10	1,80
		ETB		1,30	

2003, 12. Juni. 100 Jahre Salzachbrücke Laufen-Oberndorf. [43×26]

2345	55 C	Salzachbrücke ...	1,20	1,10	1,80
		ETB		2,–	

2003, 12. Juni. 50 Jahre Deutscher Musikrat. [43×26]

2346	144 C	Notenzeile	3,–	2,80	3,80
		ETB		3,–	

2003, 12. Juni. 100 Jahre Salzachbrück Laufen-Oberndorf. Selbstklebende Papierfolie, wellenförmig gestanzt (aus Markenheftchen). [43×26]

2347	55 C	Salzachbrücke ...	1,90	1,30	2,–

2003, 12. Juni/Juli. Sehenswürdigkeiten. Selbstklebend, wellenförmig gestanzt (aus Bogen). [21,5×26]

2348	1.44 €	Beethovenhaus, Bonn	4,–	3,50	4,50

2003, 10. Juli. Blockausgabe: Jugend: Vater-und-Sohn-Geschichten von e. o. plauen. [110×190, 55×33]

			✶✶	ⓢ	FDC
2349	45+20 C	Bildergeschichte „Entdeckung einer Schlitterbahn“	1,80	1,80	
2350	55+25 C		1,80	1,80	
2351	55+25 C		1,80	1,80	
2352	55+25 C		1,80	1,80	
2353	144+56 C		3,60	3,60	
		Block 63 (110× 190 mm)	11,–	11,–	12,–
		ETB		10,–	

Alle Zuschriften, auch E-Mails, Fax etc., werden aufmerksam gelesen, aber nicht immer beantwortet. Anfragen, die ausschließlich im eigenen Interesse gestellt werden, beantworten wir in aller Regel nur dann, wenn Rückporto (Ausland Antwortschein) beiliegt.

2003, 10. Juli. Aufrechte Demokraten. [43×26]

			✶✶	⊙	FDC
2354	55 C	Andreas Hermes (1878–1964)	1,10	1,–	1,70
		ETB		1,30	

2003, 10. Juli. Bilder aus Deutschland. [55×33]

2355	55 C	Industrielandschaft Ruhrgebiet	1,20	1,10	1,80
		ETB		1,30	

2003, 7. Aug. Bilder aus deutschen Städten. [35×35, 55×33]

2356	45 C	Viktualienmarkt, München	1,10	1,–	
2357	55 C	Altstadt, Görlitz .	1,10	1,–	
		Satz (2 W.)	2,20	2,–	3,–
		ETB		2,20	

2003, 7. Aug. Naturdenkmäler in Deutschland. [35×35]

2358	144 C	Versteinerter Wald, Chemnitz	3,–	3,–	4,50
		ETB		3,–	

2003, 11. Sept. Brücken. [55×33]

2359	55 C	Enzviadukt, Bietigheim	1,20	1,10	2,–
		ETB		1,30	

2003, 11. Sept. Blockausgabe: Für uns Kinder. [110×66, 55×33]

Nr.	Wert	Bezeichnung	★★	Ⓢ	FDC
2360	55 C	Tiere tanzen Ringelreihen	1,30	1,20	
		Block 64 (110×66 mm)	1,40	1,30	2,–
		ETB		1,30	

2003, 11. Sept. 100. Geburtstag des Philosophen Theodor W. Adorno. [46,5×28]

Nr.	Wert	Bezeichnung	★★	⊙	FDC
2361	55 C	Th. W. Adorno (1903–1969)	1,10	1,–	1,70
		ETB		1,30	

2003, 9. Okt. Wohlfahrt: Oldtimer. [55×33]

Nr.	Wert	Bezeichnung	★★	⊙	FDC
2362	45+20 C	Wartburg 311	1,60	1,60	
2363	55+25 C	Opel Olympia Rekord	1,70	1,70	
2364	55+25 C	Porsche 356 B Coupé	1,70	1,70	
2365	55+25 C	Ford Taunus 17M P3	1,70	1,70	
2366	144+56 C	Auto Union 1000 S	4,50	4,50	
		Satz (5 W.) ..	11,–	11,–	15,–
		ETB (mit MiNr. 2362–2364) ..		4,50	
		ETB (mit MiNr. 2365–2366) ..		5,50	

2003, 9. Okt. Dienst am Nächsten: Deutsche Lebensrettungsgesellschaft. [46,5×28]

Nr.	Wert	Bezeichnung	★★	⊙	FDC
2367	144 C	DLRG-Mitarbeiter	3,–	2,80	4,–
		ETB		3,–	

2003, 9. Okt. Post! [35×35]

Nr.	Wert	Bezeichnung	★★	⊙	FDC
2368	55 C	Ländlicher Hausbriefkasten	1,20	1,10	2,–
		ETB		1,30	

2003, 13. Nov. Weihnachten. [35×35]

Nr.	Wert	Bezeichnung	★★	⊙	FDC
2369	45+20 C	Anbetung der Hirten	1,50	1,50	
2370	55+25 C	Die Heilige Familie	1,50	1,50	
		Satzpreis (2 W.)	3,–	3,–	4,–
		ETB		3,–	

2003, 13. Nov. 200. Geburtstag des Architekten Gottfried Semper (1803 bis 1879). [55×33]

Nr.	Wert	Bezeichnung	★★	⊙	FDC
2371	55 C	Semperoper, Dresden	1,10	1,–	1,70
		ETB		1,30	

2003, 13. Nov. 100 Jahre Katholischer Deutscher Frauenbund. [46,5×28]

Nr.	Wert	Bezeichnung	★★	⊙	FDC
2372	55 C	Frauen, Hände, Kreuz	1,10	1,–	1,70
		ETB		1,30	

2003, 13. Nov. 10 Jahre Vertrag von Maastricht. [43×26]

Nr.	Wert	Bezeichnung	★★	⊙	FDC
2373	55 C	Sterne der Europaflagge	1,20	1,10	2,–
		ETB		1,30	

2004, 8. Jan. Sehenswürdigkeiten. [21,5×26]

			✶✶	⊙	FDC
2374	0.25 €	Residenzschloss, Arolsen	–,50	–,50	1,20
2375	0.40 €	Bach-Denkmal, Leipzig	–,80	–,80	1,50
		Satz (2 W.)	1,30	1,30	2,50
		ETB		1,60	

2004, 8. Jan. Bilder aus Deutschland: 800 Jahre Landshut. [46,5×28]

2376	45 C	Stadtansicht	–,90	–,90	2,–
		ETB		1,10	

2004, 8. Jan. 1200 Jahre Schleswig. [35×35]

2377	55 C	Dom, Motive aus Schleswig	1,10	1,–	1,70
		ETB		1,30	

2004, 8. Jan. Umweltschutz: Erneuerbare Energien. [35×35]

2378	55+25 C	Energiequellen	1,80	1,70	3,–
		ETB		1,80	

2004, 8. Jan. Bilder aus deutschen Städten. Selbstklebend, zähnungsähnlich gestanzt (aus Markenheftchen). [35×35]

2379	45 C	Viktualienmarkt, München	1,30	–,90	4,–

2004, 8. Jan. 50 Jahre Deutscher Musikrat. Selbstklebend, zähnungsähnlich gestanzt (aus Markenheftchen). [43×26]

2380	144 C	Notenzeile	3,–	2,80	6,–

2004, 5. Febr. Sehenswürdigkeiten. [21,5×26]

			✶✶	⊙	FDC
2381	0.05 €	Erfurter Dom ...	–,30	–,30	1,–
		ETB		–,40	

2004, 5. Febr. Sporthilfe. [55×33]

2382	45+20 C	Fußball-Europameisterschaft	1,60	1,60	
2383	55+25 C	Olympische Sommerspiele	1,70	1,70	
2384	55+25 C	Paralympics	1,70	1,70	
2385	55+25 C	Fußball-Weltmeisterschaft 1954	1,70	1,70	
2386	144+56 C	100 Jahre FIFA	4,50	4,50	
		Satz (5 W.) ..	11,–	11,–	12,–
		ETB (mit MiNr. 2382–2384) ..		4,50	
		ETB (mit MiNr. 2385–2386) ..		5,50	

2004, 5. Febr. Post! 46,5×28]

2387	55 C	Papierflugzeug mit Grüßen	1,20	1,10	1,80
		ETB		1,30	

2004, 5. Febr. 1300 Jahre Arnstadt. [35×35]

2388	55 C	Sehenswürdigkeiten	1,20	1,10	1,80
		ETB		1,30	

2004, 11. März. 150. Geburtstage der Serologen Paul Ehrlich und Emil von Behring. [55 × 33]

			★★	⊙	FDC
2389	144 C	P. Ehrlich (1854–1915), E. v. Behring (1854–1917)	3,–	2,80	4,–
		ETB		3,–	

2004, 11. März. 100. Geburtstag des Tenors Joseph Schmidt (1904–1942). [46,5 × 28]

2390	55 C	J. Schmidt, Notenblatt	1,20	1,10	1,80
		ETB		1,30	

2004, 11. März. Blockausgabe: Klassisches Theater. [102 × 73, 35 × 35]

			★★	Ⓢ	FDC
2391	45 C	F. v. Schiller: Wilhelm Tell	1,20	1,20	
2392	100 C	J. W. v. Goethe: Faust II	1,80	1,80	
		Block 65 (102 × 73 mm) . . .	3,20	3,20	4,50
		ETB		3,–	

2004, 7. April. Bedrohte Tierarten. [46,5 × 28]

			★★	⊙	FDC
2393	55 C	Weißstorch	1,20	1,10	2,–
		ETB		1,30	

2004, 7. April. UNESCO-Welterbe. [46,5 × 28]

			★★	⊙	FDC
2394	55 C	Meisterhäuser, Dessau	1,20	1,10	1,80
		ETB		1,30	

2004, 7. April. 150 Jahre elektrische Glühlampe. [35 × 35]

2395	220 C	Glühlampen von 1854 und 2004 .	4,50	4,50	6,–
		ETB		4,30	

2004, 7. April. 100. Geburtstag des Politikers Kurt Georg Kiesinger. [35 × 35]

2396	55 C	K. G. Kiesinger (1904–1988)	1,10	1,–	1,70
		ETB		1,30	

2004, 6. Mai. Europa: Ferien. [35 × 35]

2397	45 C	Urlaubssymbole .	1,–	–,90	2,–
		ETB		1,10	

2004, 6. Mai. 300 Jahre Schloss Ludwigsburg. [55 × 33]

2398	144 C	Schloss Ludwigsburg	3,–	2,80	4,–
		ETB		3,–	

2004, 6. Mai. 100. Geburtstag des Komponisten Reinhard Schwarz-Schilling. [46,5 × 28]

2399	55 C	R. Schwarz-Schilling (1904–1985)	1,10	1,–	1,80
		ETB		1,30	

2004, 6. Mai. Erweiterung der Europäischen Union. [35×35]

			✱✱	⊙	FDC
2400	55 C	Spielfiguren mit Flaggen der Beitrittsländer . . .	1,10	1,–	1,70
		ETB		1,30	

2004, 6. Mai. 1250. Todestag des hl. Bonifatius. [35×35]

2401	55 C	Hl. Bonifatius (um 673–754)	1,10	1,–	1,80
		ETB		1,30	

2004, 3. Juni. Jugend: Katzen. [55×33]

2402	45+20 C	Katzenkinder mit Wollknäuel	1,60	1,60	
2403	55+25 C	Katzenkinder mit Ball	1,70	1,70	
2404	55+25 C	Katzenmutter mit Jungem .	1,70	1,70	
2405	55+25 C	Sich putzende Katze	1,70	1,70	
2406	144+56 C	Schlafende Katzen	4,50	4,50	
		Satz (5 W.) . .	11,–	11,–	12,–
		ETB (mit MiNr. 2402–2404) . .		4,50	
		ETB (mit MiNr. 2405–2406) . .		5,50	

2004, 3. Juni. Natur- und Nationalparks: Nationalparks im Wattenmeer. [35×35]

			✱✱	⊙	FDC
2407	55 C	Priel im Watt	1,10	1,–	1,70
		ETB		1,30	

2004, 3. Juni. Deutsch-Russische Jugendbegegnungen im 21. Jahrhundert. [35×35]

2408	55 C	Jugendliche mit Drachen	1,10	1,–	1,70
		ETB		1,30	

2004, 8. Juli. Leuchttürme. [35×35]

2409	45 C	Greifswalder Oie	1,10	1,–	
2410	55 C	Roter Sand	1,10	1,–	
		Satz (2 W.)	2,20	2,–	3,–
		ETB		2,20	

2004, 8. Juli. 200. Geburtstag des Philosophen Ludwig Feuerbach. [35×35]

2411	144 C	L. Feuerbach (1804–1872)	3,–	2,80	4,–
		ETB		3,–	

2004, 8. Juli. 75. Jahrestag des Gewinns des „Blauen Bandes“ durch das Passagierschiff „Bremen“. [46,5×28]

2412	55 C	„Bremen“ vor New York	1,10	1,–	1,70
		ETB		1,30	

2004, 8. Juli. Leuchttürme. Selbstklebend, wellenförmig gestanzt (aus Rollen). [35×35]

2413	55 C	Roter Sand	1,10	1,–	1,80

2004, 12. Aug. Post! [6,5×28]

			✶✶	⊙	FDC
2414	55 C	Kameliengruß ...	1,10	1,–	1,70
		ETB		1,30	

2004, 12. Aug. 100 Jahre Gedächtniskirche Speyer. [35×35]

2415	55 C	Seitenansicht	1,20	1,10	1,80
		ETB		1,30	

2004, 12. Aug. Post! Selbstklebend, zähnungsähnlich gestanzt (aus Markenheftchen). [46,5×28]

2416	55 C	Kameliengruß ...	1,40	1,20	1,80

2004, 12. Aug. 75. Jahrestag des Gewinns des „Blauen Bandes“ durch das Passagierschiff „Bremen“. Selbstklebend, zähnungsähnlich gestanzt (aus Markenheftchen). [46,5×28]

2417	55 C	„Bremen“ vor New York	1,10	1,–	3,50

2004, 9. Sept. Für uns Kinder. [35×35]

2418	55 C	Buntes Gesicht ...	1,10	1,–	1,80
		ETB		1,30	

2004, 9. Sept. 200. Geburtstag des Dichters Eduard Mörike (1804–1875). [46,5×28]

2419	55 C	Feder, Tintenfass, Brille, Manuskript .	1,10	1,–	1,80
		ETB		1,30	

2004, 9. Sept. 150. Geburtstag des Komponisten Engelbert Humperdinck (1854 bis 1921). [46,5×28]

			✶✶	⊙	FDC
2420	45 C	E. Humperdinck, „Hänsel und Gretel“	1,–	–,90	1,70
		ETB		1,10	

2004, 9. Sept. 100. Geburtstag des Architekten Egon Eiermann (1904–1970). [46,5×28]

2421	100 C	E. Eiermann; Kaiser-Wilhelm-Gedächtniskirche, Berlin	2,–	1,80	2,80
		ETB		2,20	

2004, 9. Sept. 50 Jahre Bundessozialgericht. [35×35]

2422	144 C	Prägestempel ...	3,–	2,80	4,–
		ETB		3,–	

2004, 7. Okt. Wohlfahrt: Wunderbare Welt – Klimazonen. [55×33]

2423	45+20 C	Polare Zonen	1,60	1,60	
2424	55+25 C	Alpine Zonen	1,70	1,70	
2425	55+25 C	Gemäßigte Breiten	1,70	1,70	
2426	55+25 C	Wüste	1,70	1,70	
2427	144+56 C	Tropen	4,50	4,50	
		Satz (5 W.) ..	11,–	11,–	15,–
		ETB (mit MiNr. 2423–2425) ..		4,50	
		ETB (mit MiNr. 2426–2427) ..		5,50	

2004, 7. Okt. Tag der Briefmarke. [46,5×28]

			✱✱	⊙	FDC
2428	55 C	Flugboot Do X . . .	1,10	1,–	2,–
		ETB		1,30	

2004, 4. Nov. Weihnachten. [35×35]

2429	45+20 C	Flucht nach Ägypten (Rubens) . . .	1,40	1,30	
2430	55+25 C	Anbetung der Könige (Rubens) . . .	1,60	1,50	
		Satz (2 W.) . .	3,–	2,80	4,50
		ETB		5,–	

2004, 4. Nov. Post – Winterstimmung. [46,5×28]

2431	55 C	Verschneite Eichenallee	1,10	1,–	1,80
		ETB		1,30	

2004, 4. Nov. Deutsche Malerei des 20. Jahrhunderts. [55×33]

2432	55 C	Das Geheimnis (Felix Nussbaum) .	1,10	1,–	2,–
		ETB		1,30	

2004, 4. Nov. Internationale Raumstation ISS. [46,5×28]

2433	55 C	Internationale Raumstation ISS .	1,10	1,–	1,80
		ETB		1,30	

2005, 3. Jan. Freimarken: Blumen. [22×31]

			✱✱	⊙	FDC
2434	95 C	Einjährige Sonnenblume	3,–	2,–	3,50
2435	430 C	Feldrittersporn . .	11,–	11,–	14,–
		Satz (2 W.)	14,–	13,–	18,–
		ETB		10,–	

2005, 3. Jan. Archäologie in Deutschland. [35×35]

2436	144 C	Keltenfürst vom Glauberg . . .	3,–	2,80	4,–
		ETB		3,–	

2005, 3. Jan. Deutsche Malerei. [35×35]

2437	55 C	Anbetung der Hl. drei Könige . . .	1,10	1,–	2,–
		ETB		1,30	

2005, 3. Jan. 1200 Jahre Forchheim. [35×35]

2438	45 C	Rathaus	–,90	–,80	2,–
		ETB		1,20	

2005, 10. Febr. Sporthilfe. [55×33]

			**	⊙	FDC
2439	45+20 C	Fußball-WM, Deutschland 2006, Goleo . .	1,60	1,60	
2440	55+25 C	Fußball-WM, Deutschland 2006, Fußball-Globus	1,70	1,70	
2441	55+25 C	Kunstturnen .	1,70	1,70	
2442	55+25 C	Skispringen .	1,70	1,70	
2443	144+56 C	Fechten	4,50	4,50	
		Satz (5 W.) . .	11,–	11,–	13,–
		ETB (mit MiNr. 2439–2441) . .		4,50	
		ETB (mit MiNr. 2442–2443) . .		5,50	

2005, 10. Febr. 150 Jahre Litfaßsäule. [35 × 35]

2444	55 C	Litfaßsäule	1,10	1,–	1,80
		ETB		1,30	

2005, 10. Febr. 100 Jahre Berliner Dom. [35 × 35]

2445	95 C	Berliner Dom	1,90	1,70	2,50
		ETB		2,–	

2005, 10. Febr. 100 Jahre Berliner Dom. Selbstklebend, zähnungsähnlich gestanzt (aus Markenheftchen). [35 × 35]

2446	95 C	Berliner Dom	2,20	1,70	3,–

2005, 3. März. Post: Briefzustellung in Deutschland. [35 × 35]

2447	55 C	Postbote mit Rad im Norden	1,20	1,–	
2448	55 C	Briefträger im Süden	1,20	1,–	
		Satz (2 W.)	2,40	2,–	3,50
		ETB		2,40	

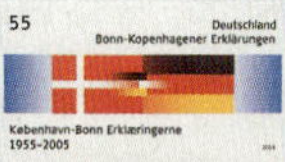

2005, 3. März. 50 Jahre Bonn–Kopenhagener Erklärungen. [46,5 × 28]

			**	⊙	FDC
2449	55 C	Nationalflaggen . .	1,10	1,–	1,80
		ETB		2,–	

2005, 3. März. 50. Jahrestag der Wiederaufnahme des regelmäßigen Flugverkehrs in Deutschland. [46,5 × 28]

2450	155 C	Lockheed Super Constellation . . .	3,–	2,80	4,–
		ETB		3,20	

2005, 7. April. Freimarke: Blumen. [22 × 31]

2451	45 C	Margerite	–,90	–,80	1,80
		ETB		1,20	

2005, 7. April. Natur- und Nationalparks: Bayerischer Wald. [35 × 35]

2452	55 C	Moos- und Farnbedeckte Felsbrocken	1,10	1,–	2,–
		ETB		1,30	

2005, 7. April. 200. Geburtstag des Dichters Hans Christian Andersen (1805–1875). [33 × 28]

2453	144 C	Bucheinband . . .	3,–	3,–	4,–
		ETB		3,–	

2005, 7. April. 100 Jahre Mittellandkanal. [46,5 × 28]

2454	45 C	Trogbrücke	1,–	1,–	1,80
		ETB		1,30	

2005, 7. April. 200. Geburtstag des Dichters Hans Christian Andersen (1805–1875). Selbstklebend, wellenförmig gestanzt. [33×28]

			✱✱	⊙	FDC
2455	144 C	Bucheinband . . .	3,50	3,50	5,–

2005, 12. Mai. Tag der Briefmarke. [46,5×28]

2456	55+25 C	Kraftomnibus .	1,70	1,70	2,50
		ETB		1,80	

2005, 12. Mai. Europa: Gastronomie. [46,5×28]

2457	55 C	Gedeckter Tisch .	1,10	1,–	2,–
		ETB		1,30	

2005, 12. Mai. 100 Jahre Künstlergruppe „Die Brücke". [35×35]

2458	55 C	Sitzende Fränzi . . .	1,10	1,–	2,–
		ETB		1,30	

2005, 12. Mai. 50 Jahre Pariser Verträge. [35×35]

2459	55 C	Unterzeichner	1,10	1,–	2,–
		ETB		1,30	

2005, 12. Mai. Tod von Papst Johannes Paul II. (1920 bis 2005, reg. ab 1978). [46,5×28]

2460	55 C	Papst Johannes Paul II.	1,10	1,–	2,–
		ETB		1,30	

2005, 12. Mai. 200. Todestag des Dichters Friedrich von Schiller (1759–1805). [46,5×28]

			✱✱	⊙	FDC
2461	55 C	Frühe Gesamtausgabe der Werke	1,10	1,–	2,–
		ETB		1,30	

2005, 2. Juni. Freimarken: Blumen. [22×31]

2462	25 C	Bechermalve	–,60	–,50	1,50
2463	50 C	Herbstaster	1,–	–,90	1,60
		Satz (2 W.)	1,60	1,40	2,50
		ETB		2,20	

2005, 2. Juni. Jugend: Großsegler. [55×33]

2464	45+20 C	Schonerbrigg „Greif"	1,60	1,60	
2465	55+25 C	Bark „Rickmer Rickmers" . .	1,70	1,70	
2466	55+25 C	Viermastbark „Passat" . . .	1,70	1,70	
2467	55+25 C	Dreimastgaffelschoner „Großherzogin Elisabeth" . . .	1,70	1,70	
2468	144+56 C	Vollschiff „Deutschland"	4,50	4,50	
		Satz (5 W.) . .	11,–	11,–	13,–
		ETB (mit MiNr. 2464–2466) . .		4,50	
		ETB (mit MiNr. 2467–2468) . .		5,50	

2005, 2. Juni. Weltjugendtag, Köln. [46,5×28]

2469	55 C	Kreuz, Weltkugel .	1,10	1,–	1,80
		ETB		1,30	

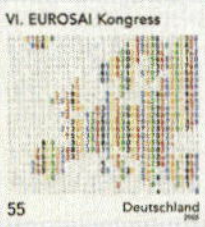

2005, 2. Juni. Kongress der europäischen obersten Rechnungskontrollbehörden (EUROSAI). [35×35]

			✶✶	⊙	FDC
2470	55 C	Landkarte Europas aus Zahlen	1,10	1,–	1,80
		ETB		1,30	

2005, 7. Juli. Freimarken: Blumen. [22×31]

			✶✶	⊙	FDC
2471	20 C	Hohe Studentenblume			
	A	vierseitig gez.	–,40	–,40	1,20
	Eo	oben und rechts geschnitten	–,40	–,40	
	Eu	unten und rechts geschnitten	–,40	–,40	
2472	55 C	Klatschmohn	1,20	1,–	1,80
		Satz (2 W.)	1,50	1,40	2,50
		ETB		2,–	

2005, 7. Juli. Leuchttürme. [35×35]

			✶✶	⊙	FDC
2473	45 C	Brunsbüttel, Mole 1	–,90	–,80	1,50
2474	55 C	Westerheversand .	1,10	1,–	1,80
		Satz (2 W.)	2,–	1,80	3,–
		ETB		2,20	

2005, 7. Juli. 100. Jahrestag der Veröffentlichung der speziellen Relativitätstheorie von Physiker Albert Einstein (1879–1955). [46,5×28]

			✶✶	⊙	FDC
2475	55 C	A. Einstein, Formel der Masse-Energie-Äquivalenz	1,10	1,–	1,80
		ETB		1,30	

Neuheitenmeldungen zu diesem Nachschlagewerk finden Sie in der monatlich erscheinenden MICHEL-Rundschau.

2005, 7. Juli. Blockausgabe: Preußische Schlösser und Gärten. [98×70, 55×33]

			✶✶	⊙	FDC
2476	220 C	Neues Palais im Park Sanssouci, Potsdam	4,30	4,30	
		Block 66 (98×70 mm)	4,40	4,40	5,50
		ETB		4,40	

2005, 7. Juli. Freimarke: Blumen. Selbstklebend, wellenförmig gestanzt (aus Rollen). [22×31]

			✶✶	⊙	FDC
2477	55 C	Klatschmohn	1,20	1,–	1,80

2005, 7. Juli. Leuchttürme. Selbstklebend, zähnungsähnlich gestanzt (aus Markenheftchen). [35×35]

			✶✶	⊙	FDC
2478	45 C	Greifwalder Oie ..	1,–	–,80	
2479	45 C	Brunsbüttel, Mole 1	1,–	–,80	
		Satz (2 W.)	2,–	1,60	3,–

2005, 11. Aug. Freimarke: Blumen. [22×31]

			✶✶	⊙	FDC
2480	5 C	Elfenkrokus			
	A	vierseitig gez.	–,30	–,30	1,–
	Do	oben geschnitten ..	–,30	–,30	
	Du	unten geschnitten ..	–,30	–,30	
	Eo	oben und links geschnitten	–,30	–,30	
	Eu	unten und links geschnitten	–,30	–,30	
		ETB		–,40	

2005, 11. Aug. Briefzustellung in Deutschland. [35×35]

			✱✱	⊙	FDC
2481	55 C	Flusslandschaft, Windrose	1,10	1,–	
2482	55 C	Berglandschaft, Windrose	1,10	1,–	
		Satz (2 W.)	2,20	2,–	3,20
		ETB		2,50	

2005, 11. Aug. 100 Jahre NaturFreunde Deutschlands. [35×35]

2483	144 C	Wanderer unter Baum	3,–	2,80	4,–
		ETB		3,–	

2005, 8. Sept. Freimarken: Blumen. [22×31]

2484	10 C	Tulpe			
A		vierseitig gez.	–,30	–,30	1,–
Do		oben geschnitten .	–,30	–,30	
Du		unten geschnitten .	–,30	–,30	
2485	40 C	Leberblümchen ..	–,80	–,80	1,50
		Satz (2 W.)	1,–	1,–	2,–
		ETB		1,30	
		Zd-Kleinbogen (mit 2471 E, 2480 D, E und 2484 D)	3,–	3,–	

2005, 8. Sept. Für uns Kinder. [46,5×28]

2486	55 C	Bunte Hähne	1,10	1,–	1,80
		ETB		1,30	

2005, 8. Sept. 1200 Jahre Magdeburg. [46,5×28]

2487	55 C	Stadtansicht (Holzschnitt)	1,10	1,–	1,80
		ETB		1,30	

2005, 8. Sept. 450 Jahre Augsburger Religionsfrieden. [35×35]

			✱✱	⊙	FDC
2488	55 C	Jubel- und Friedensengel	1,10	1,–	2,–
		ETB		1,30	

2005, 8. Sept. 100. Geburtstag des Boxweltmeisters Max Schmeling (1905–2005). [43×26]

2489	55 C	Max Schmeling ..	1,10	1,–	1,80
		ETB		1,30	

2005, 13. Okt. 200. Geburtstag des österreichischen Schriftstellers und Malers Adalbert Stifter (1805 bis 1868). [35×35]

2490	95 C	Schreibfeder und Handschrift	2,–	2,–	3,–
		ETB		2,–	

2005, 13. Okt. Weihe der Dresdner Frauenkirche. [46,5×28]

2491	55 C	Ruine und Rekonstruktion ..	1,10	1,–	1,80
		ETB		1,30	

2005, 3. Nov. Weihnachten: Gemälde von Stefan Lochner (um 1410–1451). [35×35]

2492	45+20 C	Anbetung des Kindes	1,40	1,30	
2493	55+25 C	Muttergottes in der Rosenlaube	1,70	1,50	
		Satz (2 W.) ...	3,–	2,80	5,–
		ETB		3,20	

2005, 3. Nov. Brauchtum und Tradition: 150 Jahre Tölzer Leonhardifahrt. [35 × 35]

			✶✶	⊙	FDC
2494	45 C	Rückfahrt von der Leonhardikapelle .	-,90	-,80	1,70
		ETB		1,20	

2005, 3. Nov. 100. Jahrestag der Verleihung des Friedensnobelpreises an die österr. Schriftstellerin Bertha Freifrau von Suttner (1843–1914). [46,5 × 28]

2495	55 C	B. von Suttner, Titelseite des Buches „Die Waffen nieder!“	1,10	1,–	1,80
		ETB		1,30	

2005, 3. Nov. 100. Jahrestag der Verleihung des Nobelpreises an den Bakteriologen Robert Koch (1843–1910). [35 × 35]

2496	144 C	R. Koch, Mikroskop	3,–	2,80	4,–
		ETB		3,20	

2005, 3. Nov. 50 Jahre Bundeswehr. [35 × 35]

2497	55 C	Inschrift in den Nationalfarben . . .	1,10	1,–	1,80
		ETB		1,30	

2005, 3. Nov. 40 Jahre diplomatische Beziehungen mit Israel. [35 × 35]

2498	55 C	Nationalflaggen, Stacheldraht	1,10	1,–	1,80
		ETB		1,30	

2005, 3. Nov. Preußische Schlösser und Gärten. Selbstklebend, wellenförmig gestanzt (aus Markenheftchen). [55 × 33]

			✶✶	⊙	FDC
2499	220 C	Neues Palais im Park Sanssouci, Potsdam	4,50	4,50	5,50

2005, 1. Dez. Wohlfahrt: Einheimische Schmetterlinge. [55 × 33]

2500	45+20 C	Zitronenfalter	1,50	1,50	
2501	55+25 C	Russischer Bär	1,50	1,50	
2502	55+25 C	Tagpfauenauge	1,50	1,50	
2503	145+55 C	Weißer Waldportier	4,50	4,50	
		Satz (4 W.) . .	9,–	9,–	11,–
		ETB		9,–	

2005, 1. Dez. Wohlfahrt: Schmetterlinge. Selbstklebend, wellenförmig gestanzt (aus Rollen und Markenheftchen). [55 × 33]

2504	55+25 C	Tagpfauenauge	1,80	1,50	2,20

2006, 2. Jan. Freimarken: Blumen. [22 × 31]

2505	35 C	Dahlie	-,70	-,70	1,50
2506	90 C	Narzisse	1,70	1,70	2,50
2507	145 C	Schwertlilie	2,60	2,60	3,50
		Satz (3 W.)	5,–	5,–	6,50
		ETB (mit MiNr. 2505–2506)		3,–	
		ETB (mit MiNr. 2507)		3,20	

2006, 2. Jan. Umweltschutz: Klimaschutz geht alle an. [46,5×28]

			✶✶	⊙	FDC
2508	55+25 C	Wirbelsturm . .	1,80	1,70	2,50
		ETB		1,80	

2006, 2. Jan. Post: Winter. [46,5×28]

2509	55 C	Alter Baum	1,10	1,–	1,80
		ETB		1,30	

2006, 2. Jan. 1200 Jahre Halle. [46,5×28]

2510	45 C	Sehenswürdigkeiten	–,90	–,80	1,70
		ETB		1,20	

2006, 2. Jan. 650 Jahre Goldene Bulle. [46,5×28]

2511	145 C	Goldsiegel König Karls IV. . .	3,–	3,–	4,–
		ETB		3,20	

2006, 2. Jan. 250. Geburtstag des österreichischen Komponisten Wolfgang Amadeus Mozart (1756 bis 1791). [35×35]

2512	55 C	W. A. Mozart	1,10	1,–	1,80
		ETB		1,30	

2006, 2. Jan. Freimarken: Blumen. Selbstklebend, wellenförmig gestanzt (aus Rollen bzw. Markenheftchen). [22×31]

2513	25 C	Bechermalve	–,60	–,60	1,50
2514	35 C	Dahlie	–,70	–,70	1,50
2515	90 C	Narzisse	1,70	1,70	2,50
		Satz (3 W.)	3,–	3,–	

2006, 2. Jan. 650 Jahre Goldene Bulle. Selbstklebend, wellenförmig gestanzt (aus Markenheftchen). [46,5×28]

			✶✶	⊙	FDC
2516	145 C	Goldsiegel König Karls IV . .	3,50	3,–	4,50

2006, 9. Febr. Sporthilfe. [55×33]

2517	45+20 C	Stadionbesucher	1,50	1,50	
2518	55+25 C	Allianzarena, München . . .	1,50	1,50	
2519	55+25 C	Olympiastadion, Berlin	1,50	1,50	
2520	55+25 C	Springreiten .	1,50	1,50	
2521	145+55 C	WM-Plakat .	4,–	4,–	
		Satz (5 W.) . .	10,–	10,–	12,–
		ETB (mit MiNr. 2517–2519) . .		5,–	
		ETB (mit MiNr. 2520–2521) . .		6,–	

2006, 9. Febr. 850 Jahre Michaelskirche, Schwäbisch-Hall. [46,5×28]

2522	55 C	Michaelskirche . . .	1,10	1,–	1,80
		ETB		1,30	

2006, 9. Febr. 50 Jahre Friesenrat. [46,5×28]

2523	90 C	Inschriften, Nordsee	1,80	1,70	2,80
		ETB		2,–	

2006, 2. März. Freimarke: Blumen. [22×31]

			★★	⊙	FDC
2524	65 C	Sonnenhut	1,40	1,30	2,20
		ETB		1,50	

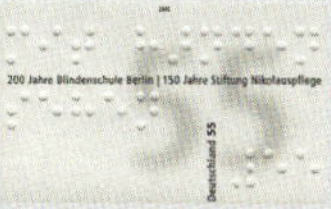

2006, 2. März. Dienst am Nächsten: Mit Händen sehen. [55×33]

			★★	⊙	FDC
2525	55 C	Text in Braille-Schrift	1,10	1,–	1,80
		ETB		1,30	

2006, 2. März. 1200 Jahre Ingolstadt. [35×35]

			★★	⊙	FDC
2526	55 C	Historische Karte	1,10	1,–	1,80
		ETB		1,30	

2006, 2. März. 225. Geburtstag des Architekten und Malers Karl Friedrich Schinkel (1781–1841). [46,5×28]

			★★	⊙	FDC
2527	55 C	Altes Museum, Berlin	1,10	1,–	1,80
		ETB		1,30	

2006, 2. März. Tod des Bundespräsidenten Johannes Rau (1931–2006). [46,5×28]

			★★	⊙	FDC
2528	55 C	J. Rau	1,10	1,–	1,80
		ETB		1,30	

2006, 13. April. Freimarken: Blumen. [22×31]

			★★	⊙	FDC
2529	70 C	Kartäusernelke	1,50	1,30	2,50
2530	220 C	Edelweiß	4,50	4,20	5,50
		Satz (2 W.)	6,–	5,50	7,–
		ETB		6,–	

2006, 13. April. Deutsche Malerei: Albrecht Dürer. [35×35]

			★★	⊙	FDC
2531	145 C	Selbstbildnis	2,80	2,60	3,50
		ETB		3,20	

2006, 13. April. Post: Frühling. [46,5×28]

			★★	⊙	FDC
2532	55 C	Kirschbäume	1,10	1,–	1,80
		ETB		1,30	

2006, 13. April. 500 Jahre Universität Viadrina, Frankfurt (Oder). [35×35]

			★★	⊙	FDC
2533	55 C	Unisiegel	1,10	1,–	1,80
		ETB		1,30	

2006, 4. Mai. Freimarke: Blumen. [22×31]

			★★	⊙	FDC
2534	390 C	Feuerlilie	9,–	9,–	11,–
		ETB		8,–	

2006, 4. Mai. Europa: Integration. [46,5×28]

			★★	⊙	FDC
2535	55 C	Windjacke	1,10	1,–	1,80
		ETB		1,30	

2006, 4. Mai. UNESCO-Welterbe: Oberes Mittelrheintal. [35×35]

			★★	⊙	FDC
2536	55 C	Goarshausen mit Burg Katzeneinbogen	1,10	1,–	1,80
		ETB		1,30	

2006, 4. Mai. UNESCO-Welterbe: Oberes Mittelrheintal. Selbstklebend, zähnungsähnlich gestanzt (aus Markenheftchen). [35×35]

			✱✱	⊙	FDC
2537	55 C	Goarshausen mit Burg Katzeneinbogen	1,20	1,20	2,40

2006, 4. Mai. 100. Geburtstag des Publizisten, Verlegers und Politikers Gerd Bucerius (1906–1995). [44×26]

2538	85 C	G. Bucerius	1,80	1,60	2,50
		ETB		1,90	

2006, 4. Mai. Blockausgabe: Fußballweltmeisterschaft, Deutschland. [130×180, 55×33]

		✱✱	Ⓢ	FDC
Block 67	mit MiNr. 2517–2519 und MiNr. 2521	8,50	8,50	10,–
	ETB		9,–	

2006, 8. Juni. Jugend: Heimische Tiere. [55×33]

			✱✱	⊙	FDC
2539	45+20 C	Baummarder	1,30	1,30	
2540	55+25 C	Eichhörnchen	1,60	1,60	
2541	55+25 C	Feldhase ...	1,60	1,60	
2542	55+25 C	Reh	1,60	1,60	
2543	145+55 C	Wildschwein	4,–	4,–	
		Satz (5 W.) ..	10,–	10,–	12,50
		ETB (mit MiNr. 2539–2541) ..		6,–	
		ETB (mit MiNr. 2542–2543) ..		7,–	

2006, 8. Juni. 200. Geburtstag des deutsch-amerikanischen Ingenieurs Johann August Röbling (1806–1869). [55×33]

2544	145 C	Brooklyn-Bridge	3,–	2,90	4,–
		ETB		3,50	

2006, 8. Juni. 100. Geburtstag des Schriftstellers Stefan Andres (1906–1970). [46,5×28]

2545	55 C	Buchrücken	1,10	1,–	1,80
		ETB		1,30	

2006, 8. Juni. 200. Geburtstag des deutsch-amerikanischen Ingenieurs Johann August Röbling (1806–1869). Selbstklebend, zähnungsähnlich gestanzt (aus Folienstreifen und Rollen). [55×33]

2546	145 C	Brooklyn-Bridge, New York	3,50	3,50	4,50

2006, 13. Juli. Freimarke: Blumen. [22 × 31]

			**	⊙	FDC
2547	100 C	Tränendes Herz .	2,–	1,80	3,–
		ETB		2,20	

2006, 13. Juli. Bilder aus deutschen Städten. [44 × 26]

			**	⊙	FDC
2548	55 C	Burganlage Burghausen	1,10	1,–	1,80
		ETB		1,30	

2006, 13. Juli. Post: Sommer. [46,5 × 28]

			**	⊙	FDC
2549	55 C	Blühendes Rapsfeld	1,10	1,–	1,80
		ETB		1,30	

2006, 13. Juli. 400. Geburtstag des niederländischen Malers Rembrandt (1606–1669). [35 × 35]

			**	⊙	FDC
2550	70 C	Saskia von Uylenburgh	1,40	1,30	2,20
		ETB		1,60	

2006, 13. Juli. 100 Jahre einheitliche deutsche Kfz.-Kennzeichen. [46,5 × 28]

			**	⊙	FDC
2551	45 C	Autokennzeichen .	1,–	–,80	1,80
		ETB		1,–	

2006, 13. Juli. 225. Geburtstag des Architekten und Malers Karl Friedrich Schinkel (1781–1841). Selbstklebend, zähnungsähnlich gestanzt. [46,5 × 28]

			**	⊙	FDC
2552	55 C	Altes Museum, Berlin	1,50	1,30	2,–

2006, 10. Aug. Archäologie in Deutschland: 150. Jahrestag der Entdeckung des Neandertalers. [46,5 × 28]

			**	⊙	FDC
2553	220 C	Neandertal, Schädelknochen	4,50	4,50	6,–
		ETB		4,30	

2006, 10. Aug. Blockausgabe: Bilder aus Deutschland. [105 × 70, 35 × 35]

			**	⊙	FDC
2554	55 C	Schwarzwald	1,20	1,20	
		Block 68 (105 × 70 mm)	1,30	1,30	2,–
		ETB		1,30	

2006, 10. Aug. Leuchttürme. [35 × 35]

			**	⊙	FDC
2555	45 C	Neuland, Behrensdorf	–,90	–,80	
2556	55 C	Hohe Weg, Außenweser	1,10	1,–	
		Satz (2 W.)	2,–	1,80	3,–
		ETB		2,20	

2006, 7. Sept. Für uns Kinder. [35 × 35]

			**	⊙	FDC
2557	55 C	Kater als Postbote	1,10	1,–	1,80
		ETB		1,30	

2006, 7. Sept. 650 Jahre Hanse. [46,5×28]

			✱✱	⊙	FDC
2558	70 C	Hansekogge, Handschrift (um 1440)	1,50	1,50	2,50
		ETB		1,60	

2006, 7. Sept. 100 Jahre „Der Hauptmann von Köpenick“. [35×35]

2559	55 C	F. W. Voigt in Verkleidung als preuß. Hauptmann	1,20	1,10	2,–
		ETB		1,30	

2006, 5. Okt. Wohlfahrt: Eisenbahn. [55×33]

2560	45+20 C	Fliegender Hamburger VT 877	1,50	1,50	
2561	55+25 C	InterCityExpress ICE 403	1,50	1,50	
2562	55+25 C	Trans Europ Express VT 11.5	1,50	1,50	
2563	145+55 C	Henschel-Wegmann-Zug 61001	4,–	4,–	
		Satz (4 W.) . .	8,50	8,50	10,–
		2 ETB		8,60	

2006, 5. Okt. Post: Herbst. [46,5×28]

2564	55 C	Herbstlicher Buchenwald	1,10	1,–	1,80
		ETB		1,30	

2006, 5. Okt. Tag der Briefmarke. [46,5×28]

			✱✱	⊙	FDC
2565	55 C	Historische Postkarte	1,10	1,–	1,80
		ETB		1,30	

2006, 5. Okt. 100. Geburtstag der deutsch-amerikanischen Philosophin Hannah Arendt (1906–1975). [55×33]

2566	145 C	H. Arendt, Manuskriptauszug	3,70	3,–	4,–
		ETB		3,–	

2006, 5. Okt. Wohlfahrt: Eisenbahn. Selbstklebend, wellenförmig gestanzt (aus Rollen und Markenheftchen). [55×33]

2567	55+25 C	InterCityExpress ICE 403	2,20	1,80	3,–

2006, 9. Nov. Freimarke: Blumen. [22×31]

2568	200 C	Goldmohn	4,–	3,60	4,50
		ETB		4,–	

2006, 9. Nov. Weihnachten: Gemälde von Meister Francke (um 1383–um 1436). [55×33]

2569	45+20 C	Geburt Christi	1,20	1,20	
2570	55+25 C	Anbetung der Könige	1,50	1,50	
		Satz (2 W.) . . .	2,70	2,70	4,–
		ETB		3,–	

2006, 9. Nov. Aufrechte Demokraten: Eugen Bolz (1881–1945). [35×35]

			★★	⊙	FDC
2571	45 C	E. Bolz	1,–	–,80	1,70
		ETB		1,20	

2006, 9. Nov. 100. Geburtstag des Erzbischofs von Köln, Joseph Kardinal Höffner (1906–1987). 35×35]

2572	55 C	J. Kardinal Höffner	1,10	1,–	1,80
		ETB		1,30	

2006, 9. Nov. 50. Jahrestag der Verleihung des Nobelpreises für Medizin an den Chirurgen Werner Forßmann (1904–1979). [46,5×28]

2573	90 C	W. Forßmann	2,–	2,–	3,–
		ETB		2,–	

2006, 9. Nov. Post: Die vier Jahreszeiten. Selbstklebend, zähnungsähnlich gestanzt (aus Markenheftchen). [46,5×28]

2574	55 C	Kirschbäume	1,20	1,–	
2575	55 C	Blühendes Rapsfeld	1,20	1,–	
2576	55 C	Herbstlicher Buchenwald	1,20	1,–	
2577	55 C	Alter Baum	1,20	1,–	
		Satz (4 W.)	4,50	4,–	6,–

2007, 2. Jan. Sporthilfe: Handball-Weltmeisterschaft, Deutschland. [55×33]

2578	55 + 25 C	Spielszene	1,80	1,80	3,–
		ETB		1,80	

MiNr. 2578 wurde auch in Block 70 (siehe nach MiNr. 2603) ausgegeben.

2007, 2. Jan. 1000 Jahre Bistum Bamberg. [35×35]

			★★	⊙	FDC
2579	55 C	Bamberger Dom ...	1,10	1,–	2,–
		ETB		1,30	

2007, 2. Jan. 1000 Jahre Fürth. [35×35]

2580	45 C	Grüner Markt	1,–	–,90	1,80
		ETB		1,20	

2007, 2. Jan. 50 Jahre Bundesland Saarland. [46,5×28]

2581	55 C	Ansichten, Wappen	1,10	1,–	2,–
		ETB		1,30	

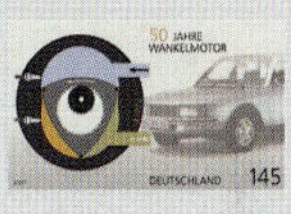

2007, 2. Jan. 50 Jahre Wankelmotor. [46,5×28]

2582	145 C	Wankelmotor, NSU Ro80	2,80	2,80	3,80
		ETB		3,–	

2007, 2. Jan. Vorsitz in der Europäischen Union. [35×35]

2583	55 C	Sterne	1,10	1,–	2,–
		ETB		1,30	

2007, 2. Jan. 1000 Jahre Fürth. Selbstklebend, gestanzt (aus Markenheftchen und Folienbogen). [35×35]

2584	45 C	Grüner Markt	1,–	–,90	2,50

2007, 8. Febr. Sporthilfe: Kanurennsport-Weltmeisterschaften, Duisburg; Turn-Weltmeisterschaften, Stuttgart; Weltmeisterschaften im Modernen Fünfkampf, Berlin. [55×33]

			✶✶	⊙	FDC
2585	45 + 20 C	Wildwasserkanu	1,50	1,50	
2586	55 + 25 C	Turnen	1,70	1,70	
2587	145 + 55 C	Schwimmen . .	4,–	4,–	
		Satzpreis (3 W.)	7,–	7,–	8,50
		ETB		6,60	

MiNr. 2585–2587 wurden auch in Block 70 (siehe nach MiNr. 2603) ausgegeben.

2007, 8. Febr. 300. Geburtstag des Arztes Johann Christian Senckenberg (1707 bis 1772). [46,5×28]

2588	90 C	Bürgerhospital, Frankfurt a. M.	1,80	1,80	2,80
		ETB		2,–	

2007, 1. März. Blockausgabe: Tag der Briefmarke – Historischer Luftschiffverkehr nach Südamerika. [105×70, 55×33]

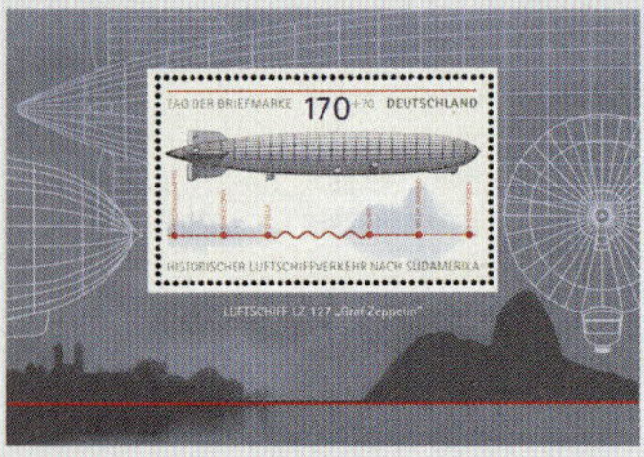

2589	170 C + 70 C	Luftschiff LZ 127	5,–	5,–	6,50
		Block 69 (105×70 mm)	5,50	5,50	6,50
		Ⓢ		5,50	
		ETB		5,–	

ETB = Ersttagsblatt

2007, 1. März. Aufrechte Demokraten: 100. Geburtstag von Claus Schenk Graf von Stauffenberg (1907–1944) und Helmuth James Graf von Moltke (1907–1945). [55×33]

			✶✶	⊙	FDC
2590	55 C	Graf von Stauffenberg, Graf von Moltke	1,10	1,–	2,–
		ETB		1,30	

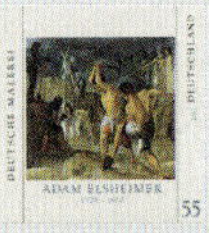

2007, 1. März. Deutsche Malerei: Adam Elsheimer (1578–1610). [35×35]

2591	55 C	Die Ausgrabung der Kreuze	1,20	1,–	2,–
		ETB		1,30	

2007, 1. März. 400. Geburtstag des Kirchenlieddichters Paul Gerhardt (1607–1676). [46,5×28]

2592	55 C	Paul Gerhardt	1,10	1,–	2,–
		ETB		1,30	

2007, 1. März. 50 Jahre Römische Verträge. [35×35]

2593	55 C	Vertragsunterzeichnung	1,10	1,–	2,–
		ETB		1,30	

2007, 1. März. Eröffnung des Jüdischen Zentrums München. [46,5×28]

2594	55 C	Fassadendetail	1,10	1,–	2,–
		ETB		1,30	

2007, 1. März. 50 Jahre Bundesland Saarland. Markenheftchen und Einzelmarke aus Folienblatt; selbstklebend; gestanzt. [46,5×28]

			**	⊙	FDC
2595	55 C	Ansichten, Wappen	1,10	1,–	2,–

2007, 12. April. Post: Bildergeschichte (I). [35×35]

2596	55 C	Absender	1,–	1,–	
2597	55 C	Briefkasten	1,–	1,–	
		Satzpreis (2 W.) . . .	2,–	2,–	3,20
		ETB		2,30	

2007, 12. April. 500 Jahre Weltkarte des Kartographen Martin Waldseemüller (um 1470 bis 1522). [55×33]

2598	220 C	Weltkarte	5,50	5,50	7,–
		ETB		5,–	

2007, 12. April. 80. Geburtstag von Papst Benedikt XVI. [46,5×28]

2599	55 C	Papst Benedikt XVI. (*1927)	1,10	1,–	2,–
		ETB		1,30	

2007, 3. Mai. Europa: Pfadfinder. [46,5×28]

2600	45 C	Pfadfinder	–,90	–,80	1,80
		ETB		1,20	

2007, 3. Mai. Schloss Bellevue – Amtssitz des Bundespräsidenten. [46,5×28]

2601	55 C	Schloss Bellevue . .	1,20	1,10	2,–
		ETB		1,30	

2007, 3. Mai. 700 Jahre Schloss Moyland, Bedburg-Hau. [46,5×28]

2602	85 C	Schloss Moyland . .	1,80	1,60	2,80
		ETB		2,–	

2007, 3. Mai. 175 Jahre Hambacher Fest. [46,5×28]

			**	⊙	FDC
2603	145 C	Maifest, 1832	2,80	2,60	4,–
		ETB		3,–	

2007, 3. Mai. Blockausgabe: 40 Jahre Deutsche Sporthilfe. [135×107, 55×33]

Block 70 mit MiNr. 2578 und 2585–2587 (135×107 mm)			9,–	9,–	10,–
Ⓢ				9,–	
ETB				9,–	

2007, 3. Mai. Schloss Bellevue – Amtssitz des Bundespräsidenten. Rollen; selbstklebend; gestanzt. [46,5×28]

2604	55 C	Schloss Bellevue . .	1,30	1,10	2,–

2007, 3. Mai. 175 Jahre Hambacher Fest. Markenheftchen und Einzelmarke aus Folienbogen; selbstklebend; gestanzt. [46,5×28]

2605	145 C	Maifest, 1832	3,–	2,60	3,60

2007, 14. Juni. Blockausgabe: Jugend – 175. Geburtstag des Malers, Zeichners und Dichters Wilhelm Busch (1832–1908). [165×75, 35×35]

			★★	⊙	FDC
2606	45 + 20 C	Illustrationen	1,50	1,50	
2607	55 + 25 C	zur Geschichte	1,50	1,50	
2608	55 + 25 C	„Hans Hucke-bein, der	1,50	1,50	
2609	145 + 55 C	Unglücksrabe“	3,60	3,60	
		Block 71 (165×75 mm)	8,50	8,50	10,–
		Ⓢ		8,50	
		ETB		8,50	

2007, 14. Juni. 125. Geburtstag des Komikers und Schriftstellers Karl Valentin (1882–1948). [35×35]

2610	45 C	Karl Valentin	1,–	–,90	1,80
		ETB		1,20	

2007, 14. Juni. 100. Geburtstag des Schauspielers Paul Klinger (1907–1971). [35×35]

2611	55 C	Paul Klinger und Nadia Gray ...	2,50	2,20	4,–
		ETB		2,–	

2007, 12. Juli. Leuchttürme. [35×35]

2612	45 C	Bremerhaven	1,–	–,80	
2613	55 C	Hörnum	1,10	1,–	
		Satzpreis (2 W.) ...	2,–	1,80	3,–
		ETB		2,20	

2007, 12. Juli. UNESCO-Welterbe. [46,5×28]

			★★	⊙	FDC
2614	65 C	Schwarzhäupter-haus, Riga	1,20	1,20	
2615	70 C	Rathaus, Stralsund . St. Georgenkirche, Wismar	1,30	1,30	
		Satzpreis (2 W.) ...	2,50	2,50	4,–
		ETB		2,80	

2007, 9. Aug. Brücken: 100 Jahre Kaiser-Wilhelm-Brücke, Wilhelmshaven. [55×33]

2616	145 C	Kaiser-Wilhelm-Brücke	3,–	3,–	4,–
		ETB		3,–	

2007, 9. Aug. 75 Jahre Saaletalsperre Bleiloch. [46,5×28]

2617	55 C	Luftaufnahme	1,10	1,–	2,–
		ETB		1,30	

2007, 9. Aug. 50 Jahre Deutsche Bundesbank. [46,5×28]

2618	55 C	Banknoten und Münzen	1,20	1,–	2,–
		ETB		1,30	

2007, 20. Sept. Für uns Kinder. [46,5×28]

2619	55 C	Igel im Herbstlaub	1,10	1,–	2,–
		ETB		1,30	

2007, 20. Sept. Post: Bildergeschichte (II). [35×35]

			✶✶	⊙	FDC
2620	55 C	Postbote	1,–	1,–	
2621	55 C	Empfängerin	1,–	1,–	
		Satzpreis (2 W.) . . .	2,–	2,–	3,20
		ETB		2,30	

2007, 20. Sept. 50 Jahre Wissenschaftsrat. [46,5×28]

2622	90 (C)	Spektrum der Wissenschaften . .	2,–	2,–	3,50
		ETB		2,–	

2007, 11. Okt. Blockausgabe: UNESCO-Welterbe: Limes. [105×70, 46,5×28]

2623	55 C	Porta Praetoria der Saalburg	1,40	1,40	
		Block 72 (105×70 mm)	1,80	1,80	2,50
		Ⓢ		1,60	
		ETB		1,50	

2007, 11. Okt. 250. Geburtstag des Politikers Karl Freiherr vom Stein (1757–1831). [55×33]

2624	145 (C)	Reichsfreiherr von und zum Stein . .	2,80	2,80	3,80
		ETB		3,–	

2007, 11. Okt. 100 Jahre Deutscher Werkbund. [35×35]

			✶✶	⊙	FDC
2625	55 C	Ausstellungsplakat	1,10	1,–	2,–
		ETB		1,30	

2007, 8. Nov. Weihnachten. [35×35]

2626	45 + 20 C	Anbetung der Könige . . .	1,40	1,40	
2627	55 + 25 C	Christi Geburt	1,60	1,60	
		Satzpreis (2 W.)	3,–	3,–	4,–
		ETB		3,–	

2007, 8. Nov. 800. Geburtstag der hl. Elisabeth von Thüringen (1207 bis 1231). [35×35]

2628	55 C	Hl. Elisabeth von Thüringen	1,50	1,30	2,–
		ETB		1,30	

2007, 8. Nov. 100. Geburtstag der Schriftstellerin Astrid Lindgren (1907–2002). [55×33]

2629	100 C	Astrid Lindgren, Michel	2,–	2,–	3,–
		ETB		2,20	

2007, 27. Dez. Wohlfahrt: Haustiere. [55×33]

			★★	⊙	FDC
2630	45+20 C	Meerschweinchen	1,60	1,60	
2631	55+25 C	Pferde	1,60	1,60	
2632	55+25 C	Hunde	1,60	1,60	
2633	145+55 C	Kaninchen ..	4,50	4,50	
		Satz (4 W.) ..	9,–	9,–	11,–
		ETB		8,50	

2007, 27. Dez. 275. Geburtstag des preußischen Baumeisters Carl Gotthard Langhans (1732–1808). [46,5×28]

2634	55 C	Brandenburger Tor, Berlin	1,20	1,–	2,–
		ETB		1,30	

2007, 27. Dez. Wohlfahrt: Haustiere. Markenheftchen und Rollen; selbstklebend; gestanzt. [55×33]

2635	55+25 C	Pferde	2,–	1,80	3,–

2007, 27. Dez. 275. Geburtstag des preußischen Baumeisters Carl Gotthard Langhans (1732–1808). Markenheftchen und Einzelmarke aus Folienbogen; selbstklebend; gestanzt. [46,5×28]

2636	55 C	Brandenburger Tor, Berlin	1,40	1,–	2,–
		ETB		8,50	

2008, 2. Jan. UNESCO-Welterbe: Klosterinsel Reichenau, Bodensee. [35×35]

2637	45 C	Klosterinsel, Details aus Lesebuch und Wandmalerei	–,90	–,80	1,80
		ETB		1,20	

2008, 2. Jan. 1100 Jahre Eichstätt. [35×35]

			★★	⊙	FDC
2638	145 C	Residenzplatz und Dom	2,80	2,80	4,–
		ETB		3,–	

2008, 2. Jan. 500. Geburtstag des Goldschmieds Wenzel Jamnitzer (1508–1585). [55×33]

2639	220 C	Zierkanne mit Turboschnecke und Kegelkörper .	4,50	4,50	6,–
		ETB		4,50	

2008, 2. Jan. 150. Geburtstag des Graphikers, Zeichners, Malers und Photographen Heinrich Zille (1858–1929). [35×35]

2640	55 C	Altberliner Destille	1,10	1,–	2,–
		ETB		1,30	

2008, 2. Jan. 50 Jahre Bundeskartellamt. [46,5×28]

2641	90 C	Schutz des Wettbewerbs ...	1,70	1,70	2,80
		ETB		2,–	

2008, 2. Jan. UNESCO-Welterbe: Klosterinsel Reichenau, Bodensee. Markenheftchen und Einzelmarke aus Folienbogen; selbstklebend; gestanzt. [35×35]

2642	45 C	Klosterinsel, Details aus Lesebuch und Wandmalerei	1,–	–,90	1,80

2008, 2. Jan. 1100 Jahre Eichstätt. Rollen; selbstklebend; gestanzt. [35×35]

2643	145 C	Residenzplatz und Dom	3,–	3,–	4,–

2008, 7. Febr. Post: Grußmarken. [46,5×28]

			★★	⊙	FDC
2644	55 C	Alles Gute!	1,–	1,–	
2645	55 C	Glückwunsch! ...	1,–	1,–	
		Satzpreis (2 W.)	2,–	2,–	3,50
		ETB		2,40	

2008, 7. Febr. 1000 Jahre Dorfkirche von Bochum-Stiepel. [35×35]

2646	145 C	Dorfkirche	3,–	3,–	4,–
		ETB		3,–	

2008, 7. Febr. 200. Geburtstag des Malers, Zeichners und Illustrators Carl Spitzweg (1808–1885). [35×35]

2647	55 C	Der arme Poet ..	1,10	1,–	2,–
		ETB		1,30	

2008, 7. Febr. 200. Geburtstag des Malers, Zeichners und Illustrators Carl Spitzweg (1808–1885); Rollen; selbstklebend; gestanzt. [35×35]

2648	55 C	Der arme Poet ..	1,20	1,–	2,–

2008, 13. März. Sporthilfe: Segelflug-Weltmeisterschaften, Lüsse; Fußball-Europameisterschaft, Österreich und Schweiz; Schacholympiade, Dresden; Olympische Sommerspiele, Peking. [55×33]

			★★	⊙	FDC
2649	45+20 C	Segelflugzeug	1,50	1,50	
2650	55+25 C	Spielszene ..	1,50	1,50	
2651	55+25 C	Schachfiguren	1,50	1,50	
2652	145+55 C	Rudern	3,60	3,60	
		Satz (4 W.) ...	8,–	8,–	9,50
		ETB		8,50	

2008, 13. März. 150 Jahre Zoologische Gesellschaft Frankfurt. [35×35]

2653	65 C	Gnuherde	1,20	1,20	2,20
		ETB		1,50	

2008, 13. März. 100. Geburtstag des Schauspielers und Regisseurs Helmut Käutner (1908 bis 1980). [46,5×28]

2654	55 C	Helmut Käutner .	1,10	1,–	2,–
		ETB		1,30	

2008, 13. März. 50 Jahre Bundeskartellamt. Markenheftchen und Einzelmarke aus Folienbogen; selbstklebend; gestanzt. [46,5×28]

2655	90 C	Schutz des Wettbewerbs ...	2,–	1,80	2,80

2008, 10. April. Umweltschutz: Natur weltweit bewahren. [46,5×28]

2656	55+25 C	Eisbär Knut, Berliner Zoo .	1,80	1,80	3,–
		ETB		1,80	

2008, 10. April. 200. Geburtstag des Theologen und Begründers der Inneren Mission Johann Hinrich Wichern (1808–1881). [46,5×28]

2657	55 C	J. H. Wichern ...	1,10	1,–	2,–
		ETB		1,30	

2008, 10. April. 150. Geburtstag des Physikers Max Planck (1858 bis 1947). [35×35]

			✱✱	⊙	FDC
2658	55 C	Max Planck	1,10	1,–	2,–
		ETB		1,30	

2008, 10. April. 100 Jahre deutsche Fußball-Länderspiele. [35×35]

2659	170 C	Deutsche Nationalmannschaft (1908)	4,–	4,–	5,–
		ETB		3,50	

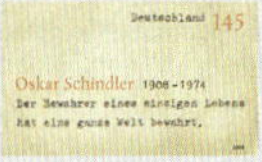

2008, 10. April. 100. Geburtstag des Fabrikanten Oskar Schindler (1908–1974). [46,5×28]

2660	145 C	„Der Bewahrer eines einzigen Lebens hat eine ganze Welt bewahrt“	2,60	2,60	3,60
		ETB		3,–	

2008, 10. April. 100 Jahre Staatliche Vogelschutzwarte Seebach. [46,5×28]

2661	45 C	Vögel, Warte	1,10	–,80	1,80
		ETB		1,20	

2008, 8. Mai. Europa: Der Brief. [46,5×28]

2662	55 C	Herzliche Grüße! .	1,10	1,–	2,–
		ETB		1,30	

2008, 8. Mai. Post: Grußmarke. [46,5×28]

2663	55 C	Danke!	1,10	1,–	2,–
		ETB		1,30	

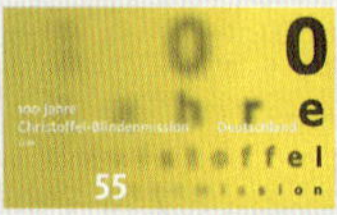

2008, 8. Mai. 100 Jahre Christoffel-Blindenmission. [55×33]

			✱✱	⊙	FDC
2664	55 C	Verschiedene Sehstärken	1,10	1,–	2,–
		ETB		1,30	

2008, 8. Mai. Grußmarken; Europa: Der Brief. Markenheftchen und Einzelmarken aus Folienbogen; sebstklebend; gestanzt. [46,5×28]

2665	55 C	Herzliche Grüße! .	1,20	1,20	
2666	55 C	Glückwunsch! ...	1,20	1,20	
2667	55 C	Alles Gute!	1,20	1,20	
2668	55 C	Danke!	1,20	1,20	
		Satzpreis (4 W.) ..	4,50	4,50	6,–

2008, 12. Juni. Freimarke: Blumen. [22×31]

2669	55 C	Gartenrose	1,10	1,–	2,–
		ETB		1,30	

2008, 12. Juni. Wohlfahrt: Luftfahrzeuge. [55×33]

2670	45+20 C	Flugboot Dornier Do J Wal	1,40	1,40	
2671	55+25 C	Airbus A 380 .	1,50	1,50	
2672	55+25 C	Junkers Ju 52/3m ...	1,50	1,50	
2673	145+55 C	Hubschrauber Bölkow Bo 105	3,60	3,60	
		Satz (4 W.) ..	8,–	8,–	10,–
		ETB		8,20	

2008, 12. Juni. Ehrenamt. [46,5×28]

Nr.	Wert	Bezeichnung	✶✶	⊙	FDC
2674	55 C	Gesichter, Inschrift	1,10	1,–	2,–
		ETB		1,30	

2008, 12. Juni. Freimarke: Blumen. Folienstreifen aus Rollen; selbstklebend; gestanzt. [22×31]

Nr.	Wert	Bezeichnung	✶✶	⊙	FDC
2675	55 C	Gartenrose	1,10	1,–	2,–

2008, 12. Juni. Wohlfahrt: Luftfahrzeuge. Markenheftchen und Folienstreifen aus Rollen; selbstklebend, gestanzt. [55×33]

Nr.	Wert	Bezeichnung	✶✶	⊙	FDC
2676	55+25 C	Airbus A 380 .	2,–	1,80	3,–

2008, 3. Juli. Leuchttürme. [35×35]

Nr.	Wert	Bezeichnung	✶✶	⊙	FDC
2677	45 C	Warnemünde ...	1,–	–,80	
2678	55 C	Amrum	1,–	1,–	
		Satzpreis (2 W.)	2,–	1,80	3,–
		ETB		2,20	

2008, 3. Juli. 150. Geburtstag des Malers und Graphikers Lovis Corinth (1858–1925). [55×33]

Nr.	Wert	Bezeichnung	✶✶	⊙	FDC
2679	145 C	Selbstbildnis mit Modell	3,–	3,–	4,–
		ETB		3,–	

2008, 3. Juli. 125. Geburtstag des böhmischen Schriftstellers Franz Kafka (1883 bis 1924). [46,5×28]

Nr.	Wert	Bezeichnung	✶✶	⊙	FDC
2680	55 C	Skizze zum Roman „Das Schloß“ ...	1,10	1,–	2,–
		ETB		1,30	

2008, 3. Juli. 125 Jahre Drachenfelsbahn im Siebengebirge. [46,5×28]

Nr.	Wert	Bezeichnung	✶✶	⊙	FDC
2681	45 C	Zahnradbahn ...	–,90	–,80	1,80
		ETB		1,20	

2008, 3. Juli. Leuchttürme. Markenheftchen und Einzelmarken aus Folienbogen; selbstklebend; gestanzt. [35×35]

Nr.	Wert	Bezeichnung	✶✶	⊙	FDC
2682	55 C	Hörnum, Sylt	1,10	1,–	
2683	55 C	Amrum	1,10	1,–	
		Satzpreis (2 W.)	2,20	2,–	3,20

2008, 7. Aug. 200. Geburtstag des Sozialpolitikers und Juristen Hermann Schulze-Delitzsch (1808–1883). [46,5×28]

Nr.	Wert	Bezeichnung	✶✶	⊙	FDC
2684	90 C	H. Schulze-Delitzsch	1,60	1,60	2,60
		ETB		2,–	

2008, 7. Aug. 125. Geburtstag des Schriftstellers, Kabarettisten und Malers Joachim Ringelnatz, eigentlich Hans Bötticher (1883 bis 1934). [35×35]

Nr.	Wert	Bezeichnung	✶✶	⊙	FDC
2685	85 C	Scherenschnitt, Gedicht	1,60	1,60	2,60
		ETB		2,–	

2008, 7. Aug. 50 Jahre „Gorch Fock“, Segelschulschiff der Marineschule Mürwik in Flensburg. [35×35]

Nr.	Wert	Bezeichnung	✶✶	⊙	FDC
2686	55 C	„Gorch Fock“ ...	1,10	1,–	2,–
		ETB		1,30	

2008, 4. Sept. Blockausgabe: Jugend – Dinosaurier. [190 × 110, 55 × 33]

			✶✶	⊙	FDC
2687	45+20 C	Triceratops . .	2,20	2,20	
2688	55+25 C	Tyrannosaurus	2,20	2,20	
2689	55+25 C	Diplodocus . .	2,20	2,20	
2690	145+55 C	Plateosaurus	4,50	4,50	
		Block 73 (190 × 110) . .	11,–	11,–	13,–
		ETB		11,–	

2008, 4. Sept. Brücken: Alte Rheinbrücke Bad Säckingen – Stein/Aargau. [46,5 × 28]

2691	70 C	Holzbrücke	1,30	1,30	2,30
		ETB		1,60	

2008, 4. Sept. Tag der Briefmarke: Schätze der Philatelie. [35 × 35]

2692	55 C	Schützenscheibe	1,10	1,–	2,–
		ETB		1,30	

2008, 4. Sept. Für uns Kinder. [46,5 × 28]

2693	55 C	Fliegendes Pferd	1,10	1,–	2,–
		ETB		1,30	

2008, 9. Okt. Freimarke: Blumen. [22 × 31]

2694	25 C	Gartennelke	–,60	–,50	1,20
		ETB		–,80	

2008, 9. Okt. Archäologie in Deutschland: Himmelsscheibe von Nebra. [46,5 × 28]

			✶✶	⊙	FDC
2695	55 C	Scheibe, Bronzeschwerter	1,10	1,–	2,–
		ETB		1,30	

2008, 9. Okt. Brauchtum und Tradition: 500 Jahre Gallimarkt in Leer. [46,5 × 28]

2696	45 C	Viehhandel	1,10	–,80	1,80
		ETB		1,20	

2008, 9. Okt. 150. Geburtstag des katholischen Priesters und Sozialpolitikers Lorenz Werthmann (1858–1921). [35 × 35]

2697	55 C	L. Werthmann . . .	1,10	1,–	2,–
		ETB		1,30	

2008, 9. Okt. 100 Jahre Motorflug in Deutschland: Dreidecker des Flugpioniers Hans Grade (1879–1946). [46,5 × 28]

2698	145 C	Dreidecker	2,60	2,60	3,60
		ETB		3,–	

2008, 9. Okt. Freimarke: Blumen. Folienstreifen aus Rollen; selbstklebend; gestanzt. [22 × 31]

2699	25 C	Gartennelke	–,60	–,50	1,20

2008, 1. Nov. Winter. Markenheftchen und Einzelmarken aus Folienbogen; selbstklebend; gestanzt. [35 × 35]

2700	55 C	Jubel- und Friedensengel . . .	1,10	1,10	
2701	55 C	Hl. Drei Könige . .	1,10	1,10	
		Satzpreis (2 W.)	2,20	2,20	3,20

2008, 13. Nov. Dienst am Nächsten: 50 Jahre Bundesvereinigung Lebenshilfe. [46,5×28]

			✶✶	⊙	FDC
2702	55 C	Kinderzeichnungen	1,10	1,–	2,–
		ETB		1,30	

2008, 13. Nov. Weihnachten. [28×46,5, 46,5×28]

2703	45+20 C	Geburt Christi	1,20	1,20	
2704	55+25 C	Anbetung der Könige	1,50	1,50	
		Satzpreis (2 W.)	2,70	2,70	3,50
		ETB		3,–	

2008, 13. Nov. 150. Geburtstag der schwedischen Schriftstellerin Selma Lagerlöf (1858–1940). [35×35]

2705	100 C	Nils Holgersson .	2,–	2,–	3,–
		ETB		2,20	

2008, 13. Nov. Ein Herz für Kinder. [35×35]

2706	55 C	Herz, Kinderzeichnungen	1,10	1,–	2,–
		ETB		1,30	

2009, 2. Jan. Wohlfahrt: Himmelserscheinungen. [55×33]

			✶✶	⊙	FDC
2707	45+20 C	Regenbogen .	1,50	1,50	
2708	55+25 C	Sonnenuntergang . . .	1,60	1,60	
2709	55+25 C	Nordlicht	1,60	1,60	
2710	145+55 C	Blitz	3,80	3,80	
		Satz (4 W.) . .	8,50	8,50	10,–
		ETB		9,–	

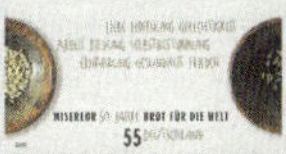

2009, 2. Jan. Dienst am Nächsten: 50 Jahre Hilfswerke „Misereor“ und „Brot für die Welt“. [46,5×28]

2711	55 C	Teller mit Getreidekörnern	1,–	1,–	2,–
		ETB		1,30	

2009, 2. Jan. 1000 Jahre Burg Tangermünde. [46,5×28]

2712	90 C	Burganlage	1,60	1,60	2,60
		ETB		2,–	

2009, 2. Jan. 500 Jahre Rathaus Frankenberg. [35×35]

2713	45 C	Rathaus	–,90	–,80	1,80
		ETB		1,20	

2009, 2. Jan. 125. Geburtstag des ersten Bundespräsidenten Theodor Heuss (1884–1963). [35×35]

2714	145 C	Th. Heuss	2,60	2,60	3,60
		ETB		3,–	

2009, 2. Jan./2010, 10. Juni. Freimarken: Blumen. Folienblätter und Einzelmarken aus Folienbogen; selbstklebend; gestanzt. [22×31]

			✱✱	⊙	FDC
2715	65 C	Sonnenhut	1,20	1,20	2,20
2716	70 C	Kartäusernelke	1,30	1,30	2,30
		Satzpreis (2 W.) ...	2,50	2,50	4,–

2009, 2. Jan. Wohlfahrt: Himmelserscheinungen. Markenheftchen und Folienstreifen aus Rollen; selbstklebend; gestanzt. [55×33]

2717	55+25 C	Sonnenuntergang	1,60	1,50	2,50

2009, 2. Jan. 500 Jahre Rathaus Frankenberg. Markenheftchen und Einzelmarke aus Folienbogen; selbstklebend; gestanzt. [35×35]

2718	45 C	Rathaus	–,90	–,80	1,80

2009, 12. Febr. 225. Geburtstag des Baumeisters und Malers Leo von Klenze (1784–1864). [35×35]

2719	70 C	Propyläen, München	1,30	1,30	2,30
		ETB		1,70	

2009, 12. Febr. 200. Geburtstag des Komponisten Felix Mendelssohn Bartholdy (1809–1847). [35×35]

2720	65 C	F. Mendelssohn Bartholdy	1,20	1,20	2,20
		ETB		1,60	

2009, 12. Febr. 100. Geburtstag des Schauspielers, Humoristen und Dichters Heinz Erhardt (1909 bis 1979). [35×35]

2721	55 C	H. Erhardt	1,–	1,–	2,–
		ETB		1,30	

2009, 12. Febr. 100. Geburtstag des Malers, Graphikers und Holzschneiders Helmut Andreas Paul Grieshaber (1909–1981). [35×35]

			✱✱	⊙	FDC
2722	165 C	HAP Grieshaber .	3,–	3,–	4,–
		ETB		3,50	

2009, 12. März. Post universal (I). [35×35]

2723	55 C	Absender	1,–	1,–	
2724	55 C	Postfiliale	1,–	1,–	
		Satz (2 W.)	2,–	2,–	3,40
		ETB		2,50	

2009, 12. März. 175. Geburtstag des Ingenieurs und Erfinders Gottlieb Daimler (1834–1900). [27,5×33]

2725	170 C	Stahlradwagen (1889)	3,–	3,–	4,–
		ETB		3,50	

2009, 12. März. 100. Geburtstag des Historikers und Publizisten Golo Mann (1909–1994). [35×35]

2726	45 C	G. Mann	–,90	–,80	1,80
		ETB		1,20	

2009, 9. April. Sporthilfe: Leichtathletik-Weltmeisterschaften, Berlin. [55×33]

Nr.	Wert	Motiv	★★	⊙	FDC
2727	45+20 C	Hindernislauf	1,60	1,60	
2728	55+25 C	Kurzstreckenlauf	1,60	1,60	
2729	55+25 C	Stabhochsprung	1,60	1,60	
2730	145+55 C	Diskuswerfen	3,80	3,80	
		Satz (4 W.)	8,50	8,50	10,–
		ETB		10,–	

2009, 9. April. 100. Geburtstag des Zoologen Bernhard Grzimek (1909–1987). [35×35]

Nr.	Wert	Motiv	★★	⊙	FDC
2731	55 C	B. Grzimek, Gorilla	1,–	1,–	2,–
		ETB		1,30	

2009, 7. Mai. Europa: Astronomie. [46,5×28]

Nr.	Wert	Motiv	★★	⊙	FDC
2732	55 C	Schem. Darstellung der Keplerschen Gesetze	1,–	1,–	2,–
		ETB		1,30	

2009, 7. Mai. Post universal (II). [35×35]

Nr.	Wert	Motiv	★★	⊙	FDC
2733	55 C	Transport	1,–	1,–	
2734	55 C	Zustellung	1,–	1,–	
		Satz (2 W.)	2,–	2,–	3,40
		ETB		2,30	

2009, 7. Mai. Tag der Briefmarke. [35×35]

Nr.	Wert	Motiv	★★	⊙	FDC
2735	55+25 C	sogen. „Eichstätt-Brief“	1,70	1,50	2,50
		ETB (mit Paar)		3,50	

2009, 7. Mai. UNESCO-Welterbe: Luthergedenkstätten in Eisleben und Wittenberg. [55×33]

Nr.	Wert	Motiv	★★	⊙	FDC
2736	145 C	Gedenkstätten	2,60	2,60	3,60
		ETB		3,–	

2009, 4. Juni. Blockausgabe: Deutsche National- und Naturparks – Nationalpark Eifel. [105×70, 35×35]

Nr.	Wert	Motiv	★★	Ⓢ	FDC
2737	220 C	Artenvielfalt und Vegetation der Eifel	4,–	4,–	
		Block 74 (105×70 mm)	4,–	4,–	5,–
		ETB		4,50	

2009, 4. Juni. 2000. Jahrestag der Varusschlacht. [35×35]

Nr.	Wert	Motiv	★★	⊙	FDC
2738	55 C	Gesichtsmaske, Büste, Hermannsdenkmal	1,–	1,–	2,–
		ETB		1,30	

2009, 4. Juni. 200. Geburtstag des Psychiaters, Lyrikers und Kinderbuchautoren Heinrich Hoffmann (1809–1894). [27,5×33]

Nr.	Wert	Motiv	★★	⊙	FDC
2739	85 C	Figuren aus „Der Struwwelpeter“	1,60	1,60	2,60
		ETB		2,–	

2009, 4. Juni. 100 Jahre Internationale Luft- und Raumfahrtsausstellung (ILA). [35×35]

			✶✶	⊙	FDC
2740	55 C	Plakat der 1. Ausstellung . . .	1,–	1,–	2,–
		ETB		1,30	

2009, 4. Juni. 2000. Jahrestag der Varusschlacht. Markenheftchen und Einzelmarke aus Folienbogen; selbstklebend; gestanzt. [35×35]

2741	55 C	Gesichtsmaske, Büste, Hermannsdenkmal	1,10	1,–	2,–

2009, 2. Juli. Leuchttürme. [35×35]

2742	45 C	Norderney	–,80	–,80	
2743	55 C	Dornbusch	1,–	1,–	
		Satz (2 W.)	1,80	1,80	3,20
		ETB		2,20	

2009, 2. Juli. 500. Geburtstag des franz.-schweiz. Reformators Johannes Calvin (1509–1564). [35×35]

2744	70 C	J. Calvin	1,30	1,30	2,30
		ETB		1,60	

2009, 2. Juli. 600 Jahre Universität Leipzig. [46,5×28]

2745	55 C	Augustusplatz mit Uni	1,–	1,–	2,–
		ETB		1,30	

2009, 2. Juli. 100 Jahre Eisenbahnfährverkehr Sassnitz-Trelleborg. [55×33]

2746	145 C	Sassnitzer Stadthafen (um 1925) .	2,60	2,60	3,60
		ETB		3,–	

2009, 2. Juli. 600 Jahre Universität Leipzig. Folienblatt und Einzelmarke aus Folienbogen; selbstklebend; gestanzt. [39×22]

			✶✶	⊙	FDC
2747	55 C	Augustusplatz mit Uni	1,20	1,–	2,–

2009, 13. Aug. Jugend: 50 Jahre Fernsehsendung „Unser Sandmännchen“. [35×35]

2748	45+20 C	Ostseestrand	1,60	1,60	
2749	55+25 C	Fliegender Koffer	1,60	1,60	
2750	55+25 C	Kleinbahn Harz	1,60	1,60	
2751	145+55 C	Planet Gugel .	3,80	3,80	
		Satz (4 W.) . .	8,50	8,50	10,–
		ETB		9,–	

2009, 13. Aug. 1000. Jahrestag der Weihe des Mainzer Doms. [35×35]

2752	90 C	St.-Martins-Dom .	1,60	1,60	2,60
		ETB		2,–	

2009, 13. Aug. 100 Jahre Jugendherbergen. [46,5×28]

2753	55 C	Von Jugendherberge zu Jugendherberge wandernde Kinder	1,–	1,–	2,–
		ETB		1,30	

2009, 13. Aug. Blockausgabe: Historischer Motorsport. [105×70, 55×33]

			✶✶	Ⓢ	FDC
2754	85 C	Historische Rennwagen	1,60	1,60	
		Block 75 (105×70 mm)	1,80	1,80	2,60
		ETB		2,–	

2009, 13. Aug. 100 Jahre Internationale Luft- und Raumfahrtsausstellung (ILA). Folienstreifen aus Rollen; selbstklebend; gestanzt. [35×35]

			✶✶	⊙	FDC
2755	55 C	Plakat der 1. Ausstellung ...	1,10	1,–	2,–

2009, 3. Sept. Für uns Kinder. [46,5×28]

2756	55 C	Tommi und Tina bei Indianer-Häuptling Tom-Tom ...	1,–	1,–	2,–
		ETB		1,30	

2009, 3. Sept. Blockausgabe: Deutscher Bundestag und Bundesrat. [130×90, 46,5×28]

			✶✶	Ⓢ	FDC
2757	55 C	Reichstagsgebäude (Bundestag)	1,–	1,–	
2758	90 C	Preuß. Herrenhaus (Bundesrat)	1,70	1,70	
		Block 76 (105×70 mm)	2,80	2,80	4,–
		ETB		3,–	

2009, 3. Sept. 20. Jahrestag der Grenzöffnung zwischen Ungarn und Österreich. [35×35]

			✶✶	⊙	FDC
2759	70 C	„20“ aus Flaggenbändern	1,30	1,30	2,30
		ETB		1,60	

2009, 3. Sept. 60 Jahre Bundesrepublik Deutschland. [46,5×28]

2760	55 C	Fahnenmeer	1,–	1,–	2,–
		ETB		1,30	

2009, 8. Okt. Deutsche Malerei: Georg Flegel (1566–1638). [35×35]

2761	45 C	Stilleben mit Kirschen	–,90	–,80	1,80
		ETB		1,20	

2009, 8. Okt. 20. Jahrestag der Friedlichen Revolution. [35×35]

2762	55 C	Nikolai-Kirche, Leipzig	1,10	1,–	2,–
		ETB		1,30	

2009, 12. Nov. Weihnachten: Illuminierte Initialen aus dem Hoya-Missale. [46,5×28]

			✱✱	⊙	FDC
2763	45+20 C	Anbetung der Könige ...	1,20	1,20	
2764	55+25 C	Anbetung des Kindes ...	1,50	1,50	
		Satz (2 W.) ...	2,70	2,70	5,–
		ETB		3,–	

2009, 12. Nov. 250. Geburtstag des Dichters Friedrich von Schiller (1759–1805). [35×35]

2765	145 C	F. von Schiller ...	2,60	2,60	3,60
		ETB		3,–	

2009, 12. Nov. 100. Geburtstag der Journalistin und Schriftstellerin Marion Gräfin Dönhoff (1909 bis 2002). [46,5×28]

2766	55 C	Gräfin Dönhoff ..	1,–	1,–	2,–
		ETB		1,30	

2009, 12. Nov. Tier des Jahres 2010. [45×27]

2767	55 C	Dachs	1,–	1,–	2,–
		ETB		1,30	

2010, 2. Jan. Freimarke: Blumen. [22×31]

2768	410 C	Frauenschuh	8,50	8,50	10,–
		ETB		9,–	

2010, 2. Jan. Wohlfahrt: Obst. [55×33]

			✱✱	⊙	FDC
2769	45+20 C	Apfel	1,60	1,60	
2770	55+25 C	Gartenerdbeere	1,60	1,60	
2771	55+25 C	Zitrone	1,60	1,60	
2772	145+55 C	Heidelbeere .	3,80	3,80	
		Satz (4 W.) ..	8,50	8,50	11,–
		ETB		8,80	

2010, 2. Jan. 1100 Jahre Limburg an der Lahn. [45×27]

2773	145 C	Limburg	2,80	2,80	4,–
		ETB		3,–	

2010, 2. Jan. UNESCO-Welterbe: 1000 Jahre St.-Michaelis-Kirche, Hildesheim. [35×35]

2774	220 C	St.-Michaelis-Kirche	4,–	4,–	5,–
		ETB		4,50	

2010, 2. Jan. 200 Jahre Museum für Naturkunde, Berlin. [45×27]

2775	45 C	Brachiosaurusskelett, Biodiversität	–,80	–,80	1,80
		ETB		1,20	

2010, 2. Jan. Ruhrgebiet – Kulturhauptstadt Europas. [45×27]

2776	55 C	Fotoausschnitte „Ruhr 2010"	1,–	1,–	2,–
		ETB		1,30	

2010, 2. Jan. Wohlfahrt: Obst. Markenheftchen und Folienstreifen aus Rollen; selbstklebend; gestanzt. [55×33]

2777	55+25 C	Gartenerdbeere	1,80	1,50	2,20

2010, 2. Jan. 1100 Jahre Limburg an der Lahn. Folienblatt und Einzelmarke aus Folienbogen; selbstklebend; gestanzt. [39×22]

			★★	⊙	FDC
2778	145 C	Limburg	2,80	2,80	4,–

2010, 2. Jan. UNESCO-Welterbe: 1000 Jahre St.-Michaelis-Kirche, Hildesheim. Markenheftchen und Eizelmarke aus Folienbogen; selbstklebend; gestanzt. [35×35]

2779	220 C	St.-Michaelis-Kirche	4,50	4,–	5,–

2010, 2. Jan. 200 Jahre Museum für Naturkunde, Berlin. Folienblatt und Einzelmarke aus Folienbogen; selbstklebend; gestanzt. [39×22]

2780	45 C	Brachiosaurusskelett, Biodiversität	1,–	–,90	1,80

2010, 11. Febr. Sporthilfe: Olympische und Paralympische Winterspiele, Vancouver. [55×33]

2781	45 + 20 C	Ski alpin	1,40	1,20	
2782	55 + 25 C	Biathlon	1,60	1,50	
		Satz (2 W.) ...	3,–	2,70	5,–
		ETB		3,50	

2010, 11. Febr. Brettspiel „Mensch ärgere Dich nicht". [45×27]

2783	55 C	Familie beim Spiel	1,–	1,–	2,–
		ETB		1,30	

2010, 1. Febr. Hochzeitsring aus dem jüdischen Schatz von Erfurt (14. Jhd.). [35×35]

2784	90 C	Hochzeitsring ...	1,70	1,70	2,70
		ETB		2,–	

2010, 11. März. Deutsche Malerei: Angelika Kauffmann (1741–1807), schweizerische Malerin. [35×35]

			★★	⊙	FDC
2785	260 C	Die verlassene Ariadne	5,–	4,70	5,70
		ETB		5,50	

2010, 11. März. Post: Grußmarken. [45×27]

2786	55 C	Regenbogen	1,10	1,–	
2787	55 C	Schiff	1,10	1,–	
		Satz (2 W.)	2,20	2,–	3,50
		ETB		2,50	

2010, 8. April. Sporthilfe: Fußball-Weltmeisterschaft, Südafrika; Eishockey-Weltmeisterschaft, Deutschland. [55×33]

2788	55 + 25 C	Fußball	1,50	1,50	
2789	145 + 55 C	Eishockey ...	4,–	3,60	
		Satz (2 W.) ...	5,50	5,–	7,–
		ETB		6,–	

2010, 8. April. Post: Grußmarken. [45×27]

2790	55 C	Taube	1,10	1,–	
2791	55 C	Engel	1,10	1,–	
		Satz (2 W.)	2,20	2,–	3,50
		ETB		2,50	

2010, 8. April. Blockausgabe: 100 Jahre Vogelwarte Helgoland. [105×70, 55×33]

Nr.	Wert		✶✶	⊙	FDC
2792	145 C	Historische Inselstation; Nordwestspitze Helgolands	2,60	2,60	
		Block 77 (105×70 mm) ...	3,–	2,70	3,60
		ETB		3,–	

2010, 8. April. 100 Jahre Vogelwarte Helgoland. Folienstreifen aus Rollen; selbstklebend; gestanzt. [55×33]

Nr.	Wert		✶✶	⊙	FDC
2793	145 C	Historische Inselstation; Nordwestspitze Helgolands	3,–	2,70	3,60

2010, 6. Mai. Freimarke: Blumen. [22×31]

Nr.	Wert		✶✶	⊙	FDC
2794	45 C	Maiglöckchen ...	1,–	–,90	1,80
		ETB		1,20	

2010, 6. Mai. Umweltschutz: Meeresschutz. [55×33]

Nr.	Wert		✶✶	⊙	FDC
2795	55+25 C	Robben	1,50	1,50	2,50
		ETB		2,–	

2010, 6. Mai. Europa: Kinderbücher. [35×35]

Nr.	Wert		✶✶	⊙	FDC
2796	55 C	Zampino der Zauberbär	1,–	1,–	2,–
		ETB		1,30	

2010, 6. Mai. 200. Geburtstag von Robert Schumann (1810 bis 1856), Komponist. [45×27]

Nr.	Wert		✶✶	⊙	FDC
2797	55 C	R. Schumann ...	1,–	1,–	2,–
		ETB		1,30	

2010, 6. Mai. Bienen. [35×35]

Nr.	Wert		✶✶	⊙	FDC
2798	55 C	Honigbiene	1,–	1,–	2,–
		ETB		1,30	

2010, 6. Mai. Bienen. Folienstreifen aus Rollen; selbstklebend; gestanzt. [35×35]

Nr.	Wert		✶✶	⊙	FDC
2799	55 C	Honigbiene	1,10	1,–	2,–

2010, 10. Juni. Leuchttürme. [35×35]

Nr.	Wert		✶✶	⊙	FDC
2800	45 C	Neuwerk	–,80	–,80	
2801	55 C	Falshöft	1,–	1,–	
		Satz (2 W.)	1,80	1,80	3,30
		ETB		2,20	

2010, 10. Juni. 100. Geburtstag von Konrad Zuse (1910 bis 1995), Ingenieur und Unternehmer, Erfinder des programmierbaren Computers. [45×27]

			✶✶	⊙	FDC
2802	55 C	K. Zuse	1,–	1,–	2,–
		ETB		1,30	

2010, 1. Juli. Gemälde von Udo Lindenberg (*1946), Rockmusiker, Schriftsteller und Maler. [45×27]

2803	45 C	Andrea Doria	1,–	1,–	
2804	55 C	Sonderzug nach Pankow	1,–	1,–	
		Satz (2 W.)	2,–	2,–	3,30
		ETB		2,20	

2010, 1. Juli. 300 Jahre Porzellanherstellung in Deutschland: Johann Friedrich Böttger (1682–1719), Alchemist und Erfinder des europäischen Porzellans. [45×27]

2805	55 C	J. F. Böttger und August der Starke	1,–	1,–	2,–
		ETB		1,30	

2010, 1. Juli. Historische Postkutsche. [35×35]

2806	145 C	viersitzige Kutsche (1858) . .	2,60	2,60	3,60
		ETB		3,–	

2010, 1. Juli. Gemälde von Udo Lindenberg (*1946), Rockmusiker, Schriftsteller und Maler. Folienblätter und Einzelmarken aus Folienbogen; selbstklebend; gestanzt. [39×22]

2807	45 C	Andrea Doria	1,–	1,–	
2808	55 C	Sonderzug nach Pankow . . .	1,–	1,–	
		Satz (2 W.)	2,–	2,–	3,30

2010, 12. Aug. Jugend: Historische Schnelldampfer. [55×33]

			✶✶	⊙	FDC
2809	45+20 C	„Deutschland“	1,60	1,60	
2810	55+25 C	„Imperator“ . .	1,60	1,60	
2811	55+25 C	„Aller“	1,60	1,60	
2812	145+55 C	„Columbus“ .	3,80	3,80	
		Satz (4 W.) . .	8,50	8,50	11,–
		ETB		9,–	

2010, 12. Aug. 100. Geburtstag von Mutter Teresa, eigentlich Agnes Gonxha Bojaxhiu (1910 bis 1997), indische katholische Ordensgründerin, Friedensnobelpreis 1979. [35×35]

2813	70 C	Mutter Teresa . . .	1,30	1,30	2,30
		ETB		1,60	

2010, 12. Aug. 75. Jahrestag des 13,5-Std.-Rekordfluges Gleiwitz–Istanbul–Berlin von Elly Beinhorn (1907–2007), Fliegerin. [45×27]

2814	55 C	E. Beinhorn, Messerschmitt Bf 108	1,–	1,–	2,–
		ETB		1,30	

2010, 12. Aug. Frankfurter Buchmesse – Ehrengast Argentinien: Jorge Luis Borges (1899–1986), argentinischer Schriftsteller. [27×45]

2815	170 C	J. L. Borges	3,–	3,–	4,–
		ETB		3,50	

2010, 2. Aug. 300 Jahre Porzellanherstellung in Deutschland: Johann Friedrich Böttger (1682 bis 1719), Alchemist und Erfinder des europäischen Porzellans. Markenheftchen und Einzelmarke aus Folienbogen; selbstklebend; gestanzt. [39 × 22]

			✱✱	⊙	FDC
2816	55 C	J. F. Böttger und August der Starke	1,–	1,–	2,–

2010, 9. Sept. Dienst am Nächsten: 150 Jahre Stiftung Behindertenwerk St. Johannes, Marxheim-Schweinspoint. [35 × 35]

2817	90 C	Schloss von Schweinspoint . .	1,70	1,70	2,70
		ETB		2,–	

2010, 9. Sept. Für uns Kinder. [35 × 35]

2818	55 C	Teddy Bezi mit Kim	1,–	1,–	2,–
		ETB		1,30	

2010, 9. Sept. Tag der Briefmarke: Kaiserlich Deutsche Post nach Helgoland–Norderney–Sylt. [35 × 35]

2819	55 C	Plakat	1,–	1,–	2,–
		ETB		1,30	

2010, 9. Sept. 200 Jahre Oktoberfest. [35 × 35]

2820	55 C	Karussell	1,–	1,–	2,–
		ETB		1,30	

2010, 9. Sept. 20 Jahre Deutsche Einheit. [35 × 35]

			✱✱	⊙	FDC
2821	55 C	Feier in Berlin . . .	1,–	1,–	2,–
		ETB		1,30	

2010, 9. Sept. 20 Jahre Deutsche Einheit. Rollen; selbstklebend; gestanzt. [35 × 35]

2822	55 C	Feier in Berlin . . .	1,–	1,–	2,–

2010, 7. Okt. Fachwerkbauten in Deutschland. [35 × 35]

2823	45 C	Eppingen	–,80	–,80	
2824	55 C	Trebel-Dünsche .	1,–	1,–	
		Satz (2 W.)	1,80	1,80	3,30
		ETB		2,20	

2010, 7. Okt. 100 Jahre Friedrich-Loeffler-Institut für Tiergesundheit: F. Loeffler (1852 bis 1915), Mediziner, Entdecker des Maul- und Klauenseuche-Erregers. [45 × 27]

2825	85 C	F. Loeffler, Virus . .	1,60	1,60	2,60
		ETB		2,–	

2010, 7. Okt. Erntedank. [35 × 35]

2826	55 C	Roggenähre	1,–	1,–	2,–
		ETB		1,30	

2010, 2. Nov. Post: Grußmarken. Folienblatt und Einzelmarken aus Folienbogen; selbstklebend; gestanzt. [39 × 22]

			✶✶	⊙	FDC
2827	55 C	Taube	1,–	1,–	
2828	55 C	Engel	1,–	1,–	
		Satz (2 W.)	2,–	2,–	3,50

2010, 11. Nov. Weihnachten: Krippe des Münchner Liebfrauendoms. [55 × 33]

2829	45 + 20 C	Maria mit Kind	1,20	1,20	
2830	55 + 25 C	Anbetung der Könige	1,50	1,50	
		Satz (2 W.) ...	2,70	2,70	5,–
		ETB		3,50	

2010, 11. Nov. 750 Jahre Knappschaft. [45 × 27]

2831	145 C	Das Frühstück ..	2,60	2,60	3,60
		ETB		3,–	

2010, 11. Nov. 200. Geburtstag von Fritz Reuter (1810–1874), niederdeutscher Schriftsteller. [35 × 35]

2832	100 C	F. Reuter	1,80	1,80	2,80
		ETB		2,20	

2010, 11. Nov. 175 Jahre Eisenbahn in Deutschland. [35 × 35]

2833	55 C	Dampflok „Adler“	1,–	1,–	2,–
		ETB		1,30	

2010, 11. Nov. Alpine Ski-Weltmeisterschaften 2011, Garmisch-Partenkirchen. [45 × 27]

			✶✶	⊙	FDC
2834	55 C	Riesenslalom ...	1,–	1,–	2,–
		ETB		1,30	

2011, 3. Jan. Freimarke: Blumen. [22 × 31]

2835	75 C	Ballonblume	1,40	1,40	2,40
		ETB		2,–	

2011, 3. Jan. Wohlfahrt: Zeichentrickfilme von Loriot, eigentlich Victor von Bülow (1923–2011), Humorist, Karikaturist, Regisseur und Schauspieler. [55 × 33]

2836	45+20 C	Der sprechende Hund	1,60	1,60	
2837	55+25 C	Auf der Rennbahn ...	1,60	1,60	
2838	55+25 C	Herren im Bad	1,60	1,60	
2839	145+55 C	Das Frühstücksei .	3,80	3,80	
		Satz (4 W.) ..	8,50	8,50	11,–
		ETB		9,–	

2011, 3. Jan. Deutsche Malerei: Caspar David Friedrich (1774 bis 1840), Maler und Zeichner [35 × 35]

2840	55 C	Der Wanderer über dem Nebelmeer .	1,–	1,–	2,–
		ETB		1,30	

2011, 3. Jan. Deutsche National- und Naturparks – Nationalpark Kellerwald-Edersee. [45 × 27]

2841	145 C	Wald- und Seenlandschaft ..	2,60	2,60	3,60
		ETB		3,–	

2011, 3. Jan. Segelflug auf der Wasserkuppe. [45×27]

			✱✱	⊙	FDC
2842	45 C	Segelflugzeug um 1920	–,80	–,80	1,80
		ETB		1,20	

2011, 3. Jan. Wohlfahrt: Zeichentrickfilme von Loriot, eigentlich Victor von Bülow (1923–2011), Humorist, Karikaturist, Regisseur und Schauspieler. Markenheftchen und Folienstreifen aus Rollen; selbstklebend; gestanzt. [55×33]

2843	55+25 C	Auf der Rennbahn	1,50	1,50	2,20

2011, 3. Febr. UNESCO-Welterbe: Alte Stadt Nara und Altstadt von Regensburg. [45×27]

2844	55 C	Yakushi-ji	1,–	1,–	
2845	75 C	Dom St. Peter ...	1,40	1,40	
		Satz (2 W.)	2,40	2,40	3,80
		ETB		2,70	

2011, 3. Febr. 200. Geburtstag von Franz Liszt (1811–1886), österreichisch-ungarischer Komponist und Pianist. [45×27]

2846	55 C	F. Liszt	1,–	1,–	2,–
		ETB		1,30	

2011, 3. Febr. Zweiburgenblick im Werratal – Burg Ludwigstein (Hessen) und Burgruine Hanstein (Thüringen). [45×27]

2847	90 C	Ludwigstein und Hanstein ...	1,70	1,70	2,70
		ETB		2,–	

2011, 3. Febr. Post: Grußmarken. Folienblatt und Einzelmarke aus Folienbogen; selbstklebend; gestanzt. [39×22]

			✱✱	⊙	FDC
2848	55 C	Schiff	1,–	1,–	
2849	55 C	Regenbogen	1,–	1,–	
		Satz (2 W.)	2,–	2,–	3,50

2011, 3. Febr. UNESCO-Welterbe: Altstadt von Regensburg. Folienblatt und Einzelmarke aus Folienbogen; selbstklebend; gestanzt. [39×22]

2850	75 C	Dom St. Peter ...	1,40	1,40	2,40

2011, 1. März. Freimarke: Blumen. Folienblatt sowie Einzelmarke aus Folienbogen und Folienstreifen aus Rollen; selbstklebend; gestanzt. [22×31]

2851	45 C	Maiglöckchen ...	–,90	–,90	1,60

2011, 3. März. Post: Die vier Elemente: Wasser, Erde, Feuer, Luft. [45×27]

2852	55 C	Wassertropfen ..	1,–	1,–	
2853	55 C	Sanddünen	1,–	1,–	
2854	55 C	Vulkanausbruch .	1,–	1,–	
2855	55 C	Wolken, Möwe ..	1,–	1,–	
		Satz (4 W.)	4,–	4,–	6,20
		ETB		4,50	

2011, 3. März. Zweiburgenblick im Werratal – Burg Ludwigstein (Hessen) und Burgruine Hanstein (Thüringen). Folienblatt und Einzelmarke aus Folienbogen; selbstklebend; gestanzt. [39×22]

2856	90 C	Ludwigstein und Hanstein ...	1,70	1,70	2,70

2011, 7. April. Sporthilfe: Fußball-Weltmeisterschaft der Frauen; Turn-Europameisterschaften, Berlin; Hockey-Europameisterschaften, Mönchengladbach. [55×33]

			★★	⊙	FDC
2857	45+20 C	Torhüterin . . .	1,60	1,60	
2858	55+25 C	Feldspielerinnen .	1,60	1,60	
2859	55+25 C	Turner und Turnerinnen .	1,60	1,60	
2860	145+55 C	Hockeyspieler	3,80	3,80	
		Satz (4 W.) . .	8,50	8,50	11,–
		ETB		9,–	

2011, 7. April. Fachwerkbauten in Deutschland. [35×35]

2861	45 C	Rathaus Alsfeld .	–,80	–,80	
2862	55 C	Gasthof „Weißes Ross" . .	1,–	1,–	
		Satz (2 W.)	1,80	1,80	3,30
		ETB		2,20	

2011, 7. April. Deutsche National- und Naturparks – Nationalpark Kellerwald-Edersee. Folienblatt und Einzelmarke aus Folienbogen; selbstklebend; gestanzt. [39×22]

2863	145 C	Wald- und Seenlandschaft . .	2,60	2,60	3,60

2011, 5. Mai. Europa: Der Wald. [45×27]

2864	55 C	Lichteinfall im Wald	1,–	1,–	2,–
		ETB		1,30	

2011, 5. Mai. 150 Jahre Deutscher Industrie- und Handelskammertag. [45×27]

			★★	⊙	FDC
2865	145 C	Deutsche IHK-Standorte	2,60	2,60	3,60
		ETB		4,–	

2011, 5. Mai. 150 Jahre Wallraf-Richartz-Museum, Köln. [35×35]

2866	85 C	Außenansicht und Barockabteilung .	1,60	1,60	2,60
		ETB		2,–	

2011, 5. Mai. 125 Jahre Automobil. [45×27]

2867	55 C	Benz-Patent-Motorwagen	1,–	1,–	2,–
		ETB		1,30	

2011, 5. Mai. 100 Jahre Reichsversicherungsordnung. [45×27]

2868	205 C	Kranken-, Unfall- und Rentenversicherung	3,70	3,70	4,70
		ETB		4,–	

2011, 5. Mai. Deutsche Malerei: Caspar David Friedrich (1774 bis 1840), Maler und Zeichner. Folienstreifen aus Rollen; selbstklebend; gestanzt. [35×35]

2869	55 C	Der Wanderer über dem Nebelmeer .	1,–	1,–	2,–

2011, 9. Juni. 200 Jahre erster öffentlicher Turnplatz in der Berliner Hasenheide, errichtet von Friedrich Ludwig Jahn (1778–1852), Initiator der deutschen Turnbewegung. [45×27]

2870	165 C	F. L. Jahns Turnplatz	3,–	3,–	4,–
		ETB		3,50	

2011, 9. Juni. Blockausgabe: 175 Jahre Sächsische Dampfschifffahrt. [105×70, 35×35]

			★★	⊙	FDC
2871	220 C	Raddampfer „Diesbar“	4,–	4,–	
		Block 78 (105×70 mm)	4,–	4,–	5,–
		ETB		4,50	

2011, 9. Juni. 100 Jahre Mecklenburgische Bäderbahn. [45×27]

2872	45 C	Schmalspurbahn „Molli“	–,80	–,80	1,80
		ETB		1,20	

2011, 9. Juni. 50 Jahre Amnesty International. [45×27]

2873	55 C	Licht am Ende des Tunnels	1,–	1,–	2,–
		ETB		1,30	

2011, 9. Juni. 175 Jahre Sächsische Dampfschifffahrt. Markenheftchen und Einzelmarke aus Folienbogen; selbstklebend; gestanzt. [35×35]

2874	220 C	Raddampfer „Diesbar“	4,–	4,–	5,–

2011, 1. Juli. Leuchttürme. Markenheftchen und Einzelmarken aus Folienbogen; selbstklebend; gestanzt. [35×35]

			★★	⊙	FDC
2875	45 C	Norderney	–,80	–,80	
2876	45 C	Warnemünde	–,80	–,80	
		Satz (2 W.)	1,60	1,60	3,–

2011, 7. Juli. Freimarke: Blumen. [22×31]

2877	500 C	Stengelloser Enzian	9,–	9,–	10,–
		ETB		9,50	

2011, 7. Juli. Leuchttürme. [35×35]

2878	55 C	Arngast	1,–	1,–	
2879	90 C	Dahmeshöved	1,70	1,70	
		Satz (2 W.)	2,70	2,70	4,20
		ETB		3,50	

2011, 7. Juli. 500 Jahre Till Eulenspiegel, Schalksnarr (14. Jh.). [35×35]

2880	55 C	Till Eulenspiegel	1,–	1,–	2,–
		ETB		1,30	

2011, 7. Juli. 150 Jahre Deutscher Schützenbund. [35×35]

2881	145 C	Zielscheiben	2,60	2,60	3,60
		ETB		3,–	

2011, 11. Aug. Tag der Briefmarke: 75 Jahre Tag der Briefmarke in Deutschland. [45×27]

			★★	⊙	FDC
2882	55+25 C	Frankierter Brief	1,50	1,50	2,50
		ETB		1,80	

2011, 11. Aug. Jugend: Astronomie. [55×33]

			★★	⊙	FDC
2883	45+20 C	Pferdekopf-nebel	1,50	1,50	
2884	55+25 C	Sonnen-system	1,50	1,50	
2885	55+25 C	Sonnen-system	1,50	1,50	
2886	145+55 C	Plejaden	3,60	3,60	
		Satz (4 W.) ..	8,–	8,–	11,–
		ETB		8,50	

2011, 11. Aug. 150. Jahrestag der Entdeckung des Urvogels Archaeopteryx. [35×35]

2887	55 C	Fossil	1,–	1,–	2,–
		ETB		1,30	

2011, 15. Sept. Für uns Kinder. [35×35]

2888	55 C	Aquarium	1,–	1,–	2,–
		ETB		1,30	

2011, 15. Sept. UNESCO-Welterbe: Birthälmer Kirchenburg, Siebenbürgen. [35×35]

2889	75 C	Ansicht der Kirchenburg	1,40	1,40	2,40
		ETB		3,–	

FDC = Ersttagsbrief (First Day Cover)

2011, 15. Sept. 100 Jahre Hamburger Elbtunnel. [45×27]

			★★	⊙	FDC
2890	55 C	Passagierschiff über Tunnel	1,–	1,–	2,–
		ETB		1,30	

2011, 13. Okt. In Deutschland zu Hause: Einfallsreichtum – Deutsche Erfindungen. [45×27]

2891	45 C	Thermosflasche, Currywurst, Doppelkammer-Teebeutel	–,80	–,80	
2892	55 C	Grammophon, Tonbandgerät, MP3-Player	1,–	1,–	
		Satz (2 W.)	1,80	1,80	3,40
		ETB		2,20	

2011, 13. Okt. 175 Jahre Alte Pinakothek, München. [45×27]

2893	145 C	Alte Pinakothek (um 1880)	2,60	2,60	3,60
		ETB		3,–	

2011, 13. Okt. Trauermarke. [35×35]

2894	55 C	Zimmercalla	1,–	1,–	2,–
		ETB		1,30	

2011, 10. Nov. Weihnachten. [55×33]

2895	45+20 C	St. Martin	1,20	1,20	
2896	55+25 C	St. Nikolaus ...	1,50	1,50	
		Satz (2 W.)	2,70	2,70	5,–
		ETB		3,–	

2011, 10. Nov. 150. Geburtstag von Emil Wiechert (1861–1928), Geophysiker. [35 × 35]

			✱✱	⊙	FDC
2897	90 C	E. Wiechert	1,70	1,70	2,70
		ETB		2,–	

2011, 10. Nov. 50. Jahrestag der Einweihung der Neuen Kaiser-Wilhelm-Gedächtniskirche, Berlin. [35 × 35]

			✱✱	⊙	FDC
2898	55 C	Kaiser-Wilhelm-Gedächtniskirche	1,–	1,–	2,–
		ETB		1,30	

2011, 10. Nov. 50 Jahre Adveniat. [45 × 27]

			✱✱	⊙	FDC
2899	55 C	Maya-Webarbeit .	1,–	1,–	2,–
		ETB		1,30	

2012, 2. Jan. Deutsche National- und Naturparks – Nationalpark Jasmund. [45 × 27]

			✱✱	⊙	FDC
2900	55 C	Kreidefelsen am Kieler Ufer, Insel Rügen	1,10	1,10	2,10
		ETB		1,40	

2012, 2. Jan. Wohlfahrt: Edelsteine. [55 × 33]

			✱✱	⊙	FDC
2901	55+25 C	Rubin	1,60	1,60	
2902	90+40 C	Smaragd	2,60	2,60	
2903	145+55 C	Saphir	4,–	4,–	
		Satz (3 W.)	8,–	8,–	11,–
		ETB		9,–	

2012, 2. Jan. Post: Ferien in Deutschland (I). [45 × 27]

			✱✱	⊙	FDC
2904	45 C	Winterferien	–,90	–,90	2,–
		ETB		1,20	

2012, 2. Jan. 350. Geburtstag von Matthäus Daniel Pöppelmann (1662–1736), Baumeister. [45 × 27]

			✱✱	⊙	FDC
2905	145 C	Kronentor und Innenhof des Dresdner Zwingers (Foto von 1905) .	2,90	2,90	4,–
		ETB		3,50	

2012, 2. Jan. 300. Geburtstag von Friedrich II., dem Großen (1712–1786), König von Preußen. [35 × 35]

			✱✱	⊙	FDC
2906	55 C	Friedrich der Große	1,10	1,10	2,20
		ETB		1,40	

2012, 2. Jan. 225. Geburtstag von Joseph von Fraunhofer (1787–1826), Optiker und Physiker. [45 × 27]

			✱✱	⊙	FDC
2907	90 C	Sonnenspektrum mit Fraunhofer-Linien	1,80	1,80	2,80
		ETB		2,20	

2012, 2. Jan. Deutsche National- und Naturparks – Nationalpark Jasmund. Folienblatt und Einzelmarke aus Folienbogen; selbstklebend; gestanzt. [39 × 22]

			✱✱	⊙	FDC
2908	55 C	Kreidefelsen am Kieler Ufer, Insel Rügen	1,10	1,10	2,10

2012, 2. Jan. Wohlfahrt: Edelsteine. Markenheftchen und Folienstreifen aus Rollen; selbstklebend; gestanzt. [55 × 33]

			✱✱	⊙	FDC
2909	55+25 C	Rubin	1,60	1,60	2,60

2012, 9. Febr. 125 Jahre Schmalspurbahnen im Harz. [45×27]

			★★	⊙	FDC
2910	45 C	Harzer Schmalspurbahn mit Dampflokomotive	–,90	–,90	2,–
		ETB		1,20	

2012, 9. Febr. 100. Jahrestag der Bildung der Künstlergruppierung „Der blaue Reiter“: Blaues Pferd I; Gemälde von Franz Marc (1880–1916), Maler und Graphiker. [35×35]

2911	145 C	Blaues Pferd I . . .	2,90	2,90	4,–
		ETB		3,50	

2012, 9. Febr. Biathlon-Weltmeisterschaften, Ruhpolding. [45×27]

2912	55 C	Massenstartszene	1,10	1,10	2,20
		ETB		1,40	

2012, 9. Febr. Wiederbesiedlung durch heimische Wildtiere. [45×27]

2913	55 C	Nordluchs (Lynx lynx)	1,10	1,10	
2914	55 C	Elch (Alces alces)	1,10	1,10	
		Satz (2 W.)	2,20	2,20	3,20
		ETB		2,50	

2012, 2. Jan. 350. Geburtstag von Matthäus Daniel Pöppelmann (1662–1736), Baumeister. Folienblatt und Einzelmarke aus Folienbogen; selbstklebend; gestanzt. [39×22]

			★★	⊙	FDC
2915	145 C	Kronentor und Innenhof des Dresdner Zwingers (Foto von 1905) .	2,90	2,90	4,–

2012, 9. Febr. 125 Jahre Schmalspurbahnen im Harz. Folienblatt und Einzelmarke aus Folienbogen; selbstklebend; gestanzt. [39×22]

2916	45 C	Harzer Schmalspurbahn mit Dampflokomotive	–,90	–,90	2,–

2012, 1. März. Post: Ferien in Deutschland (II). [45×27]

2917	55 C	Frühjahrsferien . .	1,10	1,10	2,20
		ETB		1,40	

2012, 1. März. 500. Geburtstag von Gerhard Mercator, eigentlich Gerard De Kremer (1512–1594), Mathematiker, Geograph, Philosoph und Theologe. [35×35]

2918	220 C	G. Mercator	4,40	4,40	5,40
		ETB		5,–	

2012, 1. März. Blockausgabe: 500 Jahre Sixtinische Madonna, Gemälde von Raffael, eigentlich Raffaello Santi (1483–1520), italienischer Maler und Baumeister. [98×134, 35×35]

			✶✶	⊙	FDC
2919	55 C	Madonna mit Jesuskind . . .	1,10	1,10	
		Block 79 (98×134 mm) . . .	1,10	1,10	2,–
		ETB		1,40	

2012, 1. März. Trauermarke. [45×27]

2920	55 C	Landschaft in der Abenddämmerung	1,10	1,10	2,20
		ETB		1,40	

2012, 1. März. Wiederbesiedlung durch heimische Wildtiere. Folienblatt und Einzelmarke aus Folienbogen; selbstklebend; gestanzt. [39×22]

2921	55 C	Nordluchs (Lynx lynx)	1,10	1,10	
2922	55 C	Elch (Alces alces)	1,10	1,10	
		Satz (2 W.)	2,20	2,20	3,20

2012, 1. März. Post: Ferien in Deutschland (II). Folienblatt und Einzelmarke aus Folienbogen; selbstklebend; gestanzt. [39×22]

			✶✶	⊙	FDC
2923	55 C	Frühjahrsferien . . .	1,10	1,10	2,20

2012, 12. April. Sporthilfe: Spitzensport – Fußball-Europameisterschaft, Polen und Ukraine; Olympische Sommerspiele, London; Tischtennis-Mannschaftsweltmeisterschaften, Dortmund. [55×33]

2924	55+25 C	Fußballspiel . . .	1,60	1,60	
2925	90+40 C	Schwimmwettkampf	2,60	2,60	
2926	145+55 C	Tischtennis-Doppel	4,–	4,–	
		Satz (3 W.)	8,–	8,–	11,–
		ETB		9,–	

2012, 12. April. 100. Geburtstag von Axel Springer (1912–1985), Zeitungsverleger. [35×35]

2927	55 C	A. Springer	1,10	1,10	2,20
		ETB		1,40	

2012, 12. April. 50 Jahre Deutsche Welthungerhilfe. [35×35]

2928	55 C	Lastenträger in Indien	1,10	1,10	2,20
		ETB		1,40	

2012, 12. April. 225. Geburtstag von Joseph von Fraunhofer (1787–1826), Optiker und Physiker. Folienblatt und Einzelmarke aus Folienbogen; selbstklebend; gestanzt. [39×22]

			★★	⊙	FDC
2929	90 C	Sonnenspektrum mit Fraunhofer-Linien	1,80	1,80	2,80

2012, 2. Mai. Fußball begeistert Deutschland. [35×35]

2930	55 C	Public Viewing ...	1,10	1,10	2,20
		ETB		1,40	

2012, 2. Mai. Fachwerkbauten in Deutschland. [35×35]

2931	165 C	Fachwerkbau, Bad Münstereifel .	3,30	3,30	4,30
		ETB		4,–	

2012, 2. Mai. Umweltschutz: Abfall ist Rohstoff. [35×35]

2932	55+25 C	Konservendose als Froschkönig	1,60	1,60	2,60
		ETB		2,–	

2012, 2. Mai. Europa: Besuche – Post: Ferien in Deutschland (III). [45×27]

2933	55 C	Sommerferien	1,10	1,10	2,20
		ETB		1,40	

2012, 2. Mai. 250. Geburtstag von Johann Gottlieb Fichte (1762–1814), Philosoph. [35×35]

2934	70 C	J. G. Fichte	1,40	1,40	2,20
		ETB		1,40	

2012, 2. Mai. Leuchttürme. Folienstreifen aus Rollen; selbstklebend; gestanzt. [35×35]

			★★	⊙	FDC
2935	55 C	Arngast	1,10	1,10	2,20

2012, 2. Mai. Fußball begeistert Deutschland. Markenheftchen und Einzelmarke aus Folienbogen; selbstklebend; gestanzt. [35×35]

2936	55 C	Public Viewing ...	1,10	1,10	2,20

2012, 14. Juni. Deutsche Malerei: Adolph Menzel (1815–1905), Maler, Zeichner und Illustrator. [35×35]

2937	260 C	Das Balkonzimmer	5,20	5,20	6,20
		ETB		6,–	

2012, 14. Juni. 200 Jahre „Kinder- und Hausmärchen“ (1812) der Brüder Jacob (1785–1863) und Wilhelm Grimm (1786–1859), Germanisten und Märchenforscher. [35×35]

2938	55 C	Innentitel der Originalausgabe ..	1,10	1,10	2,20
		ETB		1,40	

2012, 14. Juni. 150 Jahre Deutscher Chorverband. [35×35]

2939	85 C	Gemischter Chor .	1,70	1,70	2,70
		ETB		2,–	

2012, 14. Juni. Pfälzer Hütte (Hochgebirgshütte im Rätikon). [45×27]

2940	75 C	Pfälzer Hütte im Abendlicht	1,50	1,50	2,50
		ETB		1,80	

2012, 12. Juli. In Deutschland zu Hause: Vielfalt. [45×27]

			✶✶	⊙	FDC
2941	55 C	Klingelschild mit Familiennamen . . .	1,10	1,10	2,20
		ETB		1,40	

2012, 12. Juli. Leuchttürme. [35×35]

2942	45 C	Borkum	–,80	–,80	
2943	55 C	Kap Arkona	1,–	1,–	
		Satz (2 W.)	1,80	1,80	3,20
		ETB		2,20	

2012, 12. Juli. UNESCO-Welterbe: Muskauer Park. [45×27]

2944	90 C	Fürst-Pückler-Park, Bad Muskau	1,80	1,80	2,80
		ETB		2,20	

2012, 12. Juli. Tierheime. [45×27]

2945	145 C	Hund, Katze, Fisch	2,90	2,90	3,90
		ETB		3,20	

2012, 9. Aug. Jugend: Historische Dampflokomotiven. [55×33]

2946	55+25 C	Schnellzuglok S 3/6	1,60	1,60	
2947	90+40 C	Nebenbahnlok PtL 2/2	2,60	2,60	
2948	145+55 C	Güterzuglok „Leopold Friedrich“	4,–	4,–	
		Satz (3 W.)	8,–	8,–	10,–
		ETB		8,50	

2012, 9. Aug. 1100. Geburtstag von Otto I., dem Großen (912–973), römisch-deutscher Kaiser (reg. ab 951). [35×35]

			✶✶	⊙	FDC
2949	45 C	Kaiser Otto der Große	–,90	–,90	1,90
		ETB		1,20	

2012, 9. Aug. 200 Jahre Gäubodenfest, Straubing. [45×27]

2950	55 C	Jahrmarkt, Uhrturm	1,10	1,10	2,20
		ETB		1,40	

2012, 9. Aug. 100 Jahre Mittenwaldbahn. [45×27]

2951	75 C	Zug auf dem Mittenwald-Viadukt	1,50	1,50	2,50
		ETB		1,80	

2012, 13. Sept. Für uns Kinder. [45×27]

2952	55 C	Bunte Kinderwelt mit Tieren	1,10	1,10	2,20
		ETB		1,40	

2012, 13. Sept. Ferien in Deutschland (IV). [45×27]

2953	55 C	Herbstferien	1,10	1,10	2,20
		ETB		1,40	

2012, 13. Sept. Tag der Briefmarke: 100. Jahrestag des ersten amtlichen Postflugs in Deutschland. [45×27]

2954	55 C	Postkarte mit Flugpostsonderstempel	1,10	1,10	2,20
		ETB		1,40	

2012, 13. Sept. 200 Jahre Deutsche Bibelgesellschaft. [45×27]

			✱✱	⊙	FDC
2955	85 C	Bibel	1,70	1,70	2,70
		ETB		2,–	

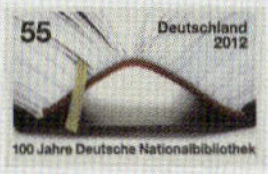

2012, 13. Sept. 100 Jahre Deutsche Nationalbibliothek. [45×27]

2956	55 C	Aufgeschlagenes Buch	1,10	1,10	2,20
		ETB		1,40	

2012, 11. Okt. 100 Jahre Domowina – Bund Lausitzer Sorben. [45×27]

2957	145 C	Vogelhochzeit	2,90	2,90	3,90
		ETB		3,20	

2012, 11. Okt. 50. Jahrestag des Beginns des Zweiten Vatikanischen Konzils. [35×35]

2958	45 C	Die vier Konstituenten	–,90	–,90	1,90
		ETB		1,20	

2012, 11. Okt. Burgenensemble Drei Gleichen. [45×27]

2959	55 C	Burg Gleichen, Mühlburg, Wachsenburg	1,10	1,10	2,20
		ETB		1,30	

2012, 11. Okt. Helmut Kohl (1930–2017), Politiker, 6. Bundeskanzler der BRD, Ehrenbürger Europas. [35×35]

2960	55 C	H. Kohl	–,90	–,90	1,90
		ETB		1,20	

2012, 2. Nov. Weihnachten. [55×33]

			✱✱	⊙	FDC
2961	55+25 C	Elmauer Kapelle im Winter	1,60	1,60	2,60
		ETB		1,90	

2012, 2. Nov. 175. Jahrestag der Bildung der Göttinger Sieben: Widerstand Göttinger Professoren gegen die Außerkraftsetzung der Verfassung durch König Ernst August I. im Königreich Hannover, 1837. [35×35]

2962	55 C	Die Göttinger Sieben	1,10	1,10	2,20
		ETB		1,40	

2012, 2. Nov. 150. Geburtstag von Gerhard Hauptmann (1862–1946), Schriftsteller. [45×27]

2963	55 C	G. Hauptmann und sechs seiner Werke	1,10	1,10	2,20
		ETB		1,40	

2012, 2. Nov. Freimarke: Ziffernzeichnung. Kleinbogen und Rolle. [19×22]

2964	3 C	Ziffer	–,30	–,30	1,10
		ETB		3,–	

2012, 2. Nov. 500 Jahre Sixtinische Madonna, Gemälde von Raffael, eigentlich Raffaello Sonti (1483 bis 1520), italienischer Maler und Baumeister. Markenheftchen und Einzelmarke aus Folienbogen; selbstklebend; gestanzt. [35×35]

2965	55 C	Madonna mit Jesuskind	1,10	1,10	2,20

2012, 2. Nov. Weihnachten. Markenheftchen und Einzelmarke aus Folienbogen; selbstklebend; gestanzt. [55×33]

2966	55+25 C	Elmauer Kapelle im Winter	1,60	1,60	2,60

2012, 2. Nov. Freimarke: Ziffernzeichnung. Folienblatt und Einzelmarke aus Folienbogen; selbstklebend; gestanzt. [19 × 22]

			✶✶	⊙	FDC
2967	3 C	Ziffer	–,30	–,30	1,10

2012, 6. Dez. Freimarken: Blumen. [22 × 31]

2968	58 C	Kuhschelle	1,20	1,20	2,20
2969	240 C	Prachtkerze	4,80	4,80	5,80
		Satz (2 W.)	6,–	6,–	7,–
		ETB (mit MiNr. 2968)		1,50	
		ETB (mit MiNr. 2969)		5,20	

2012, 6. Dez. Fachwerkbauten in Deutschland. [35 × 35]

2970	58 C	Fachwerkbau, Dinkelsbühl	1,20	1,20	2,20
		ETB		1,50	

2012, 6. Dez. Freimarke: Blumen. Folienstreifen aus Rollen; selbstklebend; gestanzt. [22 × 31]

2971	58 C	Kuhschelle	1,20	1,20	2,20

2013, 2. Jan. Burgen und Schlösser. [45 × 27]

2972	45 C	Schloss Glücksburg	–,90	–,90	
2973	58 C	Kaiserburg Nürnberg	1,20	1,20	
		Satz (2 W.)	2,–	2,–	3,50
		ETB		2,40	

2013, 2. Jan. Deutsche Malerei: Max Liebermann (1847–1935), Maler und Grafiker. [35 × 35]

			✶✶	⊙	FDC
2974	240 C	Die Rasenbleiche	4,80	4,80	5,80
		ETB		5,20	

2013, 2. Jan. Schätze aus deutschen Museen. [33 × 39]

2975	58 C	Nofretete-Büste	1,20	1,20	
2976	145 C	Ischtar-Tor	2,90	2,90	
		Satz (2 W.)	4,–	4,–	5,50
		ETB		4,40	

2013, 2. Jan. 50 Jahre Elysée-Vertrag über die deutsch-französische Zusammenarbeit. [45 × 27]

2977	75 C	Junges Paar mit Fernglas	1,50	1,50	2,50
		ETB		1,80	

2013, 2. Jan. Burgen und Schlösser. Folienblatt und Einzelmarke aus Folienbogen; selbstklebend, gestanzt. [39 × 23]

2978	58 C	Kaiserburg Nürnberg	1,20	1,20	2,20

2013, 2. Jan. Deutsche Malerei: Max Liebermann (1847–1935). Markenheftchen und Einzelmarke aus Folienbogen; selbstklebend, gestanzt. [35 × 35]

2979	240 C	Die Rasenbleiche	4,80	4,80	5,80

2013, 7. Febr. Wohlfahrt: Blühende Bäume. [55×33]

			★★	⊙	FDC
2980	58+27 C	Linde	1,70	1,70	
2981	90+40 C	Vogelkirsche	2,60	2,60	
2982	145+55 C	Weiße Rosskastanie	4,–	4,–	
		Satz (2 W.)	8,–	8,–	10,–
		ETB		8,60	

2013, 7. Febr. Deutschlands schönste Panoramen: Gendarmenmarkt, Berlin. [45×27]

2983	58 C		1,20	1,20	
2984	58 C		1,20	1,20	
		Satz (Paar)	2,40	2,40	3,80
		ETB		2,70	

2013, 7. Febr. 250 Jahre Frieden von Hubertusburg. [35×35]

2985	90 C	Schloss Hubertusburg	1,80	1,80	2,80
		ETB		2,20	

2013, 7. Febr. Wohlfahrt: Blühende Bäume. Markenheftchen und Folienstreifen aus Rollen; selbstklebend, gestanzt. [55×33]

2986	58+27 C	Linde	1,70	1,70	2,70

ETB = Ersttagsblatt

2013, 7. Febr. Deutschlands schönste Panoramen: Gendarmenmarkt, Berlin. Folienblatt und Einzelmarke aus Folienbogen. [39×23]

			★★	⊙	FDC
2987	58 C		1,20	1,20	
2988	58 C		1,20	1,20	
		Satz (2 W.)	2,40	2,40	3,80

2013, 1. März. 350. Geburtstag von August Hermann Francke (1663–1727), evangelischer Theologe, Pädagoge und Kirchenlieddichter. [35×35]

2989	205 C	A.H. Francke	4,10	4,10	5,20
		ETB		4,40	

2013, 1. März. 200. Geburtstag von Friedrich Hebbel (1813–1863), Dramatiker und Lyriker. [35×35]

2990	100 C	F. Hebbel	2,–	2,–	3,–
		ETB		2,30	

2013, 1. März. 50 Jahre Wettbewerb „Jugend musiziert“. [35×35]

2991	58 C	Cellistin	1,20	1,20	2,20
		ETB		1,50	

2013, 1. März. Janosch-Zeichnungen, eigentlich Horst Eckert (*1931), Kinderbuchautor. [45×27]

2992	45 C	Segelboot	–,90	–,90	
2993	58 C	Ostern	1,20	1,20	
		Satz (2 W.)	2,–	2,–	3,20
		ETB		2,40	

2013, 1. März. Schätze aus deutschen Museen. Folienstreifen aus Rollen; selbstklebend, gestanzt. [33×39]

			✱✱	⊙	FDC
2994	58 C	Nofretete-Büste ..	1,20	1,20	2,20

2013, 1. März. Janosch-Zeichnungen. Folienblätter und Einzelmarken aus Folienbogen; selbstklebend, gestanzt. [39×23]

2995	45 C	Segelboot	-,90	-,90	
2996	58 C	Ostern	1,20	1,20	
		Satz (2 W.)	2,–	2,–	3,20

2013, 4. April. 150 Jahre Allgemeiner Deutscher Arbeiterverein. [35×35]

2997	145 C	Vereinsfahne	2,90	2,90	3,90
		ETB		3,30	

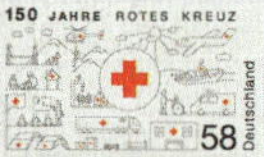

2013, 4. April. 150 Jahre Rotes Kreuz. [45×27]

2998	58 C	Tätigkeitsbereiche	1,20	1,20	2,20
		ETB		1,50	

2013, 4. April. 100 Jahre Deutsches Sportabzeichen. [35×35]

2999	58 C	Goldene Nadel ...	1,20	1,20	2,20
		ETB		1,50	

2013, 4. April. 100 Jahre Möhnetalsperre. [45×27]

3000	90 C	Staumauer	1,80	1,80	2,80
		ETB		2,20	

2013, 4. April. 50 Jahre Fehmarnsundbrücke. [45×27]

			✱✱	⊙	FDC
3001	75 C	Mittelteil	1,50	1,50	2,50
		ETB		1,80	

2013, 4. April. Schätze aus deutschen Museen. Folienstreifen aus Rollen; selbstklebend, gestanzt. [33×39]

3002	145 C	Ischtar-Tor	2,90	2,90	3,90

2013, 4. April. 50 Jahre Fehmarnsundbrücke. Folienblatt und Einzelmarke aus Folienbogen; selbstklebend, gestanzt. [45×27]

3003	75 C	Mittelteil	1,50	1,50	2,50

2013, 2. Mai. Sporthilfe: Cartoonzeichnungen von Uli Stein, eigentlich Ulrich Steinfurth (*1946), Cartoonist. [45×27]

3004	58+27 C	Sprintmaus ...	2,–	2,–	
3005	90+40 C	Surfmaus	2,60	2,60	
3006	145+55 C	Barrenmaus ..	4,–	4,–	
		Satz (2 W.)	8,50	8,50	11,–
		ETB		8,60	

2013, 2. Mai. Europa: Postfahrzeuge. [45×27]

3007	58 C	Lloyd-Paketzustellwagen (1908)	1,20	1,20	2,20
		ETB		1,50	

2013, 2. Mai. 200. Geburtstag von Richard Wagner (1813–1883), Komponist. [45×27]

3008	58 C	R. Wagner	1,20	1,20	2,20
		ETB		1,50	

2013, 2. Mai. 100 Jahre Möhnetalsperre. Folienblatt und Einzelmarke aus Folienbogen; selbstklebend, gestanzt. [39×23]

			✶✶	⊙	FDC
3009	90 C	Staumauer	1,80	1,80	2,80

2013, 6. Juni. Leuchttürme. [35×35]

3010	45 C	Flügge	–,90	–,90	
3011	58 C	Büsum	1,20	1,20	
		Satz (2 W.)	2,–	2,–	3,50
		ETB		2,40	

2013, 6. Juni. Deutsche Rosenschau, Forst (Lausitz) [45×27]

3012	45 C	Rosengarten	–,90	–,90	1,90
		ETB		1,20	

2013, 6. Juni. 130 Jahre diplomatische Beziehungen mit Südkorea: Sonnentempel, Bayreuth; Hyangwonjeong-Pavillon im Gyeongbokgung-Palast, Seoul. [45×27]

3013	75 C	Bayreuth	1,50	1,50	
3014	150 C	Seoul	3,–	3,–	
		Satz (2 W.)	4,50	4,50	6,–
		ETB		4,80	

2013, 6. Juni. Im Einsatz für Deutschland: Bundeswehr. [45×27]

3015	58 C	Soldaten bilden Tarnmuster	1,20	1,20	2,20
		ETB		1,50	

2013, 6. Juni. Burgen und Schlösser. Folienblatt und Einzelmarke aus Folienbogen; selbstklebend, gestanzt. [39×23]

			✶✶	⊙	FDC
3016	45 C	Schloss Glücksburg	–,90	–,90	2,–

2013, 1. Juli. Wildes Deutschland. [45×27]

3017	58 C	Nationalpark Berchtesgaden . .	1,20	1,20	
3018	58 C	Niedersächsisches Wattenmeer	1,20	1,20	
		Satz (2 W.)	2,40	2,40	3,80
		ETB		2,70	

2013, 1. Juli. 800 Jahre Dessau. [45×27]

3019	45 C	Flugzeug, Bauhaus-Gebäude . . .	–,90	–,90	1,90
		ETB		1,20	

2013, 1. Juli. Gerhard Richter. [45×27]

3020	145 C	Gemälde „Seestück (Gegenlicht)“	2,90	2,90	3,90
		ETB		3,20	

2013, 1. Juli. Gerhard Richter. Folienblatt und Einzelmarke aus Folienbogen; selbstklebend, gestanzt. [39×23]

3021	145 C	Gemälde „Seestück (Gegenlicht)“	2,90	2,90	3,90

2013, 18. Juli. Hilfe für die Hochwassergeschädigten [55×33]

3022	58+42 C	Wellen	2,–	2,–	3,–
		ETB		2,30	

2013, 8. Aug. Jugend: Heimische Singvögel. [35×35]

			★★	⊙	FDC
3023	58+27 C	Stieglitz	1,70	1,70	
3024	90+40 C	Gimpel	2,60	2,60	
3025	145+55 C	Blaumeise	4,—	4,—	
		Satz (2 W.)	8,—	8,—	10,—
		ETB		8,60	

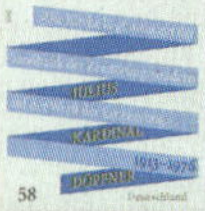

2013, 8. Aug. 100. Geburtstag von Julius Kardinal Döpfner. [35×35]

3026	58 C	Schriftband	1,20	1,20	2,20
		ETB		1,50	

2013, 5. Sept. Tag der Briefmarke. [35×35]

3027	58+27 C	Dampflok „Saxonia“	1,70	1,70	2,70
		ETB		2,—	

2013, 5. Sept. Deutschlands schönste Panoramen: Heidelberg. [45×27]

3028	58 C		1,20	1,20	
3029	58 C		1,20	1,20	
		Satz (Paar)	2,40	2,40	3,80
		ETB		2,70	

2013, 5. Sept. 200 Jahre Skat. [45×27]

3030	90 C	Dame, König, Bube	1,80	1,80	2,80
		ETB		2,20	

2013, 10. Okt. 200. Geburtstag von Georg Büchner (1813–1837), Schriftsteller und Naturwissenschaftler. [35×35]

			★★	⊙	FDC
3031	58 C	Steckbrief	1,20	1,20	2,20
		ETB		1,50	

2013, 10. Okt. 200. Geburtstag von Ludwig Leichhardt (1813 bis 1848), Entdecker, Zoologe, Botaniker und Geologe. [35×35]

3032	75 C	L. Leichhardt	1,50	1,50	2,50
		ETB		1,80	

2013, 10. Okt. 100. Jahre Völkerschlachtdenkmal, Leipzig. [45×27]

3033	45 C	Denkmal	–,90	–,90	1,90
		ETB		1,20	

2013, 10. Okt. Freimarke: Blumen. Folienblatt und Einzelmarke aus Folienbogen; selbstklebend; gestanzt [22×31]

3034	100 C	Tränendes Herz	2,—	2,—	3,—

2013, 2. Nov. Weihnachten. [35×35]

3035	58+27 C	Stern von Bethlehem	1,70	1,70	2,70
		ETB		2,—	

2013, 2. Nov. 125 Jahre Abhandlung „Über Strahlen elektrischer Kraft“ von Heinrich Hertz (1857–1894), Physiker. [33×39]

3036	58 C	elektromagnetische Wellen	1,20	1,20	2,20
		ETB		1,50	

2013, 2. Nov. 100. Geburtstag von Willy Brandt (1913–1992), Politiker, 4. Bundeskanzler der BRD. [45×27]

			✱✱	⊙	FDC
3037	58 C	W. Brandt	1,20	1,20	2,20
		ETB		1,50	

2013, 2. Nov. 100 Jahre Professorentitel für Rahel Hirsch (1870–1953), Ärztin. [45×27]

			✱✱	⊙	FDC
3038	145 C	R. Hirsch	2,90	2,90	3,90
		ETB		3,20	

2013, 2. Nov. Winterstimmung. [33×39]

			✱✱	⊙	FDC
3039	58 C	Weihnachtsbaum .	1,20	1,20	2,20
		ETB		1,50	

2013, 2. Nov. Weihnachten. Markenheftchen und Einzelmarke aus Folienbogen; selbstklebend; gestanzt [35×35]

			✱✱	⊙	FDC
3040	58+27 C	Stern von Bethlehem	1,70	1,70	2,70

2013, 2. Nov. Winterstimmung. Markenheftchen und Einzelmarke aus Folienbogen; selbstklebend; gestanzt [33×39]

			✱✱	⊙	FDC
3041	58 C	Weihnachtsbaum .	1,20	1,20	2,20

2013, 5. Dez. Freimarke: Ziffernzeichnung. Kleinbogen und Rolle. [19×22].

			✱✱	⊙	FDC
3042	2 C	Ziffer	0,30	0,30	1,10
		ETB		0,90	

2013, 5. Dez. Freimarke: Blumen. Kleinbogen und Rolle. [22×31].

			✱✱	⊙	FDC
3043	60 C	Kaiserkrone	1,20	1,20	2,20
		ETB		1,50	

2013, 5. Dez. Trauermarke. [45×27].

			✱✱	⊙	FDC
3044	60 C	Wolkenhimmel ...	1,20	1,20	2,20
		ETB		1,50	

2013, 5. Dez. Freimarke: Ziffernzeichnung. Folienblatt und Einzelmarke aus Folienbogen; selbstklebend; gestanzt. [19×22].

			✱✱	⊙	FDC
3045	2 C	Ziffer	0,30	0,30	1,10

2013, 5. Dez. Freimarke: Blumen. Folienblatt und Folienstreifen aus Rollen; selbstklebend; gestanzt. [22×31].

			✱✱	⊙	FDC
3046	60 C	Kaiserkrone	1,20	1,20	2,20

2014, 2. Jan. Tierbabies. [45×27].

			✱✱	⊙	FDC
3047	60 C	Rotfuchs	1,20	1,20	
3048	60 C	Europäischer Igel .	1,20	1,20	
		Satz (2 W.)	2,40	2,40	3,80
		ETB		2,70	

2014, 2. Jan. Burgen und Schlösser. [45×27].

			✱✱	⊙	FDC
3049	75 C	Schloss Stolzenfels am Rhein	1,50	1,50	2,50
		ETB		1,80	

2014, 2. Jan. UNESCO-Welterbe: 1250 Jahre Kloster Lorsch. [35×35].

			✱✱	⊙	FDC
3050	60 C	Kloster Lorsch . .	1,20	1,20	2,20
		ETB		1,50	

2014, 2. Jan. Wiederansiedlung von Fischarten. [45×26].

3051	45 C	Atlantischer Lachs	0,90	0,90	1,90
		ETB		1,20	

2014, 2. Jan. UNESCO-Welterbe: Alte Buchenwälder. [35×35].

3052	145 C	Buchenwald	2,90	2,90	3,90
		ETB		3,20	

2014, 2. Jan. Tierbabies. Folienblatt und Einzelmarke aus Folienbogen; selbstklebend; gestanzt. [39×23].

3053	60 C	Rotfuchs	1,20	1,20	
3054	60 C	Europäischer Igel	1,20	1,20	
		Satz (2 W.)	2,40	2,40	3,80

2014, 2. Jan. UNESCO-Welterbe: 1250 Jahre Kloster Lorsch. Folienstreifen aus Rollen; selbstklebend; gestanzt. [35×35].

3055	60 C	Kloster Lorsch . .	1,20	1,20	2,20

2014, 6. Febr. Wohlfahrt: Grimms Märchen – Hänsel und Gretel. [35×35].

3056	60 + 30 C	Die Kinder im Wald	2,–	2,–	
3057	90 + 90 C	Bei der Hexe	2,60	2,60	
3058	145 + 55 C	Glückliches Ende	4,–	4,–	
		Satz (3 W.)	8,50	8,50	10,–
		ETB		8,70	

2014, 6. Febr. Wildes Deutschland. [45×27].

3059	60 C	Flussaue, Unteres Odertal .	1,20	1,20	
3060	60 C	Teufelstisch, Pfälzerwald	1,20	1,20	
		Satz (2 W.)	2,40	2,40	3,80
		ETB		2,70	

2014, 6. Febr. Wohlfahrt: Grimms Märchen – Hänsel und Gretel. Markenheftchen und Folienstreifen aus Rollen; selbstklebend, gestanzt. [35×35].

3061	60 + 30 C	Die Kinder im Wald	1,80	1,80	2,80

2014, 2. Jan. Burgen und Schlösser. [45×27].

3062	90 C	Albrechtsburg, Meißen	1,80	1,80	2,80
		ETB		2,20	

2014, 1. März. Zeichnungen von Peter Gaymann (*1950), Cartoonist und Schriftsteller. [45×27].

3063	45 C	Ostereientwurf . .	0,90	0,90	
3064	60 C	Ostergeschenk . .	1,20	1,20	
		Satz (2 W.)	2,10	2,10	3,50
		ETB		2,40	

2014, 1. März. Evangelische Posaunenchöre. [33×39].

			✱✱	⊙	FDC
3065	215 C	Posaunisten	4,30	4,30	5,30
		ETB		4,60	

2014, 1. März. Gaymann-Zeichnungen. Folienblatt und Einzelmarke aus Folienbogen; selbstklebend, gestanzt. [39×23].

3066	60 C	Ostergeschenk ..	1,20	1,20	

2014, 3. April. Umweltschutz: Wasser ist Leben. [35×35].

3067	60+30 C	Wasserverschmutzung .	1,80	1,80	2,80
		ETB		2,20	

2014, 3. April. Deutschlands schönste Panoramen: Dresden. [45×27].

3068	45 C	....	0,90	0,90	
3069	45 C	....	0,90	0,90	
		Satz (Paar)	1,80	1,80	2,80
		ETB		2,20	

2014, 3. April. 175 Jahre deutsche Ferneisenbahn. Kleinbogen und Rolle. [45×27].

3070	145 C	Zug auf Brücke ..	2,90	2,90	3,90
		ETB		3,20	

2014, 3. April. 150. Geburtstag von Max Weber (1864–1920), Soziologe, Jurist und Nationalökonom. [35×35].

3071	60 C	M. Weber	1,20	1,20	2,20
		ETB		1,50	

2014, 3. April. 50 Jahre „Aktion Mensch“. [45×27].

			✱✱	⊙	FDC
3072	60 C	„Das Wir gewinnt“	1,20	1,20	2,20
		ETB		1,50	

2014, 3. April. Deutschlands schönste Panoramen: Dresden. Folienblatt und Einzelpaare aus Folienbogen; selbstklebend, dreiseitig gestanzt. [39×23].

3073	45 C	....	0,90	0,90	
3074	45 C	....	0,90	0,90	
		Satz (2 W.)	1,80	1,80	3,20

2014, 8. Mai. Sporthilfe: Cartoonzeichnungen von Uli Stein, eigentlich Ulrich Steinfurth (*1946), Cartoonist. [33×39].

3075	60 + 30 C	Pokalmaus ..	2,–	2,–	
3076	90 + 90 C	Jubelmaus ...	2,60	2,60	
3077	145 + 55 C	Siegermaus ..	4,–	4,–	
		Satz (3 W.)	8,50	8,50	10,–
		ETB		8,70	

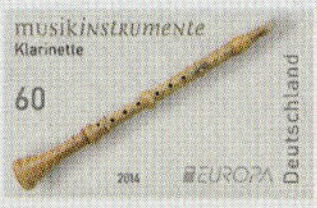

2014, 8. Mai. Europa: Musikinstrumente. [45×27].

3078	60 C	Klarinette	1,20	1,20	2,20
		ETB		1,50	

2014, 8. Mai. 250. Geburtstag von Johann Gottfried Schadow (1764–1850), Grafiker und Bildhauer. [35×35].

3079	60 C	Doppeltes Frauenporträt ...	1,20	1,20	2,20
		ETB		1,50	

2014, 8. Mai. Wildes Deutschland. Folienblatt und Einzelmarken aus Folienbogen; selbstklebend, gestanzt [39×23].

Nr.	Wert		✱✱	⊙	FDC
3080	60 C	Flussaue, Unteres Odertal .	1,20	1,20	
3081	60 C	Teufelstisch, Pfälzerwald	1,20	1,20	
		Satz (2 W.)	2,40	2,40	3,80

2014, 5. Juni. Freimarke: Blumen. Kleinbogen und Rolle. [22×31].

Nr.	Wert		✱✱	⊙	FDC
3082	180 C	Akelei „Crimson Star" . .	3,60	3,60	4,60
		ETB		4,–	

2014, 5. Juni. Deutschlands schönste Panoramen: Bremer Marktplatz. [45×27].

Nr.	Wert		✱✱	⊙	FDC
3083	60 C	. . . .	1,20	1,20	
3084	60 C	. . . .	1,20	1,20	
		Satz (Paar)	2,40	2,40	3,80
		ETB		2,70	

2014, 5. Juni. Schätze aus deutschen Museen: Grabower Altargemälde von Meister Bertram (um 1340–um 1414), Maler und Holzschnitzer. [33×39].

Nr.	Wert		✱✱	⊙	FDC
3085	240 C	Erschaffung der Tiere	4,80	4,80	5,80
		ETB		5,20	

2014, 5. Juni. 150. Geburtstag von Richard Strauss (1864–1949), Komponist und Dirigent. Kleinbogen und Rolle. [35×35].

Nr.	Wert		✱✱	⊙	FDC
3086	60 C	R. Strauss, Orchesterinstrumente	1,20	1,20	2,20
		ETB		1,50	

2014, 5. Juni. UNESCO-Welterbe: Alte Buchenwälder. Folienstreifen aus Rollen; selbstklebend, gestanzt. [35×35].

Nr.	Wert		✱✱	⊙	FDC
3087	145 C	Buchenwald	2,90	2,90	3,90

2014, 3. Juli. Freimarke: Blumen. Kleinbogen und Rolle. [22×31].

Nr.	Wert		✱✱	⊙	FDC
3088	28 C	Echtes Tausendgüldenkraut	0,60	0,60	1,60
		ETB		1,–	

2014, 3. Juli. Leuchttürme. [35×35].

Nr.	Wert		✱✱	⊙	FDC
3089	45 C	Buk	0,90	0,90	
3090	60 C	Pellworm	1,20	1,20	
		Satz (2 W.)	2,10	2,10	3,50
		ETB		2,40	

2014, 3. Juli. 600. Jahrestag des Konzils von Konstanz. [45×27].

Nr.	Wert		✱✱	⊙	FDC
3091	60 C	Illustrationen aus der Richental-Chronik	1,20	1,20	2,20
		ETB		1,50	

2014, 3. Juli. 300. Geburtstag von Christoph Willibald Gluck (1714–1787), Komponist. [35×35].

Nr.	Wert		✱✱	⊙	FDC
3092	90 C	Chr. W. Gluck, Lorgon	1,80	1,80	2,80
		ETB		2,20	

2014, 3. Juli. 150. Geburtstag von Ricarda Huch (1864–1947), Schriftstellerin, Dichterin, Philosophin und Historikerin. [35×35].

			✶✶	⊙	FDC
3093	145 C	R. Huch	2,90	2,90	4,–
		ETB		3,20	

2014, 3. Juli. Freimarke: Blumen. Folienstreifen aus Rolle; selbstklebend, gestanzt. [22×31].

			✶✶	⊙	FDC
3094	28 C	Echtes Tausendgüldenkraut	0,60	0,60	1,60

2014, 17. Juli. Gewinn der Fußball-Weltmeisterschaft in Brasilien durch die deutsche Nationalmannschaft. [55×33].

			✶✶	⊙	FDC
3095	60 C	Spielszene	1,20	1,20	2,20
		ETB		1,50	

2014, 7. Aug. Jugend: „Das Traumfresserchen" von Michael Ende (1929–1995), Schriftsteller – Illustrationen aus dem Kinderbuch. [35×35].

			✶✶	⊙	FDC
3096	60 + 30 C	Prinzessin Schlafittchen .	2,–	2,–	
3097	90 + 90 C	Traumfresserchen	2,60	2,60	
3098	145 + 55 C	Schlummerland	4,–	4,–	
		Satz (3 W.)	8,50	8,50	10,–
		ETB		8,70	

2014, 7. Aug. 50 Jahre Deutsche Jugendfeuerwehr. [45×27].

			✶✶	⊙	FDC
3099	60 C	Kinderausbildung	1,20	1,20	2,20
		ETB		1,50	

2014, 7. Aug. 100. Jahrestag des Ausbruchs des Ersten Weltkrieges. [35×35].

			✶✶	⊙	FDC
3100	75 C	Nie wieder Krieg!; Plakat von K. Kollwitz	1,50	1,50	2,50
		ETB		1,80	

2014, 1. Sept. Tag der Briefmarke: Lindauer Bote. [45×27].

			✶✶	⊙	FDC
3101	60 C	Kutsche	1,20	1,20	2,20
		ETB		1,50	

2014, 1. Sept. 70. Todestag von Antoine de Saint-Exupéry (1900–1944), französischer Schriftsteller und Pilot. [35×35].

			✶✶	⊙	FDC
3102	60 C	„Der kleine Prinz"	1,20	1,20	2,20
		ETB		1,50	

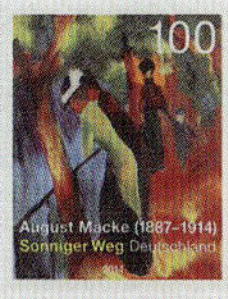

2014, 1. Sept. 100. Todestag von August Macke (1887–1914), Maler. [33×39].

			✶✶	⊙	FDC
3103	100 C	„Sonniger Weg" .	2,–	2,–	3,–
		ETB		2,30	

2014, 1. Sept. 70. Todestag von Antoine de Saint-Exupéry (1900–1944), französischer Schriftsteller und Pilot. Markenheftchen und Einzelmarke aus Folienbogen; selbstklebend; gestanzt[35×35].

			✶✶	⊙	FDC
3104	60 C	„Der kleine Prinz"	1,20	1,20	2,20

2014, 2. Okt. UNESCO-Welterbe: Fagus-Werk, Alfeld. [45×27].

			✱✱	⊙	FDC
3105	60 C	Fagus-Werk, erb. von W. Gropius .	1,20	1,20	2,20
		ETB		1,50	

2014, 2. Okt. 300 Jahre externe Finanzkontrolle. [39×33].

3106	145 C	Inschrift	2,90	2,90	4,—
		ETB		3,20	

2014, 2. Okt. 100 Jahre Schachtschleuse Minden. [33×39].

3107	45 C	Schleusenanlage	0,90	0,90	2,—
		ETB		1,20	

2014, 3. Nov. Weihnachten. [45×27].

3108	60 + 30 C	Stern von Bethlehem .	1,80	1,80	2,80
		ETB		2,20	

2014, 3. Nov. 300 Jahre Fahrenheit-Skala. [33×39].

3109	60 C	Temperaturskala	1,20	1,20	2,20
		ETB		1,50	

2014, 3. Nov. 200. Geburtstag von Julius Robert von Mayer (1814–1878). [45×27].

3110	90 C	Darstellung zur Energieerhaltung	1,80	1,80	2,80
		ETB		2,20	

2014, 3. Nov. Schneemann. [39×33].

			✱✱	⊙	FDC
3111	60 C	Schneekugel . . .	1,20	1,20	2,20
		ETB		1,50	

2014, 3. Nov. Weihnachten. Folienblatt und Einzelmarken aus Folienbogen; selbstklebend, gestanzt [39×23].

3112	60 + 30 C	Stern von Bethlehem . . .	1,80	1,80	2,80

2014, 3. Nov. Schneemann. Folienblatt und Einzelmarken aus Folienbogen; selbstklebend, gestanzt [33×23].

3113	60 C	Schneekugel . . .	1,20	1,20	2,20

2014, 4. Dez. Freimarken: Blumen. Kleinbogen und Rollen. [22×31]

3114	62 C	Pfingstrose . . .	1,30	1,30	2,30
3115	80 C	Kugelprimel . . .	2,—	2,—	2,60
3116	85 C	Federnelke . . .	1,70	1,70	2,70
3117	395 C	Purpurglöckchen	8,—	8,—	9,—
3118	440 C	Türkenbundlilie	10,—	10,—	11,—
		Satz (5 W.)	23,—	23,—	24,—
		ETB mit MiNr. 3114		2,—	
		ETB mit MiNr. 3115		2,—	
		ETB mit MiNr. 3116		2,20	
		ETB mit MiNr. 3117		8,30	
		ETB mit MiNr. 3118		10,—	

2014, 4. Dez. Schätze aus deutschen Museen: Gemälde von Rogier van der Weyden. [35×35]

			★★	⊙	FDC
3119	145 C	„Heimsuchung" .	2,90	2,90	4,–
		ETB			3,20

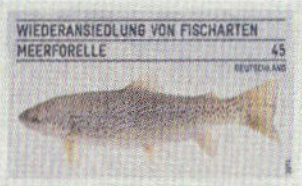

2014, 4. Dez. Wiederansiedlung von Fischarten. [35×35]

3120	45 C	Meerforelle	–,90	–,90	2,–
		ETB		1,20	

2014, 4. Dez. Freimarke: Blumen. Folienblatt und Folienstreifen aus Rollen; selbstklebend; gestanzt. [22×31]

3121	62 C	Pfingstrose	1,30	1,30	2,30

2015, 2. Jan. Burgen und Schlösser. [45×27]

3122	62 C	Marksburg	1,30	1,30	
3123	80 C	Schloss Ludwigslust	1,60	1,60	
		Satz (2 W.)	2,90	2,90	3,80
		ETB		3,20	

2015, 2. Jan. Tierbabys. [45×27]

3124	62 C	Europäisches Eichhörnchen	1,30	1,30	
3125	62 C	Europäische Wildkatze	1,30	1,30	
		Satz (2 W.)	2,60	2,60	4,–
		ETB		3,–	

2015, 2. Jan. Wildes Deutschland. [45×27]

			★★	⊙	FDC
3126	85 C	Ostsee: Boddenlandschaft	1,70	1,70	2,70
		ETB		2,–	

2015, 2. Jan./7. Mai Burgen und Schlösser. MiNr. 3127 Folienstreifen aus Rollen, MiNr. 3128 Folienblatt, Einzelmarke aus Folienbogen und Folienstreifen aus Rollen; selbstklebend; gestanzt. [45×27, 39×23]

3127	62 C	Marksburg	1,30	1,30	
3128	80 C	Schloss Ludwigslust	1,60	1,60	
		Satz (2 W.)	2,90	2,90	4,30

2015, 2. Jan. Tierbabys. Folienblatt und Einzelmarke aus Folienbogen; selbstklebend; gestanzt. [39×23]

3129	62 C	Europäisches Eichhörnchen	1,30	1,30	
3130	62 C	Europäische Wildkatze	1,30	1,30	
		Satz (2 W.)	2,60	2,60	4,–

2015, 2. Jan. Wildes Deutschland. Folienblatt und Einzelmarke aus Folienbogen; selbstklebend; gestanzt. [39×23]

3131	85 C	Ostsee: Boddenlandschaft	1,70	1,70	2,70

2015, 5. Febr. Wohlfahrt: Grimms Märchen – Dornröschen. [39×23]

3132	62 + 30 C	Die Spindel .	1,90	1,90	
3133	85 + 40 C	Der Schlaf . .	2,60	2,60	
3134	145 + 55 C	Der Kuss . . .	4,–	4,–	
		Satz (3 W.)	8,50	8,50	10,–
		ETB		8,80	

2015, 5. Febr. 100. Geburtstag von Karl Leisner (1915–1945), kath. Prister, Märtyrer. [45×27]

			★★	⊙	FDC
3135	62 C	K. Leisner	1,30	1,30	2,30
		ETB		1,60	

2015, 5. Febr. 100. Wohlfahrt: Grimms Märchen – Dornröschen. Markenheftchen und Folienstreifen aus Rollen; selbstklebend, gestanzt. [45×45]

3136	62 + 30 C	Die Spindel .	1,90	1,90	3,–

2015, 2. März. 1200 Jahre Bistum Hildesheim. [33×39]

3137	62 C	Scheibenkreuz ..	1,30	1,30	2,30
		ETB		1,60	

2015, 2. März. 900 Jahre Köthen. Kleinbogen und Rolle. [45×27]

3138	240 C	Stadtansicht von 1650	4,80	4,80	5,80
		ETB		5,20	

2015, 2. März. 350 Jahre Christian-Albrechts-Universität, Kiel. [45×27]

3139	62 C	Universitätsbibliothek	1,30	1,30	2,30
		ETB		1,60	

2015, 2. März. Felix der Hase. [39×23]

3140	45 C	Felix auf Reisen .	–,90	1,30	
3141	62 C	Post von Felix ...	1,30	1,30	
		Satz (2 W.)	2,20	2,20	3,–
		ETB		2,60	

2015, 2. März. Felix der Hase. Folienblatt und Einzelmarke aus Folienbogen; selbstklebend; gestanzt. [39×23]

			★★	⊙	FDC
3142	62 C	Post von Felix ...	1,30	1,30	2,30

2015, 2. April. Klassische deutsche Automobile. [45×27]

3143	145 C	BMW 507	3,30	3,–	
3144	145 C	Mercedes Benz 220 S	3,30	3,–	
		Satz (2 W.)	6,50	6,–	7,20
		ETB		6,20	

2015, 2. April. 200. Geburtstag von Otto von Bismarck (1815–1898), Staatsmann. Kleinbogen und Rolle. [45×27]

3145	62 C	O. von Bismarck .	1,30	1,30	2,30
		ETB		1,60	

2015, 2. April. 150 Jahre „Max und Moritz“, Bildergeschichte von Wilhelm Busch. [39×33]

3146	62 C	Die Brücke bricht	1,30	1,30	2,30
		ETB		1,60	

2015, 2. April. Klassische deutsche Automobile. Folienblatt und Einzelmarken aus Folienbogen; selbstklebend; gestanzt. [39×23]

3147	145 C	BMW 507	3,30	3,–	
3148	145 C	Mercedes Benz 220 S	3,30	3,–	
		Satz (2 W.)	6,50	6,–	7,20

2015, 7. Mai. Sporthilfe: Behindertensport. [45×27]

			✶✶	⊙	FDC
3149	62 + 30 C	Rollstuhltennis	2,–	2,–	
3150	85 + 40 C	Hochsprung, Laufen	2,50	2,50	
3151	145 + 55 C	Alpiner Skilauf	4,–	4,–	
		Satz (3 W.)	8,50	8,50	10,–
		ETB		8,70	

2015, 7. Mai. Europa: Historisches Spielzeug. [35×35]

3152	62 C	Affe auf Schaukelpferd	1,30	1,30	2,30
		ETB		1,60	

2015, 7. Mai. 150 Jahre Deutsche Gesellschaft zur Rettung Schiffbrüchiger. [35×35]

3153	62 C	Seenotrettungskreuzer	1,30	1,30	2,30
		ETB		1,60	

2015, 7. Mai. 50 Jahre diplomatische Beziehungen mit Israel. [40×30]

3154	80 C	Bruno-Haus, Tel Aviv	1,60	1,60	2,60
		ETB		2,–	

2015, 7. Mai. 350 Jahre Christian-Albrechts-Universität, Kiel. Folienblatt und Einzelmarken aus Folienbogen; selbstklebend; gestanzt. [39×23]

3155	62 C	Universitätsbibliothek	1,30	1,30	2,30

2015, 11. Juni. Leuchttürme. [35×35]

			✶✶	⊙	FDC
3156	45 C	Moritzburg	–,90	–,90	
3157	62 C	Lindau	1,30	1,30	
		Satz (2 W.)	2,20	2,20	3,60
		ETB		2,50	

2015, 11. Juni. 175 Jahre erster Kindergarten in Deutschland. [39×33]

3158	215 C	Kinder in Bollerwagen	4,50	4,30	5,30
		ETB		4,60	

2015, 11. Juni. 125 Jahre erster bayerischer Trachtenverband „Gauveband I", Traunstein. [35×35]

3159	62 C	Miesbacher Tracht	1,30	1,30	2,30
		ETB		1,60	

2015, 11. Juni. 50 Jahre Wettbewerb „Jugend forscht". [33×39]

3160	62 C	Turnschuhe, Gehirn	1,30	1,30	2,30
		ETB		1,60	

2015, 11. Juni. Schätze aus deutschen Museen: Grabower Altargemälde von Meister Bertram (um 1340–um 1414), Maler und Holzschnitzer. Markenheftchen und Folienstreifen aus Rollen; selbstklebend, gestanzt. [33×39]

3161	240 C	Erschaffung der Tiere	5,–	4,80	5,80

2015, 1. Juli. Deutschlands schönste Panoramen: Chiemsee. [45×27]

			★★	⊙	FDC
3162	45 C	. . . .	0,90	0,90	
3163	45 C	. . . .	0,90	0,90	
		Satz (2 W.)	1,80	1,80	3,20
		ETB		2,20	

2015, 1. Juli. 1000 Jahre Leipzig. [45×27]

3164	62 C	Neues Rathaus (1899)	1,30	1,30	2,30
		ETB		1,60	

2015, 1. Juli. 150. Geburtstag von Philipp Scheidemann (1865–1939), Politiker und Publizist. [35×35]

3165	145 C	Ausrufung der Republik	2,90	2,90	4,–
		ETB		3,20	

2015, 1. Juli. 75. Geburtstag von Pina Bausch (1940–2009), Tänzerin, Choreografin, Tanzpädagogin und Theaterleiterin. [45×27]

3166	85 C	P. Bausch	1,70	1,70	2,70
		ETB		2,–	

2015, 1. Juli. Deutschlands schönste Panoramen: Chiemsee. Folienblatt und Einzelpaare aus Folienbogen; selbstklebend, dreiseitig gestanzt.[39×23]

3167	45 C	. . . .	0,90	0,90	
3168	45 C	. . . .	0,90	0,90	
		Satz (2 W.)	1,80	1,80	3,20

2015, 6. Aug. Jugend: Süßwasserfische. [45×27]

			★★	⊙	FDC
3169	62 + 30 C	Äsche	2,–	2,–	
3170	85 + 40 C	Barbe	2,50	2,50	
3171	145 + 55 C	Stör	4,–	4,–	
		Satz (3 W.) . .	8,50	8,50	10,–
		ETB		8,70	

2015, 6. Aug. Internationales Windjammerfestival, Bremerhaven. [35×35]

3172	62 C	Großsegelschiffe .	1,30	1,30	2,30
		ETB		1,60	

2015, 1. Sept. Tag der Briefmarke: 175 Jahre Briefmarken. [33×39]

3173	62 + 30 C	Marke Großbritannien MiNr. 1	1,90	1,90	
		ETB		2,20	

2015, 1. Sept. 100. Geburtstag von Helmut Schön. [35×35]

dyg) Helmut Schön (1915–1996), Fußballspieler und Bundestrainer

3174	62 C	Bundestrainer . . .	1,30	1,30	2,30
		ETB		1,60	

2015, 1. Sept. Blockausgabe: Asterix. [180 × 120, 35 × 35, 33 × 39]

			✶✶	⊙	FDC
3175	21 C	Idefix	0,50	0,50	
3176	62 C	Obelix	1,30	1,30	
3177	62 C	Asterix	1,30	1,30	
Block 80 (180 × 120 mm)		. . . . .	3,20	3,20	4,20
		ETB		3,50	

2015, 1. Sept. Asterix. Markenheftchen und Einzelmarken aus Folienbogen; selbstklebend; gestanzt. [33 × 39]

3178	62 C	Obelix	1,30	1,30	
3179	62 C	Asterix	1,30	1,30	
		Satz (2 W.)	2,60	2,60	4,–

2015, 1. Okt. Schätze aus deutschen Museen: Holzskulptur von Tilman Riemenschneider (um 1460–1531), Bildschnitzer und Bildhauer. [33 × 39]

3180	62 C	Trauernde Frauen	1,30	1,30	2,30
		ETB		1,60	

2015, 1. Okt. 500. Geburtstag von Lucas Cranach dem Jüngeren (1515 bis 1586), Maler. [45 × 27]

3181	45 C	Das letzte Abendmahl	0,90	0,90	1,90
		ETB		1,20	

2015, 1. Okt. 25 Jahre Deutsche Einheit. [35 × 35]

			✶✶	⊙	FDC
3182	62 C	Inschrift	1,30	1,30	2,30
		ETB		1,60	

2015, 2. Nov. Weihnachten. [35 × 35]

3183	62 + 30 C	Kirche	1,90	1,90	3,–
		ETB		2,20	

2015, 2. Nov. Schätze aus deutschen Museen: Gemälde von Martin Schongauer (um 1445/50 bis 1491), Kupferstecher und Maler. [33 × 39]

3184	145 (C)	Geburt Christi mit Anbetung der Hirten	2,90	2,90	4,–
		ETB		3,20	

2015, 2. Nov. Freude schenken. [45 × 27]

3185	62 C	Kind mit Teddy . . .	1,30	1,30	2,30
		ETB		1,60	

2015, 2. Nov. Weihnachten. Markenheftchen und Einzelmarke aus Folienbogen; selbstklebend; gestanzt. [35 × 35]

3186	62 + 30 C	Kirche . .	1,90	1,90	3,–

2015, 2. Nov. Freude schenken. Folienblatt und Einzelmarke aus Folienbogen; selbstklebend; gestanzt. [39×23]

			✶✶	⊙	FDC
3187	62 C	Kind mit Teddy . .	1,30	1,30	2,30

2015, 3. Dez. Freimarke: Ziffernzeichnung. [19×22]

3188	8 C	Ziffer	0,30	0,30	1,10
		ETB (10er-Klbg.) .		2,–	

2015, 3. Dez. Freimarke: Blumen. [22×31]

3189	70 C	Schokoladen-Kosmee	1,40	1,40	2,40
3190	400 C	Fuchsie	8,–	8,–	9,–
3191	450 C	Bienen-Ragwurz .	9,–	9,–	10,–
		. . Satzpreis (3 W.) .	18,40	18,40	20,–
		ETB (mit MiNr. 3189)		1,70	
		ETB (mit MiNr. 3190)		8,30	
		ETB (mit MiNr. 3191)		9,30	

2015, 3. Dez. Mikrowelten. [39×33]

3192	70 C	Kieselalge	1,40	1,40	
3193	70 C	Odermennig-Blüte	1,40	1,40	
		Satz (2 W.)	2,80	2,80	4,20
		ETB		3,20	

2015, 3. Dez. 250 Jahre Technische Universität Bergakademie Freiberg. [45×27]

3194	70 C	Fluorit	1,40	1,40	2,40
		ETB		3,20	

2015, 3. Dez. 75. Todestag von Paul Klee. [33×39]

			✶✶	⊙	FDC
3195	240 C	Himmelsblüten über dem gelben Haus (Gemälde) .	4,80	4,80	5,80
		ETB		5,20	

2015, 3. Dez. Freimarke: Ziffernzeichnung. Folienblatt und Einzelmarke aus Folienbogen; selbstklebend; gestanzt. [19×22]

3196	8 C	Ziffer	0,30	0,30	1,10

2015, 3. Dez. Freimarke: Blumen. Folienstreifen aus Rollen; selbstklebend; gestanzt. [22×31]

3197	70 C	Schokoladen-Kosmee	1,40	1,40	2,40

2015, 3. Dez. 250 Jahre Technische Universität Bergakademie Freiberg. Folienblatt u. Einzelmarke aus Folienbogen; selbstklebend; gestanzt. [39×23]

3198	70 C	Fluorit	1,40	1,40	2,40

2016, 2. Jan. Freimarke: Blumen. [22×31]

3199	250 C	Alpendistel	5,–	5,–	6,–
		ETB		5,30	

2016, 2. Jan. Burgen und Schlösser. [45×27]

			★★	⊙	FDC
3200	90 C	Löwenburg	1,80	1,80	2,80
		ETB		2,20	

2016, 2. Jan. Klassische deutsche Automobile. [45×27]

3201	70 C	Porsche 911 Targa	1,40	1,40	
3202	70 C	Ford Capri 1	1,40	1,40	
		Satz (2 W.)	2,80	2,80	4,20
		ETB		3,20	

2016, 2. Jan. Wildes Deutschland. [45×27]

3203	85 C	Bayerischer Wald	1,70	1,70	2,70
		ETB		2,–	

2016, 2. Jan. 1250 Jahre Schwetzingen. [45×27]

3204	145 C	Ansichten aus Schwetzingen ...	2,90	2,90	4,–
		ETB		3,20	

2016, 2. Jan. Mikrowelten (II). Rolle; selbstklebend; gestanzt. [39×33]

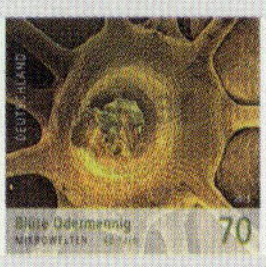

3205	70 C	Kieselalge	1,40	1,40	
3206	70 C	Odermennig-Blüte	1,40	1,40	
		Satz (2 W.)	2,80	2,80	4,20

2016, 11. Febr. Freimarke: Blumen. [22×31]

3207	260 C	Madonnenlilie ...	5,20	5,20	6,20
		ETB		5,50	

2016, 11. Febr. Wohlfahrt: Grimms Märchen (V) – Rotkäppchen. [35×35]

			★★	⊙	FDC
3208	70 + 30 C	Im Wald .	2,–	2,–	
3209	85 + 40 C	Bei der Großmutter	2,60	2,60	
3210	145 + 55 C	Gutes Ende	4,–	4,–	
		Satz (3 W.)	8,60	8,60	10,–
		ETB		9,–	

2016, 11. Febr. 200. Geburtstag von Ernst Litfaß. [35×35]

3211	70 C	E. Litfaß	1,40	1,40	2,40
		ETB		1,70	

2016, 11. Febr. 25 Jahre Notruf 112 in Europa. [35×35]

3212	45 C	Notrufnummer ..	0,90	0,90	1,90
		ETB		1,20	

2016, 11. Febr. Klassische deutsche Automobile. Folienblatt unsd Einzelmarke aus Folienbogen; selbstklebend; gestanzt. [39×23]

3213	70 C	Porsche 911 Targa	1,40	1,40	
3214	70 C	Ford Capri 1	1,40	1,40	
		Satz (2 W.)	2,80	2,80	4,20

2016, 11. Febr. Wohlfahrt: Grimms Märchen (VI) – Rotkäppchen. Markenheftchen und Folienstreifen aus Rollen; selbstklebend; gestanzt. [35×35]

3215	70 + 30 C	Im Wald .	2,–	2,–	3,–

2016, 1. März. Burgen und Schlösser. [45×27]

			★★	⊙	FDC
3216	85 C	Schloss Sanssouci	1,70	1,70	2,70
		ETB		2,–	

2016, 1. März. Tierbabys. [45×27]

3217	70 C	Feldhase	1,40	1,40	
3218	70 C	Graugans	1,40	1,40	
		Satz (2 W.)	2,80	2,80	3,80
		ETB		3,20	

2016, 1. März. 350. Geburtstag von George Bähr. [35×35]

3219	260 C	Frauenkirche, Dresden	5,20	5,20	6,20
		ETB		5,50	

2016, 1. März. UNESCO-Welterbe: Kloster Corvey. [45×27]

3220	70 C	Benediktinerabtei	1,40	1,40	2,40
		ETB		1,70	

2016, 1. März. 1250 Jahre Schwetzingen. Folienblatt und Einzelmarke aus Folienbogen; selbstklebend; gestanzt. [39×23]

3221	145 C	Ansichten aus Schwetzingen ...	2,90	2,90	4,–

2016, 1. März. Tierbabys. Folienblatt und Einzelmarken aus Folienbogen; selbstklebend; gestanzt. [39×23]

3222	70 C	Graugans	1,40	1,40	
3223	70 C	Feldhase	1,40	1,40	
		Satz (2 W.)	2,80	2,80	3,80

2016, 1. März. 350. Geburtstag von George Bähr. Markenheftchen und Einzelmarke aus Folienbogen; selbstklebend; gestanzt. [35×35]

			★★	⊙	FDC
3224	260 C	Frauenkirche, Dresden	5,20	5,20	6,20

2016, 7. April. Deutschlands schönste Panoramen: Moselschleife bei Kröv. [45×27]

3225	90 C	....	1,80	1,80	
3226	90 C	....	1,80	1,80	
		Satz (Paar)	3,60	3,60	4,60
		ETB		4,–	

2016, 7. April. Schätze aus deutschen Museen. [33×39]

3227	70 C	Kaiser Karl V. (Gemälde)	1,40	1,40	
3228	145 C	Große Fregatte aus Elfenbein (Schnitzerei) ...	2,90	2,90	
		Satz (2 W.)	4,30	4,30	5,30
		ETB		4,60	

2016, 7. April. 500 Jahre Reinheitsgebot für Bier. [33×39]

3229	45 C	Bier	0,90	0,90	2,–
		ETB		1,20	

Die Preisnotierungen gelten für Marken in handelsüblicher Qualität.

2016, 7. April. 125. Geburtstag von Nelly Sachs [35×35].

			★★	⊙	FDC
3230	70 C	N. Sachs	1,40	1,40	2,40
		ETB		1,70	

2016, 7. April. Burgen und Schlösser. Folienblatt, Einzelmarke aus Folienbogen und Folienstreifen aus Rollen; selbstklebend; gestanzt. [39×23]

3231	85 C	Schloss Sanssouci	1,70	1,70	2,70

2016, 2. Mai. Grußmarken: Schreibanlässe. Kleinbogen und Markenheftchen [45×27]

3232	70 C	Blumen	1,40	1,40	
3233	70 C	Tortenstück	1,40	1,40	
3234	70 C	Hochzeitsschuhe	1,40	1,40	
		Satz (3 W.)	4,20	4,20	6,–
		ETB mit MiNr. 3232		1,70	
		ETB mit MiNr. 3233		1,70	
		ETB mit MiNr. 3234		1,70	

2016, 2. Mai. Sporthilfe: Spielbälle [35×35].

3235	70 + 30 C	Fußball ..	2,–	2,–	
3236	85 + 40 C	Rugbyball	2,50	2,50	
3237	145 + 55 C	Golfball ..	4,–	4,–	
		Satz (3 W.)	8,50	8,50	10,–
		ETB		8,80	

2016, 2. Mai. Europa: Umweltbewusst leben. [45×27]

			★★	⊙	FDC
3238	70 C	Von Grau zu Grün (Graphik)	1,40	1,40	2,40
		ETB		1,70	

2016, 2. Mai. 100. Deutscher Katholikentag, Leipzig. [35×35]

3239	70 C	Kreuz	1,40	1,40	2,40
		ETB		1,70	

2016, 2. Mai. 20 Jahre „Shrines of Europe": Altötting. [45×27]

3240	85 C	Schwarze Madonna	1,70	1,70	2,70
		ETB		2,–	

2016, 2. Mai. Deutschlands schönste Panoramen: Moselschleife bei Kröv. Folienblatt und Einzelpaare aus Folienbogen; selbstklebend; dreiseitig zähnungsähnlich gestanzt. [39×23]

3241	90 C	....	1,80	1,80	
3242	90 C	....	1,80	1,80	
		Satz (2 W.)	3,60	3,60	4,60

2016, 2. Mai. Grußmarken: Schreibanlässe. Folienblatt und Einzelmarken aus Folienbogen; selbstklebend; gestanzt. [39×23]

3243	70 C	Tortenstück	1,40	1,40	
3244	70 C	Blumen	1,40	1,40	
		Satz (2 W.)	2,80	2,80	3,80

2016, 2. Juni. Umweltschutz: Die Alpen – Vielfalt in Europa. [39×33]

			✱✱	⊙	FDC
3245	70 + 30 C	Alpen . . .	2,–	2,–	3,–
		ETB		2,30	

2016, 2. Juni. Mikrowelten. [39×33]

3246	70 C	Fühler eines Nachtpfauenauges	1,40	1,40	
3247	250 C	Strahlentierchen .	5,–	5,–	
		Satz (2 W.)	6,40	6,40	7,80
		ETB		6,70	

2016, 2. Juni. Wildes Deutschland. [45×27]

3248	45 C	Schrammsteine .	0,90	0,90	2,–
		ETB		1,20	

2016, 2. Juni. 25 Jahre Deutsch-Polnisches Jugendwerk. [45×27]

3249	90 C	Ä und Ą	1,80	1,80	2,80
		ETB		2,20	

2016, 2. Juni. Schätze aus deutschen Museen. Folienstreifen aus Rollen; selbstklebend; gestanzt. [33×39]

3250	145 C	Große Fregatte aus Elfenbein (Schnitzerei) . . .	2,90	2,90	4,–

2016, 2. Juni. Wildes Deutschland (VIII). Folienblatt und Einzelmarke aus Folienbogen; selbstklebend; gestanzt. [39×23]

			✱✱	⊙	FDC
3251	45 C	Schrammsteine .	0,90	0,90	2,–

2016, 7. Juli. Leuchttürme. [35×35]

3252	45 C	Staberhuk	0,90	0,90	
3253	70 C	Kampen	1,40	1,40	
		Satz (2 W.)	2,30	2,30	3,70
		ETB		2,60	

2016, 7. Juli. 125. Jahrestag des ersten Gleitschirmfluges durch Otto Lilienthal. [33×39]

3254	145 C	O. Lilienthal	2,90	2,90	3,90
		ETB		3,20	

2016, 4. Aug. Jugend: Heimische Salzwasserfische. [45×27]

3255	70 + 30 C	Hering .	2,–	2,–	
3256	85 + 40 C	Kabeljau	2,50	2,50	
3257	145 + 55 C	Scholle .	4,–	4,–	
		Satz (3 W.)	8,50	8,50	10,50
		ETB		8,80	

2016, 4. Aug. 1200 Jahre Benediktinerabtei Münsterschwarzach. [45×27]

3258	70 C	Gesamtansicht . .	1,40	1,40	2,40
		ETB		1,70	

2016, 1. Sept. Tag der Briefmarke: Liebesbriefe. [33 × 39]

			✶✶	⊙	FDC
3259	70 C	Herz	1,40	1,40	2,40
		ETB		1,70	

2016, 1. Sept. Deutsche Fernsehlegenden: 50 Jahre „Raumpatrouille Orion“. [45 × 27]

3260	145 C	Flug im Lancet ..	2,90	2,90	3,90
		ETB		3,20	

2016, 1. Sept. Blockausgabe: Alte und gefährdete Nutztierrassen in Deutschland. [164 × 110, 45 × 27]

3261	70 C	Rhönschaf	1,40	1,40	
3262	85 C	Deutsches Sattelschwein ...	1,70	1,70	
		Block 81 (164 × 110 mm) ..	3,20	3,20	4,20
		ETB		4,20	

2016, 6. Okt. 175 Jahre Deutschlandlied. [35 × 35]

3263	70 C	Text der 3. Strophe	1,40	1,40	2,40
		ETB		1,70	

2016, 6. Okt. Dom zu Naumburg. [45 × 27]

			✶✶	⊙	FDC
3264	45 C	Dom St. Peter und Paul	0,90	0,90	2,–
		ETB		1,20	

2016, 6. Okt. Klimaschutz durch Elektromobilität. [33 × 39]

3265	190 C	Elektroautos	3,80	3,80	4,80
		ETB		4,20	

2016, 2. Nov. Weihnachten. [45 × 27]

3266	70	+ 30 (C) Verkündigung an die Hirten	2,–	2,–	3,–
		ETB		2,30	

2016, 2. Nov. 125. Geburtstag von Otto Dix. [45 × 27]

3267	85 (C)	An die Schönheit (Gemälde)	1,70	1,70	2,70
		ETB		2,–	

2016, 2. Nov. Weihnachten. Folienblatt und Einzelmarke aus Folienbogen; selbstklebend; gestanzt. [39 × 23]

3268	70	+ 30 (C) Verkündigung an die Hirten	2,–	2,–	3,–

2016, 30. Nov. Weihnachtskugel. [45×27]

			★★	⊙	FDC
3269	70 (C)	Christbaumkugel	1,40	1,40	2,40
		ETB		1,70	

2016, 30. Nov. Weihnachtskugel. Folienblatt und Einzelmarke aus Folienbogen; selbstklebend; gestanzt. [39×23]

3270	70 (C)	Christbaumkugel	1,40	1,40	2,40

2016, 8. Dez. Design aus Deutschland. [33×39]

3271	70 C	Schlaufenstuhl von Luigi Colani .	1,40	1,40	
3272	145 C	Glasgefäße von Theo Baumann . .	2,90	2,90	
		Satz (2 W.)	4,30	4,30	5,30
		ETB		4,60	

2016, 8. Dez. 200 Jahre Dampfschiff „Die Weser". [45×27]

3273	70 C	Flussraddampfer	1,40	1,40	2,40
		ETB		1,70	

2017, 2. Jan. Schätze aus deutschen Museen: Gemälde. [33×39], [39×33]

3274	70 C	Jan Vermeer van Delft	1,40	1,40	
3275	70 C	Jean-Baptiste Oudry	1,40	1,40	
		Satz (2 W.)	2,80	2,80	4,20
		ETB		3,20	

2017, 2. Jan. 25 Jahre Stiftung „Topographie des Terrors". [39×33]

			★★	⊙	FDC
3276	45 C	Dokuzentrum Berlin	0,90	0,90	1,90
		ETB		1,80	

2017, 2. Jan. Die Bibel in der Übersetzung Martin Luthers. [33×39]

ebo) Ausschnitt aus Luthers Handexemplar (1540)

3277	260 C	Luthers Handexemplar .	5,20	5,20	6,20
		ETB		5,50	

2017, 2. Jan. Eröffnung der Elbphilharmonie, Hamburg. [45×27]

3278	145 C	Elbphilharmonie	2,90	2,90	3,90
		ETB		3,20	

2017, 2. Jan. 200 Jahre Dampfschiff „Die Weser". Folienblatt und Einzelmarke aus Folienbogen; selbstklebend; gestanzt. [39×23]

3279	70 C	Flussraddampfer	1,40	1,40	2,40

2017, 2. Jan. Schätze aus deutschen Museen: Gemälde. Folienstreifen aus Rolle; selbstklebend; gestanzt. [33×39], [39×33]

3280	70 C	Jan Vermeer van Delft . . . . ebl	1,40	1,40	
3281	70 C	Jean-Baptiste Oudry . . . . . ebm	1,40	1,40	
		Satz (2 W.)	2,80	2,80	4,20

2017, 9. Febr. Wohlfahrt: Grimms Märchen: Die Bremer Stadtmusikanten. [35×35]

			✶✶	⊙	FDC
3282	70 + 30 C	Freunde treffen	2,–	2,–	
3283	85 + 40 C	Der Überfall	2,50	2,50	
3284	145 + 55 C	Im neuen Zuhause	4,–	4,–	
		Satz (3 W.)	8,50	8,50	10,50
		ETB		8,80	

2017, 9. Febr. Burgen und Schlösser. [45×27]

3285	70 C	Schloss Ludwigsburg	1,40	1,40	2,50
		ETB		1,70	

2017, 9. Febr. Eröffnung der Elbphilharmonie, Hamburg. Folienblatt und Einzelmarke aus Folienbogen; selbstklebend; gestanzt. [39×23]

3286	145 C	Elbphilharmonie	2,90	2,90	4,–

2017, 9. Febr. Wohlfahrt: Grimms Märchen – Die Bremer Stadtmusikanten. Markenheftchen und Folienstreifen aus Rolle; selbstklebend; gestanzt. [35×35]

3287	70 + 30 C	Freunde treffen . . ebr	2,—	2,—	3,—

2017, 1. März. Tierbabys. [45×27]

3288	85 C	Iltis	1,70	1,70	
3289	85 C	Wildschwein	1,70	1,70	
		Satz (2 W.)	3,40	3,40	4,80
		ETB		3,70	

2017, 1. März. 1000 Jahre Stadt Neunburg vorm Wald. [45×27]

3290	45 C	Kupferstich	0,90	0,90	1,90
		ETB		1,20	

2017, 1. März. Übernahme der G20-Präsidentschaft durch Deutschland. [35×35]

			✶✶	⊙	FDC
3291	70 C	Emblem	1,40	1,40	2,40
		ETB		1,70	

2017, 1. März. Grußmarke: Zeichnung von Otto Waalkes. [45×27]

3292	70 C	Ottifant	1,40	1,40	2,40
		ETB		1,70	

2017, 1. März. Tierbabys. Folienblatt und Einzelmarken aus Folienbogen; selbstklebend; gestanzt. [45×27]

3293	85 C	Wildschwein	1,70	1,70	
3294	85 C	Iltis	1,70	1,70	
		Satz (2 W.)	3,40	3,40	4,80

2017, 1. März. Grußmarke: Zeichnung von Otto Waalkes. Folienblatt und Einzelmarke aus Folienbogen; selbstklebend; gestanzt. [39×23]

3295	70 C	Ottifant	1,40	1,40	2,40

2017, 13. April. Freimarke: Blumen. [22×31]

3296	5 C	Flammenblumen	0,30	0,30	1,20
		ETB		0,50	

2017, 13. April. Klassische deutsche Automobile. [43×27]

3297	90 C	Opel Manta A	1,80	1,80	
3298	90 C	VW Golf Serie 1	1,80	1,80	
		Satz (2 W.)	3,60	3,60	5,–
		ETB		4,–	

2017, 13. April. UNESCO-Welterbe: Bergwerk Rammelsberg, Altstadt von Goslar, Oberharzer Wasserwirtschaft. [55×33]

			★★	⊙	FDC
3299	145 C	Zeche, Fachwerkhaus, Staudamm	2,90	2,90	4,–
		ETB		3,20	

2017, 13. April. 500. Jahrestag der Reformation. [43×27]

3300	70 C	Martin Luther ...	1,40	1,40	2,50
		ETB		1,70	

2017, 13. April. Klassische deutsche Automobile. Folienblatt und Einzelmarken aus Folienbogen; selbstklebend; gestanzt. [39×23]

3301	90 C	VW Golf Serie 1	1,80	1,80	
3302	90 C	Opel Manta A ..	1,80	1,80	
		Satz (2 W.)	3,60	3,60	5,–

2017, 11. Mai. Freimarken: Blumen. [22×31]

3303	45 C	Weiße Seerose .	0,90	0,90	
3304	90 C	Bocks-Johanniskraut ..	1,80	1,80	
		Satz (2 W.)	2,70	2,70	5,–
		ETB mit MiNr. 3303 ..		1,20	
		ETB mit MiNr. 3304 ..		2,10	

★★ = ungebraucht mit Originalgummi (postfrisch)
⊙ = mit Poststempel entwertet
FDC = First Day Cover (Ersttagsbrief)
ETB = Ersttagsblatt

2017, 11. Mai. Grußmarken: Schreibanlässe. Kleinbogen und Markenheftchen. [45×27]

			★★	⊙	FDC
3305	70 (C)	Lilie	1,40	1,40	
3306	70 (C)	Gedeckter Tisch	1,40	1,40	
		Satz (2 W.)	2,80	2,80	4,20
		ETB mit MiNr. 3305 ..		1,70	
		ETB mit MiNr. 3306 ..		1,70	

2017, 11. Mai. 50 Jahre Deutsche Sporthilfe. [35×35]

3307	70 + 30 C	Schwimmen	2,–	2,–	
3308	85 + 40 C	Fechten ...	2,50	2,50	
3309	145 + 55 C	Rudern	4,–	4,–	
		Satz (3 W.)	8,50	8,50	10,–
		ETB		8,80	

2017, 11. Mai. Europa: Burgen und Schlösser. [43×27]

3310	70 C	Wartburg, Eisenach	1,40	1,40	2,40
		ETB		1,70	

2017, 11. Mai. Burgen und Schlösser; Europa: Burgen und Schlösser. Folienblatt und Einzelmarken aus Folienbogen; selbstklebend; gestanzt. [39×23]

3311	70 C	Wartburg, Eisenach	1,40	1,40	
3312	70 C	Schloss Ludwigsburg ...	1,40	1,40	
		Satz (2 W.)	2,80	2,80	4,20

2017, 11. Mai. Grußmarke: Schreibanlässe. Folienblatt und Einzelmarke aus Folienbogen; selbstklebend; gestanzt. [39×23]

3313	70 C	Lilie	1,40	1,40	2,40

2017, 8. Juni. Freimarken: Blumen. [22 × 31]

			✱✱	⊙	FDC
3314	10 C	Winterling	0,30	0,30	
3315	20 C	Atlantisches Hasenglöckchen	0,40	0,40	
		Satz (2 W.)	0,70	0,70	
		ETB mit MiNr. 3314 . .		0,50	
		ETB mit MiNr. 3315 . .		0,70	

2017, 8. Juni. Leuchttürme. [35 × 35]

3316	45 C	Kiel-Holtenau . .	0,90	0,90	
3317	70 C	Bremerhaven Unterfeuer	1,40	1,40	
		Satz (2 W.)	2,30	2,30	
		ETB		2,60	

2017, 8. Juni. 100. Geburtstag von Heinz Sielmannn. [43 × 27]

3318	45 C	Heinz Sielmann . .	0,90	0,90	1,90
		ETB		1,20	

2017, 8. Juni. 100. Geburtstag von Heinz Sielmannn. Folienblatt und Einzelmarke aus Folienbogen; selbstklebend; gestanzt. [39 × 23]

3319	45 C	Heinz Sielmann . .	0,90	0,90	1,90

2017, 13. Juli. 200 Jahre Fahrrad. [35 × 35]

3320	70 C	Draisine	1,40	1,40	2,40
		ETB		1,70	

2017, 13. Juli. 150. Jahrestag der Gründung des Norddeutschen Bundes. [35 × 35]

			✱✱	⊙	FDC
3321	320 (C)	Siegel mit Wappen	6,40	6,40	7,40
		ETB		6,70	

2017, 13. Juli. Mikrowelten. [39 × 23]

3322	70 C	Menschliches Haar	1,40	1,40	
3323	85 C	Vitamin C	1,70	1,70	
		Satz (2 W.)	3,10	3,10	4,10
		ETB		3,40	

2017, 10. Aug. Freimarke: Blumen. [22 × 31]

3324	345 C	Vergissmeinnicht	7,–	7,–	8,–
		ETB		7,30	

2017, 10. Aug. Jugend: Augsburger Puppenkiste: Marionetten. [45 × 27]

3325	70 + 30 C	Urmel aus dem Eis	2,–	2,–	
3326	85 + 40 C	Kleiner König Kalle Wirsch	2,50	2,50	
3327	145 + 55 C	Kater Mikesch . . .	4,–	4,–	
		Satz (3 W.)	8,50	8,50	10,50
		ETB		8,80	

2017, 10. Aug. 400 Jahre Sprachakademie „Fruchtbringende Gesellschaft", Weimar. [45 × 27]

3328	145 C	Palmenhain, Wahlspruch	2,90	2,90	3,90
		ETB		3,20	

2017, 10. Aug. 50 Jahre Farbfernsehen. [45 × 27]

			✶✶	⊙	FDC
3329	70 C	Farbfernsehgerät	1,40	1,40	2,40
		ETB		1,70	

2017, 10. Aug. Design aus Deutschland. Folienstreifen aus Rolle; selbstklebend; gestanzt. [33 × 39]

3330	145 C	Theo Baumann . .	2,90	2,90	4,–

2017, 7. Sept. Tag der Briefmarke: Comicfüchse Fix & Foxi. [39 × 33]

3331	70 + 30 C	Fix und Foxi	2,–	2,–	3,–
		ETB		2,30	

2017, 7. Sept. 250. Geburtstag von August Wilhelm Schlegel. [35 × 35]

3332	85 C	A. W. Schlegel . .	1,70	1,70	2,70
		ETB		2,–	

2017, 7. Sept. 150. Geburtstag von Walther Rathenau. [35 × 35]

3333	250 C	W. Rathenau	5,–	5,–	6,–
		ETB		5,30	

2017, 7. Sept. Weinanbau in Deutschland. [35 × 35]

3334	70 C	Weinrebe . . . edh	1,40	1,40	2,40
		ETB		1,70	

2017, 12. Okt. Deutsche Fernsehlegenden: Das Millionenspiel. [45 × 27]

			✶✶	⊙	FDC
3335	70 C	Filmszene	1,40	1,40	2,40
		ETB		1,70	

2017, 12. Okt. Deutschlands schönste Panoramen: Badische Weinstraße im Markgräflerland. [45 × 27]

3336	45 C	. . . .	0,90	0,90	
3337	45 C	. . . .	0,90	0,90	
		Satz (Paar)	1,80	1,70	3,20
		ETB		2,20	

2017, 12. Okt. 300. Geburtstag von Johann Joachim Winckelmann. [33 × 39]

3338	70 C	J. J.Winckelmann	1,40	1,40	2,40
		ETB		1,70	

2017, 12. Okt. 50 Jahre Deutsche Kommission Justitia et Pax. [33 × 39]

3339	145 C	Satzfragmente . .	2,90	2,90	3,90
		ETB		3,20	

2017, 2. Nov. Weihnachten. [45 × 27]

3340	70 + 30 C	Anbetung der Könige .	2,–	2,–	3,–
		ETB		2,30	

2017, 2. Nov. Wildes Deutschland. [45×27]

			✱✱	⊙	FDC
3341	70 C	Mecklenburgische Seenplatte	1,40	1,40	
3342	90 C	Reinhardswald ..	1,80	1,80	
		Satz (2 W.)	3,20	3,20	4,50
		ETB		3,50	

2017, 2. Nov. 200. Geburtstag von Theodor Mommsen. [35×35]

3343	190 C	Th. Mommsen ..	3,80	3,80	4,80

2017, 2. Nov. Weihnachtliche Kapelle. [45×27]

3344	70 C	Maria Rast, Krün .	1,40	1,40	2,40

2017, 2. Nov. Weihnachten. Folienblatt und Einzelmarke aus Folienbogen; selbstklebend; gestanzt. [39×23]

3345	70 + 30 C	Anbetung der Könige .	2,–	2,–	3,–

2017, 2. Nov. Weihnachtliche Kapelle. Folienblatt und Einzelmarke aus Folienbogen; selbstklebend; gestanzt. [39×23]

3346	70 C	Maria Rast, Krün .	1,40	1,40	2,40

2017, 7. Dez. Astrophysik. [45×27]

3347	45 C	Satellit „Gaia“ ...	0,90	0,90	
3348	70 C	Gravitationswellen	1,40	1,40	
		Satz (2 W.)	2,30	2,30	3,70
		ETB		2,60	

2017, 7. Dez. Design aus Deutschland. [33×39]

			✱✱	⊙	FDC
3349	145 C	Stadtbahn Stuttgart von H. Lindinger .	2,90	2,90	4,–
		ETB		3,20	

2017, 7. Dez. 100. Geburtstag von Heinrich Böll. [35×35]

3350	70 C	H. Böll	1,40	1,40	2,40
		ETB		1,70	

2018, 2. Jan. Freimarke: Blumen. [22×31]

3351	145 C	Jungfer im Grünen	3,–	3,–	4,–
		ETB		3,30	

2018, 2. Jan. Tierbabys. [45×27]

3352	85 C	Reh	1,70	1,70	
3353	85 C	Seehund	1,70	1,70	
		Satz (2 W.)	3,40	3,40	4,80
		ETB		3,70	

2018, 2. Jan. Burgen und Schlösser. [45×27]

3354	70 C	Jagdschloss Falkenlust, Brühl	1,40	1,40	2,50
		ETB		1,70	

2018, 2. Jan. Deutsche Brotkultur. [35×35]

3355	260 C	Brotscheiben ...	5,20	5,20	6,20
		ETB		5,50	

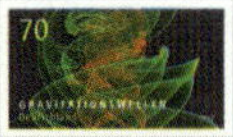

2018, 2. Jan. Astrophysik. Folienblatt und Einzelmarke aus Folienbogen; selbstklebend; gestanzt. [39×23]

			✱✱	⊙	FDC
3356	70 C	Gravitationswellen	1,40	1,40	2,40

2018, 1. Febr. Wohlfahrt: Grimms Märchen – Der Froschkönig. [35×35]

			✱✱	⊙	FDC
3357	70 + 30 C	Goldene Kugel	2,–	2,–	
3358	85 + 40 C	Goldenes Besteck	2,50	2,50	
3359	145 + 55 C	Nach dem Mahl	4,–	4,–	
		Satz (3 W.)	8,50	8,50	10,50
		ETB		8,80	

2018, 1. Febr. 200 Jahre Rheinische Friedrich-Wilhelm-Universität, Bonn. [35×35]

			✱✱	⊙	FDC
3360	45 C	Universitätssiegel	0,90	0,90	0,90
		ETB		1,20	

2018, 1. Febr. 25 Jahre Tafel in Deutschland. [33×39]

			✱✱	⊙	FDC
3361	70 C	Apfel	1,40	1,40	2,50
		ETB		1,70	

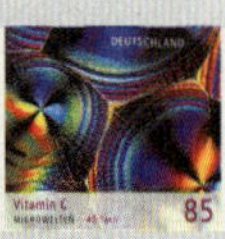

2018, 1. Febr. Mikrowelten. Folienstreifen aus Rolle; selbstklebend; gestanzt. [39×33]

			✱✱	⊙	FDC
3362	85 C	Vitamin C	1,70	1,70	2,70

2018, 1. Febr. Design aus Deutschland: Herbert Lindinger (*1933). Folienstreifen aus Rolle; selbstklebend; gestanzt. [35×35]

			✱✱	⊙	FDC
3363	145 C	Stadtbahn Stuttgart	2,90	2,90	4,—

2018, 1. Febr. Wohlfahrt: Grimms Märchen – Der Froschkönig. Markenheftchen und Folienstreifen aus Rolle; selbstklebend; gestanzt. [35×35]

			✱✱	⊙	FDC
3364	70 + 30 C	Goldene Kugel	2,–	2,–	3,–

2018, 1. März. Freimarke: Blumen. [22×31]

			✱✱	⊙	FDC
3365	100 C	Alpenveilchen	2,—	2,—	3,—
		ETB		2,30	

2018, 1. März. Burgen und Schlösser. [45×27]

			✱✱	⊙	FDC
3366	70 C	Schloss Friedenstein, Gotha	1,40	1,40	2,40
		ETB		1,70	

2018, 1. März. Klassische deutsche Automobile. [45×27]

			✱✱	⊙	FDC
3367	145 C	Audi quattro	2,90	2,90	
3368	145 C	Wartburg 1.3	2,90	2,90	
		Satz (2 W.)	5,80	5,80	7,—
		ETB		6,—	

2018, 1. März. Comics: Die Peanuts – Figuren von Charles M. Schulz (1922–2000), amerikanischer Zeichner und Autor. [45×27]

			✱✱	⊙	FDC
3369	70 C	Woodstock und Snoopy	1,40	1,40	
3370	90 C	Die Peanuts-Rasselbande	1,80	1,80	
		Satz (2 W.)	3,20	3,20	5,—
		ETB		3,50	

Blockausgabe [116×80; 45×27]

			★★	⊙	FDC
Block 82	mit MiNr. 3369–3370 (116×80 mm)	....	3,20	3,20	4,20
	Ⓢ	....		3,20	

2018, 1. März. Comics: Die Peanuts – Figuren von Charles M. Schulz (1922–2000), amerikanischer Zeichner und Autor. Folienblätter und Einzelmarken aus Folienbogen; selbstklebend; gestanzt. [39×23]

3371	70 C	Woodstock und Snoopy ...	1,40	1,40	
3372	90 C	Die Peanuts ...	1,80	1,80	
		Satz (2 W.)	3,20	3,20	5,—

2018, 12. April. 150. Geburtstag von Peter Behrens (1868 bis 1940), Architekt und Industriedesigner. [45×27]

3373	70 C	Glas, Kocher, Uhr, AEG-Halle, Ventilator	1,40	1,40	2,40
		ETB		1,70	

2018, 12. April. 150 Jahre Technische Universität, München. [45×27]

3374	150 C	Forschungseinrichtungen ..	3,—	3,—	4,—
		ETB		3,30	

2018, 12. April. 100. Geburtstag von Elisabeth Mann Borgese (1918–2002), Seerechtsexpertin, Ökologin und Verlegerin. [45×27]

3375	370 C	Meer	7,40	7,40	8,40
		ETB		7,70	

2018, 12. April. Freimarke: Blumen. Folienstreifen aus Rolle; selbstklebend; gestanzt. [22×31]

			★★	⊙	FDC
3376	45 C	Weiße Seerose .	0,90	0,90	2,—

2018, 12. April. Tierbabys. Folienblatt und Einzelmarke aus Folienbogen; selbstklebend; gestanzt. [39×23]

3377	85 C	Reh	1,70	1,70	2,70

2018, 12. April. Klassische deutsche Automobile. Folienblatt und Einzelmarken aus Folienbogen; selbstklebend; gestanzt. [39×23]

3378	145 C	Wartburg 1.3 ...	2,90	2,90	
3379	145 C	Audi quattro ...	2,90	2,90	
		Satz (2 W.)	5,80	5,80	7,—

2018, 3. Mai. Sporthilfe: Legendäre Fußballspiele – WM-Endspiele. Kleinbogen und Markenheftchen. [45×27]

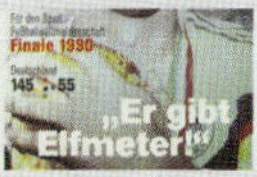

3380	70 + 30 C	Bern (1954)	2,—	2,—	
3381	85 + 40 C	München (1974)	2,50	2,50	
3382	145 + 55 C	Rom (1990)	4,—	4,—	
		Satz (3 W.)	8,50	8,50	10,—
		ETB		8,80	

2018, 3. Mai. Europa: Brücken. [45×27]

3383	70 C	Rheinbrücken in Düsseldorf ..	1,40	1,40	2,40
		ETB		1,70	

2018, 3. Mai. 200. Geburtstag von Karl Marx (1818–1883), Philosoph und Nationalökonom. [45×27]

3384	70 C	K. Marx	1,40	1,40	2,40
		ETB		1,70	

2018, 3. Mai. Tag der Musik: 275 Jahre Gewandhausorchester, Leipzig. [35×35]

MiNr.			★★	⊙	FDC
3385	70 C	Neues Gewandhaus . . .	1,40	1,40	2,40
		ETB		1,70	

2018, 3. Mai. Grußmarken: Schreibanlässe. Kleinbogen und Markenheftchen. [45×27]

3386	70 C	Danksagung efa	1,40	1,40	
3387	70 C	Viel Glück . . efb	1,40	1,40	
		Satz (2 W.)	2,80	2,80	4,20
		ETB mit MiNr. 3386		1,70	
		ETB mit MiNr. 3387		1,70	

2018, 3. Mai. Burgen und Schlösser. Folienblatt und Einzelmarken aus Folienbogen; selbstklebend; gestanzt. [39×23]

3388	70 C	Schloss Friedenstein, Gotha . . .	1,40	1,40	
3389	70 C	Jagdschloss Falkenlust, Brühl	1,40	1,40	
		Satz (2 W.)	2,80	2,80	4,20

2018, 3. Mai. Deutsche Brotkultur. Markenheftchen und Einzelmarke aus Folienbogen; selbstklebend; gestanzt. [35×35]

3390	260 C	Brotscheiben . .	5,20	5,20	6,20

2018, 7. Juni. Leuchttürme. [35×35]

3391	45 C	Darßer Ort	0,90	0,90	
3392	70 C	Wangerooge . . .	1,40	1,40	
		Satz (2 W.)	2,30	2,30	3,70
		ETB		2,60	

2018, 7. Juni. Schätze aus deutschen Museen: Gemälde von Johann Heinrich Wilhelm Tischbein (1751–1829). [39×33]

			★★	⊙	FDC
3393	145 C	Goethe in der Campagna	2,90	2,90	4,—
		ETB		3,20	

2018, 7. Juni. 1000. Jahrestag der Weihe des Doms zu Worms. [45×27]

3394	90 C	Buchvignette, Dom	1,80	1,80	2,80
		ETB		2,20	

2018, 7. Juni. 800 Jahre Hansestadt Rostock. [33×39]

3395	70 C	Stadtsilhouette .	1,40	1,40	2,40
		ETB		1,70	

2018, 7. Juni. Leuchttürme. Folienstreifen aus Rollen; selbstklebend; gestanzt. [35×35]

efd) Neuer Leuchtturm Wangerooge (erbaut 1966)

3396	70 C	Wangerooge . . .	1,40	1,40	2,40

2018, 7. Juni. Schätze aus deutschen Museen: Gemälde von Johann Heinrich Wilhelm Tischbein (1751–1829). Folienstreifen aus Rolle; selbstklebend; gestanzt. [39×33]

3397	145 C	Goethe in der Campagna	2,90	2,90	4,—

2018, 7. Juni. 1000. Jahrestag der Weihe des Doms zu Worms. Folienblatt und Einzelmarken aus Folienbogen; selbstklebend; gestanzt. [39×23]

3398	90 C	Buchvignette, Dom	1,80	1,80	2,80

2018, 12. Juli. Freimarke: Blumen. [22×31]

			✶✶	⊙	FDC
3399	379 C	Großblumige Kokardenblume	7,60	7,60	8,60
		ETB		8,—	

2018, 12. Juli. Design aus Deutschland: Dieter Rams (*1932), Industriedesigner. [33×39]

3400	345 C	Weltempfänger T 1000 (1964) . .	6,90	6,90	8,—
		ETB		7,20	

2018, 12. Juli. Deutschlands schönste Panoramen: Gartenreich Dessau-Wörlitz. [45×27]

3401	45 C	. . . . efk	0,90	0,90	
3402	45 C	. . . . efl	0,90	0,90	
		Satz (Paar)	1,80	1,80	3,20
		ETB		2,20	

2018, 12. Juli. 150. Geburtstag von Magnus Hirschfeld (1868–1935), Arzt und Sexualforscher. [33×39]

3403	70 C	Symbole für Mann und Frau .	1,40	1,40	2,40
		ETB		1,70	

2018, 12. Juli. 100. Geburtstag von Nelson Mandela (1918 bis 2013), südafrikanischer Politiker und Staatspräsident. [45×27]

3404	70 C	N. Mandela	1,40	1,40	2,40
		ETB		1,70	

2018, 12. Juli. Deutschlands schönste Panoramen: Gartenreich Dessau-Wörlitz. Folienblatt und Einzelpaare aus Folienbogen; selbstklebend; dreiseitig gestanzt. [39×23]

3405	45 C	. . . .	0,90	0,90	
3406	45 C	. . . .	0,90	0,90	
		Satz (2 W.)	1,80	1,80	2,80

2018, 9. Aug. Jugend: Pilze. [35×35]

			✶✶	⊙	FDC
3407	70 + 30 C	Echter Pfifferling .	2,—	2,—	
3408	85 + 40 C	Echter Steinpilz . .	2,50	2,50	
3409	145 + 55 C	Maronen-Röhrling . .	4,—	4,—	
		Satz (3 W.)	8,50	8,50	10,—
		ETB		8,80	

2018, 9. Aug. Wildes Deutschland. [45×27]

3410	70 C	Urwald am Brocken im Harz	1,40	1,40	2,40
		ETB		1,70	

2018, 13. Sept. Umweltschutz: Biologische Vielfalt. [33×39]

3411	70 + 30 C	Wildwiese .	2,—	2,—	3,—
		ETB		2,30	

2018, 13. Sept. Tag der Briefmarke: 150 Jahre Norddeutscher Postbezirk. [35×35]

3412	70 C	Marken MiNr. 4, 10, 7 und 2	1,40	1,40	2,40
		ETB		1,70	

2018, 13. Sept. Mikrowelten. [39×33]

3413	90 C	Kohlenstofffasern	1,80	1,80	2,80
		ETB		2,20	

2018, 11. Okt. Freimarke: Blumen. [22×31]

3414	220 C	Hauswurz	4,40	4,40	5,40
		ETB		4,70	

2018, 11. Okt. Deutsche Fernsehlegenden: Dinner for One (1963). [45×27]

			✶✶	⊙	FDC
3415	45 C	Freddie Frinton und May Warden	0,90	0,90	1,90
		ETB		1,20	

2018, 11. Okt. Schätze aus deutschen Museen: Doppelstandbild von Johann Gottfried Schadow (1764–1850), Grafiker und Bildhauer. [33×39]

			✶✶	⊙	FDC
3416	85 C	Prinzessinnengruppe	1,70	1,70	2,70
		ETB		2,—	

2018, 11. Okt. Lübecker Märtyrer. [39×33]

			✶✶	⊙	FDC
3417	70 C	Namen der hingerichteten Geistlichen	1,40	1,40	2,40
		ETB		1,70	

2018, 2. Nov. Weihnachten. [35×35]

			✶✶	⊙	FDC
3418	70 + 30 C	Maria mit Kind (Kirchenfenster) . . .	2,—	2,—	3,—
		ETB		2,30	

2018, 2. Nov. 250. Geburtstag von Friedrich Schleiermacher (1768–1834), ev. Theologe und Philosoph. [45×27]

			✶✶	⊙	FDC
3419	70 C	F. Schleiermacher	1,40	1,40	2,40
		ETB		1,70	

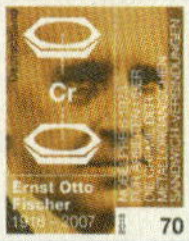

2018, 2. Nov. 100. Geburtstag von Ernst Otto Fischer (1918–2007), Chemiker. [33×39]

			✶✶	⊙	FDC
3420	70 C	E. O. Fischer . . .	1,40	1,40	2,40
		ETB		1,70	

2018, 2. Nov. Winter. [45×27]

			✶✶	⊙	FDC
3421	70 C	Rentierschlitten über Stadt	1,40	1,40	2,40
		ETB		1,70	

2018, 2. Nov. Weihnachten. Markenheftchen und Einzelmarke aus Folienbogen; selbstklebend; gestanzt. [35×35]

			✶✶	⊙	FDC
3422	70 + 30 (C)	Maria mit Kind (Kirchenfenster) . . .	2,—	2,—	3,—

2018, 2. Nov. Winter. Folienblatt und Einzelmarke aus Folienbogen; selbstklebend; gestanzt. [39×23]

			✶✶	⊙	FDC
3423	70 C	Rentierschlitten über Stadt	1,40	1,40	2,40

2018, 18. Dez. Freimarke: Blumen. [22×31]

			✶✶	⊙	FDC
3424	15 C	Wiesenschaumkraut . . .	0,30	0,30	1,30
		ETB		0,60	

2018, 18. Dez. Astrophysik. [45×27]

			✶✶	⊙	FDC
3425	145 C	ALMA-Observatorium .	2,90	2,90	
3426	145 C	Illustris-Simulation	2,90	2,90	
		Satz (2 W.)	5,80	5,80	7,20
		ETB		6,20	

2018, 18. Dez. Mikrowelten. [39×23]

			✶✶	⊙	FDC
3427	70 C	Flüssigkristallanzeige	1,40	1,40	2,40
		ETB		1,70	

2018, 18. Dez. Wildes Deutschland. [45×27]

			✶✶	⊙	FDC
3428	70 C	Hornisgrinde . . .	1,40	1,40	2,40
		ETB		1,70	

2018, 18. Dez. 100. Geburtstag von Helmut Schmidt (1918–2015), Politiker, 5. Bundeskanzler der BRD. [35×35]

3429	70 C	H. Schmidt	1,40	1,40	2,40
		ETB		1,70	

2018, 18. Dez. Freimarken: Blumen. Folienblatt und Einzelmarken aus Folienbogen; selbstklebend; gestanzt. [22×31]

3430	10 C	Winterling	0,30	0,30	1,30
3431	15 C	Wiesen-schaumkraut . . .	0,30	0,30	1,30
3432	20 C	Atlantisches Hasenglöckchen	0,40	0,40	1,40
		Satz (3 W.)	1,—	1,—	2,80

2019, 2. Jan. Schätze aus deutschen Museen: Gemälde von Caspar David Friedrich (1774 bis 1840), Maler, Grafiker und Zeichner. [39×33]

3433	145 C	Der einsame Baum	2,90	2,90	3,90
		ETB		3,20	

2019, 2. Jan. Tierbabys. [45×27]

3434	90 C	Waschbär	1,80	1,80	2,80
		ETB		2,20	

2019, 2. Jan. 100 Jahre Frauenwahlrecht: Marie Juchacz (1879–1956), Sozialreformerin und Frauenrechtlerin. [45×27]

3435	70 C	M. Juchacz hält Ansprache	1,40	1,40	2,40
		ETB		1,70	

2019, 2. Jan. Der Schweinswal – gefährdete deutsche Walart. [45×27]

			✶✶	⊙	FDC
3436	45 C	Gewöhnlicher Schweinswal . . .	0,90	0,90	1,90
		ETB		1,20	

2019, 2. Jan. Der Schweinswal – gefährdete deutsche Walart. Folienblatt und Einzelmarke aus Folienbogen; selbstklebend; gestanzt. [39×23]

3437	45 C	Gewöhnlicher Schweinswal . . .	0,90	0,90	1,90

2019, 7. Febr. Wohlfahrt: Grimms Märchen – Das tapfere Schneiderlein. [35×35]

3438	70 + 30 C	Schneider-stube	2,—	2,—	
3439	85 + 40 C	Riesen . . .	2,50	2,50	
3440	145 + 55 C	Hochzeit . .	4,—	4,—	
		Satz (3 W.)	8,50	8,50	10,50
		ETB		8,80	

2019, 7. Febr. Himmelsereignisse. [45×27]

3441	70 C	Luftspiegelung .	1,40	1,40	
3442	70 C	Regenbogen . .	1,40	1,40	
		Satz (2 W.)	2,80	2,80	4,20
		ETB		3,20	

2019, 7. Febr. 150. Geburtstag von Else Lasker-Schüler (1869–1945), Dichterin und Malerin. [33×39]

3443	70 C	Jussuf (Detail einer Collage) . .	1,40	1,40	2,40
		ETB		1,70	

2019, 7. Febr. Wohlfahrt: Grimms Märchen – Das tapfere Schneiderlein. Markenheftchen und Folienstreifen aus Rollen; selbstklebend; gestanzt. [35×35]

			✱✱	⊙	FDC
3444	70 + 30 C	Schneiderstube	2,—	2,—	3,—

2019, 7. Febr. Himmelsereignisse. Folienblatt und Einzelmarken aus Folienbogen; selbstklebend; gestanzt. [39×23]

3445	70 C	Regenbogen ..	1,40	1,40	
3446	70 C	Luftspiegelung .	1,40	1,40	
		Satz (2 W.)	2,80	2,80	4,20

2019, 1. März. Freimarke: Blumen. [22×31]

3447	120 C	Traubenhyazinthe	2,40	2,40	3,40
		ETB		2,70	

2019, 1. März. 100. Geburtstag von Hannelore „Loki" Schmidt (1919–2010) Autorin und Lehrerin. [39×33]

3448	45 C	H. Schmidt	0,90	0,90	1,90
		ETB		1,20	

Blockausgabe [116×80; 35×35; 39×33]

Block 83	mit MiNr. 3429 und 3448 (116×80 mm)	3,20	3,20	4,20
	Ⓢ		3,20	

2019, 1. März. 100 Jahre Universität Hamburg. [39×33]

			✱✱	⊙	FDC
3449	260 C	Universitätsgebäude	5,20	5,20	6,20
		ETB		5,50	

2019, 1. März. 20 Jahre Kinderbuch „Der Grüffelo" von Axel Scheffler (*1957), Illustrator, und Julia Donaldson (*1948), britische Schriftstellerin. [45×27]

3450	70 C	Grüffelo, Maus, Fuchs, Schlange und Eule	1,40	1,40	2,40
		ETB		1,70	

2019, 1. März. 5 Jahre Konzerthaus Blaibach. [35×35]

3451	145 C	Konzerthaus ...	2,90	2,90	3,90
		ETB		3,20	

2019, 1. März. 20 Jahre Kinderbuch „Der Grüffelo" von Axel Scheffler (*1957), Illustrator, und Julia Donaldson (*1948), britische Schriftstellerin. Folienblatt und Einzelmarke aus Folienbogen; selbstklebend; gestanzt. [39×23]

3452	70 C	Grüffelo, Maus, Fuchs, Schlange und Eule	1,40	1,40	2,40

2019, 4. April. Design aus Deutschland: 100 Jahre Bauhaus, gegründet von Walter Gropius (1883 bis 1969), Architekt. [33×39]

3453	70 C	Bauhaus-Gebäude, Dessau	1,40	1,40	2,40
		ETB		1,70	

2019, 4. April. Deutschlands schönste Panoramen: Altstadt von Rothenburg ob der Tauber. [45×27]

			★★	⊙	FDC
3454	45 C	. . . .	0,90	0,90	
3455	45 C	. . . .	0,90	0,90	
		Satz (Paar)	1,80	1,80	3,20
		ETB		2,20	

22019, 4. April. 150 Jahre Deutscher Alpenverein. [45×27]

3456	145 C	Alpenpanorama mit Edelweiß . . .	2,90	2,90	3,90
		ETB		3,20	

2019, 4. April. 100 Jahre Volkshochschule. [35×35]

3457	70 C	VHS-Emblem, Themenauswahl	1,40	1,40	2,40
		ETB		1,70	

2019, 4. April. Emoji: Ich schreib mal wieder! [45×27]

3458	45 C	Emojis, Bleistift, Briefumschlag . .	0,90	0,90	1,90
		ETB		1,20	

2019, 4. April. Freimarke: Blumen. Folienblatt und Einzelmarke aus Folienbogen; selbstklebend; gestanzt. [22×31]

3459	5 C	Flammenblume .	0,30	0,30	1,10

2019, 2. Mai. Sporthilfe: Legendäre Olympiamomente – Springreiter Hans Günter Winkler (1926 bis 2018) und Stute Halla (1945–1979), Skilangläufer Jochen Behle (*1960), Schwimmer Michael „Albatros“ Groß (*1964). [45×27]

			★★	⊙	FDC
3460	70 + 30 C	H. Winkler und Halla in Stockholm (1956)	2,—	2,—	
3461	85 + 40 C	J. Behle in Lake Placid (1980)	2,50	2,50	
3462	145 + 55 C	M. Groß in Los Angeles (1984) . . .	4,—	4,—	
		Satz (3 W.)	8,50	8,50	10,—
		ETB		8,80	

2019, 2. Mai. Europa: Heimische Vögel. [45×27]

3463	70 C	Goldammer	1,40	1,40	2,40
		ETB		1,70	

2019, 2. Mai. 500 Jahre Zürcher und oberdeutsche Reformation: Huldrych Zwingli (1484–1531), schweizerischer Theologe und Reformator. [33×39]

3464	150 C	H. Zwingli	3,—	3,—	4,—
		ETB		3,30	

2019, 6. Juni. Leuchttürme. [39×33]

3465	70 C	Campen	1,40	1,40	2,40
		ETB		1,70	

2019, 6. Juni. Mikrowelten. [39×33]

3466	85 C	Palladium	1,70	1,70	2,70
		ETB		2,—	

2019, 6. Juni. 25 Jahre Haus der Geschichte der Bundesrepublik Deutschland. [35×35]

3467	260 C	Haus der Geschichte, Bonn	5,20	5,20	6,20
		ETB		5,50	

2019, 1. Juli. Freimarken: Blumen. [22×31]

			✶✶	⊙	FDC
3468	60 C	Kornblume	1,20	1,20	2,20
3469	80 C	Große Kapuzinerkresse	1,60	1,60	2,60
3470	95 C	Zweifarbige Flockenblume ..	1,90	1,90	2,90
3471	110 C	Sumpfgladiole .	2,20	2,20	3,20
3472	155 C	Buschwindröschen	3,10	3,10	4,10
3473	170 C	Wildes Stiefmütterchen	3,40	3,40	4,40
3474	190 C	Großes Löwenmäulchen	3,80	3,80	4,80
3475	270 C	Orangerotes Habichtskraut .	5,40	5,40	6,40
		Satz (8 W.)	22,50	22,50	27,—
		ETB mit MiNr. 3468		1,50	
		ETB mit MiNr. 3469		1,90	
		ETB mit MiNr. 3470		2,20	
		ETB mit MiNr. 3471		2,50	
		ETB mit MiNr. 3472		3,40	
		ETB mit MiNr. 3473		3,70	
		ETB mit MiNr. 3474		4,10	
		ETB mit MiNr. 3475		5,70	

2019, 1. Juli. Astrophysik [45×27]

			✶✶	⊙	FDC
3476	60 C	Sonde „Rosetta“, Komet Tschurjumov-Gerassimenko .	1,20	1,20	
3477	110 C	Schwarzes Loch / Quasar	2,20	2,20	
		Satz (2 W.)	3,40	3,40	5,—
		ETB		3,70	

2019, 1. Juli. Mikrowelten. [39×33]

			✶✶	⊙	FDC
3478	80 C	Mondgestein ..	1,60	1,60	2,60
		ETB		1,90	

2019, 1. Juli. 50. Jahrestag der ersten bemannten Mondlandung (Apollo-11-Mission). [39×33]

			✶✶	⊙	FDC
3479	370 C	Landefähre „Eagle“ über Mondoberfläche	7,40	7,40	8,40
		ETB		7,70	

Blockausgabe [153×93; 39×33]

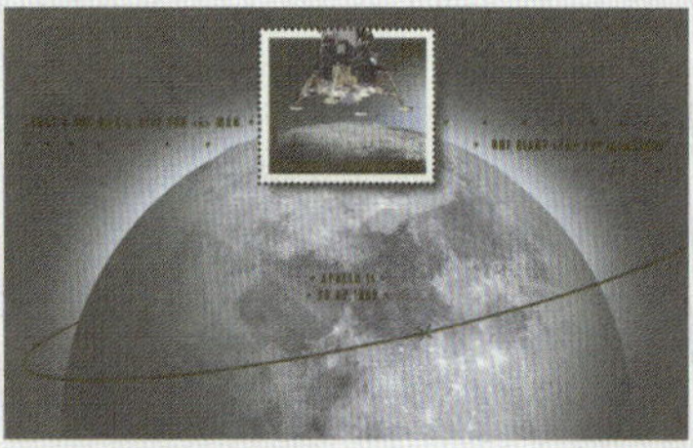

		✶✶	⊙	FDC
Block 84	mit MiNr. 3479 (153×93 mm)	7,40	7,40	8,40
	Ⓢ		7,40	

2019, 1. Juli. Polizeien des Bundes und der Länder. [45×27]

			✶✶	⊙	FDC
3480	155 C	Schriftzug „POLIZEI“	3,10	3,10	4,10
		ETB		3,40	

2019, 1. Juli. Freimarken: Blumen. Rollen, Folienblätter und Einzelmarken aus Folienbogen; selbstklebend; gestanzt. [22×31]

			✶✶	⊙	FDC
3481	60 C	Kornblume	1,20	1,20	2,20
3482	80 C	Große Kapuzinerkresse	1,60	1,60	2,60
3483	95 C	Zweifarbige Flockenblume ..	1,90	1,90	2,90
3484	155 C	Buschwindröschen	3,10	3,10	4,10
		Satz (4 W.)	7,80	7,80	10,50

2019, 1. Aug. Jugend: Fledermäuse. [45×27]

			★★	⊙	FDC
3485	80 + 30 C	Kleine Hufeisennase	2,20	2,20	
3486	95 + 40 C	Graues Langohr . .	2,70	2,70	
3487	155 + 55 C	Mopsfledermaus	4,20	4,20	
		Satz (3 W.)	9,10	9,10	11,—
		ETB		9,40	

2019, 1. Aug. 100 Jahre Weimarer Reichsverfassung. [35×35]

3488	95 C	Artikel 1	1,90	1,90	2,90
		ETB		2,20	

2019, 1. Aug. Freimarken: Blumen. Folienblätter und Einzelmarken aus Folienbogen; selbstklebend; gestanzt. [22×31]

3489	110 C	Sumpfgladiole .	2,20	2,20	3,20
3490	270 C	Orangerotes Habichtskraut . .	5,40	5,40	6,40
		Satz (2 W.)	7,60	7,60	9,—

2019, 5. Sept. Tag der Briefmarke: Briefmarkensammeln. [33×39]

3491	155 + 55 C	Philatelist schleppt Briefmarke	4,20	4,20	5,20
		ETB		4,50	

2019, 5. Sept. 250. Geburtstag des Naturforschers Alexander von Humboldt (1769 bis 1859). [45×27]

3492	80 C	A. von Humboldt, Affe auf Globus	1,60	1,60	2,60
		ETB		1,90	

2019, 5. Sept. 200. Geburtstag von Clara Schumann (1819 bis 1896), Komponistin. [39×33]

			★★	⊙	FDC
3493	170 C	C. Schumann, Zitat in Form einer Klaviatur	3,40	3,40	4,40
		ETB		3,70	

2019, 5. Sept. 50 Jahre Chipkarte. [45×27]

3494	80 C	Chipkarte mit Weltkarte	1,60	1,60	2,60
		ETB		1,90	

2019, 10. Okt. Weihnachten. [45×27]

3495	80 + 40 C	Die Geburt Christi (Kirchenfenster)	2,40	2,40	3,40
		ETB		2,70	

2019, 10. Okt. Optische Täuschungen. [39×33]

3496	60 C	Gebogene Linien?	1,20	1,20	
3497	80 C	Perspektivwechsel	1,60	1,60	
		Satz (2 W.)	2,80	2,80	4,30
		ETB		3,10	

2019, 10. Okt. 800. Jahrestag des Treffens von Ordensgründer Franz von Assisi (1181/82–1226) mit dem islamischen Herrscher des Orients, Sultan der Ayyubiden al-Kamil Muhammad al-Malik (um 1180–1238). [33×39]

3498	95 C	Begegnung bei Damiette (1219)	1,90	1,90	2,90
		ETB		2,20	

2019, 10. Okt. 100. Geburtstag von Annemarie Renger (1919 bis 2008), Politikerin. [39×33]

			✶✶	⊙	FDC
3499	155 C	Drei Portraits von A. Renger .	3,10	3,10	4,10
		ETB		3,40	

2019, 10. Okt. Weihnachten. Folienblatt und Einzelmarke aus Folienbogen; selbstklebend; gestanzt. [39×23]

			✶✶	⊙	FDC
3500	80 + 40 C	Die Geburt Christi (Kirchenfenster von Notre-Dame, Chartres) . .	2,40	2,40	3,40

2019, 2. Nov. Freimarke: Blumen. [22×31]

			✶✶	⊙	FDC
3501	370 C	Roter Fingerhut .	7,40	7,40	8,40
		ETB		7,70	

2019, 2. Nov. Aufrechte Demokraten: Fritz Bauer (1903 bis 1968), Generalstaatsanwalt. [45×27]

			✶✶	⊙	FDC
3502	270 C	Portrait und Zitat von F. Bauer . . .	5,40	5,40	6,40
		ETB		5,70	

2019, 2. Nov. Deutsche Fernsehlegenden: Beat Club. [45×27]

			✶✶	⊙	FDC
3503	110 C	Musiker auf der Bühne, Emblem	2,20	2,20	3,20
		ETB		2,50	

2019, 2. Nov. Weihnachten mit Freunden. [45×27]

			✶✶	⊙	FDC
3504	80 C	Weihnachtsmann und Inuitkind feiern mit Tieren Weihnachten . .	1,60	1,60	2,60
		ETB		1,90	

2019, 2. Nov. Weihnachten mit Freunden. Folienblatt und Einzelmarke aus Folienbogen; selbstklebend; gestanzt. [39×23]

			✶✶	⊙	FDC
3505	80 C	Weihnachtsmann und Inuitkind feiern mit Tieren Weihnachten . .	1,60	1,60	2,60

2019, 5. Dez. Helden der Kindheit: Heidi, Kinderbuchfigur der schweizerischen Schriftstellerin Johanna Spyri (1827–1901) und Pippi Langstrumpf, Kinderbuchfigur der schwedischen Schriftstellerin Astrid Lindgren (1907–2002). [45×27]

			✶✶	⊙	FDC
3506	60 C	Heidi mit Ziege Schwänli	1,20	1,20	
3507	80 C	Pippi stemmt ihr Pferd und Herrn Nilsson . .	1,60	1,60	
		Satz (2 W.)	2,80	2,80	3,80
		ETB		3,10	

2019, 5. Dez. 200. Geburtstag von Theodor Fontane (1819–1898), Schriftsteller. [33×39]

			✶✶	⊙	FDC
3508	155 C	T. Fontane, Birnenzweig aus der Ballade „Herr von Ribbeck" . .	3,10	3,10	4,10
		ETB		3,40	

2020, 2. Jan. Freimarke: Blumen [22×31]

			✶✶	⊙	FDC
3509	30 C	Gelbrote Taglilie	0,60	0,60	1,60
		ETB		0,90	

2020, 2. Jan. Deutschlands schönste Panoramen: Rheintal bei Bonn mit Schloss Drachenburg. [45×27]

			✶✶	⊙	FDC
3510	60 C	. . . .	1,20	1,20	
3511	60 C	. . . .	1,20	1,20	
		Satz (Paar)	2,40	2,40	3,80
		ETB		2,70	

2020, 2. Jan. Schätze aus deutschen Museen: Gemälde von Vincent van Gogh (1853–1890), niederländischer Maler. [39×33]

			✶✶	⊙	FDC
3512	155 C	Mohnfeld	3,10	3,10	4,10
		ETB		3,40	

2020, 2. Jan. 250. Geburtstag von Ludwig van Beethoven (1770–1827), deutscher Komponist. [39×33]

3513	80 C	L. van Beethoven, Notenschlüssel, handschriftliches Signet „Bthvn" .	1,60	1,60	2,60
		ETB		1,90	

Blockausgabe [153×93; 39×33]

Block 85	mit MiNr. 3513 (153×93 mm) . .	1,60	1,60	2,60
	Ⓢ		1,60	

2020, 2. Jan. 150. Geburtstag von Ernst Barlach (1870–1938), deutscher Bildhauer, Zeichner und Schriftsteller [39×33]

3514	270 C	Bronze „Schwebender Engel" . .	5,40	5,40	6,40
		ETB		5,70	

2020, 2. Jan. Pressefreiheit. [39×33]

3515	95 C	Hand mit Mikrophon durchbricht Ziegelmauer . . .	1,90	1,90	2,90
		ETB		2,20	

2020, 2. Jan. Freimarke: Blumen. Folienstreifen aus Rollen; selbstklebend; gestanzt. [22×31]

			✶✶	⊙	FDC
3516	30 C	Gelbrote Taglilie	0,60	0,60	1,60

2020, 2. Jan. Deutschlands schönste Panoramen: Rheintal bei Bonn mit Schloss Drachenburg. Folienblatt und Einzelpaare aus Folienbogen; selbstklebend; dreiseitig gestanzt. [39×23]

3517	60 C	. . . .	1,20	1,20	
3518	60 C	. . . .	1,20	1,20	
		Satz (2 W.)	2,40	2,40	3,80

2020, 2. Jan. Schätze aus deutschen Museen: Mohnfeld; Gemälde von Vincent van Gogh (1853–1890), niederländischer Maler. Folienstreifen aus Rollen; selbstklebend; gestanzt. [39×33]

3519	155 C	Mohnfeld	3,10	3,10	4,10

2020, 2. Jan. 250. Geburtstag von Ludwig van Beethoven (1770–1827), deutscher Komponist; Einzelmarke aus Folienbogen und Folienstreifen aus Rolle; selbstklebend; gestanzt. [39×33]

3520	80 C	Notenschlüssel; handschriftliches Signet „Bthvn" .	1,60	1,60	2,60

2020, 2. Jan. 150. Geburtstag von Ernst Barlach (1870–1938), deutscher Bildhauer, Zeichner und Schriftsteller. Markenheftchen und Einzelmarke aus Folienbogen; selbstklebend; gestanzt. [33×39]

3521	270 C	Bronze „Schwebender Engel" . .	5,40	5,40	6,40

2020, 6. Febr. Wohlfahrt: Grimms Märchen – Der Wolf und die sieben jungen Geißlein. [35×35]

			✶✶	⊙	FDC
3522	80 + 40 C	Wolf lauert	2,40	2,40	
3523	95 + 45 C	Wolf durchsucht das Haus	2,80	2,80	
3524	155 + 55 C	Wolf stürzt in den Brunnen	4,20	4,20	
		Satz (3 W.)	9,40	9,40	11,—
		ETB		9,70	

2020, 6. Febr. Nachhaltige Entwicklung. [39×33]

3525	80 C	Plakat mit Aufrufen	1,60	1,60	2,60
		ETB		1,90	

2020, 6. Febr. Wohlfahrt: Grimms Märchen – Der Wolf und die sieben jungen Geißlein. Markenheftchen und Folienstreifen aus Rolle; selbstklebend; gestanzt. [35×35]

3526	80 + 40 C	Wolf lauert	2,40	2,40	3,40

2020, 2. März. Himmelsereignisse [45×27]

3527	80 C	Kelvin-Helmholtz-Wolken	1,60	1,60	
3528	80 C	Lentikulariswolken	1,60	1,60	
		Satz (2 W.)	3,20	3,20	4,60
		ETB		3,50	

2020, 2. März. Naturschutzprojekt „Grünes Band Deutschland“. [45×27]

3529	155 C	Grüngürtel entlang der ehem. innerdeutschen Grenze	3,10	3,10	4,10
		ETB		3,40	

2020, 2. März. Fernsehserie „Sesamstraße“. [45×27]

			✶✶	⊙	FDC
3530	80 C	Bert, Elmo, Krümelmonster, Samson, Tiffy, Ernie	1,60	1,60	2,60
		ETB		1,90	

2020, 2. März. Himmelsereignisse. Folienblatt und Einzelmarken aus Folienbogen; selbstklebend; gestanzt. [39×23]

3531	80 C	Kelvin-Helmholtz-Wolken	1,60	1,60	
3532	80 C	Lentikulariswolken	1,60	1,60	
		Satz (2 W.)	3,20	3,20	4,60

2020, 2. März. Naturschutzprojekt „Grünes Band Deutschland“. Folienblatt und Einzelmarken aus Folienbogen; selbstklebend; gestanzt. [39×23]

3533	155 C	Grüngürtel entlang der ehemaligen innerdeutschen Grenze	3,10	3,10	4,10

2020, 2. März. Fernsehserie „Sesamstraße“. Folienblatt und Einzelmarken aus Folienbogen; selbstklebend; gestanzt. [39×23]

3534	80 C	Bert, Elmo, Krümelmonster, Samson, Tiffy, Ernie	1,60	1,60	2,60

2020, 2. April. Freimarke: Blumen. [22×31]

3535	50 C	Zinnie	1,—	1,—	2,—
		ETB		1,30	

2020, 2. April. Optische Täuschungen. [39×33]

3536	110 C	Zwei Grautöne?	2,20	2,20	
3537	170 C	Freies Quadrat?	3,40	3,40	
		Satz (2 W.)	5,60	5,60	6,60
		ETB		5,90	

2020, 2. April. U-Bahn-Stationen. [45×27]

			★★	⊙	FDC
3538	95 C	Marienplatz, München	1,90	1,90	2,90
		ETB		2,20	

2020, 2. April. 100. Geburtstag von Richard von Weizsäcker (1920–2015), deutscher Politiker und Bundespräsident. [45×27]

3539	80 C	R. von Weizsäcker	1,60	1,60	2,60
		ETB		1,90	

2020, 2. April. Optische Täuschungen. Markenheftchen und Einzelmarke aus Folienbogen; selbstklebend, gestanzt. [39×33]

3540	110 C	Zwei Grautöne?	2,20	2,20	3,20

2020, 2. April. U-Bahn-Stationen. Folienblatt und Einzelmarke aus Folienbogen; selbstklebend; gestanz. [39×23]

3541	95 C	Marienplatz, München	1,90	1,90	2,90

2020, 7. Mai. Sporthilfe: Neue olympische Sportarten. [35×35]

3542	80 + 40 C	Sportklettern	2,40	2,40	
3543	95 + 45 C	Skateboarden	2,80	2,80	
3544	155 + 55 C	Karate	4,20	4,20	
		Satz (3 W.)	9,40	9,40	11,50
		ETB		9,70	

★★ = ungebraucht mit Originalgummi (postfrisch)
⊙ = mit Poststempel entwertet
FDC = First Day Cover (Ersttagsbrief)
ETB = Ersttagsblatt

2020, 7. Mai. Blockausgabe: Europa – Historische Postwege. [153×93; 45×27]

			★★	⊙	FDC
3545	80 C	Postreiter der Thurn-und-Taxis'schen Post	1,60	1,60	
Block 86		(153×93 mm)	1,70	1,70	2,70
		Ⓢ		1,70	
		ETB		2,—	

2020, 7. Mai. 300. Geburtstag von Hieronymus Carl Friedrich Freiherr von Münchhausen (1720 bis 1797). [35×35]

3546	80 C	Ritt auf der Kanonenkugel	1,60	1,60	2,60
		ETB		1,90	

2020, 4. Juni. 500 Jahre Volksfest Annaberger Kät. [45×27]

3547	95 C	Schriftzug „KÄT", Volksfestkulisse	1,90	1,90	2,90
		ETB		2,20	

2020, 4. Juni. 200. Geburtstag von Katharina Kasper (1820 bis 1898), Gründerin der Ordensgemeinschaft der Armen Dienstmägde Jesu Christi [45×27]

3548	155 C	K. Kasper, Zitat	3,10	3,10	4,10
		ETB		3,40	

2020, 4. Juni. 75 Jahre Vereinte Nationen. [45×27]

3549	170 C	erste Worte der VN-Charta	3,40	3,40	4,40
		ETB		3,70	

2020, 2. Juli. Deutschland von oben: Freibad in Witten. [45×27]

			✶✶	⊙	FDC
3550	95 C	. . . .	1,90	1,90	
3551	95 C	. . . .	1,90	1,90	
		Satz (Paar)	3,80	3,80	5,20
		ETB		4,10	

2020, 2. Juli. Leuchttürme. [35×35]

3552	60 C	Leuchtturm Schleimünde . . .	1,20	1,20	2,20
		ETB		1,50	

2020, 2. Juli. 900 Jahre Stadt Freiburg im Breisgau. [45×27]

3553	80 C	Kaufhaus, Martinstor, Münster, Bibliothek	1,60	1,60	2,60
		ETB		1,90	

2020, 2. Juli. EU-Ratspräsidentschaft Deutschlands. [45×27]

3554	80 C	Möbiusband in Nationalfarben und Blau	1,60	1,60	2,60
		ETB		1,90	

2020, 2. Juli. Leuchttürme. Folienstreifen aus Rolle; selbstklebend; gestanzt. [35×35]

3555	60 C	Leuchtturm Schleimünde . . .	1,20	1,20	2,20

2020, 6. Aug. Freimarke: Blumen. [22×31]

3556	200 C	Purpur-Knautie .	4,—	4,—	5,—
		ETB		4,30	

2020, 6. Aug. Jugend: Historische Feuerwehrfahrzeuge. [45×27]

			✶✶	⊙	FDC
3557	80 + 40 C	TSF VW . .	2,40	2,40	
3558	95 + 45 C	LF 16 MB .	2,80	2,80	
3559	155 + 55 C	TLF 16 W 50	4,20	4,20	
		Satz (3 W.)	9,40	9,40	11,—
		ETB		9,70	

2020, 6. Aug. 250. Geburtstag von Georg Wilhelm Friedrich Hegel (1770–1831), deutscher Philosoph. [45×27]

3560	270 C	G. W. F. Hegel . .	5,40	5,40	6,40
		ETB		5,70	

2020, 3. Sept. Umweltschutz: Umweltschutz ist Gesundheitsschutz. [33×39]

3561	80 + 40 C	Schlagworte	2,40	2,40	3,40
		ETB		2,70	

2020, 3. Sept. Tierbabys. [45×27]

3562	80 C	Fischotter	1,60	1,60	
3563	95 C	Haselmaus	1,90	1,90	
		Satz (2 W.)	3,50	3,50	4,70
		ETB		3,80	

2020, 3. Sept. Tag der Briefmarke: 75 Jahre AM-POST-Marken. [35×35]

3564	80 C	Neuinterpretation des AM-POST-Markendesigns .	1,60	1,60	2,60
		ETB		1,90	

2020, 3. Sept. 100. Geburtstag von Lore Lorentz (1920–1994), Kabarettistin. [39 × 33]

			✶✶	⊙	FDC
3565	155 C	L. Lorentz auf Kommode	3,10	3,10	4,10
		ETB		3,40	

2020, 1. Okt. Design aus Deutschland: Karl Dittert (1915–2013), Produktdesigner. [33 × 39]

			✶✶	⊙	FDC
3566	155 C	Kaffeeservice ..	3,10	3,10	4,10
		ETB		3,40	

2020, 1. Okt. Sagenhaftes Deutschland: Die Loreley. [45 × 27]

			✶✶	⊙	FDC
3567	80 C	Loreley, Burg Rheinstein	1,60	1,60	2,60
		ETB		1,90	

2020, 1. Okt. 100. Geburtstag von Friedrich „Fritz“ Walter (1920 bis 2002), Fußballspieler. [35 × 35]

			✶✶	⊙	FDC
3568	95 C	F. Walter	1,90	1,90	2,90
		ETB		2,20	

2020, 1. Okt. Frauen der Reformation. [39 × 33]

			✶✶	⊙	FDC
3569	370 C	Profile evangelischer Frauen ..	7,40	7,40	8,40
		ETB		7,70	

2020, 1. Okt. Design aus Deutschland: Karl Dittert (1915–2013), Produktdesigner. Rollen und Einzelmarken aus Folienbogen; selbstklebend; gestanzt. [33 × 39]

			✶✶	⊙	FDC
3570	155 C	Kaffeeservice ..	3,10	3,10	4,10

2020, 2. Nov. Weihnachten. [45 × 27]

			✶✶	⊙	FDC
3571	80 + 40 C	Geburt Christi (Kirchenfenster von St. Katharina, Bad Soden) ...	2,40	2,40	3,40
		ETB		2,70	

2020, 2. Nov. Deutsche Fernsehlegenden: Tatort. [45 × 27]

			✶✶	⊙	FDC
3572	80 C	Fernsehbild mit Szene aus dem Vorspann der Serie	1,60	1,60	2,60
		ETB		1,90	

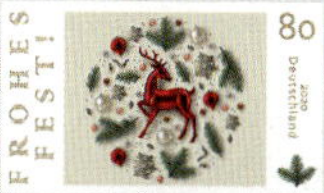

2020, 2. Nov. Frohes Fest. [45 × 27]

			✶✶	⊙	FDC
3573	80 C	Glashirsch, Christbaumkugeln, Tannenzweige, Schneeflocken und Lametta ...	1,60	1,60	2,60
		ETB		1,90	

2020, 2. Nov. Weihnachten. Folienblatt und Einzelmarke aus Folienbogen; selbstklebend; gestanzt. [39 × 23]

			✶✶	⊙	FDC
3574	80 + 40 C	Geburt Christi, (Kirchenfenster von St. Katharina, Bad Soden)	2,40	2,40	3,40

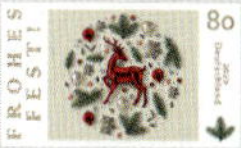

2020, 2. Nov. Frohes Fest. Folienblatt und Einzelmarke aus Folienbogen; selbstklebend; gestanzt. [39 × 23]

			✶✶	⊙	FDC
3575	80 C	Glashirsch, Christbaumkugeln, Tannenzweige, Schneeflocken und Lametta ...	1,60	1,60	2,60

2020, 3. Dez. Helden der Kindheit: Wickie und die starken Männer, Kinderbuchfiguren des schwedischen Schriftstellers Runer Jonsson (1916–2006) und Biene Maja, Kinderbuchfigur des deutschen Schriftstellers Waldemar Bonsels (1880–1952). [45×27]

			✱✱	⊙	FDC
3576	60 C	Wickie mit Urobe, Halvar und Snorre	1,20	1,20	
3577	80 (C	Maja mit Willi, Flip, Puck und Max . .	1,60	1,60	
		Satz (2 W.)	2,80	2,80	3,80
		ETB		3,10	

2020, 3. Dez. Sagenhaftes Deutschland: Der Rattenfänger von Hameln. [45×27]

3578	95 C	Flötenspieler lockt Ratten von Hameln fort	1,90	1,90	2,90
		ETB		2,20	

2020, 3. Dez. 50. Jahrestag des Kniefalls von Warschau durch Willy Brandt, (1913–1992), vierter deutscher Bundeskanzler. [35×35]

3579	110 C	W. Brandt am Denkmal für den Warschauer Ghetto-Aufstand kniend	2,20	2,20	3,20
		ETB		2,50	

Blockausgabe [71×99; 35×35]

		✱✱	⊙	FDC
Block 87	mit MiNr. 3579 (71×99 mm) . . .	2,20	2,20	3,20
	Ⓢ		2,20	

Neuheiten

Jahrgangswerttabelle

Die Aufstellung folgt der numerischen Reihenfolge der Katalogisierung ohne Rücksicht auf die Chronologie eventueller Ergänzungswerte. Einzelmarken aus Blocks sind nicht berücksichtigt.

Die Preise unter „Summe der Einzelausgaben" sind die Addition der MICHEL-Preisnotierungen eines Jahrganges. Die Bewertungen unter „kompletter Jahrgang" basieren auf den im Fachhandel üblichen Jahrgangspreisen.

Jahr	MiNr.	Nominalwert (inkl. Zuschlag) DM, ab 2002 €	Summe der Einzelausgaben ★★	⊙	Kompletter Jahrgang ★★	⊙
1949	111–120	2,22	380,—	403,—	395,—	400,—
1950	121–122	–,35	110,—	100,—	130,—	100,—
1951	123–147	7,04	2730,—	470,—	2700,—	470,—
1952	148–161	2,66	337,60	227,20	280,—	220,—
1953	162–176	2,75	345,—	266,—	320,—	260,—
1954	177–203 (mit 179 y, 181 y, 183 y–186 y)	13,43	417,80	333,30	380,—	300,—
1955	204–226 (mit 226 x und y)	3,89	186,20	116,80	165,—	110,—
1956	227–248	3,80	89,40	80,50	74,—	65,—
1957	249–280 (mit 259 y–260 y)	9,45	119,80	271,30	95,—	240,—
1958	281–301	3,81	45,40	59,—	40,—	55,—
1959	302–325 (mit 310–311 a+b)	6,22	62,80	73,20	55,—	70,—
1960	326–345	4,42	20,70	20,60	12,—	12,—
1961	346–374 (mit 347–362 x+y, 367 x+y, 347 und 358 a+b	12,52	18,40	16,60	11,—	10,—
1962	375–389	3,80	8,10	11,90	5,50	6,50
1963	390–411	5,40	10,—	13,70	6,50	8,—
1964	412–461	12,95	25,40	32,80	14,—	18,—
1965	462–488	7,20	7,90	11,60	5,—	6,50
1966	489–528	19,45	41,80	20,70	22,—	14,—
1967	529–545	6,10	6,80	10,10	5,—	6,—
1968	546–575	9,75	16,90	20,50	10,—	12,—
1969	576–611	11,20	26,30	20,40	13,—	10,—
1970	612–657	17,60	39,30	23,70	20,—	13,—
1971	658–709 (mit 695–696 A, C, D, 698–699 A, C und D)	22,95	71,20	45,90	40,—	28,—
1972	710–752	27,75	59,10	39,50	32,—	22,—
1973	753–790	19,05	42,80	28,20	25,—	14,—
1974	791–825	18,10	39,90	25,20	22,—	13,—
1975	826–874	33,95	51,—	29,—	28,—	17,—
1976	875–Block 13	21,40	44,50	26,30	22,—	12,—
1977	913–Block 15 (mit 913–914 A, C, D, I und II, 916 A, C und D)	31,25	56,—	38,30	32,—	22,—
1978	956–999	34,70	62,20	36,30	35,—	19,—
1979	1000–1032 (mit 1028 A, C, D, I. und 1028 A II)	25,65	49,90	35,90	28,—	22,—
1980	1033–1067 (mit 1038 A, C, D, I und II)	27,10	46,10	30,40	25,—	18,—
1981	1082–1117	25,45	42,60	21,80	25,—	13,—
1982	1118–1161 (mit 1140 A, C, D, I und 1140 A II, 1143 I und II	50,50	96,60	69,90	55,—	38,—
1983	1162–1196	31,20	58,90	28,—	35,—	16,—
1984	1197–1233	32,70	64,70	37,50	35,—	17,—
1985	1234–1267	30,70	69,—	37,80	38,—	18,—
1986	1268–1305	32,35	70,20	35,40	38,—	17,—
1987	1306–1346 (mit 1340–1342 A, C, D)	37,65	76,10	43,40	42,—	22,—
1988	1347–1396 (mit 1347 A, C, D)	50,35	97,50	61,80	50,—	27,—
1989	1397–1443 (mit 1398 A, C, D, 1406 A, C, D)	58,36	114,10	69,90	60,—	35,—
1990	1444–1487	51,60	102,60	70,80	60,—	35,—
1991	1488–1581	97,30	178,40	126,70	100,—	65,—
1992	1582–1644 (mit 1583 x+y)	79,85	173,70	121,10	90,—	60,—
1993	1645–1708	82,51	133,80	84,—	80,—	45,—
1994	1709–1771	84,20	131,20	91,60	80,—	45,—
1995	1772–1833	89,40	112,40	99,70	85,—	55,—
1996	1834–1894	90,—	109,50	94,80	85,—	55,—
1997	1895–1964 (mit 1934–1935 A, C, D)	110,87	137,—	131,70	100,—	60,—

Jahrgangswerttabelle (Fortsetzung)

Jahr	MiNr.	Nominalwert (inkl. Zuschlag) DM, ab 2002 €	Summe der Einzelausgaben **	Summe der Einzelausgaben ⊙	Kompletter Jahrgang **	Kompletter Jahrgang ⊙
1998	1965–2026 (mit 2009 A, C, D) .	94,50	124,30	115,60	90,—	60,—
1999	2027–2086	92,10	112,80	118,20	90,—	60,—
2000	2087–2155 (mit 2140 A, C, D) .	100,90	131,20	121,—	110,—	100,—
2001	2156–Block 57 (mit 2187–2189 BC, BD, 2218–2222 A, C)	137,72	172,70	165,40	140,—	140,—
Summe alte Währung		**1888,12 DM**	**7877,60**	**4684,—**		
2002	2231–2304 (mit 2278 A, C, 2303 BC, BD, 2304 BA, BC, BD)	59,89	149,80	140,60	130,—	125,—
2003	2305–2373	64,79	142,50	133,60	130,—	125,—
2004	2374–2433	45,95	97,80	93,—	85,—	80,—
2005	2434–2504 (mit 2471 A, Eo, Eu, 2480 A, Do, Du, Eo, Eu, 2484 A, Do, Du)	58,95	127,50	120,50	110,—	100,—
2006	2505–2577	67,90	140,80	133,90	120,—	120,—
2007	2578–2636	52,65	112,20	107,40	95,—	95,—
2008	2637–2706	54,55	111,60	107,60	95,—	95,—
2009	2707–2767	50,—	94,80	93,60	85,—	85,—
2010	2768–2834	60,20	116,10	112,70	100,—	100,—
2011	2835–2899	59,40	110,10	110,10	100,—	100,—
2012	2900–2971	59,75	119,30	119,30	100,—	100,—
2013	2972–3046	64,35	129,40	129,40	110,—	110,—
2014	3047–3121	70,30	143,30	143,30	130,—	130,—
2015	3122–3198	74,01	152,80	151,40	140,—	140,—
2016	3199–3273	76,50	153,20	153,20	140,—	140,—
2017	3274–3350	75,05	150,50	150,50	140,—	140,—
2018	3351–3432	86,94	174,10	174,10	160,—	160,—
2019	3433–3508	95,50	192,—	192,—	180,—	180,—
2020	3509–Block 87	83,63	168,80	168,80	150,—	150,—
Summe neue Währung		**1260,46**	**2586,60**	**2535,—**		
Gesamtsumme			**10464,20**	**7219,—**		
Komplette Sammlung					**5500,—**	**3500,—**

Sonderpostwertzeichen-Jahresprogramm 2021

(Änderungen vorbehalten)

Thema	Marken pro Ausgabe
Zuschlagmarken-Serie „Für den Sport“: Neue Olympische Sportarten (Baseball, Softball, Wellenreiten)	3
Zuschlagmarken-Serie „Für die Jugend“: Historische Nutzfahrzeuge - Traktoren	3
Zuschlagmarken-Serie „Für die Wohlfahrtspflege“: Grimms Märchen - Frau Holle	3
Zuschlagmarken-Serie „Tag der Briefmarke“: Schätze der Philatelie - Der Bordeaux-Brief	1
Zuschlagmarken-Serie „Weihnachten“: Die Botschaft des Engels - Fürchtet euch nicht	1
Serie „Aufrechte Demokraten“: Robert Blum	1
Serie „Deutsche Fernsehlegenden“: 50 Jahre Polizeiruf 110	1
Serie „Deutschland von oben“: Siedlung bei Lübeck	2
Serie „Europa“: Gefährdete nationale Wildtiere	1
Serie „Helden der Kindheit“	2
Serie „Himmelsereignisse“: Gewitter, Superzelle	2
Serie „Leuchttürme“: Leuchtfeuer Tinsdal	1
Serie „Optische Täuschungen“	2
Serie „Sagenhaftes Deutschland“: Heinzelmännchen, Waldfrau	2
Serie „Street Art“	1
Serie „ Tierkinder“: Hamster, Steinbock	2
Serie „U-Bahn-Stationen“: Überseequartier Hamburg, Westend Frankfurt	2
1700 Jahre jüdisches Leben in Deutschland	1
500 Jahre Fuggerei in Augsburg	1
200. Geburtstag von Sebastian Kneipp	1
175 Jahre Kindermissionswerk	1
150. Geburtstag von Friedrich Ebert	1
150. Geburtstag von Hildegard Wegschelder	1
100 Jahre Avus	1
100 Jahre Deutscher Tanzsportverband	1
100. Geburtstag von Joseph Beuys	1
100. Geburtstag von Sophie Scholl	1
70 Jahre diplomatische Beziehungen zwischen Indien und Deutschland	1
50 Jahre 100-Meter-Radioteleskop Effelsberg	1
50 Jahre Ärzte ohne Grenzen	1
50 Jahre BAföG	1
Bundesgartenschau Erfurt 2021	1
Die Sendung mit der Maus	1
Digitaler Wandel - Die Briefmarke wird digital	1

Thema	Marken pro Ausgabe
Fußball-Europameisterschaft	1
Mundharmonika	1
Schachcomputer Deep Blue schlägt Garri Kasparow	1
Telephonseelsorge	1
Wald ist Klimaschutz	1
Weihnachten / Winter	1

Angaben zu Erstausgabetagen und Portostufen lagen bei Redaktionsschluss nicht vor.

Zusammenfassung von Freimarken-Serien

1954–1957. Bundespräsident Heuss.

Wert	Daten und Merkmale	MiNr.
2 Pf	(15. 6. 54)	177
4 Pf	(31. 1. 54)	178
5 Pf	(1. 4. 54)	179
6 Pf	(1. 4. 54)	180
7 Pf	(28. 7. 54)	181
8 Pf	(1. 4. 54)	182
10 Pf	(31. 1. 54)	183
15 Pf	(1. 4. 54)	184
20 Pf	(31. 1. 54)	185
25 Pf	(15. 6. 54)	186
30 Pf	hellblau, Wz. 4 (31. 1. 54)	187
30 Pf	schwarzgrün, Wz. 5 (5. 57)	259
40 Pf	dkl'rötlichlila, Wz. 4 (1. 4. 54)	188
40 Pf	blau, Wz. 5 (11. 56)	260

Satz (27 W.) 320,– 34,–

Wert	Daten und Merkmale	MiNr.
50 Pf	schw'grau, Wz. 4 (15. 6. 54)	189
50 Pf	braunoliv, Wz. 5 (2. 57)	261
60 Pf	rotbraun, Wz. 4 (15. 6. 54)	190
60 Pf	braun, Wz. 5 (9. 57)	262
70 Pf	h'braunoliv, Wz. 4 (15. 6. 54)	191
70 Pf	purpurviolett, Wz. 5 (2. 57)	263
80 Pf	bräunlichrot, Wz. 4 (15. 6. 54)	192
80 Pf	orangerot, Wz. 5 (6. 57)	264
90 Pf	dunkelgrün, Wz. 4 (15. 6. 54)	193
90 Pf	dkl'bläul'grün, Wz. 5 (6. 57)	265
1 DM	(1. 4. 54)	194
2 DM	(15. 6. 54)	195
3 DM	(15. 6. 54)	196

Notizen:

1964–1969. Deutsche Bauwerke aus zwölf Jahrhunderten.

Wert	Bild	MiNr.
5 Pf	Berliner Tor, Stettin (15. 6. 1966)	489
10 Pf	Zwinger, Dresden (12. 3. 1965)	454
10 Pf	Zwinger, Dresden (21. 6. 1967)	490
15 Pf	Schloss Tegel, Berlin (12. 3. 1965)	455
20 Pf	Torhalle Lorsch (12. 3. 1965)	456
20 Pf	Torhalle Lorsch (17. 11. 1967)	491
30 Pf	Nordertor, Flensburg (7. 1. 1966)	492
30 Pf	Nordertor, Flensburg (17. 2. 1967)	493
40 Pf	Burg Trifels, Pfalz (12. 3. 1965)	457
40 Pf	Burg Trifels, Pfalz (4. 8. 1967)	494
50 Pf	Schloss Ellwangen, Jagst (15. 12. 1964)	458
50 Pf	Schloss Ellwangen, Jagst (4. 8. 1967)	495
60 Pf	Treptower Tor, Neubrandenburg (15. 12. 1964)	459

Wert	Bild	MiNr.
60 Pf	Treptower Tor, Neubrandenburg (14. 4. 1967)	496
70 Pf	Osthofentor, Soest (29. 5. 1965)	460
70 Pf	Osthofentor, Soest (14. 4. 1967)	497
80 Pf	Ellinger Tor, Weißenburg (15. 12. 1964)	461
80 Pf	Ellinger Tor, Weißenburg (21. 6. 1967)	498
90 Pf	Damenstift, Königsberg (15. 6. 1966)	499
1 DM	Melanchtonhaus, Wittenberg (7. 11. 1966)	500
1,10 DM	Trinitatishospital, Hildesheim (13. 12. 1966)	501
1,30 DM	Schloss Tegel, Berlin (26. 3. 1969)	502
2 DM	Rathaus Löwenberg	503

Satz (23 W.) . . . . 27,— 11,—

1970–1973. Bundespräsident Heinemann.

Wert	Daten	MiNr.
5 Pf	(23. 7. 70)	635
10 Pf	(23. 10. 70)	636
20 Pf	(23. 10. 70)	637
25 Pf	(27. 8. 71)	689
30 Pf	(7. 1. 71)	638
40 Pf	(8. 4. 71)	639
50 Pf	(8. 4. 71)	640
60 Pf	(25. 6. 71)	690
70 Pf	(8. 4. 71)	641
80 Pf	(8. 4. 71)	642
90 Pf	(7. 1. 71)	643

Wert	Daten	MiNr.
1 DM	(23. 7. 70)	644
110 Pf	(16. 1. 73)	727
120 Pf	(8. 3. 72)	691
130 Pf	(20. 6. 72)	728
140 Pf	(16. 1. 73)	729
150 Pf	(5. 7. 72)	730
160 Pf	(8. 3. 72)	692
170 Pf	(11. 9. 72)	731
190 Pf	(16. 1. 73)	732
2 DM	(7. 1. 71)	645

Satz (21 W.) 35,– 14,–

1971–1973. Unfallverhütung.

Wert	Bild	MiNr.
5 Pf	Brand (29. 10. 71)	694
10 Pf	Defekte Leiter (8. 3. 72)	695
20 Pf	Kreissäge (5. 7. 72)	696
25 Pf	Alkohol (10. 9. 71)	697
30 Pf	Schutzhelm (8. 3. 72)	698
40 Pf	Defekter Stecker (20. 6. 72)	699
50 Pf	Nagel im Brett (16. 1. 73)	700
60 Pf	Ball vor Auto (10. 9. 71)	701
70 Pf	Ball vor Auto (5. 6. 73)	773
100 Pf	Schwebende Last (5. 7. 72)	702
150 Pf	Absicherung (11. 9. 72)	703

Satz (11 W.) 17,– 4,50

1975–1982. Industrie und Technik.

Wert	Bild	MiNr.
5 Pf	Satellit (14. 11. 75)	846
10 Pf	Triebzug (14. 8. 75)	847
20 Pf	Leuchtturm (17. 2. 76)	848
30 Pf	Hubschrauber (14. 8. 75)	849
40 Pf	Weltraumlabor (15. 5. 75)	850
50 Pf	Erdfunkstelle (15. 5. 75)	851
60 Pf	Röntgengerät (16. 11. 78)	990
70 Pf	Schiffbau (14. 8. 75)	852
80 Pf	Traktor (15. 10. 75)	853
100 Pf	Förderbagger (15. 5. 75)	854
110 Pf	Fernsehkamera (16. 6. 82)	1134
120 Pf	Chemieanlage (15. 10. 75)	855
130 Pf	Brauanlage (16. 6. 82)	1135
140 Pf	Heizkraftwerk (14. 11. 75)	856
150 Pf	Löffelbagger (12. 7. 79)	992
160 Pf	Großhochofen (15. 10. 75)	857
180 Pf	Radlader (12. 7. 79)	993
190 Pf	Löffelbagger (15. 7. 82)	1136
200 Pf	Bohrinsel (14. 11. 75)	858
230 Pf	Flughafen (17. 5. 79)	994
250 Pf	Flughafen (15. 7. 82)	1137
300 Pf	Magnetbahn (16. 6. 82)	1138
500 Pf	Radioteleskop (17. 2. 76)	859

Satz (23 W.) 43,– 16,–

1977–1982. Burgen und Schlösser.

Wert	Bild	MiNr.
10 Pf	Glücksburg (13. 1. 77)	913
20 Pf	Pfaueninsel (14. 2. 79)	995
25 Pf	Gemen (11. 1. 79)	996
30 Pf	Ludwigsstein (13. 1. 77)	914
35 Pf	Lichtenstein (16. 6. 82)	1139
40 Pf	Eltz (13. 1. 77)	915
40 Pf	Wolfsburg (14. 2. 80)	1037
50 Pf	Neuschwanstein (13. 1. 77)	916
50 Pf	Inzlingen (14. 2. 80)	1038
60 Pf	Marksburg (13. 1. 77)	917
60 Pf	Rheydt (14. 11. 79)	1028

Wert	Bild	MiNr.
70 Pf	Mespelbrunn (13. 1. 77)	918
80 Pf	Wilhelmsthal (16. 6. 82)	1140
90 Pf	Vischering (11. 1. 79)	997
120 Pf	Charlottenburg (15. 7. 82)	1141
190 Pf	Pfaueninsel (13. 1. 77)	919
200 Pf	Bürresheim (13. 1. 77)	920
210 Pf	Schwanenburg (14. 2. 79)	998
230 Pf	Lichtenberg (16. 11. 78)	999
280 Pf	Ahrensburg (15. 7. 82)	1142
300 Pf	Herrenhausen (16. 6. 82)	1143

Satz (21 W.) 34,– 11,–
Satz Letterset (6 W.) . . 16,– 33,–

1986–2003. Frauen der deutschen Geschichte.

Wert	Bild	MiNr.
Nur DM-Währung		
5 Pf	Ihrer (9.2.89)	1405
10 Pf	Modersohn-Becker (14.4.88)	1359
20 Pf	Aussem (5.5.88)	1365
30 Pf	Kollwitz (8.1.91)	1488
40 Pf	Merian (17.9.87)	1331
50 Pf	Teusch (13.11.86)	1304
60 Pf	Erxleben (17.9.87)	1332
70 Pf	Boehm (8.1.91)	1489
80 Pf	Schumann (13.11.86)	1305
80 Pf	v. Ense (13.10.94)	1755
100 Pf	Giehse (10.11.88)	1390
100 Pf	v. Oranien (13.10.94)	1756
100 Pf	Schwarzhaupt (16.10.97)	1955
110 Pf	Dietrich (14.8.97)	1939
120 Pf	Selbert (6.11.87)	1338
130 Pf	Meitner (5.5.88)	1366
140 Pf	Vogt (10.8.89)	1432
150 Pf	Scholl (14.2.91)	1497
170 Pf	Arendt (10.11.88)	1391
180 Pf	Lehmann (13.7.89)	1427
200 Pf	v. Suttner (14.2.91)	1498
220 Pf	Lüders (28.8.97)	1940

Satz (39 W.) 95,– 60,–

Wert	Bild	MiNr.
240 Pf	Anneke (10.11.88)	1392
250 Pf	Luise v. Preußen (13.7.89)	1428
300 Pf	Hensel (10.8.89)	1433
300 Pf	Probst (16.10.97)	1956
350 Pf	Dransfeld (10.11.88)	1393
400 Pf	v. Stein (9.1.92)	1582
440 Pf	Palucca (8.10.98)	2014
450 Pf	Courths-Mahler (11.6.92)	1614
500 Pf	Salomon (12.1.89)	1397
DM/€-Währung		
100 Pf/ 0.51 €	Weiser (9.11.2000)	2149
110 Pf/ 0.56 €	Strobel (9.11.2000)	2150
220 Pf/ 1.12 €	Fleißer (11.1.2001)	2158
300 Pf/ 1.53 €	Sachs (11.1.2001)	2159
Nur €-Währung		
0.45 €	Droste-Hülshoff (27.12.02)	2295
0.55 €	Knef (27.12.02)	2296
1.00 €	Juchacz (16.1.03)	2305
1.44 €	v. Kirchbach (27.12.02)	2297

1987–2003. Sehenswürdigkeiten.

Wert	Bild	MiNr.
Nur DM-Währung		
5 Pf	Braunschw. Löwe (15. 2. 90)	1448
10 Pf	Frankfurt (14. 1. 88)	1347
20 Pf	Nofretete, Berlin (12. 1. 89)	1398
30 Pf	Schloß Celle (6. 11. 87)	1339
33 Pf	Dom Schleswig (12. 1. 89)	1399
38 Pf	Roland, Bremen (12. 1. 89)	1400
40 Pf	Chilehaus, Hamburg (11.8.88)	1379
41 Pf	Kirche, Wiesbaden (12. 8. 93)	1687
45 Pf	Schloß Rastatt (21. 6. 90)	1468
47 Pf	Denkmal Berus (17. 7. 97)	1932

Wert	Bild	MiNr.
50 Pf	Freiburger Münster (6.11.87)	1340
60 Pf	Bavaria, München (6.11.87	1341
70 Pf	Nofretete, Berlin (14. 7. 88)	1374
70 Pf	Helgoland (21. 6. 90)	1469
80 Pf	Zeche Zollern II (6. 11. 87)	1342
90 Pf	Kanne Reinheim (11. 8. 88)	1380
100 Pf	Altötting (9. 2. 89)	1406
100 Pf	Denkmal Weimar (28. 8. 97)	1934
110 Pf	Schloss Bellevue, Berlin (14. 8. 97)	1935
110 Pf	EXPO 2000 (10. 9. 98)	2009
120 Pf	Dom Schleswig (14. 7. 88)	1375
140 Pf	Kanne Reinheim (12. 1. 89)	1401
170 Pf	Kirche, Wiesbaden (4. 6. 91)	1535
200 Pf	Dom Magdeburg (15. 4. 93)	1665
220 Pf	Brühlsche Terrasse, Dresden (14. 8. 97)	1936
280 Pf	Roland, Bremen (11. 8. 88)	1381
300 Pf	Hambacher Schloss (14. 1. 88)	1348
350 Pf	Externsteine (9. 2. 89)	1407
400 Pf	Semperoper, Dresden (10. 10. 91)	1562
440 Pf	Rathaus, Bremen (14. 8. 97)	1937
450 Pf	Neues Tor, Neubrandenburg (13. 8. 92)	1623
500 Pf	Theater Cottbus (17. 6. 93)	1679
510 Pf	Holstentor, Lübeck (28. 8. 97)	1938
550 Pf	Rathaus, Suhl-Heinrichs (11. 8. 94)	1746
640 Pf	Dom Speyer (10. 8. 95)	1811
690 Pf	St. Michaelis, Hamburg (13. 6. 96)	1860
700 Pf	Deutsches Theater (16. 9. 93)	1691
DM/€-Währung		
10 Pf/ 0.05 €	Rathaus, Wernigerode (28. 9. 2000)	2139
20 Pf/ 0.10 €	Böttcherstr., Bremen (8. 11. 2001)	2224
47 Pf/ 0.24 €	Wilhelmshöhe, Kassel (5. 4. 2001)	2176
50 Pf/ 0.26 €	Fuggerschloss Kirchheim (5. 9. 2001)	2210
80 Pf/ 0.41 €	Kirche St. Reinoldi, Dortmund (5. 4. 2001)	2177
100 Pf/ 0.51 €	Schloß Schwerin (11. 1. 2001)	2156
110 Pf/ 0.56 €	Steinerne Brücke, Regensburg (28. 9. 2000)	2140
220 Pf/ 1.12 €	Dom St. Nikolai, Greifswald (11. 1. 2001)	2157
300 Pf/ 1.53 €	Rathaus, Grimma (28. 9. 2000)	2141
400 Pf/ 2.05 €	Wartburg bei Eisenach (5. 9. 2001)	2211
440 Pf/ 2.25 €	Kölner Dom (9. 8. 2001)	2206
510 Pf/ 2.61 €	Heidelberger Schloß (8. 11. 2001)	2225
720 Pf/ 3.68 €	Rathaus Hildesheim (2. 7. 2001)	2197
Nur €-Währung		
0.05 €	Erfurter Dom (5. 2. 04)	2381
0.25 €	Residenzschloß, Arolsen (8. 1. 04)	2374
0.40 €	Bach-Denkmal, Leipzig (8. 1. 04)	2375
0.44 €	Berliner Philharmonie (27. 12. 02)	2298
0.45 €	Tönninger Packhaus (27. 12. 02)	2299
0.55 €	Alte Oper, Frankfurt (27. 12. 02)	2300
1.00 €	Porta Nigra, Trier (27. 12. 02)	2301
1.44 €	Beethoven-Haus, Bonn (16. 1. 03)	2306
1.60 €	Bauhaus Dessau (27. 12. 02)	2302
1.80 €	Staatsgalerie Stuttgart (13. 2. 03)	2313
2.00 €	Bamberger Reiter (13. 2. 03)	2314
2.20 €	Fontane-Denkmal, Neuruppin (16. 1. 03)	2307
2.60 €	„Seute Deern", Bremerhaven (6. 3. 03)	2322
4.10 €	Giebelhäuser, Wismar (6. 3. 03)	2323

Satz (64 W.) 170,– 120,–

Selbstklebende Marken

Wert	Bild	MiNr.
Nur DM-Währung		
10 Pf	Frankfurt (Mai 91)	1531
60 Pf	Bavaria, München (Mai 91)	1532
80 Pf	Zeche Zollern II (Mai 91)	1533
100 Pf	Altötting (Mai 91)	1534
DM/€-Währung		
10 Pf/ 0.05 €	Rathaus Wernigerode (25. 5. 2001)	2187
100 Pf/ 0.51 €	Schloss Schwerin (25. 5. 2001)	2188
110 Pf/ 0.56 €	Stein. Brücke, Regensburg (25. 5. 2001)	2189
Nur €-Währung		
0.45 €	Tönninger Packhaus (27. 12. 02)	2303
0.55 €	Alte Oper, Frankfurt (27. 12. 02)	2304
1.44 €	Beethoven-Haus, Bonn (Juni/Juli 2003)	2348

Satz (10 W.) 29,– 28,–

2005/2020 Blumen.

Wert	Bild	MiNr.
5 C	Elfenkrokus (11.8.05)	2480
5 C	Flammenblume (13.4.17)	3296
10 C	Tulpe (8.9.05)	2484
10 C	Winterling (8.6.17)	3314
15 C	Wiesenschaumkraut (18.12.18)	3424
20 C	Hohe Studentenblume (7.7.05)	2471
20 C	Hasenglöckchen (8.6.17)	3315
25 C	Bechermalve (2.6.05)	2462
25 C	Gartennelke (9.10.08)	2694
28 C	Echtes Tausendgüldenkraut (3.7.14)	3088
30 C	Gelbrote Taglilie (2.1.20)	3509
35 C	Dahlie (2.1.06)	2505
40 C	Leberblümchen (8.9.05)	2485
45 C	Margerite (7.4.05)	2451
45 C	Maiglöckchen (6.5.10)	2794
45 C	Seerose (11.5.2017)	3303
50 C	Herbstaster (2.6.05)	2463
50 C	Zinnie (2.4.20)	3535
55 C	Klatschmohn (7.7.05)	2472
55 C	Gartenrose (12.6.08)	2669
58 C	Kuhschelle (6.12.12)	2968
60 C	Kaiserkrone (5.12.13)	3043
60 C	Kornblume (1.7.19)	3468
62 C	Pfingstrose (4.12.14)	3114
65 C	Sonnenhut (2.3.06)	2524
70 C	Kartäusernelke (13.4.06)	2529
70 C	Schokoladen-Kosmee (3.12.15)	3189
75 C	Ballonblume (3.1.11)	2835
80 C	Kugelprimel (4.12.14)	3115
80 C	Kapuzinerkresse (1.7.19)	3469
85 C	Federnelke (4.12.14)	3116
90 C	Narzisse (2.1.06)	2506
90 C	Bocks-Johanniskraut (11.5.17)	3304
95 C	Sonnenblume (3.1.05)	2434
95 C	Flockenblume (1.7.19)	3470
100 C	Tränendes Herz (13.7.06)	2547
100 C	Alpenveilchen (1.3.18)	3365
110 C	Sumpfgladiole (1.7.19)	3471
120 C	Traubenhyazinthe (1.3.19)	3447
145 C	Schwertlilie (2.1.06)	2507
145 C	Jungfer im Grünen (2.1.18)	3351
155 C	Buschwindröschen (1.7.19)	3472
170 C	Stiefmütterchen (1.7.19)	3473
180 C	Akelei (5.6.14)	3082
190 C	Löwenmäulchen (1.7.19)	3474
200 C	Goldmohn (9.11.06)	2568
200 C	Purpur-Knautie (6.8.20)	3556
220 C	Edelweiß (13.4.06)	2530
220 C	Hauswurz (11.10.18)	3414
240 C	Prachtkerze (6.12.12)	2969
250 C	Alpendistel (2.1.16)	3199
260 C	Madonnenlilie (11.2.16)	3207
270 C	Habichtskraut (1.7.19)	3475
345 C	Vergissmeinnicht (10.8.17)	3324
370 C	Fingerhut (2.11.19)	3501
379 C	Kokardenblume (12.7.18)	3399
390 C	Feuerlilie (4.5.06)	2534
395 C	Purpurglöckchen (4.12.14)	3117
400 C	Fuchsie (3.12.15)	3190
410 C	Frauenschuh (2.1.10)	2768
430 C	Feldrittersporn (3.1.05)	2435
440 C	Türkenbundlilie (4.12.14)	3118
450 C	Bienen-Ragwurz (3.12.15)	3191
500 C	Stengelloser Enzian (7.7.11)	2877

Satz (64 W.) . . . . 170,— 170,—

Selbstklebende Marken

Wert	Bild	MiNr.
5 C	Flammenblume (4.4.19)	3459
10 C	Winterling (18.12.18)	3430
15 C	Wiesenschaumkraut (18.12.18)	3431
20 C	Hasenglöckchen (18.12.18)	3432
25 C	Bechermalve (2.6.05)	2513
25 C	Gartennelke (9.10.08)	2699
28 C	Echtes Tausendgüldenkraut (3.7.14)	3094
30 C	Gelbrote Taglilie (2.1.20)	3516
35 C	Dahlie (2.1.06)	2514
45 C	Maiglöckchen (1.3.11)	2851
45 C	Weiße Seerose (12.4.18)	3376
55 C	Klatschmohn (7.7.05)	2477
55 C	Gartenrose (12.6.08)	2675
58 C	Kuhschelle (6.12.12)	2971
60 C	Kaiserkrone (5.12.13)	3046
60 C	Kornblume (1.7.19)	3481
62 C	Pfingstrose (4.12.14)	3121
65 C	Sonnenhut (2.1.09)	2715
70 C	Kartäusernelke (2.1.09)	2716
70 C	Schokoladen-Kosmee (3.12.15)	3197
80 C	Kapuzinerkresse (1.7.19)	3482
90 C	Narzisse (2.1.06)	2515
95 C	Flockenblume (1.7.19)	3483
100 C	Tränendes Herz (10.10.13)	3034
110 C	Sumpfgladiole (1.8.19)	3489
155 C	Buschwindröschen (1.7.19)	3484
270 C	Habichtskraut (1.8.19)	3490

Satz (27 W.) . . . . 30,— 30,—

2012/2015. Ziffernzeichnung.

Wert	Bild	MiNr.
2 C	Ziffer 2	3042
3 C	Ziffer 3	2964
8 C	Ziffer 8	3188

Selbstklebende Marken

Wert	Bild	MiNr.
2 C	Ziffer 2	3045
3 C	Ziffer 3	2967
8 C	Ziffer 8	3196

Automatenmarken

1981, 2. Jan. Freimarken in Rollen mit Werteindruck von Münz- bzw. Schalter-Wertzeichendruckern in zwei Typen, geschnitten. [43×26]

DBP mager

DBP fett

		★★	⊙	FDC
1	5 Pf bis 9995 Pf Postemblem (in Stufen von 5 Pf)			
	5–110 Pf, je Wert	1,50	1,50	3,–
	Höhere Werte (100 Pf = 1,–)	+1,50	+1,50	+3,–

1993, 19. Mai. Freimarken in Rollen mit Werteindruck von Münz- bzw. Schalter-Wertzeichendruckern in zwei Typen, geschnitten. [43×26]

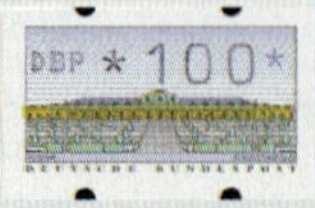

Typendruck

Nadeldruck

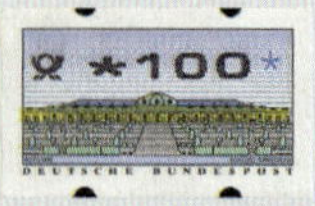

Eindruck Posthorn (Nadeldruck)

2	5 Pf bis 9995 Pf Schloss Sanssouci, Potsdam (in Stufen von 5 Pf)			
	5–110 Pf, je Wert	1,50	1,50	3,–
	Höhere Werte (100 Pf = 1,–)	+1,50	+1,50	+3,–

1999, 22. Okt. Freimarke in Rollen mit Werteindruck von Münz- bzw. Schalter-Wertzeichendruckern, geschnitten. [43×26]

3	5 Pf bis 9995 Pf Neues Postemblem (in Stufen von 5 Pf)			
	5–110 Pf, je Wert	1,50	1,50	3,–
	Höhere Werte (100 Pf = 1,–)	+1,50	+1,50	+3,–

2002, 1. Jan. Freimarke in Rollen mit Werteindruck von Münz- bzw. Schalter-Wertzeichendruckern, geschnitten. [44×26]

			✶✶	⊙	FDC
4	0.01	bis 36.81 € Neues Postemblem (in festgelegten Wertstufen)			
		0.01–0.56 €, je Wert	1,–	1,–	2,50
		Höhere Werte (1 € = 2,–)	+1,–	+1,–	+2,50

2002, 4. April. Freimarke in Rollen mit Werteindruck von Münz- bzw. Schalter-Wertzeichendruckern, geschnitten. [44×26]

			✶✶	⊙	FDC
5	0.01	bis 36.81 € Briefkasten (in festgelegten Wertstufen)			
		0.01–0.56 €, je Wert	1,–	1,–	5,–
		Höhere Werte (1 € = 2,–)	+1,–	+1,–	+5,–
		ETB S/2002		5,–	

2008, 24. Okt. Freimarken in Rollen mit Werteindruck von Münz- bzw. Schalter-Wertzeichendruckern, geschnitten. [44×26]

			✶✶	⊙	FDC
6	0.01	bis 36.75 € Brandenburger Tor			
		0.01–0.55 €, je Wert	1,–	1,–	3,–
		Höhere Werte (1 € = 2,–)	+1,–	+1,–	+3,–
7	0.01	bis 36.75 € Post Tower, Bonn			
		0.01–0.55 €, je Wert	1,–	1,–	3,–
		Höhere Werte (1 € = 2,–)	+1,–	+1,–	+3,–
		ETB S/2008 (mit je einer 0,55-€-Marke)		2,30	

2017, 3. Jan. Freimarken in Rollen mit Werteindruck von Münz- und Schalter-Wertzeichendruckern, geschnitten. [44×26]

			✶✶	⊙	FDC
8	0.01	bis 36.75 € Schreibutensilien			
		0.01–0.45 €, je Wert	1,–	1,–	3,–
		Höhere Werte (1 € = 2,–)	+1,–	+1,–	+3,–
9	0.01	bis 36.75 € Briefkasten			
		0.01–0.45 €, je Wert	1,–	1,–	3,–
		Höhere Werte (1 € = 2,–)	+1,–	+1,–	+3,–
		ETB 5/2017 (mit je einer 0,70-€-Marke)		2,80	

2018, 18. Dez. Freimarken in Rollen mit Wert- und Codeeindruck von Wertzeichendruckern, selbstklebend, geschnitten. [56 × 40]

		★★
10	0.45 bis 2.60 € Schreibutensilien (in festgelegten Wertstufen)	*8,–**)
	Satz (5 W.)	*60,–*

*) Preis gilt für die niedrigste Wertstufe.

Im Dezember 2018 wurden im Raum Köln/Bonn fünf Versuchsgeräte an verschiedenen Standorten in Betrieb genommen. Es gab nur die Wertstufen zu 45, 70, 85, 145 und 260 Cent, die Entwertung erfolgte durch Auslesen und Registrieren des Codes bei der automatischen Briefbearbeitung. Stempelung war nicht erforderlich. Durch die Sicherheitsstanzungen sind die Marken vermutlich nicht leicht unbeschädigt ablösbar.

Ende Mai 2019 wurde das Versuchsprojekt eingestellt; durch technische Störungen kann es Exemplare mit der Monatskennung 6/2019 geben.
Aufgrund produktionstechnischer Schwierigkeiten konnten die Marken nicht über das Versandzentrum in Weiden bestellt werden.

Notizen:

Briefmarken-Qualitätsstufen

Schnitt

Abb. 1
breit- bis überrandig, teilweise auf Kosten der Nachbarmarke

Abb. 2
allseits vollrandig, Markenbild an keiner Seite berührt

Abb. 3
Markenbild ein- bis zweiseitig leicht berührt

Abb. 4
mehrseits angeschnitten

Abb. 5
stark angeschnitten oder verschnitten

Durchstich

Abb. 6
sehr sauberer, klarer Durchstich; keinerlei Fehler

Abb. 7
guter, regelmäßiger, deutlicher Durchstich

Abb. 8
leicht unregelmäßiger Durchstich, teils fehlende Zahnlappen

Abb. 9
sehr unregelmäßiger, zum Teil undeutlicher Durchstich

Abb. 10
primitiver Durchstich; stark ausgefranst, oft kaum erkennbar

Zähnung

Abb. 11
perfekt gezähnt; keinerlei Zahnfehler, deutliche Zahnspitzen (überlange Zähnung)

Abb. 12
einwandfrei gezähnt (ohne Zahnverkürzungen)

Abb. 13
teils leicht verkürzte Zähne oder fehlende Zahnspitzen

Abb. 14
teilweise stärker verkürzte Zähne

Abb. 15
beschädigte Zähnung und fehlende Zähne

Briefmarken-Qualitätsstufen

Zentrierung

Abb. 16
perfekt zentriert

Abb. 17
gut zentriert

Abb. 18
leicht dezentriert

Abb. 19
deutlich dezentriert

Abb. 20
stark dezentriert

Abb. 21
verzähnt

Abstempelung

Abb. 22
glasklare, zentrisch angebrachte Stempel

Abb. 23
klare, weitgehend zentrisch angebrachte Stempel

Abb. 24
klare, deutlich erkennbare Stempel (Ort und Datum identifizierbar)

Abb. 25
verkantete, verquetschte, verschmierte und nur mit Mühe identifizierbare Stempel

Abb. 26
fast unkenntliche Abstempelungen

Abb. 27
nicht identifizierbare (Eck-)Stempel

Notizen

Notizen

Notizen

Notizen

Notizen

Notizen

Notizen

Kleines Lexikon der Philatelie

Absenderfreistempel Für Unternehmen und Behörden ist es sehr unbequem, jeden Brief einzeln mit einer Briefmarke zu bekleben. Daher setzen sie Maschinen ein, die einen Absenderfreistempel auf die Briefe drucken. Früher waren Absenderfreistempel rot, heute sind sie blau. Sie enthalten unter anderem Hinweise auf das Briefporto und das Versanddatum. Außerdem ist meistens der Absender gleich mit eingedruckt.

Auktion Eine Auktion ist eine Versteigerung von Dingen, zum Beispiel Briefmarken. Man erhält eine Bieternummer und kann auf die Sachen mitbieten. Wer am Ende den höchsten Betrag geboten hat, bekommt den Gegenstand. Vor der Versteigerung kann man sich de Gegenstände anschauen und den höchsten Preis festlegen, den man bieten möchte.

Ausgabeanlass Der Grund für das Erscheinen einer Briefmarke.

Ausgabetag Ersttag

Automatenmarke Eine Briefmarke, die ganz oder teilweise in einem Automaten auf Vordruckpapier produziert wird. Sie kann nur an Automaten gekauft werden.

Blaue Mauritius Sie ist die bekannteste Marke der Welt und sehr wertvoll.

Block Eine bis vier verschiedene Briefmarken, die mit einem bunt verzierten Rand ausgegeben werden.

Bogenmarken Briefmarken werden gewöhnlich zu mehreren Exemplaren auf einem Bogen gedruckt. Früher waren das hundert Stück, heute enthält ein Schalterbogen in Deutschland zehn Marken.

Norwegische Automatenmarken

Briefkasten	Der Kasten, in den Briefe hineingeworfen werden, um von der Post zum Empfänger befördert zu werden. Als Briefkästen bezeichnet man auch die Kästen an den Häusern, in welche die Post die Briefe einwirft.
Briefmarkensammlung	Eine Briefmarkensammlung ist eine geordnete Zusammenstellung von Briefmarken. Man sortiert nach Land, Motiv, Jahrgang oder ähnlichem. Wie man eine Marke einordnet, bleibt jedem selbst überlassen. Der MICHEL hilft dabei.
Briefzentrum	Im Briefzentrum werden die Sendungen gestempelt und sortiert. In Deutschland gibt es heute 82 Briefzentren.
Dauerserie	Eine Dauerserie wird über viele Jahre hinweg ausgegeben und immer wieder um neue Briefmarken ergänzt. Aktuell läuft die Dauerserie „Blumen“, deren erste Marken 2005 erschienen.
Deutsche Post	Die Deutsche Post ist das größte Postunternehmen in Deutschland. Briefmarken mit der Angabe „Deutschland“ gibt es nur bei der Deutschen Post.
Dienstmarke	Staatliche Behörden verwendeten früher keine Briefmarken oder Absenderfreistempel, sondern Dienstmarken. Diese wurden speziell für die Behörden gedruckt. Niemand anderes durfte sie auf Briefe kleben. In einigen Ländern gibt es heute noch Dienstmarken.
DPhJ	Das ist die Abkürzung für die Deutsche Philatelisten-Jugend, in der Kinder und Jugendliche, die Briefmarken sammeln, Mitglied sind.
Einschreiben	Ein Einschreiben ist ein Brief oder eine Postkarte, mit der oft wichtige Dinge verschickt werden. Der Absender kann kontrollieren, ob die Sendung beim Empfänger angekommen ist.
Ersttag	Der Tag, an dem eine bestimmte Briefmarke herausgegeben wird und erstmals für Postsendungen verwendet werden darf.
Ersttagsblatt	Auf einem Ersttagsblatt klebt eine Briefmarke, die am Ersttag gestempelt wurde. Das Ersttagsblatt – Abkürzung ETB – wird in Deutschland von der Deutschen Post herausgegeben.
Ersttagsbrief	Auf einem Ersttagsbrief klebt eine Briefmarke, die am Ersttag gestempelt wurde. Die Abkürzung lautet FDC wie First Day Cover – Ersttagsbrief auf Englisch.
Ersttagsstempel	Ein Stempel vom Ausgabetag einer Briefmarke. Der Ersttagsstempel muss kein Sonderstempel sein. Auch ein Tagesstempel vom Ersttag ist ein Ersttagsstempel.

Fälschungen Wertvolle Briefmarken werden oftmals gefälscht und an ahnungslose Sammler verkauft. Manche Fälschungen sind sehr schlecht, andere kann man kaum vom Original unterscheiden. Prüfer können echte und gefälschte Briefmarken voneinander unterscheiden.

Fehldruck Briefmarken können durch einen Maschinenfehler falsch gedruckt werden. Wenn sie an Sammler verkauft werden, sind sie beliebte und oft wertvolle Sammelobjekte. Man erkennt sie an fehlenden oder falschen Farben, kopfstehendem Druckbild und ähnlichem. In der Druckerei sollen Fehldrucke eigentlich vernichtet werden.

Fehlliste Die Fehlliste enthält die MICHEL-Nummern der Marken. Der Sammler streicht die Nummern durch, die er schon besitzt. Die Marken mit den übrigen Nummern braucht er noch.

Feldpostmarke Eine Feldpostmarke ist eine Marke für Soldaten. Meistens wird sie im Krieg verwendet. Die Soldaten können mit ihr Post nach Hause schicken oder von dort empfangen.

Finanzminister In Deutschland gibt der Bundesminister der Finanzen die Briefmarken heraus.

Folienblatt Wenn selbstklebende Marken in ungefalteten Bogen erscheinen, sprechen die Sammler nicht von Schalterbogen. Stattdessen heißt es Folienblatt. Folienblätter werden nur komplett verkauft. Einzelne Marken werden also nicht ausgeschnitten und einzeln verkauft. Der Begriff kommt daher, weil die selbstklebende Marke auf einer Folie klebt, bevor sie abgezogen wird. Komischerweise heißen Rollenmarken aber immer Rollenmarken, ganz gleich, ob sie nass- oder selbstklebend sind.

Folienbogen Der Folienbogen ist im Prinzip dasselbe wie ein Folienblatt. Nur werden die Marken daraus auch einzeln verkauft.

Freimarke Die klassische Bezeichnung für Marken, die über einen längeren Zeitpunkt erhältlich sind, lautet Freimarke. Heute sagt man oft auch Dauermarke, weil Freimarken gewöhnlich in lang laufenden Dauerserien erscheinen. Bei MICHEL heißt es Freimarke.

Ganzsache Ein Brief oder eine Postkarte mit einer eingedruckten Marke. Die Marke bezeichnet man als Wertstempel.

Ganzstück Ein Brief oder eine Postkarte mit einer aufgeklebten Marke.

Geschnitten	Eine Briefmarke, die ohne Zähnung herausgegeben wird, bezeichnet man als geschnitten. Fehlt die Zähnung versehentlich, sagt man, die Marke sei ungezähnt.
Gestempelt	Eine Briefmarke, die postamtlich gestempelt wurde. Meistens klebte sie auf einem Brief oder einer Postkarte und wurde später gewaschen.
Gruppenstunde	Das Treffen mit anderen Sammlern im Briefmarkensammlerverein.
Gummierung	Damit die Briefmarken auf Umschlägen und Karten fest kleben, erhält das Papier auf der Rückseite eine Gummierung. Früher gab es nur nassklebende Briefmarken. Heute erscheinen auch selbstklebende Briefmarken.
Jugendgruppe	Im Briefmarkensammlerverein treffen sich Kinder und Jugendliche zum Tauschen und Gespräch über Briefmarken.
Jugendmarken	Zuschlagsmarken, deren Zuschlag Kindern und Jugendlichen zugute kommt.
Kunstbeirat	Eine Gruppe von Menschen, die über das Motiv einer Briefmarke entscheiden.
Ländersammler	Jemand, der die Briefmarken eines Landes sammelt.
Markenheftchen	Als Markenheftchen bezeichnet man Briefmarken, die in einem Deckel stecken und zusammen verkauft werden.
Maschinenstempel	Jeden Tag werden in Deutschland mehr als 60 Millionen Briefe versandt. Viele davon tragen Briefmarken. Damit nicht viele hundert Mitarbeiter die Briefe von Hand stempeln müssen, gibt es in den Briefzentren Maschinen. Maschinenstempel zeigen meistens rechts einen Tagesstempel und links Werbung oder ein Feld mit Wellenlinien.
MICHEL	Im MICHEL sind die Briefmarken eines Landes in der Reihenfolge ihres Ausgabetages aneinandergereiht. Man kann dort vieles über die Briefmarken erfahren, zum Beispiel das Druckverfahren, die Zähnung und den Preis.
MICHEL-Nummer	Die Nummer einer Briefmarke im MICHEL. Jede Briefmarke bekommt eine eigene Nummer, die pro Land nur einmal vergeben wird.
Motivbriefmarke	Als Motivbriefmarke bezeichnet man Marken mit einem klar erkennbaren Motiv, zum Beispiel einem Tier oder einem Gebäude.
Motivsammler	Jemand, der die Briefmarken zu einem Motiv sammelt, zum Beispiel Pferde.

Porto — Um einen Brief oder eine Postkarte verschicken zu können, muss man das Porto an die Post zahlen. Je nach Größe und Gewicht der Sendung und dem Ort, zu dem sie geschickt wird, fällt das Porto höher oder niedriger aus. Das Porto bezahlt man, indem man Briefmarken aufklebt.

Portomarke — Hat der Absender keine Briefmarke auf den Brief geklebt oder zu wenig Porto bezahlt, kassiert die Post vom Empfänger Nachporto. In vielen Ländern gab sie dafür früher eigene Briefmarken heraus.

Postamt — Im Postamt – heute sagt man oft Postfiliale – kauft man Briefmarken und gibt Briefe und Pakete auf.

Postbote — Der Postbote trägt Sendungen aus und legt sie in den Briefkasten des Hauses.

Postfrisch — Briefmarken, die nicht gestempelt sind und eine unbeschädigte Gummierung haben, nennt man postfrisch.

Postkarte — Postkarten bestehen aus Karton und werden für kurze Mitteilungen benutzt, zum Beispiel um jemanden aus dem Urlaub zu grüßen. Das Porto ist in Deutschland geringer als für Briefe.

Postleitzahl — Mit der Postleitzahl hat jeder Ort ein Erkennungszeichen. Sie steht auf Briefen und Postkarten vor dem Namen des Ortes.

Postmuseum — Das Postmuseum stellt die Postgeschichte vor. Man sieht alte Postkutschen, Briefmarken und Briefe, aber auch Dinge aus der heutigen Zeit.

Postpreis — Der Postpreis ist der Preis, der bei der Post für eine Briefmarke bezahlt wird.

Poststempel — Der Poststempel wird zum Entwerten der Briefmarken verwendet.

Privatpost — Als Privatpost bezeichnet man in Deutschland Postunternehmen, die mit der Deutschen Post im Wettbewerb stehen. Viele Privatpost-Unternehmen geben eigene Briefmarken heraus. Diese dürfen nicht auf Sendungen kleben, die mit der Deutschen Post befördert werden.

Privatpostmarke der Citipost Hannover

Probedruck Bevor neue Marken erscheinen, wird zuerst immer ein Probedruck durchgeführt, damit man Fehler ausmerzen kann.

Prüfer In der Philatelie gibt es exzellente, gut ausgebildete Experten, die unter anderem echte Briefmarken von Fälschungen unterscheiden kann. Um Prüfer im Bund Philatelistischer Prüfer werden zu können, muss man nachweisen, dass man zu den besten Kennern seines Gebietes gehört.

Rollenmarke Normalerweise erscheinen Briefmarken in Bogen. In Deutschland enthalten die Schalterbogen zehn Briefmarken. Manchmal lässt die Post aber auch Briefmarken in Rollen zu 100 oder mehr Briefmarken aufwickeln. Rollenmarken braucht man zum Beispiel für Briefe, die von einer Maschine frankiert werden. Es gibt nass- und selbstklebende Rollenmarken.

Satz Ein Satz umfasst Briefmarken verschiedener Motive und/ oder Wertstufen zu einem Thema. Sie erscheinen am selben Tag oder in einem überschaubaren Zeitraum.

Schalterbogen Die Post lässt die Briefmarken nicht einzeln drucken. In Deutschland umfasst ein Schalterbogen heute normalerweise zehn Briefmarken. Andere Länder verwenden größere oder kleinere Schalterbogen. Briefmarken aus Schalterbogen werden einzeln verkauft.

Selbstklebende Marke Früher musste man alle Briefmarken hinten befeuchten, um sie auf Briefe kleben zu können. Einige nahmen einen Schwamm dazu, andere einfach die Zunge. Heute verkauft die Post selbstklebende Briefmarken. Du ziehst sie von der Trägerfolie und kannst sie direkt auf den Brief kleben.

Serie Erscheinen Briefmarken verschiedener Motive und/ oder Wertstufen zu einem Thema über einen längeren Zeitraum, spricht man von einer Serie. Die Serie kann auch mehrere Sätze umfassen.

Sondermarke Sondermarken sind Briefmarken, die zu einem bestimmten Anlass herausgegeben und gewöhnlich nur für kurze Zeit verkauft werden. Dieser kann zum Beispiel ein Fest, ein Geburtstag oder ein Jubiläum sein.

Sonderstempel Sonderstempel sind Poststempel, die aus einem bestimmten Anlass erscheinen. Meistens haben sie ein Motiv zum Anlass.

Tagesstempel Der üblicherweise im Postamt verwendete Poststempel wird auch als Tagesstempel bezeichnet. Die Mitarbeiter in Postämtern verwenden gewöhnlich Handstempel.

Tauschtag Ein Tauschtag ist ein Treffen, auf dem Sammler Briefmarken tauschen können.

Thematischer Sammler Jemand, der Briefmarken zu einem Thema zusammenträgt, zum Beispiel zur Geschichte der Schifffahrt.

Währung Unsere Währung ist der Euro, zu dem die Cent-Münzen gehören. Das in einem Land umlaufende Geld bezeichnet man als Währung.

Wasserzeichen Das Wasserzeichen sollte früher Briefmarken vor Fälschungen schützen. Es ist im Papier enthalten. Es wird sichtbar, wenn du die Briefmarke in eine dunkel gefärbte Schüssel legst und etwas Feuerzeugbenzin darüberträufelst – dabei bitte gut lüften. Manche Briefmarken gibt es mit verschiedenen Wasserzeichen.

Werbestempel Einen Poststempel mit Werbung bezeichnet man als Werbestempel.

Wohlfahrtsmarken Wohlfahrtsmarken sind Zuschlagsmarken, deren Zuschlag wohltätigen Einrichtungen zugute kommt, zum Beispiel dem Roten Kreuz.

Zuschlagsmarken Zuschlagsmarken sind Sondermarken, die mit einem Zuschlag versehen sind. Dieser wird nicht als Porto anerkannt. Der Zuschlag kommt zum Beispiel der Stiftung zur Förderung der Philatelie und Postgeschichte zugute, die damit Jugendgruppen unterstützt.

Zuschlagsmarke des Saarlandes zum Tag der Briefmarke.

Text: Junge Briefmarkensammler Wiesloch (Annika Beyerer, Tim Beyerer, Tristan Beyerer, Malte Brenner, Marc Faulhaber, Tilman Heß, Simon Letzel, Anna-Lena de Luca, Jonathan Müller, Konstantin Stadler, Daniel Weber, Jugendgruppenleiter Burkhard Kirsch)

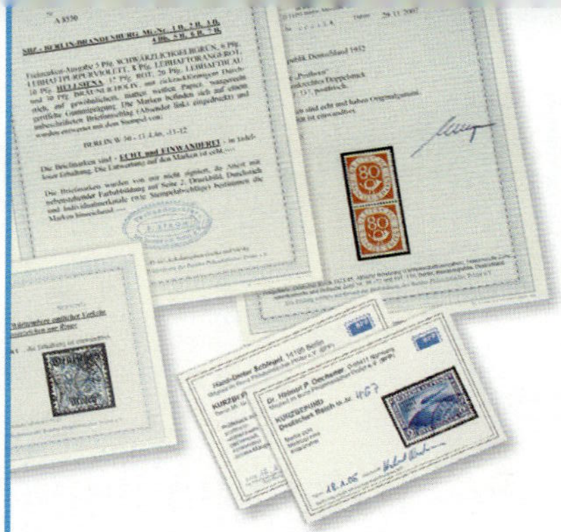

MICHEL®

neutral · kompetent · zuverlässig

Preisträger Deutscher Verlagspreis 19

Deutschland Kompakt 2021

Fehl- und Bestandsliste

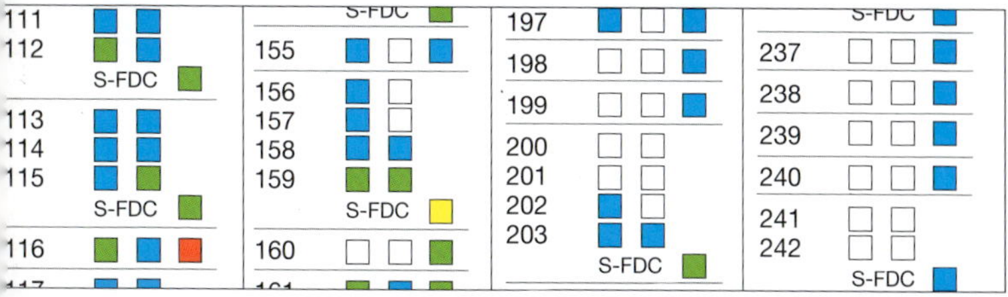

Die Farben der Kästchen entsprechen folgenden Werten:

- ☐ bis 10 €
- ☐ von 11 bis 50 €
- ☐ von 51 bis 200 €
- ☐ von 201 bis 1000 €
- ☐ ab 1001 €
- ☐ Bewertung derzeit nicht möglich

Telefon (0 89) 32393-02, Telefax (0 89) 3232402
Internet: http://www.michel.de oder
http://www.briefmarken.de
Druck: Parzeller print & media GmbH & Co. KG, Frankfurter Straße 8, 36043 Fulda

Hinweise zur Verwendung der Bestandsliste

Funktionsweise:

Es werden fortlaufend alle im Deutschland Kompakt 2021 erfassten MICHEL-Nummern mit ein bis drei Kästchen zur Wertbestimmung gelistet.

Der Sammler kann Marken, die sich schon in seinem Besitz befinden oder ihm noch fehlen markieren und durch die Färbung der Kästchen gleichzeitg erfassen, welchen Wert die Marken haben.

Die erste Spalte der Kästchen entspricht ungebrauchten Erhaltungen. Dies sind häufig Postfrisch-Werte, können aber auch Bewertungen für Falz oder Marken ohne Gummierung sein.

In die mittlere Spalte werden entwertete Marken eingetragen. In der Mehrzahl sind das Entwertungen mit Poststempel, bei DDR mehrheitlich Abstempelungen zu philatelistischen Zwecken.

Die rechte Spalte bildet die Werte der FDC ab; das können Einzel- oder Satz-FDC sein.

Die Farben der Kästchen entsprechen folgenden Werten:

- ☐ (weiß) bis 10 €
- ☐ (blau) von 11 bis 50 €
- ☐ (grün) von 51 bis 200 €
- ☐ (gelb) von 201 bis 1000 €
- ☐ (rot) ab 1001 €
- ☐ (grau) Bewertung derzeit nicht möglich

Sammlungsbewertung:

- ☐ (weiß) Grundlage einer Sammlung – geringer materieller Wert
- ☐ (blau) Umfangreichere Sammlung – gewisser materieller Wert
- ☐ (grün) Gut ausgebaute Sammlung – nennenswerter materieller Wert
- ☐ (gelb) Weit fortgeschrittene Sammlung – bedeutender materieller Wert
- ☐ (rot) Spitzensammlung – erheblicher materieller Wert

Je mehr Kästchen angekreuzt sind, desto vollständiger ist die Sammlung. Je mehr grüne, gelbe oder rote Kästchen angekreuzt sind, umso materiell wertvoller ist die Sammlung. Diese Aussage gilt für Sammlungen, die jeweils ein Exemplar einer MiNr. enthalten.

Inhaltsverzeichnis

MiNr. ungebr. entw. FDC

Altdeutschland

Baden

1
2
3
4
5
6
7
8
9
10
11
12
13
14
15
16
17
18
19
20
21
22
23
24
25

Landpost-Portomarken

1 x
1 y
2 x
2 y
3 x

Bayern

1
2 I
4 I
2 II
3
4 II
5
6
7
8
9
10
11
12
13
14
15
16
17
18
19
20
21
22 X
22 Y
23 X
23 Y
24 X
24 Y
25 X
25 Y
26 X
26 Y
27 X
27 Y
28 X
28 Y
29 X
29 Y
30
31
32
33
34
35
36
37
38
39
40
41
42
43
44
45
46
47
48
49
50
51
52
53
54
55
56
57
58
59
60
61
62
63
64
65
66
67
68
69
70
71
72
73
74
75
76 I
76 II
77 I
77 II
78 I
78 II
79 I
79 II
80 I
80 II
81 I
81 II
82 I
82 II
83 I
83 II
84 II
85 I
85 II
86 I
86 II
87 I
87 II
88 I
88 II
89 I
89 II
90 I
90 II
91 I
91 II
92 A
92 B
93 A
93 B
94 I
95 I
96 I
97 I
98 I
99 I
100 I
101 I
102 I
103 I
104 I
105 I
106 I
107 I
108 I
109 I
94 II A
94 II B
97 II A
97 II B
98 II A
98 II B
99 II A
99 II B
100 II A
100 II B
101 II A
101 II B
102 II A
102 II B
103 II A
103 II B
104 II A
104 II B
105 II A
105 II B
106 II A
106 II B
107 II A
107 II B
108 II A
108 II B
109 II A
109 II B
110 A
110 B
111 A
112 A
112 B
113 A
113 B
114 A
114 B
115 A
115 B
116 II A
117 II A

MiNr.	ungebr. entw.	FDC
118 II A	☐	☐
119 II A	☐	☐
120 II A	☐	☐
121 II A	☐	☐
122 II A	☐	☐
123 II A	☐	☐
124 II A	☐	☐
125 II A	☐	☐
126 II A	☐	☐
127 II A	☐	☐
128 I A	☐	☐
128 II A	☐	☐
129 I A	☐	☐
129 II A	☐	☐
130 I A	☐	☐
130 II A	☐	☐
131 I A	☐	☐
131 II A	☐	☐
132 I A	☐	☐
132 II A	☐	☐
133 I A	☐	☐
133 II A	☐	☐
116 II B	☐	☐
117 II B	☐	☐
118 II B	☐	☐
119 II B	☐	☐
120 II B	☐	☐
121 II B	☐	☐
122 II B	☐	☐
123 II B	☐	☐
124 II B	☐	☐
125 II B	☐	☐
126 II B	☐	☐
127 II B	☐	☐
128 II B	☐	☐
129 II B	☐	☐
130 II B	☐	☐
131 II B	☐	☐
132 II B	☐	☐
133 II B	☐	☐
134 II A	☐	☐
134 II B	☐	☐
135 II A	☐	☐
135 II B	☐	☐
136	☐	☐
137	☐	☐
138	☐	☐
139	☐	☐
140	☐	☐
141	☐	☐
142	☐	☐
143	☐	☐
144	☐	☐
145	☐	☐
146	☐	☐
147	☐	☐

MiNr.	ungebr. entw.	FDC
148	☐	☐
149 A	☐	☐
149 B	☐	☐
150 A	☐	☐
150 B	☐	☐
151 A	☐	☐
151 B	☐	☐
152 A	☐	☐
153 A	☐	☐
154 A	☐	☐
155 A	☐	☐
156 A	☐	☐
157 A	☐	☐
158 A	☐	☐
159 A	☐	☐
160 A	☐	☐
161 A	☐	☐
162 A	☐	☐
163 A	☐	☐
164 A	☐	☐
165 A	☐	☐
166 A	☐	☐
167 A	☐	☐
168 A	☐	☐
169 A	☐	☐
170 A	☐	☐
152 B	☐	☐
153 B	☐	☐
154 B	☐	☐
155 B	☐	☐
156 B	☐	☐
157 B	☐	☐
158 B	☐	☐
159 B	☐	☐
160 B	☐	☐
161 B	☐	☐
162 B	☐	☐
163 B	☐	☐
164 B	☐	☐
165 B	☐	☐
166 B	☐	☐
167 B	☐	☐
168 B	☐	☐
169 B	☐	☐
170 B	☐	☐
171 A	☐	☐
171 B	☐	
172 A	☐	☐
172 B	☐	
173 A	☐	☐
173 B	☐	☐
174 A	☐	☐
174 B	☐	☐
175 A	☐	☐
175 B	☐	☐
176 A	☐	☐

MiNr.	ungebr. entw.	FDC
176 B	☐	☐
177	☐	☐
178	☐	☐
179	☐	☐
180	☐	☐
181	☐	☐
182	☐	☐
183	☐	☐
184	☐	☐
185	☐	☐
186	☐	☐
187	☐	☐
188	☐	☐
189	☐	☐
190	☐	☐
191	☐	☐
192	☐	☐
193	☐	☐
194	☐	☐
195	☐	☐

Dienstmarken

MiNr.	ungebr. entw.	FDC
1	☐	☐
2	☐	☐
3	☐	☐
4	☐	☐
5	☐	☐
6	☐	☐
7	☐	☐
8	☐	☐
9	☐	☐
9	☐	☐
10	☐	☐
11	☐	☐
12	☐	☐
13	☐	☐
14	☐	☐
15	☐	☐
16	☐	☐
17	☐	☐
18	☐	☐
19	☐	☐
20	☐	☐
21	☐	☐
22	☐	☐
23	☐	☐
24	☐	☐
25	☐	☐
26	☐	☐
27	☐	☐
28	☐	☐
29	☐	☐
30	☐	☐
31	☐	☐
32	☐	☐
33	☐	☐
34	☐	☐
35	☐	☐
36	☐	☐
37	☐	☐
38	☐	☐
39	☐	☐
40	☐	☐
41	☐	☐
42	☐	☐
43	☐	☐
44	☐	☐
45	☐	☐
46	☐	☐
47	☐	☐
48	☐	☐
49	☐	☐
50	☐	☐
51	☐	☐
52	☐	☐
53	☐	☐
54	☐	☐
55	☐	☐
56	☐	☐
57	☐	☐
58	☐	☐
59	☐	☐
60	☐	☐
61	☐	☐

Portomarken

MiNr.	ungebr. entw.	FDC
1	☐	
2 X	☐	☐
2 Y	☐	☐
3 X	☐	☐
3 Y	☐	☐
4	☐	☐
5	☐	☐
6	☐	☐
7	☐	☐
8	☐	☐
9	☐	☐
10	☐	☐
11	☐	☐
12	☐	☐
13	☐	☐

Portofreiheitsmarken

MiNr.	ungebr. entw.	FDC
1	☐	☐
2	☐	☐
3	☐	☐
4	☐	☐
5	☐	☐
6	☐	☐

MiNr.	ungebr.	entw.	FDC
7			
8			
9			
10			
11			
12			
13			
14			
15			
16			
17			
18			
19			
20			
21			
22			
23			
24			
25			
26			
27			
28			
29			
30			
31			
32			
33			
34			
35			
36			
37			
38			
39			
40			

Flugpostmarke (halbamtlich)

MiNr.	ungebr.	entw.	FDC
F I			

Bergedorf

MiNr.	ungebr.	entw.	FDC
1 a			
1 b			
2			
3			
4			
5			

Braunschweig

MiNr.	ungebr.	entw.	FDC
1			
2			
3			
4			
5			
6			
7			
8			
9			
10			
11			
12			
13			
14			
14			
15			
16			
17			
18			
19			
20			

Bergedorf

MiNr.	ungebr.	entw.	FDC
1			
2			
3			
4			
5			
6			
7			
8			
9			
10			
11			
12			
13			
14			
15			

Hamburg

MiNr.	ungebr.	entw.	FDC
1			
2			
3			
4			
5			
6			
7			
8			
9			
10			
11			
12			
13			
14			
15			
16			
17			
18			
19			
20			
21			
22			

Hannover

MiNr.	ungebr.	entw.	FDC
1			
2 a			
2 b			
3 a			
3 b			
4			
5			
6			
7			
8			
9			
10			
11			
12			
13			
14			
15			
16			
17			
18			
19			
20			
21 x			
21 y			
22 x			
22 y			
23 x			
23 y			
24 y			
25 x			
25 y			

Helgoland

MiNr.	ungebr.	entw.	FDC
1			
2			
3			
4			
6			
7			
8			
9			
10			
11			
12			
13			
14			
15			
16			
17			
18			
19			
20			

Lübeck

MiNr.	ungebr.	entw.	FDC
1			
2			
3			
4			
5			
6			
7			
8			
9			
10			
11			
12			
13			
14			

Mecklenburg-Schwerin

MiNr.	ungebr.	entw.	FDC
1			
2			
3			
4			
5			
6 a			
6 b			
7 I			
7 II			
8			

Mecklenburg-Strelitz

MiNr.	ungebr.	entw.	FDC
1 a			
1 b			
2 a			
2 b			
3			
4			
5			
6			

Oldenburg

MiNr.	ungebr.	entw.	FDC
1			
2			

MiNr. ungebr. entw. FDC

3	🟨	🟩
4	🟨	🟩
5	🟥	🟥
6	🟨	🟩
7	🟥	🟨
8	🟥	🟨
9	🟨	🟥
10	🟨	🟨
11	🟨	🟨
12	🟨	🟨
13	🟨	🟨
14	🟨	🟨
15 A	🟨	🟨
16 A	🟨	🟩
17 A	🟩	🟦
18 A	🟨	🟩
19 A	🟨	🟩
15 B	🟦	🟨
16 B	🟦	🟨
17 B	🟦	🟩
18 B	🟩	🟨
19 B	🟩	🟨

Preußen

1	🟩	🟩
2	🟩	🟦
3	🟩	🟦
4	🟩	🟦
5	🟩	🟩
6	🟨	🟦
7	🟥	🟩
8	🟩	🟦
9	🟩	🟦
10	🟦	🟦
11	🟩	🟦
12	🟩	🟦
13	🟨	🟩
14	🟦	🟦
15	🟦	🟦
16	⬜	⬜
17	🟦	⬜
18	⬜	⬜
19	🟦	🟩
20	🟩	🟩
21	🟩	🟨
22	🟦	🟩
23	🟩	🟩
24	🟦	🟦
25	🟦	🟩
26	🟦	🟩

MiNr. ungebr. entw. FDC

Sachsen

1	🟥	🟥
2	🟩	🟩
3	🟩	🟦
4	🟩	🟦
5	🟨	🟩
6	🟩	🟦
7	🟨	🟩
8	🟦	⬜
9	🟦	⬜
10	🟦	🟦
11	🟦	🟦
12	🟩	🟩
13	🟨	🟨
14	⬜	🟦
15	⬜	⬜
16	⬜	⬜
17	⬜	⬜
18	⬜	🟦
19	🟦	🟩

Schleswig-Holstein und Lauenburg

1	🟨	🟥
2	🟨	🟥
3	🟩	🟨
4	🟩	🟦
5	🟩	🟩
6	🟩	🟩
7	🟩	🟩
8	🟦	🟩
9	🟦	🟦
10	🟩	🟩
11	🟩	🟨
12	🟩	🟥
13	🟦	🟩
14	🟩	🟦
15	🟦	🟩
16	🟦	🟩
17	🟦	🟩
18	🟦	🟩
19	🟩	🟩
20	🟩	🟦
21	🟩	🟩
22	🟩	🟦
23	🟩	🟩
24	🟩	🟩
25	🟩	🟩

MiNr. ungebr. entw. FDC

Thurn und Taxis

1	🟨	🟦
2	🟩	🟩
3	🟨	🟦
4	🟨	🟩
5	🟨	🟦
6	🟨	🟦
7	🟩	🟦
8	🟨	🟦
9	🟨	⬜
10	🟨	🟦
11	🟨	🟦
12	🟨	🟦
13	🟩	🟦
14	🟨	🟩
15	🟨	🟦
16	🟩	🟦
17	🟩	🟩
18	⬜	🟨
19	⬜	🟨
20	🟦	⬜
21	🟨	🟦
22	🟨	🟦
23	🟨	🟩
24	⬜	🟩
25	⬜	🟨
26	🟦	🟦
27	🟦	🟩
28	🟩	🟦
29	🟩	🟦
30	🟦	🟩
31	🟦	🟦
32	🟦	🟦
33	🟦	🟦
34	⬜	🟦
35	⬜	🟨
36	🟦	🟨
37	🟦	🟦
38	🟦	🟦
39	⬜	🟩
40	⬜	🟦
41	🟦	🟦
42	🟦	🟦
43	⬜	🟦
44	⬜	🟦
45	⬜	🟥
46	⬜	🟨
47	⬜	🟩
48	⬜	🟩
49	⬜	🟨
50	⬜	🟩
51	⬜	🟦
52	⬜	🟦
53	⬜	🟦
54	⬜	🟦

MiNr. ungebr. entw. FDC

Würtemberg

1	🟥	🟩
2	🟨	🟦
3	🟥	🟦
4	🟥	🟦
5	🟥	🟨
6	🟨	🟩
7	🟨	🟦
8	🟨	🟩
9	🟥	🟩
10	🟥	🟥
11	🟨	🟩
12	🟨	🟦
13	🟥	🟩
14	🟥	🟩
15	🟥	🟥
16 x	🟥	🟩
17 x	🟨	🟦
18 x	🟥	🟩
19 x	🟥	🟩
16 y	🟥	🟨
17 y	🟨	🟩
18 y	🟨	🟩
19 y	🟥	🟨
20 y	🟥	🟥
21	🟨	🟨
22	🟨	🟩
23	🟨	🟩
24	🟥	🟨
25	🟩	🟦
26	🟨	⬜
27	🟩	🟩
28	🟨	🟩
29	🟥	🟨
30	🟩	🟦
31	🟩	⬜
32	🟨	🟩
33	🟥	🟩
34	🟥	🟨
35	🟥	🟩
36	🟦	⬜
37	🟨	🟩
38	🟦	⬜
39	🟩	🟦
40	🟩	🟦
41	🟩	🟩
42	🟥	🟥
43	🟩	🟦
44	🟦	⬜
45	🟦	⬜
46	⬜	⬜
47	⬜	⬜

MiNr.	ungebr.	entw. FDC
48		
49		
50		
51		
52		
53		
54		
55		
56		
57		
58		
59		
60		
61		
62		

Dienstmarken der Gemeindebehörden

MiNr.	ungebr.	entw. FDC
101		
102		
103		
104		
105		
106		
107		
108		
109		
110		
111		
112		
113		
114		
115		
116		
117		
118		
119		
120		
121		
122 x		
122 y		
123		
124		
125		
126		
127		
128		
129		
130		
131		
132		

MiNr.	ungebr.	entw. FDC
133		
134		
135		
136		
137		
138		
139		
140		
141		
142		
143		
144		
145		
146		
147		
148		
149		
150		
151		
152		
153		
154		
155		
156		
157		
158		
159		
160		
161		
162		
163		
164		
165		
166		
167		
168		
169		
170		
171		
172		
173		
174		
175		
176		
177		
178		
179		
180		
181		
182		
183		
184		
185		
186		
187		

MiNr.	ungebr.	entw. FDC
188		
201		
202		
203		
204		
205		
206		
207		
208		
209		
210		
211		
212		
213		
214		
215		
216		
217		
218		
219		
220		
221		
222		
223		
224		
225		
226		
227		
228		
229		
230		
231		
232		
233		
234		
235		
236		
237		
238		
239		
240 X		
240 Y		
241		
242		
243		
244		
245		
246		
247		
248		
249		
250		
251		

MiNr.	ungebr.	entw. FDC
252		
253		
254		
255		
256		
257		
258		
259 X		
259 Y		
260		
261		
262		
263		
264		
265		
266		
267		
268		
269 X		
269 Y		
270		
271 X		
271 Y		
272		
273		
274		
275		
276		
277		
278		
279		
280		
281		

Norddeutscher Bund (Norddt. Postbezirk)

MiNr.	ungebr.	entw. FDC
1		
2		
3		
4		
5		
6		
7		
8		
9		
10		
11		
12		
13		
14		
15		
16		
17		

MiNr.	ungebr.	entw.	FDC
18			
19			
20			
21			
22			
23			
24			
25			
26			

Dienstmarken

MiNr.	ungebr.	entw.	FDC
1			
2			
3			
4			
5			
6			
7			
8			
9			

Besetzte Gebiete in Frankreich, Elsass und Lothringen

MiNr.	ungebr.	entw.	FDC
1 I			
2 I			
3 I			
4 I			
5 I			
6 I			
7 I			
1 II			
2 II			
3 II			
4 II			
5 II			
6 II			
7 II			

Deutsches Reich

MiNr.	ungebr.	entw.	FDC
1			
2			
3			
4			
5			
6			
7			
8			
9			
10			
11			
12			
13			
14			
15			
16			
17			
18			
19			
20			
21			
22			
23			
24			
25			
26			
27			
28			
29			
30			
31			
32			
33			
34			
35			
36			
37			
38			
39			
40			
41			
42			
43			
44			
45			
46			
47			
48			
49			
50			
52			
53			
54			
55			
56			
57			
58			
59			
60			
61			
62			
63			
64			
65			
66			
A I			
68			
69			
70			
71			
72			
73			
74			
75			
76			
77			
78 A			
79 A			
80 A			
81 A			
78 B			
80 B			
81 B			
82 A			
82 B			
83 I			
84 I			
85 I			
86 I			
84 II			
85 II			
86 II			
87 I			
88 I			
89 I			
90 I			
91 I			
92 I			
93 I			
87 II			
88 II			
89 II			
90 II			
91 II			
92 II			
93 II			
94 A I			
95 A I			
96 A I			
97 A I			
94 A II			
95 A II			
96 A II			
97 A II			
94 B			
95 B			
96 B			
97 B			
98			
99			
100			
101			
102			
103			
104			
105			
106			
107			
108			
109			
110			
111			
112			
A 113			
113			
114			
115			
116			
117			
118			
119			
120			
121			
122			
123			
124			
125			
126			
127			
128			
129			
130			
131			
132			
133 I			
133 II			
134			
135			

MiNr.	ungebr.	entw.	FDC
136			
137			
138			
140			
141			
142			
143			
144			
145			
146			
147			
148			
149			
150			
151			
152			
153			
154			
155			
156			
157			
158			
159			
160			
161			
162			
163			
164			
165			
166			
167			
168			
169			
170			
171			
172			
173			
174			
175			
176			
177			
178			
179			
180			
181			
182			
183			
184			
185			
186			
187			
188			
189			
190			
191			
192			

MiNr.	ungebr.	entw.	FDC
193			
194			
195			
196			
197			
198			
199			
200			
201			
202			
203			
204			
205			
206			
207			
208			
209			
210			
211			
212			
213			
214			
215			
216			
217			
218			
219			
220			
221			
222			
223			
224			
225			
226			
227			
228			
229			
230			
231			
232			
233			
234			
235			
236			
237			
238			
239			
240			
241			
242			
243			
244			
245			

MiNr.	ungebr.	entw.	FDC
246			
247			
248			
249			
250			
251			
252			
253			
254			
255			
256			
257			
258			
259			
260			
261			
262			
263			
264			
265			
266			
267			
268			
269			
270			
271			
272			
273			
274			
275			
276			
277			
278			
279			
280			
281			
282			
283			
284			
285			
286			
287			
288			
289			
290			
291			
292			
293			
294			
295			
296			
297			
298			
299			

MiNr.	ungebr.	entw.	FDC
300			
301			
302			
303			
304			
305			
306			
307			
308			
309 A			
309 B			
310			
311			
312 A			
312 B			
313			
314			
315			
316			
317			
318 A			
319 A			
320			
321 A			
322			
323 A			
324			
325 A			
326 A			
327 A			
328			
329 A			
330 A			
318 B			
319 B			
321 B			
323 B			
325 B			
326 B			
327 B			
329 B			
330 B			
331			
332			
333			
334 A			
335 A			
336 A			
337			
334			
335			
336			
338			
339			

MiNr.	ungebr.	entw. FDC
340	□	□
341	□	□
342	blue	□
343	green	□
344	□	□
344	□	□
345	□	□
346	blue	□
347	green	blue
348	yellow	green
349	yellow	green
350	yellow	green
351	□	□
352	□	□
353	blue	blue
354	green	green
355	□	□
356	□	□
357	□	□
358	blue	□
359	blue	□
360	green	□
361	green	□
362	blue	□
363	green	□
364	blue	□
365	green	□
366	green	□
367	green	blue
368	□	□
369	□	□
370	blue	□
371	blue	blue
372	□	□
373	□	□
374	blue	□
375	□	□
376	□	□
377	blue	blue
378	□	□
379	□	□
A379	blue	□
380	blue	□
381	yellow	□
382	green	□
383	green	□
384	yellow	green
385	□	□
386	□	□
387	blue	□
388	□	□
389	blue	□
390	□	□

MiNr.	ungebr.	entw. FDC
391	blue	□
392	green	□
393	blue	□
394	green	□
395	green	□
396	green	□
397	yellow	□
398	□	□
399	□	□
400	blue	blue
401	green	green
403	□	□
404	□	□
405	blue	blue
406	green	blue
407	green	green
408	green	green
409	green	green
410	□	□
411	□	□
412	□	□
413	blue	□
414	□	□
415	blue	□
416	green	□
417	blue	□
418	yellow	□
419	green	□
420	green	□
421	green	□
422	yellow	□
423	yellow	green
424	green	blue
425	□	□
426	□	□
427	□	□
428	blue	blue
429	green	green
430	□	□
431	□	□
432	□	□
433	green	green
434	green	green
435	blue	□
436	green	□
437	green	□
438	orange	yellow
439	orange	yellow
440	green	blue
444	blue	□
445	blue	□
446	green	green
447	green	green

MiNr.	ungebr.	entw. FDC
448	green	green
449	green	green
Block 1	orange	orange
450	□	□
451	□	□
452	blue	blue
453	green	green
454	□	□
455	green	blue
456	yellow	green
457	orange	yellow
458	orange	yellow
459	□	□
460	□	□
461	green	blue
462	green	green
463	blue	blue
464	blue	blue
465	□	□
466	blue	□
467	□	□
468	□	□
469	blue	□
470	blue	blue
471	blue	□
472	green	□
473	blue	blue
474	□	□
475	□	□
476	□	□
477	blue	blue
478	green	green
479	□	□
480	□	□
481	yellow	blue
482	green	□
483	blue	□
484	□	□
485	blue	□
486	blue	□
487	blue	□
488	blue	blue
489	green	□
490	blue	□
491	yellow	□
492	green	□
493	yellow	□
494	blue	□
495	green	blue
496	orange	yellow
497	yellow	yellow
498	yellow	yellow
499	blue	□

MiNr.	ungebr.	entw. FDC
500	blue	□
501	blue	□
502	blue	□
503	blue	□
504	blue	□
505	yellow	green
506	yellow	blue
507	yellow	green
508	yellow	yellow
509	yellow	yellow
510	yellow	yellow
511	yellow	yellow
Block 2	orange	orange
512	□	□
513	□	□
514	□	□
515	□	□
516	□	□
517	□	□
518	□	□
519	□	□
520	□	□
521	□	□
522	□	□
523	□	□
524	blue	□
525	blue	□
526	□	□
527	□	□
528	blue	□
529	□	□
530	□	□
531	□	□
532	blue	□
533	blue	□
534	green	□
535	green	□
536	green	□
537	green	□
538	green	blue
539	green	green
540	blue	□
541	blue	□
542	blue	□
543	green	blue
544	blue	□
545	blue	□
546	blue	□
547	blue	□
548	□	□
549	□	□
550	□	□
551	blue	□
552	blue	□
553	green	blue

MiNr.	ungebr.	entw.	FDC
554			
555			
556			
557			
558			
559			
560			
561			
562			
563			
564			
565			
566			
567			
568			
569			
570			
571			
572			
573			
574			
575			
576			
577			
578			
579			
Block 3			
580			
581			
582			
583			
584			
585			
586			
587			
588			
589			
590			
591			
592			
593			
594			
595			
596			
597			
598			
599			
600			
601			
602			
603			
604			
605			
606			
607			
608			
609			
610			
611			
612			
613			
614			
615			
616			
617			
618			
619			
620			
621			
Block 4			
622			
623			
624–627			
Block 5			
628–631			
Block 6			
632			
633			
634			
635			
636			
637			
638			
639			
640			
641			
642			
643			
644			
645			
646			
Block 7			
647			
Block 8			
648			
Block 9			
649			
Block 10			
650			
Block 11			
651			
652			
653			
654			
655			
656			
657			
658			
659			
660			
661			
662			
663			
664			
665			
666			
667			
668			
669			
670			
671			
672			
673			
674			
675			
676			
677			
678			
679			
680			
681			
682			
683			
684			
685			
686			
687			
688			
689			
690			
691			
692			
693			
694			
695			
696			
697			
698			
699			
700			
701			
702			
703			
704			
705			
706			
707			
708			
709			
710			
711			
712			
713			
714			
715			
716			
717			
718			
719			
720			
721			
722			
723			
724			
725			
726			
727			
728			
729			
730			
731			
732			
733			
734			
735			
736			
737			
738			
Z 738			
Z 739			
739			
740			
741			
742			
743			
744			
745			
746			
747			
748			
749			
750			
751			
752			
753			
754			
755			
756			
757			

MiNr.	ungebr.	entw. FDC
758	☐	☐
759	🟦	☐
760	☐	☐
761	☐	☐
762	☐	☐
763	☐	☐
764	☐	☐
765	☐	☐
766	☐	☐
767	☐	☐
768	☐	☐
769	☐	☐
770	☐	☐
771	☐	☐
772	☐	☐
773	☐	☐
774	☐	☐
775	☐	☐
776	☐	☐
777	☐	☐
778	🟦	🟦
779	🟦	☐
780	🟦	☐
781	☐	☐
782	☐	☐
783	☐	☐
784	☐	☐
785	☐	☐
786	☐	☐
787	☐	☐
788	☐	☐
789	☐	☐
790	☐	☐
791	☐	☐
792	☐	☐
793	☐	☐
794	☐	☐
795	☐	☐
A 795	☐	☐
796	☐	☐
797	☐	☐
798	☐	☐
799	☐	☐
800	☐	☐
801	☐	🟦
802	☐	🟩
803	🟦	☐
804	☐	☐
805	☐	☐
806	☐	☐
807	☐	☐
808	☐	☐
809	☐	☐

MiNr.	ungebr.	entw. FDC
810	☐	☐
811	☐	☐
812	☐	☐
813	🟦	☐
814	🟦	🟦
815	☐	☐
816	☐	☐
817	☐	☐
818	☐	☐
819	☐	☐
820	☐	☐
821	☐	☐
822	☐	☐
823	☐	☐
824	☐	☐
825	☐	☐
826	☐	☐
827	☐	☐
828	☐	☐
829	☐	☐
830	☐	☐
831	☐	☐
832	☐	☐
833	☐	☐
834	☐	☐
835	☐	☐
836	☐	☐
837	☐	☐
838	☐	☐
839	☐	☐
840	☐	☐
841	☐	☐
842	☐	☐
843	☐	☐
844	☐	☐
845	☐	☐
846	☐	☐
847	☐	☐
848	☐	☐
849	☐	☐
850	☐	☐
851	☐	☐
852	☐	☐
853	☐	☐
854	☐	☐
855	☐	☐
856	☐	☐
857	☐	☐
858	☐	☐
859	☐	☐

MiNr.	ungebr.	entw. FDC
860	☐	☐
861	☐	☐
862	☐	☐
863	☐	☐
864	☐	☐
865	☐	☐
866	☐	☐
867	☐	☐
868	☐	☐
869	☐	☐
870	☐	☐
871	☐	☐
872	☐	☐
873	☐	☐
874	☐	☐
875	☐	☐
876	☐	☐
877	☐	☐
878	☐	☐
879	☐	☐
880	☐	☐
881	☐	☐
882	☐	☐
883	☐	☐
884	☐	☐
885	☐	☐
886	☐	☐
887	☐	☐
888	☐	☐
889	☐	☐
890	☐	☐
891	☐	☐
892	☐	☐
893	☐	☐
894	☐	☐
895	☐	☐
896	☐	☐
897	☐	☐
898	☐	☐
899	☐	☐
900	☐	☐
901	☐	☐
902	☐	☐
903	☐	☐
904	☐	☐
906	☐	☐
907	☐	☐
908	☐	☐
909	☐	🟦
910	🟦	🟦

MiNr.	ungebr.	entw. FDC
DIENSTMARKEN		
1	☐	☐
2	☐	☐
3	☐	☐
4	☐	☐
5	☐	☐
6	☐	☐
7	☐	☐
8	☐	☐
9	🟩	🟩
10	☐	🟦
11	☐	🟦
12	☐	☐
13	☐	☐
14	🟦	🟩
16	☐	☐
17	☐	☐
18	☐	☐
19	☐	☐
20	☐	☐
21	☐	☐
22	🟦	☐
23	☐	🟦
24	☐	☐
25	☐	☐
26	☐	☐
27	☐	☐
28	☐	☐
29	☐	☐
30	☐	☐
31	☐	☐
32	🟦	☐
33	☐	☐
34	☐	☐
35	☐	☐
36	☐	☐
37	☐	☐
38	☐	☐
39	☐	☐
40	☐	☐
41	☐	☐
42	🟦	☐
43	☐	☐
44	☐	☐
45	☐	☐
46	☐	☐
47	☐	☐
48	☐	☐
49	☐	☐
50	☐	☐
51	🟦	🟦
52	🟦	🟦
53	☐	☐
54	🟦	☐
55	🟦	🟦
56	🟦	🟦

MiNr.	ungebr.	entw. FDC
57		
58		
59		
60		
60		
61		
62		
63		
64		
65		
66		
67		
68		
69		
70		
71		
72		
73		
74		
75		
76		
77		
78		
79		
80		
81		
82		
83		
84		
85		
86		
87		
88		
89		
90		
91		
92		
93		
94		
95		
95		
96		
97		
98		
99		
100		
101		
102		
103		
104		
105		
106		
107		
108		
109		

MiNr.	ungebr.	entw. FDC
110		
111		
112		
113		
114		
115		
116		
117		
118		
119		
120		
121		
122		
123		
124		
125		
126		
127		
128		
129		
130		
131		
132		
133		
134		
135		
136		
137		
138		
139		
140		
141		
142		
143		
144		
145		
146		
147		
148		
149		
150		
151		
152		
153		
154		
155		
156		
157		
158		
159		
160		
161		
162		
163		
164		

MiNr.	ungebr.	entw. FDC
165		
166		
167		
168		
169		
170		
171		
172		
173		
174		
175		
176		
177		

Deutsche Auslandspostämter

Deutsche Post in China

MiNr.	ungebr.	entw. FDC
1 I		
2 I		
3 I		
4 I		
5 I		
6 I		
1 II		
2 II		
3 II		
4 II		
5 II		
6 II		
7 I		
7 II		
8		
9		
10		
11		
12		
13		
14		
15		
16		
17		
18		
19		
20		
21		
22		
23		
24		
25		
26		
27		
28		
29		
30		
31		
32		
33		
34		
36		
37		
38		
39		
40		
41		
42		
43		
44		
45		

MiNr. ungebr. entw. FDC

46
47

Deutsche Post
in Marokko

1
2
3
4
5
6

7
8 I
9
10
11
12
13
14
15
16 I
17 I
18 I
19 I

8 II
16 II
17 II
18 II
19 II

20

21
22
23
24
25
26
27
28
29
30
31
32
33

34
35
36
37
38
39
40
41
42
43
44
45

MiNr. ungebr. entw. FDC

46
47
48
49
50
51
52
53
54
55
56
57
58

Deutsche Post
in der Türkei

1
2
3
4
5

6
7
8
9
10

12 I
13 I
14 I
15 I
16 I
17 I
18 I
19 I
20 I
21 I
22 I
23 I

12 II
13 II
14 II
20 II
21 II
23 II

24
25
26
27
28
29
30
31
32
33
34
35

MiNr. ungebr. entw. FDC

36
37
38
39
40
41
42
43
44
45
46
47

48
49
50
51
52

MiNr. ungebr. entw. FDC

Deutsche Kolonien

Deutsch-Neuguinea

1
2
3
4
5
6

7
8
9
10
11
12
13
14
15
16
17
18
19

21
22
23

24

Deutsch-Ostafrika

1
2
3
4
5

6
7
8
9
10

11
12
13
14
15
16
17
18
19
20
21

22
23
24
25
26
27

MiNr.	ungebr.	entw.	FDC
28	blau	blau	
29	grün	grün	
30	□	□	
31	□	□	
32	□	□	
33	blau	□	
34	blau	blau	
35	blau	□	
36	blau	grün	
37	grün	gelb	
38	grün	rot	
A 38	grün		
39	grün	gelb	

Deutsch-Südwestafrika

MiNr.	ungebr.	entw.	FDC
1	□	blau	
2	□	□	
3	blau	blau	
4	□	□	
I	gelb	rot	
II	gelb	rot	
5	□	blau	
6	□	□	
7	□	□	
8	blau	blau	
9	gelb	gelb	
10	blau	blau	
11	□	□	
12	blau	□	
13	blau	□	
14	blau	□	
15	□	□	
16	grün	□	
17	□	□	
18	□	□	
19	□	blau	
20	grün	blau	
21	blau	blau	
22	blau	grün	
23	gelb	grün	
24	□	□	
25	□	□	
26	□	□	
27	□	□	
28	blau	grün	
29	grün	grün	
30	grün	grün	
31	grün		
32	grün	gelb	

Kamerun

MiNr.	ungebr.	entw.	FDC
1	blau	blau	
2	□	□	
3	□	□	
4	□	□	
5	blau	blau	
6	blau	blau	
7	□	□	
8	blau	□	
9	blau	□	
10	blau	□	
11	□	□	
12	□	□	
13	□	□	
14	□	□	
15	□	blau	
16	grün	grün	
17	□	grün	
18	□	grün	
19	gelb	gelb	
20	□		
21	□	□	
22	□	□	
23	□	grün	
24	blau		
25	grün	rot	

Karolinen

MiNr.	ungebr.	entw.	FDC
1 I	gelb	gelb	
2 I	gelb	gelb	
3 I	grün	grün	
4 I	grün	grün	
5 I	rot	rot	
6 I	gelb	rot	
1 II	blau	blau	
2 II	blau	blau	
3 II	blau	blau	
4 II	blau	blau	
5 II	grün	grün	
6 II	grün	grün	
7	□	□	
8	□	□	
9	□	□	
10	□	□	
11	□	blau	
12	□	blau	
13	□	blau	
14	□	blau	
15	□	blau	
16	□	grün	
17	□	grün	
18	blau	grün	
19	gelb	gelb	
21	□		
A 21	blau		
22	grün		

Kiautschou

MiNr.	ungebr.	entw.	FDC
1 I	grün	grün	
1 II	grün	grün	
2	rot	rot	
3	rot	rot	
4	rot	rot	
5	□	□	
6	□	□	
7	□	□	
8	□	□	
9	blau	blau	
10	blau	blau	
11	blau	blau	
12	blau	blau	
13	blau	grün	
14	grün	grün	
15	grün	grün	
16	grün	gelb	
17	gelb	gelb	
18	□	□	
19	□	□	
20	□	□	
21	□	□	
22	blau	blau	
23	grün	grün	
24	grün	grün	
25	grün	grün	
26	rot	rot	
27	rot	rot	
28	□	□	
29	□	□	
30	□	□	
31	□	□	
32	□	blau	
33	□	grün	
34	blau	grün	
35	blau	grün	
36	grün	gelb	
37	grün	gelb	

Marianen

MiNr.	ungebr.	entw.	FDC
1 I	rot	rot	
2 I	rot	rot	
3 I	gelb	gelb	
4 I	gelb	gelb	
5 I	rot	rot	
6 I	rot	rot	
1 II	blau	blau	
2 II	blau	blau	
3 II	blau	grün	
4 II	blau	grün	
5 II	grün	grün	
6 II	grün	gelb	
7	□	□	
8	□	□	
9	□	□	
10	□	□	
11	□	blau	
12	□	blau	
13	□	blau	
14	□	blau	
15	□	blau	
16	□	grün	
17	□	grün	
18	□	grün	
19	grün	gelb	
20	□	□	
21	blau	gelb	

Marshall-Inseln

MiNr.	ungebr.	entw.	FDC
1 I	rot	rot	
2 I	gelb	gelb	
3 I	grün	grün	
4 I	grün	grün	
1 II	grün	gelb	
2 II	grün	gelb	
3 II	grün	grün	
4 II	grün	grün	
5 II	grün	rot	
6 II	grün	rot	
7	blau	blau	
8	blau	blau	
9	blau	blau	
10	blau	blau	
11	blau	blau	
12	blau	grün	
13	□	□	
14	□	□	
15	□	□	
16	□	blau	
17	□	blau	
18	□	blau	
19	□	blau	
20	□	blau	
21	□	blau	
22	□	grün	
23	□	grün	
24	blau	gelb	
25	grün	gelb	
26	□		
27	grün		

Samoa

MiNr.	ungebr.	entw.	FDC
1	blau	blau	
2	blau	blau	
3	blau	blau	
4	blau	blau	
5	blau	grün	
6	blau	grün	
7	□	□	
8	□	□	
9	□	□	
10	□	□	

MiNr. ungebr. entw. FDC

11
12
13
14
15
16
17
18
19

20
21
22
23

Togo

1
2
3
4
5
6

7
8
9
10
11
12
13
14
15
16
17
18
19

20
21
22
23

Deutsche Besetzungsausgaben

Landespost in Belgien

1
2
3
4
5
6
7
8
9

10
11
12
13
14
15
16
17
18
19
20
21
22
23
24
25

Etappengebiet West

1
2
3
4
5
6
7
8
9
10
11
12

Postgebiet Oberbefehlshaber Ost

1
2
3
4
5
6
7
8
9
10
11

12

Notausgabe Dorpat

1
2

Private Verbindungspost Grodno

1
2
3
4
5

Notausgabe für Libau

1 a
2 a
3 a
4 a
5 a
6 a

1 b
2 b
3 b
4 b
5 b
6 b

Deutsche Post in Polen

1
2
3
4
5

6
7
8
9
10
11
12
13
14
15
16

Militärverwaltung in Rumänien

1
2
3

4
5
6
7

8
9

10
11
12

Portomarken

1
2
3
4
5

6
7

8

Zwangszuschlagsmarken (Kriegssteuermarken)

1
2

3

4

5

6

7

Etappengebiet der 9. Armee

1
2
3
4

Deutsche Abstimmungsgebiete

Allenstein

MiNr.	ungebr.	entw.	FDC
1	☐	☐	
2	☐	☐	
3	☐	☐	
4	☐	☐	
5	☐	☐	
6	☐	☐	
7	☐	☐	
8	☐	☐	
9	☐	☐	
10	☐	☐	
11	☐	☐	
12	☐	☐	
13	☐	☐	
14	☐	☐	
15	☐	☐	
16	☐	☐	
17	☐	☐	
18	☐	☐	
19	☐	☐	
20	☐	☐	
21	☐	☐	
22	☐	☐	
23	☐	☐	
24	☐	☐	
25	☐	☐	
26	☐	☐	
27	☐	☐	
28	☐	☐	

Marienwerder

MiNr.	ungebr.	entw.	FDC
1	☐	☐	
2	☐	☐	
3	☐	☐	
4	☐	☐	
5	☐	☐	
6	☐	☐	
7	☐	☐	
8	☐	☐	
9	☐	☐	
10	☐	☐	
11	☐	☐	
12	☐	☐	
13	☐	☐	
14	☐	☐	
15	☐	☐	
16	☐	☐	
17	☐	☐	
18	☐	☐	
19	☐	☐	
20	☐	☐	
21 I	☐		
21 II a	☐	☐	
21 II b	☐	☐	
22	☐	☐	
23	☐	☐	
24	☐	☐	
25	☐	☐	
26	☐	☐	
27	☐	☐	
28	☐	☐	
29	☐	☐	
30	☐	☐	
31	☐	☐	
32	☐	☐	
33	☐	☐	
34	☐	☐	
35	☐	☐	
36	☐	☐	
37	☐	☐	
38	☐	☐	
39	☐	☐	
40	☐	☐	
41	☐	☐	
42	☐	☐	
43	☐	☐	

Oberschlesien

MiNr.	ungebr.	entw.	FDC
1	☐	☐	
2	☐	☐	
3	☐	☐	
4	☐	☐	
5	☐	☐	
6	☐	☐	
7	☐	☐	
8	☐	☐	
9	☐	☐	
10	☐	☐	
11	☐	☐	
12	☐	☐	
13	☐	☐	
14	☐	☐	
15	☐	☐	
16	☐	☐	
17	☐	☐	
18	☐	☐	
19	☐	☐	
20	☐	☐	
21	☐	☐	
22	☐	☐	
23	☐	☐	
24	☐	☐	
25	☐	☐	
26	☐	☐	
27	☐	☐	
28	☐	☐	
29	☐	☐	
30	☐	☐	
31	☐	☐	
32	☐	☐	
33	☐	☐	
34	☐	☐	
35	☐	☐	
36	☐	☐	
37	☐	☐	
38	☐	☐	
39	☐	☐	
40	☐	☐	
41	☐	☐	
42	☐	☐	
43	☐	☐	

Portomarken

MiNr.	ungebr.	entw.	FDC
1	☐	☐	
2	☐	☐	
3	☐	☐	
4	☐	☐	
5	☐	☐	
6	☐	☐	
7	☐	☐	
8	☐	☐	
9	☐	☐	
10	☐	☐	
11	☐	☐	
12	☐	☐	
13	☐	☐	
14	☐	☐	
15	☐	☐	
16	☐	☐	
17	☐	☐	
18	☐	☐	
19	☐	☐	
20	☐	☐	

Ausgabe der französischen Besatzungsbehörde

MiNr.	ungebr.	entw.	FDC
1	☐	☐	
2	☐	☐	
3	☐	☐	
4	☐	☐	
5	☐	☐	
6	☐	☐	
7	☐	☐	
8	☐	☐	
9	☐	☐	
10	☐	☐	
11	☐	☐	
12	☐	☐	
13	☐	☐	
14	☐	☐	
15	☐	☐	
16	☐	☐	
17	☐	☐	
18	☐	☐	
19	☐	☐	
20	☐	☐	
21	☐	☐	
22	☐	☐	
25	☐	☐	
26	☐	☐	
27	☐	☐	
28	☐	☐	
29	☐	☐	
30	☐	☐	
31	☐	☐	
A 31	☐	☐	
32	☐	☐	
33	☐	☐	
34		☐	

Östliches Oberschlesien

Insurgenten-Ausgabe

MiNr.	ungebr.	entw.	FDC
1 A	☐	☐	
1 B	☐	☐	
2 A	☐	☐	
2 B	☐	☐	
3 A	☐	☐	
3 B	☐	☐	
4 A	☐	☐	
4 B	☐	☐	
5 A	☐	☐	
5 B	☐	☐	
6 A	☐	☐	
6 B	☐	☐	
7 A	☐	☐	
7 B	☐	☐	

Reguläre Ausgabe

MiNr.	ungebr.	entw.	FDC
1	☐	☐	
2	☐	☐	
3	☐	☐	
4	☐	☐	
5	☐	☐	
6	☐	☐	
7	☐	☐	
8	☐	☐	
9	☐	☐	
10	☐	☐	
11	☐	☐	
12	☐	☐	
13	☐	☐	
14	☐	☐	
15	☐	☐	
16	☐	☐	
17	☐	☐	
18	☐	☐	
19	☐	☐	
20	☐	☐	

Saargebiet

MiNr.	ungebr.	entw.	FDC
1	☐	☐	
2	☐	☐	
3	☐	☐	

MiNr.	ungebr.	entw. FDC
4	weiß	weiß
5	weiß	weiß
6	weiß	weiß
7	weiß	weiß
8	weiß	weiß
9	blau	blau
10	blau	blau
11	weiß	weiß
12	weiß	weiß
13	weiß	weiß
14	weiß	weiß
15	weiß	weiß
16	gelb	gelb
17	grün	blau
A 1	rot	grau
18	weiß	weiß
19	weiß	weiß
20	weiß	weiß
21	weiß	weiß
22	blau	blau
23	blau	blau
24	blau	blau
25	weiß	weiß
26	weiß	weiß
27	blau	blau
28	grün	grün
29	gelb	grün
30	rot	rot
31	gelb	gelb
A 31	rot	rot
B 31	gelb	gelb
C 31	grün	gelb
D 31	rot	grau
32	weiß	weiß
33	weiß	weiß
34	weiß	weiß
35	weiß	weiß
36	weiß	weiß
37	weiß	weiß
38	weiß	weiß
39	weiß	weiß
40	weiß	weiß
41	weiß	weiß
42	weiß	weiß
43	blau	blau
44	weiß	weiß
45	weiß	weiß
46	weiß	weiß
47	weiß	weiß
48	weiß	weiß
49	blau	blau
50	weiß	weiß
51	blau	blau
52	blau	blau
53	weiß	weiß
54	weiß	weiß
56	weiß	weiß
57	weiß	blau
58	weiß	weiß
59	weiß	weiß
60	weiß	weiß
61	weiß	weiß
62	weiß	weiß
63	weiß	weiß
64	weiß	weiß
65	weiß	weiß
66	weiß	blau
67	blau	blau
68	blau	blau
69	grün	grün
70	weiß	weiß
71	weiß	weiß
72	weiß	weiß
73	weiß	weiß
74	weiß	weiß
75	weiß	weiß
76	weiß	weiß
77	weiß	weiß
78	weiß	weiß
79	blau	weiß
80	blau	weiß
81	blau	weiß
82	grün	blau
83	grün	blau
84	weiß	weiß
85	weiß	weiß
86	weiß	weiß
87	weiß	weiß
88	blau	weiß
89	blau	weiß
90	weiß	weiß
91	weiß	weiß
92	weiß	weiß
93	blau	blau
94	blau	weiß
95	blau	weiß
96	grün	weiß
97	grün	grün
98	weiß	weiß
99	blau	weiß
100	weiß	weiß
101	grün	weiß
102	weiß	weiß
103	blau	blau
104	blau	blau
105	blau	blau
106	blau	blau
107	grün	grün
108	weiß	weiß
109	weiß	weiß
110	weiß	weiß
111	weiß	weiß
112	weiß	weiß
113	weiß	weiß
114	weiß	weiß
115	weiß	weiß
116	weiß	blau
117	weiß	weiß
118	blau	weiß
119	blau	weiß
120	blau	weiß
121	blau	weiß
122	blau	blau
123	blau	blau
124	blau	blau
125	blau	grün
126	blau	weiß
127	blau	weiß
128	blau	grün
129	blau	grün
130	blau	grün
131	blau	grün
132	blau	grün
133	blau	grün
134	gelb	rot
135	weiß	weiß
136	blau	blau
137	blau	blau
138	blau	blau
139	blau	blau
140	blau	blau
141	grün	grün
142	weiß	weiß
143	blau	weiß
144	blau	blau
145	blau	blau
146	blau	grün
147	blau	grün
148	blau	grün
149	blau	grün
150	gelb	gelb
151	blau	blau
152	blau	blau
153	blau	grün
154	grün	grün
155	grün	grün
156	grün	grün
157	gelb	gelb
158	blau	weiß
159	grün	grün
160	blau	blau
161	blau	blau
162	blau	blau
163	blau	blau
164	grün	grün
165	grün	grün
166	grün	gelb
167	gelb	gelb
168	blau	blau
169	grün	grün
170	grün	grün
171	blau	blau
172	blau	blau
173	blau	blau
174	blau	blau
175	blau	blau
176	blau	blau
177	grün	grün
178	weiß	weiß
179	weiß	weiß
180	weiß	weiß
181	weiß	weiß
182	weiß	weiß
183	weiß	weiß
184	weiß	weiß
185	weiß	weiß
186	weiß	weiß
187	weiß	weiß
188	weiß	weiß
189	weiß	weiß
190	weiß	weiß
191	weiß	weiß
192	blau	blau
193	grün	blau
194	grün	grün
195	blau	weiß
196	weiß	weiß
197	blau	blau
198	blau	blau
199	weiß	blau
200	weiß	blau
201	blau	blau
202	blau	blau
203	blau	blau
204	blau	blau
205	blau	blau

Dienstmarken

MiNr.	ungebr.	entw. FDC
1	weiß	blau
2	weiß	weiß
3	weiß	weiß
4	weiß	weiß
5	weiß	weiß
6	blau	weiß
7	weiß	weiß
8	weiß	weiß
9	weiß	weiß
10	grün	blau
11	blau	weiß

MiNr.	ungebr.	entw.	FDC
12	☐	☐	
13	☐	☐	
14	☐	☐	
15	☐	☐	
16	☐	☐	
17	☐	☐	
18	☐	☐	
19	☐	☐	
20	☐	☐	
21	☐	☐	
22	☐	☐	
23	☐	☐	
24	☐	☐	
25	☐	☐	
26	☐	☐	
27	☐	☐	
28	☐	☐	
29	☐	☐	
30	☐	☐	
31	☐	☐	
32	☐	☐	
Schleswig			
1	☐	☐	
2	☐	☐	
3	☐	☐	
4	☐	☐	
5	☐	☐	
6	☐	☐	
7	☐	☐	
8	☐	☐	
9	☐	☐	
10	☐	☐	
11	☐	☐	
12	☐	☐	
13	☐	☐	
14	☐	☐	
Ausgabe für die 1. Zone			
15	☐	☐	
16	☐	☐	
17	☐	☐	
18	☐	☐	
19	☐	☐	
20	☐	☐	
21	☐	☐	
22	☐	☐	
23	☐	☐	
24	☐	☐	
25	☐	☐	
26	☐	☐	
27	☐	☐	
28	☐	☐	
Dienstmarken			
1	☐	☐	
2	☐	☐	

MiNr.	ungebr.	entw.	FDC
3	☐	☐	
4	☐	☐	
5	☐	☐	
6	☐	☐	
7	☐	☐	
8	☐	☐	
9	☐	☐	
10	☐	☐	
11	☐	☐	
12	☐	☐	
13	☐	☐	
14	☐	☐	

Freie Stadt Danzig

MiNr.	ungebr.	entw.	FDC
1	☐	☐	
2	☐	☐	
3	☐	☐	
4	☐	☐	
5	☐	☐	
6	☐	☐	
7	☐	☐	
8	☐	☐	
9	☐	☐	
10	☐	☐	
11	☐	☐	
12	☐	☐	
13	☐	☐	
14	☐	☐	
15	☐	☐	
16	☐	☐	
17	☐	☐	
18	☐	☐	
19	☐	☐	
20	☐	☐	
21	☐	☐	
22	☐	☐	
23	☐	☐	
24	☐	☐	
25	☐	☐	
26 I	☐	☐	
27 I	☐	☐	
27 II	☐	☐	
28 I	☐	☐	
28 II	☐	☐	
29 I	☐	☐	
29 II	☐	☐	
30 I	☐	☐	
30 II	☐	☐	
31 I	☐	☐	
31 II	☐	☐	
32	☐	☐	
33	☐	☐	
34	☐	☐	
35	☐	☐	
36	☐	☐	
37	☐	☐	
38	☐	☐	
39	☐	☐	
40	☐	☐	
41 I	☐	☐	
41 II	☐	☐	
42 I	☐	☐	
42 II	☐	☐	
43 I	☐	☐	
43 II	☐	☐	
44 I	☐	☐	
44 II	☐	☐	
45 I	☐	☐	
45 II	☐	☐	

MiNr.	ungebr.	entw.	FDC
46 I	☐	☐	
46 II	☐	☐	
47	☐	☐	
48	☐	☐	
49	☐	☐	
50	☐	☐	
51	☐	☐	
52	☐	☐	
53	☐	☐	
54	☐	☐	
55	☐	☐	
56	☐	☐	
57	☐	☐	
58	☐	☐	
59	☐	☐	
60	☐	☐	
61	☐	☐	
62	☐	☐	
63	☐	☐	
64	☐	☐	
65	☐	☐	
66 X	☐	☐	
66 Y	☐	☐	
67 X	☐	☐	
67 Y	☐	☐	
68 X	☐	☐	
68 Y		☐	
69 X	☐	☐	
69 Y	☐	☐	
70 X	☐	☐	
70 Y	☐	☐	
71 X	☐	☐	
71 Y	☐	☐	
72	☐	☐	
73	☐	☐	
74	☐	☐	
75	☐	☐	
76	☐	☐	
77	☐	☐	
78	☐	☐	
79	☐	☐	
80	☐	☐	
81	☐	☐	
82	☐	☐	
83	☐	☐	
84	☐	☐	
85	☐	☐	
86	☐	☐	
87 X	☐	☐	
87 Y	☐	☐	
88 X	☐	☐	
88 Y	☐	☐	
89 X	☐	☐	
89 Y	☐	☐	
90	☐	☐	

MiNr.	ungebr.	entw.	FDC
91	☐	☐	
92	🟦	☐	
93	☐	☐	
94	☐	☐	
95	☐	☐	
96	☐	☐	
97	☐	☐	
98	☐	☐	
99 X	🟦	☐	
99 Y	🟦	☐	
100 X	🟦	☐	
100 Y	🟦	☐	
101 X	🟩	🟦	
101 Y	🟦	☐	
102	☐	☐	
103	☐	☐	
104	☐	☐	
105	☐	☐	
106	☐	☐	
107	☐	☐	
108	☐	☐	
109	☐	☐	
110	☐	☐	
111	☐	☐	
112	☐	☐	
113	☐	☐	
114	☐	☐	
115	☐	☐	
116	☐	☐	
117	☐	☐	
118	☐	☐	
119	☐	☐	
120	☐	☐	
121	☐	☐	
122	☐	☐	
123 Y	☐	☐	
124 X	☐	☐	
124 Y	☐	☐	
125 X	☐	☐	
125 Y	☐	☐	
126 X	☐	☐	
126 Y	☐	☐	
127 X	☐	☐	
127 Y	☐	☐	
128 X	☐	☐	
128 Y	☐	☐	
129 X	☐	☐	
130	☐	☐	
131	☐	☐	
132	☐	☐	
133	☐	☐	
134	☐	☐	
135	☐	☐	

MiNr.	ungebr.	entw.	FDC
136	☐	☐	
137	☐	☐	
138	☐	☐	
139	☐	☐	
140	☐	☐	
141	☐	☐	
142	☐	☐	
143	☐	☐	
144	☐	☐	
145	☐	☐	
146	☐	☐	
147	☐	☐	
148	☐	☐	
149	☐	☐	
150	☐	☐	
151	☐	☐	
152	☐	☐	
153	☐	☐	
154	☐	☐	
155	☐	☐	
156	☐	☐	
157	☐	☐	
158	☐	☐	
159	☐	☐	
160	🟦	🟦	
161	☐	☐	
162	☐	☐	
163	🟦	☐	
164	☐	☐	
165	☐	☐	
166	☐	☐	
167	☐	☐	
168	☐	☐	
169	☐	☐	
170	☐	☐	
171	☐	☐	
172	☐	☐	
173	☐	☐	
174	☐	☐	
175	☐	☐	
176	☐	☐	
177	☐	☐	
178	☐	☐	
179	☐	☐	
180	☐	☐	
181	☐	☐	
182	☐	☐	
183	☐	☐	
184	🟦	☐	
185	🟦	☐	
186	🟦	☐	
187	🟦	☐	
188	🟦	🟦	
189	🟦	☐	
190	🟦	🟦	

MiNr.	ungebr.	entw.	FDC
191	🟩	🟩	
192	🟩	🟩	
193 x	🟦	☐	
193 y	☐	☐	
194 x	🟦	☐	
194 y	🟦	☐	
195 x	🟦	☐	
196 x	🟩	☐	
197 x	🟩	☐	
198 x	🟩	☐	
199 x	🟦	☐	
200 x	🟩	☐	
200 y	🟩	🟦	
201 x	🟩	☐	
201 y	🟦	🟦	
193 D x	🟩	🟦	
193 D y	🟦	🟦	
194 D x	🟩	🟦	
194 D y	🟩	🟦	
202	🟩	☐	
203	☐	☐	
204	☐	☐	
205	☐	☐	
206	🟩	🟦	
207	🟩	🟩	
208	🟨	🟩	
209	🟦	☐	
210	🟦	☐	
211	🟩	🟩	
212	🟩	☐	
213	🟦	☐	
214 x	🟦	☐	
214 y	🟦	☐	
215	🟦	☐	
216 x	🟦	☐	
216 y	☐	☐	
217	☐	☐	
218	☐	☐	
219	🟦	🟦	
220	🟦	☐	
221	🟦	☐	
222	🟦	🟦	
223	🟦	☐	
224	🟦	🟦	
225	🟦	🟦	
226	🟩	🟩	
227	🟩	🟦	
228	🟩	🟩	
229	🟩	🟩	
230	🟩	🟩	
231	🟦	🟦	
232	🟦	🟦	
233	🟦	🟦	
234	🟦	🟦	

MiNr.	ungebr.	entw.	FDC
235	🟦	🟦	
236	☐	☐	
237	🟩	🟦	
238	🟩	🟩	
239	🟩	🟦	
240	☐	☐	
241	☐	☐	
A 241	☐	☐	
B 241	☐	☐	
242	🟦	🟦	
243	🟦	🟦	🟩
244	🟦	🟦	🟩
245	🟦	☐	
246	🟩	☐	
247	☐	☐	
248	🟦	☐	
249	🟦	☐	
250	🟦	☐	
251	☐	☐	
252	☐	☐	
253	☐	☐	
254	🟦	🟦	
255	🟦	🟦	
256	☐	☐	
257	☐	☐	
258	🟦	☐	
259	☐	☐	🟩
260	☐	☐	🟦
261	🟦	☐	🟦
262	🟦	☐	
263	🟦	☐	
264	🟦	🟦	
265	🟦	🟦	
266	🟦	🟦	
267	☐	☐	
268	☐	☐	
269	🟦	🟦	
270	☐	🟦	
Block 1	🟦	🟩	
271	☐	🟦	
Block 2	🟦	🟩	
272 A	🟦	☐	
272 D	🟦	🟦	
273	☐	☐	
274 X	🟦	🟦	
274 Y	🟦	☐	
275 X	🟦	☐	
Block 3	🟩	🟨	
276	🟦	☐	
277	🟦	☐	
278	🟦	🟦	

MiNr.	ungebr. entw. FDC	
279	□	□
280	□	□
281	□	□
282	□	□
283	□	□
284	□	□
285	□	□
286	□	□
287	□	□
288	□	□
289	□	□
290	□	□
291	□	□
292	□	□
293	□	□
294	□	□
295	□	□
296	□	□
297	□	□
290 D	□	□
292 D	□	□
298	□	□
299	□	□
300	□	□
301	□	□
302	□	□
303	□	□
304	□	□
305	□	□
306	□	□
307	□	□
308	□	□

Dienstmarken

MiNr.		
1	□	□
2	□	□
3	□	□
4	□	□
5	□	□
6	□	□
7	□	□
8	□	□
9	□	□
10	□	□
11	□	□
12	□	□
13	□	□
14	□	□
15	□	□
16	□	□
17	□	□
18	□	□
19	□	□
20	□	□
21 X	□	□
21 Y	□	□
22	□	□
23	□	□
24	□	□
25	□	□
26	□	□
27	□	□
28	□	□
29 Y	□	□
30 X	□	□
30 Y	□	□
31 X	□	□
31 Y	□	□
32 Y	□	□
33 X	□	□
33 Y	□	□
34 X	□	□
34 Y	□	□
35 Y	□	□
36	□	□
37	□	□
38	□	□
39	□	□
40	□	□
41	□	□
42	□	□
43	□	□
44	□	□
45	□	□
46	□	□
47	□	□
48	□	□
49	□	□
50	□	□
51	□	□

Portomarken

MiNr.		
1	□	□
2	□	□
3	□	□
4	□	□
5	□	□
6	□	□
7	□	□
8	□	□
9	□	□
10	□	□
11	□	□
12	□	□
13	□	□
14	□	□
15 Y	□	□
16 Y	□	□
17 Y	□	□
18 Y	□	□
19 X	□	□
19 Y	□	□
20 X	□	□
21 X	□	□
21 Y	□	□
22 Y	□	□
23 Y	□	□
24 X	□	□
25 X	□	□
26	□	□
27	□	□
28	□	□
29	□	□
30	□	□
31	□	□
32	□	□
33	□	□
34	□	□
35	□	□
36	□	□
37	□	□
38	□	□
39	□	□
40	□	□
41	□	□
42	□	□
43	□	□
44	□	□
45	□	□
46	□	□
47	□	□

Memelgebiet

MiNr.		
1	□	□
2	□	□
3	□	□
4	□	□
5	□	□
6	□	□
7	□	□
8	□	□
9	□	□
10	□	□
11	□	□
12	□	□
13	□	□
14	□	□
15	□	□
16	□	□
17	□	□
A 9	□	
18	□	□
19	□	□
20	□	□
21	□	□
22	□	□
23	□	□
24	□	□
25	□	□
26	□	□
27	□	□
28	□	□
29	□	□
30	□	□
31	□	□
32	□	□
33	□	□
34	□	□
35	□	□
36	□	□
37	□	□
38	□	□
39	□	□
40	□	□
41	□	□
42	□	□
43	□	□
44	□	□
45	□	□
46	□	□
47	□	□
48	□	□
49	□	□
50	□	□
51	□	□
52	□	□

MiNr.	ungebr.	entw. FDC
53	☐	☐
54	☐	☐
55	☐	☐
56	blau	blau
57	blau	blau
58	☐	☐
59	☐	☐
60	☐	☐
61	☐	☐
62	☐	☐
63	☐	☐
64	☐	☐
65	☐	☐
66	☐	☐
67	☐	☐
68	☐	☐
69	☐	☐
70	☐	☐
71	☐	☐
72	☐	☐
73	☐	☐
74	☐	☐
75	blau	☐
76	blau	☐
77	blau	☐
78	blau	☐
79	gelb	rot
80	blau	☐
81	blau	☐
82	blau	☐
83	blau	☐
84	☐	☐
85	☐	☐
86	☐	☐
87	☐	☐
88	☐	☐
89	☐	☐
90	☐	☐
91	☐	☐
92	☐	☐
93	☐	☐
94	☐	☐
95	☐	☐
96	blau	blau
97	grün	grün
98	☐	blau
99	☐	blau
100	☐	blau
101	☐	blau
102	☐	blau
103	☐	blau
104	☐	blau
105	☐	blau
106	☐	blau
107	☐	blau
108	☐	☐
109	☐	☐
110	☐	☐
111	☐	☐
112	☐	☐
113	☐	☐
114	☐	☐
115	☐	☐
116	☐	☐
117	☐	☐
118	☐	blau
119	☐	☐
120	☐	☐
121	blau	blau
122	blau	blau
123	blau	blau
124	blau	☐
125	blau	☐
126	blau	☐
127	blau	☐
128	blau	blau
129	blau	blau
130	blau	blau
131	blau	blau
132	blau	blau
133	blau	blau
134	blau	blau
135	blau	blau
136	blau	blau
137	blau	blau
138	blau	blau
139	blau	blau
140	grün	blau
141	☐	☐
142	☐	☐
143	☐	☐
144	☐	☐
145	blau	blau
146	☐	☐
147	grün	grün
148	☐	☐
149	grün	grün
150	☐	blau
151	blau	blau
152	blau	blau
153	blau	blau
154	blau	blau
155	blau	blau
156	blau	blau
157	blau	blau
158	blau	blau
159	blau	blau
160	blau	blau
161	blau	blau
162	blau	blau
163	blau	blau
164	blau	grün
165	blau	grün
166	blau	grün
167	blau	blau
168	blau	blau
169	blau	blau
170	blau	blau
171	grün	blau
172	blau	blau
173	grün	blau
174	blau	blau
175	grün	blau
176	blau	blau
177	blau	blau
178	blau	blau
179	blau	blau
180	grün	blau
181	grün	blau
182	grün	grün
183	blau	grün
184	grün	grün
185	blau	grün
186	grün	grün
187	grün	gelb
188	grün	blau
189	gelb	gelb
190	gelb	gelb
191	blau	blau
192	blau	blau
193	blau	blau
194	blau	blau
195	blau	blau
196	blau	blau
197	blau	blau
198	blau	blau
199	blau	blau
200	blau	blau
201	blau	blau
202	blau	blau
203	blau	blau
204	blau	blau
205	blau	blau
206	gelb	gelb
207	blau	blau
208	blau	grün
209	blau	blau
210	blau	blau
211	blau	blau
212	blau	blau
213	gelb	gelb
214	grün	grün
215	blau	blau
216	blau	grün
217	blau	grün
218	blau	blau
219	blau	blau
220	blau	blau
221	gelb	gelb
222	gelb	gelb
223	blau	blau
224	blau	grün
225	blau	blau
226	blau	blau
227	blau	blau
228	blau	blau
229	gelb	gelb
230	gelb	grün
231	gelb	gelb
232	grün	grün
233	gelb	gelb
234	rot	rot
235	gelb	rot
236	rot	rot
237	gelb	rot
Lokalausgabe		
I	blau	blau
II	blau	blau
III	blau	blau
IV	blau	blau

Sudentenland

Asch

MiNr.	ungebr.	entw. FDC
1	■	■
2	■	■
3	■	■
4	■	■
5	■	■

Karlsbad

MiNr.	ungebr.	entw. FDC
1	■	■
2	■	■
3	■	■
4	■	■
5	■	■
6	■	■
A 6		■
7	■	■
8	■	■
9	■	■
10	■	■
11	■	■
12	■	■
13	■	■
14	■	■
15	■	■
16	■	■
17	■	■
18	■	■
19	■	■
20	■	■
21	■	■
22	■	■
23	■	■
24	■	■
25	■	■
26	■	■
27	■	■
28	■	■
29	■	■
30	■	■
31	■	■
32	■	■
33	■	■
34	■	■
35	■	■
36	■	■
37	■	■
38	■	■
39	■	■
40	■	■
41	■	■
A 41	■	
42	■	
43	■	■
44	■	■
45	■	■
46	■	■
47	■	■
48	■	■
Block 1	■	■
49	■	■
50	■	■
51	■	■
52	■	■
53	■	■
Block 2	■	■
54	■	■
55	■	■
56	■	■
57	■	■
58	■	■
59	■	■
60	■	■
61	■	■
Block 3	■	■
62	■	■
63	■	■

Konstantinsbad

MiNr.	ungebr.	entw. FDC
1	■	■
2	■	■
3	■	■
4	■	■
5	■	■
6	■	■
7	■	■
8	■	■
9	■	■
10	■	■
11	■	■
12	■	■
13	■	■
14	■	■
15	■	■
16	■	■
17	■	■
18	■	■
19	■	■
20	■	■
21	■	■
22	■	■
23	■	■
24	■	■
25	■	■
26	■	■
27	■	■
28	■	■
29	■	■
30	■	■
31	■	■
32	■	■
33	■	■
34	■	■
35	■	■

Niklasdorf

MiNr.	ungebr.	entw. FDC
1	■	■
2	■	■
3	■	■
4	■	■
5	■	■
6	■	■
7	■	■
8	■	■
9	■	■
10	■	■
11	■	■
A11		■
12	■	■
13	■	■
14	■	■
15	■	■
16	■	■
17	■	■
A17	■	■
18	■	■
19	■	■
20	■	■
21	■	■
22	■	■
23	■	■
24	■	■
25	■	■
26	■	■
27		■
28	■	■
29	■	■
30	■	■
Block 1	■	■
31	■	■
Block 2	■	■
32	■	■
33	■	■
Block 3	■	■
A 34	■	
34	■	■
35	■	■
36	■	■
37	■	■
38	■	■
39	■	■
40	■	■
41	■	■
42	■	■
43	■	■
44	■	■
45	■	■
46	■	■
47	■	■
48	■	■
49	■	■
A 49	■	■
50	■	■
51	■	■
A 51	■	
52	■	■
53	■	■
A53	■	■
54	■	■
55	■	■
56	■	■
57	■	■
58	■	■
59	■	■
60	■	■
61	■	■
62	■	■
63	■	■
64	■	■
65	■	■
66	■	■
67	■	■
68	■	■
69	■	■
70	■	■
71	■	■
72	■	■
73	■	■
74	■	■
75	■	■
76	■	■
77	■	■
78	■	■
79	■	■
80	■	■
81	■	■
82	■	■
83	■	■
84	■	■
85	■	■
86	■	■
87	■	■
88	■	■
89	■	■
90	■	■
91	■	■
92	■	■
93	■	■
94	■	■
95	■	■
96	■	■
97	■	■
98	■	■

MiNr.	ungebr.	entw.	FDC
99	rot	rot	
100	gelb	gelb	
101	gelb	gelb	
102	rot	rot	
103	rot	rot	
104	rot	rot	
105	rot	rot	
106	gelb	gelb	
107	rot	rot	
108	gelb	gelb	
109	gelb	gelb	
110	gelb	gelb	
111	rot	rot	
112	gelb	gelb	
113	gelb	gelb	
114	rot	rot	
115	rot	rot	
116	rot	rot	
117	gelb	gelb	
118	gelb	gelb	
119	gelb	gelb	
120	gelb	gelb	
121	gelb	gelb	

Reichenberg und Maffersdorf

MiNr.	ungebr.	entw.	FDC
1	rot	rot	
A1	rot	rot	
2	rot	rot	
3	rot	rot	
4		rot	
5	rot	rot	
A5		rot	
6		rot	
A6		rot	
7		rot	
8		rot	
9	rot	rot	
A 9		rot	
10		rot	
11	gelb	grün	
12	grün	blau	
13	grün	blau	
14	gelb	grün	
15	grün	blau	
16	rot	rot	
A 16		rot	
17	rot	rot	
A 17	rot		
18	rot	rot	
A 18		rot	
19	grau	rot	
20	rot	rot	
21	grün	blau	
22	gelb	grün	
23	grün	blau	
24	grün	blau	
25	grün	blau	
26	grün	grün	
27	grün	grün	
28	grün	blau	
29	grün	blau	
30	gelb	grün	
31	gelb	grün	
32	gelb	grün	
33	gelb	grün	
34	grün	blau	
35	grün	grün	
36	gelb	grün	
37	gelb	grün	
38	gelb	grün	
39	gelb	grün	
40	gelb	grün	
41	gelb	grün	
42	gelb	gelb	
43	gelb	gelb	
44	gelb	gelb	
45	gelb	gelb	
A45		rot	
46	rot	rot	
47	rot	rot	
48	gelb	gelb	
49	rot	rot	
50	gelb	gelb	
51	rot	rot	
52	gelb	gelb	
53	gelb	gelb	
54	gelb	gelb	
55	grün	blau	
56	grün	grün	
57	gelb	grün	
58	grün	grün	
59	grün	grün	
60	grün	grün	
61	grün	grün	
62	grün	grün	
63	gelb	grün	
64	grün	grün	
65	grün	grün	
66	grün	grün	
67	grün	grün	
68	gelb	grün	
69	gelb	grün	
70	gelb	gelb	
71	gelb	gelb	
72	gelb	gelb	
73	gelb	gelb	
74	rot	rot	
75	rot	rot	
76	gelb	gelb	
77	gelb	gelb	
Block 1	rot	rot	
78	grün	grün	

MiNr.	ungebr.	entw.	FDC
Block 2	rot	rot	
79	grau	grau	
Block 3	rot	rot	
80	gelb	gelb	
81	gelb	gelb	
Block 4	rot	rot	
82		rot	
83		rot	
84		rot	
85		rot	
86		rot	
87		rot	
88	rot	rot	
89		rot	
90	rot	rot	
91	rot	rot	
92		rot	
A 93		rot	
93	rot	rot	
94		rot	
95	rot	rot	
96	rot	rot	
97	rot	rot	
98	rot	rot	
99	rot	rot	
100	rot	rot	
101	rot	rot	
102	gelb	gelb	
103	gelb	gelb	
104	gelb	gelb	
105	rot	rot	
106	rot	rot	
107	rot	rot	
108		rot	
109		rot	
110		rot	
111	gelb	gelb	
112	gelb	gelb	
113	gelb	gelb	
114	gelb	gelb	
115	gelb	gelb	
116	gelb	gelb	
117	gelb	gelb	
118	gelb	gelb	
119	gelb	gelb	
120	gelb	gelb	
121	gelb	gelb	
122	grün	grün	
123	gelb	gelb	
124	gelb	grün	
125	gelb	grün	
126	gelb	grün	
127	gelb	grün	
128	gelb	grün	
129	gelb	grün	
130	gelb	grün	
131	gelb	grün	

MiNr.	ungebr.	entw.	FDC
132	gelb	grün	
133	gelb	grün	
134	grün	grün	
135	grün	grün	
136	gelb	grün	
137	grün	blau	
138	grün	blau	

Rumburg

MiNr.	ungebr.	entw.	FDC
1	grün	grün	
2	weiß	weiß	
3	weiß	weiß	
4	grün	grün	
5	weiß	weiß	
6	weiß	weiß	
7	weiß	weiß	
8	weiß	weiß	
9	weiß	weiß	
10	blau	blau	
11	blau	blau	
12	grün	grün	
13	grün	grün	
14	blau	blau	
15	blau	blau	
16	gelb	gelb	
17	grün	grün	
18	gelb	grün	
19	grün	grün	
20	gelb	gelb	
21	rot	rot	
22	rot	gelb	
23	rot	rot	
24	blau	grün	
25	blau	grün	
26	blau	grün	
27	blau	weiß	
28	blau	weiß	
29	blau	blau	
30	blau	blau	
31	blau	blau	
32	blau	blau	
33	blau	blau	
34	grün	grün	
35	grün	grün	
36	grün	blau	
37	grün	blau	
38	grün	blau	
39	blau	blau	
40	blau	blau	
41	blau	blau	
42	blau	blau	
43	blau	blau	
44	rot	rot	
45	gelb	grün	
46	gelb	gelb	
47	rot	rot	

MiNr.	ungebr.	entw. FDC
48		
49		
50		
51		
52		

Deutsche Besetzungsausgaben

Albanien

MiNr.	ungebr.	entw. FDC
1		
2		
3		
4		
5		
6		
7		
8		
9		
10		
11		
12		
13		
14		
15		
16		
17		
18		
19		
20		
21		

Böhmen und Mähren

MiNr.	ungebr.	entw. FDC
A 1		
B 1		
1		
2		
3		
4		
5		
6		
7		
8		
9		
10		
11		
12		
13		
14		
15		
16		
17		
18		
19		
20		
21		
22		
23		
24		
25		
26		
27		
28		
29		
30		
31		
32		
33		
34		
35		
36		
37		
38		
39		
40		
41		
42		
43		
44		
45		
46		
47		
48		
49		
50		
51		
52		
53		
54		
55		
56		
57		
58		
59		
60		
61		
62		
63		
64		
65		
66		
67		
68		
69		
70		
71		
72		
73		
74		
75		
76		
77		
78		
79		
80		
81		
82		
83		
84		
85		
86		
87		
88		
89		
90		
91		
92		
93		
94		
95		
96		
97		
98		
99		
100		
101		
102		
103		
104		
105		
106		
107		
108		
109		
110		
111		
112		
113		
114		
115		
116		
117		
118		
119		
120		
121		
122		
123		
124		
125		
126		
127		
128		
129		
130		
131		
132		

MiNr.	ungebr.	entw.	FDC
133	□	□	
134	□	□	
135	□	□	
136	□	□	
137	□	□	
138	□	□	
139	□	□	
140	□	□	
141	□	□	
142	□	□	
Dienstmarken			
1	□	□	
2	□	□	
3	□	□	
4	□	□	
5	□	□	
6	□	□	
7	□	□	
8	□	□	
9	□	□	
10	□	□	
11	□	□	
12	□	□	
13	□	□	
14	□	□	
15	□	□	
16	□	□	
17	□	□	
18	□	□	
19	□	□	
20	□	□	
21	□	□	
22	□	□	
23	□	□	
24	□	□	
Portomarken			
1	□	□	
2	□	□	
3	□	□	
4	□	□	
5	□	□	
6	□	□	
7	□	□	
8	□	□	
9	□	□	
10	□	□	
11	□	□	
12	□	□	
13	□	□	
14	□	□	
15	□	□	
Zulassungsmarke			
1	gelb	gelb	
Elsass			
1	□	□	
2	□	□	
3	□	□	
4	□	□	
5	□	□	
6	□	□	
7	□	□	
8	□	□	
9	□	□	
10	□	□	
11	□	□	
12	□	□	
13	□	□	
14	□	□	
15	□	□	
16	blau	□	
Estland			
1	blau	blau	
2	blau	blau	
3	blau	blau	
4	□	□	
5	□	□	
6	□	□	
7	□	blau	
8	□	□	
9	□	blau	
Lokalausgaben			
1	grün	grün	
2	grün	grün	
3	gelb	gelb	
4	rot	rot	
5	gelb	gelb	
6	gelb	gelb	
7	gelb	gelb	
8	gelb	gelb	
9	gelb	gelb	
10	gelb	gelb	
11	gelb	gelb	
A 11	rot	rot	
B 11	rot	rot	
12	rot	rot	
13	rot	rot	
A 13	rot	rot	
B 13		rot	
C 13		rot	
D 13	rot	rot	
E 13		rot	
F 13		rot	
14	rot	rot	
A 14	rot	rot	
B 14	rot	rot	
C 14		rot	
D 14	rot	rot	
E 14	rot		
15	rot	rot	
A 15		rot	
16	rot	rot	
A 16		rot	
17	rot	rot	
18	gelb	gelb	
A 18	rot	grau	
19	gelb	gelb	
20	gelb	gelb	
21	gelb	gelb	
22	rot	rot	
23	rot	rot	
A 23		rot	
24	gelb	gelb	
25	rot	rot	
A 25	rot	rot	
B 25	rot	rot	
26	gelb	gelb	
27	rot	rot	
28	rot	rot	
29	gelb	gelb	
30	rot	rot	
31	rot	rot	
32	gelb	gelb	
33	rot	rot	
34	grau	rot	
35	rot	rot	
36	rot	rot	
37	gelb	gelb	
38	rot	gelb	
A 38	rot	rot	
39	rot	rot	
40	rot	rot	
41	rot	rot	
42	rot	rot	
43	rot	rot	
44	rot	rot	
45	rot	rot	
46	rot	rot	
A 46	grau	rot	
47	rot	rot	
A 47	rot	rot	
48	rot	rot	
49	rot	rot	
Mõisaküla			
1	gelb	gelb	
2	gelb	gelb	
3	rot	gelb	
4	gelb	gelb	
5	rot	rot	
6	gelb	gelb	
7	rot	rot	
Otepää			
1 A	gelb	gelb	
1 B	rot	rot	
2 A I	gelb	gelb	
2 A II	gelb	gelb	
2 B I	gelb	rot	
2 B II	gelb	gelb	
Pärnu			
1 II	□		
2 II	□		
3 A II	gelb		
3 B II	□		
4 II	□		
5 I	blau	grün	
5 II	□		
6 I	blau	grün	
6 II	□		
7 I	blau	blau	
7 II	□		
8 I	□	grün	
8 II	□		
9 I	blau	blau	
9 II	□		
10 I	rot	rot	
10 II	□		
Frankreich			
Dünkirchen			
1 I	rot	rot	
1 II	rot	rot	
2 I	gelb	gelb	
2 II	rot	rot	
3 I	gelb	gelb	
3 II	gelb	rot	
4 II	rot	grau	
5 II	rot	grau	
6 I	rot	gelb	
6 II	rot	grau	
7 I	rot	gelb	
7 II	rot	grau	
8 I	rot	gelb	
8 II	rot	grau	
9 II	rot	grau	
10 I	rot	rot	
10 II	rot	grau	
11 I	rot	gelb	
11 II	rot	grau	
12 I	rot	rot	
13 I	rot	rot	
13 II	rot		
14 I	rot	rot	
14 II	rot	grau	
15 II	rot	grau	
16 II	rot	grau	
17 II	rot	grau	
18 I	rot	rot	
18 II	rot	grau	
19 II	rot	grau	
20 I	rot	gelb	
20 II	rot	grau	

MiNr.	ungebr.	entw.	FDC
21 I	■	■	
22 II	■		
23 I	■	■	
23 II	■		
24 I	■	■	
24 II	■		
25 I	■	■	
25 II	■		
26 II	■		
27 I	■	■	
27 II	■	■	
28 I	■	■	
28 II	■		
29	■	■	
30	■	■	
31	■	■	
32	■		
33	■		
34	■	■	
35	■		
36	■		
37	■		
38	■		
39	■		
40	■	■	
41	■	■	
42	■	■	
43	■		
44	■		
45	■		
46	■		
47	■		
48	■		
A 48	■		
50		■	
51		■	
52		■	
53		■	
54		■	
55		■	
56		■	
57		■	
58		■	
59		■	
60		■	
61		■	
62		■	
63		■	
64		■	
65		■	
66		■	
67		■	
68		■	
69		■	
70		■	
71		■	
72		■	
73		■	
74		■	
75		■	
76		■	
77		■	
78		■	
79		■	
80		■	
81		■	
82		■	
83		■	
84		■	
85		■	
86		■	
87		■	
88		■	
89		■	
90		■	
91		■	
92		■	
93		■	
94		■	
95		■	
96		■	
97		■	
98		■	
99		■	
100		■	
101		■	
102		■	
103		■	
104		■	
105		■	
106		■	
107		■	
108		■	
109		■	
110		■	
111		■	
112		■	
113		■	
114		■	
115		■	
116		■	
117		■	
118		■	
119		■	
120		■	
121		■	
122		■	
123		■	
124		■	
125		■	
126		■	
127		■	
128		■	
129		■	
130	■		
131	■		
132	■		
133	■		
134	■		
135	■		
136	■		
137	■		
138	■		
139	■		
140	■		
141	■		
142	■		
143	■		
144	■		
145	■		
146	■		
147	■		
148	■		
149	■		
150	■		
151	■		
152	■		
153	■		
154	■		
155	■		
156	■		
157	■		
158	■		
159	■		
160	■		
161	■		
162	■		
163	■		
164	■		
165	■		
166	■		
167	■		
168	■		
169	■		
170	■		
171	■		
172	■		
173	■		
174	■		
175	■		
176	■		
177	■		
178	■		
179	■		
180	■		
181	■		
182	■		
183	■		
184	■		
185	■		
186	■		
187	■		
188		■	
189		■	
190		■	
191		■	
192		■	
193		■	
194		■	
195		■	
196		■	
197		■	
198		■	
199		■	
200		■	
201		■	
202		■	
203		■	
204		■	
205		■	
206		■	
207		■	
208		■	
209		■	
210		■	
211		■	

Festung Lorient

MiNr.	ungebr.	entw.	FDC
1	■	■	
2	■	■	
A 2	■	■	
3	■	■	
4	■	■	
5	■	■	
6	■	■	
7	■	■	
8	■	■	
9	■	■	
10	■	■	
11	■	■	
12	■	■	
A 12	■	■	
B 12	■	■	
13	■	■	
14	■	■	
15	■	■	
A 15	■	■	
16	■	■	
17	■	■	
A 17	■	■	
18	■	■	
19	■	■	
20	■	■	
21	■	■	

Saint-Nazaire

MiNr.	ungebr.	entw.	FDC
1		■	■
2		■	■

Generalgouvernement

Deutsche Post Osten

MiNr.	ungebr.	entw.	FDC
1			
2			
3			
4			
5			
6			
7			
8			
9			
10			
11			
12			
13			

Generalgouvernement

MiNr.	ungebr.	entw.	FDC
14			
15			
16			
17			
18			
19			
20			
21			
22			
23			
24			
25			
26			
27			
28			
29			
30			
31			
32			
33			
34			
35			
36			
37			
38			
39			
40			
41			
42			
43			
44			
45			
46			
47			
48			
49			
50			
51			
52			
53			
54			
55			
56			
57			
58			
59			
60			
61			
62			
63			
64			
65			
66			
67			
68			
69			
70			
71			
72			
73			
74			
75			
76			
77			
78			
79			
80			
81			
82			
83			
84			
85			
86			
87			
88			
89			
90			
91			
92			
93			
94			
95			
96			
97			
98			
99			
100			
101			
102			
103			
104			
105			
106			
107			
108			
109			
110			
111			
112			
113			
114			
115			
116			
117			
118			
119			
120			
121			
122			
123			
124			
125			

Dienstmarken

MiNr.	ungebr.	entw.	FDC
1			
2			
3			
4			
5			
6			
7			
8			
9			
10			
11			
12			
13			
14			
15			
16			
17			
18			
19			
20			
21			
22			
23			
24			
25			
26			
27			
28			
29			
30			
31			
32			
33			
34			
35			
36			

Zustellungsmarken

MiNr.	ungebr.	entw.	FDC
1			
2			
3			
4			

Kanal-Inseln

Guernsey

MiNr.	ungebr.	entw.	FDC
1			
2			
3			
4			
5			

Jersey

MiNr.	ungebr.	entw.	FDC
1			
2			
3			
4			
5			
6			
7			
8			

Kotor

MiNr.	ungebr.	entw.	FDC
1			
2			
3			
4			
5			
6			
7			
8			
9			
10			

Kurland

MiNr.	ungebr.	entw.	FDC
1			
2			
3			
4 A			
4 B			

Laibach

MiNr.	ungebr.	entw.	FDC
1			
2			
3			
4			
5			
6			

MiNr.	ungebr.	entw.	FDC
7	☐	☐	
8	☐	☐	
9	☐	☐	
10	☐	☐	
11	☐	☐	
12	☐	☐	
13	☐	☐	
14	☐	☐	
15	☐	☐	
16	☐	☐	
17	☐	☐	
18	☐	☐	
19	☐	☐	
20	☐	☐	
21	☐	☐	
22	☐	☐	
23	☐	☐	
24	☐	☐	
25	☐	☐	
26	☐	☐	
27	☐	☐	
28	☐	☐	
29	☐	☐	
30	☐	☐	
31	☐	☐	
32	☐	☐	
33	☐	☐	
34	☐	☐	
35	☐	☐	
36	☐	☐	
37	☐	☐	
38	☐	☐	
39	☐	☐	
40	☐	☐	
41	☐	☐	
42	☐	☐	
43	☐	☐	
44	☐	☐	
45	☐	☐	
46	☐	☐	
47	☐	☐	
48	☐	☐	
49	☐	☐	
50	☐	☐	
51	☐	☐	
52	☐	☐	
53	☐	☐	
54	☐	☐	
55	☐	☐	
56	☐	☐	
57	☐	☐	
58	☐	☐	
59	☐	☐	
60	☐	☐	

Portomarken

MiNr.	ungebr.	entw.	FDC
1	☐	☐	
2	☐	☐	
3	☐	☐	
4	☐	☐	
5	☐	☐	
6	☐	☐	
7	☐	☐	
8	☐	☐	
9	☐	☐	

Lettland

MiNr.	ungebr.	entw.	FDC
1	☐	☐	
2	☐	☐	
3	☐	☐	
4	☐	☐	
5	☐	☐	
6	☐	☐	

Litauen

Landesausgabe

MiNr.	ungebr.	entw.	FDC
1	☐	☐	
2	☐	☐	
3	☐	☐	
4	☐	☐	
5	☐	☐	
6	☐	☐	
7	☐	☐	
8	☐	☐	
9	☐	☐	

Ausgabe für das südlitauische Wilna-Gebiet

MiNr.	ungebr.	entw.	FDC
10	☐	☐	
11	☐	☐	
12	☐	☐	
13	☐	☐	
14	☐	☐	
15	☐	☐	
16	☐	☐	
17	☐	☐	
18	☐	☐	

Lokalausgaben

Alsedžiai

MiNr.	ungebr.	entw.	FDC
1	☐	☐	
2	☐	☐	
3	☐	☐	
4	☐	☐	
5	☐	☐	
6	☐	☐	
7	☐	☐	
8	☐	☐	
9	☐	☐	
10	☐	☐	
A 10	☐		
B 10	☐		
C 10	☐		

MiNr.	ungebr.	entw.	FDC
11	☐	☐	
12	☐	☐	
13	☐	☐	
14	☐	☐	
15	☐	☐	
16	☐	☐	
17	☐	☐	
18	☐	☐	
19	☐	☐	
20	☐	☐	
21	☐	☐	
22	☐	☐	
23	☐	☐	
24	☐	☐	
25	☐	☐	
26	☐	☐	
27	☐	☐	
28	☐	☐	
29	☐	☐	
30	☐	☐	
31	☐	☐	
32	☐	☐	
33	☐	☐	
34	☐	☐	
35	☐	☐	
36	☐	☐	
A 36	☐		

Panevežys

MiNr.	ungebr.	entw.	FDC
1	☐	☐	
2	☐	☐	
3	☐	☐	
4 a	☐	☐	
4 b	☐	☐	
4 c	☐	☐	
5	☐	☐	
6 a	☐	☐	
6 b	☐	☐	
6 c	☐	☐	
7 a	☐	☐	
7 b	☐	☐	
8 a	☐	☐	
8 b	☐	☐	
8 c	☐	☐	
9	☐	☐	

Raseiniai

MiNr.	ungebr.	entw.	FDC
1 I	☐	☐	
2 I	☐	☐	
3 I	☐	☐	
4 I	☐	☐	
5 I	☐	☐	
6 I	☐	☐	
7 I	☐	☐	
1 II	☐	☐	
2 II	☐	☐	
3 II	☐	☐	
4 II	☐	☐	
5 II	☐	☐	
6 II	☐	☐	
7 II	☐	☐	
1 III	☐	☐	
2 III	☐	☐	
3 III	☐	☐	
4 III	☐	☐	
5 III	☐	☐	
6 III	☐	☐	
7 III	☐	☐	
8	☐	☐	
9	☐	☐	
10	☐	☐	
11	☐	☐	

Rokiškis

MiNr.	ungebr.	entw.	FDC
1 a	☐	☐	
2 a	☐	☐	
3 a	☐	☐	
4 a	☐	☐	
5 a	☐	☐	
6 a	☐	☐	
7 a	☐	☐	
2 b	☐	☐	
3 b	☐	☐	
4 b	☐	☐	
5 b	☐	☐	
6 b	☐	☐	

Telšiai

MiNr.	ungebr.	entw.	FDC
1	☐	☐	
2	☐	☐	
3	☐	☐	
4	☐	☐	
5	☐	☐	
6	☐	☐	
7	☐	☐	
8	☐	☐	
9	☐	☐	
10	☐	☐	
11	☐	☐	
12	☐	☐	
13	☐	☐	
14	☐	☐	
15	☐	☐	
16	☐	☐	
17	☐	☐	
18	☐	☐	
19	☐	☐	
20	☐	☐	
21	☐	☐	
22	☐	☐	
23	☐	☐	
24	☐	☐	
25	☐	☐	

MiNr. ungebr. entw. FDC

MiNr.		
Ukmerge		
1	gelb	gelb
2	gelb	gelb
3	gelb	gelb
4	gelb	gelb
5	gelb	gelb
Zarasai		
1 a	blau	blau
2 a	blau	blau
3 a	blau	blau
4 a	blau	blau
5 a	blau	blau
6 a	gelb	gelb
7 a	grün	grün
1 b	rot	rot
2 b	blau	grün
3 b	blau	grün
4 b	blau	grün
5 b	blau	grün
6 b	gelb	gelb
7 b	grau	grau
Lothringen		
1	□	□
2	□	□
3	□	□
4	□	□
5	□	□
6	□	□
7	□	□
8	□	□
9	□	□
10	□	□
11	□	□
12	□	□
13	□	□
14	□	□
15	□	□
16	blau	□
Luxemburg		
1	□	□
2	□	□
3	□	□
4	□	□
5	□	□
6	□	□
7	□	□
8	□	□
9	□	□
10	□	□
11	□	□
12	□	□
13	□	□
14	□	□
15	□	□
16	blau	□
17	□	□
18	□	□
19	□	□
20	□	□
21	□	□
22	□	□
23	□	□
24	□	□
25	□	□
26	□	□
27	□	□
28	□	□
29	□	□
30	□	blau
31	□	□
32	□	□
33	□	□
34	□	□
35	□	□
36	□	□
37	□	□
38	□	□
39	□	□
40	□	□
41	□	□
Mazedonien		
1	□	blau
2	□	blau
3	blau	blau
4	blau	blau
5	blau	blau
6	grün	grün
7	grün	grün
8	grün	grün
Montenegro		
1	blau	blau
2	blau	blau
3	blau	blau
4	blau	grün
5	blau	grün
6	blau	grün
7	grün	grün
8	grün	gelb
9	gelb	gelb
10	grün	gelb
11	grün	gelb
12	grün	gelb
13	grün	gelb
14	gelb	rot
15	grün	gelb
16	grün	gelb
17	grün	gelb
18	grün	gelb
19	rot	rot
20	grün	gelb
21	grün	gelb
22	grün	gelb
23	grün	gelb
24	grün	gelb
25	grün	gelb
26	grün	gelb
27	grün	gelb
28	grün	gelb
29	grün	gelb
30	grün	gelb
31	grün	gelb
32	grün	gelb
33	grün	gelb
34	grün	gelb
35	grün	gelb
Ostland		
1	□	□
2	□	□
3	□	□
4	□	□
5	□	□
6	□	□
7	□	□
8	□	□
9	□	□
10	□	□
11	□	□
12	□	□
13	□	□
14	□	□
15	□	□
16	□	□
17	□	□
18	□	□
19	□	□
20	□	□
Russland		
Pleskau		
1 a	gelb	gelb
1 b	gelb	gelb
2	grün	grün
3	rot	rot
4	grün	grün
5	grün	grün
6	grün	grün
7	grün	grün
8	grün	grün
9	grün	grün
10 x	blau	blau
10 y	blau	blau
11 x	blau	blau
11 y	blau	blau
12 x	blau	grün
12 y	blau	grün
13 x	gelb	gelb
Block 1	rot	rot
13 y	gelb	gelb
Block 1	rot	rot
14 A	blau	blau
14 B	blau	blau
15 A	blau	blau
15 B	blau	blau
16 A	blau	blau
16 B	grün	grün
17	grün	gelb
Block 2	gelb	rot
18 x	grün	grün
18 y	grün	grün
Block 3	gelb	gelb
Block 4	gelb	gelb
Ljady, Bez. Leningrad		
1 a	rot	rot
1 b	rot	rot
2 a	gelb	rot
2 b	grün	rot
Serbien		
1	□	□
2	□	□
3	□	□
4	□	□
5	□	□
6	□	blau
7	□	□
8	□	blau
9	□	blau
10	□	blau
11	□	blau
12	□	blau
13	blau	grün
14	blau	gelb
15	grün	rot
16	blau	gelb
17	blau	gelb
18	blau	gelb
19	blau	gelb
20	blau	gelb
21	blau	gelb
22	blau	gelb
23	blau	gelb
24	blau	gelb
25	grün	rot
26	blau	gelb
27	blau	gelb
28	blau	gelb
29	blau	gelb
30	blau	rot
31	□	blau

MiNr.	ungebr.	entw.	FDC
32			
33			
34			
35			
36			
37			
38			
39			
40			
41			
42			
43			
44			
45			
46			
47			
48			
49			
50			
51			
Block 1			
52			
53			
Block 2			
54 I			
54 II			
54 III			
54 VI			
55 I			
55 II			
55 III			
55 VI			
56 I			
56 II			
56 III			
56 VI			
57 I			
57 II			
57 III			
57 VI			
58			
59			
60			
61			
62			
63			
64			
65			
66			
67			
68			
69			
70			
71			
72			

MiNr.	ungebr.	entw.	FDC
73			
74			
75			
76			
77			
78			
79			
80			
81			
82			
83			
84			
85			
86			
87			
88			
89			
90			
91			
Block 3			
92			
93			
Block 4			
94			
95			
96			
97			
98			
99			
100			
101			
102			
103			
104			
105			
106			
107			

Dienstmarken

MiNr.	ungebr.	entw.	FDC
1			

Portomarken

MiNr.	ungebr.	entw.	FDC
1			
2			
3			
4			
5			
6			
7			
8			
9			
10			
11			
12			
13			
14			

MiNr.	ungebr.	entw.	FDC
15			
16			
17			
18			
19			
20			
21			
22			

Ukraine

Allgemeine Ausgabe

MiNr.	ungebr.	entw.	FDC
1			
2			
3			
4			
5			
6			
7			
8			
9			
10			
11			
12			
13			
14			
15			
16			
17			
18			
19			
20			

Sonderausgaben der Deutschen Zivilverwaltung vor Eröffnung der Deutschen Dienstpost

Gebiet Alexanderstadt

MiNr.	ungebr.	entw.	FDC
1			
4 II			
5 II			
6 II			
2 III			
3 III			
4 III			
5 III			
6 III			
7 III			
8 III			
9 III			
10 III			
11 III			
12 III			
13 III			
14 III			
15 III			
16 III			

Gebiet Sarny

MiNr.	ungebr.	entw.	FDC
1 A			
1 B			
2 A			
2 B			
3 A			
4 A			
5 A			
5 B			
6 A			

Gebiet Wosnessensk

MiNr.	ungebr.	entw.	FDC
1			
2			

Hilfspostausgaben der Deutschen Zivilverwaltung nach Abzug der Dienstpost

MiNr.	ungebr.	entw.	FDC
1			
2			
3			
4			
5			
6			
7			

Nordukraine: Luboml, Wladimir-Wolynsk und Gorochow

MiNr.	ungebr.	entw.	FDC
8			
9			
10			
11			
12			
13			
14			
15			
16 A			
16 B			
17			
18			
19			
20			
21			
22			
23			
24			
25			
26			
27			

MiNr.	ungebr.	entw.	FDC
28			

Zante

MiNr.	ungebr.	entw.	FDC
I I			
I II			
1I			
1II			
2 I			
2 II			
3 I			
3 II			

Zara

MiNr.	ungebr.	entw.	FDC
1			
2			
3			
4			
5			
6			
7			
8			
9			
10			
11			
12			
13			
14			
15			
16			
17			
18			
19			
20 1			
20 2			
20 3			
20 4			
21			
22			
23			
24			
25			
26			
27			
28			
29			
30			
31			
32			
33			
34			
35 1			
35 2			
35 3			
35 4			
36 1			
36 2			
36 3			
36 4			
37			
38			

Portomarken

MiNr.	ungebr.	entw.	FDC
1			
2			
3			
4			
5			
6			
7			
8			
9			
10			
11			

Feldpostmarken

Algemeine Ausgaben

MiNr.	ungebr.	entw.	FDC
1 A			
1 B			
2 A			
2 B			
3			
4			

Örtliche Ausgaben

MiNr.	ungebr.	entw.	FDC
5 A			
5 B			
6			
7 A			
7 B			
8 A			
8 B			
9			
10 A a			
10 A b			
10 A d			
10 B a			
10 B b			
10 B c			
10 B d			
11 A			
11 B			
A 11 B			
12			
13			
14			
15			
17			

Lokalausgaben ab 1945

Altdöbern

MiNr.	ungebr.	entw.	FDC
1			
2			
3			
4			
5			

Apolda

MiNr.	ungebr.	entw.	FDC
1			
2			
3			

Arnsberg

MiNr.	ungebr.	entw.	FDC
1			

Cottbus

MiNr.	ungebr.	entw.	FDC
1			
2			
3			
4			
5			
6			
7			
8			
9			
10			
11			
12			
13			
14			
15			
16			
17			
18			
19			
20			
21			
22			
23			
24			
25			
26			
27			
28			
29			
30			
31			
32			
33			
34			

MiNr.	ungebr.	entw.	FDC
Döbeln			
1	☐	☐	
Finsterwalde			
1	☐	☐	
2	☐	☐	
3	☐	☐	
4	☐	☐	
5	☐	☐	
6	☐	☐	
7	☐	☐	
8	☐	☐	
9	☐	☐	
10	☐	☐	
11	☐	☐	
12	☐	☐	
13	☐	☐	
14	☐	☐	
15	☐	☐	
16	☐	☐	
Block 1	☐	☐	
Block 2	☐	☐	
Fredersdorf			
1		☐	
2		☐	
3		☐	
4		☐	
5		☐	
6		☐	
7		☐	
8		☐	
9		☐	
10		☐	
11		☐	
12		☐	
13		☐	
14		☐	
15		☐	
16		☐	
17		☐	
18		☐	
19		☐	
20		☐	
21		☐	
22		☐	
23		☐	
24		☐	
25		☐	
26		☐	
50	☐	☐	
51	☐	☐	
52	☐	☐	
53	☐	☐	
54	☐	☐	
55	☐	☐	
56	☐	☐	
57	☐	☐	
A 57	☐	☐	
B 57	☐	☐	
C 57	☐	☐	
58	☐	☐	
59	☐	☐	
60	☐	☐	
61	☐	☐	
A 61	☐	☐	
62	☐	☐	
63	☐	☐	
64	☐	☐	
65	☐	☐	
66	☐	☐	
A 66	☐	☐	
B 66	☐	☐	
C 66	☐	☐	
67		☐	
68		☐	
69		☐	
70		☐	
Freudenstadt			
1	☐	☐	
2	☐	☐	
3	☐	☐	
4	☐	☐	
5	☐	☐	
6	☐	☐	
Glauchau			
1	☐	☐	
2	☐	☐	
3	☐	☐	
4	☐	☐	
5	☐	☐	
6	☐	☐	
7	☐	☐	
8	☐	☐	
9	☐	☐	
10	☐	☐	
11	☐	☐	
12	☐	☐	
13	☐	☐	
14	☐	☐	
15	☐	☐	
16	☐	☐	
17	☐	☐	
18	☐	☐	
19	☐	☐	
20	☐	☐	
21	☐	☐	
22	☐	☐	
23	☐	☐	
24	☐	☐	
25	☐	☐	
26	☐	☐	
27	☐	☐	
28	☐	☐	
29	☐	☐	
30	☐	☐	
31	☐	☐	
32	☐	☐	
33	☐	☐	
34	☐	☐	
35	☐	☐	
36	☐	☐	
37	☐	☐	
38	☐	☐	
39	☐	☐	
40	☐	☐	
41	☐	☐	
42	☐	☐	
Görlitz			
1	☐	☐	
2	☐	☐	
3	☐	☐	
4	☐	☐	
5	☐	☐	
6	☐	☐	
7	☐	☐	
8	☐	☐	
9	☐	☐	
10	☐	☐	
11	☐	☐	
12	☐	☐	
13	☐	☐	
14	☐	☐	
15	☐	☐	
16	☐	☐	
Großräschen			
1	☐	☐	
2	☐	☐	
3	☐	☐	
4	☐	☐	
5	☐	☐	
6	☐	☐	
7	☐	☐	
8	☐	☐	
9	☐	☐	
10	☐	☐	
11	☐	☐	
12	☐	☐	
13 A	☐	☐	
13 B	☐	☐	
14 A	☐	☐	
14 B	☐	☐	
15 A	☐	☐	
15 B	☐	☐	
16 A	☐	☐	
16 B	☐	☐	
17 A	☐	☐	
17 B	☐	☐	
18 A	☐	☐	
18 B	☐	☐	
19 A	☐	☐	
19 B	☐	☐	
20 A	☐	☐	
20 B	☐	☐	
21 A	☐	☐	
21 B	☐	☐	
22 A	☐	☐	
22 B	☐	☐	
23 A	☐	☐	
23 B	☐	☐	
24 A	☐	☐	
24 B	☐	☐	
25	☐	☐	
26	☐	☐	
27	☐	☐	
28	☐	☐	
29	☐	☐	
30	☐	☐	
31	☐	☐	
32	☐	☐	
33	☐	☐	
34	☐	☐	
35	☐	☐	
36	☐	☐	
37	☐	☐	
38	☐	☐	
39	☐	☐	
40	☐	☐	
41	☐	☐	
42	☐	☐	
43 A	☐	☐	
43 B	☐	☐	
44 A	☐	☐	
44 B	☐	☐	
45 A	☐	☐	
45 B	☐	☐	
46 A	☐	☐	
46 B	☐	☐	
Löbau			
1	☐	☐	
2	☐	☐	
3	☐	☐	
4	☐	☐	
5	☐	☐	
6	☐	☐	

MiNr.	ungebr.	entw. FDC
7	weiß	blau
8	blau	grün
9	blau	grün
10	weiß	blau
11	blau	grün
12	blau	grün
13	blau	grün
14	blau	grün
15	blau	grün
16	blau	grün
17	blau	grün
18	blau	grün
19	blau	grün
20	blau	grün
21	blau	grün
22	grün	grün
23	gelb	
24	grau	
25	grau	
26	grau	grau
27	grau	grau
28	grau	grau
29	grün	grün
30	grün	gelb
31	grün	gelb

Löhne

MiNr.	ungebr.	entw. FDC
1	gelb	grün
2	gelb	grün
3	gelb	grün

Lübbenau

MiNr.	ungebr.	entw. FDC
1 A	weiß	weiß
1 B	weiß	blau
2 A	weiß	weiß
2 B	weiß	blau
3 A	weiß	weiß
3 B	weiß	blau
4 A	weiß	weiß
4 B	weiß	blau
5 A	weiß	weiß
5 B	weiß	blau
6 A	weiß	weiß
6 B	weiß	blau
7 A	weiß	weiß
7 B	weiß	blau
8 A	weiß	weiß
8 B	weiß	blau
9 A	weiß	weiß
9 B	blau	blau
10 A	weiß	weiß
10 B	blau	blau
11 A	weiß	weiß
11 B	blau	blau
12 A	weiß	weiß
12 B	blau	blau

Lütjenburg

MiNr.	ungebr.	entw. FDC
1	gelb	gelb

Meißen

MiNr.	ungebr.	entw. FDC
B 1	rot	rot
1	blau	blau
2	blau	blau
3	blau	blau
4	blau	blau
5	blau	blau
6	blau	blau
7	blau	blau
8	blau	blau
9	blau	blau
10	blau	blau
11	blau	grün
12	blau	blau
13	blau	blau
14	blau	blau
15	blau	blau
16	blau	blau
17	blau	blau
18	blau	blau
19	blau	blau
20	blau	blau
21	grün	grün
22	grün	grün
23	grün	grün
24	grün	gelb
25	gelb	gelb
26	gelb	gelb
A 26		gelb
B 26		gelb
C 26		gelb
D 26		gelb
E 26		gelb
F 26		gelb
H 26		gelb
I 26		grau
27	rot	rot
28	rot	rot
29	rot	rot
30	rot	rot
31	blau	blau
32	weiß	weiß
33	weiß	weiß
34	weiß	weiß
35 A	weiß	weiß
35 B	gelb	grün
36 A	weiß	weiß
36 B	gelb	grün
36 D	weiß	weiß
37 A	weiß	weiß
37 B	gelb	grün
37 D	weiß	weiß
38 A	weiß	weiß
38 B	grün	grün
38 D	weiß	blau
35 C	blau	grün
36 C	blau	grün
37 C	blau	grün
38 C	blau	grün
Block 1	gelb	rot

Mindelheim

MiNr.	ungebr.	entw. FDC
1		grün

Netzschkau-Reichenbach

MiNr.	ungebr.	entw. FDC
1	grün	grün
2	blau	blau
3	blau	blau
4	blau	blau
5	weiß	weiß
6	blau	blau
7	grün	grün
8	weiß	weiß
9	grün	grün
10	grün	grün
11	grün	gelb

Niesky

MiNr.	ungebr.	entw. FDC
1	grün	grün
2	grün	grün
3	grün	grün
4	grün	grün
5	grün	gelb
6	grün	gelb
7	blau	grün
8	blau	blau
9	blau	blau
10	weiß	weiß
11	blau	blau
12	blau	blau
13	weiß	blau
14	weiß	weiß
15	weiß	weiß
16	grün	grün
17	grün	grün
18	blau	blau

Perleberg

MiNr.	ungebr.	entw. FDC
1	blau	blau
2	blau	blau
3	blau	blau
4	grün	blau
5	grün	grün

Plauen

MiNr.	ungebr.	entw. FDC
1	weiß	weiß
2	weiß	weiß
3	weiß	weiß
4	weiß	weiß
5	weiß	weiß
6	blau	blau
7	blau	blau

Spremberg

MiNr.	ungebr.	entw. FDC
1	blau	blau
2	blau	blau
3	blau	blau
4	blau	blau
5	blau	blau
6	blau	blau
7 A	weiß	weiß
7 B	weiß	weiß
8 A	weiß	weiß
8 B	weiß	weiß
9 A	weiß	weiß
9 B	weiß	weiß
10 A	weiß	weiß
10 B	weiß	weiß
11 A	weiß	weiß
11 B	weiß	weiß
12 A	weiß	weiß
12 B	weiß	weiß
13 A	weiß	weiß
13 B	weiß	weiß
14 A	weiß	weiß
14 B	weiß	weiß
15 A	blau	grün
15 B	rot	rot
16 A	blau	grün
16 B	rot	rot
17 A	weiß	weiß
17 B	weiß	weiß
18 A	weiß	weiß
18 B	weiß	weiß

Storkow

MiNr.	ungebr.	entw. FDC
1	weiß	weiß
2	weiß	weiß
3	weiß	weiß
4	weiß	weiß
5	weiß	weiß
6	weiß	weiß
7	weiß	weiß
8	weiß	weiß
9 A	weiß	weiß
9 B	gelb	grau
10 A	weiß	weiß
10 B	grün	grau
11 A	weiß	weiß

MiNr.	ungebr.	entw.	FDC
11 B	□	□	
12 A	□	□	
12 B	□	□	
13 A	□	□	
13 B	□	□	
14 A	□	□	
14 B	□	□	
15 A	□	□	
Block 1			
A	□	□	
B	□		
16 A	□	□	
16 B	□		
Block 2			
A	□	□	
B	□	□	
Strausberg			
34 A	□	□	
34 B	□	□	
35 A	□	□	
35 B	□	□	
36 A	□	□	
36 B	□	□	
37 A	□	□	
37 B	□	□	
38	□	□	
39	□	□	
40	□	□	
41	□	□	
Block 1	□	□	
42	□	□	
43	□	□	
44	□	□	
45	□	□	
Block 2	□	□	
Titisee			
1	□	□	
2	□	□	
3	□	□	
Unna			
1	□	□	
2	□	□	
3	□	□	
Wittenberg-Lutherstadt			
21	□	□	

MiNr.	ungebr.	entw.	FDC
Gemeinschafts-ausgaben			
911	□	□	
912	□	□	
913	□	□	
914	□	□	
915	□	□	
916	□	□	
917	□	□	
918	□	□	
919	□	□	
920	□	□	
921	□	□	
922	□	□	
923	□	□	
924	□	□	
925	□	□	
926	□	□	
927	□	□	
928	□	□	
929	□	□	
930	□	□	
931	□	□	
932	□	□	
933	□	□	
934	□	□	
935	□	□	
936	□	□	
937	□	□	
Block 11			
A	□	□	□
Block 12			
B	□	□	□
941	□	□	
942	□	□	
S-FDC			□
943	□	□	□
944	□	□	
945	□	□	
946	□	□	□
947	□	□	□
948	□	□	□
949	□	□	□
950	□	□	□
951	□	□	□
952	□	□	□
953	□	□	□
954	□	□	□
955	□	□	□
956	□	□	□
A956	□	□	□
957	□	□	□
958	□	□	□
959	□	□	□
960	□	□	□
961	□	□	□

MiNr.	ungebr.	entw.	FDC
962	□	□	□
963	□	□	
964	□	□	
S-FDC			□
965	□	□	□
966	□	□	□
S-FDC			□
967	□	□	
968	□	□	
S-FDC			□
969	□	□	
970	□	□	
S-FDC			□

MiNr.	ungebr.	entw.	FDC
Berlin und Brandenburg			
1 A	□	□	□
2 A	□	□	□
3 A	□	□	□
4 A	□	□	□
5 A	□	□	□
6 A	□	□	□
7 A	□	□	□
S-FDC			□
1 B	□	□	□
2 B	□	□	□
3 B	□	□	□
4 B	□	□	□
5 B	□	□	□
6 B	□	□	□
7 B	□	□	□
S-FDC			□

Sowjetische Zone

Mecklenburg-Vorpommern

MiNr.	ungebr.	entw.	FDC
8 x	□	□	■ grau
8 y	■ grün	■ gelb	
9 a	■ blau	□	■ grau
9 b	□	□	■ grau
10	□	□	■ grau
11 x	□	□	■ grau
11 y	□	■ blau	■ grau
12	□	■ blau	■ grau
13	□	□	■ grau
14	■ blau	■ blau	■ grau
15	□	□	■ grau
16	□	□	■ rot
17	□	□	■ grau
18	□	■ blau	■ grau
19	□	□	■ grau
20	■ blau	■ grün	
21	■ blau	■ grün	
22	■ blau	■ grün	
S-FDC			■ gelb
23 a	□	■ grün	
23 b	□	■ grün	
24 a	□	■ grün	
24 b	□	■ grün	
25 a	□	■ grün	
25 b	□	■ grün	
S-FDC a			■ grün
S-FDC b			■ grau
26	□	■ grün	
27	□	■ grün	
28	□	■ grün	
S-FDC			■ grau
29 x	■ blau	■ grün	■ grau
30 x	■ blau	■ grün	■ grau
32 x	■ blau	■ grün	■ grau
33 x	■ blau	■ blau	■ grau
34 x	■ blau	■ grün	■ grau
35 x	■ blau	■ grün	■ grau
36 x	□	■ blau	■ grau
29 y	□	■ grün	■ grau
31 y	□	■ grün	■ grau
32 y	□	■ grün	■ grau
33 y	□	□	
34 y	□	■ blau	■ grau
35 y	□	■ blau	
36 y	□	□	
37 y	□	□	■ grau
38 y	□	■ blau	■ grau
39 y	□	■ blau	■ grau
40 y	□	■ blau	■ grau

Ost-Sachsen

MiNr.	ungebr.	entw.	FDC
42	□	□	■ grün
43 A	□	■ blau	■ grün
43 B	□	■ blau	
43 C	■ gelb	■ gelb	
44	□	□	■ grün
45	□	□	■ grün
46	□	□	■ grün
47	□	□	■ grün
48	□	□	■ grün
49	□	□	■ grün
50	□	□	■ grün
51 x	□	□	■ blau
52 x	□	□	■ blau
51 y	□	■ gelb	
52 y	□	■ grün	
53	□	□	■ blau
54	□	□	■ blau
55	□	□	■ blau
56	□	□	■ blau
57	□	□	■ blau
58	□	□	■ blau
59	□	□	■ blau
60	□	□	■ blau
61	□	□	■ grün
62	□	□	■ blau
63	□	□	■ blau
64	□	□	■ grün
65	□	□	■ grün

Provinz Sachsen

MiNr.	ungebr.	entw.	FDC
66 X	□	□	
67 X	□	□	
68 X	□	■ blau	
69 X	□	□	■ blau
70 X	□	□	
71 X	□	□	■ blau
66 Y	■ rot	■ rot	
67 Y	■ rot	■ rot	
68 Y	■ rot	■ rot	
70 Y	■ rot	■ rot	
72	■ blau	■ gelb	
73 X	□	□	
74 X	□	□	
75 X	□	□	
76 X	□	□	
77 X	□	□	
78 X	□	□	
79 X	□	□	
80 X	■ gelb	■ gelb	
81 X	□	□	
82 X	□	□	
83 X	□	□	
84 X	□	□	
73 Y	□	■ blau	
74 Y	□	□	
75 Y	□	■ blau	
76 Y	□	□	
77 Y	□	□	
78 Y	□	□	
79 Y	□	□	
80 Y	□	■ blau	
81 Y	■ blau	■ blau	
83 Y	■ blau	■ blau	
84 Y	■ blau	■ grün	
85	□	□	■ blau
86	□	□	■ blau
87 A	□	□	
88 A	□	□	
89 A	□	□	
S-FDC			■ blau
87 B	□	■ grün	
88 B	□	■ grün	
89 B	□	■ grün	
S-FDC			■ gelb
90	□	□	■ grau
91	□	□	■ grau

Thüringen

MiNr.	ungebr.	entw.	FDC
92 X	□	□	
93 X	□	□	
94 X	□	□	
95 X	□	□	
96 X	□	□	
97 X	□	□	
98 A X	□	□	
98 B X	□	□	
99 A X	□	□	
99 B X	■ blau	■ blau	
92 Y	□	□	
93 Y	□	■ blau	
94 Y	□	□	
95 Y	□	□	
96 Y	□	□	
97 Y	□	□	
98 A Y	□	■ blau	
98 B Y	□	■ blau	
99 A Y	□	■ blau	
99 B Y	□	■ blau	
100-102 Block 1			
t	■ rot	■ rot	
x	■ gelb	■ rot	
102-106 Block 2			
t	■ rot	■ rot	■ rot
x	■ rot	■ rot	
107 A	□	□	
108	□	□	
109	□	□	
110	□	□	
111	□	□	
Block 3	■ blau	■ grün	■ gelb
107	□	■ blau	
108	□	■ blau	
109	□	■ blau	
110	□	■ blau	
111	□	■ blau	
Block 3	■ grün	■ gelb	■ gelb
112	□	■ blau	
113	□	■ blau	
114	□	■ blau	
115	□	■ blau	
S-FDC			■ grün
Block 4	■ gelb	■ rot	■ rot

West-Sachsen

MiNr.	ungebr.	entw.	FDC
116 X	□	□	
117 X	□	□	
118 X	□	□	
119 X	□	□	
S-FDC			■ gelb
116 Y	□	■ blau	
117 Y	■ blau	■ blau	
118 Y	□	■ blau	
119 Y	□	■ blau	
S-FDC			■ gelb
120 X	■ blau	■ blau	■ gelb
121 X	■ blau	■ blau	■ gelb
122 X	■ blau	■ blau	■ gelb
123 X	■ blau	■ blau	■ gelb
124 X	■ blau	■ grün	
125 X	■ blau	■ grün	
S-FDC			■ grau
124 Y	□	□	
125 Y	□	□	
S-FDC			■ grün
126 X	□	□	■ blau
127 X	□	□	■ blau
128 X	□	□	■ blau
129 X	□	□	■ blau
130 X	□	□	■ blau
131 X	□	□	■ blau
132 X	□	□	■ blau
133 X	□	□	■ grau
134 X	□	■ blau	■ blau
135 X	□	□	■ grau
136 X	□	□	■ blau
137 X	□	■ blau	■ grün
126 Y	□	□	■ blau
127 Y	□	□	■ blau
128 Y	□	■ blau	■ blau

MiNr.	ungebr.	entw.	FDC
129 Y	☐	■	■
130 Y	☐	■	■
131 Y	☐	■	■
133 Y	☐	■	■
134 Y	☐	☐	■
135 Y	☐	☐	■
136 Y	☐	■	■
137 Y	☐	■	■
138	☐	☐	■
139	☐	☐	■
140	☐	☐	■
141	☐	☐	■
142	☐	☐	■
143	☐	☐	■
144	☐	☐	■
145	☐	☐	■
146	☐	☐	■
147	☐	☐	■
148	☐	☐	■
149	☐	☐	■
S-FDC			■
150 X	■	■	
151 X	■	■	
153 X	■	■	
155 X	■	■	
S-FDC			■
150 Y	☐	☐	
151 Y	☐	☐	
152 Y	☐	☐	
153 Y	☐	☐	
154 Y	☐	☐	
155 Y	☐	☐	
S-FDC			■
156 x	☐	■	
157 x	☐	■	
158 x	☐	■	
159 x	☐	■	
160 x	☐	■	
161 x	☐	■	
S-FDC			■
156 y	☐	■	
157 y	☐	■	
158 y	☐	■	
159 y	☐	■	
160 y	☐	■	
161 y	☐	■	
S-FDC			■
162 X A	☐	☐	
162 Y A	☐	☐	
162 Z A	☐	☐	
163 X A	☐	☐	
163 Y A	☐	■	
163 Z A	☐	☐	
164 X A	☐	☐	
164 Y A	☐	☐	

MiNr.	ungebr.	entw.	FDC
164 Z A	☐	☐	
165 X A	☐	■	
165 Y A	☐	■	
S-FDC X			■
S-FDC y			■
162 X B	☐	■	
162 Y B	☐	■	
163 X B	☐	■	
163 Y B	■	■	
164 X B	☐	■	
164 Y B	☐	■	
165 X B	☐	■	
165 Y B	■	■	
S-FDC X			■
S-FDC Y			■
Block 5			
X	■	■	■
Y	■	■	■
Allgemeine Ausgaben			
166	☐	■	
167	☐	☐	
168	☐	☐	
169	☐	☐	
170	☐	☐	
171	☐	■	
172	☐	☐	
173	☐	■	
174	☐	☐	
175	■	■	
176	☐	☐	
177	☐	☐	
178	☐	■	
179	■	■	
A 179	☐	☐	
180	☐	☐	
181	■	■	
182	☐	■	■
183	☐	■	■
184	☐	■	■
185	☐	■	■
186	☐	■	■
187	☐	■	■
188	☐	■	■
189	☐	■	■
190	☐	■	■
191	☐	■	■
192	☐	■	■
193	☐	■	■
194	☐	■	■
195	■	■	■
196	☐	■	■
197	☐	■	■
198	☐	☐	
199	☐	☐	

MiNr.	ungebr.	entw.	FDC
S-FDC			☐
200 A	☐	☐	
200 B	☐	☐	
201	☐	☐	
202	☐	☐	
203	☐	☐	
204	☐	☐	
205	☐	☐	
206	☐	☐	
207	☐	☐	
208	☐	☐	
209	☐	☐	
210	☐	☐	
211	☐	☐	
212	☐	☐	
213	☐	☐	
214	☐	☐	
215	☐	☐	
216	☐	☐	
217	☐	☐	
218	☐	☐	
219	☐	☐	
220	☐	☐	
221	☐	☐	
222	☐	☐	
223	■	☐	
224	☐	☐	
225	☐	☐	
226	☐	☐	
227	☐	☐	
228	☐	☐	■
229	☐	☐	■
230	☐	☐	
231	☐	☐	
S-FDC			■
232	☐	☐	■
233	☐	☐	■
234	☐	☐	
235	☐	☐	
236	☐	☐	
237	☐	☐	
238	☐	☐	
S-FDC			■
239	■	■	
Block 6	■	■	■
240	☐	☐	
241	☐	☐	
S-FDC			■

MiNr.	ungebr.	entw.	FDC

Deutsche Demokratische Republik DDR

MiNr.	ungebr.	entw.	FDC
242	☐	☐	☐
243	☐	☐	☐
244	☐	☐	☐
S-FDC			☐
245	☐	☐	☐
246	☐	☐	☐
247	☐	☐	☐
S-FDC			☐
248	☐	☐	☐
249	☐	☐	☐
S-FDC			☐
250	☐	☐	☐
251	☐	☐	☐
252	☐	☐	☐
253	☐	☐	☐
254	☐	☐	☐
255	☐	☐	☐
S-FDC			☐
256	☐	☐	
257	☐	☐	
258	☐	☐	
259	☐	☐	
S-FDC			☐
260	☐	☐	☐
261	☐	☐	
262	☐	☐	
263	☐	☐	
264	☐	☐	
265	☐	☐	
266	☐	☐	
267	☐	☐	
268	☐	☐	
269	☐	☐	
270	☐	☐	
S-FDC			☐
271	☐	☐	
272	☐	☐	
S-FDC			☐
273	☐	☐	
274	☐	☐	
S-FDC			☐
275	☐	☐	☐
276	☐	☐	
277	☐	☐	
278	☐	☐	
279	☐	☐	
S-FDC			☐
280	☐	☐	
281	☐	☐	
S-FDC			☐
282	☐	☐	
283	☐	☐	
S-FDC			☐
284	☐	☐	
285	☐	☐	
S-FDC			☐
286	☐	☐	
287	☐	☐	
288	☐	☐	
S-FDC			☐
289	☐	☐	
290	☐	☐	
291	☐	☐	
292	☐	☐	
S-FDC			☐
293	☐	☐	☐
294	☐	☐	☐
295	☐	☐	☐
296	☐	☐	
297	☐	☐	
S-FDC			☐
298	☐	☐	
299	☐	☐	
S-FDC			☐
300	☐	☐	
301	☐	☐	
S-FDC			☐
302	☐	☐	☐
303	☐	☐	
304	☐	☐	
305	☐	☐	
306	☐	☐	
S-FDC			☐
307	☐	☐	☐
308	☐	☐	
309	☐	☐	
310	☐	☐	
S-FDC			☐
311	☐	☐	
312	☐	☐	
313	☐	☐	
314	☐	☐	
S-FDC			☐
315	☐	☐	
316	☐	☐	
S-FDC			☐
317	☐	☐	☐
318	☐	☐	☐
319	☐	☐	☐
320	☐	☐	
321	☐	☐	
S-FDC			☐
322	☐	☐	☐
323	☐	☐	
324	☐	☐	
325	☐	☐	
326	☐	☐	
327	☐	☐	
328	☐	☐	
329	☐	☐	
330	☐	☐	
331	☐	☐	
332	☐	☐	
333	☐	☐	
334	☐	☐	
335	☐	☐	
336	☐	☐	
337	☐	☐	
338	☐	☐	
339	☐	☐	
340	☐	☐	☐
341	☐	☐	
342	☐	☐	☐
343	☐	☐	☐
344	☐	☐	
345	☐	☐	
346	☐	☐	
347	☐	☐	
348	☐	☐	
349	☐	☐	
350	☐	☐	
351	☐	☐	
352	☐	☐	
353	☐	☐	
S-FDC			☐
354	☐	☐	☐
355	☐	☐	
356	☐	☐	
357	☐	☐	
S-FDC			☐
358	☐	☐	
359	☐	☐	
360	☐	☐	
361	☐	☐	
S-FDC			☐
362	☐	☐	
363	☐	☐	
364	☐	☐	
365	☐	☐	
366	☐	☐	
367	☐	☐	
368	☐	☐	
369	☐	☐	
370	☐	☐	
371	☐	☐	
372	☐	☐	
373	☐	☐	
374	☐	☐	
375	☐	☐	
376	☐	☐	
377	☐	☐	
378	☐	☐	
379	☐	☐	
380	☐	☐	
381	☐	☐	
S-FDC			☐
382	☐	☐	
383	☐	☐	
S-FDC			☐
384	☐	☐	☐
385	☐	☐	☐
386 A	☐	☐	
387 A	☐	☐	
388 A	☐	☐	
389 A	☐	☐	
390 A	☐	☐	
391 A	☐	☐	
Block 8	☐	☐	☐
392 A	☐	☐	
393 A	☐	☐	
394 A	☐	☐	
395 A	☐	☐	
Block 9	☐	☐	☐
386 B	☐	☐	
387 B	☐	☐	
388 B	☐	☐	
389 B	☐	☐	
390 B	☐	☐	
391 B	☐	☐	
Block 8	☐	☐	☐
392 B	☐	☐	
393 B	☐	☐	
394 B	☐	☐	
395 B	☐	☐	
Block 9	☐	☐	☐
396	☐	☐	☐
397	☐	☐	☐
398	☐	☐	
399	☐	☐	
400	☐	☐	
401	☐	☐	
402	☐	☐	
403	☐	☐	
S-FDC			☐
404	☐	☐	☐
405	☐	☐	
406	☐	☐	

MiNr.	ungebr.	entw.	FDC
407	☐	☐	
408	☐	☐	
409	☐	☐	
410	☐	☐	
411	☐	☐	
412	☐	☐	
413	☐	☐	
414	☐	☐	
415	☐	☐	
416	☐	☐	
417	☐	☐	
418	☐	☐	
419	☐	☐	
420	☐	☐	
421	☐	☐	
422	☐	☐	
	S-FDC		☐
423	☐	☐	☐
424	☐	☐	☐
425	☐	☐	☐
426	☐	☐	
427	☐	☐	
	S-FDC		☐
428	☐	☐	
429	☐	☐	
	S-FDC		☐
430	☐	☐	☐
431	☐	☐	☐
432	☐	☐	☐
433	☐	☐	
434	☐	☐	
	S-FDC		☐
435	☐	☐	
436	☐	☐	
437	☐	☐	
438	☐	☐	
439	☐	☐	
440	☐	☐	
441	☐	☐	
442	☐	☐	
443	☐	☐	
444	☐	☐	
	S-FDC		☐
445 A	☐	☐	☐
445 B	☐	☐	☐
447	☐	☐	
448	☐	☐	
	S-FDC		☐
449	☐	☐	☐
450	☐	☐	
451	☐	☐	
	S-FDC		☐

MiNr.	ungebr.	entw.	FDC
452	☐	☐	☐
453	☐	☐	
454	☐	☐	
455	☐	☐	
456	☐	☐	
457	☐	☐	
458	☐	☐	
459 A	☐	☐	
460 A	☐	☐	
	S-FDC		☐
459 B–460 B			
Block 11	☐	☐	☐
463	☐	☐	☐
464 A	☐	☐	
465 A	☐	☐	
466 A	☐	☐	
	S-FDC		☐
464 B–466 B			
Block 12	☐	☐	☐
470	☐	☐	
471	☐	☐	
	S-FDC		☐
472	☐	☐	
473	☐	☐	
474	☐	☐	
475	☐	☐	
476	☐	☐	
477	☐	☐	
478	☐	☐	
	S-FDC		☐
479	☐	☐	
480	☐	☐	
	S-FDC		☐
481	☐	☐	
482	☐	☐	
483	☐	☐	
	S-FDC		☐
484	☐	☐	☐
485 A	☐	☐	
486 A	☐	☐	
487 A	☐	☐	
488 A	☐	☐	
489 A	☐	☐	
490 A	☐	☐	
	S-FDC		☐
485 B–490 B			
Block 13	☐	☐	☐
491	☐	☐	
492	☐	☐	
493	☐	☐	
494	☐	☐	
495	☐	☐	
496	☐	☐	

MiNr.	ungebr.	entw.	FDC
	S-FDC		☐
497	☐	☐	☐
504	☐	☐	
505	☐	☐	
506	☐	☐	
507	☐	☐	
508	☐	☐	
509	☐	☐	
	S-FDC		☐
510	☐	☐	
511	☐	☐	
	S-FDC		☐
512	☐	☐	
513	☐	☐	
514	☐	☐	
515	☐	☐	
	S-FDC		☐
516	☐	☐	
517	☐	☐	
	S-FDC		☐
518	☐	☐	
519	☐	☐	
	S-FDC		☐
520 A	☐	☐	☐
520 B			
Block 14	☐	☐	☐
521	☐	☐	
522	☐	☐	
	S-FDC		☐
524	☐	☐	
525	☐	☐	
526	☐	☐	
	S-FDC		☐
527	☐	☐	☐
528	☐	☐	
529	☐	☐	
	S-FDC		☐
530	☐	☐	
531	☐	☐	
532	☐	☐	
533	☐	☐	
	S-FDC		☐
534	☐	☐	☐
535	☐	☐	☐
536	☐	☐	
537	☐	☐	
	S-FDC		☐
538	☐	☐	☐
539	☐	☐	
540	☐	☐	
	S-FDC		☐

MiNr.	ungebr.	entw.	FDC
541	☐	☐	
542	☐	☐	
	S-FDC		☐
543	☐	☐	☐
544	☐	☐	☐
545	☐	☐	
546	☐	☐	
547	☐	☐	
	S-FDC		☐
548	☐	☐	
549	☐	☐	
550	☐	☐	
	S-FDC		☐
551	☐	☐	
552	☐	☐	
553	☐	☐	
554	☐	☐	
555	☐	☐	
556	☐	☐	
	S-FDC		☐
557	☐	☐	☐
558	☐	☐	☐
559	☐	☐	
560	☐	☐	
	S-FDC		☐
561	☐	☐	
562	☐	☐	
563	☐	☐	
	S-FDC		☐
564	☐	☐	
565	☐	☐	
	S-FDC		☐
566	☐	☐	
567	☐	☐	
	S-FDC		☐
568	☐	☐	☐
569	☐	☐	
570	☐	☐	
571	☐	☐	
	S-FDC		☐
572	☐	☐	
573	☐	☐	
	S-FDC		☐
574	☐	☐	
575	☐	☐	
576	☐	☐	
	S-FDC		☐
577 A	☐	☐	
578 A	☐	☐	
579 A	☐	☐	
580 A	☐	☐	
581 A	☐	☐	

MiNr.	ungebr.	entw.	FDC
582 A	☐	☐	
583 A	☐	☐	
584 A	☐	☐	
585 A	☐	☐	
577 B	☐	☐	
578 B	☐	☐	
579 B	☐	☐	
580 B	☐	☐	
581 B	☐	☐	
582 B	☐	☐	
583 B	☐	☐	
584 B	☐	☐	
585 B	☐	☐	
586	☐	☐	
587	☐	☐	
588	☐	☐	
589	☐	☐	
590	☐	☐	
591	☐	☐	
S-FDC			☐
592	☐	☐	☐
593	☐	☐	
594	☐	☐	
S-FDC			☐
595	☐	☐	☐
596	☐	☐	
597	☐	☐	
S-FDC			☐
598	☐	☐	
599	☐	☐	
S-FDC			☐
600	☐	☐	☐
601	☐	☐	
602	☐	☐	
S-FDC			☐
603	☐	☐	☐
604	☐	☐	
605	☐	☐	
S-FDC			☐
606 A	☐	☐	
607 A	☐	☐	
608 A	☐	☐	
S-FDC			☐
606 B	☐	☐	
607 B	☐	☐	
608 B	☐	☐	
S-FDC			☐
609	☐	☐	
610	☐	☐	
611	☐	☐	
612	☐	☐	
613	☐	☐	
614	☐	☐	
615	☐	☐	
S-FDC			☐
616	☐	☐	
617	☐	☐	
S-FDC			☐
618	☐	☐	
619	☐	☐	☐
S-FDC			☐
620	☐	☐	
621	☐	☐	
S-FDC			☐
622	☐	☐	
623	☐	☐	
624	☐	☐	
625	☐	☐	
S-FDC			☐
626	☐	☐	
627	☐	☐	
S-FDC			☐
628	☐	☐	
629	☐	☐	
630	☐	☐	
S-FDC			☐
631	☐	☐	
632	☐	☐	
S-FDC			☐
633	☐	☐	☐
634	☐	☐	☐
635	☐	☐	
636	☐	☐	
637	☐	☐	
638	☐	☐	
639	☐	☐	
S-FDC			☐
640	☐	☐	
641	☐	☐	
642	☐	☐	
S-FDC			☐
643	☐	☐	
644	☐	☐	
S-FDC			☐
645	☐	☐	
646	☐	☐	
S-FDC			☐
647	☐	☐	
648	☐	☐	
S-FDC			☐
649	☐	☐	
650	☐	☐	
S-FDC			☐
651	☐	☐	☐
655	☐	☐	
656	☐	☐	
S-FDC			☐
657	☐	☐	
658	☐	☐	
659	☐	☐	
S-FDC			☐
660	☐	☐	
661	☐	☐	
S-FDC			☐
662	☐	☐	☐
663	☐	☐	
664	☐	☐	
S-FDC			☐
665	☐	☐	
666	☐	☐	
S-FDC			☐
667	☐	☐	
668	☐	☐	
S-FDC			☐
669	☐	☐	
670	☐	☐	
S-FDC			☐
671	☐	☐	☐
672	☐	☐	☐
673	☐	☐	☐
674	☐	☐	
675	☐	☐	
S-FDC			☐
676	☐	☐	
677	☐	☐	
S-FDC			☐
678	☐	☐	
679	☐	☐	
S-FDC			☐
680	☐	☐	
681	☐	☐	
S-FDC			☐
682	☐	☐	
683	☐	☐	
S-FDC			☐
684	☐	☐	
685	☐	☐	
S-FDC			☐
686	☐	☐	
687	☐	☐	
S-FDC			☐
688	☐	☐	
689	☐	☐	
690	☐	☐	
691	☐	☐	
692	☐	☐	
S-FDC			☐
693	☐	☐	
694	☐	☐	
695	☐	☐	
696	☐	☐	
697	☐	☐	
S-FDC			☐
698	☐	☐	
699	☐	☐	
700	☐	☐	
701	☐	☐	
702	☐	☐	
703	☐	☐	
S-FDC			☐
704 A	☐	☐	
704 B	☐	☐	
705	☐	☐	
706	☐	☐	
S-FDC			☐
707	☐	☐	
708	☐	☐	
709	☐	☐	
710	☐	☐	
711	☐	☐	
S-FDC			☐
712	☐	☐	☐
713	☐	☐	
714	☐	☐	
S-FDC			☐
715	☐	☐	
716	☐	☐	
717	☐	☐	
718	☐	☐	
719	☐	☐	
S-FDC			☐
720	☐	☐	☐
721	☐	☐	☐
722	☐	☐	
723	☐	☐	
724	☐	☐	
725	☐	☐	
726	☐	☐	
727	☐	☐	
728	☐	☐	
729	☐	☐	
730	☐	☐	
731	☐	☐	
S-FDC			☐
732	☐	☐	☐
733	☐	☐	
734	☐	☐	
S-FDC			☐

MiNr.	ungebr.	entw.	FDC
735	☐	☐	
736	☐	☐	
S-FDC			☐
737	☐	☐	
738	☐	☐	
739	☐	☐	
740	☐	☐	
741	■	☐	
S-FDC			☐
742	☐	☐	
743	☐	☐	
744	☐	☐	
745	☐	☐	
S-FDC			☐
746		☐	☐
747	☐	☐	
748	☐	☐	
749	☐	☐	
S-FDC			☐
750	☐	☐	
751	☐	☐	
S-FDC			☐
752	☐	☐	
753	☐	☐	
754	☐	☐	
755	☐	☐	
756	☐	☐	
S-FDC			☐
757	☐	☐	
758	☐	☐	
759	☐	☐	
760	☐	☐	
761	☐	☐	
S-FDC			☐
762	☐	☐	☐
763	☐	☐	☐
764	☐	☐	☐
765	☐	☐	
766	☐	☐	
767	☐	☐	
S-FDC			☐
768	☐	☐	
769	☐	☐	
770	☐	☐	
771	☐	☐	
S-FDC			☐
772	☐	☐	
773	☐	☐	
S-FDC			☐
774	☐	☐	
775	☐	☐	
776	☐	☐	
777	☐	☐	

MiNr.	ungebr.	entw.	FDC
778	☐	☐	
S-FDC			☐
779	☐	☐	
780	☐	☐	
S-FDC			☐
781	☐	☐	
782	☐	☐	
S-FDC			☐
783	☐	☐	☐
784 A	☐	☐	☐
784 B			
Block 16	☐	☐	■
786	☐	☐	
787	☐	☐	
788	☐	☐	
S-FDC			☐
789	☐	☐	
790	☐	☐	
S-FDC			☐
791	☐	☐	
792	☐	☐	
S-FDC			☐
793	☐	☐	
794	☐	☐	
S-FDC			☐
795	☐	☐	
796	☐	☐	
797	☐	☐	
798	☐	☐	
799	☐	☐	
S-FDC			☐
800	☐	☐	
801	☐	☐	
802	☐	☐	
803	☐	☐	
S-FDC			☐
804	☐	☐	
805 A	☐	☐	
805 B	☐	☐	
806	☐	☐	
S-FDC			■
807	☐	☐	■
808	☐	☐	
809	☐	☐	
810	☐	☐	
811	☐	☐	
812	☐	☐	
S-FDC			☐
813	☐	☐	
814	☐	☐	
S-FDC			☐
815	☐	☐	

MiNr.	ungebr.	entw.	FDC
816	☐	☐	
S-FDC			☐
817	☐	☐	
818	☐	☐	
819	☐	☐	
820	☐	☐	
S-FDC			☐
821	☐	☐	☐
822	☐	☐	
823	☐	☐	
824	☐	☐	
S-FDC			■
825	☐	☐	
826	☐	☐	
S-FDC			☐
827	☐	☐	
828	☐	☐	
829	☐	☐	
S-FDC			☐
830	☐	☐	
831	☐	☐	
832	☐	☐	
S-FDC			☐
833	☐	☐	
834	☐	☐	
S-FDC			☐
835	☐	☐	
836	☐	☐	
837	☐	☐	
S-FDC			☐
838	☐	☐	
839	☐	☐	
840	☐	☐	
S-FDC			☐
841	☐	☐	
842	☐	☐	
S-FDC			☐
843	☐	☐	
844	☐	☐	
S-FDC			☐
845	☐	☐	
846	☐	☐	
847	☐	☐	
848	☐	☐	
S-FDC			☐
849	☐	☐	
850	☐	☐	
851	☐	☐	
852	☐	☐	
853	☐	☐	
S-FDC			■
854	☐	☐	

MiNr.	ungebr.	entw.	FDC
855	☐	☐	
856	■	■	
S-FDC			■
857	☐	☐	
858	☐	☐	
859	☐	☐	
860	☐	☐	
S-FDC			■
861	☐	☐	
862	☐	☐	
S-FDC			☐
863	☐	☐	
864	☐	☐	
865	☐	■	
866	☐	☐	
867	☐	☐	
868	☐	☐	
S-FDC			■
869	☐	☐	
870	☐	☐	
871	☐	☐	
872	☐	☐	
S-FDC			■
873	☐	☐	
874	☐	☐	
875	☐	☐	
S-FDC			☐
876	☐	☐	
877	☐	☐	
878	☐	☐	
879	☐	☐	
880	☐	☐	
S-FDC			☐
881	☐	☐	
882	☐	☐	
883	☐	☐	
884	☐	☐	
885	☐	☐	
S-FDC			☐
886	☐	☐	
887	☐	☐	
888	☐	☐	
S-FDC			☐
889	☐	☐	
890	☐	☐	
S-FDC			☐
891	☐	☐	
892	☐	☐	
S-FDC			☐
893	☐	☐	
894	☐	☐	
895	☐	☐	
896	☐	☐	

MiNr.	ungebr.	entw.	FDC
897	☐	☐	
S-FDC			☐
898	☐	☐	
899	☐	☐	
900	☐	☐	
S-FDC			☐
901	☐	☐	
902	☐	☐	
903	☐	☐	
904	☐	☐	
905	☐	☐	
906	☐	☐	
907	☐	☐	
908	☐	☐	
909	☐	☐	
910	☐	☐	
911	☐	☐	
912	☐	☐	
S-FDC			☐
913	☐	☐	
914	☐	☐	
915	☐	☐	
S-FDC			☐
916	☐	☐	☐
917	☐	☐	
Block 17	☐	☐	☐
918	☐	☐	
919	☐	☐	
920	☐	☐	
921	☐	☐	
922	☐	☐	
S-FDC			☐
923	☐	☐	
924	☐	☐	
S-FDC			☐
925	☐	☐	☐
926	☐	☐	
927	☐	☐	
928	☐	☐	
929	☐	☐	
930	☐	☐	
931	☐	☐	
932	☐	☐	
933	☐	☐	
934	☐	☐	
935	☐	☐	
936	☐	☐	
937	☐	☐	
938	☐	☐	
S-FDC			☐
939	☐	☐	
940	☐	☐	
S-FDC			☐
941	☐	☐	☐
942	☐	☐	
943	☐	☐	
944	☐	☐	
S-FDC			☐
945	☐	☐	
946	☐	☐	
S-FDC			☐
947	☐	☐	
948	☐	☐	
949	☐	☐	
S-FDC			☐
950	☐	☐	
951	☐	☐	
Block 18	☐	☐	☐
952	☐	☐	
953	☐	☐	
954	☐	☐	
955	☐	☐	
S-FDC			☐
956	☐	☐	
957	☐	☐	
S-FDC			☐
958	☐	☐	
959		☐	☐
960	☐	☐	
961	☐	☐	
962	☐	☐	
S-FDC			☐
963	☐	☐	
964	☐	☐	
965	☐	☐	
S-FDC			☐
966	☐	☐	
967	☐	☐	
S-FDC			☐
968	☐	☐	
969	☐	☐	
S-FDC			☐
970	☐	☐	
971	☐	☐	
S-FDC			☐
972	☐	☐	
973	☐	☐	
974	☐	☐	
S-FDC			☐
975	☐	☐	☐
976	☐	☐	
977	☐	☐	
S-FDC			☐
978	☐	☐	
979	☐	☐	
980	☐	☐	
981	☐	☐	
982	☐	☐	
S-FDC			☐
983	☐	☐	
984	☐	☐	
985	☐	☐	
986	☐	☐	
987	☐	☐	
S-FDC			☐
988	☐	☐	
989	☐	☐	
990	☐	☐	
991	☐	☐	
992	☐	☐	
S-FDC			☐
993		☐	☐
994	☐	☐	
995	☐	☐	
996	☐	☐	
S-FDC			☐
997	☐	☐	☐
998	☐	☐	
999	☐	☐	
S-FDC			☐
1000	☐	☐	
1001	☐	☐	
1002	☐	☐	
1003	☐	☐	
S-FDC			☐
1004	☐	☐	
1005	☐	☐	
1006	☐	☐	
1007	☐	☐	
1008	☐	☐	
S-FDC			☐
1009	☐	☐	
1010	☐	☐	
1011	☐	☐	
S-FDC			☐
1012	☐	☐	
1013	☐	☐	
1014	☐	☐	
1015	☐	☐	
1016	☐	☐	
1017	☐	☐	
1018	☐	☐	
1019	☐	☐	
S-FDC			☐
1020	☐	☐	
1021	☐	☐	
S-FDC			☐
1022	☐	☐	
1023	☐	☐	
1024	☐	☐	
S-FDC			☐
1025	☐	☐	
1026	☐	☐	
1027	☐	☐	
1028	☐	☐	
1029	☐	☐	
S-FDC			☐
1030	☐	☐	
1031	☐	☐	
1032	☐	☐	
S-FDC			☐
1033	☐	☐	
1034	☐	☐	
1035	☐	☐	
1036	☐	☐	
1037	☐	☐	
1038	☐	☐	
S-FDC			☐
1039	☐	☐	
1040	☐	☐	
1041	☐	☐	
1042	☐	☐	
1043	☐	☐	
1044	☐	☐	
1045	☐	☐	
1046	☐	☐	
1047	☐	☐	
S-FDC			☐
1048	☐	☐	☐
1049	☐	☐	
1050	☐	☐	
1051	☐	☐	
S-FDC			☐
1052	☐	☐	
1053	☐	☐	
S-FDC			☐
1054	☐	☐	
1055	☐	☐	
S-FDC			☐
1056	☐	☐	
1057	☐	☐	
1058	☐	☐	
S-FDC			☐
1059 A	☐	☐	
1060 A	☐	☐	
1061 A	☐	☐	
1062 A	☐	☐	
1063 A	☐	☐	
1064 A	☐	☐	
1065 A	☐	☐	
1066 A	☐	☐	
1067 A	☐	☐	

MiNr.	ungebr.	entw.	FDC
1068 A	☐	☐	
1069 A	☐	☐	
1070 A	☐	☐	
1071 A	☐	☐	
1072 A	☐	☐	
1073 A	☐	☐	
S-FDC			☐
1059 B–1073 B			
Block 19	■	■	■
1074	☐	☐	
1075	☐	☐	
1076	☐	☐	
1077	☐	☐	
1078	☐	☐	
1079	☐	☐	
S-FDC			■
1080	☐	☐	■
1081	☐	☐	☐
Block 20	☐	☐	■
1082	☐	☐	☐
Block 21	☐	☐	■
1083	☐	☐	☐
Block 22	☐	☐	■
1084	☐	☐	
1085	☐	☐	
1086	☐	☐	
S-FDC			☐
1087	☐	☐	☐
1088	☐	☐	
S-FDC			■
1089	☐	☐	☐
1090	☐	☐	
1091	☐	☐	
1092	☐	☐	
S-FDC			☐
1093	☐	☐	
1094	☐	☐	
1095	☐	☐	
S-FDC			☐
1096	☐	☐	☐
1097	☐	☐	☐
1098	☐	☐	
1099	☐	☐	
S-FDC			☐
1100	☐	☐	
1101	☐	☐	
S-FDC			☐
1102	☐	☐	
1103	☐	☐	
1104	☐	☐	
1105	☐	☐	
1106	☐	☐	
1107	☐	☐	

MiNr.	ungebr.	entw.	FDC
1108	☐	☐	
1109	☐	☐	
1110	☐	☐	
S-FDC			☐
1111	☐	☐	
1112	☐	☐	
S-FDC			☐
1113	☐	☐	
1114	☐	☐	
S-FDC			☐
1115	☐	☐	
1116	☐	☐	
S-FDC			☐
1117	☐	☐	
1118	☐	☐	
1119	☐	☐	
S-FDC			☐
1120	☐	☐	☐
1121	☐	☐	☐
1122	☐	☐	
1123	☐	☐	
S-FDC			☐
1124	☐	☐	☐
1125	☐	☐	☐
1126	☐	☐	
1127	☐	☐	
1128	☐	☐	
1129	☐	☐	
S-FDC			☐
1130	☐	☐	
1131	☐	☐	
1132	☐	☐	
S-FDC			☐
Block 23	☐	☐	■
Block 24	☐	☐	■
1133	☐	☐	
1134	☐	☐	
1135	☐	☐	
1136	☐	☐	
1137	☐	☐	
S-FDC			☐
1138	☐	☐	
1139	☐	☐	
1140	☐	☐	
S-FDC			☐
1141	☐	☐	☐
1142	☐	☐	
1143	☐	☐	
1144	☐	☐	
1145	☐	☐	
S-FDC			☐

MiNr.	ungebr.	entw.	FDC
1146	☐	☐	☐
1147	☐	☐	
1148	☐	☐	
1149	☐	☐	
1150	☐	☐	
1151	☐	☐	
1152	☐	☐	
S-FDC			☐
1153	☐	☐	☐
1154	☐	☐	
1155	☐	☐	
Block 25	☐	☐	■
1156	☐	☐	
1157	☐	☐	
1158	☐	☐	
S-FDC			☐
1159	☐	☐	
1160	☐	☐	
S-FDC			☐
1161	☐	☐	
1162	☐	☐	
1163	☐	☐	
1164	☐	☐	
S-FDC			☐
1165	☐	☐	
1166	☐	☐	
S-FDC			☐
1167	☐	☐	☐
1168	☐	☐	☐
1169	☐	☐	
1170	☐	☐	
1171	☐	☐	
1172	☐	☐	
S-FDC			☐
1173	☐	☐	
1174	☐	☐	
1175	☐	☐	
1176	☐	☐	
1177	☐	☐	
S-FDC			☐
1178	☐	☐	☐
1179	☐	☐	
1180	☐	☐	
1181	☐	☐	
1182	☐	☐	
1183	☐	☐	
1184	☐	☐	
S-FDC			☐
1185	☐	☐	
1186	☐	☐	
1187	☐	☐	
1188	☐	☐	
S-FDC			☐

MiNr.	ungebr.	entw.	FDC
1189	☐	☐	
1190	☐	☐	
1191	☐	☐	
1192	☐	☐	
S-FDC			☐
1193	☐	☐	
1194	☐	☐	
1195	☐	☐	
S-FDC			☐
1196	☐	☐	
1197	☐	☐	
1198	☐	☐	
1199	☐	☐	
1200	☐	☐	
1201	☐	☐	
S-FDC			☐
1202	☐	☐	
1203	☐	☐	
S-FDC			☐
1204	☐	☐	
1205	☐	☐	
S-FDC			☐
1206	☐	☐	☐
1207	☐	☐	
1208	☐	☐	
1209	☐	☐	
S-FDC			☐
1210	☐	☐	
1211	☐	☐	
S-FDC			☐
1212	☐	☐	
1213	☐	☐	
S-FDC			☐
1214	☐	☐	
1215	☐	☐	
1216	☐	☐	
1217	☐	☐	
1218	☐	☐	
1219	☐	☐	
S-FDC			■
1220	☐	☐	☐
1221	☐	☐	
1222	☐	☐	
1223	☐	☐	
1224	☐	☐	
1225	☐	☐	
1226	☐	☐	
S-FDC			☐
1227	☐	☐	
1228	☐	☐	
S-FDC			☐
1229	☐	☐	
1230	☐	☐	

MiNr.	ungebr.	entw.	FDC
1231	☐	☐	
1232	☐	☐	
S-FDC			☐
1233	☐	☐	
1234	☐	☐	
1235	☐	☐	
S-FDC			☐
1236	☐	☐	
1237	☐	☐	
1238	☐	☐	
1239	☐	☐	
1240	☐	☐	
1241	☐	☐	
1242	☐	☐	
1243	☐	☐	
1244	☐	☐	
S-FDC			☐
1245	☐	☐	
1246	☐	☐	
1247	☐	☐	
1248	☐	☐	
1249	☐	☐	
1250	☐	☐	
S-FDC			☐
1251	☐	☐	
1252	☐	☐	
1253	☐	☐	
S-FDC			☐
1254	☐	☐	
1255	☐	☐	
S-FDC			☐
1256	☐	☐	
1257	☐	☐	
S-FDC			☐
1258	☐	☐	
1259	☐	☐	
1260	☐	☐	
1261	☐	☐	
S-FDC			☐
1262	☐	☐	
1263	☐	☐	
1264	☐	☐	
1265	☐	☐	
1266	☐	☐	
1267	☐	☐	
S-FDC			☐
1268	☐	☐	
1269	☐	☐	
1270	☐	☐	
1271	☐	☐	
S-FDC			☐
1272	☐	☐	
1273	☐	☐	
1274	☐	☐	

MiNr.	ungebr.	entw.	FDC
1275	☐	☐	
1276	☐	☐	
1277	☐	☐	
S-FDC			☐
1278	☐	☐	
1279	☐	☐	
S-FDC			☐
1280	☐	☐	
1281	☐	☐	
1282	☐	☐	
1283	☐	☐	
1284	☐	☐	
1285	☐	☐	
S-FDC			☐
1286	☐	☐	
1287	☐	☐	
1288	☐	☐	
1289	☐	☐	
1290	☐	☐	
1291	☐	☐	
S-FDC			☐
1292	☐	☐	☐
1293	☐	☐	
1294	☐	☐	
1295	☐	☐	
1296	☐	☐	
1297	☐	☐	
S-FDC			☐
1298	☐	☐	
1299	☐	☐	
1300	☐	☐	
1301	☐	☐	
S-FDC			☐
1302	☐	☐	
1303	☐	☐	
1304	☐	☐	
1305	☐	☐	
S-FDC			☐
1306	☐	☐	
1307	☐	☐	
S-FDC			☐
1308	☐	☐	
1309	☐	☐	
1310	☐	☐	
S-FDC			☐
1311	☐	☐	☐
1312	☐	☐	
1313	☐	☐	
1314	☐	☐	
1315 A	☐	☐	
1316 A	☐	☐	
S-FDC			☐
1315 B–1316 B			

MiNr.	ungebr.	entw.	FDC
Block 26	☐	☐	■
1317	☐	☐	
1318	☐	☐	
1319	☐	☐	
S-FDC			☐
1320	☐	☐	
1321	☐	☐	
1322	☐	☐	
S-FDC			☐
1323	☐	☐	
1324	☐	☐	
1325	☐	☐	
1326	☐	☐	
1327	☐	☐	
1328	☐	☐	
1329	☐	☐	
1330	☐	☐	
S-FDC			☐
1331	☐	☐	■
1332	☐	☐	☐
1333	☐	☐	
1334	☐	☐	
S-FDC			☐
1335	☐	☐	
1336	☐	☐	
1337	☐	☐	
1338	☐	☐	
1339	☐	☐	
1340	☐	☐	
S-FDC			☐
1341	☐	☐	
1342	☐	☐	
S-FDC			☐
1343	☐	☐	
1344	☐	☐	
1345	☐	☐	
1346	☐	☐	
1347	☐	☐	
1348	☐	☐	
S-FDC			☐
1349	☐	☐	
1350	☐	☐	
S-FDC			☐
1351	☐	☐	
1352	☐	☐	
S-FDC			☐
1353	☐	☐	
1354	☐	☐	
1355	☐	☐	
1356	☐	☐	
S-FDC			☐
1357	☐	☐	

MiNr.	ungebr.	entw.	FDC
1358	☐	☐	
1359	☐	☐	
1360	☐	☐	
1361	☐	☐	
1362	☐	☐	
S-FDC			■
1363	☐	☐	
1364	☐	☐	
S-FDC			☐
1365 A	☐	☐	
1366 A	☐	☐	
1367 A	☐	☐	
1365 B–1367 B			
Block 27	☐	☐	■
1368	☐	☐	
1369	☐	☐	
1370	☐	☐	
S-FDC			☐
1371	☐	☐	☐
1372	☐	☐	
1373	☐	☐	
1374	☐	☐	
S-FDC			☐
1375	☐	☐	
1376	☐	☐	
S-FDC			☐
1377	☐	☐	
1378	☐	☐	
S-FDC			☐
1379	☐	☐	
1380	☐	☐	
1381	☐	☐	
1382	☐	☐	
S-FDC			☐
1383	☐	☐	☐
1384	☐	☐	
1385	☐	☐	
S-FDC			☐
1386	☐	☐	
1387	☐	☐	
1388	☐	☐	
1389	☐	☐	
1390	☐	☐	
S-FDC			☐
1391	☐	☐	
1392	☐	☐	
S-FDC			☐
1393	☐	☐	
1394	☐	☐	
1395	☐	☐	
1396	☐	☐	
1397	☐	☐	
1398	☐	☐	

MiNr.	ungebr.	entw.	FDC
S-FDC			☐
1399	☐	☐	☐
1400	☐	☐	
1401	☐	☐	
1402	☐	☐	
1403	☐	☐	
S-FDC			☐
1404	☐	☐	
1405	☐	☐	
1406	☐	☐	
1407	☐	☐	
1408	☐	☐	
1409	☐	☐	
S-FDC			☐
1410	☐	☐	☐
1411	☐	☐	
1412	☐	☐	
1413	☐	☐	
1414	☐	☐	
1415	☐	☐	
1416	☐	☐	
S-FDC			☐
1417	☐	☐	
1418	☐	☐	
1419	☐	☐	
S-FDC			☐
1420	☐	☐	
1421	☐	☐	
1422	☐	☐	
1423	☐	☐	
1424	☐	☐	
1425	☐	☐	
S-FDC			☐
1426	☐	☐	
1427	☐	☐	
1428	☐	☐	
1429	☐	☐	
1430	☐	☐	
1431	☐	☐	
1432	☐	☐	
1433	☐	☐	
S-FDC			☐
1434	☐	☐	
1435	☐	☐	
1436	☐	☐	
1437	☐	☐	
1438	☐	☐	
1439	☐	☐	
S-FDC			☐
1440	☐	☐	
1441	☐	☐	
1442	☐	☐	
1443	☐	☐	
S-FDC			☐

MiNr.	ungebr.	entw.	FDC
1444	☐	☐	
1445	☐	☐	
1446	☐	☐	
1447	☐	☐	
S-FDC			☐
1448	☐	☐	
1449	☐	☐	
S-FDC			☐
1450	☐	☐	
1451	☐	☐	
1452	☐	☐	
1453	☐	☐	
1454	☐	☐	
1455	☐	☐	
1456	☐	☐	
1457	☐	☐	
1458	☐	☐	
1459	☐	☐	
1460	☐	☐	
1461	☐	☐	
S-FDC			☐
1462	☐	☐	
1463	☐	☐	☐
1464	☐	☐	
1465	☐	☐	
S-FDC			☐
1466	☐	☐	
1467	☐	☐	
S-FDC			☐
1468	☐	☐	
1469	☐	☐	
1470	☐	☐	
1471	☐	☐	
1472	☐	☐	
1473	☐	☐	
S-FDC			☐
1474	☐	☐	
1475	☐	☐	
S-FDC			☐
1476	☐	☐	☐
1477	☐	☐	☐
1478	☐	☐	
1479	☐	☐	
1480	☐	☐	
1481	☐	☐	
1482	☐	☐	
S-FDC			☐
1483	☐	☐	
1484	☐	☐	
1485	☐	☐	
1486	☐	☐	
1487	☐	☐	
1488	☐	☐	
S-FDC			☐

MiNr.	ungebr.	entw.	FDC
1489	☐	☐	
1490	☐	☐	
S-FDC			☐
1491	☐	☐	
1492	☐	☐	
1493	☐	☐	
S-FDC			☐
1494	☐	☐	☐
1495	☐	☐	
1496	☐	☐	
1497	☐	☐	
1498	☐	☐	
1499	☐	☐	
1500	☐	☐	
1501	☐	☐	
1502	☐	☐	
1503	☐	☐	
1504	☐	☐	
1505	☐	☐	
1506	☐	☐	
S-FDC			☐
1507	☐	☐	
Block 28	☐	☐	☐
1508	☐	☐	
Block 29	☐	☐	☐
1509	☐	☐	
1510	☐	☐	
S-FDC			☐
1511	☐	☐	
Block 30	☐	☐	☐
1512	☐	☐	☐
1513	☐	☐	
1514	☐	☐	
S-FDC			☐
1515	☐	☐	
1516	☐	☐	
S-FDC			☐
1517	☐	☐	
1518	☐	☐	
S-FDC			☐
1519	☐	☐	
1520	☐	☐	
S-FDC			☐
1521	☐	☐	
1522	☐	☐	
1523	☐	☐	
S-FDC			☐
1524	☐	☐	
1525	☐	☐	
1526	☐	☐	
1527	☐	☐	
S-FDC			☐

MiNr.	ungebr.	entw.	FDC
1528	☐	☐	
1529	☐	☐	
1530	☐	☐	
1531	☐	☐	
1532	☐	☐	
1533	☐	☐	
S-FDC			☐
1534	☐	☐	
1535	☐	☐	
1536	☐	☐	
1537	☐	☐	
1538	☐	☐	
1539	☐	☐	
S-FDC			☐
1540	☐	☐	☐
1541	☐	☐	
1542	☐	☐	
1543	☐	☐	
1544	☐	☐	
1545	☐	☐	
1546	☐	☐	
1547	☐	☐	
1548	☐	☐	
1549	☐	☐	
1550	☐	☐	
1551	☐	☐	
1552	☐	☐	
S-FDC			☐
1553	☐	☐	
1554	☐	☐	
1555	☐	☐	
1556	☐	☐	
S-FDC			☐
1557	☐	☐	
1558	☐	☐	
1559	☐	☐	
1560	☐	☐	
1561	☐	☐	
S-FDC			☐
1562	☐	☐	
Block 31	☐	☐	☐
1563	☐	☐	
1564	☐	☐	
1565	☐	☐	
1566	☐	☐	
1567	☐	☐	
1568	☐	☐	
S-FDC			☐
1569	☐	☐	
1570	☐	☐	
1571	☐	☐	
S-FDC			☐
1572	☐	☐	
Block 32	☐	☐	☐

MiNr.	ungebr.	entw.	FDC
1573	☐	☐	
1574	☐	☐	
1575	☐	☐	
1576	☐	☐	
1577	☐	☐	
1578	☐	☐	
		S-FDC	☐
1579	☐	☐	
1580	☐	☐	
1581	☐	☐	
1582	☐	☐	
1583	☐	☐	
		S-FDC	☐
1584	☐	☐	
1585	☐	☐	
1586	☐	☐	
1587	☐	☐	
1588	☐	☐	
1589	☐	☐	
1590	☐	☐	
		S-FDC	☐
1591	☐	☐	☐
1592	☐	☐	
1593	☐	☐	
1594	☐	☐	
1595	☐	☐	
		S-FDC	☐
1596	☐	☐	
1597	☐	☐	
1598	☐	☐	
1599	☐	☐	
1600	☐	☐	
1601	☐	☐	☐
1602	☐	☐	☐
1603	☐	☐	
1604	☐	☐	
		S-FDC	☐
1605	☐	☐	
1606	☐	☐	
		S-FDC	☐
1607	☐	☐	
1608	☐	☐	
1609	☐	☐	
1610	☐	☐	
1611	☐	☐	
1612	☐	☐	
		S-FDC	☐
1613	☐	☐	
1614	☐	☐	
		S-FDC	☐
1615	☐	☐	
1616	☐	☐	

MiNr.	ungebr.	entw.	FDC
		S-FDC	☐
1617	☐	☐	
1618	☐	☐	
1619	☐	☐	
1620	☐	☐	
		S-FDC	■
1621	☐	☐	☐
1622	☐	☐	
1623	☐	☐	
1624	☐	☐	
		S-FDC	☐
1625	☐	☐	
1626	☐	☐	
1627	☐	☐	
1628	☐	☐	
1629	☐	☐	
1630	☐	☐	
		S-FDC	☐
1631	☐	☐	
Block 33	☐	☐	☐
1632	☐	☐	
1633	☐	☐	
1634	☐	☐	
1635	☐	☐	
		S-FDC	☐
1636	☐	☐	
1637	☐	☐	
1638	☐	☐	
1639	☐	☐	
1640	☐	☐	
1641	☐	☐	
1642	☐	☐	
1643	☐	☐	
1644	☐	☐	
1645	☐	☐	
1646	☐	☐	
1647	☐	☐	
1648	☐	☐	
1649	☐	☐	
		S-FDC	☐
1650	☐	☐	
1651	☐	☐	
		S-FDC	☐
1652	☐	☐	☐
1653	☐	☐	
1654	☐	☐	
		S-FDC	☐
1655	☐	☐	
1656	☐	☐	
1657	☐	☐	
1658	☐	☐	
		S-FDC	☐
1659	☐	☐	☐

MiNr.	ungebr.	entw.	FDC
1660	☐	☐	☐
1661	☐	☐	
1662	☐	☐	
1663	☐	☐	
1664	☐	☐	
1665	☐	☐	
1666	☐	☐	
		S-FDC	☐
1667	☐	☐	☐
1668	☐	☐	
1669	☐	☐	
1670	☐	☐	
1671	☐	☐	
		S-FDC	☐
1672	☐	☐	
1673	☐	☐	
1674	☐	☐	
		S-FDC	☐
1675	☐	☐	
1676	☐	☐	
1677	☐	☐	
1678	☐	☐	
		S-FDC	☐
1679	☐	☐	☐
1680	☐	☐	
1681	☐	☐	
		S-FDC	☐
1682	☐	☐	
1683	☐	☐	
1684	☐	☐	
1685	☐	☐	
1686	☐	☐	
1687	☐	☐	
		S-FDC	☐
1688	☐	☐	☐
1689	☐	☐	☐
1690	☐	☐	☐
1691	☐	☐	
1692	☐	☐	
		S-FDC	☐
1693	☐	☐	
1694	☐	☐	
1695	☐	☐	
1696	☐	☐	
1697	☐	☐	
1698	☐	☐	
		S-FDC	☐
1699	☐	☐	☐
1700	☐	☐	
1701	☐	☐	
		S-FDC	☐
1702	☐	☐	☐

MiNr.	ungebr.	entw.	FDC
1703	☐	☐	
1704	☐	☐	
		S-FDC	☐
1705	☐	☐	☐
1706	☐	☐	☐
1707	☐	☐	☐
1708	☐	☐	
1709	☐	☐	
1710	☐	☐	
1711	☐	☐	
1712	☐	☐	
1713	☐	☐	
		S-FDC	☐
1714	☐	☐	
1715	☐	☐	
1716	☐	☐	
1717	☐	☐	
1718	☐	☐	
1719	☐	☐	
1720	☐	☐	
1721	☐	☐	
1722	☐	☐	
1723	☐	☐	
1724	☐	☐	
		S-FDC	☐
1725	☐	☐	
1726	☐	☐	
1727	☐	☐	
1728	☐	☐	
1729	☐	☐	
1730	☐	☐	
		S-FDC	☐
1731	☐	☐	
1732	☐	☐	
1733	☐	☐	
1734	☐	☐	
1735	☐	☐	
		S-FDC	☐
1736	☐	☐	☐
1737	☐	☐	
1738	☐	☐	
1739	☐	☐	
1740	☐	☐	
1741	☐	☐	
1742	☐	☐	
		S-FDC	☐
1743	☐	☐	
1744	☐	☐	
		S-FDC	☐
1745	☐	☐	
Block 34	☐	☐	☐
1746	☐	☐	
Block 35	☐	☐	☐

MiNr.	ungebr.	entw.	FDC
1747	☐	☐	
Block 36	☐	☐	☐
1748	☐	☐	☐
1749	☐	☐	
1750	☐	☐	
1751	☐	☐	
1752	☐	☐	
S-FDC			☐
1753	☐	☐	
1754	☐	☐	
1755	☐	☐	
1756	☐	☐	
1757	☐	☐	
1758	☐	☐	
S-FDC			☐
1759	☐	☐	
1760	☐	☐	
S-FDC			☐
1761	☐	☐	
1762	☐	☐	
1763	☐	☐	
1764	☐	☐	
1765	☐	☐	
1766	☐	☐	
1767	☐	☐	
1768	☐	☐	
S-FDC			☐
1769	☐	☐	
1770	☐	☐	
1771	☐	☐	
1772	☐	☐	
S-FDC			☐
1773	☐	☐	
1774	☐	☐	
1775	☐	☐	
1776	☐	☐	
1777	☐	☐	
S-FDC			☐
1778	☐	☐	
1779	☐	☐	
1780	☐	☐	
S-FDC			☐
1781	☐	☐	☐
1782	☐	☐	
1783	☐	☐	
S-FDC			☐
1784	☐	☐	☐
1785	☐	☐	
1786	☐	☐	
1787	☐	☐	
1788	☐	☐	
S-FDC			☐
1789	☐	☐	
1790	☐	☐	
1791	☐	☐	
S-FDC			☐
1792	☐	☐	
1793	☐	☐	
1794	☐	☐	
1795	☐	☐	
1796	☐	☐	
1797	☐	☐	
S-FDC			☐
1798	☐	☐	☐
1799	☐	☐	
1800	☐	☐	
S-FDC			☐
1801	☐	☐	
1802	☐	☐	
1803	☐	☐	
1804	☐	☐	
1805	☐	☐	
1806	☐	☐	
1807	☐	☐	
1808	☐	☐	
1809	☐	☐	
1810	☐	☐	
1811	☐	☐	
1812	☐	☐	
1813	☐	☐	☐
1814	☐	☐	
Block 37	☐	☐	■
1815	☐	☐	
1816	☐	☐	
1817	☐	☐	
1818	☐	☐	
1819	☐	☐	
S-FDC			☐
1820	☐	☐	
1821	☐	☐	
S-FDC			☐
1822	☐	☐	
1823	☐	☐	
1824	☐	☐	
1825	☐	☐	
1826	☐	☐	
1827	☐	☐	
S-FDC			☐
1828	☐	☐	☐
1829	☐	☐	
1830	☐	☐	
S-FDC			☐
1831	☐	☐	☐
1832	☐	☐	
1833	☐	☐	
S-FDC			☐
1834	☐	☐	
1835	☐	☐	
1836	☐	☐	
1837	☐	☐	
1838	☐	☐	
1839	☐	☐	
1840	☐	☐	
1841	☐	☐	
S-FDC			☐
1842	☐	☐	
1843	☐	☐	
S-FDC			☐
1844	☐	☐	
1845	☐	☐	
1846	☐	☐	
1847	☐	☐	
1848	☐	☐	
1849	☐	☐	
S-FDC			☐
1850	☐	☐	
1851	☐	☐	
1852	☐	☐	
S-FDC			☐
1853	☐	☐	
1854	☐	☐	
S-FDC			☐
1855	☐	☐	☐
1856	☐	☐	
1857	☐	☐	
1858	☐	☐	
1859	☐	☐	
1860	☐	☐	
1861	☐	☐	
S-FDC			☐
1862	☐	☐	
1863	☐	☐	
1864	☐	☐	
1865	☐	☐	
1866	☐	☐	
S-FDC			☐
1867	☐	☐	
Block 38	☐	☐	■
1868	☐	☐	
1869	☐	☐	
S-FDC			☐
1870	☐	☐	☐
1871	☐	☐	☐
1872	☐	☐	
1873	☐	☐	
S-FDC			☐
1874	☐	☐	
1875	☐	☐	
S-FDC			☐
1876	☐	☐	
Block 39	☐	☐	■
1877	☐	☐	☐
1878	☐	☐	☐
1879	☐	☐	
1880	☐	☐	
1881	☐	☐	
1882	☐	☐	
S-FDC			☐
1883	☐	☐	☐
1884	☐	☐	☐
1885	☐	☐	☐
1886	☐	☐	☐
1887	☐	☐	
1888	☐	☐	
1889	☐	☐	
S-FDC			☐
1890	☐	☐	
1891	☐	☐	
S-FDC			☐
1892	☐	☐	
1893	☐	☐	
1894	☐	☐	
1895	☐	☐	
1896	☐	☐	
1897	☐	☐	
S-FDC			☐
1898	☐	☐	☐
1899	☐	☐	
1900	☐	☐	
S-FDC			☐
1901	☐	☐	
1902	☐	☐	
1903	☐	☐	
1904	☐	☐	
1905	☐	☐	
1906	☐	☐	
1907	☐	☐	
1908	☐	☐	
1909	☐	☐	
1910	☐	☐	
1911	☐	☐	
1912	☐	☐	
1913	☐	☐	
1914	☐	☐	
1915	☐	☐	
1916	☐	☐	
1917	☐	☐	
S-FDC			☐
1918	☐	☐	☐
1919	☐	☐	
1920	☐	☐	

MiNr.	ungebr.	entw.	FDC
		S-FDC	☐
1921	☐	☐	☐
1922	☐	☐	
1923	☐	☐	
1924	☐	☐	
1925	☐	☐	
1926	☐	☐	
1927	☐	☐	
		S-FDC	☐
1928	☐	☐	
1929	☐	☐	
1930	☐	☐	
1931	☐	☐	
1932	☐	☐	
		S-FDC	☐
1933	☐	☐	
1934	☐	☐	
1935	☐	☐	
1936	☐	☐	
1937	☐	☐	
1938	☐	☐	
1939	☐	☐	
1940	☐	☐	
		S-FDC	☐
1941	☐	☐	
1942	☐	☐	
1943	☐	☐	
1944	☐	☐	
1945	☐	☐	
		S-FDC	☐
1946	☐	☐	☐
1947	☐	☐	
1948	☐	☐	
		S-FDC	☐
1949	☐	☐	
1950	☐	☐	
1951	☐	☐	
1952	☐	☐	
		S-FDC	☐
1953	☐	☐	
1954	☐	☐	
1955	☐	☐	
1956	☐	☐	
1957	☐	☐	
		S-FDC	☐
1958	☐	☐	
1959	☐	☐	
1960	☐	☐	
1961	☐	☐	
		S-FDC	☐
1962	☐	☐	
Block 40	☐	☐	☐
1963	☐	☐	

MiNr.	ungebr.	entw.	FDC
1964	☐	☐	
1965	☐	☐	
1966	☐	☐	
		S-FDC	☐
1967	☐	☐	■
1968	☐	☐	☐
1969	☐	☐	
1970	☐	☐	
1971	☐	☐	
1972	☐	☐	
		S-FDC	☐
1973	☐	☐	
1974	☐	☐	
		S-FDC	☐
1975	☐	☐	
1976	☐	☐	
1977	☐	☐	
1978	☐	☐	
1979	☐	☐	
1980	☐	☐	
		S-FDC	☐
1981	☐	☐	
1982	☐	☐	
		S-FDC	☐
1983	☐	☐	
Block 41	☐	☐	■
1984	☐	☐	
1985	☐	☐	
1986	☐	☐	
1987	☐	☐	
		S-FDC	☐
1988	☐	☐	
1989	☐	☐	
1990	☐	☐	
1991	☐	☐	
1992	☐	☐	
1993	☐	☐	
1994	☐	☐	
1995	☐	☐	
1996	☐	☐	
1997	☐	☐	
1998	☐	☐	
1999	☐	☐	
2000	☐	☐	
2001	☐	☐	
2002	☐	☐	
2003	☐	☐	
2004	☐	☐	
2005	☐	☐	
		S-FDC	☐
2006	☐	☐	
2007	☐	☐	
2008	☐	☐	

MiNr.	ungebr.	entw.	FDC
2009	☐	☐	
2010	☐	☐	
2011	☐	☐	
		S-FDC	☐
2012	☐	☐	☐
2013	☐	☐	
2014	☐	☐	
2015	☐	☐	
2016	☐	☐	
2017	☐	☐	
2018	☐	☐	
2019	☐	☐	
2020	☐	☐	
2021	☐	☐	
2022	☐	☐	☐
2023	☐	☐	
2024	☐	☐	
		S-FDC	☐
2025	☐	☐	
2026	☐	☐	
2027	☐	☐	
2028	☐	☐	
2029	☐	☐	
		S-FDC	☐
2030	☐	☐	
2031	☐	☐	
2032	☐	☐	
2033	☐	☐	
2034	☐	☐	
2035	☐	☐	
2036	☐	☐	
2037	☐	☐	
		S-FDC	☐
2038	☐	☐	
2039	☐	☐	
2040	☐	☐	
2041	☐	☐	
		S-FDC	☐
2042	☐	☐	
Block 42	☐	☐	■
2043	☐	☐	☐
2044	☐	☐	☐
2045	☐	☐	
2046	☐	☐	
2047	☐	☐	
2048	☐	☐	
2049	☐	☐	
		S-FDC	☐
2050	☐	☐	
2051	☐	☐	
2052	☐	☐	
2053	☐	☐	☐

MiNr.	ungebr.	entw.	FDC
2054	☐	☐	☐
2055	☐	☐	
2056	☐	☐	
2057	☐	☐	
2058	☐	☐	
2059	☐	☐	
2060	☐	☐	
		S-FDC	☐
2061	☐	☐	
2062	☐	☐	
2063	☐	☐	
2064	☐	☐	
		S-FDC	☐
2065	☐	☐	
2066	☐	☐	
2067	☐	☐	
2068	☐	☐	
		S-FDC	☐
2069	☐	☐	☐
2070	☐	☐	
2071	☐	☐	
2072	☐	☐	
2073	☐	☐	
2074	☐	☐	
2075	☐	☐	
		S-FDC	☐
2076	☐	☐	
2077	☐	☐	
		S-FDC	☐
2078	☐	☐	
2079	☐	☐	
2080	☐	☐	
2081	☐	☐	
2082	☐	☐	
		S-FDC	☐
2083	☐	☐	
2084	☐	☐	
2085	☐	☐	
		S-FDC	☐
2086	☐	☐	
2087	☐	☐	
2088	☐	☐	
		S-FDC	☐
2089	☐	☐	☐
2090	☐	☐	
2091	☐	☐	
2092	☐	☐	
		S-FDC	☐
2093	☐	☐	☐
2094	☐	☐	
2095	☐	☐	
		S-FDC	☐
2096	☐	☐	

MiNr.	ungebr.	entw.	FDC
2097	☐	☐	
2098	☐	☐	
2099	☐	☐	
2100	☐	☐	
2101	☐	☐	
2102	☐	☐	
2103	☐	☐	
2104	☐	☐	
		S-FDC	☐
2105	☐	☐	
Block 43	☐	☐	■
2106	☐	☐	☐
2107	☐	☐	
2108	☐	☐	
2109	☐	☐	
2110	☐	☐	
		S-FDC	☐
2111	☐	☐	
2112	☐	☐	
2113	☐	☐	
2114	☐	☐	
		S-FDC	☐
2115	☐	☐	
Block 44	☐	☐	■
2116	☐	☐	
2117	☐	☐	
		S-FDC	☐
2118	☐	☐	☐
2119	☐	☐	
2120	☐	☐	
		S-FDC	☐
2121	☐	☐	☐
2122	☐	☐	☐
2123	☐	☐	
2124	☐	☐	
		S-FDC	☐
2125	☐	☐	
Block 45	☐	☐	■
2126	☐	☐	
2127	☐	☐	
2128	☐	☐	
2129	☐	☐	
2130	☐	☐	
2131	☐	☐	
		S-FDC	☐
2132	☐	☐	
Block 46	☐	☐	■
2133	☐	☐	
2134	☐	☐	
		S-FDC	☐
2135	☐	☐	
2136	☐	☐	
2137	☐	☐	
2138	☐	☐	
2139	☐	☐	
2140	☐	☐	
		S-FDC	☐
2141	☐	☐	
2142	☐	☐	
2143	☐	☐	
2144	☐	☐	
2145	☐	☐	
		S-FDC	☐
2146	☐	☐	☐
2147	☐	☐	
2148	☐	☐	
2149	☐	☐	
2150	☐	☐	
2151	☐	☐	
2152	☐	☐	
		S-FDC	☐
2153	☐	☐	
2154	☐	☐	
		S-FDC	☐
2155	☐	☐	
2156	☐	☐	
2157	☐	☐	
2158	☐	☐	
2159	☐	☐	
2160	☐	☐	
		S-FDC	☐
2161	☐	☐	
2162	☐	☐	
		S-FDC	☐
2163	☐	☐	
2164	☐	☐	
2165	☐	☐	
2166	☐	☐	
2167	☐	☐	
2168	☐	☐	
		S-FDC	☐
2169	☐	☐	☐
2170	☐	☐	☐
2171	☐	☐	
2172	☐	☐	
2173	☐	☐	
2174	☐	☐	
2175	☐	☐	
		S-FDC	☐
2176	☐	☐	
2177	☐	☐	
2178	☐	☐	
2179	☐	☐	
2180	☐	☐	
2181	☐	☐	
		S-FDC	☐
2182	☐	☐	
2183	☐	☐	
2184	☐	☐	
2185	☐	☐	
2186	☐	☐	
		S-FDC	☐
2187	☐	☐	
2188	☐	☐	
2189	☐	☐	
2190	☐	☐	
2191	☐	☐	
2192	☐	☐	
2193	☐	☐	
2194	☐	☐	
2195	☐	☐	
2196	☐	☐	
2197	☐	☐	
2198	☐	☐	
		S-FDC	☐
2199	☐	☐	
2200	☐	☐	
2201	☐	☐	
2202	☐	☐	
		S-FDC	☐
2203	☐	☐	
2204	☐	☐	
2205	☐	☐	
2206	☐	☐	
2207	☐	☐	
		S-FDC	☐
2208	☐	☐	
2209	☐	☐	
		S-FDC	☐
2210	☐	☐	
2211	☐	☐	
2212	☐	☐	
2213	☐	☐	
2214	☐	☐	
		S-FDC	☐
2215	☐	☐	☐
2216	☐	☐	
2217	☐	☐	
2218	☐	☐	
2219	☐	☐	☐
2220	☐	☐	
2221	☐	☐	
2222	☐	☐	
		S-FDC	☐
2223	☐	☐	☐
2224	☐	☐	
2225	☐	☐	
2226	☐	☐	
2227	☐	☐	
2228	☐	☐	
		S-FDC	☐
2229	☐	☐	
2230	☐	☐	
2231	☐	☐	
2232	☐	☐	
2233	☐	☐	
2234	☐	☐	
		S-FDC	☐
2235	☐	☐	
Block 47	☐	☐	☐
2236	☐	☐	
2237	☐	☐	
2238	☐	☐	
2239	☐	☐	
2240	☐	☐	
		S-FDC	☐
2241	☐	☐	
2242	☐	☐	
2243	☐	☐	
2244	☐	☐	
2245	☐	☐	
2246	☐	☐	
		S-FDC	☐
2247	☐	☐	
2248	☐	☐	
		S-FDC	■
2249	☐	☐	
Block 48	☐	☐	■
2250	☐	☐	
2251	☐	☐	
		S-FDC	☐
2252	☐	☐	
2253	☐	☐	
Block 49	☐	☐	■
2254	☐	☐	
2255	☐	☐	
2256	☐	☐	
2257	☐	☐	
2258	☐	☐	
		S-FDC	☐
2259	☐	☐	
2260	☐	☐	
		S-FDC	☐
2261	☐	☐	
Block 50	☐	☐	■
2262	☐	☐	☐
2263	☐	☐	☐
2264	☐	☐	
2265	☐	☐	
2266	☐	☐	
		S-FDC	☐

MiNr.	ungebr.	entw.	FDC
2267	☐	☐	
Block 51	☐	☐	☐
2268	☐	☐	
2269	☐	☐	
2270	☐	☐	
2271	☐	☐	
2272	☐	☐	
2273	☐	☐	
2274	☐	☐	
2275	☐	☐	
		S-FDC	☐
2276	☐	☐	
2277	☐	☐	
2278	☐	☐	
2279	☐	☐	
2280	☐	☐	
		S-FDC	☐
2281	☐	☐	
2282	☐	☐	
2283	☐	☐	
2284	☐	☐	
2285	☐	☐	
2286	☐	☐	
2287	☐	☐	
2288	☐	☐	
2289	☐	☐	
2290	☐	☐	
2291	☐	☐	
2292	☐	☐	
		S-FDC	☐
2293	☐	☐	☐
2294	☐	☐	
2295	☐	☐	
2296	☐	☐	
2297	☐	☐	
2298	☐	☐	
		S-FDC	☐
2299	☐	☐	
2300	☐	☐	
2301	☐	☐	
2302	☐	☐	
2303	☐	☐	
2304	☐	☐	
2305	☐	☐	
2306	☐	☐	
2307	☐	☐	
		S-FDC	☐
2308	☐	☐	
2309	☐	☐	
		S-FDC	☐
2310	☐	☐	
2311	☐	☐	
2312	☐	☐	
		S-FDC	☐
2313	☐	☐	
Block 52	☐	☐	☐
2314	☐	☐	
2315	☐	☐	
		S-FDC	☐
2316	☐	☐	
2317	☐	☐	
		S-FDC	☐
2318	☐	☐	
2319	☐	☐	
2320	☐	☐	
2321	☐	☐	
		S-FDC	☐
2322	☐	☐	
2323	☐	☐	
2324	☐	☐	
2325	☐	☐	
		S-FDC	☐
2326	☐	☐	
2327	☐	☐	
2328	☐	☐	
2329	☐	☐	
		S-FDC	☐
2330	☐	☐	
2331	☐	☐	
2332	☐	☐	
2333	☐	☐	
2334	☐	☐	
2335	☐	☐	
		S-FDC	☐
2336	☐	☐	
2337	☐	☐	
2338	☐	☐	
2339	☐	☐	
2340	☐	☐	
2341	☐	☐	
2342	☐	☐	
		S-FDC	☐
2343	☐	☐	
2344	☐	☐	
2345	☐	☐	
2346	☐	☐	
2347	☐	☐	
2348	☐	☐	
2349	☐	☐	
2350	☐	☐	
2351	☐	☐	
2352	☐	☐	
2353	☐	☐	
2354	☐	☐	
		S-FDC	☐
2355	☐	☐	☐
2356	☐	☐	☐
2357	☐	☐	
2358	☐	☐	
2359	☐	☐	
2360	☐	☐	
2361	☐	☐	
2362	☐	☐	
		S-FDC	☐
2363	☐	☐	
Block 53	☐	☐	☐
2364	☐	☐	
2365	☐	☐	
2366	☐	☐	
2367	☐	☐	
2368	☐	☐	☐
2369	☐	☐	☐
2370	☐	☐	
2371	☐	☐	
2372	☐	☐	
2373	☐	☐	
2374	☐	☐	
2375	☐	☐	
		S-FDC	☐
2376	☐	☐	
2377	☐	☐	
2378	☐	☐	
2379	☐	☐	
2380	☐	☐	
2381	☐	☐	
2382	☐	☐	
2383	☐	☐	
2384	☐	☐	
2385	☐	☐	
2386	☐	☐	
2387	☐	☐	
2388	☐	☐	
2389	☐	☐	
2390	☐	☐	
2391	☐	☐	
2392	☐	☐	
2393	☐	☐	
		S-FDC	☐
2394	☐	☐	
2395	☐	☐	
2396	☐	☐	
2397	☐	☐	
2398	☐	☐	
2399	☐	☐	
		S-FDC	☐
2400	☐	☐	
2401	☐	☐	
		S-FDC	☐
2402	☐	☐	
Block 54	☐	☐	☐
2403	☐	☐	
2404	☐	☐	
		S-FDC	☐
2405	☐	☐	☐
2406	☐	☐	
2407	☐	☐	
2408	☐	☐	
2409	☐	☐	
2410	☐	☐	
2411	☐	☐	
		S-FDC	☐
2412	☐	☐	
2413	☐	☐	
2414	☐	☐	
2415	☐	☐	
2416	☐	☐	
2417	☐	☐	
		S-FDC	☐
2418	☐	☐	
2419	☐	☐	
2420	☐	☐	
2421	☐	☐	
		S-FDC	☐
2422	☐	☐	
2423	☐	☐	
		S-FDC	☐
2424	☐	☐	
2425	☐	☐	
		S-FDC	☐
2426	☐	☐	
2427	☐	☐	
2428	☐	☐	☐
2429	☐	☐	
2430	☐	☐	
2431	☐	☐	
2432	☐	☐	
		S-FDC	☐
2433	☐	☐	
2434	☐	☐	
		S-FDC	☐
2435	☐	☐	
2436	☐	☐	
2437	☐	☐	
2438	☐	☐	
2439	☐	☐	
2440	☐	☐	
		S-FDC	☐
2441	☐	☐	
2442	☐	☐	
		S-FDC	☐
2443	☐	☐	
Block 55	☐	☐	☐

MiNr.	ungebr.	entw.	FDC
2444	☐	☐	☐
2445	☐	☐	
2446	☐	☐	
2447	☐	☐	
2448	☐	☐	
S-FDC			☐
2449	☐	☐	
2450	☐	☐	
S-FDC			☐
2451	☐	☐	☐
2452	☐	☐	
2453	☐	☐	
S-FDC			☐
2454	☐	☐	
2455	☐	☐	
2456	☐	☐	
2457	☐	☐	
S-FDC			☐
2458	☐	☐	
2459	☐	☐	
2460	☐	☐	
2461	☐	☐	
S-FDC			☐
2462	☐	☐	
Block 56	☐	☐	■
2463	☐	☐	☐
2464	☐	☐	
2465	☐	☐	
2466	☐	☐	
2467	☐	☐	
2468	☐	☐	
2469	☐	☐	
2470	☐	☐	
2471	☐	☐	
2472	☐	☐	
2473	☐	☐	
2474	☐	☐	
2475	☐	☐	
2476	☐	☐	
2477	☐	☐	
2478	☐	☐	
2479	☐	☐	
2480	☐	☐	
2481	☐	☐	
S-FDC			☐
2482	☐	☐	
Block 57	☐	☐	■
2483	☐	☐	
2484	☐	☐	
2485	☐	☐	
S-FDC			☐
2486	☐	☐	
2487	☐	☐	
2488	☐	☐	
2489	☐	☐	
S-FDC			☐
2490	☐	☐	
2491	☐	☐	
S-FDC			☐
2492	☐	☐	
2493	☐	☐	
2494	☐	☐	
2495	☐	☐	
2496	☐	☐	
2497	☐	☐	
S-FDC			☐
2498	☐	☐	
2499	☐	☐	
S-FDC			☐
2500	☐	☐	☐
2501	☐	☐	☐
2502	☐	☐	
Block 58	☐	☐	■
2503	☐	☐	
2504	☐	☐	
2505	☐	☐	
S-FDC			☐
2506	☐	☐	☐
2507	☐	☐	☐
2508	☐	☐	
2509	☐	☐	
2510	☐	☐	
2511	☐	☐	
2512	☐	☐	
2513	☐	☐	
S-FDC			☐
2514	☐	☐	
2515	☐	☐	
S-FDC			☐
2516	☐	☐	
2517	☐	☐	
2518	☐	☐	
2519	☐	☐	
2520	☐	☐	
Block 59	☐	☐	■
2521	☐	☐	☐
2522	☐	☐	
2523	☐	☐	
2524	☐	☐	
2525	☐	☐	
2526	☐	☐	
2527	☐	☐	
S-FDC			☐
2528	☐	☐	
2529	☐	☐	
2530	☐	☐	
S-FDC			☐
2531	☐	☐	
Block 60	☐	☐	■
2532	☐	☐	
2533	☐	☐	
S-FDC			☐
2534	☐	☐	
2535	☐	☐	
2536	☐	☐	
2537	☐	☐	
2538	☐	☐	☐
2539	☐	☐	
2540	☐	☐	
S-FDC			☐
2541	☐	☐	☐
2542	☐	☐	☐
2543	☐	☐	
2544	☐	☐	
2545	☐	☐	
2546	☐	☐	
S-FDC			☐
2547	☐	☐	
Block 61	☐	☐	■
2548	☐	☐	☐
2549	☐	☐	
2550	☐	☐	
S-FDC			☐
2551	☐	☐	
2552	☐	☐	
2553	☐	☐	
2554	☐	☐	
2555	☐	☐	
2556	☐	☐	
S-FDC			☐
2557	☐	☐	
2558	☐	☐	
2559	☐	☐	
2560	☐	☐	
2561	☐	☐	☐
2562	☐	☐	
2563	☐	☐	
2564	☐	☐	
2565	☐	☐	
2566	☐	☐	
2567	☐	☐	
2568	☐	☐	
2569	☐	☐	
2570	☐	☐	
2571	☐	☐	
2572	☐	☐	
Block 62	☐	☐	■
2573	☐	☐	
2574	☐	☐	
2575	☐	☐	
2576	☐	☐	
2577	☐	☐	
2578	☐	☐	
S-FDC			☐
2579	☐	☐	☐
2580	☐	☐	
2581	☐	☐	
S-FDC			☐
2582	☐	☐	☐
2583	☐	☐	
2584	☐	☐	
2585	☐	☐	
2586	☐	☐	
2587	☐	☐	
S-FDC			☐
2588	☐	☐	☐
2589	☐	☐	
2590	☐	☐	
2591	☐	☐	
2592	☐	☐	
S-FDC			☐
2593	☐	☐	
2594	☐	☐	
S-FDC			☐
2595	☐	☐	
2596	☐	☐	
2597	☐	☐	
2598	☐	☐	
S-FDC			☐
2599	☐	☐	
Block 63	☐	☐	■
2600	☐	☐	
Block 64	☐	☐	■
2601	☐	☐	☐
2602	☐	☐	☐
2603	☐	☐	
2604	☐	☐	
2605	☐	☐	
2606	☐	☐	
2607	☐	☐	
2608	☐	☐	
S-FDC			☐
2609	☐	☐	
2610	☐	☐	
2611	☐	☐	
2612	☐	☐	
2613	☐	☐	
2614	☐	☐	
2615	☐	☐	

MiNr.	ungebr.	entw.	FDC
2616	☐	☐	
	S-FDC		☐
2617	☐	☐	
2618	☐	☐	
	S-FDC		☐
2619	☐	☐	
2620	☐	☐	
	S-FDC		☐
2621	☐	☐	
2622	☐	☐	
2623	☐	☐	
2624	☐	☐	
2625	☐	☐	
2626	☐	☐	
2627	☐	☐	
2628	☐	☐	
	S-FDC		☐
2629	☐	☐	
2630	☐	☐	
2631	☐	☐	
2632	☐	☐	
2633	☐	☐	■
2634	☐	☐	
2635	☐	☐	
	S-FDC		☐
2636	☐	☐	
2637	☐	☐	
2638	☐	☐	
	S-FDC		☐
2639	☐	☐	☐
2640	☐	☐	
2641	☐	☐	
2642	☐	☐	
2643	☐	☐	
2644	☐	☐	
2645	☐	☐	
	S-FDC		☐
2646	☐	☐	
2647	☐	☐	
	S-FDC		☐
2648	☐	☐	☐
2649	☐	☐	
2650	☐	☐	
	S-FDC		☐
2651	☐	☐	
2652	☐	☐	
2653	☐	☐	
2654	☐	☐	
2655	☐	☐	
2656	☐	☐	
	S-FDC		☐
2657	☐	☐	

MiNr.	ungebr.	entw.	FDC
2658	☐	☐	
2659	☐	☐	
2660	☐	☐	
	S-FDC		☐
2661	☐	☐	
2662	☐	☐	
2663	☐	☐	
2664	☐	☐	
2665	☐	☐	
2666	☐	☐	
2667	☐	☐	
2668	☐	☐	
2669	☐	☐	
2670	☐	☐	
2671	☐	☐	
2672	☐	☐	
Block 65	☐	☐	■
2673	☐	☐	
2674	☐	☐	
2675	☐	☐	
2676	☐	☐	
	S-FDC		☐
2677	☐	☐	
2678	☐	☐	
2679	☐	☐	
2680	☐	☐	
	S-FDC		☐
2681	☐	☐	
2682	☐	☐	
Block 66	☐	☐	■
2683	☐	☐	
2684	☐	☐	
	S-FDC		☐
2685	☐	☐	☐
Block 67	☐	☐	☐
2686	☐	☐	
2687	☐	☐	
2688	☐	☐	
2689	☐	☐	
2690	☐	☐	
	S-FDC		☐
2691	☐	☐	
2692	☐	☐	
2693	☐	☐	
2694	☐	☐	
2695	☐	☐	
2696	☐	☐	
	S-FDC		☐
2697	☐	☐	
2698	☐	☐	
2699	☐	☐	
2700	☐	☐	
2701	☐	☐	

MiNr.	ungebr.	entw.	FDC
	S-FDC		☐
2702	☐	☐	
2703	☐	☐	
2704	☐	☐	
2705	☐	☐	
	S-FDC		☐
2706	☐	☐	
2707	☐	☐	
	S-FDC		☐
2708	☐	☐	
Block 68	☐	☐	☐
2709	☐	☐	
2710	☐	☐	
2711	☐	☐	
2712	☐	☐	
2713	☐	☐	
2714	☐	☐	
	S-FDC		☐
2715	☐	☐	☐
2716	☐	☐	
2717	☐	☐	
2718	☐	☐	
2719	☐	☐	
2720	☐	☐	
2721	☐	☐	
2722	☐	☐	
2723	☐	☐	
2724	☐	☐	
2725	☐	☐	
	S-FDC		☐
2726	☐	☐	
2727	☐	☐	
2728	☐	☐	
2729	☐	☐	
2730	☐	☐	
2731	☐	☐	
	S-FDC		☐
2732	☐	☐	☐
2733	☐	☐	
2734	☐	☐	
	S-FDC		☐
2735	☐	☐	☐
2736	☐	☐	☐
2737	☐	☐	
2738	☐	☐	
2739	☐	☐	
2740	☐	☐	
2741	☐	☐	
2742	☐	☐	
	S-FDC		☐
2743	☐	☐	☐
2744	☐	☐	

MiNr.	ungebr.	entw.	FDC
2745	☐	☐	
2746	☐	☐	
2747	☐	☐	
2748	☐	☐	
2749	☐	☐	
	S-FDC		☐
2750	☐	☐	☐
2751	☐	☐	
2752	☐	☐	
2753	☐	☐	
	S-FDC		☐
2754	☐	☐	
2755	☐	☐	
2756	☐	☐	
2757	☐	☐	
	S-FDC		☐
2758	☐	☐	
2759	☐	☐	
2760	☐	☐	
2761	☐	☐	
2762	☐	☐	
2763	☐	☐	
2764	☐	☐	
Block 69	☐	☐	■
2765	☐	☐	
2766	☐	☐	
2767	☐	☐	
2768	☐	☐	
2769	☐	☐	
	S-FDC		☐
2770	☐	☐	
2771	☐	☐	
2772	☐	☐	
2773	☐	☐	
	S-FDC		☐
2774	☐	☐	☐
2775	☐	☐	
2776	☐	☐	
2777	☐	☐	
2778	☐	☐	
	S-FDC		☐
2779	☐	☐	
2780	☐	☐	
	S-FDC		☐
2781	☐	☐	☐
2782	☐	☐	
Block 70	☐	☐	■
2783	☐	☐	
2784	☐	☐	
2785	☐	☐	
2786	☐	☐	
2787	☐	☐	
2788	☐	☐	

MiNr.	ungebr.	entw.	FDC
		S-FDC	☐
2789	☐	☐	
Block 71	☐	☐	■
2790	☐	☐	
2791	☐	☐	
		S-FDC	☐
2792	☐	☐	
2793	☐	☐	
2794	☐	☐	
2795	☐	☐	
		S-FDC	☐
2796	☐	☐	
2797	☐	☐	
2798	☐	☐	
2799	☐	☐	
2800	☐	☐	
2801	☐	☐	
		S-FDC	■
2802	☐	☐	
2803	☐	☐	
2804	☐	☐	
2805	☐	☐	
2806	☐	☐	
2807	☐	☐	
		S-FDC	☐
2808	☐	☐	
2809	☐	☐	
2810	☐	☐	
2811	☐	☐	
2812	☐	☐	
2813	☐	☐	
		S-FDC	☐
2814	☐	☐	
2815	☐	☐	
		S-FDC	☐
2816	☐	☐	☐
2817	☐	☐	
2818	☐	☐	
2819	☐	☐	
2820	☐	☐	
2821	☐	☐	
		S-FDC	☐
2822	☐	☐	
2823	☐	☐	
		S-FDC	☐
2824	☐	☐	
Block 72	☐	☐	☐
2825	☐	☐	☐
2826	☐	☐	
2827	☐	☐	
2828	☐	☐	
2829	☐	☐	
		S-FDC	☐
2830	☐	☐	☐
2831	☐	☐	
2832	☐	☐	
		S-FDC	☐
2833	☐	☐	
Block 73	☐	☐	■
2834	☐	☐	☐
2835	☐	☐	
2836	☐	☐	
2837	☐	☐	
2838	☐	☐	
		S-FDC	☐
2839	☐	☐	
2840	☐	☐	
2841	☐	☐	
2842	☐	☐	
		S-FDC	☐
2843	☐	☐	
Block 74	☐	☐	■
2844	☐	☐	
2845	☐	☐	
2846	☐	☐	
2847	☐	☐	
Block 75	☐	☐	■
2848	☐	☐	☐
2849	☐	☐	
2850	☐	☐	
2851	☐	☐	
		S-FDC	☐
2852	☐	☐	
Block 76	☐	☐	■
2853	☐	☐	
2854	☐	☐	
2855	☐	☐	
2856	☐	☐	
		S-FDC	☐
2857	☐	☐	
2858	☐	☐	
2859	☐	☐	
2860	☐	☐	
2861	☐	☐	
		S-FDC	☐
2862	☐	☐	
2863	☐	☐	
		S-FDC	☐
2864	☐	☐	
2865	☐	☐	
2866	☐	☐	
2867	☐	☐	
2868	☐	☐	☐
2869	☐	☐	
2870	☐	☐	
2871	☐	☐	
2872	☐	☐	
		S-FDC	☐
2873	☐	☐	☐
2874	☐	☐	
2875	☐	☐	
		S-FDC	☐
2876	☐	☐	
2877	☐	☐	
		S-FDC	☐
2878	☐	☐	
2879	☐	☐	
2880	☐	☐	
2881	☐	☐	
2882	☐	☐	
2883	☐	☐	
		S-FDC	☐
2884	☐	☐	
2885	☐	☐	
2886	☐	☐	
2887	☐	☐	
2888	☐	☐	
2889	☐	☐	
		S-FDC	☐
2890	☐	☐	
Block 77	☐	☐	■
2891	☐	☐	
2892	☐	☐	
		S-FDC	☐
2893	☐	☐	
2894	☐	☐	
2895	☐	☐	
		S-FDC	☐
2896	☐	☐	
Block 78	☐	☐	■
2897	☐	☐	☐
2898	☐	☐	
2899	☐	☐	
2900	☐	☐	
2901	☐	☐	
		S-FDC	☐
2902	☐	☐	
Block 79	☐	☐	■
2903	☐	☐	
2904	☐	☐	
2905	☐	☐	
2906	☐	☐	
2907	☐	☐	
2908	☐	☐	
		S-FDC	☐
2909	☐	☐	☐
2910	☐	☐	
2911	☐	☐	
2912	☐	☐	
2913	☐	☐	
		S-FDC	☐
2914	☐	☐	
2915	☐	☐	
2916	☐	☐	
2917	☐	☐	
2918	☐	☐	
2919	☐	☐	
2920	☐	☐	
2921	☐	☐	
2922	☐	☐	
		S-FDC	☐
2923	☐	☐	☐
2924	☐	☐	
2925	☐	☐	
2926	☐	☐	
2927	☐	☐	
		S-FDC	☐
2928	☐	☐	
Block 80	☐	☐	■
2929	☐	☐	
2930	☐	☐	
		S-FDC	☐
2931	☐	☐	
2932	☐	☐	
2933	☐	☐	
Block 81	☐	☐	■
2934	☐	☐	
2935	☐	☐	
2936	☐	☐	
2937	☐	☐	
2938	☐	☐	
		S-FDC	☐
2939	☐	☐	☐
2940	☐	☐	☐
2941	☐	☐	
2942	☐	☐	
2943	☐	☐	
2944	☐	☐	
		S-FDC	☐
2945	☐	☐	
Block 82	☐	☐	■
2946	☐	☐	☐
2947	☐	☐	
2948	☐	☐	
2949	☐	☐	☐
2950	☐	☐	☐
2951	☐	☐	☐

MiNr.	ungebr.	entw.	FDC
2952	☐	☐	
2953	☐	☐	
2954	☐	☐	
2955	☐	☐	
2956	☐	☐	
S-FDC			☐
2957	☐	☐	
2958	☐	☐	
S-FDC			☐
2959	☐	☐	
2960	☐	☐	
2961	☐	☐	
2962	☐	☐	
S-FDC			☐
2963	☐	☐	
2964	☐	☐	
S-FDC			☐
2965	☐	☐	
2966	☐	☐	
2967	☐	☐	☐
2968	☐	☐	
2969	☐	☐	
2970	☐	☐	
2971	☐	☐	
S-FDC			☐
2972	☐	☐	
2973 I	☐	☐	
2973 II	☐	☐	
2974	☐	☐	
2975	☐	☐	
S-FDC			■
2976	☐	☐	
2977	☐	☐	
2978	☐	☐	
2979	☐	☐	
S-FDC			☐
2980	☐	☐	
2981	☐	☐	
S-FDC			☐
2982	☐	☐	☐
2983	☐	☐	
2984	☐	☐	
2985	☐	☐	
2986	☐	☐	
2987	☐	☐	
2988	☐	☐	
2989	☐	☐	
2990	☐	☐	
2991	☐	☐	
2992	☐	☐	
2993	☐	☐	
2994	☐	☐	
2995	☐	☐	

MiNr.	ungebr.	entw.	FDC
2996	☐	☐	
S-FDC			☐
2997 I	☐	☐	
2998 I	☐	☐	
2999 I	☐	☐	
3000 I	☐	☐	
2997 II	☐	☐	
2998 II	☐	☐	
2999 II	☐	☐	
3000 II	☐	☐	
S-FDC			☐
3001	☐	☐	☐
3002	☐	☐	☐
3003	☐	☐	
3004	☐	☐	
S-FDC			☐
3005	☐	☐	
3006	☐	☐	
3007	☐	☐	
3008	☐	☐	
3009	☐	☐	
3010	☐	☐	
3011	☐	☐	
3012	☐	☐	
S-FDC			☐
3013	☐	☐	
Block 83	☐	☐	☐
3014	☐	☐	☐
3015	☐	☐	
3016	☐	☐	
3017	☐	☐	
3018	☐	☐	
S-FDC			☐
3019	☐	☐	
3020	☐	☐	
3021	☐	☐	
3022	☐	☐	
S-FDC			☐
3023	☐	☐	
3024	☐	☐	
3025	☐	☐	
3026	☐	☐	
S-FDC			☐
3027	☐	☐	
Block 84	☐	☐	☐
3028	☐	☐	
3029	☐	☐	
3030	☐	☐	
3031	☐	☐	
3032	☐	☐	
3033	☐	☐	
3034	☐	☐	

MiNr.	ungebr.	entw.	FDC
3035	☐	☐	
S-FDC			☐
3036	☐	☐	☐
3037	☐	☐	☐
3038	☐	☐	
3039	☐	☐	
Block 85	☐	☐	☐
3040	☐	☐	
3041	☐	☐	
3042	☐	☐	
3043	☐	☐	
3044	☐	☐	
S-FDC			☐
3045	☐	☐	
3046	☐	☐	
3047	☐	☐	
S-FDC			☐
3048	☐	☐	☐
3049	☐	☐	☐
3050	☐	☐	☐
3051	☐	☐	☐
3052	☐	☐	
3053	☐	☐	
3054	☐	☐	☐
3055	☐	☐	
Block 85	☐	☐	■
3056	☐	☐	☐
3057	☐	☐	
3058	☐	☐	
3059	☐	☐	
3060	☐	☐	
3061	☐	☐	
3062	☐	☐	
3063	☐	☐	
3064	☐	☐	
3065	☐	☐	
3066	☐	☐	
S-FDC			☐
3067	☐	☐	
3068	☐	☐	
3069	☐	☐	
3070	☐	☐	
S-FDC			☐
3071	☐	☐	
3072	☐	☐	
3073	☐	☐	
3074	☐	☐	
3075	☐	☐	
3076	☐	☐	
3077	☐	☐	
3078	☐	☐	

MiNr.	ungebr.	entw.	FDC
3079	☐	☐	☐
3080	☐	☐	
3081	☐	☐	
S-FDC			☐
3082	☐	☐	
3083	☐	☐	
3084	☐	☐	
3085	☐	☐	
S-FDC			☐
3086	☐	☐	
3087	☐	☐	
3088	☐	☐	☐
3089	☐	☐	☐
3090	☐	☐	☐
3091	☐	☐	
3092	☐	☐	
3093	☐	☐	
3094	☐	☐	
S-FDC			☐
3095	☐	☐	
3096	☐	☐	
3096 II	☐	☐	
3097	☐	☐	
3098	☐	☐	
3099	☐	☐	
3100	☐	☐	
S-FDC			☐
3101	☐	☐	
3102	☐	☐	
3103	☐	☐	
3104	☐	☐	
S-FDC			☐
3105	☐	☐	☐
3106	☐	☐	
Block 87	☐	☐	☐
3107	☐	☐	
3108	☐	☐	
3109	☐	☐	
3110	☐	☐	
S-FDC			☐
3111	☐	☐	
3112	☐	☐	
3113	☐	☐	
3114	☐	☐	
3115	☐	☐	
3116	☐	☐	
S-FDC			☐
3117	☐	☐	☐
3118	☐	☐	
3119	☐	☐	
3120	☐	☐	
3121	☐	☐	

MiNr.	ungebr.	entw.	FDC
Block 88	☐	☐	☐
3122	☐	☐	☐
3123	☐	☐	
Block 89	☐	☐	■
3124	☐	☐	
3125	☐	☐	
3126	☐	☐	
3127	☐	☐	
	S-FDC		☐
3128	☐	☐	
3129	☐	☐	
	S-FDC		☐
3130	☐	☐	
3131	☐	☐	
	S-FDC		☐
3132	☐	☐	
3133	☐	☐	
	S-FDC		☐
3134	☐	☐	
3135	☐	☐	
3136	☐	☐	
3137	☐	☐	
3138	☐	☐	
3139	☐	☐	
3140	☐	☐	
3141	☐	☐	
3142	☐	☐	
3143	☐	☐	
	S-FDC		☐
3144	☐	☐	
Block 90	☐	☐	■
3145	☐	☐	
3146	☐	☐	
3147	☐	☐	
	S-FDC		☐
3148	☐	☐	
Block 91	☐	☐	■
3149	☐	☐	
3150	☐	☐	
3151	☐	☐	
3152	☐	☐	
	S-FDC		☐
3153	☐	☐	
3154	☐	☐	
	S-FDC		☐
3155	☐	☐	
Block 92	☐	☐	
3156	☐	☐	
3157	☐	☐	
3158	☐	☐	
3159	☐	☐	
	S-FDC		☐

MiNr.	ungebr.	entw.	FDC
3160	☐	☐	☐
3161	☐	☐	
3162	☐	☐	
3163	☐	☐	
3164	☐	☐	
3165	☐	☐	
3166	☐	☐	
	S-FDC		☐
3167	☐	☐	
Block 93	☐	☐	
3168	☐	☐	
3169	☐	☐	
3170	☐	☐	
3171	☐	☐	
3172	☐	☐	
	S-FDC		☐
3173	☐	☐	
3174	☐	☐	
3175	☐	☐	
3176	☐	☐	
3177	☐	☐	
3178	☐	☐	
3179	☐	☐	
3180	☐	☐	
	S-FDC		☐
3181	☐	☐	
3182	☐	☐	
3183	☐	☐	
3184	☐	☐	
3185	☐	☐	
3186	☐	☐	
3187	☐	☐	
3188	☐	☐	
	S-FDC		☐
3189	☐	☐	
Block 94	☐	☐	
3190	☐	☐	
3191	☐	☐	
3192	☐	☐	
3193	☐	☐	
3194	☐	☐	
3195	☐	☐	
Block 95	☐	☐	■
3196	☐	☐	☐
3197	☐	☐	☐
3198	☐	☐	
3199	☐	☐	
3200	☐	☐	
3201	☐	☐	
	S-FDC		☐
3202	☐	☐	
3203	☐	☐	

MiNr.	ungebr.	entw.	FDC
3204	☐	☐	
3205	☐	☐	
3206	☐	☐	
3207	☐	☐	
	S-FDC		☐
3208	☐	☐	☐
3209	☐	☐	
3210	☐	☐	
3211	☐	☐	
3212	☐	☐	
	S-FDC		☐
3213	☐	☐	
Block 96	☐	☐	☐
3214	☐	☐	☐
3215	☐	☐	
3216	☐	☐	
3217	☐	☐	
3218	☐	☐	
3219	☐	☐	
3220	☐	☐	
3221	☐	☐	☐
3222	☐	☐	
3223	☐	☐	
3224	☐	☐	
3225	☐	☐	
	S-FDC		☐
3226	☐	☐	
3227	☐	☐	
3228	☐	☐	
3229	☐	☐	
	S-FDC		☐
3230	☐	☐	
3231	☐	☐	
3232	☐	☐	
3233	☐	☐	
3234	☐	☐	
	S-FDC		☐
3235	☐	☐	
3236	☐	☐	
	S-FDC		☐
3237	☐	☐	
Block 97	☐	☐	☐
3238	☐	☐	
3239	☐	☐	
3240	☐	☐	
	S-FDC		☐
3241 I	☐	☐	
3242 I	☐	☐	
3243 I	☐	☐	
3244 I	☐	☐	
	S-FDC		☐
3241 II	☐	☐	
3242 II	☐	☐	

MiNr.	ungebr.	entw.	FDC
3243 II	☐	☐	
3244 II	☐	☐	
3245	☐	☐	
3246	☐	☐	
3247	☐	☐	
	S-FDC		☐
3248	☐	☐	
3249	☐	☐	
3250	☐	☐	
3251	☐	☐	
	S-FDC		☐
3252	☐	☐	
3253	☐	☐	
3254	☐	☐	
3255	☐	☐	
3256	☐	☐	
3257	☐	☐	
Block 98	☐	■	■
258	☐	☐	
3259	☐	☐	
3260	☐	☐	
	S-FDC		■
3261	☐	☐	
3262	☐	☐	
3263	☐	☐	
3264	☐	☐	
	S-FDC		☐
3265	☐	☐	
3266	☐	☐	
	S-FDC		☐
3267	☐	☐	
3268	☐	☐	
Block 99	☐	☐	■
3269	☐	☐	
3270	☐	☐	
3271	☐	☐	
3272	☐	☐	
3273	☐	☐	
	S-FDC		☐
3274	☐	☐	☐
3275	☐	☐	☐
3276	☐	☐	
3277	☐	☐	
3278	☐	☐	
	S-FDC		☐
3279	☐	☐	
3280	☐	☐	
3281	☐	☐	
3282	☐	☐	
	S-FDC		☐
3283	☐	☐	

MiNr.	ungebr.	entw.	FDC
Block 100	☐	☐	☐
3284	☐	☐	☐
3285	☐	☐	
3286	☐	☐	
3287	☐	☐	
3288	☐	☐	
S-FDC			☐
3289	☐	☐	
3290	☐	☐	
3291	☐	☐	
3292	☐	☐	
3293	☐	☐	
3294	☐	☐	
3295	☐	☐	
3296	☐	☐	
3297	☐	☐	
3298	☐	☐	
S-FDC			☐
3299	☐	☐	☐
3300	☐	☐	
3301	☐	☐	
S-FDC			☐
3302	☐	☐	
3303	☐	☐	
3304	☐	☐	
3305	☐	☐	
3306	☐	☐	
3307	☐	☐	
3308	☐	☐	
3309	☐	☐	
3310	☐	☐	☐
3311	☐	☐	
3312	☐	☐	
3313	☐	☐	
3314	☐	☐	
S-FDC			☐
3315	☐	☐	☐
3316	☐	☐	
3317	☐	☐	
S-FDC			☐
3318	☐	☐	
3319	☐	☐	
S-FDC			☐
3320	☐	☐	
3321	☐	☐	
S-FDC			☐
3322	☐	☐	
3323	☐	☐	
S-FDC			☐
3324	☐	☐	
3325	☐	☐	

MiNr.	ungebr.	entw.	FDC
3326	☐	☐	
3327	☐	☐	
3328	☐	☐	
S-FDC			☐
3329	☐	☐	
3330	☐	☐	
3331	☐	☐	
S-FDC			☐
3332	☐	☐	
3333	☐	☐	
3334	☐	☐	
3335	☐	☐	
S-FDC			☐
3336	☐	☐	
Block 101	☐	☐	☐
3337	☐	☐	☐
3338	☐	☐	
3339	☐	☐	
3340	☐	☐	
3341	☐	☐	
3342	☐	☐	
3343	☐	☐	
S-FDC			☐
3344	☐	☐	
3345	☐	☐	
3346	☐	☐	
3347	☐	☐	
3348	☐	☐	
3349	☐	☐	
3350	☐	☐	
3351	☐	☐	
3352	☐	☐	
S-FDC			☐
3353	☐	☐	☐
3354	☐	☐	
3355	☐	☐	
3356	☐	☐	
3357	☐	☐	
S-FDC			☐
3358	☐	☐	
3359	☐	☐	
S-FDC			☐
3360	☐	☐	
3361	☐	☐	
3362	☐	☐	
3363	☐	☐	
S-FDC			☐
3364	☐	☐	
3365	☐	☐	
S-FDC			☐

DIENSTMARKEN

A. Verwaltungs-post B

MiNr.	ungebr.	entw.	FDC
1	☐	☐	
2	☐	☐	
3	☐	☐	
4	☐	☐	
5	☐	☐	
6	☐	☐	
7	☐	☐	
8	☐	☐	
9	☐	☐	
10	☐	☐	
11	☐	☐	
12	☐	☐	
13	☐	☐	
14	☐	☐	
15	☐	☐	
16	☐	☐	
17	☐	☐	
18	☐	☐	
19	☐	☐	
20	☐	☐	
21	☐	☐	
22	☐	☐	
23	☐	☐	
24	☐	☐	
25	☐	☐	
26	☐	☐	
27	☐	☐	
28	☐	☐	
29	☐	☐	
30	☐	☐	
31	☐	☐	
32	☐	☐	
33	☐	☐	
34	☐	☐	
35	☐	☐	
36	☐	☐	
37	☐	☐	
38	☐	☐	
39	☐	☐	
40	☐	☐	
41	☐	☐	

B. Verwaltungs-post A

MiNr.	ungebr.	entw.	FDC
1	☐	☐	
2	☐	☐	
3	☐	☐	
4	☐	☐	
5	☐	☐	
6	☐	☐	
7	☐	☐	
8	☐	☐	
9	☐	☐	
10	☐	☐	
11	☐	☐	
12	☐	☐	
13	☐	☐	
14	☐	☐	
15	☐	☐	
16	☐	☐	
17	☐	☐	
18	☐	☐	
19	☐	☐	
20	☐	☐	
21	☐	☐	
22	☐	☐	
23	☐	☐	
24	☐	☐	
25	☐	☐	
26	☐	☐	
27	☐	☐	
28	☐	☐	
29	☐	☐	
30	☐	☐	
31	☐	☐	

C. Laufkontrollzettel des ZKD

MiNr.	ungebr.	entw.	FDC
1–15 Satz	☐	☐	
16–30 Satz	☐	☐	
31–45 Satz	☐	☐	
46–60	☐	☐	

D. Für Vertrauliche Dienstsachen

MiNr.	ungebr.	entw.	FDC
1	☐	☐	
2	☐	☐	
3	☐	☐	

E. Für Sendungen mit Zustellungs-urkunde

MiNr.	ungebr.	entw.	FDC
1	☐	☐	
2	☐	☐	

MiNr.	ungebr.	entw.	FDC
Berlin			
1	☐	☐	☐
2	☐	☐	☐
3	☐	☐	☐
4	☐	☐	☐
5	☐	☐	☐
6	☐	☐	☐
7	☐	☐	☐
8	☐	☐	☐
9	☐	☐	☐
10	☐	☐	☐
11	☐	☐	☐
12	☐	☐	☐
13	☐	☐	☐
14	☐	☐	☐
15	☐	☐	☐
16	☐	☐	☐
17	☐	☐	☐
18	☐	☐	☐
19	☐	☐	☐
20	☐	☐	
21	☐	☐	☐
22	☐	☐	☐
23	☐	☐	☐
24	☐	☐	☐
25	☐	☐	☐
26	☐	☐	☐
27	☐	☐	☐
28	☐	☐	☐
29	☐	☐	☐
30	☐	☐	☐
31	☐	☐	☐
32	☐	☐	☐
33	☐	☐	
34	☐	☐	
35	☐	☐	
36	☐	☐	
37	☐	☐	
38	☐	☐	
39	☐	☐	
40	☐	☐	
41	☐	☐	
S-FDC			☐
42	☐	☐	☐
43	☐	☐	☐
44	☐	☐	☐
45	☐	☐	☐
46	☐	☐	☐
47	☐	☐	☐
48	☐	☐	☐
49	☐	☐	☐
50	☐	☐	☐
51	☐	☐	☐
52	☐	☐	☐
53	☐	☐	☐
54	☐	☐	☐
55	☐	☐	☐
56	☐	☐	☐
57	☐	☐	☐
58	☐	☐	☐
59	☐	☐	☐
60	☐	☐	☐
61	☐	☐	
62	☐	☐	
63	☐	☐	
S-FDC			☐
64	☐	☐	☐
65	☐	☐	☐
66	☐	☐	☐
67	☐	☐	
S-FDC			☐
68	☐	☐	
69	☐	☐	
70	☐	☐	
S-FDC			☐
Block 1	☐	☐	☐
71	☐	☐	☐
72	☐	☐	
73	☐	☐	
S-FDC			☐
74	☐	☐	☐
75	☐	☐	
76	☐	☐	
77	☐	☐	
78	☐	☐	
79	☐	☐	
S-FDC			☐
80	☐	☐	
81	☐	☐	
S-FDC			☐
82	☐	☐	☐
83	☐	☐	☐
84	☐	☐	☐
85	☐	☐	☐
86	☐	☐	☐
87	☐	☐	☐
88	☐	☐	
89	☐	☐	
90	☐	☐	
S-FDC			☐
91	☐	☐	☐
92	☐	☐	☐
93	☐	☐	☐
94	☐	☐	☐
95	☐	☐	☐
96	☐	☐	☐
97	☐	☐	☐
98	☐	☐	☐
99	☐	☐	☐
100	☐	☐	☐
101	☐	☐	☐
102	☐	☐	☐
103	☐	☐	☐
104	☐	☐	☐
105	☐	☐	☐
106	☐	☐	☐
107	☐	☐	☐
108	☐	☐	☐
109	☐	☐	☐
S-FDC			☐
110	☐	☐	
111	☐	☐	
S-FDC			☐
112	☐	☐	☐
113	☐	☐	☐
115	☐	☐	☐
116	☐	☐	☐
117	☐	☐	☐
118	☐	☐	☐
119	☐	☐	☐
120	☐	☐	☐
121	☐	☐	☐
122	☐	☐	☐
123	☐	☐	☐
124	☐	☐	☐
125	☐	☐	☐
126	☐	☐	
127	☐	☐	
S-FDC			☐
128	☐	☐	☐
129	☐	☐	
130	☐	☐	
S-FDC			☐
131	☐	☐	☐
132	☐	☐	
133	☐	☐	
134	☐	☐	
S-FDC			☐
135	☐	☐	☐
136	☐	☐	
137	☐	☐	
S-FDC			☐
138	☐	☐	
139	☐	☐	
S-FDC			☐
140	☐	☐	☐
140 w	☐	☐	☐
140 y	☐	☐	☐
141	☐	☐	☐
142	☐	☐	☐
143	☐	☐	☐
144	☐	☐	☐
145	☐	☐	☐
146	☐	☐	☐
147	☐	☐	☐
148	☐	☐	☐
149	☐	☐	☐
150	☐	☐	☐
151	☐	☐	☐
152	☐	☐	☐
153	☐	☐	☐
154	☐	☐	☐
155	☐	☐	☐
156	☐	☐	☐
157	☐	☐	☐
158	☐	☐	☐
159	☐	☐	☐
160	☐	☐	☐
161	☐	☐	☐
162	☐	☐	☐
163	☐	☐	☐
164	☐	☐	☐
165	☐	☐	☐
166	☐	☐	☐
167	☐	☐	☐
168	☐	☐	☐
169	☐	☐	☐
170	☐	☐	☐
171	☐	☐	☐
172	☐	☐	☐
173	☐	☐	☐
174	☐	☐	
175	☐	☐	
S-FDC			☐
176	☐	☐	☐
177	☐	☐	☐
178	☐	☐	☐
179	☐	☐	☐
180	☐	☐	
S-FDC			☐
181	☐	☐	☐
182	☐	☐	☐
183	☐	☐	☐
184	☐	☐	☐
185	☐	☐	☐
186	☐	☐	☐
187	☐	☐	☐
188	☐	☐	☐
189	☐	☐	☐
190	☐	☐	☐

MiNr.	ungebr.	entw.	FDC
191	☐	☐	☐
192	☐	☐	☐
193	☐	☐	
194	☐	☐	
195	☐	☐	
196	☐	☐	
S-FDC			■
197	☐	☐	☐
198	☐	☐	☐
199	☐	☐	☐
200	☐	☐	☐
201	☐	☐	☐
202	☐	☐	☐
203	☐	☐	☐
204	☐	☐	☐
205	☐	☐	☐
206	☐	☐	☐
207	☐	☐	☐
208	☐	☐	☐
209	☐	☐	☐
210	☐	☐	☐
211	☐	☐	■
212	☐	☐	☐
213	☐	☐	■
215	☐	☐	
216	☐	☐	
S-FDC			☐
217	☐	☐	☐
218	☐	☐	☐
219	☐	☐	☐
220	☐	☐	☐
221	☐	☐	☐
222	☐	☐	☐
223	☐	☐	☐
224	☐	☐	☐
225	☐	☐	☐
226	☐	☐	☐
227	☐	☐	☐
228	☐	☐	☐
229	☐	☐	■
230	☐	☐	☐
231	☐	☐	☐
232	☐	☐	☐
233	☐	☐	☐
234	☐	☐	
235	☐	☐	
S-FDC			☐
236	☐	☐	☐
237	☐	☐	
238	☐	☐	
239	☐	☐	
240	☐	☐	
S-FDC			☐
241	☐	☐	☐
242	☐	☐	☐
243	☐	☐	☐
244	☐	☐	☐
245	☐	☐	☐
246	☐	☐	☐
247	☐	☐	☐
248	☐	☐	■
249	☐	☐	■
250	☐	☐	
251	☐	☐	
252	☐	☐	
253	☐	☐	
S-FDC			☐
254	☐	☐	☐
255	☐	☐	☐
256	☐	☐	☐
257	☐	☐	☐
258	☐	☐	☐
259	☐	☐	☐
260	☐	☐	☐
261	☐	☐	☐
262	☐	☐	☐
263	☐	☐	☐
264	☐	☐	☐
265	☐	☐	☐
266	☐	☐	
267	☐	☐	
268	☐	☐	
269	☐	☐	
S-FDC			☐
270	☐	☐	☐
271	☐	☐	☐
272	☐	☐	☐
273	☐	☐	☐
274	☐	☐	☐
275	☐	☐	☐
278	☐	☐	☐
279	☐	☐	☐
280	☐	☐	☐
281	☐	☐	☐
282	☐	☐	☐
283	☐	☐	☐
284	☐	☐	☐
285	☐	☐	☐
286	☐	☐	☐
287	☐	☐	☐
288	☐	☐	☐
289	☐	☐	☐
290	☐	☐	☐
291	☐	☐	
292	☐	☐	
293	☐	☐	
294	☐	☐	
S-FDC			☐
295	☐	☐	
296	☐	☐	
297	☐	☐	
298	☐	☐	
S-FDC			☐
299	☐	☐	
300	☐	☐	
301	☐	☐	
302	☐	☐	
S-FDC			☐
303	☐	☐	☐
304	☐	☐	☐
305	☐	☐	☐
306	☐	☐	☐
307	☐	☐	☐
308	☐	☐	☐
309	☐	☐	☐
310	☐	☐	
311	☐	☐	
312	☐	☐	
313	☐	☐	
S-FDC			☐
314	☐	☐	
315	☐	☐	
S-FDC			☐
316	☐	☐	
317	☐	☐	
318	☐	☐	
319	☐	☐	
S-FDC			☐
320	☐	☐	☐
321	☐	☐	☐
322	☐	☐	
323	☐	☐	
324	☐	☐	
325	☐	☐	
S-FDC			☐
326	☐	☐	
327	☐	☐	
328	☐	☐	
329	☐	☐	
S-FDC			☐
330	☐	☐	☐
331	☐	☐	☐
332	☐	☐	☐
333	☐	☐	☐
334	☐	☐	☐
335	☐	☐	☐
336	☐	☐	☐
337	☐	☐	☐
338	☐	☐	
339	☐	☐	
340	☐	☐	
341	☐	☐	
Block 2	☐	☐	☐
342	☐	☐	
343	☐	☐	
344	☐	☐	
345	☐	☐	
S-FDC			☐
346	☐	☐	☐
347	☐	☐	☐
348	☐	☐	
349	☐	☐	
350	☐	☐	
351	☐	☐	
S-FDC			☐
352	☐	☐	☐
353	☐	☐	☐
354	☐	☐	
355	☐	☐	
356	☐	☐	
357	☐	☐	
S-FDC			☐
358	☐	☐	☐
359	☐	☐	☐
360	☐	☐	☐
361	☐	☐	☐
362	☐	☐	☐
363	☐	☐	☐
364	☐	☐	☐
365	☐	☐	☐
366	☐	☐	☐
367	☐	☐	☐
368	☐	☐	☐
369	☐	☐	☐
370	☐	☐	☐
372	☐	☐	☐
373	☐	☐	
374	☐	☐	
375	☐	☐	
376	☐	☐	
S-FDC			☐
377	☐	☐	☐
378	☐	☐	☐
379	☐	☐	☐
380	☐	☐	☐
381	☐	☐	☐
382	☐	☐	☐
383	☐	☐	☐
384	☐	☐	☐
385	☐	☐	☐
386	☐	☐	
387	☐	☐	

MiNr.	ungebr.	entw.	FDC
388	☐	☐	
389	☐	☐	
S-FDC			☐
390	☐	☐	☐
391	☐	☐	☐
392	☐	☐	☐
393	☐	☐	☐
394	☐	☐	☐
395	☐	☐	☐
396	☐	☐	☐
397	☐	☐	
398	☐	☐	
399	☐	☐	
400	☐	☐	
Block 3	☐	☐	☐
401	☐	☐	☐
402 A	☐	☐	☐
403 A	☐	☐	☐
403 C	☐	☐	
403 D	☐	☐	
404 A	☐	☐	☐
404 C	☐	☐	
404 D	☐	☐	
405 A	☐	☐	☐
406 A	☐	☐	☐
406 C	☐	☐	
406 D	☐	☐	
407 A	☐	☐	☐
407 C	☐	☐	
407 D	☐	☐	
408 A	☐	☐	☐
409 A	☐	☐	☐
410 A	☐	☐	☐
411 A	☐	☐	■
412	☐	☐	
413	☐	☐	
414	☐	☐	
415	☐	☐	
S-FDC			☐
416	☐	☐	☐
417	☐	☐	☐
418	☐	☐	
419	☐	☐	
420	☐	☐	
421	☐	☐	
S-FDC			☐
422	☐	☐	☐
423	☐	☐	☐
424	☐	☐	☐
425	☐	☐	☐
S-FDC			☐
426	☐	☐	☐
427	☐	☐	☐
428	☐	☐	☐
429	☐	☐	☐
430	☐	☐	☐
431	☐	☐	☐
432	☐	☐	☐
433	☐	☐	☐
434	☐	☐	☐
435	☐	☐	
436	☐	☐	
437	☐	☐	
438	☐	☐	
S-FDC			☐
439	☐	☐	☐
440	☐	☐	☐
441	☐	☐	☐
442	☐	☐	
443	☐	☐	
444	☐	☐	
445	☐	☐	
S-FDC			■
446	☐	☐	☐
447	☐	☐	☐
448	☐	☐	☐
449	☐	☐	☐
450	☐	☐	☐
451	☐	☐	☐
452	☐	☐	☐
453	☐	☐	☐
454	☐	☐	☐
455	☐	☐	
456	☐	☐	
457	☐	☐	
458	☐	☐	
Block 4	☐	☐	☐
459	☐	☐	
460	☐	☐	
461	☐	☐	
462	☐	☐	
S-FDC			☐
463	☐	☐	☐
464	☐	☐	☐
465	☐	☐	☐
466	☐	☐	☐
467	☐	☐	☐
468	☐	☐	
469	☐	☐	
470	☐	☐	
471	☐	☐	
S-FDC			■
472	☐	☐	☐
473	☐	☐	
474	☐	☐	
475	☐	☐	
476	☐	☐	
S-FDC			☐
477	☐	☐	☐
478	☐	☐	
479	☐	☐	
480	☐	☐	
S-FDC			☐
481	☐	☐	☐
482	☐	☐	☐
483	☐	☐	☐
484	☐	☐	☐
485	☐	☐	☐
486	☐	☐	☐
487	☐	☐	☐
S-FDC			☐
488	☐	☐	
489	☐	☐	
490	☐	☐	
491	☐	☐	
S-FDC			☐
492	☐	☐	☐
493	☐	☐	☐
494	☐	☐	☐
495	☐	☐	☐
496	☐	☐	☐
497	☐	☐	☐
498	☐	☐	☐
499	☐	☐	☐
500	☐	☐	☐
501	☐	☐	☐
502	☐	☐	☐
503	☐	☐	☐
504	☐	☐	☐
505	☐	☐	☐
506	☐	☐	☐
507	☐	☐	■
508	☐	☐	☐
509	☐	☐	☐
510	☐	☐	
511	☐	☐	
512	☐	☐	
513	☐	☐	
S-FDC			☐
514	☐	☐	☐
515	☐	☐	☐
516	☐	☐	☐
517	☐	☐	
518	☐	☐	
519	☐	☐	
520	☐	☐	
S-FDC			☐
521	☐	☐	☐
522	☐	☐	☐
523	☐	☐	☐
524	☐	☐	
525	☐	☐	
526	☐	☐	
527	☐	☐	
S-FDC			☐
528	☐	☐	
Block 5	☐	☐	☐
529	☐	☐	
530	☐	☐	
531	☐	☐	
S-FDC			☐
532 I A	☐	☐	☐
532 I C	☐	☐	
532 I D	☐	☐	
532 II A	☐	☐	
533 I A	☐	☐	☐
534 I A	☐	☐	☐
534 I C	☐	☐	
534 I D	☐	☐	
534 II A	☐	☐	
535 I A	☐	☐	☐
536 I A	☐	☐	☐
536 I C	☐	☐	
536 I D	☐	☐	
537 I A	☐	☐	☐
538 I A	☐	☐	☐
539 I A	☐	☐	☐
540 I A	☐	☐	☐
541	☐	☐	☐
542	☐	☐	☐
543	☐	☐	☐
544	☐	☐	
545	☐	☐	
546	☐	☐	
547	☐	☐	
S-FDC			☐
548	☐	☐	☐
549	☐	☐	☐
550	☐	☐	☐
551	☐	☐	☐
552	☐	☐	
553	☐	☐	
554	☐	☐	
555	☐	☐	
S-FDC			☐
556	☐	☐	
557	☐	☐	

MiNr.	ungebr.	entw.	FDC
558	☐	☐	
559	☐	☐	
S-FDC			☐
560	☐	☐	
Block 6	☐	☐	☐
561	☐	☐	☐
562	☐	☐	☐
563	☐	☐	
564	☐	☐	
565	☐	☐	
566	☐	☐	
S-FDC			☐
567	☐	☐	
568	☐	☐	
S-FDC			☐
569	☐	☐	☐
570	☐	☐	☐
571	☐	☐	☐
572	☐	☐	☐
573	☐	☐	
574	☐	☐	
575	☐	☐	
576	☐	☐	
S-FDC			☐
577	☐	☐	☐
578	☐	☐	
579	☐	☐	
580	☐	☐	
S-FDC			☐
581	☐	☐	
Block 7	☐	☐	☐
582	☐	☐	☐
584	☐	☐	☐
585	☐	☐	☐
586	☐	☐	☐
587	☐	☐	☐
588	☐	☐	☐
589	☐	☐	☐
590	☐	☐	☐
591	☐	☐	☐
592	☐	☐	
593	☐	☐	
594	☐	☐	
595	☐	☐	
S-FDC			☐
596	☐	☐	
597	☐	☐	
S-FDC			☐
598	☐	☐	☐
599	☐	☐	☐

MiNr.	ungebr.	entw.	FDC
600	☐	☐	☐
601	☐	☐	☐
602	☐	☐	☐
603	☐	☐	
604	☐	☐	
605	☐	☐	
606	☐	☐	
S-FDC			☐
607	☐	☐	
608	☐	☐	
609	☐	☐	
610	☐	☐	
S-FDC			☐
611 A	☐	☐	☐
611 C	☐	■	
611 D	☐	■	
612	☐	☐	☐
613	☐	☐	☐
614 A	☐	☐	☐
615 A	☐	☐	☐
615 C	☐	☐	
615 D	☐	☐	
S-FDC			☐
616	☐	☐	☐
617	☐	☐	
618	☐	☐	
619	☐	☐	
620	☐	☐	
S-FDC			☐
621	☐	☐	
622	☐	☐	
623	☐	☐	
S-FDC			☐
624	☐	☐	☐
625	☐	☐	
626	☐	☐	
S-FDC			☐
627	☐	☐	☐
628	☐	☐	☐
629	☐	☐	
630	☐	☐	
631	☐	☐	
632	☐	☐	
S-FDC			☐
633	☐	☐	☐
634	☐	☐	
635	☐	☐	
636	☐	☐	
S-FDC			☐
637	☐	☐	☐
638	☐	☐	☐

MiNr.	ungebr.	entw.	FDC
639	☐	☐	☐
640	☐	☐	☐
641	☐	☐	
642	☐	☐	
643	☐	☐	
644	☐	☐	
S-FDC			☐
645	☐	☐	
646	☐	☐	
S-FDC			☐
647	☐	☐	☐
648	☐	☐	☐
649	☐	☐	☐
650	☐	☐	
651	☐	☐	
652	☐	☐	
653	☐	☐	
S-FDC			☐
654	☐	☐	☐
655	☐	☐	
656	☐	☐	
657	☐	☐	
S-FDC			☐
658	☐	☐	☐
659	☐	☐	☐
660	☐	☐	
661	☐	☐	
662	☐	☐	
663	☐	☐	
S-FDC			☐
664	☐	☐	
665	☐	☐	
S-FDC			☐
666	☐	☐	☐
667	☐	☐	☐
668	☐	☐	☐
669	☐	☐	☐
670	☐	☐	☐
671	☐	☐	☐
672	☐	☐	☐
673	☐	☐	☐
674 A	☐	☐	☐
674 C	☐	☐	
674 D	☐	☐	
675	☐	☐	☐
676	☐	☐	☐
677	☐	☐	☐
678	☐	☐	
679	☐	☐	
S-FDC			☐
680	☐	☐	

MiNr.	ungebr.	entw.	FDC
681	☐	☐	
682	☐	☐	
683	☐	☐	
S-FDC			☐
684	☐	☐	☐
685	☐	☐	
686	☐	☐	
687	☐	☐	
S-FDC			☐
688	☐	☐	☐
689	☐	☐	
690	☐	☐	
691	☐	☐	
692	☐	☐	
S-FDC			☐
693	☐	☐	☐
694	☐	☐	
695	☐	☐	
696	☐	☐	
697	☐	☐	
S-FDC			☐
698	☐	☐	
699	☐	☐	
S-FDC			☐
700	☐	☐	☐
701	☐	☐	☐
702	☐	☐	☐
703	☐	☐	
704	☐	☐	
705	☐	☐	
706	☐	☐	
S-FDC			☐
707	☐	☐	☐
708	☐	☐	
709	☐	☐	
710	☐	☐	
711	☐	☐	
S-FDC			☐
712	☐	☐	
713	☐	☐	
714	☐	☐	
715	☐	☐	
S-FDC			☐
716	☐	☐	
717	☐	☐	
718	☐	☐	
S-FDC			☐
719	☐	☐	☐
720	☐	☐	☐
721	☐	☐	☐
722	☐	☐	☐

MiNr.	ungebr.	entw.	FDC
723	☐	☐	☐
724	☐	☐	
725	☐	☐	
726	☐	☐	
727	☐	☐	
		S-FDC	■
728	☐	☐	☐
729	☐	☐	☐
730	☐	☐	☐
731	☐	☐	☐
732	☐	☐	
733	☐	☐	
		S-FDC	☐
734	☐	☐	☐
735	☐	☐	
736	☐	☐	
737	☐	☐	
738	☐	☐	
		S-FDC	■
739	☐	☐	☐
740	☐	☐	☐
741	☐	☐	☐
742	☐	☐	☐
743	☐	☐	☐
744	☐	☐	
745	☐	☐	
746	☐	☐	
747	☐	☐	
		S-FDC	☐
748	☐	☐	☐
749	☐	☐	☐
750	☐	☐	☐
751	☐	☐	
752	☐	☐	
		S-FDC	☐
753	☐	☐	☐
754	☐	☐	
755	☐	☐	
756	☐	☐	
757	☐	☐	
		S-FDC	☐
758	☐	☐	☐
759	☐	☐	☐
760	☐	☐	☐
761	☐	☐	
762	☐	☐	
763	☐	☐	
		S-FDC	☐

MiNr.	ungebr.	entw.	FDC
764	☐	☐	☐
765	☐	☐	
766	☐	☐	
767	☐	☐	
768	☐	☐	
		S-FDC	☐
769	☐	☐	☐
770	☐	☐	☐
771	☐	☐	☐
		S-FDC	☐
772	☐	☐	
773	☐	☐	
774	☐	☐	
775	☐	☐	
Block 8	☐	☐	☐
776	☐	☐	☐
777	☐	☐	
778	☐	☐	
		S-FDC	☐
779	☐	☐	☐
780	☐	☐	
781	☐	☐	
782	☐	☐	
783	☐	☐	
		S-FDC	☐
784	☐	☐	☐
785	☐	☐	☐
786	☐	☐	☐
787	☐	☐	☐
788	☐	☐	☐
789	☐	☐	
790	☐	☐	
791	☐	☐	
792	☐	☐	
		S-FDC	☐
793 A	☐	☐	☐
794 A	☐	☐	☐
794 C	☐	■	
794 D	☐	■	
795 A	☐	☐	☐
795 C	■	■	
795 D	■	■	
796 A	☐	☐	☐
796 C	☐	■	
796 D	☐	■	
		S-FDC	☐
797	☐	☐	☐
798 A	☐	☐	☐
798 C	☐	☐	
798 D	☐	☐	
799 A	☐	☐	■

MiNr.	ungebr.	entw.	FDC
		S-FDC	■
800	☐	☐	☐
801	☐	☐	
802	☐	☐	
803	☐	☐	
		S-FDC	☐
804	☐	☐	☐
805	☐	☐	☐
806	☐	☐	☐
807	☐	☐	
808	☐	☐	
809	☐	☐	
810	☐	☐	
		S-FDC	☐
811	☐	☐	
812	☐	☐	
		S-FDC	☐
813	☐	☐	☐
814	☐	☐	
815	☐	☐	
		S-FDC	☐
816	☐	☐	☐
817	☐	☐	☐
818	☐	☐	
819	☐	☐	
820	☐	☐	
821	☐	☐	
		S-FDC	☐
822	☐	☐	☐
823	☐	☐	☐
824	☐	☐	
825	☐	☐	
826	☐	■	
827	☐	■	
828	☐	■	
		S-FDC	■
829	☐	☐	☐
830	■	■	■
831	☐	☐	
832	☐	☐	
		S-FDC	☐
833	☐	☐	☐
834 A	☐	☐	
834 C	☐	■	
834 D	☐	■	
835 A	☐	☐	
		S-FDC	■
836	☐	☐	
837	☐	☐	
		S-FDC	☐

MiNr.	ungebr.	entw.	FDC
838	☐	☐	
839	☐	☐	
840	☐	☐	
841	☐	☐	
		S-FDC	■
842	☐	☐	☐
843	☐	☐	☐
844	☐	■	
845	☐	■	
		S-FDC	■
846	☐	☐	☐
847	☐	☐	☐
848	☐	■	
849	☐	■	
		S-FDC	■
850	☐	☐	☐
851	☐	☐	☐
852	☐	☐	
853	☐	☐	
854	☐	☐	
		S-FDC	■
855	☐	☐	☐
856	☐	☐	☐
857	☐	☐	☐
858	☐	☐	
859	☐	☐	
		S-FDC	☐
860	☐	☐	☐
861	☐	☐	☐
862	☐	☐	☐
863	☐	☐	☐
864	☐	☐	
865	☐	☐	
		S-FDC	■
866	☐	☐	☐
867	☐	☐	☐
868	☐	☐	
869	☐	☐	
870	☐	☐	
871	☐	☐	
		S-FDC	■
872	☐	☐	☐
873	☐	☐	☐
874	☐	☐	☐
875	☐	☐	☐
876	☐	☐	
877	☐	☐	
878	☐	☐	

MiNr.	ungebr.	entw.	FDC
S-FDC			■ blau
879	☐	☐	☐
Automatenmarken			
1	☐	☐	☐

Saarland (ab 1947)

MiNr.	ungebr.	entw.	FDC
206	☐	☐	■ gelb
207	☐	☐	■ gelb
208	☐	☐	■ blau
209	☐	☐	■ blau
210	☐	☐	■ blau
211	☐	☐	■ blau
212	☐	☐	■ blau
213	☐	☐	■ blau
215	☐	☐	■ blau
216	☐	■ blau	■ grün
217	☐	☐	■ blau
218	☐	☐	■ blau
219	☐	■ blau	■ grün
220	☐	■ blau	■ grün
221	☐	■ blau	■ grün
222	☐	☐	■ blau
223	☐	☐	■ blau
224	☐	☐	■ grün
225	☐	☐	■ grün
226 II	☐	☐	■ grün
227 II	☐	☐	■ grün
228 II	☐	☐	■ blau
229 II	☐	☐	■ blau
230 II	☐	☐	■ blau
231 II	☐	☐	■ grün
232 II	☐	☐	■ blau
233 II	☐	☐	■ blau
234 II	☐	■ blau	■ grün
235 II	☐	■ blau	■ grün
236 II	☐	■ blau	■ grün
237 II	☐	■ blau	■ grün
238 II	☐	■ blau	■ gelb
239	☐	☐	■ grün
240	☐	☐	■ grün
241	☐	☐	■ grün
242	☐	☐	■ grün
243	☐	☐	■ grün
244	☐	☐	■ grün
245	☐	☐	■ grün
246	☐	☐	■ grün
247	☐	☐	■ grün
248	☐	☐	■ grün
249	☐	☐	■ grün
250	☐	☐	■ gelb
251	■ blau	☐	■ gelb
S-FDC			■ rot
252	☐	☐	■ grün
253	☐	☐	■ grün
254	■ blau	■ blau	■ gelb
S-FDC			■ gelb
255	☐	■ blau	
256	☐	■ blau	
257	☐	■ grün	
258	■ blau	■ grün	
259	■ blau	■ gelb	

MiNr.	ungebr.	entw.	FDC
S-FDC			■ rot
Block 1	■ rot	■ rot	■ rot
Block 2	■ gelb	■ rot	■ rot
260	☐	☐	
261	☐	☐	
S-FDC			■ blau
262	☐	■ grün	
263	☐	■ grün	
S-FDC			■ rot
264	☐	☐	■ rot
265	■ blau	■ blau	
266	■ blau	■ blau	
S-FDC			■ grün
267	☐	■ blau	
268	■ blau	■ grün	
269	■ blau	■ grün	
270	■ blau	■ grün	
271	■ blau	■ gelb	
S-FDC			■ rot
272	☐	☐	■ grün
273	☐	☐	■ grün
274	☐	☐	■ blau
275	☐	☐	■ blau
276	☐	☐	■ blau
277	■ blau	☐	■ blau
278	☐	☐	■ blau
279	☐	☐	■ blau
280	■ blau	☐	■ blau
281	☐	☐	■ blau
282	☐	☐	■ blau
283	☐	☐	■ grün
284	■ blau	☐	■ grün
285	■ blau	☐	■ grün
286	☐	☐	■ grün
287	☐	☐	■ grün
288	■ blau	☐	■ grün
S-FDC			■ gelb
289	■ blau	■ grün	■ gelb
290	■ blau	☐	■ grün
291	■ grün	■ grün	■ gelb
292	■ blau	■ grün	■ grün
293	☐	■ blau	
294	☐	■ blau	
295	■ blau	■ blau	
S-FDC			■ grün
296	☐	☐	■ grün
297	■ blau	■ blau	
298	■ grün	■ gelb	
S-FDC			■ rot
299	■ blau	■ blau	
300	■ blau	■ blau	
301	■ blau	■ grün	
302	■ blau	■ grün	

MiNr.	ungebr.	entw.	FDC
303	■ blau	■ grün	
S-FDC			■ gelb
304	■ blau	■ grün	■ gelb
305	■ blau	■ blau	■ blau
306	☐	☐	■ grün
307	☐	☐	■ grün
308	☐	☐	■ blau
309	☐	■ blau	
310	☐	■ blau	
311	☐	■ blau	
312	■ blau	■ blau	
313	■ blau	■ grün	
S-FDC			■ gelb
314	☐	■ blau	
315	☐	■ blau	
S-FDC			■ grün
316	■ blau	■ blau	■ blau
317	☐	☐	■ grün
318	☐	☐	■ grün
319	☐	☐	■ grün
320	☐	☐	■ grün
321	☐	☐	■ gelb
322	☐	☐	■ grün
323	☐	☐	
324	☐	☐	■ gelb
325	☐	☐	■ grün
326	☐	☐	■ grün
327	☐	☐	■ grün
328	☐	☐	
329	☐	☐	■ gelb
330	☐	☐	■ grün
332	☐	☐	■ gelb
337	■ blau	■ grün	■ gelb
S-FDC			■ rot
338	☐	■ blau	
339	☐	■ blau	
340	☐	■ blau	
S-FDC			■ grün
341	☐	☐	■ blau
342	☐	■ blau	■ blau
343	☐	☐	■ blau
344	☐	☐	
345	☐	☐	
346	☐	■ blau	
S-FDC			■ grün
347	☐	☐	■ blau
348	☐	☐	☐
349	■ blau	■ blau	■ blau
350	☐	☐	■ blau
351	☐	☐	

MiNr.	ungebr.	entw.	FDC
352	☐	☐	
353	☐	☐	
S-FDC			☐
354	☐	☐	
355	☐	☐	
356	☐	☐	
S-FDC			☐
357	☐	☐	☐
358	☐	☐	☐
359	☐	☐	☐
360	☐	☐	☐
361	☐	☐	☐
362	☐	☐	
363	☐	☐	
364	☐	☐	
S-FDC			☐
365	☐	☐	
366	☐	☐	
367	☐	☐	
S-FDC			☐
368	☐	☐	☐
369	☐	☐	☐
370	☐	☐	☐
371	☐	☐	
372	☐	☐	
S-FDC			☐
373	☐	☐	
374	☐	☐	
375	☐	☐	
S-FDC			☐
376	☐	☐	
377	☐	☐	
378	☐	☐	
S-FDC			☐

OPD Saarbrücken (1957–1959)

MiNr.	ungebr.	entw.	FDC
379	☐	☐	☐
380	☐	☐	☐
381	☐	☐	☐
382	☐	☐	☐
383	☐	☐	☐
384	☐	☐	☐
385	☐	☐	☐
386	☐	☐	☐
387	☐	☐	☐
388	☐	☐	☐
389	☐	☐	☐
390	☐	☐	☐
391	☐	☐	☐
392	☐	☐	☐

MiNr.	ungebr.	entw.	FDC
393	☐	☐	☐
394	☐	☐	☐
395	☐	☐	☐
396	☐	☐	☐
397	☐	☐	☐
398	☐	☐	☐
399	☐	☐	☐
400	☐	☐	☐
401	☐	☐	☐
402	☐	☐	
403	☐	☐	
S-FDC			☐
404	☐	☐	
405	☐	☐	
406	☐	☐	
407	☐	☐	
S-FDC			☐
408	☐	☐	☐
409	☐	☐	☐
410	☐	☐	☐
411	☐	☐	☐
412	☐	☐	☐
413	☐	☐	☐
414	☐	☐	☐
415	☐	☐	☐
416	☐	☐	☐
417	☐	☐	☐
418	☐	☐	☐
419	☐	☐	☐
420	☐	☐	☐
421	☐	☐	☐
422	☐	☐	☐
423	☐	☐	☐
424	☐	☐	☐
425	☐	☐	☐
426	☐	☐	☐
427	☐	☐	☐
428	☐	☐	☐
429	☐	☐	
430	☐	☐	
S-FDC			☐
431	☐	☐	☐
432	☐	☐	☐
433	☐	☐	
434	☐	☐	
S-FDC			☐
435	☐	☐	☐
436	☐	☐	☐
437	☐	☐	☐
438	☐	☐	☐
439	☐	☐	
440	☐	☐	

MiNr.	ungebr.	entw.	FDC
S-FDC			☐
441	☐	☐	
442	☐	☐	
443	☐	☐	
444	☐	☐	
S-FDC			☐
445	☐	☐	☐
446	☐	☐	☐
447	☐	☐	☐
448	☐	☐	☐

Dienstmarken

MiNr.	ungebr.	entw.	FDC
33	☐	☐	
34	☐	☐	
35	☐	☐	
36	☐	☐	
37	☐	☐	
38	☐	☐	
39	☐	☐	
40	☐	☐	
41	☐	☐	
42	☐	☐	
43	☐	☐	
44	☐	☐	
S-FDC			☐

Französische Zone

Allgemeine Ausgabe

MiNr.	ungebr.	entw.	FDC
1	☐	☐	
2	☐	☐	
3	☐	☐	
4	☐	☐	
5	☐	☐	
6	☐	☐	
7	☐	☐	
8	☐	☐	
9	☐	☐	
10	☐	☐	
11	☐	☐	
12	☐	☐	
13	☐	☐	

Baden

MiNr.	ungebr.	entw.	FDC
1	☐	☐	
2	☐	☐	
3	☐	☐	
4	☐	☐	
5	☐	☐	
6	☐	☐	
7	☐	☐	
8	☐	☐	
9	☐	☐	
10	☐	☐	
11	☐	☐	
12	☐	☐	
13	☐	☐	
14	☐	☐	
15	☐	☐	
16	☐	☐	
17	☐	☐	
18	☐	☐	
19	☐	☐	
20	☐	☐	
21	☐	☐	
22	☐	☐	
23	☐	☐	
24	☐	☐	
25	☐	☐	
26	☐	☐	
27	☐	☐	
28	☐	☐	
29	☐	☐	
30	☐	☐	
31	☐	☐	
32	☐	☐	
33	☐	☐	
34	☐	☐	
35	☐	☐	
36	☐	☐	
37	☐	☐	
38	☐	☐	

MiNr.	ungebr.	entw.	FDC
39	blau	blau	
40	blau	blau	
41	blau	grün	
S-FDC			gelb
Block 1 A	grün	gelb	gelb
Block 1 B	grün	gelb	gelb
42	blau	grün	
43	blau	grün	
44	blau	grün	
45	blau	grün	
S-FDC			gelb
Block 2	grün	gelb	rot
46	blau	grün	gelb
47	blau	blau	
48	blau	blau	
49	blau	grün	
S-FDC			gelb
50	blau	blau	
51	blau	blau	
52	blau	blau	
S-FDC			grün
53	☐	blau	grün
54	☐	blau	
55	☐	blau	
S-FDC			gelb
56	☐	blau	
57	☐	blau	
S-FDC			gelb

Rheinland-Pfalz

MiNr.	ungebr.	entw.	FDC
1	☐	☐	
2	☐	☐	
3	☐	☐	
4	☐	☐	
5	☐	☐	
6	☐	☐	
7	☐	☐	
8	☐	☐	
9	☐	☐	
10	☐	☐	
11	☐	☐	
12	☐	☐	
13	☐	☐	
14	☐	☐	
15	☐	☐	
16	☐	☐	
17	☐	☐	
18	☐	☐	
19	☐	☐	
20	☐	☐	
21	☐	☐	
22	☐	☐	
23	☐	☐	
24	☐	☐	
25	☐	☐	
26	☐	☐	
27	blau	blau	
28	☐	☐	
29	☐	☐	
30	☐	blau	grün
31	☐	blau	gelb
S-FDC			gelb
32	☐	☐	
33	☐	☐	
34	☐	☐	
35	blau	blau	
36	grün	gelb	
37	☐	☐	
38	☐	☐	
39	☐	☐	
40	☐	☐	
41	☐	blau	
42	blau	grün	
43	blau	grün	
44	blau	grün	
45	blau	grün	
Block 1	grün	rot	rot
46	☐	blau	
47	☐	blau	
48	blau	grün	
S-FDC			gelb
49	blau	blau	
50	blau	blau	
S-FDC			gelb
51	☐	blau	
52	☐	blau	
S-FDC			gelb

Württemberg-Hohenzollener

MiNr.	ungebr.	entw.	FDC
1	☐	☐	
2	☐	☐	
3	☐	☐	
4	☐	☐	
5	☐	☐	
6	☐	☐	
7	☐	☐	
8	☐	☐	
9	☐	☐	
10	☐	☐	
11	☐	☐	
12	☐	☐	
13	☐	☐	
14	☐	☐	
15	☐	☐	
16	☐	☐	
17	☐	☐	
18	☐	☐	
19	☐	☐	
20	☐	☐	
21	☐	☐	
22	☐	☐	
23	☐	☐	
24	☐	☐	
25	blau	☐	
26	☐	☐	
27	☐	☐	
28	☐	☐	
29	☐	☐	
30	☐	☐	
31	☐	☐	
32	☐	☐	
33	☐	☐	
34	☐	☐	
35	blau	blau	
36	blau	blau	
37	grün	grün	
38	☐	blau	
39	☐	blau	
S-FDC			grün
40	blau	grün	
41	blau	grün	
42	blau	grün	
43	blau	grün	
S-FDC			rot
Block 1	grün	rot	rot
44	☐	blau	
45	blau	blau	
46	blau	blau	
S-FDC			gelb
47	☐	blau	
48	☐	blau	
S-FDC			grün
49	☐	blau	
50	☐	blau	
S-FDC			gelb
51	☐	blau	
52	☐	blau	
S-FDC			gelb

Zwangszuschlagsmarken

MiNr.	ungebr.	entw.	FDC
1	gelb	gelb	rot
2	blau	☐	grün
3	☐	☐	

Amerikanische und britische Zone

MiNr.	ungebr.	entw.	FDC
1	☐	☐	
2	☐	☐	
3	☐	☐	
4	☐	☐	
5	☐	☐	
6	☐	☐	
7	☐	☐	
8	☐	☐	
9	☐	☐	
10	☐	☐	
11	☐	☐	
12	☐	blau	
13	☐	☐	
14	☐	☐	
15	☐	☐	
16	☐	☐	
17	☐	☐	
18	☐	☐	
19	☐	☐	
20	☐	☐	
21	☐	blau	
22	☐	☐	
23	☐	☐	
24	☐	☐	
25	☐	blau	
26	☐	☐	
27	☐	blau	
28	☐	blau	
29	☐	☐	
30	☐	☐	
31	☐	☐	
32	☐	blau	
33	☐	blau	
34	blau	gelb	
35	☐	gelb	
36 I	☐	☐	grün
37 I	☐	☐	grün
38 I	☐	☐	grün
39 I	☐	☐	grün
40 I	☐	☐	grün
41 I	blau	blau	gelb
42 I	☐	☐	grün
43 I	☐	☐	grün
44 I	☐	☐	grün
45 I	☐	☐	grün
46 I	☐	☐	grün
47 I	☐	☐	grün
48 I	☐	☐	grün
49 I	grün	gelb	rot
A 49 I	☐	☐	grün
50 I	☐	☐	grün
51 I	☐	☐	grün
S-FDC			grau
36 II	☐	☐	grün

MiNr.	ungebr.	entw.	FDC
37 II	weiß	weiß	grün
38 II	weiß	weiß	grün
39 II	weiß	weiß	grün
40 II	weiß	weiß	grün
41 II	weiß	weiß	grün
42 II	weiß	weiß	grün
43 II	weiß	weiß	grau
44 II	weiß	weiß	grün
45 II	weiß	blau	gelb
46 II	weiß	weiß	grün
47 II	weiß	weiß	grün
48 II	weiß	weiß	grün
49 II	weiß	weiß	grün
49 II A	weiß	weiß	grau
50 II	weiß	weiß	grün
51 II	weiß	weiß	grün
S-FDC			grau
52 I	weiß	blau	
53 I	blau	grün	
54 I	weiß	weiß	
55 I	blau	grün	
56 I	grün	gelb	
57 I	blau	grün	
58 I	weiß	blau	
59 I	blau	gelb	
60 I	grün	gelb	
61 I	blau	grün	
62 I	weiß	blau	
63 I	weiß	blau	
64 I	grün	gelb	
65 I	weiß	blau	
66 I	weiß	weiß	
67 I	weiß	blau	
68 I	weiß	blau	
52 II	blau	grün	
53 II	blau	gelb	
54 II	blau	gelb	
55 II	blau	grün	
56 II	gelb	rot	
57 II	blau	grün	
58 II	weiß	blau	
59 II	grau	gelb	
60 II	grün	gelb	
61 II	blau	grün	
62 II	grün	gelb	
63 II	weiß	weiß	grau
64 II	grün	gelb	
65 II	weiß	blau	
66 II	weiß	blau	
67 II	weiß	blau	
68 II	weiß	blau	grau
69	weiß	weiß	
70	weiß	weiß	
71	weiß	weiß	
72	weiß	blau	
S-FDC			grün

MiNr.	ungebr.	entw.	FDC
weit gezähnt			
73	weiß	weiß	blau
74	weiß	weiß	blau
75	weiß	weiß	blau
76	weiß	weiß	grün
77	weiß	weiß	grün
78	weiß	weiß	grün
79	weiß	weiß	gelb
80	weiß	weiß	blau
81	weiß	weiß	grün
82	weiß	weiß	grau
83	weiß	weiß	grün
84	weiß	weiß	blau
85	weiß	weiß	blau
86	weiß	weiß	grün
87	weiß	weiß	grau
88	weiß	weiß	grün
89	weiß	weiß	
90	weiß	weiß	grün
91	weiß	weiß	grün
92	weiß	weiß	
93	grün	weiß	
94	weiß	weiß	gelb
95	weiß	weiß	grün
96	weiß	weiß	grün
97	blau	weiß	gelb
98	blau	weiß	grau
99	blau	weiß	grau
100	grün	weiß	grau
eng gezähnt			
73	weiß	weiß	
74	weiß	weiß	
75	weiß	weiß	
77	blau	weiß	
80	weiß	weiß	
82	blau	weiß	
85	weiß	weiß	
87	blau	blau	
89	blau	weiß	
90	blau	weiß	
92	grün	weiß	
93	weiß	weiß	
94	grün	weiß	
96	grün	weiß	
97	grün	weiß	
101	weiß	weiß	gelb
102	weiß	weiß	gelb
S-FDC			gelb
103	weiß	weiß	
104	weiß	weiß	
105	weiß	weiß	
S-FDC			grün
Block 1	grün	gelb	gelb
106	weiß	weiß	
107	blau	blau	
S-FDC			gelb

MiNr.	ungebr.	entw.	FDC
108	weiß	weiß	
109	weiß	weiß	
110	blau	blau	
S-FDC			gelb
Flugpost-Zulassungsmarke			
1	weiß	weiß	grün
Zwangszuschlagsgsmarken			
1	weiß	weiß	weiß
2	weiß	weiß	blau
6	weiß	weiß	
8	weiß	weiß	

MiNr.	ungebr.	entw.	FDC

Die Farben der Kästchen entsprechen folgenden Werten:

- weiß: bis 10 €
- blau: von 11 bis 50 €
- grün: von 51 bis 200 €
- gelb: von 201 bis 1000 €
- rot: ab 1001 €
- grau: Bewertung derzeit nicht möglich

Notizen

Notizen

Bundesrepublik Deutschland

MiNr.	ungebr.	entw.	FDC
111	■	■	
112	■	■	
S-FDC			■
113	■	■	
114	■	■	
115	■	■	
S-FDC			■
116	■	■	■
117	■	■	
118	■	■	
119	■	■	
120	■	■	
S-FDC			■
121	■	■	
122	■	■	
S-FDC			■
123	□	□	■
124	□	□	■
125	■	□	■
126	■	□	■
127	■	□	■
128	■	□	■
129	■	□	■
130	■	□	■
131	■	□	■
132	■	□	■
133	■	□	■
134	■	□	■
135	■	□	■
136	■	■	■
137	■	□	■
138	■	□	■
139	■	■	
140	■	■	
S-FDC			■
141	■	■	
142	■	■	
S-FDC			■
143	□	□	
144	■	□	
145	■	□	
146	■	■	
S-FDC			■
147	■	■	■
148	□	□	■
149	■	□	■
150	■	■	■
151	■	■	■
152	■	□	■
153	■	■	
154	■	■	
S-FDC			■
155	■	□	■
156	■	□	
157	■	□	
158	■	■	
159	■	■	
S-FDC			■
160	□	□	■
161	■	■	■
162	■	□	■
163	■	■	■
164	■	□	■
165	□	□	■
166	■	■	■
167	□	□	
168	■	□	
169	■	□	
170	■	■	
S-FDC			■
171	■	■	
172	■	■	
S-FDC			■
173	□	□	
174	□	□	
175	■	□	
176	■	■	
S-FDC			■
177 x	□	□	■
178 x	□	□	■
179 x	□	□	■
179 y	■	■	
180 x	□	□	■
181 x	□	□	■
181 y	□	□	
182 x	□	□	■
183 x	□	□	■
183 y	□	□	■
184 x	□	□	■
184 y	□	■	
185 x	□	□	■
185 y	□	□	
186 x	□	□	■
186 y	□	□	■
187 x	■	□	■
188 x	□	□	■
189 x	■	□	■
190 x	■	□	■
191 x	■	□	■
192 x	□	□	■
193 x	■	□	■
194 x	□	□	■
195 x	□	□	■
196 x	□	□	■
197	■	□	■
198	□	□	■
199	□	□	■
200	□	□	
201	□	□	
202	■	□	
203	■	■	
S-FDC			■
204	□	□	■
205	□	□	
206	□	□	
207	□	□	
208	■	□	
S-FDC			■
209	□	□	■
210	■	□	■
211	■	□	■
212	□	□	
213	□	□	
S-FDC			■
214	■	□	■
215	□	□	■
216	□	□	■
217	□	□	
218	■	■	
S-FDC			■
219	□	□	■
220	□	□	■
221	□	□	■
222	□	□	
223	□	□	
224	□	□	
225	■	■	
S-FDC			■
226 x	□	□	■
226 y	□	□	
227	□	□	■
228	□	□	■
229	□	□	□
230	□	□	■
231	□	□	■
232	□	□	
233	□	□	
S-FDC			■
234	□	□	■
235	□	□	
236	□	□	
S-FDC			■
237	□	□	■
238	□	□	■
239	□	□	■
240	□	□	■
241	□	□	
242	□	□	
S-FDC			■
243	□	□	
244	□	□	
245	□	□	
246	■	■	
S-FDC			■
247	□	□	□
248	□	□	□
249	□	□	□
250	□	□	
251	□	□	
S-FDC			■
252	□	□	□
253	□	□	□
254	□	□	□
255	□	□	□
256	□	□	□
257	□	□	■
258	□	□	□
259 x	□	□	
259 y	■	■	
260 x	□	■	
260 y	□	□	
261 x	□	□	
262 x	□	□	
263 x	■	□	
264 x	□	□	
265 x	■	□	
266	□	□	□
267	□	□	□
268	□	□	
269	□	□	
S-FDC			■
270	□	□	
271	□	□	
272	□	□	
273	■	■	
S-FDC			■
274	□	□	

MiNr.	ungebr.	entw.	FDC
275	☐	☐	
		S-FDC	■
276	☐	☐	☐
277	☐	☐	☐
278	☐	☐	☐
279	☐	☐	☐
280	☐	☐	☐
281	☐	☐	
282	☐	☐	
		S-FDC	■
283	☐	☐	■
284	☐	☐	☐
285	☐	☐	■
286	☐	☐	
287	☐	☐	
		S-FDC	■
288	☐	☐	☐
289	☐	☐	☐
290	☐	☐	☐
291	☐	☐	■
292	☐	☐	☐
293	☐	☐	☐
294	☐	■	
295	☐	☐	
296	☐	☐	
		S-FDC	■
297	☐	☐	
298	☐	☐	
299	☐	☐	
300	☐	☐	
		S-FDC	■
301	☐	☐	☐
302	☐	☐	■
303	☐	☐	■
304	☐	☐	■
305	■	☐	■
306	☐	☐	■
307	☐	☐	☐
308	☐	☐	☐
309	☐	☐	☐
310 a	☐	☐	☐
310 b	☐	☐	☐
311 a	☐	☐	☐
311 b	☐	☐	☐
		Satz a	☐
		Satz b	☐
312	☐	☐	☐

MiNr.	ungebr.	entw.	FDC
313	☐	☐	☐
314	☐	☐	☐
315	☐	☐	
316	☐	☐	
317	☐	☐	
318	☐	☐	
319	☐	☐	
Block 2	■	■	■
320	☐	☐	
321	☐	☐	
		S-FDC	☐
322	☐	☐	
323	☐	☐	
324	☐	☐	
325	☐	☐	
		S-FDC	☐
326	☐	☐	
327	☐	☐	
		S-FDC	☐
328	☐	☐	☐
329	☐	☐	☐
330	☐	☐	
331	☐	☐	
		S-FDC	☐
332	☐	☐	
333	☐	☐	
334	☐	☐	
335	☐	☐	
		S-FDC	■
336	☐	☐	☐
337	☐	☐	
338	☐	☐	
339	☐	☐	
		S-FDC	■
340	☐	☐	
341	☐	☐	
342	☐	☐	
343	☐	☐	
		S-FDC	■
344	☐	☐	☐
345	☐	☐	☐
346	☐	☐	☐
347 x	☐	☐	☐
347 y a	☐	☐	☐
347 y b	☐	☐	■
348 x	☐	☐	☐
348 y	☐	☐	☐
349 x	☐	☐	☐
349 y	☐	☐	☐
350 x	☐	☐	☐
350 y	☐	☐	☐

MiNr.	ungebr.	entw.	FDC
351 x	☐	☐	☐
351 y	☐	☐	☐
352 x	☐	☐	☐
352 y	☐	☐	☐
353 y	☐	☐	☐
354 y	☐	☐	☐
355 x	☐	☐	■
255 y	☐	☐	☐
356 y	☐	☐	☐
357 y	☐	☐	☐
358 y a	☐	☐	☐
358 y b	☐	☐	
359 y	☐	☐	■
360 y	☐	☐	■
361 y	☐	☐	■
362 y	☐	☐	■
363	☐	☐	
364	☐	☐	
		S-FDC	■
365	☐	☐	☐
366	☐	☐	☐
367 x	☐	☐	
367 y	☐	☐	
368	☐	☐	
		S-FDC	☐
369	☐	☐	
370	☐	☐	
371	☐	☐	
372	☐	☐	
		S-FDC	■
373	☐	☐	☐
374	☐	☐	☐
375	☐	☐	☐
376	☐	☐	
377	☐	☐	
378	☐	☐	
379	☐	☐	
		S-FDC	■
380	☐	☐	☐
381	☐	☐	☐
382	☐	☐	☐
383	☐	☐	
384	☐	☐	
		S-FDC	☐
385	☐	☐	
386	☐	☐	
387	☐	☐	
388	☐	☐	
		S-FDC	■
389	☐	☐	☐
390	☐	☐	☐

MiNr.	ungebr.	entw.	FDC
391	☐	☐	☐
392	☐	☐	
393	☐	☐	
394	☐	☐	
395	☐	☐	
		S-FDC	☐
396	☐	☐	☐
397	☐	☐	☐
398	☐	☐	☐
399	☐	☐	■
400	☐	☐	☐
401	☐	☐	
402	☐	☐	
403	☐	☐	
404	☐	☐	
		S-FDC	■
405	☐	☐	☐
406	☐	☐	
407	☐	☐	
		S-FDC	☐
408	☐	☐	
409	☐	☐	
410	☐	☐	
411	☐	☐	
		S-FDC	■
412	☐	☐	
413	☐	☐	
414	☐	☐	
415	☐	☐	
		S-FDC	■
416	☐	☐	☐
417	☐	☐	☐
418	☐	☐	☐
419	☐	☐	☐
420	☐	☐	☐
421	☐	☐	☐
422	☐	☐	☐
423	☐	☐	☐
424	☐	☐	☐
425	☐	☐	☐
426	☐	☐	☐
427	☐	☐	☐
428	☐	☐	☐
429	☐	☐	
430	☐	☐	
		S-FDC	☐
431	☐	☐	
432	☐	☐	
433	☐	☐	
434	☐	☐	
435	☐	☐	

MiNr.	ungebr.	entw.	FDC
436	☐	☐	
437	☐	☐	
438	☐	☐	
Block 3	☐	☐	☐
439	☐	☐	☐
440	☐	☐	
441	☐	☐	
442	☐	☐	
		S-FDC	☐
443	☐	☐	☐
444	☐	☐	☐
445	☐	☐	
446	☐	☐	
		S-FDC	☐
447	☐	☐	
448	☐	☐	
449	☐	☐	
450	☐	☐	
		S-FDC	☐
451	☐	☐	☐
452	☐	☐	☐
453	☐	☐	☐
454	☐	☐	☐
455	☐	☐	☐
455	☐	☐	☐
456	☐	☐	☐
457	☐	☐	☐
458	☐	☐	☐
459	☐	☐	☐
460	☐	☐	☐
461	☐	☐	☐
462	☐	☐	☐
463	☐	☐	☐
464	☐	☐	
465	☐	☐	
466	☐	☐	
467	☐	☐	
		S-FDC	☐
468	☐	☐	☐
469	☐	☐	☐
470	☐	☐	☐
471	☐	☐	☐
472	☐	☐	☐
473	☐	☐	☐
474	☐	☐	☐
475	☐	☐	☐
476	☐	☐	☐
477	☐	☐	☐
478	☐	☐	☐
479	☐	☐	☐

MiNr.	ungebr.	entw.	FDC
480	☐	☐	☐
481	☐	☐	☐
482	☐	☐	☐
483	☐	☐	
484	☐	☐	
		S-FDC	☐
485	☐	☐	
486	☐	☐	
487	☐	☐	
488	☐	☐	
		S-FDC	☐
489	☐	☐	☐
490	☐	☐	☐
491	☐	☐	☐
492	☐	☐	☐
493	☐	☐	☐
494	☐	☐	☐
495	☐	☐	☐
496	☐	☐	☐
497	☐	☐	☐
498	☐	☐	☐
499	☐	☐	☐
500	☐	☐	☐
501	☐	☐	☐
502	☐	☐	☐
503	☐	☐	☐
504	☐	☐	☐
505	☐	☐	☐
506	☐	☐	☐
507	☐	☐	☐
508	☐	☐	☐
509	☐	☐	☐
510	☐	☐	☐
511	☐	☐	
512	☐	☐	
513	☐	☐	
514	☐	☐	
		S-FDC	☐
515	☐	☐	☐
516	☐	☐	☐
517	☐	☐	☐
518	☐	☐	☐
519	☐	☐	
520	☐	☐	
		S-FDC	☐
521	☐	☐	
522	☐	☐	
		S-FDC	☐
523	☐	☐	
524	☐	☐	
525	☐	☐	

MiNr.	ungebr.	entw.	FDC
526	☐	☐	
		S-FDC	☐
527	☐	☐	☐
528	☐	☐	☐
529	☐	☐	
530	☐	☐	
531	☐	☐	
532	☐	☐	
		S-FDC	☐
533	☐	☐	
534	☐	☐	
		S-FDC	☐
535	☐	☐	☐
536	☐	☐	☐
537	☐	☐	☐
538	☐	☐	
539	☐	☐	
540	☐	☐	
541	☐	☐	
		S-FDC	☐
542	☐	☐	
543	☐	☐	
		S-FDC	☐
544	☐	☐	☐
545	☐	☐	☐
546	☐	☐	
547	☐	☐	
548	☐	☐	
		S-FDC	☐
549	☐	☐	
550	☐	☐	
551	☐	☐	
552	☐	☐	
		S-FDC	☐
553	☐	☐	☐
554	☐	☐	
555	☐	☐	
556	☐	☐	
557	☐	☐	
Block 4	☐	☐	☐
558	☐	☐	☐
559	☐	☐	
560	☐	☐	
		S-FDC	☐
561	☐	☐	
562	☐	☐	
563	☐	☐	
564	☐	☐	
565	☐	☐	
		S-FDC	☐

MiNr.	ungebr.	entw.	FDC
566	☐	☐	☐
567	☐	☐	☐
568	☐	☐	☐
569	☐	☐	☐
570	☐	☐	☐
571	☐	☐	
572	☐	☐	
573	☐	☐	
574	☐	☐	
		S-FDC	☐
575	☐	☐	☐
576	☐	☐	
577	☐	☐	
		S-FDC	☐
578	☐	☐	
579	☐	☐	
580	☐	☐	
581	☐	☐	
		S-FDC	☐
582	☐	☐	☐
583	☐	☐	
584	☐	☐	
		S-FDC	☐
585	☐	☐	☐
586	☐	☐	☐
587	☐	☐	☐
588	☐	☐	☐
589	☐	☐	☐
590	☐	☐	☐
		S-FDC	☐
591	☐	☐	
592	☐	☐	
593	☐	☐	
594	☐	☐	
		S-FDC	☐
595	☐	☐	☐
596	☐	☐	
597	☐	☐	
598	☐	☐	
Block 5	☐	☐	☐
599	☐	☐	☐
600	☐	☐	☐
601	☐	☐	☐
602	☐	☐	☐
603	☐	☐	☐
604	☐	☐	
605	☐	☐	
606	☐	☐	

MiNr.	ungebr.	entw.	FDC
607	☐	☐	
S-FDC			☐
608	☐	☐	☐
609	☐	☐	☐
610	☐	☐	☐
611	☐	☐	☐
612	☐	☐	
613	☐	☐	
614	☐	☐	
615	☐	☐	
S-FDC			■
616	☐	☐	
617	☐	☐	
618	☐	☐	
S-FDC			☐
619	☐	☐	☐
620	☐	☐	
621	☐	☐	
S-FDC			☐
622	☐	☐	☐
623	☐	☐	☐
624	☐	☐	
625	☐	☐	
626	☐	☐	
627	☐	☐	
S-FDC			☐
628	☐	☐	☐
629	☐	☐	☐
630	☐	☐	☐
631	☐	☐	☐
632	☐	☐	☐
633	☐	☐	☐
634	☐	☐	☐
635	☐	☐	☐
636	☐	☐	☐
637	☐	☐	☐
638	☐	☐	☐
639	☐	☐	☐
640	☐	☐	☐
641	☐	☐	☐
642	☐	☐	☐
643	☐	☐	☐
644	☐	☐	☐
645	☐	☐	☐
647	☐	☐	☐
648	☐	☐	☐
649	☐	☐	☐
650	☐	☐	
651	☐	☐	
652	☐	☐	
653	☐	☐	
S-FDC			☐
654	☐	☐	☐
655	☐	☐	☐
656	☐	☐	☐
657	☐	☐	☐
658	☐	☐	☐
659	☐	☐	☐
660	☐	☐	
661	☐	☐	
662	☐	☐	
663	☐	☐	
S-FDC			☐
664	☐	☐	☐
665	☐	☐	☐
666	☐	☐	☐
667	☐	☐	☐
668	☐	☐	☐
S-FDC			☐
669	☐	☐	☐
670	☐	☐	☐
671	☐	☐	☐
672	☐	☐	☐
673	☐	☐	☐
S-FDC			☐
674	☐	☐	☐
675	☐	☐	
676	☐	☐	
S-FDC			☐
677	☐	☐	☐
678	☐	☐	☐
679	☐	☐	☐
680	☐	☐	
681	☐	☐	
682	☐	☐	
683	☐	☐	
S-FDC			☐
684	☐	☐	
685	☐	☐	
686	☐	☐	
687	☐	☐	
Block 6	☐	☐	■
688	☐	☐	☐
689	☐	☐	☐
690	☐	☐	☐
691	☐	☐	☐
692	☐	☐	☐
693	☐	☐	☐
694 A	☐	☐	☐
695 A	☐	☐	☐
695 C	☐	☐	
695 D	☐	☐	
696 A	☐	☐	☐
696 C	☐	☐	
696 D	☐	☐	
697 A	☐	☐	☐
698 A	☐	☐	☐
698 C	☐	☐	
698 D	☐	☐	
699 A	☐	☐	☐
699 C	☐	☐	
699 D	☐	☐	
700 A	☐	☐	☐
701 A	☐	☐	☐
702 A	☐	☐	☐
703 A	☐	☐	☐
704	☐	☐	☐
705	☐	☐	
706	☐	☐	
707	☐	☐	
708	☐	☐	
S-FDC			☐
709	☐	☐	☐
710	☐	☐	☐
711	☐	☐	
712	☐	☐	
713	☐	☐	
714	☐	☐	
S-FDC			☐
715	☐	☐	
716	☐	☐	
717	☐	☐	
S-FDC			☐
718	☐	☐	☐
719	☐	☐	
720	☐	☐	
721	☐	☐	
722	☐	☐	
S-FDC			☐
723	☐	☐	
724	☐	☐	
725	☐	☐	
726	☐	☐	
Block 7	☐	☐	■
727	☐	☐	☐
728	☐	☐	☐
729	☐	☐	☐
730	☐	☐	☐
731	☐	☐	☐
732	☐	☐	☐
733	☐	☐	☐
734	☐	☐	
735	☐	☐	
736	☐	☐	
737	☐	☐	
Block 7	☐	☐	■
738	☐	☐	☐
739	☐	☐	☐
740	☐	☐	☐
741	☐	☐	☐
742	☐	☐	
743	☐	☐	
744	☐	☐	
745	☐	☐	
S-FDC			☐
746	☐	☐	☐
747	☐	☐	☐
S-FDC			☐
748	☐	☐	☐
749	☐	☐	☐
750	☐	☐	☐
751	☐	☐	☐
752	☐	☐	☐
753	☐	☐	☐
754	☐	☐	
755	☐	☐	
756	☐	☐	
757	☐	☐	
S-FDC			■
758	☐	☐	☐
759	☐	☐	☐
760	☐	☐	☐
761	☐	☐	☐
762	☐	☐	☐
S-FDC			☐
763	☐	☐	☐
764	☐	☐	
765	☐	☐	
S-FDC			■
766	☐	☐	
767	☐	☐	
Block 9	☐	☐	■
768	☐	☐	
769	☐	☐	
S-FDC			☐
770	☐	☐	☐
771	☐	☐	☐
772	☐	☐	☐

MiNr.	ungebr.	entw.	FDC
773	☐	☐	☐
774	☐	☐	
775	☐	☐	
776	☐	☐	
777	☐	☐	
S-FDC			☐
778	☐	☐	☐
779	☐	☐	☐
780	☐	☐	☐
781	☐	☐	☐
782	☐	☐	
783	☐	☐	
784	☐	☐	
785	☐	☐	
S-FDC			☐
786	☐	☐	☐
787	☐	☐	☐
788	☐	☐	☐
789	☐	☐	☐
S-FDC			☐
790	☐	☐	☐
791	☐	☐	
792	☐	☐	
793	☐	☐	
794	☐	☐	
S-FDC			☐
795	☐	☐	☐
796	☐	☐	☐
797	☐	☐	☐
798	☐	☐	☐
799	☐	☐	☐
S-FDC			☐
800	☐	☐	
801	☐	☐	
802	☐	☐	
803	☐	☐	
S-FDC			■
804	☐	☐	
805	☐	☐	
S-FDC			☐
806	☐	☐	☐
807	☐	☐	
Block 10	☐	☐	☐
808	☐	☐	☐
809	☐	☐	☐
810	☐	☐	☐
811	☐	☐	
812	☐	☐	
S-FDC			☐
813	☐	☐	☐
814	☐	☐	☐
815	☐	☐	☐
816	☐	☐	☐
817	☐	☐	☐
S-FDC			☐
818	☐	☐	
819	☐	☐	
820	☐	☐	
821	☐	☐	
S-FDC			☐
822	☐	☐	☐
823	☐	☐	☐
S-FDC			☐
824	☐	☐	☐
825	☐	☐	☐
826	☐	☐	
827	☐	☐	
828	☐	☐	
829	☐	☐	
S-FDC			☐
830	☐	☐	☐
831	☐	☐	☐
832	☐	☐	☐
833	☐	☐	☐
834	☐	☐	☐
835	☐	☐	☐
836	☐	☐	
837	☐	☐	
838	☐	☐	
839	☐	☐	
S-FDC			■
840	☐	☐	
841	☐	☐	
S-FDC			☐
842	☐	☐	☐
843	☐	☐	☐
844	☐	☐	☐
845	☐	☐	☐
846	☐	☐	☐
847	☐	☐	☐
848	☐	☐	☐
849	☐	☐	☐
850	☐	☐	☐
851	☐	☐	☐
852	☐	☐	☐
853	☐	☐	☐
854	☐	☐	☐
855	☐	☐	☐
856	☐	☐	☐
857	☐	☐	☐
858	☐	☐	☐
859	☐	☐	☐
860	☐	☐	☐
861	☐	☐	☐
862	☐	☐	☐
863	☐	☐	☐
S-FDC			☐
864	☐	☐	☐
865	☐	☐	☐
866	☐	☐	☐
867	☐	☐	
868	☐	☐	
869	☐	☐	
870	☐	☐	
S-FDC			☐
871	☐	☐	
872	☐	☐	
873	☐	☐	
Block 11	☐	☐	☐
874	☐	☐	☐
875	☐	☐	☐
876	☐	☐	☐
877	☐	☐	☐
878	☐	☐	☐
879	☐	☐	☐
880	☐	☐	☐
881	☐	☐	☐
882	☐	☐	
883	☐	☐	
884	☐	☐	
885	☐	☐	
S-FDC			■
886	☐	☐	
887	☐	☐	
S-FDC			☐
888	☐	☐	
889	☐	☐	
Block 12	☐	☐	☐
890	☐	☐	
891	☐	☐	
S-FDC			☐
892	☐	☐	☐
893	☐	☐	☐
894	☐	☐	☐
895	☐	☐	☐
896	☐	☐	☐
897	☐	☐	
898	☐	☐	
899	☐	☐	
900	☐	☐	
S-FDC			☐
901	☐	☐	☐
902	☐	☐	☐
903	☐	☐	☐
904	☐	☐	
905	☐	☐	
906	☐	☐	
907	☐	☐	
S-FDC			☐
908	☐	☐	
909	☐	☐	
910	☐	☐	
911	☐	☐	
S-FDC			☐
912	☐	☐	
Block 13	☐	☐	☐
913 A I	☐	☐	☐
913 A II	☐	☐	
913 C II	☐	☐	
913 D I	☐	☐	
913 D II	☐	☐	
914 A I	☐	☐	☐
914 A II	☐	☐	
914 C I	☐	☐	
914 C II	☐	☐	
914 D I	☐	☐	
919 D II	☐	☐	
915	☐	☐	☐
916 A	☐	☐	☐
916 C	☐	☐	
916 D	☐	☐	
917	☐	☐	☐
918	☐	☐	☐
919	☐	☐	☐
920	☐	☐	☐
921	☐	☐	☐
922	☐	☐	☐
923	☐	☐	
924	☐	☐	
925	☐	☐	
Block 14	☐	☐	☐
926	☐	☐	☐
927	☐	☐	☐
928	☐	☐	☐
929	☐	☐	

MiNr.	ungebr.	entw.	FDC
930	☐	☐	
931	☐	☐	
932	☐	☐	
S-FDC			☐
933	☐	☐	☐
934	☐	☐	
935	☐	☐	
S-FDC			☐
936	☐	☐	☐
937	☐	☐	☐
938	☐	☐	☐
939	☐	☐	☐
940	☐	☐	☐
941	☐	☐	☐
942	☐	☐	☐
943	☐	☐	
944	☐	☐	
945	☐	☐	
S-FDC			☐
946	☐	☐	☐
947	☐	☐	☐
948	☐	☐	☐
949	☐	☐	
950	☐	☐	
951	☐	☐	
952	☐	☐	
S-FDC			☐
953	☐	☐	☐
954	☐	☐	☐
955	☐	☐	
Block 15	☐	☐	☐
956	☐	☐	☐
957	☐	☐	☐
958	☐	☐	☐
959	☐	☐	
960	☐	☐	
961	☐	☐	
Block 16	☐	☐	☐
962	☐	☐	☐
963	☐	☐	☐
964	☐	☐	
965	☐	☐	
966	☐	☐	
967	☐	☐	
S-FDC			☐
968	☐	☐	☐
969	☐	☐	☐
970	☐	☐	☐
971	☐	☐	☐
S-FDC			☐
972	☐	☐	☐
973	☐	☐	☐
974	☐	☐	
975	☐	☐	
S-FDC			☐
976	☐	☐	☐
977	☐	☐	☐
978	☐	☐	☐
979	☐	☐	☐
980	☐	☐	
981	☐	☐	
982	☐	☐	
983	☐	☐	
984	☐	☐	
985	☐	☐	
S-FDC			☐
986	☐	☐	☐
987	☐	☐	☐
988	☐	☐	☐
S-FDC			☐
989	☐	☐	
Block 17	☐	☐	☐
990	☐	☐	☐
992	☐	☐	☐
993	☐	☐	☐
994	☐	☐	☐
995	☐	☐	☐
996	☐	☐	☐
997	☐	☐	☐
998	☐	☐	☐
999	☐	☐	☐
1000	☐	☐	☐
1001	☐	☐	☐
1002	☐	☐	☐
1003	☐	☐	☐
1004	☐	☐	☐
1005	☐	☐	
1006	☐	☐	
1007	☐	☐	
1008	☐	☐	
S-FDC			☐
1009	☐	☐	
1010	☐	☐	
S-FDC			☐
1011	☐	☐	
1012	☐	☐	
S-FDC			☐
1013	☐	☐	☐
1014	☐	☐	☐
1015	☐	☐	☐
1016	☐	☐	☐
1017	☐	☐	☐
1018	☐	☐	☐
1019	☐	☐	☐
1020	☐	☐	☐
1021	☐	☐	☐
S-FDC			☐
1022	☐	☐	☐
1023	☐	☐	☐
1024	☐	☐	
1025	☐	☐	
1026	☐	☐	
1027	☐	☐	
S-FDC			☐
1028 A I	☐	☐	☐
1028 A II	☐	☐	
1028 C	☐	☐	
1028 D	☐	☐	
1029	☐	☐	☐
1030	☐	☐	☐
1031	☐	☐	☐
1032	☐	☐	☐
1033	☐	☐	☐
1034	☐	☐	☐
1035	☐	☐	☐
1036	☐	☐	☐
1037 A I	☐	☐	☐
1038 A I	☐	☐	☐
1038 A II	☐	☐	
1038 C I	☐	☐	
1038 C II	☐	☐	
1038 D I	☐	☐	
1038 D II	☐	☐	
S-FDC			☐
1039	☐	☐	☐
1040	☐	☐	
1041	☐	☐	
1042	☐	☐	
1043	☐	☐	
S-FDC			☐
1044	☐	☐	☐
1045	☐	☐	☐
1046	☐	☐	
1047	☐	☐	
1048	☐	☐	
S-FDC			☐
1049	☐	☐	
1050	☐	☐	
S-FDC			☐
1051	☐	☐	☐
1052	☐	☐	☐
1053	☐	☐	☐
1054	☐	☐	☐
1055	☐	☐	☐
1056	☐	☐	☐
1057	☐	☐	☐
1058	☐	☐	☐
1059	☐	☐	
1060	☐	☐	
1061	☐	☐	
1062	☐	☐	
S-FDC			☐
1063	☐	☐	☐
1064	☐	☐	☐
1065	☐	☐	☐
1066	☐	☐	☐
1067	☐	☐	☐
1082	☐	☐	☐
1083	☐	☐	☐
1084	☐	☐	☐
1085	☐	☐	☐
1086	☐	☐	☐
1087	☐	☐	☐
1088	☐	☐	☐
1089	☐	☐	☐
1090	☐	☐	
1091	☐	☐	
1092	☐	☐	
1093	☐	☐	
S-FDC			☐
1094	☐	☐	
1095	☐	☐	
S-FDC			☐
1096	☐	☐	
1097	☐	☐	
S-FDC			☐
1098	☐	☐	☐
1099	☐	☐	☐

MiNr.	ungebr.	entw.	FDC
1100	☐	☐	☐
1101	☐	☐	☐
1102	☐	☐	☐
1103	☐	☐	☐
1104	☐	☐	☐
1105	☐	☐	
1106	☐	☐	
1107	☐	☐	
S-FDC			☐
1108	☐	☐	
1109	☐	☐	
1110	☐	☐	
1111	☐	☐	
S-FDC			☐
1112	☐	☐	☐
1113	☐	☐	☐
1114	☐	☐	☐
1115	☐	☐	☐
1116	☐	☐	☐
1117	☐	☐	☐
1118	☐	☐	☐
1119	☐	☐	☐
1120	☐	☐	☐
1121	☐	☐	☐
1122	☐	☐	☐
1123	☐	☐	
1124	☐	☐	
1125	☐	☐	
1126	☐	☐	
S-FDC			☐
1127	☐	☐	
1128	☐	☐	
S-FDC			☐
1129	☐	☐	☐
1130	☐	☐	
1131	☐	☐	
S-FDC			☐
1132	☐	☐	☐
1133	☐	☐	☐
1134	☐	☐	☐
1135	☐	☐	☐
1136	☐	☐	☐
1137	☐	☐	☐
1138	☐	☐	☐
1139	☐	☐	☐
1140 A I	☐	☐	☐
1140 A II	☐	☐	
1140 C	☐	☐	
1140 D	☐	☐	
1141	☐	☐	☐
1142	☐	☐	☐
1143 I	☐	☐	☐
1143 II	☐	■	
1144	☐	☐	☐
1145	☐	☐	☐
1146	☐	☐	☐
1147	☐	☐	☐
1148	☐	☐	☐
1149	☐	☐	☐
1150	☐	☐	
1151	☐	☐	
1152	☐	☐	
1153	☐	☐	
S-FDC			■
1154	☐	☐	☐
1155	☐	☐	☐
1156	☐	☐	
1157	☐	☐	
1158	☐	☐	
1159	☐	☐	
1160	☐	☐	
Block 18	☐	☐	☐
1161	☐	☐	☐
1162	☐	☐	☐
1163	☐	☐	☐
1164	☐	☐	☐
1165	☐	☐	☐
1166	☐	☐	☐
S-FDC			☐
1167	☐	☐	☐
1168	☐	☐	
1169	☐	☐	
1170	☐	☐	
1171	☐	☐	
S-FDC			☐
1172	☐	☐	
1173	☐	☐	
S-FDC			☐
1174	☐	☐	☐
1175	☐	☐	☐
1176	☐	☐	☐
S-FDC			☐
1177	☐	☐	☐
1178	☐	☐	☐
1179	☐	☐	☐
1180	☐	☐	☐
1181	☐	☐	☐
1182	☐	☐	☐
1183	☐	☐	☐
1184	☐	☐	☐
1185	☐	☐	☐
1186	☐	☐	☐
1187	☐	☐	☐
1188	☐	☐	
1189	☐	☐	
1190	☐	☐	
1191	☐	☐	
S-FDC			☐
1192	☐	☐	☐
1193	☐	☐	☐
1194	☐	☐	☐
1195	☐	☐	☐
1196	☐	☐	☐
1197	☐	☐	☐
1198	☐	☐	☐
1199	☐	☐	☐
1200	☐	☐	☐
1201	☐	☐	☐
1202	☐	☐	
1203	☐	☐	
1204	☐	☐	
1205	☐	☐	
S-FDC			☐
1206	☐	☐	
1207	☐	☐	
1208	☐	☐	
S-FDC			☐
1209	☐	☐	☐
1210	☐	☐	
1211	☐	☐	
S-FDC			☐
1212	☐	☐	☐
1213	☐	☐	☐
1214	☐	☐	☐
1215	☐	☐	
1216	☐	☐	
1217	☐	☐	
Block 19	☐	☐	☐
1218	☐	☐	☐
1219	☐	☐	☐
1220	☐	☐	☐
1221	☐	☐	☐
1222	☐	☐	☐
1223	☐	☐	☐
1224	☐	☐	☐
1225	☐	☐	
1226	☐	☐	
1227	☐	☐	
1228	☐	☐	
S-FDC			☐
1229	☐	☐	☐
1230	☐	☐	☐
1231	☐	☐	☐
1232	☐	☐	☐
1233	☐	☐	☐
1234	☐	☐	☐
1235	☐	☐	☐
1236	☐	☐	☐
1237	☐	☐	☐
1238	☐	☐	
1239	☐	☐	
S-FDC			☐
1240	☐	☐	☐
1241	☐	☐	☐
1242	☐	☐	
1243	☐	☐	
1244	☐	☐	
1245	☐	☐	
S-FDC			☐
1246	☐	☐	☐
1247	☐	☐	☐
1248	☐	☐	
1249	☐	☐	
S-FDC			☐
1250	☐	☐	☐
1251	☐	☐	☐
1252	☐	☐	☐
1253	☐	☐	☐
1254	☐	☐	☐
1255	☐	☐	
1256	☐	☐	
1257	☐	☐	☐
1258	☐	☐	☐
1259	☐	☐	
1260	☐	☐	

MiNr.	ungebr.	entw.	FDC
1261	☐	☐	
1262	☐	☐	
	S-FDC		☐
1263	☐	☐	☐
1264	☐	☐	☐
1265	☐	☐	☐
1266	☐	☐	☐
1267	☐	☐	☐
1268	☐	☐	☐
1269	☐	☐	
1270	☐	☐	
	S-FDC		☐
1271	☐	☐	☐
1272	☐	☐	☐
1273	☐	☐	☐
1274	☐	☐	
1275	☐	☐	
1276	☐	☐	
1277	☐	☐	
	S-FDC		☐
1278	☐	☐	
1279	☐	☐	
	S-FDC		☐
1280	☐	☐	☐
1281	☐	☐	☐
1282	☐	☐	☐
1283	☐	☐	☐
1284	☐	☐	☐
1285	☐	☐	☐
1286	☐	☐	☐
1287	☐	☐	
1288	☐	☐	
1289	☐	☐	
Block 20	☐	☐	☐
1290	☐	☐	☐
1291	☐	☐	☐
1292	☐	☐	☐
1293	☐	☐	☐
1294	☐	☐	☐
1295	☐	☐	
1296	☐	☐	
1297	☐	☐	
1298	☐	☐	
	S-FDC		☐
1299	☐	☐	☐
1300	☐	☐	☐

MiNr.	ungebr.	entw.	FDC
1301	☐	☐	☐
1302	☐	☐	☐
1303	☐	☐	☐
1304	☐	☐	☐
1305	☐	☐	☐
	S-FDC		☐
1306	☐	☐	☐
1307	☐	☐	☐
1308	☐	☐	☐
1309	☐	☐	☐
1310	☐	☐	
1311	☐	☐	
	S-FDC		☐
1312	☐	☐	☐
1313	☐	☐	☐
1314	☐	☐	☐
1315	☐	☐	
1316		☐	☐
1317	☐	☐	
1318	☐	☐	
	S-FDC		☐
1319	☐	☐	☐
1320	☐	☐	☐
1321	☐	☐	
1322	☐	☐	
	S-FDC		☐
1323	☐	☐	☐
1324	☐	☐	☐
1325	☐	☐	☐
1326	☐	☐	☐
1327	☐	☐	☐
1328	☐	☐	☐
1329	☐	☐	☐
1330	☐	☐	☐
1331	☐	☐	☐
1332	☐	☐	☐
	S-FDC		☐
1333	☐	☐	
1334	☐	☐	
1335	☐	☐	
1336	☐	☐	
	S-FDC		☐
1337	☐	☐	☐
1338	☐	☐	☐
1339 A	☐	☐	☐
1340 A	☐	☐	☐

MiNr.	ungebr.	entw.	FDC
1340 C	☐	☐	
1340 D	☐	☐	
1341 A	☐	☐	☐
1341 C	☐	☐	
1341 D	☐	☐	
1342 A	☐	☐	☐
1342 C	☐	☐	
1342 D	☐	☐	
	S-FDC		☐
1343	☐	☐	☐
1344	☐	☐	☐
1345	☐	☐	☐
1346	☐	☐	☐
1347 A	☐	☐	☐
1347 C	☐	☐	
1347 D	☐	☐	
1348 A	☐	☐	☐
	S-FDC		☐
1349	☐	☐	☐
1350	☐	☐	☐
1351	☐	☐	☐
1352	☐	☐	☐
1353	☐	☐	
1354	☐	☐	
1355	☐	☐	
	S-FDC		☐
1356	☐	☐	☐
1357	☐	☐	☐
1358	☐	☐	☐
1359	☐	☐	☐
1360	☐	☐	
1361	☐	☐	
1362	☐	☐	
1363	☐	☐	
	S-FDC		☐
1364	☐	☐	☐
1365	☐	☐	☐
1366	☐	☐	☐
	S-FDC		☐
1367	☐	☐	
1368	☐	☐	
	S-FDC		☐
1369	☐	☐	☐
1370	☐	☐	☐
1371	☐	☐	☐
1372	☐	☐	☐
1373	☐	☐	☐
1374	☐	☐	☐

MiNr.	ungebr.	entw.	FDC
1375	☐	☐	☐
	S-FDC		☐
1376	☐	☐	☐
1377	☐	☐	☐
1378	☐	☐	☐
1379	☐	☐	☐
1380	☐	☐	☐
1381	☐	☐	☐
	S-FDC		☐
1382	☐	☐	☐
1383	☐	☐	
1384	☐	☐	
1385	☐	☐	
1386	☐	☐	
	S-FDC		☐
1387	☐	☐	☐
1388	☐	☐	☐
1389	☐	☐	☐
1390	☐	☐	☐
1391	☐	☐	☐
1392	☐	☐	☐
1393	☐	☐	☐
	S-FDC		☐
1394	☐	☐	☐
1395	☐	☐	☐
1396	☐	☐	☐
1397	☐	☐	☐
1398 A	☐	☐	☐
1398 C	☐	☐	
1398 D	☐	☐	
1399 A	☐	☐	☐
1400 A	☐	☐	☐
1401 A	☐	☐	☐
	S-FDC		☐
1402	☐	☐	☐
1403	☐	☐	☐
1404	☐	☐	☐
1405	☐	☐	☐
1406 A	☐	☐	☐
1406 C	☐	☐	
1406 D	☐	☐	
1407 A	☐	☐	☐
	S-FDC		☐
1408	☐	☐	
1409	☐	☐	
	S-FDC		☐
1410	☐	☐	☐
1411	☐	☐	

MiNr.	ungebr.	entw.	FDC
1412	☐	☐	
1413	☐	☐	
1414	☐	☐	
S-FDC			■
1415	☐	☐	☐
1416	☐	☐	☐
1417	☐	☐	
1418	☐	☐	
S-FDC			☐
1419	☐	☐	☐
1420	☐	☐	☐
1421	☐	☐	☐
1422	☐	☐	☐
1423	☐	☐	☐
1424	☐	☐	☐
1425	☐	☐	☐
1426	☐	☐	☐
1427	☐	☐	☐
1428	☐	☐	☐
S-FDC			☐
1429	☐	☐	☐
1430	☐	☐	☐
1431	☐	☐	☐
1432	☐	☐	☐
1433	☐	☐	☐
S-FDC			☐
1434	☐	☐	☐
1435	☐	☐	☐
1436	☐	☐	☐
1437	☐	☐	
1438	☐	☐	
1439	☐	☐	
S-FDC			☐
1440	☐	☐	☐
1441	☐	☐	☐
1442	☐	☐	
1443	☐	☐	
S-FDC			☐
1444	☐	☐	☐
1445	☐	☐	☐
1446	☐	☐	☐
1447	☐	☐	☐
1448	☐	☐	☐
1449	☐	☐	☐
1450	☐	☐	☐
S-FDC			☐
1451	☐	☐	☐
1452	☐	☐	☐
1453	☐	☐	☐
1454	☐	☐	☐
1455	☐	☐	
1456	☐	☐	
1457	☐	☐	
1458	☐	☐	
S-FDC			☐
1459	☐	☐	☐
1460	☐	☐	☐
1461	☐	☐	
1462	☐	☐	
S-FDC			☐
1463	☐	☐	☐
1464	☐	☐	☐
1465	☐	☐	☐
1466	☐	☐	☐
1467	☐	☐	☐
1468	☐	☐	☐
1469	☐	☐	☐
S-FDC			☐
1470	☐	☐	☐
1471	☐	☐	☐
1472	☐	☐	
Block 21	■	■	■
1473	☐	☐	☐
1474	☐	☐	
1475	☐	☐	
1476	☐	☐	
S-FDC			☐
1477	☐	☐	
1478	☐	☐	
S-FDC			☐
1479	☐	☐	☐
1480	☐	☐	☐
1481 II	☐	☐	
1482 II	☐	☐	
Block 22	☐	☐	☐
1483	☐	☐	☐
1484	☐	☐	
1485	☐	☐	
1486	☐	☐	
1487	☐	☐	
S-FDC			☐
1488	☐	☐	☐
1489	☐	☐	☐
S-FDC			☐
1490	☐	☐	☐
1491	☐	☐	☐
1492	☐	☐	☐
1493	☐	☐	☐
1494	☐	☐	☐
1495	☐	☐	☐
1496	☐	☐	
Block 23	☐	☐	☐
1497	☐	☐	☐
1498	☐	☐	☐
S-FDC			☐
1499	☐	☐	
1500	☐	☐	
1501	☐	☐	
1502	☐	☐	
S-FDC			■
1503	☐	☐	☐
1504	☐	☐	☐
1505	☐	☐	
1506	☐	☐	
1507	☐	☐	
1508	☐	☐	
1509	☐	☐	
S-FDC			☐
1510	☐	☐	☐
1511	☐	☐	☐
1512	☐	☐	☐
1513	☐	☐	
1514	☐	☐	
1515	☐	☐	
1516	☐	☐	
1517	☐	☐	
1518	☐	☐	
1519	☐	☐	
S-FDC			■
1520	☐	☐	☐
1521	☐	☐	☐
1522	☐	☐	
1523	☐	☐	
1524	☐	☐	
1525	☐	☐	
S-FDC			☐
1526	☐	☐	
1527	☐	☐	
S-FDC			☐
1528	☐	☐	☐
1529	☐	☐	☐
1530	☐	☐	☐
1531	☐	☐	
1532	☐	☐	
1533	☐	☐	
1534	☐	☐	
1535	☐	☐	☐
1536	☐	☐	☐
1537	☐	☐	
1538	☐	☐	
1539	☐	☐	
1540	☐	☐	
1541	☐	☐	
1542	☐	☐	
S-FDC			☐
1543	☐	☐	
Block 24	☐	☐	☐
1544	☐	☐	☐
1545	☐	☐	
1546	☐	☐	
1547	☐	☐	
1548	☐	☐	
1549	☐	☐	
1550	☐	☐	
1551	☐	☐	
1552	☐	☐	
S-FDC			☐
1553	☐	☐	☐
1554	☐	☐	☐
1555	☐	☐	☐
1556	☐	☐	☐
1557	☐	☐	☐
1558	☐	☐	☐
1559	☐	☐	
1560	☐	☐	
Block 25	☐	☐	☐
1561	☐	☐	☐
1562	☐	☐	☐
1563	☐	☐	
1564	☐	☐	
1565	☐	☐	
1566	☐	☐	
1567	☐	☐	
1568	☐	☐	
S-FDC			■
1569	☐	☐	☐
1570	☐	☐	☐
1571	☐	☐	
Block 26	☐	☐	☐

MiNr.	ungebr.	entw.	FDC
1572	☐	☐	
1573	☐	☐	
S-FDC			☐
1574	☐	☐	☐
1575	☐	☐	☐
1576	☐	☐	
1577	☐	☐	
S-FDC			☐
1578	☐	☐	
1579	☐	☐	
1580	☐	☐	
1581	☐	☐	
S-FDC			■
1582	☐	☐	☐
1583 x	■	■	■
1583 y	☐	☐	☐
1584	☐	☐	☐
1585	☐	☐	☐
1586	☐	☐	☐
1587	☐	☐	☐
1588	☐	☐	☐
1589	☐	☐	☐
1590	☐	☐	☐
1591	☐	☐	☐
1592	☐	☐	
1593	☐	☐	
1594	☐	☐	
1595	☐	☐	
S-FDC			■
1596	☐	☐	☐
1597	☐	☐	☐
1598	☐	☐	☐
1599	☐	☐	☐
1600	☐	☐	☐
1601	☐	☐	☐
1602	☐	☐	
1603	☐	☐	
1604	☐	☐	
1605	☐	☐	
1606	☐	☐	
S-FDC			■
1607	☐	☐	☐
1608	☐	☐	
1609	☐	☐	
S-FDC			☐
1610	☐	☐	☐
1611	☐	☐	☐
1612	☐	☐	☐

MiNr.	ungebr.	entw.	FDC
1613	☐	☐	☐
1614	☐	☐	☐
1615	☐	☐	☐
1616	☐	☐	☐
1617	☐	☐	
1618	☐	☐	
1619	☐	☐	
S-FDC			☐
1620	☐	☐	☐
1621	☐	☐	☐
1622	☐	☐	☐
1623	☐	☐	☐
1624	☐	☐	☐
1625	☐	☐	☐
1626	☐	☐	☐
1627	☐	☐	☐
1628	☐	☐	☐
1629	☐	☐	☐
1630	☐	☐	☐
1631	☐	☐	
1632	☐	☐	
1633	☐	☐	
1634	☐	☐	
1635	☐	☐	
S-FDC			■
1636	☐	☐	☐
1637	☐	☐	☐
1638	☐	☐	☐
1639	☐	☐	
1640	☐	☐	
S-FDC			☐
1641	☐	☐	☐
1642	☐	☐	☐
1643	☐	☐	☐
1644	☐	☐	☐
1645	☐	☐	☐
1646	☐	☐	☐
1647	☐	☐	☐
1648	☐	☐	☐
1649	☐	☐	☐
1650	☐	☐	
1651	☐	☐	
1652	☐	☐	
1653	☐	☐	
S-FDC			■

MiNr.	ungebr.	entw.	FDC
1654	☐	☐	☐
1655	☐	☐	☐
1656	☐	☐	
1657	☐	☐	
1658	☐	☐	
S-FDC			☐
1659	☐	☐	☐
1660	☐	☐	☐
1661	☐	☐	☐
1662	☐	☐	☐
1663	☐	☐	☐
1664	☐	☐	☐
1665	☐	☐	☐
1666	☐	☐	
1667	☐	☐	
1668	☐	☐	
1669	☐	☐	
1670	☐	☐	
S-FDC			■
1671	☐	☐	☐
1672	☐	☐	☐
1673	☐	☐	
1674	☐	☐	
S-FDC			☐
1675	☐	☐	☐
1676	☐	☐	☐
1677	☐	☐	☐
1678	☐	☐	☐
1679	☐	☐	☐
1680	☐	☐	☐
1681	☐	☐	☐
1682	☐	☐	☐
1683	☐	☐	☐
1684	☐	☐	
1685	☐	☐	
1686	☐	☐	
S-FDC			☐
1687	☐	☐	☐
1688	☐	☐	☐
1689	☐	☐	☐
1690	☐	☐	☐
1691	☐	☐	☐
1692	☐	☐	☐
1693	☐	☐	☐
1694	☐	☐	☐
1695	☐	☐	

MiNr.	ungebr.	entw.	FDC
Block 27	☐	☐	☐
1696	☐	☐	
1697	☐	☐	
1698	☐	☐	
1699	☐	☐	
1700	☐	☐	
S-FDC			■
1701	☐	☐	☐
1702	☐	☐	☐
1703	☐	☐	☐
1704	☐	☐	☐
1705	☐	☐	☐
1706	☐	☐	☐
1707	☐	☐	
1708	☐	☐	
S-FDC			☐
1709	☐	☐	☐
1710	☐	☐	☐
1711	☐	☐	☐
1712	☐	☐	☐
1713	☐	☐	☐
1714	☐	☐	☐
1715	☐	☐	☐
1716	☐	☐	☐
1717	☐	☐	
1718	☐	☐	
1719	☐	☐	
1720	☐	☐	
S-FDC			■
1721	☐	☐	☐
1722	☐	☐	☐
1723	☐	☐	☐
1724	☐	☐	☐
1725	☐	☐	☐
1726	☐	☐	
1727	☐	☐	
1728	☐	☐	
1729	☐	☐	
1730	☐	☐	
S-FDC			■
1731	☐	☐	☐
1732	☐	☐	
1733	☐	☐	
S-FDC			☐
1734	☐	☐	
1735	☐	☐	
Block 28	☐	☐	☐
1736	☐	☐	☐

MiNr.	ungebr.	entw.	FDC
1737	☐	☐	☐
1738	☐	☐	☐
1739	☐	☐	☐
1740	☐	☐	☐
1741	☐	☐	
Block 29	☐	☐	☐
1742	☐	☐	
1743	☐	☐	
1744	☐	☐	
1745	☐	☐	
S-FDC			☐
1746	☐	☐	☐
1747	☐	☐	☐
1748	☐	☐	
1749	☐	☐	
1750	☐	☐	
S-FDC			☐
1751	☐	☐	☐
1752	☐	☐	☐
1753	☐	☐	☐
1754	☐	☐	
Block 30	☐	☐	☐
1755	☐	☐	
1756	☐	☐	
S-FDC			☐
1757	☐	☐	
1758	☐	☐	
1759	☐	☐	
1760	☐	☐	
1761	☐	☐	
1762	☐	☐	
S-FDC			■
1763	☐	☐	☐
1764	☐	☐	☐
1765	☐	☐	☐
1766	☐	☐	☐
1767	☐	☐	☐
1768	☐	☐	☐
1769	☐	☐	☐
1770	☐	☐	
1771	☐	☐	
S-FDC			☐
1772	☐	☐	☐
1773	☐	☐	☐
1774	☐	☐	
1775	☐	☐	
1776	☐	☐	
S-FDC			☐
1777	☐	☐	
1778	☐	☐	
1779	☐	☐	
1780	☐	☐	
S-FDC			■
1781	☐	☐	☐
1782	☐	☐	☐
1783	☐	☐	☐
1784	☐	☐	☐
1785	☐	☐	☐
1786	☐	☐	☐
1787	☐	☐	☐
1788	☐	☐	☐
1789	☐	☐	☐
1790	☐	☐	
1791	☐	☐	
S-FDC			☐
1792	☐	☐	☐
1793	☐	☐	☐
1794	☐	☐	
1795	☐	☐	
Block 31	☐	☐	☐
1796	☐	☐	
Block 32	☐	☐	☐
1797	☐	☐	
1798	☐	☐	
1799	☐	☐	
1800	☐	☐	
1801	☐	☐	
S-FDC			■
1802	☐	☐	☐
1803	☐	☐	☐
1804	☐	☐	☐
1805	☐	☐	☐
1806	☐	☐	☐
1807	☐	☐	
1808	☐	☐	
1809	☐	☐	
1810	☐	☐	
S-FDC			☐
1811	☐	☐	☐
1812	☐	☐	☐
1813	☐	☐	☐
1814	☐	☐	☐
1815	☐	☐	
1816	☐	☐	
1817	☐	☐	
Block 33	☐	☐	■
1818	☐	☐	☐
1819	☐	☐	
1820	☐	☐	
1821	☐	☐	
1822	☐	☐	
1823	☐	☐	
S-FDC			☐
1824	☐	☐	☐
1825	☐	☐	
Block 34	☐	☐	☐
1826	☐	☐	☐
1827	☐	☐	☐
1828	☐	☐	☐
1829	☐	☐	☐
1830	☐	☐	☐
1831	☐	☐	
1832	☐	☐	
S-FDC			☐
1833	☐	☐	☐
1834	☐	☐	☐
1835	☐	☐	☐
1836	☐	☐	
1837	☐	☐	
1838	☐	☐	
1839	☐	☐	
1840	☐	☐	
S-FDC			■
1841	☐	☐	☐
1842	☐	☐	☐
1843	☐	☐	
1844	☐	☐	
1845	☐	☐	
S-FDC			☐
1846	☐	☐	☐
1847	☐	☐	☐
1848	☐	☐	☐
1849	☐	☐	
1850	☐	☐	
1851	☐	☐	
1852	☐	☐	
S-FDC			☐
1853	☐	☐	
Block 35	☐	☐	☐
1854	☐	☐	
1855	☐	☐	
S-FDC			☐
1856	☐	☐	☐
1857	☐	☐	☐
1858	☐	☐	☐
1859	☐	☐	☐
1860	☐	☐	☐
1861	☐	☐	
1862	☐	☐	
1863	☐	☐	
1864	☐	☐	
S-FDC			■
1865	☐	☐	☐
1866	☐	☐	☐
1867	☐	☐	☐
1868	☐	☐	☐
1869	☐	☐	☐
1870	☐	☐	☐
1871	☐	☐	
1872	☐	☐	
1873	☐	☐	
Block 36	☐	☐	☐
1874	☐	☐	☐
1875	☐	☐	☐
1876	☐	☐	☐
1877	☐	☐	☐
1878	☐	☐	☐
1879	☐	☐	☐
1880	☐	☐	☐
1881	☐	☐	☐
1882	☐	☐	☐
1883	☐	☐	
1884	☐	☐	
1885	☐	☐	
1886	☐	☐	
1887	☐	☐	
S-FDC			☐
1888	☐	☐	☐
1889	☐	☐	☐
1890	☐	☐	☐
1891	☐	☐	
1892	☐	☐	
S-FDC			☐
1893	☐	☐	☐
1894	☐	☐	☐
1895	☐	☐	☐

MiNr.	ungebr.	entw.	FDC
1896	☐	☐	☐
1897	☐	☐	☐
1898	☐	☐	
1899	☐	☐	
1900	☐	☐	
1901	☐	☐	
	S-FDC		■
1902	☐	☐	☐
1903	☐	☐	☐
1904	☐	☐	☐
1905	☐	☐	☐
1906	☐	☐	
1907	☐	☐	
1908	☐	☐	
1909	☐	☐	
Block 37	☐	☐	☐
1910	☐	☐	☐
1911	☐	☐	☐
1912	☐	☐	☐
1913	☐	☐	☐
1914	☐	☐	☐
1915	☐	☐	
1916	☐	☐	
	S-FDC		☐
1917	☐	☐	☐
1918	☐	☐	
1919	☐	☐	
Block 38	☐	☐	☐
1920	☐	☐	
1921	☐	☐	
1922	☐	☐	
1923	☐	☐	
1924	☐	☐	
	S-FDC		■
1925	☐	☐	☐
1926	☐	☐	☐
1927	☐	☐	
1928	☐	☐	
1929	☐	☐	
1930	☐	☐	
Block 39	☐	☐	☐
1931	☐	☐	☐
1932	☐	☐	☐
1933	☐	☐	
Block 40	☐	☐	☐
1934 A	☐	☐	☐
1934 C	☐	☐	
1934 D	☐	☐	
1935 A	☐	☐	☐
1935 C	☐	☐	
1935 D	☐	☐	
1936 A	☐	☐	☐
1937 A	☐	☐	☐
1938 A	☐	☐	☐
1939	☐	☐	☐
1940	☐	☐	☐
1941	☐	☐	☐
1942	☐	☐	☐
1943	☐	☐	
1944	☐	☐	
1945	☐	☐	
	S-FDC		☐
1946	☐	☐	☐
1947	☐	☐	
Block 41	☐	☐	☐
1948	☐	☐	
1949	☐	☐	
1950	☐	☐	
1951	☐	☐	
1952	☐	☐	
	S-FDC		■
1953	☐	☐	☐
1954	☐	☐	☐
1955	☐	☐	☐
1956	☐	☐	☐
1957	☐	☐	☐
1958	☐	☐	☐
1959	☐	☐	
1960	☐	☐	
	S-FDC		☐
1961	☐	☐	☐
1962	☐	☐	☐
1963	☐	☐	☐
1964	☐	☐	☐
1965	☐	☐	☐
1966	☐	☐	☐
1967	☐	☐	☐
1968	☐	☐	
1969	☐	☐	
1970	☐	☐	
1971	☐	☐	
	S-FDC		■
1972	☐	☐	☐
1973	☐	☐	☐
1974	☐	☐	
1975	☐	☐	
1976	☐	☐	
1977	☐	☐	
	S-FDC		☐
1978	☐	☐	☐
1979	☐	☐	☐
1980	☐	☐	
Block 42	☐	☐	☐
1981	☐	☐	☐
1982	☐	☐	☐
1983	☐	☐	☐
1984	☐	☐	☐
1985	☐	☐	☐
1986	☐	☐	
1987	☐	☐	
Block 43	☐	☐	☐
1988	☐	☐	☐
1989	☐	☐	☐
1990	☐	☐	
1991	☐	☐	
1992	☐	☐	
1993	☐	☐	
1994	☐	☐	
	S-FDC		■
1995	☐	☐	☐
1996	☐	☐	☐
1997	☐	☐	
1998	☐	☐	
Block 44	☐	☐	☐
1999	☐	☐	☐
2000	☐	☐	☐
2001	☐	☐	
2002	☐	☐	
2003	☐	☐	
2004	☐	☐	
Block 45	☐	☐	☐
2005	☐	☐	☐
2006	☐	☐	☐
2007	☐	☐	☐
2008	☐	☐	☐
	S-FDC		☐
2009 A	☐	☐	☐
2009 C	☐	☐	
2009 D	☐	☐	
2010	☐	☐	☐
2011	☐	☐	☐
2012	☐	☐	☐
2013	☐	☐	☐
2014	☐	☐	☐
2015	☐	☐	
2016	☐	☐	
2017	☐	☐	
2018	☐	☐	
2019	☐	☐	
	S-FDC		■
2020	☐	☐	☐
2021	☐	☐	☐
2022	☐	☐	☐
2023	☐	☐	
2024	☐	☐	
	S-FDC		☐
2025	☐	☐	☐
2026	☐	☐	☐
2027	☐	☐	☐
2028	☐	☐	☐
2029	☐	☐	☐
2030	☐	☐	☐
2031	☐	☐	
2032	☐	☐	
2033	☐	☐	
2034	☐	☐	
	S-FDC		■
2035	☐	☐	☐
2036	☐	☐	
2037	☐	☐	
	S-FDC		☐
2038	☐	☐	☐
2039	☐	☐	☐
2040	☐	☐	☐
2041	☐	☐	
Block 46	☐	☐	☐
2042	☐	☐	☐
2043	☐	☐	☐
2044	☐	☐	☐
2045	☐	☐	☐
2046	☐	☐	
Block 47	☐	☐	☐
2047	☐	☐	☐
2048	☐	☐	☐
2049	☐	☐	☐
2050	☐	☐	
Block 48	☐	☐	☐
2051	☐	☐	
2052	☐	☐	

MiNr.	ungebr.	entw.	FDC
2053	☐	☐	
2054	☐	☐	
Block 49	☐	☐	☐
2055	☐	☐	
2056	☐	☐	
2057	☐	☐	
2058	☐	☐	
2059	☐	☐	
	S-FDC		■
2060	☐	☐	☐
2061	☐	☐	☐
2062	☐	☐	☐
2063	☐	☐	
2064	☐	☐	
	S-FDC		☐
2065	☐	☐	☐
2066	☐	☐	☐
2067	☐	☐	☐
2068	☐	☐	
2069	☐	☐	
2070	☐	☐	
2071	☐	☐	
Block 50	☐	☐	☐
2072	☐	☐	
Block 51	☐	☐	☐
2073	☐	☐	☐
2074	☐	☐	☐
2075	☐	☐	☐
2076	☐	☐	☐
2077	☐	☐	
2078	☐	☐	
2079	☐	☐	
2080	☐	☐	
2081	☐	☐	
	S-FDC		■
2082	☐	☐	☐
2083	☐	☐	☐
2084	☐	☐	
2085	☐	☐	
	S-FDC		☐
2086	☐	☐	☐
2087	☐	☐	☐
2088	☐	☐	☐
2089	☐	☐	☐
2090	☐	☐	☐
2091	☐	☐	☐
2092	☐	☐	☐
2093	☐	☐	☐
2094	☐	☐	
2095	☐	☐	
2096	☐	☐	
2097	☐	☐	
	S-FDC		■
2098	☐	☐	☐
2099	☐	☐	☐
2100	☐	☐	☐
2101	☐	☐	☐
2102	☐	☐	☐
2103	☐	☐	☐
2104	☐	☐	☐
2105	☐	☐	☐
Block 52	☐	☐	☐
2106	☐	☐	☐
2107	☐	☐	
2108	☐	☐	
	S-FDC		☐
2109	☐	☐	☐
2110	☐	☐	☐
2111	☐	☐	☐
2112	☐	☐	☐
2113	☐	☐	☐
2114	☐	☐	☐
2115	☐	☐	☐
2116	☐	☐	☐
2117	☐	☐	
2118	☐	☐	
2119	☐	☐	
2120	☐	☐	
2121	☐	☐	
2122	☐	☐	
	S-FDC		■
2123	☐	☐	☐
2124	☐	☐	☐
2125	☐	☐	☐
2126	☐	☐	☐
2127	☐	☐	☐
2128	☐	☐	☐
2129	☐	☐	☐
2130	☐	☐	☐
2131	☐	☐	☐
2132	☐	☐	☐
2133	☐	☐	☐
2134	☐	☐	
Block 53	☐	☐	☐
2135	☐	☐	☐
2136	☐	☐	☐
2137	☐	☐	☐
2138	☐	☐	☐
2139 A	☐	☐	☐
2140 A	☐	☐	☐
2140 C	☐	☐	☐
2140 D	☐	☐	☐
2141 A	☐	☐	☐
2142	☐	☐	☐
2143	☐	☐	
2144	☐	☐	
2145	☐	☐	
2146	☐	☐	
2147	☐	☐	
	S-FDC		■
2148	☐	☐	☐
2149	☐	☐	☐
2150	☐	☐	☐
2151	☐	☐	
2152	☐	☐	
	S-FDC		☐
2153	☐	☐	☐
2154	☐	☐	☐
2155	☐	☐	☐
2156	☐	☐	☐
2157	☐	☐	☐
	S-FDC		☐
2158	☐	☐	
2159	☐	☐	
	S-FDC		☐
2160	☐	☐	☐
2161	☐	☐	☐
2162	☐	☐	☐
2163	☐	☐	☐
2164	☐	☐	☐
2165	☐	☐	
2166	☐	☐	
2167	☐	☐	
2168	☐	☐	
	S-FDC		■
2169	☐	☐	☐
2170	☐	☐	☐
2171	☐	☐	☐
2172	☐	☐	☐
2173	☐	☐	☐
2174	☐	☐	☐
2175	☐	☐	☐
2176	☐	☐	☐
2177	☐	☐	☐
	S-FDC		☐
2178	☐	☐	☐
2179	☐	☐	☐
2180	☐	☐	☐
2181	☐	☐	☐
2182	☐	☐	
2183	☐	☐	
	S-FDC		☐
2184	☐	☐	☐
2185	☐	☐	☐
2186	☐	☐	☐
2187 BC	☐	☐	☐
2187 BD	☐	☐	☐
2188 BC	☐	☐	☐
2188 BD	☐	☐	☐
2189 BC	☐	☐	☐
2189 BD	☐	☐	☐
	S-FDC		☐
2190	☐	☐	
2191	☐	☐	
2192	☐	☐	
2193	☐	☐	
2194	☐	☐	
	S-FDC		■
2195	☐	☐	☐
2196	☐	☐	☐
2197	☐	☐	☐
2198	☐	☐	☐
2199	☐	☐	☐
2200	☐	☐	
2201	☐	☐	
2202	☐	☐	
2203	☐	☐	
Block 54	☐	☐	☐
2204	☐	☐	
2205	☐	☐	
	S-FDC		☐
2206	☐	☐	☐
2207	☐	☐	☐
2208	☐	☐	☐
2209	☐	☐	☐

MiNr.	ungebr.	entw.	FDC
2210	☐	☐	☐
2211	☐	☐	☐
S-FDC			☐
2212	☐	☐	☐
Block 55	☐	☐	☐
2213	☐	☐	☐
2214	☐	☐	☐
2215	☐	☐	☐
2216	☐	☐	☐
2217	☐	☐	☐
2218 A	☐	☐	
2218 C	☐	☐	
2219 A	☐	☐	
2219 C	☐	☐	
2220 A	☐	☐	
2220 C	☐	☐	
2221 A	☐	☐	
2221 C	☐	☐	
2222 A	☐	☐	
2222 C	☐	☐	
2223	☐	☐	☐
2224	☐	☐	☐
2225	☐	☐	☐
S-FDC			☐
2226	☐	☐	
2227	☐	☐	
S-FDC			☐
Block 56	☐	☐	☐
2228	☐	☐	☐
2229	☐	☐	
2230	☐	☐	
Block 57	☐	☐	☐
2231	☐	☐	☐
2232	☐	☐	☐
2233	☐	☐	☐
2234	☐	☐	☐
2235	☐	☐	☐
2236	☐	☐	☐
2237	☐	☐	
2238	☐	☐	
2239	☐	☐	
2240	☐	☐	
S-FDC			☐
2241	☐	☐	☐
2242	☐	☐	☐
2243	☐	☐	☐
2244	☐	☐	☐

MiNr.	ungebr.	entw.	FDC
2245	☐	☐	☐
2246	☐	☐	☐
2247	☐	☐	☐
2248	☐	☐	☐
2249	☐	☐	☐
2250	☐	☐	☐
2251	☐	☐	☐
2252	☐	☐	☐
2253	☐	☐	☐
2254	☐	☐	☐
2255	☐	☐	☐
2256	☐	☐	☐
2257	☐	☐	
Block 58	☐	☐	☐
2258	☐	☐	
2259	☐	☐	
S-FDC			☐
2260	☐	☐	
2261	☐	☐	
2262	☐	☐	
2263	☐	☐	
2264	☐	☐	
S-FDC			■
2265	☐	☐	
2266	☐	☐	
S-FDC			☐
2267	☐	☐	☐
2268	☐	☐	
Block 59	☐	☐	☐
2269	☐	☐	☐
2270	☐	☐	☐
2271	☐	☐	☐
2272	☐	☐	☐
2273	☐	☐	☐
2274	☐	☐	☐
2275	☐	☐	☐
2276	☐	☐	☐
2277	☐	☐	☐
2278 A	☐	☐	☐
2278 C	☐	☐	■
2279	☐	☐	☐
2280	☐	☐	
Block 60	☐	☐	☐
2281	☐	☐	☐

MiNr.	ungebr.	entw.	FDC
2282	☐	☐	☐
2283	☐	☐	☐
2284	☐	☐	☐
2285	☐	☐	☐
2286	☐	☐	☐
S-FDC			☐
2287	☐	☐	☐
2288	☐	☐	☐
2289	☐	☐	
2290	☐	☐	
2291	☐	☐	
2292	☐	☐	
2293	☐	☐	
S-FDC			■
2294	☐	☐	☐
2295	☐	☐	☐
2296	☐	☐	☐
2297	☐	☐	☐
S-FDC			☐
2298	☐	☐	☐
2299	☐	☐	☐
2300	☐	☐	☐
2301	☐	☐	☐
2302	☐	☐	☐
S-FDC			☐
2303 BC	☐	☐	☐
2303 BD	☐	☐	☐
2304 BA	☐	☐	☐
2304 BC	☐	☐	☐
2304 BD	☐	☐	☐
2305	☐	☐	☐
2306	☐	☐	☐
2307	☐	☐	☐
S-FDC			☐
2308	☐	☐	☐
2309	☐	☐	☐
2310	☐	☐	☐
2311	☐	☐	☐
2312	☐	☐	☐
2313	☐	☐	☐
2314	☐	☐	☐
S-FDC			☐
2315	☐	☐	
2316	☐	☐	
S-FDC			☐
2317	☐	☐	☐
2318	☐	☐	
2319	☐	☐	
2320	☐	☐	

MiNr.	ungebr.	entw.	FDC
Block 61	☐	☐	☐
2321	☐	☐	☐
2322	☐	☐	☐
2323	☐	☐	☐
S-FDC			■
2324	☐	☐	
2325	☐	☐	
2326	☐	☐	
2327	☐	☐	
2328	☐	☐	
S-FDC			■
2329	☐	☐	☐
2330	☐	☐	☐
2331	☐	☐	☐
2332	☐	☐	☐
2333	☐	☐	☐
2334	☐	☐	☐
2335	☐	☐	☐
2336	☐	☐	☐
2337	☐	☐	☐
2338	☐	☐	☐
2339	☐	☐	☐
2340	☐	☐	☐
2341	☐	☐	☐
2342	☐	☐	☐
2343	☐	☐	
Block 62	☐	☐	☐
2344	☐	☐	☐
2345	☐	☐	☐
2346	☐	☐	☐
2347	☐	☐	☐
2348	☐	☐	☐
2349	☐	☐	
2350	☐	☐	
2351	☐	☐	
2352	☐	☐	
2353	☐	☐	
Block 63	■	■	■
2354	☐	☐	☐
2355	☐	☐	☐
2356	☐	☐	
2357	☐	☐	
S-FDC			☐
2358	☐	☐	☐
2359	☐	☐	☐

MiNr.	ungebr.	entw.	FDC
2360	☐	☐	
Block 64	☐	☐	☐
2361	☐	☐	☐
2362	☐	☐	
2363	☐	☐	
2364	☐	☐	
2365	☐	☐	
2366	☐	☐	
S-FDC			■
2367	☐	☐	☐
2368	☐	☐	☐
2369	☐	☐	
2370	☐	☐	
S-FDC			☐
2371	☐	☐	☐
2372	☐	☐	☐
2373	☐	☐	☐
2374	☐	☐	☐
2375	☐	☐	☐
S-FDC			☐
2376	☐	☐	☐
2377	☐	☐	☐
2378	☐	☐	☐
2379	☐	☐	☐
2380	☐	☐	☐
2381	☐	☐	☐
2382	☐	☐	
2383	☐	☐	
2384	☐	☐	
2385	☐	☐	
2386	☐	☐	
S-FDC			■
2387	☐	☐	☐
2388	☐	☐	☐
2389	☐	☐	☐
2390	☐	☐	☐
2391	☐	☐	
2392	☐	☐	
Block 65	☐	☐	☐
2393	☐	☐	☐
2394	☐	☐	☐
2395	☐	☐	☐
2396	☐	☐	☐
2397	☐	☐	☐
2398	☐	☐	☐
2399	☐	☐	☐

MiNr.	ungebr.	entw.	FDC
2400	☐	☐	☐
2401	☐	☐	☐
2402	☐	☐	
2403	☐	☐	
2404	☐	☐	
2405	☐	☐	
2406	☐	☐	
S-FDC			■
2407	☐	☐	☐
2408	☐	☐	☐
2409	☐	☐	
2410	☐	☐	
S-FDC			☐
2411	☐	☐	☐
2412	☐	☐	☐
2413	☐	☐	☐
2414	☐	☐	☐
2415	☐	☐	☐
2416	☐	☐	☐
2417	☐	☐	☐
2418	☐	☐	☐
2419	☐	☐	☐
2420	☐	☐	☐
2421	☐	☐	☐
2422	☐	☐	☐
2423	☐	☐	
2424	☐	☐	
2425	☐	☐	
2426	☐	☐	
2427	☐	☐	
S-FDC			■
2428	☐	☐	☐
2429	☐	☐	
2430	☐	☐	
S-FDC			☐
2431	☐	☐	☐
2432	☐	☐	☐
2433	☐	☐	☐
2434	☐	☐	☐
2435	■	■	■
S-FDC			■
2436	☐	☐	☐
2437	☐	☐	☐
2438	☐	☐	☐
2439	☐	☐	
2440	☐	☐	

MiNr.	ungebr.	entw.	FDC
2441	☐	☐	
2442	☐	☐	
2443	☐	☐	
S-FDC			■
2444	☐	☐	☐
2445	☐	☐	☐
2446	☐	☐	☐
2447	☐	☐	
2448	☐	☐	
S-FDC			☐
2449	☐	☐	☐
2450	☐	☐	☐
2451	☐	☐	☐
2452	☐	☐	☐
2453	☐	☐	☐
2454	☐	☐	☐
2455	☐	☐	☐
2456	☐	☐	☐
2457	☐	☐	☐
2458	☐	☐	☐
2459	☐	☐	☐
2460	☐	☐	☐
2461	☐	☐	☐
2462	☐	☐	☐
2463	☐	☐	☐
S-FDC			☐
2464	☐	☐	
2465	☐	☐	
2466	☐	☐	
2467	☐	☐	
2468	☐	☐	
S-FDC			■
2469	☐	☐	☐
2470	☐	☐	☐
2471 A	☐	☐	☐
2471 Eo	☐	☐	
2471 Eu	☐	☐	
2472	☐	☐	☐
S-FDC			☐
2473	☐	☐	☐
2474	☐	☐	☐
S-FDC			☐
2475	☐	☐	☐
2476	☐	☐	
Block 66	☐	☐	☐
2477	☐	☐	☐

MiNr.	ungebr.	entw.	FDC
2478	☐	☐	
2479	☐	☐	
S-FDC			☐
2480 A	☐	☐	☐
2480 Do	☐	☐	
2480 Du	☐	☐	
2480 Eo	☐	☐	
2480 Eu	☐	☐	
2481	☐	☐	
2482	☐	☐	
S-FDC			☐
2483	☐	☐	☐
2484 A	☐	☐	☐
2484 Do	☐	☐	
2484 Du	☐	☐	
2485	☐	☐	☐
S-FDC			☐
2486	☐	☐	☐
2487	☐	☐	☐
2488	☐	☐	☐
2489	☐	☐	☐
2490	☐	☐	☐
2491	☐	☐	☐
2492	☐	☐	
2493	☐	☐	
S-FDC			☐
2494	☐	☐	☐
2495	☐	☐	☐
2496	☐	☐	☐
2497	☐	☐	☐
2498	☐	☐	☐
2499	☐	☐	☐
2500	☐	☐	
2501	☐	☐	
2502	☐	☐	
2503	☐	☐	
S-FDC			■
2504	☐	☐	☐
2505	☐	☐	☐
2506	☐	☐	☐
2507	☐	☐	☐
S-FDC			☐
2508	☐	☐	☐
2509	☐	☐	☐
2510	☐	☐	☐
2511	☐	☐	☐
2512	☐	☐	☐

MiNr.	ungebr.	entw.	FDC
2513	☐	☐	☐
2514	☐	☐	☐
2515	☐	☐	☐
2516	☐	☐	☐
2517	☐	☐	
2518	☐	☐	
2519	☐	☐	
2520	☐	☐	
2521	☐	☐	
	S-FDC		■
2522	☐	☐	☐
2523	☐	☐	☐
2524	☐	☐	☐
2525	☐	☐	☐
2526	☐	☐	☐
2527	☐	☐	☐
2528	☐	☐	☐
2529	☐	☐	☐
2530	☐	☐	☐
	S-FDC		☐
2531	☐	☐	☐
2532	☐	☐	☐
2533	☐	☐	☐
2534	☐	☐	☐
2535	☐	☐	☐
2536	☐	☐	☐
2537	☐	☐	☐
2538	☐	☐	☐
Block 67	☐	☐	☐
2539	☐	☐	
2540	☐	☐	
2541	☐	☐	
2542	☐	☐	
2543	☐	☐	
	S-FDC		■
2544	☐	☐	☐
2545	☐	☐	☐
2546	☐	☐	☐
2547	☐	☐	☐
2548	☐	☐	☐
2549	☐	☐	☐
2550	☐	☐	☐
2551	☐	☐	☐
2552	☐	☐	☐
2553	☐	☐	☐

MiNr.	ungebr.	entw.	FDC
2554	☐	☐	
Block 68	☐	☐	☐
2555	☐	☐	
2556	☐	☐	
	S-FDC		☐
2557	☐	☐	☐
2558	☐	☐	☐
2559	☐	☐	☐
2560	☐	☐	
2561	☐	☐	
2562	☐	☐	
2563	☐	☐	
	S-FDC		☐
2564	☐	☐	☐
2565	☐	☐	☐
2566	☐	☐	☐
2567	☐	☐	☐
2568	☐	☐	☐
2569	☐	☐	
2570	☐	☐	
	S-FDC		☐
2571	☐	☐	☐
2572	☐	☐	☐
2573	☐	☐	☐
2574	☐	☐	
2575	☐	☐	
2576	☐	☐	
2577	☐	☐	
	S-FDC		☐
2578	☐	☐	☐
2579	☐	☐	☐
2580	☐	☐	☐
2581	☐	☐	☐
2582	☐	☐	☐
2583	☐	☐	☐
2584	☐	☐	☐
2585	☐	☐	
2586	☐	☐	
2587	☐	☐	
	S-FDC		☐
2588	☐	☐	☐
2589	☐	☐	☐
Block 69	☐	☐	☐
2590	☐	☐	☐
2591	☐	☐	☐
2592	☐	☐	☐

MiNr.	ungebr.	entw.	FDC
2593	☐	☐	☐
2594	☐	☐	☐
2595	☐	☐	☐
2596	☐	☐	
2597	☐	☐	
	S-FDC		☐
2598	☐	☐	☐
2599	☐	☐	☐
2600	☐	☐	☐
2601	☐	☐	☐
2602	☐	☐	☐
2603	☐	☐	☐
Block 70	☐	☐	■
2604	☐	☐	☐
2605	☐	☐	☐
2606	☐	☐	
2607	☐	☐	
2608	☐	☐	
2609	☐	☐	
Block 71	☐	☐	☐
2610	☐	☐	☐
2611	☐	☐	☐
2612	☐	☐	
2613	☐	☐	
	S-FDC		☐
2614	☐	☐	
2615	☐	☐	
	S-FDC		☐
2616	☐	☐	☐
2617	☐	☐	☐
2618	☐	☐	☐
2619	☐	☐	☐
2620	☐	☐	
2621	☐	☐	
	S-FDC		☐
2622	☐	☐	☐
2623	☐	☐	
Block 72	☐	☐	☐
2624	☐	☐	☐
2625	☐	☐	☐
2626	☐	☐	
2627	☐	☐	
	S-FDC		☐
2628	☐	☐	☐
2629	☐	☐	☐

MiNr.	ungebr.	entw.	FDC
2630	☐	☐	
2631	☐	☐	
2632	☐	☐	
2633	☐	☐	
	S-FDC		■
2634	☐	☐	☐
2635	☐	☐	☐
2636	☐	☐	☐
2637	☐	☐	☐
2638	☐	☐	☐
2639	☐	☐	☐
2640	☐	☐	☐
2641	☐	☐	☐
2642	☐	☐	☐
2643	☐	☐	☐
2644	☐	☐	
2645	☐	☐	
	S-FDC		☐
2646	☐	☐	☐
2647	☐	☐	☐
2648	☐	☐	☐
2649	☐	☐	
2650	☐	☐	
2651	☐	☐	
2652	☐	☐	
	S-FDC		☐
2653	☐	☐	☐
2654	☐	☐	☐
2655	☐	☐	☐
2656	☐	☐	☐
2657	☐	☐	☐
2658	☐	☐	☐
2659	☐	☐	☐
2660	☐	☐	☐
2661	☐	☐	☐
2662	☐	☐	☐
2663	☐	☐	☐
2664	☐	☐	☐
2665	☐	☐	
2666	☐	☐	
2667	☐	☐	
2668	☐	☐	
	S-FDC		☐
2669	☐	☐	☐
2670	☐	☐	

MiNr.	ungebr.	entw.	FDC
2671	☐	☐	
2672	☐	☐	
2673	☐	☐	
S-FDC			☐
2674	☐	☐	☐
2675	☐	☐	☐
2676	☐	☐	☐
2677	☐	☐	
2678	☐	☐	
S-FDC			☐
2679	☐	☐	☐
2680	☐	☐	☐
2681	☐	☐	☐
2682	☐	☐	
2683	☐	☐	
S-FDC			☐
2684	☐	☐	☐
2685	☐	☐	☐
2686	☐	☐	☐
2687	☐	☐	
2688	☐	☐	
2689	☐	☐	
2690	☐	☐	
Block 73	■	■	■
2691	☐	☐	☐
2692	☐	☐	☐
2693	☐	☐	☐
2694	☐	☐	☐
2695	☐	☐	☐
2696	☐	☐	☐
2697	☐	☐	☐
2698	☐	☐	☐
2699	☐	☐	☐
2700	☐	☐	
2701	☐	☐	
S-FDC			☐
2702	☐	☐	☐
2703	☐	☐	
2704	☐	☐	
S-FDC			☐
2705	☐	☐	☐
2706	☐	☐	☐
2707	☐	☐	
2708	☐	☐	
2709	☐	☐	
2710	☐	☐	
S-FDC			☐
2711	☐	☐	☐
2712	☐	☐	☐
2713	☐	☐	☐
2714	☐	☐	☐
2715	☐	☐	☐
2716	☐	☐	☐
S-FDC			☐
2717	☐	☐	☐
2718	☐	☐	☐
2719	☐	☐	☐
2720	☐	☐	☐
2721	☐	☐	☐
2722	☐	☐	☐
2723	☐	☐	
2724	☐	☐	
S-FDC			☐
2725	☐	☐	☐
2726	☐	☐	☐
2727	☐	☐	
2728	☐	☐	
2729	☐	☐	
2730	☐	☐	
S-FDC			☐
2731	☐	☐	☐
2732	☐	☐	☐
2733	☐	☐	
2734	☐	☐	
S-FDC			☐
2735	☐	☐	☐
2736	☐	☐	☐
2737	☐	☐	
Block 74	☐	☐	☐
2738	☐	☐	☐
2739	☐	☐	☐
2740	☐	☐	☐
2741	☐	☐	☐
2742	☐	☐	
2743	☐	☐	
S-FDC			☐
2744	☐	☐	☐
2745	☐	☐	☐
2746	☐	☐	☐
2747	☐	☐	☐
2748	☐	☐	
2749	☐	☐	
2750	☐	☐	
2751	☐	☐	
S-FDC			☐
2752	☐	☐	☐
2753	☐	☐	☐
2754	☐	☐	
Block 75	☐	☐	☐
2755	☐	☐	☐
2756	☐	☐	☐
2757	☐	☐	
2758	☐	☐	
Block 76	☐	☐	☐
2759	☐	☐	☐
2760	☐	☐	☐
2761	☐	☐	☐
2762	☐	☐	☐
2763	☐	☐	
2764	☐	☐	
S-FDC			☐
2765	☐	☐	☐
2766	☐	☐	☐
2767	☐	☐	☐
2768	☐	☐	☐
2769	☐	☐	
2770	☐	☐	
2771	☐	☐	
2772	☐	☐	
S-FDC			■
2773	☐	☐	☐
2774	☐	☐	☐
2775	☐	☐	☐
2776	☐	☐	☐
2777	☐	☐	☐
2778	☐	☐	☐
2779	☐	☐	☐
2780	☐	☐	☐
2781	☐	☐	
2782	☐	☐	
S-FDC			☐
2783	☐	☐	☐
2784	☐	☐	☐
2785	☐	☐	☐
2786	☐	☐	
2787	☐	☐	
S-FDC			☐
2788	☐	☐	
2789	☐	☐	
S-FDC			☐
2790	☐	☐	
2791	☐	☐	
S-FDC			☐
2792	☐	☐	
Block 77	☐	☐	☐
2793	☐	☐	☐
2794	☐	☐	☐
2795	☐	☐	☐
2796	☐	☐	☐
2797	☐	☐	☐
2798	☐	☐	☐
2799	☐	☐	☐
2800	☐	☐	
2801	☐	☐	
S-FDC			☐
2802	☐	☐	☐
2803	☐	☐	
2804	☐	☐	
S-FDC			☐
2805	☐	☐	☐
2806	☐	☐	☐
2807	☐	☐	
2808	☐	☐	
S-FDC			☐
2809	☐	☐	
2810	☐	☐	
2811	☐	☐	
2812	☐	☐	
S-FDC			■
2813	☐	☐	☐
2814	☐	☐	☐
2815	☐	☐	☐
2816	☐	☐	☐
2817	☐	☐	☐
2818	☐	☐	☐
2819	☐	☐	☐
2820	☐	☐	☐
2821	☐	☐	☐
2822	☐	☐	☐
2823	☐	☐	
2824	☐	☐	
S-FDC			☐

MiNr.	ungebr.	entw.	FDC
2825	☐	☐	☐
2826	☐	☐	☐
2827	☐	☐	
2828	☐	☐	
		S-FDC	☐
2829	☐	☐	
2830	☐	☐	
		S-FDC	☐
2831	☐	☐	☐
2832	☐	☐	☐
2833	☐	☐	☐
2834	☐	☐	☐
2835	☐	☐	☐
2836	☐	☐	
2837	☐	☐	
2838	☐	☐	
2839	☐	☐	
		S-FDC	☐
2840	☐	☐	☐
2841	☐	☐	☐
2842	☐	☐	☐
2843	☐	☐	☐
2844	☐	☐	
2845	☐	☐	
		S-FDC	☐
2846	☐	☐	☐
2847	☐	☐	☐
2848	☐	☐	
2849	☐	☐	
		S-FDC	☐
2850	☐	☐	☐
2851	☐	☐	☐
2852	☐	☐	
2853	☐	☐	
2854	☐	☐	
2855	☐	☐	
		S-FDC	☐
2856	☐	☐	☐
2857	☐	☐	
2858	☐	☐	
2859	☐	☐	
2860	☐	☐	
		S-FDC	☐
2861	☐	☐	
2862	☐	☐	
		S-FDC	☐
2863	☐	☐	☐

MiNr.	ungebr.	entw.	FDC
2864	☐	☐	☐
2865	☐	☐	☐
2866	☐	☐	☐
2867	☐	☐	☐
2868	☐	☐	☐
2869	☐	☐	☐
2870	☐	☐	☐
2871	☐	☐	
Block 78	☐	☐	☐
2872	☐	☐	☐
2873	☐	☐	☐
2874	☐	☐	☐
2875	☐	☐	
2876	☐	☐	
		S-FDC	☐
2877	☐	☐	☐
2878	☐	☐	
2879	☐	☐	
		S-FDC	☐
2880	☐	☐	☐
2881	☐	☐	☐
2882	☐	☐	☐
2883	☐	☐	
2884	☐	☐	
2885	☐	☐	
2886	☐	☐	
		S-FDC	☐
2887	☐	☐	☐
2888	☐	☐	☐
2889	☐	☐	☐
2890	☐	☐	☐
2891	☐	☐	
2892	☐	☐	
		S-FDC	☐
2893	☐	☐	☐
2894	☐	☐	☐
2895	☐	☐	
2896	☐	☐	
		S-FDC	☐
2897	☐	☐	☐
2898	☐	☐	☐
2899	☐	☐	☐
2900	☐	☐	☐
2901	☐	☐	
2902	☐	☐	

MiNr.	ungebr.	entw.	FDC
2903	☐	☐	
		S-FDC	☐
2904	☐	☐	☐
2905	☐	☐	☐
2906	☐	☐	☐
2907	☐	☐	☐
2908	☐	☐	☐
2909	☐	☐	☐
2910	☐	☐	☐
2911	☐	☐	☐
2912	☐	☐	☐
2913	☐	☐	
2914	☐	☐	
		S-FDC	☐
2915	☐	☐	☐
2916	☐	☐	☐
2917	☐	☐	☐
2918	☐	☐	☐
2919	☐	☐	☐
Block 79	☐	☐	☐
2920	☐	☐	☐
2921	☐	☐	
2922	☐	☐	
		S-FDC	☐
2923	☐	☐	☐
2924	☐	☐	
2925	☐	☐	
2926	☐	☐	
		S-FDC	☐
2927	☐	☐	☐
2928	☐	☐	☐
2929	☐	☐	☐
2930	☐	☐	☐
2931	☐	☐	☐
2932	☐	☐	☐
2933	☐	☐	☐
2934	☐	☐	☐
2935	☐	☐	☐
2936	☐	☐	☐
2937	☐	☐	☐
2938	☐	☐	☐
2939	☐	☐	☐
2940	☐	☐	☐

MiNr.	ungebr.	entw.	FDC
2941	☐	☐	☐
2942	☐	☐	
2943	☐	☐	
		S-FDC	☐
2944	☐	☐	☐
2945	☐	☐	☐
2946	☐	☐	
2947	☐	☐	
2948	☐	☐	
		S-FDC	☐
2949	☐	☐	☐
2950	☐	☐	☐
2951	☐	☐	☐
2952	☐	☐	☐
2953	☐	☐	☐
2954	☐	☐	☐
2955	☐	☐	☐
2956	☐	☐	☐
2957	☐	☐	☐
2958	☐	☐	☐
2959	☐	☐	☐
2960	☐	☐	☐
2961	☐	☐	☐
2962	☐	☐	☐
2963	☐	☐	☐
2964	☐	☐	☐
2965	☐	☐	☐
2966	☐	☐	☐
2967	☐	☐	☐
2968	☐	☐	☐
2969	☐	☐	☐
		S-FDC	☐
2970	☐	☐	☐
2971	☐	☐	☐
2972	☐	☐	
2973	☐	☐	
		S-FDC	☐
2974	☐	☐	☐
2975	☐	☐	
2976	☐	☐	
		S-FDC	☐
2977	☐	☐	☐
2978	☐	☐	☐
2979	☐	☐	☐

MiNr.	ungebr.	entw.	FDC
2980	☐	☐	
2981	☐	☐	
2982	☐	☐	
	S-FDC		☐
2983	☐	☐	
2984	☐	☐	
	S-FDC		☐
2985	☐	☐	☐
2986	☐	☐	☐
2987	☐	☐	
2988	☐	☐	
	S-FDC		☐
2989	☐	☐	☐
2990	☐	☐	☐
2991	☐	☐	☐
2992	☐	☐	
2993	☐	☐	
	S-FDC		☐
2994	☐	☐	☐
2995	☐	☐	
2996	☐	☐	
	S-FDC		☐
2997	☐	☐	☐
2998	☐	☐	☐
2999	☐	☐	☐
3000	☐	☐	☐
3001	☐	☐	☐
3002	☐	☐	☐
3003	☐	☐	☐
3004	☐	☐	
3005	☐	☐	
3006	☐	☐	
	S-FDC		☐
3007	☐	☐	☐
3008	☐	☐	☐
3009	☐	☐	☐
3010	☐	☐	
3011	☐	☐	
	S-FDC		☐
3012	☐	☐	☐
3013	☐	☐	
3014	☐	☐	
	S-FDC		☐
3015	☐	☐	☐
3016	☐	☐	☐
3017	☐	☐	

MiNr.	ungebr.	entw.	FDC
3018	☐	☐	
	S-FDC		☐
3019	☐	☐	☐
3020	☐	☐	☐
3021	☐	☐	☐
3022	☐	☐	☐
3023	☐	☐	
3024	☐	☐	
3025	☐	☐	
	S-FDC		☐
3026	☐	☐	☐
3027	☐	☐	☐
3028	☐	☐	
3029	☐	☐	
	S-FDC		☐
3030	☐	☐	☐
3031	☐	☐	☐
3032	☐	☐	☐
3033	☐	☐	☐
3034	☐	☐	☐
3035	☐	☐	☐
3036	☐	☐	☐
3037	☐	☐	☐
3038	☐	☐	☐
3039	☐	☐	☐
3040	☐	☐	☐
3041	☐	☐	☐
3042	☐	☐	☐
3043	☐	☐	☐
3044	☐	☐	☐
3045	☐	☐	☐
3046	☐	☐	☐
3047	☐	☐	
3048	☐	☐	
	S-FDC		☐
3049	☐	☐	☐
3050	☐	☐	☐
3051	☐	☐	☐
3052	☐	☐	☐
3053	☐	☐	
3054	☐	☐	
	S-FDC		☐
3055	☐	☐	☐
3056	☐	☐	

MiNr.	ungebr.	entw.	FDC
3057	☐	☐	
3058	☐	☐	
	S-FDC		☐
3059	☐	☐	
3060	☐	☐	
	S-FDC		☐
3061	☐	☐	☐
3062	☐	☐	☐
3063	☐	☐	
3064	☐	☐	
	S-FDC		☐
3065	☐	☐	☐
3066	☐	☐	
3067	☐	☐	☐
3068	☐	☐	
3069	☐	☐	
	S-FDC		☐
3070	☐	☐	☐
3071	☐	☐	☐
3072	☐	☐	☐
3073	☐	☐	
3074	☐	☐	
	S-FDC		☐
3075	☐	☐	
3076	☐	☐	
3077	☐	☐	
	S-FDC		☐
3078	☐	☐	☐
3079	☐	☐	☐
3080	☐	☐	
3081	☐	☐	
	S-FDC		☐
3082	☐	☐	☐
3083	☐	☐	
3084	☐	☐	
	S-FDC		☐
3085	☐	☐	☐
3086	☐	☐	☐
3087	☐	☐	☐
3088	☐	☐	☐
3089	☐	☐	
3090	☐	☐	
	S-FDC		☐
3091	☐	☐	☐
3092	☐	☐	☐
3093	☐	☐	☐

MiNr.	ungebr.	entw.	FDC
3094	☐	☐	☐
3095	☐	☐	☐
3096	☐	☐	
3097	☐	☐	
3098	☐	☐	
	S-FDC		☐
3099	☐	☐	☐
3100	☐	☐	☐
3101	☐	☐	☐
3102	☐	☐	☐
3103	☐	☐	☐
3104	☐	☐	☐
3105	☐	☐	☐
3106	☐	☐	☐
3107	☐	☐	☐
3108	☐	☐	☐
3109	☐	☐	☐
3110	☐	☐	☐
3111	☐	☐	☐
3112	☐	☐	☐
3113	☐	☐	☐
3114	☐	☐	☐
3115	☐	☐	☐
3116	☐	☐	☐
3117	☐	☐	☐
3118	☐	☐	☐
	S-FDC		☐
3119	☐	☐	☐
3120	☐	☐	☐
3121	☐	☐	☐
3122	☐	☐	
3123	☐	☐	
	S-FDC		☐
3124	☐	☐	
3125	☐	☐	
	S-FDC		☐
3126	☐	☐	☐
3127	☐	☐	
3128	☐	☐	
	S-FDC		☐
3129	☐	☐	
3130	☐	☐	
	S-FDC		☐
3131	☐	☐	☐
3132	☐	☐	
3133	☐	☐	

MiNr.	ungebr.	entw.	FDC
3134	☐	☐	
S-FDC			☐
3135	☐	☐	☐
3136	☐	☐	☐
3137	☐	☐	☐
3138	☐	☐	☐
3139	☐	☐	☐
3140	☐	☐	
3141	☐	☐	
S-FDC			☐
3142	☐	☐	☐
3143	☐	☐	
3144	☐	☐	
S-FDC			☐
3145	☐	☐	☐
3146	☐	☐	☐
3147	☐	☐	
3148	☐	☐	
S-FDC			☐
3149	☐	☐	
3150	☐	☐	
3151	☐	☐	
S-FDC			☐
3152	☐	☐	☐
3153	☐	☐	☐
3154	☐	☐	☐
3155	☐	☐	☐
3156	☐	☐	
3157	☐	☐	
S-FDC			☐
3158	☐	☐	☐
3159	☐	☐	☐
3160	☐	☐	☐
3161	☐	☐	☐
3162	☐	☐	
3163	☐	☐	
S-FDC			☐
3164	☐	☐	☐
3165	☐	☐	☐
3166	☐	☐	☐
3167	☐	☐	
3168	☐	☐	
S-FDC			☐
3169	☐	☐	
3170	☐	☐	
3171	☐	☐	

MiNr.	ungebr.	entw.	FDC
S-FDC			☐
3172	☐	☐	☐
3173	☐	☐	☐
3174	☐	☐	☐
3175	☐	☐	
3176	☐	☐	
3177	☐	☐	
Block 80	☐	☐	☐
3178	☐	☐	
3179	☐	☐	
S-FDC			☐
3180	☐	☐	☐
3181	☐	☐	☐
3182	☐	☐	☐
3183	☐	☐	☐
3184	☐	☐	☐
3185	☐	☐	☐
3186	☐	☐	☐
3187	☐	☐	☐
3188	☐	☐	☐
3189	☐	☐	☐
3190	☐	☐	☐
3191	☐	☐	☐
S-FDC			■
3192	☐	☐	
3193	☐	☐	
S-FDC			☐
3194	☐	☐	☐
3195	☐	☐	☐
3196	☐	☐	☐
3197	☐	☐	☐
3198	☐	☐	☐
3199	☐	☐	☐
3200	☐	☐	☐
3201	☐	☐	
3202	☐	☐	
S-FDC			☐
3203	☐	☐	☐
3204	☐	☐	☐
3205	☐	☐	
3206	☐	☐	
S-FDC			☐
3207	☐	☐	☐
3208	☐	☐	
3209	☐	☐	

MiNr.	ungebr.	entw.	FDC
3210	☐	☐	
S-FDC			☐
3211	☐	☐	☐
3212	☐	☐	☐
3213	☐	☐	
3214	☐	☐	
S-FDC			☐
3215	☐	☐	☐
3216	☐	☐	☐
3217	☐	☐	
3218	☐	☐	
S-FDC			☐
3219	☐	☐	☐
3220	☐	☐	☐
3221	☐	☐	☐
3222	☐	☐	
3223	☐	☐	
S-FDC			☐
3224	☐	☐	☐
3225	☐	☐	
3226	☐	☐	
S-FDC			☐
3227	☐	☐	
3228	☐	☐	
S-FDC			☐
3229	☐	☐	☐
3230	☐	☐	☐
3231	☐	☐	☐
3232	☐	☐	
3233	☐	☐	
3234	☐	☐	
S-FDC			☐
3235	☐	☐	
3236	☐	☐	
3237	☐	☐	
S-FDC			☐
3238	☐	☐	☐
3239	☐	☐	☐
3240	☐	☐	☐
3241	☐	☐	
3242	☐	☐	
S-FDC			☐
3243	☐	☐	
3244	☐	☐	
S-FDC			☐
3245	☐	☐	☐
3246	☐	☐	

MiNr.	ungebr.	entw.	FDC
3247	☐	☐	
S-FDC			☐
3248	☐	☐	☐
3249	☐	☐	☐
3250	☐	☐	☐
3251	☐	☐	☐
3252	☐	☐	
3253	☐	☐	
S-FDC			☐
3254	☐	☐	☐
3255	☐	☐	
3256	☐	☐	
3257	☐	☐	
S-FDC			☐
3258	☐	☐	☐
3259	☐	☐	☐
3260	☐	☐	☐
3261	☐	☐	
3262	☐	☐	
Block 81	☐	☐	☐
3263	☐	☐	☐
3264	☐	☐	☐
3265	☐	☐	☐
3266	☐	☐	☐
3267	☐	☐	☐
3268	☐	☐	☐
3269	☐	☐	☐
3270	☐	☐	☐
3271	☐	☐	
3272	☐	☐	
S-FDC			☐
3273	☐	☐	☐
3274	☐	☐	
3275	☐	☐	
S-FDC			☐
3276	☐	☐	☐
3277	☐	☐	☐
3278	☐	☐	☐
3279	☐	☐	☐
3280	☐	☐	
3281	☐	☐	
S-FDC			☐
3282	☐	☐	
3283	☐	☐	
3284	☐	☐	
S-FDC			☐

MiNr.	ungebr.	entw.	FDC
3285	☐	☐	☐
3286	☐	☐	☐
3287	☐	☐	☐
3288	☐	☐	
3289	☐	☐	
		S-FDC	☐
3290	☐	☐	☐
3291	☐	☐	☐
3292	☐	☐	☐
3293	☐	☐	
3294	☐	☐	
		S-FDC	☐
3295	☐	☐	☐
3296	☐	☐	☐
3297	☐	☐	
3298	☐	☐	
		S-FDC	☐
3299	☐	☐	☐
3300	☐	☐	☐
3301	☐	☐	
3302	☐	☐	
		S-FDC	☐
3303	☐	☐	
3304	☐	☐	
		S-FDC	☐
3305	☐	☐	
3306	☐	☐	
		S-FDC	☐
3307	☐	☐	
3308	☐	☐	
3309	☐	☐	
		S-FDC	☐
3310	☐	☐	☐
3311	☐	☐	
3312	☐	☐	
		S-FDC	☐
3313	☐	☐	☐
3314	☐	☐	
3315	☐	☐	
3316	☐	☐	
3317	☐	☐	
3318	☐	☐	☐
3319	☐	☐	☐
3320	☐	☐	☐
3321	☐	☐	☐
3322	☐	☐	
3323	☐	☐	

MiNr.	ungebr.	entw.	FDC
		S-FDC	☐
3324	☐	☐	☐
3325	☐	☐	
3326	☐	☐	
3327	☐	☐	
		S-FDC	☐
3328	☐	☐	☐
3329	☐	☐	☐
3330	☐	☐	☐
3331	☐	☐	☐
3332	☐	☐	☐
3333	☐	☐	☐
3334	☐	☐	☐
3335	☐	☐	☐
3336	☐	☐	
3337	☐	☐	
		S-FDC	☐
3338	☐	☐	☐
3339	☐	☐	☐
3340	☐	☐	☐
3341	☐	☐	
3342	☐	☐	
		S-FDC	☐
3343	☐	☐	☐
3344	☐	☐	☐
3345	☐	☐	☐
3346	☐	☐	☐
3347	☐	☐	
3348	☐	☐	
		S-FDC	☐
3349	☐	☐	☐
3350	☐	☐	☐
3351	☐	☐	☐
3352	☐	☐	
3353	☐	☐	
		S-FDC	☐
3354	☐	☐	☐
3355	☐	☐	☐
3356	☐	☐	☐
3357	☐	☐	
3358	☐	☐	
3359	☐	☐	
		S-FDC	☐
3360	☐	☐	☐
3361	☐	☐	☐

MiNr.	ungebr.	entw.	FDC
3362	☐	☐	☐
3363	☐	☐	☐
3364	☐	☐	☐
3365	☐	☐	☐
3366	☐	☐	☐
3367	☐	☐	
3368	☐	☐	
		S-FDC	☐
3369	☐	☐	
3370	☐	☐	
		S-FDC	☐
Block 82	☐	☐	☐
3371	☐	☐	
3372	☐	☐	
		S-FDC	☐
3373	☐	☐	☐
3374	☐	☐	☐
3375	☐	☐	☐
3376	☐	☐	☐
3377	☐	☐	☐
3378	☐	☐	
3379	☐	☐	
		S-FDC	☐
3380	☐	☐	
3381	☐	☐	
3382	☐	☐	
		S-FDC	☐
3383	☐	☐	☐
3384	☐	☐	☐
3385	☐	☐	☐
3386	☐	☐	
3387	☐	☐	
		S-FDC	☐
3388	☐	☐	
3389	☐	☐	
		S-FDC	☐
3390	☐	☐	☐
3391	☐	☐	
3392	☐	☐	
		S-FDC	☐
3393	☐	☐	☐
3394	☐	☐	☐
3395	☐	☐	☐
3396	☐	☐	☐
3397	☐	☐	☐
3398	☐	☐	☐

MiNr.	ungebr.	entw.	FDC
3399	☐	☐	☐
3400	☐	☐	☐
3401	☐	☐	
3402	☐	☐	
		S-FDC	☐
3403	☐	☐	☐
3404	☐	☐	☐
3405	☐	☐	
3406	☐	☐	
		S-FDC	☐
3407	☐	☐	
3408	☐	☐	
3409	☐	☐	
		S-FDC	☐
3410	☐	☐	☐
3411	☐	☐	☐
3412	☐	☐	☐
3413	☐	☐	☐
3414	☐	☐	☐
3415	☐	☐	☐
3416	☐	☐	☐
3417	☐	☐	☐
3418	☐	☐	☐
3419	☐	☐	☐
3420	☐	☐	☐
3421	☐	☐	☐
3422	☐	☐	☐
3423	☐	☐	☐
3424	☐	☐	☐
3425	☐	☐	
3426	☐	☐	
		S-FDC	☐
3427	☐	☐	☐
3428	☐	☐	☐
3429	☐	☐	☐
3430	☐	☐	☐
3431	☐	☐	☐
3432	☐	☐	☐
		S-FDC	☐
3433	☐	☐	☐
3434	☐	☐	☐
3435	☐	☐	☐
3436	☐	☐	☐
3437	☐	☐	☐

MiNr.	ungebr.	entw.	FDC
3438	☐	☐	
3439	☐	☐	
3440	☐	☐	
S-FDC			☐
3441	☐	☐	
3442	☐	☐	
S-FDC			☐
3443	☐	☐	☐
3444	☐	☐	☐
3445	☐	☐	
3446	☐	☐	
S-FDC			☐
3447	☐	☐	☐
3448	☐	☐	☐
Block 83	☐	☐	☐
3449	☐	☐	☐
3450	☐	☐	☐
3451	☐	☐	☐
3452	☐	☐	☐
3453	☐	☐	☐
3454	☐	☐	
3455	☐	☐	
S-FDC			☐
3456	☐	☐	☐
3457	☐	☐	☐
3458	☐	☐	☐
3459	☐	☐	☐
3460	☐	☐	
3461	☐	☐	
3462	☐	☐	
S-FDC			☐
3463	☐	☐	☐
3464	☐	☐	☐
3465	☐	☐	☐
3466	☐	☐	☐
3467	☐	☐	☐
3468	☐	☐	☐
3469	☐	☐	☐
3470	☐	☐	☐
3471	☐	☐	☐
3472	☐	☐	☐
3473	☐	☐	☐
3474	☐	☐	☐
3475	☐	☐	☐
S-FDC			■
3476	☐	☐	
3477	☐	☐	
S-FDC			☐
3478	☐	☐	☐
3479	☐	☐	☐
Block 84	☐	☐	☐
3480	☐	☐	☐
3481	☐	☐	☐
3482	☐	☐	☐
3483	☐	☐	☐
3484	☐	☐	☐
S-FDC			☐
3485	☐	☐	
3486	☐	☐	
3487	☐	☐	
S-FDC			■
3488	☐	☐	☐
3489	☐	☐	☐
3490	☐	☐	☐
S-FDC			☐
3491	☐	☐	☐
3492	☐	☐	☐
3493	☐	☐	☐
3494	☐	☐	☐
3495	☐	☐	☐
3496	☐	☐	
3497	☐	☐	
S-FDC			☐
3498	☐	☐	☐
3499	☐	☐	☐
3500	☐	☐	☐
3501	☐	☐	☐
3502	☐	☐	☐
3503	☐	☐	☐
3504	☐	☐	☐
3505	☐	☐	☐
3506	☐	☐	
3507	☐	☐	
S-FDC			☐
3508	☐	☐	☐
3509	☐	☐	☐
3510	☐	☐	
3511	☐	☐	
S-FDC			☐
3512	☐	☐	☐
3513	☐	☐	☐
Block 85	☐	☐	☐
3514	☐	☐	☐
3515	☐	☐	☐
3516	☐	☐	☐
3517	☐	☐	
3518	☐	☐	
S-FDC			☐
3519	☐	☐	☐
3520	☐	☐	☐
3521	☐	☐	☐
3522	☐	☐	
3523	☐	☐	
3524	☐	☐	
S-FDC			■
3525	☐	☐	☐
3526	☐	☐	☐
3527	☐	☐	
3528	☐	☐	
S-FDC			☐
3529	☐	☐	☐
3530	☐	☐	☐
3531	☐	☐	
3532	☐	☐	
S-FDC			☐
3533	☐	☐	☐
3534	☐	☐	☐
3535	☐	☐	☐
3536	☐	☐	
3537	☐	☐	
S-FDC			☐
3538	☐	☐	☐
3539	☐	☐	☐
3540	☐	☐	☐
3541	☐	☐	☐
3542	☐	☐	
3543	☐	☐	
3544	☐	☐	
S-FDC			■
3545	☐	☐	☐
Block 86	☐	☐	☐
3546	☐	☐	☐
3547	☐	☐	☐
3548	☐	☐	☐
3549	☐	☐	☐
3550	☐	☐	
3551	☐	☐	
S-FDC			☐
3552	☐	☐	☐
3553	☐	☐	☐
3554	☐	☐	☐
3555	☐	☐	☐
3556	☐	☐	☐
3557	☐	☐	
3558	☐	☐	
3559	☐	☐	
S-FDC			■
3560	☐	☐	☐
3561	☐	☐	☐
3562	☐	☐	
3563	☐	☐	
S-FDC			☐
3564	☐	☐	☐
3565	☐	☐	☐
3566	☐	☐	☐
3567	☐	☐	☐
3568	☐	☐	☐
3569	☐	☐	☐
3570	☐	☐	☐
3571	☐	☐	☐
3572	☐	☐	☐
3573	☐	☐	☐
3574	☐	☐	☐
3575	☐	☐	☐
Automatenmarken			
1	☐	☐	☐
2	☐	☐	☐
3	☐	☐	☐
4	☐	☐	☐
5	☐	☐	☐
6	☐	☐	☐
7	☐	☐	☐
8	☐	☐	☐
9	☐	☐	☐
10	☐		

Notizen

Notizen

Notizen

Notizen